经济增长理论史
从大卫·休谟至今

R W. OSTOW

启真馆 出品

经济思想译丛

经济增长理论史

从大卫·休谟至今

[美] W.W. 罗斯托 著

THEORISTS
OF ECONOMIC GROWTH
FROM DAVID HUME
TO THE PRESENT

陈春良　茹玉骢　王长刚　郑恒　等译
罗卫东　范良聪　校

ZHEJIANG UNIVERSITY PRESS
浙江大学出版社

目　录

第四部分　问题与展望

序　言

罗卫东

本书的作者，沃尔特·惠特曼·罗斯托，是 20 世纪一位备受争议、影响巨大的人物。

罗斯托，1916 年出生于美国纽约，父母亲是从俄国移民到美国的犹太人，他在兄弟三人中排行第二。双亲对三个孩子寄予了厚望，从为他们所起的名字就可以看出。长子"尤金"的名字来自美国劳工组织社会主义领袖尤金·德布兹，次子"沃尔特·惠特曼"的名字来自伟大的美国诗人沃尔特·惠特曼，三子"拉尔夫"的名字则来自于美国伟大的人文主义作家拉尔夫·爱默生。对三个儿子的培养，年轻的父母亲倾注了大量心血。罗斯托三兄弟没有辜负双亲的培养，长子尤金先后就读于耶鲁大学和剑桥大学，后来成为一名卓越的美国史专家，担任剑桥大学和牛津大学的讲座教授；三子拉尔夫在第二次世界大战中身受重伤，战后选择了经商，事业有成。次子，也就是本书的作者沃尔特则成为一位著名的经济学家和政治家，是三兄弟中最有社会知名度的一位。

沃尔特·罗斯托于 15 岁那年获得一笔奖学金进入耶鲁大学学习，1936 年获得文学学士学位，后获得著名的罗兹奖学金资助赴英国牛津大学深造，就读于亚当·斯密当年读书的巴利奥尔学院并于 1938 年获得该校文学硕士学位，1939 年回到母校耶鲁大学取得哲学博士学位。

博士毕业以后的罗斯托辗转于大学和政府机构，交错展开了他精彩的人生画卷。

他短期就教于哥伦比亚大学和哈佛大学，后由于美国加入第二次世界大战，急需专业人才，他于 1942 年被招募进美国战略情报局，在著名经济学家爱德华·梅森的手下担任研究部助理。战略情报局的主要工作是研究对敌人的经济战以及军事轰炸目标的确定等课题。不久，该局组建了任务更加直接而具体的"敌军目标部"，罗斯托被派往位于英国伦敦的该部。他和同事们的主要工作是研究影响美国空军对战争敌对国经济目标进行轰炸的各种参数，建立模型，以便确定最佳轰炸点。旨在服务于轰炸最少目标即可取得最好效果的这一战略目标。要做好这项工作，需要选择相关的理论和模型来确定参数、建立行动与效果的关系模型并加以评估。这让罗斯托的学术特长得到较好的发挥，由于表现出色，罗斯托在1945年获得了"英帝国勋章"，同年还获得"荣誉军团"称号。短暂地担任了一段时间美国国防部"德国—奥地利经济事务办公室"主任后，罗斯托接受哈佛大学的邀请担任经济系的副教授。不久又受邀请到牛津大学教授一年的美国史课程。

1947年7月，新婚不久的罗斯托在巴黎与时任联合国欧洲经济委员会执行主任的著名瑞典经济学家冈纳·缪尔达尔相识，受邀担任后者的特别助理，参与马歇尔计划相关的工作，投入到战后欧洲重建事务。这段工作经历，时间虽然不长，但是他借此得以观察实际经济结构运作机制和过程，加深了对政治过程与经济活动之间关系的理解。这对他后来的学术创新无疑是十分有益的。

1950年以后罗斯托重回学术界，直到1961年，他一直在麻省理工学院担任经济史教授，同时担任该校国际研究中心的常任委员。期间，他于1958年应剑桥大学经济与政治学院的邀请，向本科学生做"工业化过程"主题的系列演讲。该演讲的直接成果就是他那本具有重大影响的代表作《经济成长的阶段》。

结束剑桥大学的讲学，回到美国后不久，罗斯托就被肯尼迪总统聘任为国家安全事务副特别助理，此后又担任了美国国务院政策规划委员会顾问和主席、白宫美国总统国家安全事务特别助理等要职，介入了古巴危机、越战等一系列重大事件。他在政界的表现获得官方较高的认可，于1969年获得了美国"总统自由勋章"。这是美国国家颁给平民的最高荣誉勋章。

1969年，他结束在政府的任职到德克萨斯奥斯汀分校担任经济学与历史学教授，从那以后他一直是该校的贝克尔政治经济学讲座教授，专心教学与研究，著书立说。罗斯托于2003年去世，享年87岁。

罗斯托的一生辗转于政界和学界，阅历丰富，亲身经历了20世纪主要的全球性重大历史事件，如二十年代末的大萧条、"二战"、战后欧洲重建、冷战、越战、中国崛起等等。参与的程度有深有浅，有些事情上，他是核心决策层的成员。因此之故，他对观念、政治过程与历史进程之间关系的理解要比那些一直在书斋中工作的学者要鲜活得多、现实得多。甚至，在我看来，也要深刻得多。他的自传式著作《概念与论争：市场观念60年》，重点就是谈他的观念、经验与体会。在他宏富的著述中，这是唯一的一部讲述自己心路历程的书，对于理解他何以如此看待经济发展、国际国内政治，有着很大的参考价值。

罗斯托的主要著作是：《19世纪英国经济论文集》、《政治与经济增长阶段》、《经济成长的阶段：非共产主义宣言》、《政治和成长阶段》、《这一切是怎么开始的：近代经济的起源》、《世界经济：历史与展望》、《1868—1896年英国贸易的波动》、《经济增长理论史：从大卫·休谟至今》以及为数不多的论文。他最为人知的作品无疑是出版于1960年的《经济成长的阶段：非共产党宣言》。在这部奠定了他巨大声望并引起持续争论的代表作中，他试图用经济理论解释经济历史的进程，把人类社会的历史发展分为必须依次经过的五个阶段：(1)传统社会阶段；(2)起飞准备阶段；(3)起飞进入自我持续增长的阶段；(4)成熟阶段；(5)高额群众消费阶段。在1971年出版的《政治与成长阶段》一书中他又提出了第六阶段：追求生活质量阶段。从第五阶段起，出现开始反映出意识形态和社会价值取向的位置消费，开始形成一个稳定的中间的社会群体——中产阶层。他确信这个理论解释了西方各国已经历过的工业化过程，提示了一个国家在经济成长过程中所要遇到的一系列战略抉择问题。这本书的副标题透露出他的学术雄心，就是发展出一个可以取代马克思唯物史观的新的关于历史进步的理论框架。

这本书，不仅是理解罗斯托基本学术贡献主要内容的核心文献，也是打开罗斯托宏大学术体系之门的钥匙。因此，值得在这里略加展开地加以介绍。

《经济成长的阶段》，提出世界各国经济发展要经历的五个阶段及其特征如下：

第一阶段："传统社会"，这个阶段不存在现代科学技术，主要依靠手工劳动，农业居于首位。第二阶段：为"起飞"创造前提的阶段，即从传统社会向"起飞"阶段过渡的时期，近代科学知识开始在工、农业中发生作用。第三阶段："起飞"阶段，即经济史上的产业革命的早期，即工业化开始阶段，新的技术在工、农业中得到推广和应用，投资率显著上升，工业中主导部门迅速增长，农业劳动生产率空前提高。第四阶段：向"成熟"发展的阶段，现代科学技术得到普遍推广和应用，经济持续增长，投资扩大，新工业部门迅速发展，国际贸易迅速增加。一般从"起飞"到成熟阶段，大约要经过60年左右。第五阶段："高额群众消费"阶段，主导部门转到耐用消费品生产方面。在出版于1971年的《政治与成长阶段》书中，罗斯托又提出了新的第六个阶段，"追求生活质量"阶段，其主导部门是服务业与环境改造事业。在全部的六个阶段中，他认为"起飞"和"追求生活质量"是两个关键性阶段。

在他的经济史观中，"起飞"是一个无比重要的概念，他视之为经济革命的关键和核心力量。而在他关于理想社会的观念里，"追求生活质量"是最重要的，他把美国看成是这个阶段的典范。

正如亚当·斯密"看不见的手"是一个比喻，"起飞"也是一个比喻。起飞，即飞行器离开地面而腾空，这个过程不同于地面滑行和空中飞行。要将具有一定质量的飞行器带离地面，需要足够的牵引力来克服地心引力的限制，所以，需要极大的瞬间加速度。经济增长的某些过程类似于飞机起飞，尤其是从低水平均衡的贫困状态要跃升到一个较高水平的经济增长状态，一个国家（地区）要有合格的引擎所提供的必要动力加速度。在罗斯托看来，支持一个国家经济"起飞"的关键因素有三个，首先是储蓄率从而投资率必须达到一定的高水平，其次是主导产业的形成，第三是产业主体也就是企业家群体的出现。哪个国家、何时具备了这三者，它就有可能启动引擎，进入起飞阶段。一旦实现"起飞"，经济就开始按照自身的逻辑，自行增长，按照罗斯托的说法就是"自我维持的增长"，就像已经飞上天的飞机，在动能和势能的结合作用下，可以在空中平稳地前进。因此，研究一个国家的经济史，判断它的阶段特点，或者研究这个国家经济增长的现状，要害在于观察它与"起飞"这件事的关系。

"起飞"三条件，乍一看简单，其实内涵丰富。首先，一个国家何来储蓄率的提高；其次，主导产业的发育如何能够成功；再次，职业的产业主体如何成长起来？最后，最重要的，即使这三个条件都具备，它们之间又如何相互作用，才能发生反应，形成推动经济体起飞的巨大能量。要解释这些问题，自然不能就事论事，一方面，要关注一个国家历史文化的特点、产业和制度的类型；另一方面，还要关注那些关键性偶然事件的连锁效应。所以，这个"起飞"理论，在罗斯托的理论体系中，具有自洽的逻辑结构，被作为一个关键概念，承担着解释经济增长史的重大使命，成为罗斯托学派的基本理论范式。它被作者自觉地运用于经济史研究的方方面面，如经济增长的速度及其持续性、经济波动周期等等。万变不离其宗，如果说，熊彼特的经济史观和社会史观来自于他的以"创新"为核心概念的理论范式，那么罗斯托的则来自于他以"起飞"为核心概念的理论范式。理解了"起飞"概念，罗斯托几乎全部著作的内容、特色以及彼此之间内在的联系也就可以举一反三，容易理解了。

经济起飞理论提出以后，在学术界引起的反响十分巨大，一度成为左右经济史和经济增长研究注意力的焦点。围绕这一概念展开的争论也可以说空前激烈。在起飞概念提出以后不久，国际经济协会（IEA）就决定召开专题讨论会。1960年夏天，37名正式会议代表和一位观察员聚集到联邦德国东部的康斯坦茨，出席这个专题讨论会。这些代表分别来自主要的发达国家和地区，都是经济史、经济增长、经济发展研究领域的翘楚，如库兹涅茨、道格拉斯·诺斯、哈巴库克、霍夫曼、都留重人、格申克龙、凯恩克洛斯等等。这次讨论会一共举行了16次分会，每次分会首先由国际经济协会预先约定的学者作书面发言，然后由参加者围绕题目进行面对面的自由讨论。由于这次讨论的主题是围绕"起飞"理论而展开设计的，所以，罗斯托自然成了会议的主角，在几次分会场上，他都被人质疑，有的批评很是尖锐，而他也是据理力争，舌战群儒。如果有人复原当时的场景，必是精彩的话剧。会后，罗斯托以会议论文及其辩论为基础编撰了一本论文集：《从起飞进入持续增长的经济学》。收入文集的论文，几乎都是质疑"起飞"理论的。尽管如此，罗斯托依然坚持他的"起飞"假说，后来还不断地充实和完善"起飞"理论的内涵，并将此范式应用推广到世界经济史和国别经济史的研究中去，出版了《政治与成长阶段》、《这一切是怎么开始的：近代经济的起源》、《世界经济：历史与展望》等著作。

罗斯托对自己理论的钟爱和自信，来自于他一直以来的思维方式和世界观。在耶鲁大学读本科期间，他广泛阅读、交往和参与社会实践，逐渐形成了关于具体问题的整体思维习惯。他反对就事论事地讨论一个历史事件或者用未经考量的抽象符号来确立历史变量之间的关系。他曾在自传中介绍了在他少年时代影响自己世界观的一些事件，比如在进入耶鲁读书之前就深受哥哥尤金的影响，接触到了一些非常出色的人，以至于，当他成为耶鲁大学新生的时候，居然有一种大三学生的感觉。在哥哥的帮助下，他得以进入当时只对研究生开放的耶鲁大学图书馆研究室，并开始从事一项有关法国革命史的系统研究。随后在大一的第二学期，他又着手寻找资料，写出了一篇关于 17 世纪英国革命的论文。耶鲁大学丰富的图书资料收藏为他的这两项研究提供了很重要的支撑，也正是在查阅研究资料的过程中，罗斯托接触到了马克思主义的一些读物。大二之后，罗斯托参加了由高年级学生比斯尔组织的每周四晚上的小型非正式研讨会，讨论一些重要的话题，比如社会科学研究方法和数理经济学。这些研讨会的初衷是在社会领域的研究中推广严谨的自然科学方法，但是，对罗斯托来说，效果适得其反，他反而觉得自己无法对基于数学的经济理论产生信心，这个思想的转变的结果就是确立了新的志向：1. 把经济学理论应用到经济史研究中去，也就是进入一个更加偏重于描述和制度分析的领域，而不是成为精通数学的经济学家；2. 与马克思主义相反，在假设不同领域相互影响的前提下，尝试去说明经济领域和文化、社会以及政治领域的关系；3. 从有兴趣做一个数理经济学家到立志做一个经济史学家的转变。1934 年，17 岁的罗斯托就试图建立一个满意的框架来解释法国大革命和拿破仑战争期间及之后英国的通货膨胀和通货紧缩。18 岁那年，他又对著名的 1873 年经济危机做了一次分析。在大学最后一年，他又对 1896—1914 年的严重通货膨胀时期的英国经济做了一个系统的解释，这个研究后来用到了博士论文中。这本博士论文也是罗斯托的第一本学术著作，即 1948 年出版的《1790—1914 年英国经济的增长与波动》。总之，耶鲁大学本科阶段的学习对于罗斯托形成自己的学术兴趣和学术观影响是巨大的、贯穿其一生的。特别是，最初的学术探索的实践有助于罗斯托发展起一套独特的基本社会历史研究方法论。这个方法论在它成熟以后的基本内涵就是在任何一项经济史的研究中都将理论经济学与经济史的材料熔于一炉，将历史阶段分析、主导部门分析和心理因素分析三者加以综合运用。历史阶段分析法、主导部门分析方法和心理欲望分析法是三位一体的，构成罗斯托经济分析方法的基本内容，体现了罗斯托经济分析方法的基本特征。而在这个三位一体的结构中，制度被作为一个贯穿其中的基本变量来对待。这种罗斯托式的方法，不仅有效地结合了制度主义经济学和历史主义经济学的内容，也将当时已经较为成熟的新古典综合学派的经济学与经济史学加以结合。这种方法论上的特征是罗斯托经济史理论体系得以建立的根基。鉴于这个方法论体系在罗斯托理论体系中的重要性，这里还需要略加展开。

罗斯托的基本经济分析方法或者说经济分析方法的基本特征之一是历史阶段

分析方法，也就是依据多元选择的历史观和现代技术的产生、发展和应用及其引起的其他方面特征来确定和划分人类社会发展阶段的分析方法，换句话说，是用制度学派的"制度分析方法"来分析经济成长阶段的方法。

基本特征之二是部门总量分析方法并与历史阶段分析方法相结合。在用历史阶段分析方法来分析人类社会发展的过程中，罗斯托是结合采用部门总量分析方法，也就是结合把国民经济总量分解为部门总量的分析方法。

罗斯托提出和使用了一种介于总量分析方法与个量分析方法之间的、能够反映有效地吸收新技术的各个部门的运动的部门总量分析方法；相对国民经济而言，是非总量的分析方法，是总量的部门分解方法；相对厂商经济而言，是总量的分析方法，是个量的部门加总方法。

基本特征之三是心理因素分析方法并与历史阶段分析法、部门总量分析法的结合。

罗斯托的心理因素分析法就是人类"欲望更替"的分析方法。他认为，人的欲望更替是经济成长阶段依次更替的动力之一，具有与主导部门"反减速斗争"同等推动的作用。因此，他把心理因素分析方法与历史阶段分析法和主导部门分析法结合起来，用于论证他的经济成长阶段论。

在经济起飞这个关键概念的提出以及应用方面，罗斯托的方法论特色体现得很是充分。罗斯托并没有专著专门地讨论经济史研究方法的作品，他的方法论特点是体现在具体的研究作品之中的。

在经济学日益专业化和技术化的今天，罗斯托的方法论所得到的理解和认同似乎日益式微。很多学者甚至明确地表达对这种理论体系的拒斥。究其原因，一方面是因为经济学专业化程度的不断加深，从业人员之间分工越来越细密，经济学家的培养方法已经与以前大相径庭。今天的经济学博士生，主要的任务不是阅读各种社会科学理论的重要著作，或者进行社会经济调查，而是学习各种计量经济学工具，以及收集可以检验的数据，从事建模和检验。任何一个综合性的问题都被分解为一个专业问题，一个只需通过专门方法就可以处理的问题。这种行业生存方式的历史性变化，意味着经济学家完全可以通过专业训练的方式来培养，对天赋的依赖已经大大减少。与此不同的是，罗斯托这类综合性的经济学家，其天才的历史洞察力和理论建构能力，更不容易通过训练和模仿来获得。因此，在某种意义上，他和熊彼特这类经济学家已经成为学术博物馆里面的标本。不过，熊彼特的历史命运要好得多。他的理论不仅直到今天还在吸引大家的注意，甚至有不少学者聚集在"创新学派"的旗帜下，将熊彼特的理论加以分解、继承和发扬光大，尽管，其中不乏鱼目混珠、移花接木的作品。熊彼特学派的兴盛也是可以观察到的一个学术现象。然而，罗斯托则落寞得多。一个可能的原因是，他的研究虽有一定的理论抽象性，但提出的很多命题都有相关的参数来对应。只要有足够的数据，罗斯托命题的真假对错是可以马上见分晓的，比如，他不仅赋予"起飞"以历史形态方面的内涵，也赋予它具体的表征，这样一来，一个国家在其经济发展的进程中，是否以及何时发生了"起飞"就是可检验和可证伪的，是统计学意义上存在或者不存在的事实。因此，在康斯坦茨会议上，库兹涅茨等人对罗斯托的发难，就主要是这个方面的。罗斯托为他的理论所做的拯救不得不从具体的指标意义上的"起飞"概念后撤到理论意义和历史形态意义上的"起飞"概念。但是，库兹涅茨作为杰出的经济统计学家给罗斯托的一击是沉重的和影响深远的。这类定点打击的技能，库兹涅茨在熊彼特身上也用过一回。20世纪40年代初，熊彼特倾注大量心力撰著的《商业周期》一书，一经问世就遭到了库兹涅茨的狙击，几乎灭顶，这成为他学术生涯的一个挥之不去的梦魇，使得熊彼特在此后的学术生涯中再也没有涉足过经济周期问题。不过熊彼特凭借他早年的更加理论化的《经济发展理论》所确立起来的一流理论经济学家的地位没有受到动摇。罗斯托没有熊彼特那样复杂和深邃，他的理论的命运也不如熊彼特那样亨达。

在我看来，今天的学术界把罗斯托忘得太快，也太干净了，其实，他所进行的理论尝试无论是从学术史的角度还是当下经济史、经济发展研究的角度来评价，仍然是有意义和值得认真对待的。

罗斯托在他学术生涯的晚期，开始转入经济学说史的研究领域，他在这个方面的兴趣仍然是集中于长期关注的经济增长主题上。《经济增长理论史：从大卫·休谟至今》便是这种学术兴趣的结晶。在罗斯托一生的学术成果中，这无疑是十分独特的一部作品。首先，这是他唯一一部研究经济理论史而不是经济史的作品。其次，这是他学术生涯即将结束时完成的一部重要作品；当这部著作于1990年问世时，罗斯托已经是年逾古稀的老人。最后，这是一部体量巨大的作品，英文原著接近一千页，在罗斯托的著作中，无有出其右者。

关于这部作品框架及内容上的特点，罗斯托在本书的导论部分已经做了比较详细的说明，这里不必赘述，只简单地予以介绍。

顾名思义，本书讨论的是自 18 世纪上半叶直到 20 世纪临近结束这两个半世纪左右时间里，若干重要的经济学家对经济发展（经济增长）问题的理论贡献。作者在处理这个主题的时候，体现了自己的一些特殊的设计，第一，精选经济学家。比如，在马歇尔之前，罗斯托只选择了六位重要的经济学家，而在马歇尔之后，也只选了九位经济学家（罗斯托本人认识其中的 8 位，除了科林·克拉克）。第二，只关注他们在经济发展以及密切相关问题上的理论和思想，而对其他的方面不予涉及，举例来说，在凯恩斯所列举的马歇尔七大杰出贡献而言，本书的讨论只涉及其中的两个。第三，即便就经济增长理论本身而言，本书的目的也主要在于指出经济学家发现的最为重要的变量与问题，而不是详尽地阐释他们对经济增长的看法。尤其值得注意的是，作者对所讨论的经济学家，较为感兴趣的是他们观察问题的视角，而不是他们学说的本质或起源，更不是评论是非。简言之，罗斯托在这本书中，对影响当今经济发展理论的若干杰出的经济学前辈的贡献进行了独特的解读，研究了他们与现时代经济理论的关系。正如他自己表白的，他借助以下三类问题来讨论这些理论家及其主张。第一，他们的观点是否受到可界定的或相当清晰的哲学、心理学、道德或其他非经济学学说的影响，或是与这些学说有关？第二，在他们的学说成形之时，他们的观点是否明显地受到当时他们所密切观察的某一段经济史的影响？第三，他们有没有或明或暗地使用基本增长方程；如果有的话，他们的正式阐述有何特别之处？罗斯托严格，甚至有些教条地按照这些问题来处理主题。在每一个相应人物的研究上都依次考察其学说与所处时代经济史、学者自身所受的教育和个性特点的关系，并按照现时代增长经济学的理论模型，来讨论他们的学说所具有的内涵、性质、地位和影响。

讨论经济增长或者经济发展的著作浩如烟海，讨论经济发展理论史的作品也不少，但是，一个杰出的经济史家、发展经济学家撰写的经济发展理论专题史则很罕见。仅就这一点，这本书就有其特殊的学术价值。不仅如此，这本书所具有的宏阔历史视野、富有特色的叙事框架、专业的分析方法，并将三者熔于一炉的大家素养，也是时下很多的经济学史著作所不具备的。在某种程度上，本书体现了罗斯托自己的史观与方法论的内在联系。

时至今日，罗斯托的经济史著作，特别是反映他基本理论贡献的作品都已经先后被译成中文，为了让更多的中国读者能够了解罗斯托的经济理论体系，我们组织力量将《经济增长理论史：从大卫·休谟至今》这本书译成中文。希望本书的出版有助于我们更加全面地了解和理解罗斯托这位重要的经济史学家的理论体系，也希望对改进我国的经济思想史研究和教学发挥应有的作用。

　　是为序。

第一章　绪论

目　的

本书旨在探讨 18 世纪中叶以来，增长理论家如何选择处理（或者不处理）一系列（在我看来）当我们面对经济增长的动力学时不可避免地将涉及的变量和问题。本书将以我力所能及的同情式理解来讨论诸多经济学家的思想，但我并不打算在这个过程中隐藏自己的观点。对于我自己的一些观点，读者务必谨慎待之，而我也会在本章后面及第十八章论及这些观点。诚然，一开始概要地介绍一下本书的结构会有益于读者的阅读。

本书的结构

本书第一、第二和第三部分将回顾 18 世纪中叶到 1980 年代的经济增长理论。第四部分将总结本书，对经济增长理论中在我看来尚未解决的重要问题进行评述，随后对今后几十年发展本身的前景与难题及其给政府和人民带来的选择进行展望。

在前面三个部分中，每一部分都围绕着增长理论家提出的一组问题而展开，至于这些问题是什么，我会在本章后面进行描述。这些问题之间所具有的连续性有助于我们分析这三个历史时期。不过这些部分是以截然不同的方式来组织的，而这些不同源于经济增长理论本身的演进。

第一部分将阐释始于大卫·休谟（David Hume）和亚当·斯密（Adam

Smith），止于约翰·斯图亚特·穆勒（John Stuart Mill）和卡尔·马克思（Karl Max）的那个世纪；这个世纪无疑具有连续性，不管这种连续性是在于他们提出的问题，还是在于他们所应用的概念和方法，抑或者在于意识到经济学家是在一个演进的传统中展开其研究工作。对于马克思来说也是如此，尽管他从另一个角度出发来推测历史。就我们的目的而言，最重要的是，他们都把经济增长置于其分析之核心；而且他们都深知，经济绩效不可避免地与社会性质相关联，因为他们都是这其中的一分子。我会在书中介绍许多 18 世纪和 19 世纪的思想家，不论是来自法国的，还是来自英国的；而我们的故事还可能会追溯到 17 世纪政治算术的某些奠基者——当然，对于他们我只能概而述之。但是我认为，在第一部分讨论了六位关键的主角之后，我想讲的核心论点便会浮出水面。

因为 1870 年到 1939 年间问题的差异，本书第二部分的结构也就非常不同。在广义的古典意义上，这期间重要的发展经济学家只有一位，那就是阿尔弗雷德·马歇尔（Alfred Marshall）。我的这个论断可能会令某些人感到万分惊讶。诚然，严肃地处理经济增长（或经济增长的因素）的还有其他一些人，如熊彼特（Schumpeter）、科林·克拉克（Colin Clark）、西蒙·库兹涅茨（Simon Kuznets）、沃尔瑟·霍夫曼（Walther Hoffmann），以及最后随着一股好奇之风而来的罗伊·哈罗德（Roy Harrod）。不过还有更多的人，他们只是对经济增长问题表露出些许兴趣，把其当成思考其他主题时的附带工作。为了考虑他们的零星贡献，并使之清晰有序，我会在最后回到基本的模子上，使本书形成一个合理且内在一致的结构体。因此，在对作为增长经济学家的马歇尔展开长篇论述之后，我们会在熟悉的主题（人口与劳动力、投资与技术、经济周期之类）下继续前进。

第三部分（1939—1988）的问题同样颇为突出、与众不同，但却较易解决。离开可清晰识别的前 1939 时代，1945 年后出现了三种实际上相互独立的经济增长分析：新凯恩斯增长模型，这主要衍生自罗伊·哈罗德的工作，不过却可以在第二部分的先驱那里找到源头；经济增长模式的统计分析，在这里，科林·克拉克毫无疑问是其中的先驱；对发展中国家的讨论与政策建议，这里的先驱不止一个，可以溯及休谟和亚当·斯密、约翰·斯图亚特·穆勒以及维拉·安斯蒂（Vera Anstey）和理查德·亨利·托尼（R. H. Tawney）。如此一看，第三部分的三位一体结构也颇为自然，不过其中的问题在于，这个部分中的每个章节一度异常臃肿。所以，我们的任务是尽可能捕捉并接近思想的核心，却又不至于过分凌乱与庞杂。读者且自己判断这一部分调试得是否妥当。

在第四部分，也即结尾部分，讨论的是经济增长分析中尚未解决的问题（第二十章），以及至下个世纪中期为止很可能摆在世界各国议程上有关世界经济增长的机遇与挑战（第二十一章）。最后是我与迈克尔·肯尼迪（Michael Kennedy）一起完成的数学附录，不过数学证明完全是由他完成的。这个附录旨在严格地考察本书的关键命题，尽管如同大部分这种分析一样，这种尝试面临着过分简化而带来的巨大代价。虽然数学作为语言在经济学中缺陷明显，但我们还是把这篇附录看成是本书有用的补充。

分析性的视角

首先需要强调一下本书区别于一般经济学说史的三方面局限。第一，本书涉及的经济学家都经过精挑细选。我们认为，在这种专题性分析中，显然无须详尽。第二，对经济增长问题的高度关注意味着我们无法顾及这些经济学家的其他研究。举例来说，就凯恩斯［在埃奇沃思（Edgeworth）的协助下］所列举的马歇尔的七大杰出贡献而言，其中有五个几乎没有涉及。另一方面，在第六章中，马歇尔也主要是以一个增长理论家的面貌出现的。第三，即便就经济增长理论本身而言，本书的目的也主要在于指出经济学家发现的最为重要的变量与问题，而不是详尽地阐释他们对经济增长的看法。本书较为特别的一个地方在于，我较为感兴趣的是每个经济学家观察的视角，而不是他们学说的本质或起源，更遑论评论他们孰是孰非，尽管这个过程不可避免地会在某种程度上涉及每个人与其智识上的先驱及同时代人的争辩。

在可能的情况下，我都会依托下面这一系列问题来讨论这些理论家及其主张：

● 他们的观点是否受到可界定的或相当清晰的哲学、心理学、道德或其他非经济学学说的影响，或是与这些学说有关？

● 在他们的学说成形之时，他们的观点是否明显地受到当时他们所密切观察的某一段经济史的影响？

● 他们有没有或明或暗地使用基本增长方程；如果有的话，他们的正式阐述有何特别之处？

让我们暂且打住。贯穿本书的一个主要论点是，18 世纪至今的经济增长理论均是建立在这样那样的一般方程或生产函数基础上。正如我在《经济增长的进程》（*The Process of Economic Growth*）[1]（1952）中所说的：

> 这一论点依托于一对简单的经典关系。产出取决于劳动力和资本的规模与生产率。为求分析上的方便，这里的资本包括土地、其他自然资源以及有关科学、技术和组织的知识。由此，一个经济体的增长率就被视为这对复杂变量变化率的函数……
>
> 这本书的一个核心观点在于，决定经济增长率以及劳动力与资本生产率的经济决策并不仅仅由人类的经济动机所决定。经济行为是权衡物质进步与人类其他目标这一复杂过程的结果。而且，历史与现实均告诉我们，导致经济进步的行为不一定源自经济目的的激励……我们这里的目的……可以说是试图在经济分析中引入这么一些变量，这些变量能够把人们对挑战的反应和经济环境所给予的物质机会融合起来。考虑这些变量是为了在传统经济学家关注的领域和社会学家、人类学家、心理学家和历史学家关注的领域之间建立起联系……
>
> 为此而选择的工具包括以下六种倾向：
>
> - 发展基础（物理和社会）科学的倾向
> - 将科学应用于经济目的的倾向
> - 接受创新的倾向
> - 寻找物质进步的倾向
> - 消费的倾向
> - 生育的倾向

在《经济增长与发展的理论》（*Theories of Economic Growth and Development*）
6　（1961）[2] 中，伊尔玛·阿德尔曼（Irma Adelman）在生产函数中考虑了同样一组变量：

---

[1]　沃尔特·惠特曼·罗斯托，《经济增长的进程》（*The Process of Economic Growth*），纽约：W. W. 诺顿出版社，1952；牛津：克拉伦登出版社，1953 年，1961 年，第 10—11 页。

571　[2]　伊尔玛·阿德尔曼（Irma Adelman），《经济增长与发展理论》（*Theories of Economic Growth and Development*），斯坦福：斯坦福大学出版社，1961 年，尤其第 8—24 页。

$$Y_t = f\ (K_t, N_t, L_t, S_t, U_t)$$

其中，K_t 代表一个经济体的资本存量，N_t 代表自然资源，L_t 代表社会积累的应用知识，U_t 指的是经济运行的社会文化环境。最后的那个变量 U_t 就代表着一个一般性倾向，而在《经济增长的进程》中，我把它分解了。分解的目的是希望聚焦阿德尔曼所谓的"社会文化环境"，考虑具体是什么变量决定了劳动力增长率、投资率和投资生产率。对于不同社会来说，不仅现在和将来的"社会文化环境"彼此不同，而且那些不同对关键变量的影响也不统一。因此，一个单一的、综合性的"社会文化环境"变量除了可以提醒我们非经济变量必定与经济增长分析有关之外，别无他用。

不论是在休谟的经济论文、亚当·斯密的《国富论》（*The Wealth of Nations*），还是在最新的新古典增长模型，以及其间几乎每一次的正式阐述中，我都可以找到类似于基本方程的东西。但是对于本书将展开的讨论而言，罗列这些基本变量只是其应用于这些增长理论家的起点，而非终点。在这一考虑的背后，与所有经济增长模型直接相关的是，我们还需要进一步回答以下问题：

● 他们接受的是何种人口理论，以及如果有的话，他们如何讨论劳动力的质量和生产率？

● 他们所识别出的决定投资水平和生产率的因素有哪些？他们是否将投资视为无差别的聚合体，还是会从不同方面对投资进行细化分解？倘真如此，他们细化的程度又是如何？

● 他们如何讨论机械和其他新技术？他们有没有分析新技术产生和传播的推动力？

● 他们如何理解和处理经济周期？他们有没有把它与经济增长联系起来？他们有没有区分不同长度的经济周期？如果有的话，是基于何种标准？

● 他们有运用古典术语将初级产品与制成品之间生产率的走向区分开来吗？他们如何处理报酬递减和报酬递增、相对价格的变动，以及这些变量对其他与经济增长和收入分配有关的变量的影响，如果有的话？

● 他们有没有以不同水平的人均实际收入和经济增长阶段来区分不同的国家和地区？如果有，是基于何种标准？

● 他们如何处理经济增长的极限？他们如何看待经济系统的趋势，是加速、减速呢，还是处于稳态或者走向衰退呢？他们认为决定结果的变量是什么？他们又是如何考虑时间因素的？

● 他们是怎么讨论非经济变量的，如果有的话？如果有考虑，他们又是如何把非经济变量与社会经济绩效相关联的？

这些问题既非随机挑选，也非无关痛痒。它们反映了这么一种信念：自18世纪以来，某种经济理论若要有助于分析历史和当代，就必须能够内生地纳入人口变迁，将科学和发明看成投资的子部门，将创新能力看成创造性的任务，以区别于固定或渐进变化的生产函数下的利润最大化行为；而且，它还要能够解释重大创新集中出现而不是随时间分散随机出现的倾向，揭示经济增长与伴随着重要创新与食物和原材料这些必要投入品的生产而来的、内生于系统且时间长短不一的周期性波动之间的密切联系。此外，这种理论还要能够回答，决定某一特定社会在什么时候以及以什么样的速度有效地吸收既有的相关技术存量，并将由此获得的利润进一步投入到再生产与增长中的变量是什么。最后，我坚持认为，这一动态分解的系统一定要与传统的宏观经济分析联系在一起，用沃伦·韦弗（Warren Weaver）的话说，这是一项"有组织的复杂化"任务。[1]

毫无疑问，这些必须回答的问题都需要结合经济变量与非经济变量。

这个系统确实体现着动态均衡的概念，尽管如后所示，这个系统本质上会随着时间的演进而偏移，围绕着其最优的部门（也因此，总体）路径上下超调。它还会因其变化的不可逆特征而成为一个非线性（或混沌）系统——在这个系统中，稳定的均衡已经被剔除出局，非均衡会驱使着各个部门走向均衡路径，不过那也只是一触而过，永不停留。

本书不会对这个系统展开详细的阐述，因为我已在其他工作中对此进行了讨论。不过本书到处可见这种系统观，而且我们还将在附录中对此给出一个概要性的数学说明。

与经济史的关联

比起其他传统的经济学说史研究，读者在本书中可能会看到更多经济史方面

---

[1] 瓦伦·韦弗（Warren Weaver），"科学与复杂性"（Science and Complexity），载《美国科学家》（*American Scientist*），第36卷，1948年。

的内容。这是因为，随着讨论的深入，我越发感到，把作者与他们观点形成的那段时间相连，甚至偶尔与其下笔的那一小段时间相连很重要。形形色色的增长方程都印上了作者所密切观察着的特定时期经济史的标记。正如阿尔弗雷德·马歇尔在1891年写给约翰·内维尔·凯恩斯（John Neville Keynes）的信中所说[1]："我认为那些'古典'经济学家是知道那些事实的，虽然他们在自己的作品中只是略作描述。而且我也不认为他们有你那么抽象。"1870年后的经济学家们并非一如他们的先辈那般博学；但整体而言，他们的观点令人惊讶地印证了四个非常接近的看法[2]：孔子的三十而立观，即认为三十岁是一个人思维方式得以确立的时刻；沃尔特·白哲特（Walter Bagehot）（相对于马尔萨斯）的论点，即"几乎没有人能在一个学科中提出某个鲜明且富有独创性的概念之后，又能完全摆脱它"；还有约翰·梅纳德·凯恩斯《通论》（*General Theory*）中那众所周知的结语："在经济学和政治哲学领域中，很少有人过了二十五岁和三十岁还会受到新理论的影响……"；我们同样可以发现认同这个观点的熊彼特经常提到，经济学家二十多岁的那十年是"神圣的十年"，因为此时，他的研究构想已经基本确定。

我倾向于认真地对待孔子—白哲特—凯恩斯—熊彼特的论点，但又不过于认真，因为追究起来的话，弗朗斯瓦·魁奈（Francois Quesnay）直到六十二岁时才

---

[1] 惠特克（J. K. Whitaker）编，《马歇尔早期经典著作集，1867—1890》（*The Early Economic Writings of Alfred Marshall, 1867—1890*），第一卷，伦敦：麦克米伦出版社，1975年，第98页。

[2] 诺尔曼·圣约翰－斯蒂瓦斯（Norman St. John Stevas）编，《沃尔特·白哲特文集》（*The Collected Works of Walter Bagehot*），第二卷，伦敦：经济学家出版社，第339页；和约翰·梅纳德·凯恩斯，《就业、利息和货币通论》（*The General Theory of Employment, Interest and Money*），伦敦：麦克米伦出版社，1936年，第383—384页。关于白哲特，我深受金德尔伯格（C. P. Kindleberger）的启发。在知晓了我对这一人类现象的兴趣之后，张瑞庄（Zhang Ruizhuang）在上海在他夫人沈晓莉（Shen Xiaoli）的帮助下，把孔子的一段话翻译成如此鲜活的文字：

> The Master said, "I'd got the aspiration for learning when I was fifteen. At the age of thirty I was established, * then at forty no longer bewildered, knowing Providence at fifty, being discreet and judicious on whatever I heard at sixty, never behaving improperly even following every inclination of my own at seventy."（即，子曰："吾十有五而志于学，三十而立，四十而不惑，五十而知天命，六十而耳顺，七十而从心所欲，不逾矩。"）

（译自杨伯峻，《论语译注》第四章第二部分，（中华书局，1956年，北京）* 张瑞庄的评论是："我认为，这句话意味着一个人思考方式和职业生涯的确立。"约瑟夫·熊彼特曾经漫不经心地提到，威廉·奥斯特瓦尔德是这种观点的提出者，即"思想家们早在三十岁前就已形成他们原初的观点。"（《经济分析史》，纽约：牛津大学出版社，1954年，第388页注释）熊彼特没有说明引用来源，我付出了巨大的努力以求找出奥斯特瓦尔德的原话，但是未能找到。我的同事，博学的艾西格·希尔伯斯拉格（Eisig Silberschlag）教授，则提供了以三十岁来界定思想成熟度的反例："圣哲罗姆（St. Jermoe）提到一个犹太教的传统，这种传统禁止人们在三十岁前研读《以西结书》的首尾部分。"这是《旧约圣经》中至为"神秘"的一个段落。

8　发表了他第一篇有关经济问题的论文。尽管如此，表 1.1 还是列出了第一部分主角们的相关资料。

表 1.1　思想家构想成型的年份

重要的经济增长理论家	而立之年	完成主要作品的年份
大卫·休谟（1711—1776）	1741	1739（《人性论》） (*A Treatise of Human Nature*)
亚当·斯密（1723—1790）	1753	1748—1751（《爱丁堡讲义》） (*Edinburgh Lectures*)
托马斯·罗伯特·马尔萨斯（Thomas Robert Malthus）（1766—1834）	1796	1798（《人口论》第一版） (*An Essay on the Principle of Population*)
大卫·李嘉图（David Ricardo）（1772—1823）	1802	1817（《政治经济学原理》） (*Principles of Political Economy*)
约翰·斯图亚特·穆勒（1806—1873）	1836	1829—1830（《一些未解决的问题》，直到 1844 年才发表）(*Some Unsettled Questions*)
卡尔·马克思（1818—1883）	1848	1848（《共产党宣言》） (*Communist Manifesto*)

　　在这一部分的六位古典人物中，唯一不合孔子—白哲特—凯恩斯—熊彼特论点的真正例外是李嘉图，尽管就李嘉图而言，证据也并非确凿无疑。直到 1819 年，李嘉图才完全从经商中退出，但那时他已经是 1809 年到 1810 年间"金块争论"（bullion controversy）的主要人物。而李嘉图确实在他三十岁之前就已经开始阐述自己对经济的看法。从 1797 年开始，二十五岁的他把自己的一些闲暇时间投入数学和物理科学；但在两年之后，当与妻子正在巴斯镇度假时，他偶然读到了《国富论》。根据相当可靠的考证，从那以后，他会固定地安排出一些时间，投入到政治经济学之中。[1]

　　亚当·斯密则是较为模糊的例外，很可能也不算例外。1748 至 1751 年之间，他任教于爱丁堡大学，在这里他开始与大卫·休谟（1750）交往，并尝试整合道德哲学与政治经济学。1751 年，他成为格拉斯哥大学的教授。我们能从他在 1762 年间讲授的讲义要旨中，一窥其豹；但他确实在此之前便埋头阐述对经济过程

---

[1]　证据出自：皮耶罗·斯拉法（Piero Sraffa）和莫里斯·多布（M. H. Dobb）编，《大卫·李嘉图著作及书信集》（*The Works and Correspondence of David Ricardo*），第十卷，《生平杂记》（Biographical Miscellany），剑桥：剑桥大学出版社，1955 年，第 6—7 页和第 34—37 页。

的理解，这大部分都反映在他的《道德情感论》（*The Theory of Moral Sentiment*）（1759）中。其实，这段时期记述斯密生平的主要传记家都把斯密转向政治经济学的日期定在 1748 到 1751 年间，也即斯密奔三十之时。[1]

我之所以要在这里给出如此一个逗趣的传记计算，还是存在一些略微严肃的理由的；这个理由就是，不管是哪种经济增长理论，其中有关经济过程的观点看起来都会受到每个经济学家学术生涯早期所观察到的一系列经济事件的强烈影响。当我们在第三部分讨论一组入行较晚（就像是再婚）的发展经济学家时，我们便会发现这方面的一些有趣例子。不过总体上说来，我们还是能看出他们早期投身之工作所带来的印记。外部世界的环境改变了，经济学家会对此做出反应；但他们每每倾向于使用早年思想成形时就已形成的概念。套用熊彼特的话，他们的"构想"常常来得很早，而他们随后的工作只是在修饰那个构想。随着讨论的深入，这种看法的含义会一而再地浮现。

不过，即便是这样狭小范围内的回顾，也必然需要处理许多超越同期经济事件的因素，因为它们会对我们所考察的经济学家的学说产生影响，或者可能会产生影响。但是我们不能把故事说得太简化，好像芸芸众生就是试图在抽象和科学层面上改进先辈们遗留下来的理论阐释，由此展开一系列相互独立的理论工作与改进，对于经济思想史来说是如此，对于其他领域的思想史来说亦然。这里其实存在着一个强有力的对位关系，那就是每一代人都在努力解决他自己那个时代的问题。

个性有关系吗？

本书所考虑的非经济变量包括这些经济学家有意无意地引入到自己分析中的道德、政治和社会判断。于是，人们至少在某程度上可能就会去思考并回答：他们（曾）是什么样的人？

一位富有思想的观察家，彼得·梅达瓦爵士（Sir Peter Medawar），反对这种

---

[1]　威廉·罗伯特·斯科特（William Robert Scott），《作为学生和教授的亚当·斯密》（*Adam Smith as Student and Professor*），格拉斯哥：杰克逊·索恩出版公司，1937 年，第 55—59 页和第 111—114 页。同样见，约翰·雷的《斯密传》（*Life of Adam Smith*），伦敦：麦克米伦出版社，1895 年，第 36 页；在书中，他认为，斯密是从 1749 年开始草拟他宣扬"商业自由学说"的经济学讲义的。

做法。熊彼特对魁奈的性格描述（"他……必定是个极其糟糕、让人反感的人"）当然不能套用到所有经济学家身上，不过梅达瓦的看法却也不能被草率地置于一旁：[1]

> 科学家在世时（考虑一生）几乎总是在制造着无趣的读物……在世俗的意义上，学者鲜少过着丰富多彩或令人激动的生活。他们需要实验室或图书馆，与其他学者合作。贫困、穷苦或世俗的烦扰都会使他们的工作或者无法深入，或者无法叫人信服。他们的私人生活可能很不愉快，混乱奇妙而又滑稽，但这不会告诉我们，他们工作的方向或者性质有什么异常。学者处于文学传统的蹂躏之外，在文学传统里，信里描述的个人生活或艺术家生活才叫人最感兴趣，似乎它们才是文化洞见的源泉。如果一个科学家割下自己的耳朵，没有人认为这是鉴别力提高的证据；如果一个历史学家（如鲁斯金（Ruskin）一般）未能实现圆满的婚姻，我们也不应该认为我们对历史学学问的理解会获得某种程度的提升。

大多数情况下，我会认为，要么梅达瓦是对的，要么是我没有足够的数据确定他是对是错，要么是分析将会扭曲，如果涉及太多必要细节的话。譬如查尔斯·巴贝奇（Charles Babbage）和约翰·雷（John Rae）完全是两种人，都拥有迷人的个性。然而，鉴于他们在故事中只是配角，我不得不压下自己的冲动，不去详述他们是怎样的人。在这一谱系的另一端是亚当·斯密——据我们所知，他是梅达瓦论证时的一个案例。他对牛津的厌恶确实在他的观点中留下印记；但他小时候被拐带，对母亲无私的敬爱和极端的心不在焉都没有太大地影响他的写作。

因此，我不会试图在这一点上建立一个一般化的模式。关于第一部分的六个古典政治经济学家，我只会在我认为有必要且合适之时对个人情况进行介绍，比如大卫·休谟，约翰·斯图亚特·穆勒和卡尔·马克思这些明显的例子。马尔萨斯—李嘉图的友谊，以及他们尚未解决的智力分歧的重要性也需要考虑一些这方面的内容。李嘉图也的确值得我们略费笔墨，以改变他在那些推崇他的新古典主流经

---

[1] 梅达瓦爵士《柏拉图的理想国》（*Plato's Republic*），牛津：牛津大学出版社，1982年，第263页。这一段话还被《纽约时报书评》（*The New York Times Book Review*），1986年6月22日，周日版所引。熊彼特对魁奈的描述则可见《经济分析史》第224页。

济学家中毫无个性、一丝不苟的形象：因为他显然是一个生气勃然和有人情味的人，拥有经济学家鲜有的品质——幽默感。

在第二部分中，如果还考虑过多的这种因素，那篇幅就不够用了。表面上看，阿尔弗雷德几乎就是梅达瓦笔下科学家的原型；不过我想，捕捉他的某些道德情感是重要的，因为正是这些东西引导他反抗自己的意志，迈向经济学。有些 10 人会把他看成是古板守旧的维多利亚时代人，不过对于这些人，很少人会像他一样在劳动阶级居住的区域闲逛，观察穷人的表情，享受与工人或体力劳动者自在的关系，或者构想一个大胆的脱贫计划。

熊彼特这个例子更能说明梅达瓦的观点。透过洛林·艾伦（Loring Allen）那极好的传记，我们现在知道了许多终其一生不断发生的创伤性甚至是悲惨性事件。然而，也许除了未能完成《经济分析史》（*History of Economic Analysis*）外，很难去追踪这些事件及其细节对他的经济学研究工作的影响。

至于第三部分，在介绍九位发展经济学先驱时，我会轻微地放纵一下个人的观察，这些人我都认识，除了科林·克拉克；不过，只有在涉及他们研究发展问题的方法态度时，我才会谈到这些。

在本书中，观点优先，但是当这些观点看起来似乎是由这些增长理论家的个性所决定的时候，我就会毫不犹豫地展现他们作为普通人的一面。

第一部分　六位古典经济学家：
从休谟到马克思

第二章　休谟与斯密

背　景

虽然很早以前就有过一些预兆，不过古典经济学的真正源泉却是来自18世 　　13
纪一项更为伟大的事业：长久地致力于发现并安置那里应统摄着社会中的人的自
然法，以求将上帝之城转变成"世俗社会"。[1] 卡尔·贝克尔（Carl Becker）是这么
描述13世纪这一传统开启时的思想氛围的：[2]

> ……神圣慈爱的上帝，为了最终不可知的目的而在六天之中创造了世界
> 和人类，此乃无可置疑的事实。尽管创造本身完美无瑕，但人类却因违背上
> 帝而从恩典堕落到罪恶，招致永坠地狱的惩罚。幸好上帝唯一的儿子牺牲自
> 我，以求救赎，为人们求得一条赎罪和拯救的道路。尽管他们无望免除上帝
> 公正的责罚，但却仍可以凭借上帝的仁慈和谦恭，服从于他的意志，以求赦
> 免自己的罪恶。尘世的生命仅仅是实现此目的之手段，是试验人们作为上帝
> 之子民的短暂观察期。在上帝指定的时间中，尘世便会终结，地球将被烈焰
> 吞噬。到那一天，好人与恶人将被永远隔离。顽固之人将堕入为他们准备的
> 永罚之地；而虔诚的人则会与上帝一起永远居住在完美和幸福的上帝之城。
> 　　于是，中世纪的人把存在当作一出无有穷尽的戏剧，它由一位熟练的剧

---

[1] 这个形象出自卡尔·贝克尔（Carl L. Becker），《18世纪哲学家的天城》（*The Heavenly City of the Eighteenth-　572
Century Philosophers），纽黑文：耶鲁大学出版社，1932年，第49页。

[2] 同上，第6—7页。

作家根据一个核心主题和理性计划而创作……人类的职责是承认这部戏剧的存在，接受其中的角色安排，演好指定的角色，事实上，他也无力做出什么改变……智力很关键，因为这是上帝的恩赐。不过，智力的作用严格限于……调和各种各样的实用主义经验，使之与信念中世界那既定的理性模式相一致。

每个在大学里修读过西方文明的学生都知道，随后五个世纪出现的转变（其结果其实就是所谓的现代世界）要纷繁复杂得多。粗略而言，它包括希腊和罗马复兴以及更广意义上的文艺复兴；封建主义缓慢又不规则的衰落；城镇和生机勃勃的城市社会的兴起；从哥白尼到牛顿的科学革命及其间接而无所不在的影响；基督教的出现；发现新大陆的航行和商业革命；民族国家血淋淋的胜利和它们的争权夺利；然后是 18 世纪的启蒙运动——这其中包括现代经济学理论和学说的诞生，虽然令人惊讶的是，它在相当程度上生于苏格兰，一片位于欧洲西北部边缘地带的土地。

显然，每一代人都会从不同的角度探查这段万花筒般尤为绚丽的传奇历史，但无人敢说自己的阐释囊括一切，或可盖棺定论。[1] 比如，彼得·盖伊（Peter Gay）是如此界定他对启蒙思想家的看法的：这是一小群精英，其中包括亚当·斯密和大卫·休谟，后者无疑是其中真正关键的人物之一。[2]

18 世纪有很多启蒙思想家，但只有一个启蒙运动。这是一个松散、非正式也全无组织的群体，有文化批评者，宗教无神论者，还有政治改革者；从爱丁堡到那不勒斯，巴黎到柏林，波士顿到费城，他们组成了一个百家争鸣的合唱团，其中虽有一些不协调的声音，但令人震惊的是他们那总体的和谐，而非偶尔的不和。启蒙运动的成员团结在一个雄心勃勃的纲领之下，那是一个关于世俗主义、人道主义、世界主义和自由主义的纲领，尤其突出的是各种形式的自由——免于专断权力的自由、言论自由、贸易自由、一展才

---

[1] 彼得·盖伊在写作《启蒙运动：一项解释，现代异教的兴起》（*The Enlightenment: An Interpretation. The Rise of Modern Paganism*）（纽约：诺普夫出版社，第 423—555 页）时观点鲜明，但是其中还是包含了一份平衡良好的参考书目。

[2] 同上，第 3 页。

能的自由、审美反应的自由，一句话，让道德人决定自己在世上生存方式的自由。1784 年，在启蒙运动已接近尾声时，康德将其定义为人类脱离自己加之于自己的不成熟状态，并称之为 motto Sapere Aude ——"敢于求知"：为发现承担风险，实践自由批评的权利，接受自治的孤独。[1] 正如其他启蒙思想家一般，康德把启蒙看成人类宣称自己要被当作成人，当作负责任的存在的宣言；事实上，康德仅仅是清晰地表达了其他人在争论中早已阐明的观点而已。

启蒙运动的世俗主义采取的是某种直接抨击教会的形式。盖伊在论述休谟与宗教的长期斗争时谈到了这点。[2]

任凭他思想艰深……任凭他著作等身，涉猎广泛，不管是批评者还是支持者，不管是基督徒还是不信教者都会毫不迟疑地将其列入最激进哲学家的行列……（启蒙思想家）赞扬休谟的著作，喜爱他这个人，并奉他为共同事业的领袖。

这不是没有理由的：在他的思想谱系中，在他的意图和他自己的世界观中，休谟都属于这个群体，不管他的倾向有多和善，他的辩论有多独特，他的结论有多出乎人们意料……确实，休谟不情愿地强调着人类抵制理性思辨的能力，并且对人类持续或必然地从迷信中解脱出来也没什么信心。但是，如果说他的著述带来的冲击很有限，那也不是因为缺乏努力的缘故。休谟倾力投入，详尽地雕琢他对宗教的批评，希望有人至少会去聆听，并且（我相信）满足他自己内心无法抑制的需要。

15

对于这些旗手，还有其他非常不同的处理视角，比如路易斯·洛布（Louis Loeb）那高度技术性的研究，即把他们都当作专业哲学家。[3]

本书的主要关注点更接近于约翰·波考克（John Pocock）的工作所带来的刺

---

[1] "启蒙是什么？对此问题的回答"（"Beantwortung der frage: Was ist Aufklarung？"），《康德著作集》（Werke），第四卷，169 页。

[2] 同上，第 401—403 页。

[3] 路易斯·洛布，《从笛卡尔到休谟：大陆的形而上学与现代哲学的发展》（From Descartes to Hume: Continental Metaphysics and the Development of Modern Philosophy），伊萨卡：康奈尔大学出版社，1981 年。可见如休谟对"实体（substance）"的讨论，第 86—109 页。

激。波考克的《马基雅维里时刻》（*The Machiavellian Moment*）激起了对苏格兰启蒙运动[1]的重新关注，并因此引发对休谟、亚当·斯密和他们那个时代学者的重新解读。

波考克的论点，虽然满是其所钟情的细节和精致，但是其核心思想还是颇为简单的。源自希腊－罗马世界的马基雅维里式主张讲的是，在一个本质上不确定且尔虞我诈的世界中，政治体系（命运女神，Fortuna）的命运取决于市民德性。在这个语境中，德性要求有一群公民——勇士，他们地位平等，拥有土地财产，过着简朴的生活，完全献身于国家的利益，并大体上因这种绝对的奉献而获得巨大的满足；他们超越了基督教式道德，能与其命运女神一样直面历史中发生的一系列危难。在这种斯巴达式观念下，财富、追求财富、奢侈和懒惰就是腐败堕落的首要敌人[2]："也许……可以把历史重新描述为一个循环：共和国因其德性而变成帝国，却被随之而来的奢靡所腐蚀和破坏。"

对18世纪的苏格兰来说，这个学说无法让人非常满意。随着1660年之后英国政治和经济事务走上康庄大道，加上1707年与苏格兰的联合，在爱丁堡和伦敦，情况已经开始发生变化：[3]

> 随着拥护联邦制以失败而告终，联合王国成为现实，人们开始认识到，苏格兰加入到英国奇迹般的经济增长中的代价是市民德性的牺牲，因此不管

---

[1] 约翰·波考克（J. G. A. Pocock），《马基雅维里时刻》（*The Machiavellian Moment*），普林斯顿：普林斯顿大学出版社，1975年。亦见他的《剑桥范式和苏格兰哲学家：18世纪社会思想的市民人文主义和公民法理学解释之间的关系研究》（"Cambridge Paradigms and Scotch Philosophers: A Study of the Relations Between the Civic Humanist and Civil Jurisprudential Interpretation of Eighteenth-Century Social Thought"），录于伊什特万·洪特与米凯尔·伊格纳季耶夫（Istvan Hont and Michael Ignatieff）编，《财富与德性：苏格兰启蒙运动中政治经济学的发展》（*Wealth and Virtue: The Shaping of Political Economy in the Scottish Enlightenment*），第九章，剑桥：剑桥大学出版社，1983年。这本文集源自一次讨论会，那次讨论本质上是因为波考克阐发的核心议题而召开。

[2] 约翰·波考克，《马基雅维里时刻》，第493页。市民德性与基督教道德之间的概念张力始于波考克的"剑桥范式和苏格兰哲学家"一文：

> 值得强调一下市民道德与基督教道德之间的重要张力。公民（或者说"爱国之人"）是不会原谅或者爱他的城市的敌人的。马基雅维里便是如此地强调这一区分，乃至于德性的公共特征也开始在道德上变得模糊不清。在一个事事皆市民的世界中，宗教实践就是公民身份的一项功能，而不会给一个自主的神职人员留下任何空间。这种可能令后清教徒时代的伊拉斯特派和自然神论者着迷，但是这种崇拜直接指向一座古典城市的众神，而非上帝之城的创造者。……市民理想模式之中潜藏着的这种反基督教可能，不仅解释了该理想模式在启蒙运动中的作用，而且解释了启蒙运动在自我描绘时出现的那种深刻的矛盾心理。

[3] 《剑桥范式和苏格兰哲学家》，第240页。

是从意识形态上看还是从实践必要性上说，均有必要寻找一种替代性的德性形式。因为艾迪生式辉格党人的政治文化，或者更确切地说是社会文化的普遍流行以及人们的迅速接受，这种需求得到了满足；在爱丁堡，旁观者性质的俱乐部和社交群体数量激增，这些群体在讨论苏格兰生活中的经济、文化甚或——考虑到在这个时代中，仪态举止乃道德不无重要的一部分——道德发展之时，实践着礼貌交谈的德性以及受过启蒙的品位。德性的轨迹一下子由市民德性转到公民德性，从政治的和军事的德性转到混合了经济、文化和道德要素的德性——也即我们简称为"社会的"德性。

从某个视角看，这就是休谟和亚当·斯密所置身的背景环境，他们的工作就是在对市民德性这一古老的概念做出精致回应。不过值得赞扬的是，波考克非常明白，自己对佛罗伦萨的市民德性向"公民或社会人道主义这无限丰富和多维概念"之转向的刻画虽然颇具风格，却并不全面。[1] 例如，他谦恭地提到一个颇为不同的转变源头：以大陆学者精心构建的民事法理学（civil jurisprudence）"作为组织道德、社会和政治哲学伟大传统的首要模式"。[2] 而且，沿着这一进路，他毫无疑问会认同牛顿式科学在刺激寻找统摄社会中的人的自然法上的作用。因此，他明智地为将来的研究和反思留下许多开放的空间。

不过，他还是在文本的结尾处留下了一个问题，一个本书同样极为关注的问题 [3]："'道德情感'与'国民财富'之间复杂的综合是如何演化或蜕化成古典经济科学的；它又是如何变成一门冷血、机械、令人沮丧的学科，一门建立在一个约束和简化的人性理论之上，而这人性却恰恰是它一直试图从传统桎梏中解放出来的对象的学科，一门因此为人所谴责的学科的？"正如后文将讨论的，转折点出现在 1870 年左右，那时，因为边际分析和微积分所带来的光彩炫目，对大多数专家而言，政治经济学变成了经济学。但在休谟与亚当·斯密的年代，这是伟

16

---

[1] 同上，第 251 页。

[2] 同上，第 246 页。伊什特万·洪特在萨缪尔·普芬道夫（Samuel Pufendorf）所重构的格劳秀斯（Grotius）式法理学体系和亚当·斯密的商业社会理论之间搭建了一个很有意思的桥梁，见他的"社交语言与商业：萨缪尔·普芬道夫和四阶段理论的理论基础"（"The Language of Sociability and Commerce: Samuel Pufendorf and the Theoretical Foundations of the Four Stages Theory"），载于安东尼·帕格顿（Anthony Pagden）编，《现代早期欧洲的政治理论话语》（Languages of Political Theory in Early Modern Europe），剑桥：剑桥大学出版社，1986 年。

[3] 《剑桥范式和苏格兰哲学家》，第 251 页。

大的人类和社会事业的重要组成部分；这一事业，用贝克尔的话来说，就是把上帝之城转成"世俗社会"。这一事业的核心在于基本的道德价值、目标，以及一个困扰着政治经济学最初 125 年，并在某种程度上至今仍困扰着它的困境，那就是：在何种程度上，启蒙运动的道德价值是伪装着的基督教教义？在这一点上，卡尔·贝克尔的观点最为直接和清晰。[1]

……我们发现，启蒙思想家每次泄露其中世纪思想源泉时都没有意识到这一点。他们指责基督教哲学，却又相当频繁地追随着那些人的行为举止，这些人不过只是从其所轻蔑的"迷信"中得到部分解放。他们脱掉对上帝的恐惧，却又保留了对神祇的恭敬。他们嘲笑上帝用六天创造了宇宙和人类的观念，却又相信世界是由至高无上的存在根据理性计划而精心打造的一台机器，以作为人类之居所……他们声明拒绝教会和圣经的权威，却又天真地信仰自然和理性的权威……他们否定奇迹曾经出现，却又酷信人类的完美……启蒙思想家的著作中所包含的基督教哲学要比历史上我们曾想到的更多。

骤眼一瞥，彼得·盖伊对启蒙运动的阐释，诚如其著作的副标题《现代异教的兴起》（The Rise of Modern Paganism）一般，处于谱系的另一端。但他的研究贯穿着，甚至几乎是缠绕着一种努力，也即希望找到可以回应贝克尔所提问题的可靠答案。[2] 他的结论是：[3]

……启蒙思想家因为"仅仅"致力于世俗化宗教的观念而遭到嘲讽，并被描绘为披着现代服饰的中世纪修士，基督教传统中忘恩负义又健忘的子嗣，把自己乔装成进步者，以世俗拯救的名义反对着获得拯救的虔诚愿望；他们否定灵魂不朽，只是代以名誉不朽；他们嘲笑宗教中的盲目崇拜，却也会捧出自己的圣人——培根、牛顿和洛克；他们把异教徒（如卢梭）逐出教门，却也会去费尼朝圣。

这种类比确实蛊惑人心，它甚至直言：请注意启蒙思想家们不愿提起的

---

[1] 《上帝之城》，第 30—31 页。

[2] 盖伊至少一半的研究都在关注他所看到的基督教与启蒙运动之间的复杂关系，尤其是第四到第七章，第 207—419 页。

[3] 同上，第 322—323 页。

思想源泉。毕竟从某些方面看，确实可以讽刺启蒙运动就是传统基督教价值派生的世俗化版本；新哲学乃世俗化的信仰，乐观主义乃世俗化的愿望，人道主义乃世俗化的仁爱。

……但是，对于同一组事实，从不同阵营的立场观之，却拥有两种截然　17不同的面貌。在基督徒基于某种正义看来是可模仿的行为，在启蒙思想家以更大的正义看，却是一种可否定的行为，或者充其量是一种奴役……观念的诸多源泉也许为观念的演进提供了一条线索，但它们无法决定这种演进。在启蒙思想家受到的教育中，基督教教义有着实质性贡献，但就启蒙运动的定义而言，它不构成其中任何部分。

用不那么优雅的话来说，这个年代的不少知识分子名人都在左右逢源，以防损失。在牛顿《原理》（*Principia*）的扉页写下颂歌的埃德蒙·哈雷（Edmund Halley）同样非常传统，鉴于牛顿将他的工作献给宗教，这看来也很是正常。

　　　亦沉思自然铁律，上帝，
　　　依此构建寰宇，不舍不弃，
　　　而成其作品之永固根基。

可是，在下个世纪，亚历山大·蒲柏（Alexander Pope）相当成功地融合了两个方向：

　　　茫茫沧海夜，万物匿其形；
　　　天公降牛顿，处处皆光明。

尽管接受了启蒙思想家的含糊性，盖伊还是明显地分离出他认为是启蒙运动至为突出和绝妙的部分，而且他发现，这是在休谟那里结晶成形的。为此，他把自己著作的最后一部分取题"大卫·休谟：彻底的现代异教徒"。在这一部分中，盖伊有如下总结陈词，此总结可能就是盖伊自己的信念之所在：[1]

---

[1] 同上，第418—419页。盖伊的序言里谈到，他在丹佛大学读大学的时候"发现"了休谟，那时是1944年，他也从此开始了对启蒙运动的研究。

只因大卫·休谟不仅勇敢而且现代，他深知自己哲学的深义，且不惧之。他如此勇敢，无须笃志；他任由其思想引领，使他的生活成为异教徒的典范〔与此相反，塞缪尔·约翰逊（Samuel Johnson）在面对死亡时退缩了〕，那是很多人渴求却无法实现的。他自愿与不确定性、超自然理据、非完整解释、无永久稳定的承诺和只是大致有效的指导为伍；而且，他对生活毫无怨愤，是个快乐的斯多葛主义者。休谟因此比许多其他启蒙运动者更为果断，他站在现代性的起点处，展示着它的风险和机遇。休谟不是借助情景舞台剧，而是以成熟古典主义者所有的严谨说服力来说明，上帝沉寂，人类现在是自己的主人：他必须活在一个怯魅的世界，批判一切事物，走出自己的路。

在探索这个问题时，我还曾向尼古拉斯·菲利普森（Nicholas T. Philipson）教授请教。在 1987 年 10 月 14 日的一封信中，他提出了与盖伊颇为不同的要点："你问的是休谟和斯密的道德哲学从何而来。就休谟而言，我的部分答案是，来自西塞罗（Cicero）。"休谟在他的自传式散文中说过，在他很年轻的时候，他"私下疯狂地"阅读维吉尔（Virgil）和西塞罗，而那时候他本该读的是法律。菲利普森从西塞罗那里找到了休谟认为人乃社会动物的观点之源：专注于正义与社会认同；更多地追求日常生活的幸福，而不是来生的幸福；以市民式术语来定义德性。

对我来说，试图确定罗马世界、基督教和休谟和斯密提出的道德原理〔用斯密的话说，这些原理旨在为"大社会"（a great society）开药方〕之间的关系，既无必要也不合适。这里的关键是，休谟和斯密深知，作为政治经济学家，他们所尝试分析并解决的任务实质上是一组道德、社会和政治问题，而不是狭义意义上的经济问题；不管他们的思想源头何在，他们带来的诸种价值与许多久远的古典主义传统和基督教传统都是一致的。

具体而言，他们关注的问题主要有四个。第一，善恶问题。明显地，休谟和斯密认为人有"罪恶"的能力，它会转化为经济生活中的贪婪与贪欲。他们看到，在人所需要的社会认同和对他人的血亲之情中，存在一种调和的力量，即所谓的"同情共感"（sympathy）；但在文明开化之社会，他们并不完全依赖同情共感去抑制贪婪。除了在一些狭小范围里，比如，保证产权的神圣性，他们也不会依靠国家政府来抑制贪婪。他们视开放的竞争为最有效的调解力量。

第二，不劳而获的富裕和赤贫的共存使他们陷入深深的道德思考——这同样是一个深深植根于基督教传统的古老议题。诚如洪特（Hont）与伊格纳季耶夫（Ignatieff）所言："休谟和斯密的核心信念在于正义。"[1]《国富论》始于一个悖论：虽然不论是从历史的标准看还是从当时的标准看，18 世纪中叶的英国社会无疑均属富裕，不过这个社会更引人注目的特征是，从道德上看令人不安的收入分配模式和低收入劳动者获得比平等主义的原始社会中更高的生活水平二者并存。随着国家财富的持续扩张，他们看到了解决贫穷的一种方法：限制后代的家庭规模，以使得劳动而不是土地成为生产中最稀缺的要素。

第三，他们都关注经济对其祖国的社会和政治生活的影响。这固然与宗教价值有关，但他们更关注 1688 年后的英国社会和 1707 年后的苏格兰。他们视富裕为公民自由之友，并在一般意义上把富裕看成文明开化的代言人。

最后，休谟和斯密都反对国内外野蛮的重商主义。对休谟来说，"甚至为法国的商业繁荣而祈祷"也不是一件小事，而斯密则认为反对殖民地政策不是一件小事。这背后的道理是，国家的贪婪和人的贪婪都可以通过开放和自由竞争的商业而得以调和，正如在国内那般。[2]

无论休谟的无神论有多真实，他的工作都系统地反映了这一系列道德关怀。

大卫·休谟（1711—1776）

有很多人主张应该把大卫·休谟视为第一个现代经济学家，虽然并非所有人

---

[1] 《国富论》中的需要与正义：一篇介绍性的文章"（"Needs and Justice in the *Wealth of Nations*: An Introductory Essay"），载《财富与德性》，第一章，第 7 页。尽管巴里·施瓦茨（Barry Schwartz）不研究休谟，但他很敏锐地发现亚当·斯密关于人类看法的复杂性以及"爱、感激之情、友谊及自尊"等情绪关键的调和功能。见他的《为人性而战斗：科学、道德和现代生活》（*The Battle for Human Nature: Science, Morality, and Modern Life*），纽约：W. W. 诺顿出版社，1986 年，尤其第 57—66 页。施瓦茨的著作透彻地研究了新古典经济理论的心理学假设，并指出了其不充分之处。

[2] 就这个命题，阿尔伯特·赫希曼（Albert O. Hirschman）详尽地追溯了从圣奥古斯丁到亚当·斯密一脉下来的一般看法。见他的《激情与利益：资本主义胜利前的政治论战》（*The Passion and the Interests: Political Arguments for Capitalism Before Its Triumph*），普林斯顿：普林斯顿大学出版社，1977 年。他的基本观点非常直观；简言之，起于中世纪的一些思想源泉中存在一个重要的流脉，该流脉认为人类邪恶的、拥有破坏性的激情会因人们追求合理的自身利益而得以驯化。他的小册子是以孟德斯鸠的话结尾的："人们幸运地处于这么一种环境之中，在其中，虽然他们的激情可能使人们变得邪恶，但尽管如此，人们也拥有一种利益使得他们摆脱邪恶。"赫希曼所描绘的后柏拉图主义思想集中表现在人身上的激情和理性两极的较量（第 43 页）。理性被视为激情的一个不完全的平衡力量（第 46 页和第 73 页），而利益，尤其是理性的经济利益会嵌入其中，以求实现平衡。如此这般，资本主义呼唤高水平的理性。不过这个有趣的思想解读中缺失了第三条流脉，也即柏拉图—休谟—弗洛伊德这一脉：人类通过（柏拉图完整意义上的）理性、（休谟和亚当·斯密的）同情共感和（弗洛伊德的）超我以保护社群绵延的那种调和性的天性。

573

均持这种观点。但是正如几乎每个评论者都注意到的那般，因为哲学、心理学和历史学方面的工作，休谟的经济学贡献被掩盖了。不过，由此而来的一个看法是，休谟作为经济学家的不同之处，很大程度上在于他坚持把经济分析置于人类和社会的广阔背景中，并让它待在那里——本书后文将对这种观点予以阐发。休谟对经济学和经济政策的看法满溢着他对人类状况和历史动力的广博知识，这甚至比在亚当·斯密那里还要多。作为一个心理学家，他评论道[1]："对于这些人类天性秉性，你会说它们自相矛盾；但人是什么呢？不就是一个矛盾体？"

19

因此，休谟的经济人并非简单的利润或相对效用最大化者。在分析有效经济行为的动机（"参加劳动的缘由"）时，休谟确实列入了贪婪和获利的欲望[2]，但他同样引入了"快乐（pleasure）"、"活动（action）"和"快活"（liveliness）的欲望。[3] 在阐述人类这个多维度复合体时，休谟引入了个体偏好的异质性，但他认为，一般来说，至高的幸福总体上在于平衡好相互竞争的各种冲动，而且这些冲动均受制于相对边际效用递减定律；也即是说，人类所享有的任何一种形式的满足越强，那么相比其他形式的满足而言，他对这种形式满足边际增加的评价越低。他还把相对边际效用递减定律应用到实际收入和收入分配上面[4]："每个人，如果可能的话，都应该享受他劳动的果实，完全拥有一切必需品，以及大量的生活便利品。没有人会怀疑，这种平等最符合人类天性，而且这种平等给富人带来的幸福的减少要远小于其给穷人带来的幸福的增加。"

---

[1] 大卫·休谟，《哲学著作集》（*Philosophical Works*），格林（T. H. Green）和格罗斯（T. H. Grose）编，伦敦：朗文出版社，1912年，第三卷，第238页。

[2] 大卫·休谟，《经济论文选》（*Writings on Economics*），尤金·罗特文（Eugene Rotwein）编，麦迪逊：威斯康星大学出版社，1955年，第52页和第xxii—liii页，在这里，罗特文回顾了休谟经济心理学的所有来源。

[3] 同上，尤其第21—22页。休谟对复杂的人类动机进入经济决策的看法，得到了凯恩斯的回响："如果人性不会受到冒险投机的诱惑，在造工厂、修铁路、挖矿山、开农场中不会获得（利润之外的）满足，而仅仅求之于冷漠的计算的话，这个世界上就不会有如此之多的投资"（《通论》，第150页）。正如本文谈到的，马克思同样认为资本主义展开的投资"积累"过程是源自于超越了逐利的各种动机和无法压抑的冲动。在晚近的经济学家中，罗宾逊夫人实际上在尝试独立地把"兽性"（animal spirits）引入投资的决定因素之中，她在一个非常类似于上面所引凯恩斯名言的语境中引用了凯恩斯对这个词语的使用（《通论》，第161—162页）。参考：琼·罗宾逊，《经济增长理论论文选》（*Essays in the Theory of Economic Growth*），伦敦：麦克米伦出版社，1962年，第36—38页和第87页。

[4] 罗特文编，《大卫·休谟》（*David Hume*），第15页和第21—22页。若要知道相对边际效用递减概念在政治上的具体应用，请见沃尔特·惠特曼·罗斯托，《政治与经济增长的阶段》（*Politics and the Stages of Growth*），剑桥：剑桥大学出版社，1971年，尤其第7—25页。若要知道古典政治经济学的广阔基础，尤其见莱昂纳尔·罗宾斯，《英国古典政治经济学的经济政策理论》（*The Theory of Economic Policy in English Classical Political Economy*），尤其是其中的第一讲，"经济自由体系"（"The System of Economic Freedom"）。

休谟在 1739 年到 1776 年间提出的那些基本观念，其实早已形成。因此，他也是光荣革命（1688 年）和（对于苏格兰人而言）联合法案（1707 年）后那段令人瞩目的思想发酵期的一分子。这个时期，因为航海大发现以及后来的商业革命，世界经济开始扩张，人们也因此逐渐完全意识到接下来两个世纪的革命性变迁。人们已经有足够的共同知识就当时的中国、印度和美洲殖民地以及古老的希腊、罗马和埃及传统进行比较和讨论。

在仔细思考由商业革命推动的进程时，休谟像他大多数同代人一样，致力于反驳被我们一股脑儿地放在重商主义这个标签下的早期政策学说。他写的经济学论文简略而紧凑，只有 107 页左右，全都是有着尖锐指向的政论小册子。[我没有把休谟 75 页左右的专题论文《论古代国家之稠密人口》（Of the populousness of ancient nation）包含在内，尽管它亦包含对政策的反思。]他的论述围绕着可操作性而展开，因此其重点和权衡与写作一部系统性的经济学著作（如果他这么展开的话）是非常不同的——他或许会写这么一本著作，如果他年轻时所做的《人性论》没有在一开始就遭遇在他看来如此戏剧性的失败的话。最后，他的经济概念非常清晰。它们形成了内在协调合理又前后一致的经济增长动力理论；虽然非政策争辩的内容（比如投资）被略过了，但是围绕着重商主义所展开的争论中的主要问题均得到了非常完整的阐发（比如贸易平衡的经济意义）。

休谟的论述还清晰地展现出大约 18 世纪第二个二十五年里的经济状况。概述之，休谟（以及斯密）的基本观念得以明晰化的那段时期中英国经济的特征是：[1]

● 在西班牙王位继承战争（1701—1713）的巨大波澜后，以 18 世纪的标准看来，1713 年到 1738 年期间是和平的；但战争状态随着詹金斯的牛耳之战（1739 War of Jenkins'ear）和奥地利王位继承之战（1740—1748）而再次出现，虽然后者的规模不及世纪初和世纪末那几场战争（1756—1763、1775—1783 和 1793—

---

[1] 在威廉·贝尔·罗伯逊（William Bell Robertson）编的《休谟的政治论文集》（Hume's Political Discourses）一本书里，有休谟简洁的自传，以此，虽然比较武断，不过我还是倾向于把这段时期定为休谟基本观念明晰化的时期。见威廉·贝尔·罗伯逊编，《休谟的政治论文集》，伦敦和费灵小镇：沃尔特·斯科特出版公司，1906 年，第 xiv—xxii 页。我提到的这个时期，始于休谟 23 岁，那时他放弃了在爱丁堡继续安静地学习古典文学，然后在布里斯托稍微小憩，最后在法国度过不少岁月。这个时期终于他 31 岁，他在那一年出版了《道德与政治论文集》（Essays Moral and Political）。当然，我们还可以把这个扩展十年，截至《政治论文集》（Political Discourses）出版时为止——这本集子收纳了他的大部分经济学论文。

20 1815，见图 2.1）。休谟承认，国家能快速地将资源从和平转移到战争的需要乃生活中严酷的现实；但他相信，若要为战争作准备，最好是在和平时期增加必需品以外的剩余，以作为战时的税基，而不是聚积一座座金山银山。[1]

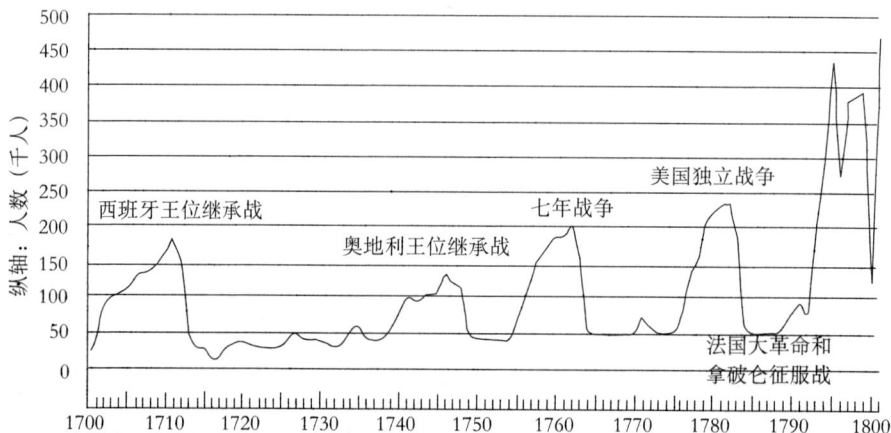

图 2.1　军队中的男勇数量（1700—1800）

摘自阿斯顿（T. S. Ashton），《英格兰经济波动（1700—1800）》（*Economic Fluctuations in England*, 1700—1800），牛津：克拉伦登出版社，1959 年，第 187 页。

● 在休谟的有生之年里，除 1728—1729 年间因为农作物歉收之外，英国都是小麦和面粉的净输出国。菲利斯·迪安（Phyllis Deane）指出，在 1750 年这个出口高峰年，英格兰谷物的出口量大体上可以满足国内四分之一人口的生存需要。直到那个世纪中期，谷物的价格都在缓慢地下降。[2] 尤其是 1720 年到 1750 年这段

---

[1]　见，阿斯顿（T. S. Ashton），《英格兰经济波动（1700—1800）》（*Economic Fluctuations in England*, 1700—1800），牛津：克拉伦登出版社，1959 年，第 187 页。阿斯顿提供了一个有用的数据表，给出了当时每年的军队人数。军队规模的巅峰数字在西班牙皇位继承战中（1711 年）是 186,000 人；在奥地利王位继承战争中（1746 年）是 136,000 人；在七年战争时（1762 年）是 205,000 人；在美国独立战争（1782 年）中是 237,000 人。而在法国大革命和拿破仑战争期间，军队人数最多时接近 500,000 人。而在相对和平的年代（1713 年至 1738 年），英国军队很少超过 50,000。见本卷表 2.1。

[2]　菲利斯·迪安（Phyllis Deane），《第一次工业革命》（*The First Industrial Revolution*），剑桥：剑桥大学出版社，1967 年，第 7 页。直到 18 世纪中期（事实上，直到 1760 年代末 1770 年代初期），英国的农业都是剩余的，这部分解释了为什么重农主义对休谟和亚当·斯密的影响有限。休谟没有很好地思考重农主义学说，但斯密尊重法国理论家，欣赏他们强调农业的重要性；但他们两位都没有像法国思想家那般，认为公共政策被扭曲的代价是农业的发展。有关重农主义者（以及更早的）经济增长理论，可见，约瑟夫·斯潘格勒（Joseph Spengler），"重商主义和重农主义的增长理论"（"Mercantilist and Physiocratic Growth Theory"），载本特·霍斯利茨（Bent Hoselitz）编，《经济增长理论》（*Theories of Economic Growth*），第一章，格兰克，III：自由出版社，1960 年。

574

时期中，食物明显比之前和之后的几个时期都来得便宜。于是，毫不令人意外的是，休谟一点也没有展现出马尔萨斯般的焦虑，他在专题论文《论古代国家之稠密人口》中指出，大量的人口反映了"明智、公正且温和的政府"管理下的经济繁荣。[1] 就我们所知，在 18 世纪前半叶，英格兰的人口在一个相对稳定的范围里波动，可能直到 1740 年代才开始增加。[2]

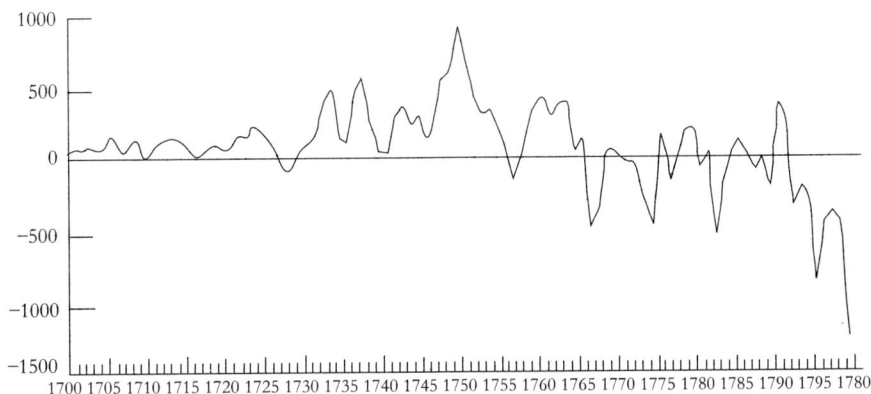

图 2.2　小麦（包括面粉）的净出口：（负号）表示净进口

摘自阿斯顿，《英格兰经济波动（1700—1800）》，牛津：克拉伦登出版社，1959 年，第 183 页。

---

[1] 罗特文编，《大卫·休谟》，第 112 页。

[2] 菲利斯·迪安，《第一次工业革命》，第 11 页和第 21—22 页。从合理扎实的统计数据中可以看出，谷物价格的上升以及英国逐步成为谷物净输入国都是大致开始于世纪中。但 18 世纪农产品输出的路径、实际工资的走向，以及农业在 1783 年之后经济起飞的漫长动态过程中的作用，仍旧是得到热烈讨论的主题。对这场辩论的回顾以及一些新的观点评述可见杰克逊（R. V. Jackson），"1660—1790 年，英国农业的增长与减速"（"Growth and Deceleration in English Agriculture"），载《经济史评论》（*Economic History Review*），第 37 卷第 3 期，1985 年 8 月。简言之，杰克逊认为，直到 1740 年代，农产品产出的增长比迪安和科尔（Cole）所言更多 [菲利斯·迪安和科尔，《1688—1959 年的英国经济增长》（*British Economic Growth, 1688—1959*），第二版，剑桥：剑桥大学出版社，1967 年]，而随后的扩张则较慢。他论证说，前半个世纪的物质丰裕使后半世纪的人口激增，但这又偏偏是农业产出减速的时候。他的结论与谷物价格和对外贸易的数据非常一致，且明显从休谟和斯密到 1813 年之前的马尔萨斯和李嘉图对食物—人口平衡态度的转变相关，前两者对此还是满意的，后两者则表现出虽然短暂但却严重的焦虑（第 351 页）：

> 最后，1660—1790 年间人口和农产品产出关系的转变，恰当地成了马尔萨斯等古典经济学家忧郁念想的背景。在这段时期里，先是生活水平上升，而后人口迅速增加，再接着是农业产品供给的长期不足。事实证明，有关长期生存工资的古典学说，以及源于自然资源的固定属性而导致农业报酬递减的古典学说，并非未来的好向导，但若是把它们放在英国农业产出减速、人均农业产品产出和消费水平在长达半个世纪的时间中缓慢下降么一个背景中进行考察的话，那它们还不是那么的不合适。

● 在这段时期中，自然产出和对外贸易的攀升虽然缓慢但却明显，后者的增长速度大致是前者的两倍。[1]我们所拥有最好的人均产出增长率数据表明，这个时期的年均增长率低于0.5%——1740年到1760年期间也许稍高（大约每年0.7%）。[2]另一方面，观察英国经济状况的学者都意识到，相比其他国家，英国人的生活水平更高，西班牙王位继承战争后的那段时期，英国经济的进步是全方位的。

● 直到1760年，技术变迁均极为缓慢。阿斯顿有句名言："1700年至1760年期间，英国没有发生任何革命，不管是生产技术，产业结构，还是人民的经济和社会生活。"[3]1760年代迎来了一个创造发明的浪潮，正如现在妇孺皆知的那句话所说的，"小发明的浪潮席卷英格兰"。[4]1780年代，重要创新开始加速。

因此，可能可以说，在休谟生命的关键时期，英国经济表现良好，它正处于我所谓的经济起飞的准备阶段，虽然还未到达始于1760年代的起飞前阶段，或者明显始于1780年代的起飞阶段。休谟（和斯密）对对外贸易的强调已经得到他们那个时代事实的证明，对外贸易确实是当时英国经济的主要推动力。

下面，我们转向一系列设计好的标准问题，阐释休谟关于经济增长动力学的观点，以便和其他学者进行比较。

基本增长方程

休谟关于增长方程的论述并非有意为之。他反对如下一些观点：贸易顺差对一国的政治经济来说至为重要；低利率是源于贸易顺差的金银剩余；不管在国外还是国内，对资源使用的控制应当被看作零和博弈，一国赢利就意味着另一国受损；因此，为了国家的利益，危急关头的政策显然应由政府来决定。休谟像许多

---

[1] 此计算始于世纪初，终于1748—1752年的平均数：工业产品每年的增加率为0.8%；输出量的增长率是1.3%；再出口的是0.9%；进口的是0.6%。见沃尔特·惠特曼·罗斯托，《这一切是怎样开始的》（How It all Began），纽约：麦格劳—希尔出版社，1975年，第43页。

[2] 迪安和科尔，《1688—1959年的英国经济增长》，第80页。同样可见克拉夫茨（N. F. R. Crafts），"18世纪英国的经济增长：对迪安和科尔评估的再检验"，载《经济史评论》（Economic History Review），第29期第2号，1976年5月，第226—235页。克拉夫茨的计算质疑了迪安和科尔图表中所显示的1740年之后的加速增长。我与克拉夫茨一样怀疑所有18世纪人均国内生产总值或国民生产总值的统计，我倾向于认为，这种加速增长只有在拥有扎实分散的对外贸易和连续的工业生产基础时才会发生。

[3] 阿斯顿，《1760年到1830年的工业革命》，伦敦：牛津大学出版社，1948年，第57页。

[4] 同上，第58页。同样可见，沃尔特·惠特曼·罗斯托，《这一切是怎样开始的》，第157—160页。1750年代的英国，专利大概有92个，并没有比1720年代高多少（89个）。这个数字在1760年代一下跃升到205个，到1790年代已经达到647个。

他同时代的人一样反对这个学说。他视贸易为互利共赢的交易。就国内社会而言，他反对国家为了实现某些目的，就认为自己可以堂而皇之地搜刮民脂民膏。因此休谟对繁荣和国家可得资源真正决定因素的界定，来自他所参与的政策辩论，是这种辩论的附属品。他的中心论点是，真实要素，而不是从贸易顺差中获得的金银，决定了一个国家的繁荣；进而，正是这种繁荣而非金山银山才是国家安全唯一可靠的基石。休谟对真实要素的简洁陈述，体现在他的论文《论贸易平衡》(Of the Balance of Trade) 那个著名的结论中：[1] "……一个政府有充分的理由去呵护其人民，保护其生产者。它可以完全信任货币在人类事务中的作用，无须担心，也无须嫉妒。换言之，如果一个国家真心关注这后一种情况，那么，它只需尽可能地关注其对前者的影响就行了。"但他的增长方程不止于"人民和生产者"。他以一个相当微妙精巧的方式把制造业与农业联系起来。对于农业中的那些人而言，他们"提高自身技艺和勤勉"的激励正是来自制成品的吸引力：[2]"当一个国家充斥着制成品和机械工艺品，土地所有者和农民都会把农业当作一门科学来研究，然后加倍努力，勤勉专注。"[3]

既然在休谟看来，制成品的可获性是土地所有者和农民（以及城市中的劳动力）努力劳作的必要激励，那么，又是什么东西在驱动着制造业呢？他的回答是：[4]

> 对外贸易，通过进口，能为新产品的制造供应原料；通过出口国内无力消费的商品，总能增加这些商品的工作岗位……如果查阅历史，我们就会发现，大部分国家中，对外贸易都促进了国内制造业的改进，并孕育了国内的奢华。

像他那个时代所有人尤其是女人那般，休谟也意识到，始于 1670 年左右印度棉纺织物进口的增加（尽管被禁止）给欧洲带来了极其异常乃至最终颠覆性的影响。就 18 世纪早期印度棉布对法国女人的影响而言，当时有一个令人难忘

---

[1]　罗特文编，《大卫·休谟》，第 77 页。

[2]　同上，第 10—11 页。

[3]　同上，第 11—13 页。在这个段落里，休谟准备要论证制造业和农业获得的剩余可以通过税收转移作支持军事行动之用，而"不剥夺任何人的生活必需品。因此，越多劳动力参与必需品之外的生产，一个国家就越是强盛……"（第 11 页）。

[4]　同上，第 13 页。

的描述大体上适用于整个西欧：[1] "被禁的水果和棉衣成了平安夜每个法国小女孩酷爱之物"。据说，那时候法国有半数人穿的是棉布制品，而证据表明，直到1757 年法国政府最终放弃它那严厉而又引来大量走私的棉布进口禁令之后，这些激情才开始减弱。不过，对休谟学说的生动性与历史重要性的阐释，也许莫过于此。对外贸易确实带来了琳琅满目的奢侈品；而示范效应又启动了西欧的"酝酿发酵过程"（和利润激励），这最终导致生产棉布的纺织机的出现——因为欧洲人的双手太过笨拙，以致无法使用印度早在使用的生产方式。在某种严肃的意义上可以认为，18 世纪末的英国工业革命就是历史上第一次进口替代式起飞。

在一个更一般的段落里，休谟描绘了商人在国内外贸易中的核心创造性作用：[2]

> 但是，随着勤勉度的上升、眼界的扩大，人们发现，原来边陲之地也能像毗邻之乡一样互相协作，这种物品的交换可以无限扩展，日趋繁复。于是商人这一最有用的群体便应运而生，他们奔走各地，在那些完全互不相识、互不了解彼此需要的人们之间充当经纪人。比方说，在某城市有五十名生产丝绸亚麻的工人，一千名消费者，这两种人彼此十分需要对方，可就是无缘凑在一起，直到有人开设一家店铺，于是所有的工人和所有的消费者都光顾此处。又如甲地牧草丰茂，当地居民在干酪、黄油和牲口方面绰绰有余，但缺面包和谷物；可是在邻邦乙地，面包和谷物堆积如山，当地的人根本用不了。有一个人发现了个情况，于是在甲乙两地之间贩运谷物和牲口，满足了双方的需要，借此而论，他做了件造福于众的大好事。

因此，在休谟那里，于国内也好，于国外也罢，比较优势的动力学这一概念，实际上起着与亚当·斯密那里的市场扩张和专业化一样的作用。

在休谟的体系里，产出是劳动、土地和制造业的函数；劳动和土地的生产率取决于制造业的规模；制造业的规模则取决于国内外交易的规模，而利用比较优

---

[1] 见，沃尔特·惠特曼·罗斯托，《这一切是怎么开始的》，第 181 页。
[2] 罗特文编，《大卫·休谟》，第 52—53 页。

势可以使生产率得到提升。不过在休谟的论述中，到处弥漫着他对人类动机的独特看法，而驱动上述经济变量的正是这些人类动机。生产率的增加反映的是人们努力程度的上升，而人们之所以更为努力，首先是因为更为丰富多样的"奢侈品"可供获得，然后是源于商人、工人、农民和制造商经验的累积——这些人活跃于日益多元化、更具挑战且能提供更高报酬的经济中。在休谟看来，这才是最优的环境，因为在这种环境中，人们会将自己的能力发挥到极致，且偏好节俭和收获甚于及时行乐。

那么，在休谟的基本方程中，资本的地位何在呢？休谟最系统地谈论储蓄和资本供给的地方是他的论文《论利息》（Of Interest）。他在此论证，低利率源自一个国家的繁荣昌盛，而不是货币供给；利率是供求的产物；而在创造必要的储蓄供给时，商人再次成为英雄，只不过这次商人的角色是守财奴，而不是比较优势的利用者：[1]

> 人类永恒持久、不知餍足的欲望或需求，莫过于施展才智，发挥所长；这种欲望似乎是人类大部分激情和追求的基础……但是如果一个人所从事的工作能赚钱获利，尤其是这种利润来自于每一滴辛勤的汗水，他就会由于目睹自己的收获而逐渐在心中涌起万丈激情，把眼看自己的财产与日俱增当作人生最大的乐趣。[2]这就是为什么贸易促进节俭，为什么在商人中守财奴大大超过挥霍者，而在土地所有者中情况则相反的原因之所在。

在对利息进行考察时，休谟考虑了这个现象：在他那个时代，大量的借款来

---

[1] 同上，第 49 页和第 53 页。

[2] 皮耶罗·斯拉法和多布用一段文字生动地捕捉到了休谟的想法，这段文字描述了李嘉图与罗斯柴尔德（Rothschild）就赚钱和对生意的态度的差异（《大卫·李嘉图书信及著作集》〔*Works and Correspondence of David Ricardo*〕，第十卷，剑桥：剑桥大学出版社，1955 年，第 90 页）：

> 也许没有比这两者更截然不同的类型了。罗斯柴尔德发现生命中最主要的享受是挣钱；他不在意钱能够买什么东西，而是在意它可以"在你争我夺、阴谋诡计的赚钱过程中找到强烈的快乐。"坊间流传着一个关于他的故事，话说某人跟他提起："我希望你的孩子不要太喜欢金钱和生意，以致忘记更重要的事情。我肯定你也不希望那样吧。"罗斯柴尔德的回复是："我肯定我希望那样。我希望他们把全副身心智慧都投入到生意当中去；因为这就是使人快乐的方法。"然而，李嘉图则把他的孩子们养育成乡绅，因为他对伦敦城的忙乱烦嚣不存任何向往之心，他把赚钱视作退休归乡的手段，然后，他就可以安静地追求他"喜爱的科学"。当他第一次来到盖特康布的时候，他写信给马尔萨斯："我相信，在这个温馨的地方，我应该不会再感叹股票交易及其乐趣了。"

自挥金如土的地主，他们这么做是为了维持他们习惯了的消费水平。不过休谟也曾在著述中提到了为了生产而借款，比如建房子。[1]而且他还观察到资本（和长期租约）在使英国的农业变得有利可图的过程中所起的关键作用——这非常重要。[2]但是平心而论，考虑到休谟引起争论的意图和他所关注的前现代经济学，他对投资过程的关注要少于他的后辈。在休谟那里，积极而吝啬的商人显然有能力安排他们的资源并投资；是商人以利润再投资利用了比较优势，从而驱动着休谟的系统沿着它扩张主义的路径前进。休谟视为理所当然的那种投资，是因为贸易的扩张和"奢侈品"的示范效应而开始"酝酿发酵"；这主要是因为对外贸易而导致的，而在休谟而立之年，对外贸易的频繁扩张显然是英国（和苏格兰）经济中最富动力和特色的要素。

所以休谟可以集中于那时代的辩论，聚焦于利率的决定因素，而不是投资率的所有决定因素。

人口与劳动力

如前所述，在 18 世纪前半叶，英国在人口—食物平衡方面表现不错，休谟对此也感到相当满意。休谟的这种态度源自他的下述核心论点，即人口会根据可得的支撑性资源而调整：[3]

> 我们后来的一切进步和改良，对人类生存条件的改善，进而对人类的繁衍和人口增长，难道就毫无帮助？我们在机械方面的超凡技艺，新大陆的发现——商业借此大大地扩张，邮政系统的建立，汇票的使用，所有这些似乎都非常有助于刺激技艺、工业和人口增长。如果我们没有了这些，那将会对各行各业造成多大的阻碍啊？有多少家庭会因为匮乏和饥饿而毁灭啊？

但是在回顾不同时期不同社会的人口历史时，休谟清楚地认识到马尔萨斯最初的观点见解：也即，人类呈几何级数增长的繁衍潜力（休谟估计，若不存在限制，人口隔一代就要翻一番），往往因为瘟疫、奴役、战争、杀婴和其他"贫困

---

[1] 罗特文编，《大卫·休谟》，第 52—53 页。
[2] 同上，第 17 页。
[3] 同上，第 146 页。

和需要"可能带来的限制而得到抑制。[1]

在劳动力的质量方面，休谟一开始就引出了无地农民边缘化的问题："在那些轻视百工技艺的未开化国度里，全部劳动都被用在耕作方面……（奴仆和佃户）必然寄人篱下，与奴役制相适应，处于被统治地位；特别的，由于他们一文不名，他们的农业知识也就不为人重视，其结果必然是对百工技艺的轻视。"[2]像他的一般增长理论所说般，低水平陷阱会被形形色色的消费品之"示范效应"所打破。"但在奢华滋养了工商业的地方，农民耕作得法，变得富裕和独立；手工艺人和商人都挣得一笔财产，赢得了中间阶层的势力和声望，而这中间阶层正是公共自由最良好、最坚实的基础。"[3]

简言之，休谟把劳动生产率的提升归之于两种力量的结合，那就是在一个有着商业、制造业和精细农业的多元化社会中，"奢侈品"可得性所创造的激励及生产上的实际经验。

投资和技术

如果说休谟很少提及投资，那么他更少谈到机械和技术。我相信唯独在这儿，休谟曾明确地提到某种具体的技术：[4]"我们能否预期，一个连纺车也不会做，或者对纺织机的使用一窍不通的民族，会有一个堪为人民表率的政府？"罗特文（Rotwein）那珍贵版本的休谟经济论文集的索引很好地反映这个问题。其中没有投资的词条；而工业的词条则写着："参见技艺和工业；商业"。技艺和工业的词条下说的是："参见，商业，奢华"。忽视技术的理由同样在于，休谟关注的是具体的政策问题，也即休谟在对重商主义学说展开系统性批判时讨论的具体问题。投资占国内生产总值的比重必定低于18世纪最后二十年的比重，很可能低于5%。[5]尽管如此，英国在18世纪第二个二十五年里已成为一个极度商业化、前现代制造业发达、农业生产率较高的社会（这正是苏格兰所向往的），而这样的社会很可能需要大量投资：为迅速断膨胀的国内外贸易提供流动资金，用于建造

---

[1] 同上，第128—129页。在评论这一文献时，科茨（A. W. Coats）正确地指出："它几乎甚至没有任何影响"。

[2] 同上，第28页。

[3] 同上。

[4] 同上，第24页。

[5] 迪安和科尔，《英国经济增长》，第263页。

船只和码头、房屋和商埠，满足降价的需要让制造业以及最主要的让农业实现温和的扩张。尽管英格兰在 18 世纪后半叶里逐渐变成进口依赖的农业国，但是它在农业以及工商业部门的活力仍旧是它工业化，甚至是它取得拿破仑战争胜利的关键。毕竟，投资只占国内生产总值的 5% 并非微不足道。在这个方面，关于休谟，我们所能说的就是，在处理了他与重商主义学说关于利率的争论后，他很乐意让他那热忱于贪婪且吝啬的商人保有储蓄和投资，因为他们会利用扩大的利润再投资。而且，他可能会推测，在利用比较优势因此刺激了制造业的多样化之后，"机械技艺"会蓬勃发展，甚至那些挥霍的土地所有者也会把他们的一部分盈余从消费转入投资，并"把农业当作一门科学来研究，然后加倍努力，勤勉专注"。

不过，关于技术，休谟还是清晰地阐述了一个持久存续的基本命题："需要……是勤勉和发明创造的巨大动力"。[1]

经济周期

见下文 41—42 页（边码）。

相对价格

休谟在《英国史》中花费了大量的篇幅讨论经济问题，包括价格趋势问题。[2]休谟在好几个地方均讨论了这个后来成为古典经济学重要主题之一的话题——在后来的两个世纪中，当食物和原材料的价格很高时，这个话题会不断再现；那就是，制造业的技术进步比农业来得迅速。因此他总结说，基本商品相对于制成品的价格会随着时间的推移而上涨。比如，下面就是休谟对 16 世纪以来历史进程的两点评论：[3]

> 自从发现西印度群岛后，劳动力和商品确实增多了；但并不是每项都如

---

[1] 罗特文编，《大卫·休谟》，第 17—18 页。这段名言的语境，对休谟和 18 世纪的欧洲来说都是有代表性的。它出现在这么一个段落中，那个段落讨论的是热带社会因为没有遇到衣食住短缺方面的挑战而未能发展出如温带一般复杂先进的社会。

[2] 大卫·休谟，《英国史》（*The History of England*），伦敦：斯特拉罕印刷，1802 年。这些价格的参考文献出自第二卷，第 36—37 页，第 224—225 页和第 501 页；第三卷，第 402—403 页；第四卷，第 326—329 页和第 446—449 页；第六卷，第 23—25 页，第 46—51 页，第 180—183 页；第七卷，第 328—331 页。

[3] 同上，第三卷，第 402—403 页（第 1508 页）；第四卷，第 327 页（第 1549 页）。

一般想像的那么多……因为在精细制造业中采用了额外的技艺，这些商品中有一些的价值已低于过往……价格上涨的商品主要是屠夫的肉、禽肉和鱼（尤其后者），它们的数量是无法通过技艺的进步和勤勉程度的增加而迅速增加的。 26

其他欧洲国家的生产技艺远远地走在英格兰前面；即使在英格兰，这些技艺的进步也要大于农业知识的进步；运用机械的职业需要最多的思索和经验。

在休谟的基本思想形成的那段时期，也许除了低廉的谷物价格在引发杜松子酒的狂热中所起的作用这个问题以外，价格和相对价格的走向并不能激起重大争论——对前者的狂热直到 1751 年实行了强有力的政策措施才完全终止。在经历了西班牙王位继承战争末期短暂的短缺和高价之后，小麦的价格持续下降并维持在较低水平，直到世纪中叶（除了偶尔的歉收年份，见图 2.2）。面包便宜，烈酒亦然。毛织品的价格也呈下降趋势。进口品价格（比如糖、茶和铁条）随着战争与和平的交替而呈阶段性的剧烈波动，但世纪中的价格还是要低于世纪头十年的价格。在他的经济学论文中，休谟主要在短期的意义上讨论价格，价格又关系到他对货币数量论的阐述，包括把它看成对外贸易均衡实现的力量——在初级经济学教材中，仍然可见对休谟这方面观点的介绍。

经济增长的阶段和极限

早在休谟的第一篇经济学论文（《论商业》Of Commerce）中，他就已经简略又相当传统地论及经济增长的历史阶段，而且似乎有点像是预示了后来克拉克等人提出的命题——劳动力分布会随着经济增长而转移。[1]

每个国家的大多数人都可以被划分成农民或制造业者……人类一旦结束了以渔猎为生的原始状态，就必然立即分化为这两类人，尽管从事农业的人最初要占社会的绝大多数。随着时光的流逝和经验的积累，耕作技术有了很大的改进，此时，相比直接从事文化事业的人，抑或者比起为其他人提供更为必要的制成品的人而言，土地还能够更容易地维持数量上多得多的人口。

---

[1]　罗特文编，《大卫·休谟》，第 5—6 页。

但休谟的兴趣并不在于阐释经济增长的历史阶段。他的兴趣在于当时一个跨领域的重大问题，这问题缘于经济增长阶段的差异。其实，在休谟的经济学著作中，使人印象最为深刻的就是他对"富国—穷国"问题的论述；也即，在第一次经济起飞发生之前，或者用库兹涅茨的话说，在现代经济增长开始于大不列颠之前，身处同一时代但却处于不同增长阶段的国家或地区的增长动力学。[1]休谟对重大技术创新发生之前的富国—穷国问题的论述，已经或多或少地成为一种常态，这还直接引发他对经济增长极限问题的仔细思考。

在 18 世纪，有三件事使得这个主题成为引人入胜的话题。[2]

第一，航海大发现和美洲、亚洲殖民地的建立，使得观念已经成熟的欧洲开始知悉一系列新的、各式各样的社会形态并作比较分析，进而还提出了一组新颖的、有关当时欧洲以及记述中的古代世界的社会形态问题。所有这些在智识上都是令人兴奋的，因为当时，人们正在有意识地寻找各种观察人类和社会状态的新视角。

第二，这一可供检验的广阔的社会类型谱系不仅提出了一个动力学问题，而且还提供了一个可作比较静态分析的领域。富有的国家是否可以凭借它们更先进的技术和更复杂的分工与贸易模式而保持它们的领先地位？或者，穷国会不会凭借其更低的货币工资最终赶上富国？这个问题关系到最近的历史和当时的关键问题：17 世纪西班牙经济戏剧性的衰退和荷兰共和国同样富有戏剧性的兴起；18世纪，荷兰共和国兴起后，英国和法国陆续赶上；英国和法国之间长期的纠缠斗争；英国在北美的殖民地与伊比利亚人在南美的殖民地之间的强烈差异。人们如何判断当前富国与穷国的相对前景？这引发了有关国内外经济政策，包括对殖民地政策的大争论。特别的，它引发了围绕如下问题而展开的争论：如果富国有能

---

[1] 就将此应用到休谟对经济发展的分析和随后的争论的说明，请见伊什特万·洪特，"苏格兰古典政治经济学中的'富国—穷国'之争"，载于洪特和伊格纳季耶夫编，《财富与德性》，第 274 页。洪特的论著显然是迄今为止对此论争最精致且最富启示的分析。放在我所提的经济增长阶段理论中，可以说休谟在这里处理的是处于起飞前准备阶段早期和后期的经济。对这方面更为详尽的论述可见我的《政治与增长的阶段》，第三章，尤其第 54—63 页。在准备阶段，经济会有显著增长，而事实上也一定会有显著增长。这种增长与起飞时的腾飞不同，在起飞阶段，一个或者更多部门对主要的新技术的吸收不仅会在那个部门带来巨大的动力，而且会给领导部门相关联的部门带来强大的溢出效应，包括加速的城市化——库兹涅茨视此为现代经济增长的开始。关于准备阶段的经济动力学，亦可见《经济增长的阶段》，第三章。

[2] 就这个总结而言，我从伊什特万·洪特的观点中获益匪浅，见洪特和伊格纳季耶夫编，《财富与德性》，第271—294 页。

力，阻挠穷国的兴起对富国有好处吗？这是个无足轻重的问题吗？或者，鼓励穷国的发展可以为富国带来好处？

第三是一个更具体但却更突出的问题：自从 1707 年与经济更发达的英格兰组成共同市场后，苏格兰的命运将何去何从？

休谟和斯密都不是眼光狭窄的苏格兰佬。他们本质上都是具有国际视野的学者，在巴黎和伦敦与在格拉斯哥和爱丁堡一样自在。他们利用直接的观察，广泛阅读，搜集材料。不过他们无疑都在某种程度上受到苏格兰经济进程的影响——他们的基本思想均成型于这一时期。

考虑这一联系时，我们有幸看到近来发表的一篇与此直接相关的论文：T. C. 斯莫特（T. C. Smout）的 "1750 年至 1775 年，苏格兰经济何去何从？（Where had the Scottish Economy Got to be the Third Quarter of the Eighteenth Century）"。[1] 表 2.1 列出了苏格兰在这段时间内可得的经济统计数据，以五年为一周期。

表 2.1 苏格兰经济数据（1750—1774）（五年一周期，以 1755—1759 年为基准）

价格		1750–4	1755–9	1760–4	1765–9	1770–4
	1 东洛辛德燕麦	99	100	104	124	130
	2 兰开的燕麦片	100	100	101	131	133
	3 柏斯的燕麦片	93	100	105	127	143
	4 金泰尔的牛	135	100	103	151	146
	5 金泰尔的母牛	133	100	100	133	143
工资						
	6 米德洛锡安的日工（以金钱计）	88	100		125	
	7 米德洛锡安的日工（以燕麦片计）	95	100		101	
税收						
	8 啤酒上的 "旧税"	103	100	101	81	71
	9 麦芽酒的 "旧税"	118	100	103	94	92
工业产出						
	10 纸	71	100	163	228	271
	11 亚麻布（量）	89	100	126	134	129

（待续）

---

[1] 斯莫特的论文载于洪特和伊格纳季耶夫编，《财富与德性》的第二章，第 45—72 页。在第 45 页及其他脚注中，有更多关于苏格兰经济史珍贵的参考文献。

576

（续表）

价格	1750–4	1755–9	1760–4	1765–9	1770–4
12 亚麻布（价值）	100	100	133	158	140
13 亚麻的进口	—	100	131	161	164
贸易（官方的数据）					
14 母国产品的出口	—	100	119	121	142
15 烟草的进口	—	100	158	182	253
16 其他进口	—	100	133	185	200
农业上的变化					
17 土地测量员	75	100	134	168	235

来源：T. C. 斯莫特，录于，伊什特万·洪特和迈克尔·伊格纳季耶夫（编），《财富与德性：苏格兰启蒙运动中政治经济学的发展》(*Wealth and Virtue:The Shaping of Political Economy in the Scottish Enlightenment*)，第二章，第 53 页。其文中有给出的数据来源；在文中，斯莫特除了给出指数，还给出了数值（第 52 页）。

既然我认为休谟和斯密的思想大概成型于 1750 年左右，那么把握斯莫特所提供的有关苏格兰经济在 1707 年联合法案通过后的发展状况显然会有帮助。

一个有益的切入口是，考虑 18 世纪早期苏格兰经济展现出的一贯特征对休谟和斯密讨论食物—人口问题的影响。除了大歉收导致饥荒的年份（这个最晚发生在 1690 年代），苏格兰一直是一个拥有食物剩余却很难找到出口市场的地区。没有市场的农业剩余，而不是长期饥荒，是休谟和斯密粉墨登场的本地背景的一部分。

直到世纪中，苏格兰经济发展中的三个积极因素仍然清晰可见：行政管理上的进步，交通设施的扩张，农业生产率的缓慢提升，这三者一同化解了歉收年份发生饥荒的危险；自 1730 年代开始，格拉斯哥成为烟草贸易的重镇——它迅速扩张，直到美国独立战争时期，给整个中西部都带来了比以往分析中认识到的更为巨大的扩散效应；1740 年代中期，一个重要的农村手工行业——亚麻布业开始进入一个长达二十年的稳定发展期。

28　　事实上，从那时起，许多方面的进步速度都加快了。人口增长率的上升，在前半个世纪里基本上可以忽略不计，但在 1755 年到 1775 年间，达到年均 0.5%，苏格兰五大城镇的人口因此上升了 30%。1740 年到 1770 年，出口到英国的牲口数上升了 50%；银行资产和钞票发行的激增更为引人注目，1744 年到 1772 年间，这二者分别增长了十倍和十六倍。正如表 2.1 所示，农产品价格上涨，工业产品和对外贸易加速增长，而实际工资却一直没什么变化。土地测量员活动的显著增加，从另一个角度说明了这时期农业的兴旺。

斯莫特总结说：[1]"到 1800 年……苏格兰……已走到起飞阶段，不过在《国富论》出版前的二十五年还没有。"苏格兰的经济像英国的一样，处于起飞的积极准备阶段，不过这个国度在那广泛的动态进程中尚未走得如英格兰一般远——这就是休谟和斯密思想形成并展开的时代背景。

苏格兰从 1740 年代后半期开始走向欣欣向荣，但却又落后于比它更先进、疆土更大的邻国，生活在这样的经济氛围里，自然会驱使休谟思考，动态演变中的富国—穷国关系随着时间的推移将会如何演进。不过，值得再次强调的是，休谟和斯密并没有被苏格兰的生活经历所紧紧束缚。

其实，只有放在更大的背景中，才能更好地理解休谟对富国—穷国问题的分析：也即，把它视为他所系统性驳斥的当时三大学说的一部分——我们之前已经就此展开讨论。如此这般，他对富国—穷国问题的分析便在某种程度上构成了他的经济增长理论。

休谟所挑战的三大学说是：

● 即便与贫穷无关，社会中的德性也与朴素有关；与奢华和财富相伴随着的，是堕落和腐败。[2]

● 贸易顺差汇聚的金银能够保证富国的强盛与贸易优势。

● 穷国经济发展只能通过牺牲富国经济才能实现。

休谟的回应可以简述成以下三点：

1. 财富是德性之友。发展"奢侈品"的过程需要系统性地利用比较优势，这是经济增长的核心要素；而对于国家安全、文明的社会生活、政治自由，尤其是个体才能的创造性实现以及其他合法欲望的满足来说，经济的增长和繁荣是基础。

2. 经济增长的征兆会同时启动社会内部以及各个社会之间的"酝酿发酵"过程，这种"酝酿发酵"也会促使人们致力于培育工商业，改善机械技艺。

---

[1]　同上，第 71—72 页。

[2]　洪特把这个西方思想的源头追溯到亚里士多德与马基雅维里处（同上，第 272 页）。

3. 更关键的是，穷国有能力追上富国，因为它们在转变的过程中拥有两方面的优势：较低的工资和迄今未用的技术存量。

但面对穷国的兴起和富强，富国的命运又将如何？在辩论结束之前，休谟给出了好几个答案，但在英国和法国重商主义长期对峙之时，以下观点可能最为关键，在此，他将问题推向戏剧化的高潮：[1]

应该承认，随着邻国工业的发展，对各种商品的消费也会增加；虽然市场上有外国制造品进入，对本国产品的需求可能依然不变，甚至增加。假如需求减少，其后果是否应看作是十分致命的呢？只要工业的元气未丧，从一个部门转向另一个部门是毫不费力的；例如，毛织品制造者可以转而生产亚麻、丝绸、铁等看起来有需求的商品。我们不必担心工业项目会枯竭，也无须忧虑我们的制造业与邻国的处于同等水平而有失业之虞。各国之间你追我赶的竞争，反倒会使各自的工业蓬勃发展。任何一个国家的国民都会更加幸福，如果他们拥有多种多样的制造业，而不是只有一个单一的、雇佣所有国民的大制造业。他们所处的境况将更为稳定，对总是伴随着商业中各个具体部门的各种变革和不确定敏感度降低……因此我直言不讳地承认：不但作为人类的一员，我要为德国、西班牙、意大利甚至法国的商业繁荣而祈祷，而且作为一个英国国民，我也要为他们祈祷。至少，我深信：如果大不列颠和所有这些国家的君主和大臣们能够敞开心扉、以此仁爱之心对待彼此，各国都将更加繁荣昌盛。

虽然已经如此明确，且充满自信，但休谟并未止步于此。他进一步讨论了赶超，提出了一些令他陷入争辩的观点；只因他是一个太好的历史学家，以致他不会不注意到国家和地区繁荣的短暂无常：[2] "制造商们……不断辗转迁徙，一次又一次地离开那些他们已经使之富裕起来的国家和省份，只要哪里有廉价的供给和劳动力，他们就飞向哪里，直到他们使这些地方也变得富庶起来，而后，出于同样的原因，他们又开始了新的转移"。

---

[1] 罗特文编，《大卫·休谟》，第80—82页。
[2] 同上，第34—35页。

这个有关富国前景的看法是如此令人沮丧，因而受到了当时两位知识分子的批评［詹姆斯·奥斯瓦尔德（James Oswald）和乔赛亚·塔克（Josiah Tucker）］。对此，休谟辩称，他心中想说的是按照比较优势展开制造业分工；换句话说，富国集中生产资本和技术密集型产品，而追赶中的国家地区则集中生产较为简单或劳动密集型产品。[1] 正如塔克所言，休谟的这一澄清悬置了这个问题：此种分工能够维持吗？或者说，当"酝酿发酵"完全发挥了比较优势时，富国与穷国之间的相对工资和相对价格会否走向均等？在1758年写给凯姆斯勋爵（Load Kames）的信中，休谟的确有在一段话中指出，较穷的国家会随时间的推移而从"初级"制成品的生产转向"更为精细"的制成品生产。[2]

事实上，休谟并未排除富国—穷国的动态变化最终会导致对外贸易下降的可能性：[3] "……一个民族也许会丧失其大部分的对外贸易，仍不失为一个实力雄厚的强国。如果外国人不乐意接受我们的某种商品，我们必定就会停止生产这种商品。这批劳力将转向别的行业，致力于改进可能为本国所需要的其他商品。"在此，休谟脑海中想着的明显就是中国；但是他的论证也许还暗示着，在某种环境下，关税保护可能是正当的。不过，休谟的大部分分析设想的都是一个扩张主义的自由贸易政策。

对这些问题的辩论还引发了对休谟那著名的铸币流动—物价水平假说的修正。休谟的中心论点是，贸易顺差带来的金银币流入会自我矫正。它会导致物价水平上涨而非产出增加，因为后者取决于生产中使用的真实要素，而且还隐藏地假定这些资源会得到充分利用；物价上涨会抑制出口，刺激进口；于是，贸易差额会转向逆差。然而，他承认某种凯恩斯主义的短期例外存在：[4]

这需要一些时间，直到货币流通到全国并使各界人民都感觉到它的影响。起初，感觉不出有什么变化；慢慢地，先是一种商品，随后是另一种商品，物价就一步步地上涨了，直到全部商品至少同王国内部新的铸币量达成

---

[1] 同上，第190—205页，至于该论争的文本回应，包括致凯姆斯勋爵（Load Kames）的信，凯姆斯勋爵是休谟与塔克通信的中间人。同样，可参见洪特和伊格纳耶夫主编，《财富与德性》，第275—276页。

[2] 罗特文编，《大卫·休谟》，第200页。

[3] 同上，第14—15页。亦见第80页，和罗特文的讨论，第cvii页注。

[4] 同上，第38页。在他致奥斯瓦尔德（Oswald）的信中，有对此系统的表述，见第197—198页。

31   合适的比例为止。我认为，只有在获得货币到物价上涨之间的那个间隙或过程中，金银量的增加才对工业有利。

由此，休谟的看法似乎是这样的：只要国内外商业善用比较优势诸潜力，原始的、生产力低下的农业经济系统中也有获得高得多的真实收入的潜力。在某种意义上，休谟是在赞赏这种系统中闲置的产能。而借助一个或者更多已经被搅动起来的国家的榜样示范——这也许是因为对外贸易，证明这个体系的潜力可以带来令人心动的物品，并证明这些潜力如何可以为人所用，如何能够启动这些闲置的产能。利用这些潜力的驱动力正是三大人类参与"劳动的动因"，这些动因还会因进入系统的"奢侈品"及其原初的"示范效应"而增强，也会因人们在弥补差距过程中遇到的挑战和回报所带来的刺激而增强。因此，休谟的理论是真正的有关经济增长的动力学和心理学理论。在比较优势得以利用的那些领域，生产能改善人们的技艺，提高制造的技术，增加资本存量。货币供给的扩张兴许拥有辅助性和过渡性的真实效果。

但是在休谟的体系中，却看不到对重大技术创新的考量；这也许是因为它尚未发生。因此，他不相信无极限的增长。他对增长极限问题的最终论断内含于他所能察觉到的技术可能集，因此他明确地承认极限的存在：[1]"任何事物的增长，包括技艺和自然的增长，最终都会抑止自身的增长"。但人们会发现，休谟并没有太大兴趣把这论点教条化，即便这个论点关乎世界中形形色色经济体的长期前景。作为一个历史学家和哲学家，他深知决定世界最终结果的诸种力量纷繁复杂而神秘莫测，且不断变化。此外，他还意识到，我们只能基于已有记录的寥寥数千年的历史推测人类的命运，而这显然不够。《论古代国家的人口稠密》一文伊始的论述也许可以最准确地反映他的看法：[2]

> 无论从理论上还是经验上，都找不到什么根据可以断言世界是永恒不朽的。物质运动持续不断、迅猛飞速，烽火连天的暴力革命四处蔓延，天体宇宙日新月异，世界洪水的传说还在，痕迹依旧清晰，各种元素陷于普遍的混

---

[1]　同上，第 198 页。
[2]　同上，第 108—109 页。

乱之中——凡此种种，皆在有力地证明，这个世界的基本架构终将消亡，通过腐朽和分解，从一种状态或秩序转化为另一种状态或秩序。

但是，这种对一个国家长期保持伟大力量所抱有的温和的哲学式悲观，并没有俘获休谟内在乐观和积极向上的秉性。他主要关心的是运用他的人格才智去改变那个他置身的世界和时代，使它们走向更文明的政策；他做到了。

非经济要素

本书第一部分始于大卫·休谟而终于卡尔·马克思，这么安排是合适的。在所有古典经济学家中，没有谁比这两位更坚持把经济学嵌入整个社会发展的动力学研究之中，在历史的视角下展开考察。而且，他们两位都把经济增长视作社会、政治和文化变迁的重要起因。另一方面，他们对人类及其动机、社会及其经济的最优组织形式的观点迥然有异，这种差异几乎已达同样背景中的社会科学家所可能达到的极致。在某种程度上说，这种差异反映了整整一世纪的颠覆性变革——这变革使他们的而立之年分隔了一百年。不过在根子上，却是因为休谟对社会中的人的看法把他与马克思彻底分离开来。

由始至终，休谟都把人类视为复杂的单元，认为他们试图在相互矛盾的原动力中找到满意的平衡。社会，包括其政治的、社会的及经济的组织及其文化，决定了人们所面对的选择集，人们在其中表达着自己的需求冲动；但从动态的视角看来，社会本身又取决于人们之前做的选择，也即从之前可得的选择集中做出的选择。

沿着这一路径，休谟在展开对社会中人的动力学研究时，正处在始于柏拉图至弗洛伊德的那个传统之中。[1] 柏拉图分析的问题是平衡人的"灵魂"、"欲望"和"理性"；他还通过把这三个强有力却相互冲突的力量定义为"心中之国（the state within us）"，而把心理学与政治学共冶一炉。与此对应，弗洛伊德有"本我"、"自我"和"超我"，而这些概念最后成为他的著作《文明及其不满》（*Civilization and Its Discontents*）中的社会变量。

---

[1]　对柏拉图在其《政治学》（*Politics*）、弗洛伊德在其《文明及其不满》（*Civilization and Its Discontents*）中展开的人类三分法观点的讨论，可见沃尔特·惠特曼·罗斯托，《政治与增长的阶段》，第7—12页，以及第361—364页的相关脚注。

那么，休谟那里的原始冲动对应的是什么？回忆一下，他把"劳动的动因"界定为"活动，快乐和快活"。在休谟的理论里，"活动"带来的满足在广义上可以对应于柏拉图所说的人类的灵魂面和弗洛伊德所说的"本我"。在休谟看来，"活动"就是在面临挑战时，为了某些实践目的而对生理、心理和艺术才能进行组织。休谟对"快乐"的广泛定义自然对应于柏拉图的欲望和弗洛伊德的自我。"快活"虽然并不是以劳动积极原因的面目出现，但却是在追逐活动或者快乐时获得暂时的喘息所需要的。

那么，引导着人们规范自己的能量和雄心、激情和欲望，使之达到有组织的社会生活要求的那两种平衡力量——理性跟超我呢？在休谟那里，与之最相近的概念是"同情共感"；休谟用这个概念把个体与其同胞相连，进而凸显出一个良好的社会所要求的德性。罗特文是这么描述这种联结的：[1]

> 作为道德感成长的媒介，同情共感貌似在两方面运作。最一般的是……唤起对他人的善意响应，这在很大程度上取决于他们的情绪在我们的知觉中激起的生动性……于是，最根本的，"人道主义"因为一个更加紧密相连的社会的发展而获得的鼓励，很可能就是源于，自我与他人之间的联系基础在这样一个社会中变得更为宽广……而且，正如休谟所意识到的，我们"以他们待我们的那种情感来同情他人。"所以，随着人们更多地关注自己在社会中的声誉形象，"这种持续观察自身的习惯（正如反省那般），乃所有德性的真正的卫道士，它令所有有关是与非的情感保持活跃，并在尊贵的本性中引发对他们自己以及他人的某种尊敬。"

如果我们承认（事实上我们也应该承认），在寻找人们动机的基本要素上，柏拉图、休谟和弗洛伊德并非科学家（即使他们做到了最好）而是富有感召力的"哲学家—诗人"，那么"同情共感"的确与柏拉图的"理性"和弗洛伊德的"超我"一般，起着治疗和稳定社会的作用。它旨在捕获人们内化社会的必要价值，并使之以一种合理的文明化方式运行的过程。

然而，休谟对人性的看法绝不简单死板。罗特文精彩地总结出，休谟的"分

---

[1] 罗特文编，《大卫·休谟》，第 c 及 cii 页。

析传递出一种对人类行为妙不可言的复杂性的欣赏，以及对人类行为所依托的相互对立的力量的理解。"[1] 他比斯密更清晰地认识到人性中不可约简的元素之间的互动，认识到自己界定的概念中嵌含的复杂性，以及人类行为之中甚至有点狂野且不可解释的非理性特征。

尽管如此，从这个相互竞争、交互作用且常常相互冲突的人类行动动力学出发，休谟建立了一个颇为直观的、可操作的经济学说。商业扩张和比较优势的利用带来了制造业的扩张和多样化以及农业生产率的提升，这不仅扩大了追求活动和快乐的选择集，从而丰富了私人的生活，同时还给社会的非经济领域带来广泛的、良性的社会结果，包括为其提供自由民主政府的基础。[2]

总之，不管是休谟对经济过程的分析还是他为政策开的药方，都只不过是他

---

[1] 同上，第 Iii 页。
[2] 以下段落摘自《大卫·休谟》，第 22—29 页。它抓住了休谟认为繁荣的工商业经济体系可以给人类和社会带来更大利益的看法：

　　工业和机械技艺进步的另外一点好处是它一般会推进人文艺术的进步；这两者任何之一均无法走向完善，如果没有另一方在某种程度上的帮助的话。

　　各种技艺越是发达，人们就越爱好交往。因为当人们具备了丰富的知识，又拥有进行交往的钱财，他们就不可能会满足于当离群索居的隐士，或者以疏亲淡友的方式与自己的同胞相处——这只会发生在蒙昧无知的化外之邦。人们聚集到城市里，热衷于接受和交流知识，展示才智和教养，表达各自的情趣——无论是谈吐的风雅，或生活上的爱好，以及对服饰家具的鉴赏力等。好奇心吸引机智之人，虚荣心诱惑愚蠢之辈，追求享乐兼而有之。各种社团和俱乐部遍地开花，男男女女济济一堂，无拘无束，怡然自得，人们的性格和举止立刻变得温文儒雅。由此，人们不但增长了知识学问，提高了文化修养，也不可能不会从彼此倾心交谈、礼尚往来的习惯之中感到人性渐趋完善。勤劳、知识和人道就这样被一条牢不可破的锁链联结在一起；并且，根据理智和经验，人们可以发现，这三者正是比较辉煌的年代，即通常称为崇尚享受的盛世的特征……

　　勤劳、知识和人道，不仅在私人生活方面显示出其益处，而且也在公共生活中扩散其有利的影响：它们既使个人富裕幸福，又使国家繁荣昌盛。一切美化生活的商品的增加和消费，都对社会有好处；因为它们在成倍地扩大满足那些无害的个人欲望的同时，也增加了劳动（产品）的贮藏，这种贮藏，在国家一旦出现紧张情况时，就可转入公共服务。在一个不要求有这种积余的国家中，人们崇尚清静无为，对各种生活享受不感兴趣，对社会而言亦无甚用处，因为社会不能指望这样的懒汉来供养维持自己的海军和陆军……

　　人类的理性，在通过实践，以及通过至少在像商业和制造业这类较为庸俗的行业方面的应用而获得提高和进步以前，要想改进法律、秩序、治安和纪律，并使之臻至完美，是绝对不可能的……

　　通晓安邦定国之术，自然会产生宽厚中庸之道，用高尚的立身处世之道来教化万民，而不是用酷刑峻法，因为苛政会导致官逼民反，而且由于断绝了赦免宽恕的希望，就无法回到安抚顺从。随着知识的增长，人们的性情也变得温厚起来，人类的这种天性正在日益明显地表现出来，而这也是区分文明时代和野蛮蒙昧时代的基本特征。于是派系斗争就不会那样根深蒂固难以消除，变革和革命也不会成为那种惨绝人寰的灾难，权威力量也不致那么严峻，骚动叛乱也不会频频发生，甚至连对外战争也不那么残酷了。在战场上，荣誉感和利害关系驱动人们变得既冷酷又无畏；一旦沙场归来，这些经历战火洗礼的勇士便抛弃那种残忍狠心，又恢复了真正的人的本性……

577

对个人和社会良好生活看法的一部分；他视经济变迁为社会和政治变迁之根本；但他也认为，与其说经济变迁取决于人类的经济动机，不如说它取决于人类的非经济动机。

最后可以适量地谈谈休谟这个人，因为他的为人与他对人类状况的看法密切相关。他在他那个时代是很出名的，当时以及之后都备受关注和评论。我们有他优美的自传，亚当·斯密也描述过他临终前的日子。[1] 在他著名的"葬礼演说（funeral oration）"中，休谟描述自己是"一个性格温和、克己的人，拥有一种开放的、合群的和使人愉悦的幽默，忠于情感，但鲜少受制于怨恨，而且在诸激情中保持中庸。虽然我爱名誉，但我的主要激情也从不会使我变得脾气暴躁，不管发生多么令人扫兴的事。"他同代人对他的描写和传记作者对他的研究均与他的这幅自画像相当，虽然在《好人大卫》（*le bon David*）中无疑是出现了某些模式

（续上页注）英格兰的自由体系，虽从技艺改进以来迄今未衰，却再也不能像那个时期那样繁荣了。尽管晚近以来腐化现象也许有所滋长，这种繁荣主要应归功于当时的英国公侯已经发现，若不实行议会制，或如果议会担心特权有名无实的话，就无法统治；于是建立了自由体系。不用说，这种腐化或者唯利是图之风在选举者之中要比在被选者之中盛行得多；因此，归咎于讲究生活享受是站不住脚的。

如果我们选择一个适当的角度去考虑问题，就会发现：技艺进步对自由是相当有利的，它自然拥有一种即使不是缔造，也是保护自由政府的倾向。

下议院是英国民选政府的支柱。举世公认，下议院的影响力和威望基本上要归功于商业的发展，正是这种发展使得这么多财富落入平民之手。

[1] 斯密的描述见威廉·贝尔·罗伯逊为《休谟的政治论文集》所做的序，见《休谟的政治论》（*Hume's Political Discourses*），第 xxii—xxvii 页；休谟的"我的生平"，第 xiv—xxii 页。以下是斯密报道的令人难忘的轶事，其中捕获了诸多休谟的个性和风格：

他说……当他几天前在阅读卢奇安（Lucian）的《对话死亡》（*Dialogues of the Dead*）时，对于卡伦（Charon）所言之没有准备好进入他的超度之船的所有理由中，他都找不到适合于他的：他没有房子，没有儿女，无所牵挂，也没有想要报复的敌人。"我无法想像"，他说道，"我可以向卡伦给出什么样的理由，以求获得些许的推迟。我已完成所有我意图完成的事情；我再也找不到比现在还合适的情况，离开我的亲朋好友；因此，我没有任何理由不满意地死去。"接着，他转向寻找一些他先想像自己可能会给出的诙谐虚构的理由，并想像类似卡伦这样的角色可能会做出的粗暴的回应。他说道，"在进一步考虑之后，我想，我可能会对他说，我的好卡伦，我已经对我的作品做出了新的修订；请给我一点时间，让我看看公众对此会有何反应"。但是卡伦会回应说，"当你看到这些修订的效果时，你将会做出新的修订。这种理由永无休止之日；因此，我的诚实的朋友，请你上船吧。"但是我可能会再次催促："我的好卡伦，请稍显耐心；我正试图打开公众的心灵之窗。如果我可以多活个几年，我可能会因为看到某些盛行的迷信走向衰亡而心满意足。"但是卡伦可能会因此失去所有的温文尔雅，"你个无所事事的流氓；这几百上千年来我都没有看到这种事情发生。你是在奢望我给你这么长的一个生命之约吗？马上给我滚上船，你个无所事事的流氓。"

化的形象。[1]

　　这些个性——睿智安稳，喜好讽刺，保持怀疑，但致力于思考人性的起源，成就了他的广阔视野，使他的论文成为"政治经济学的发源地"，并使亚当·斯密的一位传记作者做出如下总结："……但是，斯密是永远无法成为休谟的。"[2]

亚当·斯密（1723—1790）

　　正如他的老朋友大卫·休谟一般，亚当·斯密也在系统地思考和阐述统摄社会中的人的自然法上耗费了一生。他的教学和写作不止于心理学和哲学、政治学和经济学、社会学、法学与历史学，还有天文学甚至诗歌、戏剧以及其他文化科学。用白哲特的话说，斯密的《道德情感论》和《国富论》是"他宏大构思的一部分，这个构思旨在说明文明和法律的起源与发展；或许，视它为说明人如何从野蛮人变成苏格兰人也不无道理。"[3] 虽然这个构思最终没有完成，但是在斯密的经济学研究框架中，却没有少谈人作为社会动物的动力学。

34

　　在《道德情感论》（1759）中，斯密正如休谟一般，意识到人类可能受到基本必需品之外的消费品的吸引而更努力地劳作。[4] 休谟对这些奢侈品的态度较为宽容，不仅视其为一种刺激，而且认为它可以丰富毛糙的人生；但斯密却"最鄙

---

[1]　欧内斯特·坎贝尔·莫斯纳（Ernest Campbell Mossner）成功地把休谟描写成一个普通人，可见欧内斯特·坎贝尔·莫斯纳，《被遗忘的好人大卫·休谟》（*The Forgotten Hume, le bon David*），纽约：哥伦比亚大学出版社，1943 年）。

[2]　这些引文分别来自，休谟的传记作者希尔·伯顿（J. Hill Burton）（1846）及斯密的传记作者哈尔登（R. B. Haldane），转引自威廉·贝尔·罗伯逊编，《休谟的政治论文集》，"导论"，第 viii 和 xi 页。休谟的讽刺气质及其在写作中系统地运用的文学讽刺技巧，可参考约翰·弗拉基米尔·普赖斯（John Vladimir Price），《善讽刺的休谟》（*The Ironic Hume*），奥斯汀：得克萨斯大学出版社，1965 年。普赖斯的研究超越了一般的狭隘主题，把休谟的个性描述得头头是道，让人心服口服。

[3]　拉塞尔·巴林顿女士（Mrs. Russell Barrington）编，《沃尔特·白哲特传及其著作集》（*The Works and Life of Walter Bagehot*），伦敦：朗文出版社，1915 年，第七卷，第 8 页。哈奇逊（T. W. Hutchison），《论革命与经济知识的进步》（*On Revolution and Progress in Economic Knowledge*），剑桥：剑桥大学出版社，1978 年，第 5 页，有着相同的观点：

　　　斯密从生至死都是一个哲学家。他从未把自己的工作视为整体毫无缺失，也没有认为自己的工作主要是经济学或政治经济学；他认为，在研究涉及心理学和（社会与个体意义上的）伦理学、法律、政治学以及艺术和科学发展的社会及人类进程中，经济学只是其中一章，而且不是最重要的一章。

[4]　亚当·斯密，《论文集》（*Essays*），伦敦：阿历克西·默里出版社，1869 年，第 48—49 页。　578

视"这些"琐细的便利"。[1] 尽管如此，人们追求这些虚幻满足的意愿乃"看不见的手"运作的必要要素；正如霍兰德（Hollander）所指出的，这"看不见的手"观念首先出现在他的《道德情感论》中，比《国富论》要早 17 年。[2] 总体而言，亚当·斯密对人类（包括工商业人士，遑论挥霍的土地主、乡村绅士和牛津的老师）的看法，常常不无嘲讽。休谟对人类状态的看法还带有王政复辟时期的乐观态度，但是这种乐观在比他年轻、略显严肃的好友斯密那里却已显然不见，而且还显得这般复杂和矛盾。尽管如此，当斯密转向研究经济学时，他笔下的个体似乎比休谟的更简单，毕竟休谟笔下的个人在全力面对充满挑选和机遇的背景时，能够获得亚里士多德式的快乐。有一个佚名者的评论不仅精妙而且相当公正，他说道，斯密认为"每一个人的内心中都有一个苏格兰人的影子。"[3] 总体上，斯密的经济人，那只顾自己利益而无意之中却创造公共善的人，对现代主流经济

[1] 同上，第 161 页。

[2] 同上，第 163 页。塞缪尔·霍兰德（Samuel Hollander）的参考文献及其讨论，可见他的《亚当·斯密的经济学》（*The Economics of Adam Smith*），多伦多：多伦多大学出版社，1973 年，第 248—249 页。同样可见雅各布·维纳（Jacob Viner），"看不见的手与经济人"（"The Invisible Hand and Economic Man"），载于《神意之于社会秩序的形成》（*The Role of Providence in the Social Order*），费城：美国哲学学会出版社（American Philosophical Society），1972，尤见第 81—84 页。更进一步可参考海尔布罗纳（在劳伦斯·马龙（Laurence Malone）的协助下）编辑并撰写了导读的《真正的亚当·斯密》（*The Essential Adam Smith*），纽约：W. W. 诺顿出版社，1986 年，第 60—61 页。赫希曼在他的《激情与利益》中也考虑了不少关于"看不见的手"发挥作用的案例，因为这理论明显与其非平衡增长理论有关。威廉·鲍莫尔（William Baumol）正确地向我指出，斯密在《道德情感论》中对"看不见的手"的使用层面总体上要广于《国富论》；但应该注意到，《国富论》中也存在一个段落，申明"看不见的手"在更广的范围中发挥作用（第 423 页）："正如在别处，斯密在此也受到'看不见的手'的引导，陆续排除非他所想的观点。"与当时大部分作者一样，斯密尽量避开直接指称上帝（Deity），而代之以"自然之主"、"自然伟大的引导者"之类的用语，（《道德情感论》，杜格尔·斯图尔特（Dugald Steward）修订，伦敦：乔治·贝尔出版社，1911 年，第 109—110 页。以下是斯密在《道德情感论》中使用了"看不见的手"的段落（第 264—265 页）。

富人只是从这大量的产品中挑选了最珍贵和最中意的东西。他们消费得并不比穷人多多少；虽然他们的天性是自私的和贪婪的，虽然他们只图自己方便，虽然他们雇用千百人来为自己劳动所企图的唯一目的是满足自己无聊而又贪得无厌的欲望，但是他们还是同穷人一起分享他们所作一切改良的成果。他们被一只看不见的手引导着对生活必需品做出几同土地在平均分配给全体居民的情况下所能做出的一样的分配；就这样，他们在既非意欲、也毫不知晓这种分配的情况下，增进了社会利益，为人类种族的繁衍提供手段。当神把土地分给少数权贵地主时，他既没有忘记也没有遗弃那些在这种分配中似乎被忽略了的人。后者也享用到了他们在全部土地产出中的那一份。就构成人类生活真正幸福的那些东西而言，他们无论在哪方面都不比似乎地位远远高于他们的那些人逊色。在身体的舒适和心灵的平静上，所有不同等级的人几乎处于同一水平，一个在大路旁晒太阳的乞丐也享有国王们正在为之奋战的那种安全。

[3] 这些妙语往往被认为是沃尔特·白哲特所说的；但事实上，那句话出自他引用的一篇佚名资料，详见他的论文"亚当·斯密与我们的现代经济学"（"Adam Smith and Our Modern Economy"），载诺曼·史蒂华斯（Norman Stevas）编，《沃尔特·白哲特》（*Walter Bagehot*），第 2 卷，第 177 页。

学来说，是让人觉得自在又熟悉的人物。

但这个形象是过于让人自在和熟悉了；事实上，斯密对人类动机的看法远比人们所相信的来得复杂。他在《道德情感论》中的开篇语仍然没有引起足够的重视："无论人被认为多么自私，他的本性中显然还存在某些秉性，使他关心别人的际遇，视他人之幸福为自己之必需，尽管除了目睹别人之幸福所感到的愉悦之外他一无所获。"

在当时，《国富论》相比休谟那选择性的、简要的小册子而言，更为接近传统著作；它的篇幅几乎十倍于休谟的经济论文集。《国富论》并没有如现代那些打磨得异常精致的主流经济学教科书一般展开。其中许多篇章的说明和事例都源于历史与当时的事件，这些事例插曲还经常离题。但精义全在。比如，斯密的经济增长理论就很容易数学化，变为现代增长模型，而且有不少人尝试过这项工作。[1]与此同时，正如后文将要谈到的，对于我们的标准问题清单中几乎每一个变量，斯密都有所论及。

斯密比休谟年轻12岁，不过他而立之年的英国经济背景与他那伟大的师友而立之年的背景无甚差别。比如在1753年，斯密三十岁的时候，英格兰仍然是一个谷物净出口国，其生机勃勃的商业和原始工业经济中应用的仍然是前现代的

---

[1] 譬如可见，伊尔玛·阿德尔曼（Irma Adelman），《经济增长与发展理论》，第三章，"亚当·斯密"（"Adam Smith"），第25—42页；约翰·希克斯（John R. Hicks），《资本与增长》（*Capital and Growth*），牛津：牛津大学出版社，1975年，第206—214页。奥布莱恩（D. P. O'Brien），《古典经济学家》（*The Classical Economists*），牛津：牛津大学出版社，1975年，第206—214页；艾尔悌斯（W. A. Eltis），"亚当·斯密的经济增长理论"（"Adam Smith's Theory of Economic Growth"），载安德鲁·斯金纳和托马斯·威尔逊（Andrew S. Skinner and Thomas Wilson）编，《亚当·斯密研究》（*Essays on Adam Smith*），牛津：牛津大学出版社，1975年，第426—454页；保罗·萨缪尔森（Paul A. Samuelson），"一位现代理论家对亚当·斯密的辩护"A modern Theorist's Vindication of Adam Smith"，载《美国经济评论》（*American Economic Review*），第67卷第1期，1977年2月。一个更一般的整合从斯密到马克思的思想的模型，可见萨缪尔森，"政治经济学的标准古典模型""The Canonical Classical Model of Political Economy"，载《经济文献杂志》（*The Journal of Economic Literature*），第16卷，第4期，1978年12月，其中他还观察到："如此这般，可以在每一位古典经济学家身上看到，其中孕育着一位现代经济学家。"塞缪尔·霍兰德曾对此写过长篇评论，"萨缪尔森教授的标准政治经济学"Professor Samuelson's Canonical Political Economics"，载《经济文献杂志》，第18卷，1980年6月，第559—574页。约瑟夫·斯潘格勒虽然非常到位地指出，用符号语言来准确地再现斯密的增长理论是困难的，只因他对关键术语的定义较为模糊，但他也尝试性地写了"亚当·斯密的经济增长理论"（"Adam Smith's Theory of Economic Growth"）上下篇，分别载《南部经济学杂志》（*The Southern Economic Journal*）第25卷第1期和第16卷第2期，1959年4月及7月。以当代发展理论为背景，斯潘格勒对斯密增长理论的分析非常透彻详尽，远胜于简单地把哈罗德—多马模型或新古典增长模型生硬地套到斯密头上之人。据我所知，第一个把亚当·斯密的经济增长理论进行数学化的是一篇长仅三页的精美论文，作者是阿兰·安托文（Alain Enthoven），文章名为"国富论精要"（"*A Brief Summary of The Wealth of Nations*"），那是1954年的秋天为麻省理工我所举办的研究生沙龙而写的经济史论文。 579

技术。另一方面，斯密虽然活到 1790 年，并在那之前一年出版了《国富论》第五版（也是最终版），不过其中的论述实际上表明，他并没有意识到 18 世纪中叶以来的三大经济发展：人口增加给粮食供给带来压力，导致谷物价格上升，使英格兰从谷物净输出变成了净输入；1760 年后，发明创造的活动有明显加速的迹象；以及 1780 年代三大重大创新的粉墨登场——生产棉织品的机器和工厂，瓦特（Watt）那更有效率的蒸汽机，以及科特（Cort）的焦炭冶炼法——实际上，也正是这三大创新定义了第一次工业革命的到来。[1]

基本增长方程

在休谟版的基本增长方程中，资本形成（储蓄—投资）其实是贸易扩张和有创造性但却吝啬的商人利润再投资的副产品。在斯密这里，劳动、土地和资本无疑是生产的三大要素；但与休谟一样，这个系统的驱动力也是来自节俭之人的储蓄——斯密假定，这些节俭之人将投入他所有的储蓄，而不存在漏出（Leakage）。这种漏出，正如我们将会看到的，出现在富人和政府随便支出雇佣"非生产"劳动时。在休谟处，资本使得地区间和国际的比较优势得到善用；在斯密处，资本带来了市场进而劳动分工的扩展。这里的资本主要是流动资本，给劳动力提供必需品、原材料和简单的工具。虽然比起休谟，斯密那里已经更明确地提到"机器"，但似乎跟休谟的"机械技艺"无甚差异。在描述劳动分工如何增加生产力的时候，斯密识别了三大动因：[2] 工人熟练度的提升；工人专注一物比忙东忙西更省时间；还有，"大量机器的发明便利和简化了劳动，使一个人可以做几个人

---

[1] 斯密没有考虑工业革命的到来成了某种分析与思考的主题。譬如见，科布纳（R. Koebner），"亚当·斯密与工业革命"（"Adam Smith and the Industrial Revolution"），载《经济史评论》（*Economic History Review*），第 11 卷第 3 期，1959 年 4 月，第 381—391 页；查尔斯·金德尔伯格（Charles P. Kindleberger），"历史背景：亚当·斯密与工业革命"（"The Historical Background: Adam Smith and the Industrial Revolution"），载斯金纳和威尔逊（A. S. Skinner and Thomas Wilson）编，《市场与国家》（*The Market and the State*），第一章，牛津：牛津大学出版社，1976 年，第 1—41 页，包括阿萨·布里格斯（Asa Briggs）和 R. M. 哈特韦尔（Hartwell）的评论；和伊拉姆·卡顿（Hiram Caton），"亚当·斯密的前工业经济学"（"The Pre-Industrial *Economics of Adam Smith*"），载《经济史杂志》，第 45 卷第 4 期，1985 年 12 月，第 833—853 页。若想了解更多关于斯密对技术改变的察觉，可见霍兰德，《亚当·斯密的经济学》（*Economics of Adam Smith*），第 208—217 页。不过，霍兰德明确区分了斯密脑中的增量型技术变迁（这源自于市场的扩张）和与熊彼特的创新相关的"激进型变迁"。他认为斯密未能完全捕获正在出现的创新，是因为他明显缺乏对棉毛产业正在发生的事情的了解。

[2] 亚当·斯密，《国富论》（*The Wealth of Nations*），埃德温·坎南（Edwin Cannan）修订，马克斯·勒那（Max Lerner）序，纽约：兰登屋出版社，1937 年，第 7 页。斯密对其有关劳动分工的核心观点的全面论述在文初即现，犹如交响乐的主题曲，经久不衰：见第 3—10 页。

的工作。"他还区分了这些为人所熟知的技术进步与偶尔才发生的、稀有的重大技术突破——就我所知，这是第一次在经济学文献中对此做出重要区分。

斯密描述了经济增长的自增强过程：资本投入导致市场扩张，而后者反过来也会带来更多的利润和投资；不过斯密认为，这个过程并非无极限。国家的"土地和气候，和它相对于其他国家的位置，"还有它的"法律和制度"都会给它设限。这个陈述似乎暗示着农业的报酬递减，当然，通过地理扩张而扩展市场的努力亦然。

我们下面会深入探索斯密基本方程的构成要素。这里，我们先简单地提一点，它的框架在某种程度上让人熟悉且颇为现代，尽管它被应用于那种农业和制造业均在使用着前现代技术的社会。生产率的增加主要是通过改进旧有的常用技术，以利用扩张的市场和专业化扩大的潜力而获得，而不是通过引进可以创建新产业或者从根本上转变旧产业生产方式的创新来完成。1780年代以来，创新在性质上和规模上都有别于前。这时，斯密那里主要来自于作坊手工艺人的创造性活动而引发的增量型技术变迁概念已然不够用，即便它是如此方便，以致两百年来不少经济学家都紧握着不放。1780年代之后，斯密那里偶尔才会出现的重大发明变成一条不平稳的技术流——它会带来结构变迁。在这之后，这一现象导致了无穷无尽的非均衡，给1870年后的主流经济学家带来如此多的不便，以致他们至今仍未找到一个可行的处理办法。

36

表2.2　大不列颠：小麦贸易（1750—1789）

	净出口（包括面粉）净进口	年均（单位为千夸脱）
1750—1759	312	
1760—1769	136	
1770—1779		−43
1780—1789		−23

来源：阿斯顿，《英格兰的经济波动（1700—1800）》，牛津：克拉伦登出版社，1959，183页。

人口与劳动力

如同休谟，斯密也没有对英国人口—食物平衡问题感到特别的焦虑；尽管在1750年，也即斯密死前的四十年，小麦价格的趋势及小麦和面粉的净出口和进口情况确实已经足以引起人们的注意。[1]1790 年代，平均净进口量已达 198,000 夸脱（英制夸脱为八蒲式耳），这个背景至少为马尔萨斯人口论第一版的出版铺平了道路。

斯密的人口学说，即便与休谟的人口学说非常一致，也要比休谟的来得详尽；而且其中还存在着一些微妙之处。[2] 他的人口学说可以概括如下：

1. 人口数量取决于生存手段的可得性。

2. 人口变化率取决于市场工资率与生存工资率之间的差异。如果前者大于后者，人口就增加；反之，人口则减少；相等则保持原水平。

3. 市场工资率取决于劳动需求增加率，这反过来又取决于资本存量增长率，因为后者决定了市场扩张、分工专业化进程和国民财富增长的速度。

4. 在资本形成及增长快速上扬时，相对于生存工资而言较高的货币工资，经由早婚和婴儿死亡率下降，会导致人口和劳动力增加，但是这种增加最终又会降低市场工资率。

斯密的著名结论是：[3]

引起劳动工资上升的，不是国民财富的实际大小，而是它的不断增长。因此，最高的劳动工资，不是出现在最富的国家，而是出现在最兴旺繁荣或者说致富最快的国家。英格兰现今肯定是比北美任何地区更富的国家。可是，北美的劳动工资比英格兰任何地区更高。

……在进步状态中，即社会朝着进一步的繁荣兴旺前进时，而不是已获得所有财富时，贫困劳动者，即社会绝大多数人的生活状况是最幸福最舒适的。在社会处于停滞状态时，生活艰苦；处于衰落状态时，生活悲惨。进步的状态实际上是社会所有阶层都欣喜愉悦和心满意足的状态。停滞的状态阴郁低沉，而衰落的状态则令人悲伤。

37

[1] 斯密（同上，第76页）指出，"19世纪"的谷物价格要高于"现在"，他加了一个说明1595—1764年温莎市场的小麦价格的表（第256—258页），引自查尔斯·斯密（Charles Smith），《1766年，谷物交易》（*Tracts on Corn Trade*, 1766），第97—102页。诚如其他数据，它展示了1740年代的萧条状况。有点令人奇怪的是，斯密并没有更新表中的数据，也因此未能捕获世纪中叶以后价格的上升趋势。见如阿什顿，《经济波动》，181页。
[2] 《国富论》，第八章（《论劳动工资》），第64—68页，包含了斯密对人口规模决定因素的大部分讨论。
[3] 同上，第69页及第81页。

在斯密看来，美洲殖民地处于进步状态中，相对富裕的中国处于停滞状态，而孟加拉国则处于衰退状态。

斯密还大量地谈到相对于生存工资而言的高工资和低工资、劳动力的质量和工人付出的有效努力。但他的观点并非总是连贯一致。譬如，在《讲义》中，斯密生动地描述了分工专业化的代价（马克思的体系由此展开），包括一条向后倾斜的劳动供给曲线：[1]

> 当大部分的人都是商人时，他们总是把诚实与守时引入潮流，也因此，这些就成为商业国家的主要德性。
>
> 然而，商业精神会引起些许麻烦。首先要说的是，它将限制人们的视野。当劳动分工发展到极致，每个人都只从事一项很简单的操作；他的全部注意力都集中于此，他的脑海中除了一些即时的联系之外不会闪过其他什么想法……值得注意的是，在每个商业的国度，低层次的人民都过于愚钝了。荷兰的粗工非常明显，而英格兰的粗工要比苏格兰的还厉害。这一状况普遍存在；城镇中的人不像乡村中的人那般有才智，富国的人也不像穷国的人那般有才智。
>
> 伴随着商业而来的另一个麻烦是，教育被极大地忽视了。在富裕的商业国，劳动分工使得所有的行业都简化为非常简单的操作，为雇佣非常小的童工提供了条件……但是，在教育的这种缺失之外，过早地把孩子送去工作将带来另一个巨大的损失……当这些孩子长大时，他对于如何取悦自己毫无想法……他们工作半周就足以维持生存，而因为缺失教育，他们没有其他愉悦活动，除了浪荡街头、酗酒闹事。

在《国富论》中，斯密关于进步对"普通人"产生影响的观点，总的来说更为积极，尽管其中仍然有提及后向倾斜的劳动供给曲线，认为它代表了少数人对工资上升的反应。"劳动的丰厚报酬鼓励人口繁殖，增进普通人民的勤勉……诚然，有些工人如果能在四天之内赚到一星期的生活费，那另外三天就不工作。然而，这绝不是大多数人的情况。"[2]

---

[1]　埃德温·坎南编，《亚当·斯密讲义集》（*Lectures by Adam Smith*），牛津：牛津大学出版社，1896 年，第 255—258 页。

[2]　《国富论》，第 81—82 页。

亚当·斯密对经济发展过程的前瞻性看法中，最为有趣的是他对教育重要性的强调，这不单单是对劳动力而言，对"有地位有财产的人"也是一样。斯密后来的看法其实反映的是他对在牛津的六年岁月（1740年—1746年）的不满，他认为这所大学极为失败，未能把青年培养成为英国社会的贡献者。斯密极力主张，以公共支出"在每个地方行政区或辖区里建立一所小学，让孩子们在这里上学的学费足够低，使得普通的劳动者也能承受。"[1] 他强调大众教育应该获得足够的支持，这事实上与他的下述观念有关，即他认为政府应该尽力避免劳动分工的后果——人际关系的疏远及人们能力的退化。[2]

斯密对劳动这一主题更深入和更基本的处理，是他对生产性和非生产性劳动的区分。这项区分常见于重农主义者的著作中，他们认为从事农业的劳动才是生产性的。斯密扩展了这个概念，使之囊括所有的"劳动，只要能增加其对象的价值……可以说，它是指被储存起来的，在某种其他的场合如果有必要，而加以运用的一定量劳动。"[3] 卑贱的奴仆便是斯密主要的非生产性劳动的例子，不过他还

---

[1] 同上，第737页。就斯密对教育的完整看法，可见"青年教育设施的费用""Of the Expence of the Institution for the Education of Youth"，同上，第716—740页。对斯密教育观点的剖析，可见玛格瑞特·奥唐奈（Margaret G. O'Donnell），《古典政治经济学家的教育思想》（*The Educational Thought of the Classical Political Economists*），马里兰，兰哈姆：美国大学出版社，1985年。

[2] 《国富论》，第734—735页。

在劳动分工的进程中，大部以劳动为生者也就是说大多数人民的职业，就局限于少数非常简单的操作，常常只有一两种。可是大多数人理解力的养成，必然是通过其日常职业。一个人，如果把他一生全花在少数简单的操作上，而且这些操作所产生的影响，又或许总是相同或几乎相同，那么，他就没有机会发挥他的理解力，或运用他的发明才能，找出解除困难的方法，因为他永远不会碰到困难。这一来，他自然丧失努力的习惯，而变成一个人可能变成的最愚钝最无知的模样。他的精神萎靡不振，这不但使他不能领会或参加任何合理的谈话，而且不能怀有任何宽宏、高尚或者温和的情感，因此甚至对许多私人日常生活上的平常义务也无法形成任何正确的判断。至于国家重大广泛的利益，他更是全然不能做出判断；他同样无法在战时捍卫国家，除非费一番非常大的工夫使他做到这一点。重复、单调、固定的生活自然而然消磨了他精神上的勇气，使他厌恶兵士们不规则、不确定和冒险的生活。这种生活甚至侵蚀了他身体的活性，使他除了已经习惯的职业外，在其他任何职业中都无法奋发图强、坚忍不拔、积极上进。这样，他对自身特定职业的熟练，是靠牺牲智力、社交和尚武方面的德性而获得的。但是，在每一个改良、文明的社会中，这就是劳动贫民，也即大多数人必定会陷入的状态，除非政府下狠心设法阻止它。

[3] 同上，314—315页。想详细了解斯密对生产性劳动及非生产性劳动的区分，可见艾尔悌斯（W. A. Eltis）清楚明白的分析：《亚当·斯密的理论》（*Adam Smith's Theory*），第433—435页。当时对这种区分最精彩分析当然要数杜尔阁（Turgot），《关于财富的形成和分配的考察》（*Reflection on the Formation and the Distribution of Riches*），纽约：奥格斯特斯·凯莉出版社，经济学经典重印，1963年，第1—17页。杜尔阁虽然把自己的观点与重农主义划清界限，但本质上还是属于那个学派。

提到了其他例子：[1]

> 例如，君主，以及其下所有服务着的司法大臣和军事大臣、整个陆军和海军都是非生产性的劳动者。他们是公众的仆人，依赖其他人劳动年产出的一部分而得以维持生计。他们的服务，不管多么体面，多么有用，或者多么的不可或缺，也无法产出任何东西，不能保留下来供日后获得同样数量的服务。

从这里出发，斯密直接进入他的理论建构——这后来被浓缩为一个"谷物增长模型"，在这个模型中，给定年份的增长率取决于上一年剩余的谷物供给，这些谷物作为流动资本维持着生产性劳动的生计，并为下年的耕作提供种子。[2]

> 生产性劳动者和非生产性劳动者，以及根本不劳动的人，都一样是通过一国土地和劳动的年产物维持生计。这种产物不管数量多么大，总有一定的限度。因此，根据任何一年中用于维持非生产性劳动年产物比例的大小，就可知剩余的用于维持生产性劳动年产物的比例是多是少，进而知晓下一年的产出是大是小；除了土地上天然的产出之外，所有的年产物都是生产力劳动的结果。

斯密完全理解，奴隶和国王的服务都应该存在一个市场价格，而且，这在某程度上也是"有用的"。作为一个发展经济学家，而非一个主张均衡市场论的经济学家，斯密增长模型的驱动力是储蓄—投资比，为此，斯密显然对把潜在的投资资源转而配置给"非生产性"服务很恼火。但他有能力以冷静专业的态度来陈述他的学说：[3]

> 若要增加一国土地和劳动年产物的价值，没有其他办法，只有或者通过

---

[1] 《国富论》，第315页。

[2] 同上。关于斯密增长理论这一方面的详尽解释，请见希克斯，《资本与增长》，第36—42页。但斯密在他的利润再投资模型里，明确地包括了制造业和农业，希克斯没有发觉这一点（《国富论》，第316—319页）。对于李嘉图和谷物增长模型，见本书第二章，脚注。

[3] 《国富论》，第326页。

增加生产性劳动者的数量，或者提升已被雇佣的那些劳动者的生产力。很明显，除非或者资本增加，或者用于维持他们生计的基金规模增加，否则生产性劳动者的数量无法大幅增加。而要增加同数量受雇劳动者的生产力，则唯有依赖增加或者改良那些用于便利和简化劳动的机械和工具；或者是依赖更加恰当的分工和工作分配。不管是哪一种情况，几乎总是要求资本有所增加。

39

投资和技术

因此，资本投入过程在斯密的理论体系中起着核心作用，正如它在任何严肃的经济增长理论中所扮演的角色那般。但是不像休谟，斯密投入了巨大的篇幅和注意力去阐述他的学说："论资本的性质、积累及其使用"（Of the Nature, Accumulation, and Employment of Stock）（卷二，约一百页），和"论资本的利润"（Of the Profits of Stock）（卷一，第九章、第十章）。

诚如《国富论》的其余章节，斯密认为资本投入"有误差、有缺口、有其模糊性且有偏向性。"[1] 这虽然导致了诸多批评、截然不同的理解和精细的注释，但是他的主要观点还是比较清楚的，可以总结为以下三个相当复杂的论点：

1. **所有储蓄都被用于投资**；储蓄的动机是考虑了风险后的利润；收入水平上升，储蓄也上升。

2. **投资的扩大是增长的基础**，因为（1）市场扩张要求投资；（2）装备良好的劳动力，以发挥其更大的专业化功能要求投资；（3）把工资提升到维持生存所必要的水平之上以促使人口生产增加需要投资，而人口增加会增加有效需求和市场规模，并为扩大后的市场提供必要的劳动力。因为储蓄—投资会随着收入的增加而增加，所以投资率一旦上升便会启动一个积累的过程。

3. **然而，这种良性增长存在限制**。随着资本积累，收入增加及经济逼近"完全富足"，利润率将会下降，虽然制造业生产率增长的潜力要高于其他初级生产部门。[2] "改良的效果会自然而然地……逐步降低几乎所有商品的实际价格。"投资会继续下去，只要利润率（包含风险溢价）超过诱使人们进行储蓄所必需的最

---

[1] 此话引自亚历山大·格雷（Alexander Gray），《经济学说的成长：一个导论》（*The Development of Economic Doctrine: An Introductory Survey*），伦敦：朗文出版社，1931年，第123页。

[2] 《国富论》，第242页。

低利率。

斯密的投资理论与生产性劳动和非生产性劳动的区分密切相关，这也导致了后来评论者大量无聊的讨论。但斯密脑子里想的谁是英雄谁是恶棍这一问题，答案却是相当之清晰[1]：

> 每年节省的像每年花费的一样，经常被消费掉，并且几乎是同时被消费掉，只不过消费的人群有所不同。富人每年所花费的一部分收入，在大多数场合是由懒惰的宾客和卑下的家仆们消费的，这些人没有留下什么东西来偿付他们的消费。他每年节省下来的那一部分会被立即用做资本的收入，也同样几乎同时被消费掉，只不过是由一组不同的人如劳动者、制造工人、手工艺者消费，他们会再生产出每年消费的价值，外加利润……
>
> 挥霍之人就是这样滥用着资本。不量入为出，结果就蚕食了资本……
>
> 纵使这种花费……不是用在外国物品上，不曾引起金银的外流，国内的货币量就会仍然与以前一样。但是，假若非生产者所消费的这一定量食品和衣服被分配给生产者，他们就不仅可再生产出他们消费掉的全部价值，而且还有利润。在这种情况下，等量的货币依然留在国内，同时还有等量价值的消费品获得再生产。结果，就会有两份价值，而不是一份。

斯密从"节俭—储蓄—投资"中引出经济过程的观点，似乎体现着某种乘数的观念；不过在投资的扩大上却不见有加速数的作用，即便挥霍的非生产性支出在增加，甚至即便进口中也不存在漏出。

就消费支出而言，斯密还对消费耐用品和非耐用品的好处作了明确区分。[2]

> 就像一种支出方式比另一种对个人的富裕更有利那样，对一个国家而言也是如此。富人的房屋、家具和衣服转眼间就会变成对下层和中层人民有用的东西。当上层人士厌倦了这些东西的时候，中下层人民就能将其买来……
>
> 此外，用在耐用品上的支出，一般而言，比用于最奢侈的宴请可以维持

[1] 《国富论》，第 321—323 页。

[2] 《国富论》，第 330—332 页。

更多人的生计……然而，我的意思绝不是说，前一种类型的支出总是要比后一种类型的支出更为慷慨大方……我只是说，前一种支出方式，因其总是引起有价值商品的某种积累，因其有利于私人节俭，因此有助于公共资本的增加；并且，因其维持的是生产性劳动而不是维持非生产性劳动，所以比后一种支出方式更有助于公共繁荣。

在这些段落中，斯密明显是在反驳消费至上的最终合法性，他在这里展现出来的是道德学家的形象，一种至少与他的市场分析家身份一样厚重的身份。他把身边的生活视作一种蕴含着不确定的争斗，在此，中庸的、喝着啤酒的、努力工作的穷人不得不补偿那些挥霍的、喝着杜松子酒的、懒惰的穷人；在此，富人中"个人的勤俭和好的品行"不仅不得不"补偿""个别人的挥霍妄为"，还不得不"补偿""政府在公共领域的铺张浪费"[1]。当斯密倾力谈论着此类话题时，人们无法不感受到他那满溢在文本之中的真挚情感。他感到天堂与地狱之间的平衡已经封上。

斯密对生产性劳动和非生产劳动的区分还使他得出了一个有关投资部门分解的清晰结论，以及有关部门的资本—劳动比率及资本—产出比率的观点。对于一个经济增长的分析家来说，《国富论》中的这几段论述实在令人震惊：[2]

虽然所有的资本都只是用来维持生产性劳动，但是同量资本所能推动的生产性劳动数量随着其用途的差异而有极大差异；类似的，这种用途对土地和劳动年产物所能增加的价值也极为不同。

资本可以做四种用途：第一，用以获取社会每年所需使用和消费的天然产物；或者第二，用来制造和准备这些天然产物，以供直接使用和消费；或者第三，将天然产物或者制成品从丰富的地方运往缺乏的地方；或者最终，将一定部分的这两种产品分成小块，以满足那些随时想要得到它们的人的需求。第一种方法使用的，是所有从事土地、矿藏和渔业的改良和开发的人的资本；第二种方法使用的，是所有制造厂主的资本；第三种方法使用的，是

[1] 《国富论》，第326页。
[2] 《国富论》，第341页。

所有批发商的资本；第四种方法使用的，是所有零售商的资本。很难想象，一种资本还可以有什么其他的用法，不能归于这四类。

这四种资本使用方法中的每一种，对其他三种的存在和扩展而言都是必不可少的，或者说，对社会的一般福利而言都是必不可少的。

在这里，我们似乎看到了克拉克—库兹涅茨把经济活动分解为第一产业、第二产业及第三产业的做法；在这里，我们看到一种声明，认为所有这些对产出的维持或者增加来说都是"本质上必要的"；在这里，我们还认识到，不同产业里的投资产出率彼此不同，不论各个产业的扩张是否会是平衡增长的必要条件。尽管斯密明确反对政府介入投资过程，因为在投资上个人激励已经足够，但这里却开启了一个发展计划的框架。

如前所述，斯密比休谟更多地谈及发明创造、固定资本和机器；但是他的学说要旨和休谟的一样，视发明创造为一种增量进步，这种进步源自市场扩张和劳动分工过程中几乎自动相伴而生的盈利可能性。然而，他确实意识到，人们可以在长期中看到少数重大的技术创新，这些创新所带来的明显非连续的生产率提升，可以为价格在长期中的下降提供一个解释。譬如，通过考察羊毛产业三百年来的情况，他发现从爱德华四世时开始，有"三个非常重要的进步"[1]：用纺锤和纱锭替换纺车，在把纱线放入织布机前把它卷好的机器，以及可在厚实衣物之时取代水中踩踏的碾磨机。在他的《讲义》及《国富论》里，斯密都区分了实践中机械工人的发明（有点类似增量型干中学）及"哲学家"（科学家）的发明，他认为，后者的发明包含着"前所未有的崭新力量"。[2]他列举水车、火器（也就是纽科门的蒸汽机）和采用风力和水力的磨坊，作为重大非连续性发明的例子。在这一点上，斯密显然走在了熊彼特的前面。

虽然斯密在其体系中为重大技术突破埋下了伏笔，但正如休谟，他也认为生产率的进步主要出现在已有的、基本上属于常用的技术中。

---

[1]　《国富论》，第245—246页。

[2]　《讲义》（Lectures），第167—168页；《国富论》，第9—10页。斯密所用的"哲学家"的意思——"他的交易不为了做别的，只是为了观察一切"——来自他所区分的若干专业化领域（《讲义》，第168页；"机械的，道德的，政治的，化学的"。在《国富论》里，斯密承认存在专门的"机械制作者"的创造性发明（第10页）。在这一段落里，斯密对创造性过程的描述简明了，既合理也值得回忆："把最风马牛不相及的东西的力量组合起来"。

经济周期

不论是休谟还是斯密，都没有注意到贸易和制造业所呈现出的或多或少规则性的周期波动。乍一看，1783 年以前的数据确实表明，大不列颠出现过相当规则的波动。[1] 在 1700 年至 1783 年间，可以识别的有平均长约 5.25 年的短周期和长约 17.4 年的五个建设周期。然而，如果仔细观察就会发现，18 世纪的英国在贸易和制造业上的波动都与农业丰收和战争的时点紧密相关，而建设的波动则常常对战争的时点和强度极端敏感。此外，劳动力的相对不流动性和地区经济环境的巨大差异也是导致大不列颠全国经济不稳定的原因。最后，制造业中固定资本支出占比较小也降低了后来成为经济周期主要影响因素的固定投资的潜在作用。

尽管如此，依然存在着一些统计资料表明，1701—1801 年间不列颠的对外贸易存在存货周期。相比 1783—1860 年这一阶段中平均四年一个周期，依据 1701—1801 年间的英国出口量可以划出 21 个周期，平均长约 3.8 年。[2] 导致存货波动的因素是对外贸易内生的滞后性——这是后来才得以识别的，当时的文献并没有认识到这一点。但是当斯密在某个段落中谈论"货币的稀缺"时，他已经接近于甄别出关键因素（包括过于乐观的预期和时滞），从而将真实的周期波动因素引入到 18 世纪国际贸易的舞台中来：[3]

---

[1] 有关这段时期里的证据说明及讨论，可见沃尔特·惠特曼·罗斯托，《世界经济：历史与展望》（*The World Economy: History and Prospect*），奥斯汀：得克萨斯大学出版社，1978 年，第 311—313 页。亦可见朱利安·霍比特（Julian Hoppit），"18 世纪英国的金融危机"（"Financial Crises in Eighteenth Century England"），载《经济史评论》，第 39 卷，第 1 期，1986 年 2 月，第 39—58 页。霍比特很有说服力地论证说，"战争的开始和延续导致信心丧失"是 18 世纪金融危机的首要因素，甚至在 1770 年之后，当私人信用结构已经颇为成熟时也是如此（第 56—57 页）。

[2] 同上，第 769 页，脚注 10。

[3] 《国富论》，第 406 页。斯密还在另一个段落（同上，第 291 页）中表现出他对信用过程中的时滞重要性的关注。他警告银行家放贷要注意合理的期限，尤其不要融资给固定资本：

> 银行更不能垫支他的大部分固定资本；例如，不能为一个制铁厂的经营者垫支资本用于建造铁厂、铁炉、工场、货仓、工人住宅等等；不能对一个采矿者垫支资本用于掘竖坑，建造抽水机、修筑道路、铺养轨道等等；不能对一个改良土地的经营者垫支资本用于清理、排水、圈围、施肥、开垦荒地、建造农舍以及其他一切必要的附属物如畜舍、谷仓等等。在几乎所有的场合，固定资本的回收都要比流动资本的回收慢得多；这种开支，即使是以最大的谨慎和最佳的判断做出的，也要经过许多年才能回到经营者手中，这种时期太长久了，会给银行带来不便。

固定资本扩张的时滞当然是解释中等长度的九年经济周期的中心因素了。

当贸易的利润碰巧高于平常水平时，过度贸易就会成为大小商贩的常见性错误。他们输往国外的货币并不总是多于平时，而是通过国内外的信用购买不寻常数量的商品，送往某些比较遥远的市场，以求在还款之前获得回报。还款的需求先于回报，而此时他们手上一无所有，既不能获得货币，也不能为借款提供坚实的保障。那时针对货币稀缺性所引起的普遍抱怨，并不在于金银的缺乏，而在于买方借款、卖方回收放款的困难。

在 1792 年达到顶峰的那次重要周期性扩张中，固定资产投资大量增加，（1793—1794 年可以看到失业增加），就在这次扩张之后，一系列周期长度（约）为 9 年的重要周期开始了。由于它们起初均是如此紧密地与战争及战后事件交织在一起，以致比如卡尔·马克思就错误地将第一次主要周期的波峰年份定在 1825 年（见后文第 92 页*）。然而，休谟和斯密都属于这么一种类型的经济学家，即他们把充分就业视为正常现象并认为所有的储蓄都会被直接用于投资。他们意识到，经济运行中存在着多种扰动因素，突出的比如战争和农业丰收，但是他们却把这些因素视作本质上是随机的。尽管如此，斯密已意识到预期、时滞和借贷在周期中所起的作用，并抓住了经济周期分析中的某些关键要素。

相对价格

同样地，斯密对部门间贸易条件的讨论与休谟零碎的观察完全一致，尽管要清晰得多。具体来说，斯密相信，根据事物的自然过程，制成品相对基本商品的价格将趋于下跌[1]：

43

> 然而，所有制成品的实际价格逐步降低是改良的自然结果……由于更好的机器设备，更高的熟练度，更加恰当的劳动分工和工作分配，改良的这种种自然效应，使得完成任何一项具体工作所需要的劳动力数量大为减少；同时，尽管社会的繁荣会导致劳动的实际价格显著上升，但劳动需求量的显著减少一般将足以弥补最大程度的价格上升而绰绰有余。

---

*　本书中前文和后文页码请参考本书边码，即本书的英文版页码。

[1]　同上，第 242—243 页。

斯密进而指出，制造业中单位劳动需求的下降将超过单位工资的上升，这是《国富论》最基本的观点之一。他接着论述道：

> 诚然，有少数制造业，其原材料实际价格的必然上升将抵消改良所能给工作开展带来的所有好处而有余。在粗木工匠和细木工匠的活儿中，在精细家具制作的粗活中，无用的原木，其实际价格因土地改良而必然发生的上涨，将抵消从最好的机器、最精湛的技艺以及最恰当的分工和工作分配中得到的收益而有余。
>
> 但在所有其他原料的实际价格根本没有上升或上升很少的场合，制造业商品的价格就会显著地下降。

斯密关于制造业报酬递增的论断本质上简单而直接。[1] 而在关于基本商品（"天然产物"）价格及生产力可能的趋势方面，他的分析与此不同，且相当复杂[2]：

> 这些不同的天然产物可以被分为三类。第一类是那些非常稀缺，以致人类勤勉的力量都无法使之倍增的产品。第二类是那些可以按需求比例增加的产品。第三类是勤勉的力量或者受限或者不确定的那些产品。在财富增加和改良的过程中，第一类产品的实际价格可能膨胀到十分夸张的程度，似乎没有任何边界极限。第二类产品的实际价格，尽管也可能大幅上升，但却有一定限度，超过这种限度，它就无法长期维持。第三类产品的实际价格，尽管在改良的过程中有自然上升的趋势，但在同等程度的改良中，依不同的意外事件使得人类勤勉的努力在增加这类天然产物上结果或多或少的差异，其实际价格有时甚至可能下降，有时又保持不变，有时则或多或少地上升。

然后斯密又用了大概二十五页的篇幅，以丰富的历史数据和当时的资料，分

---

[1] 我在此以及其他地方以"报酬递增"这一术语来系统性地说明成本的下降，这里不仅包括源于"规模经济"的成本下降，而且包括源于技术变迁（不管是增量变迁还是非连续变迁）的成本下降。

[2] 同上，第217页。斯密事实上是从第174—175页开始分析基本商品；但他旋即停止这一分析，转而花费四十多页的篇幅用于讨论银价何以高于之前的四个世纪——此乃他著名的离题。

别考察了这三类产品中的每一类。就本文的目的而言，我们无须详尽地对其观点展开论述，但以下几点依然值得重视。

1. 斯密以稀缺的鸟类和鱼类来说明他所讲的第一类产品，这里，供给的增加本质上是不可能的；他以牛价的上升来说明第二类产品，也即随着经济进步供给会减少、价格会提高的那类产品，他认为牛价上升是因为迄今都未被开垦的肥沃农田被开垦出来，用于粮食生产，从而减少了迄今为止被无偿地用于放牧的那些土地的面积；他以羊毛、皮革、肉类和鱼价格的变迁来说明第三类产品，也即实际成本随着经济进步而不规则上升的基本商品。

2. 为了说明个别商品价格的历史趋势，斯密分析了供求方面的变化。尽管斯密在许多地方提到或多或少有生产力的土地和矿藏，还有随着特定地区内捕鱼密度的增加而导致鱼价非对相称上升的可能性，但是他并没有直接将矛头指向报酬递减。他的一般结论是，随着经济体中实际收入的增长，除食物之外，所有基本商品的相对价格都将提高，例如纺织品原材料、建筑材料、矿石、稀有金属和石料。

3. 斯密没有对天然产物的报酬递减做出肯定的判断，这极有可能是因为在斯密生活的 18 世纪，农业技术进步显著，以致粮食的供应一直很丰裕；但是总的来说，可以很清楚地看到，斯密认为这些行业生产力提升的前景没有制造业来得乐观，也因此，他预期制造业的相对价格将下降。其实，确实很难讲通他为何没有在扩张过程的某一点把报酬递减引入到农业之中，却把"土壤与气候"包含在增长极限的决定因素之中。

增长的阶段和极限

斯密关于经济增长阶段的讨论乍看上去似乎是自相矛盾的，即使没有完全相互冲突。一开始，他就阐明"每一个文明开化的社会"中城乡之间商业贸易，以及由此带来的"相互之间互惠对等"收益的极端重要性，这些收益包括促进城市制造业的劳动分工，提升乡村农业的生产率。[1] 他接着定义了一个与"人类的自然倾向"一致的发展序列，也即，农业、制造业和对外贸易。[2] 他声称：

---

[1]　同上，第 356 页。
[2]　同上，第 257—360 页。

这样的排列是如此自然，以至于在任何拥有土地的社会，我相信总可以在某种程度上看到这种顺序。在大量城镇建起来之前，它们的一些土地必须得到开垦，在它们能够想到从事对外贸易之前，那些城镇里一定要建立起某些粗加工业。

但是，尽管在每一个那样的社会中，这样的自然序列某种程度上一定会发生，不过欧洲的所有现代国家，许多方面却完全颠倒了过来。其中一些城市的对外贸易已经进入所有较精细的制造业，或那些适合远距离销售的产业；制造业和对外贸易一起带来了农业的巨大改良。这些变化的发生是由于一开始所建立的政府，其本质上会出现的行为和习惯，即使现在政府已经发生了巨大的变化，但是这些行为习惯却留存下来，这就必然迫使这些国家发展出这种不自然的、倒置的顺序。

斯密在这儿试图论证，政治和军事的历史进程妨碍了很多事情的自然顺序，甚至使之退化，尽管他意识到农业的发展，就其本质而言，确实需要各种各样的城市支持者[1]："铁匠、木匠、轮匠、犁匠、石匠、砖匠、硝皮匠、鞋匠、裁缝……屠户、酿酒师、面包师很快地加入到他们的行列中，和很多技工以及零售商人一起，为提供人们偶尔需要的东西发挥必要的和有益的作用，进一步还为城镇的扩张做出贡献"。但是，他在北美殖民地这片净土上发现了一个有吸引力的、多少使人怀旧的作用序列——在这里，好地是如此之多，农民们打心底里期望过上一种拥有土地独立自主的生活，以致成功的技工都不会因为"远距离销售"而转向制造业，相反，他们会购买土地，成为种植园者。[2] 只有在廉价的好地不易获得的地方，他才会成为制造商，为广阔的市场从事生产。在《国富论》中，这绝非斯密略带浪漫色彩地钟情于重农学说与他的休谟式意识之间唯一明显的矛盾之处——在他的休谟式意识里，国家的财富，包括农业的生产率，最终都有赖于市

---

[1]　同上，第358页。

[2]　同上，第359页。

场的扩大和生产中的报酬递增。[1]斯密最终还是对自己明显两极分化的观点进行了调和，这种调和体现在他的以下认知当中：经济的稳健发展需要在农工商业中进行投资，提升生产力，而重商主义反对农业的信条和政策显然带有偏见。

与重商主义者强调制造业和商业的优先性相比，这种对农业重要性的强调首先出现在斯密的"引言和本书的计划"（Introduction and Plan of Work）中；[2]而随着他从经济增长阶段及顺序的讨论转到富国—穷国的争论（这一争论因休谟对重商主义以邻为壑概念和政策的攻击凸显而出），斯密强调农业的意向已经非常明显。[3]

与休谟一样，斯密相信，在自由贸易的环境中，较发达国家能够继续保持兴旺发达，而那些欠发达国家和地区（如北美殖民地和苏格兰[4]）会比较发达国家发展得更加迅速。尽管斯密的论证与休谟略有不同，但他在处理增长的极限问题时也遇到了一些困难。

下面是斯密关于富国—穷国争论的几点关键看法：

1. 富国总是拥有那么一些穷国不具备的优势，这些优势使其可以维持自己的领先地位，保持正确的政策得以执行。

2. 这些优势包括较低的单位劳动成本，尽管实际工资率较高，这种劳动成本源自更高的劳动分工，而这种劳动分工反过来又因为资本的丰裕与廉价而成为可能。这些优势还包括更加复杂高效的运输系统，降低了基本商品的相对价格。

3. 因此，富国能够经受得起自由贸易的冲击，在自由贸易中，它能够享有与自己在世界经济中的伙伴国，甚至是与自己潜在的竞争对手展开大规模生产性贸易的好处。

---

[1] 奥布莱恩用斯密自然顺序这一术语评论了斯密关于历史顺序的双重观点，认为斯密由于受到休谟的影响，意识到国王的需要使得城市集中提前到来（《古典经济学家》，第210页）。关于重农主义学说有趣的模型及其内涵的分析，尤其可见瓦吉（G. Vaggi），"相对价格和收入分配的重农主义模型"（"A Physiocratic Model of Relative Prices and Income Distribution"），载《经济学杂志》（Economic Journal），第95卷，第380期，1985年12月，第928—947页。

[2] 《国富论》，第 lix 页。

[3] 洪特对斯密在争论中的看法的讨论可见洪特与伊格纳季耶夫编，《财富与德性》，第298—306页。

[4] 《国富论》，第91页。在他对人均真实收入水平与增长率之间关系的讨论上，他指出："法国，毫无疑问比苏格兰富裕，尽管如此，它的发展似乎没有那么快。在该国一个很普遍，甚至流行于世的观点是它正在衰退；这个观点，我担心，即便对于法国来说，也是缺乏根据的，但对于苏格兰来说，看过现状也看过二三十年前情况的人，没有人会感到欣慰。"斯密判定苏格兰的发展慢于英国（同上，第90页及第189页）；尽管他没有说明他是用哪一年的数据比较苏格兰、法国与英国。

46　　　　斯密对此问题的看法和倾向可以从下面两段话中体现出来:[1]

　　　　因此，社会越富裕，劳动总是越昂贵，而产品越便宜，并且若是由于较穷国家的贸易者和工匠满足于低利润和低工资而在国际市场上低价抛售，从而使得一些富裕的国家失去若干制造业和商业部门，很少可以只把这归之于一个国家富裕而另一个国家贫困。我们可以确定，还有其他一些原因在起作用。富国应该为其政策上的一些失误而愧疚。

　　　　一个国家，若想通过对外贸易而致富，最有可能的情况当然是，所有邻国都富裕、勤勉和商业化。一个被游牧的野蛮民族和未开化穷国包围的国家，当然可以通过精耕自己的土地，通过发展国内贸易而致富，但肯定不是通过对外贸易。

　　于是，与休谟一样，斯密的问题就变成：如果经济增长存在极限，那么长期内将会发生什么。如果先富国已经处于一种稳态，贫穷的后来者就一定无法赶上先富者吗？

　　斯密未能展开构想，想像他的"哲学家"在长期内能够创造出足够多且有利可图的重大发明和创新，对此，富国可以近水楼台加以利用，从而保持自己在队列中的领先位置。所以，就算资本存量的增加可以扩大市场并为各个国家带来劳动分工逐步深化的好处，那也存在极限。在一著名的段落里，斯密明确地承认，对于每个国家而言，人均实际收入存在一个上限。[2]

　　　　在这样一个国家，该国已经达到其土地、气候、相对于其他国家的境况本质上许可其达到的完全富足；也因此，该国不会再前进，也不会后退，劳工的工资与资本存量的利润很可能都很低……

　　　　但是，也许没有哪个国家曾经达到过这种程度的富足。中国似乎长期以

[1] 此引文分别源自洪特与伊格纳季耶夫编，《财富与德性》，第 300 页（其中有列出其原出处），及《国富论》，第 462 页。人们也许注意到，在美国政府内部对 1945 年后经济政策的讨论中，有一些地方（尤其是威尔·克莱顿（Will Clayton））在措辞上几乎与第二段引文相同。克莱顿论证说，美国现今既不繁荣，也不安全，富人生活在赤贫者包围的小山上。他用这个论证来反对那些人，他们基于重商主义的立场断言美国对欧洲的援助只会养虎为患，培养危险强大的贸易竞争对手。

[2] 同上，第 94—95 页。

来陷于停滞状态，很可能很久以前就达到这种与其法律和制度性质相一致的完全富足程度……一个忽视或者鄙视对外贸易，只允许外国船只进入其一两个港口的国家，所达成的交易量不可能与在不同法律与制度下可能达成的交易量相同。

在斯密看来，荷兰这个没有忽视或者鄙视对外贸易的国家，比起中国更接近于其所能达到的完全富足程度。[1]

再一次，像休谟那样，斯密并未试图认真地解决，在富国（地区）与穷国（地区）的自由贸易所带来的中短期共同利益和长期稳定停滞状态这一前景之间的逻辑矛盾。这种长期稳态观并不能排除，当所有国家都达到其"完全富足"的状态，且（依据他对处于这种稳态如中国情况的分析）工资都下降时，达到一定富裕程度和生产力力水平的穷国有可能会挑战富国的地位。斯密可以认为，在合理的政策下，富国能够照顾好自己——而且他也确实这么认为；不过实际上，他的兴趣并不在于长期会怎样，而在于对当时英国和欧洲大陆的经济政策进行"狂轰滥炸式"的抨击。如果有一个世界，在那里，除了少数几个特定的例外之外，市场的力量均可以按照自己的意志运作，殖民地可以走自己的道路，对农业（工商业）的投资不受阻碍，那么前景就会是美好的，英国和其他地方都可以维持高水平的人均收入。斯密认为，市场扩大的三重影响所导致的高生产率（低单位劳动成本）能够调和制造业的高工资和低成本；在这里，诚如洪特所说，财富与德性因为斯密的这个核心论点而得到了统一。[2]

非经济因素

在总结对休谟的讨论时，我主要关注的是遍布其经济分析中有关人类状态复杂性的观点。而正如在开始论及斯密时提到的，斯密虽然也对人类社会诸多方面拥有兴趣，但是这种兴趣却在其认真研究经济事务时褪去了，正如下面这段常被引述的文字所言[3]：

---

[1] 同上，第96页。荷兰经历了利率的预期下降，正如斯密描述的，这种下降得好处在于它使靠利息为生的人进入商业及制造业，因为那里的利润高于安全的利息收入。但荷兰却没有经历过工资的下降。

[2] 洪特与伊格纳季耶夫编，《财富与德性》，第300页。

[3] 《国富论》，第14—15页。

但是人几乎总是需要同胞的帮助，而若他想仅仅依靠他们的仁慈来获得这种帮助，那将会徒劳无功。如果他能够激起他们的自爱之心，使之朝向他想要的方向，并告诉他们，这么做也于他们自己有利，他更有可能得偿所愿。任何人，在向他人提议做任何形式的买卖时，都是这么做的。给我那个我想要的，你也将拥有这个你想要的，这就是提议的含义；正是通过这种方式，我们彼此获得了我们所需要的那些好处中的绝大部分。我们不是从屠夫、酿酒师和面包师的仁慈中盼望着自己的饭食，而是从他们对自己利益的考虑中获得这些。我们不是让自己诉诸他们的仁慈，而是诉诸他们的自爱之心；我们绝不向他们提及自己的需要，而是论及对他们的好处。

像这样的段落极大地安慰了某些人，因为这些人发现，树立经济理论由此拥有了令人满意的基石，那就是序数效用和收益最大化。

尽管如此，《国富论》中依然充满了描述人类非经济动机对经济结果产生积极和消极影响的段落。这其中许多都有关斯密（和休谟）最喜欢的分析对象——那些靠收租积聚财富，却将租金（和国家投资剩余的一部分）用于雇用非生产性仆人的大地产拥有者。但是，如果仔细阅读就会发现，当斯密认为非经济因素很关键时，他就会尽力把它们系统性地纳入到分析之中。例如，在讨论生育的动机，考察专业化劳动分工为生产率和人类福利带来的正负面影响时，斯密就提到了普及初等教育的潜在作用。[1]

在讨论城镇兴起对农村的有利影响时，斯密还提供了另一个非常有吸引力的例子，用于说明经济过程中非经济因素的作用。[2]

商人们通常致力于成为乡村绅士，当他们这样做的时候，一般会成为最好的改良者。商人更习惯于把他们的金钱主要用在有利可图的事业中，而一个纯粹的乡村绅士则习惯于主要用这些钱来消费……这些不同的习惯自然会影响到他们做每一件事情时的性情与气质。商人通常更勇敢，而乡村绅士则是怯懦……某个人，无论是谁，若是有幸住在一个商业城镇，且这个城镇

48

---

[1] 同上，第736—738页。
[2] 同上，第384—385页。

地处有待改良的乡村之中，那他一定会经常观察到，与那些纯粹的乡村绅士相比，商人在这方面的所作所为是如何勇敢得多。此外，有条理、讲求经济性、注意力集中，这些商业事业自然而然令商人养成的习惯，也使得他更适合从事改良的事业，盈利并获得成功。

更一般地，斯密注意到了社会生活的现实会挫败、歪曲、抑或强化人们追逐自身利益的程度。在考察分别依靠租金、工资和利润而生存的三个阶级在理解并推进自己的利益时，斯密精明而怜悯地指出，依靠利润而生存的那个阶级处于最有利的位置上。[1]在斯密看来，在这些情形下，实际上唯一有效的途径就是坚持引入最充分的竞争。即使如此，就政府的恰当角色而言，他的观点并不全然是消极的。即使如此，他关于政府的正确作用的观点并不全是消极的。事实上，斯密对待公共政策的细致和清晰也是他的工作区别于其同时代经济学家的主要特征之一。尽管他的核心目标在于抨击"商业或重商主义体系"，但他对于政府及其财政合理功能的分析却十分之详尽（大致有250页）、积极，并且很讲原则。斯密是从政府在"自然自由"原理下不可削减的最小任务清晰描述展开的[2]：

> 依据自然自由体系，主权国家只有三个责任需要履行；这三个责任虽然极端重要，但其实也很直白且易于理解：第一，保护社会免于暴乱和其他独立社会体侵略的责任；第二，尽可能保护社会的每一个成员免遭其他社会成员施与的不义或压迫的责任，或者说建立一个部门，以精确地维护正义的责任；第三，建立并维持一定量的公共工程和公共机构的责任，这绝不是为了任何一个人或者一小撮人的利益得以实现或者维持，因为其中获得的利润绝不能补偿任何个人或一小撮人的花费，尽管对整个社会来说，利润可能常常远远超过补偿它的成本。

---

[1] 《国富论》，第249—250页。

[2] 同上，第651页。在《政治与增长的阶段》，第11—16页和第361—365页，脚注1、4、5、11、14、16—19中，我把这种有关政府职能的三分法与下面三个观点相联系：(1) 柏拉图—弗洛伊德关于人的三分体系观和柏拉图的"心中之国"（state within us）；(2) 其他与此类似的关于政府工作的三分法；(3) 直接源自斯密三分法的公共财政传统，在这些项目下划分财政支出：国防；立法、司法与行政；经济及社会劳务。譬如可见，理查德·马斯格雷夫（Richard A. Musgrave），《财政体系》（*Fiscal Systems*），纽黑文：耶鲁大学出版社，1969年，表4-1，第94—95页。

582

斯密力荐的经济政策可以很容易与此三项职能相连。[1]比如，在认识到国家军事职能的合法性之后，他便为航海条例（Navigation Acts）作辩护，认为它能为战争之中的海军提供人员储备；另外，基于不甚坚定的信念，他还尝试鼓掌，支持对英国制的帆布和火药出口进行奖励。就政府的第二项职能而言，他支持政府推动一系列的措施，积极强化自由竞争经济的运行。他建议：最重要的是保护产权；控制长子继承权和指定地产继承权，因为他认为这两者会阻碍农业投资；监督衣料的质量和金属的纯度；管制公共卫生。斯密还准备为高利贷法律、限定最高利率作辩护，以防止走投无路的债务人不再把资源投放到生产性活动中。至于第三项职能，斯密认为教育和广泛的基础建设投资是合理的。事实上，在悼念斯密《国富论》发表二百周年的文章中，米尔顿·弗里德曼（Milton Friedman）虽然洋溢着对斯密的赞赏之情，却也认为，这位大师在对政府的第三项合法职能的界定上可能走得太远了。[2]但是遑论米尔顿·弗里德曼，即使是彼得·鲍尔（Peter Bauer），也必定会非常赞同斯密关于部门投资计划的论说[3]：

> 关于自己的资本可以投资于国内的哪类产业，其产品可能具有最大的价值这一问题，很显然，每一个人根据当地的具体情况所做的判断，都要比任何政治家和立法者替他做出的判断更准确。如果政治家企图就私人应该如何利用他们自己的资本提供指导，那不仅是在自寻最不必要的烦恼，而且是在厉取一种既不能放心地委托给任何个人，也不能放心地委托给任何议会或者参议院的权威；把这种权威交给一个愚蠢、傲慢地设想自己适合执掌它的人，那是再危险不过的了。

然而，休谟和斯密都敏锐地意识到外部经济问题，也即政府应该可以放心地加以利用的外部经济和政府应该确保加以阻止的外部不经济。不过，早在斯密提出需要有"大社会"的观点之前，休谟已在《人性论》中指出，如果涉及的人很

---

[1] 奥布莱恩，《古典经济学家》（*The Classical Economists*），第 206—207 页和第 275 页，富有帮助地概述了斯密如何看待他的三分法与经济相关的公共政策合法积极之功能的观点。同样可见，霍兰德，《亚当·斯密的经济学》（*Economics of Adam Smith*），第 262—267 页。

[2] 米尔顿·弗里德曼（Milton Friedman），《亚当·斯密对 1976 的启示》（*Adam Smith's Relevance for 1976*），洛杉矶：国际经济研究所（International Institute of Economic Research），1976 年 12 月，第 11—15 页。

[3] 《国富论》，第 423 页。

多时，若想达成一致并着手实施一项公共事业，那是不可能的；但是"政治社会体"的存在，使得这种事业可以很容易展开[1]：

> ……因此，无论在哪里，在政府的作为下，桥建起来了，港口开埠了，堡垒建成了，运河开通了，舰队装备好了，军队纪律严明了，尽管组成政府的个人依然受制于人性的弱点，但是通过一项可以想象的最为精巧的发明，政府作为个人的集合体在某种程度上克服了所有这些人性的弱点。

类似的，斯密在讨论纸币问题时突然停笔，转而举出了两个例子，以说明政府在防止未经调适的自然自由体系带来不可欲的后果时进行干预的合理性[2]：

> 可以说，当他们自己愿意接受时，无论金额大小，却限制私人以本票的形式从银行家那里收款；或是当他的邻居都愿意接受本票时，却限制银行家发行那样的票据，这都明显违背了自然自由——法律的恰当职责就是不要去践踏，而是去支持这种自然自由。那样的规制无疑可以被认为是在某一方面违背了自然自由。但是如果有少数几个人，他们在运用自然自由时可能危及整个社会的安全，那么他们就应该受到所有政府法律的限制；最不受限制的自由等同于最大的暴乱。要求人们建筑隔墙以防止火焰蔓延的行为，也违背了自然自由，其道理与这里所讲的银行业务规制完全一样。

以 20 世纪 50 年代和 20 世纪 60 年代发展理论的标准看，休谟和斯密也许并不算完全合格的"结构主义者"；但是很明显，他们不相信，在没有政府干预的情况下，仅依靠完全竞争市场就可以带来国民财富的最大化，而且他们也许能够领会罗森斯坦－罗丹（Paul Rosenstein-Rodan）的大推进理论，即通过基础设施扩张推进发展中国家的经济增长（详见后文 409 页及其之后）。

---

[1]　第二卷，第 304 页。亦见莱昂纳尔·罗宾斯对这一段落的引用，《经济政策理论》（*The Theory of Economic Policy*），第 112—114 页。

[2]　《国富论》，第 308 页。莱昂纳尔·罗宾斯在《经济政策理论》中对此进行了评论，见第 30—31 页。

第三章　马尔萨斯和李嘉图

托马斯·罗伯特·马尔萨斯（1766—1834）

　　不论是休谟和亚当·斯密，还是马尔萨斯和李嘉图，他们之间的亲密友谊已经成为经济学专业学者的极佳典范，成为经济学的遗产之一。休谟和斯密在1739年第一次见面，但他们的友谊开始于1750年代早期，并一直持续到1776年休谟去世。他们指定对方为自己的遗嘱执行人，斯密认真地履行了这一职责。他们公开出版的著作表明，他们的观点并不总是一致。在1776年4月1日写给斯密的那封问好的信件中，休谟就在恭贺《国富论》出版的同时表示，他并不赞同斯密的地租理论（以及另外一个较次要的观点）。不过除此之外，我们并没有其他体现他们就经济问题展开交流的正式记录。[1] 而在李嘉图和马尔萨斯那更为令人瞩目的友谊中，情况则有所不同。李嘉图写给马尔萨斯的信件有92封，马尔萨斯写给李嘉图的信件也达到75封。[2] 这些信件的时间跨度从1811年直到1823年；也就是说，从他们初次见面（1811年6月）一直持续到李嘉图去世。在李嘉图所有保存下来的讨论经济和政治问题的信件中，这些信件占到30%。基本可以说，马尔萨斯的著作《政治经济学原理》（*Principles of Political Economy*）（1820）就是对李嘉图《政治经济学及赋税原理》（*Principles of Political Economy and Taxation*）（1817）一书的回应。与此同时，对于马尔萨斯的著作，李嘉图也做出了详尽的且主

---

[1] 休谟的信件参见约翰·雷著，《亚当·斯密传》，伦敦：麦克米伦出版社，1895，第286—287页。

[2] 皮埃罗·斯拉法和多布，《大卫·李嘉图著作与通信集》，第6卷，书信：1810—1815》（*Works and Correspondence of David Ricardo, Vol. VI, Letters 1810—1815*），剑桥：剑桥大学出版社，1952，第14页。

要是批评性的注释，几近一本书的篇幅。[1]

就休谟和斯密而言，尽管他们的前辈以及与他们同时代的学者都对经济思想做出了重要贡献，但正是经过他们的努力，经济理论和学说才形成一个内在一致的整体。理所当然的，他们可算第一代现代经济学家中的核心人物。休谟的思想也许更具原创性，但是由于《国富论》的系统性和丰富性，以及它广泛而持久的影响力，人们常常会把斯密的观点摆在首位。就马尔萨斯和李嘉图而言，他们显然是第二代现代经济学家的核心人物。他们把自己看成这一鲜活且已被接受的传统的一部分。例如，他们认为，没有必要重新检视休谟和斯密赖以建立其经济学基本命题的心理和哲学假设。李嘉图的《政治经济学及赋税原理》甫一开篇就急于向斯密以及其他的前辈们表达敬意；与此同时，他也指出，他们没有正确地界定"地租的原理"，以及更一般的，确定分配的规律；由此，李嘉图试图脱离其前辈，借助高度技术化的努力来完善和详细阐释一个已被接受的学说，而对于该学说有关社会中人的基本假定，他基本视为理所当然。[2]

马尔萨斯则有所不同。有关人口问题的研究以及在贫困问题上恰当的立场，使得他全身心地投入到人类基本动力和需求的钻研之中。而此后对人口动力学更经验化的分析，则使他系统地转回到非经济因素的研究上来。不过，随着战争时期人口增长对食物供给的巨大压力在1812年以后逐步缓解，马尔萨斯的关注点进一步扩大。他的《政治经济学原理》（1820）开篇就在探讨把科学方法应用到他的研究主题的性质和局限性。他也谦恭地表达了自己的判断，认为亚当·斯密的一些论断需要修正和完善。在书中第二部分"财富增长的研究"（On the Progress of Wealth）中，他用两页简短的文字论述了制度、道德和宗教因素的重要性，而后才转向考虑"直接处在政治经济学领域之内"的变量。[3]事实上，他是东印度公司创办的黑利伯瑞学院的第一位政治经济学教授。

然而无论结果如何，我们看到，马尔萨斯和李嘉图的研究工作已从休谟和亚当·斯密所开创的广阔天空进入到专门的知识领地，更接近于当代的主流经济学。

我们非常清楚，马尔萨斯和李嘉图在理论和政策问题上均存在实质性的分歧。想像一下，历史上的这一幕会是多么吸引人：在李嘉图位于盖特康布的庄

---

[1] 同上，第2卷，《马尔萨斯〈政治经济学原理〉注》（*Notes of Malthus's Principles of Political Economy*）。

[2] 同上，第1卷，第5—7页。

[3] T. R. 马尔萨斯，《政治经济学原理》，第2版，纽约：奥古斯都·凯利（Augustus Kelley），1951，第310—311页。

园中，马尔萨斯面对李嘉图，平静地向其阐释自己手稿中的一部分内容——这是一份直接针对李嘉图观点的手稿，只不过在回应时并"没有剑拔弩张"。[1] 他们固执地坚持各自的观点，但却对彼此追求真理的虔诚保持足够的敬意；他们在面对试图解决的重大问题时坚定而谦和地走到一起，以致他们之间的友谊全然不受影响，或许还因此而不断加深。他们在这方面的成就并非独一无二，但在观念的世界中也不是那么普遍；而且需要指出的是，尽管他们互相尊敬、友情真挚，以及近乎强迫地频繁通信，但是他们之间的交流实际上更像是聋子之间的对话。凯恩斯认为，之所以会如此，是由于马尔萨斯和李嘉图之间争论的最重要的问题，可以肯定地说，恰恰是深深根植于思维气质的方法论问题。[2]

马尔萨斯和李嘉图都极为关注公共政策。对于李嘉图如何展开研究，熊彼特的描述可算入木三分[3]：

他（李嘉图）的兴趣在于为那些有着直接实践意义的问题寻找清晰的结

---

[1] 皮埃罗·斯拉法和多布，《李嘉图著作与通信集》（*Works and Correspondence: David Ricard*），第 2 卷，《马尔萨斯〈原理〉注》（*Notes on Malthus's Principles*），第 7 页。

[2] 凯恩斯的称颂值得一引。（《经济学家小传》（*Essays in Biography*），伦敦：麦克米伦出版社，1933，第 133—135 页）：

对他（马尔萨斯）晚年最大的影响是他与李嘉图的密切交往，对于李嘉图，他说道：
我从来没有对家庭以外的任何人如此挚爱。我们如此坦率地交流观点，我们共同探讨的对象完全是真理，别无其他，以至于我情不自禁地认为我们迟早会达成一致。
正如与他们两人都很熟悉的玛利亚·埃奇沃斯（Maria Edgeworth）所描述的：
他们共同追求真理，并不在意谁先发现了真理，而只在发现她的时候热烈庆祝；我确实见到他们伸出有为之手，从她喜欢藏身的井底不可思议地拽上来。
马尔萨斯和大卫·李嘉图之间的友谊始于 1811 年 6 月，当时马尔萨斯"冒昧地作了自我介绍"，希望"当我们对问题的**主要**立场相同时，针对我们之间的分歧，我们可以通过私下的友好讨论来取代出版物上的长期争论"这导致了他们之间从未破裂过的长期亲密无间的友谊。李嘉图不断地在周末造访黑利伯瑞，而马尔萨斯很少在去伦敦时不与李嘉图见面，或至少与之共进早餐；后来，他已经习惯于一家子一起住在盖特康布庄园。显然他们彼此有着最深的喜爱与敬重。他们两人在智力天赋上的巨大反差是明显的、也是讨人喜欢的。在经济学讨论中，李嘉图是一个抽象的、先验的理论家，马尔萨斯则是善归纳的、有直觉的研究者，他不喜欢偏离能用事实与自己的直觉进行检验的东西太远。

[3] 约瑟夫·熊彼特，《经济分析史》，纽约：剑桥大学出版社，1954，第 472—473 页。显然，李嘉图激起了熊彼特心中强烈而矛盾的情感。他认定（同上，第 471 页）李嘉图"根本不懂哲学……同样的，他不能胜任一个社会学家，什么也不是。"他坚称，李嘉图就像美国的大学生一样，缺乏"怎样的事实研究也无法给予的历史感。这就是为什么理论家更容易当，而经济学家更不容易当的缘故"（同上，第 472 页，注 2）。简而言之，熊彼特把李嘉图置于他自己致力于成为的那类经济学家的极端对立面。另一方面，熊彼特称赞李嘉图是一个领导者、一个体系的构建者、一个正直而慷慨的人（同上，第 473—475 页）。熊彼特文中一个注脚清晰地表明，他认为凯恩斯也陷入了"李嘉图恶习"。

论。为此，他把一般的体系分割成块，尽可能把大块捆绑起来，然后把它们冷藏，如此便使得尽可能多的东西被冻结和"给定"。然后他把简化的假设一个接一个地堆积起来、直到所有的事情都能被这些假设解释；给定这些假设，留给他的只剩几个整体性的变量，他在这些变量之间建立起简单的单向联系，以至于最终意欲的结果看起来几乎就是同义反复。例如，依据李嘉图的一个著名理论，利润"取决于"小麦的价格。在理解这一命题时，无论是根据其隐含的假设还是在特定的意义上，这不仅是事实，而且不可否认，乃至于毫无意义。利润不可能取决于其他任何东西，因为其他东西都是"给定"的，也就是说，是被冻结的。这是一个出色的理论，永远无法被驳倒，但也没有任何意义。我们称这种以拥有类似特征的结论来解决实际问题的习气为李嘉图恶习（Ricardian Vice）。

53

与此不同，马尔萨斯处理政治经济学的方法不甚漂亮但更为复杂，对其处理方法的最好描述莫过于他本人的描述。他比较了两类人，一类有着强烈的冲动进行简化和一般化（明显是指李嘉图），而另一类以承认"局限与例外"为代价，愿意把命题建立在经验检验之上（明显是指他自己）。[1]

错误的主要起因，以及在当今政治经济学领域的科学家中盛行的分歧出现的主要起因，在我看来，是因为他们陷入了企图简化和一般化的泥淖。虽然他们的对手，那些更关注实践检验的学者在频繁地求之于细碎事实而进行推论时过于草率，但是这些科学家却走向了相反的极端，他们从未设法引用更广更全面的经验，以充分地检验他们的理论，而对于如此复杂的主题来说，这些经验本身就足以确立理论的真相以及功用……

在政治经济学中，试图简化的欲望已经使得人们不愿意承认，特定效应的产生是多种因素而不是单一因素作用的结果……

相比于承认多因素的作用，这种简化和一般化的倾向还使得人们更不愿容忍任何规则或命题的修正、局限和例外的存在……

---

[1] 托马斯·罗伯特·马尔萨斯，《政治经济学原理》，第4—12页。然而应当指出的是，正是马尔萨斯，因为其数学训练的经历，相当明确地预见了微积分与经济学理论表述之间的关联。（约瑟夫·熊彼特，《经济分析史》，第481页）。

　　哲学的首要任务是按照事物本来的面目说明事物……在那些无法预料的因素可能起作用，而可预料的因素又易于在强度和效力上发生极大变差的地方，对事实予以准确且全面的关注是必需的……

　　李嘉图对他们之间的目标差异的解释与此相关但截然不同，他侧重于长期因素和短期因素之间的差别——这在后来成为阿尔弗雷德·马歇尔构建其正式框架的主要线索。

　　马尔萨斯和李嘉图的工作不仅受到他们作为政治经济学第二代完善者和阐述者角色的影响，不仅烙上了他们之间气质和方法上的显著差异，而且体现了英国经济在那个时代的急剧变迁，反映了英国经济在当时面临的问题以及所处的国际环境。1802 年之前的那个十年结束时，马尔萨斯和李嘉图刚好都是 25—30 岁；严格地说，马尔萨斯在 1791—1796 年间 25—30 岁，而李嘉图是 1797—1802 年。但是对于当时发生在英国经济中的五个方面的本质变化，他们均避无可避，尽管他们之间的这种细微差异对于这些变化而言并不敏感。

　　首先，英国与革命中的法国在交战，战争始于 1793 年，中间只在 1802 年停歇了一年。这个停歇为马尔萨斯提供了一次检验他的人口理论的机会，为此他跑到欧洲大陆，完成了一次很重要的旅行。法国大革命以及英法之间的战争在两个人的著述中都留下了显著的印迹。

　　第二，1710 到 1740 年间，英格兰和威尔士的人口增长几乎是停滞的，1740 到 1780 年每年增长 0.58%，此后 20 年里增长开始加速，其数值大约如下[1]：

1780—1785	0.64%
1785—1790	0.98%
1790—1795	1.05%
1795—1800	1.16%

[1] 该估计来自塔尔博特·格里菲斯（G. Talbot Griffith），《马尔萨斯时代的人口问题》（*Population Problems in the Age of Malthus*），剑桥：剑桥大学出版社，1926，第 18 页。这里给出的除格里菲斯 18 世纪的数据，还有另外六组估计，这六组数据来自布莱恩·米切尔（B. R. Mitchell）与菲利斯·迪恩合著的《英国历史统计简编》（*Abstract of British Historical Statistics*），剑桥：剑桥大学出版社，1971，第 5 页。该数组包括了马尔萨斯《人口论》第五版（1817）中对 1780 年与 1800 年之间每隔五年的估计。所有的估计表明，1780 年后增长在加速，但每隔五年的人口增长率并不相同。英国官方的第一次人口普查是在 1801 年。

第三，小麦的价格大约从 18 世纪中期就开始上涨，在 1790 年代还出现了一波剧烈的上升。迪安（Deane）和科尔（Cole）制作的数据表（如下表 3.1），以及另一位学者完成的数据图（如下图 3.1）很好地记录了这一过程，后者还描绘了 1812 年以后小麦价格的下降。[1] 这些改变，毫无疑问会对农业的地租、城市的生活成本和实际工资水平产生深刻的影响，从而极大地影响马尔萨斯和李嘉图的工作。[2]

54

表 3.1　小麦价格指数（1695—1805）

1695—1705	122	1750—1760	101
1700—1710	105	1755—1765	106
1705—1715	121	1760—1770	117
1710—1720	109	1765—1775	141
1715—1725	92	1770—1780	136
1720—1730	99	1775—1785	132
1725—1735	94	1780—1790	142
1730—1740	84	1785—1795	148
1735—1745	86	1790—1800	196
1740—1750	84	1795—1805	250
1745—1755	90		

来源：菲利斯·迪安和科尔，《英国经济增长，1688—1959》，第二版，（剑桥，剑桥大学出版社，1969），91 页。

第四，从 1780 年代到 1790 年代，随着工厂棉纺业的惊人发展、瓦特蒸汽机技术的改良和传播，以及科特蒸气动力装置的出现、冶铁中焦炭锻造技术的引入，所有这些都确定无疑地宣示着工业革命的到来。机器化对收入分配和就业的影响开始引起经济学家的关注。更重要的是，伴随着固定产业资本投资比重的显著增加，第一次现代经济周期的扩张期在 1792 年达到峰值。随之而来的是一次

---

[1] 菲利斯·迪恩和科尔，《英国的经济增长：1688—1959》（*British Economic Growth, 1688—1959*），第二版，剑桥：剑桥大学出版社，1969，第 91 页。

[2] 就该波动的描述，可见阿瑟·盖尔（A. D. Gayer）等，《英国经济增长与波动》（*The Growth and Fluctuations of the British Economy*），（牛津：克拉伦登出版社，1953）：1794—1801 年的波动细节参见第 1 卷，第 27—29、37—38、50、54—57 页；1790—1850 年的波动趋势参见第 2 卷第 4、5 章。

急剧的衰退，也许就是在这期间，发生了第一次严重的周期性产业失业。[1]尽管兴衰不定，一场持续的大战也导致经济波动起伏，但周期性的变化不仅出现了，持续到 1815 年，而且之后依然如此（图 3.2）。[2]因此，充分就业的假定开始受到挑战，不仅仅是马尔萨斯，很多学者都已注意到供过于求、消费不足和生产过剩的问题。[3]

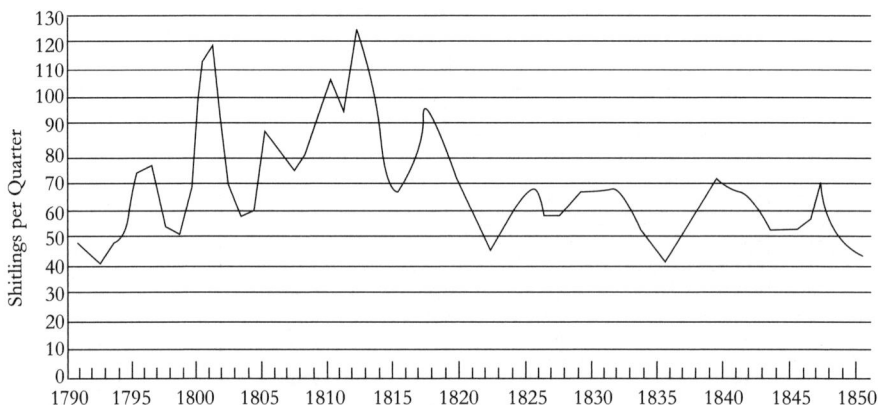

图 3.1 官报上的小麦价格，1790—1850 年。

摘自阿瑟·盖尔等，《英国经济的增长和波动，1790—1850 年》，第二卷，（牛津，克拉伦登出版社，1953，826 页）。

最后，战时的通货膨胀（随着 1797 年以后金块本位制的取消），以及战后的通货紧缩刺激了对货币理论、国际货币均衡以及货币和实际变量在价格波动中作用的分析和论争。相关命题开始出现，立场开始形成，这些命题和立场对经济理论形态的巨大影响持续至今。实际上，有关战时和战后价格波动的原因，至今仍

---

[1] 例如，参见，同上，第 1 卷，第 25—27 页。

[2] 同上，第 2 卷，第 1、2、3 章系统地展现了英国 1790 年到 1850 年周期波动的证据，并提供了一个理论解释。

[3] 例如，参见奥布莱恩（D. P. O'Brien），《古典经济学家》（*The Classical Economists*），牛津：克拉伦登出版社，1975），第 229—232 页；也可参见亨利·威廉姆·斯皮格尔（Henry William Spiegel）提供的一个有用的综述，《经济思想的成长》（*The Growth of Economic Thought*），（恩格尔伍德·克里夫斯，新泽西，普伦蒂斯—霍尔堂）（Englewood Cliffs, N. J.: Prentice-Hall），1971 年，第 292—306 页，论"对需求的考虑"（on "The Concern with Demand"）。

争议不断。[1]

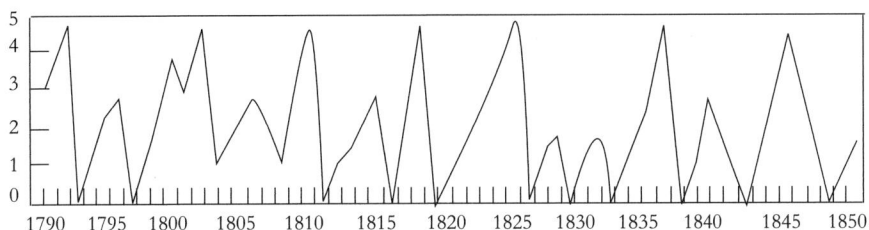

图 3.2　经济周期模式，大不列颠，1790—1850 年。

（摘自阿瑟·盖尔（Arthur Gayer），沃尔特·惠特曼·罗斯托（Rostow），以及安娜·雅各布森·施瓦茨（Anna Jacobson Schwartz），在伊塞亚·弗兰克（Isaiah Frank）的帮助下，《英国经济的增长和波动，1790—1850 年》，卷五，牛津，克拉伦登出版社，1953 年，355 页）。

英国经济中的这些变化，给第二代政治经济学家的增长理论和论争打下了清晰的烙印，包括 1815 年前后关注焦点的明显转移。我们正是在这些变化的环境背景中，对第二代政治经济学家中两位主要人物有关经济增长观点展开考察。

基本增长方程

从本质上说，马尔萨斯的经济增长理论就是亚当·斯密理论的一个变形。对于其与众不同之处，沿着马尔萨斯从《人口原理》（*Essay on the Principle of Population*）第一版（1798）开始的一系列著作一路向前，便可窥其貌。他对决定经济增长因素最全面系统的分析，是在《政治经济学原理》（1820，1836 年再版）第二部分"论财富增长的进程"中完成的。在这里，我们引用马尔萨斯去世

---

[1]　例如，参见查尔斯·金德尔伯格（Charles P. Kindleberger），《长期视角下的经济学》（*Economics In the Long View*）（C. P. 查尔斯·金德尔伯格和吉多迪泰拉 [Guido di Tella]，编），第三卷，伦敦：麦克米伦出版社，1982，第 105—120 页。也可参见麦克尔·波尔多（Michael D. Bordo）和安娜·雅各布森·施瓦茨（Anna J. Schwartz），"19 世纪的货币和价格：重回古老的争论"（"Money and Prices in the Nineteenth Century：An Old Debate Rejoined"），《经济史杂志》（*Journal of Economic History*），第 40 卷，第 1 期（1980 年 3 月），第 61—72 页；以及"19 世纪的货币和价格：托马斯·图克是正确的吗？"（"Money and Prices in the 19th Century: Was Thomas Tooke Right？"），《经济史研究》（*Explorations of Economic History*），第 18 卷，第 2 期（1981 年 4 月），第 97—127 页。作为盖尔 1790—1850 研究的合作者，我们一开始在此问题上观点一致，随后则阐述了温和的不同意见，参见阿瑟·盖尔等，《增长与波动》（*Growth and Fluctuation*），"再版序（1975）"，第二版，布莱登附近的哈斯库克：哈瓦斯特出版社（Hasscocks nr. Brighton：Harvester Press），1975，第 5—14 页。

两年后出版的第二版来说明他对该主题的最终思考。[1]马尔萨斯一开始便指出非经济因素对社会经济增长率的决定作用，但他决定先把非经济因素放在一边。他是这么分离经济因素和非经济因素的[2]：

> 很显然，有很多国家，无论从产权保护的程度还是从民众的道德、宗教观念看都没有本质区别，而且有着几乎相同的自然禀赋，但是它们却经历了截然不同的财富增长。我们研究的首要目标，就是要解释这个现象……如果一个国家，其实际财富不受年复一年的暴乱和频繁发生的生产破坏的影响，它没有经过一段与其创造财富的能力在某种程度上成比例的时期，那么由于缺乏持续生产所要求的充分刺激，就必定会出现这种贫乏。于是需要我们考虑的实际问题就是，什么因素可以最直接有效地刺激财富的创造和增长。

对于那些经典的增长方程中我们非常熟悉的因素而言，他按这么一个顺序进行了讨论：人口增长率、资本形成、土地及其肥力和劳动节约型的发明创造。随后跟着的，是他所完成的最具独创性的贡献：这是一篇专题论文，研究的是需求和供给在决定经济增长率中的作用，题为《论把生产能力与分配方式相结合的必要性——这是为了保证财富的持续增长》(Of the Necessity of a Union of the Powers of Production with the Means of Distribution, in Order to Ensure a Continued Increase of Wealth)。在马尔萨斯的第一本著作《人口原理》(1798)的第五章和第十六章中，我们就可以找到他对有效需求重要性简单而明确的陈述，后来《政治经济学原理》有关经济增长理论的阐释中，几乎60%都出现在这一部分文本中。在那里，他说道[3]：

> 对生产最有利的三大因素分别是资本积累、土地肥力和劳动节约型的发明创造。它们的作用方向相同；当它们趋向于促进供给，而不涉及需求时，

[1] 《人口论》(Essay on Population)，第309—437页。

[2] 同上，第310页。

[3] 同上，第360页。最近，通过正式模型来说明马尔萨斯增长理论突出特征的是卡斯塔贝尔(L. L. Lilia Costabile)和劳森(R. E. Rowthorn)，"马尔萨斯的工资与增长理论"，《经济学杂志》(Economic Journal)，第95卷，第378期(1985年6月)，第418—435页。其后第436—437页有一个相关的参考文献清单。

这些因素无论是单独出现还是结合在一起，都不可能为财富的持续增长提供充分的刺激。

在分析这些因素时，马尔萨斯的论证句句不离有效需求。他在这方面的原创性见解并不依赖于事后所识别出的、隐藏着凯恩斯主义学说的几段充满启发性的文字。实际上，如后文将讨论的，他的核心议题属于后凯恩斯主义范畴。也就是，一个成长中的经济体的动态平衡，要求供给和需求始终保持正确的比例均衡。

人口与劳动力

或许是因为他对人口问题的论述已经相当多，也或许是因为英国人口增长对于食物供给的压力已经释缓，在《政治经济学原理》的卷二中，马尔萨斯只花了三页的篇幅用于讨论人口问题。他只是指出，尽管"人口的增长是需求增长强有力且必要的因素"，但它并不是财富增长的充分条件。他只是顺便简单地提到，"人口增长的自然趋势会超过用于维持生存的基金"，然而，他的核心目标是想推出我们可以很容易在现代发展经济学教科书中找到的这么一种观点：[1]"在来自人口的刺激最强的地方，往往就是财富增长最慢的地方。"他引用的例子包括西班牙、葡萄牙、波兰、匈牙利、土耳其以及"几乎整个亚洲和非洲以及大部分美洲国家"。

然而，马尔萨斯在讨论工资，而不是财富增长的段落中，提出了几个关于劳动生产率的观点。实际上，在以下段落中，他已经接近于推出某种人口变迁的想法，认为实际工资最初的增长不会被人口的猛增所抵销，而是会带来一个公民和政治自由的政体、产权的有效保护、大众化的教育、"审慎的习惯"，进而导致出生率的降低和实际工资的逐步增长。[2]

很高的实际工资，或者说对很大一部分生活必需品的掌控力，会带来两种截然不同的结果：其一是人口的高速增长，在这种情况下，高工资主要被

---

[1] 同上，第313—314页。
[2] 同上，第226—227页。

57

用于维持巨大而频繁的家庭开支；其二是生存模式、所享有的方便度和舒适度的决定性改进，而不是增长率上成比例的提高……在对这些不同习惯产生原因的研究中，我们一般都能寻根究底，找出那些……使得他们（中下阶层）没有能力或者不愿意着眼过去放眼未来，并因对当前很低水准的舒适度和体面度感到心满意足而不思进取的原因；那些……倾向于……使他们思前想后，因此不会对剥夺自己和孩子们过上体面、有德性和幸福生活所需财富的想法逆来顺受的原因。

在造成上面所描述的第一种习惯的环境因素中，最有效的莫过于专制、压迫和无知；而成就后一种习惯最有效的环境则莫过于公民和政治自由以及教育。

在此，我们稍微提一下20世纪后半叶在很多发展中国家实行的力图降低出生率的成果；这些国家认识到，限制家庭规模能够改进小家庭中每一个孩子的前景，使其"过上体面、有德性和幸福的生活"。

在研究夫妻对待家庭规模态度的决定因素时，马尔萨斯得出了一个相当精微的观点，他认为物质环境和社会行为之间存在动态的相互作用[1]：

然而几乎不可能发生的是，两者在相当长的时间内都保持相对固定。我们都很清楚，资源所能维持的劳动增长是随着环境的变化而极大变化着的；一个人的习惯尽管不那么容易改变，也没有必要改变，但很少被认为永远不变。一般地，它们趋向于一起变动。当维持劳动的资源快速增长，劳动者掌控了大量的生活必需品时，可以预期，如果他有机会用多余的食物去交换方便品和舒适品，他便会去学习品鉴这些方便品，他也就会形成相应的新习惯。另一方面，一般说来，当维持劳动的资源保持固定不变，这些习惯，即使它们过去存在过，也会被舍弃；并且，在人口增长停滞之前，舒适的标准会从根本上降低。……这种结果……肯定会转而成为一种原因；毋庸置疑，

---

[1] 同上，第224—225页。关于经济与非经济力量之间滞后的相互影响的讨论，参见作者的《19世纪的英国经济》，第六章，牛津：克拉伦登出版社，1948，格林伍德出版社（Greenwood Press）1981年重印，韦斯特波特（Westport）；以及《经济增长的进程》（The Process of Economic Growth）第二章，牛津：克拉伦登出版社，1953，1960。也可参见阿尔弗雷德·马歇尔关于环境与社会行为相互影响的学说，如前，第169—170页。

如果低工资持续一段时间，就会使一个国家的劳动者在结婚时只是期望保持生存即可，而这些习惯，通过降低所需劳动力供给的速率，便会成为低工资的一个持续作俑者。

因此，马尔萨斯设想，社会态度和行为（"习惯"）会由于经济因素的长期作用而改变，但是他同样考虑到，经济如何因给定时间段中存在的"习惯"而塑型。

马尔萨斯关于劳动供给曲线向后弯曲的观点，也是经济—社会动态交互原理的一个反映。他如斯密一般意识到，在展望自己或者自己子女命运的长期改进时，人类是宿命论者，以至于实际工资的短期上升便会导致劳动供给总量的下降。但是，他的观察也令他确信，如果所感知到的选择范围因教育和政治自由上升所带来的责任而扩大，那么劳动的社会行为也会改变。明显的，马尔萨斯也如斯密一般认为，英格兰的大众教育设施少得可怜[1]：

> 在英格兰，中下阶层的人们几乎只能去一些由私人捐资建立的周末学校上学，而这些捐赠者能以任何他们喜欢的偏见去指导学校的课业，这真是一个国家极大的耻辱……
>
> 先前我听说，反对英格兰国民教育体系的最主要论点是，普通民众将有能力阅读比如潘恩（Paine）的煽动性作品，其结果对政府来说可能是灾难性的。但在这一点上，我非常赞同亚当·斯密的观点，即相比无知的人们，训练有素而知识渊博的人更不容易受煽动性文章的误导，也更容易察觉为利益和野心所驱使的错误论调。

正是在这一章中（"论如何纠正流行的人口观"）（Of the Modes of Correcting the Prevailing Opinions on Population），马尔萨斯几近预见到人口变迁的可能性——他看到，出生率的下降不仅是大众教育扩张的结果，还是"对单身女性尊重程度和个人自由程度提高"的结果（在这一点上，他是约翰·斯图亚特·穆勒

58

---

[1] 《人口原理》，第六版，第二卷，伦敦：约翰·莫雷出版（John Murray），1826，第 355—359 页。马格里特·奥登耐尔（Margaret G. O'Donnell）评论了马尔萨斯对于教育的观点，《古典政治经济学家的教育思想》（*The Educational Thought of the Classical Political Economists*），第 37—38，41，74，95，107，119—120，145 页。

的先驱），是其他一些强调个人福祉与家庭规模缩减之间关联的措施的结果。

投资与技术

马尔萨斯对资本投资的基本主张简单而正统[1]：

> 没有持续的资本增长，就不会有恒久持续的财富增长，这当然是正确的；我不同意劳得戴尔勋爵（Lord Lauderdale）的观点，即不用通过把原本用于消费的财富节省下来投入到能产生利润的活动中去，财富的增长也可以通过其他方式实现；或者换句话说，只有把收入转化为资本，才能实现财富的增长。

但是在讨论投资时，马尔萨斯的关注点主要放在其他问题上，尤其是他围绕"普遍过剩"的可能性而与李嘉图、让·巴蒂斯特·萨伊（Jean Baptiste Say）和詹姆斯·穆勒（James Mill）展开的长期争论中——所谓的"普遍过剩"，就是指劳动力广泛失业、资本大量闲置的阶段，其表现就是大量待售商品的堆积。马尔萨斯著作中的这一部分可以说是他的人口论之外对经济学思想最重要的贡献。自从凯恩斯（1933）研究马尔萨斯的论文发表以后，它就成了人们讨论最多的问题。[2]

正如一些事后的批评者所指出的，马尔萨斯并没有创设出一个正式的、可以自圆其说的非充分就业均衡理论。然而，他确实在他的论证中引入了某些后来被看成现代收入分析和增长模型的关键变量；比如，货币工资相对于劳动需求下降的非敏感性，[3] 储蓄—投资率变化的可能性，以及因此，随着收入水平变化，消费品需求变化的可能性。此外，马尔萨斯还引入了一个可能限制经济的扩张，并

59

---

[1] 《政治经济学原理》，第 314 页。

[2] 关于马尔萨斯消费不足（或生产过剩）理论的著作是浩繁的，而且依我看，经常是不适当地屈尊俯就。见如，哈里·约翰逊（Harry G. Johnson），"马尔萨斯论粮食的高价格"的简介，重印于《加拿大经济学和政治科学杂志》（*The Canadian Journal of Economics and Political Science*），第 15 卷，第 2 期（1949 年 5 月），第 190—192 页；乔治·斯蒂格勒（George J. Stigler），"斯拉法的李嘉图"，《美国经济评论》（*American Economic Review*），第 43 卷（1953 年 9 月—12 月），第 591—599 页。尽管不像约翰逊和斯蒂格勒那么屈尊俯就，我会把罗宾斯爵士（Lord Robbins）对马尔萨斯观点的生动描述也归于此类（《经济思想史上的经济发展理论》[*The Theory of Economic Development in the History of Economic Thought*]），伦敦：麦克米伦出版社，1968，第 57—60 页。

[3] 斯拉法和多布，《李嘉图著作与通信集》，第九卷，马尔萨斯致李嘉图的信，第 20 页，李嘉图的回信，第 25 页。两封信分别落款 1821 年 6 月 16 日和 6 月 21 日。

至少会在一段时间中导致总体供给过剩的变量；也即，向后弯曲的劳动供给曲线——这条曲线描述的是，随着真实收入的提高，在超过某一点后，人们会更愿意选择闲暇（和储蓄），而不是额外的商品和服务。马尔萨斯简练地总结了他的两个动态观：[1]"我们必须时刻记得，个人消费倾向的最大敌人是好逸恶劳，以及为改善家庭境况和供给而萌生的储蓄意愿……"

但是，马尔萨斯对李嘉图和萨伊核心论点的反驳，远比这些对现代宏观经济理论不完善的预见要通俗得多。这个论点体现在马尔萨斯对拿破仑战争之后那两次严重的周期性萧条所展开的解释中。[2]这两次萧条，第一次从1815年3月的峰顶到1816年9月的谷底，第二次从1818年9月的峰顶到1年以后的谷底。[3]

第一次萧条的表现是农业和工业同时收缩，使得1815—1816年成为英国经济史上最困难的时期之一。失业现象非常普遍，当时的刊物充斥着暴动、罢工和因违反《结社法》（Combination Acts）而被逮捕的报道。1814年到1815年食物价格的下降多少减轻了劳动者的艰难处境，但是1816年价格的重新上涨把暴动者的怒火引向了面包师和磨坊主。

第二次危机的第二年，也就是1819年，发生了也许是1790—1850年间最为严重的劳工骚乱。在很多地区，工资下跌，失业现象再次变得严重起来。与以往截然不同的是，这一次的不满染上了鲜明的政治色彩。因工资下降而出现的集会，在结束的时候变成了要求议会改革的请愿。运动的中心在曼彻斯特，并以8月16日在圣彼得广场（St. Peter's Field）的集会而达到高潮。那里聚集了50000到80000人。一位警察，由于被暴动的场面所惊吓，失去理智而开了火。在这次暴动中，有11人遇难，大约400人受伤。政府感受到了革命的气息，不顾反对派的强烈反对，通过了著名的《六号法案》（Six Acts），该法案事实上禁止了言论自由、新闻自由和集会自由。但最具意义的是皮特鲁集会（Peterloo meeting）上展示的标语，这些标语预见了随后几年内改革的方向——"废除谷物法（No Corn Laws）"、"投票选举"（Vote by Ballot）、"要么平等代表权，要么死（Equal Representation or Death）"。

工业界和劳工的命运转折点出现在1820年。随着贸易在那一年中开始温和

---

[1] 《政治经济学》，第355页和第423—424页。引文来自后面诸页。

[2] 参见盖尔等的《增长与波动》，第一卷，尤其是第3章（1812—1821），第110—170页。

[3] 同上，第136—137页和第169—170页。

地复苏，生活的成本急剧下跌，从而帮助劳工阶级渡过了难关。一场大繁荣接踵而至，并在 1825 年达到峰顶。

马尔萨斯《政治经济学原理》的最后一章写于 1820 年，其中有论及战后这段惨痛的景象，这一章的标题是："先前阐释的一些原理在解决劳工阶级始于 1815 年的悲惨处境中的应用及其一般结论"（Application of Some of the Preceding Principles to the Distresses of the Labouring Classes since 1815, with General Observations）。就马尔萨斯与李嘉图在理论和政策（包括货币、税收、关税政策）问题上的分歧而言，这是最清晰、最直接的表述。

李嘉图对这部分的回应相当地无关痛痒，只是就他们分歧最深的地方作了一个直率甚至略带厌烦的评论：[1]"马尔萨斯先生从来就不知道储蓄就是为了花销，对，就是他所专门说的那个花销（spending）。"

马尔萨斯对 1815—1820 年这段时期的解释与这里的主题密切相关，因为他开始把他的增长理论与经济的短期波动相联系。他的核心论点是把战时繁荣与 1820 年开始出现的长期生产过剩和高失业率时期进行比较，这不可避免地使人想起一战后凯恩斯的观点出现的背景。对于这段时期，马尔萨斯的论述可以概括如下：

1. 从 1793 年到 1815 年间，绵延的战争时期所伴随的"巨额公共支出"，构成一种"强烈的刺激"，导致经济"非自然"地高速增长。具体地说，它带来了所有农产品价格的普遍上涨，使得可耕地向迄今为止临近边缘的地区扩张，导致在现有和新开发土地上资本投入的增加，使得农村呈现一派欣欣向荣之景象，还使得人口增长加速。不像美国独立战争（1775—1783），或者更早期的战争情形，也不像休谟和亚当·斯密所设想的情形，即认为公共债务的少量增长就会导致破产，当下的情形是"机器的使用以前所未有的迅速推进，并获得成功"；而且，随着国家资本和实际人均收入增长而来的"生产率的快速提升"，国家已能承受战争的负担。（马尔萨斯没有论及战争期间由于食物价格长期高启而造成城市实际工资下降的可能。）

2. 由于国际谷物贸易已恢复正常，因此战后长期萧条的直接原因就在于公共支出的急剧缩减，以及农产品价格的下降。[2]农产品的价格下降了近 1/3，削弱了

---

[1] 斯拉法和多布，《李嘉图著作和通信集》，第二卷，第 449 页。李嘉图对马尔萨斯《原理》中这一部分的注释始于第 421 页，止于第 452 页。

[2] 马尔萨斯，《原理》，分别见第 422—423 页和第 416 页。

地主和农民的购买力：[1]"家庭需求不足使得工厂主的仓库里堆满了待售商品，从而迫使工厂主们不惜一切风险出口尽可能多的商品。"

3. 基于此，马尔萨斯清楚明白地讨论了其他人对英国经济和社会历史上这一凸出的困难阶段提出的解释。他特别讨论了那些认为英国的萧条是缘于优先耕种劣等地、高关税和高税收的观点。他的回应有着政治檄文所拥有的激情，他写道[2]：

> ……我发现，令我难以接受的是，我们有关萧条的理论与我们有关相对繁荣的理论是如此的不一致。尽管大量贫瘠的土地得到开垦；尽管我们的商业受到的限制比平常更多，以至于很少有谷物来自进口；尽管税收处于高位，我们国家的财富仍然是不容置疑地以前所未有的速度增加着。虽然最贫瘠的一些土地被抛荒；虽然和平的到来使得许多对商业的限制得以解除；虽然有谷物法，我们还是进口了大量谷物；虽然有一千七百万的税收被取消，我们却经历了最严重的萧条，无论是资本家还是劳工。

4. 在转向讨论如何补救"从战争向和平转变"的痛苦时，尽管在讨论关税的削减时引用了亚当·斯密以说明渐进主义的必要性，但马尔萨斯也清楚地表明，他当然不提倡回到高税收、庞大的军事支出以及对谷物实施高关税保护的时代。而且，基于从托马斯·图克（Thomas Tooke）到菲利浦·卡甘（Philip Cagan）的经验研究，他还反对纸币发行的急剧增长[3]：

> 在整个纸币交易的历史上，可以发现，通货的充沛或者匮乏，一般都会跟随着价格的上升或者下降而来，并加剧价格的波动，但它们却很少或者说从来不会引发价格的波动；回忆一下这一事实极其重要：在战争接近尾声

---

[1] 有关农业租金的数据参见第53—54页以及注释12。

[2] 《原理》，第418页。

[3] 同上，第431—432页。对其一般观点的清洗描述可见托马斯·图克的《价格史》（*History of Prices*），伦敦：朗文出版，1838，第一卷，第1—6页；关于1793—1814年期间价格的上升或高企，以及随后的长期下降或维持低水平的原因，他有一个非常详细的总结陈词，参见第二卷，第346—349页。就菲利浦·卡甘所认为的货币变量的短期变动会对商业条件做出反应的观点，可见《1875—1960年，货币存量变化的决定因素及其影响》（*Determinants and Effects of Changes in the Stock of Money, 1875—1960*），纽约：哥伦比亚大学出版社，1965，值得注意的是第272页。

时，价格的下跌发生在通货紧缩开始之前。实际上，是农产品价格的下挫摧毁了国家银行体系，揭示了纸币发行过量所依赖的脆弱基础。

马尔萨斯提出了自己的积极建议，这些建议均来自于一个简洁而有力的宣言[1]："……财富的增长取决于比例协调性。"他把这个原理应用于他所认为的从战时向和平调整的中心任务；也即，"生产能力与分配方式的结合"。[2]他不认为储蓄的增长是刺激需求的原初方法；实际上，他发现，在产能闲置和失业严重的时期，这会导致与预期目的相反的效果。于是，他考察了另外三种可以带来"国民收入增长"的可能因素：土地产权的分割，国内外贸易的扩张，以及维持"这么一个非生产性消费者的比例，以使之与产能最相适应"。[3]他总结道，所有这些因素不是不起作用，就是作用迟缓，或是作用很小：作为促进国民收入增长的制度设计，废除长子继承权"带来的坏处会比好处多"，逐步削减关税可能可以带来国际贸易合意的增长，但却不会很快，而"维持非生产性消费者"（例如，通过服务工作），最多只能减缓国民收入的下降。随之而来的便是他那著名的提议，也即呼唤公共（以及私人）的工程，尽管他同时指出，这可能伴随着长期的、而非过渡性的失业[4]：

> 明白这一点也很重要，即在某个像现在这样的时期，当我们竭力帮助劳工阶级的时候，雇佣他们从事一些劳动成果并不拿到市场上去出售的劳动，比如修路或者公共工程，会是合意的。反对以这种方式借助税收来雇佣大量劳动力的理由，并不在于这会倾向于消减生产性劳动中所使用的资本；因为在某种程度上，这恰是所需要的；但是它也许会掩盖全国性劳动需求的过度不足，阻止人口逐渐适应减少了的需求。然而，这在很大程度上可能可以通过支付的工资来纠正……

---

[1] 同上，第 432 页。

[2] 同上，第 425 页。

[3] 同上。

[4] 同上，第 429—430 页。对于马尔萨斯—李嘉图在此问题上的争论，理查德·卡恩（Richard Kahn）的评论参见《凯恩斯〈通论〉的创作过程》，剑桥：剑桥大学出版社，1984，第 4—7 页。卡恩通过指出马尔萨斯一开始在考虑因储蓄和消费之间的失衡导致存在生产力闲置的可能之前，是假定了所有的储蓄都会被用于投资，从而把马尔萨斯塑造成一个前凯恩斯主义的异端。他同时发现马尔萨斯十分迷恋自由放任。

　　一旦资本家开始从持续产生并增长的利润中进行储蓄，而不是通过削减开支来实现储蓄，也就是说，一旦以金块和以这种金块对劳工的掌控估值的国民收入开始逐年稳步地增长，我们就可以开始通过储蓄的正常过程，即通过储蓄一部分增长的收入，安全而有效地补回失去的资本。

　　因此，就李嘉图有关储蓄和花销这一关键问题而言，马尔萨斯的核心回应是，基于储蓄而实现的高边际投资，有赖于国民收入扩大后的高边际再投资率；同时，如果其他抑制国民收入的因素在起作用（例如，农产品价格下降或者出口市场上存货过多），即使私人储蓄有所增长，也可能带来投资的增长。另一方面，在这种时候，旨在增加公共（或私人）开支的政策会带来国民收入的增长，使得储蓄的增加成为一种公共和私人的善行。他的分析中明显隐含了乘数和加速数的思想。 62

　　马尔萨斯在这一部分中对诸如 1819—1820 年间英国经济萧条状况及其短期前景的分析并不完整。从 1820 年开始，英国经济走上一条持续扩张的道路，直到 1825 年达到爆炸性的顶峰。[1] 尽管在此后的 25 年里，伴随着循环往复的严重失业，经济明显表现出一种强周期的性质，但是英国经济的总体增长率比战争年代还要高，城市实际工资的走向也更令人满意。[2] 这其中的缘由在于，这一阶段英国经济的增长是由两股力量推动的：一是世界经济扩张带来的刺激——当然，在这个过程中，英国经济本身也有显著的贡献；二是始于 1780 年代的新技术的加速更新；马尔萨斯清楚地意识到这两点，但他并没有在 1820 年的著作中予以阐明。在这一阶段，特别是在 1817—1818 年、1820 年代和 1830 年代中期这几个扩张期中，英国不但是世界经济中新技术最重要的单一来源地（比如，表现在棉纺织品出口价格的下降），也是其他国家迅速扩大的出口目标市场，还是国际长期资本的主要来源地。[3] 于是，乍一看去，马尔萨斯的宏观经济主张，相比这一时期经济的发展趋势，与经济周期的联系更加紧密。

　　但是当马尔萨斯转向对机器问题的研究时，他的分析却截然不同。正如本应

---

[1] 例如，参见盖尔等的《增长与波动》，第 1 卷，第 146—210 页。

[2] 同上，第二卷，第 623—627 页。对战前与战后的实际产出与实际人均产出的粗略计算，也可参见迪恩和柯尔的《英国的经济增长》，第 80、170 和 172 页。

[3] 例如，参见文献中的讨论，同上，第二卷，第 532—534 页。

该出现的那样，相比亚当·斯密，马尔萨斯更加关注机器在资本形成与经济增长中所起的作用；而且尤其特别的是，不像斯密，他极为关注 1783 年以后棉纺织业戏剧性的发展变化。[1]

马尔萨斯讨论机器的那一部分的篇名是"论可成为财富持续增长源泉的劳动节约型发明"（Of Inventions to Save Labour, Considered as a Stimulus to the Continued Increase of Wealth）。他开门见山地引用了一个广为接受的格言，指出在一般情况下，发明都是引致的；换句话说，发明都是对其"确定需求"的内在回应。[2]但是他立即转而声称，在考虑需求的价格弹性以及笔者所说的横向扩散效应之后，新的供给能力将"有市场的充分扩张为伴"。[3]

> 这一效应可以从该国棉纺织机器的表现上得到极好的证明。由于价格低，国内外对棉纺产品的消费急剧扩大，以致现在整个棉纺产品及纺线产业的价值远远超过其原先的价值；与此同时，过去三十年曼彻斯特、格拉斯哥等城市人口的急速增长也充分说明，尽管使用了机器，但是除了一些暂时的例外，棉纺制造业对劳动的需求还是极大地增长了。

马尔萨斯随后考察了需求相对于价格无弹性的情形。在这种情况下，劳动节约型的机器会造成失业和一些"陈旧的固定资本"的闲置。他有考虑到闲置的劳动以及资本向新行业的转移，但却怀疑它们在新用途上是否可以保持之前的生产率。由此产生的净损失必须由首次使用新劳动节约型机器的收益来弥补。因此，结果并不确定。

马尔萨斯接着举了一个极端的情形来解释他的观点。他假设，在引入机器之后，国内所有制造品的生产只需雇用当前所雇劳动量的三分之一即可完成，而后在引出一个类似于休谟所说的国外奢侈品的刺激效应之后，他总结道[4]：

---

[1] 马尔萨斯对机器展开的最详细的讨论出现在《原理》中，第 351—361 页。关于拿破仑战争之后萌生和展开的"机器问题"（"the machinery question"），特别参见玛克辛·博格（Maxine Berg），《1815—1848 年，机器问题与政治经济学的产生》（*The Machinery Question and the Making of Political Economy，1815—1848*），剑桥：剑桥大学出版社，1980。
[2] 《原理》，第 351 页。
[3] 同上，第 352 页。
[4] 同上，第 354 页。

　　……要是国内商品获得增长，那就有足够的理由担心产业运行会放缓。农民可能会被诱导着把更多的时间用于种植茶叶和烟草，宁愿选择闲着，也不想要一件新的外套。佃农和小地主能够以之前三分之一的价格获得通常的生活便利品和奢侈品，于是他们也许不会再那么辛勤地劳动，以图从土地中获得和之前相同数量的产出。那些为了使自己和客人能够享用红酒和香槟的商人会继续做他们的买卖，但他们也可能会认为，若只是为了增加些家常物品，那绝不值得付出如此的辛劳，专心致志地做买卖。

　　为了进一步阐释机器的使用对国民收入的影响会依国内外市场的扩张而变化，马尔萨斯列举了源自 1817 年，一个周期性扩张年份的生动证据，并做了一些思考。[1] 他发现，支配出口的是三个机器密集型制造业：棉纺织业、毛纺织业和五金器具。另一方面，60% 的进口商品是英国不能制造的，这包括咖啡、靛青、食糖、茶叶、丝绸、烟草、酒类、棉纺原材料：

　　　　现在我想问的是，在使用了机器之后，如果不能拓宽棉纺制品、毛纺制品和五金器具的国外市场，那么我们如何才能获得这些有价值的进口商品呢？更进一步，在国内我们从哪里可以找到这些进口商品的替代品，可以对土地的耕作、资本的积累和人口的增长产生相同的刺激效果？

　　他总结出一条普遍的教训："因此，事情的实际情况就是，可以期待机器使用的增加会带来巨大的好处，几乎不用担心会有什么持久的危害。"

　　马尔萨斯去世之后很久，需求价格弹性和需求收入弹性的概念才开始明确地进入经济学；但是，通过一种亚当·斯密学说的逆向推导，强调因机器的发明带来的成本和价格下降而实现市场的扩大，马尔萨斯在他的时代就已经捕捉到英国经济与世界经济交互影响的本质要素。

经济周期

　　如前所述，在谈到从战时到和平时期的结构性转变时，马尔萨斯对 1820 年

---

[1] 同上，第 356—357 页和第 360 页。

经济的分析与两次深度的周期性衰退密切相关：1816 年和 1819 年。我的结论是，他对于战争与和平时期英国经济的宏观解释，与短期周期理论的联系要比与前景趋势的联系更加紧密。但是，马尔萨斯几乎没有论及有规律的周期性波动。我说"几乎"是因为他曾两次提及"八到十年"的波动：一次是 1817 年，另一次是在他《政治经济学原理》的最后一页。（在马尔萨斯时代，以年计的话，重要的周期性顶峰年份是 1792 年、1800 年［或 1802 年］、1810 年、1818 年和 1825 年。[1]）

64　有两段文字值得做进一步的讨论。

　　第一段是马尔萨斯对李嘉图一份颇具思想性的评述的回应，在这份评述中，李嘉图试图找出"我们观点分歧的最大成因"。[2] 李嘉图从马尔萨斯对"直接和暂时效应"的关注中找到了这个原因：他（李嘉图）选择把这些效应放在一边，"全神贯注于这些效应所导致的事物的永久状态。也许你会过高估计这些暂时的影响，而我则不时有低估它们的倾向。为了能达到研究的准确性，需要对它们进行仔细的区分和辨认，并把应有的效应归入应有的位置。"马尔萨斯在他的回应中评述道："我确实认为社会的进程是由不规则的变化所组成，忽视对其中每隔8 到 10 年就会出现的那些能够强烈**刺激**或者**阻碍**生产与人口的原因的考虑，就是忽视对国家富裕和贫穷原因的考虑，而国家的富裕和贫穷，正是政治经济学研究所有议题中的重要部分。"

　　第二段论及的文字如下[3]：

　　　　……频繁反复出现的 8 年或 10 年，正是人类生活的关键之所在。经济的繁荣或者萧条会带来大喜或大悲，并在周期结束时，令这个国家处于完全不同的状态。繁荣时，商人阶级经常能够获得财富，为他们面对未来提供了保证；但不幸的是，对于工人阶级，尽管他们也分享了普遍繁荣的成果，但却远没有他们在普遍困境中要承受的多。在低工资时期他们遭受了最大的苦痛，但却不能从高工资时期中获得充分的补偿。对他们来说，波动必定总是伴随着恶果而非好处；因此，从社会中最大多数人的幸福观出发，我们的目

[1] 盖尔等，《增长与波动》，第二卷，第 534—540 页。
[2] 斯拉法和多布，《李嘉图著作和通信集》，第七卷，第 120 页（1817 年 1 月 24 日）。马尔萨斯的回信（1 月 26 日）见第 121—124 页。
[3] 《原理》，第 437 页。

标应该是尽可能地保持和平，以及平稳的开支。

但是除了这两次容易让人忽略的描述外，我没有发现其他马尔萨斯对规则性经济周期的讨论。我们能找到的，是对有效需求在决定国民收入增长率的变化中所起作用的系统性论述。我们还能找到两处经验性评论，这两处评论在凯恩斯主义收入分析的变迁之中曾发挥重要作用。首先，如前所述，马尔萨斯认识到了货币工资的黏性，以及劳动需求的减少将导致失业而非工资的削减[1]："从不断重复发生的历史经验中，我们可以得知，直到一段时间内有很多工人都找不到工作，劳动的货币价格才会下降。"此外，不同于乔治·施蒂格勒（George Stigler）所言，马尔萨斯的确曾引入贮藏（hoarding）的概念。[2]事实上，这一概念出现在《人口原理》的第一版中[3]："……像戈德温先生（Mr. Godwin）这样贪财的人，会把他的财富锁在柜子里，而不雇佣任何劳动力去从事生产性或非生产性活动。"终其一生，马尔萨斯都在坚持储蓄而不投资的可能。比如在 1820 年，他突然抓住萨伊的一个论述——当时有大量的储蓄无法找到生产性用途，而后做出让步说，"这就是我想说的全部"。[4]在《政治经济学原理》中，他提醒到，随着和平时期的到来，"多余的资本……会充斥在欧洲市场上……"。[5]而且在这里，从他对有

---

[1]　参见前文注释，该注释提到李嘉图在回信中否定了马尔萨斯的观点，坚持认为劳动需求的降低"必定意味着劳动者回报的降低，而不是雇佣量的减少。"

[2]　斯蒂格勒对贮藏的评注见于"斯拉法的李嘉图"，第 596 页。为了支持他的论点，斯蒂格勒引用了马尔萨斯的论述（《原理》，第 38 页）："没有一个现时代的政治经济学家会认为储蓄仅仅只是贮藏……"就像文中（第137—138 页）给出的马尔萨斯的引证一样，该主张并没有排除把贮藏看成是扼杀收入增值的一个过程。然而，在指出马尔萨斯的有效需求理论和他认为萨伊定律存在不足并不取决于贮藏这一点上，斯蒂格勒是正确的。

[3]　托马斯·罗伯特·马尔萨斯，《人口论首版，1798 年》(First Essay on Population, 1798)，詹姆斯·波纳（James Bonar）注，皇家经济学会（Royal Economic Society）重印，伦敦：麦克米伦出版社，1926，第 284 页。马尔萨斯在这里把亚当·斯密论著中"总是（把储蓄）用于增加存货"的"节俭者"与"戈德温先生那里只是贮藏的贪婪者"进行了比较。有关马尔萨斯对储蓄不会带来投资可能性的观点的进一步讨论，可参见亨利·威廉姆·斯皮格尔，《经济思想的成长》，第 296—297 页。也可参见卡斯塔贝尔和劳森，《马尔萨斯的理论》(Malthus's Theory)，第 423 页，注 5，作者回顾了马尔萨斯是否认识到储蓄与投资事前不平衡的争论，得到的结论是确实如此。

[4]　斯拉法和多布，《李嘉图著作和通信集》，第八卷，第 260 页。也可参见乔治·斯蒂格勒，"斯拉法的李嘉图"，第 598 页。与凯恩斯式的事前储蓄和投资观不同，以下两篇文章重点讨论了马尔萨斯对萨伊定律的接受程度：科里（B. A. Corry），"马尔萨斯和凯恩斯的重新审视"("Malthus and Keynes-A Reconsideration")，《经济学杂志》(Economic Journal)，第 69 卷，第 276 期（1959 年 12 月），第 717—724 页；以及塞缪尔·霍兰德，"马尔萨斯和凯恩斯：一个评注"("Malthus and Keynes: A Note")，同上，第 72 卷，第 286 期（1962 年 6 月），第355—359 页。

[5]　《原理》，第 420 页。

效需求不足可能反作用于投资动机的描述中，我们似乎看到了某种类似于加速数的东西，看到了马尔萨斯学说的主要推动力。亨利·斯皮格尔（H. W. Spiegel）就曾引用下面这个段落来说明，马尔萨斯已经预见到奥斯卡·兰格（Oskar Lange）（1938）关于最优消费倾向的主张。[1]

> 如果消费超过产出，国家的资本就会减少，它的财富就必定会因为生产能力的缺乏而遭到逐步破坏；而如果产出大大超过消费，则对于拥有主要购买力的那些人而言，其有效需求的缺乏就会抑制积累和生产的动机。这两种极端情形是显而易见的；因此，一定存在某个中间点，在该点同时考虑生产能力和消费意愿，对财富增长的激励应该是最大的，尽管政治经济学目前所拥有的方法手段还无法测度这一点在哪里。

D. P. 奥布莱恩（D. P. O'Brien）强有力地指出，马尔萨斯的分析就是一个后凯恩斯主义的"存量调整"模型（"stock-adjustment" Model）[2]：

> ……需要领会的首先一点，也是最基本的一点是，马尔萨斯讨论的并不是一个凯恩斯主义模型。这不是一个储蓄者不知道他们储蓄的最终用途，以致事前储蓄超过事前投资的情形。储蓄实现了，而不仅仅是贮藏，但也正是这一点带来了麻烦。事实上这是一个后凯恩斯主义的模型——一个资本—存量调整模型……
>
> 当然，对于马尔萨斯的这些处理也有值得批评的地方。他忽略了投资支出的乘数效应，而这是很重要的。但是他也在一定程度上坚守一个知识性问题：他所考虑的的确是一个资本存量调整问题，他持续不断地提及生产性活动和非生产性活动，以及消费和投资之间的"比例协调性"可以很清楚地说

---

[1] 亨利·威廉姆·斯皮格尔，《经济思想的成长》，第296页。马尔萨斯的引文出自《原理》，第6—7页。兰格的"最优消费倾向"出自他的"利率与最优消费倾向"（The Rate of Interest and the Optimum Propensity to Consume），《经济学刊》（*Economica*），第五卷（新系列），第17期（1938年2月），第12—32页，重印于《经济周期理论阅读材料》（*Readings in Business Cycle Theory*），戈特弗里德·哈伯勒（Gottfried Haberler）编，费城：布莱克斯通出版（Blakiston），1944，第八章。卡斯塔贝尔和劳森提供了一个界定马尔萨斯"中间点"（"intermediate point"）的最优储蓄率方程，见《马尔萨斯的理论》，第434—435页。

[2] 《古典经济学家》，第230—232页。

明这一点；因此，如果需要我们用后凯恩斯主义经济学来理解他所探求的东西，那就不完全是他的过错了。

也许有人会补充说，马尔萨斯强调了投资和消费之间需要存在一个合宜的"比例协调性"，这预见到了马克思《资本论》(*Capital*) 第二卷（第 138 页）的两部门模型，以及此后那一系列试图使用这些术语来定义均衡增长的学者们的工作。

马尔萨斯并没有提出一个完全自洽的宏观理论，也没有令人满意地把他的洞察力运用于分析经济周期。（就此而言，凯恩斯在《通论》中也没有做到。）托马斯·图克比马尔萨斯，或事实上比同时代的其他任何一位经济学家，都更好地把握到了这一时期周期性波动的动力学。但是，马尔萨斯确实把他的宏观理论与 1815 年之后的严重萧条联系了起来。他的认识远比简单的消费不足学说更为深刻，而且，虽然他有时也会因此受到非难，但是实际上，他的认识已成为任何经济增长和波动理论的基本组成部分。[1]

与凯恩斯相反，乔治·施蒂格勒是这么总结他对马尔萨斯和李嘉图的评价的：[2]"现代经济学家不会因为李嘉图对马尔萨斯的胜利而感到遗憾，好的逻辑战胜坏的逻辑，比好的见识战胜差的见识更加重要。"即使在马尔萨斯理论中，好的逻辑并不比施蒂格勒愿意承认的多，但他的珠玑妙语与其说是在责难马尔萨斯，还不如说是在谴责现代主流经济学。

相对价格

因此本书的观点是，在思想成熟之后，马尔萨斯对经济事务的直接观察形成了有关实际国民收入波动动力学的重要见解。在此我们再举一个同样非凡的杰作，那就是通过农产品和制成品相对价格的变化来粗略地模拟经济的动态运行，使得马尔萨斯沿着康德拉季耶夫周期的进路，见证了一个长达 40 年的周期。[3] 当然，事实是，马尔萨斯经历了第一个康德拉季耶夫周期的上升期（即，1790—1815 年）；而到他 1834 年去世时，他看到了第一个康德拉季耶夫周期下降期（即，

66

---

[1] 有关马尔萨斯的观点与经济周期理论之间关系的概要评价，参见约瑟夫·熊彼特，《经济分析史》，第 738—740 页。

[2] "斯拉法的李嘉图"，第 599 页。

[3] 我对于趋势周期（或康德拉季耶夫周期）的看法可见我的作品：《19 世纪的英国经济》，尤其是第一章；阿瑟·盖尔等，尤其是第二卷，第四和第五章；《经济增长的进程》，尤其是第三部分和第六、八、九章；《世

1815—1848 年）的大部分。但是，就像我们将看到的那样，马尔萨斯在 1820 年
所不经意提出的观点，可是需要相当独特的想象力才能做到的。马尔萨斯指出，
20 世纪早期可能会是一段战争频发、利率高涨、国际贸易迅速扩张、农产品价格
相对较高的时期——关键是，这一切都成为现实。

马尔萨斯对部门间贸易条件动力学的说明始于一个学说，该学说可追溯到政
治经济学的奠基者，不过却为战争时期的经验所进一步强化，因为此时基本商品
价格的上涨要比制造品价格的上涨快得多（图 3.3）。若以价格指数（以 1790 年
为 100）来衡量的话，农产品的价格最高达到 206（1812 年），而工业产品的价格
最高达到 126（1814 年）。[1] 在某些部门，技术改进所带来的成本降低是如此显著，
以至于比如英国棉纺制品的出口价格（以及国内出口商品的总体价格）在 1799
年达到峰值以后就开始下降。英国条形铁的价格在两年后达到峰值，随后也开始
下降。

马尔萨斯是这么描述有关相对价格的经典观点的[2]：

> 制成品的基本成本，即生产给定数量产品所需的劳动数量和其他供给条
> 件，存在一个持续下降的趋势；而对于一个富裕和发达的国家而言，生产最
> 后一单位初级产品所需要的劳动数量和其他供给条件，则存在一个持续上升
> 的趋势。

（续上页注）界经济：历史和展望》，尤其是第三部分；《为何穷国变富而富国减速》（*Why the Poor Get Richer and the Rich Slow Down*），奥斯汀：得克萨斯大学出版社，1980，尤其是第一和第二章；《野蛮的反革命：原因和疗救》（*The Barbaric Counter Revolution: Cause and Cure*），奥斯汀：得克萨斯大学出版社，尤其是第 8—11 页、第 62—69 页和第 102—115 页，其中论及最近的几个康德拉季耶夫周期及其政策影响。阿瑟·刘易斯（W. Arthur Lewis）对其观点最清晰地描述可见他的《增长与波动，1870—1913 年》（*Growth and Fluctuations, 1879—1913*），伦敦：艾伦与昂温出版社（Allen and Unwin），1978，尤其是第 3 章。

[1] 这些指标由格伦·许克尔（Glen Hueckel）计算得到，见"战争与英国经济，1793—1815 年：一个总结分析"（War and the British Economy, 1793—1815: A General Analysis），《经济史研究》，第 10 卷，第 4 期（1973 年夏），第 388 页。相关的讨论，可参见我的《世界经济：历史和展望》，第 111—115 页。

[2] 《原理》，第 188 页。马尔萨斯在其《人口论》第一版（第 90—91 页）中刻画了食物和"制成品"之间相关但并不相同的区别。

> 对这些最终（制成品）的需求会成功地按照人们需要的数量把它们创造出来。对食物的需求毫无疑问也具有相同的创造能力。在一个所有肥沃的土地都已被开发的国家，需要付高价来鼓励农民开垦那些无法指望在几年内就获得合理回报的土地。在前景足够有利以至于可以鼓励进行这种农业开垦之前，以及在新的产出价格上涨之时，因为匮乏而导致的巨大痛苦就已经来临。对必需品的需求与日俱增，除了少数例外，到处都一样，然而可以看到，在所有那些长期被占领的国家，这个问题的解决是多么缓慢。

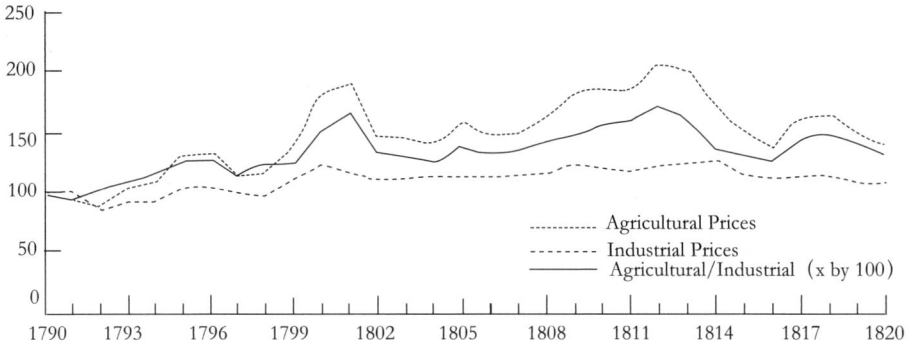

图 3.3 农业和工业价格指数：大不列颠，1790—1820 年（1790=100）。

源自沃尔特·惠特曼·罗斯托，《世界经济：历史与展望》（*World Economy：History and Prospect*），得克萨斯大学，1978 年，114 页。插图的说明来自格伦·许克尔（Glenn Hueckel），"战争与英国经济，1793—1815 年：一个一般均衡分析"（"War and the British Economy, 1793—1815: A General Equilibrium Analysis"，《经济史研究》（*Explorations in Economic History*），第十卷，第四辑（1973 年夏），第 388 页。

　　虽然接受这一学说，但是马尔萨斯并未因此就去预测停滞或者其他更坏状态的早期阶段何时会到来。总体上，他对农业保持生产率和利润的前景非常乐观。他特别列举了农用机器的改良、耕作和管理土地方法的改良，以及农场劳工个人努力的提升；他还注意到劳动生产率广泛的国际差异，进口增加抑制国内价格上涨的可能性，以及由于机器的改良而带来的制成品价格下降——这可能使得农产品货币价格上升，但却不会导致货币工资率的成比例上升。实际上，马尔萨斯总结道，农业报酬递减"在未来几个世纪"可能会得到遏制。[1]为此，他反对李嘉图的观点，因为后者认为，利润率注定将逐步降低，因为它取决于"最后一块投入耕种的土地的肥沃程度"。[2]马尔萨斯认为，利润会围绕一个相当稳定的标准变化，这个标准取决于"资本的相对丰裕或稀缺，以及相对于供给而言，对（农）产品的需求如何"。[3]

　　显然，马尔萨斯至少是在一定程度上仔细观察了三个连续的周期之后（如它

---

[1]　《原理》，第 288 页。

[2]　同上，第 289 页。

[3]　同上。

们在后来被理解的那般），才得到这个结论的。[1] 这三个周期，第一个是 18 世纪
（除战争外）很长的一段时期，这个时期的利润和利率都很低（后者大约在 3%），
而且农产品供给充足。在这个时期中，利润也是下滑的，工业制成品的价格相对
于工资率是下跌的。接着是 1792—1812 年，这 20 年战争频繁，农产品价格、利
润和投资的上升使得市场平均利率"经常超过 5% 而不是低于 5%"。[2] 马尔萨斯是
这么描述这个过程中发挥作用的力量的[3]：

　　首先，这二十年中农业的进步是毋庸置疑的，这不仅包括土地一般管理
方面的进步，而且包括工具方面的进步——这后一种进步包括与耕作有关的
工具的进步和与初级产品运输便利性有关的工具的进步。第二，在这二十年
中，包工型工作的日益增加，加上对妇女和儿童雇佣量的日益增加，无疑引
发了个体努力程度的大幅增长；而且，同样数量的个人和家庭也可以完成比
以前更多的劳动。

　　……除了这两个提高劳动生产率的因素以外，我们还（必须）加上，
工业制成品价格由于机器的改良而下降，以及谷物价格由于需求的增加而
上升，而这些都没有伴随着大部分国外商品和许多国内商品价格的成比例
上升……

　　正如我们已经看到的（前文第 60 页），接着就是马尔萨斯对第三个时期
（1815 年以后）的讨论：农业萧条、资本过剩，并伴随着低利率、低利润、低地
租，以及价格水平的下跌。
　　但是从对这三个历史时期的考察中，马尔萨斯并没有形成一个清晰的长周期
理论。在他的解释中，战争与和平的作用显然很重要，而事实也正是如此。不
过，他的视野已超越战争与和平。他意识到经济过程中时滞的重要性。正如第 96
页注释 2 中所说明的，他对于农业对需求增长的反应慢于制造业对需求增长的反
应十分敏感。《政治经济学原理》中，还有另外一段话讨论了由时滞造成的经济

[1] 同上，第 289，297 页以及第 413—437 页。
[2] 同上，第 286 页。
[3] 同上，第 288 页。

不均衡增长的可能性，只不过这次是在人口学的框架内[1]：

> ……从经验上来说，尽管劳动的生产能力基本相同，但劳动供给、资本供给及产出并不总是步调一致。事实上，它们在一定程度上经常彼此独立，并且会保持相当长的时期；有时候，人口增长要比资本和产出的增长快，而有时候，则是资本和产出的增长比人口增长快。
>
> 例如，由于人口生产的根本性质，以及把成熟劳动力引入市场需要一定时间，因此资本和产出的突然增长显然并不能在16—18年以内导致劳动供给的成比例增加。另一方面，众所周知，当资本和产出由于缺乏积累意愿而基本保持固定时，一般而言人口倾向于比维持它生计的产出增长得更快，直到劳动工资降到这样一个标准，即在国家的现行习惯下，该标准仅能维持当前固定人口的生存。
>
> 在这些时期中，人口和产出不能保持步调一致的程度已经足够明显，以致从根本上改变了劳动工资给付的比例，进而从根本上影响了利润率。

68

马尔萨斯对长周期可能存在的看法源自基本品相对价格的变动，当然，这一看法并没有充分展开。例如，它包括了我对康德拉季耶夫周期进行说明时展开的一些要素，但不是全部。[2] 它最接近于科林·克拉克那同样与战争有关的"资本稀缺"或"资本过剩"的周期序列，接近于农产品相对稀缺或充裕的周期序列，接近于对外贸易扩张更快或更慢的周期序列。[3] 无论如何，马尔萨斯证明，他有能力基于历史类推和反思而完成下述这个相当宏大的构想[4]：

> 例如，相比即将到来的这20年，我想，20世纪初的那20年，本国的利润率无疑应该会增长，只要最近这段时期和平安宁、资本充裕，而未来那段时期由于一场战争，资本的供给相对于需求而言变得稀缺，并出现类似于

---

[1]　同上，第280页。

[2]　《为何穷国变富而富国减速》，第2章。

[3]　科林·克拉克（Colin Clark）的观点可见其著作，《国民收入与支出》（*National Income and Outlay*），伦敦：麦克米伦出版社，1937；《经济进步的条件》，伦敦：麦克米伦出版社，1940；以及《1960年的经济学》（*The Economics of 1960*），伦敦：麦克米伦出版社，1942。

[4]　《原理》，第288—289页。

1793—1813 年间发生的贸易增长、农产品需求增加的状况。

李嘉图对这一段话作了回应，他的回应戏剧性地展现出他在面对复杂现象时追求单一一个最重要的和最基本原因的本能[1]："这里的条件也太多了！这其中唯一重要的那个原因就是资本供给相比于需求而言是充裕还是稀缺……"。

在多少显得有些狂野的想像力背后，基于脆弱的经验基础上完成的估计，马尔萨斯认真地展开探索，以图解决他和李嘉图在利润决定问题上的分歧。他承认李嘉图所提出的地租、利润和稳态等长期理论的合理性；但他也认识到，这种长期效应很可能被具有强大力量和持久效力的因素的作用所淹没，他感到，不能因为这些因素是短期或者暂时性的，就可以不加考虑[2]：

> ……当耕作被推进到实际可行的极限，也就是说，当投入最后一块土地耕作的那个人的劳动几乎无法维持一个家庭的生计，因而无法维持固定的人口时，显然，没有其他什么因素能够阻止利润下滑到维持现行资本所需的最低利润率水平。但是，尽管这个原理最终拥有极大的解释力，它的发展却会极为缓慢而渐进；当它以几乎不能察觉的步伐走到其最终目的地时，原本次要的原因正在生成完全压倒性的力量，并且常常会花个 20 年或 30 年，甚至整个 100 年，使得利润率走上一条若是依据首要原因本应显现的完全不同的变化路径。

69

增长的阶段与极限

马尔萨斯关于经济增长的阶段和极限的看法，实际上是上述引文中他所描述的首要原因和次要原因相对力量的一个演练。在《人口原理》第二版（以及随后版本）的经验部分，可以看出，首要原因通过各种各样的方式在发挥作用。运用早已成熟的狩猎—采集、养殖、农业、商业—制造业发展阶段理论，基于 30 多个社会的经验材料，包括从"火地岛上悲惨的居民"到"西藏的乞丐"，从古希腊到当代的欧洲和美国，他说明了对人口增长的积极控制，以及如果有的话，预

---

[1] 斯拉法和多布，《李嘉图著作和通信集》，第 2 卷，第 284 页。
[2] 《原理》，第 281—282 页。

防性的限制。利用包括现有典籍和通过他自己的旅行考察获得的大约 102 份权威资料，马尔萨斯对可以被称之为比较人口人类学的领域展开了令人印象深刻且连贯一致的研究。[1] 他调查的大量案例以这样那样的形式表现了他所说的首要原因的作用；即，无论是怎样的经济形态，人口的扩张都会一直持续直到一个点，在该点，维持生存的手段最多只能维持最低水平的固定人口。不过，马尔萨斯也发现了一些例外；例如在挪威，他断定（也许不准确），服兵役和对生存环境局限条件清晰的共同感知阻止了早婚。[2] 当然，他也从当代美国和早前处于转型期的社会中发现了一种美好的状态，这些社会在某一段时期里被赐予了极其有利的资源—人口平衡。但是在《人口原理》的第一版中，马尔萨斯的"人口抑制"是由一个令人厌恶的清单目录组成，其中充满着各种各样"积极"发挥作用的不幸和罪恶。

然而，当马尔萨斯转而研究英国经济的前景时，他回到了次要原因的世界中，考虑借助良性的预防性措施遏制人口增长以阻止报酬递减的程度。在这里，我们可以觉察到马尔萨斯观点的一些变化。比如，面对戈德温未来技术乐观主义时，马尔萨斯在《人口原理》的第一版中表达了谨慎的怀疑，包括对缺乏预见性的远景可能面临的极限条件的讨论。[3] 而当马尔萨斯像他的前辈休谟和亚当·斯密那样进入穷国—富国问题时，他的看法相比他的前辈更可测度，但却更悲观。[4] 这个结果的出现部分地是由于辩论的框架变了。休谟和斯密反对的是奉行重商主义的贸易保护主义者，而马尔萨斯反对的是极端的自由贸易鼓吹者（Free Traders）。他是从清晰陈述自由贸易鼓吹者的观点展开讨论的[5]：

> 一个精于商业和制造业的国家可能会从其他各类国家进口谷物；也许由此可以推想，沿着这样一种体系运行下去，它可能会继续进口更多的谷物，以维持快速增长的人口，直到所有与它有贸易往来的国家的土地全部投入耕

---

[1] 关于马尔萨斯的旅行（1802 年），尤其参见帕特里夏·詹姆斯（Patricia James）编，《托马斯·罗伯特·马尔萨斯的旅行日记》（*The Travel Diaries of Thomas Robert Malthus*），剑桥：剑桥大学出版社，皇家经济学会出版，1966。有关《人口论》第一版及第二版的广阔背景，参见帕特丽·詹姆斯，《人口论与马尔萨斯：生平与年代》（*Population Malthus, His Life and Times*），伦敦：路特里奇和基根·保罗出版（Routledge and Kegan Paul），1979，尤其是第 55—115 页。

[2] 《人口论》，第二版，伦敦：J. M. 登特（Dent），1914，1952，第一卷，第 154—163 页。

[3] 《人口论》，第一版，第 231—239 页。

[4] 同上，第二卷，第 79—96 页。

[5] 《人口论》，第二版，第 2 卷，第 79 页。

种。由于这必然发生在遥远的国度，看起来这个国家的人口可能要直到很长时间以后，才会因为获得基本生存物品的困难而受到限制。

70

马尔萨斯随后举出了一系列情形，认为在这些情形会在周边国家肥沃土地耗尽之前就带来困难：

● "完全依赖资本、技能和当前特定商业渠道的各种优势，本质上不可能永远存在。"[1]

● 即使是非常成功的棉纺产业中所经历过的那类国内竞争，同样也能把利润和工资压低至"抑制人口增长"的水平，而"没有什么机器的发明"能够阻止这种遏制，"如果这种机器无法获得持续进步的话"。

● 一个国家，若它同时依靠食物和原材料进口来维持人民生活和工业发展，那它在面对诸多可能削弱其进口能力的力量时便很脆弱；这些因素包括，供应国劳工的懒散或者资源管理不佳，贸易条件恶化，或者供应国从农业和原材料生产国向制造业国家的实际转变。马尔萨斯总结道，农业和商业的平衡是最佳的：[2]

……只有将农业和商业系统结合在一起，而不是将它们分离开来，才可能按计划带来最大程度的国家繁荣；一个国家，拥有广阔和富饶的国土，农业、制造业和对外商业的进步刺激了耕作，且各种各样的资源又是如此丰富，以至于要找出它们什么时候会达到极限极为困难。然而这里也存在一个极限，如果这个国家的资本和人口持续增长，那它最终必定会到达这个极限，无法超越：基于私有产权原则，这一极限一定远远小于土地生产食品的最大能力。

类似以上所引的段落，多少有点迟到的修正主义文献的味道。[3]很多经济思想史的文献均把马尔萨斯（李嘉图也一样）与对世界经济前景的悲观看法联系在一

---

[1] 同上。

[2] 同上，第95—96页。

[3] 尤其参见弗雷德里克·科尔布（Frederic R. Kolb），"李嘉图和马尔萨斯的稳态：既不悲观也无预言"（"The Stationary State of Ricardo and Malthus: Neithe Pessimistic nor Prophetic"），《山间经济评论》（*Intermountain Economic Review*），第三卷（1972年），第17—30页；阿卡塔（M. A. Akhtar）的进一步评论，"李嘉图和马尔萨斯的稳态：评论"（"The Stationary State of Ricardo and Malthus: Comment"），同上，第四卷（1973年），第77—79页；以及科尔布的"回应"，同上，第80页。

起。许多人相信，经济学所获得的"阴郁科学"的流行形象，在很大程度上就是源于马尔萨斯和李嘉图所得出的关于人口和报酬递减的实际结论。马尔萨斯《人口原理》的第一版写于 1790 年，当时食物的供给长期处于紧张状态，且为反对威廉·戈德温充满激情的乐观主义，当然会包含一些令人胆战心惊的段落。事实上，马尔萨斯自己在序言中的自我评价是："他（作者）对人类命运的看法带着一层忧郁的色调……"。一种增长极限论就这么火急火燎地进入到这些当代学者的著述中；不过，如果考虑到 1790 年代，当他们依据一种极端线性的方式，预测着食品价格明确上涨的清晰含义，当他们历经数年，眼见实实在在的食物短缺只能通过对穷人的巨额收入补贴来缓解时，那么这种想法便是完全可理解的，尽管迄今为止，对边缘地区土地的投资已有极大增长。正如我们将看到的，在随后两个世纪中，每次康德拉季耶夫周期上升期到来时，这样的悲观主义情绪都会不断再现。

此外，马尔萨斯和李嘉图都在用稳态作为解释的工具，以阐释某些抽象力量的作用。而且，正如弗雷德里克·科尔布（Frederic Kolb）所强调的，由于李嘉图的忠实门徒——詹姆斯·穆勒和麦克库洛赫（J. R. McCulloch）曾提出，稳态会提前到来，因此还制造了相当大的混乱。[1]

71

我倾向于认为，在马尔萨斯观察和写作的时期，还有一个因素也在发生作用。多少更乐观些的《人口原理》的第二版，写于 1795—1796 年和 1799—1801 年这两个时期之间，那时，源自人口—食物的严重压力已有所缓解（见上文，图 3.3）。小麦的价格从 1801 年 3 月份波峰时的每夸脱 154 先令，跌至 1804 年 3 月的每夸脱 50 先令。[2] 下一次食物供给的严重压力出现在 1809—1812 年，尤其是极端困难的 1811—1812 年。谷物价格从 1812 年 8 月的峰顶无端地下跌到 1822 年的谷底之后，在之后的 30 年一直围绕一个稳定的均值水平震荡。正是在 1813—1822 年期间，当第一个康德拉季耶夫周期的下降期开始，寻求保护农业利益的呼声很高时，马尔萨斯和李嘉图围绕着人类的创造力和比较优势的作用能够将报酬递减这个古老的恶魔遏制多久这一点展开了系统性的阐释，并最终得出了谨慎乐

---

[1]　同上，尤其是科尔布的"回应"。甚至像熊彼特这样勤勉的学者，也没能抓住马尔萨斯和李嘉图在 1812 年后向着至少有相当程度的乐观主义转变。（《经济分析史》，第 270—271 页）。

[2]　阿瑟·盖尔等，《增长与波动》，第一卷，第 61 页。

观的判断。[1]

非经济因素

相比亚当·斯密，在马尔萨斯对经济增长的解释中，非经济因素扮演的角色更为重要，而且在那里，其作用与休谟的相比也不尽相同。

无论是在《人口原理》第一版相当完整的系统表述中，还是在有更多细微差异的第二版卷一有关比较人口学说的论述中，马尔萨斯在讨论人口问题时均不可避免地引入了非经济变量。

当然，第一版的开篇就是 1789 年的法国大革命所引发的高度兴奋、紧张和思索。就像马尔萨斯所看到的那样，这里的对话是在"鼓吹人类完美论者"和"现存建制的拥护者"之间展开的。[2]马尔萨斯认为，主要的论争者既不听取对方的意见，也不公正地评判对方的动机。在界定阻碍人类臻至完美的困难时，马尔萨斯试图把其归之于人类生存条件的改善。但是，研究一开始，马尔萨斯就发现，他不可避免地要考虑传统政治经济学领域之外人类生存条件的维度。毕竟，关于他的两个基本假设中的第二个假设，他有很多话要说，该假设是：[3]"……两性之间的激情是必要的，而且几乎会一直保持现在的状态。"即使是在第一版关于人口"预防性遏制"的章节中，也包含着他对下述问题一系列敏锐的社会学思考，即为什么从社会中"地位最高"的人到"依附于士绅家庭的仆人"，都有可能选择推迟结婚，甚至根本不结婚。[4]马尔萨斯身上尽管有着年轻人和政府官员的自夸自大，但也有一点简·奥斯丁（Jane Austen）的气质。

在第二版中，他对急剧增加的经验材料的处理变得更加专业。在 1803 年版本第一卷的那两篇中，马尔萨斯系统考查了古代的、原始的、欠发达的社会体，进而还有当代欧洲的"人口遏制"，从而使之成了一般社会科学的杰作。人口学的计算与社会学、政治学、心理学、人类学以及经济学的分析交织在一起。这些都使得他的结论相比第一版更少戏剧性，但更加令人鼓舞——至少就欧洲而言

587

[1] 相对于各种各样经济思想史上找到的那些悲观论述，弗雷德里克·科尔布在他的初始阐释中，令人信服地补充了源自李嘉图和马尔萨斯的相对乐观主义的引文，但是科尔布引用的所有乐观文献都来自 1815—1822 年间的著作（"稳态"，第 20—25 页）。

[2] 《人口论首版，1798 年》，第 4 页。

[3] 同上，第 11 页。

[4] 同上，第 63—69 页。

是如此[1]："……在现代欧洲，对人口的积极限制看起来并不盛行，但是预防性的限制却比过去、比世界上未开化的地区要多。"

相比于积极限制而言，人口的预防性限制存在优势，这种优势与我们之前看到的（前文第57页）关于各个社会所呈现的适当形态这些一般结论相联系。[2] 这让我们想起休谟和斯密的论断，也即，一个鲜活的商业和制造业社会，为中产阶级所构建，反过来又强化中产阶级的力量，且坚定地保护私人产权，那它也倾向于孕育出有利于公民和政治自由的制度。顺着相似但不同的脉络，马尔萨斯认为，这些制度的孕育，再加上大众教育的发展，通过教导"社会下层阶级如何通过迫使上层阶级尊重他们而实现自我尊重……"[3]，才能最大化人口预防性遏制的力量。

在个性上，马尔萨斯也与那两位最伟大的先辈截然不同。回想一下，大卫·休谟是一位乐观、富有幽默感、稍微有些古板的18世纪人物；据他的朋友描述，他也许会向他人掩饰着自己的挫折和失望，但更会表现得像是一位睿智和仁慈的伙伴；他能够身着带有黑色斑点的黄色外套四处走动，能够在临近死亡之时，还在1776年7月4日为他最亲近的朋友们举办一场愉快的告别晚宴。亚当·斯密则是一位比较让人看不透、常常心不在焉的单身教授；休谟称赞他是一位"真正有德性的人，尽管他习惯于寂静的隐居生活或许可能对他作为世界伟人的气质和形象造成了伤害"。据说，斯密曾经有过一段非凡的激情经历，但不知为何却无果而终。他终生未婚，她也没有。[4]我们可以肯定的是，他的父亲在他出生以前就去世了，他很依赖他的母亲——斯密和母亲一起生活了60年，在母亲去世后，

---

[1]　《人口论》，第二版，第一卷，第315页。

[2]　帕特丽·詹姆斯，《人口论与马尔萨斯》，注释（第55页）：

　　　在考虑第一版《人口论》之前，现代读者必定要面对三个难题。第一个难题是那种不现实的氛围，对我们来说，该氛围弥漫于所有有关这一主题的早期英国作品，因为这些作者间的争论就好像现实中没有避孕这回事一样。从实际的角度考虑，这就是事实的真相：避孕可能曾作为控制家庭规模的方法而得到广泛使用，将不会，也不可能会发生在许多人身上。

　　　詹姆斯提到的另外两个困难是，一方面，马尔萨斯生于学术分科之前，应该必定不会被看成是职业经济学家或者人口学家；与此同时，还有一个困难是普遍缺乏可信的统计以及"一种态度——在弄清事实这一点上设的门槛很低"。

[3]　《人口论》，第226—227页。

[4]　杜格尔德·斯图尔特（Dugald Stewart），"亚当·斯密的生平与著作"（"Biographical and Critical Memoirs of Adam Smith"），《道德情感论》序言，伦敦：G. 贝尔出版（Bell），1911，第60页和第64页。

他的身体每况愈下。但是，亚当·斯密在有据可查的记忆中大略是一位纯粹的学者—教师，正如人们可能看到的那样。

马尔萨斯却有所不同。他的复杂性更为凸显。比如，他一直因唇腭裂和兔唇而背负着包袱。作为英国教堂的一位助理牧师，以及后来东印度公司黑利伯瑞学院的教授，他从来没有真正地富裕过。事实上，他直到1803年他38岁时才有能力结婚，那时因为威尔士比教区长的去世，使得该职位出现空缺，马尔萨斯获得了这个职位，因此才过上了比较舒适的生活。[1]

综合来看，所有证据均表明，马尔萨斯是"一个温和、仁慈的人"。[2]但是，这些品质显然受到了内在原则的支撑，因为马尔萨斯很明显地受到一组实实在在的激情所驱使，使得他的散文中经常闪现着炽热的光芒。

大家都这么说，他在1802年深深地爱上了哈里特·爱茄尔莎（Harriet Echersall）；但是他们不能结婚，因为结婚就会失去剑桥的研究员职位，于是他们不得不饱受折磨地等待了两年，直到威尔士比教区的职位出现空缺。他显然是一个富有同情心的人，不仅同情不幸的穷人，甚至同情未婚的妈妈（"如此自然的一个错误"），但是逻辑以及对科学的忠诚又引导着他，使得他反对后来颁布实施的《济贫法》（Poor Laws）。最重要的是，在如此生动地描述这些极其敏感的问题时，马尔萨斯被扯入了一场场争论之中，终其一生未能幸免。这些争论集中于那些最容易引发强烈情感的问题：信仰、性，以及如何对待穷人。[3]而且，论争不断升级，因为马尔萨斯所明确表达的立场常常使他很容易受到攻击——有时是因为他的论断比较轻率，更多是因为他在表达观点时不经意使用了煽动性的语言，而且总是缺乏幽默感。至于他的中心假设皆可在休谟和斯密那里找到，或者说他的

---

[1] 在《人口论首版》（第64—65页）中的这段文字是有深意的，也许还是对马尔萨斯自己的自传式描述：

　　一个男人，受过通识教育，但是收入只够他在绅士圈里面交往，他一定以及肯定会感到，如果他结婚了，有了家庭，在他混迹于社会之中时，他将被迫把自己归于中农和更底层的货郎行列。一个女人，一个被受过教育的男人自然地确定为选择目标的女人，将会是与他自己在同样的品好和情感氛围中长大的女人，她会习惯于那熟悉的社会交往，与婚姻必定给她带来的完全不同的社会交往。一个男人，会同意把他所爱之人置于可能与她的品好与性情如此不一致的情形中吗？

[2] 帕特丽·詹姆斯，《人口论与马尔萨斯》，第443页。该描述来自于马尔萨斯去世后不久威廉·惠韦尔（William Whewell）写给他妹妹的信。

[3] 詹姆斯令人钦佩地考察了这场争论的各个方面，同上，第116—159页。威廉·彼得森（William Petersen）在他的研究《马尔萨斯》（马萨诸塞州，剑桥：哈佛大学出版社，1979）中系统地讨论了围绕马尔萨斯（或被认为是马尔萨斯的）人口观点在当时以及随后时代的争论。

主张均有令人印象深刻的大量证据的支撑，这些都已不再重要。

　　具有讽刺意味的是，在休谟、斯密、马尔萨斯和李嘉图这四个伟大的古典人物中，我认为马尔萨斯对穷人所遭受的人类苦难的现实体会最深刻、最切身（最不抽象），也因此他发现，要把这一现实与对公正上帝的信仰相调和是多么的困难。　　73

大卫·李嘉图（1772—1823）

　　在介绍马尔萨斯的背景时，我们不可避免地要提到李嘉图及其作品。他们之间的联系不仅体现在专业领域上的关联、友谊和相互尊重，还表现在各自政治经济学研究方法上难以融合的分歧所带来的困惑。他们是亚当·斯密和《国富论》后第二代经济学家的代表人物，他们的联系还体现在那个年代英国经济所面临的一系列戏剧性的问题，这些问题启动了他们作为政治经济学家的研究议程：战时人口加速增长对粮食供应带来的压力，以及这一压力在战后的急速缓解；农业在一段时间内的持续扩张和高收益使得 1812 年后谷物价格急剧下跌、农业陷入危机，于是有关农业保护的争论陷入白热化；脱离金银本位制及 1797 年后实行浮动汇率导致了战时通货膨胀，之后金本位制又在 1821 年价格下降这种有争议的情况下得以恢复；以及，第一次工业革命逐步展开，不仅通过棉纺织品出口而在很大程度上为反对拿破仑的战争提供了经济支持，同时还造就了不断扩大、自信满满的工商业中产阶级，以及对生活开支和就业波动非常敏感的一个不稳定的群体——城市工人阶级。在李嘉图一生的最后几年，也即他成为国会议员的那几年（1819—1823），选举改革的问题不断地被提上日程，而他也对此表达了关注。

　　李嘉图所受的教育显然不是那个时代的主流。[1] 他学生生涯的最初两年是在他父亲的故乡荷兰完成的，那时他全家人都还生活在一起；之后，李嘉图进入公立小学读书，直到 14 岁时，他的父亲将他这个长子带到自己公司做证券经纪人。在那里，大卫在处理手中业务时显示出非凡的才华与早慧，他的父亲因此准许他做许多超越他年龄的工作。据他弟弟的可靠描述，大卫显示出对"抽象和综合推理的喜好……并倾向于对吸引他的问题追根究底……"。[2] 大卫很早就表现出那种

---

[1]　斯拉法和多布，《李嘉图著作和通信集》，第十卷，第1—5页。该描述源自大卫·李嘉图的弟弟摩西简短的回忆录。

[2]　同上，第4—5页。

不顾反对，始终强烈坚持独立观点但不计前嫌的能力（这在与马尔萨斯的交往中表现得非常明显），并且这种能力还可能因为与父母的关系而强化。在大卫弟弟的描述中，李嘉图的父亲摩西（Moses）是一个带有强烈偏见的人，这种偏见源于"先人在宗教、政治、教育等方面的理念"。[1]他希望他的孩子"不假思索地接受这些至上的理念……但是，他的孩子（大卫）从不会在完全调查清楚一个重要问题前就表示赞同。或许正是在反对这些强烈偏见的过程中，他开始被引导着学会自由和独立的思考，而在这方面他是如此的出众……"[2]

1793 年 12 月，李嘉图与一位教友派外科医生的女儿普利西娅·威尔金森（Priscilla Wilkinson）结婚，家庭内部的冲突因这桩婚事达到了顶峰。至于是什么让问题变得如此头疼，细节已无法确切知晓。种种迹象表明，这一时期的李嘉图已逐渐放松对犹太教的笃诚；[3]最终，由于违背了犹太教的婚姻观念，他正式与犹太教决裂；他的母亲十分恼怒，坚持将他逐出家门，禁止其参与家族生意；直到他母亲去世后 8 年，李嘉图和父亲才达成和解。确实，李嘉图是在婚后独立建立起自己的事业的。尽管当时只有 21 岁，但他已拥有足够的声望，从而得到一家著名公司（Lubbochs and Forster）的支持而成为经纪人，这家公司在他的余生中一直是他收入的来源。

李嘉图与犹太教的脱离仅止于一神教。虽然对威尔伯福斯勋爵（Lord Wilberforce）而言显得不友好，但是在日记中论及某次国会演讲时，李嘉图还是在他的观点中展示出某种公正性。他说道[4]：

> 他必须马上告知国会，在对这一问题经过长期精心的思考后，他坚定地认为，不能因为宗教理念而提起诉讼。所有的宗教理念，无论有多荒谬和不可思议，都会有一些人发自内心地信奉它。那么，为什么一个人可以将他的理念变为标准，却不允许其他人有所不同且不受惩罚？为什么可以认为某人绝对正确，而他的同胞都是罪恶之身？在一个像英国这样的自由国度，我们乐此不疲地把宗教裁判所的思维奉为教条，这样的教条不应当被容忍。

---

[1] 同上。
[2] 同上。
[3] 同上，第 36—43 页。
[4] 同上，第 280 页，包括脚注。

在国会上，威尔伯福斯审慎地评述道："尊敬的波特灵顿（Portarlington）议员似乎要把那些他阐释得非常成功的自由贸易原理引入到一些更重要的问题中。"威尔伯福斯在争论之后的日记中写道："我原以为——他已经成为一个基督徒；现在看来，他只是告别了犹太教而已。"（破折号是审慎的日记编辑加入的，但明显是指的李嘉图。）

李嘉图在一神教徒的圈子中很活跃，他的妻子与教友派信徒也保持着联系。他与自己及妻子的大多数兄弟姐妹都保持着紧密的联系。

关于李嘉图，尽管斯拉法（Sraffa）和多布（Dobb）已经付出荷马式的努力，但仍有大量的故事不为人知。有时，他那得到公认的能力、谦逊、稳重、独立、正直及对公共善的责任感，很难与我们所认识的人物肖像融为一体。在一定程度上，这可能是由于他生活在一个语言和礼仪都非常模式化的时代，因而在气质与性情上都高度自律。但是即使如此，也仍然存在足够的生活片断，甚或是他失态时的片段，使得我们得以可靠地窥见他的德性和仁慈。

玛丽亚·埃奇沃斯（Maria Edgeworth）在给继母的信中描述了她拜访盖特康布庄园的经历，尽管她在其中勾勒的李嘉图形象让人读起来似曾相识，但这还是提供了新鲜的侧写——因为与事后的一般化不同，这种在平常日子中发生的具体的对话可能更具说服力[1]：

> 我们进行了愉快的会谈，涉及深浅不一的各种话题。李嘉图先生性格稳重，思维活跃，总是不断地引出新的话题。我从未与这样一个人争论或讨论一个问题，他的言辞更公正，或者说更少是为了赢得争论，更多是为了真相。他对每一个反对意见都予以充分的重视，而且看起来，在没有确信其对错之前，他从不立即站到问题的某一边。看起来，只要能够找到真相，那对于他而言，是你找到的还是他找到的根本不重要。通过与他交谈，你会有所收获；你会知道问题本身的对或错，并深化对问题的理解，却不会让讨论升级，陷入争吵……

三天后，玛丽亚·埃奇沃斯向她妹妹描述了与李嘉图一起欣赏歌剧度过的欢

---

[1] 同上，第168—169页。

75 乐夜晚，李嘉图表现得就像是一个花花公子、修道士和猴子。[1] 李嘉图于 1822 年到欧洲大陆完成了一次重要的旅行，在他从欧洲回来以后的书信中，我们更多地看到了一个令人惬意、使人愉快、体贴顾家的男人形象。比如，他会对他儿子奥斯曼（Osman）所在的伊顿板球队输给哈罗队而表示同情。

这些私人信件还揭示了李嘉图的金钱观。他在股票交易所的操盘使他在极短时间内成为一个非常富有的人。1793 年，在他从他父亲的公司离开的时候，他的名下有 800 英镑的资产。而当 1823 年他去世的时候，他的身价大约是 725,000 英镑。[2] 他的不动产可以折算成大约 4250 万美元（按 1987 年第三季度比价），每年可以带来大约 178 万美元的收入。

1814 年，李嘉图开始考虑金盆洗手，转而去过一种乡村绅士的生活，并且在 1819 年正式实现。我们没有理由怀疑他在 1814 年写给马尔萨斯的信中的言语："……我应该不会再感叹股票交易及其乐趣了。"[3] 有许多证据表明，在他或者他妻子的家庭成员有需要时，他会很慷慨地帮助他们。这并不是没有尴尬的。他不得不面对在他看来过于客套的谢意；[4] 不过事实上，当他的两个妹妹在每次交易失败的前后返还一些他之前送给她们的钱时，一定不会好受。[5]

在他所为人熟知（无疑还有很多不为人所知的）慈善事业中，李嘉图显然是以两种形象出现的：一方面，就赚钱而言，他偶然地成为"财富女神的一个宠儿"；[6] 另一方面，看到这么一大笔钱为那些因此可能带来巨大不同的人所用，会带来一种心满意足，虽然这些钱在他本人看来没有什么。他敏锐地意识到，对身处不同环境中的个人而言，金钱的相对边际效用是如此的不同。

然而，也许最能反映李嘉图性格的场合，就是他被道义上的愤怒所触动并将之有力地表达出来的时候。这里值得一提的例子有三个。第一是写给他岳父的一封不寻常的信，当时李嘉图 31 岁，他的岳父 75 岁。据大家所说，他的岳父威尔金森医生是一个十足的暴戾之人，以致他的子女都要与他决裂。那封信的缘由是

---

[1] 同上，第 171 页。

[2] 同上，第 67—68 页和第 104—106 页。

[3] 同上，第 90 页；信件全文，第六卷，第 115 页。

[4] 例如，同上，第 10 卷，第 113—115 页 [威尔金森（J. H. Wilkinson）和第 129—132 页雅科布·李嘉图（Jocab Ricardo）]。

[5] 同上，第 133—135 页。

[6] 同上，第 113 页。

李嘉图的妻妹凡妮（Fanny）离家出走，投靠她的哥哥们。

李嘉图在信的开头先引出威尔金森强加在他子女身上的严厉家规[1]："……在您家中，无论地位高低，都得不到一丝享受、舒适和快乐，除非由您施舍。您就像一个东方的君主，统治着可怜的奴隶……"李嘉图随后提醒他的岳父，已有三个子女相继从他的专制下逃脱：约西娅（Josiah）、普里西娅（Priscilla）和凡妮（Fanny）。接着，他从整个家庭的角度说，家里人对他并没有恶意，也不要求他什么，而只要他"……相信任何事物都是有感情的，不要强求任何事情。作为一个朋友和父亲融入我们吧，相信我们乐意抚慰您的烦忧，带给您快乐——这样您的余生将过得舒适和平和……"。

李嘉图的侠义之心在不幸的坎伯兰事件（Cumberland affair）中再次展现。简单地说，李嘉图夫人解雇了一名叫凯瑟琳·哈里森（Catherine Harrison）的年轻女佣，李嘉图认为这个女子的品性很好。凯瑟琳在坐马车返回老家布尔福德时，遇到了一个叫西德尼·坎伯兰（Sydney Cumberland）的年轻人，在她的建议下，他们一起去了伦敦。坎伯兰似乎把凯瑟琳留在了名声不佳的房东怀廷夫人（Mrs. Whiting）的房子里。李嘉图听说女孩没有回到布尔福德，便委托住在伦敦的一个弟弟查明真相。一开始，情况看起来像是西德尼·坎伯兰插手介入，带着凯瑟琳去了伦敦。据此汇报，李嘉图给他写了一封明显已经愤怒的信。坎伯兰强烈否认做了什么错事。不久，坎伯兰的父亲乔治·坎伯兰（George Cumberland）也开始加入调查。随着真相的显露，看起来是李嘉图的信息有误，即使凯瑟琳不是一个如乔治·坎伯兰所说的"坏女孩"，那也是一个口是心非的女孩。李嘉图被迫道歉。他的道歉优雅而不含糊，同时维护了他弟弟的名誉和诚实。他还提出了这么一个剖析内情的问题[2]："如果你曾经像我一样坚定地认为女孩的清白和贞洁；如果……你听说当事人（西德尼·坎伯兰）把她带到了像怀廷夫人这样的房东的房子里……难道你不会得出和我非常类似的结论吗？难道你不会像我一样义愤填膺并因此言辞过重吗？"

最后，李嘉图的正义凛然还表现在他在国会所采取的立场上。如前所述，他对宗教信仰自由的表达是平和的，但是他会选择恰当的时机来表达自己的观

76

---

[1]　同上，第 119—123 页。
[2]　同上，第 157 页。

点。[1] 一个叫玛丽·安·卡莱尔（Mary Ann Carlile）的女子被反邪教协会（Society for the Suppression of Vice）控告，后者称其在出售《托马斯·潘恩神学著作的附录》（*An Appendix to the Theological Works of Thomas Paine*）的副本，因此这个女孩以亵渎神明和诽谤罪被判处一年的监禁并罚款 500 英镑，而如果她没有交清罚金，那将被一直监禁直至交清罚金。当她一年刑满以后，由于付不起罚金，她一直被关押在监狱里。于是，她通过一名议员（休谟先生）向议会提交了请愿书，由此引发了争论。

这也许重要，也许不重要，但是李嘉图在这三个他认为虐待妇女的情形中都表现出强烈的道义上的愤怒：他的妻妹凡妮、本性被揭穿之前的凯瑟琳·哈里森，以及传教的玛丽·安·卡莱尔。

在面对不公正时，李嘉图更为经常地表达自己的不满——他是议会改革和投票选举的坚定支持者。[2] 李嘉图死后 1824 年发表在《苏格兰人》（*Scotsman*）上的两篇论文讨论了这两个主题。[3]

于是，在彻底地反思了他所处的时代之后，李嘉图在拿破仑战争过后表现得更像一个生活在 19 世纪而不是 18 世纪的人。他明确地在自己关注的主题中排除了那些哲学和社会科学分析中的大问题，也即休谟和斯密所关心的，进而框定了他们的政治经济学主张的那些大问题。不像马尔萨斯，李嘉图的著作是去历史化的。他重点关注的是日益工业化的英国正在展开的实践议程：自由贸易、议会改革、处理贫困问题的适当政策，以及我们将要看到的，机器的引入对劳动者的影响。事实上，李嘉图比马尔萨斯更准确地认识到，什么样的政策会成为 19 世纪经济政策的主流。马尔萨斯所保留的自由贸易观是 18 世纪的思维，而他对有效需求的关注预见的则是 20 世纪的思维。而且，马尔萨斯早期所提出的人口理论也令他在公众的脑海中留下了一个相当另类的形象。无论如何，李嘉图的理论表述不论多么抽象，总归是适应了日益流行的政治政策；这一点，至少在 19 世纪中叶以前，提升了他作为经济学家的形象。

---

588 [1] 同上，第 277—280 页。玛丽·安·卡莱尔和她的丈夫理查德（Richard）也影响了年轻时的约翰·斯图亚特·穆勒，当时的穆勒曾经一度公开倡导生育控制。例如，参见迈克尔·圣约翰·派克（Michael St. John Packe），《约翰·斯图亚特·穆勒的一生》，纽约：麦克米伦出版社，1954，第 53—55 页和第 58 页。

[2] 例如，参见斯拉法和多布编，《李嘉图著作和通信集》，第 5 卷，第 112—113 页。李嘉图在支持一项于 1823 年 4 月 18 日失败的改革法案时的声明。

[3] 同上，第 495—503 页（议会改革）和第 504—512 页（投票选举）。

因此，正如熊彼特在提到"李嘉图恶习"时所认识到的，古典理论家中最抽象、最形式化的这个人，关注的焦点也非常集中，而在某种意义上，他是受制于对政策问题的关注。

随着对股票交易的逐步松手，他开始转向公共事务，这就为学习他的基本概念和主张的人提供了一个很重要的契机。在议会上，以及在公共委员会做报告时，李嘉图的主张系统性地植根于他的理论；不过在这些场合，他的论述均简洁明了。我们可以在他的政策主张中找到他对自己大部分理论学说清晰而明确的表达。

关于李嘉图，还有一件事情可说：他拥有一种幽默感，生动形象且常常谦恭自嘲，仿若休谟，而与第一部分中讨论的其他四位古典经济学家不一样。例如，他在给朋友哈奇斯·托罗维尔（Hutches Trower）的信中充满着平静的论调，常常自嘲，偶尔也嘲讽他人。[1]这种平衡感和观察视角也使得他可以宁静安然地承认自己的错误[2]：

> 金银通货主义者（包括我自己也是其中之一）认为，黄金和白银很稳定，而实际上当然不是如此；而且，他们也极大低估了战争对这些金属价格的影响。在1814年的和平年代，金块价格下跌，而后在波拿巴进占巴黎的战争重新燃起时，又再度上涨，这些都值得引起注意。在任何未来的讨论中，这个主题绝不应被忽略。

基本增长方程

在其早期作品中，李嘉图就曾明确地指出，他研究的核心主题不会是国民财富的决定因素，而会是财富的分配。正如他在《政治经济学及赋税原理》序言开篇第一句所言，他默认接受古典经济学中已有的基本增长方程。[3]

---

[1] 例如，同上，第七卷，第219—221页（1815年12月10日）。

[2] 同上，第六卷，第343—344页（1815年12月15日）。李嘉图接着谈道，正如理论家们惯于说的："但同意所有这些都不会影响金银本位主义者的理论。"

[3] 同上，第一卷，第5页。

地球上的产出，也即通过劳动、机器、资本的组合运用而生产的所有源于地表的东西，都要在社会的三个阶级之间进行分配；也即是，土地所有者、耕种所需资本的所有者以及耕种土地的劳动者。

但是在社会发展的不同阶段，依地租、利润和工资的名义，地球的所有产出分配给各个阶级的比例是极不相同的；这主要取决于土地的实际肥力、资本的积累和人口状况，以及生产者的技能、独创性和农业生产中所使用的工具。

确定调节这种分配的内在规律，是政治经济学的基础问题：虽然由于杜尔阁（Turgot）、斯图尔特（Stuart）、斯密、萨伊、西斯蒙第（Sismondi）等人的著作，这门科学已经得到很大的推进，但这些著作所提供的有关地租、利润和工资自然过程的知识几乎无法令人满意。

很明显，李嘉图的分配理论与他对经济增长进程的思考紧密交织在一起。因此，非常完整且内在一致的李嘉图增长模型并不难建构。[1]李嘉图讨论了基本增长方程中的每个变量，尽管在一些情况下这些论述显得有些单薄。

如前所引，李嘉图与他的前辈和后辈一样，认为产出是土地、资本和劳动的函数。一开始，李嘉图就以半独立的方式引入机器，并认为："资本可以被看成是以工资的形式提供给生产过程中的工人的食品和必需品。"

李嘉图的做法是，抽象出（或者看起来精炼）亚当·斯密的谷物增长模型（前文第 38 页），并把它作为经济增长过程的一般范式，由此，李嘉图在无意中成功引起了大量无害的论争。[2]这种简化是带有欺骗性的，因为若是谷物既可以被当作流动资本，也可以看作是产出，那便意味着工资率、生产率以及利润率都可以以实际值来计算。但是从结果看来，这个模型更像是斯拉法模型而不是李嘉图模型，这部分是因为，工资品不仅仅包含谷物（比如，棉纺织品）——李嘉图知道这一点（马尔萨斯也曾指出过）；与此同时，价值问题也无法回避。因此，

78

---

[1] 有关李嘉图的增长模型，尤其参见伊尔玛·阿德尔曼，《学说》（*Theories*），第 43—59 页；约翰·理查德·希克斯，《资本与增长》（*Capital and Growth*），第 42—48 页；以及奥布莱恩，如前引，第 37—45 页。

[2] 在此我并不想详细追述围绕李嘉图谷物模型展开的争论过程。它始于皮耶罗·斯拉法试图用间接证据（主要基于李嘉图的《利润论》）构建一个纯粹的李嘉图谷物模型的努力，在该模型中，谷物既是资本（形式是给养劳动力的食物），也是产出，利润率等于两者净差部分除以产量。这一比数独立于价格或工资率，因为分子和分母都是以谷物来计算的。（斯拉法和多布编，《李嘉图著作和通信集》，第 1 卷，第 30—33 页。）塞缪尔·霍

就像斯拉法所指出的，就李嘉图《原理》中的劳动价值论而言，其关键功能在于，它是在统一且可比的层面测量关键经济变量的一种替代方式。[1]

撇开这些争论和改进，李嘉图的原始模型值得简单一提。我指的是他在1815年出版的《利润论》(Essays on Profits) 这本小册子中提出的模型。[2] 这本著作标志着李嘉图从金银通货主义者的争论走向更广阔的政治经济学领域。正如经济理论史上常见的那般，这里的起因源自某个非常特殊的经济形势所引发的政策激辩。当时，小麦价格戏剧性下跌，从最高峰1812年8月份的平均每夸脱152先令，下降到1813年12月的平均每夸脱75先令，并且此后还在持续不定地下降，直到1815年早期到达波底。[3] 这本著作出版于一个非常合适的时期，那时正处于拿破仑初次战败到他从厄尔巴岛回国（1815年3月1日）这段时间之间。在拿破仑回来之后，小麦的价格就一直平稳上涨，直到滑铁卢战役结束（6月18日）。李嘉图 [以及马尔萨斯、威斯特（West）、托伦斯（Torrens）和当时其他小册子作家] 试图影响即将在国会下议院举行的一场政策辩论，这个辩论讨论的主题是：是否应该对进口的粮食谷物征收关税以保护英国农业，抵销小麦价格已经腰斩的影响？为了捕获这个时机的火候和焦点，有必要在讨论相关模型之前引述李嘉图在那本小册子中写下的结论，李嘉图在其中使用了反证法，以反对农业保护。[4]

（续上页注）兰德对这一重构提出了质疑，见"李嘉图对利润率的分析，1813—1815年"（"Ricardo's Analysis of the Profit Rates, 1813—15"），《经济学刊》第40卷（1973），第260—282页；约翰·伊特维尔（John Eatwell）评论了霍兰德的文章，见"李嘉图《利润论》的解析"（"The Interpretation of Ricardo's *Essay on Profits*"），《经济学刊》，第42卷（1975），第182—187页；霍兰德对此做出了回应，见"李嘉图与谷物利润模型：对伊特维尔的回应"（Ricardo and the Corn Profit Model：Reply to Eatwell），同上，第188—202页。最后，特里·比吉（Terry Peach）提出了强有力的、独立的证据，证明谷物模型就是"斯拉法想像的臆造物"，见"大卫·李嘉图早期对利润率的讨论：一个新的阐释"（"David Ricardo's Early Treatment of Profitability: A New Interpretation"），《经济学杂志》（*Economic Journal*），第94卷，第376期（1984年12月），第733—751页。对于注释20中引用的正式模型，阿德尔曼依托李嘉图的《原理》，而不是《利润论》构建了一个模型。希克斯一开始在霍兰德挑战斯拉法的诠释之前，创作了一个精致的图解版的谷物模型（见《资本与增长》，第44—46页）。奥布莱恩没有注意到霍兰德1973年的论文，提供了一个相似但不同的图解模型（《古典经济学家》，第38—41页。）有关霍兰德随后（1977）与希克斯的对战以及后者的第二个想法，可参见约翰·希克斯，《古典与现代，经济理论选集》（*Classics and Moderns, Collected Essays on Economic Theory*），第三卷，马萨诸塞州，剑桥：哈佛大学出版社，1962，第四章，第34—59页。

[1] 斯拉法和多布，《李嘉图著作和通信集》，第一卷，第32页。

[2] 《著作和通信集》会再次提到这一点，同上，第四卷，第3—41页，包括编者的注解（第3—8页）。

[3] 参见阿瑟·盖尔等，《增长与波动》，第113—115页。

[4] 斯拉法和多布，《李嘉图著作和通信集》，第四卷，第41页。

……如果对于地主而言，利益足够重大，那么为了阻止我们从进口低价谷物中获得所有好处，他们就会影响我们，让我们拒斥农业和畜牧业的所有改良；因为可以肯定的是，若谷物变得便宜，那租金也会降低，地主的纳税能力至少会在一段时间内因这种改良而削弱，就像受到谷物进口的影响一样。于是，为了保持一致性，让我们以同样的法令来遏制这种改良，同时禁止进口。

李嘉图之所以得到这一论战的结论，当然是根据其建立在报酬递减基础上的地租理论。在战争年代，伴随着对现有土地投入的增长以及新土地的开发，英国农产品的价格和租金均相对上涨。在这两种情况下，租金都随着劳动与资本额外投入边际回报的下降而上升。[1]

李嘉图是这么展开他的论证的：

1. 对于已得到长期开发的发达国家而言，若要抑制报酬递减定律的作用，只有通过改良农业技术，或者增加价格低于本国粮食生产成本的农产品进口才能实现。

2. 假设这些可能性都不存在，并且假定"资本和人口按适当比例增长，以致劳动力的实际工资保持不变"，[2]则人口和收入的增长将提升农业生产的实际成本，因为要获得额外的实际产出就需要增加劳动和资本投入。

3. 结果就是租金的上升，以及经济体中农业和其他产业利润的下降。

4. 随后，李嘉图放松了工资不变的假设。[3]他指出，实际工资的下降可以提高利润；由此，他简洁地引入了他的人口理论。[4]

在所有社会发展阶段，工资的涨跌均不足为奇，不论社会是处于静止状态、进步状态，抑或倒退状态。在静止状态，它完全由人口的增减来调节。在进步状态，它取决于资本或人口能否以更快的速度增加。在倒退状态，它

[1] 同上，第9—10页。在1817年首版的《原理》（同上，第一卷，第5—6页）中，李嘉图承认马尔萨斯是租金理论的创立者，而他只是拿它来证明自己的论点；尽管他与马尔萨斯在农业保护上意见不同。李嘉图承认，事实上，是牛津的爱德华·韦斯特（Edward West）与马尔萨斯同时并各自独立地建立了正确的租金理论。

[2] 同上，第12页。

[3] 同上，第22—23页。

[4] 同上。

则取决于人口或资本能否以更快的速度下降。

以往的经验表明资本和人口会轮流起作用，结果工资或涨或跌；因此就工资而言，在考虑利润时，并没有什么确定无疑的结论。

但是我想，最令人满意的是，事实证明，在每一个财富增加和人口增长的社会里，独立于工资涨跌的影响，一般利润一定会下降，除非农业有所改良，或者谷物的进口价格变得更低。

这似乎是前文已经阐明的租金原理的必然结果。

5. 最后，李嘉图相当详尽地阐述了他的主题，指出经济中的长期利润率是由"农业利润"所决定的。[1]

李嘉图的这本小册子明显烙上了时代的印记。事实上，他开篇就明确阐释了自己写作的目标——也即为了证明，依托租金与利润的关系，再加上报酬递减定律，便可以直接导出对"谷物进口依法不受限制政策"的支持。[2]

无论在时间上，还是在灵感上，他的《原理》都直接源自于他的这本小册子。只不过在詹姆斯·穆勒和更广泛领域的动力学研究的推动下，这部著作更接近于一本综合性作品，尽管其中大约有一半的篇幅在谈论税收问题。[3] 如前所述，尽管其关注点更侧重于国民财富的分配而非国民财富的决定因素，但是它包含了对基本增长方程中几乎所有因素的观察思考。由此，直接讨论李嘉图对这些因素的考虑也就成为可能。

人口与劳动力

在上述援引自《利润论》有关工资的段落中，李嘉图指出，人口增长率与投资增长率密切相关；不过这种联系并不稳定，因而会带来工资的时"升"时"降"。[4] 在《原理》中，这一观点变得更加正式，在那里，李嘉图把人口增长率看

---

[1] 同上，第23—26页。

[2] 同上，第9页。

[3] 同上，第一卷，第13—60页，提供了对《原理》版本演化的详细描述，包括它从第一版（1817）到第二版（1819）到第三版（1821）的差异。

[4] 同上，第四卷，第23页。奥布莱恩，《古典经济学家》，第40页，提供了一个图表，考虑的是，当市场工资率上升到生存工资水平之上，接着又回到原来水平时，利润会对此做出反应，资本与人口将"轮流起作用"。该图表是鲍莫尔（W. J. Baumol）《经济动力学》（*Economic Dynamics*）第二版中图表的一个变体，纽约：麦克米伦出版社，1959，第19页。

589

成是市场工资率和自然工资率差额的函数；若市场工资率高于自然工资率，则投资就会受抑制，于是劳动需求就会减少，进而便会导致市场工资率向自然工资率回归。

80

农业的报酬递减最终会抑制自然工资率和经济的扩张；不过，李嘉图还相当正式地介绍了蕴涵在马尔萨斯 1803 年及以后版本的《人口论》中的观点[1]：

> ……劳动的自然价格，即使是以食物和必需品估算……在同一国家的不同时期也有所不同，在不同的国家更是差异巨大。本质上，它取决于人们的生活习惯和方式。一个英国劳工，如果他的工资只够他购买土豆作为食物，只够让他住在小泥房子里，那他就会认为自己的工资在自然工资率以下，太少了，不足以维持一个家庭；但是这些适中的自然需求，在那些"生活便宜"、需求很容易得到满足的国家中，常常会被认为已经很是不错。
>
> ……人道主义之友只能希望，在所有的国度里，劳动阶级都应该有享受舒适和娱乐的品位，应该有各种法律途径来激励他们尽力争取这些东西。没有什么东西是比反对人口过剩更安全的了。

在李嘉图看来，"降低了的人口增长率"，连同农业技术的改良以及比国内便宜的进口食物，是抵制农业报酬递减的基本手段之一。

另一方面，若是没有因公众品位提高带来的自然工资率上升导致的人口限制，若是没有农业技术的改良或者进口的增长，那么因报酬递减和生产额外食品的实际成本上升而导致的市场工资率上升就会自语相违：利润和投资会减少，同时先前因高工资而导致的过剩人口也会减少，只不过其方式也许会是马尔萨斯在其《人口论》第一版中描述的那种令人难受的方式。

本质上，李嘉图的人口和工资理论源于斯密，部分源于马尔萨斯。他的主要创新在于，他清晰地以社会性的术语而不是生理性的术语来定义最低或者自然工资，即以"习惯和风俗"以及"对舒适和享乐的品位"这样的术语来定义。他在劳动方面偏离亚当·斯密（和他自己早期著作）的另一点出现在他的《原理》的

---

[1] 同上，第一卷，第 96—97 页。编者注意到这段文章中有一处与罗博特·特伦斯（Robert Torrens）《论谷物的对外贸易》（*Essay on the External Corn Trade*）第 68 页中的一处相似。

第三版里，他在其中承认，新技术的引入可能会导致劳动需求的净减少（见后文第81—83页）。

投资与技术

李嘉图清楚地认识到，资本拥有不同程度的耐久性，不同类型的资本可以依据不同的比例互相结合，也可以依据不同的比例与劳动相结合。[1] 不过为表述之故，他在一般意义上假定流动资本与固定资本互相转变比例是固定的，除非是要对机器和失业进行具体分析。流动资本是用来支付工资的资本，因此决定了劳动的需求。

在这个体系中，劳动需求取决于投资价值，后者取决于储蓄率，而储蓄"或者是源于收入的增加，或者是源于消费的减少"。[2] 如前所述，在与马尔萨斯交流时（前文，第58—59页），李嘉图假设所有的储蓄都用于投资。[3] 储蓄—投资反过来取决于两个因素：第一，利润，也就是维持劳动力生存水平所必需的资源配置之外的"净收入"；第二，储蓄的动机，李嘉图假设该动机会随着预期利润率的变化而变化。低利润，再加上难以避免的投资风险，这二者会使得资本家或者地主选择扩大消费而不是增加储蓄。农业的报酬递减决定了利润最终会减少，这个过程是这么展开的[4]：

> ……当贫瘠的土地投入耕作，或者更多的资本和劳动投入到原来的土地当中，从而使得产出的报酬变小时，这一效应必定恒久存在。在扣除地租之后，产出中的剩余部分要在资本所有者和劳动者之间进行分配，这其中，较大的一部分将分配给劳动者。每个人得到的绝对量可能更少，而且十之八九会变得更少；但是，由于农民留存的全部产出增加，其雇佣的劳动力也将成比例增加，于是，全部产出价值中会有更大的部分变成工资，而利润的部分变得更少。这种情况必将因限制土地生产力的自然法则而恒久存在。

---

[1] 斯拉法和多布，同上，第一卷，第30—33页。

[2] 同上，第131页和第166页。

[3] 参见前文（同上，第五卷，第122页）。李嘉图有句名言："……没有人会去积累，除非他认为自己的积累能带来好处……"

[4] 同上，第125—126页。

这样，我们又一次得到之前试图确立的结论：在任何国家，任何时期，利润均取决于那块没有租金的土地上为劳动者提供必需品所需的劳动数量，或者与不会带来租金的资本相结合的劳动数量。

在这里，李嘉图同样没有浪费机会，再次回到政策含义上。[1]

无论一个国家多么广阔，如果这里土地贫瘠，禁止食物进口，那么即使是最适度的资本积累也会伴随着利润率的极大降低和租金的快速上升；与此相反，一个小但却富饶的国家，尤其是如果它允许食物自由进口，便可能在利润率没有大幅下降或者地租没有大幅上升的情况下积聚起大量资本。

但是在李嘉图看来，谷物的自由贸易并不是唯一一种抑制报酬递减的途径[2]：

幸运的是，这种趋势，这种利润下降的趋势不仅会因为与必需品生产相关的机器的不断改良而得到遏制，而且会因为农业科学领域的发现而得到遏制——这些科学发现使我们可以放弃以前所必需的一部分劳动力，从而降低了劳动者基本必需品的价格。

李嘉图在资本投资方面的立场实际上与农业中的报酬递减、相对价格趋势、工资、租金、利润有关，与对投资和经济增长长期停滞的展望有关，下文会对此做进一步阐释。但是，关于他在《原理》第三版中就机器而表达的立场，以及有关于技术性失业可能性的论述，这里还需再说一句。之所以需要这样做，并不是因为他的立场多么明智或多么有预见性，而是因为它为马克思关于资本主义制度下产业后备军的著名预言提供了分析基础。

82

---

[1] 同上，第126页。

[2] 同上，第120页。也可参见第94页和第132页，在其中，"对外贸易的扩展与自然优势的利用"开始加入发挥作用的因素队列，成为有助于维持盈利进程，进而维持经济发展势头的因素。

李嘉图从一个微观的案例开始，然后把结论推广到整个经济。[1] 这个案例关涉一个企业家，他既生产食品，又生产制成的"必需品"，即劳动者所消费的制成品。他接着假设，在某一年，这个企业家分出了一半的工人来生产一种新型的机器。这台机器一旦投入运行，他的固定资本就增加了，但是现在，他所正常运作的流动资本只有原来的一半，也因此，依据李嘉图的体系，就业水平将降到原来的一半。这样，机器就使一些工人失业了。他们在制成的"必需品"上的开支也随之减少。因为工人收入下降，产出将减少，但是利润会保持不变，因为企业家需要支付的工资也减少了。

李嘉图的目的是要证明，企业家的净收入（净折旧，但包括流动资本的重置）可以在总收入（包括用来支付劳工的流动资本）下降的时候维持不变。他一直认为，这两个因素是紧紧联系在一起的，因此便消除了技术性失业的可能。

他总结道[2]：

---

[1] 同上，第 31 章，"论机器"（"On Machinery"），第 386—397 页。对李嘉图立场的讨论，熊彼特的观点会让人有所省悟，参见约瑟夫·熊彼特，《经济分析史》，第 680—687 页。约翰·希克斯在他的《经济史理论》（A Theory of Economic History）一书中对李嘉图的立场进行了辩护，（牛津大学出版社，1969）第 151—154 页和第 168—171 页。对李嘉图观点演变的一个详尽描述，可参见塞缪尔·霍兰德，李嘉图机器观的发展（"The Development of Ricardo's Position on Machinery"），《政治经济史》（History of Political Economy），第 3 卷，第 1 期（1971 年春），第 105—135 页。E. F. 比奇（Beach）对希克斯的看法提出了质疑，认为它有理论上的吸引力，但史实上不中肯，希克斯的回应可见《经济学杂志》，第 81 卷，第 324 期（1971 年 12 月），第 916—925 页（"希克斯论李嘉图的机器观"（Hicks on Ricardo on Machinery）和"对比奇教授的回复"（Reply to Professor Beach））。奥布莱恩，《古典经济学家》，第 224—228 页，总结了关于机器问题的经典文献，并提供了一个有用的书目，第 238—239 页。沙罗默·马塔尔（Shlomo Martal）和帕特里夏·哈斯克尔（Patricia Haskell），"在货币和机器问题上，为什么李嘉图（没有）改变他的观点？"，《经济学》（Economica），第 44 卷，1977，第 359—368，略带玩笑地推测为什么李嘉图放弃了关于机器的学说，但却没有放弃他同样带有缺陷的货币学说。1981 年的一篇论文在一个有趣的背景下复活了李嘉图论机器的问题（乔农 [L. Jonung]，"李嘉图的机器论与当前的失业：克努特·维克塞尔未发表的手稿"（Ricardo on Machinery and the Present Unemployment：An Unpublished Manuscript by Knut Wicksell），《经济学杂志》，第 91 卷，第 361 期 [1981 年 3 月]，第 195—205 页）。受困于一战后瑞典与欧洲其他地方非常高的失业率，维克塞尔在 1922—1923 年的若干篇文章中讨论了各种补救方法。主要的主张是向美国移民和降低出生率。在对这一问题的研究中，他还写了一篇简短的文章，批评李嘉图的逻辑。维克塞尔主张的实质是，李嘉图没有考虑到，机器的引入会伴随着工资的降低。随着时间的推移，工资削减会导致在其他方面雇佣劳动力，在一个动态过程中，这将可能实现产出和利润的增长以及工资率的恢复。他认为，这个过程会为降低当前的失业率提供一条路径，然而他又补充道，如果工资的削减使得工人的收入低于糊口水平，政府可以通过补贴工人的收入，直到该动态调整过程产生有利的结果。

维克塞尔在 1924 年早期把这篇文章提交给《经济学杂志》的主编（约翰·梅纳德·凯恩斯），但被拒绝了——这很可能加深了维克塞尔对英国经济学家的长期不满。这篇文章等了 57 年才恢复名誉。

[2] 同上，第 389—392 页。

在这个案例里，尽管净产出的价值没有减少，尽管它的商品购买力可能大大提高，但是总产出将会下降……而且因为维持人口、雇用劳动力的能力总是取决于一个国家的总产出，而不是净产出，于是，劳动需求必定会有所减少，人口将会变得过剩，劳动阶级将陷入不幸和贫穷。

……所以我想证明的就是，机器的发明和使用可能会伴随着总产出的下降；而且无论这种情况出现于何时，与雇用他们的资本相比，它都会对劳动力阶层造成伤害，因为他们中的一部分将会失业，人口将会变得过剩。

但是，李嘉图在总结这个段落时给出了一个更有盼头的论点：

……如果使用机器所带来的生产方式的改进能够给一国净产出带来如此大的增加，以至于总产出不会减少……那么所有阶层的状况都会改善。地主和资本家将会获益，不是因为租金和利润的增加，而是因为将同样的租金和利润花费在价值（即价格）大减的商品上所带来的好处。劳动阶层的状况也会明显改善：首先是因为对仆人需求的增加，第二是因为对储蓄的刺激在这样丰裕的净产出下变得可承受，第三是因为他们所开支消费的所有产品价格都降低了。

李嘉图明显认为，他的这个案例应该得到严肃讨论。但是他很快接着描述了一个"没必要有任何多余人口"的案例，而且稍后，他表示希望他的"论述……不会……导向一个推论，即不应该鼓励使用机器"。[1] 他说，机器和更加资本密集的生产过程实际上是食物长期价格上涨（源于报酬递减）的必然结果，而且无论如何，机器的广泛使用对于维持出口工业中的国际收支和就业而言是必需的。他也始终清楚地意识到，由于劳动节约型发明而增加的利润早晚会导致储蓄从而投资的扩张，进而就业的扩大。

尽管这些段落的语调较为缓和，不过李嘉图直言不讳且明确承认的有关机器和失业率的立场转变，还是在 1821 年后引来了大量分析和辩论。这些分析和辩论始于马尔萨斯，他明确假定对机器产品的需求拥有很高的弹性（如棉纺织业中

[1] 同上，第 390—395 页。

的情况），否定了李嘉图的结论，并且如我们之前所见，他还为 1815 年后的失业找到了一种完全不同的解释。[1]其他还有一些论点强调，李嘉图的结论需要满足特定假设才能成立，其中突出的有以下几个[2]：

● 李嘉图有关原来生产过程的假设，包括对劳动需求、新机器建造和新生产过程假设均非常武断；他所得到的结论依赖于对不确定的现实所做的特殊假定。

● 李嘉图忽视了机器投资的就业乘数效应，而这种投资是资本密集度更高的新生产过程所要求的。

● 李嘉图假定，在利润相同的情况下，企业家会冒险投资于导致产量减少的新固定资本，这一假定也受到了质疑。

李嘉图清楚地提到了约翰·巴顿（John Barton）的著作——《社会劳工阶级状况》（*Condition of the Labouring Classes of Society*）（1817），并指出自己虽然不同意他的一些看法，但是他的工作中"包含着许多有价值的信息"。一定程度上，巴顿很可能影响了李嘉图（至于多大程度尚有争议）。但是我猜想，李嘉图之所以感到有必要研究技术性失业的可能性，可能是因为他仔细思考了 1819 年发生的严重萧条，那次萧条表现为严重的失业、暴乱以及工人破坏机器。如我们所见，马尔萨斯和李嘉图都深切关注于如何解释这个现象，以及农业价格的急速下降。并且，李嘉图于 1820 年阅读马尔萨斯《原理》时所做的注解，已经清楚地预示了他将在次年出版的《原理》第三版中列举的那个有关机器的例子。[3]

李嘉图回应了马尔萨斯"论劳动者的工资"（On the Wages of Labour）一章中的某个段落。[4]马尔萨斯在那一段中指出，通常情况下，当更大数量的固定资本被逐渐引进到农业中（"这是我们能够假设它实际发生情况的唯一方式"），结果将会有利于劳动者，尽管农业对劳动的需求将立刻减少。这个好处源于制造业和商业对劳动需求的增加，这种增加源自农业生产率的提升。马尔萨斯接着概括道，"……没有必要……担心固定资本的投入……会减少对劳动的有效需求……"；尽

---

[1]　托马斯·罗伯特·马尔萨斯，《原理》，第 351—354 页。

[2]　这个段落诠释了奥布莱恩那有用的总结，《古典经济学家》，第 226—227 页。

[3]　斯拉法和多布，《李嘉图著作和通信集》，第一卷，第 57—60 页，讨论了李嘉图在第三版中在机器和失业问题上的"革命性变化"。斯拉法和多布在李嘉图对马尔萨斯《原理》的两条评注中发现了转变开始的证据（第二卷，第 234—236 页和第 237—239 页）。（对此，我还想在斯拉法和多布所提的 149 和 153 两条评注之外再增加一条，也即第 237—239 页的注 151。）

[4]　托马斯·罗伯特·马尔萨斯，《原理》，第 217—261 页，尤其是第 236—240 页。

管他也考虑到，这其中可能存在一段困难的时期，如果生产率和产出的提高在时间上没能得到"一个充分大的市场"的配合，以"……消化更丰裕的供给"。

依托这个基于资本、产出与有效需求增长率之间达成合理的动态比例协调性的一般看法，马尔萨斯指出，即使是在以马匹来代替农业中的人力这样极端的例子中，劳动力总的来说也是获益的。[1]在这一点上，依托一个预示着他的机器学说的例子，李嘉图迅速清醒过来，尖锐地评论说[2]：

> 如果马匹可以完成人类所做的几乎所有工作，这种情况下以马匹来替代人力，即便伴随着更大的产出，对工人阶级也是有益的吗？相反，这不会极大地减少对劳动的需求吗？所以我想说的就是，随着更节约的耕作方式的出现，对劳动的需求可能会降低；而随着更昂贵的耕作方式的出现，对劳动的需求也可能会增加。

正如我们所见到的，在描述那个机器的例子时，李嘉图从未令人满意地给出"更节约的耕作方式"减少总体劳动需求的条件。马尔萨斯因为深受棉纺织机器所带来的就业方面间接和直接扩张的影响，而对长期固定资本抱有乐观态度，不过他也考虑到了要素比例突然发生变化所导致的劳动需求的净减少。形式上，马尔萨斯对机器的分析本质上是宏观的，而李嘉图的分析则是微观的，尽管李嘉图的结论，那个对机器的更长期影响抱有更乐观态度的思考包含了就业的结构性变化，并且与经济整体相关。除了研究形式上的特点，他们两人都必须面对严重失业这个现实问题，以及劳工队伍中的卢德份子破坏机器的情结（Luddite machine-breaking mood），尤其是在 1816 年和 1819 年。

希克斯（J. R. Hicks）认为，李嘉图的例子可能抓住了创新伊始和实际工资上涨之间存在的那一长段关键的时滞；[3]与此相反，我倾向于相信，李嘉图和希克斯（还有马尔萨斯）均把一个周期性现象误读成结构性的了。随着 1819—1825 年大扩张的开始，英国在 1820 年期间回归平静。[4]下一次劳动力的波动发生于

---

[1] 同上，第 237 页。

[2] 斯拉法和多布，《李嘉图著作和通信集》，第二卷，第 239 页。

[3] 约翰·理查德·希克斯，《经济史理论》，第 150—154 页和第 164—171 页。

[4] 阿瑟·盖尔等，《增长与波动》，第一卷，第 169—170 页（1819—1820 年），第 208—210 页（1822—1826 年）。

1824—1825 年，当时食物价格的上升和巨大的劳动力杠杆作用结合在一起，导致了罢工和其他呼唤更高货币工资的要求。但是随着 1826 年急剧萧条的到来，棉纺工发泄着"他们对新安装的动力织布机的愤恨"，我们又回到了 1819 年的困难时期。[1] 这就是当时发生的间歇式周期模式，其间紧张的状态不断重复，直到世纪中叶，甚至更远的时期。[2]

那么，李嘉图对经济波动又说了些什么呢？

经济周期

答案是：不多。虽然他回应了 1816 年与 1819 年间因严重经济与社会困难而引发的一些问题，但是他没有以周期性的术语对 1815 到 1819 年事件的过程做出解释。李嘉图对经济波动的大部分思考均可见《原理》的第十九章，"论贸易渠道中的突变"（On Sudden Changes in the Channels of Trade）。另外，他早期的作品《利润论》、国会演说以及与马尔萨斯的通信中，也散见着一些讨论这一问题的段落。

如第十九章的标题所示，李嘉图认为他那个时代波动的主要根源是从和平向战争的转变，随之而来的战时贸易的兴衰起伏，以及从战争向和平的转变。骤然一撇下，他仿佛是在尝试把这两种转变看成从一个或多或少基本稳定的增长模式向另一个模式的转变，正如下面这两段文字所表明的[3]：

> 长久和平之后战争的开始，或者是长期战争之后和平的开始，一般都会在贸易上引起相当大的混乱。它在很大程度上改变了先前各国不同资本使用的性质；并且在转变的间隔中，当它们在可产生最大收益的新环境中安定下来时，大多数的固定资本都闲置了，也许是全部浪费了，而且劳动者也没有实现充分就业……
>
> 面对这类偶发事件，甚至农业也不能幸免，尽管程度较轻。战争……打

85

[1] 同上，第 210 页。

[2] 例如，参见沃尔特·惠特曼·罗斯托，"贸易周期、收成和政治学：1790—1850 年"（"Trade Cycles, Harvests, and Politics: 1790—1850"），《19 世纪的英国经济》第五章。其中还提供了一份结合了贸易波动与英国小麦价格波动的年度社会紧张指数（social-tension index），见第 123—125 页。

[3] 斯拉法和多布，《李嘉图著作和通信集》，第一卷，第 265—267 页。

断国家间的商业往来，经常阻断谷物从生产成本更低的国家向那些不那么适合生产的国家出口。战争终止时，进口的障碍被移除，对国内种植者而言，破坏性的竞争开始展开……国家的最优策略是在有限的年份之内，对国外的进口谷物征税，税额随时间递减，以便给国内种植者一个机会，把资本从土地上逐渐地撤出来。

李嘉图的结论仍然关涉他的主要政策议题，也即，英国经济有必要尽快以一种土地所有者可接受的体面转变走向谷物自由贸易。这一建议，加上他对回归金本位的支持，以及通过资本征用来减少国家债务的主张一起，构成了李嘉图对战后英国的规划。他非常了解战争期间给制造业带来的结构性变动；他相信英国处在一个长期扩张的道路上，而且相信这很可能会持续很长时间。但是，他与马尔萨斯都没有能够清晰地理解这样一种观点，即在这一段时间以来，英国经济已经处于一种规则性的周期波动之中，尽管马尔萨斯已经捕捉到一些闪光的迹象。随着证据的逐渐积累，比如 1815 年、1825 年、1836 年、1847 年等等，跟随着李嘉图与马尔萨斯而来的那一代经济学家开始对这些规则性出现的重大金融危机做出反应，并逐步把这种周期性波动纳入到自己的研究之中。[1] 但是，在 1815 年之前，在流行的观念中，周期是与战事联系在一起的，即使在大多数情况下，它们发生的时间和起因比看上去的要更严格地接近于经济方面。例如，1793 年的危机就发生在一段长期持续的商业扩张之后。在这次危机中，长期投资均集中在最后阶段——这非常典型，后续重要周期的上升阶段也是如此。1792 年，金融市场上出现了紧张的征兆，破产增加，其他在持续扩张期末的典型现象也开始出现。尽管推测看来，1793 年几乎肯定要发生一次金融危机，但事实上，实际发生的危机却是与 2 月 1 日爆发的法国革命战争联系在一起。1797 年那场导致金本位制暂停使用的危机，确实是法国即将入侵这一谣言的产物——因为这个谣言，出现了大规

---

[1] 我并未自认为对经济思想史有无法抗拒的完全认识，并把马尔萨斯分散化的洞见搁置一边，我倾向于从托马斯·图克 1823 年出版的《关于过去三十年高价与低价的思考与细节》(*Thoughts and Details on the High and Low Prices of the Last Thirty Years*) 一书中确定重要的周期分析期。甚至更早（1817—1819 年），托马斯·阿特伍德 (Thomas Atwood) 就以一种意识到周期过程的术语表述了他对战后景气恢复政策的一些主张，就像托马斯·乔普林 (Thomas Joplin) 所做的那样，后者的第一本经济学著作（相对于银行金融）出版于 1823 年。（例如，参见约瑟夫·熊彼特，《经济分析史》，第 708—715 页，以及罗伯特·林克 (Robert G. Link)，《英国的经济波动理论，1815—1848 年》[*English Theories of Economic Fluctuations, 1815—1848*]，纽约：哥伦比亚大学出版社，1959，第 6—33 页 [阿特伍德]，第 73—102 页 [托马斯·乔普林]，以及第 127—147 页 [托马斯·图克]。)

模的资产变现行为。在这之前的 1795—1796 年，英国刚刚度过一次严重的金融危机，那次危机是由谷物的大量进口、巨额的国际战争汇款以及法国回归金本位而引起的。

按照事态的正常节奏，从 1797 年谷底开始的扩张本应该在大约 1800 年才会达到波峰，但是事实上，那时却出现了两个波峰：1800 年与 1802 年。1800—1801 年正常的下降过程被亚眠和约（Peace of Amiens）以及短暂的外贸繁荣所打断。1808—1810 年的这次扩张，是由向拉丁美洲的出口驱动的，不过它本质上是在拿破仑封锁大陆商业的情况下，抓住旨在推动拉美尤其是巴西转型的半岛战争（Peninsular War）这一契机的结果。大陆体系的瓦解、1812 年与美国的战争，拿破仑的首次战败、东山再起和在滑铁卢的最终战败，都在英国经济发展的过程中留下了印迹。紧接而来的便是一轮典型的过度乐观期，即对处于和平时期的市场出口的暴涨，而后就是 1815—1816 年的崩溃。在这种情况下，对于为何李嘉图会给第十九章取标题"论贸易渠道中的突变"，便完全可理解了。

李嘉图未能认识到在战争与和平的"突变"下运行着的周期模式的第二个原因是，虽然作为英国经济一个组成部分的制造业和制成品贸易都处于快速扩张期，但是对于一个仍然在很大程度上处于农业社会、许多人口很贫穷或接近于糊口水平这样一个社会中的观察者来说，相对于农产品价格戏剧性的上升下降趋势，相对于这个时期人口给可得的食物供给带来的严重压力，相对于由偶然的丰收和来自波罗的海的不确定的谷物供给线所导致的农产品价格的短期大幅波动，这种扩张看起来似乎还不够富有戏剧性。

此外，战后还有一次关于回归金属本位的争论。英国已经在战时流动性恐慌中陷入了不可兑换的境地；现在回顾起来，确实可以质疑这一步是否有必要。[1] 但是在那时，回归可兑换却是一个激烈辩论的问题，引发了许多关于货币供给与其他会影响价格和产出的因素之间关系的持久议题。[2] 简言之，1815 年之后，处于政策争论核心的是农业保护对自由贸易，以及货币本位和货币政策问题，而不是反周期政策问题。李嘉图也主要就是在这些问题上，使出了压箱底的本领——事实上，他所使用的那些脚手架也显著受到了这些问题的影响。

---

[1]　阿瑟·盖尔等，《增长与波动》，第 1 卷，第 44—54 页。
[2]　事实上，相关争论一直持续到现在。参见，前文，马尔萨斯一节的注解。

相对价格

我们已经很清楚，李嘉图相当确定地认为，在原材料生产行业中，报酬是递减的，而在制造业中，报酬是递增的。[1]

> 在财富和人口增长的过程中，所有商品的自然价格，除原材料和劳动外，都有一种下降的趋势；因为，尽管一方面它们的实际价值因制造它们所需原材料的自然价格的上升而提高，但是这个影响都被其他方面抵销了：机器的改良、更加合理的劳动分工和分配、生产者在科学和技艺方面技能的不断提高……

> 随着社会的不断进步，由于制成品价格总是下降，原材料价格总是上涨，这种相对价值的不成比例性最终会导致，一个富国的劳动者只要放弃非常少量的食物，就能够很宽松地满足自己的所有其他需求。

李嘉图认为，机器和科学的进步对农业的影响与制造业一样；[2] 但他相信，后者较前者有更大的潜力。对于农业而言，他区分了两种类型的改良：那些提升土地产能的改良，比如"更娴熟的谷物轮换耕作；或更好的肥料选择；"以及那些在给定地块上以较少的劳动获得相同产出的改良，比如"农具如犁和打谷机器的改良，畜牧业中对马的有效利用和对兽医技艺的更好把握……"[3]

我们没必要去深挖李嘉图那里提到报酬递减和报酬递增的每个段落。这两个概念是他的分析系统的支柱。理由是显而易见的：于英法战争期间，英国的农业戏剧性地上演了报酬递减的一幕；从1780年代开始的发明和创新的加速，包括世纪之初棉纺织品价格的显著下降，在一个本应该是通货膨胀的时代，清楚地展现了报酬递增的潜在力量。不过，正如在其他重要方面一样，1812年之后谷物价格的下降改变了李嘉图对未来的看法。

---

[1] 斯拉法和多布，《李嘉图著作和通信集》，第一卷，第93—94页。
[2] 同上，第80—83页和第120页。
[3] 同上，第80—82页。

增长的阶段与极限

在李嘉图讨论发展的阶段以及英国和其他发达国家的长期前景时，报酬递减与报酬递增之间的较量扮演了中心的角色；但是随着时间的推移，他关于长期前景的看法变得越来越乐观。确实，和马尔萨斯一样，他最初熊彼特式的"视角"变得相当快——这么说并不为过。

与休谟、斯密、马尔萨斯不一样，除了英国经济，李嘉图的阐述中鲜有提到其他经济体。事实上，他的著作里面几乎没有历史这个维度，也没有提及希腊、罗马、中国、印度、拉丁美洲，以及东欧那些欠发达的经济体。他的《原理》的索引包含了几条有关殖民地贸易的参考文献，那是为了在重新考察亚当·斯密的看法时提供支持，索引中还包含了一条引自《国富论》的关于西班牙的参考文献，以及一条有关过去在美洲发现新矿对贵金属价格影响的参考文献。还有一条参考文献，是关于在美国和在英国以机器替代劳动力的相对吸引力的比较，这个没有编成索引。李嘉图在这方面与休谟、斯密和马尔萨斯的不同出现在他对马尔萨斯的《原理》的注释中。马尔萨斯曾经通过考察早期英国历史以对李嘉图式的概括表示异议，对此李嘉图回应道[1]："这里的观察仅适用于本国，而不适用于那些半文明化的国家。"马尔萨斯提到西属美洲[2]与爱尔兰[3]更是引起了李嘉图的激烈反应。

李嘉图重点关注的是当时的英国，并且实际上可以说，他关注的是那个时代某些非常具体的政策问题，尽管这体现出某种直率的偏狭，不过李嘉图的理论模型仍然具有内在的动态性，并与广泛的发展问题，特别是增长的极限问题有关。

李嘉图非常明确地考虑了由社会因素所决定、正处于上涨中的生存（"自然"）工资，并把它与减少人口压力的可能性联系起来。例如，他将实际工资与实际最低生存工资区分开来；并且他倾向于认为，在那些有着大量良田和相对较少人口的新建国家，高货币工资包含了"利润留存的一部分"。[4]

他认识到，在有着廉价食品与充足劳动力的国家中，引进机器的动力是很弱

---

[1]　同上，第 2 卷，第 332 页。

[2]　同上，第 337 页。

[3]　同上，第 347 页。

[4]　同上，第六卷，第 147 页。我之所以会提到这一点，应该归功于伊尔玛·阿德尔曼，《经济增长理论》，第 54 页和注 39，第 151 页。

的。[1]有一个学者曾经从李嘉图第三版对机器和失业问题的处理中得出一个针对当代发展中国家的明确结论；即，"没有国内储蓄或者外国资本增长的工业化将很容易加重失业或者加剧通胀"。[2]

人们可以发现许多李嘉图对不同发展阶段经济特征的特别参考，并经常与马尔萨斯交换意见；而在一个重要的段落中，李嘉图区分了截然不同的三种增长阶段，在这些阶段中，人口会给生存资料带来压力，或事实上已构成压力[3]：

88

> 在那些引入更为先进国家技艺和知识的人类新居地，资本很可能会比人口增长得更快；而如果劳动力的不足没有为其他人口更多的国家所补充的话，这一趋势将极大地提高劳动的价格……（虽然）这不会长久地持续下去；因为土地的数量有限，且质量各异，随着每一次土地上资本投入的增加，生产率将会下降，而人口的生产能力总是保持不变。

> 在那些土地丰饶，但由于居民的无知、懒惰、野蛮而致短缺与饥馑的国家……需要采用一种非常不同的解决方法……想要变得更幸福，他们只要得到更好的治理与教导即可，随着资本的增加超过人口的增长，幸福就会成为必然的结果……

> 面对人口给生存资料带来的压力，唯一的拯救措施就是或者减少人口，或者加快资本积累。在富裕的国家中，当所有肥沃的土地都已投入耕作，后面一种补救措施便变得既不是非常可行也不是非常合人意，因为如果推行过深，结果将使得所有阶级都陷入同等的贫困之中。

但是，在李嘉图的著作中，我们甚至看不到一点他对从狩猎与采集到农业，再到国内外商业及技术精进这个发展时序的参考。李嘉图进入政治经济学的时间很晚，他发现要系统地说明他的观点是很难的。他没有掌握有关其他社会体

---

[1] 斯拉法和多布，《李嘉图著作和通信集》，第一卷，第 395 页。

[2] 克里希纳·詹德拉·罗伊乔伯里（Krishna Chandra Roychowdbury），"李嘉图与发展规划"（"Ricardo and Development Planning"），《印度经济学杂志》（*The Indian Economic Journal*），第 25 卷，第 1 期（1977 年），第 257—264 页。这一结论来自以下观点，只要新机器的存量累积起来，机器制造业的就业就会扩张。这就需要从消费品中额外分配出劳动力以支持扩张的机器制造业。但是通过资本品的扩张，消费品部门的产量并没有增加。因此，经济体就将受到通胀的刺激。于是，就需要有额外的来自国内或者国外的储蓄来维持这一时期的真实工资，直到增加的新机器投入生产，带来消费品生产率的提高和产量的增长。

[3] 斯拉法和多布，《李嘉图著作和通信集》，第一卷，第 98—100 页。

的知识，也不具备 18 世纪晚期的古典教育本可以提供的阐释技巧。在某种意义上，他被迫把自己的天赋投入到他认为在他的时代与处境中最重要的事情上。正如 1815 年他写给杜维尔（Trower）的信中所说，他希望"集中所有的才能"，用于探讨支配着地租、利润以及工资的原理，并"从中推出重要的结论"，在这些方面，他的观点与亚当·斯密、马尔萨斯以及其他人都是不同的。[1]在某种意义上，他就是一个从自己的角度出发，鼓吹谷物自由贸易的小册子作家。

本质上，李嘉图的注意力集中于起飞后第二代的英国，当然，李嘉图所得到的最重要推论来自他对产出分配决定因素的考察，而这与动态经济体未来的前景有关。与马尔萨斯一样，不论是在他那个时代，还是在当代的回顾中，李嘉图都被看成是一个对即将到来的稳态持悲观态度的人。而且，正如在马尔萨斯那里一样，李嘉图也有在那么几个段落中详细阐释了报酬递减的形式后果，这些阐释似乎证明了如下观点，即经济学作为阴郁科学形象的出现无疑与李嘉图有关；例如[2]：

> 随着土地生产额外的原材料变得日益困难，谷物和其他劳动力必需品的价格将会上升。因此，工资也将上升。而工资的确切上涨必然跟随着利润的确切下降，因此，当一个国家的土地都已得到充分的耕作，当投入其上的更多劳动不能产出更多的食物作为回报，以维持这些被雇佣的劳动力时，这个国家就走到了其资本与人口增长的极限。

89

而且，随着农业的报酬递减被引入到经济现象的中心地带，接着的确便可推得，维持劳动力最低生存水平的实际成本将上升。但是，处于被动地位的地主的租金也将上升。因此，对于利润进而投资而言，可以获得的产出比例就下降了。在他所设定的假设下，李嘉图的形式化模型是对增长极限分析一个相当纯粹的尝试。虽然休谟与亚当·斯密最终也接受了经济就像树一样不会长到天空去的观点，但是李嘉图利用抽象简单的例子来说明他的基本主张的方法使得稳态（或者更糟的情况）更加清晰明了，并且显得无可避免。此外，在寻求到底是什么最终原理

[1]　同上，第六卷，第 315—316 页。
[2]　同上，第四卷，第 179 页。认为李嘉图对于经济前景持悲观态度的相关引文（其中一些还出自著名的经济学家），可参见弗雷德里克·科尔布，"稳态"，第 17—20 页。

在发挥作用的过程中，李嘉图经常在界定时间上显得模糊不清。支配未定期限的长期结果的原理是什么，对他来说是很形象和直接的，就像信奉正统基督教的教徒在布道时所说的地狱之火一样。

但是，事实却是，他对英国的未来变得系统地乐观起来了，而不是悲观。李嘉图的纯粹结论直接得自自己的分析，而不是因为天生的乐观。从他的理论推出的结论是，稳态到来的时间点取决于三个变量：新技术，包括机器及相关的科学知识产生与得到应用的速率；自由进口谷物政策被采用的程度，以及比较优势的其他方面被利用的程度；通过教育与提升欲求水平，工人将提高他们的生存工资水平，进而降低家庭规模以及人口增长率的程度。另外，因为他默认所有储蓄都会自动转为投资，因此他认为，政府支出的减少与明智的税收政策将有助于延迟那个最终受报酬递减支配的稳态的到来。

总的看来，他对所有这些变量可能的变化过程是保持乐观的，一旦战争结束，谷物价格就会沿着1812年下半年开始的那个不稳定进程继续下降。如前所述，在反驳李嘉图的悲观论调时，科尔布的论据都来自拿破仑在厄尔巴岛或者是他在滑铁卢被打败后的那段时期。给李嘉图信心的并不是技术进步的速率——在该领域他的直接信息非常有限；也不是有确凿的证据表明，工人阶级的最低消费标准在上升，更不是对政府控制支出能力的真正信心——对此他几乎不抱任何希望。燃起他对未来希望的是谷物价格的下降。正如下面这段摘自杜维尔1816年2月5日的一封信中的话所显示的，他的租金理论给当时的环境带来了一阵欣喜，尽管他的个人身份是土地所有者与地主[1]：

> 谷物的低价对于拥有土地的绅士们是一种不幸，对此，不管怎么调低收费都无法获得完全的补偿——他们必须屈从于租金的下降，不过他们应该感到欣喜，因为产出的低价表明，国家资源尚未耗竭。高租金总是走向稳态的一种征兆——我们很高兴我们还处在前进的状态中，还可以满怀信心期待一个长期繁荣。要说服乡村绅士们，租金的下降，没有伴随着资本损失与人口减少，本质上将有助于总体福利的提高，这是很难的，因为他们的利益与公众的利益经常直接对立。

90

---

[1] 斯拉法和道布，《李嘉图著作和通信集》，第七卷，第16—17页。

而且，更加确定的是他在 1819 年所做出的一般性预测——要在那样一个年头进行预测，并且还能表达出事实证明是非常现实的乐观态度，那可是需要有相当根深蒂固的长期哲学观[1]：

> 现在，欧洲最富的国家离改进的那种程度（稳态）还很远，但是如果哪个国家已经到达那种状态，在对外商业的帮助下，甚至是那样的国家也可以继续无限期地增加它的财富与人口，因为对这种增加来说唯一的障碍就是物品的稀缺，以及随之而来的食品与其他初级产品的价值高企。如果通过制成品交换而从国外获得这些产品的供应，那么很难说你停止积累财富，停止从雇佣中获得利润的极限会在哪里。

非经济因素

无论对其他地方和其他时代的人们的描述在李嘉图心中激起了怎样的同情心，无论这些人是因为糟糕的政府还是贫瘠的土地，是因为懒惰还是欠考虑的生育，或是因为所有这些因素的某种组合而致贫，李嘉图作为一个政治经济学家，密切关注着与他的时代和处境相关的非经济因素：不是挤用了积留下来的基金，就是将储蓄从生产性投资中转移出去的财政部大臣；主张农业保护的经济学家和政客；济贫法的那些富有同情心但是考虑失当的支持者（依李嘉图的观点，这部法律不仅不会减少贫穷，甚至会使得贫穷永存）。同时他还说道，从公共利益的角度出发，"劳动阶级都应该有享受舒适和娱乐的品位，应该有各种法律途径来激励他们尽力争取这些东西"。而且，在国会内外，他令人敬畏地为选举改革与宗教自由而战斗。用他自己提过的一个短语来说，李嘉图，这个模型的构建者，明显属于"人道主义之友"，他那极端抽象的理论实际上是时代的宣传册。

---

[1]　同上，第四卷，第 179 页，出自李嘉图为《不列颠百科全书》（*Encyclopedia Britannica*）就基金体系所写的文章。

第四章　约翰·斯图亚特·穆勒和卡尔·马克思

约翰·斯图亚特·穆勒（1806—1873）

91　　前述两对古典经济学家的关系都很容易说清楚。大卫·休谟和亚当·斯密是好朋友，罗伯特·马尔萨斯和大卫·李嘉图也是。从根本上说，他们的理论观点都受到他们身边相同的社会力量的影响。在那些深深吸引着他们的问题上，他们交流互动。他们的观点绝不相同，但是在关于什么是好的社会这样更为基础的问题上，他们的观点相当一致。

　　显然，穆勒和马克思之间的关系与此不同。在 1849 年到达伦敦时，马克思相信，他只是暂时地成为一个政治避难者，而事实上，直到 1883 年去世，英格兰一直是他的家。据我所知，他们素未谋面。同样也没有迹象表明，穆勒曾读过马克思写的任何东西。[1]马克思确实读过穆勒的文字，并且当穆勒的论述合乎他的

591　[1] 穆勒是否读过马克思的著作这件事情没法确定，因为他的自传中有注释说，在他的《原理》第一版于 1848 年出版，以及法国大革命发生那年之后，他花了许多时间用于"研究欧洲大陆最优秀的社会主义作家……"（穆勒，《自传》，由约翰·雅各布·高斯（John Jacob Coss）写序，纽约：哥伦比亚大学出版社，1924，1944 年，第 164 页）。但是，也没有证据显示穆勒关注过《共产党宣言》。在给本书作者的信中，约翰·罗伯逊教授对此做了进一步的解释：

　　　值得一提的是，穆勒对德语的掌握程度还有待考察；而且，在穆勒的有生之年，马克思的著作几乎都没有英文版本。尽管他在《自传》中提到（通常还是比较符合事实的），他有通过汉密尔顿式方法学习德文（在萨拉·奥斯汀的监督下，他懒怠的可能性也较小）；此外，在他的图书室里还存有几卷德国著作（最突出的是一整套歌德的作品，但却非常不适合阅读），不过，几乎没有证据表明他使用过德语。在《原理》中，最有说服力的证据也因为在乔治·格罗特（George Grote）抄写的版本中若干引文标注的发现而失去色彩；当然，这些标注可能是穆勒作的（只不过是一些标注而已），但更可能是格罗特作的，用于给穆勒作指引。

目的之时，他就会有选择地予以引用。当然，按照马克思的一贯做法，凡是与他意见不一致的人，他通常都会抑制不住地冷嘲热讽，挑刺找茬。不过，他对穆勒确实另眼相待。他把穆勒区别于"一小撮庸俗经济学的护教士"，认为他[1]"仿若鹤立鸡群；他的伟大智慧直接代表着当今资产阶级那平庸智识的高度之所在。"而且，从表面上看，这位被格莱斯顿（Gladstone）称为"理性主义的圣人"，《论自由》（On Liberty）一书的作者，同时也是维多利亚中后期资本主义世界最受欢迎的政治经济学教科书的作者，并没有很好地将大英博物馆中持续进行的赤色革命热情，与完全献身于摧毁他身边的经济、社会和政治制度这项任务统一起来。[2]

尽管如此，还是有六个严肃的理由让我们在此把这两人放在一起讨论。[3]

第一，不管是穆勒还是马克思，他们的经济理论都建立在他们之前一个世纪英国政治经济学前辈，尤其是大卫·李嘉图的理论基础上。他们两人都对所接受的经济学学说的重要方面作了修正，两人都把社会科学当作一个整体，都关心公共政策而不拘泥于狭隘的经济学领域。除此之外，他们都属于古典政治经济学的一份子。

第二，他们关于英国和大陆的经济观点，都形成于 1815 年以后农产品价格相对较低的一个时期，形成于爱尔兰土豆饥荒（1845—1847）、1852—1854 年小麦价格成倍上涨，以及来自斯堪的纳维亚、德国以及爱尔兰的大量移民这些戏剧性事件粉墨登场之前。穆勒花费了大量精力［尤其是在《政治经济学原理》（Principles of Political Economy）中花费了大量篇幅］来讨论人口问题。但事实上，对于人口给食物供给带来的压力，他的关注程度并不如马尔萨斯和李嘉图那么急迫。1820 年代开始，英国的人口增长率锐减；例如，英格兰人口普查资料显

---

[1]　卡尔·马克思，《资本论》（莫斯科：外国语出版社，1954 年），第一卷，第 610—611 页，注释 2（"一群粗俗的辩护者"）和第 518 页。这个版本是在 1887 年版本基础上，整合了 1890 年恩格斯在德国版本中所做的一些修改。

[2]　有关格莱斯顿对穆勒的刻画，参见迈克尔·圣约翰·派克（Michael St. John Packe）的《约翰·斯图亚特·穆勒传》（纽约：麦克米伦出版社，1954 年），第 455 页。

[3]　我需立即指出的是，其他人对穆勒和马克思之间的联系、差别，一直以来也抱有兴趣。典型的可见贝拉·贝拉萨（Bela A. Belassa），《卡尔·马克思和约翰·斯图亚特·穆勒》，《世界经济档案》（Weltwirtschaftliches Archiv），卷 83 第 2 期（1959 年），第 147—167 页，和盖尔姆·邓肯（Graeme Duncan），《马克思和穆勒》（剑桥：剑桥大学出版社，1973 年）。贝拉萨令人信服地指出，在一些关键问题上，马克思受到穆勒的影响，但是"如果说他对马克思主义理论的形成有影响，那就不恰当了"。这也可以参见约瑟夫·熊彼特的《经济分析史》（纽约：牛津大学出版社，1954 年），第 574 页上有关穆勒的稳态与马克思共产主义概念相似度的讨论。

示，截至 1821 年前一段时期内的增长率为 18.06%，而截至 1861 年前一段时期的增长率为 11.90%。

92　　在穆勒那里，家庭规模的限制是工人实际收入的重要决定因素，是妇女解放的一个重要因素，他因此赋予其极大的重要性，并且把它作为一种良性稳态——他所描绘的未来图景——得以实现的一个根本条件。不同于马尔萨斯，穆勒或多或少是自由的，至少作为一个年轻人，穆勒在提倡生育控制以及发表文章提倡生育控制上是自由的。事实上，在受到一个地方官员的攻击之前——那是一个偶然的事件，如果不是当局处理得当的话，险些让他失去了东印度公司的职位——穆勒是十分强硬的。[1] 不过，就不列颠和欧洲大陆而言，穆勒拥有一个潜在的信念，即，人口—食物平衡问题或许没有任何意义。有很好的理由认为，他甚至比 1812 年以后的马尔萨斯和李嘉图更为乐观。1846 年开始，不列颠就是一个自由贸易的国家，随着 1850 年代通往美国西部麦地的通道被铁路和来自北欧的移民迅速打开，这种地位得到进一步的巩固。并且，即使出现了 1845—1847 年的爱尔兰土豆饥荒，向格拉斯哥、利物浦和波士顿进行移民也已成为可能。换一种说法，在穆勒那里，对过剩人口的强烈关注并非为了避免自然存在的人类悲剧，而是为了创造一个更文明的社会——在那个社会中，劳动克服了让自己过剩的原始本能，并且通过审慎的控制，劳动而非土地将变成稀缺的生产要素。

　　马克思应该与马尔萨斯学说毫无关系。从李嘉图对机器问题的思考中，马克思找到了一个特殊的案例并将它一般化，以解释所谓的劳动力市场实际工资下降的压力。如此便有了产业后备军的概念。

　　第三，就像战后的英国，以及紧随其后的比利时、法国、德国和美国的经济发展所证明的那样，在北大西洋世界中，一种新的经济体系已然出现。1840 年代

---

[1] 迈克尔·圣约翰·派克在第 55—58 页中很好地阐述了这个事件，并说明了它对穆勒日后生活的影响。同时也可以参见诺曼·海姆斯（Norman Himes），"约翰·斯图亚特·穆勒对新马尔萨斯主义的态度"（John Stuart Mill's Attitude Towards Neo-Malthusianism），《经济历史》（Economic History），第 4 期，（《经济学杂志》增刊，1929 年，1 月）；派克的许多论述正是基于此文。也可以参见弗朗西斯·E. 明纳卡（Francis E. Mineka）的"1873 年的约翰·斯图亚特·穆勒和新马尔萨斯主义"（John Stuart Mill and Neo-Malthusianism, 1873），《穆勒的新信件》（The Mill News Letter），卷 8，第 2 期，第 3 页到第 10 页。明纳卡的文章主要关注穆勒死后的一些争议；但是注释 1（第 8 页）的内容却超越了海姆斯的文章，他引了穆勒于 1823 和 1824 年间发表在《黑矮星》（The Black Dwarf）上主张控制人口的三封信件。在《约翰·斯图亚特·穆勒的经济学》（The Economics of John Stuart Mill）中，塞缪尔·霍兰德用一个简明扼要的附录阐述了穆勒"对生育控制的态度"，（多伦多：多伦多大学出版社，1955），第二卷，第 968—970 页。

（这个十年对于这两人来说都十分关键），在美国东部、大不列颠、比利时、德国以及法国，伴随着火车车轮的隆隆声，这一经济体系正在不断向前发展。穆勒和马克思两个人都在思考这一体制所带来的广泛的社会含义，包括其中的两个核心特征：其一，在经济体中引入技术不再是偶然事件，而已或多或少地成为一种规则性的技术流；其二，经济体系的运转出现了周期性变化的倾向，金融危机反复发生，失业以及工业产能闲置间隔性出现。对马克思来说，1825 年的英国危机是经济史上的一个基准点，尽管如前所述，第一次现代意义上的大规模商业波动的波峰出现在 1792 年 9 月，而紧随其后便是典型的金融危机（1793 年 2 月）。对于穆勒而言，基于图克（第 108 页）的工作，他已注意到更早时期发生的危机。

第四，两个人都意识到，与新体系的出现相伴随的是政治力量中心的明显转移。查尔斯·巴贝奇，一位因为写了《论机械和制造业经济》（*On the Economy of Machinery and Manufactures*）而显著地影响到穆勒和马克思的学者，他对 1832 年英国《改革法案》（*Reform Bill*）的论述可作为重要参考。赋予新兴工业中产阶级以选举权，这显然是英国政治史上的一大转折。在解释自己的著作首版所获得的巨大成功时，巴贝奇提供的主要理由是："那些新近获得如此重要的一条途径以实现政治影响力的人，他们的追求，他们的利益……不断增长的愿望被认识到了。"[1] 用熊彼特的话说，穆勒是"一个心里显然不赞同工业资产阶级价值体系的人"，[2] 而马克思则是新兴资本主义工业体系的死对头。两个人都认识到，他们生活在一个可能改变的时代；并且，他们两人都试图以自己的方式带来某些他们自己相信是值得拥有的变化。

第五，由于关注工业资本主义中已经出现的种种不公平，穆勒和马克思都转向了社会主义。当然，他们对社会主义的诠释是完全不同的；不过请注意，以下这段来自穆勒《自传》（*Autobiography*）的文字提醒我们，触动他的某些社会主义体系的特征看来也触动了马克思；与此同时，段落中对个体自由的强调也凸显

93

---

[1] 查尔斯·巴贝奇，《论机械和制造业经济》（伦敦：查尔斯·奈特，1841 年），第四版扩充，第 6 页，（第二版序言，11 月 22 日，1832 年）。

[2] 《经济分析史》，第 531 页。

了他与马克思在开药方时的最大不同。[1]

　　虽然大多数的社会主义体制应该都会卷入社会凌驾于个人之上的暴政，不过当我们批判这种暴政的最强力量时，我们依然期待着某一个时代的到来，到那时，社会不再区分游手好闲之辈和勤勉上进之人；到那时，不劳动者不得食的规则不仅对乞丐适用，而且普适于众；到那时，劳动产品的分配，不再像现在这样，如此深深地依赖于偶然的出生，而是与公认的正义准则相一致；到那时，人类积极努力获得的好处不再为其自己所独享，而是可以为他们所处的社会所共享——这种共享不再不可能，或者说不再被认为不可能。我们认为，未来的社会问题会是，怎样把最伟大的个人行动自由与全球自然资源的共同所有，以及所有人公平参与联合劳动的利益分享统一起来。

　　同样，就像我们将要看到的，穆勒的良性稳态愿景与马克思的共产主义构想之间存在着某些相似之处。

　　最后，穆勒和马克思之间还存在一点关联，这点关联对于本书的论点以及事实上，对本书的结构而言均至关重要。1848 年，在多个革命和深度周期性萧条的背景中，穆勒的《原理》和马克思、恩格斯《共产党宣言》（*Communist Manifesto*）同时出版，这二者一起构成了政治经济学优先议题转变的绞手链。概略地讲，1848 年标志着始于大卫·休谟的《人性论》（1739）和亚当·斯密在爱丁堡完成的关于政治经济学的讲义（1748—1751）的政治经济学告一段落。在过去的一个世纪中，经济增长、最大化增长的政策以及推延报酬递减趋势的到来占据了舞台的中心。第一代古典经济学家虽然对当时已经明显出现的收入分配问题铭感于心，但是他们首先关注的是经济发展（增长加教育、品味的提升等等），以改进大多数人的状况。

　　但是在 1848 年，穆勒和马克思所说的那些不得不说的话，同样共同标志着一个多世纪的议题的开启。在那以后，一方面是技术不断变化且富有竞争性的私

---

[1] 《自传》，第 162 页。穆勒描述说这是自己人生的"第三个阶段"，他认为自己的这个阶段与哈丽雅特·泰勒夫人的密切交往不无关系。前两个阶段分别是：纯边沁主义时期以及接着的反抗期。

人企业制度中的效率原则，另一方面是根植于西方文化传统和信仰的人类福利原则，这二者之间的冲突支配了政治经济学和政治学的议程。从他们所讨论的问题来看，这两部作品都算是那个时代的产物。在回顾自己写于 1845 年的书《劳工的权利主张：论雇主对雇员的义务》（*Claims of Labor: An Essay on the Duties of the Employers to the Employed*）时，穆勒写道："劳工的权利成了时下的一个问题。"[1] 那些主张，不仅导致人们围绕影响收入分配的政策，比如税收政策和劳动组织而展开长期持续的斗争，而且导致人们围绕减轻现代工业社会的严酷与兴衰的政策，比如失业保险和范围广泛的福利政策而展开长期持续的斗争。1847 年英国通过《10 小时工作法案》（*Ten-Hour Bill*），这标志着其后一个世纪喧嚣的开启，正如 1846 年"自由贸易"的到来恰当地宣告了由大卫·休谟和亚当·斯密所开启的英国政治经济学世纪的结束一般。虽然一般人会认为，政治经济学技术和政策关注点上的分水岭是在 1870 年（见后文边码 153—154 页），但是以 1840 年代后期作为一个预测基准点也会有所助益。

除了休谟，没有哪一个伟大的经济学家在经济学上花费的时间比穆勒更少。而其中最根本的原因，已清楚地体现在《原理》所有版本的序言中，无论经济学是拿来传授还是拿来应用，这个原因都值得日复一日地重申："除了细节问题，或许根本没有什么实际问题，即便那些最接近纯经济学问题特征的研究，也即只在经济学假设基础上展开讨论的研究也不例外。"

穆穆勒很关心社会中男人和女人的福利。他意识到政治经济学与福利结果之间的关联，但断定其作用有限。这个看法自然是源于他在他父亲詹姆斯·穆勒监护下完成的令人难以置信的教育经历。他从 3 岁开始学习希腊语，14 岁时来到一个新的阶段，那一年，他中断学习，到法国过了快乐的一年。[2] 他是在他父亲监护

---

[1] 约翰·斯图亚特·穆勒，《劳工的权利》（The Claims of Labor），载于《论文和讨论》（*Dissertations and Discussions*），第二卷（纽约：亨利·霍尔特出版社，1882 年），第 261 页。

[2] 在法国的那一年，穆勒花费了很多时间跟随杰里米·边沁的兄长塞缪尔爵士继续展开广泛地学习。塞缪尔不仅仅是军舰设计师、矿物学家、探险者、发明家，同时还是凯瑟林舰队的前准将和皇家海军的前监察大臣。实际上，是边沁夫人指导穆勒的学习，监督他的生活节奏、法语学习等；与他同学的还有塞缪尔爵士的儿子、20 岁的乔治·边沁。尽管穆勒还在继续对他而言有点过早的活动，不过在那之外还有击剑、骑马、舞蹈课以及相当长一段时间的旅游——到蒙彼利埃待六个月；在穆勒的记忆中，那是他年轻时候最为快乐的时光，可以自由交友。参见安妮·简·穆勒（Anna Jean Mill）（编），《约翰·穆勒在法国的少年岁月，1820—1821》（*John Mill's Boyhood Visit to France, 1820—1821*）（多伦多：多伦多大学出版社，1960）。除了很好地掌握了可作为工作语言的法语之外，这一年也给穆勒留下了持续一生的法国印象以及和法国思想的联系，为他的人生增添了重要的一个维度。

的最后阶段，也就是在他 13 岁的时候，才开始接触的政治经济学。[1]李嘉图《原理》的第一版是他父亲讲授政治经济学时采用的基础教材，不过小穆勒显然还读过亚当·斯密和其他人的作品。

政治经济学成为他智识生命中永恒的一部分，但是最初，其核心部分却是杰里米·边沁（Jeremy Bentham）的功利主义学说，那是 1822 年他从法国回来时所欣然接受的一个学说，那一年，他 15 岁[2]：

> ……我变了个人。效用原则……恰入其位，作为基本原理，把我分散零乱的知识信仰联系起来，组合到一起。它为我观察事物提供了一个统一的概念框架。现在我已拥有观点；拥有一个信条、学说、哲学体系；用词汇中含义最丰富的一个来形容，我已拥有宗教信仰，它能够成为人生最基本的公开信条而得到灌输和传播。并且，我曾经拥有一个宏伟的构想，即通过这个学说改变人类的生存条件。

1823 年，他十七岁生日的时候，他去东印度公司的伦敦办公室工作（这可能是公司规定的最小年龄）——他父亲四年前在这里找到了稳定的工作。由于有了这个基础，他和一组志同道合的年轻人组建了一个活跃的团队，成立了功利主义学会，而他自己（用他自己的话来说），则成为一名"年轻的宣传员。"在这一阶段，他主要是跟随他的父亲，利用 1824 年创刊的《威斯敏斯特评论》（*Westminster Review*）传播激进的边沁主义功利观。他的第一个出版物是两封捍卫李嘉图的信，但是第二封并不是特别受欢迎。[3]从他自己的理由出发，宗教信仰和言论自由，政治和法律的改革，包括女权、生育控制等观念显然都已在他的内心中掀起了更多热情。在这个阶段，他已经"拥有能够被真正地称为生活的目标；期望成为世界的改革者"。[4]经

---

[1] 《自传》，第 19—21 页。

[2] 同上，第 47 页。在《约翰·斯图亚特·穆勒的经济学》第八章中，塞缪尔·霍兰德对穆勒有关功利主义的复杂多变的观点进行了详细的阐述（《论效用和自由》，第二卷，第 602—676 页）。

[3] 同上，第 61 页。穆勒是这样描述李嘉图的（第 38 页）：因为通常作为我父亲研究的囚徒，使得我与他最亲近的朋友——大卫·李嘉图变得熟络起来；这是一个对年轻人非常有吸引力的人，因为他慈祥友善；在我开始学习政治经济学之后，他邀请我去他家或是出去散步，并就相关的问题进行交流讨论。塞缪尔·霍兰德（《约翰·斯图亚特·穆勒的经济学》，第一卷，第 26 和注释 347）指出，李嘉图并不认为穆勒作为经济学家，其初始的公共形象令人印象深刻。

[4] 同上，第 93 页。

济改革，尤其是自由贸易已成为议事日程的一部分；不过他在1829—1830年间写就的五篇《政治经济学中几个悬而未决问题》直到1844年才发表，而那时，他的《名学》（*Logic*）已经取得巨大的成功。

然后，在1826年20岁那年的秋天，穆勒经历了可以被称为早熟者的中年危 95
机；或者说经历了一个年轻人走向成熟的典型历程，尽管更为复杂，包括和他父亲产生了一定的隔阂；或者如某些人说的，经历了对英国阴郁的冬天相当理性却很短暂的反应[1]：

> 我的神经处于呆滞状态，就像每个人都可能偶尔经历的一样；对于享受或者愉快的刺激感觉麻木；对任何一种换个时间就会令人愉悦的情绪，也变得索然无味、漠不关心；那种状态，我想大概就是美以美教派教会的皈依者第一次遭受由于"违犯戒律而被定罪"的打击时通常有的状态。在这样的一种心智结构中，我直接抛给自己的问题是："假设你所有的生活目标都已实现，你所期待的所有制度和观点的变化都可以即刻完全实现，这会给你带来巨大的快乐和幸福吗？"对此，那个抑制不住的自我意识将明确回答："不！"由此，我的内心沉陷了：因为我的生命赖以支撑的整个基础架构倒塌了。我的所有快乐都可以在对结果的不断追求中找到。结果已经失去了魔力，还如何能够对手段产生兴趣？我的生活看来已经毫无意义。

穆勒对自己的危机及其解决办法的描述是如此生动，以至于人们都不愿意去解释或者刻画它的性质和演变；尽管已经出现大量文献，包括精神病学上的解释。本质上，他突然觉得边沁主义的信条以及方法是极其狭隘的，自己被父亲孜孜不倦地培养起来的分析习惯有"一种抹去七情六欲的倾向"，[2]而且尤其特别的是，他意识到从生活中获得快乐的能力在不断减退，这对他而言注定是一个一直存在且无可挽回的悲哀感觉。[3]当他发现，他还能够被马蒙泰尔（Marmontel）的

---

[1] 同上，第94页。有关穆勒著名的情绪危机最完整、最具说服力的论述，参见约翰·罗伯逊的《精神危机及解决之道》（*Mental Crisis and Resolution*），载于《人类的进步》（*The Improvement of Mankind*）的第二章（多伦多：多伦多大学出版社，）（伦敦：路特里奇和基根，1968年），第21—49页。另外一个较为平衡的努力，试图重构穆勒的危机并寻找其可能缘由的研究，可参见派克的《约翰·斯图亚特·穆勒传》，第74—80页。

[2] 同上，第96页。

[3] 同上，第99页。

回忆录——一个有杀父寓意的故事而感动得落泪的时候，乌云开始消散。然后他发现，自己越来越喜欢音乐和诗歌［尤其是沃兹沃斯（Wordsworth）］，越来越满意于与那些并不纯粹的边沁主义者保持紧密联系，并且越来越自足于以略带同情但并非不加批判的态度检视英国和法国社会主义者的观点——这些社会主义者对马克思在 1840 年代成为政治经济学家同样起到了重要作用。穆勒是这么总结的[1]：

> 如果有人问我，哪个政治哲学体系能够代替作为一个哲学家的我所抛弃的那个哲学体系？我的回答是，没有这样的体系：唯一可信的是，真正的体系要比我之前所设想的那些体系更加复杂也更加多面，并且它的职责不是提供一套模式化的制度，而是提供一组原理，根据这些原理，就能推出适合既定环境的制度。

基于自己的分析性训练，穆勒还总结说，他已发现他父亲方法中的致命缺陷，并且开始转向逻辑学方面的研究，尤其是道德（社会）科学的逻辑。

不过，借助人类的语言和方式，穆勒最终还是得以释放早期受到边沁主义压抑的浪漫主义情结，并且发挥得淋漓尽致。在经历了情感和智力的成长之后，他与哈丽雅特·泰勒（Harriet Taylor）的会面和不同寻常的结合显然也已只欠东风。

96　　　从某种意义上说，穆勒成长的故事中隐含着他的政治经济学，包括他的经济增长理论的两个特征。首先，它使他"……有极大的热心和充分的准备去向每一个人学习，通过逐个判别旧事物和新事物，在心中为每一个新事物留出空间……"。[2] 正如熊彼特所公正评价的，成熟的穆勒"站在狂热者的对立面。"[3] 这并不是说他的工作是一个不成模样、奉行中庸的混合物，也不是说它是一个简单、强有力的李嘉图式或者马克思式体系。通过"向每一个人学习"，穆勒转化了他手头上所有的关于政治经济学和社会哲学的那些关键问题，清楚地揭示了它们内在的复杂性。人们可能认为，他解决问题的努力无法充分令人满意，不过在

---

[1] 同上，第 113 页。我认为派克的下述总结有点言过其实（第 81 页）："他仍旧是原来那个自己，一个世界的改革者，但这次他有些感情用事，犹如毒品上瘾一样。"

[2] 同上，第 177 页。在这段话中，穆勒把自己保持折中主义不至于过头的功劳归之于哈丽雅特·泰勒。

[3] 《经济分析史》第 528 页。

某些情形中，就他所处理的那些技术、社会和制度问题而言，即使现在离穆勒的《原理》出版已经差不多一个半世纪，我们仍旧无法找到一致同意的答案。举例来说，在20世纪80年代中期，我们仍旧在争论劳动节约型机器的引入对就业水平的影响；争论经济体中竞争和公共控制的恰当平衡；争论如何以一个有效率的政府重视人们的权利和广泛的政治自由，同时又避免大多数人的暴政，从而达到社会的和谐；争论自愿协作可以培育到什么程度，以实现较大的社会目标，以满足较大规模的社会的目标。尽管经济学说史专家们更愿意首先把穆勒当作一个经济学家，认为他总结了之前一个世纪所积累的技术成果，但实际上，他的《政治经济学原理》的副标题已经对此做出了严肃的回答："及其在社会哲学上的若干应用"（with Some of their Application to social philosophy）。

其次，穆勒的危机及其解决路径（这种解决路径之后还因为他与哈丽雅特·泰勒的结合而强化），引导着他日益认真地思考民主社会主义体制。他在考虑，这种体制是否可以最终调和正在运行的工业体系的效率与公平。典型的，对于成熟期的穆勒而言，他关于社会主义的观点在许多发展方向上得到确证：需要借助国家强大的力量来保护个人；在竞争是可能的情况下持续坚持竞争有效率的信念；在读了阿莱克西·托克维尔（Alexis de Tocqueville）的《论美国的民主》（*Democracy in America*）后，提出需要确保民主不会导致大多数人的暴政；最重要的是，随着时间推移，需要让公民受到更好的教育，更好地准备承担社会责任。

由于穆勒的经济增长观主要体现在《原理》一书中，因此在转向这一主旨之前，值得再费些笔墨，就这本书本身多说两句。这本书写于1845—1847年间前后不到一年半的时间里。当他写了1000页左右时，穆勒将他的工作带到了东印度公司，在那里，他放慢了脚步，把它转为文章和评论在杂志和出版物上发表。[1] 这本书里反映了当时发生的两个事件。在他创作《原理》时，伴随着"1845年

---

[1] 有关穆勒在写作《原理》期间的活动，可参见约翰·罗伯逊提供的介绍性说明，载于布兰德（V. W. Bladen）和罗伯逊（编），《约翰·斯图亚特·穆勒的〈政治经济学原理〉》（*Principles of Political Economy by John Stuart Mill*）（多伦多：多伦多大学出版社，）（伦敦：路特里奇和基根·保罗，1965年），第 lxv 到 lxvi 页。以下简称《穆勒的原理》。也可以参见派克的《约翰·斯图亚特·穆勒传》，第 295—296 页。

的投机狂热",英国铁路的繁荣达到顶点并开始走向下坡;[1] 当然,这也正是爱尔兰闹土豆饥荒的时候。在《原理》中有大量的段落论述了爱尔兰的问题;事实上,在 1846 年 10 月到 1847 年 1 月期间,穆勒还专门腾出时间来为《编年史早报》(*Morning Chronicle*)写作爱尔兰事务中的 43 个领袖。在爱尔兰土豆作物连续第二年歉收、英国和欧洲大陆小麦同时歉收的双重压力下,英国的小麦价格一度从 1846 年 8 月的每夸脱 46 先令,上升到 1847 年 6 月的每夸脱 93 先令。[2]

97　　　尽管穆勒有注意到这些事件以及那个时代所关注的其他事件,并为其所触动,但是穆勒的目标却要宏大得多。他试图承继亚当·斯密在 70 年多前发表的《国富论》,写出他那个时代的《国富论》,这部著作会

　　　……与亚当·斯密的研究对象和总体概念类似,但是更契合当今社会增长了的知识和发展了的观点……尚无人……把他处理实际事物的模型与他的理论出现之后增长的知识相结合,或者把社会经济现象的展现和当时最好的社会观念联系起来。[3]

　　一经出版即取得成功,即刻取得成功,并且在后来的半个多世纪中被广泛用作教材。[4] 这本书之所以备受欢迎,不仅是因为作者对政治经济学文献中存在的分歧判断准确,而且还因为作者表述的清晰和逻辑的严密。詹姆斯·穆勒对他的儿子进行了训练,以使其能够在创作时对自己读过的东西进行概括和详细阐释——当小穆勒大约 15 岁从法国回来以后,他的父亲让他给自己写的《政治经济学原理》一书的每一个段落写一个简短的摘要,以帮助他改进叙述。小穆勒的教材直到现在仍然因其清晰的架构而令人印象深刻。

---

[1] 《穆勒的原理》,第 97 页。也可以参见盖尔等,《英国经济的增长和波动,1790—1850》(牛津:克拉伦登出版社,1953 年),第 315—318 页和 331—333 页。有关穆勒"转向《原理》"缘由的彻底解释,参见塞缪尔·霍兰德的《约翰·斯图亚特·穆勒的经济学》第一卷,第 3 章。

[2] 盖尔等,《英国经济的增长和波动》,第 307 页。

[3] 布兰德和罗伯逊(编),《穆勒的原理》,第 xcii 页。

[4] 有关穆勒《原理》历久不衰的经典版本是 1898 年的美国[阿普尔顿(Appleton)]版,此版本"略有删节,但附有重要的、参考性和解释性的注释,以及一个有关政治经济学史的概览",编者是芝加哥大学政治经济学教授劳伦斯·劳林(Laurence Laughlin)。劳林不仅删除了大量社会学和社会哲学方面的内容,而且插入了一些当时美国学界对穆勒观点、图表等等的解释。此外,他有时也插入一些不同于穆勒的观点。这本书正巧是我们家的藏书,因为它是 20 世纪初我岳父——米尔顿·戴维斯(Milton Davies)在芝加哥大学求学时使用的教科书。

593

不过，穆勒的教材之所以取得成功，也许更重要的是因为他写得好。在创作《原理》时，穆勒刚好 40 岁。他已经写了几十年的期刊杂文，还在几乎同样长的时间里为东印度公司的办公室撰写规范化的备忘录。

关于穆勒的经典教材，还有一点值得一提。我相信，它可以同时解释为什么对那些准备读它的人而言，它有持续的生命力，而对于那些与穆勒同时代的某些人或者后来者而言，它带来的却是困惑与挫败。比如说，威廉·斯坦利·杰文斯（W. S. Jevons）是这么评价穆勒的："……无论它是怎样产生的，穆勒的脑子肯定是一片混乱。"[1] 关于《原理》的特征，约瑟夫·熊彼特也得出了相似的结论[2]：

> 用马克思那激情四溢的话来说，在一定程度上，正是由于穆勒从来不会在说一个东西的同时不说与此相反的东西，所以他写的东西才会看起来那么迂回曲折或者说那么引人入胜。但是进一步讲，驱使穆勒考虑每个问题的所有方面的，却是他的思维判断习惯。当然在某种程度上也是因为那样做更加可信。他是一个拥有强烈偏好的人。但是他同样也如磐石一般的诚实。如果他能够进行补救，他就不愿意扭曲任何事实或者论断。当各种偏好——他的社会同情心，确实在始终如一地表达着它们自己时，他也会毫不犹豫地拿起修剪刀。于是就产生了很多不确定的结果，甚至是矛盾。

让我换一种稍微不同的说法。穆勒，就像所有有趣的人一样，身上混杂着各种非常不同的特征。[3] 就《原理》而言，其中至少有三种角色在努力工作：一个天才经济理论家，一个浪漫热心的传教士，以及常常被遗忘的，一个精明深邃的思想家。

就后者而言，我从穆勒的自传中截取了以下一段文字进行说明，因为不管是对他的经历，还是对那些通常不被重视的问题讨论的进路而言，这段文字都提供

---

[1] 转引自派克的《约翰·斯图亚特·穆勒传》，第 81 页。

[2] 《经济分析史》，第 531—532 页。也可以参见约翰·希克斯对穆勒的赞誉，"从古典到后古典时期：约翰·斯图亚特·穆勒的著作"（*From Classical to Post-Classical: The Work of J. S. Mill*），载于《古典和现代：经济学理论论文集》（*Classics and Moderns: Collected Essays on Economic Theory*），第三卷（剑桥，麻省：哈佛大学出版社，1983 年），第 60—70 页。

[3] 就这一点而言，我需要感谢的是奥登（W. H. Auden）；他曾经说道，艾略特不单是一个人，而且是多重角色的重合：一个教区的高级官员，同时又是一个聪明睿智、活力澎湃的祖母，另外又是一个有些恶搞会讲笑话的小男孩，他就是所有这些形象的某种糅合（《纽约客》：4 月 23 日，1949 年）。

了一条相当清晰的重要线索。[1]

98 ……我的工作岗位给我带来了通过亲身观察而学习的机会，让我了解了公共事务实际运行所必需的条件，对于我，一个时代观念和制度的理论改革家来说，这种机会具有相当大的价值。其实，这并非是说，那些在这里书面上完成而在地球的另一边生效的公共商业交易，其本身在计算之后可以给生活带来许多实践知识……作为一个理论家，除了自己，我不应该请教他人，也不应该在推理中考虑任何一旦涉及实践问题就会启动的任何障碍。但是作为一位管理行政信函的秘书，如果不能令与我不同的各式各样的人满意，那就不能发布某项命令或者表达某个观点说，这么做正合适……在我不能获得所有东西的时候，我学着如何去获得最好的东西……完全泰然地接受被拒绝的状态。我已经发现，通过生活获得的这些东西对个人幸福来讲可能是最为重要的，并且，无论是理论家还是实践家，它们对于最大限度地实现机遇所带来的好处而言，都是十分必要之条件。

因此，在对人类状况的这一面或另一面的仔细研究中，人们不应该期待会出现杰文斯脑袋里的那种逻辑一致性，而应该把简单、有力，并伴有大量储备可能的逻辑体系当作行动的基础。人们应该为那些未决的结果和矛盾作准备，因为大卫·休谟的告诫是非常正确的："你会说，人性的这些原理是矛盾的。但人不就是一堆矛盾的集合体？"总的来说，我相信经济学家多少被穆勒给欺骗了，他在序言中对自己目的的描述实在太谦虚了。他是一个有着更为精微和原创性的政治经济学家，而非如表面上看起来那般，只是在更新、完善斯密和李嘉图的论述。

---

[1] 当然，必须强调的是，这种官僚式做派的陈述，和穆勒习惯自由驰骋于宣传和争论领域，拥有值得赞美的广阔智识的典型作风正好相抵（《自传》，第59—60页）。穆勒有关官僚主义的思考，不禁令人想起约翰·梅纳德·凯恩斯的评论：

　　文字应当略有些野性，因为他们是对没有思想者的一种思维冲击。但是一旦升到某个高位、掌握了权力，就不该再有诗人般的放纵……当空谈家开始行动，可以说，他就必须忘记他的学说。因为，若在行动中还记得这些文字，那这些人可能就会失去所要寻找的东西["国家的自足（National Self-Sufficiency）"，《耶鲁评论》（Yale Review），第22卷（1933），第755页]。

基本增长方程

穆勒关于基本增长方程的阐释始于第一卷"论生产"（Production），在其中，他对之前一个世纪政治经济学所积累的一般知识作了全面而专业的重新评价，以最为连贯一致的方式展示了可以在本书的六位古典经济学家那里找到的基本增长方程。他依次讨论了劳动、土地（"适当的自然物品"）和资本；然后，他处理了三种生产者的"生产率水平"问题；最后，他转向考虑了生产函数中主要变量增长率的决定因素，以及总体生产增长率的决定问题。这一规则性的讨论次序出现在第十章的序言中，从那里开始，他的讨论从产出水平的决定因素转向增长率的决定因素：[1]

> 因此，我们可能会说……生产所需的是劳动、资本和土地。因而，产出的增加取决于……这些要素本身的增加，或者其生产率的增长。产出增长的定律必定是这些要素增长定律的结果；无论是什么产出，其增长的极限必定受制于这些定律。我们将继续依次考虑那三种要素，考虑其效果；或者换句话说，从决定因素这个角度考虑产出增加的定律，首先是劳动，其次是资本，最后是土地。

穆勒引入"土地数量和生产率的有限性"来说明"产出的实际极限"。[2] 报酬递减被描述为"政治经济学中最重要的主张"，[3] 接着就是"对立原理"（antagonist principle）这个"生产改进的过程"。[4] 他把制成品成本和价格的加速下降归因于"过去七八十年间的机器发明"，他认为这种下降"很容易延长并超越任何可以安全划定的界限"。[5] 但是，在处理所有能够"对抗农业劳动报酬递减定律作用"的发明和创新时，他所考虑的时间段却要长于他的主要先驱。[6] 这些创新包括改进劳动力所受的教育，改良税收和土地使用权制度，以及对"富裕的有闲阶级"

99

---

[1]　《原理》，第 154 页。

[2]　同上，第 173 页。

[3]　同上，第 174 页。

[4]　同上，第 177 页。

[5]　同上，第 182 页。

[6]　同上，第 183 页。

那"更加可靠的指导",以使得他们的"精神力量"得以提升,带来"更强的义务感、公共精神或仁爱之心,并且使得他们能够胜任社会以及经济创新中建设性的角色。"[1]

之后,穆勒讨论了可用于推迟必将到来的报酬递减的补救措施——人口约束、食物的自由贸易以及移民,并总结了这一经典模型最初不断得到强调和阐释的含义。他还讨论了落后国家如何实现增长——"这些国家的积累程度和亚洲各国……以及……较不开化和勤勉的部分欧洲国家,如俄国、土耳其、西班牙、爱尔兰一样弱。"[2]

穆勒试图在生产和分配之间划出一条泾渭分明的分界线;在他看来,前者由基础扎实的科学原理决定,而后者由法律、风俗及其他人类制度所决定。

后来有评论家批评穆勒,或尖锐或温和,认为他未能把价格决定的分析和工资、利率、地租以及利润决定的分析统一起来,都看成是市场现象。但是,仔细探察可以发现,穆勒并没有在生产和分配的支配规则之中划出一条泾渭分明的界线。他非常清楚市场过程在决定收入分配之中的作用。只不过,他在第二卷里对此有更深入的看法。在他看来,其实所有非常特定的人类社会制度确实都会影响到收入的分配;比如,私有产权、继承法、影响地租、工资和土地使用期的习俗,对此,他用了三章来讨论,虽然这在一定程度上是为了推动他所提倡的爱尔兰改革计划。

在讨论工资时,穆勒并没有对习俗等的作用避而不谈,不过他只是平淡地提到[3]:"竞争……在当前这种社会状态下,必定要看成是工资的首要调节器,而习俗或者个体特征只是校准性的因素,并且其影响程度相比较而言是较轻的。"他对地租和利润的讨论同样与市场过程联系在一起。实际上,他在讨论利润时总结说,他还将在后文"价值与价格"中对此进行更充分的讨论,而后便接着在卷二中继续讨论地租,不过在那里只是"可以处理成独立于价值考虑的地租……"[4]

相似地,在讨论产出水平和增长率的决定因素时,穆勒引入了诸如教育水

---

[1] 同上,第 184 页。

[2] 同上,第 186—187 页。

[3] 同上,第 337 页。

[4] 同上,第 415 页。

平、习俗和制度提供的动机强弱等非市场变量。

我的结论是，这里的过错在于穆勒，因为某些被经常引用的段落确实非常具有误导性；比如说[1]，"财富生产的规律和条件带有几分自然真理的特征。其中并不存在随意的或武断的地方……财富的分配则非如此。这只与人类的制度有关。"不过就那些对他的观点的惯常讽刺而言，也就是阅读相当不细致的结果；[2] 因为《原理》有一个典型的特征，那就是非经济因素比如法律、习俗的作用，常常与一般的经济分析相互交织，而这正是穆勒有意为之的结果。穆勒坚持认为，经济体的政治、社会和法律框架会随着时间的推移而发生变化，穆勒当然是对的。穆勒书中第二卷与第三卷的联系（以及实际上第一卷和第四卷的联系），其结构是否巧妙，见仁见智，孰无定论。但他的基本论点的价值是值得检验的。

这一插曲关系到对穆勒的任何严肃评价，因为对他的角色和地位以及时代重要性的评价，基本取决于评价者如何看待经济学作为社会科学应该达到的目标。在穆勒处理生产函数中的变量时，不仅可以看到他对后李嘉图时期由其他人所发展起来的、狭隘的技术观点的考虑，而且可以看到他那坚定不移的立场，即，与增长有关的非经济变量不仅容易发生变化，而且实际上还是经济发展政策无可逃避的合理目标。

人口和劳动力

穆勒对人口的讨论中存在某些矛盾之处。一方面，他指出，自 1821 年人口普查起，英国的人口增长率在减速，与此同时，法国的人口出生率也在下降。[3]《谷物法》在英国已被废除，铁路和跨洋航行的发展使得向食物便宜而丰裕的国家和地区进行移民变得更为容易。[4] 但在穆勒看来，这些发展只是给予"这个过渡拥挤的国家一个暂时的喘息机会，使得所有阶级，包括最贫穷的阶级，得以在这期间

---

[1] 同上，第 199 页。

[2] 比如，参见亚历山大·格雷（Alexander Grey），《经济理论的发展》（*The Development of Economic Doctrine*），（伦敦：朗文，1931 年），第 280—281 页。然而，即便像埃里克·罗尔（Eric Roll）那样考虑周到、温和委婉的分析家［《经济思想史》（*A History of Economic Thought*），第三版，恩格尔伍德·克里夫斯（Englewood, Cliffs），新泽西，1956 年，第 363 页］，还是写道：穆勒理论中的核心命题，也即有关价值与生产的命题，表明他试图……使用一些词句使得它们看起来与分配理论毫无关联。"但是，在我看来他们还是非常相似的；也可以参考塞缪尔·霍兰德的《约翰·斯图亚特·穆勒的经济学》第一卷，第 216—223 页和第 246—247 页。

[3] 同上，第 159 页。

[4] 同上。第 378 页。

完成道德上和智力上的进步，从而能够被雇用，避免再回到人口过剩的状态。"[1]

在这里，我们可以清楚地看到穆勒与众不同的地方。当然，他的基本立场根植于马尔萨斯、李嘉图以及更早的政治经济学家们，这些经济学家预言了农业的报酬递减，以及人口趋势对生存手段带来的压力。特别地，他总体上接受了报酬递减将胜出的可能性，尽管所有可能延缓这一定律的机制都在起作用：比如人类的精巧发明、未耕地的开发、移民以及自由贸易等。

更确切地说，他接受了李嘉图的模型；也即，假定其他情况不变，市场工资率高于自然工资率会同时带来两个相反的结果：一方面，它会带来人口的增长；另一方，它会阻碍投资，并因此减少对劳动的需求。在这种双重冲击下，劳动的供给增加而需求减少，市场工资率跌回自然水平，并且让人烦恼的是，人口减少了。这个模型为李嘉图构建他的自由贸易学说提供了坚实的基础；而且，李嘉图的确是把"人口增长率的下降"看成缓解农业中报酬递减的条件之一。这个在李嘉图分析中较为次要的因素在穆勒的分析中成为主推力。他进一步问道：有什么能够让我们彻底摆脱"人口过剩的状态"，以及相伴而来的边际上的低工资、贫穷、无知，尤其是女性的严重退化呢？他的回答是，持续鼓励更小家庭的公共政策；显著提升的大众教育水平；以及，最终走向一个人均收入更高的稳态。

有一种观点认为，穆勒只不过是构建出了"一个可读版本的李嘉图"而已。
101 从某种意义上说，上述这个类比说明，这种指责有一定道理。[2] 在穆勒的人口理论背后，其形式脚手架实质上（虽非完全）是派生的。但是实际上，如果你仔细阅读穆勒讨论人口和劳动力的四个重要篇章，就不会不发现其中存在着一个截然不同的观点。穆勒是在处理下述主题时讨论的这一问题：作为产出决定因素的人口增长，[3] 工资的决定因素，[4] 稳态的特征，[5] 以及他对"工人阶级的可能未来"的思考[6]。把这些篇章放在一起，他对限制家庭规模那常常充满激情的呼唤便水到渠成，因为这是一个文明社会的必要条件——在那个社会中，劳动的实际工资

[1] 同上。
[2] 转引自格雷的《经济理论的发展》，第 279 页。塞缪尔·霍兰德令笔者注意到托马斯·查曼斯（Thomas Chalmers）的人口理论对马尔萨斯的支持，而穆勒的观点也可以从中推想得知。在《约翰·斯图亚特·穆勒的经济学》一书中，霍兰德总结了查曼斯的观点，第一卷，第 58—60 页。
[3] 同上，卷一，第十章，尤其是第 154—159 页。
[4] 同上，卷二，第十一、十二和十三章，尤其是第 343—360 页，第 343—360 页和 367—379 页。
[5] 同上，卷四，第六章，尤其是 752—757 页。
594 [6] 同上，卷四，第七章，尤其是第 758—769 页。

很高，教育普及，女性不仅因为习俗而且因为法律获得平等权利；此外，工人阶级也没有被以"一种监护的方式"集体奴役着，而是能够把握自己命运，成为有尊严的、完全意义上的公民。穆勒强有力的论断并不仅仅止于人均实际收入的上升，以致超出生存水平：[1]

毫无疑问，假如生活的技艺不断改进，并且资本不断增加，那么，即使在古老的国家，人口大量增加的空间依然是存在的。但是即使无害，我还是得说，我几乎找不到渴求这一点的理由。现在，所有人口最为稠密的国家，人口密度都已达到能够让人类从合作和社会交往中享有最大利益的限度。尽管所有人都已获得充分的衣食供给，人口或许还是会太过拥挤。对于一个人来说，若是任何时候，对于他的同类，都必定抬头不见低头见，那么这并不是一件好事。消除了孤独的世界，是一个很糟糕的理想世界。孤独，就其常常形单影只这个意义而言，对于任何程度的冥想或者性格的塑造而言都是必需的；而且，当一个人面对着自然的壮丽和庄严，孤独会是思想和抱负的摇篮，而这不仅对个人来说是有益的，而且若非如此，那这个社会也一定是病态的。一想到这个世界将丧失其盎然之生机，变成一片蛮荒，一想到每一寸土地都被用于耕作，以图种植作物供养人类，一想到每一块长满野花野草的荒地或天然牧场都被翻垦，一想到所有没有被驯服的飞禽走兽因为与人争食而被消灭，一想到每丛灌木篱墙或者多余的树木都被连根拔起，一想到几乎没有一个地方的野生灌木或花花草草能够茁壮生长而不被以促进农业之名当作杂草铲除，想到这样的世界，如何能叫人舒服。如果地球仅仅是为了养活更多的人，而不是令更多的人过得更好或者更幸福，便必须失去很大一部分令人愉悦的东西，以便促成财富和人口的无限增长，那么为子孙后代之故，我真诚地希望他们可以远在饥馑强迫他们这样做之前对达到静止感到满意。

不必说，资本和人口处于静止状态，并不意味着人类进步也处于静止状态。各种各样的精神文化、道德和社会的进步，仍旧如以前一般具有广阔的空间；生活技艺的改进，也仍旧如以前一般拥有广阔的前景，而且，当人们不再为此而操劳时，这些技艺得到改进的可能性也会大得多。即使是工艺也

---

[1]　同上，第六章，第756—757页。

可能如以前般得到悉心培育，并不断进步，唯一不同的是，这种培育不再是漫无目的，而是为了财富的增长，工业进步也会带来有益的结果，也即劳动的节约。迄今为止，是否所有的机器发明都可以减轻人们每天繁重的劳动，仍然值得怀疑。这些发明令更多的人过上了艰难困苦的生活，却令更多的厂商和其他人发财致富。它们虽然提高了中产阶级的舒适度，但却仍未给人类的命运带来极大的变化，而这恰恰是它们的天性和它们未来要完成的。只有在恰当的制度下，同时人口的增长得到深思熟虑、前瞻远见的控制指导时，才能借助于科学发明家的智力和能量，征服自然的力量，使之成为人类的共同财产，成为推进和振奋人类命运的工具。

102　　穆勒的构想与马克思的共产主义构想（后文 123 页）之间存在着某些共同点，虽然后者看来不大可能与他成为朋友。他的构想还会使人想起几近一个世纪之后约翰·梅纳德·凯恩斯（1930）在他的"我们子孙后辈的经济可能性"（Economic Possibilities for Our Grandchildren）一文中阐发的观点。[1]

　　上述引文表明，穆勒已吸收了马尔萨斯的观点，但是显然比马尔萨斯走得更远。同样，他在生育控制上也走得更远。在所谓的纯粹人口学文献中，他被看成是一个新马尔萨斯主义者，也即一个信奉生育控制的人。不过值得一提的是，马尔萨斯后期论断的逻辑实际上也使他成了一个新马尔萨斯主义者（前文 56—57 页）。在穆勒的《原理》中，有不少地方在强烈地宣扬限制家庭规模，这不免让人猜测，穆勒会明确地支持生育控制。比方说[2]：

　　　　……虽然人们对穷人的艰难生活感受日深，并且准备承认他们接受他人救济的权利，但是总体上，人们还是不愿意正视他们的真实困难，根本不愿意留意那些对于改进他们的物质生活条件而言自然必不可少的条件……人们之间存在一种默契，完全无视工资法则，或者是以插入语的形式，例如用"无情的马尔萨斯主义"这样的术语，将其摒弃；好像告诉人类说，他们可能生下一群肯定会凄惨一生，且大部分都将堕落沉沦的孩子，这比起告诉人

---

[1]　约翰·梅纳德·凯恩斯的《劝说集》（*Essays in Persuasion*）（伦敦：麦克米伦出版社，1933），第 358—373 页。
[2]　《原理》，第 351—352 页。

类，他们不会生下这样一群孩子要狠心千万倍……

虽然穆勒在出版的作品中没有明确提到避孕，但是很清楚的是，终其一生，他都在支持生育控制。诺曼·E.海姆斯（Norman E. Himes），一个在这类相当复杂的事情上表现出色的"侦探"，是这么总结的[1]：

（1）年轻时，约翰·斯图亚特·穆勒即使没有积极主动地参与，至少也曾被动地参与实践手册的发放。而且他在早期的宣传中非常积极，至少在试图影响工人阶级而写作这类主题时是如此；（2）成熟后，穆勒接受了新马尔萨斯原理，不过因为羞怯，他宁可把它当成一种私人看法以供消遣，而不去从事任何公开宣传。

如前所述（前文第92页），在17或者18岁时，穆勒无疑曾宣传过生育控制，并且因此被拉到行政官面前。海姆斯进一步分析并总结说，他写出了"若干篇那个年代讨论新马尔萨斯主义的最优秀的论文"。[2]后来，他只有过一次打破沉默。那是1868年，也就是在他死前的五年，他收到了一本由私人印制的小册子——《论婚姻问题》（*The Marriage Problem*），其中讨论的是避孕的医学和生理问题。实际上，他回复作者说，这个问题对已婚的人来说是一个私人判断问题，而所需的信息则应由专业的药剂师提供。[3]

---

[1]　诺曼·海姆斯，"对新马尔萨斯主义的态度"，第484页。海姆斯在猜测穆勒为什么没有就生育控制作更多讨论的原因时说了以下几点（第481—483页）：

　　（1）他成天忙着其他事情。他或许觉得，如果公开宣称自己持有这种立场，在一个大家还在刻意避开有关性的主题的时代，那就会需要对此做出许多说明。（2）事实上，有关他与泰勒夫人的关系也传得沸沸扬扬，甚至许多亲朋好友们都误解了他，倘若再公开倡导生育控制，那么本已铺天盖地的谴责不知又要增加多少倍！（3）另外，公开支持新马尔萨斯主义可能还将妨碍到其他改革目标的实现，而穆勒在后半生对于这些目标还是非常在意的，比如，妇女的投票选举权和妇女解放问题。（4）穆勒处事一向非常周到细腻，即便认为自己是对的时候，他也不愿意冒犯他人……（5）我认为，穆勒肯定会赞同人工节育，但我不认为他会强烈地推崇这一点。他反对独断专行，倾向于走向折中。他可能也意识到这个学说存在某些局限……（6）而且，穆勒可能还认为，公开采取坚定立场的时机尚未成熟，因而这样做也没有多少好处。我想，他也明白，毕竟公众舆论从1823年以来就没有多少进步……而且，是否推进其他一样有益的目的也一样没有什么价值？谁又能知道这些想法对穆勒没有影响呢？

[2]　同上，第477页。

[3]　同上，第480—481页。

103 关于穆勒的沉默，除了海姆斯列举的具体原因外，以及 19 世纪的英国社会禁止公开讨论性之外，彼得森（Petersen）还补充了以下缘由[1]："……就新马尔萨斯主义者为何会受到孤立而言，另外一个常常更为重要的理由是，他们大体上是那种人，即他们偏好冷门异说。"他继续证明道，从无神论到自由恋爱，"新马尔萨斯主义不断地被拿来与每一种异端邪说或者空想观点相联系"；但是他断定，由于"（新马尔萨斯主义）和社会主义，这两个乌托邦世界的竞争者之间的敌意"，进步必然有限。

这一问题的严重性还可以从伦敦《泰晤士报》（*Times*）在穆勒去世时刊行的一篇评论中看出，这篇"特别恶毒的"评论回顾了穆勒的生涯。[2] 讣闻作者亚伯拉罕·海沃德（Abraham Hayward），不仅回顾了穆勒自青年时代开始由于与生育控制运动扯上关系而遭受的指责，而且向一大群公众清晰地说明了穆勒为何受指责，从而激起了穆勒的朋友为捍卫其声誉而展开的一场公开论战。因此，如同他的父亲一样，对穆勒来说，在他那个年代，支持避孕作为额外的一种抑制人口增长的潜在"消极"方式，并不是一件小事。

但是从穆勒的视角看，在他讨论劳动这种生产要素时，这其中最突出的并不是他对生育控制犹抱琵琶半遮面式的支持，而是他对决定劳动生产率因素的详尽考察。当然，他引入了一些劳动必须与之结合的生产要素，比如土壤的可用性和质量，新材料的来源，以及资产设备的规模和质量。不过他还继续探讨了以下这些问题：是什么决定了劳动者"稳定规则地运用自己体力和脑力"的能力和意愿？[3] 如何区分欧洲各国工人的技术、适应力和道德品质？[4] 财产保护的程度怎样影响生产率？[5] 自亚当·斯密提出他那著名的制针业例子之后，我们已经掌握多少有关劳动分工潜力和极限的知识？[6] 而后，他还推测了工人阶级的未来：大众教育的普及和女权运动的扩展对劳动力规模、质量以及构成有何影响？[7] 劳动

---

[1] 威廉·彼得森（William Petersen），《马尔萨斯传》（*Malthus*），第 194 页及后续讨论。

[2] 诺曼 E. 海姆斯，《对新马尔萨斯主义的态度》，第 462 页。

[3] 《原理》，第 102—106 页。

[4] 同上，第 107—111 页。

[5] 同上，第 112—115 页。

[6] 同上，第 116—130 页。

[7] 同上，第 765—766 页。

生产率和利润分享计划之间有何关系？[1] 生产者的合作又会如何？[2]

回到伊尔玛·阿德尔曼所提出的生产函数（前文第 6 页），穆勒讨论了 U_t（社会文化环境）对 L_t（劳动力的雇佣）的影响。尽管这种讨论延续的是古典时代把社会文化力量纳入考虑的传统，但是穆勒的讨论却比他的任何一个先辈都要来得充分。

投资和技术

在穆勒对资金和技术的讨论中，最有特色的因素实际上是派生的；而且，它们并没有反映出他在阐释人口动力学、劳动供给和劳动生产率中展现出革新者姿态时的核心考虑。在这一点上，即便认为查尔斯·巴贝奇（Charles Babbage）和约翰·雷（John Rae），这两人在传统思想史中的地位能够得以提升全是穆勒的功劳，那也不为过。查尔斯·巴贝奇的《论机械和制造业经济》（*On the Economy of Machinery and Manufactures*）（1841 年）被穆勒大量引用了八次，有时还是长篇引用；而约翰·雷的《论政治经济学的几个新原理》（*Statement of Some New Principles on the Subject of Political Economy*）（1834 年）被穆勒引用了四次，其中一次还出现在对于穆勒而言至为重要的篇章中，也即在总结储蓄和资本形成时。[3] 关于雷，这个当时几乎无人知晓的人物，穆勒是这么说的："就我所知，还不见有第二本书如此明晰地从原理与历史的角度对资本积累的决定因素进行阐释。"[4] 穆勒书中有一章——"论资本增长的法则"（Of the Law of the Increase of Capital），几乎就是照搬了雷的学说的某一部分。其中的核心论点是，所有的积累都是为了未来的好处而牺牲当下，这种观点在当时可算是相当具有原创性。接着，基于雷的具体阐释，他讨论了影响积累进程强弱的力量。然后，穆勒列出了英国储蓄和投资倾向特别强的原因：没有战争的蹂躏，悠久的财产保护传统，使自己更青睐商业而不是战争的地理环境，封建制度较早的衰落，富人的社会声望

---

[1] 同上，第 769—775 页。

[2] 同上，第 775—794 页。

[3] 就巴贝奇有关机器制造业的论述可参见本章的注。约翰·雷，"论政治经济学的几个新原理"，载于沃伦·詹姆斯（Warren James），《约翰·雷，一名政治经济学家》，第二卷，（多伦多：多伦多大学出版社，1965）。有关雷工作的正面评价，以及穆勒在宣扬其工作中的作用，参见约瑟夫·熊彼特的《分析经济史》，第 468—469 页。

[4] 《原理》，第 162 页。

和政治影响。正如萧伯纳（George Bernard Shaw）所言，这篇文章的结论提醒我们，穆勒毕竟是生长在一个苏格兰的家庭，而且从未丢弃与法国的紧密联系。[1]

104 　　人往高处走，是英国中产阶级的重要生活目标，而获取财富则是实现这一目标的手段……在英国，人们在追求享乐方面极度无能强化了这些缘由，而这正是清教国家的典型特征。但是，一方面，如果说积累是因为缺少享受的爱好而更容易实现，那么另一方面，积累也会因为花销上的实用主义偏好而变得更为困难。个人地位与财富符号之间的联系是如此之紧密，以至于英国的几大阶级都糊涂地装出拥有大手花钱的欲望，仿如与生俱来的激情一般，尽管英国人从花费中获得的快乐比世界上任何其他国家的人都要来得少。

　　雷把他对积累动力的分析和对人类冲动的相当原创和复杂的分析结合起来，认为这种冲动会带来发明，并导致发明流对资本存量产生影响。[2]他的论述广博而丰富，想要对此进行公正地概述很是困难。但是简言之，他坚称，在社会中，人们正常的本能是模仿并"与大多数人相交融"；离经叛道者与发明家罕有回报；但是外部施加的革命性变化，或者做出新选择"必要性"的出现会刺激发明，并使其成为可接受的事情。他意识到，在他的时代，贸易壁垒会减少。这些很少反映在穆勒的文章里，只有一句带过："……约翰·雷先生的评论很恰当：对于任何生产部门而言，没有什么比一系列新情况下的试验更能推动进步。"[3]

　　而在讨论机器和技术时，穆勒大量参考了巴贝奇的论述。事实上，尽管多次提及巴贝奇的工作，但是穆勒似乎仍然假设他的读者很熟悉前者的观点。他有理由这么做。巴贝奇关于机械和制造业的著作在首版之后的两个月时间里就卖出了大约3000册——这大致相当于在美国20世纪80年代中期卖出了4万册。并且，出版社很快又加印了两次。

105 　　这是一本奇特的畅销书。作者是剑桥大学的一位数学教授。基于支撑现代电子计算机的那些原理，巴贝奇试图通过长期的努力，设计并制造出一台所谓的

---

[1] 同上，第170—172页。

[2] 《论政治经济学的几个新原理》，第208—264页。

[3] 《原理》，第918—919页。

"计算器"，虽然并未成功，但他已因此而永铭技术史。阻碍他成功的是工程上的难题，而不是科学上的难题。为了寻求解决这些难题的方法，巴贝奇花了十年时间走遍英国和西欧，研究机械以及与其相关的制造业。因此，他"不知不觉地被引导着，将因为自己的其他工作而自然得出的一般原理运用到它们（机械技艺的各种来源）之中。"[1] 有趣的是，他的这个计算器研究的副产品反倒成了他的主要贡献，因为在 1842 年，罗伯特·皮尔（Robert Peel）爵士主持的政府拒绝对这一皇家协会推荐的项目作进一步支持。[2]

巴贝奇对机械和制造业的研究是令人瞩目的，因为它综合了科学、工程技术、生产过程的具体知识、商业实践以及经济学的基本原理。就此而言，它是独一无二的。著作第三版的结尾部分发生了戏剧性的变动：巴贝奇从对基础科学、发明和制造之间重要关联的哲学讨论 [再加上对苏塞克斯公爵（Duke of Sussex）当选为英国皇家协会主席的攻击] 开始，一直谈到最近的一些创新，生动详细地叙述了巴黎附近蒙福孔的屠马房如何成功地"将几乎没有任何价值的物质转化为利润"——包括空想和胡扯。

尽管巴贝奇的这本畅销书是一件相当独特的作品，但它明显反映了那个时代对正在展开的技术革命的规模、动力以及范围自觉意识的提升。爱德华·贝恩斯（Edward Baines）那本出色的《棉花制造业的历史》（*History of the Cotton Manufacture*）出版于 1835 年，安德鲁·尤尔（Andrew Ure）的《制造业的哲学》（*The Philosophy of Manufactures*）也一样。[3] 议会的制造业、商业和航运特别委员会在成立（1833 年）之前的论证报告就已极大地扩展了人们对正在发生的事情的了解。这里有一段文字，来自我的另一个作品，刻画的是 1825 年周期性顶峰到特别委员会成立之间这一段时期的特征[4]：

---

[1] 《论机械和制造业经济》，第 3 页。

[2] 除了担任剑桥大学的卢卡斯数学教授（1828—1839），巴贝奇在筹备成立天文学会（1820）和统计学会（1834）中也发挥了重要作用。此外，他在数学、统计学、物理学、机械设计和地理学等领域都发表过论文。

[3] 爱德华·贝恩斯，《棉花制造业的历史》（伦敦：费雪和杰克森，1835）；安德鲁·尤尔的《制造业哲学》[伦敦 H. G. 波恩（Bohn），1835 年]。尤尔 1835 年的书仅限于讨论棉花工业。该书是作者 25 年"公众神学院"教学的产物，"……授课对象是实践者和年轻人，主要讲授如何将机械和化学知识应用到各种技术当中……"。与贝恩斯相比，尤尔的分析略欠老练，更别提巴贝奇的研究了，但却满载有关棉花工业的准确信息。1861 年，西蒙兹（P. L. Simmonds）出了一个新版本，把尤尔有关棉花产业的分析一直延伸到 1860 年，并且扩展涵盖了亚麻、丝绸和羊毛业的相关内容（《制造业哲学》，伦敦：H. G. 波恩出版，1861 年，第三版）。

[4] 盖尔等，《增长和波动》，第一卷，第 221—222 页。

595

　　虽然有关英国工业状况的迹象表明，从 1827 年到 1832 年之间没有出现大的周期性波动（有两个小周期），但我们还是可以很清晰地界定这段时间的特点。在 1833 年委员会成立之前，来自棉花、羊毛、钢铁和航运的种种迹象清楚地表明，这是一个价格和利润逐步下降、竞争日益激烈、产出日渐上升的阶段。在这场止于 1825 年的繁荣中，固定资产全方位扩张；甚至在接下来的几年里，利用新技术以降低成本的激励依然十分强烈。此外，机器设备和厂房的成本在下降，成立时间较长的公司均面临着装备更好且造价更便宜的新工厂的挑战。对许多厂商来说，那是异常艰难的几年。固定资本的贬值已被逐步接受。

　　这就是 1815 年以来的基本趋势，或许还可以追溯到更早一些。他们正处在所谓的工业革命这一长期过程的关键时刻。在 1820 年代中期以及 1830、1840 年代，需求必须极大地增加才会带来价格和利润空间的上升，而且还只是短暂上升而已。

　　委员会成立之前的论证报告戏剧性地说明，可降低成本的新技术正在不断流入众多的制造业部门，使得具有前瞻性的企业家生存下来，令落后企业面临盈利压力，并且还造就了一个产能普遍闲置的环境。所有这些 1830 年代早期的出色分析，都完成于 1833—1836 年的大繁荣出现之前。比如说，巴贝奇就在他的书中写过一章"论过度制造"（On Over-Manufacturing）。委员会也同样提供了大量
106　为巴贝奇、贝恩斯（Baines）和其他人所用的信息。

　　穆勒大方地承认了雷和巴贝奇对他的启发，但是他既没有完全吸收也没有完全发展他们的洞见。举例来说，对于雷，穆勒接受了储蓄是因为未来满意度的现值贴现超过当前满意度的观点，但是他没有考虑雷的下述洞见，即认为资本品生产周期的延长会提高其生产率——这种洞见预见了后来庞巴维克（Bohm-Bawerk）和奥地利人所发展的观点。[1] 而且，如同在这过去两个半世纪的大部分时间里，古典和新古典经济学家所共同表现出的那般，穆勒也未能好好地利用雷和巴贝奇对创新发生的思考。[2] 不过，值得一提的是，或许是因为受到巴贝奇在这个主题上强

---

[1]　这个观点是雷在《新原理》中提出的，见第二卷，第五章，第 109—117 页。

[2]　同上，第十章，"论发明进步的源起及影响"，第 109—118 页；巴贝奇，《论机械和制造业经济》，第 27 章和 35 章，第 260—267 页和第 334—341 页。应该注意的是，亚当·斯密对发明过程也有过一些思考（前文 41 页）。

有力观点的支持，穆勒的确在极力宣扬对大学里的科学（以及其他）研究予以大力支持[1]：

> 这是十分可取的……即应该形成一种模式，通过持续提供各种支持，使其能够在自己独特的追求上投入足够的时间，以确保科学发现者，以及也许还有其他某些类型的杰出之士，能够在自己独特的追求上投入足够的时间形成产出，让社会因此而获益……最有效，与此同时大概也是最不易滥用的办法，似乎是授予教授之职，同时附加以指导讲授之职责……在许多科学领域中，不管是精神科学还是物理科学，最伟大的成就都来自那些公开讲授这些科学的教师，从柏拉图和亚里士多德到苏格兰、法国和德国大学的伟大人物们均是如此。我没有提到英国是因为，众所周知，他们的教授之职直到最近还是有名无实。

撇开雷和巴贝奇提出的创新思想不谈，可以认为，穆勒对投资和机器的讨论承继了先前那些伟大学者的思想框架，这其中最值得注意的是李嘉图。

正如讨论劳动时那般，穆勒首先把资本当作生产的一种要素，而后把它当作收入（利润）的一种来源。最后，通过明确地放弃静态分析而转向动态分析，他在卷四——"论社会进步对生产和分配的影响"（The Influence of the Progress of Society on Production and Distribution）中开始讨论资本。

穆勒以标准的教科书风格展开他对资本作用的阐述：不仅有一整套相当详尽的定义，有六个基本命题，而且还有对固定资本和流动资本之区别的详细阐述。在处理生产要素的"生产率水平"时，他引用了巴贝奇有关机器和制造业的观点，而后得出了一个有点重要的新注解[2]：

> 机器的使用远非知识作用于生产的唯一模式。在农业和园艺中，在犁和其他少数简单工具的发明和逐步改进之外，机器只是到了现在才开始证明，它能够胜任任何重要的工作。农业中最伟大的发明在于对土地本身以及土地

---

[1] 《原理》，第969页。

[2] 同上，第107页。

上的作物采取更加合理的耕作方法：比如作物轮作，以避免土地每隔两三季就必须休耕一季；改进肥料，以便回复因为耕作而耗竭的土地肥力；对地表和地底均采取深耕和排灌；把沼泽和湿地改造为耕地；依托经验证明值得采用的各种方法，对庄稼和树木进行修剪、整枝和支撑；采用更加昂贵的栽培技艺，疏根或移栽，并更彻底地碎化耕种的土壤，等等。在制造业和商业中，一些最为重要的进步体现在时间的节约上，体现在使回报流的速度超过劳动和费用流的速度。此外，还有一些进步体现在用料的节约上。

107

从 1812 年起，在农产品价格经历了长期的下降和停滞之后，1830 年代新技术的出现重新燃起英国农业盈利的希望，不过也只是到 1837 年左右，新方法的应用才开始产生实质性的结果，带来新气象。[1]到穆勒的《原理》发表之时，尽管《谷物法》已被废除，但很明显，英国的农业已经能够获利生存。

在更一般化地处理利润问题时，穆勒区分了三种成分：利率、预防风险的保险费以及监管人的工资。然后，他考虑了最小利润率的决定因素、变差以及不同部门间的利润平均化趋势。他引用李嘉图的解释进行总结[2]：

> 因此，我们便获得了李嘉图和其他人的结论，也即，利润率取决于工资；工资下降时利润率上升，工资上升时利润率下降。然而，在采用这个学说时，我必须坚持对他的措辞作必要的修改。我们不说利润取决于工资，而是说（这也是李嘉图的本意）利润取决于劳动的成本。

这样，他便融合了单位劳动成本随着工资率的上升而下降的可能性。

然而，在对机器的看法上，穆勒断然拒绝接受李嘉图的判断，拒绝认为从流动资本向固定资本的转变可能建立在损害工人利益的基础上[3]：

---

[1] 比如可以参见盖尔等，《增长和波动》，第一卷，第 295—296 页。也可以参见马修斯（R. C. O. Mathews）的《经济周期史——1833—1842 年英国经济的波动》（*A Study in Trade Cycle History, Economic Fluctuations in Great Britain*, 183301842）（剑桥：剑桥大学出版社，1954 年），第 32 页。

[2] 《原理》，第 413 页。

[3] 同上，第 750—751 页。

　　……在任何富国，不管是通过修建铁路还是建立工厂，抑或造船，制造机械，开凿运河，开采矿藏，乃至排水灌溉工程，流动资本向固定资本的转化都不大可能会降低总产出或者劳动就业量。……很少有固定资本的增加无法最终给这个国家带来更多的流动资本……因为很少有任何固定资本投资，在它被证明是成功时，不会令那些劳动者习惯于用工资购买的商品变得便宜……所有这些进步都使得劳动者的境况在工资不变的情况下得到增进，只要他们的生育率没有同步增长。

　　特别的，1840年代英国铁路的繁荣及相伴而来的固定资本的大规模扩张，不仅对就业、产出，而且对生产率都产生了普遍、强烈、积极的影响，这就使穆勒和其他人清楚地得出，李嘉图有关机器的看法只有在极其严格的假定下才会成立——其实这就是李嘉图自己的观点。

　　不管怎样，穆勒对于投资过程的讨论并不完全。比如，熊彼特就如此评价穆勒的工作[1]：

　　　　和所有的英国"古典作家"一致，或许我们还可以说，同他那个年代的 108 精神相一致，他大大低估了经济发展中个人的首创性这一要素的重要性，并且相应的，过分强调了单纯的物质资料生产增长的重要性。并且，在这一点上，他又过分强调了储蓄的重要性……他认为这是理所当然的，重要的是进行投资：投资本身没有提出更多的问题，无论是在速度方面还是在方向上——就前者而言，投资通常肯定会立即完成；就后者而言，投资肯定会受投资机会所引导，而这些机会对所有人而言都是平等的，且其存在独立于投资者。如此，储蓄就成了经济发展的强有力杠杆。

　　穆勒那里缺乏个性的企业家和那些后来被熊彼特称为"无味的储蓄"都和上述引文中熊彼特没有说到家的观点有关；其中的联系在我看来正是分析经济增长的基础。在一个生产函数快速变化的世界，比如巴贝奇所描绘的世界，企业家陷

---

[1] 熊彼特，《经济分析史》，第571—572页。塞缪尔·霍兰德令我注意到李嘉图和穆勒的一些行文表述，如果不能说完全是熊彼特式的，那也意味着他们都清楚地意识到，利润和投资可以通过技术"进步"而扩大。参见霍兰德，《约翰·斯图亚特·穆勒的经济学》，第一卷，第26页和428页。

入富有竞争性和创造性的斗争之中，这其中，有两件事情可能是真的。首先，利润和公司的增长率可能取决于对吸收新技术以及有效地引入技术所冒风险的正确评估。这些技能截然不同于利用固定技术获得最大利润的技能。其次，经济体的储蓄水平严重依赖于企业家在这些活动中的总体绩效，因为储蓄的一个关键组成部分就是利润的再投资。在某种程度上说，投资—储蓄水平本质上不再是私人节约的结果，而是取决于技术吸收的步伐，而这种技术吸收反过来又决定了特定部门的产出增长率和利润大小。在穆勒之前所有重要的先驱中，休谟最接近于抓住利润再投资这一关键点——他认为，商人因为其贪婪而利用了市场扩张的潜力（前文 23 页）。到 19 世纪中期，工业企业家创造性、革新性的成就已经成为储蓄—投资的关键；熊彼特这么判断确实是正确的：穆勒并没有充分把握身边正在发生的、多方面的工业和交通运输业革命，而这些革命在 1851 年的水晶宫展览会（Crystal Palace Exposition）上已经得到戏剧性的展现——那是他的《原理》出版后的第三年。

经济周期

除了托马斯·图克，穆勒在经济周期方面耗费的笔墨比他的任何前辈或者同时代学者都要多。实际上，他承认自己从图克那里学到很多东西。[1]穆勒对这个主题所做的第一次也是最生动的一次讨论，是 1826 年他 20 岁时完成的关于商业危机的文章。几年以后，他在《论政治经济学中几个悬而未决的问题》这本集子的第二篇"论消费对生产的影响"（Of the Influence of Consumption on Production）中再次回到这个主题。[2]他在《原理》中讨论信用问题时，也讲到了过度供给的可能性、利率、利润和"利润最小化的趋势"。但是他在这个主题上的主要论点显然形成于 1825 年严重的金融危机和 1826 年深度的周期性萧条期间，那是他第一次能够以成熟的理性对这种现象进行近距离的观察。

---

[1] 穆勒对图克的引用参见如"纸币与商业衰退（Paper Currency and Commercial Distress）"，最初发表在《议会评论》（*Parliamentary Review*），1826 年，（伦敦：朗文，1826），第 630—632 页，重印于《约翰·斯图亚特·穆勒作品集》（约翰·罗伯逊编），第四卷，《经济学与社会短评》（*Essays on Economics and Society*）（多伦多：多伦多大学出版社，路特里奇与基根·保罗，1967），第 74 页。另外，《原理》中对图克的许多引用，均列在从第 1150 到 1152 页上。除了图克，就属巴贝奇对经济周期过程的把握最清晰（尤其参见《论机械和制造业经济》，第 24 章，"论过度制造"，第 231—241 页）。巴贝奇的观点在他那个时代显得十分独特，因为他的立论基于工业部门，而不是整个商品市场或者货币体系。

[2] 《论政治经济学中几个悬而未决的问题》，第 47—74 页。这些论文写于 1829—1830 年之间。

穆勒关于经济周期的观点牢牢地嵌入在非理性预期理论中[1]：　　　　　　　　109

　　……邪恶（周期和萧条）产生的原因在于人类普遍存在高估自己偏好的倾向，这已超出立法所能涉及的范围。当这种倾向存在，每一个燃起希望的事件都将引发进一步的错误估算；而每一个更大规模的误算最终只有在大众的崩溃中才能结束。我们只能希望，随着时间的流逝，人们可以变得更为明智；并且……贸易商能够足够谨慎，避免冒险把自己的财产投入到轻率的投机买卖中；能够足够正直，避免冒险用他人的财产进行任何投机活动。

　　穆勒清楚地表明，他的概括不仅适用于 1824—1826 年，而且适用于其他"不幸"的时期，例如他所识别出的 1784 年、1793 年、1810—1811 年、1814—1815 年以及 1819 年。在一段堪称两个世纪以来最优秀的经济周期理论描述中，穆勒区分了三种截然不同的非理性预期。[2]首先是那些欺诈项目中产生的预期。这些欺骗虽然富有戏剧性，不过一般很快就会暴露，并且只会导致较小的损失。其次是在低估投资项目产生"足够回报"所需时间时产生的预期。穆勒认为，许多这样的项目还是能够及时证明其可行性的，尽管它们的回报不能达到繁荣顶峰时所期望达到的那种夸张程度。再次就是那些商品的投机或者是过度贸易，穆勒把它描绘成一个自我强化的过程，由一系列"疯狂"的阶段组成[3]：

　　……价格在长期上升后到达这样的高度，以至于吸引相当数量的持有人考虑变卖。然后价格开始下降。对于所有其他忙于把存货运往市场的持有者而言，这会成为一个信号，为的是保证他们能够在价格回到初始点之前做些什么。因此，反冲几乎是瞬间完成的。价格不仅会跌至上升之前的点位，而且由于进口数量的增加或者生产数量的增长，它们会跌至更低点，通常是非

---

[1]《纸币与商业衰退》，第 77 页。也可以参见希克斯，"古典和现代"，第 63—65 页。希克斯心怀敬意地概述了穆勒在《论政治经济学中几个悬而未决的问题》中阐述的有关经济危机和生产过剩可能发生的观点。但是，他没有援引穆勒 1826 年的文章。

[2]《纸币与商业衰退》，第 74—76 页。

[3] 同上，第 75—76 页。

常低……少数大商家的失败会引发许多债权人的破产。一般性的警告接踵而至，这时，所有基于信用的交易也将完全停止：很多人因此丧失了他们通常的住处，无法继续他们的商业活动。

在"论纸币流通和商业萧条"（Paper Currency and Commercial Distress）中，穆勒接着继续批判 1826 年议会议程中讨论的货币补救措施。表 4.1 给出了一些关键商品的价格在投机强盛、危机和萧条时期中的波动。

然而，几年以后，由于一些事件的发生，穆勒不仅被迫讨论了繁荣与衰退的过程，而且被迫讨论了经济系统中长期存在的产能过剩问题。在某种意义上，他又重新陷入 1815—1820 年的世界，那个曾经引发马尔萨斯—李嘉图争论的世界："普遍过剩"究竟是实际存在，还是只是一个理论可能（前文 60—62 页）。

110　　　　　　表 4.1　部分商品的价格波动，大不列颠：1823—1826 年

	粗棉（除关税）镑	英国生铁每便士镑	英国铜制品每吨含税镑	牙买加糖每便士
1823	8.6	62.0	113.0	58.0
1824	8.2	76.7	112.0	56.0
1825	12.2	106.9	137.0	65.0
1826	72	81.2	124.0	61.0

来源：阿瑟·盖尔等，增长与波动，微缩胶片补充数据，表 128。

1826—1832 年间，价格和利润都呈现出不断下降的趋势（前文 105 页）。虽然出口上略有扩张，技术上也有一些持续的进步——包括热能的发明为迄今都无法利用的苏格兰黑矿层铁矿进行商业开发提供了可能，并且在这段时期，商业铁路建设也开始有了起色，即使规模还相对较小，但是总的来说，这是一个工业产能闲置、投资前景暗淡的时代：[1]

英国从 1827 到 1832 年的投资状况，与 1825 年之前的乐观发展形成了奇特的对比。国外贷款和矿业投资几乎在市场上消失，铁路和股份公司大幅度地缩减规模，而且从 1827 年起，砖的生产量也是以一个远远低于 1824 年 5

---

[1]　盖尔等，第一卷，第 215—216 页。

月高峰的水平不规则地波动着。长期利息率趋于下降。1832 年的《银行家通讯》（Circular to Bankers）评论说："就其所表现出来的极长时期而言，英格兰商业事务中投机的普遍缺失是商业史上最引人注目的特征。"

沿着自己惯常使用的论述模式，穆勒首先通过强调重申李嘉图的立场，在《论政治经济学中几个悬而未决的问题》中讨论了普遍过剩的问题[1]：

> ……消费从来不需要刺激，政治经济学家早已阐明这一点。不管是为了再生产，还是为了享受，所有生产出来的东西都已被消费掉。那些把自己的收入储蓄起来的人，与那些花掉的人一样，都是消费者：他是通过另外一种方式来消费——也即通过给生产性劳动者提供消费所用的衣食，工作所用的工具材料。
>
> ……那些仅仅因为消遣而进行的消费已经成为往事；而用于再生产的消费，会留下同等价值的商品，并且常常伴随着额外的利润。

在重申正统学说之后，他转而考虑：如何解释看得见摸得着的实际产能闲置呢？他就此形成了两个主张，这些主张实际上已有点偏离马尔萨斯的路径。他首先认为，由于从生产完成到销售之间存在时滞，劳动分工必然会导致长期的产能闲置。为生产而先行投入的资本"锁定"在存货、运输等过程之中，并且不可任意使用。他的格言是：[2]"资本的这一长期、大比例的非利用状态，就是我们为劳动分工付出的代价。付出物有所值，但代价却相当可观。"

而后，第二个主张把他带到非理性的预期和循环[3]：

> ……生产者和贸易商的计算必定不完美，总是会有一些商品或多或少过剩，正如总是有一些商品供给不足一样……产生这种错觉最常见的原因在于某种一般性的或者说大范围的价格上涨……这等于在让经销商相信，他们就

111

---

[1] 穆勒，《论政治经济学中几个悬而未决的问题》，第 48 页。希克斯有关穆勒对生产过剩观点的分析，参见"古典和现代"，第 62—64 页。

[2] 穆勒，《论政治经济学中几个悬而未决的问题》，第 56 页。

[3] 同上，第 69—74 页。

要发财了……但是当错觉消失而真相显现时，那些商品数量相对过多的人就必须减少产出或者销毁产品；并且如果他们是在价格高企时建造了工厂，架起了机器，那么他们就很可能悔之晚矣……

在这最后一种情况中，就存在常说的普通过剩……市场库存过多的状态总是暂时性的，通常会有一个更加旺盛的需求紧跟而来……

于是，该学说的基本观点就可搁置一边……不可能存在永久的生产过剩，或者说堆积；尽管同时也应该承认……或许存在暂时性的……商品普遍过剩，但这不是过度生产的结果，而是缺乏商业信心的结果。

当穆勒在写他的《原理》时，英国已经历经两个重要经济周期，其波峰分别在 1836 年和 1845 年，这中间有很长一段时间存在相当严重的产能闲置。[1] 他对经济周期的讨论基本上沿着早先的两条思路展开，不过也纳入了其他一些特征：

● 对 1825 年和 1845 年危机差异性的分析。[2]

● 在讨论"商品过剩"时比以往更清晰地引入流动性泛滥因素。[3]

● 对马尔萨斯、查曼斯（Chalmers）和西斯蒙第（Sismondi）这一流脉的消费不足论展开进一步的抨击，同时称赞了他的父亲在这个方面的著述。[4]

● 对决定利率周期性运动的力量展开了相当复杂的讨论[5]：

利率的波动或者来源于贷款需求的变化，或者来源于贷款供给的变化。供给的变化虽然比需求的变化要小，但也一样易于变动。在投机开始时，借出的意愿往往比平常要大，而在随后的撤资期中，又要比平常要小……在撤资的过程中……利率总是急剧上升，因为在很多人极需借入时，借出的意愿一般也是最弱的。这种不愿意达到极点，就是所谓的恐慌……

[1] 《原理》，第 542—544 页。
[2] 1836 年经济周期主要波峰过了以后，紧接着就是一年严重的经济衰退，接着又开始一轮小规模的复苏（1836—1838）。有关随后阶段持续的产能闲置、失业和社会困难，参见盖尔等，第 276—303 页。约翰·希克斯说道（《古典和现代》，第 64 页），"经济波动的国际化传播，即从一个工业国波及另一个国家，直到 19 世纪末才开始出现。" 1836 年的经济危机，显然已经是一个国际性事件，英国和美国均卷入其中，而 1847 年到 1848 年的大危机更是不仅涉及英国、美国，比利时、法国、德国也受到影响，只要铁路开始发展的地方都受到了影响。
[3] 同上，第 574 页。
[4] 同上，第 576 页。
[5] 同上，第 650—651 页。

596

在商业危机的间隔期中，由于逐步的积累过程，利率通常会有进一步下降的趋势……这一下降会诱惑有产者冒险投资，以求获得高额回报。

● 最后，穆勒有一个相当奇怪的理论，他认为"商业撤资"有助于防止利润率下降至最低点，从而推迟稳态的到来。他还生动地讲述了周期性萧条中发生的事情，以及最终复苏的原因。[1]

显然，对于自 1780 年起就一直存在且"几乎定期"出现的周期性过程，穆勒有着真切的感受。他认为，这种周期性过程的根源在于，投资过程的系统趋势是建立在过于乐观和过于悲观的预期基础上的；与此同时，生产和销售之间存在的重要时滞可以帮助解释这一过程——这是经济增长不可避免将呈现的形式，因为在这个利用功能专业化的系统中，投资决策是由个体独立做出的，而这些个体实际上都不具有其他人投资决策的充分知识，只能针对未来盈利或者亏损的同一些信号拟定所有决策。

112

相对价格

与他的大多数论述一样，穆勒对农业报酬递减和制造业报酬递增的看法也源自古典学者，只不过其中印上了某些属于他自己的显著特征。

关于报酬递减，他再一次从一个李嘉图式的评注出发[2]："农业的这一一般定律，是政治经济学中最为重要的命题。如果不是这样，那么几乎财富生产和分配的全部现象都会与现在截然不同。"然后，他以新增的劣等土地以及耕作更为集约的原有土地为例，详细阐释了其中的报酬递减。

接着，穆勒转向该基本原理的"某些发现和局限"。

● 他写道，"与土地所有权和农场使用权相联系的土地使用"可能会导致农业实践中的生产率达不到源于商业上最佳可行实践的生产率。[3]

● 在考虑美国经济学家凯里（H. C. Carey）的观点时，他写道：在一个尚未发展起来的新国家，最好的土地并不一定是最先被耕种的土地，凯里的确说明了

---

[1] 同上，第 741—742 页。也可以参见第 750 页，在那里，穆勒特地提到，"1844 年和 1845 年在铁路建设上的孤注一掷""倒是让国家避免陷入利润、利益的衰退。"

[2] 同上，第 174 页。

[3] 同上，第 176—177 页。

这种可能；但是他坚称，这一例外并不能否认报酬递减原理在长期中的正确性。[1]

● 并且如前所述，他比他的先辈们投入更多精力关注提高农业技术技能的潜力。他十分清楚地看到，自 1830 年以来，尽管人口在增长，"农业技能"的提高已经降低了英格兰和苏格兰的粮食生产成本；谷物法的废除更是强化了农业生产率的提升；对土地肥沃区域的新移民和殖民也在发挥着同样的作用。[2] 不过最终，他在总结他的观点时仍然承认，稳态的到来是不可避免的。[3]

综上所述，所有数量有限的自然要素，不仅其终极生产力是有限的，而且远在其生产力发挥到极限之前，它们就愈来愈难满足更多的需求。然而因为人类施于自然的一般力量，不管这些力量是什么，这个定律可能暂时中止，或者暂时受到抑制，特别是因为人类对有关自然要素的属性和力量知识的扩展以及紧接而来对这些要素的掌控。

然后，他把制造业中的报酬递增看作是生产扩大的"一种可能的或通常的结果，但决不是一种必然的结果"；通过综合这两个基本原理，他预测，相对于制造业而言，部门间贸易条件的长期变化可能会变成这样一种状况[4]：

113

然而，由于制造商所需的原材料依赖于农业、矿业或土地的自然产物，因而就其本质之一而言，制造业同样受到与农业相同的法则支配。但是，由于未加工的原材料费用在全部成本中通常只占很小一部分，因而该项费用即使可能存在一种递增的趋向，这种趋向也会被所有其他要素费用的不断减少所抵销而绰绰有余；当前，这种减少尚见不到任何极限……

因而，制造品的交换价值，与农产品和矿产品相比较，会随着人口的增长和工业的发展而呈现出确定且明显的下降趋势。

尽管穆勒着重强调说，本质上，1848 年以前农业报酬递减的延迟只是暂时性

---

[1] 同上，第178—180页。
[2] 同上，第711、713—714页。
[3] 同上，第185页。
[4] 同上，第713页。

的，但在他的相对价格周期理论中并不存在马尔萨斯式的暗示。他对农业技术、相关科学知识、新地区的开辟以及移民持乐观态度；这一态度比 1815 年以后马尔萨斯和李嘉图的乐观态度拥有更为坚实的基础。在《原理》的后续版本（第七版也即终版，出版于 1871 年）中，可以看到 1850 年代以及 1865 年以后伴随着铁路的修建而展开的美国西部大开发和大规模横跨大西洋的移民。类似的，因为穆勒已留意到快速多样化铺展开来的工业体系，因为新技术的出现、生产规模的扩大以及交通通信方式的不断革新带来的工业发展也就明显地增强了他对未来的信心。和阿尔弗雷德·马歇尔一样，穆勒从来都没有全盘摒弃李嘉图派的理论根基，即：报酬递减最终将胜出；但就像我们将看到的那样，在看待稳态时，他与他的前辈多少还是有些不同的。

增长的阶段和极限

通过将散落在《原理》一书中的各个段落串联起来，便可构建出穆勒关于经济发展阶段的连贯描述，包括穆勒给不发达国家和先进工业国开出的政策药方。这些论述主要有四块内容：

首先是"绪论"中的一个长篇论述，穆勒在其中探讨了人类历史长河中的增长阶段；他的结论是，人们可以发现，19 世纪中期的世界经济几乎包含了每一个社会阶段。[1] 他的划分基于各个阶段所产生并依赖的资本存量有多少；从一个阶段到另一个阶段的转变并不容易，也不会自动完成，而是依托"事物自发演进的过程"。

穆勒从一个临界的情形开始展开讨论——一个基本上依赖"蔬菜自发生产"的部落。接着是"几乎完全"依靠"渔猎而生"的游牧部落。因为几乎缺乏任何形式的固定资本，摆脱这种贫困状况的第一个伟大进步是"驯养比较有用的动物"，人们不再依靠狩猎而是"依靠牛奶及其制成品，依靠牛群和羊群逐年的增加而生活"。这样一来，家族和部落中就出现了不平等、闲暇时间、手工制造的织物以及别的消费品，甚至出现了科学考察。

人口和牲畜数量的增长迫使一些部落开始耕种土地；在游牧部落与农业部落（追溯到亚里士多德的记载）的战争中，最初野蛮、健壮的游牧部落在军事上占有优势；但是很快，农民们学会了如何保护他们自己和他们的庄稼，入侵的部落

---

[1]　同上，第 10—21 页。

便"也被迫转变成农业社会"。

114　　接着，穆勒从历史和他当时所处的世界两个角度考察了农业社会的各种形式：一些是幅员辽阔的帝国，在那里，统治者从数量庞大的农民收入（或者产出）中获得相对较小的份额，使其可以展开重大军事行动，修建大型纪念物，并享受奢侈的生活；另一些则建立了规模较小、较为平等的共同体，不过却在经过一系列复杂、动态的过程之后，演变成城邦、共和国以及地中海世界的帝国，最终为来自北方的游牧民族所征服，并在混乱中迎来了中世纪、欧洲民族国家以及"由欧洲人后裔在大西洋彼岸建立的各大社会"。

他施展绝技，将历史高度压缩并程式化，得到以下结论[1]：

　　世界现在由几个广阔的区域构成，这些地方所提供的各种财富，其丰富程度是过去所难以想象的……

　　但是在现代工业社会的所有这些特征方面，各个社会间相互差别很大……财富分配上的差异仍然要大于生产中的差异。不同国家最贫穷阶级的状况，贫富人口的比例，在最贫穷阶级之上那些阶级的富裕程度，都存在很大差别。

穆勒接着写道，在他当时所处的世界，人们可以看到过去出现过的所有历史经济阶段：

　　美洲仍有存在狩猎社会，阿拉伯和北亚大草原上仍有游牧社会，东方社会本质上依然如故，俄罗斯大帝国在很多方面至今仍和封建时代的欧洲没有多大不同。人类社会的每一种重大形态，包括因纽特人或巴塔哥尼亚人的社会形态，现在都依然存在。

他总结说：

　　就各国经济状况之于物理知识状态的影响而言，这是物理科学及其基础

---

[1] 同上，第18—21页。

上的工艺技术所要研究的问题。但是，就其原因而言，则属于道德或心理范畴，这些原因依赖各种制度和社会关系，依赖于人类的本性，因此对它们的研究不属于物理科学，而是属于道德和社会科学，是所谓政治经济学的研究对象。

穆勒关于增长阶段的第二个命题关乎科学和经济的关系。他强调了自己的一般立场，指出"探索未知的知识"是"最有益的活动之一"，值得国家给予财政支持。[1] 而且，如上所引，他清楚地看到"国家经济状况"与"自然科学及其基础上的工艺技术"之间的关系。但是基于一条经济学中代价高昂的自我否定诫令——"政治经济学不作调查，而只设假定……"他把这些问题（变量）当成外生变量来处理。[2] 另一方面，尽管没有探究其起源，但是穆勒却很清楚，"瓦特、阿克赖特（Arkwright）及其同时代人所完成的伟大的机器发明"[3]，已经使英国出现了历史性的转折。穆勒认为，这些技术的引入开创了一个崭新的时期，因为它们的力量有效地抵抗了农业中的报酬递减；在他看来，如果没有如此巨大的人口增长，劳动者获得的实际工资已经增加了。用我的话说，穆勒已准确地把握到英国经济起飞的时间点和大致原因；并且，据我所知，他是第一个做出这样判断的主要经济学家。

穆勒关于增长阶段的第三个观点大家最为熟悉，那就是他对稳态的独到看法。这个观点出现在《原理》的卷四——"论社会进步对生产和分配的影响"，这一卷无疑是《原理》一书最具原创性的一部分，穆勒在其中清楚地提出："要在已有的均衡理论之外增加一种动态理论，即在政治经济学的静力学之外增加一种政治经济学的动力学"，而至于前者，已经在卷一、卷二和卷三中得到阐述。[4] 115

穆勒一开始就指出，科学和发明潜力的激发本身就意味着发展的无极限而非稳态[5]："可以预期，节约劳动和提高产出的发明将大量增加并不断涌现；同时，

---

[1] 同上，第 968 页，也可以参见引言，第 106 页。

[2] 同上，第 21 页。

[3] 同上，第 189 页。

[4] 同上，第 705 页。约翰·罗伯逊在《人类的进步》中指出，虽然有些争议，但是书中第 4 部分明显留有哈丽雅特·泰勒·穆勒的痕迹（第 58—61 页）；另外，他也提到奥古斯特·孔德（Auguste Comte）对穆勒的影响，特别是有关静态与动态的区分，尽管穆勒对此的阐释与孔德的表述有些差异（第 87—100 页）。

[5] 穆勒，《原理》，第 706 页。

这些发明的用途和好处也将扩散到更广阔的六合八荒。"尽管他如此积极地看待科学、发明和劳动生产力，但穆勒并没有把发明完全看成是流量。在一个关键段落中，他总结道：[1]"发明和发现也只不过偶尔出现，而人口和资本的增长却始终存在。"这番论述是他构想一个终极稳态思想的核心。

不过，其中还有另一个积极因素也在发挥作用。在穆勒看来，推动技术进步可以带来"人身和财产安全"方面的进步，他将这点看作是"勤奋和节俭"的基础。[2]

然后，他列举了五种不同的情形，并假定基本增长方程中的三个变量——人口增长率、资本增长率和"生产技术"在这些情形中变化不一。[3]穆勒对这几种情形所完成的动态分析相当出色。他的分析可以总结如下，尽管这么做要冒上一些过度简化的风险：

第一种情形：人口增长，资本和生产技术保持不变。由于农业报酬随着人口的增加而递减，实际工资将下降；由于单位劳动成本更低，最初利润将倾向于上升，不过这会立即为工资总额的上升所抵销，因为在报酬递减的情况下，会有更多的劳动力被投入到农业部门以满足食物需要的上升。地租将上升。穆勒暗示，实际工资的减少可以通过降低工人的"欲望"或"习惯标准"，而不是通过降到生存工资之下这种可怕的结果来实现。因此，这种情形并不适用人口减少的情形。

第二种情形：人口和生产技术保持不变，资本增加。实际工资会增加。结果，在报酬递减的情况下，对食物的需求增加。地租会提高，但利润会下降[4]："资本家所失去的、超过劳动者所得到的部分，部分为地主所得，部分则因为在劣质土地上耕种的成本或耕种时生产率过低而消散。"

第三种情形：人口和资本以相同的速度增加，生产技术保持不变。面对着农产品价格和货币工资的双重上涨，实际工资维持不变。虽然总利润可能增加，但利润率将下降。同样，地租会提高。

第四种情形：人口和资本保持不变，生产技术进步。穆勒用三种形式来说明

---

[1] 同上，第 729 页。
[2] 同上，第 706—707 页。
[3] 同上，第 719—732 页。
[4] 同上，第 722 页。

这种情况：农业生产率的突然提高，农业生产率的逐渐提高，工人消费品制造业生产率的提高。农业生产率的突然提高将增加实际工资，降低地租，使利润保持不变。这里假定，实际工资的提高是通过保持货币工资相对不变，而工资所购买的商品价格下降的方式实现，这一现象在 1812 年至 1848 年期间的英国的确发生过。从长远上说，这一情形还要看实际工资的增加是提高了工人消费的"习惯标准"，还是基于已有的旧标准促进了人口的增加。在后一种情况中，货币工资会随着劳动供应的增加而下降，利润将提高。在前一种情况下，为了保持较高的生活水平，人们会严格控制家庭规模，劳动因此成为稀缺要素，可以维持较高的实际工资水平，其代价是地租和利润的下降。

第五种情形：人口、资本、生产技术都向前发展。在这里，穆勒认为，只有地租会增加[1]："虽然总产量提高了，分配给劳动者的产出更多了，总利润也增加了，但工资却要由更多的人分享，利润也要分摊在更多的资本上；因此，没有哪个劳动者的境况会比过去好，也没有哪个资本家可以从同样数量的资本中获得更多的收入。"

接着，他总结了他这种非常李嘉图式的做法[2]：

> 以上冗长的讨论所得出的结论可以概括如下。在由地主、资本家和劳动者组成的社会中，经济进步往往使地主阶级越来越富有，而劳动者维持生存的成本总体上趋于增加，利润趋于下降。农业改良能抵销后两种结果；虽然有时也可以想像，这种改良会暂时抑制第一种结果，不过最终还是会大大加重第一种结果；而且，人口的增加往往会把得自农业改良的收益全部转到地主手中。

如前所述，穆勒进一步指出，在固定"就业领域"的前提下，考虑到风险以及未来收入相对于当期收入的时间贴现，利润必定趋向尚能刺激储蓄和生产性投资的最低水平。这种下降趋势可以通过"商业撤资"的破坏性影响、生产改良、廉价生活必需品和资本品的输入以及资本输出而延缓。

[1]　同上，第 731 页。
[2]　同上，第 731—732 页。

如同他的四位前辈，穆勒利用这些分析工具，勇敢地面对增长和稳态的极限。在此，他极为清楚，自己与"旧式政治经济学家们"决裂了[1]：他们把稳态看作是"不受欢迎且令人沮丧的前景"。而穆勒，如前所引（原文第101—102页），则展现出一种更令人振奋的态度。并且，在《原理》的第一版中，他加了这样一段话，虽然这段话因为他十分看重的南北战争的表现而从后续版本中删除[2]：

> 美洲北部和中部的州处于非常有利的环境，是这个文明阶段的典范；这些地方显然已经摆脱了会影响到白种人和男性的所有社会不公正和不平等，人口与资本、土地的比例正好保证每一个体格健全的社会成员都可以有足够的资源，只要他没有因为不良行为而被没收。他们拥有宪章运动的六项权利，他们之中没有贫穷；所有这些有利条件带给他们的是：所有的男人全身心地投入到赚钱之中，而所有的女人则一心一意地专注于抚养赚钱者。

但是，穆勒对稳态优点的积极接纳并非简单地源于对物质主义的厌恶。从技术上一般地说，他的观点源于工人阶级智识和社会地位的提升，以及尤其是生育控制所带来的可能性。约翰·理查德·希克斯精炼地描述了这一问题[3]：

> 一旦人口得到控制，即使为了让工资超过维持生存的水平，经济也没有必要继续扩张。劳动将替代资本成为主要的固定要素，（正如李嘉图稳态所描述的）原本为地租所吞噬的剩余产出，也将转而成为工资，至少在很大程度上如此。这是一个完全不同、美好得多的图景。这种稳态不再可怕。它变成了一个可追求的目标。

显然，穆勒在19世纪中期提出这一观点的时机并不成熟。[4] 由于新技术流服务于商品和服务的潜力不断扩张，包括人均寿命的显著延长，"最先进"和"落

---

[1] 同上，第754页。
[2] 同上，第754页注a—a 48。
[3] 希克斯，《古典和现代》，第68页。
[4] 《原理》，第755页。

后"国家中的所有阶级都还对经济体系抱有诸多期待。但是相比于他的任何先辈或同时代人，穆勒的观点更接近于预测到 19 世纪后半期乃至 20 世纪人口的变迁，虽然这明显是基于马尔萨斯作品后续版本中出现的"更合理并且更有希望的预期"。他还预测，随着来自最富裕国家的边缘分子开始反对传统物质主义的概念，不再追求更高的人均实际收入，20 世纪下半叶的早几十年会出现各种思想和渴望的洪流。穆勒是第一个重要的环境保护论者。不过，应该着重强调的是，他的稳态只意味着人口的固定——技术的变迁能够进一步提高人均实际收入。[1]

非经济因素

　　洪特和伊格纳季耶夫已经明确重申，在一定程度上，亚当·斯密在整部《国富论》中就是在调和他自己所提出的一个看似矛盾的问题——这个问题出现在该书的第二页，描述的是这么一个事实，也即，在最初的平等社会，虽然每个人都工作，但却都很贫穷，而在财富和收入差别巨大的发达社会，虽然人们更加懒散，但即使最贫穷的工人也可以过上野蛮社会的统治者所无法企及的生活。[2] 自休谟和亚当·斯密起，政治经济学就承认不公平，有些人甚至承认不道德：一些人，或者是因为继承了财富，或者因为某些生产要素的报酬递减使得基于此生产的产品需求缺乏弹性，因而获得更多的租金（若非如此，这种要素就会变得更为稀缺），过着富裕懒散的生活。总体上，古典政治经济学家相当不喜欢对钱趋之若鹜的资本家，也经常（可能除了马尔萨斯）对依赖租金生存且挥霍的地主感

[1] 比如参见熊彼特《经济分析史》，第 571—572 页。塞缪尔·霍兰德恰当地指出，穆勒并没有完全认为"完全或者部分可耗竭"的自然资源不受报酬递减规则的支配，比如煤以及大部分金属品（《约翰·斯图亚特·穆勒的经济学》，第一卷，第 450 页）；而且，他对杰文斯的《煤炭问题》（第二版）（伦敦：麦克米伦出版社，1966）印象深刻。有关穆勒的稳态，关键的段落可见第 370 页到 376 页。进而，霍兰德总结道（同上），"因此，完全的静止状态——技术既定、人口和资本给定，工资和利润率均保持不变，仅仅只是一种近似的状况。"
[2] 尤其参见洪特和伊格纳季耶夫的《财富与德性》，第 1—4 页，或者《国富论》，第 18 页。斯密阐述的重要内容如下：

　　在从事渔猎的未开化国家，每一有工作能力的人都或多或少从事有用的劳动，力图尽可能地为自己或者为自己的家庭或者部落中那些过老、过幼或过于孱弱以致不能从事渔猎的人提供生活必需品和便利品。可是，这种国家穷得太可怜了，以致仅仅是由于贫穷，常常落到了，或者至少是自认为落到了这种地步：有时不得不直接杀死自己的幼儿、老人或长期患病的人，有时则任凭他们饿死或由野兽吞噬。相反，在文明和兴旺发达的国家，有很大数量的人虽然根本不劳动，其许多人却比绝大多数从事工作的人消费高出十倍、常常是百倍的劳动产物；然而，社会整个劳动的产物的数量是如此巨大以致所有的人常常都能得到丰富的供应，一个工人，即使是最下等最贫穷的工人，只要他勤劳节俭，也能享受比任何一个未开化之人可能得到的更大份额的生活必需品和便利品。

到愤怒。经济学家主张激烈的竞争，包括自由贸易，在一定程度上就是为了规训企业家和地主的贪财本性，迫使他们违背其自然本性，为社会利益服务。

这种因为捍卫私有财产制、财富继承制和竞争资本主义而产生的矛盾心理，在穆勒那里已经达到非常严重的地步。

118

一方面，对于由多样化的独特个体所组成的社会而言，他最为关注的是最大可能的思想和行动自由。这是《论自由》的核心主旨[1]：

> 这本书的目标就在于维护一个非常简单的原则……也即，无论是个体还是全体，人类可以正当地干预任何其他成员行动自由的唯一理由就是自我保护……他自己的利益，无论是物质上的还是精神上的，都不成为充分理由……只有在关涉他自己的那一个部分，他的权利独立性才是绝对的。只有对于他自己，对于他所拥有的身躯和心灵，他才是主宰。

这一对自由主义信条的诠释也贯穿着穆勒《原理》一书的始终。

但是，就像他所完全承认的，这种需要与组织社会的必要条件——保证一个人的自由不会伤害到其他人，这两者之间的调和常常会成为一个复杂的权衡。在《原理》的最后两章中，穆勒便致力于厘清那些建立在错误理论基础上的政府干预，以及那些他认为合理的干预。[2] 但是，正如在《论自由》中那般，穆勒认为，自由放任（laissez-faire）是"一般原则"，对于反对这一原则的例外，应该带着怀疑的态度进行仔细的评估。秉承这一精神，他考察了：

- 消费者无法鉴别商品的情况，其中主要引用的例子就是教育。
- 一些人可以对另一些人行使权力的情形，尤其是青少年和精神病人的保护。
- 签订永久契约时，也即个体无法对自己的近期和遥远未来的利益做出判断时。
- 委托经营的各种情况，穆勒认为，此时对股份公司的公共监督和权力限制是合理的，这是为了确保垄断权不被滥用。穆勒还认为，经济单元的共同所有与运作"拖沓、漫不经心且无效率"；但他认为私人股份公司即使好一点，也好不

---

597 [1] 《美国国家公报》（*American State Papers*），《大英百科全书》（芝加哥：芝加哥大学出版社，1952），第 271 页。
[2] 《原理》，第 913—971 页。

到哪去。

● 需要公共干预以达成广泛同意的目标时；例如，缩减工作时间，如果不是有法律保障的话，终会被少数工人或者工厂主所破坏。穆勒还列举了对地广人稀的殖民地土地分配权的控制。

● 济贫法，必须要协调一方面，帮助穷人的需要，另一方面，避免使他们养成对这种帮助的习惯性依赖。

● 殖民化，必须要协调一方面，种植或者开发殖民地的私人合法利益，另一方面，"因为这些微小的开端而在后来产生的永久的国家福利效应"。[1]

● 支持明显符合公共利益，但却无法获得足够私人资金支持的企业、机构或者组织，例如航海探险、灯塔、大学的科学研究等等。还有类似的，私人机构"更适合做"，但社会尚未形成私人合作行动经验或习惯的那些领域的公共活动，例如道路、码头、港口、运河等等。

于是，问题就来了：对于穆勒而言，根植于个体功利主义信条，相信每个个体都是他或她自身利益的最佳裁判者，并且小心翼翼地而又不情愿地寻找着自由放任的例外，那他最终又是如何成为一个具有某种资格的社会主义者的呢？

他在开始讨论社会主义时，考虑的正是亚当·斯密在《国富论》开篇时提出的问题：财富分配的不公平。[2]他注意到欧洲复杂动荡的历史所造就的财产分配状况，以及对这种分配的恰当性进行质疑的合法性[3]：

> 在目前这样的年代里，当对所有的首要原则进行一般性的重新反思被认为不可避免，当社会中的受难阶级在讨论中的发言权比历史上任何时期都大时，这种思想不可能不得到更广泛的传播。欧洲最近发生的一些革命（在1848年）已诱发大量具有这种性质的思索，进而引起了对这些思想所假定的各种形态非同寻常的关注；这种关注不仅不大会减少，而且相反，很可能会愈来愈多。

接着，穆勒用他那相当开明公平的方式转而讨论了社会主义（或者共产主

---

[1] 同上，第963页。

[2] 同上，第199页。穆勒有关社会主义的大量讨论可参见第199—234页。但是，其他有关社会主义与竞争的重要补充评论可参见第794—795页。

[3] 同上，第202页。

义，一个他交替使用的概念）的情况，以及常见的反社会主义观点。他总结道：

1. 不考虑效率的话，集体（或者国家）所有制下的生产也是行得通的。

2. 在固定工资制下，由于偷懒卸责的存在，能否产生最大努力确有疑问，但这一问题同样存在于私人企业制度中。他最后的评价是[1]：

> 即便共产主义的劳动者不像自耕农或自我雇佣的劳动者那样富有活力，但比起其中毫无个人利益可言的雇佣劳动可能还是会更积极一些……毫无疑问，作为一般法则，固定薪水的报酬无法在公务员阶层中引出最大的工作热忱；而这一点同样适用于宣称反对共产主义的劳动者。

3. 他承认，真正的问题是把劳动者公平地分配到最合适的岗位上；但他又宣称，任何追求公平的体制都优于当前这个"不平等和不公正"的体制。

4. 总体上，在反对眼前的现实时，天平就会倾向共产主义思想那一边[2]：

> 因此，如果要在拥有所有可能性的共产主义和当前那存在各种苦难和不公的社会状态之间做出选择的话；如果私有制必定会带来我们现在所看到的后果，即劳动产出的分配几乎同劳动成反比——根本不干的人拿得最多，只在名义上干点工作的人居其次，而后逐步下降，越是艰苦和让人厌恶的工作报酬就越低，直到最劳累、最耗体力的劳动甚至连能否挣到足以糊口的收入都无法肯定；如果要在这种状况和共产主义之间做出抉择，则共产主义一切大大小小的困难在天平上都将轻如鸿毛。

5. 但穆勒解释说，这并不是一个适当的比较，[3] "……若要做出适当的对比，那我们必须将处于最好状态的共产主义同私有制可能达到的最好状态相比较，而不是同私有制现今的情况相比较。"于是，他引出了资本主义社会更公平地分配收入和财富的可能性。至此，我们又看到了写作《论自由》时的那个作者[4]：

---

[1] 同上，第204—205页。
[2] 同上，第207页。
[3] 同上，第207—208页。
[4] 同上，第208—209页。

如果推测是危险的，那么决定或许主要就是建立在一个考虑的基础上，即，两种体制中的哪一种与最大限度的人类自由和自发性相一致。在生存手段得到保证以后，人类接下来最需要的便是自由；并且（与物质需要不同，因为后者随着人类文明的进步会变得更不重要，也更容易控制），随着智力和道德能力的进一步发展，其强度不会减弱而会上升。

他回到亚当·斯密宣扬的精神，并在后来补充了一段话，强有力地捍卫了竞争[1]：

> ……我完全不赞同他们（社会主义者）的学说中最引人注目、最激烈的部分，也即他们对竞争的猛烈抨击。……他们忘记了，哪里没有竞争，哪里就有垄断；忘记了垄断不管以何种形式出现，都是在向勤劳者征税以给养懒汉，即使不是给养掠夺者……与一般社会主义者把竞争看作有害的、反社会的原则不同，我认为，即使在目前的社会和工业状态下，任何对竞争的限制都是一种罪恶，而任何竞争的扩大，即使暂时会损害某一劳动者阶层，最终总会带来好处。

由此可以理解，为何有些读者会发现，在这个问题或其他问题上，穆勒表现得像社会科学中的哈姆雷特（Hamlet）。但事实却是，他非常透彻地定义了其中的困境，这种困境正是当代先进工业国在过去一百四十多年的政治进程中努力解决，并且还将继续为此而斗争的困境。

社会主义国家确实已经证明，它们能够管理现代经济；但是它们已经为"拖沓、漫不经心且无效率的"企业，以及缺乏强有力的个人激励机制付出了沉重的代价。一些国家已经转向竞争，为的就是刺激被自我服务的庞大官僚机构所拖累，以致反应迟钝的经济。

政治民主的国家确实在努力通过税收工具，缓和财富和收入分配的不公平，同时通过一系列措施以保障更好的机会平等和福利基础，应对现代工业时代的兴

---

[1] 同上，第794—795页。

衰起伏。

虽然历史尚未最终定论，但在共产主义和民主之间的选择完全有可能，甚至十有八九就是取决于"两个体制中哪个与最大限度的人类自由和自发性相一致"。

回首过去，展望未来，穆勒显然不仅对社会民主的意识形态做出了大量预言，而且对 19 世纪后期和 20 世纪的大西洋世界做出了许多几乎是人所共知的预言；他还相当准确地识别出那些已经改变并将继续改变社会主义政权特征的内部矛盾，随着 20 世纪接近尾声，这些矛盾正在变得日益尖锐。

卡尔·马克思（1818—1883）

121　　在有关增长的研究中，人们会很容易抛弃马克思理论中的非经济部分（以及围绕着这部分展开的有关辩证法的大量论述），而仅仅关注于他的经济增长理论。沿着这种思路，琼·罗宾逊（Joan Robinson）就曾评论说[1]："……没有必要像许多人一样把他（马克思）当作先知。他把自己看作一位严谨的思想家，我也努力如此对待他，把他当作一位严谨的思想家……"。然而，到了最后，所有马克思思想的评论者（包括罗宾逊）实际上都是在更广泛的基础上评他。理由是十分技术性的：马克思经济学的一般原理，尤其是他的经济增长理论，正是驱动他的历史理论走向既定结论的动力之所在；而且，正如他所清楚认识到的那样，他的历史理论是为成为革命的武器而构建的。如果是根据"证明"[2]一词来做出判断，那么人们会发现，马克思对自己所做出的关键创新的认识是相当准确的：

　　……至于讲到我，无论是发现现代社会中存在阶级，抑或各阶级之间的斗争，这都不是我的功劳。在我之前很久，资产阶级的历史学家就已叙述过阶级斗争的历史发展，资产阶级的经济学家也已对各个阶级作过经济上的分析。我的新贡献就是证明了下列几点：（1）阶级的存在仅仅同生产发展的一

---

[1]　琼·罗宾逊，《马克思主义经济学论文集》（*An Essay on Marxian Economics*），（伦敦：麦克米伦出版社，1942年），第 6 页。

[2]　罗伯特·塔克（Robert Tucker）（编），《马克思和恩格斯读本》（*The Marx-Engels Reader*），第二版，（美国：W. W. 诺顿（Norton），1978 年），第 220 页。这段文字来自马克思 1852 年 5 月 5 日写给从德国迁居美国的朋友约瑟夫·魏德迈（Joseph Weydemeyer）的一封信。

定历史阶段相联系；（2）阶级斗争必然要导致无产阶级专政；（3）这个专政本身不过是达到消灭一切阶级并进入无阶级社会的过渡。

马克思是一个全面的社会理论家，他主张社会的改造沿着一条非常特别的路径而展开，他把自己的作品看作是为了实现这一目的而创作的操作性工具；就此而言，他与前文所考察的五位增长理论家并无不同。除了李嘉图，他们都是全面的社会科学家，或多或少都是从明确的哲学和价值前提出发而展开自己的分析；他们所有人，包括李嘉图，都试图在政治、制度以及政治力量的平衡方面引发激烈的变革。

将马克思和其他古典经济增长理论家区别开来的，是他所依赖的黑格尔哲学框架以及把个体嵌入社会的视角。从休谟到约翰·斯图亚特·穆勒，他们都认为，在群体组织中，高度优先的是个体的独特性，尽管这不可避免地要受到群体组织的限制。实际上，在休谟和斯密那里，所谓的社群感可追溯到不同个体之间"同情共感"的品质，而不是某个"国家"或"阶级"的命令。回溯各个社会与各种经济体已经经历的阶段，展望它们未来将要发展的阶段，个体政治自由和社会自由的不断拓宽是历史进步的核心标准，也是国民财富扩大和扩散的基本依据。关于资本主义与社会主义之间的选择，没有哪个古典经济学家的观点比穆勒的评判更正确，即：这最终取决于"两个体制中哪一种与最大限度的人类自由和自发性相一致"。对于黑格尔和马克思来讲，历史是非常抽象的过程，在这个过程中，各种势力永无休止地斗争着，个人则从这一舞台的中心退出，找寻的只是与历史规律相一致的行动"自由"。在黑格尔那里，不同国家的冲突来自其所拥有的不同文化或者观念。在1859年回顾自己思想酝酿发酵的关键时期，也即1843—1847年，他25—29岁，生活在巴黎和布鲁塞尔的那个阶段时，马克思是这么描述的[1]：

我所得到的、并且一经得到就用于指导我的研究工作的一般结论，可以简

[1] 罗伯特·塔克，同上，第4—5页。这段文字来自马克思《政治经济学批判》（A Contribution to the Critique of Political Economy）一书的序言。有关马克思从激进的黑格尔主义过渡到政治经济学，以及恩格尔在此过程中作用可以参见彼得·贝尔（Peter Bell）和哈里·克利弗（Harry Cleaver），"从阶级斗争视角看马克思的危机理论（Marx's Crisis Theory as a Theory of Class Struggle）"，《政治经济学研究》（Research in Political Economy），第五卷，1982年，尤其第195—208页。

122 要地表述如下：人们在自己生活的社会生产中结成一定的关系，这种关系是必
不可少的，并且不以他们的意志为转移，这就是与一定发展阶段的物质生产力
水平相适应的生产关系。这些生产关系的总和构成社会的经济结构，基于这一
现实基础，便有了法律的和政治的上层建筑，以及与其相适应的一定的社会意
识形态。物质生活的生产方式制约着整个社会生活、政治生活和精神生活的过
程。不是人们的意识决定人们的存在，相反，是人们的社会存在决定人们的意
识。社会的物质生产力发展到一定阶段，就会同迄今为止一直活动于其间的现
存生产关系或所有权关系（这只是生产关系的法律用语）发生冲突。原来促进
生产力发展的关系形式转而变成生产力发展的桎梏。于是，社会革命的时代就
到来了。……无论哪一个社会形态，在它们所能容纳的全部生产力发挥出来以
前，是绝不会灭亡的；而新的更高的生产关系，在它存在的物质条件在旧社会
的胎胞里成熟以前，是绝不会出现的……大体说来，亚细亚的、古代的、封建
的和现代资产阶级的生产方式可以看作是社会经济形态演进的几个时段。资产
阶级的生产关系是社会生产过程的最后一个对立形式——这里所说的对立，不
是指个人的对立，而是指产生于社会生活条件的对立；与此同时，在资产阶级
社会内部孕育发展的生产力，创造了解决这种对立的物质条件。因此，人类社
会的史前时期就以这种社会形态而告终。

这样，黑格尔那里的"正、反、合"变成了一组动态的时序，在这一组时序
中，技术变变迁和生产方式变化的需要与现有社会组织和制度发生了冲突，引发
了革命性的变化。这其中，令马克思着迷的时序就是无产阶级推翻资本主义，建
立社会主义，以及最终实现共产主义的理想。

历史唯物主义与黑格尔哲学的联姻，在获得马克思在资本主义制度背景下发展
起来的增长理论的支持之后，便有了"科学社会主义"。对于那些通过评估资本主义
的生活而坚信其不公平或者不道德的社会主义者，马克思持轻蔑态度。他坚持认为，
正确的观点是，资本主义的毁灭是历史的必然，而这必将通过暴力而实现；[1] 他还
认为，这些反常规的社会主义者所考虑的公平教义和道德准则，其本身正是资产

---

[1] 1872 年 9 月 8 日在阿姆斯特丹的演讲中，马克思再次重申，大部分欧陆国家的"革命必须采取武力手段"，但
是，英国、美国或荷兰则可能通过和平演变的方式过渡到社会主义。塔克，同上，第 523 页。

阶级统治的资本主义的副产品。

在这里，我们看到了马克思学说中若干个深层次矛盾的其中一个。他的阐释，无论是大众读物还是专业论文，均充满激烈的言辞，或者试图激起真实的义愤，或者宣称与资产阶级的公平和道德观念相背离。毫无疑问，在他那个年代以及其后的一段时间，正是道德暴行和所谓的历史结果必然性二者的汇聚，使得他的理论变得富有吸引力。总体上，马克思试图兼顾两者；而在某种程度上，就他所摆出的表示道德愤慨的社会科学家姿态而言，他是成功的。

就增长的阶段而言，马克思所探究的那充满血腥的时序，包括用暴力推翻资本主义，以及新的统治阶级——无产阶级专政的建立，在黑格尔浪漫主义色彩的综合下最终消解，变成了真正的共产主义。[1]

> 在发展进程中，当阶级差别已经消失而全部生产集中控制在整个国家的大联合手中时，公共力量就会失去其政治色彩。政治力量，恰当地说，就只是一个阶级组织起来压迫另一个阶级的暴力。如果说无产阶级在与资产阶级的斗争中，迫于环境的压力不得不将他们自己组织成一个阶级，如果它通过革命的手段而成为统治阶级，并且，同样的，用暴力消灭旧的生产条件，那么它在消灭这些条件的同时，也就从整体上消灭了阶级对立和阶级本身的存在条件，从而消灭了它作为一个阶级的霸权。

> 取代资产阶级旧社会及其阶级和阶级对立的，将是这样一个联合体，在那里，每个人的自由发展是一切人自由发展的前提条件。

> 在共产主义社会高级阶段，迫使个体奴隶般地服从劳动分工的情形已经消失，于是，脑力劳动和体力劳动的对立也随之消失；劳动已不仅仅是谋生的手段，而且成为生活的第一需要；伴随着个人的全面发展，生产力也得到提升，公共的财富如泉水般喷涌，——只有在那个时候，社会才能完全超越资产阶级权利的狭隘界限，社会才能在自己的旗帜上写上：各尽所能，按需分配！

最后，马克思设想人类会从稀缺状态，从残酷但却不可避免的阶级斗争中解

---

[1] 第一次引文来自《共产党宣言》(1848)（同上，第491页）；第二次引文来自《哥达纲领批判》(1875)（同上，第531页）。

脱出来，而到达"智慧、富有创造力且自由"的状态 [1]；这种观念与约翰·斯图亚特·穆勒的稳态之间存在着某种血缘关系。这二者都深深地根植于西方文化与宗教中的仁爱价值观。然而，穆勒很好地把握到，社会生活中的各种结果并不独立于为实现这些结果而采用的各种手段。而马克思由于受黑格尔的影响，却把目的和手段分离了。

马克思的学说中还存在其他矛盾的地方；这并不奇怪，因为他接受了休谟关于人性固有复杂性的判断。像穆勒，以及我们所有的人一样，马克思也有他自己的个性。一方面，他属于 19 世纪中期德国资产阶级的一分子，周末会带着家人出去野餐，为了自己和他们的快乐而朗诵诗文，有着浓厚的波西米娅怀疑和批评精神。另一方面，他是一个受过良好训练的学者，拥有创造性综合的天赋，但也还是会纠缠于学问的细枝末节。他的注意力很容易偏离主要议题。举个例子，当他应当去完成《资本论》第二、三卷时，他却转而去学俄罗斯语和土耳其语；[2] 不过，他还是一个妙笔生花、有时甚至冷酷决绝的简练主义者和大众作家。用他父亲的话说，这或许是因为他被"一种疯狂的自我主义"所驱使着。[3] 他的这种性格几乎无处不见，表现在方方面面：他矢志留名青史，这种决心使他熬过多年的贫困，使他自己以及他那久处于煎熬之中的家人忍住长期的剥夺；他强力地索求不二忠心，强烈地斥责那些与他相左的看法；他不能抑制地在知识和政治论战中使用着粗鄙庸俗、充满攻击性的语言。

124　　我一直怀疑生物心理学学说，因此，我在这里只会提及但却不会试图去解释马克思奇怪的性格。虽然在童年和少年时期都没有遭受明显的挫败或者否定，但是马克思还是展现出非常孤独、自我封闭的一面，这部分是因为暴力、仇恨和侵略的缘故。以赛亚·伯林（Isaiah Berlin）深刻地描绘了马克思的生平和性格，他在论及年轻马克思时曾写道：即便有时候有些急切，但他依然是一个善良而可靠的父亲；弗莱歇尔·路德维希·冯·威斯特华伦（Freiherr Ludwig von Westphalen），马克思的邻居，他们家的好朋友，一位卓越的政府官员，不仅同这

---

[1]　这些形容词源于以赛亚·伯林，《卡尔·马克思：生平和环境》（Karl Marx: His Life and Environment），（伦敦：牛津大学出版社，1939 年），第 137 页："马克思是一个非常聪明睿智、富有创造性同时又崇尚自由的人，在这些方面他并不输早期的理性主义者"。

[2]　同上，第 262—263 页。也可以参见熊彼特，《经济分析史》，第 387 页："……阅读当中的每个事例、每句论证都深深地敲打着他的心灵，对此他总是满怀激情地进行思辩，于是便不断偏离自己发展的主线。"

[3]　斯普里格（C. J. S. Sprigge）的《卡尔·马克思传》（伦敦：杜克沃思（Duckworth），1938），第 27 页。

个年轻的学者为友，而且还同意了马克思与他的女儿珍妮（Jenny）的婚事。柏林总结道[1]：

> 说到马克思后半生生活中的威斯特华伦，还真是平添伤感。他对人类的评判并非依托慷慨仁慈，他把相信自己、相信自己的权力这种信念强化，并使之合乎人情，而这正是马克思身上最引人注目的性格特征。马克思是为数不多的在早年既没有受到阻挠也没有遭到迫害的革命者之一。因而，尽管他拥有异乎寻常的敏感性、虚荣自负、富有攻击性且傲慢自大，他留给我们的仍然是一个在四十年疾病、贫困和无休止的战火中特别坚强、积极且自信的形象。

虽然后文（第148—149页）将提出，我们也可以把马克思看成一个缺乏自信、意志消沉的人，但柏林的确抓住了马克思性格和表现中一些极深处的秘密。

现在让我们重新回到马克思的增长理论，也即在马克思看来是导致资本主义自我毁灭并创造社会主义进而共产主义基础的引擎。这里有两点需要注意。首先，马克思和穆勒在某个非常具体的方面上正好处于完全对立的两个极端。穆勒，用他自己的话来说，已经准备好并渴求"向每个人学习……调适新事物和旧事物，使其相互契合"。马克思也学习"每个人"，但是，一旦他在1840年代清晰表达出自己的体系后，他只阅读那些支持和阐发该体系的资料和思想。任何其他的东西都被他弃置一边，或者干脆被他明确斥责。在1868年3月11日

---

[1] 以赛亚·伯林，《卡尔·马克思：生平和环境》，第33页。伯林尝试推测，马克思"内在的愤恨感"与他的家庭作为转变信仰的犹太人，只是部分被接受的尴尬地位有关（第25—28页）。柏林描述到，最初由于拿破仑的恩准，犹太人的自由度大幅提高，但是随后又马上收缩；于是，犹太人面临的选择就变成要么回到犹太人聚集区，要么转而加入基督教。马克思的父亲亨利西1817年加入路德教，也即在卡尔出生的前一年。老马克思觉得路德教的行为准则和他的生活方式很协调，但是在1834年，他遇到了一次道德危机（第28页）：

> 洗礼后，他用上了基督教名亨利西，并依照自由的新教徒标准训教家庭成员，教导他们忠于现有秩序，效忠普鲁士王的统治。尽管对照他喜欢的哲学家所描述的理想君王标准，他忧心忡忡地发现，那个统治者，令人讨厌的腓特烈·威廉三世还是击破了他的忠诚幻想。事实上，这个焦虑不安的退休老人，唯一一次为人所知的勇敢行为，是在一个公共晚宴上发表了一个即席演讲，渴望通过一个温和的政治社会变革改换一个睿智慈善的君主。这很快就吸引了普鲁士警察的注意。亨利西·马克思马上就收回所有的言论，并向每个人保证他完全无害。也不是不可能，这样一个微小但令人羞耻的尴尬，尤其是父亲的怯弱、屈从的态度，给16岁的卡尔留下了难以磨灭的印象，进而埋下愤恨感的种子，并最终在其他事情的催化下演变成熊熊怒火。

写给女儿劳拉（Laura）的信中，他说道[1]：“我就是一台机器，注定要去吞没它们（书本），然后换一个形式，把它们扔进历史的垃圾堆。”因此，这意味着，尽管马克思创造了某些特殊用语，但我们所处理的还会是古典传统中耳熟能详的那些概念。当然，它们将会以一种高度选择性的、探索性的方式，被用于说明预定的目标。

对于现今任何一个研究马克思的人而言，还有一个不得不面对的问题。从某个角度看，他可谓孔夫子—白哲特—凯恩斯—熊彼特命题的一个经典例证：他的“构想”在他30岁那年《共产党宣言》出版时就已经完全形成，并且令人难以置信的是，他一心一意地为此奉献了他的余生，一方面力求为它构建一个科学的基础，另一方面力图把它带到政治生活中，直到因为第一国际的失败而遭遇挫折。现实骨感而残酷。因为他发现，不管付出多大的努力，要构建与《宣言》的理论相一致的科学基础也是不可能的。他虽然尝试了各种研究路径，但是不知怎么的，他下意识地认识到，各个部分并没有整合到一起，他从未曾完成这项工作。《资本论》的第二卷和第三卷，是恩格斯根据马克思的手稿整理并艰难地拼凑起来的。其中虽然有发展出可能很重要的观点，但是仍然无法与那些与生俱来就有着内在联系的其他观点相连接或相融合。即便经历了一个多世纪的奉承赞扬和批评注释，马克思的著作中仍然存在大量的模糊晦涩和矛盾之处。批评家们急于令马克思免受粗陋的消费不足理论的指责，但却发现，马克思自己早就攻击过这一学说；不过与此同时，在马克思的作品中显然也存在消费不足主义者的论断。类似的，马克思无疑承认实际劳动工资有可能增长；但是在别处，他又以他出色的文笔，描绘了资本家和工人之间的力量对比是如何倾向于资本家，以至于从结果看，工人实际上只能得到所谓的生存工资——尽管这并不是马克思的学说。于是，坊间便有了“青年马克思”的提法。一些学者辩称，不应该把那个热情洋溢、作为主要作者创作了《共产党宣言》的青年马克思，与那个创作《资本论》和其他著作的成熟马克思相混淆。可是，他后期的作品中依然充满了他年轻时构建的图景，充溢着彼此矛盾和激情洋溢的段落，有时还有火力四射的杂文篇章。

125 　　事实上，马克思的作品有时会令人记起一则轶闻趣事，那是阿尔文·约翰逊

---

598 [1] 这里的引用参考需要感谢罗纳德·海曼（Ronald Hayman）。杰罗德·塞格尔（Jerrold Seigel）的《马克思的命运》（Marx's Fate）也引用了这一参考文献（普林斯顿：大学出版社，1978年），第367—386页。

(Alvin Johnson) 教授 1938—1939 年期间在耶鲁的研究生讨论会上提到的。故事与索尔斯坦·凡勃伦（Thorstein Vebien）有关。约翰逊在读研究生时，参加了凡勃伦主持的一个讨论会。凡勃伦说话的声音很小，学生常常听不懂他在讲什么。其他人委托约翰逊就此礼貌地与凡勃伦交涉，请他提高声量。约翰逊照做了。凡勃伦听完之后抬起头，语调清晰地说道："约翰逊，如果你想缔造一个狂热的崇拜者，那就唧唧咕咕吧。"[1]

但是，不论他如何唧唧咕咕，不论源于他的论战目的、困惑以及重大错误的歪曲正解如何，这都并没有改变以下的事实：马克思根据来自古典经济学的大量思想而创设的那个强有力且原创性的资本主义动力学理论存在巨大的缺陷和不完善之处，就像它已被证明的那样。[2]

基本增长方程

下面，我将按照本书惯常采用的阐述方式，从对马克思最初构建的经济增长理论的简要总结出发，先最大限度地不去关注马克思立场的转变、矛盾和修订。

1. 严格意义上说，马克思发展的人口理论并没有超越以下命题，即，每一种生产方式以及在此基础上建立的社会造就了它自身的人口规律。这一命题产生于对马尔萨斯学说的猛烈抨击。但是马克思确实考虑了最低工资的想法，也即把维持工人及其后代生存的工资纳入考虑。并且，像李嘉图一样，马克思把"历史和道德因素"列入最低工资的决定因素中，以反映"自由劳动者阶级已经形成的习惯和舒服程度"。[3] 但是马克思关注的不是人口，而是劳动力的规模、生产率、谈判能力以及报酬。所有这些变量都源自他对资本主义积累过程的看法；也即，除了商业急剧扩张的阶段，这一积累过程决定了一条本质上弹性无限的劳动供给曲线。这样，在他最为典型的公式中，工资率围绕着社会规定的生存水平和再生产最低点而周期性地震荡，不过在其他一些段落中，马克思并没有否定实际工资率在长期中存在上升趋势的假说。[4]

---

[1] 阿尔文·约翰逊的自传《拓荒者的进步》（*Pioneer's Progress*）（纽约：维京出版社（Viking Press），1952 年；这里的引文来自第 282—283 页，其中还提到几则凡勃伦的风流韵事。

[2] 有关熊彼特那有点类似的评价，参见《从马克思到凯恩斯的十大经济学家》（伦敦：艾伦与昂温出版，1952 年），第 53—55 页。

[3] 《资本论》，第一卷，第 171 页。

[4] 比如参见贝尔和克利弗，《马克思的危机理论》，第 254—255 页。

2. 和其他问题一样，马克思对工资作了许多讨论，但这些讨论并不总是前后一致。我们会在后文论及他立场的变化（后文 130 页）。总的来说，他的观点可以表述如下：工资水平主要取决于工人和资本家之间的谈判势力，而不是其他因素，而这种能力显然是会随着时间而改变。他非常清楚，工资在不同国家会有不同，而且会随时间变化而变化。[1] 不过总体上，马克思认为，资本主义社会中的谈判势力大大有利于资本家而不是工人："分配上的对立……把社会主体的消费拉至最低水平，只在或多或少很小的范围内波动……"（后文第 130 页）。情况就是如此，因为资本积累的过程通常来自劳动供给过剩的三种源泉：被迫离开土地的农业劳动者，因为被工厂代替而被迫转行的手工劳动者，以及根据李嘉图的机器论而引申的，在投资过程中因为资本密集度的逐步提高而被迫离开工厂的劳动者。由此，马克思提出了著名的"产业后备军"概念，这不仅使得资本家可以把实际工资压制在一个很低的水平，而且还为资本家提供了劳动力的蓄水池，以便在增长动力学变化（包括技术进步）造成赢利部门转变时，可以将劳动力从一个部门转移到另一个部门。马克思甚至反对穆勒通过降低人口增长率以增加市场杠杆作用的观点。马克思认为，这种方法只会加强资本家用机器代替工人的动力，因此会导致产业后备军的扩大。马克思想让工人无处可去，除了参加革命。

3. 然而总体上，资本积累的过程不仅植根于资本家追逐更多的利润、收入和财富的欲望，而且植根于某种邪恶的本性，用休谟的话说就是人们对"活动"和"快活"的追求。在马克思那里，资本主义积累的动机是心理满足和社会冲动，尽管在更一般的意义上，也存在追求利润的动机。对于情不自禁进行积累的资本家而言，他们可得的投资资源来自"剩余价值"，即总收入减去资本家支付的工资总额后剩下的利润、利息以及地租。和古典经济学家一样，马克思把支付的工资看成可变（或者流动）成本。为了服务于自己的论证目的，他还继承古典经济学家的观点，认为所有的价值最终都来自劳动——马克思认为这是同义反复的表述。生产过程中所使用的厂房、机器和原材料被定义为不变（或者固定）资本。劳动"剥削率"是剩余价值与工资支付的比例，马克思假定它是一个常数。利润率是剩余价值与可变资本和不变资本之和的比例。资本主义会自我毁灭；这个观

---

[1] 有关马克思工资决定理论的表述和阐释，参见威廉·鲍莫尔（William Baumol），"古典经济学：生存工资与供求分析：马克思与工资铁律（Classical Economics: The Subsistence Wage and Demand-Supply Analysis: Marx and the Iron Law of Wages）"，美国经济学会会议论文，（1983 年，5 月），第 303—308 页。

点的核心是一个强有力的假说，这个假说认为，随着时间的流逝，不变资本对可变资本的比例（"资本有机构成"）将上升。如此，在剥削率（剩余价值对可变资本的比例）不变，不变资本对可变资本比例不断上升的情况下，按照马克思的定义，利润率必然下降。[1]

4. 在马克思的理论中，因为资本积累对利润率并不是很敏感，所以尽管利润率在下降，资本投资仍在继续。这就造就了资本主义走向自我毁灭的两个原因：一方面，生产资料和资本逐步集中到人数不断减少的产业和银行垄断资本家手中；另一方面，资本有机构成不断提高。面对着自我限制但却不断成长的资本主义生产能力，劳动者及其贫困程度的不断集中将使其通过他们的痛苦经历得到锻炼，从而最终完成推翻资本主义的任务。

5. 和穆勒一样，马克思对经济周期有很多的论述。但他的观点并不系统，而且与他的经济增长理论没有牢固和明确的联系。不过，这些论述与他的观点中三个重要的因素相连：产业后备军的规模（以及劳动工资率）与经济周期成反向（正向）相关关系；利润率随着资本有机构成的提高而下降；并且，随着资本有机构成的不断提高，经济体中生产力的不断提升与工人受限（但并不一定静态）的消费能力之间的缺口有不断扩大的倾向。经济周期所带来的危机和萧条，不仅在马克思有关资本主义自我毁灭的理论观点中扮演着重要作用，而且在他扮演革命性的政治战略家角色身份时也起到了一定作用。

6. 和拒绝马尔萨斯的人口学说一样，马克思同样否认农业和原材料生产中存在报酬递减。[2]他预测，随着在农业和工业中新技术的应用以及资本有机构成的提高，所有的生产在技术上都将变成报酬递增。马克思在《共产党宣言》中几乎没有提到农业，但他预言，在社会主义社会，"农业和制造业将结合，城乡差距将

---

[1] 在马克思运用的简单代数表示中，利润率的下降是一个定义问题，具体如下：V=可变资本（工资支付）；C=不变资本（厂房、机器、原材料）；S=剩余价值（利息、利润、租金）。S/V是剥削率。C/V是资本的有机构成。S/（C+V）是利润率。按照马克思的说法，如果剥削率不变，而资本有机构成不断上升（也就是单位工人分摊的固定资本上升）那么利润率必定下降。正如其他地方提到的（第128—129页），这个命题使得马克思陷入一个难以解决的两难困境。如果实际工资上升，那么只有在资本的有机构成上升时，利润率才会下降；而他的体系不允许他承认实际工资得上升（或者说这令他很为难）。

[2] 有关马克思（和李嘉图）对报酬递减原则态度的简明扼要的比较，以及马克思在其他方面对古典经济学的背离，可参见尼古拉斯·卡尔多，"替代性分配理论（Alternative Theories of Distribution）"，《经济研究评论》（The Review of Economic Studies），第23卷，61期，（1955—1956），第87—88页。

减少，整个国家的分配将更加平等。"[1] 在讨论农业和地租问题时，马克思的核心目的就在于缩小基础商品和工业部门之间的传统差别，即便无法消除。

7. 尽管马克思有提到更早的社会组织形式（原始共产主义和奴隶制度），但他认为基本的社会阶段包括封建主义、资本主义、社会主义和共产主义。随着对立阶级力量平衡的动态变化，社会主义以前的各个阶段都会为下一个阶段让出道路。在资本主义社会，对于革命而言，不同的国家处于不同的发展阶段，成熟度也不一样。如后文所示，马克思还特别讨论了当时的印度和其他一些不发达国家。他对这些社会及其经济实际上如何组织以及共产主义社会如何运行等方面的论述非常之粗略。

8. 在马克思的经济增长理论中，有关非经济要素的基本命题是：社会、政治、文化生活显然是对特定时期经济制度特性的反映，是这个特定时期财产关系的产物。在马克思及其追随者的著作中，都可以发现对这种联系不同程度的阐述。至少，中晚年的恩格斯非常肯定经济基础与上层建筑之间的相互关系。[2] 但是，马克思内心中对资本主义的指责在于：在那里，"人与人之间除了赤裸裸的利己主义，冷酷无情的'金钱交易'关系之外，再也没有别的关系"；[3] 而且，本质上，他把当时欧洲的政治、宗教、婚姻和其他社会制度都看作是资本主义社会资产阶级操作的工具。

在模式化地讨论了青年马克思构建的图景后，现在让我们转而在下文中略微更为详细地讨论其理论的具体内容。

128　人口和劳动力

马克思主义中并不存在什么人口定律，不过马克思在阐释历史唯物主义一般原理时曾提到一点："这（马尔萨斯的人口论）是一个资本主义生产方式所特有的人口规律；实际上，每一个特定的历史生产方式都会有它自己特有的人口规

---

[1] 也许很重要的一点是，马克思作为一个"城里人"，对粮食如何生产基本一无所知，所以才会赞扬资产阶级"（通过城市化）拯救了农村大量无所事事的人口"（罗伯特·塔克（编），《马克思和恩格斯读本》，第477页）。有关马克思在农业方面缺乏判断力所导致的某些后果，我个人的看法可参见 Marx was a City Boy or Why Communism May Fail，哈珀斯杂志（Harpers Magazine）（1955 年，2 月），重印于《五十年论文随笔》（*Essays on a Half-Century*），第三章，（博尔德：西方视点出版社（Westview Press），1988）。

[2] 尤其参见恩格斯给约瑟夫·布莱思（Joseph Bloth），弗来茨·梅林（Franz Mehring）和斯塔克博格（H. Starkenburg）的信，载于罗伯特·塔克（编），《马克思和恩格斯读本》，第 760—768 页。

[3] 引自《共产党宣言》，罗伯特·塔克（编），《马克思和恩格斯读本》，第 475 页。

律，这一规律只在具体有限的历史时期是成立的。抽象的人口规律只存在于植物和动物世界，并且只有在人类还没有干预其中时才存在。"[1] 基于这种相对主义观，马克思和恩格斯以各种最为夸张的言语系统性地叱责马尔萨斯，这其中，"狒狒"算是最温和的了。[2] 在这种猛烈抨击的背后，其目的似乎相当明了且易于理解。第一，为了给《共产党宣言》中论及的有关过去、现在和将来的社会提供经济基础，马克思需要避开任何超越他所设想的历史阶段的经济规律。他不想资本主义遗留下来的人口规律出现在社会主义和接下来的共产主义社会中。出于同样的原因，他无视物质资源报酬递减的概念，因为马克思正确地把握到，这一概念正是马尔萨斯一开始时表述的学说的基础。第二，马尔萨斯的观点与他根据资本有机构成提高的假定而推出的产业后备军理论正面冲撞。这一假设对于资本主义自我毁灭理论而言是至关重要的。因此，马尔萨斯是一个相当危险的竞争者，不得不摧毁，如同与他竞争的社会主义者一样。第三，自《人口论》第二版起，在关于不同社会限制家庭规模的研究中，马尔萨斯补充强调了通过审慎和教育来提高劳动实际工资可能性，并且在 1815 年后，他对抑制农业中的报酬递减日益乐观，并提出一条渐进的改良道路，以从早期工业化英国毛糙的生活中摆脱出来，而这极大地挑战了马克思认为必须进行暴力革命的核心观点。比如，恩格斯是这么描述因此而来的不安的[3]：

> ……即使马尔萨斯完全正确，还是有必要立即完成这种重组（社会主义），因为只有通过这种重组，只有通过由此带来的民众启蒙，才能使得对人口再生产本能的道德约束成为可能，而这种约束正是马尔萨斯自己提出的对待人口过剩最简单、最有效的对策。

---

[1] 《资本论》，第 1 卷，第 632 页。

[2] 马克思和恩格斯对马尔萨斯的评论，可参见罗纳德·米克（Ronald L. Meek）（编），《马克思和恩格斯评马尔萨斯》（*Marx and Engels on Malthus*）（纽约：国际出版家，1954）。马尔萨斯的"狒狒"说来自《政治经济学批判大纲》，参见罗伯特·塔克（编），《马克思和恩格斯读本》，第 276 页。对于马克思对实际工资于人口关系的讨论，塞缪尔·霍兰德写有一篇令人印象深刻的批判文章："马克思和马尔萨斯主义：马克思的长期工资路径（Marx and Malthusianism：Marx's Secular Path of Wages）"，《美国经济评论》（*American Economic Review*），74 卷，第 1 期（1984 年 3 月），第 139—151 页。

[3] 引自恩格斯的"《政治经济学批判》纲要（*Outline of a Critique of Political Economy*）"，载于罗纳德·米克（编），《马克思和恩格斯评马尔萨斯》，第 62 页。

要是资本主义社会能够实现启蒙，并由此带来道德的约束和出生率的下降，那又会怎么样？

马尔萨斯有关人口增长率决定因素的观点自成一体，与马克思的观点相当不同，但更为成熟；它与一系列的社会阶段和类型相关，而这些分类比马克思那狭窄的分类要丰富得多（如前 69 页）。因此，对于马克思主义者来说，否定马尔萨斯，并把他刻画为这么一个人非常重要："总体上，他预先假定资产阶级的总体境况，然后证明其中的每一个部分都必不可少，也因此是一条'永恒的定律'。"[1]

应该指出的是，马克思关于西欧人口问题的观点与穆勒一样，均受到当时两个背景的影响，即拿破仑战争之后食物的相对便宜，以及 1850 年代铁路繁荣之后美国西部大量资源变得明显可得。

在这里，我的意思并不在于详细地谈论所谓的转换问题；[2] 也即，是否有必要把马克思所使用的劳动价值论和剩余价值转换成通常所用的术语：价格、利息、利润和地租。这对于我们的目的来说并非关键之所在；马克思主义者和非马克思主义者之间的争论在我们的时代已经基本得到解决。例如，威廉·费尔纳（William Fellner）就曾总结说[3]："在马克思的著作中，劳动价值理论的主要作用是把一套假说和某个'信条'联系在一起，这一信条强调，所有的非劳动收入都来自于'剥削'，因而是让人讨厌的"。琼·罗宾逊，作为一个比较友好但独立的

---

[1] 引自恩格斯给兰格的一封信，同上，第 82 页。

[2] 有关此问题最集中的争论就是所谓的转换问题，但这并非唯一的争论。这个问题始于 1894 年出版的第一版德文版《资本论》第三卷，这一卷是恩格斯根据马克思的笔记编就而成的。该书开篇四章是关于剩余价值和利润的关系。而《资本论》第一卷开篇就讨论价值的定义，这或者是直接用劳动完成定义，或用间接内含于商品中的劳动加上劳动单位或者有时是用劳动时间表示的剩余价值来完成。实际上，马克思改变了自己的观点，起初用标准劳动单位计量的使用价值来表示，然后变成一般的市场价值。萨缪尔森曾在一篇出色的综述性文献（一直到 1971 年为止）中讨论了这个转变的意义（及其技术上的正确性），见"理解马克思的剥削概念：马克思的价值与竞争性价格之间所谓的转换问题概述（Understanding the Marxian Notion of Exploitation: A Summary of the So-Called Transformation Problem Between Marxian Values and Competitive Prices）"，《经济学文献杂志》（*Journal of Economic Literature*），卷九，（1971 年，6 月），第 339—431 页。就这一问题，学者们在讨论和争辩之后达成的一个共识是，马克思在第一卷中给出的初始理论构造只有在整个经济的劳动资本比（资本的有机构成）全部相同时才会成立，而这是几乎不大可能出现的情况。相反的论点，虽然尽显博学、精妙，但在我看来说服力差强人意，可参见威廉·鲍莫尔，"价值转换：马克思'真正'想说的是什么：一种解释（The Transformation of Values: What Marx 'Really' Meant: An Interpretation）"，《经济学文献杂志》，卷十二（1974 年，3 月），第 51—62 页。

[3] 威廉·费尔纳（William Fellner），"马克思主义假说与可观察的资本主义趋势：一个'现代'解释（Marxian Hypotheses and Obervable Trends Under Capitalism: A'Modernized Interpretation')"，《经济学杂志》，卷 67，265 期（1957 年，5 月），第 22 页。

599

马克思研究者，她的评论是[1]：

> 当商品和劳动力的价值不断改变时，想要根据价值进行计算是很难的，129
> 这就解释了为什么马克思的许多表达令人费解，同样也解释了为什么他所表
> 达的重要观点若不使用价值这个概念，就没有一个可以得到更好的表达。
>
> 但是，马克思所用术语的重要性在于其启发性力量。没有哪一个经济学
> 派曾经使用过如此完美平实的术语。即使作者相信他自己足够冷静科学，读
> 者的脑海中还是会产生言外之意。

罗宾逊接着列举马歇尔和庇古的论述来说明语言所带来的启发性力量；对前
者而言，她举的例子是，马歇尔把利息看作是资本家"等待"（不是"节制"）的
合理回报；对于后者，她举的例子是，庇古论垄断和自由竞争下与实际工资有关
的"剥削"。

保罗·斯威齐（Panl Sweezy），一位老练的、正统的马克思主义者，用他自己
的语言重申了费尔纳和罗宾逊的观点[2]：

> 人们或许会说，有关价值计算和价值向价格转化的一整套问题都是多余
> 的包袱。既然现实世界是一个用价格计算的世界，为什么不一开始就用价格
> 概念来处理问题呢？
>
> 一个马克思主义者可以安心地对这一观点作一些让步……
>
> 人们可能会被诱惑着走得更远，进而承认，若是从形式上看，那么即便
> 是从整体上对这个系统的行为进行分析时，省去价值计算也是可能的。然而
> 有一个重要的理由告诉我们，那是一个错误的观点。全部社会产出都是人类
> 劳动的产品。在资本主义条件下，社会产出中的一部分被这个社会中拥有生
> 产资料的那群人所占有。这不是一个道德判断，而是对实际存在于社会群体
> 之间基本经济关系的一种描绘。对此做出最清晰的理论表达的，就是剩余价
> 值论。只要还保留价值计算，我们对利润的来源和性质——作为全社会劳动

---

[1]　琼·罗宾逊，《马克思主义经济学论文集》，第24—25页。
[2]　保罗·斯威齐，《资本主义发展理论》（纽约：牛津大学出版社，1942年），第128—129页。

产出的一种扣除，就不会模糊不清。从金钱范畴到社会范畴的转换也就变得非常容易。

保罗·萨缪尔森（Paul Samuelson）在以严格的经济学术语来处理劳动价值论时就没有表现得如此宽容：[1]"用萧伯纳的话来讲，马克思的追随者们应该注意到普遍存在于所有社会的一项基本经济准则：减少你的损失！"

最后，如果把转换问题简化为一种学说、信条、信念、宣传口号或者社会道德问题，那么马克思关于资本主义条件下实际工资的判断和推测就将极具重要性。实际工资（以及社会服务）从拿破仑战争时期的谷底（如 1812 年）开始上升，其上升幅度之巨大使得马克思对资本主义及其未来的设想在技术上，进而最终在政治上遭遇到最大的挑战。

130　　在《共产党宣言》中，有关实际工资的未来前景，有两段值得回味的论述：[2]

> 由于机器的广泛运用和劳动分工，无产阶级的工作已经失去所有的个体特征，进而失去所有吸引公认的魅力。工人变得只是机器的附属物，他们所需要的只是最简单、最单调，也最容易习得的技术。因此，花费在工人身上的生产成本，几乎就完全局限于工人维持自己的生计以及养育下一代所需要的生存手段。但是，商品的价格进而劳动的价格均等于其生产成本。所以，当工作折磨增加时，相应的，工资反而下降了。不仅如此，随着机器使用和劳动分工的增加，工作的辛苦程度相应地也以同样的比例在上升，不管其形式是劳动时间的延长，还是指定时间内要求完成工作的增加，抑或是机器运行速度的加快，等等。

> 现代工人的生活状况……不仅没有随着工业的进步而变好，而且越陷越深，以至于低于他们维持生计的需要。他们变成穷人，并且贫穷化的速度要大大高于人口和财富增长的速度。

---

[1] 保罗·萨缪尔森，"工资与利息：马克思经济学模型的现代剖析（Wages and Interest: A Modern Dissection of Marxian Economics Models）"，《美国经济评论》，卷 47，（1957 年，12 月），第 892 页。然而，值得注意的是，在这篇以及其他研究马克思的论著中，萨缪尔森还是很细心地把他认为合理的、马克思理论中的洞见分离出来。

[2] 罗伯特·塔克（编），《马克思和恩格斯读本》，第 479 页，483 页。

尽管是一部学术著作，但是在《资本论》中也可以发现一些带有感情色彩的段落，表明劳动者的实际工资将被控制在社会通常情况下维持生计所需的最小量。[1]但是，也有一些段落表明，马克思关于实际工资的观点并不明晰。例如下面这个段落就可以解释成，马克思认为实际工资将增长到一定程度，只要它们不会因为减少利润而破坏积累的增加；同时，马克思还认为，要破坏资本积累的冲动其实是十分困难的。[2]

正如我们所看到的那样，工资，就其本质而言，总是意味着劳动者有一定数量的劳动表现没有获得报酬。总之，不考虑劳动价格下降而工资上升的情况，这种上升最多意味着工人不得不提供的无报酬劳动数量减少了。这种缩减永远不会达到危及那个体系本身的程度。除了因为工资率而引发暴力冲突的情况（亚当·斯密已经论证了，这样的冲突从总体来说，雇主总会是赢家），劳动价格的上升也可能是源于资本积累，这就意味着以下可能是存在的。

一种可能是劳动价格持续上涨，因为其上升不会妨碍到积累的进程……这种情况清楚地表明，无报酬劳动的缩减不可能会妨碍资本范围的扩张。或者，另一种可能是，积累会因为劳动价格的增长而变得迟缓，这是因为源自利润的刺激在减弱……劳动价格会随着资本自身扩张的需要而再一次下降到一定水平，无论该水平是低于、等于还是高于在工资总额增加发生前的正常水平。

---

[1]　比如，《资本论》第一卷第 645 页：

……在资本主义体系中，所有增进社会劳动生产率的方法，都是以牺牲个体劳动者为代价；所有促进生产发展的变革，本身又会变成统治、剥削生产者的手段；他们把劳动者分割成一个个分立的个体，使他们成为机器的附属物，并把工作中每一点残留的乐趣破坏殆尽，让它变成恼人的苦楚；他们把科学作为一种独立的力量纳入生产过程，使劳动者远离其中蕴含的那部分智识，丧失进一步发展的潜能；他们毁坏了工作环境，使他在劳动过程中屈服于专制控制，对其中的卑鄙之处更加痛恨；他们让他一生都忙于生计劳动，将其妻儿置于资本主义那毁灭一切的车轮之下。但是，所有生产剩余价值的方式，同时又是资本积累的手段；于是，每次资本累积的扩张又再次发展出以上诸种剥削手段。

因此，随着资本的积累，相应地，许多劳动者不论报酬高低，其境况势必进一步恶化。最终，随着资本积累程度和能量的增加，这条总是调整着相对剩余人口或者产后后备军的规律，将愈为牢固地把劳动者绑在资本上，其牢固程度甚至超越火神将普洛米休斯压嵌在石头上。因此，从一个极端看，财富积累同时也意味着苦难、劳累之痛、奴役、愚昧、残忍的不断积涨以及精神的恶化；而从另一个极端看，也即从另一个阶级的立场看，这无非就是在用资本生产自己需要的产品。

[2]　同上，第 619 页。

不过总的来说，马克思的学术著作总体上给人留下的印象是：扩大产业后备军的资本家力量是如此强大，以至于实际工资会围绕着最低生存水平波动，而这个水平是在漫长的权力斗争中确定下来的，只有到资本主义被推翻时，这种斗争才会停止。[1]

然而，如前所引，马克思所列出的反对资本主义的清单，并不仅仅局限于实际工资的停滞或者不公平。他生动地描绘了劳动时间的延长，重复性劳动如何毁灭人性，使得男女老少成为机器的奴隶，还有那恶劣的居住条件、排水和供水条件，以及梦魇般伴随左右的失业威胁。此外，他还依据生活境况的差异对劳动大军进行了分类，认为其中一部分人的境况会好些，而另一部分人则陷入凄惨贫穷的境地。在拿破仑战争结束后，英国的实际工资呈现出不稳定的上升趋势，随着这些证据的渐渐集中，当代马克思主义者越来越转而强调马克思所阐发的这些方面。

131 表 4.2　抽选出的工人群体中成年男性全职工作者的真实收入趋势，1755—1851 年
（1851=100）

基准年份	农业劳动者	中间层	手工艺者	所有的蓝领	白领	所有工人
1755	65.46	47.54	56.29	56.50	29.93	42.74
1781	61.12	46.19	48.30	50.19	22.24	39.24
1797	74.50	52.54	46.73	53.61	23.45	42.48
1805	74.51	52.96	42.55	51.73	20.82	40.64
1810	67.21	51.54	42.73	50.04	19.97	39.41
1815	75.51	57.81	52.18	58.15	25.49	46.71
1819	73.52	54.35	50.26	55.68	27.76	46.13
1827	75.86	70.18	66.39	69.25	39.10	58.99
1835	91.67	85.97	78.62	83.43	66.52	78.69
1851	100.00	100.00	100.00	100.00	100.00	100.00
变动比例 1781—1851 年基于三种生活成本权重和价格假设计算						
最悲观	31.6%	75.1%	68.0%	61.8%	294.5%	103.7%
最佳估计	63.6%	116.5%	107.0%	99.2%	349.6%	154.8%
最乐观	107.0%	175.3%	164.2%	154.4%	520.3%	220.3%

---

[1]　同上，第 639 页。

来源和注释：最悲观的和最乐观的估计建立在相对不切实际的生活成本指标的基础上，是从 16 种可能性中挑选的极端例子。最悲观的估计使用的生活成本指标结合了北部城镇的支出权重和图克的国际服装价格以及特伦山姆（Trentham）的村级地租，而最乐观的估计使用的指标结合了北部乡村的支出权重和服装出口价格以及零地租。同样，我们喜欢的还是"最佳估计"指标，即结合了南部城镇的支出权重与出口服装价格以及特伦山姆的地租。

1775 年的数据基于菲尔普斯．布朗－霍普金斯（Phelps Brown-Hopkins）指标而得，用于向前扩展我们自己处于 1781—1850 年间的数据序列。

来源：皮特·H·林德特（Peter Lindert）、杰弗瑞·G·威廉姆森（Jeffrey Williamson）"产业革命时期英国工人的生活状况：一个新观察"（English Workers' living standards during the industrial revolution: A new look），经济史评论，第 36 卷，第 1 期（1983 年 2 月），第 13 页。

事实上，马克思的一大成就就在于，他引发了学术界关于产业革命期间英国实际工资走向的长期争论，这一争论一直持续到 20 世纪 80 年代。[1] 表格 4.2 和图 4.1 给出了目前可以得到的有关英国若干部门劳动力实际工资变动趋势的最佳估计。

总体上看来，结果相当清楚。

● 甚至在法国大革命和拿破仑战争以前，英国实际工资也因为人口上升而面临着下降的压力，这段时期的人口上升使得 1760 年代晚期开始，英国谷物净进口国的地位日渐确立。

---

[1] 有关生活标准问题的讨论，一个有用的文献书目可参见菲利斯·迪恩，《第一次产业革命》（剑桥：剑桥大学出版社，1967 年），第 285—286 页。对于该争论，其他贡献者可见如：

威廉姆斯（J. E. Williams），"1750—1850 年间英国的生活标准（The British Standard of Living, 1750—1850）"，《经济史评论》，卷十九，第 3 期（1966），第 581—589 页。

冯·图泽尔曼（G. N. Von. Tunzelman），"再议 1750—1850 年间英国的实际工资（Trends in Real Wages, 1750—1850, Revisted）"，《经济史评论》，第二辑，卷 32，No.1（1979 年 2 月），第 41—45 页。

彼得·林德特（Peter H. Lindert）和杰弗里·威廉姆森（Jeffery Williamson），"新视角看产业革命时期'英国工人'的生活标准（English Workers' Living Standards During the Industrial Revolution: A New Look）"，《经济史评论》，卷 36，第 1 期，（1983 年 2 月），第 1—25 页。

福林（M. W. Flinn），"评（林德特和威廉姆森及其回应）"，《经济史评论》，卷 37，第 1 期（1984 年, 2 月），第 88—94 页。

施瓦茨（L. D. Schwarz），"伦敦生活标准的长期趋势：1700—1860（The Standard of Living in the Long Run: London（1700—1860））"，《经济史评论》，卷 38，第 1 期（1985 年 2 月），第 24—41 页。

600

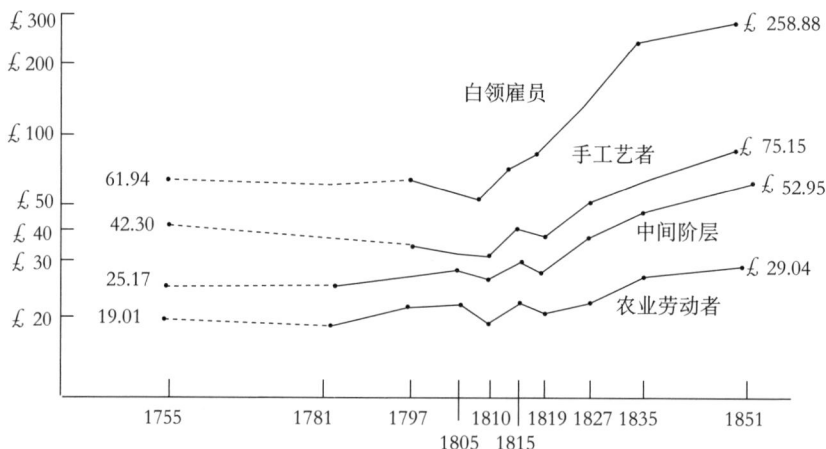

图 4.1　抽选出的工人群体中成年男性全职工作者的平均收入走势,1755—1851 年,以不变价格计算。

(改自:林德特和威廉姆森的"英国工人的生活标准",第 12 页。)

● 在战争年代,实际工资明显降低,不过战后又急剧上升,期间两个极度糟糕的年份——1816 年和 1819 年除外。

● 从 1820 年开始到 1850 年及其以后,实际工资呈现不规则的上升趋势。

为了确立对这些观点的信心,学术界付出了大量的艰辛,有时还发生了激烈的争论。回顾马克思时代,在我看来,以他可以利用的资源,以及他对产业工人状况的强烈同情,不应该过分批评他在研究和测量 1815 年之后实际工资趋势上的失败。图 4.2 突出了这一点。在 1840 年至 1880 年期间,马克思的观点已经形成,他成熟的作品也已完成,而英国、法国和美国的实际工资虽然在期间的 1840年代和 1850 年代出现大幅波动,但是并未显示出确定可识别的趋势。只有在美国内战及其西部铁路交通网完善以后,也就是便宜的谷物开始从美国西部涌入欧洲时,实际工资才显示出明确的上升趋势。

于是,马克思在他那个年代建立起那样一个工资理论就是可理解的了:随着失业大军数量的收缩和扩张,实际工资会围绕相对稳定的水平展开周期性波动。毕竟,不论对错,穆勒也得到了如下结论:[1] "既有的所有机械发明真的减轻了人们工作的辛劳了吗,这是值得怀疑的";马克思引用了这一结论。由于马克思经

---

[1] 《资本论》引于第一卷,第 371 页,引文来自穆勒的《原理》,第 756 页。

常强迫自己阅读工厂检察员报告（Factory Inspectors Reports），以及其他描述那个时代工人生活状况作品，因而也就可以理解，为何马克思会对成熟工业体系中的人类和社会成本反应强烈，就像许多同时期的学者所表现的那般。

　　不管怎样，马克思的分析有两点值得商榷：一个相对比较次要，另一个则非常重要。

133

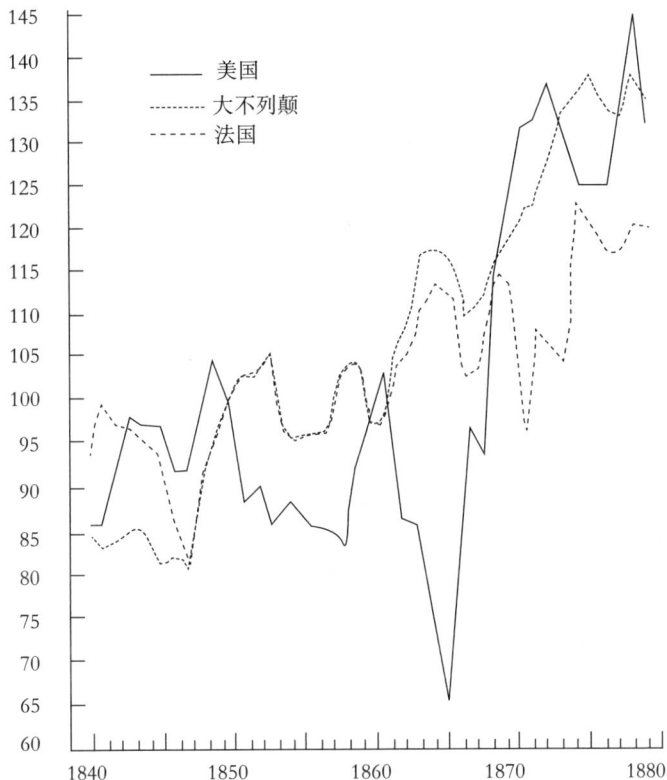

图 4.2　实际工资：大不列颠、法国和美国，1840—1880 年（1850=100）。

线一，1840—1850 年，R. S. 图克，"伦敦工匠的实际工资"；1850—1880 年，G. H. 伍德（Wood），"全部工作的实际工资"（载于，沃特·莱顿（Walter. T. Layton）和杰弗里·克劳瑟（Geoffrey Crowther），《价格研究导论》（*An Introduction to the Study of Prices*），伦敦：麦克米伦出版社，1938，第 273 页）；线二，让·洛姆（Jean Lhomme），"法国电力工人在一个世纪间的工资水平（Le Pouvoir d'achat de I'ouvrier francais au cours d'un siecle）：1840—1940 年"，社会运动期刊（Le Mouvement Social），63 期（1968 年 4 月—6 月），第 46 页；线三，汉森（Hansen），"影响实际工资变动趋势的因素（Factors Affacting the Trend of Real Wages)", 第 32 页。

第一，他没有发现，那个阶段实际工资的短期变动以及变动趋势更多是生活成本变动的结果，而不是货币工资率变动的结果——图 4.3 生动地说明了这一点。毫无疑问，货币工资在其他一些部门的波动要比在伦敦贸易大厦里的波动更加反复无常。但是已有证据明确表明，在当时的英国，生活成本波动的幅度要比货币工资波动的幅度更大。[1]

第二，马克思未能预测到，实际工资的不断上升是资本主义的长期特征之一，这其实反映了其理论中一个深刻的错误及其想像力的失败。如前所述，由于强调实际工资或多或少会保持稳定而利润会下降，马克思把自己赶入一个死胡同，因为其中存在的不兼容性目前已经得到一致承认（如前 126 页）。[2] 正如像萨缪尔森所说的：[3] "……现代马克思主义者日益转向那种与上个世纪工人实际工资率呈巨幅增长这一事实相一致的严肃创作。"虽然马克思那里也有很多段落暗示，只要利润率仍然足以刺激持续的投资流量，那么实际工资就可能上升。但是，这不是一个能够促使工人涌向大街，进行革命的学说。马克思未能确定、清晰地预测到实际工资的上升可以成为资本主义进程的结果，强调这一点是重要的，因为它展现了可以系统地从马克思身上观察到的一种特质：他倾向于以一种相当直来直去的方式，映射出他那个时代容易引人注目的情景和趋势。对于一个自认为是黑格尔主义历史学家而不是经济学家的人来说，出现这种错误虽然奇怪，但它还是发生了。

关于劳动，最后还需要强调一点。正如他没有构建出一个有关人口的一般理论一样，马克思也没有构建出一个有关工资的一般理论。其中的理由如出一辙：马克思认为，工资率是历史环境的产物，而这种环境取决于技术、财产关系、相关制度以及历史所创造的阶级之间的斗争。在大多数情况下，马克思都把资本主义社会的

[1] 尤其参见盖尔等，《增长和波动》，第二卷，第 934—940 页，以及第 949—970 页的讨论。根据美国国民经济研究局的测算方法，既定周期内货币工资的平均波动指标，纺织业是 16.0，农业是 14.7，伦敦工匠工资是 3.6。生活成本则是 33.2。

[2] 有关马克思主义的两难困境，最为生动精致的表述可见萨缪尔森的"工资与利息"。他文章的脚注已经涵盖了相当大部分当代有关此问题研究的文献。后续的马克思主义经济增长模型，参见大卫·莱布曼（David Laibman），"马克思主义的经济增长模型（Toward a Marxian Model of Economic Growth）"，《美国经济评论》上的激进经济学，（1977 年 2 月），第 387—392 页。

[3] 同上，第 895 页。

工资率看成是野蛮的权力斗争的结果，这其中斗争的天平倾向于雇主而不利于工人。资本主义利润所受到的唯一限制就是工人及其孩子的生存需要，这种限制使得资本家不能以牺牲工人为代价无限制地扩大剩余。这种权力斗争的背后隐藏着一种观念：在就业相对充分时，工人讨价还价的能力进而工资就会上升，其代价就是利润的减少。于是，通过扩大产业后备军的蓄水池，刺激劳动节约型的发明，提高资本有机构成，周期性萧条便成为驱使工人回到战斗前线的关键手段。

134

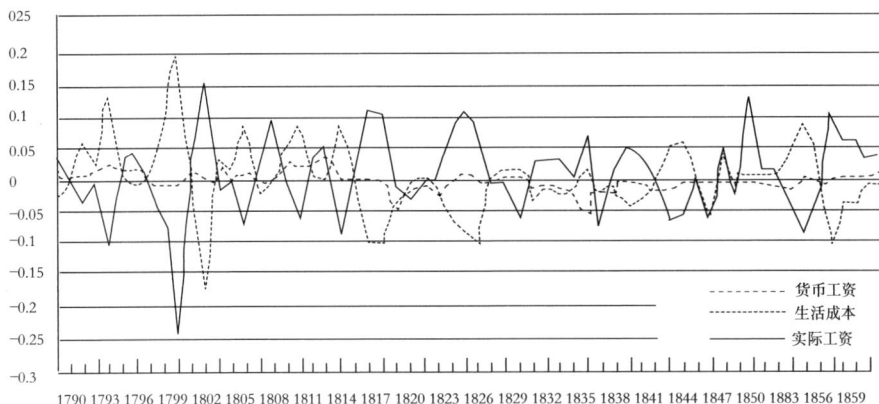

图 4.3：伦敦工匠货币工资、生活成本和实际工资的比较，1790—1850 年。

来自鲁弗斯·塔克（Rufus S. Tucker），"伦敦工匠的实际工资（Real Wages of Artisans in London）：1729—1935 年"，美国统计学会杂志（*Journal of the American Statistical Association*），卷 31，1936，第 78—79 页。

因此，从《资本论》这一标题中就可以预期，当我们面对着这样的一个作者时，他会如何讨论资本。实际上，马克思关于劳动流动状况的立场观点，就像他的所有其他立场观点一样，都是来自他对投资过程的分析，其中当然包括技术的产生和扩散。

投资和技术

与所有其他人一样，马克思的经济增长理论也建立在资本形成过程之上；但是，由于他需要构建的是一个自我毁灭的增长过程，因此他所构建的体系也就有了一个特别之处。虽然资本家积累的冲动有时会独立于追逐利润的动机，而以压倒性的社会压力形式出现，不过马克思的观点总体上还是围绕着获取残酷竞争条件下可感知的利润机会而展开的。

在其投资理论的核心部分，马克思设想了三个相互关联的过程：固定资本相对于劳动比例的不断提升（资本有机构成的提高），工业和银行集中度的逐步提升，以及随着劳动节约型机器被逐步引入农业与工业而带来的产业后备军的扩大。

135　　马克思对这每一个过程的描述可见以下几段来自《资本论》的引文。[1]

资本有机构成的提高。

　　……和与之匹配的劳动力相比，生产资料范围的扩大，是劳动生产力提高的表现……生产资料的大量增长，同使它充满活力的大量劳动力相比，再一次反映在……不变资本的增长和可变资本的下降上……

资本的不断集中。

　　资本能够在某处大量集中于某人手上，是因为在另一处，很多人失去了它。这是一种可以恰当地称为集中的过程，完全不同于积累和聚集。

　　如果要等到一些个体积累起足够的资本才能修建铁路的话，那么这个世界永远都不会有铁路。与此相反，通过股份公司实现的资本集中，只要一眨眼的工夫就能实现这一点。

产业后备军的扩大。

　　正常的积累过程中额外形成的资本……专门用于开发新的发明和发现以及总体上的工业进步……

　　一方面……相对于其数量而言，积累过程中额外形成的资本所引来的劳动力越来越少。另一方面，伴随着构成的变化，原有资本在周期性再生产过程中驱逐了越来越多之前曾雇佣的劳动力……

　　产业后备军，在停滞期和一般繁荣时期，均压制着在业工人；而在生产

---

[1]　《资本论》，第一卷，依次摘自第 631—633 页，第 624—628 页，第 638—640 页。

过剩和飞速发展时期，却在遏制自己的要求主张。……一旦他们尝试通过英国工会联盟，在就业者和失业者之间建立起经常性的合作，以摧毁或者削弱资本主义生产的自然法则对他们的阶级产生的毁灭性影响，资本和它的追随者——政治经济学就会立即大声叫嚷，那会带来"永久"的侵害，并开始宣扬所谓的"神圣的"供求定律。

就我所知，马克思只调查过一家工厂，这家工厂位于卡洛斯拜德附近。[1] 不过，他显然对机器十分着迷。和穆勒一样，他花费了很多笔墨来讨论巴贝奇和当时的许多其他学者——这些学者的共同特征是，他们都日益意识到 1780 年代以来不断展开且还在进行之中的变革。而且，马克思还追溯了更早时期机器的历史。马克思把机器视为资本主义的伟大成就，视为一种保持劳动力处于被征服状态的邪恶手段，以及通过提高资本构成，最终酝酿成为摧毁资本主义的主要手段。

马克思对机器的矛盾情感可以从下面这段文字中体现出来——他首先引出发明，把它看成是科学在实际事务中的应用，不过最终却以一个来自歌德（Goethe）的类比总结，认为劳动者的身心已被机器所俘虏。[2]

136

首先，机械是对力学和化学规律的分析和应用，直接来自科学，它使得机器能够完成之前由工人完成的劳动。但是，在这个过程中，机械发展的前提首先在于大型工业已经达到一个更高的层次，并且所有的科学都被迫服务于资本；与此同时，机械发展的前提还在于，机器自身已经可以提供更大的功能。到那时，发明就会变成一种商业，而科学应用于直接生产本身，就会

---

[1] 弗兰茨·奥本海默（Franz Oppenheimer）令我注意到，马克思曾经参观过一家德国的工厂，但从未踏进英国工厂一步。理卡德·弗雷登塔尔（Ricard Friedenthal），《卡尔·马克思的生平与时代》（*Sein Lebenund Seine Zeit*），（慕尼黑：Deutscher Taschen Verlag, 1983 年），第 417 页："正如经常提到的，马克思从来没有参观过一家英国工厂，以前在德国的时候也只看过一个在卡罗维利附近位于巴斯代斯的德国工厂"。

[2] 马克思，《政治经济学批判大纲》（草稿），此版由马丁·尼古拉斯（Martin Nicolaus）翻译并附加了一个导读（伦敦：艾伦·莱恩（Allen Lane), 1973），第 704 页。有些修正主义式的观点，参见唐纳德·麦肯奇（Donald Mac Kenzie），"马克思和机器"（Marx and the Machine），《技术与文化》（*Technology and Culture*），卷 25，第 3 期（1984 年，7 月），第 473—502 页。麦肯奇认为，马克思关于机器制造业在塑型社会中作用的描述有时比较简单，不够充分，有时又比较复杂，描述了两者的相互作用。特别的，在马克思的文本中，两种类型的论述都能找到。

变成一种决定并呼唤发明的期望。但是这并不是机械诞生的一般路经，更不是它具体发展进步之路。实际上，这条道路是在解剖……通过劳动分工，逐渐将工人的操作转变成越来越呆板的动作，从而使得机械装置可以在某一个环节介入其中。因此，这里发挥作用的具体模式看起来就是直接将工人转换成为机器形式的资本，这样工人的劳动能力就贬值了。因此就有了工人对抗机器的活动。活生生的工人的活动变成了机器的活动。因此，资本对劳动的占有使工人陷入一种粗糙的劳动模式；资本将劳动吸收到自身当中——"就好像它的身体被爱所占据。"*

基于对亚当·斯密有关劳动分工正反两方面结果的观察（如前 37 页），马克思非常详细地阐述了机械会带来毁灭性心理和社会后果的观点。这是一个反复出现在他的许多作品中的主题。尤其是在《资本论》第一卷第十五章"机器和现代工业"（Machinery and Modern Industry）中，马克思用了长达 136 页的篇幅来论证他的观点。在结尾，马克思展示了他最为雄辩的批判能力，对资本主义制度下技术对生活包括农业生活的影响展开攻击[1]：

> ……和制造业一样，农业生产的变革也在资本，即生产资料的支配下进行，同时，生产者做出了牺牲。……而且，所有资本主义农业下的进步都是技术的进步，不仅仅是对劳动力的掠夺，也是对土地的掠夺；所有在一定时间内提升土地产能的进步，都是趋于摧毁那种肥力持续源泉的进步。……因此，尽管资本主义生产发展了技术，并且把各种进步结合起来应用到社会这个整体中去，那也只是暗中破坏所有财富的原始来源——土地和劳动力的结果。

尽管马克思对发明和机械有着浓厚的兴趣，甚至达到痴迷的程度，尽管他意识到科学和发明之间的联系，但他对历史转向现代工业资本主义的分析还远未完成，并且他对技术与资本形成之间联系的阐述也过于简单。他从国际市场的扩张

---

* 歌德，《浮士德》，第一部，第五场，"奥尔巴赫在莱比锡的酒窖"（auerbach's cellar in leipzig）。
[1] 《资本论》，第一卷，第 506—507 页。

出发，展开历史分析，先后讨论了通过殖民化、奴隶贸易、公共债务的扩大以及其他重商主义政策而实现的"原始积累"，进而讨论了这个"从头到脚，每一个毛孔都充满着血和肮脏的东西"的资源池如何转变成机械和固定资本的扩张。[1]在这个故事里，看不见科学革命，没有牛顿，也没有对人类理解和操控自然为自己谋利的能力提出新见解。[2]有点相似的是，在处理现代工业资本主义中的技术变迁时，马克思把整个积累过程中新技术的产生和传播都囊括在内。[3]在某种意义上，马克思与古典先驱和主流经济学中的后继者一样，也倾向于结构化有关资本形成的分析，模糊科学、发明和创新之间复杂的交互作用，尽管这个分析在他的体系中扮演着重要作用。[4]

马克思有关资本形成动力学的观点，再加上所谓的劳动节约型技术创新偏　137
向，这二者一同导致他就资本主义的未来得出了以下基本结论：

● 实际工资会围绕着社会所决定的生存工资水平上下波动——这是他的主要学说，虽非唯一学说。

● 相对于劳动力，失业蓄水池会周期性地膨胀和缩减，但趋势是扩张；并且他至少曾经在一个地方提到过，经济周期的振幅会逐渐增加。

● 资本主义社会中，不管实际工资的趋势如何，工人的社会的和心理成本都会逐步增加。

● 产业中资本—劳动比率会上升，利润率会下降，但是利润的总量会随着固定资本的绝对增长而增长。

● 产业的集中程度会上升。

● 收入分配会越来越扭曲。

回顾自 1848 年以来的 140 多年（或者说是自 1867 年《资本论》第一卷出版

---

[1] 尤其参见，"工业资本主义的起源（Genesis of Industrial Capitalist）"，《资本论》，第一卷，第 31 章，第 750—760 页。

[2] 更严谨的引用和讨论，参见罗斯托，《这一切是怎么开始的》（How It All Began）（纽约：麦格劳·希尔（McGraw-Hill），1975），第 148—151 页和 251 页。这些段落和引文包括克拉克（G. N. Clark）对赫森（B. Hessen）阐释牛顿的回应。马克思主义领域内的这些空白，直到 1931 年苏联科学史学家赫森在伦敦提交的一篇论文才得以填补。赫森认为，"牛顿是上升期资产阶级的典型代表"，而且"物理学研究的主要任务取决于新崛起的资产阶级对经济、技术发展的需要。"

[3] 必须注意，马克思对机械饶有兴趣，因此大量讨论了他称之为"机器制造体系"——也就是一组机器系统性地彼此联结的内在逻辑和动力。参见《资本论》，第一卷，第 378—386 页。

[4] 有关传统经济理论这方面的分析特点，参见罗斯托"技术和价格体系（Technology and Price System）"，第 4 章，《为何穷国变富而富国减速》，（奥斯汀：德克萨斯州大学出版社，1980）。

以来的 120 多年），这些预测无一发生。就像萨缪尔森在关于《资本论》出版 100 周年的演说中所指出的那样，人们可以同情地理解，为何在 20 世纪 30 年代会有学者相信，马克思的某些预测真的出现了。[1] 实际上，马克思主义者已经重整旗鼓，对 20 世纪 70 年代到 20 世纪 80 年代很多非共产主义世界的经济失败进行了分析。[2] 然而，显而易见的是，自从 1972—1973 年小麦和石油价格暴涨以来，在真正严重的现实问题面前，马克思对资本主义的那种动态分析仍旧无所作为。

在回顾了马克思理论的预测力之后，埃尔蒂斯（Eltis）评论道[3]："当马克思的论断被用于《资本论》出版前的那一个半世纪时，它吸引了广泛的注意力。他的认识非常接近已知的事实，它的主张均由此而来。"我完全无法赞同这个论断，因为作为一个历史学家，马克思显然在对他能够获取的事实材料进行选择性利用。他建立资本主义自我毁灭的机制是为了给《共产党宣言》的预测提供科学基础，但在这个过程中，他并没有重视组织明智健全的论证的重要性。他搜寻了政治经济学先辈们的论断、政府的报告、同时代的报刊，以及一些小册子，以寻找证据或论点，而后就自信地以为，他年轻时构建的未来图景从本质上说是正确的。考虑他对实际工资的预测，其中的缺陷司空见惯——他的预测是线性的。未来就是现在和刚刚过去的那段时间的动态延伸，这无须什么想像力，就像他所看到的一样。

---

[1] 萨缪尔森，"作为经济学的马克思经济学"，《美国经济评论》，卷 57，第 2 期（1967 年，5 月），重印于罗伯特·默顿（Robert Merton）（编），《萨缪尔森的科学论文集》（*The Collected Scientific Papers of Paul A. Samuelson*）（剑桥：麻省理工学院，1973），第三卷，第 268—275 页。沃西里·里昂惕夫有关 1937 年经济衰退状况的评价也值得注意（"马克思经济学之于当代经济学理论的重要意义（The Significance of Marxian Economics for Present-Day Theory）"，《美国经济评论》（1938 年，3 月增刊），第 5 和第 8—9 页）：

> 尽管这些技术上的贡献对经济理论进步而言重要异常，但是当下我们对马克思主义成就的赞誉，相比其对资本主义体系长期趋势的出色分析而言，则又显得黯然失色。经济发展的这些轨迹着实令人印象深刻：财富的不断集中，中小型企业的迅速消失，竞争的逐步受限，伴随着日益重要的固定资本而来的不停歇的技术进步，以及最后同样重要的，经济周期循环往复且没有丝毫减弱的趋势——这是一系列均已变成无法超越的预言，相形之下，现代经济理论的所有精细凝练真的没有什么好秀的……
>
> 马克思还有一些合理的理论，但是总体上看，这些理论均经不起时间的考验。只要其他不具备大师那种超常现实主义精神的经济学家，着手实践马克思的基础蓝图时，这些理论的内在缺陷就会立刻显露无遗。

[2] 比如参见欧内斯特·曼德尔（Ernest Mandel），《晚期资本主义》（*Late Capitalism*），约里斯·德普雷斯（Joris De Pres）译（伦敦：韦尔索（Verso Ed.），1979），第 849—850 页。

[3] 沃尔特·埃尔蒂斯，《古典经济增长理论》（*The Classical Theory of Economic Growth*）（纽约：圣马丁出版社，1984），第 306 页。

最后，有必要对《资本论》第二卷中出现的两部门增长模型作一简要评论。[1]　138
基于弗朗斯瓦·魁奈的《经济表》，马克思提出了他的中心问题："生产中被消费
掉的资本在价值上是怎样从年度产出中得以重置的，这种重置又是如何与资本家
对剩余价值的消费和劳动者对工资的消费纠缠在一起的？"[2] 马克思首先详细阐
述了两个部门的循环模式：部门 I，资本品；部门 II，消费品。每一个部门的产
出都可以分解为用于工人的可变资本，用于折旧的不变资本，以及剩余价值。马
克思认为，在没有净投资的情况下，需要有部门间的资本流动来维持这一体系。
接着，马克思阐释了一个不变资本和劳动力都在扩大的动态体系，这一部分的
标题是"规模扩大下的资本积累和再生产"（Accumulation and Reproduction on an
Extended Scale）。这一部分虽然不完整，但却很有趣，其中的论述促使马克思的
一些追随者为了以下两个目的而围绕着规模扩大的模式进一步展开：一是为了证
明资本主义没有能力保持资本品和消费品生产之间的动态平衡，一是为了系统地
发展由于消费不足而造成的周期性经济危机模型。[3] 萨缪尔森也有礼有节地称赞了
马克思的这一贡献。平心而论，他的下述评论除了没有考虑到魁奈的工作在刺激
马克思构建两部门增长模型中的作用之外，还算公正。[4]

　　　　首先，我们可以像律师一样证明，马克思在他死后出版的《资本
　　论》第二卷中，确实创新了两部门的再生产和增长模型。对于我们这个时
　　代的许多学者而言，该模型都是有益的预示，比如哈罗德（Harrod），多
　　马（Dormar），里昂惕夫（Leontief），索洛（Solow），罗宾逊，宇泽宏文
　　（Uzawa），帕西内蒂（Pasinetti），卡尔多（Kaldor），芬德雷（Findlay）以及

---

[1] 参见《资本论》，第二卷，第 20 和 21 章，后面一章是未完之作。
[2] 同上。魁奈是少有的几位马克思毫无保留地表示赞赏和尊重的经济学家之一。有关魁奈的再生产模型和马克思的再生产模型之间的联系，参见斯威齐，《资本主义发展理论》，第 75 页，整个第五、第十章以及附录A(希加多·楚鲁著（Shigeto Tsuru）)，第 365—374 页。"论再生产计划：魁奈、马克思和凯恩斯（On Reproduction Schemes, Relating Quesnay, Marx and Keynes）"。有关马克思和魁奈关系的进一步评论，参见熊彼特《经济分析史》，第 238—243 页，391 页和 566 页注 25。也可参见《魁奈的经济表》，马尔加里德·库辛斯基夫人（Marguerite Kuczynski）和罗纳德·米克编、译、注并补充了新材料（伦敦：麦克里兰，1972）。
[3] 比如参考斯威齐，《资本主义发展理论》中对迈克尔·杜冈·巴拉诺夫斯基（Michael Tugan-Baranowsky）、罗莎·卢森堡（Rosa Luxemburg）、布尔卡科夫（Bulgakov）、列宁（Lenin）和奥托·鲍尔（Otto Bauer）的讨论，第 162—189 页，同样，参见琼·罗宾逊《马克思主义经济学论文集》，第 57—60 页，其中就马克思"试图"基于他那扩张再生产体系"构建"的理论提供了一个她的版本。
[4] 保罗·萨缪尔森，（"作为经济学的马克思经济学"），第 269 页。

其他人。老实说，我并不认为现在的发展直接间接地受到马克思著作的许多影响；相反，这是在结合了克拉克—比克迪克（Clark-Bickerdike）的加速数和凯恩斯的乘数原理，以及冯·纽曼（Von-Neumann）和弗兰克—拉姆齐（frank-Ramsey）这些独立于马克思的工作之后自然而然地形成的。不过平心而论，更早的，我们或许还是从马克思经济表的研究中受到了启发。

我想要补充的是，马尔萨斯关于生产和消费"比例协调性"的概念（前文 65 页）正好介于魁奈和马克思之间，这对于马克思和马克思主义者来说也许会倍感心酸。从本书的视角看（即经济周期最终会被当成经济增长过程的内在组成部分），马克思有关再生产的讨论得以最有效展开的基础正是他那广博的，但同样不完全且未完成的经济周期理论。

经济周期

马克思对经济周期的兴趣表现在两个方面，其中之一还强化了另一方面。作为一名革命政治家，他把周期性的经济危机和大萧条看作是引发资本主义走向毁灭，使得无产阶级领导的社会主义专政能够成功取而代之的潜在催化剂，这一学说已成为《共产党宣言》的信条。彼得·贝尔（Peter Bell）和哈里·克利弗（Harry Cleaver）的总结很恰当："马克思和恩格斯在研究经济危机时，不仅仅是作为学者，而且还是作为斗士……确定工人阶级的最优策略是他们的努力中不可缺少的一部分。"[1]1840 年代末，马克思展现出强烈的从政意愿，并参与了大量政治活动，这与他在 1849 年被流放到英国之后的惨淡生活形成了鲜明对比。不过在十年之后，马克思的心里又重新燃起了希望。以赛亚·伯林说道："1857 年欧洲爆发了有史以来最为严重的经济危机，马克思和恩格斯对此表示热烈的欢迎，他们希望这次经济危机可以引起欧洲人民的不满甚至反抗……"[2]马克思并没有就他在 1866—1868 年间英国经济衰退时的政治立场做出明确的反思，而这次衰退相比

---

[1] "马克思的危机理论"，第 191—192 页。

[2] 以赛亚·伯林，《马克思的生平与环境》，第 215 页。柏林接着评论道，1857 年的经济危机给马克思造成一个很负面的影响：恩格斯的收入因此减少（马克思的收入也相应受到波及），使得他几乎只能勉强维持生计。

1850年代和1870年代末期发生的两次衰退要温和得多。[1]另外，重要工业大国衰退的时间多少有些差异。[2]1873年，共产主义第一国际和巴黎公社相继失败，而这时俾斯麦（Bismarck）已成功地建立起德意志帝国。尽管如此，马克思还是鼓掌欢迎明显即将来临的1873年危机，不过在那时，他只是希望那次危机可以让俾斯麦这个"突然出现的暴发户"学到一点"辩证法"。[3]

以赛亚·伯林发现，1867年，当 139

> 《资本论》第一卷问世的时候，马克思的生活并没有出现转折，甚至出现滑坡。在接下来的十六年里，马克思的观点几乎没有变化；他对他的作品进行补充、修正、改正，写小册子、信件，不过并没有发表新的东西；他不知疲倦地重述着之前的立场，但是言辞上却变得更温和；以前从未出现过的一种几乎是怨妇式的自怜自叹，如今在他的作品里清晰可见。他对未来最终必然发生世界性革命的信念甚至在消退。他的预言太经常让人感到失望了……[4]

但是，在1867年之后甚至更晚一些，马克思又有了第二个让自己对经济周期理论深感兴趣的理由。作为一个革命政治家，如果他不能在有生之年看到资本主义的毁灭，那也要达到这样的目标，即为《共产党宣言》中资本主义不可避免会自我毁灭的确定性预言提供科学依据。在这里，经济危机显然具有头等重要性。另外，和穆勒一样，马克思也生活在一个大致每隔十年就会发生一次重要周期的时代，在波峰之后接踵而至的常常是不可避免的戏剧性危机；作为一个政治

---

[1] 贝尔和克利弗（"马克思的危机理论"，第209—210页）注意到，《资本论》第一卷写就于1866年经济危机之前。他们还注意到，马克思1865年6月作了两场有关经济周期过程的讲演（随后结集以《工资、价格和利润》（*Wages, Price and Profit*）出版）。马克思强烈地辩称，在繁荣期并且劳动力市场杠杆作用强大时（如1865年），劳动者应该通过抗争实现工资的提高，即便成功的工资抗争可能导致经济危机、萧条和失业。

[2] 罗斯托，《世界经济：历史和展望》（奥斯汀：得克萨斯大学出版社，1978年），第315页和324页到325页。

[3] 《资本论》第一卷第20页。引文来自德文版第二版后记，日期是1873年1月24日。英国月度经济波动的波峰早在1872年9月就已经到来。马克思接着的评论是：

> 资本主义社会运行的内在矛盾，在经济周期性波动中暴露无遗，着实令那些实干的资产阶级铭刻于心；现代工业经济就是在这样的周期往复中运行，经济最辉煌的那一刻就是普遍经济危机开始的那一刻。危机再次降临，尽管迄今仍在预备阶段；但是其波及面之广、强度之剧，都足以使辩证法如震耳欲聋般灌入新崛起的神圣普鲁士—德意志帝国那些政治暴发户的脑海中。 602

[4] 以赛亚·伯林，《马克思：生平与环境》，第234页。

经济学家，他必定会把注意力集中在这些危机上。

但是，在真正研究这些周期时，马克思遇到了一个他从未能成功破解的难题。他对资本主义动力学的长期构想的基础是资本家积累的冲动，而这种冲动是由社会和文化所决定的。正如琼·罗宾逊所指出的，这种主张使他无法一致地坚持经济周期的消费不足论：

> 如果资本家总是准备把他们的剩余价值投资变为资本品，而不考虑利润的前景，那么资本品的产出将填补消费和潜在最大产出之间的缺口。因此，要解决（马克思的）这个问题，就有必要说明，投资取决于利润率，而利润率最终还是取决于消费能力……
>
> 不过马克思并没有这么做……[1]

虽然如此，但在经过详细和专门的研究后，马克思在《资本论》第三卷中提出了一些看法，这些看法明显会让人想起马尔萨斯的观点，即把消费和投资"比例协调性"的缺乏看成是失业和"普遍过剩"的源泉：

> ……所有这大量商品……必须被出售。……直接剥削的条件，和现实中的情况并不相同。……前者只是受社会生产力的限制，后者受制于产出的不同部门与社会消费能力的比例关系。……生产力越是发展，就越会发现它自己与消费情况所依赖的狭隘基础之间存在矛盾。
>
> ……对于危机，只能将其解释为经济体各部门之间生产不协调的结果，看成资本家的消费及其积累之间不协调的结果。[2]

但是与当时流行的消费不足论相反，马克思还提出了一个十分不同的资本主义危机理论，认为危机是源于经济周期扩张期后期工资上升所导致的利润下降

140

[1] 琼·罗宾逊，《马克思主义经济学论文集》，第59页。有关这一点更为确切的解释，还可以参见亨利，"马克思和经济周期（Marx and Trade Cycle）"，《经济研究评论》，卷4，第3期（1937年6月），第192—204页。
[2] 《资本论》，第三卷，第244—245页以及484页。琼·罗宾逊对这些段落的讨论，参见《马克思主义经济学论文集》，第56—60页。同时也可以参考斯威齐，《资本主义发展理论》，第156—189页，以及莫里斯·多布（Mourice Dobb），《经济理论和社会主义》（On Economic Theory and Socialism）（伦敦：路特里奇和基根·保罗，1955），第197—198页。

（如前130页）。马克思相信，正是这种对利润的压力，不仅减少了短期投资，而且减少了劳动节约型机器的发明和扩散，提高了资本有机构成，并确保产业后备军持续存在。由此，针对罗德贝尔图斯（Rodbertus）和其他同时代的消费不足论者，马克思反驳道："说危机是由于缺乏有效的消费，或者是由于缺乏有消费能力的消费者，全然是一种同义反复。除了乞丐和骗子的消费之外，资本主义体系中找不到任何非有效消费模式。"[1]

除了阻断那条可以引导资本主义走向改善的理路以外，马克思在这里从一定程度上揭示了商业的动态扩张所导致的危机和萧条过程。源于劳动力市场紧绷而导致的货币工资上升降低了预期投资成本回报率，阻止了投资的增加进而经济的扩张。面对扩张，其他约束性力量也开始在同一方向上发挥作用；比如，商品价格上升，利率上升，由于繁荣期早期投资增加而导致预期回报率下降，主导部门供给增加和预期利润率下降等。

显然，马克思并没有构建出与他的经济增长理论相一致的经济周期理论。而且，基于剩余价值率保持不变的假设，他虽然推出了长期利润率倾向于下降的结论，但是这一结论不管是对于他在这里提出的问题，或者实际上对于他提出的其他经济问题，均无甚用处。不过，从他自己的观察和研究以及其他人的作品来看，马克思确实还是提出了一些重要的洞见。他关于经济周期的最好作品不是那么自命不凡，也不那么理论化，其中的遣词造句和对周期波动时间点的说明像是编年史，而且他还以一种粗略而有备的方式把这些描述与经济增长过程联系到了一起。举个例子来说[2]：

> 工厂系统中蕴藏着跳跃性扩张的巨大力量，这种力量结合该系统对世界市场的依赖，必定会引起……一系列的温和活动期，繁荣期、过剩期、危机期和停滞期。机械所主导的雇佣中存在的不确定性和不稳定性……在实践中成为常态……除了繁荣期，资本家都在为瓜分市场份额进行着最激烈的战斗。份额直接与产品价格相关……于是……便迎来了每个工业周期都存在的一个时期，工资被强制性地压缩到劳动力的价值以下，以使得商品变得更为

---

[1] 《资本论》，第二卷，第410页。

[2] 《资本论》，第一卷，第453—454页。

便宜。

因此，工厂人数增长的一个必要条件是，投资在工厂的资本数量以快得多的比例增长。然而，这一增长取决于工业周期的衰退和变化。而且，它经常被技术进步所打断，这些技术进步实际上有时会带来新的就业机会，有时又会消除旧的工作机会。……因此，那些工人不断地既被驱逐又被吸纳，被挤来挤去，而与此同时，在性别、年龄和征税的技能等方面也会发生持续的变化。

141　　后文紧随而至的，是一份有关 1815 年到 1863 年棉纺织业波动的详细说明。[1]

这种把劳动节约型技术纳入周期性过程的做法，结合工资朝着繁荣期的波峰上升时会最大化地刺激这种技术产生或扩散的考虑，使人想起了当代学者吉哈德·门什（Gerhard Mensch）的某些学说。[2] 门什认为，萧条中产生的发明构成了紧接而来的扩张的基础（见后文第 457—458 页）。关于发明的过程，马克思所述极少，甚至几乎没有说什么；并且，他的工作其实就像穆勒的一样，很容易受到熊彼特的指责，说他低估了创新的创造性过程（前文第 108 页）。而且非常明确的是，马克思并没有考虑时滞问题，也即在生产这种劳动节约型机械时强大的周期性冲动，与这些新机器真正可供使用之间可能存在的时滞。

不过，在马克思考虑"相互联系着的调整"而导致"周期性危机"发生的可能时，时滞变量确实出现了——这种调整与资本品的使用年限有关。[3] 其时，马克思正在详细地阐释不存在净投资时的两部门循环模型（前文第 138 页）。马克思设想，由于存在磨损时，固定资本需要进行周期性重置，这就意味着，固定资本的初始价值将集中于一个较短的时期，而不是均匀地分布在整个使用期中。

有一位马克思主义学者甚至已经证明，我们能够找到一些散落在马克思和恩

---

[1]　还可参见马克思对 1845—1865 年间棉花业所做的编年史，《资本论》第三卷，第 124—137 页。

[2]　吉哈德·门什，《技术的僵局：创新战胜萧条》（*Stalemate in Technology: Innovations Overcome Depression*）（剑桥，马萨诸塞：鲍林格出版（Ballinger），1979，德文版 1975 年首发）。

[3]　《资本论》，第二卷，第 186 页。

格斯著作中的段落，用以说明他们曾注意到长周期存在的可能性。[1]虽然这些片断并不能构成一个统一体，不过大体上，这些论断关涉长周期这一富有创新的概念框架，而没有涉及基本商品和工业产品相对价格的波动趋势。

相对价格

马克思拒绝承认农业以及原材料生产中存在报酬递减，如同他拒绝承认马尔萨斯人口论那般（前文 127 页）。[2]马克思的基本观点是，在资本主义条件下，在农业中起作用的力量也会在工业中起作用。正如他在《政治经济学批判大纲》（*Grundrisse*）中所说："农业日益成为工业的一个部门，而且完全被资本所支配。"[3]马克思满足于《资本论》第一卷中的假定，即剩余价值中没有任何部分是作为租金付给地主——这种阐释虽然有些简化，但却没有歪曲其观点；[4]不过他确实花了几页篇幅用于说明现代工业和农业之间的异同。[5]

不过在《资本论》第三卷中，马克思直接转向工业资本主义条件下地租的决定，并对其展开了仔细的研究（花了 200 页的篇幅）。[6]本质上，他在这里的工作是为了把对农业的一般性分析，尤其是把对租金支付的分析纳入到他对生产、积累、剩余价值和利润的总体分析框架中。马克思有考虑过农业社会中价格的上升、下降或不变对地租的影响——在那里，资本投入和技术（包括化肥）应用会改变生产率；也只有在此时，价格才进入他的分析范围。就报酬递减而言，他的中心议题是："土壤……如果得到合理利用，就会一直得到改良。土壤的优势在于，它可以令连续的资本投资带来收益，而不损失以往的投资收益，这意味着，这些连续的资本投资可能存在不同的收益。"[7]他承认产量增加的可能性，认为这需要的

[1] 托马斯·库钦斯基（Thomas Kuczynski），"马克思和恩格斯论'长波'（Marx and Engels on 'Long Waves'）"，GDR 科学学术委员会经济史所，"经济增长中的长期波动——缘起与影响"国际会议论文，GDR，魏玛，1985 年 6 月 10—14 日，由奥地利拉森伯格应用系统分析所资助召开。
[2] 这是一个典型地体现了马克思批评责难报酬递减定律的注脚，但并不只是针对穆勒，参见《资本论》，第一卷，506 页。
[3] 《政治经济学批判大纲》，第 107 页，有关这条思路的进一步讨论参见第 252—253 页以及 275—278 页。
[4] 有关这个问题的讨论以及参考文献，参见斯威齐，《资本主义发展理论》，第 67 页；熊彼特，《经济分析史》，第 569 页以及 647 页到 654 页。
[5] 《资本论》，第一卷，第 504—507 页。
[6] 《资本论》，第三卷，第 614—813 页。这些段落主要讨论矿山租金、地段租金以及农地地租等等。
[7] 同上，第 781 页。

不仅仅是"借助这种自然力量（'来自大自然生产力的免费礼物'）"；[1] 但是他没有把这种情形看作是报酬递减，而是把它看作"为了保证同样的产出"而对追加资本的要求；"若其他条件都保持不变，则产品的价格就会提高"。[2] 为了从一般意义上否认报酬递减的存在性，马克思坚决主张，制造业以及农业、采矿业皆可以利用各种自然力量；例如瀑布在烧开时就能够把水转化为水蒸气等等。

在《资本论》第三卷中，马克思还是对原材料价格波动之于利润率的影响进行了补充说明，尽管篇幅更短。[3] 回想一下，根据马克思的定义，原材料属于不变资本（c），而不是可变资本（v）。利息率则定义为 $s/(c+v)$。因此，依据定义，给定其他因素不变，原材料价格的上升或者下降，无论是随机的或是周期性，都会提高或降低利润率。在这一点上，马克思做了说明，只不过他引入了那个时代市场调整的例子，且其他因素没有保持不变；比方说，非美国棉花种植户对美国内战所导致的棉花荒灾和价格高企做出的反应。

增长的阶段和极限

直至现代工业资本主义时期，马克思对人类历史长河中经济增长阶段的界定，与早期古典政治经济学家惯常采用的界定是一致的：狩猎和采集、原始农业、封建主义、商业扩张和早期制造业。他对希腊和其他地方的奴隶制度作了大量的阐释，并在一定程度上以此为依据，把这种阐释类推到对资本主义工人的分析中。当然，马克思对这些常见阶段的论述有其与众不同之处，这些不同就体现在他所构建的阶级冲突理论上——生产方式的变动如何引发每个阶段中的革命冲突，走向崭新的阶段，包括新的技术、新的财产关系、新的制度、新的敌对阶级以及潜在的自我毁灭能力："因此我们看到，现代资产阶级本身就是漫长发展过程的产物，是生产和交换方式发生了一系列变革的产物。"[4]

从广义上讲，马克思相当具体而形象地描述了可能导致工业资本主义自我毁灭的动力：资本家之间的斗争，以及他们在限制工资率上的共同利益，导致日益有效的劳动节约型方法不断被引入，使得工业和银行业日趋集中；集中程度提

---

[1] 同上，第 643 页。

[2] 同上。

[3] 同上，第 105—141 页。

[4] 《共产党宣言》，罗伯特·图克（编），《马克思恩格斯读本》，第 475 页。

高，无产阶级的自我意识上升。随后，马克思增加了技术维度的分析："现代无产阶级，在铁路的帮助下，短短几年便得到了中世纪公民依赖他们落后的公路需要耗费几个世纪才能得到的东西。"[1]

不过，通过进一步仔细的考察可以发现，在马克思的技术分析中，关于资本主义崩溃机制的论述，并没有我们熟悉的《共产党宣言》那么清楚。例如，在回顾共产主义者之间发生的"有关崩溃的争论"（The Breakdown Controversy）时，保罗·斯威齐就指出了马克思自己在这个问题上的不同思考路径，不过他的结论是："……在他的著作中，并不存在一个特定的资本主义经济生产崩溃的学说……很明显，他对这一问题的处理，无论是积极的方面还是消极的方面，埋下了旷日持久争论的种子，至今都没有完全解决。"[2]

当我们的视线从资本主义的崩溃转到社会主义时，马克思的增长阶段理论就从有争议变成晦涩难解了。从技术上讲，马克思以一个直截了当的概念来界定社会主义：废除私有财产；或者，更具操作性的是恩格斯的定义："无产阶级掌握了政治力量，并把生产资料变成国家的财产。"[3]紧随其后的，会是"一个持续的、不断加速的生产力发展，以及随之而来的产出本身几乎无限度的增长"。[4]

《共产党宣言》清楚明了地列出了无产阶级掌握权力，但权力还没有完全巩固之前消灭资产阶级的十点计划；而且事实上，与这些计划非常接近的纲领已经被掌权的共产党在早期实践中实施了。不过实际上，马克思并没有论及社会主义或者共产主义的经济。为了呼唤劳动成为"生活的第一需要"的那一天（前文123页），马克思看起来并不希望在一个稳定而富裕且已经把劳动时间压缩至每周四十小时的社会中，不再进一步追求人均实际收入增加的决定所带来的仅仅是每周额外半天的闲暇。这相当于假定净投资为零，但却需要将大约8—10%的国民生产总值，也即当前总投资中的16%—20%用于弥补资本折旧所造成的缺口。对

[143]

---

[1] 同上，第481页。

[2] 保罗·斯威齐，《资本主义发展理论》，第192页。汉森提供了一个有关马克思对资本主义的崩溃及其后续补白式努力的明晰研究，参见汉森（F. R. Hansen），"资本主义的崩溃（The Break-down of Capitalism）"，《西方马克思主义思想史：1883—1983》（A History of the Idea in Western Marxism），（伦敦：路特里奇和基根·保罗，1985），尤其是（论马克思），第1—31页。

[3] 恩格斯，《社会主义：科学与乌托邦》（Socialism: Utopian and Scientific），从《尤金·杜林先生在科学中的革命》或《反杜林论》（Herr Eugen Dühring's Revolution in Science）中编选的一个小册子，也可见罗伯特·C. 图克（编），《马克思恩格斯读本》，第713页。

[4] 同上，第715页。

于穆勒那个富裕的稳态而言，也是如此，尽管穆勒没有排除持续的技术进步和净投资。总体上，经济学家（包括凯恩斯）在设想持久共同利益可能带来的富足世界时，都倾向于变得有点罗曼蒂克；但是，保持较高的人均富裕水平并不像他们想像的那么容易。

简言之，马克思没有能够预见社会主义的现实问题如价格、计划、激励、工资等等，而且对于他同时代的人对这些问题的评论，他也没有做出令人满意的回应。实际上，穆勒对社会主义阶段的阐述比马克思更为清晰，也更具回应性（前文 119—121 页）。因此可以说，在马克思的经济学著作中，对社会主义和共产主义阶段的论述只是其理想的一部分，而非可操作的计划。马克思留给人的印象是，他对夺得对资产阶级斗争的胜利并巩固对资产阶级专政之后的幸福时代并没有表现出多少情感上或者理智上的兴趣。这就像恩格斯在马克思的墓地葬礼上所说的，"战斗是他生命的一部分"。不管是出于什么缘由，使他着迷的就是摧毁资产阶级这个目标。

不过，就社会主义的非经济方面而言，马克思在《宣言》中相当清晰地回应了对他有关文化、家庭、孩子的社会培训、妇女地位、婚姻、民族主义和信仰方面规划的批评。在《宣言》的每一个相关章节，他在指责资产阶级时都表露出显而易见的乐趣。他肯定依然还是在"战斗"，而不是在冷静和专业地描述，社会主义条件下的社会和文化将如何组织。

马克思关于社会主义社会性质最有意思的描述，是对巴枯宁（Bakunin）在《主权国家和无政府主义》（*Statehood and Anarchy*）中批评马克思主义时的回应。[1] 巴枯宁特别强调，作为统治阶级而组织起来的无产阶级，将形成一个压迫农民、斯拉夫人（假定革命首先在德国取得成功的话），以及工人自身的精英统治集团。巴枯宁的批评引起了同时代人某种程度的共鸣："所谓的人民国家，实际上不过是少数新兴贵族对大多数人的专制统治，这些贵族人数常常很少，自以为很有学问，不管是真有学问还是假道学……所以，为了解放大多数人，他们首先要解放他们自己。……我们的回答是：没有一个专制政权的目的不是让自己的统治延续千秋万代。……"马克思从三个层面进行了反驳。首先，用诸如"小学生的胡编

---

[1] 马克思的注释参见卡尔·马克思和弗里德里希·恩格斯，《马克思和恩格斯全集》，第 18 卷（柏林：迪茨出版社（Dietz Verlag），1962 年），第 599—642 页，罗伯特·图克（编），《马克思恩格斯读本》，包括了用英文写作的主要段落，第 542—548 页。

乱造"、"蠢货"、"民主的胡言乱语"、"政治上的可怜虫"等语言加以痛斥。第二，以相当生硬的方式重申他的政治学中有关阶级独有特征的教条式论述，比如：[1]

144

> 选举的性质并非取决于这些名称，而是取决于经济基础，取决于选举人之间的经济关系，而当出现以下这些情形时，它就不再成为政治：（1）政府的职能不再继续存在；（2）一般分配职能具有了商业性质，而不再带有支配统治的色彩；（3）选举彻底失去了它们当前的政治特性。

第三，他断言巴枯宁的话最终只是一个消极的劝诫："……巴枯宁设想，无产阶级最好不要采取任何行动，而是坐以待毙——等待总的清算，等待终极判决的那一天。"

读者们自己会以不同的方式评价这些交锋。至少在我的印象中，马克思根本不相信国家会在"解放后退出历史舞台"，他以相当简单的方法争辩说，这可以从辩证唯物主义的基本原理中推导出来；他对社会主义和共产主义阶段可能实行什么样的政治制度并没有什么清晰的构想；而以无产阶级名义，并由那些以他的历史观为指导的人实行的专政，实际上会是一个相当可接受的结果。巴枯宁把马克思看作是一个"国家崇拜者"；认为当他诉诸行动而非进行历史分析时，他就是一个政治和意识形态决定论者而不是经济决定论者；简言之，是一个黑格尔主义者而不是马克思主义者——我相信，巴枯宁的这些判断基本上是正确的。

不管怎样，马克思对巴枯宁的反驳也正好证明了熊彼特的观察是正确的：[2]

> ……一个读者，若希望得到任何东西而不是单纯地被灌输思想，当然会学着把事实及其合乎逻辑的推断，同意识形态的幻想区分开来。马克思自己也这样帮助我们：有时候，在半迷糊地意识到意识形态幻觉的情况下，他会防御性地上升到他那特有的讥讽高度，而这也因此成为其中存在某些错误污点的证明。

---

[1] 罗伯特·图克，同上，第545页。
[2] 熊彼特，《经济分析史》，第392页。

就经济增长阶段和极限的正式模型而言，马克思的体系断言，在社会主义体系下，经济将被组织起来，使得科学开发和发明源源不断地进行；经济周期将与"统治阶级愚蠢的铺张"一同消失；产出和实际工资将上升到这样一种水平，即，通过某些未说明的机制，社会会决定到那里才足够；而收入分配也将实行"各尽所能，按需分配"的原则。不是报酬递减，而是相对边际效用递减，使得马克思体系达到或多或少的稳态，对于穆勒以及后来凯恩斯的"构想"而言，基本亦是如此。

马克思在论及当代的而非革命后的未来增长阶段时，通常依托于一些特定国家的革命前景，尤其是强调那些正式走向革命之前不得不经过的阶段来表述自己的观点。就像他给《纽约论坛报》（*New York Tribune*）和其他杂志写的一些文章一样（恩格斯经常在其中扮演很重要的角色），这些观点出现在信件、小册子以及其他一些特定的场合。一般来说，这些观点比起《资本论》中的论述更加灵活，而且经常更富活力和洞见。举个例子，马克思的小册子生涯是从路易·波拿巴（Louis Bonaparte）开始的，他在其中对黑格尔的名言——伟大的历史人物一般会出现两次——作了扩展："第一次是悲剧，第二次则是闹剧。"在发表于《纽约论坛报》的一篇文章中，他把印度描述为"意大利和爱尔兰的奇异结合体，一个充斥骄奢淫逸和灾难的国家……"[1]他断定，在英国人的统治下，印度这个"古老的亚洲社会已经消亡，不过也奠定了西方社会的物质基础……"，因而只要再经过资产阶级统治的资本主义阶段就可以来到社会主义。至于俄国，马克思和恩格斯在大半生中都把它看作反动落后的中心，没有对它抱什么希望。直到晚年，马克思的观念才开始发生转变（不过恩格斯没有）。这在一定程度上是因为许多

145 俄国中产阶级知识分子对《资本论》俄文版的出版反应十分积极：[2]

马克思收到了来自俄国的丹尼尔森以及被流放的拉夫诺（Lavro）和维拉·扎苏里奇（Vera Zassulich）的信件，后者请求他能够身体力行地解决由俄国农民所组建的独特组织——土地公有的原始公社里出现的具体问题，尤其请他对来自赫泽恩（Herzen）和巴枯宁的一种主张表明自己的看法，这个

---

603 [1] 马克思写了两篇关于印度的文章，第一篇也就是我们这里所引用到的这篇，发表于1853年6月25日的《纽约论坛报》，收录于罗伯特·图克（编），《马克思恩格斯读本》，第653页。

[2] 以赛亚·伯林，《马克思：生平与环境》，第257—258页。

主张认为，俄国可以直接从这种原始公社过渡到共产主义，期间不需要经历西方国家所经历的工业化和城市化这样的中间阶段，这种主张为俄国激进分子所普遍接受。马克思之前对这种假说持轻蔑态度……现在却对那些有才智的、严肃的尤其重要的是狂热的，并愿意投身社会主义的新一代俄罗斯革命者印象深刻，使得他想重新审视这个问题。……马克思随即写了两封长信，信中他做出了相当大的理论妥协。他承认，如果俄国的革命有幸成为整个欧洲无产阶级兴起的信号的话，那么直接在当时俄国农村土地既存的半封建公社所有制基础上建立共产主义便是可以想像的，甚至存在相当大的可能性；但是如果周边邻国仍然处于资本主义之中的话，这种情况就不可能出现，因为这将不可避免地迫使俄国沿着更加发达的西方国家已经走过的道路展开经济上的自卫。

但是，总体而言，尽管有这个来自东方的星星之火，马克思的晚年过得并不快乐。德国社会主义转而走向传统意义上的改良路径和政治民主化。在英国及其他工业化国家，随着食物价格的跌落，以及新技术带来的制造业和交通成本的持续降低，城市工人们的实际收入持续上升。社会主义者和其他抗议工业资本主义社会不平等和冷酷无情的运动，在大西洋两岸均有所成长，但总的来说，它们还是没有证明马克思所持有的科学历史观将不可避免地决定历史演变的构想。

回顾前文，马克思致力于构建并证实其年轻时构想的机器便犹如哥白尼世界中的托勒密式仪器。随着研究的展开，当他遭遇现实的瓶颈时，他发现其中各个细节并不能完全统一。在哥白尼时期，比如说，为了解释已经观察到的行星运动，托勒密（他认为地球是太阳系的中心）的追随者不得不创造出八十多个天体以"挽回颜面"。[1] 马克思把这项工作交给了后来的马克思主义者。他则继续自己的研究，但是他的注意力经常转移，而且再也没能完成《资本论》的第二卷和第三卷。

于是，值得一问的是，为什么如此异常艰辛的努力会陷入泥潭呢？

146

---

[1] 赫伯特·丁格尔（Herbert Dingle），"哥白尼与行星（Copernicus and Planets）"，载于《科学史研讨会论文集》（*The History of Science, a Symposium*）（伦敦：自由出版社，1951），第37页。

非经济要素

乔治·桑塔亚那（George Santayana）说过这样一句名言：人类注定要以"自己印制的纸币，以心中真正的法币"，来处理"残酷的现实和紧迫的事件"。[1] 因此，把马克思的"纸币"描述为率性而为的东西是远远不够的。我们必须努力尝试揭示它的特殊本质。

马克思在构建有关资本主义自我毁灭的引擎时，显然逐一仔细地翻阅了整个古典经济学的文献，并做了精挑细选。例如，根据亚当·斯密某些章节的描述，他塑造了因专业化分工而泯灭人性的工人形象，却不考虑那些暗示工人可能从分工中得到好处的论断。短短几句话，他就概括了李嘉图那个有关机器的使用会导致工人失业的特别例子，并由此提出产业后备军的概念，却不考虑李嘉图关于机器的采用能够导致工人净福利提高的结论（前文82页），以及马尔萨斯、穆勒还有其他人的不同意见。从魁奈那里，甚至非常可能是从他所讨厌的马尔萨斯那里，他得出了资本扩张和消费品部门之间可能存在不协调的见解，但却拒绝可以恢复平衡的改良政策。

不管是思想还是事实方面的系统性选择行为，均使得马克思的分析本质上变成对现实世界的讥讽。虽然其中也有值得赞赏的成分，不过他所勾勒的世界总体上就是对他所能观察到的生活以及他所预设的未来的严重扭曲。然而，马克思分析中的这种经济和技术性扭曲，显然是他决定构建一个能够捕获他对历史和未来更大构想的增长理论的结果。因此，我们必须尽可能地确定，这个更大的构想到底是什么。我相信，这个东西就是他关于个人，及其与社会的关系，以及实际上与历史的关系的看法。马克思宣称，而且可能非常确信，在某种意义上，随着推翻资本主义的革命，社会主义事业的巩固，以及阶级斗争一劳永逸的终结，之前所有形式的文化都将被取代。《共产党宣言》中对这一问题有一段极有意思的论

---

[1] 乔治·桑塔亚那，《美国的个性和观点》（*Character and Opinion in the United States*）（伦敦：警官出版社（Constable），1920年），第167—168页，引文所在的段落内容如下：

> ……人类的著述本质上并不是在讨论自然存在的事物，而是在讨论理想的本质，讨论思想可能界定或者可以把玩的理想或者逻辑术语。一旦财富或生活所需，将我们的注意力从这些轻松写意的理想活动，转移到残酷的现实和紧迫的事件上时，我们就会将脆弱的理想观念转换成描述这些涌入的槽糕事物的符号。因为，我们不得不以自己印制的纸币，以心中的法币来测算世界的运行和价值。

述。在其中，马克思这样说道：[1]

> 从宗教、哲学和一般意识形态立场出发，对共产主义提出的种种责难，都不值得进行严肃的讨论。……
>
> 观念史除了证明精神生产的性质会随着物质生产的变化而变化之外，还证明了什么呢？任何一个时代的统治思想从来就是统治阶级的思想。

不过接下来，他实际上很严肃地讨论了这个问题：

> 诚然，有人会说，宗教的、道德的、哲学的、政治的、法律的观念在历史发展进程中是不断变化的。但是，宗教、道德、哲学、政治科学和法律本身在这种变化中却始终存在着。
>
> 此外，还存在永恒的真理，如自由、正义等等，这些真理是社会发展的一切阶段所共有的。但是共产主义要废除永恒的真理，它要废除所有的宗教、所有的道德，而不是加以革新；所以共产主义是过往的所有历史经验相冲突的。
>
> 这种责难如何简化呢？到目前为止的一切社会的历史就是一部阶级对立的发展史，而这种对立在不同的时代会有不同的形式。
>
> 但是，不管这种阶级对立可能采取什么样的形式，有一点对于所有时代而言都是不变的，那就是社会上一部分人对另一部分人的剥削。因此毫不奇怪，过往时代的社会意识，尽管形形色色、千差万别，却总是在某种共同的形式或者一般的观念之中运动着，只有当阶级对立完全消失，它们才会完全消失。

147

这里提出的特别假说是，由于在所有过往的社会中，均存在着这样那样的阶级利益冲突，因此，某些概念如正义、道德以及宗教信仰的持续存在，就必定与这些冲突联系在一起。如果没有什么别的意思，那马克思通过那些概念而表达出对资本主义病态的愤慨便意味着，他那不合逻辑的推断一定出了什么问题。接下来一百四十多年的历史，包括相当长时期的巩固社会主义统治的历史令他的错误

---

[1]　罗伯特·塔克（编），《马克思恩格斯读本》，第489页。

跃然纸上，因为在那期间，不仅某些经久不变的基本政治、社会和经济问题依然存在，而且也看不到重要的道德、文化甚至宗教价值观中断的迹象。

这里的错误（1870年以后的许多主流经济学派也犯了同样的错误）在于，人类比马克思所设想的要复杂得多，人类内心中充溢着各种相互冲突的冲动，就像各种文化下的哲学家、宗教领袖、诗人以及作家所意识到的那样。对于各种社会来说，要构建一个哥白尼式的系统，那就必须从人类的高度复杂性出发。在《共产党宣言》，还有其他一些偶然的场合中，马克思围绕"金钱交易关系"这种最粗暴的唯物主义动机构建了他自己的人类观。在更加成熟的文章中，他引入了更多的人类欲望，尽管这些欲望总是植根于由特定时期特定社会的技术和经济结构所决定的价值和利益之中。

比较马克思和我自己关于经济增长阶段的理论，我发现我们在这一经济决定论中最根本的区别就在于对人类的看法——是简单还是复杂。[1]

在经济增长的阶段时序中，人类追求的不仅仅是经济优势，而且追求权力、闲暇、冒险、经验的延续性以及安全；他们关心家庭、区域中熟知的价值和民族文化，以及在当地或者其他某些情趣相投的聚会场所出现的一丁点乐事。除了这些各不相同的朴实情感之外，人类还总是会被某种同胞之情所感动，因为他认识那些同胞，并与他们分享着基本相同的人类经验和命运。简言之，纯粹的人类行为看起来不像是由经济直接或是间接地决定的，而是人类在面对感知到的、可及的选择集时，在各种相互替代并且经常相互冲突的目标之间进行权衡的结果，而且这些目标常常是持久普适的目标。

在感知到的可及选择中进行权衡，这种观点当然比一种简单最大化的主张更为复杂和困难，而且由此推演出的不会是一系列刻板的、确定的历史阶段，而会是各种在社会变化着的环境所允许的框架范围内做出选择的模式；这种变化的环境本身是客观的真实条件和人们之前所做选择的共同产物，它可以帮助人们判断

---

[1] 《经济增长的阶段》（剑桥：剑桥大学出版社，1960年，1971年），第149—150页。马克思很清楚这个问题对个人及社会研究的重要性。事实上，《政治经济学批判大纲》一开始就谈到了这个问题（第83—85页）。马克思认为，在漫长的历史进程中，人一直都是具有依赖性的社会动物，而不是独立的个体——依赖于家庭，氏族，或是更大的一些集体。他把18世纪看作一个例外，在那时，"个体所面对的各种各样的社会联系形式只是因为有外在的需要而变成他实现私人目的的一种手段"。他认为，在现代工业社会这一个内在固有集中的社会化环境中，在人"就是一种动物，只是想把自己从社会中独立出来的"社会中，这个视角并不合适。马克思在这里遗漏的一点是，人类一直以重要的方式宣示他们的独特性，尽管在家庭或是更大的集体生活中，人会像社会动物那样接受无可避免的生存法则，甚至是工业社会中的种种规定约束。

当前所面临的环境。

　　来自社会的各个维度的力量，文化的、社会的、政治的，都在相互作用着，它们反映了人类的不同面向，会对社会绩效，包括经济绩效真正产生独立的影响。因此，国家的政策和社会的总体绩效就像个体行为一样，代表着一种权衡，而非一种简单的最大化程序。

　　从这点上看，社会如何进行选择和权衡变得至关紧要。由此看来，资本主义，这一马克思用于解释后封建主义时代的核心概念，并不能成为说明西方社会绩效的充分基础。我们必须直接审视在所有可供选择的政策上发挥作用的完整机制，当然包括政治过程以及实际上还有社会和宗教过程中的作用机制，把它们看成进行决策、完成选择的准独立场所。

　　从休谟到穆勒，他们的思想体系都建立在这种人类以及社会所固有的复杂性观点基础上。也正是对这种复杂性的尊重支撑着各种力量，促使西方社会围绕普选权、多党制和无记名投票逐步建立起自己的政治体系。1867年的《改革法案》，在一定程度上就可以看作是两党政治的一种惯常演练；但是它也是由那些绝不仅仅关心"金钱关系"，而且深受根植于民主社会价值观影响的人投票产生的，是"在黑暗中的跳跃"。在接下来的一个世纪中，选民范围的扩大成为实现马克思在同年出版的巨著中提出的要为工人寻求的众多目标的主要力量。在马克思逝世的那一年（1883），由于来自社会民主党惯常的政治压力，俾斯麦推动了健康保险法，这并非不合时宜——社会民主党在1875年提出的一揽子改良计划令俾斯麦感到担心，但却遭到马克思的强烈反对。

　　但是作为一本讨论增长理论家的书，对卡尔·马克思的分析显然不能仅仅停留于此。马克思既是个辩论家又是个社会科学家。他关于历史发展和资本主义消亡并被社会主义继而共产主义代替的构想在1848年就已完全成型。在《共产党宣言》中，这个构想发出强有力的武装起来的呼吁，感染了某些有良知的西欧中产阶级，还有处于困顿中的工人。接着，为了把这种构想变成现实，他还把自己生命的一部分投入到政治中。不过，他把自己一生中的大部分时间都用于为那个构想构建科学基础，为此他过着非人的生活。在1867年《资本论》第一卷问世期间，马克思在解释为什么没有与朋友交往时写道："我因此（因为疾病）不得不争分夺秒地展开工作，以完成创作，为此我牺牲了我的健康、我的幸福和我的家庭。"[1]

近来，一个传记作家总结了马克思进退两难的困境，并栩栩如生地描述了马克思的形象：[2]

149

马克思一生的困境就在于理论和实际的冲突，思想与现实的矛盾。他的斗争是强有力的，因为斗争的舞台是整个人类历史，而且因为马克思对智识构想和实战经验这两者均给予了一样完整有力的承诺。这双重的奉献既是马克思的困境，又是他的荣耀。他的生命体现了悲剧主角的各种特质和侧写。

1860年代，马克思在巴尔扎克的一则故事中发现了勾勒自己境况的一个文学形象。保罗·拉法格（Paul Lafargue）写道：

巴尔扎克的一项心理学研究，"不为人知的杰作"（Unknown Masterpiece）……给他留下了非常深刻的印象，因为这句话在一定程度上就是对他的感受的刻画。一个才华横溢的画家一遍又一遍尝试着描绘出他脑海中已经成型的一幅画，不断地在油布上画了又画，最终除了不成形的色块以外什么也没有完成；尽管如此，以他那挑剔的眼光看来，这似乎就是对他脑海中现实的完美复制。

拉法格的叙述是马克思把巴尔扎克所描写的人物当成自己困境写照的唯一证据，但是马克思还是在1867年2月第一卷将要付梓时把这个故事当成"杰作"推荐给了恩格斯。

……巴尔扎克笔下画家的一些特征令马克思回忆起自己的文学创作，也即他的博士论文中的德谟克利特（Demoritus）。脑中的光明与其构想在现实中的苍白映射之间形成强烈的反差，这种反差促使德谟克利特环游世界，追寻真理。西塞罗（Cicero）称他为虚幻的博学之士（vir eruditus），他广泛涉猎物理学、伦理学、数学、百科全书式学科，以及任何艺术。马克思也成为一名虚幻的博学之士，在德谟克利特研究过的某些学科中继续扩展他的

---

[1] 转引自杰罗德·塞格尔（Jerrold Siegel），《马克思的命运》，第387页。

[2] 同上，第387—389页。在这部杰出的作品中，塞格尔从与父母的关系上追踪了马克思生活模式的持续性，追溯了他那讨论德谟克利特的博士论文，因为自作自受而一再复发的疾病（"损害他的身体健康"），因为"现实未能完成自己的夙愿"而无法完成《资本论》。

研究。他的笔记本和手稿显示，他有渊博的知识。他虽然不像德谟克利特般周游大半个地球以求交流经验、知识碎片和观察心得，但是他学习了新的语言，并不断地扩展自己的阅读范围。他多次写信给他的朋友说，在他再多掌握一点来自比利时、俄国或者美国的信息之后，《资本论》才能收工。马克思自己酿成的疾病虽然没有德谟克利特的失明那么彻底和痛苦，但他们的自我伤害有着相似的目标。马克思的目标就是，保护《资本论》背后的理论构想，使其免于因为可能与市场关系的经验现实不一致暴露之后带来的威胁。

马克思显然没能在他"神圣的十年"中实现他给自己界定的条理清晰却又罗曼蒂克的命运。（不过无论是休谟、亚当·斯密、马歇尔或是熊彼特，也都没有实现——他们都给自己设定了超额的任务。）马克思自己很清楚，他所构建的体系作为一个整体，无法捕捉1848年以后逐步展开的经济、社会和政治现实。但是沿着这条路，他提出了一系列的见解。这些见解虽然常常不一致，且属于派生性质，却会继续使他成为古典经济学家中的关键一员——这个称号，至少在一定程度上，会是一个他那极端复杂的个性所不会厌恶的称号。

第二部分　增长理论的边缘化

（1870—1939）

第五章　导言

第二部分将讨论的时期，大致是从 1870 年到"二战"爆发。如前所述，从
思想史的视角看，1848 年，也即《共产党宣言》发表、穆勒《原理》首版出版
的这一年，可以看作是古典增长分析世纪的结束，尽管在这之后，相关观点和学
说的传播显然还持续了一段时间。而且传统上，1870 年往往也被看作一个里程碑
式的年份，因为这一年之后不久，杰文斯（1871）、门格尔（1871）和瓦尔拉斯
（1874）就各自对边际分析做出了详细阐述，虽然杰文斯提出"效用系数"的时
间可追溯到 1862 年。而且，大致也是从这个时间开始（1873 年），价格进入到一
个几近持续了四分之一世纪的下降期，这不仅对世界经济，也对经济理论产生了
重大影响。而且，这个时间离开《资本论》第一卷发表的时间——1867 年也刚过
不久（这一年也是马歇尔开始认真研究经济学的年份）；这个时间亦非常接近于
穆勒最后一次修订的《政治经济学原理》第七版出版的时间——1871 年；此外，
也正是从这一年开始，美国的一流大学开始设立政治经济学教职，意味着美英经
济学会和学术期刊即将粉墨登场。因此，即便稍许有些武断，将 1870 年看作历
史性的转折点还是理所应当的。

本章的注释囊括了九位经济思想史学家对 1870 年这一分水岭特征的刻画。[1]
大致而言，他们着重强调了以下几个方面：关注点从经济增长转向社会改革和福

---

[1]　海因茨·沃尔冈夫·阿恩特（H. W. Arndt）：

从亚当．斯密到李嘉图的古典经济学家们已经对经济增长产生了强烈的兴趣，不仅因为他们认为经济增长
是合意的，而且因为他们相信，他们支持的主要如自由放任、低政府干预政策能够促进经济增长。（接下页注）

利；对精确分析的重视；依靠边际分析方法，对资源优化配置的关注不断加强；以及经济学作为一个学术行当出现在整个大西洋两岸。

（续上页注）一直到 19 世纪中叶为止，这些政策被大量地采用并获得了巨大的成功。经济学家们并不需要去宣扬物质进步，因为它显然正在不断进步中。相反，除了继续从事学术上的任务——增进和完善关于市场经济运行方面的古典分析研究，他们逐渐觉得有必要去关注现存制度的罪恶，或者至少是缺陷，比如收入分配和财富的不公，垄断兼并的增加，经济周期和失业。

[海因茨·沃尔冈夫·阿恩特，《经济增长的起伏》(*The Rise and Fall of Economic Growth*)，墨尔本：朗文柴郡，1978 年，第 14 页。]

马克·布劳格 (Mark Blaug)：

604

无论是斯密、李嘉图还是约翰·斯图亚特·穆勒，本质上，经济问题均被看作不可增长的土地和可增长的劳动之间的矛盾，后者还包含了作为储存起来的财富的资本。经济分析的作用在于揭示劳动力数量和质量的变化对总产出增长率的影响……

然而，1870 年以后，经济学家一般假定生产要素供给给定，由分析范围之外的因素独立地决定。经济问题的本质变成寻找最优条件，在这种条件下，给定的生产资源可以在最大化消费者剩余这一意义上，在竞争性的用途之中得到最优配置。……经济学因此第一次在真正意义上成为科学，变成一门研究给定目的和拥有不同用途的、给定的稀缺手段之间关系的学科。古典的经济发展理论因此被一个本质上属于静态框架的一般均衡概念所取代。

[马克·布劳格，《经济理论的回顾》(*Economic Theory in Retrospect*)，伊利诺伊，霍姆伍德：D. 埃尔文，1968 年，第 299—300 页。]

菲利斯·迪恩：

……杰文斯、瓦尔拉斯和门格尔的著作标志着经济学家关于学科范围和方法论见解的重大变化……

边际革命对传统经济学理论的研究范围和方法均产生了重要影响。因为通过向理论家提供一套简便的、可以简单有效地应用到广泛范围中的分析工具，它改变了经济学正统的问题导向，（并且在这个过程中，虽然不一定是有意设计的）把意味深长的哲学和意识形态的倾向与这种正统联系了起来……在边际分析的一般假定下，从逻辑上就可以演绎出，完全竞争会导致支出和资源的等边际分配。

[菲利斯·迪恩，《经济思想的演变》，(*The Evolution of Economic Ideal*)，剑桥：剑桥大学出版社，1978 年，第 97—98 页。]

罗伯特·海尔布罗纳：

……马克思所准备的强大智力炸弹并未爆炸，几乎全无声息；他所遭遇到的并非是一阵谩骂，而是漠视的耻辱。

因为经济学已经停止对世界观的塑造，现在这项任务由哲学家、股票经纪人以及似乎要照亮整个社会前进道路的革命者来照管。取而代之，经济学成为学者、教授们的特殊领地，他们的研究所投射出来的只是一点一线的光亮，而非像早期的经济学家那样，如巨大的灯塔一般闪亮在整个朦胧的大海上。

"……维多利亚时代的繁荣产生了一大批解释者，这些人所从事的，是极其详细地考察体系的运作方式，而不再尖锐地怀疑其基本价值，或者是最终命运，这智慧引人烦扰。在这个新的教授行当中，如阿尔弗雷德·马歇尔、斯坦利·杰文斯、约翰·贝茨·克拉克，莱昂·瓦尔拉斯、陶西格和门格尔之流的一整批经济学家接管了经济思想的主要流向。他们的贡献虽然重要，却也不是非此不可。

[罗伯特·海尔布罗纳，《几位著名经济思想家的生平、时代和思想》(*The Worldly Philosophers: The Lives, Times, and Ideas of the Great Economic Thinkers*)，纽约：西蒙和舒施特，1961 年，第 145 页。]

虽然注释中的几乎所有的观点皆已被人们理所当然地接受了，但是就 1870

（续上页注）约翰·希克斯：

　　1870 到 1930 年是英国劳工运动兴起的 60 年；因此，英国后古典时代的学者（尤其是马歇尔、埃奇沃思和庇古）时时惦记着劳工问题，就不奇怪了。他们以为，他们的边际效用分析非常适合于处理这类问题，虽然这个在今天看来，似乎较为可疑。

[约翰·希克斯，《古典和现代》（*Classics and Moderns*），卷三，剑桥：哈佛大学出版社，1983 年，第 71 页。]
卡尔·普里布拉姆（Karl Pribram）：

　　在 20 世纪 40 年代之前，经济增长问题几乎被所有后李嘉图时代的经济学家所忽视。那些经济学家的理论围绕着价格和稀缺资源的有效配置问题展开，其本质上与李嘉图的静态经济分析方法是一致的……　　605
　　后李嘉图时代的经济学家和边际主义者对经济增长问题的漠视提供了诸多例证，表明方法上的考虑对于学术问题的选择已经拥有压倒性的影响。似乎没有什么工具可以用于分析长期发展问题。得到研究的经济波动几乎仅限于短期……

[卡尔·普里布拉姆，《经济推理的历史》（*A History of Economic Reasoning*），巴尔的摩：约翰·霍普金斯大学出版社，1983，第 550 页。]
埃里克·罗尔：

　　人们通常把 1870 年代经济分析工具方面的变化看成是经济学中爆发的一场全面革命的标志……
　　对边际学派的一种诠释宣称，它是食利者阶级的经济学。它将经济学中一种主观的、“非历史”方法的发展（以消费作为分析出发点），与依靠“剪息票”为生的那个阶级的勃兴联系在一起。有闲阶级被认为不再是生产过程中的一部分，他们仅对投资收益的处置感兴趣。这就是凡勃伦的不在业主（absentee owners），于是应该仅仅从消费的视角来考虑经济活动便变得很自然。

[埃里克·罗尔，《经济思想史》，（*A History of Economic Thought*），第三版，新泽西，恩格尔伍德·克里夫斯，普伦蒂斯堂 1956，1957 年，第 368—369 页。]
约瑟夫·熊彼特：

　　……正是在 1870 年前后，一种对社会改革的新兴趣，一种“历史主义”的新精神，一种在经济“理论”领域内的新活动开始出现……正如我们所能清晰地预期到的那般，传统被打破了，就在那个本质上而言必定总是连续的进程中……
　　但是，为了使历史分期不至于引起误会，或者变得毫无意义，而必须加上的一切限制，不应该蒙蔽我们的双眼，令我们无视这个事实：我们将要加以讨论的这个时期（1870—1914）实际上形成了一个真正的单元，这是必须被认识到的，与为了说明上的方便这个理由丝毫无关。1870 年左右传统的打破意味着，传统是被那些与之密切相关的人们所打破的：相比历史学家，这种打破对于那些人而言可能更为意外也更重要，但这并不意味着它们全是虚构的。

[约瑟夫·熊彼特，《经济分析史》（*History of Economic Analysis*），纽约：牛津大学出版社，1954 年，第 753 页。]
亨利·威廉·斯皮格尔：

　　以约翰·斯图亚特·穆勒的著作（马克思及其追随者攻击的目标）为样板的传统经济学，在经历了 19 世纪最后一个十年中常被称为“边际革命”的深刻转变后再也站不住了。随着这场革命在世纪之交的推进，不仅是经济学的结构，而且它的方法都变得与古典政治经济学截然不同。劳动价值理论寿终正寝，而借助于新的统一原理，不仅消费者理论和厂商理论的整合得以完成，而且古典理论中联系甚微的年以后的政治经济学发生了什么这个问题，我还是有些相当不同的看法：与一些学说史专家一样，我认为这个时期应该把 1914 年前的那段时期与两次世界大战间的这段时期区分开来。在一战前的四十五年中，主流经济学家在处理政治和社会争论中的重大问题时，所使用的正式理论概念已经没有更早期那般相对集中。此时，先进工业社会已开始着手处理一些有关社会福利、收入分配、垄断势力，以及其他进入政治舞台中心的焦点问题。这些都是一些新生政治力量兴起之后在实践领域提出的问题；这些力量包括美国的人民党党员、农民协会会员和渐进主义者，英国的工党和受鼓舞的自由主义者，欧洲大陆的社会主义者，各地的工会，以及一直到 1890 年代中期均处于四面楚歌之中的美国农场主。这些发展与穆勒和马克思所致力于讨论的关键问题高度一致。

穆勒的《原理》作为主流经济学教材，至少一直在盎格鲁撒克逊地区占据主导地位，直到 1890 年代才开始为马歇尔的《经济学原理》(*Principles of Economics*) 所替代。而且，马歇尔相当自觉地延续了穆勒的传统，非常认真地对待福利问题，甚至一度把自己视为一个社会主义者，在经过长期的探索之后，才开始抵制社会主义。但是作为一种正式的分析方法，主流经济学开始朝着一个完全不同的方向前进。马尔萨斯是对的（第 581 页，注 9），实践证明，微积分可以被用来精确地表述一些经济学的基本命题，尤其是在严格限定的假设条件下，用于界定特定市场乃至整个经济体实现稳定均衡的条件。在英国、欧洲大陆以及美国，主要的经济学家均陷入一场真正的冒险之中，致力于改进和完善有关总产出和生产要素的市场分析。他们所使用的分析框架就是后来众所周知的马歇尔短期假定——排除了经济增长过程中起作用的动态供给因素，以及收入和品位的变化。撇开这些复杂的因素，生产和分配的纯理论便能高度对称地整合在一起，不过政治经济学也就变成了经济学。这个学科开始转而追求分析方法的不断演进，而非为了解决现实社会中的重大问题；在大多数情况下，日益精致的分析

（续上页注）价值和分配理论的整合也得以完成……对经济增长的重视不再，尽管在亚当·斯密那里不是这样。取而代之的，是在给定资源总量的框架中确定均衡点的努力。经济学成了如何处理给定数量后全部资源配置的一门科学，这意味着，这些数量如何决定进而如何增加的问题几乎没有再得到持续的关注……

于是，经济学的讨论把它的注意力从总量转移到这些总量的微小变化上。它的中心概念之一是均衡，即在令某些变量相等的同时最大化其他变量。由于均衡主要被用于微观经济学，围绕着消费者和厂商展开，所以像国民收入的决定、经济增长与发展这类宏观经济学问题都不是其讨论的主要主题。它们不得不一直等待，直到注意力最终转回它们身上，只不过那时，20 世纪已经接近尾声。

方法把经济学家带离而非带向政治领域中激烈争辩的问题，虽然并非全然如此。约翰·威廉姆斯（John Williams）在对古典国际贸易理论进行详尽的检验之后，说出了可以看成是 1870 年边际革命及其之后整个主流经济学界的态度：[1]"应于推理之目的，在我看来，古典理论视为固定的那些东西正是我们应该研究的主要对象……"对此，阿尔弗雷德·马歇尔，主流经济学第二个世纪中的一个主要构建者及重要批判家，也应该会立马赞同。

当然，道德和伦理问题并没有从经济学中完全消失，而且经济学家们也确实没有放弃对政策和社会公正问题发表看法的权利，尽管其中具有明显的个人色彩。即使是里昂·瓦尔拉斯（Leon Walras），也常常鼓吹大范围的经济和社会改革；但是，这个立场丝毫不影响他的一般均衡分析。可以说，经济学家们对他们所处的社会命运的关注并未减弱；但是，由于新的概念精致漂亮，新的分析方法吸引力无穷，理论阐述与现实政策问题之间的联系还是在不断地削弱。

在亚当·斯密和约翰·斯图亚特·穆勒的传统里，对于理论阐释与现实经济社会生活的复杂性之间的这种差距，有时是通过在一般性著作中纳入大量的经验材料而予以弥合的。对于我们将在第六章讨论的马歇尔的《原理》而言，也是如此。但是也有一种观点认为，我们可以粗略地称为福利改革的那场运动，其智识基础就相当精确地与 1870 年之后主流经济学的正式假定和现实之间的差距联系在一起。

主流经济学理论的中心命题假定完全竞争和充分就业，而持不同意见者则特别强调垄断和严重的周期性失业。正式理论将收入分配与个体的经济功能即净边际产品价值联系在一起，而持不同意见者（如穆勒）则关注制度、土地所有权的模式、遗产继承法、教育的相对可及性，关注历史上特定社会中出现的其他决定

（续上页注）（亨利·威廉·斯皮格尔，《经济思想的成长》（*The Growth of Economic Thought*），新泽西，恩格尔伍德·克里夫斯，普伦蒂斯堂 1971 年，第 505—506 页。）

虽然没有成为总结性的引文，不过有关 1870 年代转折点的最好诠释也许出现在特伦斯·威尔莫特·哈奇逊的作品中，《经济学说评论：1870—1929》（*A Review of Economic Doctrines*, 1870—1929），牛津：克拉伦登出版社，1953 年，第一章："1870 年后英国的政治经济学"（Political Economy in England after 1870），第 1—31 页。另外，也可以见他的《经济学的革命与发展》（*On Revolutions and Progress in Economic Knowledge*），尤其是第三章，"英国古典政治经济学的兴衰和杰文斯革命（The Decline and Fall of English Classical Political Economy and the Jevonian Revolution）"，第 58—93 页。哈奇逊认为，通过推翻李嘉图的分配理论，杰文斯的边际分析"开打了贫困和社会改革的全部问题"，尽管边际效用递减原理最初是用来支持累进税的。

[1]　约翰·威廉姆斯（John Williams），"国际贸易理论的重新思考"（The Theory of International Trade Reconsidered），《经济学期刊》，卷 39，154 期，（1929 年 6 月），第 195—209 页。

收入分配的非经济因素。

155　　他们所识别的不公平包括劳动力市场上单个工人同力量越来越集中的雇主之间的势力不对称，不管雇主是个体经营还是集体经营。纯市场导向的分配理论不考虑工作车间意外事故的发生、健康设施、穷苦工人的培训机会以及养老保险。通过这样或者那样的辩论，持不同意见者把这些问题引入政治领域的讨论中心。比如，亨利·乔治（Henry George）基于对马尔萨斯—李嘉图地租理论的解释而提出的强有力论点；索尔斯坦·凡勃伦论炫耀性消费、垄断企业和技术；厄普顿·辛克莱（Upton Sinclair）描述的芝加哥屠场*；美国的制度主义者；费边社，包括其领袖萧伯纳；德国和英国的历史学派，包括理查德·亨利·托尼。当然还有各种各样的社会主义者，包括一些因解读马克思而出现在这个传统中的作品和论断，虽然这有时会与上述例子和类别相重合。

　　我还要强调的是，主流经济学家并没有普遍地、系统地反对这些非正统的思想脉络。事实上，有些经济学家还对此予以支持。但是对于维护理想的运动热情而言，主流经济学的形式建构并不能提供什么帮助；其实，不断积聚力量并延续到第一次世界大战的社会福利运动，主要就是由提倡打破旧习的这一拨人所推进的。他们不仅代表那些弱势群体，为维护理想而斗争，而且反对他们认为他们所感知到的主流经济学的不合理之处。

　　这并不意味着，平静地承认资本主义的非人道之处，探索可能的补救措施，以及对穆勒、马歇尔、庇古和其他处于那个不争论的传统中学者所关心的弱势群体予以真正的关注，在民主社会中就不再重要。尽管他们没有给热情的改革家们提供任何的标语和口号，但是他们帮助说服了那些在政治派系中处于中间地带、非常重要的"温和派、正统派，以及保守边缘派"，让他们认识到了重大改革的合理性与必然性。[1]

　　就1870—1914年这段时期，本书的中心要点之一在于：经济增长分析已经可以排除在议程以外；除了后面会提到的少数例外，这段时期的正统与非正统经济

---

* 1906年出版的厄普顿·辛克莱的小说《屠场》（The Jungle），揭露了芝加哥肉类工厂采用向有关部门大肆行贿的方法，将病死的猪牛加工成肉食品，将毒死的老鼠加工成香肠。该书出版后立即激起了公众的普遍义愤，并于6个月后促成《肉类检查法》和著名的食品与药品管理局（FDA）的诞生——译者注

[1] 这些引号中的形容词出自约翰·肯尼迪（John F. Kennedy），他经常不断地以此来界定在美国总统竞选中一个获胜的候选人所必须争取的支持集团。关于文本背景，参见我《权力的扩散》（Diffusion of Power）一书，纽约：麦克米伦出版社，1972年，第129页。

分析家或多或少都会同意这一点。上述双方都假定，存在一个正在扩张中的、可行的经济学体系。虽然他们之间的界限并不明显，但一方主要致力于完善经济运行模式的理论研究，另一方则以多少有些激进的方式来诊断和补救经济中的非人道之处。不过总的说来，双方都将经济增长理论长期搁置一边。政治进程开始集中到如何以一种多少算是文明的手段来竞相瓜分一块蛋糕，而对于这块蛋糕，几乎所有的竞争者都认为它会不断变大。就是这种争夺，决定了近一个世纪以来先进工业社会的民主政治形态。

在 1914 年前的四十年中，世界经济所呈现的某个特征的确带来了新颖而有创造性的思想，那就是从 1873 年到大致 1896 年间，价格呈显著的下降趋势；而后又开始上升，并因为一战而加剧，直到 1920 年达到顶峰。对于 1914 年前以及两次大战之间几乎所有重要货币理论家来说，这个从 1873 年到 1890 年代中期的价格下降趋势成为他们扩展分析的一个契机；这些理论家包括：卡塞尔（Cassel）、费雪（Fisher）、吉芬（Giffen）、凯恩斯、莱顿（Layton）、马歇尔、皮尔逊（Pierson）、威尔士（Wells）和维克塞尔。[1] 就马歇尔而言，引发他对自己早就在教学之中提出，并已成为剑桥口述传统一部分的货币学说进行细化阐释的契机，便是他为皇家贸易和工业萧条调查特别委员会（1886）和皇家黄金白银价值调查特别委员会（1887—1888）所撰写和陈述的报告。凯恩斯在一篇有关马歇尔的长篇传记式评论中评述道：[2]"对于学生而言，货币理论中最基础的部分之一，在政府委员会对短期实际问题感兴趣之前，在大约二十多年的时间里，除了借助问答的形式之外便不再可得，这真是一件怪事。"

在 1914 年前的这段时期中，除了 1873 到 1890 年代中期的价格下降趋势之外，还有其他一些因素也在影响着政治经济学：

● 世界舞台的力量格局呈现新的局面：这部分地是因为 1871 年俾斯麦德意志帝国的成立，以及大约在同一时间，因为横贯大陆的铁路网而连成一片的美国的出现；部分地则是因为一些国家的经济开始起飞——1870 年代的瑞典，1880 年

156

---

[1] 参见我的《对 19 世纪英国经济的评论》（*Essays on the British Economy of the Nineteenth Century*）一书的第七章，"对大萧条的解释"（"Explanations of the Great Depression"）牛津：克拉伦登出版社，1948 年，第 145—160 页。熊彼特也在他关于康德拉季耶夫周期的分析中探讨了价格下降趋势（同上，第 28—30 页）。也可见上述引文的第 176—178 页和第 181—182 页。

[2] 约翰·梅纳德·凯恩斯，《精英的聚会》（*Essays in Biography*），第 201 页。

代的日本和丹麦，1890年代的俄罗斯和意大利，以及奥匈帝国的部分地区。尽管奥斯曼和奥匈帝国间的民族主义氛围变得比以前更为紧张，但是德国、日本、俄罗斯和意大利还是就着最后一线机会试图在非洲和东亚主张帝国的权利。对帝国主义的分析变成一个流行的话题；这个时期成倍增加的所有小型战争都与新的推动力有关，包括意大利在非洲的行动，中日和日俄战争，波尔战争，西班牙美国战争以及两次巴尔干战争。

● 1890年代中期后，农产品和原材料的相对价格开始转而上升，这严重抑制了先进工业国的实际工资在之前二十多年中的上涨趋势。随着城市工人转向政治寻求救济，以矫正作用于世界经济中价格变动的力量，早已不断聚集的、支持扩展福利措施的政治力量迅速成长。德国的社会保险可追溯到1870年代：意外险（1871，1884），疾病险（1883），养老保险和伤残险（1888）。在1914年前的这段时期中，大西洋区域的社会费用占国民生产总值的比重迅速上升（见表5.1），虽然相比于两次大战之间那个时期，这种增长还不算快。[1]

● 虽然总的来说，从1890年代中起到1914年，经济周期的振幅并不算大，但是在这个时期，对经济周期的系统研究已经展开，许多基础的先驱性工作也已正式发表。

● 基本品相对较高的价格，再加上1896年后农业和原材料生产地区贸易条件的改善，这二者一起导致了阶段性的快速发展，包括大量的资本流动和移民，基础设施投资和出口的扩张，以及至少两个国家（加拿大和澳大利亚）的经济起飞。[2]

表5.1　社会服务支出占国民生产总值的比重：1890—1932（所有级别的政府）

	美国	英国	德国
1890	1.8%	1.9%	—
1900	1.9	2.6	—
1913	2.1	4.1	5.1%
1932	6.3	12.9	19.3

资料来源：理查德·马斯格雷夫（Richard Musgrave），《财政体系》（Fiscal Systems）

---

[1] 对更广背景下的进一步讨论，可见沃尔特·惠特曼·罗斯托，《世界经济：发展历史与前景展望》，奥斯汀：德克萨斯大学出版社，1978年，第58—61页和第729—731页（注释9—12）。

[2] 关于详尽的细节，参见同上引文，第14章，尤其是第163—178页。

（纽黑文：耶鲁大学出版社，1969），第 94—95 页（表 4-1）。社会服务包括教育、福利项目、住房供给以及社会保险。其中，缺乏对 1890 年和 1913 年德国社会服务费用总支出的估算数据。就范围更狭窄的社会保险支出来说，其占 GNP 的比重看起来是日趋增长的：1891 年为 0.7%，1901 年为 1.3%，1913 年为 1.8%。[数据通过计算而得，参考的是：祖潘·安迪克（Supan Andic）和英德里克·韦尔卡（Jindrich Veverka），"统一以后德国政府支出的增长"（The Growth of Government Expenditure in German Since the Unification），《公共财政研究》（Finanzarchiv），23 卷，第 2 期，1964 年 1 月，第 199—200 页。[人均总预算支出是以 1900 年不变价计算的，而人均社会保险是以占总支出的百分比表示的；第 238 页（人口）；和第 241 页（1900 年不变价格的国民生产总值）]。

这些发展状况一定程度上均有反映在主流经济学家的作品中，但是正式理论和真实世界之间的阻隔却由于制度的发展而强化；在海尔布罗纳看来（注释 1），这里的制度发展指的是经济学已经成为横贯大西洋的一个学术行当。这意味着教授、学术期刊、博士（或者研究员）论文，学科中的专业化领域，以及经济思想和分析方法学派的出现。[1]

这些发展的结果之一就是经济学思想变得相当连贯，超越了第一次世界大战的大分歧，甚至在一定程度上超越了第二次世界大战的大分歧。表 5.2 试图给出 1870—1939 这段时期中五大主要流派的一个简单分类，尽管这个分类算不上完全，且十分粗糙。

表 5.2　五大主要流派的经济学家

奥地利学派（Austrian School）	
卡尔·门格尔（Carl Menger）（1840—1921）	
弗里德里希·冯·维塞尔（Freidrich von Weiser）（1851—1926）	欧根·冯·庞巴维克（Eugen von Bohm-Bawerk）（1851—1914）
路德维希·冯·米塞斯（Ludwig von Mises）（1881—1973）	约瑟夫·熊彼特（Joseph A. Schumpeter）（1883—1950）
弗里德里希·冯·哈耶克（Friedrich von Hayek）（1899—）	

（待续）（待续）

[1] 参见比如，科茨，"皇家经济协会的起源及早期发展"（"The Origins and Early Development of the Royal Economic Society"），《经济学期刊》，卷 78，310 期（1968 年 6 月），第 349—371 页；以及科茨和科茨（S. E. Coats），"皇家经济协会 1890—1960 间社会构成的变化以及经济学的专业化"（"The Changing Social Composition of the Royal Economic Society, 1890—1960 and the Professionalization of Economics"），《英国社会学期刊》（British Journal of Sociology），卷 24，1974 年，第 165—187 页。关于美国经济协会更为复杂的创立过程及其发展初期突出的意识形态和方法论之争，详见科茨，"美国经济协会最初二十年"（"The First Two Decades of the American Economic Association"），《美国经济评论》，卷 50，第 4 期，1960 年 9 月，第 555—574 页。

（续表）

斯德哥尔摩学派（Stockholm School）	
纳特·维克塞尔（Knut Wicksell） （1851—1926）	古斯塔夫·卡塞尔（Gustav Cassel） （1866—1945）
约翰·阿克尔曼（Johan Akerman） （1896—1982）	埃里克·林达尔（Erik Lindahl） （1891—1960）
冈纳·缪尔达尔（Gunnar Myrdal） （1898—1987）	贝蒂·俄林（Bertil Ohlin）（1899—1979）
洛桑学派（Lausanne School）	
里昂·瓦尔拉斯（Leon Walras） （1834—1910）	维尔弗雷德·帕累托（Wilfred Pareto） （1848—1923）
瓦西里·里昂惕夫（Wassily Leontief）（1906—）	
剑桥学派（Cambridge school）	
阿尔弗雷德·马歇尔（Alfred Marshall）（1842—1924）	
阿瑟·塞西尔·庇古（Arthur C. Pigou） （1877—1959）	约翰·梅纳德·凯恩斯（John M. Keynes） （1883—1946）
丹尼斯·霍姆·罗伯逊（Dennis H. Robertson） （1890—1963）	琼·罗宾逊（Joan Robinson） （1903—1985）
美国的制度学派（American Institutionalists）	
索尔斯坦·凡勃伦（Thorstein Veblen） （1857—1929）	赫伯特·约瑟夫·达文波特（Herbert J. Davenport）（1861—1931）
约翰·罗杰斯·康芒斯（John R. Commons） （1862—1945）	韦斯利·克莱尔·米切尔（Wesley C. Mitchell） （1874—1948）
沃尔顿·汉密尔顿（Walton Hamilton） （1881—1958）	克拉伦斯·艾尔斯（Clarence Ayres） （1891—1972）

这些学派存在许多异常之处。比如，没有哪个流派能够保持活力超过三代，甚至是保持大致的连贯性。熊彼特，尽管是维塞尔和庞巴维克的得意弟子，但他却中断了自己的方向，他的维也纳老师对他的影响还不如瓦尔拉斯，也许甚至还不如马克思。斯德哥尔摩学派在最初两代中充斥着同门之争。里昂惕夫选择的路子，尽管明显是源于瓦尔拉斯，但他年轻时并非来自洛桑，而是来自 20 世纪 20 年代的苏联。其实，许多著名的经济学家都在从不同的传统和流派中吸取精华；比如英国的罗伊·哈罗德、约翰·希克斯和莱昂内尔·罗宾斯（Lionel Robbins）。而美国的经济学家则是各式各样都有。比如约翰·贝茨·克拉

克（J. B. Clark）（1847—1938），他的著作中可以找到德国历史学派和英国社会主义的影子，但他最著名的贡献是把边际生产力的分析应用到分配理论中。又如欧文·费雪（Irving Fisher）（1867—1947），他和马歇尔一样，最开始的时候是一位数学家，但后来在威廉·格雷厄姆·萨姆纳（William Graham Sumner）的影响下开始转向经济学，并于1893—1894期间求学于德国和法国。不管费雪如何谦逊地承认其他人对他的影响，但他本质上还是自成一派。再有如弗兰克·陶西格（Frank Taussig）（l859—1940），他不仅详细阐述了而且力求从经验主义角度证明英国的古典国际贸易理论，虽然熊彼特还是从他的分配理论中发现了一点庞巴维克的影子。 158

当时，在第一次世界大战前的四十多年中，大家都扎根于大学，面对着日益复杂多样的专业领域。许多不同的思想流汇聚在一起，不断扩展着这个领域的研究内容。这种情况贯穿整个时期。但是，这个过程中还是存在相当多不协调的音符，这些音符来自挑剔的持不同意见者，尤其是德国和英国的历史学派，英国的费边派，美国的制度主义者以及其他并不总是协调的各类社会主义者。

再从现在看1914—1939年间的这段时期，其重要特征体现在，随着世界经济貌似坚固的制度框架首先因为战争，而后因为一系列空前严重的问题而碎裂，主流经济学理论与公共政策问题之间的概念障碍明显减少；这些问题包括：长期失业，贸易和报酬的过度不均，1920年后基本品价格相对急剧的下降，大萧条，以及随着又一次世界大战变为一个确定的事实，世界经济再次因为新重商主义而变得支离破碎。图5.1试图捕获英国在这段时期中发展中断的某些特征。

在大西洋的两侧，第一次世界大战促使许多经济学家踏入政府部门，因为摆在他们面前的情况是，仅依赖竞争市场的正常运行已明显不够。但是，相对于对经济理论和经济分析的影响，这一行动对一系列公共政策的影响要深刻得多——这些公共政策旨在解决因战争赔款而引发的问题，还有许多影响到下一代的创伤性问题。

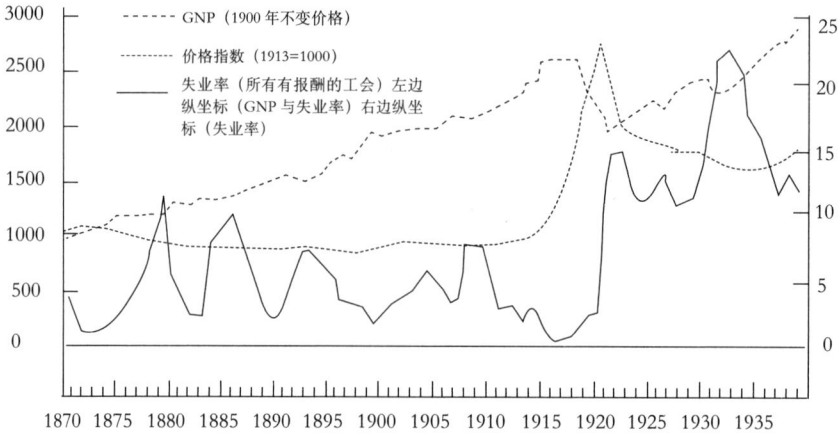

图 5.1　两次战争间的中断：英国历史数据，1870—1939 年。

摘自布莱恩·米切尔（B. R. Mitchell），《英国历史统计摘要》（*Abstract of British Historical Statistics*）（剑桥：剑桥大学出版社，1971）。

　　这些亟待解决的问题迫使理论和经验两方面的工作都加快了步伐。特别的，大量的努力集中到下述问题上来：转移支付，部门间以及国际的贸易条件，最优汇率，以及最重要的，从一般视角来说是失业，从特定角度说是经济周期等问题；其中，关于后两个方面问题的分析，其理论基础在 1914 年之前就已奠定。凯恩斯对宏观经济理论的重塑就是为了捕获长期高失业存在的理论可能性及其补救方向，而这正是面对世界经济深陷于 1815 年以来最为旷日持久的困境这一现实时，理论界被迫做出的诸多反应中最引人注目的一个。

　　在这些领域，创建能够即刻应用到政策领域的理论冲动显然很强；但是，比起短期的紧迫感，更有影响力的事实是：应用到这些问题上的传统理论框架，一般都建立在马歇尔的短期假定基础上。因此，引导重要经济学家把经济增长分析置于研究中心位置的，既不是两次大战之间的经济和政治环境，也不是占主流经济学支配地位的理论框架。尽管如此，与经济增长有关的重要洞见还是出现了，虽然这些洞见只是在当前问题压力下展开研究时带来的意外收获。因此，如果不了解两次大战之间的这些间接的理论贡献，就无法理解 20 世纪 80 年代增长分析的状态。

　　数据收集在理论的重大创新之中占据着重要地位。早在 1914 年前，人们就已开始着手系统地收集合理可信的统计数据，不过这个进程由于两次世界大战的需要而大幅加强。这种收集在理论创新之中占据着重要地位。实际上，尽管早期进行国民收入估计的初衷是为了建立收入的分配模型，但是凯恩斯革命的力量之所以能够展开，在很大程度上正是有赖于与之相匹配的国民收入核算的出现。

与此同时，少数重要的学者还是沿着自己的方向前进着，其中肯定会出现在任何经济增长理论史名录中的四位是约瑟夫·熊彼特、西蒙·库兹涅茨、科林·克拉克和罗伊·哈罗德。但是，他们中没有一人构造出的增长理论可以覆盖前文提出的所有相关变量，也没有一人有如马歇尔及其据以展开自己分析的古典学者那般，以拥有更广社会含义的术语来刻画增长。尽管如此，他们每个人都以不同的方式展开了对增长的分析，超越了古典时代。此外，在各式各样激励的推动下，还有一些学者从外围对增长分析做出了重大贡献。

那么，我们应该如何综述1870—1939年之间的增长理论呢？很显然，我们无法再次像第一部分中那样，挑出六个代表性人物，沿着其思想进路对他们加以分析，并就他们如何推进增长理论这一点做出概括说明。这里面临着一个两难：一方面，许多经济学家是在从事其他问题研究时顺带对经济增长分析做出了贡献；另一方面，我们甚至找不出六位主要的学者，认为其身份首要的就是增长分析家。

在这种情况下，我将从马歇尔开始，以一章的篇幅论述马歇尔无法回避的长期经济运行和经济增长问题（第六章）。这章比我当初计划的要长得多，但我不认为这么做不值得。我发现，马歇尔对经济增长的关键变量做了大量阐述。虽然他并没有解决自己界定的所有问题，但是他的继承者也没有。我认为，把马歇尔当作一个增长理论家进行研究是值得的，我也希望这一章的讨论有助于激发对他的思想展开重新探讨。第二部分的余下内容主要围绕第一部分列出的那些关键变量展开：人口和劳动力（第七章），投资和技术（第八章和第九章），经济周期与经济增长（第十章和第十一章），相对价格和康德拉季耶夫周期（第十二章），以及经济增长的阶段与极限（第十三章）。像熊彼特和库兹涅茨以及科林·克拉克这些重要人物的贡献，我将穿插于各相关章节中进行的讨论。

第六章 阿尔弗雷德·马歇尔（1842—1924）

160　　我曾写过一篇有关经济发展理论（包括我自己的理论）演进的小文章："发展——马歇尔政治经济学中的长期形态"（Development: The Political Economy of the Marshallian Long Period）。[1] 在写这篇文章时，我的脑海中闪现出的是马歇尔曾经做出的不少类似这样的论述：[2]

　　　　正常供求的稳态均衡理论，着实有助于让我们的思路变得清晰；在其初级阶段，该理论因与现实生活相去不远，使其无法就经济中那股最强大、最持久的力量如何起作用展开令人神往的描述。然而，若把它推向遥远复杂的逻辑分析，那它就脱离了真实的生活状态。事实上，我们在这里的讨论便接近于经济进步这一上层主题。因此，需要特别铭记于心的是：如果以静态均衡而非以有机增长的角度来看待经济问题，那势必会失之偏颇。虽说静态分析本身能够使我们的思想变得明晰、确切，因而对于将社会作为一个有机体进行哲学分析来说，也是一条不可或缺的入门之道，但这毕竟只是入门而已。

　　　　……而工业有报酬递增的倾向，研究它们的发展进步，静态分析甚至只能作为敲门砖。静态分析的局限性一直为人所忽视，尤其是那些从抽象角度展开这种分析的人士，很容易将其奉为一种完全确定的方式，这是危险的。

---

[1] 杰拉德·迈耶（Gerald M. Meier）和达德利·西尔斯（Dudley Seers）（编），《发展的先驱》，纽约：牛津大学出版社，1984 年，第 229—261 页。

[2] 阿尔弗雷德·马歇尔，《经济学原理》，第八版，伦敦：麦克米伦出版社，1930 年，第 461 页。

不过，若身随谨慎，那这种风险便可冒上一冒；对此，附录八会给出一个简要的分析。

附录八继而证明了，在报酬递增（成本递减）的情况下，价格和产量不存在单一的稳态均衡点，而在一种规则地吸收新技术的经济中，这种报酬递增正是许多企业和行业的正常状态。一旦"某种偶然的扰动"促成产能和产量的大幅提升（以及由此而来的成本降低），那么这种扰动的停止是无法令产能—产出—成本回归初始水平的。在需求方面，成本和价格的大幅下降可能不仅会导致购买量增加，而且会促使需求曲线不可逆地外移，因为消费者会变得习惯于价格显著降低的商品。[1]在这样的情况下，即使成本和价格发生逆转，也无法令需求曲线回到之前的均衡位置。于是，不仅仅供求两条曲线都变得向下倾斜，而且它们不再相互独立；这时，传统微观经济学的均衡分析将不再有效。

161

如同约翰·惠特克（J. K. Whitaker）所指出的，虽然在致荷兰经济学家皮尔逊（N. G. Pierson）的一封信中，马歇尔表现出少有的夸张，但这封信却也反映出一直以来困扰他的一个问题。他在信中这般写道：[2]

　　写这部书（《原理》）是为了表达一个想法，就只一个想法。这个想法是，李嘉图等人坚持价值取决于生产成本，而马尔萨斯、麦克劳德（Macleod）、杰文斯以及（在一定程度上）奥地利学派认为价值取决于效用，实际上双方都半对半错——他们承认的那部分都对了，但是否认的那部分都错了。我觉得，他们对"时间"这一要素都没有予以足够的重视。而在我看来，时间恰恰是解开一切悖论、消泯因此而来的长期争论的关键之所在。李嘉图称生产成本决定价值，其实他想的是，在长期中，生产成本成为支配性力量；而杰文斯强调效用，他脑海中考虑的则是短期的概念。所以我试图通过对"时间"这一要素进行复杂细致的研究，以求将目前所有有关"价值"这一主题的知识整合成一个连续、和谐的整体；这一点将散布在我的整部书

---

[1] 同上，第805—812页。另参见马歇尔对异常供给情况的分析，《货币、信用和商业》，伦敦：麦克米伦出版社，1903年，附录十的第8—10段，第351—356页。

[2] 约翰·惠特克（编），《阿尔弗雷德·马歇尔的早期经济著作，1867—1890》，卷一，伦敦：麦克米伦出版社，1975年，第97—98页。

的每一卷甚至每一页的字里行间。从科学的角度讲，我想说的是，一切归根结底就是时间。

然而，马歇尔十分清楚，他并没有彻底实现自己设定的这一挑战，他未能将时间要素融入一个连续、和谐的整体。在《原理》附录八的结尾处，马歇尔坦承，"我们的分析方法存在不足之处"；并且如通常那般，马歇尔还对如何在科学地处理"长期"这一问题上取得进展给出了一点提示，那就是通过规约时间，使得一定量的生产变得"正常"。从某种意义上而言，在马歇尔主要的三部作品中，大量的历史和经验素材正折射出他为自己定下的宏伟目标（或者说是熊彼特式的构想）；也即建立一整套原理，使其能够完全解释纷繁复杂的现实世界。与马克思不同的是，马歇尔走访了诸多工厂、工人、商人和工会领袖。他深切体会并常常提起"有机增长"的研究，认为这种研究在经济理论的时间问题上处于核心地位。他还认为，这属于生物学范畴，而非牛顿物理学的分支或平行领域。

但是马歇尔所沿袭的技术手段限制了他。尽管他已经就此做出重要改进，但这还是无法使他以一种系统的方式来把握"社会这个有机体"。在日后回顾时，他曾这样写道：[1] "……就我的《原理》一书而言，第五卷以及第三卷的其中一部分，其中给出的那些纯分析性的工作是全书的精髓之所在；这本书正是从这些地方出发前后扩展而成型。"马歇尔所指的第五卷大部分内容和第三卷的部分内容，都很容易根据短期前提假定下的供求均衡条件通过数学语言实现公式化。另一方面，该书的第四卷（《生产要素》），也即马歇尔对决定经济增长因素最广泛的分析之所在，却有些截然不同——卷中大部分描述性章节均缺乏明确的理论骨架。实际上，马歇尔也确实对书中的内容做了注解，并由此形成了一个颇为清晰的新古典总量增长模型的基本雏形。然而，这一模型和后来的那些模型一样，并没有使他逼近他试图引出的现实。他自己也十分清楚地意识到了这一点。

在马歇尔的思想和作品中，始终可见其对现行世界的经济、社会和政治过程表现出一种矛盾态度：一方面主张严格的"介绍式"陈述，另一方面又希望再现162 那些互动的、不可逆的动态过程。在1920年出版的《原理》最后一版（第八版）

---

[1] 同上，第84页。上下文为马歇尔致 L. C. 科尔森（L. C. Colson）的一封信，写于1908或1909年。

的序言中，他思想上的矛盾溢于纸上：[1]

> 因此，经济学主要关注的是在善恶驱使下变化和发展的"人类"。虽然零碎的静态假设被暂时地用于辅助动态概念——或曰生物学概念，但经济学的核心理念，必然是有关活力和运动的概念，即便只是在考虑经济学的基础时也不例外。
>
> ……它（微分学）仍处于起步阶段，没有科律教条，也没有正统标准。它尚未来得及形成完美固定的术语体系，因而在如何最恰当地使用有关术语及其他相关问题上还存在着一些意见分歧，不过这恰恰是它健康发展的标志。而事实上，在那些借助这一新方法展开建设性研究的人中间，特别是在那些接触过较为简单和明确因而也较为高深的物理学问题的人中间，对这一方法的基本原理已达成相当的共识和一致。它在经济学研究中适用的领域虽然有限却很重要，无须等到下一代，它在这些领域的支配地位大概就不再会有人怀疑了。

然而，过去七十年的实践证明，上述两种视角——达尔文式的和牛顿式的——的融合并没有那么简单，人们也没有就微积分在经济学研究中所适用的有限而重要的领域达成共识。

正是由于一方面马歇尔对于经济学应当如何有所期待，另一方面他所擅长的又是短期前提下对竞争市场展开局部均衡分析，由于这二者之间存在冲突，所以才有了他对在经济学中运用数学所持有的奇异态度。数学是他在剑桥主修的本科专业，他还在剑桥大学数学学位考试中取得第二等的优异成绩。当然，正如惠特克所说，这一成绩本身并不能代表马歇尔就是一名"天生的数学家"。[2]惠特克指出，在当时在剑桥数学学位考试中，有很多成绩出类拔萃者日后均未选择数学作为自己的发展方向；而且更具说服力的是，他道出了这样一个事实：那时的考试更多的是在考查学生的耐心、记性和速算，而不是考查学生开展数学研究的能力。对于这一话题，我自然没有资格去说三道四。但事实是，相比明显更为"如

---

[1] 《原理》，第 xv 和 xvii 页。
[2] 《马歇尔的早期经济著作》，卷一，第 4—5 页。

鱼得水"的杰文斯和埃奇沃思，马歇尔在数理经济学上表现得"迟钝而犹豫"，虽然前两者的专业训练均不及马歇尔。这其中的原因可能就在于，马歇尔更敏感地意识到，在经济学中运用数学虽然有益，但同样存在危险和局限。在一处体现弗朗西斯·培根观点（见后文，第 331 页）的论述中，马歇尔指出，数学真正合理的适用范围极为有限。它只是为走向经济理论中的那些核心"难题"扫清道路，而无论在他的年代还是在我们的年代，这些难题都不适于用数学方式来解决。[1]

和历史上其他著名的学者一样，马歇尔也未能免于学术竞争——尽管他极力反对这样的对峙。虽然他一再声明，作为一个社会科学家，自己的学术思想受到古诺、屠能（von Thunen）、罗雪尔（Roscher）和黑格尔的影响，但毫无疑问，他属于典型的英国学派。就马歇尔而言，瓦尔拉斯曾因为"这位英国经济学家"难以克服的狭小气量而表示绝望，不过瓦尔拉斯也漏掉了某些东西。[2] 马歇尔深信，经济学作为一门道德科学，应着眼于更高的目标，而不仅仅着眼于对他们所存在的这个社会的技术基础，以及演进的政治生活和制度生活进行抽象概括，然后得出一些虽然经过精雕细琢但基本为静态的理论。翻开他的《原理》，其开篇第一句话便是："经济条件是不断变化的，每个时代都以它自己的方式来看待它自己的问题。"倘若一个经济学家认同这一点，那么他就不会满足于"瓦尔拉斯均衡"所描述的世界。

这一核心观点与马歇尔作品中的第三组张力（以及区分）有关。马歇尔的经济学之路引导着他从最初的数学转向形而上学，继而诉诸伦理学，最后平静地投向政治经济学。他将毕生精力献给了经济学，因为他怀着一颗拳拳之心，希望为工人阶级卸下"贫穷"这一使其状况恶化的负担。[3] 据克拉克·克尔（Clark Kerr）的研究，尽管马歇尔和马克思的思想存在诸多不同之处，但两人却一致认为"工

---

[1] 《原理》，第 x—xi 页。关于马歇尔对数学的看法以及致力于将经验数据和历史观点融入正式理论中的做法（这一点有别于杰文斯），最著名的论述之一见肖夫（G. F. Shove），《马歇尔的〈原理〉在经济理论发展中的地位》（The Place of Marshall's Principles in the Development of Economic Theory），《经济学杂志》，卷 52，208 期（1942 年 12 月），尤其是第 307—309 页。

[2] 约翰·惠特克，《马歇尔的早期经济学著作》，第 106—107 页。

[3] 主要可参见约翰·梅纳德·凯恩斯，《阿尔弗雷德·马歇尔，1842—1924》，录于阿瑟·庇古（编），《纪念阿尔弗雷德·马歇尔》（Memorials of Alfred Marshall），伦敦：麦克米伦出版社，1925 年，第 9—11 页。也许需要指出的是，马歇尔对道义责任的严肃态度毋庸置疑，不过他在道义问题上缺乏一种幽默感，爱说教。特别可参见其侄子克劳德·吉尔巴（Claude W. Guillebaud）的阐述，《对阿尔弗雷德·马歇尔的一些个人追忆》（Some Personal Reminiscenses of Alfred Marshall），《政治经济学史》（History of Political Economy）卷三，第 1 期（1971 年春），尤其是第 2—4 页。

人阶级的变革"是"实现乌托邦的关键"。[1] 也因此，马歇尔在《原理》第一版（1890 年）中这样写道："……对贫困起源的研究即是对很大一部分人群状况恶化起因的研究"；[2] 他还在《货币、信用和商业》（*Money，Credit，and Commerce*）（写于 1917 年前后）一书的序中说道[3]："它（心理学）对于使人的资质获得更高更快发展的研究很有意思，这让我不禁想问：总体而言，英国（以及其他国家）工人阶级的生活条件离完满的生活究竟有多远？"；在迟暮之年，马歇尔还回忆道：[4]

> 我当时拜读了穆勒的《政治经济学》，感触良多。让我心生置疑的是机会不均等的合理性，而非物质生活舒适的合理性。于是，我利用假期踏访了数个城市的贫民区，我走过一条又一条的街，凝视那些最贫穷人的脸庞。在那以后，我便决心尽一切努力对政治经济学展开全面探究。

"生活质量"，这是马歇尔关注的终极问题。[5] 凯恩斯在 1945 年皇家经济学会的致辞很大程度上便带有马歇尔的遗风，与穆勒以及更早的休谟和亚当·斯密遥相呼应——"……致文明可能性的受托者而非文明的受托者：经济学和经济学家们。"[6]

作为本章的导论，最后需要提及的是，马歇尔还系统阐述了社会生活变迁的连续性，这一点赫然体现在《原理》扉页的引语上——"大自然无跃进"（"Natura non facit saltum"）。在第一版和第八版的序言中，他相当明确地阐述了他的想法：[7]

> 发展的连续性这一概念，对近代所有经济思想派别而言都是共通的，不

---

[1] 克拉克·克尔（Clark Kerr），《马歇尔、马克思与现代》（*Marshall, Marx and Modern Times*），剑桥：剑桥大学出版社，1969 年，第 7 页。

[2] 引自约翰·梅纳德·凯恩斯，《马歇尔》，第 9 页。

[3] 同上，第 10 页。

[4] 同上。

[5] 约翰·惠特克，《马歇尔的早期经济学著作》，卷一，第 8 页。文中的这一短语见于马歇尔致剑桥心理学家詹姆斯·沃德（James Ward）的一封信。

[6] 引自罗伊·哈罗德，《约翰·梅纳德·凯恩斯的一生》（*The Life of John Maynard Keynes*），纽约：哈考特·布雷斯（Harcourt Brace）出版社，1951 年，第 193—194 页。

[7] 《原理》，第 ix，xiii 和 xiv 页。现代科学在"大自然无跃进"这一点上并非那么肯定。如，可参见詹姆斯·格莱克（James Gleick），《混沌，产生科学》（*Chaos：Making a Science*），纽约：维京出版社，1987 年，第 160—174 页，该书探讨的便是物理学上的"相变"等不连续现象。

论影响这些派别的主要是以赫伯特·斯宾塞（Herbert Spencer）的作品为代表的生物学，还是以黑格尔的《历史哲学讲演录》为代表的历史和哲学……本书所表达的观点在本质上受上述两种影响最大，而在形式上则最受数学中的连续性概念的影响——这主要以古诺的《财富理论中数学原理的研究》（*Principes Mathematiques de la Theorie des Richesses*）为代表。古诺告诉我们，一个经济问题的各种因素并非如一条因果链中的因素那般逐一决定，如甲决定乙、乙决定丙，如此等等，而是所有因素相互作用，决定彼此；我们必须要面对这一困难。（第一版）

164　　经济的演化是渐进的。虽然其进程有时会因政治灾难而停顿或倒退，但它前进的步伐却从来都不是意外……尽管某位天才的发明家、组织者或金融家似乎可以在一夜之间改变一个民族的经济结构，然而……他的影响……经研究便可发现，不外乎是触发了某种蓄势已久且涉及面很广的建设性活动而已……

经济学家探索的方向当是经济生物学而非经济力学。（第八版）

这种观点部分源于马歇尔对人与环境相互作用过程的分析。惠特克对此概括如下：[1]

其中一个主题是……经济状况对人的性格的影响，尤其是"日常工作对人的性格的影响"。由于性格与道德信仰密切相关，这就引出了马歇尔的主要议题，即经济状况与伦理进步之间的相辅相成。

马歇尔在回顾他1875年的美国之行，特别是在分析美国的社会流动性比欧洲高的起因和意义时，正是以上述立场作为指导思想的。

很明显，在综合了对数学和哲学、心理学和经济学的研究心得后，马歇尔将渐进变化视为第一要义。他曾准备于1920年10月，即一战刚刚落下帷幕后重申自己的观点，然而两次世界大战之间的那段岁月使一切都不言自明。马歇尔关于环境影响人的思想之说是否也适用于他自己？这当然无法肯定，但我们会倾向

---

[1]《马歇尔的早期经济学著作》，卷二，第352页。

...

...

...

于这么认为。毕竟，作为一名社会科学家，他的基本理念形成于 1860 年代和 1870 年代，他的一生几乎都生活于一个在英国人看来尤为太平、一切循序渐进的时代。然而，1815—1914 这一百年对于俄国、日本、中国、墨西哥、奥斯曼帝国或甚至是法国、德国、意大利和美国的民众而言，似乎就没有那么太平和渐进有序了。然而不管怎样，在马歇尔有关经济增长的论述中，随处可见其渐进演变的观念。

基本增长方程

　　莱昂内尔·罗宾斯在他的发展理论综述中指出，与同时代那些主要经济学家不同，"马歇尔关注的焦点是经济增长"，因此从这个意义上讲，他的《经济学原理》"更接近于 19 世纪早期经济学家的作品"。[1] 对于一个经济学家生涯始于把李嘉图和穆勒的一些重要命题转化为数学公式和几何图形的人而言，这个结论并不足为奇。[2] 就经济增长理论来讲，惠特克收集了详尽而令人信服的证据，表明马歇尔深受穆勒《政治经济学原理》第一卷部分内容（有关人口和劳动效率）和第四卷的影响；[3] 基于一个高度可识别的总量增长模型（其五个方程都放在注释中），马歇尔从一系列探索性分析出发，讨论了收入分配的影响因素。[4] 下述几个段落便说明了马歇尔如何在他的模型中引入两个自变量——储蓄率以及劳动力数量和　165

[1]　莱昂内尔·罗宾斯，《经济思想史中的经济发展理论》，伦敦：麦克米伦出版社，1968 年，第 17 页。

[2]　约翰·梅纳德·凯恩斯，《马歇尔》，第 18—21 页。

[3]　《马歇尔的早期经济学著作》，第 306 页。

[4]　同上。惠特克的概括见第 305—309 页，马歇尔的原文见第 309—316 页。关于惠特克对马歇尔在这一理论成形阶段初期（约 1881—1882）的思想分析，可参见《1877—1885 的阿尔弗雷德·马歇尔》（Alfred Marshall: the Years 1877 to 1855），《政治经济学史》，卷四（1972 年春），和"马歇尔在 1881 年的理论体系：分配与增长"（The Marshallian System in 1881: Distribution and Growth），《经济学杂志》，卷八十四，第 333 期（1974 年 3 月）。若偶尔希望参考马歇尔早期的新古典增长模型版本，可见 Sukahamoy Chakravarty，《同一种经济增长理论的不同方法论：马克思、马歇尔和熊彼特》（Alternative Approaches to a Theory of Economic Growth: Marx, Marshall and Schumpeter），加尔各答：朗文出版社，1980，第 8—11 页。下面的方程引自惠特克作品中马歇尔原文，同上，第 309—316 页。

　　倘若以 g 代表一国的实际总收入，n 为该国的工人数量，e 为工人的平均效率，w 为该国的财富数量，F 为地表上下自然资源的肥力（此种肥力本身是由这些资源的分布范围、平均丰富程度和位置便利性所决定），A 为生产技术水平，S 为公共安全状况，那么我们便得到：

$$g = f_1\,(n,\ e,\ w,\ F,\ A,\ S) \qquad\qquad (1)$$

　　倘若 s 代表可用于储蓄的纯收入，$f_2\,(e)$ 为一个群体的平均必需品需求，其中 e 为他们的平均效率，T 为他们必须上缴用于维持公共安全的税赋，那么：

（接下页注）

生产率的增长率：[1]

一国的实际总收入取决于：（1）该国工人的数量和平均生产率；（2）该国所积累的财富数量；（3）该国自然资源的分布范围、丰富程度和位置便利性；（4）生产技术水平；（5）公共安全状况，以及对因劳动和节俭而来的劳动和资本果实的保障情况……

可用于储蓄的所有纯收入是上述总收入扣除以下两部分支出之后的剩余：一是用来提供生活必需品所需的那部分，即用于维持不同层级劳动生产率的那部分必须支出；二是为保障公共安全而必须支付的税收。这里无须为征税维持公共工程或者教育等而另辟通道……

一国对上述纯收入带来的储蓄力的利用程度，或曰一国财富的增长率，取决于：（1）此纯收入的数额；（2）居民为未来享受而牺牲当前享受的意愿；（3）家庭血亲之情在居民心中的分量（因为一个人储蓄的主要动机通常不是为了他自己未来的享受，而是为了家庭未来的享受）；以及（4）作为储蓄升水的资本利息率……

一国劳动人口数量和生产率的增长率大体而言取决于：（1）现有人口的数量和生产率；（2）分配于国内不同阶级的实际总收入；（3）该实际总收入分配的均衡程度（因为在不影响公共安全的前提下，财富较多的阶级损失一定的收入而使财富较少的阶级相应地增加收入，通常会促进人口数量和效率的增长）；（4）家庭血亲之情的分量，看这种情感是否会使人们乐意过居家生活，并且不嫌养育子女的麻烦和开销；（5）人们为长远享受而牺牲眼前即

（续上页注） $s=g-T-nf_2(e)$ （2）

由于 w 为国家财富，故 dw/dt 为储蓄率。若 D 为贴现率，即人们未来享受的贴现值，A' 为家庭血亲之情的分量，i 为利率，那么：

$$dw/dt=f_3(s, D, A', i)$$ （3）

倘若 E 为收入分配的平衡程度，那么：

$$dn/dt=f_4(n, e, g, E, A', D)$$ （4）

$$de/dt=f_5(n, e, g, E, A', D)$$ （5）

E 也许可以临时用总收入与每个个体收入和平均收入差额的总和之比来表示；由于它是如此依赖于并非严格算是经济方面的原因，以至于不管如何，经济学家此时也需接受统计学家或历史学家的结果以作为最终的事实依据。

608

[1] 同上，第309—312页。

时享受的意愿（这种意愿的意义有二：一方面促使人们推迟结婚以保有高水平的舒适程度，另一方面使人们重视良好教育所拥有的好处）。此外，人口生产率的增长也会有赖于回报的大小，这在既定的生产技术水平下可通过勤奋努力而获得……

利率取决于在与以往给定数量的劳动产出进行交换时可以获得的劳动。而这又取决于：（1）业已积累的财富数量；（2）人口的数量和生产率；（3）生产技术为机器和其他形式资本的使用所提供的机会；（4）未来享受的相对重要性，因为对于挥霍享乐者和其他为及时享乐不惜借钱欠债者而言，与对那些债权人而言，未来享受的相对重要性并不一样。

为阐释这一模型结构，马歇尔尝试了数种方法，最后将它搁于一边，显然是"泄气了"。[1]不难理解为什么会这样。因为即便是在注释和简化说明中进行这种尝试时，马歇尔也坚持将众多决定储蓄率和利息率的因素变量，包括难以衡量、甚至无法衡量的变量都包含进去——可以说，他是把自己逼上了一条无所不包、如制度主义者一般的论述之路。

在这些数学注释被发现之前，尚无人看出，马歇尔在《工业经济学》（*The Economics of Industry*）有关收入分配的论述以及《原理》有关增长与收入分配的分析中，早已建立起一个正式的、相当直观也相当复杂的经济增长模型。然而，如果我们回过头去重读这些章节，便会发现这些内容的基本骨架其实很大程度上就是对这一模型的展开。不过人们还可以察觉，迫使马歇尔最终放弃数学的是他对现实的关注——这包括他在讨论储蓄率和劳动生产率的决定因素时对其中复杂而突出的"人"的因素的关注，还包括他对各种形式工业组织效力的关注，对支持与反对工会的关注，以及最终和穆勒一样，对资本主义和社会主义到底孰是孰非的关注。

基于基本增长方程所包含的一系列内容，马歇尔表达了自己对经济增长前景的看法，这些看法可简述如下。

就人口而言，他认为结婚、出生率和死亡率都会趋于减缓。在英国，这种趋势会与实际工资的增长相伴随。马歇尔主要致力于分析决定生产率的各种力量，

[1]　同上，第309页。

这不仅包括饮食和教育，而且还包括"希望、自由和变化"。在调查研究了多种积极力量和消极力量的作用后，他还是得出了比较乐观的结论：[1]

>……如果人们的力量和活力得到增强，那么从长期来讲，人口数量的增加不会导致该人民实际平均收入的减少。

>因此，医学的进步……政府在各种与健康有关的问题上行为能力和智慧水平的不断提高，以及物质财富的增加，所有这一切都有利于减少死亡率，促进健康与活力，延长寿命。但另一方面，城市生活快速发展，负担重的人群比负担轻的人群更倾向于晚结婚、少生育，所有这些都会降低生命力、提高死亡率。

>……这两方面的作用基本持平，前者略占优势。目前英国的人口增长速度和过去差不多，身心亚健康的人群数量并没有增加，而其他人的衣食住行却变得好得多……男女的平均寿命多年来均在稳步延长。

隐藏在上述相对乐观的展望背后的，是马歇尔对报酬递增和报酬递减的分析。他发现，报酬递增广泛地存在于大部分工业和运输业中，而报酬递减则因为英国可以从世界各地获得来源丰富廉价的食品及原材料所抵销。不过，马歇尔还是告诫道：[2]

>……英国原产品的外来供应随时都有可能因他国贸易规定的更改而受阻，甚至可能因为一场大战而几近完全切断。而且虽然为了保障国家在相当程度上免受这种战争的威胁，必须要有海陆军方面的费用支出，不过它明显还是会减少英国从报酬递增定律中获得的收益。

于是马歇尔认为，报酬递减会在世界经济中重复出现（见后文，第183—184页）。不过与穆勒不同的是，他觉得英国及其他国家的经济离稳态还很远，也即离工人的实际收入已经足够高，以致从需求面引发收入边际效用递减定律的水平

167

---

[1] 《原理》，第203页。
[2] 同上，第322页。

还很远：[1]

> 似乎没有理由相信我们正接近一种"静止的状态"——即不再有新的重大欲望需要满足，为未来而投资现在的努力不再有获利空间，财富的积累也不再有回报。整个人类历史表明，人们的需求会随着财富和知识的增长而扩张。

他同样不相信投资生产率那一面会出现停滞。他谈到了1873年至1890年代中期先进工业国家出现的利率下滑，但他并不认为这种下滑之势会连同储蓄的其他各种决定因素一起，造成投资的中断，进而陷入稳态。

不过，在对价值和效用的讨论进行总结时，马歇尔确实超越了传统的商品和服务范畴，而让自己成为一名"人类的传教士和牧师"（凯恩斯的话）：[2]

> 依托法律来反对奢侈是徒劳的；但倘若社群的道德情感能够引导人们避免个人财富的各种炫耀，那就最好不过了。诚然，雄伟壮观、错落有致的建筑有其意义，令人赏心悦目；不过……只有当这些意义与愉悦集中于公共建筑、公园、精美艺术品的公共收藏馆、公共游乐场时，它们才会臻至极致。
>
> ……假如每个人都能够少买点东西、买些更简单的东西，就算不嫌麻烦精挑细选也要买真正美的东西，能够注重物有所值，宁可只买几样精雕细刻的东西也不买一大堆粗制滥造之物，这个世界就会变得更加美好。

这虽然和穆勒所说的高质量生活的稳态并非完全一回事，却是一脉相承。虽然从中我们可看到穆勒的影子，但是相比之下，马歇尔显然更现实。他曾这样写道：[3]

> 作为一个英国人，穆勒每每在谈起……那种独自徜徉于美景中的乐趣时，就会变得兴致盎然；而许多美国作家则热衷于描写人们的生活如何越来越富足：诸如，偏远地区的人发现，周遭有人定居而有了邻居，而后这些偏远地区的定居点发展成了小村庄，小村庄变成了小镇，小镇变成了大城市。

---

[1] 同上，第223页。
[2] 同上，第136—137页。
[3] 同上，第321页注释。

到最后，马歇尔倾向于关注那些直接关系英国未来的"实际结论"。因此，《原理》一书的结尾并没有展望，在一个各种利益交织的时代中，社会将会是什么样子，而只是总结了他对工人境况及其前景的看法——这被他视为是那个时代的核心问题。他先是简要地回顾了促成 19 世纪下半叶英国生活水平得以提高的诸种力量。[1]随后探讨了一系列有关未来实际工资走向的变量，包括工作时间、过高工资对投资（含海外投资）方向的影响、工会的积极作用和消极作用，以及对收入不平等的评价等。总而言之，他的结论是："……赤贫与巨富的共存没有实在必然性，故在道义上也不存在正当理由"。[2]结尾的总结是对资本主义和社会主义的分析。这些段落之所以凸显而出，是因为马歇尔力图最大限度地运用经济分析来探索上述大问题，尽管他最后承认[3]："我们所得到的实际结论很少；因为若要彻底解决一个实际问题，通常就必须全面考虑到它的经济方面，更何况还有伦理和其他方面……"

人口与劳动力

马歇尔在《原理》中对人口和劳动力的讨论很好地说明了他对经济学方法论的主要看法：[4]"长篇累牍的演绎推理在经济学上找不到用武之地……富有建设性的想像乃是科学研究中的主导力量：其优势不在于进行抽象的假设，而是将各种真实经济力量对某个宽广泛领域的众多影响联系起来。"

在《原理》第四卷［《生产要素》（The Agents of Production）］中，马歇尔用三章 46 页的篇幅论述了决定人口增长、人口的健康与活力、人口的技能与流动性的诸种因素。[5]

---

[1] 马歇尔始终坚持生活水平的提高不等同于物质进步（或实际收入的增长），它还包括"智力、精力和自尊心的提高"（如可见第 688 页，同上）。他认为，后者的提高不但会促进实际工资的增长，还会带来"国民利益"的增加。

[2] 同上，第 714—715 页。

[3] 同上，第 722 页。

[4] 同上，第 xxxii 页。

[5] 同上，第 173—219 页。从某种程度上讲，这些内容在之前阿尔弗雷德·马歇尔和玛丽·帕利·马歇尔合著的《工业经济学》（伦敦：麦克米伦出版社，1879）中已有所体现，第 8—12 页和第 27—35 页。《原理》中的阐述更为详尽，引用的经验素材范围更广，因而也就较少说教。

马歇尔首先这样概述道：[1]

> 动植物界的数量增长一方面受制于个体繁殖其族类的倾向，另一方面受制于生存竞争，这种竞争往往使年幼的生命尚未长大成年便遭淘汰。唯有人类，这两股相反力量的冲突因有其他力量的介入而变得复杂。一方面，对未来的考虑会使许多人控制他们的自然冲动——有时这是为了更好地尽父母之责，而有时则是出于阴暗的动机，如罗马帝国时的罗马人；而另一方面，社会会通过宗教的、道德的和法律的约束对个人施加压力——有时为了加快人口的增长，有时旨在减缓人口增长。

接着，基于迅速发展的人口学领域和相关的历史古籍研究，他总结了不同时期、不同地区鼓励和抑制生育方面的公共政策，以及使英国出生率和死亡率降至 20 世纪初这一水平的各种因素证据（第八版）。其间，他讨论了生活成本、经济周期和移民潮的变化对短期人口形势的影响。

在论及人口的健康和强壮程度时，马歇尔同样先做了概述：[2]

> 几乎每个国家的结婚率、出生率和死亡率都在下降。而出生率高的地方一般死亡率也高，如斯拉夫国家两者都高，北欧国家则两者都低。大洋洲的死亡率很低，虽然出生率也低且下降很快，但"自然增长率"还是相当高。

169

随后他分析了多种起作用的变量，诸如遗传的肌肉力量、种族、气候、衣、食（及其准备的质量）、住、休息、燃料供应以及"三个与生命力密切相关的因素，即希望、自由和变化"。[3]他接着考察了职业对健康、生命力和死亡率的影响，城镇死亡率更高的原因以及作用于人口生命力的其他社会力量，比如：[4]

---

[1]　《原理》，第 173 页。
[2]　同上，第 192 页。
[3]　同上，第 197 页。
[4]　同上，第 201 页。

在文明的后期阶段，确实长期存在着这样一个规律：较之于工人阶级，上层阶级结婚更晚、因此生育也更少；于是，在上层阶级中间趋于衰弱的民族活力，就会因为从下层阶级中不断涌现的新鲜力量而得到补充。

之后，马歇尔将各种正反力量对人口健康和强壮的影响进行了量化计算——他的思路相当清晰，但结果值得商榷，因为这些力量的影响虽可视为定量的，但却不可测量。在此基础上，他对英国人口的未来做出了一个还算乐观的判断。

在第三章中，马歇尔将目光转向他认为会对他所谓的"产业训练"，即维持现代工厂运作效率的能力产生影响的各种重要力量。同样，他坚持认为涉及的相关变量非常之多：比如，对现行世界动力学的认知中存在的代际时滞[1]，技术的快速变革对劳动者的通用技能而非专业技能的激励程度，决定先天能力是否可得到发展的种种因素（从母亲开始），借鉴德国教育体制所带来的科学水平提高而出台的英国教育政策等。在此基础上，他给出了下面这一番震撼人心的说辞：[2]

对于一国财富的增长而言最有害的，莫过于将出身贫寒的天才浪费埋没在卑微琐碎的岗位上，置之不理。而最有助于推动物质财富快速增长的，无过于学校的进步，尤其是中等学校的进步，如若这种进步能与普遍的奖学金制度挂钩，使得工人家庭的聪明子女可以按部就班，逐级升学，直至获得时代所能给予的最好的理论和实践教育的话。

显然，马歇尔将英国教育支出的提高视为一种报酬递增的投资形式。他在这方面的分析，再加上之前休谟和亚当·斯密曾有过的分析表明，1945 年后发展经

---

[1] 关于这一主题，马歇尔在结尾处写下了下面这段话（同上，第 205 页注释）。从某种意义上而言，他可谓预见到了日后约翰·梅纳德·凯恩斯在《通论》中的结论，以及熊彼特关于创新的初期阶段和后期阶段的论述。

在这一点上，值得注意的是，一种划时代思想的真正意义常常不为当时的那代人所认识。时代的思想沿着一条崭新的轨迹出发，但方向的变化只有在过了转折点一段距离后才变得明显。同样道理，每个时代发明的机器在当时人们的眼里往往不及先前发明的机器。一种新的发现很少能随即完全有效地运用于实际中，直至围绕它汇集着许多较小的改进和辅助性发明；故，一项发明被认为具有时代意义通常是一代人以后的事。所以，每一代人似乎主要都在忙于研究前一代人的思想，而无法清楚地看到他们自己这一代人思想的充分重要性。

[2] 同上，第 212 页。

济学中兴起的"人力资本"投资说并不是什么开创性的见解。

马歇尔接着探讨了艺术教育和工业设计教育之间的关系和各自的重要性，教育对社会的直接和间接影响，以及父母在教育问题上不可推卸的责任。在结尾谈到古典经济学中工资与人口数量和生命力之间的关系时，他的结论是，答案很难预言，因为其中关键的变量是"生活中的伦理习惯、社会习惯和家庭习惯"，而这些变量反过来又受到长期中沿着很难追踪的路径发挥作用的经济因素的影响。[1] 在面对这种经济力量和非经济力量之间这种存在时滞的相互作用时，马歇尔回到了马尔萨斯的观点（见前文第 57 页以及第 582 页注释）。

马歇尔对劳动力数量和质量决定因素的分析表明，他在处理他认为有关的所有变量时是如何的严谨、负责。他秉承伟大的古典经济学家们所开辟的最可贵的传统，从历史素材、统计资料以及对身边社会的直接观察中调动一切能够获得的证据。

然后在理论层面，马歇尔将人口的数量和质量视为一个内生变量——倘若把复杂的社会动态作为一个整体来看的话。总的来讲，他知道英国当时的人口增长率正处于下降中，并且在和平年代，英国的食物供应很有保障——在这一点上，他的乐观甚至比穆勒有过之而无不及。然而，当他放眼世界，将全球人口视为一个整体时，他便没那么乐观了。马尔萨斯式的忧虑又开始流露在他的文字中：[2]

> 假定当今世界人口以十五亿计算，假设维持目前的人口增长率［约为年均千分之八，见 1890 年拉文斯坦（Ravenstein）递交给英国协会的文章］，那么我们就会发现，不出两百年，全世界人口就将达到六十亿；换言之，平均每平方英里较肥沃土地上约生活 200 人（拉文斯坦计算全球有较肥沃土地 2800 万平方英里，另有 1400 万平方英里的贫瘠土地。许多人认为，前者有高估；但如果不考虑这个高估，再考虑将贫瘠土地按价值折算进去，结果将相当于有 3000 万平方英里左右的肥沃土地，上面的假设推算结果即由此而来）。在这期间，农业技术可能会有很大的提高，如果是这样，人口对生存手段的压力在接下来的两百年间也许仍会在可控范围之内，但不会更久。

[1] 同上，第 217—218 页。
[2] 同上，第 180 页注释。

尽管现代医学和公共卫生的发展看起来会将拉文斯坦预测全球人口达到六十亿的时间提前近一个世纪，但马歇尔的预言尚无定论。

资本和技术

马歇尔对资本投资与技术的论述围绕两个问题展开。第一个问题是，每种生产要素的生产率，即它"从事生产性活动的力量"，是否会随着要求它完成的"工作量"大小而增减？在他看来，这个问题是宏观经济增长理论的主要问题。第二个问题是，他决定把对经济增长的宏观分析与对商业公司及工业报酬递增情况的微观分析联系起来。于是，便有了《原理》第四卷结尾章节的这两段话：[1]

> 在本卷的开篇，我们看到，随着资本和劳动投入的增加，若其他情况保持不变，那么源自大自然所提供的原料的额外收益从长期而言会趋于递减。在本卷后面的章节……我们业已清楚，人类从事生产性工作的力量是如何随着他所完成的工作量而递增……每当一个民族在生理上、精神上和道德上的活力增加，若其他情况保持不变，他们便更有可能将大批富有生命力的儿童养大成人。而后在转向财富增长时，我们看到，财富的每一次增长如何通过各种方式使下一次更大的增长变得比之前更容易。最后，我们还看到，财富的增加以及人口数量和智力的增长如何为高度发达的工业组织提供方便，而后者反过来又大大提高了资本和劳动的共同生产率。
>
> 同时，总体生产规模的扩大自然会促进经济的增长，这些经济并不直接依赖于个别企业的规模。这些经济中最重要的是相互关联的工业部门的增长，它们相互协助，有可能集中在同一地区；但不管怎样，它们都充分利用了轮船、电报和印刷机带来的现代交通和通信便利。因总体生产规模扩大而发展起来的经济，是任何生产部门都可获得的，它并不完全依赖于自身的成长；但倘若总体生产规模扩大，那么这些经济肯定会稳步快速增长，而倘若前者萎缩，那么这些经济势必会在某些方面出现衰退，尽管不会所有方面都会如此。

171

---

[1] 同上，第 314 页和第 317 页。

这种宏观分析与微观分析的联结相当深奥。它说明，马歇尔已深深认识到，技术变化过程无法作为一个总体现象加以很好地理解，而必须把它与处于特定发展阶段的特定部门联系起来；它还说明，马歇尔强烈意识到，经济增长分析所依赖的报酬递增情况极难用传统的经济学手段来进行有效处理。

在分析报酬递减时，马歇尔生动地阐述了资本、知识和组织能够如何延迟同等投入带来更少产出那一天的到来。不过他的结论却是，从亚伯拉罕（Abraham）离罗德（Lot）而去[1]，到 20 世纪初，再到可预见的将来，报酬递减最终仍是不可避免的：[2]"……不论农业技术日后发展到何种程度，对于给定资本和劳动数量即可获得的产出而言，持续增加对土地的资本和劳动投入最后必然导致额外产出的减少。"

不过，第四卷的大部分内容，包括马歇尔对劳动力质量决定因素的重要论述，探讨的都是与报酬递增有关的各种复杂力量。

他先是谈论了 19 世纪初以来英国储蓄来源的变化。在这过程中，他还就收入分配、投资和经济增长之间的关系得出了一个相当激进的结论：[3]

　　……20 世纪初，相比乡村绅士阶级或工人阶级，英国商人阶级的储蓄习惯强烈得多。上述这些原因结合在一起，使得上一代的英国经济学家们认为储蓄几乎完全是来自资本利润。

　　但即使在近代英国，地租以及职业人员和雇佣工人的收入也都是储蓄积累的一大来源；而在人类文明所有的早期阶段，它们则是主要来源。而且，中产阶级尤其是职业阶层总是自我约束，以图将资本投资于孩子的教育；工人阶级则将工资的一大部分投资于孩子的身体健康和强壮。以前的经济学家往往忽略这样一个事实：人的才能也是一种生产手段，其重要性不亚于任何类型的资本。所以与他们相反，我们得出的结论是，给定其他情况不变，财富分配上的一切变化，只要是工薪阶层能多得到些，资本家少得到些，便很可能加快

172

---

[1]　同上，第 151 页，注释 2。马歇尔认为，"历史上绝大部分移民现象"都起因于报酬递减，最早的例子便是圣经《创世纪》13：6 中亚伯拉罕的离去："土地容不下他们，无法让他们再生活在一起；因为他们的财富甚多，以致无法同居。"

[2]　同上，第 153 页。

[3]　同上，第 229—230 页。

609

物质生产的增长，而非明显延缓物质财富的积累。当然，如若变化来自暴力
手段，并影响到公共安全，那么给定其他情况不变的前提便不再成立……

一个财富分配有序、人们志向远大的民族，往往会积累起大量的公共财
产。历史上，一些富甲一方的民主政体仅仅依靠这种形式的储蓄，就为我们
这个时代留下了一大笔最为宝贵的财富。而各种形式的合作运动，诸如建房
互助协会、友谊社团、工会、工人储蓄银行等，它们的发展壮大表明，就算
物质财富以直接积累而论，国家的财富资源在用于支付工资后也不会像过去
的经济学家所认为的那样变得倾囊一空。

接下来，基于早期总量宏观增长模型中初露端倪的一种方法，马歇尔探讨了
储蓄的各种动机，并最终主要集中在家庭的血亲之情和利率问题上。马歇尔将利
息界定为一种对等待的奖赏，他所针锋相对的是马克思主义者把利息讽刺为节欲
的回报。[1] 结尾处，马歇尔再次强调了工人阶级受教育所具有的高收益率[2]："从
国家角度来看，对工人子女的财富投资就像对马或机器的投资一样有生产价值。"

至此，从本质上而言，马歇尔的立场与古典储蓄理论如出一辙，只不过换了
一个现代的表述。然而，在随后关于工业组织的五章内容里，他试图识别并考察
随着工业产出的扩大而构成生产率净增长的所有要素。基于对工业进程长期以来
的经验观察，马歇尔认为，报酬递增之势的出现并非简单地就是因为市场的扩
大，功能专业化以及劳动节约型机械的引入。他讨论了这每一个要素的正反两方
面效应：极度专业化在有些情况下会提高效率，在有些情况下则不能；机器对人
的生活质量既有积极影响也有消极影响；大的生产企业较之小的生产企业有优
势，但在特定情况下，小工厂反而会比大工厂更占优势。同样，马歇尔非常敏锐
地意识到，经济进步无论对企业还是行业而言都不是线性的。他剖析了为何鲜有
子女能将家族企业成功发扬光大，其结论基本上与托马斯·曼的作品《布登勃洛
克家族》对社会现象的透视不谋而合。[3] 他指出："……商业技巧和商业组织中创

[1] 同上，第232—233页。
[2] 同上，第236页。
[3] 同上，第298—300页。《布登勃洛克家族》(*Buddenbrooks*)，出版于1901年，与马歇尔的《经济学原理》大
致为同一时代的作品，虽然并无迹象表明两者之间存在相互影响。不过，对于当时的德国而言，情况和英国
一样，近代工业已是一种存在已久的现象，足以引起一代人的注意。

造性的理念与实验在政府作为中非常罕见，而在那些因为历史悠久、规模庞大而致官僚作风盛行的私人企业中也不太容易见到。"[1] 在接下来的段落中，马歇尔的论述更符合经济学传统；他列举了钢铁业和纺织业、造船业和船坞业各自的技术进步对就业的不同影响。[2]

在论述工业进步的动力学时，马歇尔展开了精妙的分析，并预见到日后科林·克拉克和西蒙·库茨涅兹获得的结论，即劳动力在农业中的就业比例大幅下降，在制造业中保持相对恒定（自 1851 年以来，）而在服务业中相对上升——这主要是因为服务业比较缺乏技术进步。[3]

总之，马歇尔认为报酬递增并非无止境，尽管他意识到这是一个复杂的过程，它在带来好处的同时也存在成本。但是用他自己那著名的比喻来说，若要实现整个体系的持续净增长，便需要参天老树在走到自然生命的尽头、"丧失活力"时，有新生树木在森林中生根发芽；需要"树木更新换代，老少相传，从而使得新生树木即使力量不足，也能茁壮成长"。[4] 在马歇尔看来，维持"森林"活力（或保证其不断扩展）的各种必要因素中，最为重要的就是对有秉赋的工人阶级后代进行投资。

应当指出，马歇尔的"长期"分析中存在一个根本性缺陷。他设置了多种概念工具来探讨报酬递增问题，包括森林中的树木，代表性企业，内部经济和外部经济，以及短期成本曲线的历史连续性——一方面允许其因技术的改进而下移，另一方面又允许在某个时刻界定均衡。通过这些概念，他或多或少地实现了对现有产业下企业的分析。然而，他始终没有找到一种形式上的方法来阐释技术发展进程中一个主要特征（虽然他知道），那就是，不时会出现一些具有重大意义的发明，这些发明足以催生新的产业（如铁路和电力），或促使已有产业（如棉纺和钢铁）发生深远的变化。而且，尽管马歇尔极其敏锐地认识到，在任何给定的时期，任何特定的国家都存在增长迅速的部门、增长缓慢的部门和衰退下滑的部门，且它们的发展速度通常与各自倚赖的关键技术所处的历史阶段有关，但他一直没有提出一种部门理论来将他的宏观分析与微观分析统一起来。他可以像他在

173

---

[1]　同上，第 304 页。
[2]　同上，第 277 页注释。
[3]　同上，第 274—277 页。
[4]　同上，第 315—316 页。

《原理》第八版的序中那样以"大自然无跃进"来劝慰自己，说一切都根植于过去[1]，但他无法充分地刻画亚当·斯密那里"哲学家"的发明在报酬递增之中的作用，其结果便是各种理论上的闪烁其词（见后文，第 336 页）。它为知识创新开辟了一片新天地（熊彼特就是在这块领地中扛起了大旗），不过却有顾此失彼之嫌（见后文，第 233—242 页）。

经济周期

马歇尔在他所著的所有四部作品，以及 1880 年代中期他递交给两个皇家委员会的报告中均提到了经济周期问题。不过在他自己看来，最初在《工业经济学》(1879) 中对经济周期的分析显然最为重要，因为后来他曾对此做过系统的回顾[2]；马歇尔对自己早期的观点发表了一些评论（如果不算再次考虑的话），而他显然认为没有必要做根本性的改动。

在考虑马歇尔的经济周期观点时，需要注意两点：其一，他的出发点是穆勒对经济周期的分析（见前文，第 108—112 页）[3]；其二，他的观点形成于一个重要周期期间 (1868—1879)，这个周期先是在扩张期结束阶段出现了急剧的通货膨胀 (1871—1873)，而后开始陷入长期商业衰退 (1873—1879)，并伴随着物价的持续大幅下跌，虽然失业率只有在最后两年才居高不下（超过 5%）。由此不难理解，为何马歇尔在分析经济周期时，一开始主要关注的是物价水平的变化而非失业率的变化。马歇尔先是分析了很久以前和最近物价的惊人变化，考虑了成为 19 世纪货币供应主要形式的信贷，然后才对经济周期的各个阶段展开颇有成效的研究；在分析时，他承认自己深受穆勒的影响。[4]

174

---

[1] 同上，第 xiii 页。

[2] 在《原理》中，马歇尔回述并引用了《工业经济学》第 711—712 页关于经济周期的那段话，以及开始于前一页的那条注释。而在递交给皇家贸易和工业萧条委员会的报告中，他再次引用了那段关键的话（见约翰·梅纳德·凯恩斯（编），《阿尔弗雷德·马歇尔的官方论文》，伦敦：麦克米伦出版社，1926 年，第 7—9 页；以及《货币、信用和商业》，第 247—251 页。但那段话没有出现在《工业与贸易》中，伦敦：麦克米伦出版社，1919；重印于纽约：奥古斯图斯·凯利出版社，1970 年，"经济学经典著作再版系列"）。

[3] 关于穆勒对马歇尔经济周期观点的影响，可参见约瑟夫·熊彼特的评论，《经济分析史》，第 747 页。而有关1868—1879 年的经济周期的详细情况及其分析，可参见罗斯托，《英国贸易的波动，1868—1896》，纽约：阿尔诺出版社，1981 年，（为作者 1940 年的博士论文），第 15—176 页。

[4] 《工业经济学》，第 152—155 页。

首先是扩张期：

信贷增长期常常始于一系列大丰收。因为食物上开支的减少，对其他商品的需求便更多了……雇主竞相雇佣劳动力；工资上涨；于是，雇工对各种商品的需求增长。新成立的各种公有制和私有制企业开始抓住契机，脱颖而出。购买的欲望和支付上涨物价的意愿同步增长。信贷门槛放宽，通常有书面偿还担保即可。物价、工资及利润继续上涨。那些从事商业的人收入普遍增加：他们花钱大方，使商品需求增长，物价进一步上扬。许多投机商看到这种上涨之势后认为该趋势还会持续下去，于是购进商品，期待日后获利售出……就这样，每一个以买主身份进入市场的人都促进了物价的上涨，而不论他在购买时用的是自己的钱还是借来的钱。

随后是紧张和危机：

上述情形会持续一段时间，直至……交易出现危机。那些提供借贷业务的人往往最先意识到危机的信号，于是他们开始考虑缩短贷款期。但他们这么做势必会给商业带来很大的影响……各种商业公司之前借了大量的资金动工建造铁路、码头、炼铁厂和其他工厂；当物价上涨时，他们投入建设的工程大部分都尚未完工，于是尽管还谈不上从投资中获利，他们却不得不再次进入资本市场进行借贷。而贷方已经打算缩短放贷期，因此，要求更多贷款的结果便是利率飙升……一些投机者为了偿还债务被迫出售商品，此举会抑制物价上升。然而这种抑制作用会使其他投机者感到焦虑不安，于是，大家纷纷抛售……当一个大的投机商破产时，通常会造成向他提供信用的几方跟着破产，而他们的破产又会引发其他方的破产……由于信用的发展是通过滚雪球的方式完成，故当怀疑取代信心，破产和恐慌便会滋生出恐慌和破产——商业风暴所到之处一片狼藉。

萧条降临：

风暴过后是平静，不过却是一种阴暗沉重的平静。那些得以自保的人无

175 心再冒险；那些侥幸成功的企业也是伤痕累累；新的企业无法建立。用于形成固定资本的煤、铁等原料，其价格一如暴涨时那样出现暴跌。铁器和船只均在抛售，但是价格再低也没人接手……危机之后，几乎每个重要行业的仓库里，商品都是堆积如山；很少有行业能够继续保持原来的生产规模，赚取丰厚的资本利润率并向工人发放高工资……当信心因破产而受到动摇，就无法获得资本来建立新企业或扩张旧企业……任何生产固定资本的行业都只有很少的岗位。技能和资本都专用于这些行业的那些人收入微薄，因此也就很少购买其他行业的产品……于是，混乱开始蔓延，一个行业的混乱引发另一个行业的混乱，另一个行业的混乱失序又反作用于这个行业，令其雪上加霜。

最后，马歇尔阐述了周期如何步入触底反弹，扩张如何重新来临：

灾难的主要根源是信心的缺失。如果信心能够回归，用她的神奇魔力感染所有行业，使它们继续各自的生产，同时恢复对其他行业的产品需求，那么灾难的很大一部分几乎转眼就能消除……不过，工业的复苏需要借助多个不同行业信心逐步且常常同步的增长才能实现；一旦商人相信物价不会再跌，这个过程就会立即启动；而随着工业的复苏，物价也就开始上升。

和穆勒一样，马歇尔的分析是一次非理性预期经济学和心理学的实践，展现了充斥于短期和长期资本市场的非理性行为。这不禁让人想起沃尔特·白哲特在《伦巴第街》（*Lombard Street*）第四章中论述他那相当复杂的经济周期理论时所用的篇名，它是如此简明到位——"为何伦巴第街时常冷清而偶尔亢奋"。马歇尔准确地捕捉到繁荣期的扩张模式，即从消费品行业的扩张如何刺激固定资本投资的增加开始——这相当于某种加速器；到投资的增长如何加强对劳动力的争夺，进而那些就业人员如何增加对各种商品的需求——这相当于某种乘数；再到这种繁荣本身如何（通过提高原料价格、货币—工资率和利率）降低最初估算的固定资本投资预期成本回报率，等到投资品行业意识到扩张过程本身已经改变了利润预期时为时已晚，于是纷纷仓促折现，最终又陷入一片大萧条中。

随后，马歇尔论述了经济周期中价格、利润和产出的变化与实际工资之间的关系。[1] 在 1914 年前和两次世界大战之间对经济周期的研究成为一个专门的行当时，这些内容所预示的分析方法变得相当常见（见后文，第十和十一章）。

1. 在物价上涨期和下跌期，企业的位置处于一种显著的对称状态。在上涨期，企业产品的价格可能比相关原料的价格和劳动力价格上涨得更快，利润增大，实际工资面临下降压力，虽然就业率是高的。下跌期情况则正好相反。[2]

> ……价格的下跌使利润减少，制造商收益下降，而收入固定的那些人购买力提升。结果，贷方变富，代价是借方变穷……它还会令那些存在相当数量固定支出的人损失惨重，如需要支付地租、薪水以及其他事物的大部分商人。当物价上涨时，实际情况的改善并没有人们认为的那般明显……统计结果显示，虽然目前物价较低，但国家的实际收入并不比以前物价较高时低多少。与 1872 年相比，英国人 1879 年所使用的必需品、舒适品和奢侈品总数仅略有下降。

176

马歇尔对 1872—1879 这段时期的分析基本上是正确的，即消费水平因为物价的大幅下滑而得以维持。只有 1878 年和 1879 年的消费水平低于 1872 年的水平，因为那两年的失业率分别达到 6.3% 和 10.7%。[3] 然而，那些全职工作者的实际工资在 1873—1879 年间增长了 7%。

2. 产出和价格的波动幅度以资本品行业为最。[4]

3. 在 1873—1879 年间，英国的进口情况好于出口情况，部分是因为以国外铁路为主要投资对象的资本（及资本品）输出大幅下降，导致英国的投资方向转至本国的建筑行业，从而维持了进口需求的水平。与此同时，1871—1873 年繁荣期间所集中面向的几个国外大市场则变得比英国更不景气，他们对英国出口的需求急剧减少。

4. 在经济周期中，工资的增减全面滞后于价格（和利润）的变动。故工资变

---

[1]　同上，第 155—167 页。
[2]　同上，第 156—157 页。
[3]　相关数据和分析可见沃尔特·惠特曼·罗斯托，《英国贸易的波动，1868—1896》，第 165—180 页和第 542—566 页。
[4]　《工业经济学》，第 162—163 页。

化并非价格起伏的主要原因，并且其起伏幅度要小于价格和利润。[1]

马歇尔自然意识到了失业带给人们与社会的成本，故他的作品自始至终贯穿着他对失业问题的探讨。他提倡金融业和工会实施减小波动幅度的信用政策和工资政策。他还考察了其他人的主张。如在《工业经济学》中，他颇为含糊地反驳了一名社会主义者建议动用国家权力来抑制周期性经济振荡的观点：[2]

> 在社会主义者关于展开人工的产业组织而提出的各种方案中，"消除商业风险"貌似最有道理。他们倡议，在经济萧条期政府应当出面，保证各个行业避开风险，引导所有行业运转起来，从而赚到钱，然后购买彼此的产品。在他们看来，政府一次性承担所有风险是没有风险的。然而，他们并未说明政府应该如何辨别个人的不幸是否真是由他自己控制范围之外的原因造成，也没有说明政府的保证如何能够实现，而同时又不妨碍发明之活力及其进步所依赖的那种自由。

上面最后一句话体现了马歇尔一再重申的某种观点，即技术变革不可避免地会引起一些短期的摩擦性失业。

1887年12月，马歇尔就1873年后英国社会环境对失业率的影响，接受了金银委员会的详细咨询。[3]他由此分析了左右失业率，以及左右公众对失业率认识的一系列结构性变化，包括劳动力逐渐从家庭向工厂转移，很大一部分比例的劳动力由非熟练型转变为熟练型，还有因为是来自工会记录而导致失业统计结果扭曲的可能，以及可能影响到钢铁工人境况的特定技术变革——钢铁工人的失业数据往往占据可获得的统计数据的大部分。这里摘录了问答中的一些重点内容。从中可以看出，马歇尔坚持认为，以每十整年来计算（从而排除经济周期可能造成的偏差）的话，英国的平均失业率并没有上升：[4]

9823. 人们普遍认为，在过去的几年中，我们经历了一段经济非常低迷的时期，你同意这样的看法么？——是的，利润非常低迷。

---

[1] 同上，第165—167页。
[2] 同上，第155页注释。
[3] 约翰·梅纳德·凯恩斯（编），《官方论文》，尤其是第90—101页。
[4] 同上，第98—101页。

9824．那段时间物价低得反常么？——利润和物价都非常低……但我看不到任何理由，认为其他方面也出现了任何严重的低迷。当然，穷人的境遇很凄惨，可我并不认为他们比过去更糟糕。我这么说也不意味着我们应该对这种苦难熟视无睹，或者认为它不可避免。我的立场恰恰完全相反。

9825．（主席）那么我的理解是，你认为那三个方面的萧条实际上却与繁荣的状况相一致？——当然。

9826．（卓别林先生）利润的低迷有没有或多或少地影响到所有阶层呢？——没有。我相信利润低迷的一个主要原因是雇主得到的变少了，雇工得到的变多了。

9828．你有否觉得，这次萧条期失业的工人数量比以往更多？——我的观点是，过去十年的失业人数并不比以往十年来得高。当然，现在的失业人数比 1872 年和 1873 年高许多。

9830．你知道吗？有相关人士向我们提供了证据，他们的观点非常确定，但却与你此时所言截然不同。——我知道有些活跃于商界的人士提供了证据，坚信就业的不稳定性在增加。但是在我看来，他们摆出的事实没有统计结果和其他相反的证据那样有说服力……而我之前省略了非常重要的一点……那就是，如今许多行业都处于过渡阶段。当一个行业进步时，公众马上就会受益，并且可以相当肯定的是，从长远来看，这甚至会令引入该种进步的其他行业受益；然而，在很多情况下，行业的技术进步却会伤害到该行业，并且使雇员暂时失去工作。我不觉得以前有哪个时期像现在一样发生这么多重大变化……我认为，这些变化主要是因为运输成本的大幅下降，空前下降，从而使许多以前不值得做的事变得值得去做了；而除了这方面的变化，还有数不胜数的变化出现在各行各业，化学的、机械的……

9833．（巴伯先生）你说道，物价的下跌有利于工薪阶层在付出劳动后得到更多，因此其本身就是一笔显著的收益？——这就是我的观点。

发表《原理》时，马歇尔重申了他与妻子在 1879 年《工业经济学》中阐述的主张，包括引用了穆勒论不可能存在普遍过剩的观点，其中还提到这样一句有些启发意义的格言："构成商品支付手段的恰恰是商品。"不过在提到穆勒之后的一条脚注中，马歇尔表达了自己的不安，他感觉在这个领域内，经济学家的研究

178

267

尚未取得"圆满的结果":[1]

> 诚然，在萧条期，消费的混乱是导致信用和生产持续混乱的原因之一；然而，补救之路不可能通过研究消费而找到……需要研究的主要是生产的组织和信用的组织。另一方面，尽管经济学家们在这方面的研究尚未成功取得圆满结果，不过他们失败的原因却在于问题本身的深奥难懂且不断变化……经济学自始至终都是一门研究消费和生产相互调节的学科，因此在探讨其中一方时，绝不可忘了另一方。

在《货币、信用与商业》中，有一整章致力于论述"技术发展对就业稳定性的影响"（Influences on the Stability of Employment Exerted by Development of Techniques），还有一章致力于论述工业与贸易波动与货币市场之间的关系[2]；但基本上没什么新意，大都在重复着发表于四十四年前的那些观点和内容。

那么，是什么原因使马歇尔未能真正洞悉经济周期及其治理之路呢？他的《原理》以及之后的两部重要著作在结尾处都提供了许多附录，但为何就是没有关于经济周期的附录呢？凯恩斯在他的回忆录里指出，原因在于马歇尔写《货币、信用与商业》（原名为《货币、信用与就业》）时年事已高。[3]熊彼特则断言，从根本上来讲，马歇尔在研究经济周期方面从未超越穆勒。[4]

而我倾向于认为，就分析而言，马歇尔对经济周期的论述更为独立。我所依赖的事实是，他的主要理论贡献——对生产和价格的微观动态分析，与他继承自货币数量论的有关生产和价格的宏观动态分析，这二者之间并没有明确的关联。虽然他对后者作了改进，但这和他的微观分析仅仅是达成了部分一致。

此外，还有一个问题，那就是他早在1881—1882年间便完成了古典增长方程的数学表述（从本质上讲，这是《原理》第四卷的理论基础），但却从未与他的货币数量论达成一致。

---

[1]《原理》，第711—712页。
[2]《货币、信用和商业》，第238—253页。
[3] 阿瑟·庇古（编），《纪念阿尔弗雷德·马歇尔》，第60—65页。
[4]《经济分析史》，第747页。不过同样可参见熊彼特在他《十位伟大的经济学家》一书中更为深刻的评论，其观点与我的结论相似，即马歇尔未能将他对总量增长模型的洞见和第四卷中的论述转化成某个增长概念，并与他的经济周期概念联系起来。只是熊彼特指的是第六卷而非第四卷（106页）；（接下页注）

对于马歇尔未能实现第一种关联，可以想到的证据是，为了解决技术不断变化、报酬递增情况下的微观动态分析问题，他使用了"代表性企业"和"正常供应价"或曰"生产费用"的概念。比如：[1]

> 当我们讨论是什么因素主导着某件商品的供应价时，这些结果（外部经济）便具有了举足轻重的意义……为此，我们有必要研究一个代表性厂商生产这一总量所需的费用……我们所指的代表性企业必须是已经存在相当长时间、经营相当成功、具备正常生产能力、可以正常获得生产这一总量的内外部经济的企业。[2]

根据这些概念，马歇尔分析道，在繁荣期（信心过渡时期），人们的期望值反复无常，这会导致代表性企业的正常供应价向上超调，利润增长，产量和就业规模扩张。不过这些并不会持续下去，因为伴随着完全就业的到来，生产费用的增长会超越长期正常水平，也即会导致原初滞后于产品市场价上涨的原料价格、工资水平和利率的上升。结果便是利润减少，信心丧失；于是，代表性企业的正常供应价便向下超调；而由于这种成本的相对刚性，利润和产量便会进一步下滑。

179

610

（续上页注）我想，我们已经意识到（除局部均衡和一般静态均衡分析外），还有第三种类型的理论，在我这里，我把它称为"总量"分析。当然，他没有把对这种总量的讨论与货币挂钩……虽然他在货币理论方面有很多重要发现，可他未能这么做……这一点可能是我对他的唯一根本性批判。试想，如果一个人从局部分析起步，然后希望对整体经济过程发表一些看法，却因对一般均衡理念感到难以驾驭而失望，于是便转向总量理论，这不是很自然的事吗？于是，按罗宾逊夫人的话来讲，货币理论不就自动变成总产出和就业理论了吗？

[1] 《原理》，第317页和第342—343页。另可参见第342—350页，第377页和第459—460页的相关内容。

[2] 事实上，马歇尔在1870年代末期便正式提出了正常价值取决于正常生产费用的理念。他在《工业经济学》中对经济周期作了如下总结（第166—167页）：

> 当任何一个劳动阶层的工资因其生产的产品价格上涨而增加时，进入该行业的额外劳动力供应的速度便取决于该行业工资与其他行业工资的比较。倘若该行业的工资与其他行业相比显得异常高，那么工资的增长很可能会吸引众多的额外劳动力，使工资不会过度飙升；而一旦萧条期来临，工资就会迅速大幅下降。相反，倘若该行业的工资在上涨前低于其他行业的正常水平，那么工资的增长会持续较长一段时间而不会带来大量的额外劳动力，这样，无论怎样的增长都有可能得到支持。
>
> 由此，我们看到，正常价值如何取决于正常生产费用，市场的价值波动是市场的生产费用波动的原因而非结果，这两者是一致的。如果李嘉图和穆勒当初能够多花一些精力来澄清正常价值理论与市场价值理论之间的区别，那就不会在究竟是生产费用决定价值还是价值决定生产费用这一问题上存在那么多争议了。

事实上，不管明不明显，现在所有的经济周期理论都涉及某种概念上的动态"正常"或"最优"路径，以及对这种路径的上下超调。而马歇尔的问题在于，他虽然界定了某个行业或部门的代表性企业，把其正常路径与该部门的正负增长路径相关联，但却没有界定整个部门增长路径的决定因素。所以，他的观点就在对企业的微观分析与对货币系统的宏观分析之间游走，这从他压倒性地强调"商业信用的波动"而回避部门的关键生产过程中便可见一斑。

在阐述令他印象最为深刻的经济周期性上升和衰退现象时（上升期为1868—1873，衰退期为1873—1879），马歇尔相当清楚，只有联系具体的部门特点，才能解释周期模式：如在繁盛期，因国外大兴铁路建设，英国的资本和资本品出口大幅增长，但煤产量的瓶颈以及煤—铁—钢—工程物价的全面暴涨对其起到了抑制作用；而从1873年起，资本和资本品出口迅速回落，但因国内建筑业，一个1873年前因资本以高利率输出而备受冷落的行业开始兴旺，从而大大减轻了前者对1877年前整个经济状况的影响。马歇尔可以用专门的术语来相当精确地探讨这一切，他确实也做到了。但是，他的体系里缺少一种部门骨架，代表性企业并不能填补这一空缺。在凯恩斯看来，马歇尔是陷入了一个陷阱，一个从一开始就困扰着经济学，尽管有凯恩斯的努力但直至今日也未能解决的陷阱：[1]

> 就经济学家而言，只要提及所谓的价值理论，他们便习惯于认为，供需状况决定价格，边际成本和短期供给弹性变化的作用尤其凸显。然而，当他们纵览卷二，或者更常见的，翻阅另一本讨论货币和价格理论的文集时，他们看不到上述这些熟悉的概念；与此相反，呈现在他们面前的是另一个世界，在那里，决定价格的是货币数量、收入周转率、相对于交易数量的货币流通速度、囤积、强制储蓄、通货膨胀和通货紧缩，诸如此类等等。而且，这些含糊其辞的术语基本上没有和我们以往所用的供需弹性概念联系起来……我们每个人都感觉自己仿佛一会儿天上，一会儿地下，不清楚通过什么样的路线将二者相连，如同不知道我们清醒时和做梦时的生活可以通过何种模式相连一样。

180

---

[1] 《通论》，第292。关于1873年后物价下跌的讨论，可参见沃尔特·惠特曼·罗斯托，《19世纪的英国经济》，牛津：克拉伦登出版社，1948年，第61—63页。

但是，货币数量论，即使加上马歇尔对现金平衡法所做的改进，仍不足以解决皇家委员会在1880年代中期所调查的两大主要问题，即对经济周期的分析和对价格趋势的预测。这两个问题的症结都在于实际产出的增长率。

就经济周期而言，马歇尔对其不同阶段的描述表明，在某种意义上，人们过于乐观的预期导致了信用扩张，使整个经济体系为了实现超出总体预期产能的产出水平而陷入低效率的过度就业之中。巧合的是，1868—1873年的经济扩张，尤其是最后的高通膨阶段，成为凯恩斯所诠释的货币数量论的生动写照。他认为，货币数量论若要有意义，就必须严格满足以下限制性条件：[1]

如果只要存在失业就保证供给完全弹性，如果一旦实现充分就业便保证供给完全无弹性，如果有效需求与货币数量成同比变化，那么货币数量论便可阐述为："只要存在失业，那么就业将会与货币数量成同比变化；一旦实现完全就业，物价就将与货币数量成同比变化。"

若要对如此界定的情形作正式的分析，就需要在马歇尔的宏观增长模型，以及《原理》第四卷中出现的基本生产要素增长率及其生产率的基础上，引入一个完全就业下最优可持续总产出增长率的概念。马歇尔对经济周期的描述与这一概

---

[1] 同上，第295—296页。凯恩斯随后修改了潜在的假设前提，使得结论不再那么尖锐（同上，第296页）：

故我们务必先考虑货币数量的变化对有效需求量的影响，有效需求的增长，一般来讲，会部分表现为就业数量的增加、部分表现为价格水平的提高。所以，我们所面对的事实情况并不是失业条件下物价的恒定，或是完全就业条件下物价与货币数量成比例的上升，而是物价随着就业的增加而逐渐提高。

下表给出了1868—1873年经济上升期间产出、价格和失业的变动情况，这很好地印证了凯恩斯所提出的模式化情形，即产出上升—失业下降—价格停滞之后几乎总会伴随着纯粹的通胀。

表1　主要变量的走向，英国，1868—1873

	资本货物生产	消费品生产	失业率	物价
1868	43.4	60.7	6.75%	132
1869	47.9	58.1	5.95	131
1870	49.8	63.5	3.75	128
1871	51.2	69.2	1.65	133
1872	55.3	68.8	0.95	145
1873	55.3	68.8	1.15	148

注：1900=100，除非另有注明。
来源：沃尔特·惠特曼·罗斯托，《英国贸易的波动，1868—1896》，第70页；来源详列于：第7—13页。

念完全相符，生动、敏锐而精确。基于预期实际增长率上限的概念（这在第四卷中有相当明显的体现），以及相互作用的乘数—加速数原理（不需超出他的描述很多），他本可以建立起一套相当接近现代宏观经济周期模型的理论。然而，他所掌握的方法，包括他自己提出的方法，并没有使他从分析层面解决经济周期问题。

马歇尔相当清楚，关于对货币和经济周期的分析，他做得还远远不够。不过熊彼特在总结马歇尔的贡献时提到一点，认为他指明了完成未竟事业的方向：[1]

> 但是，在马歇尔的贡献中，有种东西比他取得的任何实际功绩都要伟大得多——这种东西是不朽的，或者说，它的生命力远远超过任何确定成就的生命周期。他的天才留给我们许多继续研究的东西，以及不可避免地会在我们手里淘汰的东西，然而，超然其上的是《原理》中为人们继续前进所提供的精微建议和方向指引，其中所彰显的就是那种我从一开始便致力于强调的导向作用。

马歇尔的学生，包括庇古、罗伯逊和凯恩斯等人，确实深受他们恩师的熏陶，并结合各自观察到的事务的进程，将马歇尔留下的未竟事业进一步发扬光大。

相对价格

在对价格趋势进行分析时，马歇尔再次暴露出阐述具体事件进程井井有条、令人信服，但理论依据不充分、不连贯的一面；其中的问题仍然出在如何处理实际增长率这一点上。这一次，他面临的困境更为凸显，因为他受到了金银委员会成员的强烈质疑，他自己也公开承认这一点。

尽管形式上，马歇尔面对的是总体价格水平的确定问题，但事实上，这同样涉及相对价格的变动问题。具体而言，委员会关注的有两点：英国 1873 年后价格的下降（仅因 1879—1883 年经济扩张而暂时中断），比照于实际生产成本的下降，究竟在何种程度上是因为实际经济中金银的相对短缺？如果英镑制变为金银双本位制被认定可行，那么这能够在多大程度上扭转价格的下滑之势？对于这

---

[1] 《十大经济学家》，第 104 页。

两点，贸易和工业萧条委员会（1886）列举的证据显得紊乱而矛盾，以至于决定成立关注点更集中的皇家金银委员会（1887—1888）。对于第一个委员会的咨询，马歇尔呈交了书面报告；对于第二个委员会的咨询，他不仅上呈了书面材料，而且还出面回答了各种提问。他对 1873 年后这段时期的基本看法可见前文的引述（第 177—178 页）。

在解释价格下降、产量增加、实际工资增长、失业维持在正常水平（以主要周期平均而言）等诸种现象的共存时，马歇尔遇到了两个现存理论无法解决的难题。[1] 第一个难题是如何将成本降低的作用引入到数量论的框架中。在马歇尔看来，成本降低对于 1873 年后的价格下降起着决定性的影响。数量论所提供的唯一概念就是总产出，或者用马歇尔在回答委员会咨询时所用的术语——"商品的供给"。但商品供给的增加会受许多因素的影响，而不只是成本降低这一个因素。那么，如何将成本降低的作用与影响总产出的其他因素分离开来，以避免重复计算呢？马歇尔在他 1886 年 5 月向贸易和工业萧条委员会提交的报告中，一开始就引用托马斯·图克对 1814—1837 年间价格下降的成本解释，并坚称只要辅以一些技术上的补充，就能很好地解释 1873—1886 年间的价格下降。不过，马歇尔从理论上补充了一个观点：[2]

> 他（图克）没有阐明，当相对于黄金而言，商品生产成本的降低对商品供给增加的影响已获得单独考虑时，就必定不能再将其视为价格下降的一个额外缘由。要做到这一点有难度，而它带来的好处是理论上的而非实践上的。

事实上，对委员会成员而言，这一点是非常实用的，因为经济学家们在讨论价格问题时使用着相互之间没有联系的双重词汇，以致无法在困扰委员会成员和马歇尔的第二个难题上达成一致。这个难题就是，价格下降在何种程度上是一种由黄金短缺造成的需求现象，而非一种体现工业和运输业技术迅猛发展、海外食品和原料供应新源头的开发以及利率降低而产生的供给现象？

182

---

[1] 有关这方面的详细内容可参沃尔特·惠特曼·罗斯托，《英国贸易的波动，1868—1896》，第 422—430 页，以及《19 世纪的英国经济》，第 151—154 页。

[2] 《官方论文》，第 5 页。

在此，马歇尔再次发现，自己的理论工具不够用。他坦诚[1]："我是抱着怀疑的态度来看待近年来物价下跌的原因的，我把它分为商品供给的变化和可获得的黄金供应变化两方面。"但精明而执着的委员会成员们早已对他们所听到的矛盾回答作了深入了解，显然不会被这样纯学术的怀疑主义敷衍过去。他们坚持要求马歇尔精确描述出黄金短缺如何影响物价，而对此马歇尔承认，这个过程"至今仍困扰着我"。[2] 随后，委员会的咨询先后涉及英国央行的储备头寸、贴现率及其信用可得性的影响。马歇尔承认 1873 年后的利率低于十年前，但他认为利率还会进一步降低，原因有四：货币市场的国际性日益突出、英国央行的管理不断改进、没有发生战争、长期利率变得更低。[3]

马歇尔的结论是，导致物价下跌的主要原因在于供给面，不过"黄金供应的稀缺还没有引起央行决策者的主意"。[4] 但这显然仅仅是一个主观判断，并没有得到严格的证明。

现在看来，马歇尔对 1873 年危机后英国经济状况的观察是合理的，站得住脚。他正确地认识到，价格的下降并不意味着就业或产出的长期萧条；价格下降归根结底是加速了实际工资的增长，使得收入的分配朝着有利于劳工的方向转变；利润压力并没有上升到限制投资和创新的不正常地步；造成价格下降的主要原因来自技术方面，而非货币方面，和成本下降有关，因此也是有益的；政府不应当在金银二本位制或其他任何货币改革中采取激进行为。

另一方面，马歇尔的报告也清楚表明，直至 1880 年代中期，主流经济学对价格的宏观分析与微观分析仍未达成有效的统一，也没有形成一致的方法，无法将价格决定中的货币因素和其他相关变量分离开来。一个世纪后，宏观经济学家们在面对 1973—1989 年期间的油价振荡问题时所表现出来的那份尴尬表明，尽管有了凯恩斯在《通论》中的不懈努力，以上问题依然存在。

严格来讲，我们的分析至此尚未真正切入这一部分的标题，即相对价格。颇为奇怪的是，马歇尔递交给两个委员会的报告中并未明确提及相对价格问题，特

---

[1] 同上，第 5—6 页。

[2] 同上，第 126 页。

[3] 同上，第 127—131 页，对这四点有详细阐述。马歇尔对长期利率的观点是，"相对于资本供应而言，资本投资领域的减少"造成了长期利率的下降（同上，第 130 页）。

[4] 同上，第 128 页。

别是英国进出口的相对价格。而从 1873 至 1890 年代中期，这段时间经济中的一个突出特征便是实际工资因为相对价格的显著变动而获得持续增长，其增长率大大超过之前的四分之一世纪，并且超过同时期的人均实际产出增长率。[1] 直到 1899 年，在递交给印度货币委员会的报告中，马歇尔才借机引用了阿瑟·鲍利（Arthur Bowley）新公布的数据，强调了自己 11 年前向金银委员会陈述的有关实际工资问题的观点（见表 6.1）。[2] 始于 1873 年的这一次实际工资上涨堪称革命性，隐藏在其背后的，是农产品价格的大幅下滑——英国小麦价格从 1873 年起一路下滑，直至 1890 年代的低谷，下降了约 60%；大麦和燕麦的降幅稍小[3]；美国农产品的总体价格也下降了约 62%。[4] 至于这期间英国的一般零售价，当前学界最佳的估算是认为它下降了 32%。[5]

表 6.1 英国、法国和美国的平均实际工资和名义工资（以 1891 年的工资为 100%）

国家	1844—1853	1854—1863	1864—1873	1874—1883	1884—1893	1891
英国						
名义工资	61	73	82	93	95	100
实际工资	53	51	59	82	97	100
法国						
名义工资	52	65	73	86	95	100
实际工资	55	61	67	78	94	100
美国						
名义工资	53	58	72	86	95	100
实际工资	54	53	57	76	95	100

来源：约翰·梅纳德·凯恩斯（编），《阿尔弗雷德·马歇尔的公开论文》，伦敦：麦克米伦出版社，1926，第 287 页。

---

[1] 1873—1899 年期间英国人均国内生产总值的年均增长率为 1.2%（R. C. O. 马修斯，费恩斯坦（C. H. Feinstein）和奥德林 – 斯米（J. C. Odling-Smee），《英国的经济增长，1856—1873》，斯坦福：斯坦福大学出版社，1982 年，第 31 页。依据马歇尔所引用的鲍利的表（第 411 页），1864—1873 和 1884—1893 年期间的实际工资增长率为 2.4%。

[2] 《官方论文》，第 287 页。

[3] 布莱恩·米切尔与菲利斯·迪恩，《英国历史统计摘要》，剑桥：剑桥大学出版社，1971 年，第 489 页。

[4] 《美国历史统计：殖民时代—1970 年》（Historical Statistics of the United States: Colonial Times to 1970），卷一，华盛顿，哥伦比亚特区：美国商务部，1975 年，第 200—201 页。

[5] C. H. 范斯坦，《英国国民收入、支出和产出统计表，1855—1965》（Statistical Tables of National Income, Expenditure, and Output of the U. K., 1855—1965），剑桥：剑桥大学出版社，1976 年，表 65，第 140 页。

然而，随着 1890 年代接近尾声，随着新世纪行将来临，相对价格开始发生逆转，马歇尔终于注意到这一问题。其实，他所采取的方法在《原理》中早有预兆。他在其中讨论到"经济进步的普遍影响"（General Influences of Economic Progress）时指出，上个世纪的技术发明给英国民众带来的最大收益并非来自产品制造成本的下降，而是来自陆上和海上运输成本的急剧减少。在论增长的那一卷中，下面这两段话终于涉及实际（生产率）的贸易条件，值得大幅引用，包括其中抒情的部分：[1]

> 尽管与现在一样，18 世纪英国实际的国民收益大多依赖于出口方面报酬递增定律的作用，但依赖的模式却有很大的不同。那时的英国在某种程度上垄断了新的制造方法；无论如何，只要在供给上施以人为的限制，她的每件货物都能售出，然后换回大量的外国产品。但是，部分由于当时长途运载大宗货物的时机尚未成熟，英国从远东和远西进口的主要为供富人享用的舒适品和奢侈品，这些商品对于降低工人必需品的价格，进而劳动成本而言几乎没有什么直接的作用……它对于工人食品的价格几乎没有任何影响；在报酬递减定律的作用下，食品价格开始上涨——报酬递减之所以发生，是因为在新的制造业领域，人口迅速增长，而以往乡间小镇上抑制人口增长的古风旧俗又不复存在之故。稍后，英法大战以及农业连年歉收，使得食品成本涨至欧洲历史上的最高点。

> 但渐渐地，外贸的影响开始波及我们主食的生产成本。随着美国人口从大西洋沿岸向西扩展，越来越肥沃的麦地被开垦出来；尤其是近年来，运输业的发展是如此之迅速，以至于从耕作区外围地带的农场进口小麦的总成本大幅下降——尽管外围距离在不断增加。于是，英国便无须实行日益集约型的耕作。李嘉图时代人们不辞辛劳地希望开辟成麦田的那些荒山秃岭重新变成草场，农夫们现如今只愿耕种那些收成好的田地。假如英国只靠自身的资源，那么农民们就不得不在日益贫瘠的土地上挣扎，不得不在那些已经精耕细作的土地中继续反复耕作，以图通过这样卖命的劳作使得每亩田地可以多产个一两斗。

---

[1] 《原理》，第 672—673 页。

不过，马歇尔与相对价格问题最亲密的一次接触发生在 1903 年；那一年，他撰写了"国际贸易财政政策备忘录"（"Memorandum on Fiscal Policy of International Trade"），虽然该备忘录直到 1908 年下议院的议员说服他之后，他才略作修改，然后以公文的形式发表问世。当时的背景是，保守党认为在一个竞争日益激烈的世界里，英国应当摒弃自由贸易政策而实行大英帝国优惠制，由此掀起了一场贸易保护主义之争。[1]

作为对保护主义论点的回应，马歇尔分别在短期和长期的背景中引入了相对价格问题。他明确指出（但没有警告），从短期来看，目前美国方面的形势在发生改变，尤其值得注意的是美国逐渐从"小麦种植大国"向多元农业转变，这有可能会终结曾让英国消费者受益匪浅的小麦价格下降趋势。[2]

之后，马歇尔在备忘录里表达了他对长期形势的忧虑——凯恩斯和罗伯逊后来对 1920 年之前的价格趋势也表达了类似的看法（见后文，第 302—304 页）：[3]

> ……世界正迅速地变得日益拥挤。离英国开始积累她那巨大的"公债"才不过一个世纪，然而不用再过一个世纪也许已是另外一番景象。那时，可能仍然会有一些地区还留有肥沃的土地和富饶的矿产，不过数量可能会很少，面积可能会很小。这些地方的人口和资本供给还不是很多，只够生产它们所需要的大部分制成品；它们也可以很容易找到一个尚可接受的理由，声称大部分的原材料都要留着供自己所用。当那样的时代到来后，那些有多余原材料可出售的国家将在所有国际谈判中占据上风。同时，不论有无达成双边协议，它们都将获得无懈可击的垄断地位；并且它们可以选择只对着这些商品征税，而这些税收，无论多么苛刻，都将主要由人口稠密的国家来承担。

---

[1] 《官方论文》，第 366—420 页。备忘录（第 394—395 页）简明扼要地总结了英国贸易保护主义的六大依据，对此马歇尔作了系统而温和的反驳。

[2] 同上，第 383—384 页。此外，也可参见马歇尔对这个时期中（1907 年）旨在促进食品和原料生产的资本输出导致英国实际工资增速下降的分析（《纪念马歇尔》，第 324 页）：

> 英国的工资现在受人口增长速度和生存压力的影响可谓微乎其微。限制工资更快上涨的主要原因是，有些国家其广袤的领土为在铁路、建筑、采矿和新农地开发方面的投资提供了很高的资本回报，使得它们在吸引资本方面打败了英国的企业。

[3] 同上，第 402 页。

正是出于这个考虑，而不是展望眼前的什么危险，让我对英国的未来忧心忡忡。

因此，在马歇尔那里，当他在经济增长的阶段上审视一长串的国家，审慎地考虑价格波动的历史结果时，报酬递减定律再次彰显而出；就此而言，他甚至远比穆勒和马克思还来得悲观。

增长的阶段与极限

马歇尔对时间与地点的关联有着敏锐的把握，因此在他的重要著作中随处可见对历史的借鉴和分析。再加上深信历史变动中那种细步慢挪、款款莲步的倾向，这就导致他认为，研究历史不但可以推算出事件进程的一阶导数，而且还能推算出其二阶导数，即变化的变动速度：[1] "……关注现在只可能知道变化的速度；若要得出变化的变动率，则还需要某种引导。而这唯有通过回顾过去才能实现。"

马歇尔从以下四个不同的环境中回望过去，并审慎地展望将来：

● 沿着古典经济学家开辟的路径考察经济发展的各个阶段，同时对更近的德国阶段理论家给予一定的关注。

● 考察与当今社会的制度特征或技术特征直接相关的历史变迁，如银行业和股份公司的演变、运输设施对城市粮食供应的影响等。

● 考察英国的经济领头羊地位受到的直接挑战，尤其是来自德国和美国的挑战，包括对手的竞争优势和劣势；以及在较长期内对更广范围内潜在经济竞争者的前景预期。除了继续提高工人阶级的生活水平和质量外，我想马歇尔会把这一点视为他那个时代英国所面临的最重要的政治经济学议题——这也与休谟的富国—穷国论遥相呼应。

● 最后当然是马歇尔对较长期内食品和原料价格相对于制成品价格的深深忧虑。

马歇尔关于增长阶段的详细论述最早出现在 1879 年的《工业经济学》第一卷第七章。[2] 他用六页的篇幅，以相当多姿多彩的笔触，带领读者从原始人的平均

[1] 《工业与贸易》，第 7 页。
[2] 《工业经济学》，第 43—48 页。

主义生活，走过劳动分工的早期阶段，然后来到基于专业化手工制造和其他村庄服务而出现的农业制度。在岔开去谈了一会儿奴隶制和农奴制社会后，马歇尔又回过头来，描述了城镇、行会、银行、贸易的崛起——所有这些均与社会功能专业化的明显加强有关。接下来，没有过多的解释，机器（连同"火车、轮船、印刷机、电报"）问世了，与之相应的是和马克思的资本有机构成概念不谋而合的观点：[1]"制造商用于采购机器的支出远比用于雇佣劳动力的支出增长得快。换言之，辅助资本比报酬增长得快。"最后，马歇尔强调了劳动力和资本日益突出的流动性，以及行业之间若"风险、不适和努力相等"则倾向于利润相等的趋势。

　　对于上述经济史的分析，马歇尔在《原理》的附录一"自由行业和企业的成长"（The Growth of Free Industry and Enterprise）中花了整整 30 页的篇幅，做了进一步展开。同样，文章先是阐述了原始社会形态的决定因素，纵览了欧洲直至中世纪的演进历程，描述了强大的君主政体在奥地利、西班牙和法国的上台。随后，马歇尔对关键性的历史转折点作了如下界定：[2]

　　　　倘若那时没有新的力量出现，以破除种种羁绊并广泛传播自由，那么世界就可能倒退回去。在短短的时间里，印刷术的发明、文艺复兴、宗教改革、发现通往新大陆和印度的海上航线一并涌现。这些事件中的任何一件都足以单独影响一个时代；而它们却汇聚在了一起，并共同朝着一个方向作用，于是便带来了一场彻底的革命。

186

　　在附录里，马歇尔对现代制造业的出现做了比正文更为详细透彻的论述。他将数种因素整合到一起，包括前资本主义时期农业的组织、宗教改革的影响、新教徒的作用：[3]

　　　　许多在其他国家信奉新教义的人将英国作为摆脱宗教迫害的庇护所，由此强化了英国作为工商业国家的性质。那些法国人和比利时人、那些与英国人性格非常接近的人，以及那些在英国人性格的引导下致力于全面研究制造

---

[1]　同上，第 47 页。

[2]　《原理》，第 738 页。

[3]　同上，第 743—744 页。

工艺的人，通过某种自然选择，聚集在英国，学习原本就与他们的性格相符的技艺。在 17 世纪和 18 世纪，宫廷和上层阶级仍或多或少地过着轻浮放纵的生活；但中产阶级以及工人阶级的一部分则对生活抱着严肃的态度；他们极少沉湎于玩乐而影响工作，他们对物质舒适品的要求很高，而这些物品恰恰只有通过不懈努力的奋斗才可能获得。

接下来，马歇尔描述了工厂制度的出现，扩展至整个英国和欧洲大陆，并最终越过大西洋，传入新大陆。在附录的结尾处，马歇尔对美国、德国和其他国家的工业前景进行了展望（日后做了详细阐述）。他明确地在一条脚注中指出，工业革命最初的三大创新为瓦特的蒸汽机、新的纺织机、焦炭冶炼的新方法，并列举了之后的一些发明创造。[1]

在这篇精练的经济史概览中，有两点特别引人注意。一是马歇尔显然通读了正在迅速增加的经济史专业文献，尤其是德国和英国的著作；二是他能够轻而易举地将各种因素融会贯通起来，比如天文地理、文化习俗、社会结构、法律体系、政治宗教，还有一再强调的种族特征。马歇尔的这种融合尽管并非首创之举，却有其独到之处。不过我们在这里侧重强调的是，该附录表明，马歇尔正确认识到对经济发展过程的严谨分析牵涉到众多变量。凡是看过《原理》附录一的读者，想必没有人会不理解马歇尔为何不把改进他的新古典增长雏形模型（见前文，第 167 页）作为第一要务。在他看来，经济学家应当像经济史学家一样"知识渊博，通晓宗教和伦理、智力和艺术、政治和社会环境……"[2]

随后的附录二"经济科学的成长"（The Growth of Economic Science）和附录三"经济学的范围和方法"（The Scope and Method of Economics），同样充分体现了他坚持把历史及其所有动态复杂性相联系的原则。除了在《货币、信用和商业》开头部分有一小段内容回溯中世纪之外，马歇尔只在《工业与贸易》的附录二中再次提到整个经济增长的阶段史；在该附录中，他简要地引用了罗雪尔关于制造业技术发展的三阶段论——完全依赖于引进，简单制造，成为技术前沿的行业领军者之一。[3] 马歇尔还做了一些经济史方面惯常的研究，这体现在附录三

---

[1] 同上，第 747 页注释。

[2] 同上，第 775 页。

[3] 《工业与贸易》，第 681—699 页。

（"英国早期的工业与贸易"（England's Early Industry and Trade））及其后的一篇论
"英国的重商主义者与亚当·斯密"（The English Mercantilists and Adam Smith）的
文章（附录四）中。

　　这就使我们认识到经济史在马歇尔眼中的第二个用途，那就是作为分析当代 187
经济问题的基本背景。在这一点上，他的处理相当具有系统性。从《工业经济
学》开始，但凡在他认为合适之处，马歇尔都会在分析时插入一段历史回顾：比
如在分析诸如人口[1]、租期[2]、工会[3]等具体问题时。时隔十一年后，当更为恢
宏的《原理》问世时，马歇尔对附录的驾驭显然已游刃有余；然而正文本身，特
别是第四卷和第六卷，也包含了许多回溯早期历史的章节。[4]同样的两种方法，即
附录以及正文中的历史介绍，还出现在《工业与贸易》以及《货币、信用和商
业》中，其目的就是为了给自己的分析增添一种立体的、动态的纬度。进而，他
还把这种方法应用到经济学理论史的研究中。

　　也许，马歇尔对历史方法最突出的运用，当数他在《工业与贸易》卷一中构
建核心议题时，也即对世界经济工业领头羊未来前景进行分析时。从马歇尔前后
跨度达半个世纪的系列作品中，人们可以逐渐意识到英国所面临的一个至关重要
的经济问题，那便是如何应对美国和德国工业日益进步带来的挑战。

　　对于这个问题，马歇尔在《工业与贸易》一书中做了最为详细的阐述。他用
了三章的篇幅，这三章实际上是三篇分析英国史的文章，[5]内容涉及在过去相当长
时期内为英国开创"大规模工业"（马歇尔的说法）奠定基础的各种因素，英国
的工业领导地位（他认为大致始于18世纪末棉纺业的机械化直至1873年），以
及随后英国霸主地位受到的挑战和英国的反应。他在随后的章节中分别考察了法
国、德国和美国的工业化特点。结果他发现，法国的特点是"商品精美、富含艺
术气息和个人鉴赏力"，德国的特点是由"学术训练和实验室研究"来培育工业，
美国的特点则是"大规模多种形式的标准化"。最后，他"还就未来的工业领导
地位会花落谁家作了一些推测"。

---

[1] 《工业经济学》，第27—31页。
[2] 同上，第60—61页。
[3] 同上，第187—190页。
[4] 如《原理》第173—180页（人口和人口论）；第220—226页（增长阶段中财富的增长）；第267—277页（工
　　业组织的演进）；第582—587页（对利息的态度和相关学说）；第637—645页（租期）等。
[5] 《工业与贸易》，第三至第五章，第32—106页。

　　《工业与贸易》初版于 1919 年，第四版即末版发行于 1923 年。不过，马歇尔出书的时间一向很长，该书的一部分早在 1904 年便已定稿。故他对英国相对地位和所受挑战强度的分析更符合 1904 年的情况，而非 1919 年或 1923 年时的局势。这一论点是有据可依的，因为尽管马歇尔间或会提到一战的经济后果，并认为"英国在一战中显示的力量令其他所有国家（如果不包括她自己的话）刮目相看；同时证明，四大洲的英语国家无论在精神上还是在现实中都是团结的"，但他给国人的建议却是温和的，并且和他对法国、德国及美国的分析一样，没有反映出一战及战后余波带来的主要经济后果。[1]

　　具体而言，马歇尔建议国人加快推进下列各项起步业已比较晚的措施：普及和提高大众教育（认识到其必要性并开始落实是始于 1904 年），[2] 改进"英国富人阶级"的大学教育，[3] 扩大科学和工程领域的培训，同时增加对科研实验机构的公共资源投入，[4] 加强海外市场信息的收集，以及盘活工业融资渠道 [5] 等。（这些与日后 20 世纪 80 年代晚期美国应对来自亚太地区的挑战时采取的措施颇为相似。）

188

　　虽然马歇尔觉得英国在面对工业挑战时采取了恰当的回应措施，而且他也明显为英国在战时的出色表现感到骄傲，然而他对未来形势的总体看法与休谟的温和理念并无二致，也即从长远来看，制造业倾向于从已因其而富足的国家和地区撤离，转移到其他地方（见前文，第 29—31 页）。

　　马歇尔期望一些英帝国统治的领土能够最终承担起工业领导地位，但他注意到那些领土更容易受到美国经验而非英国经验的影响。[6] 他的结论超越了大西洋两岸及英语国家，总体而言具有先见之明。[7]

　　　将视线转至欧洲以外，我们发现日本有一种领袖东方的强烈要求，其付诸实践的方法则主要是西式的。日本毗邻大陆的岛国形态，使她和英国一样非常适合发展工业与贸易。在过去的三十年里，她学习了大量的东西，不用

---

[1]　《工业与贸易》，第 104 页。

[2]　同上，第 95—98 页。

[3]　同上，第 98 页。

[4]　同上，第 99—102 页。

[5]　同上，第 102—103 页。

[6]　同上，第 104—105 页和 157—159 页。

[7]　同上，第 161—162 页。

多久她几乎肯定就会成为别人学习的对象。确实，为了能够始终保持高度的紧张状态，日本国民似乎在生理上需要补充比现在更多的食物；但事实上，自我克制的非凡力量，加上高度的进取心，可能可以令他们比那些惯常将大量多余的舒适品和奢侈品长期视为必需品的人们更简捷、更快地达成宏伟目标。日本的迅速崛起印证了一个历史经验，那就是任何一种现实能量的大爆发，其根源往往是某种理想主义的、宗教的、爱国主义的或诗意的情感。

而印度虽然发展的灵活性不如日本，但她的工业如同这个国度的思想一样正焕发出新的活力，其独立性也日益增加。印度既是世界上一些最伟大思想的发源地，同样也是许多最精致、最富艺术感的手工业的摇篮。过去，印度受困于缺乏团结以及制造业和运输业方面的能源供应不足。然而，它可能拥有相当规模的煤炭资源储量，有些地区还有丰富的水力发电资源。近年来大型产业的迅速崛起既是印度的骄傲，也让英国感到高兴。

俄国和中国同样前景光明。这两个大国都源远流长，能够自给自足。两国都拥有极其丰富的资源，但只有当开辟海上通道不再是大规模发展的必要条件时，这些资源才能得到充分开发。两国人口在性情上相异，中国人的坚韧与俄国人的敏感可谓互补；双方都从数代穷苦的先辈那里继承了强大的耐久力。不过，近来发生的事情给两国的前景蒙上了一层阴影。

从上面的段落中可以看出，马歇尔无疑已经捕捉到先进工业国在面对后起之秀的挑战时，将会出现的第三轮调整的一些主角（如中国和印度）——第一轮调整出现于英国面对 19 世纪第二个二十五年间开始起飞的国家（比利时、法国、美国和德国）成熟之时，第二轮调整则出现于西欧和美国面对经济起飞于 1880 年代和 1890 年代的国家（日本、俄国和意大利）步入成熟之际。

至于整个世界经济的长期增长前景，如前所述，马歇尔在某种程度上是一位持增长极限论的悲观主义者。鉴于人口以及食品和原料需求的增长，他在回顾过去展望未来之后认为：尽管科学具有巨大的潜能，但限制世界经济的增长将是自然资源的报酬递减，而不是实际收入本身相对边际效用的递减；他的结论是，这种限制在 21 世纪结束前将会充分体现出来。因此，在这一点上，相比穆勒和马克思，马歇尔的立场更接近于之前的古典经济学家。

189

非经济因素

在那篇纪念马歇尔的著名文章中，凯恩斯将马歇尔刻画为一个具有双重特性的人：人类的传教士、牧师，和一名科学家。凯恩斯这样写道：[1]

> ……作为一名人类的传教士和牧师，他并没有显得特别突出。作为一名科学家，他则是他那个领域中百年来世界上最伟大的人。尽管如此，他本人认为自己的长处是在第一种特性上。他认为，第一个自我是思想、是主人，而第二个自我是仆人。第二个自我出于自身考虑而不断汲取知识，第一个自我则使抽象的目标服务于实际进步的需要——犹如一只目光敏锐、展翅翱翔的雄鹰常常被召回到地面听从布道人的吩咐一般。

> 正是这种双重特性，使马歇尔身上的优点和弱点混为一体，他自身的目标和实际的努力相互冲突，别人总是会用两种观点来谈论他，他激起的既有共鸣也有反感。

接着，凯恩斯巧妙地过渡到马歇尔的第三种相当突出的特性，并把这种特性与"他性格中的多面性"联系起来：[2]

> 他性格中的多面性从另一个角度来讲，则完全是一种优点。经济学研究似乎不需要特别非凡的专业禀赋。从智力层面来讲，经济学与哲学和纯科学的高深分支学科相比，难道不是一门很简单的学科么？然而，优秀的甚至称职的经济学家却是凤毛麟角。简单的学科，精通者却寥寥无几！对于这一奇怪现象的可能解释是：要成为经济学大师，必须罕见的同时拥有数种才能，即将多种很少见于同一个人身上的才能集于一身。他必须在某种程度上既是数学家，又是历史学家，同时还是政治家和哲学家。他必须善于从大处着眼，小处着手，思考问题时以一般来解读具体，在思想之火光中抽象和具体并举。他在研究现状时必须以史为鉴但又着眼于未来。人类的一切习性和制

[1] 《纪念马歇尔》，第11—12页。
[2] 同上，第12页。

度都是他关注的对象。他必须既目标明确同时又保持客观公正；像艺术家那样超然于世俗之上，但有时也像政客一样深入生活实际。马歇尔基本上（虽然并非完全）具备了这种理想化的多面性。

倘若人们从经济增长的角度来审视马歇尔的作品，就会发现这一点再明显不过了。他坚持用历史的、社会学的、心理学的、哲学的，以及其他任何他认为相关的学科观点来分析他所遇到的每一个经济问题。不过，凯恩斯将马歇尔作为一名科学家与他多层面的分析技术区分开来，这种做法掩盖了很重要的一点。即在马歇尔本人看来，他的分析法，即阐述经济力量和非经济力量通过时间发生动态的相互作用，恰恰是经济学家作为科学家的要义之所在。在这篇纪念文章的另一处，凯恩斯（在参考埃奇沃思的基础上）列举了马歇尔对经济学知识的七点主要贡献。[1]其中有五点均属于主流经济学的范畴，有些方面在经过相当程度的修改后继续沿用至今：（1）阐明了短期局部均衡分析中，需求与生产成本各自在价格决定方面的作用；（2）将短期局部均衡分析扩展为一般均衡分析，并通过对生产要素和消费品边际替代率的分析而得以强化；（3）提出了"消费者租金"或"消费者剩余"概念，这一概念在开启福利分析之路中尤其重要；（4）对垄断的分析；（5）阐释了"需求弹性"概念。

若是暂且接受凯恩斯的这一区分，读者将会发现，本章几乎没有提及传统上被视为马歇尔"科学"贡献主体部分的任何枝叶。

凯恩斯和埃奇沃思认为，马歇尔还有另外两点贡献，一是"将时间作为一种要素明确引入到经济学分析之中"，[2]二是对历史素材的广泛收集。在时间方面，凯恩斯列举了马歇尔为了给"长期"进行系统性排序而创造的各种方法，但他指出，马歇尔给后人留下了很多研究问题。关于经济学史，凯恩斯对马歇尔在这方面耗费如此多的时间和精力难掩其惋惜之情，如果尚算不上气愤的话。[3]

而本文的观点无疑是，马歇尔把历史分析作为处理时间、"长期"和"有机增长"问题的基本手段之一，然而他（以及时至今日的后来者）并没有设计出可以让经济学家们游刃有余地来处理经济增长和长期问题的方法工具。不过，马歇

190

---

[1]　同上，第41—46页。

[2]　同上，第43页。

[3]　同上，第45—46页。

尔身上拥有一种伟大的科学家德行，那便是他始终坚持直面经济增长那不可简而化之的复杂性。回想一下，他在 1880 年初期便构建出了相当接近于新古典增长模型的雏形，但在探索了该模型的属性之后，他便决定将其束之高阁——这种决定是如何的难能可贵。

另一方面，马歇尔十分清楚，即使坚持将人类经验的方方面面都与经济分析相关联，他也找不到什么既有的或者未来的框架以理顺每个方面与其他方面的关系：[1]"谈论一个拥有更高权威的统一社会科学没有任何意义。假如这样的社会科学存在，那么毋庸置疑，经济学会欣然躲到它的羽翼之下。可它不存在，也没有迹象表明它会形成。守株待兔毫无意义，我们必须依托现有资源做我们所能做的。"由此，马歇尔驳斥了世纪之初一些英国经济学家的狭隘主义和过度的教条主义。他还认为，孔德虽然正确地坚持了社会现象的复杂性，但却推出了不正确的结论。他反驳了孔德力陈经济现象不能单独研究的观点，坚持认为经济现象应当同时借助归纳和推理两种方法来加以研究，并像生物学家那样将"有机增长"作为关注的焦点。

马歇尔说道[2]："我们的经济学家在研究理论时会不自觉地以为世界都是由市民组成的，就像我们的律师会在印度人身上不知不觉地套用英国民法一样，这二者是出于同一种思维倾向。"[3]在这种方法论的辩证法中，马歇尔持中间立场，并把自己的研究系统性地建基于这种立场。他直接秉承并自觉坚守穆勒和斯密的传统，对经济的分析涉及范围广、结构松、与社会联系紧。他作为"人类传教士和牧师"的一面亦如此。经济学的古典传统，即使是表面上最为干净、抽象的李嘉图理论，均受到当事人所引以为豪并极力维护的某种道德价值和目标的影响。

马歇尔在经济分析中处处毫不避讳地流露出他的各种道德主张，对此我已经

191

---

[1] "经济学现状"（The Present Position of Economics），为 1885 年马歇尔担任剑桥大学教授的就职演讲（见《纪念马歇尔》一书，第 163—164 页）。

[2] 同上，第 155 页。

[3] 马歇尔认为，19 世纪早期经济学家的这种狭隘性在很大程度上与李嘉图脱不开干系（同上，第 153—156 页）。对李嘉图而言，这种指责多少有点误导性。李嘉图的狭隘性并不在于他的观点没有考虑到其他时代和其他社会，而是他所关注的焦点仅仅局限于他那个时代英国所面临的一些具体问题（见前文，第 88 页）。不过必须承认的是，他使用简单、抽象、生硬的概念进行论述和说明的方法很容易引起误解。而同样应当指出的是，熊彼特指责马歇尔把自己作为一名剑桥教授的狭隘价值观运用到全世界上来（《经济学分析史》，第 129 页注释）。和其他任何一套道德价值观一样，马歇尔的价值观无疑也比较独断；但我相信，他的价值观与熊彼特的相比，思考范畴更广，传统更悠久。

引述过不少，比如他最初献身经济学的道德诉求（第163页）、他关于提高消费品工艺水平的呼吁（第167页）、他要求减少英国收入分配不均的激进主张（见下文，第192页）等；不过，最后还要谈谈马歇尔对社会主义的态度。

让我从熊彼特的一句刻薄话开始，因为马歇尔身上那维多利亚时代晚期的遗风似乎引发了前者身上的中欧精神。熊彼特曾评论说，"马歇尔自称对社会主义的终极目标深表赞同，但他屈尊俯就的姿态只会令人反感。"[1]也许，熊彼特的确准确地捕捉到马歇尔在当时社会主义者中间激起的反应——对于这种反应，熊彼特是站在个人立场上做的评论。[2]不过我确实相信，马歇尔对社会主义的认同并不像熊彼特说的那样肤浅。他对社会主义的保留态度不仅严肃地体现在方法上，而且严肃地体现在实质内容中；而且，可以补充的一点是，不论马歇尔在社会主义知识分子中间引起了怎样的争议，他与工人和工会领袖的关系融洽，甚有口碑。

就马歇尔对穷人关注的程度而言，有大量的证据表明，他献身经济学便是为了回答下述问题："现实生活中的机遇只属于少数人吗？"；[3]这个问题在他的研究中自始至终一直处于核心位置。本着古典经济学（尤其是穆勒和斯密）的优良传统，他强烈意识到资本主义的代价、缺陷和不平等性。他通过严谨的分析，完善并强调了"同样多的金钱给穷人带来的快乐多于给富人带来的快乐"这一命题（该命题至少从休谟时代便出现了），从而有力地说明了累进税的科学合理性。[4]如前所述，马歇尔开启了垄断竞争和福利经济学的现代分析之门。故没有理由质疑他在阅读和思考那个时代的社会主义著作时所带着的那份严肃性，以及他对此产生的认同感。[5]

不过，马歇尔最后改变了立场，原因是他发现社会主义者（及德国历史学派）的分析方法缺乏说服力，而且他开始怀疑社会主义能否在现实中真正地解决他最关心的普遍贫穷问题。下面这段话就是他自己对这两点的说明（见于一本德文版的自传式短文汇编，该书以第三人称简要介绍了主要经济学家的生平）：[6]

---

[1] 《经济学分析史》，第888页。

[2] 比如可见熊彼特对约翰·霍布森（John Hobson）、比特利斯（Beatrice）和西德尼·韦布（Sidney Webb）的评价，同上，第823—824页和第833页。

[3] 《纪念马歇尔》，第11页；还可见第69—72页和第82—83页。

[4] 同上，第162页。

[5] 同上，第16、20、34和156页。

[6] 同上，第20页。

  ……他被罗雪尔等德国经济学家以及马克思、拉萨尔（Lassalle）等社会主义者的新观点所吸引。然而，在他看来，历史经济学家的分析法似乎并不总是足以提供彻底的证明，使得人们相信他们所提出的解释经济现象的原因就是真正的原因。事实上，他认为，在经济学中解释过去几乎如同预测未来一样困难。此外，在他看来，社会主义者似乎也低估了他们所面临问题的解决难度，并且想当然地认为废除私有制就能去除人性中的瑕疵和缺陷……

192   马歇尔觉得历史分析法是缺乏哲学基础的：[1]"……那些事实本身并不能言语。如此的分析无法直接揭示原因，而只能给出结果。"他知道，理论是必不可少的，不管它是否明确；但是，社会主义者对当代经济现象的分析，以及他们针对其中问题所提建议依赖的基础，也即或明确或含蓄的历史理论是否正确合理，令他感到怀疑。在就任剑桥大学教授的演讲中，马歇尔将社会主义历史学派的过度简化比作"上一代李嘉图学派领导者马虎的言论"。[2]

  关于马克思的劳动价值理论、剩余价值理论及由此构筑的结构体系，马歇尔不客气地指出[3]："……假定剩余全部都是劳动产出的前提假设，其实已经将他们声称最终要以此来证明的结论视为理所当然——他们并没有尝试去证明它，这是不对的。"

  而更为根本的是，马歇尔对社会主义将会扩大产出，提高生产率，并最终据此消灭贫穷表示怀疑。他觉得社会主义的官僚性质会侵犯个人固有的权利，并限制个体的创造力；他相信有另外一种选择。他在"骑士经济的社会可能性"（Social Possibilities of Economic Chivalry）（1907 年）中对此作了最详尽的阐述。[4]

---

[1] 同上，第 166 页。

[2] 同上。

[3] 《原理》，第 587 页。马歇尔继续论证他反对劳动价值理论的理由：

  认为一家纺织厂纺出来的线在扣除机器的折旧后，剩下的就是工人的劳动产品，这是不对的。它们是工人连同雇主和下属各级管理层的劳动，以及资本投入的共同产物；而所投入的资本本身又是劳动和等待的产物，故纱线是多种劳动及等待的成果。倘若我们只承认那是劳动的产物而非劳动和等待共同的产物，那么我们无疑会因为不变的逻辑而被迫承认，作为等待的一种报酬，利息不再具有合理性，因为结论已寓于前提中。洛贝图斯（Rodbertus）和马克思赫然用李嘉图的权威性为他们的这一前提辩护，但实际上依常识便知，它与李嘉图价值理论的一般要义和具体描述均背道而驰。

[4] 《纪念马歇尔》，第 323—346 页。

我认为，下面的节选捕捉到了马歇尔偶尔会出现的凡勃伦式论证思路；在其中，他对民主福利国家的情况做了精确甚至是定量的描述：

> 人们常认为，我们更有理由为我们创造财富的方式而非使用财富的方式感到骄傲……
>
> 从这个角度而言，私人花销被视为一种社会浪费。然而，情况可能并非如此。英国有时一年的私人花销高达四五亿英镑，但就目前而言，留出一两个亿的富余供社会公用已足够*，这样不至于给提供这笔钱的人士带来巨大的损失；鉴于他们和邻居处境相差不大，因而不会对缺少奢侈品以及惯常没什么实际用处的"门面必需品"而心生怨言……报酬递减定律在如今的英国几乎不起作用，但一两代人以后它在英国乃至全世界或许会重新成为一股强大的力量……我们的当务之急是在这个经济大好时期进一步加快发展，因为到 20 世纪末可能就好景不再了。
>
> 现在有些思想上并无成见的人像以前的人那样热衷于对社会现状展开猛烈的抨击。他们的行为也许会激起人们短暂的热情，一时有大快人心之感；然而，这种行为几乎总是会让人们的精力从旨在推进公共利益的工作中分散开去，因此从长远来看是有害的……
>
> ……我在接触经济学之前是一名社会主义者；确实，我渴望知道在由国家和其他机构实行的社会改革中究竟什么是可行的，正是这种渴望引领我在四十年前开始拜读亚当·斯密、穆勒、马克思和拉萨尔的作品……我对领导集体运动的许多仁人志士为实现全社会的幸福而无私奋斗的精神深感敬佩，我也不怀疑他们引领我们前进的道路有一段可能会铺满鲜花。但我认为，一旦集体控制大行其道，以致极大限制了留给自由企业经济的空间，那么官僚作风的压力所抑制的将不仅是物质财富的增长，还有人性中许多更高层次的品质，而社会进步的主要目标恰恰就在于凸显这些品质。……在集体主义下，官僚秩序盛行，毫无吸引力可言。……我们……需要面对的困难是……倘若自由企业经济被取缔，那么在进入一个整体发展水平比以往任何时代都要来的高的骑士经济时代之前，人类在过去战胜自然所依赖的方法和工具上的进

193

---

* 据马歇尔的计算，当时英国的年收入为 17 亿英镑。故他建议额外的社会分配当为国民收入的 5.9%—11.8%。

步将难以延续，即使只是一般的进步。自由企业下的世界离完美的理想状态还很远，直到骑士经济得以建立。但是在骑士经济发展起来之前，人们在集体主义方向上迈进的每一大步，对我们保持目前这个并不算快的进步速度而言，都是一种严重的威胁……最好的办法似乎是，赶在集体主义行政部门对需要源源不断的自由创新精神的行业实行毫无必要的干预，从而导致创造性企业范围进一步缩减之前，多多仔细地研究集体主义的困境。

这就是马歇尔在就任演讲中对他质问自己和同代人的一个问题的回答，这个问题是：[1]"没有人应当被排除在追逐物质手段，追求人之所以为人的生活机会之外！可是，为什么要把这个留给冲动的社会主义者和无知的演说者去大声疾呼呢？"今天，104 年之后，马歇尔的回答在发展中国家的首都（从新德里到巴西利亚，更不必说北京和莫斯科）听来很可能令人耳目一新，并且十分切题。

至于所需的变革方式，马歇尔相信"大自然无跃进"这句话道出了一切：让所有人都拥有过上美好生活的机会，需要付出长期不懈的努力，需要实现技术、教育、社会和政治各方面的变革。进步必然是缓慢的，但也是坚实的。他认为，这里没有捷径。

在《原理》的结尾，马歇尔提出了一种他感到合适的方式，一种介于"急躁的虚伪"（impatient insincerity）和"道德的麻木"（moral torpor）之间的方式。[2]

> ……悲观主义者对我们这个时代的描述，辅以对过往的美好时代充满浪漫主义色彩的夸大，必然导致对进步的视而不见——进步尽管是缓慢的，但却是坚实的。草率地听从那些信誓旦旦之人的言辞，便犹如服用江湖郎中所谓立竿见影的灵药，可能很快会带来一点起色，却埋下日后大病重病的祸根。而道德麻木的祸害甚至比这种急躁的虚伪还要大：它使我们利用现代资源和知识不断破坏着大众生活中值得拥有的所有东西，却对之熟视无睹甚至处之泰然，并以这个时代的罪恶无论如何也比过去少的念想来麻痹自己。

---

[1] 同上，第 173 页。

[2] 《原理》，第 722 页。

第七章　人口和劳动力

现在，如前文已经界定的那般，我们讨论的焦点将从把增长过程看作一个整体的重要分析家，转向目前人所熟知的那些影响经济增长进程的关键因素。考虑到人口与经济增长的关系，本章的故事将从简要地回顾 1870—1939 年间人口论的演进开始。

人口的统计分析

对人口的统计分析和研究，包括人口出生率、死亡率和移民，其历史已有三个多世纪之久。政府当局，包括教堂，出于政治或者精神上的统治需要，对人口数量的规模和特征进行分析的兴趣在不断增强。虽然人口学家的工作并非独一无二，不过就其很早就在用多少还算可信的数字来填充概念框框而言，他们在社会科学家中还算是相当特别的。

当然，即使人口分析的历史很短，这里也不是适合展开的场合。不过值得一提的是，社会科学中对统计学的有序使用当始于约翰·冈特（John Gaunt）1662 年出版于伦敦的小册子。这本小册子题为《关于死亡率的自然与政治观察》（*Natural and Political Observations ... Made upon the Bills of Mortality*），研究的是每周的丧葬纪录。[1] 冈特是威廉·配第（William Petty）的一位知交密友，后者在

---

[1] 关于 20 世纪 50 年代晚期对人口的历史和当前状态极其珍贵的调查研究可见菲利浦．豪斯（Philip M. Hauser）和杜德利·邓肯（Otis Dudley Duncan）《人口研究：详细的记录和评价》（*The Study of Population: An Inventory and Appraisal*）（芝加哥：芝加哥大学出版社，1959）。关于约翰·冈特，他的成就和影响，见第（接下页注）

1662 到 1676 年期间围绕"政治算术"（Political Arithmetick）展开了一系列广阔的研究实践，这些研究虽然少了些严肃，但却长于想像。事实上，冈特对人口统计史学家造成的直接和间接影响，通过 17 世纪和 18 世纪各种各样的图表，一直延续到马尔萨斯和达尔文。[1]受其影响的人包括德国的传教士、重商主义者、鼓励生育者以及人口学的先驱约翰·苏斯密尔希（Johann Süssmilch）（1707—1765）。[2]

尽管在 17 世纪就已出现一些关于欧洲和殖民地人口的统计，但是正规的人口普查是始于 18 世纪，先是出现在瑞典、普鲁士、美国，稍后是始于 1801 年的英国和法国。[3]到修订《人口原理》（第二版）时，马尔萨斯已开始运用大量的人口资料，包括一些统计数据。

马尔萨斯《人口原理》第一版所引发的争论，并没有立即激起许多经验主义者的人口研究。实际上，在英国，这本书也许还在一定程度上使那些研究者感到气馁。[4]尽管如此，它对迈克尔·萨德勒（Michael Sadler）关于爱尔兰人口统计的研究还是曾起到一定的帮助。当然，它也对人口调查研究和人口分析产生了强有力的持续影响。在 19 世纪，有关人口死亡率的研究比人口出生率的研究进展更快。索维（Sauvy）阐明了决定人口学研究焦点的一般规则，这看起来已经成为决定经济学家分配其才能与精力方向的一般规则：[5]"正如一个人会全身心关注自己身体的疾病或者疼痛那样，人口学的中心也主要出现在确诊犯了社会病的那些地方。因此我们看到，人口学受到人口发展进程的直接影响，或者更确切地说，受到因为人口发展进程而产生的各种焦虑的直接影响。"

当然，这些焦虑的范围随着时空的变化而变化。在重商主义的欧洲，官方关

（续上页注）124—130 页和第 190 页。豪斯和邓肯的文稿中每一章都包含了有价值的参考文献。

[1] 同上，查尔斯·亨利·赫尔（Charles Henry Hull）《威廉·配第爵士的经济学著作》（*The Economic Writings of Sir William Petty*），以及《很可能由约翰·冈特撰写的丧葬记录调查报告》（*Observations upon the Bills of Mortality More Probably by Captain John Gaunt*）（剑桥：剑桥大学出版社，1899），第 lxxvii—lxxix 页。

[2] 关于对苏斯密尔希的详尽解释，见弗里德里克·克鲁姆（Frederick S. Crum），"苏斯密尔希的统计工作"，美国统计协会的出版物，卷七，新系列，第 55 期（1901 年 9 月），第 335—380 页。这篇文章源自克鲁姆在康奈尔完成的博士论文。西奥多·波特（Theodore M. Porter）对苏斯密尔希和他鼓励生育思想有生动的描述，见《统计思想的兴起：1820—1900》（*the Rise of Statistical Thinking, 1820—1900*）（普林斯顿：普林斯顿大学出版社，1986），第 21—23 页。

[3] 菲利普·豪斯和杜德利·邓肯（编），《人口研究》（*Study of Population*），第 6 章，弗朗克·洛里默（Frank Lorimer），"人口学的发展"（The Development of Demography），第 127—128 页。

[4] 同上，第 141—142 页。

[5] 同上，第 181 页（第 7 章：阿尔弗雷德·索维，"法国人口统计调查的发展和研究"（Development and Perspectives of Demographic Research in France））。具体参见同上第 137 页（弗朗克·洛里默）。

注的是人口和军事力量之间的关系。如在法国，相当多的注意力集中在始于 17 世纪晚期并一直延续到 1780 年代的人口老龄化趋势。显然，法国并没经历过像 17 世纪西班牙那样的人口骤减，但是人们还是普遍地感到（比如包括孟德斯鸠也如此觉得），人口在下降而贫困在增加；对这两者间关系的关注，随着米拉波（Mirabeau）《人类之友，或论人类》（*L'ami des hommes ou traite de la population*）一书出版在 1756 年达到顶峰——该书宣称："人口的下降证明，取决于农工福利的民族力量正在不断削弱。"[1] 随后出现的是 18 世纪下半期人口出生率总体上超过死亡率（即使不多）的争论，这激发了大量经验研究。索维写道："1780 年之后，民族的焦虑感在急遽地下降……经济人口学在 19 世纪遭遇到冰冻期。"[2] 但是在普鲁士连败奥地利（1866 年）和法国（1870 年）之后，对人口问题的关注和研究又重新燃起。

卡斯特洛特（E. Castelot）在 1904 年 6 月的一篇文章中，很好地捕捉到 1870 年之后围绕法国的低出生率展开但却不限于此的争论。[3] 其中有一段话是这么说的：[4] "……法国政评作家……强调了一个无可争议的事实，即 1860 年德国和法国的人口数量相当，然而现在德国大概有 5200 万人口，而法国仅有 3800 万，这不是好事，而且差距还在继续稳定而快速地扩大。"卡斯特洛特还预料到 1930 年代长期停滞的某些方面。[5] 1815—1870 年期间令法国相对自鸣得意的低人口出生率，后来成了其他国家大规模生育研究的关注点。

随着时间的推移，政府机构对推广寿险、公众健康和社会福利的日渐关注，从一个相当不同的角度刺激着对人口死亡率的研究。在美国，19 世纪晚期来自欧洲东部和南部的移民潮，引发了对移民群体和土生土长美国人的相对出生率的研究。就像本杰明·富兰克林（Benjamin Franklin）于 1751 年表达的担忧，即认为移民将最终"侵吞本土居民"那般，弗朗西斯·沃克（Francis Walker）的研究不

---

[1] 同上，弗朗克·洛里默，"人口学的发展"，第 137—138 页。

[2] 同上，阿尔弗雷德·索维，"法国的人口研究"，第 180 页。

[3] 卡斯特洛特，"法国的固定人口"（Stationary Population in France），《经济学期刊》，卷 14，第 54 期（1904 年 6 月），第 249—253 页。卡斯特洛特简要地讨论了各个国家鼓励和限制生育的观点及政策。

[4] 同上，第 250 页。关于更新更详细的对德国战略希望和法国与英国在这一时期焦虑的评论，可见迈克尔·泰特尔鲍姆（Michael S. Teitelbaum）和杰伊·温特（Jay M. Winter），《对人口下降的担忧》（*The Fear of Population Decline*）（纽约：学术出版社，1985），第 2 章，"人口和世界政治"（Demography and International Politics），第 13—44 页。

[5] 卡斯特洛特，"固定人口"，第 252—253 页。

仅引发了一场移民对人口影响的争论，而且也导致了相关影响计算方法的精进。[1]
随着对人口出生率和死亡率研究的展开，移民研究的动力也在不断增强，而且还
因为沃尔特·威尔科克斯（Walter F. Willcox）和埃默里·弗伦茨（Imre Ferenzi）所
主持的国民经济研究局（NBER）的大型研究项目而得以巩固。[2]

　　这些以及其他从具体问题中涌出的推动力，刺激着政府部门、国际组织和各
个大学对人口问题展开经验研究和理论研究。尽管大学中并没有正规的人口或
者人口学研究部门，但是各种各样的专业学者都被吸引到人口研究中来：社会
学的、数学的、物理学的、公共健康的、经济学的，还有搞商业和政府研究的。
196 1855 年，阿基利·吉亚尔（Achille Guillard）最早提出了人口学的说法。接着，自
1882 年第四届卫生学国际研讨会在日内瓦召开以来，人口学家拥有了一个定期聚
会并保持联系的平台。他们阅读彼此的工作论文，相互讨论和学习，为人口分析
建立起一个日益牢固的统计学基础。

　　直到 20 世纪 30 年代中期，亚历山大·莫里斯·卡尔－桑德斯（A. M. Carr-
Saunders）才出版了对以往和当前世界人口的估算。[3]许多重要学者则往前追溯至 18
世纪苏斯密尔希和瑞士数学家欧拉（Leonhard Euler）的工作，并在此基础上精炼
了分析人口变迁决定因素的概念和数学工具，比如阿瑟·鲍利（A. L. Bowley）、路
易斯·杜柏林（Louis I. Dublin）、阿尔弗雷德·洛特卡（Alfred J. Lotka）、雷蒙特·珀
尔（Raymond Pearl）和沃尔特·威尔科克斯。在经济学理论的启发下，人口学家
还发现，他们也可以清晰地引入一般均衡的概念，也即"给定龄别人口出生率
时间进度和出生性别比的情况下，作为一个封闭群体将收敛的极限类型"。[4]基于
牛奶瓶这么一个有限环境中果蝇的繁殖类推，珀尔（Pearl）得到了一个精致的人
口增长一般理论，具体可见他的《人口增长的生物学》（*The Biology of Population
Growth*）（1925）一书。珀尔从他的果蝇实验中得到的 S 形伸展曲线不仅与亚当·斯
密书中国家的"完全富足"之路（前文，第 46—47 页）有密切的联系，而且与

---

[1] 简要的讨论和相关的参考书目可见沃尔特·惠特曼·罗斯托，《世界经济：历史与展望》，第 18—20 页和第 720
　　页。有关这场人口研究方面论战的国际乘数效应，可参见豪斯和邓肯，《人口研究》，第 145—146 页（弗朗
　　克·洛里默）。
[2] 埃默里·弗伦茨，《国际移民》（*International Migrations*）（纽约：国家经济研究局，1929 年）。
[3] 亚历山大·莫里斯·卡尔－桑德斯，《世界人口：过去的增长和现在的走向》（*World Population: Past Growth and
　　Present Trends*）（伦敦：牛津大学出版社，1936 年）。
[4] 洛里默，录于豪斯和邓肯，《人口研究》，第 153 页。

1951—1975 年期间人均实际收入增长率的分析也有紧密的联系（后文，第 363—365 页）：[1]

> 人口增长的长期趋势可以描述为一条曲线，这条曲线的起始点是之前所确立的稳态水平，代表的是一个地区在通行的文化、生产技术和生活标准下人口的容纳能力；接着，曲线开始缓慢地上升，然后加速，最后当曲线逼近上端渐进线时趋向水平，这代表的是文化发展到最后阶段环境的容纳能力。[2]

在第二次世界大战来到之际，人口及其动力学的研究已经成为社会科学中一门公认的交叉学科，它自信拥有比其他分支学科强得多的预测力。虽然 1945 年后世界各地人口的发展动摇了这份信心，但自从约翰·冈特开始研究伦敦的丧葬纪录以来，人口学还是达到了一个相当成熟的水平。

人口和经济增长理论：先进工业国家

到 1939 年为止，人口分析与已有的经济增长理论之间，本质上存在三条或多或少清晰的联系：最优人口观、人口变迁以及在正式的经济增长模型中引入人口—劳动力变量。

最优人口的正式概念通常是与哈维·莱宾斯坦（Harvey Leibenstein）出版于 1954 年的《经济—人口发展理论》（*A Theory of Economic-Demographic Development*）一书联系在一起。但是斯宾格勒（Spengler）认为，这个概念至少早在 1848 年就已出现。[3] 稍后，我将评述 1939 年前明确围绕这一概念展开的一场相当尖锐的争论

---

[1] 豪斯和邓肯，同上，具体见 14 章 [鲁伯特·B. 万斯（Rupert B. Vance），"美国人口学的发展与现状"（The Development and Status of American Demography）]，第 297 页。

[2] 同上，291 页。在此值得引述万斯对美国人口学更详细的评论，万斯提到的是萧条期社会分析紧迫性的加强，以及经过长期孕育而完成的研究准备（同上，293 页）：

> 非常奇怪的是，美国人口学的成长居然是因为萧条期的刺激。此时，人口作为人力资源走到了分析家的前台，而政策制定方面的需求也推动了学者、政府机构以及基金项目的研究。这个时期的人口学研究到达了一个崭新的学术创造水平，其中所呈现的研究模式显著推动了分析和理论的发展。

[3] 约瑟夫·斯宾格勒（Joseph Spengler），"经济学与人口学"（Economics and Demography），录于豪斯和邓肯，《人口研究》，第 32 章，第 796 页。

197　（见下文，第199页）。在第一部分所论及的六个经济学家中，除了马克思，其他人都或多或少提到过最优人口的概念——当然，这个事实无损莱宾斯坦的重要贡献。不管是以何种形式，他们都曾提出人口数量或者"太低"或者"太高"的主张。具体的，比如亚当·斯密就认为，人口的增加不仅对于市场的扩张而言是必要的，而且对于为日益专业化的制造业提供劳动力以应市场之需也是必要的。但是，自从人口的增长进程受到抑制之后，"社会处于停滞状态时，生活就会变得艰辛；处于衰弱状态时，生活就会变得悲惨"（见前文，第36—37页）。显然，最优人口（"最幸福的，最舒适的"）存在于"这样一种进步的状态中，即社会还在争取更多的财富，而不是已经达到完全富足……"。斯密没有怎么对规则化的发明和创新展开讨论，虽然它们可能会彻底地压制他的模型中决定增长极限的三个关键因素：土地、气候和"相对于其他国家而言的境况"。不过话说回来，他的最优人口标准是清晰的：人均实际收入呈不断增长状态。

　　但这就是所有：斯密并没有对英国人口增长的速度和水平感到明显的焦虑。1812年之前的马尔萨斯和李嘉图也是从人口增加对人均实际收入的影响这个视角切入讨论，不过他们感到人口的过度增长会很危险。因此，他们提倡晚婚、节欲、教育以及一份可以反映更高的经济社会抱负的"生存"工资。穆勒同样不遗余力地提倡限制家庭人口规模，把人口限定在某个恒定的水平。在自然环境没有面临破坏压力的情况下，技术会不断创新，人均实际收入也会不断增加，生活质量得以不断提升。

　　在1870—1939年期间的先进工业国家中，最关注最优人口的是20世纪30年代大萧条时期的英国、瑞典和美国。[1]

　　如表7.2（见下文，第200页）所示，英国净出生率的下降使得它到大萧条期间已经几乎处于与瑞典一样的低点。由于意识到一战中的人口死亡，意识到随着20世纪30年代的流逝，存在再次爆发大规模战争的可能，公众对净出生率降低的关注日益提升。

　　凯恩斯《通论》的发表，再加上在英美两国充分就业的前景遥遥无期之时又发生了1937—1938年的大萧条，这二者一起刺激了坊间有关长期停滞的猜测，认

614　[1]　注意熊彼特对这段时期的评论，见《经济分析史》，第890—891页。

为此种情况下一般都会伴随人口下降的可能。在《通论》中，凯恩斯只提到过一次人口下降的经济学，当时是谈到人口下降对于投资的负面影响；不过那时他讨论的不是长期停滞，而是经济周期：[1]

> ……因为使用、磨损、过时而变得短缺的资本会导致足够明显的稀缺，从而增进边际效率，不过这需要一段时间，这段时间的长短可能多少会比较稳定地取决于既定时代中资本设备的平均寿命。随着时代特征的变化，时间长短的标准也会改变。例如，如果我们从一个人口增长期进入一个人口减少期，那么周期的时长就会延长。

在后来发表于《优生学评论》（The Eugenics Review）上的一篇文章中，凯恩斯在长期停滞背景中探讨了人口问题。[2] 就我所知，这一次，凯恩斯最接近于清楚地陈述他的基本增长方程。他的观点如下：

198

● 资本需求是三个变量的函数：人口增长率、"生活标准"变化率、技术特性和进步速度。

● 假定其他两个变量不变，人口增长率为正将鼓舞投资者，使其形成乐观甚至是过度乐观的预期，从而扩大资本需求；但是，这种过度乐观的错误预期将会得到迅速纠正。相反，由人口下降而引起错误的悲观预期纠正起来要慢得多，而这种由人口变动引起的从乐观预期向悲观预期的转变则会"非常惨痛"。

● 在结合了英国和奥地利关于资本的传统分析之后，凯恩斯指出，因为服务需求的高收入弹性，相比过去很长一段时间，发明创造的资本密集度日益降低，相伴随的是"平均生产周期"的下降。

● 基于"短期内"将处于不变状态或者下降的人口，基于新发明资本密集度的下降，加上每年人均消费（"生活标准"）最高增长1%的假定，凯恩斯相当自信地总结道："为保证一段时期内繁荣的均衡条件得以满足，我们有必要要么改

---

[1] 约翰·梅纳德·凯恩斯，《就业、利息与货币通论》（伦敦：麦克米伦出版社，1936），第318页。迈克尔·泰特尔鲍姆和杰伊·温特，《人口下降的担忧》，于第三章（"人口学和国内政治，1870—1945"）中回顾了人口辩论中的其他派系，并特别关注了优生学和人口"质量"。

[2] 约翰·梅纳德·凯恩斯，"人口下降的一些经济学推论"（"Some Economic Consequences of a Declining Population"），《优生学评论》，卷29，第1期（1937年4月），第13—17页。

变……财富分配（以减少储蓄率）……要么降低利息率，直到使得大规模的技术变迁变得有利可图……要么……最明智的……就是在一定程度上结合实施上述两种政策。"

凯恩斯在回顾了马尔萨斯工作所围绕的两重焦虑之后结束了该文——早年马尔萨斯关注的是人口过剩带来的危害（P），晚年马尔萨斯关注的是长期失业问题（U）："当魔鬼 P……被链条拴牢的时候，我们就免除了一个威胁；但我们此时将面对另一个魔鬼 U……我只想警告你们，如果我们粗心大意的话，拴牢一个魔鬼只会导致另一个魔鬼脱离束缚，使其变得更加凶猛难缠。"

从技术上看，凯恩斯的论证围绕着一个明确的最优人口增长率概念，通过比较静态分析而得到动态的政策结论，这确实是一个有意思的尝试，尽管他的大部分基本假定在二战结束后的四分之一世纪中均被证明是错误的。

瑞德威（W. B. Reddaway）的《人口下降的经济学分析》（*The Economics of a Declining Population*）首次出版于 1939 年，该书最系统地反映了战前英国学者对潜在人口衰减所具有的经济学含义的思考——这里潜在的人口衰减意味着净出生率接近于 0.7。[1] 与瑞典同时期的辩论相比，瑞德威的论证乃至英国范围内的一般讨论范围更窄，仅局限于经济方面。而且，如人们所料，瑞德威的论证受到凯恩斯主义的强烈影响。他指出，投资水平会随着人口增长的迟缓和下降而减少，但是人均资本却会随之上升。他对人口下降给经济体系带来的正负影响的总结可见表 7.1。[2] 但是，与凯恩斯在《通论》中所说的"暴跌风险的增加"相似（见注20），他提出了"不为人知的家丑"一说。[3] 因此，他所提出的补救措施，用他自己的话说，就集中在当时常见的"避免一般性失业"。

表 7.1　影响雇佣工人人均实际国民收入的因素

影响因素	绝对影响	相对影响
资本供给	非常有利	有利
技术进步等	有利	零影响
年龄构成	也许些微有利	不重要

（待续）

---

[1]　瑞德威，《人口下降的经济学》（*The Economics of a Declining Population*）（伦敦：艾伦与昂温出版社，1946 年，第二版）。

[2]　同上，第 152 页。

[3]　同上。

（续表）

影响因素	绝对影响	相对影响
生产规模	不重要	不利，但是不是非常重要
国际贸易	可能不利，但可能不是非常重要	不利

来源：瑞德威，《人口下降的经济学》(*The Economics of a Declining Population*)，伦敦：艾伦与昂温出版社，1946 年，第 152 页。

　　就经济停滞或者人口下降的焦虑而言，瑞典的情形最有意思，原因有二。第一，瑞典最伟大且最有影响力的经济学家纳特·维克塞尔（1851—1926）就是因为对人口及其相关社会问题产生兴趣而进入经济学——而且，他从未失去这方面的兴趣。[1] 事实上，就这一点而言，他与约翰·斯图亚特·穆勒有着相同的经历：他们两人都由于这一问题而惹上了当局。维克塞尔曾由于这方面的原因而遭到逮捕（并于 1909 年被送进监狱），莱昂内尔·罗宾斯曾隐约提及这件事情，说是他涉及"某种人口的非经济因素方面的强硬言论"。[2] 除了令人敬畏地公开支持生育控制之外，维克塞尔还明确地钻研有关最优人口定义的问题。他承认可能存在人口不足的状况，但是他更倾向于像穆勒一样，把限制人口作为增加人均实际收入和提升生活品质的一种措施。他的格言是：[3]"对一个国家来说，最密集（极大）就意味着最不利（极差）。" 199

　　瑞典之所以非常有意思还因为，该国的人口净增长率在 1930 年代急剧下降，

---

[1]　见约翰尼斯·奥威毕克（Johannes Overbeek），"维克塞尔的人口论"（"Wicksell on Population"），《经济发展与文化变迁杂志》，第 21 卷，第 2 期（1973 年 1 月），第 205—207 页。这三页纸是 1910 年维克塞尔在海牙给新马尔萨斯主义者所做的关于"最优人口"演讲译文的导论，对维克塞尔人口论的源起做了很好的说明。奥威毕克的译文很有用，因为维克塞尔在他《讲义》的英文版中省略了关于人口的这一章，虽然这一章在瑞典出版的最初两版中是有的。因此，奥威毕克的译文是仅有的关于维克塞尔人口观点的英文文本。对维克塞尔那相当残酷的人口前景观的简要评论，可参见理查德·戈德温（R. M. Goodwin），《动态经济学评论》(*Essays in Dynamic Economics*)（伦敦：麦克米伦出版社，1982），第 14 章，"维克塞尔和马尔萨斯的大灾难"（"Wicksell and the Malthusian Catastrophe"），第 173—182 页，该文最初发表于《斯堪的纳维亚经济学杂志》[*The Scandinavian Journal of Economics*]，1978 年）。也可参见纳特·维克塞尔，"人口理论：内容与变迁"（"The Theory of Population, Its Composition and Changes"），录于格兰·俄林（Goran Ohlin），《一些未发表的工作》(*Some Unpublished Works*)（隆德，1977 年）。关于维克塞尔的权威评论，包括对他人口观点的评论，见埃里克·林达尔（Erik Lindahl）（编），纳特·维克塞尔，《经济理论选集》(*Selected Papers on Economic Theory*)，经典再版（纽约：奥古斯图斯·凯利出版，1969 年），第 9—48 页，林达尔写的导论。

[2]　纳特·维克塞尔《政治经济学讲座》(*Lectures on Political Economy*)，导论，第一卷，克拉森（E. Classen）（译）（纽约：麦克米伦出版社，1934），第 xl—xii 页。

[3]　同上，第 211 页。

从而引发一场全国性的人口问题大辩论，使得一流的经济学家和社会学家纷纷对此展开了深入分析，瑞典人口委员会也就此给出了相应的政策建议，而瑞典议会则于1937年在著名的"母婴会议"上通过了鼓励生育的立法。表7.2说明了这一问题为何在瑞典如此受关注。到20世纪30年代中期为止，瑞典的人口净增长率为各国最低——比英格兰和威尔士还略低。

表7.2 部分先进工业国的人口净增长率：1935—1939，1955—1959，和 1975—1979

	1935—1939	1955—1959	1975—1979
奥地利	—	1.12	0.80（1975—1979）
比利时	0.96（1939）	1.14	0.80（1978）
保加利亚	—	1.03	1.05（1976）
加拿大	1.16	1.82	0.84（1978）
捷克斯洛伐克	—	1.23	1.16（1975）
丹麦	0.94	1.19	0.82（1975—1979）
芬兰	0.99（1936—1939）	1.31	0.79（1978）
法国	0.86（1936—1937）	1.27（1956—1960）	0.88（1978）
德国（联邦共和国）	—	1.04	0.65（1978）
德国（德意志民主共和国）		1.11（1959）	0.90（1978）
匈牙利	1.04（1930—1931）	1.07	0.97（1978）
意大利	1.18（1936—1939）	1.08（1959）	0.91（1977）
日本	1.49	0.96	0.86（1977）
卢森堡公国	—	0.98	0.70（1978）
荷兰	1.15	1.46	0.76（1978）
挪威	0.81	1.32	0.88（1975—1979）
波兰	1.15（1932—1934）	1.52	1.05（1977）
瑞典	0.78（1936—1939）	1.06	0.81（1975—1979）
联合王国（英格兰和威尔士）	0.79	1.13	0.83（1978）
美国	0.96	1.73	0.86（1978）
苏联	1.53（1938—1939）	1.29（1958—1959）	1.07（1978—1979）
南斯拉夫	—	1.55（1950—1954）	1.00（1977）

资料来源：《人口指数》（*Population Index*），1973年4月，1974年4月，1975年4月，1976年4月和1981年夏季。

有关这个时期人口问题的思考和措施，冈纳·缪尔达尔和阿尔瓦·缪尔达尔（Alva Myrdal）在他们的书中阐述得非常清楚。[1] 冈纳·缪尔达尔于 1938 年在哈佛大学所做的戈德金（Godkin）讲座上，以社会科学中罕见的方法，把人口、经济、社会、政治和心理学分析结合在一起，为他对美国种族问题所进行的深入研究，也即《美国的困境》（*An American Dilemma*）（1940）埋下了伏笔。缪尔达尔摈弃了最优人口理论，因为在他看来，最优人口理论在穆勒的《原理》之后已经得到发展，包括维克塞尔也在这个方面也有详细的论述。[2] 他着重阐述了导致瑞典人口下降的经济和社会因素，详细分析了人口下降趋势给储蓄与投资、失业与贫困带来的动态副作用。最后他总结道，需要有一系列积极的经济和社会政策，使得收入再分配可以偏向大家庭，这些政策"可以为那些想随心结婚和生育的普通民众扫清障碍"。[3] 由于目的是为了在改进人口质量的同时维持人口的规模，因此缪尔达尔提出了一系列的社会立法建议，以实现必要的收入再分配。

事实上，缪尔达尔认为，古典时期的最优人口定义的是一个静态的点，即在报酬递增的收益得以充分挖掘之后，在报酬递减的压倒性力量开始发挥作用之前，人均实际收入达到最大的那一个点。而缪尔达尔的最优，粗略地说，就是实际收入不断增加时的恒定人口数量，实现并维持这一点需要借助于积极而稳定的社会福利和经济政策。

在阿尔瓦·缪尔达尔后来的研究中，她特别关注瑞典所采取的教育、计划生育、住房供给、营养、健康和社会保障等方面的政策，并就此展开了详尽的讨论。

明显的，冈纳·缪尔达尔和阿尔瓦·缪尔达尔利用人们对人口趋势的担忧强化了建设福利国家的依据——其中当然存在相当的合法性。

在美国，对不断下降的净出生率的担忧主要出现于 20 世纪 30 年代，不过这种担忧总是作为其他观点的一部分而出现；这些观点包括认为国家处于长期停滞之中，认为投资机会由于技术、人口和地理方面的原因而减少，以及认为需要以

[1] 冈纳·缪尔达尔（Gunnar Myrdal），《人口，民主问题》（*Population, A Problem for Democracy*），戈德金讲座系列，1938（剑桥：哈佛大学出版社，1940）。阿尔瓦·缪尔达尔（Alva Myrdal），《国家和家庭》（*Nation and Family*）（纽约：哈珀出版，1941 年）。

[2] 冈纳·缪尔达尔，《人口，民主问题》，第 26—27 页。他坚称，最优人口理论"主要就是如何适当地提出人口变迁的经济效应问题的一个托词和一种实际限制。"

[3] 同上，第 203 页。

激进、系统的凯恩斯主义措施刺激消费，使之成为拉动经济、恢复并维持充分就业状态的长期动力。我们将在第十三章中（第 321—323 页）论述阿尔文·汉森的观点时再回到这一点上来。

有见于住房和耐用品已经成为美国家庭在 20 世纪 20 年代的标准配备，而这个方面的需求却因为人口的下降而受到相当影响，于是人口变量也就开始进入到相关讨论之中。比如，阿尔文·汉森统计了美国人口每隔十年的增长情况（表 7.3）。[1] 他（甚至回首）考察了 20 世纪 30 年代的长期停滞，认为其中包括了创新领导部门的自然衰退（我倾向于称这些部门为第三次工业革命的主导部门，见后文 456 页），由此导致 20 世纪 30 年代的周期性经济萧条特别严重——这与 1890年代的情况颇为相似，而在他看来，那段时间正处于"第二次工业革命"期间。[2]

表 7.3　美国每十年的人口增长：1900—1909 到 1940—1949

每十年	增长人口数
1900—1909	16,000,000
1910—1919	13,700,000
1920—1929	17,000,000
1930—1939	8,900,000
1940—1949	18,000,000

资料来源：阿尔文·汉森，《经济周期和国民收入》（*Business Cycles and National Income*），纽约：诺顿出版社，1951 年，第 76 页，注 23。

像莱宾斯坦对最优人口概念的清晰化、具体化一样，人口变迁概念表现为目前的标准形式已是 1939 年之后的事情，其中尤其值得注意的是弗兰克·诺特斯坦（Frank Notestein）["人口：长期的观察"（Population：The Long View），1945][3]和沃伦·汤普森（Warren S. Thompson）[《人类的繁荣》（*Plenty of People*），1948]给出的明确表述。依惯常的表述，人口变迁接近于西方的人口动力学。如图 7.1

[1] 阿尔文·汉森引用了这些数据，见《经济周期和国民收入》（*Business Cycles and National Income*）（纽约：诺顿出版 1951 年），第 76 页，注 23。

[2] 同上，第 74—76 页。根据汉森的观点，第二次工业革命以铁路为中心，第三次工业革命以汽车（和相关部门）、电力、轻轨和电话为中心。

[3] 西奥多·舒尔茨（T. W. Schultz），《世界粮食》（*Food for the World*）中的一章，（芝加哥：芝加哥大学出版社，1976 年），第 36—57 页。

所示，这是一个出生率和死亡率从高水平的静态均衡向低水平静态均衡运动的过程。由于一开始时死亡率下降得比出生率快，因而这个过程中会出现人口的大爆炸。其实，珀尔的 S 型人口增长曲线中早已隐含了类似这种模式的人口变迁。从 1950—1970 年间获得的数据可以看出（图 7.2，其中横轴为人均实际国民生产总值），这种模式拥有相当扎实的经验基础，我们还将在二十章中对此展开讨论（后文 450—451 页）。

在 1939 年之前，人口变迁的概念还可以从沃尔特·威尔科克斯（《国际移民》，1931）和亚历山大·莫里斯·卡尔－桑德斯（《世界人口》，1936）的作品中找到。后者勾勒了许多国家相当长时期内的人口出生率和死亡率，其中的讨论实际上已经相当于一个人口变迁的分析。[1]

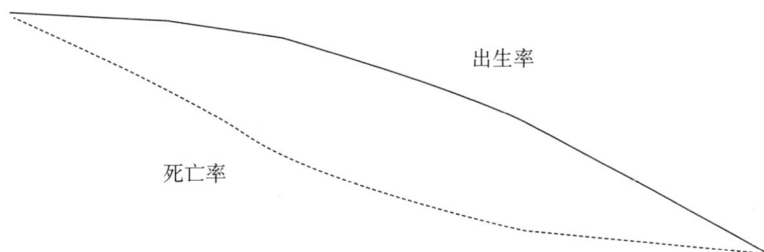

图 7.1　人口变迁：抽象图（现代周期）。

资料来自唐纳德·考吉尔（Donald Cowgill），"人口增长周期理论"（The Theory of Population Growth Cycles），美国社会学杂志（*American Journal of Sociology*），卷 55，1949，163—170 页；重印于菲利普·豪斯与杜德利·邓肯，《人口研究》，298 页。

人口与经济增长分析之间的第三种联系，也即从形式上在两部门增长模型中引入人口增长率变量，从某种意义上说，是最不复杂的。而且在 1945 年后，这类模型也迎来了自己的春天（见下文，第 332—351 页）。不过，它们显然早已出现在我们现在考虑的这个时期中。事实上，其血统可以直溯魁奈、马尔萨斯、马克思及其后的学者。这里，我们将简要阐述 1870 到 1939 年间出现的主要增长模型中有关人口、劳动力以及劳动力质量的形式化描述。

202

---

[1]　亚历山大·莫里斯·卡尔－桑德斯，《世界人口》，（牛津：克拉伦登出版社，1936），第 59—128 页。

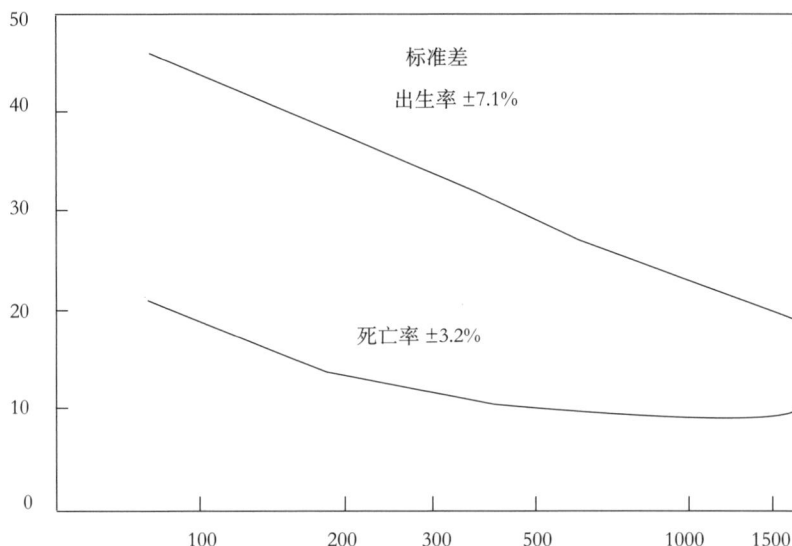

图 7.2　人口变迁：一个跨部门的视角（1950—1970）：每千人的出生率和死亡率；人均国民生产总值。

在黑兹尔·埃尔金顿（Hazel Elkington）的帮助下，资料改编自霍利斯·B.钱纳里（Hollis B. Chenery）和莫西·赛尔昆（Moises Syrquin），《发展模式，1950—1970》（*Patterns of Development, 1950—1970*），伦敦：牛津大学出版社，世界银行专辑，1975年，第57页。

1.马歇尔。如前所述，马歇尔虽然提出了一个相当清晰的经济增长形式模型，但他并没有坚持到底（前文 165—166 页）。这个模型反映了他早期对穆勒的研究以及他在《工业经济学》一书中的最初思想。当然，他的增长方程已纳入劳动力及其增长率。此外，他还引入了劳动生产率，并对此进行了计算。在他那阐述最详尽的例子中，他认识到劳动力以及劳动生产率这两者的增长率都取决于同一组变量：[1]

$dn/dt=f_4 (n, e, g, E, A', D)$

$de/dt=f_5 (n, e, g, E, A', D)$

在这些等式中，n 表示工人数量；e 表示劳动生产率；g 表示总收入；E 为收

---

[1]　约翰·惠特克，《阿尔弗雷德·马歇尔早期的经济著作，1862—1890》，卷二，（伦敦：麦克米伦出版社，1975），第311页。

入分配的平等程度；A' 为家庭血亲之情的强度；而 D 则为人们对未来的平均贴现率。

在他后来的增长方程中，人口增长率的表述变得更简单、更古典：[1]

$dn/dt=F_4\ (n,\ w,\ s)$

这里，w 为工资率，s 为温饱标准（社会规定的最低生存工资）

2. 一般而言，在 1870 年之后，经济增长问题已经退出舞台的中央，而约翰·贝茨·克拉克的《经济学要义》（*Essentials of Economic Theroy*）（1907）很可能是一个例外，就像马歇尔的四部作品一样。克拉克的其他重要研究同样反映出 1870 年之后优先关注点的那种惯常转变；比如，他的《财富哲学》（*The Philosophy of Wealth*）（1885）、《财富分配》（*The Distribution of Wealth*）（1899），以及《垄断问题》（*The Problem of Monopoly*）（1904）。不过在《经济学要义》中，他虽然也表现出对他那一代政治经济学主要议题的关注，但是最终却把增长动力学作为其核心，就像古典时代的作品一样。比如，他是这么总结的：[2]

　　社会经济动力学的主题在于研究支配经济进步的定律，这些定律会引起社会规范的不断变迁，并导致现实社会在这种变迁中左右徘徊。我们已经研究了更一般的经济变迁，这些变迁会影响到社会结构，而其顺序如下：

　　1. 人口的增长，包括劳动力的增长

　　2. 生产性财富存货的增长

　　3. 方法的改进

　　4. 组织结构的改进

在这里，且让我们集中关注克拉克观点中的一小点。克拉克在致力于阐述人口法则的那一章中指出，与马尔萨斯最初的担忧相反，工资的增长，伴随着马尔萨斯所说的社会变化，已引起了"人口的缓慢增长"。[3] 克拉克总结道，马尔萨斯人口理论所描述的现象，在短期内可能会循环往复，但是在长时期内，社会确定

203

[1]　同上，第 315 页。

[2]　约翰·贝茨·克拉克，《经济学要义》（*Essentials of Economic Theory*）（纽约：奥古斯图斯·凯利出版，1968 年；经济学经典著作再版），第 557 页。

[3]　同上，特别是第 321—335 页。

615

的最低生存工资（马歇尔的温饱标准）将上升：[1]

　　……下图说明了这种全面繁荣不均衡前进的大致结果：

　　AC 线衡量的是时间，每十年一间隔，从 1 到 10 就代表着世纪车轮的前进。AB 线代表着世纪初维持最低生活标准所需要的平均工资率，而 CD 线则表示世纪末维持最低生活标准所需要的平均工资率。那条不断来回穿越 BD 的虚线描述了劳动的实际报酬，它时而位于最低生活标准工资率上方，时而位于其下方。

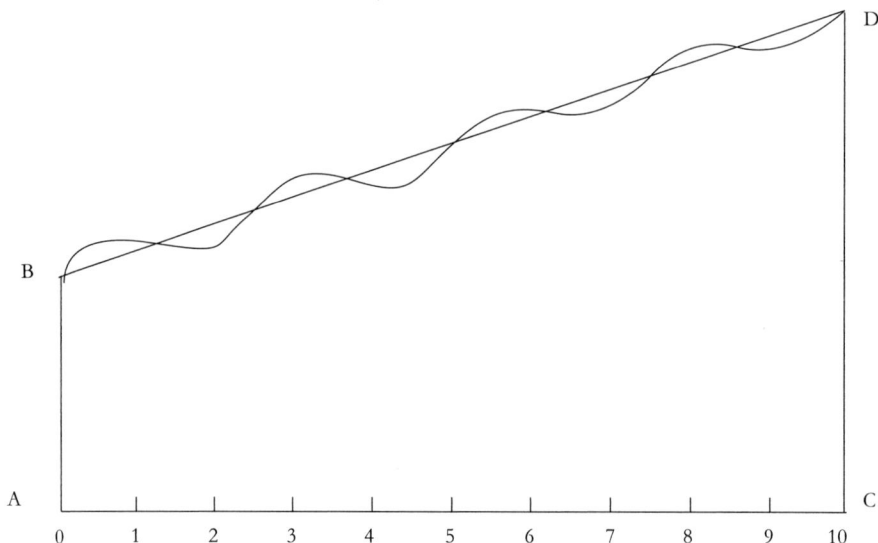

---

[1]　同上，第 335—336 页（如下）：

　　在马尔萨斯的人口理论中，短期趋势正好与它的长期发展趋势相反。毋庸置疑，经过长期的技术进步、资本增长、工资上升，繁荣国家的各劳动阶层已习惯于某种总体上得以很好地维持的生活标准，而且在大多数这些国家中，这种标准倾向于上升。同样，几乎可以肯定的是，人口的缓慢增长对此多少会有些作用。马尔萨斯观察到的一个事实与此一般趋势相悖。即使代表生活标准的趋势线稳步上升，但是由于一般经济状况的繁荣萧条，实际工资的上升便可能变得不平稳，时而快速增长，时而处于停滞状态或者中断状态。"繁荣"期工资上涨，萧条期工资滑落，虽然由于上涨的幅度要大于下滑的幅度，最终工资还是上升了。

　　如今，工资的这种快速上涨引起结婚人数的增加，而工资的迅速下降则伴随着结婚人数的减少。因此与萧条时期相比，繁荣时期的出生率稍微要高一点。对年轻人来说，他们在决定要照顾妻子和孩子之前，需要达到一定的标准收入，如果有一天他们突然发现自己已经达到这个标准，那他们便会步入婚姻的殿堂。所以，在婚姻数量迅速增长之前，并不是收入标准发生实质改变的好时机……

克拉克还思考了移民潮如何弥补本土人口的缓慢增长而有余——这对于一 204
个在美国 1914 年前那场壮观的移民浪潮中展开研究的经济学家而言，显然是再
自然不过的事情。在另一幅抽象的图表中，他承认劳动供给的增加可能会抑制
实际工资的上升，但他坚称，资本供给的增加已经从总体上补偿这种影响而绰绰
有余：[1]

我们可通过下面的图形来说明人口的实际增长和资本增长带来影响的最终结果。

横轴测度的是时间，每十年一间隔，实线 AB 代表世纪初的工资率，虚线 BC
描述的是不考虑其他因素的影响而仅仅考虑资本增长带来的劳动报酬上升，虚线
BE 描述的是由人口增加引起的实际工资的下降。BD 线则描述的是上述两种因素
共同作用导致的最终结果，这当然是建立在该世纪后半期人口增长稍微有点缓慢
而资本增加起主导作用的假定之上。

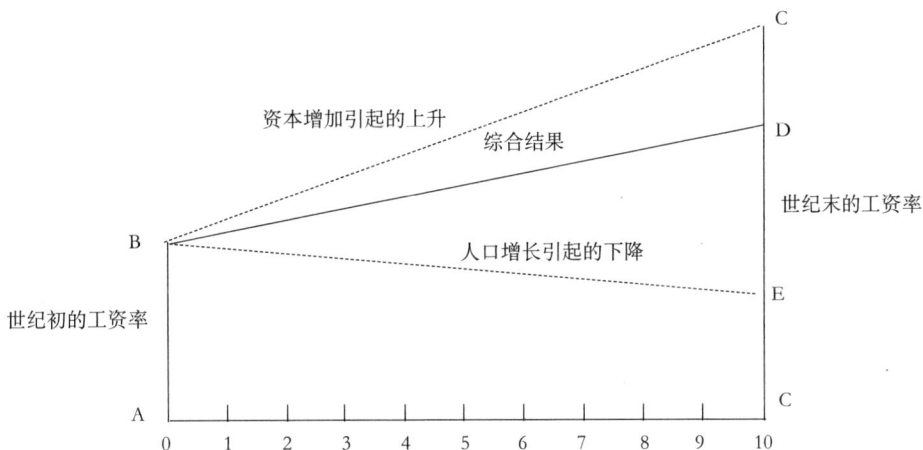

3. 古斯塔夫·卡塞尔（Gustav Cassel）。在 1918 年首版于德国的《社会经济学
原理》（*The Theory of Social Economy*）中，卡塞尔在第一章中就安排了两个相当
引人注目的小节，其标题分别是"静止状态"（The Stationary State）和"匀速前
进状态"（The Uniformly Progressing State）；接着，过了一百页左右，他写意地描

[1] 同上，第 338 页和第 317—318 页。

述了一个拥有数理内核的人均产出增长模型。[1]这些段落涵盖了大致 20 页的篇幅，体现了卡塞尔引领 1945 年后经济增长模型（见后文第十五章）的先驱者地位，对此，我们将在第十五章中进行讨论。

在卡塞尔最初构建的动态体系中，人口保持扩张而人均实际收入保持恒定。这个体系的核心是储蓄率，即可以保障流动资本和固定（真实）资本在给定的增长率（也即人口增长率）基础上得以增加的储蓄率。[2]

> 为了实现不断进步的状态，有必要拓宽实际收入的概念外延。在这种情况下，与该术语的一般用法一致，实际收入被定义为用于消费的实际总收入加上所选收入期内增加的实际资本……
>
> 这意味着，如果收入以这种方式增长的话，那么资本形成也必定以同样的方式增长……
>
> 在那样一种进步状态中……进步仅仅意味着与人口增长成比例的经济扩张，牺牲储蓄完全是为了不断增长的人口的利益……
>
> 首先也是最重要的是，新的人口必定需要新的住房，但是在现代条件下，经济系统也必须额外装备与人口增长成比例的运输工具、厂房、机器等。为增加这些实际资本而用掉的生产性资源便不能用于满足日常的需求，因此在任何时候，与人口没有增加时相比，得不到满足的需求更大。

于是，为了达到动态均衡，这个初始模型就需要有某种类似于马尔萨斯的储蓄和消费之间的"比例协调性"，以满足体系维持资本存量，保证消费品、资本品的增长符合既定人口增长率的生产要求。稍后一点，卡塞尔描述了一个动态模型，在这个模型中，人均收入不断增长，决定发展速度的是收入中用于购买消费品和资本品的比率。

卡塞尔进而还在论工资的那一章中对人口问题作了一些相当草率的论述，也是由于这一点（以及许多其他问题），纳特·维克塞尔在一篇著名的评论中批评了

---

[1] 古斯塔夫·卡塞尔，《社会经济学原理》（Gustav Cassel, *The Theory of Social Economy*）（纽约：哈库特·布莱斯出版（Harcourt Brace），修订自德语第五版，巴罗（S. L. Barrow）（译），1932 年），第 27—41 页和第 148—152 页。

[2] 同上，第 39—40 页。

卡塞尔的观点。[1]

此外，关于人口，哈罗德也在他的开拓性工作，也即那个高度概括的动态增长模型的倒数第二段话中（见下文，第 254—256 页）提了一句。他声称，人口的停滞会降低自然增长率，从而增加经济体在达到充分就业之前陷入衰退的可能性。他所设想的机制是：人口从扩张到停滞，会引起或者扩大有保证的增长率和自然增长率之间的差距。

我们还必须注意人口动力学与经济之间的最后一个联系。在 1870—1939 年间，对经济周期分析的高度关注还引发了各种有关婚姻、出生率、死亡率与周期波动之间统计关系的研究，以及有关移民模式与经济周期之间联系的研究。[2]

人口与发展

随着人口研究所需统计数据的日益丰富，随着人口分析工具的不断精进，以及有关人口学与先进工业经济体中生活两者之间联系的研究的增加，一些针对拉丁美洲、非洲、中东和亚洲人口问题及其前景的研究也开始逐渐出现，虽然数量上相对而言还少得可怜。当然，相对发展程度的问题已经开始出现在移民研究中；而且，至少在少数案例中，已经可以看到与发展问题相联系的现代人口研究。

这其中，印度可能已经沿着现代人口学的路子向前迈进，至少它已经开始思考合适的人口政策问题。有证据表明，早在公元前四世纪，印度就已具备复杂的人口普查技术；并且，在阿克巴强大的集权统治下（1556—1605），印度已经收集了不少经济和人口方面的数据。但是，覆盖全印度的常规普查直到英国统治下

---

[1] 卡塞尔关于人口的进一步阐述参见他的《社会经济学原理》，第 241—249 页。这就是维克塞尔开始他的批评的地方（第 241 页）："这本书没有一章用于论述人口理论，仅仅是出于纯粹的需要而在论工资的章节做了几页说明，作者在这个方面的观点似乎相当的模糊。"

[2] 关于经济周期和婚姻、出生率、死亡率之间关系的经典研究可见多乐茜·斯温·托马斯（Dorothy Swaine Thomas），"英国经济周期的启示"（"An Index to British Business Cycles"），《美国统计协会期刊》（Journal of American Statistical Association），卷 21 第 153 期（1926 年）。也可以参见他 [和弗吉尼亚·加尔布雷思（V. L. Galbraith）合著的]"出生率和两次战争间的经济周期"（"Birth Rates and Inter-war Business Cycles"），《美国统计协会期刊》，卷 36（1941 年）。关于移民，还是参见托马斯，《从社会和经济角度看瑞典的人口变动》（Social and Economic Aspects of Swedish Population Movements）（纽约：麦克米伦出版社，1941）。沃尔特·威尔科克斯（Walter W. Willcox）一针见血地阐述了移民对经济状况的敏感性，包括经济周期的作用，见《国际移民》（International Migrations）（纽约：国民经济研究局，1931），第二卷，"解释"。这本书由来自不同国家的学者的研究组成，分析了二十个重要的移民案例。

206 的 1881 年才开始展开。[1] **不过此时，人口学也卷入到了关于印度是甘受英国统治还是为独立自由而奋斗的争论之中：**[2]

> 在这种背景下，发展科学的普查态度显然不大适合，因为那时人口问题已演变成一个政治问题。英国的统治者倾向于认为，印度巨大的人口规模是导致印度贫困的主要原因，而满怀民族主义精神的印度人民则急于表达相反的观点，并认为英国的统治才是印度贫困的原因之所在。他们认为，人口增长相对缓慢本身就是英国统治的一个结果。因此，至少到 1930 年代，政治形势的抑制仍然是阻碍人口学发展的主要障碍。

在西方国家人口统计研究不断推进，以及印度社会科学家日趋老练的影响下，1930 年代中期起，有关人口问题的严肃讨论开始出现，比如 1936 年印度勒克瑙（Lucknow）以及 1938 年孟买（Bombay）的人口会议。孟买会议还引起了关于 1941 年人口普查可能结果的激烈辩论，其中一派人士估计，之前十年的人口增长速度并不高，而另一派则估计，之前十年人口已然"爆"涨。在这段时间里，正式发表的研究有两项，其中一项还把四亿人口的前景与农业政策联系起来 [拉达卡玛尔·穆克吉（Radhakamal Mukerjee），《4 亿人口的粮食计划》（*Food Planning for Four Hundred Millions*），1938 年；吉安·钱德（Gyan Chand），《印度的人口暴涨》（*India's Teeming Millions*），1939 年]。不过人口过多无疑已被看成是发展的障碍。这种观点被接受的最重要标志就是下面这段来自国家计划编制委员会 1938 年决议的文字，当时任该委员会主席的正是尼赫鲁（Pandit Jawaharlal Nehru）：[3]

> 为了社会的经济利益、家庭的幸福以及国家的计划，计划生育及生育限制是必要的，而且国家最好采取相应的政策来鼓励这些做法。可以考虑传播便宜且安全的节育方法知识，同时强调自制。应当建立节育诊所，采取其他

---

[1] 钱德拉斯卡兰（C. Chandrasekaran），"印度人口统计状况的调查"（"Survey of the Status of Demography in India"），录于豪斯和邓肯，《人口研究》，第 12 章，第 249 页。在 1865 到 1872 年之间，印度不同地区开展了人口普查工作。已有学者努力纠正这些数据，以使其与始于 1881 年每十年一度的常规普查数据相衔接。

[2] 同上，第 250 页。

[3] 同上，第 251 页。

必要的相关措施，阻止有害手段的使用或者宣传。

与此同时，维拉·安斯蒂（Vera Anstey）的经典著作，也即具有开创性意义的《印度经济发展》（*The Economic Development of India*），于 1929 年在伦敦出版。[1] 作者安斯蒂夫人曾经在孟买住了七年（1914—1920），当时她丈夫担任孟买塞登翰商业学院（the Sydenham College of Commerce）的院长。自她丈夫去世以后，她执教于伦敦经济学院，并完成了她对印度发展阶段及其前景的研究。我们将在第十三章讨论该项研究的结构及其主旨。这里只要注意到她的研究包含了一个章节，对人口展开了客观而又饱含热情的分析即可。在结论中，她认为人口问题已成为阻碍印度经济发展三大因素中的首要因素。[2] 她在简要地追溯了 1872 年以来印度人口增长的证据，并指出 1921 年以来人口增长开始加速后总结道：[3]

> 尽管尚无法看出人口增长的明确趋势，但似乎颇为清楚的是，过去的人口增长之所以没有更快，其原因主要是一些"积极的"制约在发挥作用，比如贫穷、疾病、不幸和罪恶。在印度，除了因哺乳期延长而导致生育的时间间隔相应延长外，一些审慎的措施，如推迟结婚年龄、限制家庭规模以及避孕等尚未得到普遍的采用，实现对人口增长率的有效控制。换言之，印度目前还处在大部分西方国家近来刚刚经历过的一个阶段——这个阶段的特征是高死亡率和高出生率，因而不可避免地会伴随着对生命的肆意糟蹋，以及精神上的痛苦和物质上的贫困……
>
> 人口的高密度聚集（尤其在农村地区），偶然间繁荣起来的地区人口的高速增长，以及高出生率和死亡率的其他国家所普遍经历的低水平生活状态，所有这一切都倾向于支持一个结论，即印度人口将以一种非经济的速度不断增加，如果这种增长趋势能够得以抑制的话，那么印度人民的状况将得到改善。

———————

[1] 维拉·安斯蒂，《印度经济发展》（*The Economic Development of India*）（伦敦：朗文，格林，第三版，1936 年）。

[2] 参见同上，特别是第 38—58 页和第 474—475 页。

[3] 同上，第 39—41 页。

随后，她分析了印度生活的宗教和社会基础，并总结说：[1]"刚刚描述过的习俗和制度的经济效果可以概括如下：它们倾向于导致人口过剩、浪费，抑制经济创新，并导致身心发展劣标准的盛行，对女性来说尤其如此。"她最后的评论毫不含糊：[2]"人口问题已经成为印度未来经济发展的根本问题，试图回避这个事实是无济于事的。"用欧洲的话讲，安斯蒂在印度看到的简直就是一个中世纪社会。事实上，在她的杰出同事艾琳·鲍尔（Eileen Power）工作的基础上，安斯蒂把中世纪的态度和社会结构与 20 世纪最初二十五年间的印度做了一个类比。[3]根据亚当·斯密的经济增长阶段论，安斯蒂描述了一个已经走到其"完全富足"状态的社会——在那里，人口已经扩展到一个极限，人们简直就是生活在勉强维持生存的边缘，而且还会因为饥荒和瘟疫不时地面临死亡的威胁。那里的生活，即使不算"凄惨"，那也相当"阴暗"。但是，这个结果是由两种相互冲突的力量所导致的。一种是斯密没有考虑到的积极力量，也即 1780 年代后，各种技术已经在印度现代工业活动集中地区得到应用。安斯蒂对此做了详细的描述，尤其是棉织品、钢铁和铁路等领域。这些使得印度避免掉入斯密认为孟加拉在 18 世纪第三个二十五年所陷入的那种衰退状态。但是新技术的力量遇到了障碍与阻挠，那就是斯密在"法律和制度"这一主题下所提出的非经济因素。斯密认为，正是这些非经济因素，使得 18 世纪的中国无法超越它事实上已经达到的富裕水平，走向更高水平的"完全富足"。总之，就印度而言，那些非经济因素对人口的影响非常关键。

在这一时期，关于发展的另一篇杰出论文是托尼完成的《中国的土地和劳工》（Land and Labour in China），我们同样会在第十三章对此展开更详细的分析。[4]托尼关于人口的一般结论酷似安斯蒂在对印度的分析中得出的结论：[5]

> 可以断言，事实的根本极其简单，那就是中国的人口太多，以至于现有资源无法支撑。尽管总体上，中国人口的平均密度与大多数西方国家相比是

---

[1] 同上，第 59 页。

[2] 同上，第 474 页。

[3] 例如，见同上，第 2 页。

[4] 理查·亨利·托尼，《中国的土地和劳工》（Land and labour in China）（纽约：哈库特·布莱斯，1932 年）。

[5] 同上，第 103—104 页。

较低的，但是在某些地区，其人口密度是骇人听闻的。也许可以毫不夸张地说，在许多和欧洲国家一样大的省份，那就是人挤人。一直以来，大群大群的人为了一丁点的立足之地而拼搏奋斗。结果不可避免地带来各种凄惨的农村景象——积蓄全无、收入微薄……

在中国，试图靠农业生存的人口实在是太多了；实际的证据就是有如此 208
之多的人死亡……确实，中国人的习俗和教义赋予人口增长以很高的价值，而这在西方人看来实在是奇怪而做作。被古老的传统所神圣化的情感使得延续香火成为一种义务。因此，与其他国家相比，中国人谨慎地克制生育行为的力量要弱得多；人口不仅没有因为个体所面临的日益严重的经济压力而得到抑制，而且陷入一个盲目扩张的状态中，直把整个社会推向悬崖。除了改进农业的生产方式外，其他国家曾采取的主要权宜之计尽管有着极大的不同，但都可以归之于三种，即移民、开发赖以生存的替代资源以及仔细考虑限制家庭的规模。问题在于，这些对策的任何一种或全部能在多大程度上适用于中国？如果适用的话，其效果又将会怎样呢？

托尼对每种措施一一做了讨论，挖掘着各种可能性，但他最后还是总结道：有成就的有效政体、高效能干的行政部门以及一个更普遍更现代的教育系统，这些才是首要条件。

托尼还考察了一种特殊可能，即让一些中国人移居到人口稀少的东三省。然而，托尼的书还未出版，东三省就已经被日本所占领，接踵而至的就是十八年的战争和内战，托尼对中国发展问题入木三分的观察毫无机会摆上国家议事日程的重要位置。

莉莲·诺尔斯（Lillian Knowles）的《大英帝国海外殖民地的经济发展》（*Economic Development of the British Overseas Empire*）（1924）一书，[1] 同样是1870—1939 年间关于经济发展的少数经验研究之一。该书包括一些人口问题的观察，尤其是论及了公共健康政策及其效果，但是该书并未系统地考察英国海外各殖民地的人口模式。

---

[1] 莉莲·诺尔斯，《大英帝国海外殖民地的经济发展》（伦敦：乔治·路特里奇出版，1924 年）。 616

本章小节

作为与其他学科相联系的一个独特学科，人口研究不断发展并于 1870—1939 年间达到一个高度专业化的成熟水平。这期间，人口数据的范围和质量不断改进，包括对长期人口数量的估计；人口增长的动力学不断精进，死亡率和出生率得到细致的考察；相当复杂的净生殖率概念得以确立，并为未来的研究打下有益的基础，如果给定其他条件不变的话；人口变迁的概念得以界定，围绕最优人口的概念的辩论开始展开。

1939 年以前得以确立和展开的，还包括人口学与经济发展之间的三点联系：先进工业国家中人口的增长减速、停滞或下降与投资、发展、失业率及人均实际收入走势之间的关系；能使人口净生殖率与经济发展保持协调一致的最佳公共政策（包括社会政策）的类型；以及在收入仅能勉强维持生存的印度和中国，马尔萨斯"积极"的人口抑制理论自然发挥作用的本质、原因和相应对策。

当人口学家们从 1930 年代末期回首审视自己在经验和概念上所取得的进步时，他们的骄傲之情是溢于言表的。不过，1945 年后的世界人口形势的演变，想必还是让他们（以及其他所有人）也感到有点意外。

第八章 投资与技术（一）：国民收入核算体系的出现

统计学家们再次吹响号角

1920 年代，随着统计技术的不断完善和政府统计范围的日益扩展，加上各种新老难题开始动摇主流经济学家的信心，统计学家们趁机扛起大旗，自信地坚称自己会是未来社会科学发展的主角。也许有人会援引某些美国、英国人（以及挪威、德国和其他国家的计量经济学家）的说法来证实这一论点；然而，英国的乔塞伊·斯坦普爵士（Sir Josiah Stamp）早就精辟地指出，统计学家，在经过两个多世纪的专业化磨练之后，终于开始在经济学的领地上开创一片新天地。[1]

> 科学无经验（Science sans experience）
>
> 便无保证（N'apporte pas grande assurance）
>
> ——帕里斯·加侬（Pare's Canon）（1510—90）*

任何人，只要反思今天我们所处的文明世界面临的困难和问题，必定都有意识到，人们不断地给经济科学提出问题。然而，经济科学对此从未给出明确的答案，有时甚至根本给不出答案。如果我们认为，只有当一门学科能

---

[1] 乔赛伊·斯坦普爵士，《社会与经济理论的统计实证检验》（*The Statistical Verification of Social and Economic Theory*）（伦敦：牛津大学出版社，1927 年），悉尼演讲（Sidney Ball Lectures），1926 年 11 月 5 日，*Barnett House Papers*，第 10 期，第 1 页。

* 缺乏实验支撑的科学，没有多少可信度。

够不断发展并满足这些需求时，它才能够配得上科学的称谓，那么我们就应该看看经济学的研究脉络必须要有怎样的成长和变化。已有的研究和证明方法是否足够？或者说，我们需要寻找新的方法吗？新方法不一定要更好，但却要更适于处理新问题，揭开隐藏在背后的秘密。

我的观点是：就当下而言，无论如何，李嘉图—穆勒—马歇尔的经济学分析方法已经走到尽头，因此在现有的研究领域里再也不可能取得引人注目的进步。而且我也不认为，数学方面的改进和扩展或者剑桥学派的做法可以带来什么重要的变化。显然，历史学派的归纳方法太宽泛、太缺乏与现代数据的对接了，因此对当前重要问题的研究解决而言也就不会有什么大的贡献。

我相信，下一步的春天必须依赖于现实中的统计调查与验证；我相信，我们正站在一种崭新方法的入口处，它无处不可用。

尽管斯坦普及其同事看起来并不了解他们的先驱者的工作，但是他们还是非常到位地呼应了一个世纪前出现的观点和抱负——当时，一场伟大的酵动围绕着统计学正在展开。[1] 马尔萨斯和巴贝奇等人发起成立了伦敦统计学会（也即后来的皇家统计学会）。与法国同行类似，他们致力于对新兴工业社会中出现的种种"问题和困难"展开衡量、研究。一个世纪以后，一股有意识的努力开始出现在英国，这股势力试图脱离"抽象推理的李嘉图经济学研究模式"。[2]

随着进军号角的吹起，1918 年之后的统计学家怀着全新的希望和信念开始展开研究。两次大战之间，他们最大的成绩就是利用合理可信的数据核算国民收入。由于政府和经济学家均在关注着相关问题，于是在这二者的相互作用下，美、英两国在二战前夕对本国国民收入及构成指标完成了相当可信的统计。战时，这些数据首次被用作政策分析的主要工具。1945 年以后，这些方法在几乎所有的民族国家里迅速普及。相关估计开始纳入投资因素，以及必然相随而来的投资与国民生产总值及其增长率之间关系的估算。于是，紧接而来的就是边际资本产出比这个指标。这是一个粗糙的总体指标，衡量的是资本增加带来的生产率上升，也即投资占国民生产总值的比重需要上升多少才能带来实际国民生产总值增

---

[1] 西奥多·波特，《统计思想的兴起：1820—1900 年》（*The Rise of Statistical Thinking*）巴尼特·豪斯文集：1820—1900，特别是第 23 页到第 36 页，（普林斯顿：普林斯顿大学出版社），1986 年。

[2] 同上，第 31 页。

加 1%——它就是一个黑箱。

在 1936 年《通论》出版之后，凯恩斯式的收入分析得以明晰化，这使得国民收入分析最终得以确立并强化；但平心而论，如果没有统计数据的帮忙，凯恩斯的理论不会获得如此高的影响力。然而，国民收入核算主要还是源于对各式各样问题的关注。本章内容中的第一大块就旨在识别，到底是什么原因促成了这些对于长短期增长分析十分有用的工具的出现。

从 1900 年到二战结束，发生在英、美两国的这种长期持续的努力，确立了 1945 年之后的国民收入核算模式。但是，这两国的经济学家和统计学家绝不孤单。这期间，来自澳大利亚、加拿大以及德国等欧洲大陆国家的先驱们也在持续努力着。到 1933 年，西蒙·库兹涅茨的著作就已经能够列出十五个国家的国民收入估计数据，而且这些数据多少还是可信的（见后文 222 页以及 621 页注释）。

英国的故事：从威廉·配第到理查德·斯通

和人口的统计分析类似，国民收入核算可以上溯到 17 世纪后半叶英国学者威廉·配第和格里高利·金（Gregory King）的工作。[1] 与大部分统计测算一样，这些 1660 年以后的工作并非源自科学的探求，而主要是源于对公共政策的关注。正如 19 世纪后期配第文集的编辑者所总结的那样：[2]

> 他的著作并不是对他自己所构想的、某个或多或少清楚明确的经济体系苦心经营的结果；相反，它们都是时代环境的产物。而且如果不考虑形式，那它们无一不是在讨论当时的某个问题。其中，最成体系的《赋税论》（*Treatise of Taxes*）源自复辟时期财政收入的变化；《献给英明人士》（*Verbum Sapienti*）源自第一次英荷战争支出的不断扩张；而《货币略论》

211

---

[1] 有关格里高利·金在 1688 年完成的对英格兰和威尔士社会解释的最佳现代重述，参见菲利斯·迪恩和科尔，《英国的经济增长：1688—1959》，第二版（剑桥：剑桥大学出版社，1969 年），第 2 页及讨论，第 1—4 页。有关配第，参见查尔斯·亨利·赫尔（Charles Henry Hull）（编），《威廉·配第的经济论著》（*The Economic Writings of William Petty*），（剑桥：剑桥大学出版社，1899 年）。最完整，甚至于近乎琐碎的国民收入估计史，可见保罗·斯鸠登斯基（Paul Studenski），《国民收入》（*The Income of Nations*）的第一部分——历史（华盛顿，纽约：纽约大学出版社，1961 年）。斯鸠登斯基提到（第 13 页），紧随配第之后的是法国的布阿吉尔贝尔（Boiguillebert）和文尔班（Vauban），以及着力于推广配第的工作的查尔斯·达维南特（Charles Davenant）。

[2] 查尔斯·亨利·赫尔，《威廉·配第》，第 lxi 页。

（*Quantulumcunque*）则主要针对哈利法克斯（Halifax）的货币重铸工程。虽然含蓄，但《政治算术》（*Political Arithmetick*）的寓意显然在于，查理二世可以让自己独立于路易十四，如果他愿意的话……"政治算术文集"则旨在劝诫仍旧举棋不定是否应该奉行独立政策的詹姆士国王，伦敦的发展要比法国最大的两个城市都更有看头。

即使配第已经敏锐地注意到，宗教上的少数派对于贸易政策有着重要的影响，但他还是很务实地总结道：[1]"……从根本上说，为了贸易的进步（如果这是一个充分的理由），观念言论方面的自由是必要的……"

18世纪后半叶，两位关键人物——约瑟夫·马西（Joseph Massie）和阿瑟·杨（Arthur Young），开始计算英国的国民收入。然而，他们的估算结果差异甚大，并且和格里高利·金在一个世纪以前完成的估算也不一致。[2]直到18世纪最后20多年，伴随着工业化浪潮的集中爆发，农产品价格的急剧上涨，以及战时收入税的开征，分析家们才再次开始认真估算英国的收入与财富。在帕特里克·科洪（Patrick Colquhoun）的带领下，研究者们开始估算1800—1801，1803，1812年以及战后1822，1823，1833年的英国国民收入，直到世纪中叶之前仍然保持每隔五六

---

[1] 同上，第264页。配第对不同社会中的"异类分子"的评论如下：（同上，第263—264页）

    ……通常会发现，贸易并不会（就像一些人认为的那样）在通行的政府管理下最为兴盛，相反，在每一个国家和政府中，贸易会因为异类分子而得到最好的发展，这就如同口头宣称信教与实际行动入教有很大差别一样：（也就是说）在印度，伊斯兰教合法的地方，印度商人是数量最多的生意人。在土耳其帝国，犹太人和基督徒最为抢眼。在威尼斯、那不勒斯、莱戈恩、热那亚和里斯本，犹太人和非天主教的商人风头最盛。总的来说，在欧洲，在罗马天主教所已经确立或者将要确立的那些地方，四分之三的贸易已经脱离教会的控制（据说是这样），而来自英格兰、苏格兰、爱尔兰的居民，还有那些来自联合王国的居民，加上丹麦、瑞典和挪威，以及来自德国新教徒省份、汉斯镇的居民，在那时确实把控了世界四分之三的贸易。即使是在法国内部，甬格诺教徒是最伟大的商人。即使在爱尔兰，所谓的罗马宗教还没有得到认可，因而宣称自己信教者在贸易中占了很大的比例，但是这也不能驳倒上述结论。由此可见，贸易并非内生于某种宗教，而是就像前面所说的那样，取决于群体中的异类分子，英国贸易最兴旺的几个城镇的情况也是类似的……

[2] 参见迪恩和科尔，《英国的经济增长》，第82页。更详尽的细节，请参见迪恩，"早期国民收入估算对估算英国长期经济增长的启示（The Implications of Early National Income Estimates for The Measurement of Long-Term Economic Growth in the United Kingdom）"，载于《经济发展与文化变迁杂志》，1955年11月。

年进行一次估算的节奏。[1] 当然，后期的估算出自各式各样的目的。其中，首要并且也许最重要的原因是试图借助波特（G. R. Porter）1847 年统计编译的头衔来衡量"国家的进步"（Progress of the Nation）。其次是日渐增长的对收入分配的兴趣，尤其是想要回答，英国工人到底在多大程度上分享，或是没有分享经济增长的收益。1870 年以后，随着统计和经济分析方法的日益专业化，英国和欧洲大陆民主社会主义运动的兴起，后面这个问题受到大量关注。例如，罗伯特·吉芬（Robert Giffen），一位重要的国民收入和财富分析家，在 1883 年统计学会的就职仪式上发表了"19 世纪后半叶工人阶级的发展状况"（The Progress of Warking Class in the Last Half Century）的演说。[2] 从 1873 年到 1890 年代中期，随着利率的不断下降、生活成本的降低，实际工资明显提高，收入分配朝着有利于城市工人的方向倾斜，统计学家们也及时地捕捉到这一动向。[3] 到 1892 年迈克尔·穆尔（Michael G. Mulhall），一位尽管有些桀骜不驯但却天赋非凡的统计学家及统计数据收集专家，已经能够提供十八个国家的"年收益或收入"表，这其中包括十四个欧洲国家以及美国、加拿大、澳大利亚和阿根廷。[4] 这其中，收入的九种分类以

---

[1] 盖尔等在补充的微缩胶卷材料中回顾了这些估计以及与有关英国国家财富的相关估算，见《英国的经济增长与经济波动：1790—1850》（牛津：克拉伦登出版，1953 年），第 705—725 页。这些缩影胶片材料保存在国际大学微缩胶卷馆（University Microfilms International），Zeeb 北路 300 号，安娜堡，密歇根，48106。

[2] 重印于罗伯特·吉芬的《经济探索与研究》（*Economic inquiries and studies*），第一卷（伦敦：乔治·贝尔出版社，1904 年），第 382—422 页。

[3] 例如，同上，第 419—420 页。

[4] 迈克尔·穆尔，《统计学辞典》（*The Dictionary of Statistics*），（伦敦：乔治·路特里奇出版社，1892 年），第 320—323 页。穆尔同时还提供了十九个欧洲国家和五个欧洲以外国家的财富数据（第 589—595 页）。以下是穆尔有关国民收入计算方法的简要说明，虽非正统，但却并非完全没有道理（同上，第 320 页）：

> 数据编制构成如下：90% 的农业价值，90% 的矿产，60% 的制造业，运输占到了农业、采掘业和制造业总值的 10%；房租，依照评定价值或者最相近的测算；商业占进出口的 10%；船舶运输按每年每吨 30s. 的运力计算；银行业按其借贷能力的 5% 计算；进一步，在以上八个项目基础之上多加上 10%，以涵盖国内劳务、专业技术人员、军队、警察、公务员的工资。当然，以上正是传统的国民收入统计方法，但是相比较而言，我们将发现这种做法还是相当合适的。

随后，更多专业的国民收入统计学家，如西蒙·库兹涅茨等，开始普遍地重视穆尔这种毛估估的计算方法及其对数字的感觉。比如，参见保罗·斯鸠登斯基的参考文献，前引第 140—141 页。但是，穆尔的做法也犯有严重错误。（比如，参见拙作，《世界经济：历史与展望》，（奥斯汀：德克萨斯州立大学出版社，1978 年），第 664 页）。穆尔没有系统地为每一个统计数据提供来源，虽然在《辞典》的最后（第 618—620 页），他提供了一份令人印象深刻的参考文献总目。穆尔是皇家统计学会成员之一，在我看来，他是一个在很多方面都非正统，但既勤勉又有远见的统计学家。就我所读到的经济思想或者学说史作品而言，除了斯鸠登斯基，几乎没有人提到穆尔；不过在德克萨斯大学奥斯汀分校的一个电子经济史数据库中，却能找到纪念穆尔的专项记录。

617

及以英镑计量的人均收入，是通过上一页注释 1 所描述的方法计算而得的。

上述所提到的所有估算都没有涉及投资率，尽管穆尔估算了实际经济中人均（劳动力、马力以及蒸汽）的尺吨值，为资本密集度提供了一个初步的度量，[1] 而且他还对土地、牲畜、房产、铁路、轮船等等进行了分类估计[2]。但是一直到 19 世纪末，英国人进行国民收入核算的首要动机，都还只是着眼于国民财富增长和收入分配的结果与影响，而不是经济增长本身的机制和动力学原理。甚至在两个关键人物——阿瑟·鲍利和阿瑟·庇古出现之后，这种情况还会偶尔出现。鲍利是第一流的统计学家，而庇古作为马歇尔的继承人，则是第一流的理论家。[3] 鲍利前后长达四十多年的研究工作及其主要关心的问题，集中体现在《1860 年以来英国的工资和收入》（*Wages and Income in the United Kingdom since 1860*）一书中。[4] 乍看来，鲍利对国民收入的估计是他在从事其他研究时的意外收获。当时他关注的是英国工人实际收入涨落幅度，以及收入分配是否有利于工薪阶层。他的研究结果表明，这主要取决于影响相对价格和英国贸易条件的因素。不过，科林·克拉克正是在鲍利（与乔赛伊·斯坦普）1924 年对英国国民收入所作估计的基础上，展开了他在这一领域的研究。[5]

回忆一下（边码 192 页），马歇尔不仅曾使用国民收入的概念，而且还大胆地估计，可以将多少这种收入从"社会浪费"之所转到对社会有益之处而"不会导致大萧条"，从而增进社会福利水平。在这一点上，庇古完全同意他老师的看法。他认为，经济学的任务就在于让人们免于贫穷、增进福利。庇古生动地描绘道：[6]"正是……因为这种社会热忱，抵制着肮脏破烂的街道和了无生趣的人生，经济学才开始有了用武之地。"庇古大大扩展了马歇尔的工作，识别出经济活动

---

[1] 同上，第464页。也可参见穆尔对15个国家在1840年到1888年间以不同形式使用蒸汽动力的详细分析，同上，第554—549页。

[2] 同上，第589页。

[3] 在传统的经济思想史学家中，埃里克·罗尔对国民收入核算出现的评价可以说是独一无二的，见《经济思想史》，（恩格尔伍德·克里夫斯：普伦蒂斯堂出版社，1956 年）第 509—518 页）。

[4] 阿瑟·鲍利，《1860 年以来英国的工资和收入》（*Wages and Income in the United Kingdom since 1860*），（剑桥：剑桥大学出版社，1937）。乔赛伊·斯坦普最主要的独立研究是《英国的财产与收入：官方统计数据在经济问题分析上的应用》（*British Incomes and Property: The Application of Official Statistics to Economic Problems*）（伦敦：P. S. 金出版社，1916）。

[5] 科林·克拉克，"早期的发展经济学（Development Economics: The Early Years）"，载于杰拉德·迈耶和达德利·西尔斯（编），《发展经济学先驱》（纽约：牛津大学出版社，世界银行专辑，1984 年），第 59 页。

[6] 阿瑟·庇古，《福利经济学》（伦敦：麦克米伦出版社，1920 年首印）。本书参考的是第四版（1932 年），1978 年重印（纽约：AMS 出版社）。

的社会净产品和私人净产品在什么情况下会存在差异。[1] 为了更详细地表达自己的观点，庇古引入了"经济福利"和"国民收益"这两个概念，并投入许多精力用于界定后者，研究其衡量中涉及的问题。[2]

科林·克拉克最初对国民收入及其估算的兴趣，很显然是源自庇古的《福利经济学》（*Economics of Welfare*）；在克拉克看来，这本书的目的在于：[3]

> ……探索推进下列三项目标的方法，讨论消除那些妨碍这些目标达成之因素的建议：
>
> （1）提升平均国民收益；
>
> （2）规范国民收益流；
>
> （3）均等化国民收益在个体间的分配。
>
> 学习经济学的人很快就会明白，一项建议，可能可以促进其中某项目标，但却会伤害另一项目标，而经济学家的任务就是找出办法，在人类福利的得与失之间进行权衡。

克拉克是从自然科学转到经济学上来的。在一开始进入经济学时，他还存在一定偏见；对此，他在后来回忆时曾说道：[4]"我一直以来坚决认为，经济学应该建立在实证观察以及对实际发生的事务进行分类的基础上，理论在其中只占次要地位"。在 1928 年从牛津大学获得农学学士学位以后，他参加了对默西塞德郡的社会调查，并于 1930—1931 年成为英国经济咨询委员会的员工。凯恩斯是该委员会的主席，后来他推荐克拉克到剑桥大学任经济统计学讲师。在那里，克拉　213

---

[1]　同上，尤其参见第六章，其开篇如下：

> 通常，工业家不关心其行为的社会净产品，相反，他们只在乎私人净产品……自利将导致资源投资在不同渠道中带来的私人边际净产品价值趋于相等。但是它不会导致社会边际净产品价值趋于相等，除非私人边际净产品和社会边际净产品刚好相等。当这两种边际净产品有差别时，自利就无法使国民利益最大化。因此，可以预期，某种干预正常经济过程的特定行为带来的收益，不仅不会减少，而且会增加。于是，探究在什么情况下，行业投资增加所带来的社会净产品和私人净产品各不相等，二者的差额偏向哪个方向，将变至关重要。显然，即便是简单竞争条件下，这二者也可能存在某些一般性的偏离，垄断竞争的情况下则存在另一些类型，双边垄断的情况下则又是不同。　618

[2]　尤其参见，同上，第三到第七章，第 31—97 页。

[3]　科林·克拉克，《国民收入与支出》（伦敦：麦克米伦出版社，1937）。

[4]　科林·克拉克，"早期的发展经济学"，第 60 页。

克从 26 岁工作到 32 岁，也就是 1931 年—1937 年；同样是三十而立，这些日子也正是他后来关注的主要议题成型的时期。

最开始，从鲍利和庇古的福利视角出发，他完成了从 1924 年到 1931 年英国国民收入的估算。[1] 但是，他接下来在 1937 年完成的研究成果——《国民收入与支出》(*National Income and Outlay*)，却表现出极大的原创性，其中涉及的四个方向全部与经济增长分析有关：[2] 与经济增长有关的资本投资；经济周期中国民收入构成的变动，包括投资的变动；相对价格（贸易条件）变动对实际工资、投资和就业的影响；对经济增长及其结构展开跨期跨国的统计衡量，并在这个过程中回到经济进步的条件上来。

由于这一部分的内容较少，因此此处可以稍微展开，讨论下克拉克有关投资分析的两个侧面。首先，他总结出一个命题。这个命题的含意实际上已经得到广泛的接受（比如在研究者的午餐对话中），但却还没有被宏观经济理论所完全吸收。这个命题就是，经济增长取决于一系列复杂的因素而不是资本投入的数量，并且后者"看上去更像是经济增长的结果而非其原因"。[3] 通过比较 1914 年前十年和 1920 年代的英国经济，克拉克得出了以上结论。20 世纪初，平均失业率很低，贸易条件不断恶化，生产率增长减速，实际工资保持不变或稍微有些下降，英国储蓄大量外流。两次大战之间的情况正好相反，相比之前的英国，生产率大大提高并持续改进，贸易条件好转，但是这些经济利好的代价是高失业率。在回顾自己对这一时期的分析时，克拉克重新表述了自己的观点：[4] "那时及其后的一段时期，人们普遍认为经济增长的核心因素是资本积累。然而早在 1937 年，我就已经对这个看法表示强烈的怀疑……现在，我们都已知道，资本积累是经济进步的必要但非充分条件——从逻辑上看，这二者有很大不同"。

在 1937 年的《国民收入与支出》中，有一个相当引人注目的段落。克拉克在其中总结了他认为实际上很重要的因素：[5]

---

[1] 《1924—1931 年间的国民收入》(伦敦：麦克米伦出版社，1932)。

[2] 所有这四个方面的分析均可见于《国民收入与支出》，尽管克拉克有关经济增长较为全面的分析出现在后来的《经济进步的条件》(伦敦：麦克米伦出版社，1940，1970)。

[3] 科林·克拉克，《国民收入与支出》，第 273 页。

[4] 科林·克拉克，"早期的发展经济学"，第 59 页。

[5] 《国民收入与支出》，第 272 页。

如果技术水平或者人口素质变得更高，或者如果英国工业国内外的市场变得更大，并且可以进一步享有报酬递增的好处，同时又不受食物和原材料供给方面报酬递减的困扰，那总体生产率水平还将更高。然而这三种因素之间似乎存在某种权衡，从而为生产率曲线设置了一个上限。但我认为，随着技术水平的提高，以及从国民生产率的角度而言同样重要的是，随着能够熟练运用这些技术的新一代工人和技工的成长，我们已经基本上突破了这种限制。

在上文中，我已经阐明了我对支配生产率长期上升可能性因素的积极看法，因为我认为，既成事实已经驳倒了迄今为止依然流行的那个观点，也即认为经济增长率主要取决于资本积累的速度。而当前生产率的快速增长却是发生在资本积累显著减少的时候。

214

克拉克清楚地把握到决定经济增长的关键因素，除了一个例外，那就是部门特有的创新流，他把这个看成总量层面上的"技术进步"。尽管克拉克毋庸置疑是1870年到"二战"之间少数主要的经济增长分析专家之一，但是无论如何，他从未试图把他的变量整合到一个正式的增长方程之中。

在对1929—1936年间英国经济的周期性波动展开详尽分析时，克拉克谈到了一点，与投资有关。[1]在分析中，他对理查德·卡恩（Richard Kahn）那著名的投资乘数作了实证研究。[2]克拉克发现，储蓄和消费倾向远比简单消费方程所显示要复杂得多：[3]

我们业已说明，近年来，来自公司未分配利润和地方偿债基金方面的非个人储蓄，已经在观察到的投资总量中占据很大部分。在过去几年中，富人的私人储蓄几乎消失殆尽，甚或为负………于是在给定收入增量的情况下，公司管理者决定分红或者不分红的倾向（如果可以用这个词的话），便成为这种情况下的关键因素……这种分析虽然简单，但却讨人喜欢。1924—1935年期间的数据基本上呈线性特征，这意味着公司管理层的储蓄倾向相对稳

---

[1] 同上，第七章，第248—261页。

[2] 理查德·卡恩，"国内投资与失业的关系（The Relation of Home Investment to Unemployment）"，《经济学杂志》，第41卷，第162期，（1931年6月）。

[3] 《国民收入与支出》，第250，253—255页。

定。不管初始水平是高是低，收入每增加 1 英镑，就有 0.46 英镑作为红利分配，其余的则转化为储蓄。*

这种关系如此稳定，以至于它很可能可以解释，为什么投资和国民收入之间的乘数接近于 2。

克拉克的《国民收入与支出》还受到凯恩斯在 1936 年的《通论》中所做的国民收入分析的影响。《通论》卷二详尽地界定了收入、储蓄和投资的概念；[1] 在稍后一点的地方，凯恩斯还将他对资产贬值的讨论（总投资和净投资），与科林·克拉克和西蒙·库兹涅茨的统计分析联系起来。随着这些凯恩斯式概念的清晰呈现，它们便日益与国民收入统计相连，因为如前所述，英国国民收入统计的发展源自对福利的关注，而不是凯恩斯所重点关注的长期高失业问题。

但是欧洲的经济危机使得凯恩斯的注意力迅速转向战时经济：首先是商品储备的问题；接下来从 1939 年 10 月到 11 月，是如何筹集战款的问题。[2] 他在给《泰晤士报》（Times）的一封信（而后在 12 月的《经济学杂志》的一篇文章）中，简明扼要地提出了通过强制储蓄制止战时通货膨胀的计划。接着在 1940 年 2 月，他出版了一本小册子——《如何筹集战款》（How to Pay for the War），首次就国民收入账户使用复式簿记法来解释主要的政策选择。尽管英国最终使用的是征税和配给，而不是凯恩斯推荐的大范围强制储蓄，但是财政大臣在 1941 年 4 月给出的附有收入支出分析的预算，还是代表了凯恩斯革命某种不可逆转的胜利——这场革命与凯恩斯及其信徒詹姆斯·米德（James Meade）和理查德·斯通（Richard

215

---

* 或者换句话说就是，"公司 1 英镑，股东 1 英镑"。

[1] 《通论》，尤其参见，第 52—65 页和第 74—85 页。

[2] 例如，参见罗伊·哈罗德，《凯恩斯传》（纽约：哈库特·布莱斯出版，1951 年）第 484—503 页，其中覆盖了 1941 年 4 月国民收入白皮书的那一段时期 [《有关战争资金来源分析以及 1938—1948 年间国民收入与支出估算》（Analysis of the Sources of War Finance and Estimate of the National Income and Expenditure in 1938 and 1948）]。在《如何筹集战款》（How to Pay for the War）（纽约：哈库特·布莱斯出版，1940 年）中，凯恩斯认为，一半战款可以通过提高税收抑制消费来实现，剩下的一半可以做成延期支付。增加的国家债务，可以通过战后征收资本税来偿还，对于那些最低收入和受补贴家庭则予以免税。进一步，可以把工资、养老金等方面的调整与关键要素成本的变动联系在一起，如有必要，还可以引入配给制和补贴。鲁多·库威尔（Ludo Cuyvers）注意到了埃尔文·罗斯巴特（Erwin Rothbarth）基于凯恩斯的观点而在发展国民收入测算方法方面做出了重要贡献，（见 "凯恩斯同埃尔文·罗斯巴斯的合作（Keynes's Collaboration with Erwin Rothbarth）"，《经济学杂志》，第 93 卷，第 371 期，1983 年 9 月，第 629—636 页）。库威尔令人信服地指出，凯恩斯—罗斯巴斯计算方法，正好是将科林·克拉克和 1941 年米德与斯通在财政部的贡献联系起来的 "真正 '缺失的那一环'"。

Stone）的努力有着莫大的关联。[1] 此后，在大约十年的时间里，根据国民收入数据分析配置公共财政，几乎成为一种普遍的政府惯例。

查尔斯·肯尼斯·霍布森和保罗·道格拉斯

　　同时期进行的美国国民收入估算和英国的做法有较大差异。不过在转向美国经验之前，还有两项有关英国投资的研究值得一提：查尔斯·霍布森（C. K. Hobson）的《资本输出》（*The Export of Capital*）和保罗·道格拉斯（Paul Douglas）的《1865—1909 年间英国资本增长的估算》（An Estimate of the Growth of Capital in the United Kingdom）。[2]

　　霍布森的作品是他在伦敦大学完成的博士论文。他使用了大量的统计对英国资本输出展开了价值非凡的估算。在此之外，他还回顾了资本流动的历史、制度机制，以及资本流动同移民和英国国内经济状况的关系。最后，他还试着评估了资本输出给英国国民收入和实际工资带来的净影响。他在这一点上的总结恰如其分：[3]

　　　　……在资本输出数量较少之处，本国利率实际所受影响也相对较小，此时，由于资本没有投资于国内（或是从国内撤走）而造成的本国生产损失，便可以用原本可以从本国投资中获得的收入加以衡量。如果由于对外投资而造成本国利率大幅上升，那么本国的损失便要高于原本可以从本国投资中获得的收入。但不论在哪种情况下，由于对外投资获得的回报更高，源于各种渠道的国民收入便可能上升，除非就国内的劳动分配而言，会有更大的产出份额分配给资本，而劳动只得到较小的份额……长期来看，对外投资会改善工薪阶层的经济命运（因为这会在增加本国对资本需求的同时增加

---

[1] 当时对此举的评价，参见尼古拉斯·卡尔多，"国民收入与支出的白皮书"（The White Paper on National Income and Expenditure），《经济学杂志》，卷 51，202—203 期，1941 年 6 月—9 月，第 181—191 页。国民收入与支出分析主要是由理查德·斯通和詹姆斯·米德完成的，当然，他们会常常咨询凯恩斯。那时，后者的兴趣点在于国民收入的界定及测算，可见其刊于《经济学杂志》的两篇文章："国民收入的概念（The Concept of National Income）"（1940 年 3 月）和"真实收入的测量（The Measurement of Real Income）"（1940 年 3 月、6 月—9 月）——后一篇涉及他与阿瑟·鲍利以及科林·克拉克的三方辩论。

[2] 查尔斯·肯尼斯·霍布森，《资本输出》（伦敦：康斯特布尔，1914）。道格拉斯的论文刊于《商业史杂志》（*Journal of Business History*），第 2 卷（1930 年 8 月），第 659—684 页。

[3] 《资本输出》，尤其第 234—236 页。

对劳动的需求），对于没有什么资本的人而言，这种改善会超过高利率造成的损失。然而，对外投资给外国带来的收益，也许会大于给英国工薪阶层带来的收益。在这种情况下，移民的诱惑可能上升，尽管他们在国内的状况也有改善。

霍布森的分析已经捕捉到所有相关因素，只漏了一点，虽然这一点也许最为重要：也即，1914 年以前英国的资本输出对开拓海外粮食和原料供给，改进长期贸易条件，进而抑制英国生活成本上升的重要作用。

道格拉斯关注的是如何把资本的供给同利率和实际工资的变动趋势联系起来。他试图从对英国不同时期资本存量的估算，以及霍布森对资本输出的估算中寻得答案。

216 总体上，道格拉斯所考察的那个时期利率在下降，尽管在 1896—1898 年间的低谷到来之后，利率（统一公债的收益率）就开始随着价格水平的上升而上涨。道格拉斯意识到价格上涨、下跌时期的实际利率问题，但他并没有就此做出修正。[1]事实上，鉴于他的数据所带来得结果已相当确定，因而也就无须作进一步的完善。[2]

这些数据表明，这一时期英国的人均实际资本增长了 78%，如果考虑到对外投资的话，则增长了 90%……

很明显……资本增长的速度远高于劳动数量增长的速度。由于这一时期的工作时间已经缩短，因此资本增长显然要高于相应的人均资本的增长。

必须记住的是，这种迅速增长出现在一个利率总体上正在下降*而实际工资正在上升的时期。这种资本增长远高于劳动增长的事实表明，从历史上看，至少在工业发展时期，资本供给要远比劳动供给更富有弹性。

与英国相比，美国的国民收入估算肇始于一篇有关创新的比较社会学论文。在古老的英国，这种估算可以追溯至 17 世纪末。从一开始，这种估算背后的一

---

[1] 《资本增长》，第 684 页，注 7。
[2] 同上，第 682 和 684 页。
* 然而，由于价格水平的变动，本金价值的变化也将变得复杂，而这又使得"实际"利率的确定变得困难。

系列努力就是为了给公共政策提供参考，甚至常常是提供基础，不管它是后复辟时代统治者对抗法国的需要，还是为了反对拿破仑的战争而需要估算税基，抑或是源于19世纪后半叶和20世纪早期对收入分配的关注——用穆勒的话说，就是"目前的问题在于劳动者的权利主张"。因为关注这些福利问题，以剑桥为核心的一批学者开始提出概念、收集整理多少还算严谨的国民收入估算所需的数据：比如鲍利、斯坦普、庇古、克拉克、凯恩斯，还有在战时被征调到财政部工作的詹姆斯·米德和理查德·斯通。当凯恩斯被财政部授予一个有职无薪的模糊头衔——战时顾问之后，理论和政策之间开始建立起紧密的联系。他和一大批学者清楚地目睹了一战时期政府的职能，并在希特勒危机加剧时转而开始考虑今后将要面临的斗争中的经济事务。在财政部，凯恩斯牵头把完成1941年4月份那份预算的国民收入估算附录的小组整合到一起，并鼓励他们，从而为自此以后借助国民收入方面的概念进行常规的经济分析和规划提供了一个模板。这位传奇人物身上带着老男孩的气质，对国家大事异常热心，但是在展开处理时却又不免有些业余随意，满怀幻想。

美国的故事：从乔治·塔克到西蒙·库兹涅茨

　　与英国的情况相比，美国的经历多少有些类似，但又明显不同。美国大概也是在1914年前开始关注收入分配，这种关注持续到1920年代，在1930年代还因为大萧条而加强。正是在大萧条的背景下，美国政府与研究团体之间的初始联系也因为国民收入估算而得到加强。但是和英国一样，这种在凯恩斯式收入分析的思想框架中展开的核算旨在服务于战时的经济决策，这种做法为1946年《就业法》的出台提供了坚实的经验基础。从1946年《就业法》出台伊始，经济咨询委员会便把国民收入及其构成置于其分析的核心。

　　不难想像，美国的国民收入分析史相对单薄短暂，这部分是因为与英国和德国不同，美国直到1913年才开始征收收入税。穆尔曾引用乔治·塔克（George Tucker）估算的1840年的国民收入，并指出塔克的估算有误。[1] 而穆尔自己则是

[1] 《统计学辞典》，第322页。卡罗尔·卡森（Carol S. Carson）援引了乔治·塔克1843年及1855年发表的国民收入估计，见"美国国民收入与产出核算的历史：一种分析工具的发展历程（The History of the （接下页注）

根据 1790 年以来各州的收入调查，通过汇总而估计出最终的国民收入。[1]

在 1914 年之前的一段时期中，因为生活成本的增加，实际工资面临着下降的压力；这种压力刺激人们展开进一步的估算，以考察收入分配是否朝着不利于劳工的方向变化。威尔弗德·金（Willford King），美国国民收入估算的主要先驱之一，在他出版于 1915 年的《美国人民的收入和财富》（*The Wealth and Income of the People of the United States*）中介绍了两位前辈学者的两项工作：第一项是查尔斯·斯帕尔（Charles Spahr）的《美国财富分配的现状》（*The Present Distribution of Wealth in the United States*）（1896 年），另一项是弗兰克·斯蒂托夫（Frank Steightoff）的《美国的收入分配》（*The Distribution of Income in the United States*）（1912 年）。[2] 一战期间的财政困难进一步强化了对这类问题的关注。

阿道夫·米勒（Adolph Miller）完成了第一个官方的国民收入估算。米勒是一位经济学家，1917 年供职于联邦储备委员会。他试图估算的是可用于战争的物资水平（也即扣除了维持最低消费和资本之后的剩余），这些估算为二战期间英国和美国的工作埋下了伏笔。[3] 然而米勒提出的方法并没有被采纳，直到休战期的到来使得福利问题突显而出，情况才发生变化。

对国民收入核算的关注，从某种意义上反映了美国社会运行的三个不变特征正处于最有效的状态：发挥个体在承担责任、解决重大事情中的作用，构建广泛

（续上页注）United States National Income and Product Accounts：The Development of an Analytic Tool)"，《收入与财富评论》（*The Review of Income and Wealth*），第 21 期，第 2 期，1975 年 6 月，第 153 页。有关塔克方法及主要发现的总结，参见保尔·斯鸠登斯基，同前引，第 129—132 页。

[1] 同上，第 593—594 页。穆尔所发布的人口普查数据包括了以下对 1850—1880 年间的虚拟计算。

表 2　美国公民 30 年的人均财富积累为 205 英镑，或每年 7 英镑左右，即：

州	增加值（百万英镑）	年均（英镑）	平均人口	年人均积累		
				(£)	(s.)	(c.)
新英格兰	842	28,070,000	3,400,000	8	4	0
中部地区	2749	91,630,000	9,500,000	9	13	0
南部地区	713	23,800,000	11,700,000	2	1	0
西部地区	3287	109,600,000	12,700,000	9	0	0
整个联邦	7591	253,100,000	36,800,000	6	17	0

这三十年间财富增长异常迅猛，在人类历史上绝无仅有。尽管如此，这里的人均积累量还是低于澳大利亚的水平。

[2] 威尔福德·金，《国民收入及其购买力》（*The National Income and Its Purchasing Power*）（纽约：美国国民经济研究局，1930），第 9 页。也可参见卡罗尔·卡森的引用，《国民收入与产出》，第 153 页。

[3] 卡罗尔·卡森，《国民收入与产出》，第 156 页。

的共识，以及在共识的基础上建立日常工作的制度机制。

有两个人的出现推动了这个进程：马尔科姆·罗蒂（Malcolm Rorty）和纳胡姆·斯通（Nahum Stone），前者是一名商业统计学家，后者是一名劳工纠纷仲裁员。这两人有一定的领导能力，他们认为有必要做些事情以澄清"关乎重大公共利益的经济方面的争论"，他们选择的切入口是收入分配问题。[1] 他们特别关注一位社会主义者斯科特·尼尔林（Scott Nearing）于1916年做出的富有争议的估计——尼尔林认为在美国的国民收入中，他所定义的"财产"收入和"劳务"收入各占一半。尽管这两位学者一位投身商业，另一位从事劳动仲裁，并且在其他方面还有许多不同，但他们都质疑尼尔林的估算。罗蒂扮演了企业家改革者的角色，他的工作最终导致美国国民经济研究局的成立。最初，国民经济研究局被设想为一个公共机构（当然，事实上也是如此），里面将囊括"代表各个经济思想流派的著名经济学家，包括从极端保守到极端激进的各式各样的学者，分别代表

---

[1] 所罗门·法布里坎特，《构建一个更加坚实的经济政策基础：美国国民经济研究局的创立》（*Toward a Firmer Basis of Economic Policy: The Founding of the National Bureau of Economic Research*）（剑桥，马萨诸塞州：美国国民经济研究局，1983），第5页。有关法布里坎特所讲述的国民经济研究局发起与变革的故事，值得在此详细引述（第3—5页）：

问题的关键在于如何获得客观知识，当然同样关键的还有，如何确保公众会认为它客观而接受。不妨设想，如果这些创始人认为，他们将要出于如下目的成立一个组织，即专注于对有争议的社会现象作科学的调查，并慎之又慎地发布自己的研究成果，那么，当出现一些避无可避的困难时，还能保证这样的组织能够在宪法、合适程序及美好意愿的共同作用之下建立起来吗？更关键的是：仅凭服务于普遍的社会福利，而不提供任何具体的回报，如提供商业服务或是支持某种观点立场，能获得并继续足够的资金支持吗？倘若以上这些困难都能克服，那么这整个事业将会对"有智识的民主的运作方式"做出显著的贡献。

这都需要哪些条件呢？当1916年两个非常关注经济政策的人，首次讨论这个构想的时候，这个问题就开始提出来了，虽然两人的看法迥异。这两人一个是马尔科姆·罗蒂，另一个是纳胡姆·斯通。当时，罗蒂是美国电话电报公司一位出身于工程师的统计学家（后来成为首席统计学家），他还是把"概率论应用于交通问题"的先驱。此外，他还为公司撰写商业情况月报，积极关注一般性的经济社会问题。斯通是一个经济学家，年轻时候还不辞辛劳翻译了卡尔·马克思的《政治经济学批判》。在他看来，这本书还是作了些贡献，尤其就困扰这个国家多年的自由铸造银币问题而言，这本著作提供的解读视角至今仍旧"有帮助而且一点都不过时"。1904年，斯通成为当时美国商务与劳工部的关税专家，随后又荣升为美国关税委员会的首席统计学家。1916年，他开始担任工资争议的仲裁员和政府委员会的顾问。

一年之前，也就是在1915，罗蒂和斯通在一次纽约州的工厂调查委员会的听证会上相遇。在国民经济研究局成立二十五周年的纪念会上，斯通回顾了这段经历：

经过一番研究，我为最低工资立法委员会准备了一份报告，当时我在委员会前力证纽约州可以颁布这项法案，而罗蒂对此则表示强烈反对。

我们的下一次交锋（或者我也可以说是冲突）是在纽约的市长失业委员会……我倡导政府应当尽快尽可能多开展一些公共项目，以补充现有的食物救济计划。我的观点再一次和罗蒂对上了。从此，他很坚定地认为我就是那种危险的激进分子。

（接下页注）

国内不同组织的重要利益：金融财政、工业、农业、劳工等等"。[1]不过事实上，极端主义思想却被排除在外。上页注 1 讲述了 1920 年国民经济研究局发起、成立中的一些关键细节，包括成立之后已经设定好的第一要务——对国民收入及其分配进行估计，进而对经济周期展开分析（见后文第 286—294 页）。1917—1918 年这段短暂但却紧张的战争动员期极大地扩展了从事公共政策分析的经济学家队伍，并强化了人们的共识——建立一个类似国民经济研究局这样的机构是值得的。

通过两年的努力，一部两卷本的关于国民收入及其分配的研究问世了。[2]威尔福德·金主要负责基于生产数据估算国民收入，奥斯瓦尔德·克劳斯（Oswald Knauth）主要负责依据收入数据估算国民收入，弗里德里克·麦考莱（Frederick Macaulay）则主要负责估算个人收入分配。简短的总结卷整合严密，其中清楚地展现了既是编撰者同时又是国民经济研究局的研究理事韦斯利·米切尔的风格和印

（续上页注）1916 年，斯科特·尼尔林有关国民收入分配的开创型工作正式发表。他把所有的收入分成劳务收入和财产收入，并在对统计数据进行了一番颇具原创性和富有想像力的详尽分析之后，得出国民收入中的这两种收入大致对半分的结论。当时还是《院际社会主义》(*Intercollegiate Socialist*)（这是一本主要流传于大学生内部的社会主义刊物，每月发行）编辑的哈里·莱得勒（Harry Laidler），邀我就尼尔林的书作个评论。最终，原本短短的评论写成了一篇论文，文中我批评尼尔林对该主题的处理方法是伪科学，并且指出他的统计中漏掉了几大项劳务收入。我得出的结论是，劳务和财产收入的分割比例应该接近 2 比 1（美国国民经济研究局随后发表的第一个研究报告证实了这一点）。

我在《院际社会主义》上的文章引起了马尔科姆·罗蒂的注意，他当时做的事情就是密切跟踪劳工、社会主义方面出版物的动向。就他对这个杂志的印象以及杂志本身的特点看，他原本以为将看到一个对资本主义收入分配不公的"猛烈"抨击。相反，我的文章让他对"危险激进"有了新的看法，于是，他邀请我共进午餐，进一步交换彼此的看法。此后，我们又在会议上见了几次，最终成为好朋友，尽管在许多公共问题上我们仍旧存在严重分歧。

在我们第二次会面中，罗蒂说："我们目前正在考虑的一个重要问题可能对这个国家中每个人（男人，女人和小孩）的生活产生深远的影响。尽管我们已经有很丰富的统计数据，但是对流到社会每个部分的国民收入有多少这类纯算术问题，并未达成一致。假如我们有一个组织专门戮力解决事关广大公众利益，但又一直颇有争议的经济问题，难道这不算是一个伟大的进步吗？"我对此表示同意，但前提是这个组织能够赢得公众信任，这样它的发现就会被争论的各方当作最后的定论而加以接受。

他同意我的看法，并向我求取相关的意见建议。我说这个组织应该由一群有名望的经济学家发起成立，他们要来自经济学思想的各个流派，从极端保守到极端激进，而且其中要有这个国家中所有重要组织利益的代表：金融业、工业、农业、劳动力等。

罗蒂认为我们应该采取类似以上提到的计划，并且他也相信能够筹集到资金……接着，罗蒂立即着手实施这个计划，除了正式的官方任务以外，他几乎是全身心地扑在这个事情上了。

罗蒂接触的第一批经济学家包括埃德温·盖伊（Edwin F. Gay）、韦斯利·米切尔和约翰·康芒斯。

[1] 同上。

[2] 威尔福德·金，奥斯瓦尔德·克劳斯（Oswald Knauth）和弗里德里克·麦考莱（国民经济研究局的成员提供了帮助），"1909—1919 年间美国的收入规模及分配"（Income in the United States, Its Amount and Distribution, 1909—1919），载于韦斯利·米切尔（编），《卷一：概要》（纽约：哈库特·布莱斯出版，1921）；《卷 2：详细报告》（纽约：国民经济研究局，1922）。

迹。这些国民经济研究局的理事们虽然学术背景各不相同，观点视角也迥然有异，但却都因为其"才华横溢"而被选入研究局。他们在这份研究出版前已经对研究中可能存在的偏差做出评估，并一致认为它"不偏不倚并且已经很接近事实的真相。"总体上看，这项研究（以及国民经济研究局本身）几乎就是沿着斯通和罗蒂先生（他们俩都是理事会成员）一开始构思整件事情时达成一致的路径前进着。

这项研究主要由两个私人慈善基金资助，同时也获得了其他商业公司与个人的一定支持。研究的办公场地受捐于神学院，这一事实似乎象征着这个研究团体高贵圣洁的精神气质。因此，也就不难理解为何克林·克拉克会在 1937 年的著作中流露出那种尖酸的语调——相比他的美国和德国同仁而言，他的工作环境确实可谓艰苦异常：[1]

> 除了我自己掏腰包雇人作文书的工作以外，我不得不一力承担本书所有的调查和计算工作。如果想要让我们对这个主题的了解达到美国和德国所达到的精确程度，那就需要做进一步的调查，而这无法单靠个人的力量完成。经济学给人类带来的好处比得上其他学科的总和，如果这种说法是对的，那么经济学的研究不仅要有其他古老学科中那样的科学精神，同时更需要那样的物质支持。

当国民经济研究局系统地展开对经济周期的研究时，有关国民收入估算的研究也在有条不紊地进行着。紧接着发表的四项国民收入研究，尤其是 1930 年金在回顾 1921—1922 年的研究时基于已有研究结果完成的《国民收入及其购买力》（*The National Income and Its Purchasing Power*），更是把对该问题的研究推向一个高潮。这项研究的独特之处在于，它详细地分析了公司分红与利润之间的关系。国家工业委员会于 1927 年进入该领域，他们引入了一种方法，使得国民收入估算可以合理地反映当下的信息，从而克服了传统上常常存在的明显时滞。在这种方法中，估算从一个基年开始，借助六个很容易获得的指数来反映总产出的变动。

不管是对于国民经济研究局而言，还是实际上对于经济思想和学说史而言，1930 年都是非常重要的一年。这一年韦斯利·米切尔邀请西蒙·库兹涅茨接管国

---

[1] 《国民收入与支出》，第 7 页。

民收入方面的研究工作。正如所罗门·法布里坎特（Solomon Fabricant）所写的那样，库兹涅茨"犹豫再三"之后才接受这一邀请。[1]因为这意味着他将脱离原有的经济学研究，并在余生中皆转而从事另一项事业。

219

　　库兹涅茨是米切尔的学生。他于1930年出版了《生产和价格的长期波动：本质及其与经济周期波动的关系》（*Secular Movements in Production and Prices, Their Nature and Their Bearing upon Cyclical Fluctuations*）。这项研究始于五年前，终于1927年，次年获得哈特、夏弗纳和马克思委员会（Hart Schaffner Marx Committee）的出版推荐。[2]和克拉克一样，库兹涅茨生于1901年，这也正应验了孔子—白哲特—凯恩斯的那个观点，即而立之年以前是一个人可能形成其最具创造性想法的时段，也是熊彼特意义上的"构想"形成的时期。《长期波动》也属于1870—1939年期间出版的少数几本完全旨在讨论经济增长进程的著作之一。这本书认为，经济增长有三个重要的动态"推力"：人口增长、需求转变和技术变迁，这里的技术变迁包括技术或工程的进步，以及商业组织的改进。[3]作者认为，这三个变量中，技术进步最为重要。这本书的主题是每一个经济部门成长和周期性波动的方式和结果，尽管库兹涅茨在"总结性概括"和其他少数段落中谈到一种构想，涉及他最初在部门研究中的发现与整体经济增长过程的联系。但这本书的主题却是每一个经济部门增长和周期性波动的方式和结果。库兹涅茨很清楚，为了研究技术进步，有必要作进一步的部门分解。在后文中，我们还将把他的《长期波动》一书看成这一时期研究技术进步的主要著作之一，并予以考察（见后文第242—246页）。就库兹涅茨答应米切尔邀请的那一刻而言，有一点很简单，那就是应邀转向国民收入分析领域之后，库兹涅茨不可避免地转向了一个更加高度总量化的领域。在这一领域中，库兹涅茨作为金之后的第二代研究者，在美国逐渐成长为公认的国民收入分析进一步展开的领军人物，并且在二战后成为世界范围内致力于收集、利用这类数据，进而进行经济增长分析的领军人物。但也正是因此，他再也没能将《长期波动》中对有关部门技术变迁的重要见解，与后来

---

[1] 《构建一个更加坚实的基础》，第14页。

[2] 库兹涅茨的研究是由波士顿的霍顿·米弗林公司出版的，而非由他后来供职的美国国民经济研究局出版。哈特、夏弗纳和马克思委员会的成员包括：芝加哥大学的劳伦斯·劳林（Lawrence Laughlin），哥伦比亚大学的约翰·克拉克和韦斯利·米切尔，哈佛大学的埃德温·盖伊，以及华盛顿大学的西奥多·巴顿（Theodore Barton）。

[3] 同上，第5页。

高度总量化的国民收入增长分析整合在一起——对于一位深知创新在经济进步中的核心作用的分析家而言，这简直就是灾难。[1]

尽管如此，由于库兹涅茨在国民经济研究局的工作，国民收入分析在美国还是取得了显著的发展。1932 年 6 月 8 日，美国政治历史上发生了一个算不上举世震动，但却一点也不小的事情，来自威斯康星州的参议员罗伯特·拉福莱特（Robert La Follette）提出了下列决议：[2]

> 决议如下，商务部长必须于 1933 年 12 月 15 日之前，向参议院报告 1929、1930 和 1931 年度的国民收入，这其中不仅要有农业、制造业、采掘业、运输业及其他产业收入在国民收入中的比重估计，同时还应包括以工资、租金、专利权、红利、利润以及其他形式存在的国民收入构成的估计。这些核算工作应当由国内外商业局来完成，商业局可以利用一切官方或非官方的统计资料，以及其他可能为联邦政府各个部门、厅局和独立机构所掌握的数据。

> 拉福莱特先生……总统先生，我是否可以这样认为，多年来有关国民收入及其分布、源泉这类重要问题，我们普遍缺乏了解。而这些问题唯一可得的数据掌握在非官方的机构手中，尤其是国民经济研究局。然而，该研究局早在 1929 年前几年以来，就已停止了这方面的研究。

> 考虑到以后的立法问题，我相信根据本决议授权对经济数据进行处理，对于国会制定相关的财政政策及其他经济方面的法规而言，将有着不同寻常的意义。

由于需要征询商务部的意见，决议的表决被延后进行。但在 6 月 13 日，由政府来展开国民收入分析的表决被一致通过了。于是，商务部向库兹涅茨求助，请他帮助设计一个全新的部门架构，负责开展日常的官方统计工作。[3]

220

---

[1] 有关库兹涅茨的两难困境以及他自己对此认识的讨论，可以参见，比如，本人对他的《国家经济增长》的评论，见《总产出和生产结构》(Total Output and Production Structure)（剑桥，马萨诸塞州：哈佛大学出版社的别克纳普分社，1971 年），载于《政治学季刊》(Political Science Quarterly)，第 86 卷，第 4 期，（1971 年 12 月），第 654—657 页。库兹涅茨自己对此问题的讨论，参见《国家经济增长》，第 314—343 页。

[2] 《国会议事录》(Congressional Record)，第 72 次大会，第一场，第 75 卷，第 12285 页。以上提到的决议，记录在 1932 年 6 月 13 日第 12749 页上。

[3] 法布里坎特，《构建一个更加坚实的基础》，第 14 页。

拉福莱特参议员的倡议，不仅表明公众了解国民经济研究局所做的国民收入分析工作，而且也反映了政府内部有两个团体对于改进购买力和国民收入方面的统计方法表现出积极的兴趣，并达成共识。这两个团体，其中一个以商务部国内外商务局下属研究机构为中心，当时包括了维拉德·索普（Willard Thorp）和弗里德里克·德赫斯特（Frederich Dewhurst）；另一个团体是与拉福莱特参议员直接相关，成员有易萨多·鲁宾（Isador Lubin）和保罗·温宾科（Paul Webbink）。两个团体目标类似，也都近乎成为参议院决议的游说者。然而，对于这次创举中若干参与者在推进回溯裁决中的作用而言，卡罗尔·卡森（Carol Carson）的看法无疑非常正确：[1]

> ……我们不应该夸大任何一个人在启动官方有关国民收入分析方面的作用，因为这一步已酝酿许久。经济危机发生时，政府就很想知道就经济运行的状况，政府应该做什么并且能够做些什么以改善经济运行，然而当时几乎完全没有可靠的数据可供决策参考，于是，这么做其实就是顺势而为，因为它有助于增加我们对国民经济运行状况的了解。

库兹涅茨答应了商务部的请求，帮助其在拉福莱特决议的指导下建立了国民收入研究部门。[2] 该部门被最终地移交给自己的学生兼好友罗伯特·内森（Robert Nathan），后者主管此部门，直到 1940 年 12 月调往国防咨询委员会。[3]

在被卷入"二战"之前，库兹涅茨回到国民经济研究局，并完成了三项重要的国民收入研究：《国民收入与资本形成》（*National Income and Capital Formation*）（1938 年）、《商品流动与资本形成》（*Commodity Flow and Capital Formation*）（1938 年）以及《国民收入》（*National Income*）（1941 年）。库兹涅茨有关资本形成的研究，整合了所罗门·法布里坎特 1930 年以来在国民经济研究局完成的有关资

---

[1] 卡罗尔·卡森，《国民收入与产出》，第 156 页。

621 [2] 《1929—1932 年间的国民收入》，由商务代理秘书约翰·迪克森（John Dickson）归档于参议院，1934 年 1 月 3 日（华盛顿：政府档案局，1934，第 73 次大会，124 号文件）。有关库兹涅茨和美国国民经济研究局在作用的描述，请参见第 xi 页。

[3] 有关这个故事的描述，可以参见罗伯特·内森的"西蒙·库兹涅茨八十华诞祝词（Remarks Intended for Simon Kuznets' 80th Birthday），写于 1981 年 4 月 25 日"。内森让我也有幸亲阅这份评价。进一步的细节，可以参见卡罗尔·卡森，《国民收入和产出》，第 156—159 页。

本消费的原创性研究成果，这些内容具体反映在《资本消费与调整》（*Capital Consumption and Adjustment*）（1938）一书中。从本章关注的视角来看，这些研究尤其重要，因为正如 1933 年国民经济研究局理事大卫·弗莱迪（David Friday）所指出的，它们重点关注的是"把收入分为资本形成和消费两块"，其目的也非常明确，那就是为了缓和资本形成的剧烈波动而提供研究数据。[1]弗莱迪是一位充满想像力又务实的经济学家，同时还是社会科学研究会的重要人物和美国国民经济研究局的理事。

221

在战前的这段时期中，该领域的学者还因为一个会议平台的搭建而得以济济一堂，不管他们是来自国民经济研究局、大学还是政府部门，这个平台就是国民收入与财富研讨会。这个会议的持续举办诞生了若干卷有关国民收入和财富研究的成果，经济学家们在其中确定了悬而未决的问题，思考了可能的解决之道，并围绕着这些问题展开了激烈的论争。显然，库兹涅茨一直都是这项事业的领军人物。

1942—1944 年间，库兹涅茨带着自己业已成熟的专业技能到战时生产委员会任职，担任计划统计局的副主任。这一时期他的工作可见《战时国民产出》（*National Product in Wartime*）（1945）一书。

这期间，库兹涅茨和内森还一块被卷入到一场激烈的官场冲突中。这场冲突中可能存在着一些通史意义上的兴趣点，不过我们在这里特别提及是因为，它迫使国民收入研究与部门研究相互联系，尽管这种联系很不幸只持续了很短的时间。这场冲突在文献中一般被称为"可行性之争"。[2]

简单说来，故事似乎是这么展开的：

●1941 年中期，随着华盛顿日益承认美国可能全面卷入战争的事实，优先供给分配委员会（The Supply，Priorities，and Allocation Board）需要基于国防部和

---

[1] 卡罗尔·卡森，《国民收入和产出》，第 163 页。

[2] 有关可行性争论最完整的记载可见约翰·布莱甘德（John Brigande），《可行性之争：1942 与 1943 年战时产出目标的决定》，公共管理案例委员会，华盛顿，1950 年。也可参见卡罗尔·卡森《国民收入和产出》，第 174—175 页。争论这方的主要代表罗伯特·内森，在给库兹涅茨八十岁生日写的"祝词"中概括了自己在这件事情上的看法，并且他还在为"'二战'和 1980 年代的问题"准备的报告和声明中更正式地表达了这一看法，见在银行、金融和城市事务委员会、众议院，以及 1980 年 9 月 23 日第 96 届国会第 2 次会议上的发言稿，编号：96—66（华盛顿：美国政府档案局，1980），尤其第 5—7 页（证词）；第 17—19 页（已备好的陈词声明）。内森提交了事先准备好的声明，该声明不仅代表他自己，还代表大卫·金兹伯格（David Ginzburg）和肯尼思·加尔布雷思。这三个在美国战争经济中业已经历百般磨练的老兵，试图从过去的经验找到一些教训和启发，以用到 1980 年代出现的能源危机中。

其他部门递交的要求，制定一个胜利计划（Victory Program）。这项事业的存在代表了华盛顿研究者们的胜利，他们对抗着相当大的反对意见，使美国1940—1941年间军事方面的产出达到最大。这些人中包括一个令人尊敬的法国人，让·莫奈（Jean Monnet），她是英国供应代表团的成员，在游说华盛顿和唐宁街10号方面做了很多工作。

● 胜利计划的主持者是优先供给分配委员的主要计划者罗伯特·内森。这个计划旨在把飞机、坦克、轮船等方面的要求用总支出（到1943年9月是1500亿美元）以及钢铁、煤炭和铝等总量指标表示出来。这一工作于1941年12月完成，并且在珍珠港事件和德国对美国宣战之后，成为罗斯福的产出应对方案。

● 在战争打响之后，国防部（国会也默许）开始要求大规模提升产出。内森和他的同事（此时是战时生产委员会的计划部）认为，这些未经协调就扩大的生产计划不一定全都可行，如果同时展开，可能将引发巨大的混乱和低效。为此，他们启动了一项初步的可行性研究。该研究于1942年3月结束，结果表明生产计划在原定时间计划表内并不可行。库兹涅茨参与了这项研究，并在其中发挥了重要作用。1942年5月，一项为期四个月的研究再一次在库兹涅茨的积极参与下启动，这项研究从国民总收入、原材料、机械设备和劳动力供给等方面详细考察了生产计划的可行性。研究结果再一次表明，需要延展原初设想的项目计划时间。

● 当军队后勤服务补给长官布雷洪·桑姆维尔（Brehon B. Somervell）敦促抛开计划委员会的可行性报告，并宣称让这些文明的好事者滚开时，部门之间的官僚冲突激化了。桑姆维尔的意见最终并没有被采纳，但是显然，他从来没有原谅他的对手。

上述事实不仅反映了国民收入核算在战时生产计划中所扮演的重要作用，同时也意味着这种生产计划迫使宏观分析和部门分析相互结合在一起，这种结合至少在后来的美国又分道扬镳，虽然在战后的法国并没有马上开始。

222

"二战"结束以前，库兹涅茨出版的主要著作集中关注的是，如何进一步细化并精进美国的国民收入估算。但他令人印象最深刻的著作之一却是在他研究国民收入早期时完成的，那就是载于《社会科学大百科全书》（1933）第十一卷中有关"国民收入"的那篇论文——这篇文章为他日后关注国际社会国民收入的估算埋下了伏笔，至今仍属经典。[1]在这篇文章中，库兹涅茨探讨了在国民收入核算中必定要碰到的种种问题、困难和应对之道，包括哲学、理论和制度等方面的问题。文中有一个表格，其中罗列了一战前后十五个国家的实际人均收入，文后库兹涅茨还附上了当时国际上最为完整的有关国民收入估算的文献列表。[2]

　　实在值得记下一笔的是，始于 1930 年国民收入估算的精进，以及随后对商务部始于 1932 年常规工作的融合，对美国战前十年来的经济政策产生了显著的也是建设性的影响。然而，尽管这些发展从长期看非常有用，并且事实也证明确实如此，但是就 1930 年代的政策而言，它们似乎并没有带来什么实质性的结果。和英国情况类似，国民收入估算在政策制定方面的首要作用，主要体现在为战时经济问题提供了一个连贯一致的分析框架。

　　1870—1941 年间英、美两国国民收入估算体系的建立，很明显都是为了对付当时的紧急情况，比如收入分配、福利、失业以及战争中的经济行为，而非着眼于长期经济增长。尽管如此，但是随着国民收入序列的推演溯及以往历史时期（虽然困难日深），这些研究还是为长期经济增长分析带来了不可缺少的数据。总而言之，现在总算可以估算总投资和净投资水平，而投资与总产出和净产出的关系，以及国民产出构成变化的统计也开始成为可能。

　　科林·克拉克和库兹涅茨都知道，经济增长分析需要的不仅仅是投资率的分析，还需要了解技术和生产率有什么变化，而这些与当前投资水平的联系并非那么简单直白。1870—1939 年间技术和生产率方面出现了许多研究，包括对相关统计数据或多或少的收集使用。思量再三，我还是决定有关技术变迁分析的统计资料应该与那些分析本身放在一块加以阐释。下面，我们就转向这方面的论述。

---

[1]　埃德温·塞利格曼（Edwin R. A. Seligman）（主编），阿尔文·约翰逊（Alvin Johnson）（副主编）；（纽约：麦克米伦，1933 年），第 205—224 页。

[2]　同上，第 206 页和第 224 页。

第九章　投资与技术（二）：增长理论

　　除却少数例外（比如科林·克拉克、沃尔瑟·霍夫曼、库兹涅茨和熊彼特），对经济增长分析的贡献，就像早期的国民收入估算那般，常常都是研究其他问题的意外收获——有时可谓妙手偶得之。随着经济学的扩展与专业化，这个舞台变得愈发拥挤。在一长串值得分析的思想家名录与参考文献序列中，一不小心就可能丢失分析的脉络。而且，就基本的增长因素而言，许多贡献相互重叠。比如，库兹涅茨的《长期波动》和熊彼特的《经济周期》（*Business Cycles*）都论述了经济增长过程中技术以及产出与价格的周期性波动。某些对转移问题的研究［比如，威廉姆斯（Williams）、雅各布·维纳（Jacob Viner）和亚历山大·凯恩克劳斯（Alexander Cairness）的研究］，均涉及资本输出的先进工业国与资本输入的发展中国家的经济增长动力问题。因此，我在决定从哪入手来讨论某位经济学家时是有点武断的。比如，我会在这一部分谈一些转移问题的研究，而把霍夫曼的《工业经济增长》（*The Growth of Industrial Economies*）与科林·克拉克的《经济进步的条件》（*Condition of Economic Progress*）放到增长的阶段与极限那一部分中去。那部分还包含了 1930 年代讨论长期萧条的一些参考文献，尽管这些文献完全可以和其他对技术与增长的分析一并处理。

　　除了这些随意的安排之外，我想出了一种解决这种意外收获问题的办法，那就是围绕某些虽未完全占据但却基本上影响了研究者注意力的主要问题，对这个时期对经济增长分析做出贡献的学者进行分组；而对于第二个问题，也即过度拥挤问题，我想出的办法是，把注意力集中在一两个关键人物身上，而不找任何借口，试图进行全面的"检阅"。因此，我们将沿着如下六个问题对一些关键人物展开论述：

    A 捍卫利息的合理性：庞巴维克。

    B 利率与价格趋势：费雪和维克塞尔。

    C 转移问题：威廉姆斯和凯恩克劳斯。

    D 技术与增长：库兹涅茨和熊彼特。

    E 两个非正统的观点：亚当斯（Adams）和凡勃伦。

    F 形式化增长模型：比克迪克（Bickerdike）和哈罗德。

224

捍卫利息的合理性：庞巴维克

    奥地利学派在传统经济学说史上占据着令人尊敬的重要地位，这是因为它是当时出现的几个主要的边际分析中心之一，虽然并非唯一。该学派不仅有维塞尔、庞巴维克、米塞斯和哈耶克，而且通过维克塞尔和卡塞尔影响了瑞典，通过威克斯蒂德（Wicksteed）、罗宾斯和伦敦经济学派影响了英国，因为弗兰克·陶西格和欧文·费雪而越过了大西洋，——费雪的《利息论》（*Theory of Interest*）就得益于约翰·雷（前文，第 104 页）和庞巴维克。

    在《资本与利息》（*Capital and Interest*）一书中，庞巴维克详细地回顾了有关利息问题的争论，从亚里士多德时代到中世纪教会对高利贷的攻击，直至 19 世纪晚期由马克思的剩余价值理论和其他社会主义者的论断所掀起的争论——因为他们认为，利息是残酷剥削劳工的不道德产物。[1] 在这部书里，他简明扼要地概述了自己的利息理论，并在《资本实证论》（*The Positive Theory of Capital*）一书中详细展开。[2] 从现在看来，他那三个著名的利息决定因素中只有一个是重要的，也即其中的"第三点理由"。

    和马歇尔一样，庞巴维克明确地把论述的核心集中在与利息现象有关的时间问题上。在马歇尔看来，利息是等待的回报。庞巴维克认为，与时间有关的因素

---

[1] 欧根·冯·庞巴维克：《资本与利息：经济理论评论史》（*Capital and Interest: A Critical History of Economical Theory*）[威廉·斯玛特（William Smart）编]，（伦敦：麦克米伦出版社，1890）。本书德语版首版出版于 1984 年。

[2] 庞巴维克利息理论的概要及精要总结，参见同上第 257—259 页和第 421—428 页，《资本实证论》（*The Positive Theory of Capital*）1889 年在德国出版，威廉·斯玛特版的英译本于 1891 年出版（纽约：G. E. 斯特里赫特（Streehert））。

有三：两个源于人类心理，一个与生产率相关。从心理上讲，相对于未来而言，人们更看重当前的商品——用熊彼特那简练但却权威的释义讲，这是因为"拥有现在才能考虑其他替代选择和未来"。[1] 从生产率的角度，庞巴维克明确阐述了利息问题，认为"因为'耗时'的迂回生产更有效率，即给定一定量的初始生产手段，当其首先被用来生产中间产品（比如工具），然后再用来生产消费品，要比完全直接用于生产消费品能够获得更多的物质产品"。[2] 正如批评者们很快就注意到的，事实证明，这种处理投资生产力的方式不太令人满意，因为实际上，所有的技术改进都不要求有更大的迂回性。而且对于各种形式的投资而言，把不同程度的迂回性笼统地归于一个总的平均生产周期，这也几乎不能解释实际上是决定投资生产率的是什么。对于庞巴维克的"第三点理由"，还存在许多其他反对意见。[3]

不过在到了欧文·费雪的手里之后，庞巴维克的论点被极大简化，堪称精彩。在《利息论》中，他把庞巴维克的两个心理因素浓缩为"对收入缺乏耐心"，把迂回性转化为"机会"或成本回报率。[4] 因此，正如凯恩斯所承认的，费雪的观点在某种程度上是其资本边际效率理论的直接源泉，一如费雪得承认自己从约翰·雷和庞巴维克那里受益匪浅那般。至于庞巴维克的"平均生产周期"，在现代增长模型中则变成更可操作的资本产出比出现，虽然这同样是一个暗箱，既有启发又模糊不清（后文，第 454 页）。

不管怎么说，为理清多少有些零乱的古典利息理论遗产，以及为迎接社会主义者的挑战，这些努力使人们对投资过程的短期与长期分析有了一个更加清晰的认识，同时也提供了一些还算有用的分析工具。

利率与价格趋势：费雪和维克塞尔

在第六章中，我曾提到，1873 年到 1890 年代中期世界经济中价格的长期下降，

---

[1] 约瑟夫·熊彼特：《从马克思到凯恩斯的十大经济学家》(Ten Great Economists)，（伦敦：艾伦与昂温出版，1952 年）第 176 页。

[2] 同上，第 177 页。

[3] 马克·布劳格很好地总结了有关庞巴维克生产迂回性和时期概念及其演化的争论，见《经济理论回顾》(Mark Blaug, Economic Theory in Retrospect)（霍姆伍德，伊利诺伊：理查德·埃尔温，1981 年），第 501—543 页。

[4] 精彩总结参见欧文·费雪，《利息论》(The Theory of Interest)（纽约：麦克米伦出版社，1930）[可从经济学经典重印中获得（纽约：奥古斯图斯·凯利，1961 年）]，第 451 页。

以及后来直至 1914 年的持续上升，吸引了当时一大批经济学家的注意。在讨论 1873 年至 1896 年的价格下降时，我曾经在其他地方把相关理论分为以下几类：[1]

1. 那些把黄金与价格水平直接挂钩的理论。

2. 那些考虑了 M'V' 的变化，明确地讨论货币和银行体系的理论。

3. 那些明确把利率看成是价格波动杠杆的理论。

4. 那些从个体价格供求分析的角度来解释一般价格水平波动的理论。

5. 最后，有三个学者试图把这些不同的流脉整合成一个连贯一致的一般解释：马歇尔、维克塞尔和凯恩斯的《货币论》(the *Treatise*)。

我们已经讨论了马歇尔对这个问题的探索，其看法有趣但却没有得到什么结果（前文，第 181—182 页）。费雪沿着第一、第三类理论展开了分析，而维克塞尔则从第三类理论展开了略显复杂的分析。就本书的目的而言，这些分析都将说明，对这个问题的分析如何依赖于（或未能依赖于）对经济增长的分析。凯恩斯在《货币论》中的观点并没有在费雪和维克塞尔的讨论之外增添什么新意。[2] 然而，我将阐述后《通论》时代凯恩斯对价格下降的回顾与反思，以此来作为这一部分的结语。

费雪在《利息论》中以其一贯明白晓畅的风格总结了他有关利率和价格水平的看法。[3]

我们已经从价格水平（P'）与债券收益和短期利率的相互关系中发现了一些证据。不管是一般还是特殊，这些证据都表明，价格的变化确实会在总体上以一种可感知的方式沿着先验理论所指示的方向影响着利率（即，它们沿同方向变动）。但是，先前的想法是不完善的，这种影响比理论所预测的要小一些，有时甚至会极大地滞后于价格波动。当价格变化对利率的影响**分布**于若干年之中时，我们已经发现二者之间的相关系数非常高。这就表明，利率在一定程度上紧随价格的变化而变化，尽管这要相当长的时间才会显现出来。

---

[1] 沃尔特·惠特曼·罗斯托，《19 世纪的英国经济》(*British Economy of the Nineteenth Century*)，(牛津：克拉伦登出版社，1948)，第 145 页。

[2] 有关我对凯恩斯《货币论》中关于 1873—1896 价格下降解释的评论，见同上，第 155—157 页。

[3] 《利息论》，见经济学经典重印（纽约：奥古斯图斯·凯利，1961 年；原出版商纽约：麦克米伦出版社，1930 年)，第 451 页。

我们的结论是，部分由于远见，部分由于缺乏远见，价格变化确实会在若干年之后经由利润和商业活动的变化而对利息产生深远的影响。实际上，尽管本书的主要目的是为了说明利率在货币购买力稳定的情况下会如何变化，但现实中还从来没有出现过那么长一段时间，在此期间这一条件哪怕是得到近似的满足。当这一条件得不到满足时，货币利率进而实际利率受到币值不稳的更大影响，甚于受那些与收入的不耐心和机会相关的更基本更常见因素的影响，虽然后者是本书的主要关注点。

费雪意识到，他的价格变化对利率有迟滞影响的观点，与维克塞尔等人所持有的利率影响价格波动的观点存在冲突。但是当费雪在直接面对 1873 年至 1896 年间价格的下降时，他的论证并不是从正在下降的利率滞后于下降更快的"自然率"这个角度出发的，而是从相当传统的货币数量论角度出发。[1]

1873 年至 1896 年，价格下降了。这可能是源于黄金产量增长乏力，源于先前一些银本位制国家采用了金本位制，而后从老的金本位制国家收回黄金，源于关闭银币厂后对银币扩张所施加的控制，源于银行业增长变缓，以及贸易的与日俱增……并不是因为数量方程的左边没有增长，而是它没有贸易增长的那么快……可见，当（我们假设）流通速度的变化相比交易媒介和贸易的变化要低得多时，价格变化史从本质上就变成了交易媒介（M 和 M'）增长与贸易（T）增长之间竞赛的历史。

在《货币的购买力》（the Purchasing Power of Money）和《利息论》这两本书中，费雪都探讨了利率与价格波动之间的关系。基于某种所谓的统计验证，他发现黄金存量与价格水平波动之间存在相关关系，并认为这就是一个充分的证

[1] 欧文·费雪，《货币的购买力》（The Purchasing Power of Money）（纽约：麦克米伦出版社，1926），第 242 页和第 246—247 页。也许我应该提一下经济学说史上一个非常小的时刻。1938—1939 年，那时我是耶鲁大学的研究生，而费雪教授已经退休，他邀请我到他家吃午餐。后来，他向我展示了一个隔间，里面收藏着大量的历史资料和当时的档案，主要是价格和货币的数据，以及他那著名的经济压强模型，目前正在修订。最后他切入正题：如果我愿意在我的职业研究中致力于"追寻镀金的历史脉络"（即黄金与价格的关系），他愿意将他的档案馈赠予我。我那时非常尊重作为一位理论家的费雪教授，现在也依然如此。我感觉到某种悲哀，他没能在耶鲁培养一位弟子推进自己有关长期价格分析的构想。但我已经得出结论，金块的供给不是历史上决定价格趋势的决定因素，货币数量论在价格分析中总体而言只是一种不充分的工具。我极尽礼貌地谢绝了他的好意。

明。[1]费雪并没有对资本市场的状况进行调查，据此检验货币利率是否真的滞后于"实际"利率。至于产量和就业，费雪秉承了李嘉图恶习，像后来包括米尔顿·弗里德曼在内的货币主义者一样，做出了一个很强的简化假定，多少显得有点避重就轻：[2]"由于对贸易发展的变化知之甚少，我们暂且假定贸易呈稳态增长，而把注意力主要集中在流通媒介的变化上。"事实上，稳定的增长率并不是现代经济的特征；假定经济呈稳态增长将导致对价格波动决定因素的错误估计。

但是在费雪的解释中，还存在一个与众不同的维度，这个维度源于他的"机会"这一概念，几乎接近于熊彼特的想法。在《利息论》中，他秉承约翰·雷的精神，探索了利率与发明创造之间的关系。[3]他的中心观点是，一次（熊彼特意义上的）重要创新的出现在开始时会提高利率，但在长期中，随着创新成熟期的来临，会转而降低利率。随后，他对发明创新过程的日益制度化展开了扩展讨论，他重点关注的是1920年代的美国。在总结归纳他对"机会"（成本回报率）波动的分析时，费雪写道：[4]

　　……汽车的发明，电和化学方面的发现和发明，这些都已经继铁路之后成为新的投资领域，并要求人们牺牲当前收入，以获取未来的收入。因此，任何一种发明的第一效应都倾向于提高利率，然后逐渐减弱消散，为其第二效应——降低利率所取代，而这第二效应也可能会为即将出现的新发明所抵销。

227

在这里，费雪紧紧地抓住了影响利率（以及整个资本市场）的真正力量；在这一点上，费雪在那些被归为货币主义者的人中间可谓独树一帜。但是，他从未能够像比如丹尼斯·罗伯逊那样，把他对实体经济学和货币经济学的分析完全统一起来。费雪最接近这一点的一刻，是在1930年版对利率决定因素的分析中。

维克塞尔的观点很有趣，因为他把货币数量论对价格波动的解释翻转过来，将价格波动归因于"自然"利率与货币利率之间的时滞。而且，维克塞尔有点

[1]　《购买力》，第242—245页。
[2]　同上，第247页。有关弗里德曼的观点和我对此的评论，参见我的《为何穷国变富而富国减速》（奥斯汀：得克萨斯大学出版社，1980年），第220—232页。
[3]　《利息论》，十六章，第341—355页。
[4]　同上，第503页。

类似于就 1815 年之后英国价格下降而与李嘉图展开辩论的马尔萨斯（前文，第 60—61 页），认为货币供给主要是反映了价格的变化，而不是引起这种变化，不过他并没有完全剔除货币因素的独立影响。维克塞尔的关键推理段落值得引述：[1]

> ……货币数量论的解释——价格上升是由于货币供给过量，价格下降是由于货币稀缺——与实际观察到的利率波动不一致。如果这种说法是正确的，应该就可以预期，当价格上升时，利率会暂时下降，当价格下降时，利率会暂时上升；而且当价格已经适应贵金属存量的变化时，利率会再次回归它的通常水平。然而，经验观察告诉我们，当价格上升的时候，利率也会持续上升，当价格下降的时候，利率也会持续下降。

> 当我们把资本自然利率的变动这一独立因素纳入考虑，并把它看成这种波动的根本原因时，所有这些困惑和复杂关系就会立即消失。不仅如此，我们不仅可以把这些变动看成是价格波动的原因，而且还可以把其看成与之类似但却稍微滞后一些的货币利率变动的间接原因。于是，货币的充裕与稀缺，特别是银行所持有的现金量变得次要。这些因素的变化可以认为是价格水平变化所导致的对交易工具需求改变的结果。不过，下面几点依然是正确

---

[1] 纳特·维克塞尔：《利息与价格》（*Interest and Prices*），由理查德·卡恩译自德文版，贝蒂·俄林作序，（伦敦：麦克米伦出版，1936 年），第 1—7 页。《利息与价格》第一版的序言可追溯到 1893 年。缪尔达尔对维克塞尔的"正常或均衡利率"的清晰定义如下，（见《货币均衡论》[伦敦：威廉·霍奇出版（William Hodge），1938 年]，第 37—38 页）。

> 众所周知，维克塞尔是通过界定引致货币均衡的"货币利率"水平来定义均衡位置的。维克塞尔称该利率为"正常利率"，它取决于价格形成中三个不同领域的数量：
> （1）迂回生产过程的生产率；
> （2）资本市场的状况；
> （3）商品市场的状况。
> 在维克塞尔看来，"正常利率"必定（1）等于实际资本的边际技术生产率（即，"实际"或"自然"利率）；（2）令储蓄的供求相等；并且最后，（3）确保价格稳定，主要是消费品价格的稳定。

缪尔达尔接着写道：

> 维克塞尔假定正常利率的这三个条件是等价的——即，它们绝不会相互不一致；但是他无法给出证明。事实上，就此目的而言，他的表述过于松散，而且自相矛盾。下面我将证明它们不可能一致：只有第一和第二个均衡条件勉强一致；它们相互关联，第一个条件受制于第二个条件，反之则不然。它们都与暗含于整个理论中的主要论点对应。但是，只有对它们的基本要点加以修正，并做出更精确的表达之后，才会如此。然而，就商品市场而言，这两个货币均衡关系的满足就意味着会得到某种与不变价格水平大相径庭的结果。

的，即它们可能存在独立作用的空间（贵金属的产量、纸币的发行、信用系统的发展等等）；而且，就加速、还是延迟货币利率向新的自然利率移动这一点而论（它们甚至可能引起货币利率向朝着与自然利率相反的方向移动），它们对价格波动就有着独立的重要作用。

维克塞尔在题为"在前人理论之光下的实际价格波动"（"Actual Price Movements in the Light of Preceding Theory"）的一章中，把这一理论用于解释始于 1790 年代跨越百年的英国价格波动。[1] 对于 1870 年代早期至 1890 年代中期的价格下降，他的结论核心均落在自然率的下降上。他认为，随着铁路时代的衰微，实际工资的上涨，储蓄在上升的同时却面临着"真正有利可图的投资渠道的严重匮乏"。[2] 于是他认为，尽管利率下降了，但是因为对黄金货币需求的增加以及黄金供给的持续减少，它还没有下降到底。恰在这一点上，他注意到黄金短缺并不重要，因为银行有大量的闲置储备。这种观点的确使注意力集中到改变了的投资方向上。而且，借助一套统一的术语，这种理论得到了发展。可惜的是，维克塞尔没能指出，这类"增加实际资本、有助于提高实际工资"的投资本身会降低价格，而不论货币利率滞后于实际利率是否会导致需求的长期疲软。除非维克塞尔仔细思考导致价格下降的两类彼此独立的因素，即同时从供给的角度（"增加实际资本、降低成本和价格、提高实际工资"）和需求的角度（"滞后的货币利率"）进行考量，否则便会出现冲突。

应该强调的是，维克塞尔的核心关注点并不在于经济增长，而是在于提出一种可以替代货币数量论的解释。他能体会图克对货币主义的批评，但却认为图克没能提出一套完全统一且内在一致的替代性理论解释。[3] 维克塞尔依托自然利率与货币利率之间的关系提出了他的替代解释，并基于此提出了一些政策主张，以实现当时他所关注的目标：稳定的价格水平。[4]

228

---

[1] 同上，第十一章，第 165—177 页。有关维克塞尔讨论历史章节的再讨论，参见休斯（J. R. T. Hughes），"维克塞尔论事实：价格与利率，1844 至 1914，"（"Wicksell on the Facts: Prices and Interest Rates, 1844 to 1914,"），录于沃尔夫（J. N. Wolfe）（编），《价值、资本与增长》（*Value, Capital and Growth*），（芝加哥：阿尔丁出版公司和爱丁堡大学出版社，1968 年），第 215—255 页。

[2] 同上，第 174—175 页。

[3] 同上，第 xxiii—xxv 页，维克塞尔在 1898 年的序言中清楚地说明了自己的目的。

[4] 同上，尤其是第十二章，第 178—196 页。

维克塞尔是把他的理论作为一个尝试性的、多少有些不确定的假说提出来的。很快，这个理论就成了众矢之的，并得到修正，其中包括（或者说尤其是）来自他尊敬的朋友大卫·戴维森（David Davidson）以及他最忠实的信徒埃里克·林达尔、冈纳·缪尔达尔和贝蒂·俄林对他的批评。但这种开诚布公所带来的丰硕成果是以往罕见的。在瑞典，它使人们直接预见到了凯恩斯在《通论》中完成的大部分分析。维克塞尔认为，逐步累积的进步源于自然利率与货币利率的高下差异，这种观点虽然没有对缪尔达尔在《货币均衡论》（*Monetary Equilibrium*）中稳定物价水平的目标产生多大影响，但却对其中缪尔达尔所认为的"主要目标"——"熨平经济波动"产生了很大影响。[1] 更值得注意的是，缪尔达尔在《美国的困境》（*An American Dilemma*）中研究美国种族问题时，其所使用的主要分析工具之一就可以直接追溯到维克塞尔所提出的累积进步观。[2]

从现在看来，正是因为维克塞尔认识到技术及其他力量在决定他所处的那个世纪中投资的生产率与资本需求的作用，才使他成为经济增长分析的贡献者，而当时他主要关注的是价格趋势的决定因素。但是他的基本洞见，即价格与货币波动的根源要从数量方程的右边（产量），而不是左边（货币供给）来寻找，使他成为一名经济增长问题的分析家，不管他自己怎么认为。

现在简单提一下凯恩斯在放弃《货币论》并完成《通论》之后对这个问题的看法，因为这个问题与维克塞尔的自然利率、费雪的成本回报率以及过一会我们要回过头来论述的长期停滞概念（后文，第 321—325 页）多少有点关系。凯恩斯在 1940 年曾写道：[3]

> 品读着自己之前在《货币论》中提出的观点，的确感觉就像是一次时光穿梭。1870 年之后，随着时间的推移，同时由于财富的极大增长，许多当时被我完全忽略的因素现在当然应该加以强调，这其中之一就是维持充分就业所必需的投资量的极大增长。如果要与极大增长的储蓄量保持一致，那么

---

[1] 冈纳·缪尔达尔：《货币均衡论》，第 178—180 页。

[2] 冈纳·缪尔达尔：《美国的困境》（*An American Dilemma*）（纽约：哈珀兄弟出版，1944 年），尤其是第 75—78 页和附录三，"积累原理的方法论注解"（"A Methodological Note on the Principle of Cumulation"），第 1065—1070 页，这里，缪尔达尔明确提到了自己的《货币均衡论》和其他动态经济分析。

[3] 这段文字出自 1940 年 2 月 2 日凯恩斯写给我的信，当时，他同意在《经济史》（*Economic History*）上发表一篇关于大萧条理论的文章。

有利可图的投资机会的增加不仅要跟上先前的水平，而且要远远超过这一水平，这样才能在一个更加富裕的社会里维持充分就业。

229

依我看，凯恩斯还是弄错了。正如在《货币论》中那样，他还是坚持主要从需求方面，而不是供给方面来寻找 1873 年之后价格下降趋势的解释——这个错误马歇尔没有犯。

转移问题：威廉姆斯和凯恩克劳斯

因为研究一个截然不同的问题而收获有关增长分析的洞见，这种情况还可以通过两次大战之间有关资本输出的历史研究而得到相当生动的说明。事实上，这一问题在一战前英国的贸易条件趋于恶化时就已经出现。我们会在十三章（相对价格）中考查针对这种趋势的分析。这里我们关注的是一个与之相关但却截然不同的问题：有关资本转移问题的分析是如何成为经济增长文献的一部分的。

两段迥然不同的历史共同解释了一战后人们对转移问题兴趣的兴起。一是关于德国支付战争赔偿能力的激烈辩论，1919 年凯恩斯《和平的经济后果》（*Economic Consequences of the Peace*）一书的出版更是加剧了这场辩论。凯恩斯的核心观点是一个源于古典对外贸易理论的命题，也即，为支付战争赔偿所进行的努力事实上是大规模的资本输出，这将会导致贸易条件对德国不利，并进一步加剧该国的贫困。凯恩斯的这一忧虑还因为对一个长期因素的关注而加深，这一因素根植于古典生产理论，而不包含于传统外贸理论，即，报酬递减一直持续地作用于工业欧洲 1890 年代中期至 1914 年间进口的食物和原材料的相对价格。[1] 凯恩斯推想，一战后这一趋势将继续作用于欧洲的贸易条件，而且因为对美国战争赔偿的支付，相关的资本转移问题将使整个西欧背上危险的负担，而不仅仅是德国。第二，一些战争赔偿转移问题的分析家意识到，1914 年之前资本向阿根廷、加拿大和澳大利亚的超常规流入，以及普法战争后法国战败赔偿的经历，都为确立转移问题古典分析的重要性提供了契机。

---

[1] 约翰·梅纳德·凯恩斯：《和平的经济后果》（纽约：哈库特，布莱斯和豪（Harcourt, Brace, and Howe），1920 年），尤其是第 22—26 页和第 229—230 页。

623

对上述分析的验证本该有助于推进经济增长分析，这的确有点自相矛盾；因为正如约翰·威廉姆斯曾经明确地指出的那般，贸易理论所赖以形成的假定非常明确地排除了经济增长过程。[1]

> ……一直以来，英国古典贸易理论……的主要基础就是李嘉图对经济要素内外部流动的明确区分。为简便起见，它还去掉了运输成本。也许比较不明显的是，它假设对于每一个贸易国而言，已有且可用的生产要素数量是固定的，而后回答这些要素在满足假设的前提下，怎样才能在国际贸易环境中得到最有效的利用。

> ……依我看，如果我们希望知道国际贸易的因果效应，那么古典理论出于推理目的而假设为固定量的那些东西，就应该成为研究的主要对象，如此宽泛地否定这些事实的重要性将导致我们无法在分析中找到其应有的位置。

> 下面是作者 [威廉姆斯] 的观点：

> 1. 其假定不准确，并且已经达到影响理论合理性的程度，或者至少影响其在世界贸易中的应用范围；

> 2. 国际贸易与新资源和生产力发展的关系对于解释当前的国家地位、收入、价格与福利的重要性，要高于古典经济学家在已有且可用的生产要素数量给定的前提下展开的跨部门价值分析；

> 3. 生产要素的国际流动与比较价格、收入和国家地位显著相关，这种相关性至少不亚于其与商品贸易的相关性；

> 4. 国际商品贸易、运输成本以及经济要素的流动，不论是流出还是流入，都在不断地相互作用；通过审视日新月异的真实世界里发生的这些相互作用，我们才有希望弄清国际经济交流的起因，把握其对市场和生产组织，对价格与价格的形成过程，对收入与一般福利，以及最终对国际商业、金融与劳工方面的政策是否明智的影响。

简言之，威廉姆斯认为，转移问题应该在经济增长的背景下加以研究，而且

---

[1] 约翰·威廉姆斯："国际贸易理论的再思考"（"The Theory of International Trade Reconsidered"），载《经济学杂志》，第 39 卷，第 154 期（1929 年 6 月），第 195—197 页。

要把所有马歇尔式的长期因素都纳入进来。他付出了艰辛的努力，才获得了做出这一判断的资格。他的研究是当时诸多历史研究之一，主要是受到了弗兰克·陶西格的指导。在研究中，他花费了令人赞叹的努力，对古典转移过程理论展开了经验检验。注释中列出了 1939 年之前发表的有关这方面的主要研究。[1]

受陶西格的鼓励，威廉姆斯在可贬值的纸币标准下着手检验古典国际贸易理论学说，也就是说，那时黄金已被弃用并逐出流通领域。基于实际上是大卫·休谟最早使用的术语，威廉姆斯非常明确地提出了自己的问题（前文，第 30 页）：[2]

直白地说，国际贸易与外汇理论中那些常见观点不外乎建立在以下三点的基础之上：

1. 贸易国以黄金作为基础货币。

2. 通过硬币流动机制，黄金在贸易国之间自由流通。

3. 当黄金从一国流出，该国价格水平下降，结果出口增加，进口减少；相反，当黄金流入，该国价格水平上升，结果进口受到鼓励，而出口遭抑制。

在该机制下，国际收支平衡方面一次相对轻微的扰动，比如借款增加，都会使这台机器运转起来，导致商品进出口发生变化。一次足够大的扰动就会导致现有贸易平衡的逆转。

---

[1] 有关转移过程的历史研究包括：约翰·威廉姆斯：《不可兑换纸币条件下阿根廷的国际贸易》（*Argentine International Trade under Inconvertible Paper Money*）（剑桥：哈佛大学出版社，1920）；弗兰克·格拉汉姆（Frank D. Graham）："可贬值纸币条件下的国际贸易。美国，1862—79，"（"International Trade under Depreciated Paper. The United States, 1862—79,"），载《经济学季刊》（*Quarterly Journal of Economics*），1922 年；雅各布·维纳：《加拿大国际债务平衡，1900—1913》（Jacob Viner, *Canada's Balance of International Indebtedness, 1900—1913*），（剑桥，马萨诸塞：哈佛大学出版社，1924 年）；戈登·伍德（Gordon Wood）：《澳大利亚借贷与商业》（Gordon Wood, *Borrowing and Business in Australia*）（牛津：克拉伦登出版社，1930 年）；罗兰·威尔逊（Roland Wilson），《资本输入与贸易条件》（*Capital Imports and the Terms of Trade*）（墨尔本：墨尔本大学出版社与麦克米伦出版社合作，1931）；哈里·怀特（Harry D. White），《法国国际账户，1880—1913》（*The French International Accounts, 1880—1913*）（剑桥，马萨诸塞：哈佛大学出版社，1933）；布雷夏尼—图罗尼（C. Bresciani-Turroni），《国际支付理论的归纳验证》（*Inductive Verification of the Theory of International Payments*）（埃及大学法律系出版物，第 1 期，开罗，没有年份，大约 1933 年）。西尔弗曼（A. G. Silverman）的研究工作以其处理贸易条件时的折中特点而著称，这体现在他发表于《经济统计评论》（*the Review of Economic Statistics*）上的两篇文章中，（"英国出口与进口价格的月度指数，1880—1913"（"Monthly Index Numbers of British Export and Import Prices, 1880—1913"）[1930]，第 139—148 页；"某些影响英国的国际贸易因素，1880—1913"（"Some International Trade Factors for Great Britain, 1880—1913"）[1931]，第 114—124 页）。相比对古典假说的验证，西尔弗曼更关注于直接解释贸易条件的变化。陶西格自己的结论可见他的《国际贸易》（*International Trade*）（纽约：麦克米伦出版社，1927）。

[2] 约翰·威廉姆斯：《阿根廷国际贸易》，第 4 页。

231   但是，如何解释上述机制没有发挥作用时的贸易平衡逆转呢？

1880 年至 1900 年的阿根廷就是寻找答案的极佳实验室，因为这段时期的大部分时间里，阿根廷都以可贬值的纸币作为标准货币；1890 年巴林危机之后，阿根廷遭遇了急剧的"贸易平衡逆转"。

阿根廷经济史上有两个大的转折点，威廉姆斯的研究结果是对第一个转折点前后阿根廷情况的细致分析——第二个转折点是 1930 年代阿根廷通过进口替代而跃进到真正工业化的第一阶段。正如威廉姆斯在 1930 年所说[1]："1880 至 1890 这十年是阿根廷经济史上的大'繁荣'时期。阿根廷那十年的经济发展超过了该世纪之前所有的年月，这样说并不过分。"阿根廷的这次经济繁荣建立在大规模的资本输入基础上，其输入的资本规模相对于输入国的经济规模而言在经济史上也是罕见的。尽管支付的利息在增加，但该国依然允许资本不断输入。接着就是 1890—1891 年的巴林危机和一段痛苦的调整期，直至 1890 年代中期；这期间，资本输入停止，商品进口崩溃，在世界商品价格下降的形势下，出口也停滞不前。终于，从 1894 年开始，产出和出口开始大幅回升，很快这一趋势因阿根廷出口品世界价格的上升而得到加强；尽管利息支付超过了国外借款，但贸易盈余的存在使得资本输入的扩张成为可能；1899 年阿根廷通过了一部兑换法律，结束了黄金升水；资本输入开始复苏；阿根廷开始了新一轮大繁荣，直至 1914 年。

在威廉姆斯的解释中，一切都变得非常清晰，尽管由于目标界定过于狭窄所造成的扭曲，使得他不得不将最重要的一段分析放到一个长脚注上。[2] 威廉姆斯以朴实无华的语言总结了自己的文本，尽管这已经为他之后的脱离传统打下了基础。[3]

由于出口品是农产品，正如我们所知道的，它们受制于大自然不可控的变化。大自然的变化莫测与国内货币和价格条件毫不相干，但却深刻地影响着任何依赖于货币和价格条件的因素。另一方面，进口品是工业制成品，且

---

[1] 同上，第 27 页。

[2] 同上，第 239 页注 1。在总结时，威廉姆斯指出，传统可贬值纸币兑换理论中的"错位"兑换并不适用于阿根廷，因为在所考察的整个时期中，阿根廷实际上都存在一个黄金汇率。他同时指出，鉴于它只是"偶尔重要性"，问题的重点被误导了。

[3] 同上，第 256—257 页。

来源广泛，相对来说不受变化莫测的自然条件的影响。而且，由于出口品只占世界供给的很小一部分……世界价格的波动……对出口品总价值的影响要比黄金升水的波动对国内纸币价格的影响大得多……

　　换言之，对于农业国而言，看起来更容易"保持其他情况不变"的是进口而非出口。

除了罗列出作用于农业国家出口品价格的多种因素，并强调"其他情况"不可能保持"不变"之外，从威廉姆斯对阿根廷的研究结论中，那篇文章（348 页脚注 1，下码）中从一般意义上对古典对外贸易理论展开了强烈的攻击。

如威廉姆斯在回顾自己的研究时所言，震撼到他的因素（可以猜测，正是这些因素导致了他 1929 年的批评）同样会令现代读者感到震惊；那就是，那本书中最有趣的篇章居然与对外贸易理论没有什么直接的联系。它们解释了 1880 年代的繁荣为何会发生；为何伦敦以及阿根廷的力量会引发资本的剧烈流动；资本的流入为何没能持续，巴林银行为何会破产，为何不得不等待英格兰央行组织的财团施以援手；1880 年代大部分投于铁路的投资，加之移民的大规模涌入，如何在经过几年痛苦的时滞之后带动产出和出口，推动阿根廷成功走向繁荣，从1890 年代中期一直持续到 1914 年。威廉姆斯依然忠于自己对国际贸易理论进行实证检验时所设定的框架，即探究可贬值的纸币、国外借款与对外贸易之间的相互关系。但在解释这三个变量的动力学以及它们如何相互作用时，他写了一篇与之相关的短论，探讨了国家快速发展的路径以及资本输入对国家发展的作用。最后，也就不难理解他为何会得到这样的结论（前文，第 229 页）[1]："依我看，古典理论出于推理目的而假定为固定量的那些东西，应该成为研究的主要对象……"

在大西洋彼岸的另一个剑桥，我们刚刚讨论过的几乎同样的动力，似乎也在促使着亚历山大·凯恩克劳斯在 1930 年代投身于资本积累方面的研究，其成果便是后来发表的《国内外投资，1870—1913》（*Home and Foreign Investment*,

232

---

[1]　参见本章前文注释。

1870—1913）：[1]

　　……缘起是本科时一篇关于"资本转移与贸易条件"（Capital Transfer and the Terms of Trade）的论文。受凯恩斯和陶西格的启发，我认为我察觉到了两位大师在处理战争赔偿问题及其后果方面的混乱，这促使我从非惯常所有的视角来讨论这个问题，提出自己的看法。我对海外投资和国际贸易动力学的兴趣逐渐扩展并最终集中到两个关系上：一是对外投资与国内投资的关系；二是资本输出与劳动输出的关系。

---

[1] 亚历山大·凯恩克劳斯：《国内外投资，1870—1913》（*Home and Foreign Investment，1870—1913*）（剑桥：剑桥大学出版社，1953 年），第 xiii 页。亚历山大先生很是友好，他在 1986 年 4 月 7 号的一封信中向我解释了他之所以对转移问题感兴趣的原因：

　　我希望我能满足你的提议，提供几点不为人所知的解释，以说明 1930 年我为何对转移问题产生兴趣。但实际上，一开始时，我的兴趣与经济增长问题毫无关系。我的本科论文主要致力于将陶西格的解释逆转过来，逐个案例地说明投资对贸易条件的反应，而不是导致贸易条件发生这样或那样的改变。当我来到剑桥的时候，我将这个观点应用于英国长期以来的情况。我认为"增长"这个词从未出现在我的论文中，尽管"发展"这个词确实出现过。

　　我从转移问题转向了凯恩斯所详加解释的投资理论问题，竭力找出国内外投资间的关系，但我的理论文章没有给人们留下什么印象。当我开始挖掘统计数据时，我发现科林·克拉克的研究对我很有助益，他似乎也沿着与我同样的思路，竭力从数量与历史的角度来理解投资，而不想陷入概念的泥潭。

　　如果你看一看我的《国内外投资》的第二至第四章，你就会看到我的兴趣在于经济波动而不是经济增长，在于国内投资对收支平衡的影响，在于资本流动与劳动力流动的相互关系。第二章 1934 年写于剑桥，第三、第四章 1937—1938 年间写于格拉斯哥。事实上，它们都没有对经济增长问题给予许多的关注（尤其是我总是倾向于贬低资本积累对经济增长的作用）。我实际上是在战争期间明确对经济增长产生兴趣，当时我开始察觉到技术变革的重要意义。

624 　如科林·克拉克一样，凯恩克劳斯也怀疑投资率与增长之间的紧密关系是否能得到证实。在战后的一篇文章的结尾段落中，他很好地说明了，相对于资本投入，他强调的是技术，见"资本在经济进步中的地位"（"The Place of Capital in *Economic Progress*"），录于里昂·迪普里耶（Leon Dupriez）（编）《经济进步》（*Economic Progress*），（编）[卢万国际经济协会，1955 年]，第 235—248 页）：

　　总体上，与贬低资本的重要性相比，过分夸大资本之于经济进步的重要性更危险。有多少成功的公司在回顾自己的历史时会认为，获得新资本的困难是采用最新技术而不是公司壮大的主要障碍？有多少引领技术进步的国家发现自己不得不向国外借款？正是在存在时滞，即技术进步太慢的地方，才需要资本来矫正出现的问题。无疑，资本越丰裕，越能承受更多的风险，发展也更快，以致快速发展和快速积累可以同步进行。但是，即便是现在，制约发展最重要的因素既不是利率，也不是资本的丰裕度；同样，即便是现在，制约资本积累最重要的因素也不是技术进步。

凭借 1955 年的那篇文章，凯恩克劳斯完全有资格获得媲美下述更广为人所知的开创性研究的地位，这些研究关注的是技术变化（相对于资本投资）在经济增长中的作用，比如，法布里坎特（Fabricant）（1954），阿布拉莫维茨（Abramovitz）（1956），索洛（1957）。参见下文第十六章相关注释。

从某种意义上说，凯恩克劳斯比哈佛陶西格的学生们更幸运。后者在陶西格的指导下，从检验转移问题的古典理论开始展开他们的研究。这也是凯恩克劳斯本科论文的起点；特别的，因为他已经形成一个初步的判断，认为是贸易条件的变化引起了资本流动，而不是资本流动引起了贸易条件的变化。不过很清楚，他感到可以让自己的思绪自由驰骋。正如他在前言中所说，他从先辈的论述和建言中受益匪浅，而这些学者研究兴趣的范围远超古典国际贸易理论；比如，凯恩斯和丹尼斯·罗伯逊。

结果就是，凯恩克劳斯在试图精确地确定古典贸易理论在多大程度上是有助益的、误导的或是错误的过程中虽然花费了许多时间和精力，但却没有感到拘束。他直接针对英国 1870—1914 年间的投资规模、性质及波动展开了一系列开创性的研究——他把这些研究看成是后续研究的基础。凯恩克劳斯确实触及资本转移过程中贸易条件的变化，他和陶西格的学生一样，发现其中缺乏连贯性。[1] 虽然他的兴趣一开始并不在于经济增长本身，但是不管怎样，他对资本积累问题的正面接触使他触及经济增长进程中的诸多问题，不论是先进工业国的，还是发展中国家的；比如：

- 投资与转移。[2]
- 1914 年前资本市场的制度结构[3] 和投资上不断变化的部门构成。[4]
- 英国国内外投资的周期波动。[5]
- 从资本输出者[6] 和资本输入者[7] 的角度看相对价格与贸易条件。
- 加拿大起飞的动力学。[8]

233

很明显，这又是一个对经济增长分析有重大间接贡献的例子。

而且，凯恩克劳斯在发人深省的倒数第二章中思考了这个问题：对外投资值得吗？[9] 和霍布森一样，凯恩克劳斯得到的结论是，总体上，直到 1914 年之前是

---

[1]　例如，参见《国内外投资，1870—1913》，第 189—194 页。

[2]　同上，第 65—83 页和第 209—221 页。

[3]　同上，第 84—102 页。

[4]　同上，第 103—186 页。

[5]　同上，第 187—208 页。

[6]　同上，第 189—187 页。

[7]　同上，第 37—49 页。

[8]　同上，第 37—64 页。

[9]　同上，第 222—235 页。

值得的：因为它刺激了出口行业，为英国的进一步投资创造并传播了有利可图的机会信息，降低了进口食品价格，并因此提高了实际工资。凯恩克劳斯对一战后资本输出的成本—收益评估很明显就没有那么乐观了。

值得注意的是，这些文章还均代表了一位年轻的学者对日后可能要系统耕耘领域的初步探索。凯恩克劳斯并未试图在遭受着周期性波动的国际经济背景中，把他的发现整合到投资与经济增长的一般理论中。但是，在转移问题上他对陶西格和凯恩斯的质疑还是在经济增长分析方面收获了丰硕的成果。

技术与增长：约瑟夫·熊彼特和早期的西蒙·库兹涅茨

在那部精彩的《熊彼特传》的结尾部分中，洛林·艾伦（Loring Allen）是这么总结的：[1]

> 他一生中所穿的衣服样式各异，种类繁多，几乎都是定制的。67岁的生命见证了他所扮演的不可胜数、但却非他莫属的角色——灵感非凡的学生、标新立异者、政府部长、银行总裁、商人，但最重要的还是教授；贵族阶层的渴望者、真正的精英主义者、讲求礼仪的绅士；公共演说家、学者、作家、顾问；史学工作者、骑士、旅行家；愤世嫉俗者、批评家、热情奔放的表演家；历史学家、理论家、私人神的秘密崇拜者。所有这些角色交织在一起，塑造了一位自相矛盾的多面伟人。他的一生昭示了许多疑问，一个人怎么能够在面对着不断的悲剧与失望的情形下如此坚韧不拔；一位伟大的浪漫主义者怎么就能够同时保持对科学的深度忠诚；一位被悲伤、内疚和内心的痛苦折磨的人怎么就能够著述等身，单是从数量、学识和知识的广度而言就令人震撼；一位自认失败的人怎么就能够抵达专业的巅峰，却依然困扰于做得不够好的想法。他的生活和性格充满深深的忧郁，自我怀疑如影随形，他对知识的渴求令他沮丧绝望。
>
> 然而，他默默忍受着，这样才能尽其所能：教书。他致力于开启智慧之

---

[1] 洛林·艾伦：《开启门扉：熊彼特的生平与著述》（Loring Allen, *Opening Doors: The Life and Work of Schumpeter*）（未发表）。艾伦教授可真好，他让我得见这部半成品，使我从中受益匪浅。

门，致力于开启其他人内心的"神圣十年"，总是坚信世界怎样以及为什么如此运行之谜题的答案能够被找到、被理解、被践行。对于任何研究者而言，熊彼特的著作就矗立在那里，确立了他作为本世纪最伟大的经济学家和社会科学家之一的声誉。他的公共生活仿若在现身说法，证明他那看似无穷的精力与坚定的信念必有回报。然而他的心灵世界却总是徘徊于阴影之中，若明若暗，始终是如此的自相矛盾，以致充满困惑与混乱。这也许就是熊彼特本来想要的生活方式吧。

234

本书只讨论熊彼特关于经济增长问题的几层论述。但即便如此，读者也不能完全避开始终镌刻于其性格与行为之中的自相矛盾。正如我们所有的人一样，熊彼特印证了休谟的一句名言："……人，除了是矛盾的堆砌外，还会是什么呢？"——也许，他还更甚一些。

就经济增长分析而言，非常清楚的是，熊彼特在青年时期所完成的《经济发展理论》（*The Theory Economic Development*）是 1870 年至 1939 年间出版的少数几部重要的理论著作之一。他写道，"提出来的想法中有一些……可追溯到 1907 年；到 1909 年，所有这些想法都已成形……"[1] 第二年，熊彼特 26 岁。因此，我们将要再一次讨论一个"构想"成形于"神圣十年"的经典案例；[2] 因为他接下来的著述，除《经济分析史》外，都是在详述根植于《经济发展理论》的命题主张。

至于原创性，若完全抛开先人的成果，就不会有新增知识。诚然，大致与缪尔达尔后来在《货币均衡论》中对维克塞尔框架的解释相仿，熊彼特很明显是踩着瓦尔拉斯、门格尔、维塞尔和庞巴维克的脚印出发的，尤其是庞巴维克。[3] 但这种说明多少有点让人产生错觉。事实上，他抓住的是所有先贤们以及实际上所

---

[1] 约瑟夫·熊彼特：《经济发展理论》，由雷德弗斯·奥佩（Redvers Opie）译自德文（剑桥：哈佛大学出版社，1955），英文版前言第 ix 页。

[2] 短语"神圣的十年"出现在 1914 年和 1921 年熊彼特为庞巴维克和门格尔写的讣文中，发表于《经济、社会政策与管理杂志》（*Zeitschrift für Volkswirtschaft, Sozialpolitik und Verwaltung*），为洛林·艾伦引用，见《开启门扉》，手稿第 3 章，第 7 页。

[3]《经济发展理论》，第 3—56 页和第 158—159 页。在那种情形下，读者不愿乱猜动机，但能感觉到熊彼特对老师们的尊重，正如他在《十位伟大的经济学家》中所明确表示的那样；而缪尔达尔则以部分掩盖自己的原创性为代价，强调瑞典学派的重要性，进而强化他对英国经济学传统的尖锐批评：

英国的理论家们只是很晚才了解到维克塞尔对问题的表述。不仅马歇尔，庇古和霍特里（Hawtrey）似乎都不真正熟悉维克塞尔的工作，丹尼斯·罗伯逊那部重要的小书《银行政策与价格水平》（接下页注）

有后来的主流经济学家都不愿意去碰的一个棘手问题；也即，发明与创新的过程并不总是外生的，也不总是渐进的。尽管很明显，创新之所以进行是因为人们相信它会带来利润，不过他还是拿不准，严格地讲，创新在多大程度上是对"必要性"的内在反应。[1] 用他自己的话说，他断言，创新是"自发的，不连续的"。

熊彼特并没有告诉我们，是什么促使他把经济激励所带来的那些重要的不连续创新置于自己体系的核心。[2] 也许，他自己也不知道。但是客观地讲，我们可以找到三个富有启发性的先例：

● 亚当·斯密区分了那些实际上的机器操作者完成的增量创新，和那些研究"先前未曾应用的新力量"的"哲学家们"所完成的创新。（前文，第41页）

● 卡尔·马克思在《资本论》第二卷开篇中对循环流转（circular flow）进行

（续上页注）（*Banking Policy and the Price Level*）包含了许多新观点，但他显然也缺乏对维克塞尔及其门徒货币研究内容的透彻了解。因此，他被迫毫无必要地闭门造车。凯恩斯那部尽管不甚清晰但却才华横溢的新著《货币论》就到处弥漫着维克塞尔的影响。不管怎么说，凯恩斯的著作某种程度上也遭遇这种盎格鲁—撒克逊式的诱人但却不必要的创新，这种创新源于大多数英国经济学家缺乏对德语知识的系统性把握。

625 [1] 总体上，熊彼特倾向于认为，无论从哪个角度，所感知到的获利可能性（如果不是出于非常原始的需要）是发明之母。这种观点在技术史学家中占主导地位，尽管大家都认为，片面肯定任何单一的规则而藐视其他规则会引发更多复杂性，产生种种意外情况。熊彼特《（经济周期》，[纽约：麦格劳—希尔，1939]第一卷，第85页注释）有考虑到由需要所诱致的发明和创新的存在，同时也有考虑到与任何特定要求无关，或者与包含发明创新的特定创新所要满足的条件无关的发明和创新。熊彼特写道：

> 也许有人认为，创新绝不是任何别的东西，只是为应对某一特定情形而进行的努力。在某种意义上，这是对的。要使某一特定的创新成为可能，必定总要有一些待满足的"客观需要"，还要有一些"客观的条件"；但是，即便曾经有过，它们也很少单独决定什么样的创新可以满足它们，它们通常可以通过许多不同的途径来得到满足。更重要的是，它们还可能永远得不到满足，这表明它们本身还不足以引致一个创新。

> 当然，尽管承认自然并不总是能够开花结果，同时因需要而来的创新并不可事前确定，我还是继续认为，需要、发明和创新之间的联系非常重要，正如我在《经济增长的进程》（*The Process of Economic Growth*）中所认为的那样。这种联系对于正式地解释增长进程中，以及从一个周期向另一个周期变化的过程中投资那变化着的特征而言是必不可少的。尽管承认存在高产的运动和完全不能满足基本需要的可能性，我还是会认为，致力于将科学应用于经济，以及致力于挖掘经济中存在的潜力，这种品质反映了社会对经济增长进程所带来的机遇与挑战的回应——这些机遇与挑战来自经济增长进程对已有资源和技术施加的压力，来自它们自我暴露的盈利机会。因此，科学探索以及在经济中寻求应用方面的努力，其本身便是经济中正常投资进程的一部分。由于缺乏这么一种分析上的链接，熊彼特的重要创新看起来就是一个外生的因素。

 [2] 洛林·艾伦指出，熊彼特的第一本著作《国民经济学理论的性质与含义》（*Das Wesen und der Hauptinhalt Der Theoretischen Nationaloekonomie*）（慕尼黑和莱比锡：邓克莱与洪堡（Dundker and Humbolt），1908）中就已有《经济发展理论》的影子。在他最生动的评论中（第182—183页），熊彼特认为静力学与动力学是截然不同的领域，有着不同的问题、方法和研究主题。他注意到他当前的研究工作处于静态的范围内；但是他总结认为："动力学仍处于萌芽状态，是一块'待开发的处女地'。"

了解释，接着还提出了一个动态经济模型。（前文，第138页）

●阿尔弗雷德·马歇尔明确认识到报酬递增的存在，甚至对其展开了戏剧性的处理，他还认识到报酬递增所带来的严峻的理论问题，并致力于解决这些问题；对所有这些，熊彼特都表示尊重，尽管他对马歇尔的解决方案并不满意。

作为一名经济学家，熊彼特把正式的承诺和最高评价都给了里昂·瓦尔拉斯——一位静态一般均衡的数理阐释者，一位把自己做为革新者的热情与科学家的努力分离开来的先驱。不过就熊彼特著述的整体而言，尽管没有确凿的证据，但我还是倾向于认为，对熊彼特产生了最深远影响的，正是卡尔·马克思从历史意义上、理论上、辩证方法上对资本主义动力学展开分析时所提出的挑战。[1]

在《经济发展理论》中，熊彼特是在循环流转状态下，从一个特定的瓦尔拉斯（或马克思）静态均衡系统出发开始自己的研究的。他引入了（或从瓦尔拉斯那里接受了）一个极强的简化假设："我们主要考虑一个由商业构成的社会，其中普遍实行私人产权、劳动分工和自由竞争。"[2] 接受这一假设，便阻断了熊彼特在其职业生涯中从不发达的起点对经济增长进程展开分析的可能，因此也就限制了他作为增长经济学家的广度。换言之，熊彼特是一位焦点相当聚集的经济学家，主要研究的是先进工业社会，尤其是起飞后的德国、英国和美国。他的原初创见引导他最终对资本主义的可能命运做出预测，而不是对发展中世界所出现的经济增长和现代化问题，或依休谟—斯密传统对较发达国家和欠发达国家的相互关系做出预测，这是符合逻辑的。

然而，熊彼特的循环流转系统并不像刚开始可能呈现的那样完全是静态的。它并没有暗示"年复一年'同样的事情'会发生"。[3] 它允许技术发生增量变化，使得系统的均衡点产生位移。不过，这种位移是如此之小，以致可以"通过微

235

---

[1] 关于马克思对熊彼特的影响，洛林·艾伦曾有过有见地的评价，参见手稿第五章，《开启门扉》，第18—19页。亦可参见内森·罗森伯格（Nathan Rosenberg）的优秀文章，"熊彼特与马克思：多么一致的构想？"（"Schumpeter and Marx：How Common a Vision？"），录于罗伊·麦克劳德（Roy M. MacLeod）（编）：《技术与人类前景，克里斯托弗·弗里曼纪念文集》（*Technology and the Human Prospect*，*Essays in Honour of Christopher Freeman*），（伦敦与沃尔夫伯勒，新罕不什尔：弗朗西斯印刷（Francis Pinter），1986年），第197—213页。苏克哈默·查克拉瓦蒂（Sukhamoy Chakravarty）也讨论了马克思和熊彼特的关系，见《经济增长理论的不同进路：马克思、马歇尔和熊彼特》（*Alternative Approaches to A Theory of Economic Growth*：*Marx*，*Marshall*，*and Schumpter*），第23—28页（加尔各答：东方朗文出版，1980年）。

[2] 《经济发展理论》，第5页。

[3] 同上，第62页。

调"而从旧的均衡达到新的均衡——这些"微调",那些不需要什么想像力的经理们(与英雄般的创新企业家们相对应)就能处理。[1]它也考虑到了有潜在经济影响的重大外生事件所引起的均衡变化,比如歉收、战争和革命。

不过,在第二章"经济发展的基本现象"(The Fundamental Phenomenon of Economic Development)中,熊彼特集中笔力,非常清晰地阐述了一个把发展与循环流转区分开来的概念,不仅预见到混沌理论,而且奠定了后续工作的基调:[2]

> 在我们看来,发展是一种与众不同的现象,完全异于可能在循环流转或趋向均衡的过程中观察到的现象。它是流转渠道中自发的、不连续的变化,是均衡的扰动,在永不停歇地改变、替换着先前的均衡……
>
> 这个概念涵盖下面五个方面:(1)引进一种新产品,一种消费者还不熟悉的产品,或是一种产品的新的品质。(2)引进一种新的生产方法,该生产方法在相关的生产部门还没有实践过,但完全没有必要非得建立在新科学发现的基础上,也可以是运作现有商品的一种新商业模式。(3)开辟一个新市场,该市场国内某个相关的生产部门以前从未进入过,而不论该市场以前是否存在。(4)获得一个新的原料和半成品供应来源,同样不论该来源是已经存在,还是第一次创建。(5)任何产业组织新形式的实施,就像(比如通过托拉斯化)确立垄断地位或结束垄断地位。

熊彼特认为,资本主义时代所发生的主要经济变迁是以一种不可逆转的革命方式,而不是以一种连续和渐进调整的方式展开。他非常清晰地意识到,这个假说就理论而言是颠覆性的。比如,他提到马歇尔所未能克服的"报酬递增问题带来的困境"。[3]熊彼特认为,"在循环流转渠道中的自发且不连续的变迁"是资本主义发展的核心。他勇往直前地探索了这一命题的各种含义。

熊彼特从《经济发展理论》的探索中得出两点主要启示:

● 特定的创新主体,也即与经理们相对而言的企业家,需要对系统内产生的

---

[1] 同上,第 61 页和第 64 页注 1。
[2] 同上,第 63—64 和 66 页。有关五种创新类型的进一步讨论,参见第 132 页及以后。
[3] 同上,第 63 页注 1。提到马歇尔的是后来出的英文版。当熊彼特刚开始构思《经济发展理论》时,还不清楚马歇尔勇敢面对但却完全未能解决报酬递增问题这一状况是否影响了熊彼特的思考。

有利可图的潜在创新机会做出有效反应。在异常敏感的人生之旅中，熊彼特唤醒了创新企业家在面对不完善的信息，步入不确定的未知世界，进而开创新事业时所具有的孤独的创新性：[1]"执行一个新的计划，按习惯行事，与开辟一条新道路并沿着它勇往直前不可同日而语。"

● 为了在创新事业的早期阶段获得融资，企业家需要资本家的授信。由于熊彼特在其循环流转模型中假定充分就业，而创新又需要时间，因此资本家对企业家的授信行为不可避免地会带来通货膨胀。

尽管熊彼特与同时代维也纳、洛桑、瑞典、英国和美国的经济学家的分道扬镳严肃认真且富有戏剧性，但他在一定程度上仍然是奥地利学派的忠实传人。这一点不仅反映在他对维塞尔、门格尔和庞巴维克的敬重上，而且更重要的是，他所精致阐发的突破恰是围绕着该学派所着迷的三个问题取得的，即资本的性质、利润和资本利息。就熊彼特关于这部分的论述而言（第三、四、五章），我们在此只需要注意其中的几个主要观点：

● 利润（与静态循环流转系统中的"管理者工资"相对应），就是创新及其对系统各方面发展的影响所带来的总收益超过总成本的那一部分收入。[2]

● 这些影响包括，一旦真正富有开拓精神的企业家证实了获利的可能性，企业家精神就会围绕新的创新活动"积聚"，"创造性破坏"活动会替代无利可图的活动，同时又因为创新的扩散而变得无利可图。[3]

● 资本投资与财富扩张主要源于与创新相关的利润再投资。[4]

● 熊彼特的利息理论曾引起相当大的争议，其原文释意很复杂，但实际上却和他的其他观点一样非常简单。其理论观点可以浓缩为三个命题。第一：[5]"利息是当前相对于未来购买力的溢价升水。"第二，某些形式的利息支付与发展无关，可能存在"于循环流转中"[6]；比如对消费借贷、危机借贷和政府借贷所收的利息。第三，除此以外，利息就不会存在于循环流转的经济中；不过在一个动态创新的经济中它却无处不在，因为生产性借贷是影响着"整个经济体系"的创新企业盈

---

[1]　同上，第84—94页。引文出自第85页。

[2]　同上，第128—130页。

[3]　同上，第131页及以后和第197—198页（"聚集"）；例如，第156页和第252—253页（"创造性破坏"）。

[4]　例如，同上，第154页。

[5]　同上，第157页。

[6]　同上。

利的"副产品"。[1]

在对第三个命题进行了冗长而劳神的论述之后，熊彼特又提出了一个需求—供给模型，该模型既与费雪的"成本回报率"需求曲线和储蓄供给曲线相交的模型一脉相承，又与凯恩斯的流动偏好需求曲线和货币当局决定的货币供给曲线相交的模型血脉相通，这种相交所获得的利息率与资本边际效率一起决定了投资水平。[2] 在熊彼特的资本市场中，关键的行动者是作为资本需求方的企业家和作为资本供给方的资本家。[3]

237

最后，熊彼特利用他的理论体系来研究经济周期，并得出一个我认为可算本领域中最重要的论断：[4] 经济周期是"资本主义时代经济发展所采取的形式"。熊彼特并没有主张他对这一命题的独创性。事实上，他在引入该论断时就声明，这是他与斯皮索夫（Spiethoff）共同持有的一个观点。[5] 但是，没有人的阐述会比他更清晰，也没有人围绕该命题展开的分析比他更系统。

这种特质在《经济发展理论》中表现得更为明显，因为熊彼特并没有试图在那里对经济周期展开细致分析，而是宁愿呈献一部"半成品"，将他的经济周期理论与经济发展理论联系起来。他的论证的展开可以简化为下述命题。

1. 需要回答的问题是：经济发展为什么没有沿着"平滑的直线"前行，而是表现为周期式推进？

2. 根本的答案在于创新，也即"新组合"并不是"随时间推进而呈均匀分布的……而是以非连续状蜂拥而现"。

3. 蜂拥行为之所以发生，是因为少数成功企业家的出现，会在一个日益扩大的范围中引发越来越多创新才能与精神不断递减的企业家展开行动，尽力挖掘新出现的获利可能性。

4. 进而，因为"每一次正常的繁荣都始于一个或几个工业部门（铁路、电力、化工，等等），并从创新开始的产业的创新活动中派生出它的特点来"，企业

[1] 同上，第 158 页。

[2] 同上，第 183 页及之后。

[3] 尤其参见第 191 页。

[4] 同上，第 215 页。

[5] 同上，熊彼特在《经济发展理论》中接受了斯皮索夫的观点，认为向代英国的第一个经济周期发生于 1820 年代（同上，第 215 页）。到写作《经济周期》时，他已经得出正确结论，认为英国第一个重要的周期（朱格拉周期）在 1792—1793 达到波峰（《经济周期》[纽约：麦格劳—希尔，1939]，第一卷，第 296—297 页）。

家才能的积聚得到强化。因此，在熊彼特看来，经济周期基本上是带有宏观经济表现的部门现象。

熊彼特总结道：[1]

> ……新组合的蜂拥而现很容易解释繁荣时期的根本特征，实际上这也是进行这种解释所必需的。创新可以解释为什么日益增长的资本投资是即将到来的繁荣的最先征兆，为什么生产资料工业部门首先感受到超乎寻常的刺激，更重要的，为什么钢铁消费增长了。创新可以解释新的大规模购买力的出现，因此可以解释价格在繁荣时期特有的上升——这种上升显然不能仅仅从需求增长与成本增加这两个方面来解释。而且，创新可以解释失业的下降、工资的上涨、利率的上升、运费的增加、银行资产负债和储备金的日益紧张……以及正如我们所说的，第二波创新波浪的释放——经济繁荣向整个经济系统扩散。

但是，熊彼特接着谈到，创新部门蜂拥而出的企业家们的行为，会通过三条路径引发危机和萧条：通过扩大对生产资料的需求，利用贷款，导致成本上升，对"属于循环流转"的公司带来损失；[2] 在准备期结束时（"几年之后或更早"），通过扩大供给而导致价格出现下降趋势；[3] 通过引发"信用紧缩，因为企业家们目前处在一个非常有动力偿还债务的位置上；不过……却又没有其他的借款人接替而上。"[4]

238

用我的话来讲，熊彼特的意思是在说，经济繁荣会因为动力学上的时滞通过提高成本，降低预期回报率，使得主导部门的成本回报率下降，以致从供求两方面促成价格的下降。

总的来说，在他的增长导向的经济周期理论中，熊彼特认为经济萧条并不可

---

[1] 同上，第 230 页。
[2] 同上，第 232 页。
[3] 同上，第 232—233 页，熊彼特注意到繁荣期的长度取决于"新产品出现之前必须经历的平均时间"，而这又取决于创新部门的创新酝酿期和"公众效仿领先者的速度"。
[4] 同上，第 233 页。

怕。它是一段"正常的""再吸收与出清"时期。[1] 这个过程是必要的，因为固有的，由一个或数个创新部门引领的经济繁荣不可避免地会导致部门间产出与价格的"不协调"。但是，随着创新"被消化"，萧条也会走到"一个新的均衡点"，并"兑现繁荣的承诺"——成本与价格的长期下降。[2] 尽管如此，熊彼特也曾简单提及并明确承认，失业对于当事人而言，是"一个巨大的、在某些情形下甚至是灾难性的不幸。"[3]

恰是在这一点上，熊彼特才是最坚定的奥地利学派，因为他明确反对两次大战之间包括 1930 年代大萧条期间出台的那些广义上可被称为凯恩斯主义的举措。但是，正如《经济发展理论》结尾段落所表明的，熊彼特始终紧盯着的，是资本主义社会时而痛苦但却富有创造力的动态演进。[4]

> ……没有什么能永远地阻断巨大的经济和社会进程，在这一进程中，商业、个人立场、生活方式、文化价值和理念，均将逐级沉降并最终消失。在一个财产私有与竞争的社会中，这一进程是对不断涌现的经济和社会新形式，以及社会各阶层不断上涨的实际收入的必要补充。如果没有周期波动，这一进程会更温和一些。但从整体来看，这一进程并不是源于周期波动，而是完全独立于周期波动。这些变化，不论是理论上还是实践上，不论是经济上还是文化上，都比人们长期以来集中分析关注的经济稳定重要得多。家庭的兴衰与公司的成败，以它们独有的方式，比之一个静态社会，也即一个以恒定的速率不断复制其本身的社会中所能观察到的任何事物，更能体现资本主义经济制度、文化与结局之特征。

在转向熊彼特后期的著述之前，从我自己对经济增长的理解出发，对熊彼特的理论体系作几点评价可能是有助益的。

---

[1] 同上，第 236 页，熊彼特在这里是从一个特殊的意义上使用"正常"一词：它对应于伴随着"恐慌、信用制度的崩溃、破产的蔓延"和严重失业的"非正常"的危机干扰（同上，第 236 页和第 249—250 页）。

[2] 同上，第 243—245 页。

[3] 同上，第 249—250 页。

[4] 同上，第 255 页。我猜想这段文字，以及他对"与凯恩斯、费雪和霍特里以及美联储这些名字联系在一起"的反周期改良建议和"美联储政策"的批评（第 252 页），均是在 1926 年加入德文第二版的《经济发展理论》"，而英文版就是据此版翻译的（第 ix 页）。第三版仅仅是第二版的重印。

首先，他的理论体系是不完整的"半成品"，对此，熊彼特心知肚明。[1]比如，它缺乏一个把出生率和死亡率同发展联系起来的理论，包括与人口相关的住房、基础设施和农业方面的投资；他把新原料来源的开辟与技术和制度的变化混为一谈，而没有检验其特殊性，包括需要优先考虑的相对价格的变动，以及典型的比工业投资还要长一些的酝酿发酵期；他没有谈及科学、发明与创新之间的复杂互动，也没有谈到经济增长的阶段与极限。熊彼特的分析实际上表明，人们面对的是某一时点创新企业家精神在部门间和公司间所呈的梯度分布，因此他强烈地坚持他对静态循环流转的世界与创新企业家之间所做的初始区分。最关键的是，熊 239 彼特的经济增长理论及其相关的经济周期分析嵌入了错误的框架。他将历史上呈现的不规则不协调的周期性创新模式拿来与他的瓦尔拉斯静态循环流转体系相比较。依我看，他的理论实质上假定的是这样一种体系，即所有部门以不同的速率沿着动态的部门均衡路径向前发展——这种体系应该也是与其理论相匹配的（下文，第 429—431 页）。这其中的一些局限还导致熊彼特犯下一个本质上的错误，即把自己所提出的有关重大常规经济周期的理论与康德拉季耶夫周期理论进行类比，这使得他后来完成的《经济周期》（*Business Cycles*）一书成色锐减。但是不管怎样，从当时来看，就其自身内容而言，《经济发展理论》无疑是经济思想史上一座令人震撼的创造性里程碑。如果后来主流经济学的追随者们没有按照温斯顿·丘吉尔（Winston Churchill）的精妙格言（bonmot）行事，[2]即"人们经常会被真理绊个跟头，但多数人都会站起身来，匆匆走开，就好像什么事也不曾发生过似的"，那后来的主流经济学很可能不会是现在这番景象。但正如马歇尔关于报酬递增的研究工作无果而终，以及后来其他人的努力（后文，第 454 页和第 470 页）所表明的那般，想把技术变化与 1870 年之后出现的主流微观和宏观经济学整合在一起并不容易。

1939 年，熊彼特出版了《经济周期》一书，这时离他在《经济发展理论》中完成自己的基本概念框架已经过了三十年。这本书是一部长达 1100 页的两卷本

---

[1] 例如，参见熊彼特对批评家们多少有些不满的回应，这些人批评他除了"企业家的个性"之外，忽略了所有变化的历史因素（同上，第 61 页注 1）。我猜，正是这方面的批评，促使熊彼特由《经济发展理论》中相当典型的但却有力的理论构建，转向《经济周期》中详细具体的历史描述。

[2] 引自亚历山大·特罗布里奇（Alexander B. Trowbridge），《私人领导力与公共服务》（*Private Leadership and Public Service*）（华盛顿特区：公共管理国家学院，1985 年），第 14—15 页。

大部头著作，其篇幅几乎是《经济发展理论》的四倍。但是正如熊彼特在前言中所说，他所关注的核心主题并没有改变：[1]"分析经济周期就是分析资本主义时代经济发展的进程……经济周期……就像是心脏的跳动，是展示这种周期波动的有机体的本质之所在。"这两部著作的标题的确反映了侧重点与环境的某些变化。熊彼特早期的研究关注的是发展问题，他只在最后一章中论及经济周期问题，虽不完整但却富有启发。他后来的研究关注的是经济周期问题，尽管熊彼特指出"这本书的副标题才真正表达了我尽力想表达的内容"：[2]《基于历史与统计的资本主义进程理论研究》（*A Theoretical Historical and Statistical Analysis of the Capitalist Process*）。也许可以认为，熊彼特关注点的转移，是因为他想要将1930年代大萧条时期不得不予以关注的经济周期，与他觉得有必要纳入考虑的文献资料结合起来。但是总体而言，很少有哪一位经济学家能如此忠实地竭力将自己青年时期搭建的"脚手架""变成一幢房屋"。[3]

除了一处重要的例外，《经济周期》前五章所详细论述的主题均来自《经济发展理论》：静态流转均衡模型，变迁的外生与内生源泉，创新与企业家的作用，创新、信用创造与资本市场，初始状态假定为充分就业的周期进程，进而还有随着创新的产生、扩散和吸收而显示的企业利润再投资在资本形成过程中的关键作用。沿着这条熟悉的路径，相比早期的研究，熊彼特在这里更多地参考了别人的观点，还作了一些修正。但是，唯一一处实质性的改动就是承认三种周期的同时存在：康德拉季耶夫周期（比如，55年），朱格拉周期（9—10年），基钦周期（40个月）。在《经济发展理论》中，他只论及朱格拉周期。

熊彼特把相互作用的多重周期综合在一起，这种综合在一张结合了三种周期的抽象图表里走到了极致。[4]正如我在其他许多场合所提及的，康德拉季耶夫已经证明，就价格、利率和货币工资而言，大致上的长周期是存在的，这些周期可追溯至，比如说1790年；但是，他没有把上述周期与实际增长率或者失业率的周

---

[1] 《经济周期》，第一卷，第 v 页。

[2] 同上。

[3] 同上。写到这里，我想起了两个例子：亚当·斯密的《讲义》（讲授于 1748—1751 年间）与《国富论》（1776）的关系；卡尔·马克思的《共产党宣言》与《资本论》（1867）第一卷的关系。

[4] 同上，第 212—219 页，附表在第 213—214 页。

期变动联系起来。[1]熊彼特的综合建立在康德拉季耶夫周期本质上就是延长的朱格拉周期这么一个假设基础上；即这是一个有关就业、产出增长率及价格的周期。例如，熊彼特在回应韦斯利·米切尔的分析时坚称："那些波动（长波）（最少）与确切的工业历史进程相联系，这一进程的性质及其导致的征候与普遍认识到的（并被假定为十年期的朱格拉）周期的性质和导致的征候是一样的。"[2]这一结论导致熊彼特相当盲目地接受了此类证据，比如：[3]

240

> 在总结自己早期的著作时，斯皮索夫教授在论经济周期的专著[《政治科学中的危机》(*Krisen in Handwörterbuch der Staatswissenschaften*)，第四版，1923]中提出，存在相对繁荣的时期，也存在相对萧条的时期。然而他并没有将这些被他视为较大的时间单元合并成既包含上升趋势也包含下降趋势的经济周期。他也没有超越这么一种观点，即它们很可能是由于其他的原因，而不是他准备称之为**经济周期**的原因所导致。基于钢铁消费方面的数据，他

---

[1] 例如，参见《19世纪英国经济论文集》(*Essays in the British Economy of the Nineteenth Century*)（牛津：克拉伦登出版社，1848年），第28—30页；阿瑟·盖尔等：《英国经济的增长与波动，1790—1850》（牛津：克拉伦登出版社，1953），第二卷，第632—638页；我的《为何穷国变富》，第5—8页和第76—78页。也许，对熊彼特《经济周期》的最佳评论是西蒙·库兹涅茨发表于《美国经济评论》的那一篇，第30卷，第二期（1940年6月），第257—271页。库兹涅茨在总结中抓住了《经济周期》的主旨和风格（第270—271页）：

> 　　认为熊彼特教授的经济周期观是系统性的，且可验证，因而对他的结论中看起来很重要的要素展开批判带来了令人不安的破坏性后果。企业家才能的分布和经济活动的周期性特征之间的联系需要有进一步的论证。均衡水平的四阶段周期理论模型并没有引出可用的统计方法。三周期模型及其声称已经建立起来的联系也相当僵硬，同样没有一个可用的统计方法。这其中核心困难似乎在于，他未能在主要因素和概念（企业家、创新和均衡水平）与经济活动看得见的周期波动之间建立起必要的联系。

627

> 　　然而，这样的评价对这部著作并不公平，因为它强调了其中的弱点，却几乎完全忽视了它的优点。确实，该书没有给出一个完整清晰且可检验的经济周期理论，实际上也没有证明经济演进与经济周期之间存在紧密联系，没有在理论模型与统计方法之间建立适当的联系，没有以流行的方式使用历史证据来限制个人判断，而且三种类型周期的有效性也没有建立起来，然而，该书最重要的优点在于它提出了所有这些问题，强调了将经济周期研究和潜在的长期波动研究联系起来的重要性，呼唤学者关注决定企业活动速率的各种因素，要求基于清晰表达的经济周期概念构建一套统计方法，尝试大胆地运用历史证据。在所有这些方面，该书都同许多近年来出版的有关经济周期的著作形成了有益的对比，不论这些著作属于因为没有与真实世界相联系而不被污染的纯粹推理型，还是相反，因为作者的努力使得全书充满了统计序列的机械分析。

> 　　而且，上述总结和批判性的讨论必定无法说明该书所取得的成就，展示其对历史发展提供的明确解读，对经济活动诸方面的周期性波动分析提供的中肯评论，对直接和间接相关领域出版物提供的异常广泛的参考，以及对资本主义整体演化路径提供的发人深省的判断。

[2] 《经济周期》，第164页。

[3] 同上，第164页。

发现英国 1822 年至 1942 年间是一段萧条期（Stockungsspanne），德国在 1843 年至 1873 年，1895 年至 1913 年间是两段繁荣期（Aufschwungsspan），而在 1874 年至 1894 年间则是一段萧条期。

斯皮索夫（和熊彼特）在界定由周期（朱格拉周期）的波谷至波峰来测度的繁荣期，以及由周期的波峰至波谷来测度的萧条期时出现的扭曲实在令人难以接受。[1] 斯皮索夫在图解中还考虑了其他因素，比如相对于英国和美国，德国铁路出现的精确时间；与紧随其后的下降期相关联的朱格拉周期上升期的跨度与强度，等等。

至于基钦周期，熊彼特提到他没有时间去调查每一个短周期，但是他曾尝试假定它同样与贯穿康德拉季耶夫周期和朱格拉周期的创新进程相关。因此，他完全有理由心安理得地得出一个抽象复合的"三周期模型"，其中每一个周期都可以通过所发生的创新投资的"酝酿期与吸收期"来加以区分。[2] 该分析达到极致便形成一个图表，将三种类型的周期以正弦曲线的形式结合在一起，以时间（57 年）作为水平轴，以（潜在）失业率或产出增长率作为纵轴。[3]

由于熊彼特意识到，他那模式化的三周期模型中假定的各种关系十分复杂，于是，他在后文用了 250 页的篇幅对此进行了详细的阐述，并在证据相当有限的情况下，对 1780 年代至 1914 年间价格、产出增长率、失业水平、主要行业的价格表现、工资、资本供给以及利率等实际上发生的变化展开了实证研究。

这些段落篇章反映了许多由前人累积起来的研究成果，以及许多关于理论与历史事实的辩论，不过奇怪的是，其中并没有得到确定的结论。据说，熊彼特晚年曾因为自己不是一位经济史学家而感到遗憾。《经济周期》中与历史讨论有关的部分的确显露出某种尴尬，他很清楚这些部分无法有力地支撑自己观点中最初的抽象表述。然而，这些部分对熊彼特的努力，以及他意识到动态经济理论最终一定是关于历史的理论而言，却是一种褒奖。这种不充分解释了熊彼特《经济周

---

[1] 有关证明进而纠正这类偏见的努力，参见我的《19 世纪英国经济》，第 43—50 页。

[2] 《经济周期》，第 166—167 页。

[3] 同上，第 213—214 页和第 1051 页，这里，以朱格拉周期为九年半，基钦周期为三年零两个月来合成数学曲线。

期》前言中这段文字的严肃性。[1] 241

　　为了把那个脚手架建成一幢房子，为了融入我后期研究的成果，为了展示历史与统计方面的补充资料，以及为了扩展旧有的边界，我所花的时间比预想的要长一些。尽管如此，我还是怀疑结果是否足以证明那个比喻。当然，这幢房子没有完成，也没有装修——其中还有太多显而易见的隙缝，太多尚未完成的空缺部分。美国、英国以及德国的历史和统计资料的局限性，虽然很严重，但还不是最严重的缺陷。年轻一代的经济学家们应该仅仅将这部书作为批判的靶子与研究的起点——作为激励自己进一步展开研究的一个课题。无论如何，已经没有什么可以比这个更令我愉快的了。

熊彼特对农业发展和原材料供给（六页）的处理尤其不充分。他主要关注的是1780年代至1914年农业领域的扩张与成本降低方面的创新（重点是铁路与农业机械方面），而不是开辟农业新领域这个更全面但更复杂的进程。[2]

《经济周期》中有关德国、英国和美国（1787—1913）历史解析的部分包括大约230页的内容，该书进而还用了350页的篇幅来讨论1919年至1930年代晚期的情况。而且，一如让他的理论直面长期时间序列中的表现，并由此展开分析那般，熊彼特在掌握历史资料方面付出了巨大努力（在所有经济学家中，只有休谟、斯密和马歇尔在这方面的努力可以与之相提并论），同时也表现出高度的诚实，承认历史资料与自己的模型不相吻合。尽管他花费了很大的篇幅致力于让自己的论证与构想变得壮丽恢宏，但是这些历史性章节大多仍然只是简单地参考了与其周期性增长理论松散无序地关联着的复杂现象。他的论述中也有一个方面经受住了时间的洗礼、令人信服，那就是他所归纳的三个重大创新相对集中的时期：棉纺织、焦炭炼铁以及始于1780年代的瓦特蒸汽机；始于1830以及1840年

---

[1] 同上，第 v 页。1940 年，我被哥伦比亚和巴纳德大学的詹姆斯·安杰尔（James Angell）与阿瑟·盖尔教授吸收为纽约政治经济学俱乐部成员，以正式代表俱乐部对熊彼特的《经济周期》做出回应。他们知道，我因为之前的五年基于对1788—1914这一阶段逐年、逐个周期的研究，而对熊彼特的历史分析有所保留。我深受鼓舞，积极响应。怀着二十三岁青年所拥有的热情，我确实这样做了。熊彼特回复说，他的模型仅仅只是一种观察历史的粗糙方法。整个晚上我都在后悔自己不顾一切的攻击行为，四十八年后我依然后悔这样做。因为，总体来看，我认为熊彼特是20世纪最具创造性的经济学家之一，并且直到现在仍为主流经济学家所低估。

[2] 同上，第 319—325 页。

代的铁路（勉强算作康德拉季耶夫周期），接着是 1860 年末的钢铁；然后是世纪之交的电力、新兴化工与内燃机。

这与《经济发展理论》略有不同，后者的重点在于讨论给定部门中英勇的创新者，而不是同一时刻主导部门的某些群体从发明走向创新的趋势。我们将在后文第 459—460 页讨论后面一种现象。

当然，熊彼特对两次大战之间的扩展分析强调的是经济事件形成中外部力量的强大威力，但他同样看到了康德拉季耶夫下降期的许多特点。他得出了一个与技术和创新有关的重要论断。该论断首先回顾了 1930 年代末的一个技术性案例，以说明长期停滞的到来。1933—1937 年间，美国虽然经历了经济扩张，但是即使是在波峰年份也仍然有 14% 的人失业，为此，熊彼特把这个阶段称为"令人沮丧的朱格拉周期"。[1] 紧跟着这个阶段而来的 1937—1938 年，美国迎来了在一定程度上是因为自做自受而导致的严重衰退。第二年，阿尔文·汉森发表了《全面复苏与停滞》（*Full Recovery and Stagnation*）一书。于是争论产生，这些争论本质上与经济增长的极限问题有关。就当前我们讨论的目的而言，重要的是，熊彼特认为，从客观技术意义上讲，投资机会并没有减少。[2] "也不能就此断言，完全不可期待全新的第一等机会。除了情况是否如此这个问题外，想想历史就足够了——1820 年代，几乎没有人能够预见到迫在眉睫的铁路革命，同样，1870 年代，也没有人能预见到电力的发展和汽车的出现。"熊彼特指出，危及资本主义的不是投资机会的减少，而是充满敌意的政治、社会和知识环境，外加自我滋生的堕落力量。之后他总结道：[3] "……如果我们的模型可以信赖，那么接下来的三十年里，复苏与繁荣就应该比过去的二十年还要强，而衰退与萧条则应该更弱。但是，我们不能指望社会的趋势会改变。"这是熊彼特在 1939 年做出的一个非常精彩的预测，即便那段黄金繁荣期发生在康德拉季耶夫周期的下降期（1951—1973），即便大致从 1970 年代中期起，倾向社会主义的社会趋势开始出现逆转（下文第 483—484 页）。如果熊彼特可以活到 1980 年代，看到对竞争性私人企业和定价体系的尊重迅速兴起、广为传播，他那根深蒂固的中欧悲观主义可能会受到动摇。

西蒙·库兹涅茨的《价格与生产的长期波动》（1930）与熊彼特的《经济发展

---

[1] 《经济周期》最后部分用此标题，第 1011—1050 页。

[2] 同上，第 1037 页。

[3] 同上，第 1050 页。

理论》和《经济周期》有几点极为相似，同样也有几点截然不同。

和《经济发展理论》一样，《长期波动》是一本年轻学者创作的作品，作者在其中同样是把他对职业生涯中欲意探索的领域所形成的大构想与自己界定的策略整合在一起。[1]熊彼特和库兹涅茨都旨在推进可以把经济增长与经济周期密切联系起来的动态理论，能够把历史分析、统计分析与理论结合起来。最关键的是，他们都把创新看作经济增长的关键维度；都认为创新过程的内在不均衡恰是理解长短不一的经济周期的关键；都承认要获得这些洞见不仅要进行总体层面上的分析，而且要对实际上发生创新的部门展开详细分析；都认为在激烈的创新变化中被赶超的部门不可避免地会走上减速路径，并以此展开自己的分析。

在阐述这些见解的过程中，他们都脱离了当时主流经济学所全神贯注的问题；尽管在库兹涅茨创作的时候，熊彼特的《经济发展理论》已经出版；而在熊彼特写作《经济周期》时，库兹涅茨的《长期波动》也已经面世。[2]

两人的第一点不同在于著述的理论假设不同。熊彼特受过奥地利学派的熏陶，而该学派一向明确忠于理论问题，并曾就此与德国历史学派展开了一场长期的方法论争辩。而且，熊彼特也深为瓦尔拉斯一般均衡系统的精美所吸引，并以此作为自己的出发点。[3]

库兹涅茨来自一个截然不同的知识传统，这个传统偏好事实胜于理论。他是韦斯利·米切尔的学生，此人与查尔斯·皮尔士（Charles Pierce）（1839—1914）、威廉·詹姆斯（William James）（1842—1910）和约翰·杜威（John Dewey）（1859—1952）一样，都生长在实用主义的哲学传统中。作为一名经济学家，米切尔深受索尔斯坦·凡勃伦（Thorstein Veblen）的影响，但却没有凡勃伦那样愤世嫉俗。米切尔（和库兹涅茨）并不反对运用经济理论。他们并不认同，比如说，德国历史学派，并对该学派持明确的批判态度。事实上，米切尔任教哥伦比亚大学时常规开设的课程之一就是经济思想史。但是，相比熊彼特在世纪之初的那十年所在

---

[1] 库兹涅茨，生于1901年，《长期波动》出版时二十九岁。序言里的注释表明，此书早在两年前就曾申报哈特、夏弗纳和马克思奖，而在那之前的三年他就一直在研究；即，该研究始于1925年。

[2] 库兹涅茨（同上），第299—300页，在题为"创新、进步与周期波动"（"Innovations, Progress, and the Cyclical Fluctuations"）的一节内容中，有过一段对熊彼特发展理论的简短解析。他注意到，该理论是他"展开推理的理论出发点"之一（同上，第300页，注1）。熊彼特在《经济周期》中曾多次提到库兹涅茨，但主要是与他的国民收入估计有关的内容。

[3] 《经济发展理论》，第10页。

的维也纳，1920 年代晨边高地（Morningside Heights）的制度主义传统对理论的态度更为松散，更有弹性，取材也更为随意；而且最关键的是，它更强调对事实的关注——它相信，那是传统理论家所忽视的。因而在《经济发展理论》中，熊彼特是从一个刻画经济体系静态（或渐进扩张）循环流转均衡的模型着手，而后把具有除旧布新能力的创新企业家引入其中。库兹涅茨则是从基于经验证据的一系列观察着手，展开自己的研究。[1]

243

　　当我们先是从较广的范围，而后从较窄的范围来考察经济发展时，经济发展的图景将经历一个令人惊奇的变化。如果我们从 18 世纪末开始看这个世界，展现在我们面前的会是一个连续不断且看起来景气十足的增长进程……

　　但是，如果我们把不同国家或独立的生产部门单拿出来，那么这个图景就变得没有那么一致了。不同国家在世界舞台上各领风骚三十年。产业的发展也是如此，三十年河东，三十年河西……英国已被迫放弃了世界经济的领导地位，因为它的经济虽然在 1780—1850 年间增长强劲，但现在已放慢了脚步。它已经为迅速发展的德国和美国所超越……当我们观察给定国家内的不同产业时，我们看到，发展的主导地位由一个部门转移到另一个部门。发生这种转移的主要原因似乎是，迅速发展的产业部门并不能无限期地延续它的强劲增长，它过一段时间就会放慢步伐，为快速发展期迟来的产业所赶超。在任何国家，我们都会观察到一系列活跃程度不同的产业部门先后引领发展的进程，而在每一个成熟产业的内部，我们都会注意到增长的步伐明显放慢……但是，与我们所认为的平稳持续的经济进步相比，这就带来一个经常被忽略的问题。为什么旧产业的增长会减速？为什么一个国家发明与组织能力均匀地流入经济活动的各个渠道，而各个生产部门的进步却并不同步？是什么使得给定时期内增长与发展的力量集中于一两个生产部门，而随着时间的推移，又是什么使得这种力量的汇聚由一个领域转向另外一个领域？

　　要想得到这些问题的最佳答案，就需要对产业增长的历史记录展开调查，集中关注支撑经济发展的产业进步。

---

　[1]　同上，第 1—5 页。

在这一点上，库兹涅茨运用了一系列经验观察，以说明产业部门发展进程的停滞，进而引入了一种经济理论；但是，他不知不觉地把这一理论与"经济史学家们所讨论的相关因素"融合在一起，探出一条小径，使得他能像熊彼特那样断言，技术变化才是经济增长的决定因素：[1]

在研究产业史的经济史学家们所讨论的众多因素中，有三组动态的推动力脱颖而出。它们是：（1）人口的增长；（2）需求的变化；（3）技术的变化，这既包括机械或工程方面的进步，也包括商业组织的改进。

当然，这些因素不是彼此独立的。人口增长很大程度上是取决于生活水平（需求）和生存资料的供给，而后者又取决于技术水平。技术的改变通常带来需求的变化，而需求量又与人口规模存在着紧密而确定的关系。技术进步的实现，是因为反应于某些被感觉到的需要，而这些需要可能源于人口压力，也可能是由于需求变化……

244

虽然这三种因素相互依存，但是技术的变化很明显决定着人口与需求的波动，而技术进步对人口与需求的依赖却不那么清楚直接。在三者的链式交互关系中，这一环节似乎最为突显。

因此，对创新的关注使得库兹涅茨得出一个假说，该假说与熊彼特在《经济发展理论》中提出的核心假说大体一致，尽管所使用的概念框架截然不同。

熊彼特与早期库兹涅茨的第二点主要区别要具体得多。熊彼特把创新企业家，以及跟着蜂拥而至但成色不断衰减的企业家看作创新进程的核心。至于库兹涅茨，其核心在于他的逻辑曲线（即三条常数戈珀兹（Gompertz）曲线），这些曲线从统计学的角度抓住了动态经济中贯穿各部门生命周期的衰退进程。一系列主导部门的先后衰退具有可观察的统计一致性。他识别出衰退的四点原因：技术进步的放缓，创新部门对增长更缓慢的原材料供给部门的依赖，创新部门扩张时可得资金量的相对下降，以及来自后进国家相同产业的竞争。熊彼特关于创新部门对总体经济增长所做贡献日渐衰微的分析与库兹涅茨的观点并非不一致，但由于其重点在于强调某些起作用的非统计学的和社会学的因素，因此还是存在显著

---

[1] 同上，第5，6和9页。

不同。[1]

这两种研究创新和周期方法之间的第三点区别涉及他们的研究中可称为技术性的或者中间层的目标。对熊彼特而言，《经济周期》的主要目标在于对长达半个世纪的（康德拉季耶夫）周期进行创新性的实质解读，同时说明它与一系列或强或弱的十年（朱格拉）周期的联系。

在《经济周期》中，他有选择地（而且常凭印象）对历史进行了回顾，他这么做的目的在于提供统计学以及非统计学方面的证据，证明历史中存在某种类似三种周期描述的进程，尽管其中充满着喧嚣凌乱和外部冲击——他相信，历史就是在这些进程中前进的。

库兹涅茨集中于与此相关但却不同的一系列问题：重要部门产出与价格的长期路径和周期性路径是怎样的？库兹涅茨很了解康德拉季耶夫的工作，也知晓其他对传统经济周期之外的经济波动感兴趣的学者所做的研究；但他决心从一个比康德拉季耶夫更坚实的统计学基础出发展开自己的研究，即便那意味着他的结论无法融合康德拉季耶夫所识别的全部现象。他的方法是，首先剔除数据中的短周期及其他波动，确立基本的长期趋势；然后围绕基本趋势，确立产出与价格的次级波动；最后，检验一个部门的增长率与它所经历的周期波动幅度之间的关系。

库兹涅茨发现，生产与价格的基本趋势系统地反映了某一给定技术创新（或开辟新领地或发现新自然资源）的生命周期；也即，在该周期中，产出先是快速
245 增加，然后增速逐渐放慢，价格先是快速下降，然后下降速度逐渐放慢。

库兹涅茨对基本趋势的分析所揭示的第一点就是，创新的成本降低效应一般会立刻转化为价格的降低——这一点熊彼特并未加以考虑。事实上，随着时间的推移，价格降低会放慢，正如产出的增加也会放慢一样。产出增加的减缓伴随着价格降低的减缓（而后价格上升），沿着这些路径，利用手头的资料，库兹涅茨本可以从整体价格指数的角度为康德拉季耶夫长周期提供比熊彼特更加令人满意的解释，但是他没有，他只停留在了部门层面。

类似的，对于总产出方面的分析，库兹涅茨也有未竟之处。他没有把自己关

---

[1] 熊彼特《经济周期》，第497—500页。熊彼特在提到库兹涅茨关于迟滞的论述时略带勉强，认为它是"老调重弹"（同上，第497页，注2），认为其分析只有"部分到位"。

于部门衰退的见解和所研究的这段时期中总产出的统计数据联系起来。然而，在研究产出与价格的次级波动时，库兹涅茨却在总体层次上严肃地讨论了产出、价格、劳动生产率和实际工资之间的相互关系。他首先证明，围绕基本趋势而展开的产出方面的次级扩张与收缩，系统性地滞后于价格的上升与下降，从而清楚地说明了价格波动作为一种机制，在改变投资方向上所起的作用。在大约五十页的理论分析之后，库兹涅茨提出了一个问题：为什么价格上升期会立即引发产出的快速扩张，并抑制实际工资。他的回答是，从本质上讲，价格上升会导致（城市）消费者收入的相对下降，不过这会因为资本品生产部门储蓄的减少和就业机会的增加而得到弥补，而资本品生产部门的融资则会由于收入分配由工资向利润的转移而变得更加容易。接着，库兹涅茨探讨了这类扩张为什么会结束。他指出，随着快速扩张部门中劳动力的增加，劳动生产率会下降，与此同时，价格上升导致金本位制下开发金矿的激励减弱，进而带来货币约束，这两者一起导致了扩张期的结束。我并不完全认同这个模型，但是它所反映的趋势分析思路与1890年代中期至1914年间美国及其他先进工业经济体所遇到的现象有着非常密切的联系。

于是，库兹涅茨质疑这些价格与产出的次级波动能否被看作周期。他得出的结论是，不能——它们只能被看成是特殊的历史巧合。

最后，库兹涅茨探讨了基本趋势中产出的增长率如何影响次级波动与传统周期波动的幅度。他试图寻找并解释其中可预期的正相关性。

总之，如果说库兹涅茨想要构建的是产出与价格的一般动态理论的话，那么这本书就可以看成是他对必须面对的一些问题的初步考察。不管怎样，在对一系列主导部门基本趋势进行分析，以及构建次级趋势波动中价格与产出的滞后联系方面，这一原创性的研究确实抓住了理解长期趋势关键机制中的几个方面。

然而，熊彼特和年轻的库兹涅茨之间的最大区别关乎他们最初的构想所要解决的终极问题。从早期《经济发展理论》最后的篇章到《经济周期》最后的段落（以致到《资本主义，社会主义与民主》（*Capitalism, Socialism, and Democracy*）），熊彼特实际上关注的是一个很大的问题：有见于资本主义自身的成长与存续有赖于创新企业家，那么作为一种社会和政治制度，它能证明自己有能力维持一个鼓励和支持创新企业家团队建构的环境吗？库兹涅茨的抱负稍逊风　246

骚，尽管依然宏大："……一个完整的、一般性的动态经济理论。"[1]但是，在《长期波动》以及后来有关经济增长的著作中（下文，第352—355页），他砍断了自己的分析，仅仅关注那些他或多或少可以获得可靠数据的问题。结果，他也就无法完成所有被他视为一般动态理论本质要素的内容。

对熊彼特来说，创新是衡量一个社会活力的标准；创新企业家都是某种黑格尔意义上的英雄。他以如此充满人文因素、社会情怀的术语来阐述这个进程，这说明他在面对自己的问题时并未退缩，而是有意识地打破该学科的传统边界，正如包括马克思在内的主要古典经济学家所做的那样。但是，他从未能把他那演化的、并且本质上是有关整个社会动力学的构想与他对传统新牛顿式经济理论的信奉联系起来。就库兹涅茨而言，在追逐着自己确立的目标——构建一个基础扎实的经济动力学时，他的所作所为正如一句古老的德国格言所说："业精于专"（"Mastery lies in limitation"）。[2]事实证明，他视为理所当然的专业，也即依赖足够长且可靠的时间序列以及现代统计方法，对于精通来说是不够的。事实上，他放弃了自己年轻时的构想。于是，结论就是，尽管熊彼特和库兹涅茨在一些领域为理解经济增长做出了扎实的贡献，但他们都没能发展出一套完整的动态增长理论。

两个非正统的视角：亨利·亚当斯和索尔斯坦·凡勃伦

当然，熊彼特和库兹涅茨并非孤军奋战，但是就把研究主题设定在探索重要的非连续技术创新与经济以及熊彼特那里资本主义社会命运之间的关系而言，他们是1870—1939年间相对较少的这批职业经济学家的代表人物。当然，还有许多其他学者也越过了传统经济学的边界，思考始于1780年代的技术革命序列的

---

[1] 同上，第329页。库兹涅茨陈述自己宏大目标的背景值得引述：

　　人们设想着一种经济学动态理论，它源于统计学家的远见和理论分析家的洞察力，构成了一个对呈现在我们面前的经济现实的完整描述。它为我们完整地描绘了经济现象为什么以及怎样成为其所成为的状态，以及是什么使得它们采用了我们想像它们会采用的形式。我们不仅应该了解经济现实的当前状态，而且应该了解其大致稳定的序列和支撑其变化的相互关系。这些相互关系的稳定性只是相对的。长期波动的过程看上去似乎是周期波动中显著发挥作用的各种因素的一个稳定状态。研究这些状态的有趣之处，不在于说明它们处于稳定之中，并由此猜测其构成，而是在于它们的波动和连续的变动，并由此对关涉其机制和各种力量的假设进行检验。如果我们拥有一个有关其可识别的不同类型的经济变迁理论，那么我们就拥有了一个完整的动态经济学一般理论。

[2] 同上，第3页。

广泛意义。其中最值得纪念的一位就是亨利·亚当斯，他在散文"发电机与圣母"（The Dynamo and the Virgin）中回忆了1900年的巴黎世博会。[1]1900年，第三次技术革命刚刚登上舞台：内燃机、电力、一系列新的化学品、一些与动力机车有关的产品（比如硫黄橡胶、精炼汽油）。亚当斯，一位历史学家、教授、小说家、对1865后的美国社会不抱幻想的评论家，在自己的朋友——美国科学家塞缪尔·兰利（Samuel Langley）的导引下，参观了这次饱含工艺与技术的博览会。下面这段文字，其核心就是把电力类比为基督信仰的力量，具体而言就是对圣母的崇拜。[2]

> ……在亚当斯看来，发电机成了无极限的象征。在逐渐习惯了巨大陈列室里的机器之后，他开始感到这个长着四十只脚的发电机是一种道德力量，那就像是早期的基督徒面对着十字架时的感觉。……亚当斯眼中的物体，其价值主要在于它神秘的机理。在这位历史学家看来，机器展室中发电机与外部机房之间的连续性遭到破坏，形成了一个无底的裂隙。他发现，蒸汽与电流之间的联系，除了十字架与大教堂之外，再无其他联系可相比拟……于是经过十年的追寻之后，他发现自己置身于1900年世界博览会的机器展室中，他那悬挂在历史中的脖颈被突如其来的全新力量所扭断。
>
> 由于其他没有什么人表现出太多的关注，一位没有其他牵挂的长者没有必要显露自己的恐慌。1900年已经不是第一次令教授们心神沮丧了。大约在1600年，哥白尼和伽利略就已经扭断了许多教授的脖颈；1500年，哥伦布站到了地球的另一侧；但是，最接近于1900年的那场技术革命，当是在公元310年，君士坦丁竖起了十字架。兰利不承认与他有关的射线以及他所创立的那些东西是神秘的、超感知的、非理性的；它们像十字架一样是某种神秘能量的展示；用中世纪的科学术语来讲，它们就是所谓的最靠近神意的模子。

247

这一洞见并没有什么政策含义，不过其后出现的一段文字却是相当令人沮丧（正如他的大部分著述那般，更多的是感伤，而不是愤怒），他在其中描绘的是多

---

[1] 《亨利·亚当斯的教育》（*The Education of Henry Adams*），布罗根（D. W. Brogan）作序（波士顿：霍顿·米弗林（Houghton Mifflin）出版，1916），25章，第379—390页。

[2] 同上，第379—383页。

少已从美国人生活之中消失的西方文化的沃土：[1]

> 在卢尔德，我们依然能够感到圣母的力量，她似乎就像 X 射线一样具有穿透力；但是在美国，维纳斯和圣母的力量已经不再重要，她至多只能带来情感上的寄托。没有哪个美国人真正敬畏她们……女神一度是至高无上的；在法国，她看上去依然摄人魂魄，不仅是情感的寄托，而且是一种力量的象征。为什么在美国她不为人所知呢？……

> 真正的美国人晓得一些实事，却不懂情感；能读懂条文，却不懂其中的道理。在历史的裂隙面前，如亚当斯这样的思想家感到自己很无助……一方面，在卢尔德和沙特尔大教堂……存在着曾为人类所知的最高力量，它们曾是人类大部分最崇高艺术的创造者，它们曾以一切蒸汽机和发电机所不能想像的力量吸引着人类的心灵；然而，美国人的心灵却无法感知这种力量。美国的圣母从不敢发号施令，美国的维纳斯女神绝不敢存在于世。

索尔斯坦·凡勃伦在思考新技术的内涵时，也表现出一种脱离现实的怀旧情绪。不过他既没有追思远古世界的经典，也没有追忆中世纪基督教精神的创世力量，而是回到了他所谓的"技艺的本能"（the instinct of workmanship）。凡勃伦把这一观念定义为人类经年累月形成的一种特性，这种特性使得人类可以在智慧的引导下对挑战和困难做出有目的的回应——这些回应，"在观察者看来可能是有目的的，看起来是为了提升某个体或者某物种的生活水平，虽然就被观察的个体而言，他们并没有意识到这种目的性……"。[2] 因此，人类社会在一代代地累积并传承着这个不断扩张的技术体系——一个因为社会的需求而生，但反过来也在重塑这个社会的技术体系。[3] 在凡勃伦看来，发明和创新是一种本能的文化反射，而不是狭隘的经济进程。

---

[1] 同上，第383—385页。

[2] 索尔斯坦·凡勃伦：《技艺与工艺的本能》（*The Instinct of Workmanship and the State of the Industrial Arts*），1914年第一版，（纽约：维京出版社，1943），第5页。

[3] 克拉伦斯·埃德温·艾尔斯（C. E. Ayres）对该主题作了系统的阐述。我对这个视角及其局限的看法可参见"技术与价格系统"（Technology and the Price System），载于威廉·布雷（William Breit）和老威廉·巴顿·卡伯特森（William Patton Culbertson），（编），《科学与礼仪，克拉伦斯·埃德温·艾尔斯的制度经济学》（*The Institutional Economics of C. E. Ayres*）（奥斯汀：得克萨斯大学出版社，1976），第75—113页。

凡勃伦集哲学家、人类学家、社会学家、心理学家和历史学家的身份于一身，他从不同的视角出发分析美国的经济及其制度，以及它们对社会的广泛影响。亚当斯的超然是一位没落精英的超然，他以一种尽管时而温和，却但常常尖酸刻薄且逆来顺受的悲观主义态度，接受了自己的社会地位。凡勃伦则仿若一位飘忽不定的局外人，循着自己那依然强烈的斯堪的纳维亚传统，游走于美国学术界，尖锐地抨击着当时的主流经济学及美国社会，提出了一些过去和当时经济运行机制演进的命题，而不是新牛顿主义的命题。

248

《技艺的本能》（*Instinct of Workmanship*）实质上就是一部典型的技术史，从原始人的生活出发，一路前行。其中的最后一章（"机器工业"（"The Machine Industry"））是高潮所在，凡勃伦在那一章中戏剧性地描绘了商人与工程师之间的冲突：[1] "……在当前的技术和商业原则下，工业由商人为商业目的而经营，而非由技术专家为社会物质利益而经营。"接着凡勃伦提醒人们提防其中的危险，因为商业的动力学会导致垄断，"到那时，社会的福祉将会一点不剩完全落到那些控制着物质最终处置权的大商人手里"。[2]

正是沿着这一思想路径，凡勃伦的一些信徒认为，大萧条就是大商业管理不善的最终结果，因此他们鼓吹"为了社会的物质利益"而实施由技术管理者运营的计划经济。

很明显，亚当斯和凡勃伦都在仔细思考社会中日益强大的技术潜力。他们一直密切地关注着，因为观察的角度不同，得出的结论也不同。但是，顺便提一下，值得注意的是，凡勃伦在如此不同的情境中，同样提醒人们关注原始社会中女人作为神所具有的神秘力量——这并非与技术无关。[3]

> 但是如果说一种制度，赋予了女人多少可以随意处置产品的权力，其成长是因为女人在技术上拥有种不可思议的合宜性与效能，那么这种影响在非物质的发展方面就应该更加明显、全面而持久。源于早期和谐农业文明的证据确实非常一致地表明，原始的耕作仪式大都具有神秘的特点，掌握在女人的手里，由一系列据认为尤其与母系社会的现象相一致的规矩组成……神，

---

[1] 《技艺的本能》，第 351 页。

[2] 同上，第 354 页。

[3] 同上，第 96—97 页。

无论大小，多是女神；她们中的大神也几乎无一例外地始于母亲。

亚当斯和凡勃伦共同开启了一条全新的路径。他们都认可新一轮的技术革命是不可逆转的事实。用凡勃伦的话说，他们"尽管感到不适应、不自在"，但是并未"矫揉造作地"去寻找什么"'返璞归真'的良方"。[1]但是，他们以各自的方式表达了对技术和社会的不安。时至今日，20世纪已经接近尾声，但是这种不安依然没有消退。

形式化增长模型：比克迪克（1876—1961）和哈罗德（1900—1978）

在对马克思的两部门增长模型（前文，第138页）表达敬意的同时，保罗·萨缪尔森注意到，"二战"后许多耕耘在这一领域的著名经济学家并不是从马克思的著作，"而是从克拉克－比克迪克的加速数与凯恩斯的乘数的结合，从冯·诺依曼（Von Neumann）和弗兰克·拉姆齐（Frank Ramsey）早期的著述出发展开研究的，这些著述中都看不到马克思理论的影响。"在罗伊·哈罗德明确提出两部门增长模型之前，没有指明任何出处与渊源的经济增长理论比萨缪尔森提到的还要多。[2]布鲁斯·兰森（Bruce Larson）在其诸多有关比

---

[1] 同上，第319页。

[2] 罗伊·哈罗德："动态理论"（An Essay in Dynamic Theory），载《经济学杂志》，卷49，第193期（1939年3月），第14—33页。正如哈罗德所指出的，这篇文章是他1936年的《经济周期》的进一步发展，尤其明显的一点是将乘数和加速数结合在一起。我也认真考虑过在这部分讨论阿伦·杨格（Allyn A. Young）当选英国科学发展协会F区主席时发表的著名演讲（格拉斯哥：1928年9月10日）（见"报酬递增与经济进步"（"Increasing Returns and Economic Progress"）《经济学杂志》，卷38，第152期，[1928年12月]，第527—542页）。的确，这篇演讲讨论的是技术和经济增长，作者在其中某处（第535页）还提到，经济进步能够通过经济体系的内生机制来实现，因而"合适的概念是动态均衡……"另一方面，杨格集中于修正亚当·斯密关于劳动分工依赖市场规模的论断，认为应该纳入市场规模依赖劳动分工的可能，以及据某些观察，也依赖于马歇尔那里讨论还不够充分的报酬递增的可能。杨格没有考虑熊彼特所获得内生不连续的重要创新，也没有试图探讨消费—储蓄模型的稳定性。进一步的探讨，见我的《为何穷国变富》，第162—163页。

我也考虑到弗兰克·拉姆齐（F. P. Ramsey）同样著名的"储蓄的数学原理"（"A Mathematical Theory of Saving"），该文与杨格的演讲发表在《经济学杂志》的同一期（卷38，第152期，[1928年12月]，第543—559页）。拉姆齐进一步推进了马歇尔在1880年代早期"论功利主义：最高境界"（"On Utilitarianism: A Summum Bonum"）这篇文章中的思考，这篇文章所讨论的问题是由西季威克（Sidgwick）和埃奇沃思在更早些的时候提出的。[对于马歇尔这篇迄今未发表的短论及其背景，尤其可参见约翰·惠特克《阿尔弗雷德·马歇尔早期经济著述，1867—1898》（伦敦：麦克米伦出版社，皇家经济学会专辑，1975），第二卷，（接下页注）

629

克迪克的文章中列出了一大批马克思主义者，还有古斯塔夫·卡塞尔，更不用说魁奈了——他把这些人视为先驱；此外，当然还有加速数理论的先驱，阿夫塔里昂（Albert Aftalion）。[1]

　　我决定在这部分简单介绍一下比克迪克（以及哈罗德）有关经济增长的著述，理由有四：（1），斯威齐已经回顾了马克思主义增长理论家，尽管他们的著作在其圈外鲜有影响；[2]（2）相对于简单算术增长模型，比克迪克似乎是第一位明确提出代数增长模型的经济学家，他还把货币供给（和储蓄投资均衡）纳入自己的考量；（3）他思考了经济增长进程中的一些非均衡方面，这些甚至在后来者那里也没有得到全面的考察；（4）基于后文将要给出的原因，在经济思想史上，他值得获得比目前人们所给予他的更多的关注。[3]

　　根据我们的点滴了解，简言之，比克迪克倍感挫折但却成果丰硕的职业生涯

249

（续上页注）第 316—325 页］。拉姆齐这篇出色的论文提出了福利经济学、代际公平、政治道德方面的一些重要问题，这些问题后来都得到详加阐述，而且众说纷纭。诚然，拉姆齐的分析将储蓄率与增长率和逼近最优状态的速率联系起来，但是他的兴趣很明显引导他把与经济增长及其稳定最相关的变量假定为固定不变。他的增长模型很可能有影响到后续增长模型的创建者，但从本书的角度看，我认为比克迪克才是与哈罗德—多马和他们的后继者们更相关的一位先贤。

[1] 布鲁斯·迪安·兰森：《查尔斯·弗里德里克·比克迪克经济学中的福利分析》（*The Analysis of Interests in the Economics of the Charles Frederick Bickerdike*）（博士论文，查珀希尔：北卡罗来纳大学，1983）。亦可参见兰森："比克迪克的生平与著述"（Bickerdike's Life and Work），载《政治经济学史》第 19 卷，第 2 期（1987 年夏）。我非常感激兰森教授，可以在他发表之前得到他的论文，他关于比克迪克的文章以及未发表的短论，还有对本书书手稿所做的评论。兰森引用的主要马克思主义者有迈克尔·杜冈·巴拉诺夫斯基（Michael Tugan Baranovsky）、罗莎·卢森堡（Rosa Luxemburg）和奥托·鲍尔（Otto Bauer）；但是他指出卡尔·考茨基（Karl Kautsky）、鲍丁（L. B. Boudin）和安特·巴尼库克（Ant. Bannekock）也为马克思模型的发展和精致化做出了贡献。在他所列的权威清单中，1939 年之前加速数的解释者，除了阿夫塔里昂（Aftalion）、约翰·莫里斯·克拉克（J. M. Clark）和比克迪克之外，还有戈特弗里德·哈伯勒（Gottfried Haberler）、门特·布尼亚丁（Bouniatian）、卡弗（Carver）、马尔科·范农（Marco Fanno）、库兹涅茨、米切尔、庇古和罗伯逊（《繁荣与萧条》（*Prosperity and Depression*）［日内瓦：国联，1937 年］，第 82 页）。

[2] 保罗·斯威齐：《资本主义发展》（*Capitalist Development*），尤其第 190—213 页。布鲁斯·迪安·兰森：《福利分析》，第 164 页和未发表的"经济增长方面的早期数学模型评注"（"Notes on Early Mathematical Models of Economic Growth"）（1982 年）。

[3] 布劳格、罗尔和熊彼特那著名的经济学说史著作中，均未见对比克迪克的参考索引，哈奇逊和普甲布拉姆可能最简单地提到了他的加速数分析，而斯皮格尔则简单地提及他对穆勒关税和贸易条件观点的修正。汉森早期对经济周期的研究《经济周期理论、发展与当前地位》（*Business-Cycle Theory*, *Its Development and Present Status*）［波士顿：基恩出版，1927］），写于比克迪克还在《经济学杂志》经常发表文章的时期，其中包含了十一个参考索引和三个注脚引用。

是这么展开的。[1]

比克迪克 1895 年从克罗伊登的莱特中学毕业之后到了牛津（默顿），他在那里学习数学和历史，并于 1899 年获得学士学位。那一年，他接触到弗朗西斯·埃奇沃思并受影响——埃奇沃思是当时的政治经济学教授，一位杰出的数理经济学家，（与约翰·梅纳德·凯恩斯一起）共同担任《经济学杂志》的主编。比克迪克由于土地价值课税——一个埃奇沃思特别感兴趣的问题而竞争成功，获得了 1902 年科布登奖。接着，比克迪克来到伦敦，在伦敦经济学院攻读博士学位。他的论文指导教师是埃德温·坎南（Edwin Cannan）教授，一位古典学派的非数理经济学家。他的论文《关税理论》（*The Theory of Tariffs*）包括两篇文章，迄今仍有影响；但该论文却在 1906 年被驳回，想必是因为坎南的坚持，且有很大可能反映了坎南针对以埃奇沃思为代表的符号化理论而发动的瑟伯（Thurber）式战争。在那段时期，比克迪克成为一名中学教师以维持生计。不过 1910 年，他被聘为曼彻斯特大学的讲师；但是他在 1912 年放弃了这个职位，加入贸易委员会所属的一个文职单位——该部门后来成为劳工部的一个下属机构。1937 年 5 月，他获得大英帝国官佐勋衔；有证据表明他一直工作到 1952 年，当时他已年满 76 岁。九年后，比克迪克去世。虽然 1929 年之后他再没有发表什么作品，[2] 但是有证据表明，比克迪克关于经济理论方面的写作仍在继续，不过他只在很小的朋友圈内分享自己的作品。大体上，据我们所知，他死时依旧是个学士。据说比克迪克有

---

[1] 除了我自己读到的关于比克迪克的文章和评论，这段简短的描述主要是来自兰森的著作；但是亦可参见哈罗德·皮尔维宁（Harold Pilvin），"比克迪克论经济增长"（C. F. Bickerdike on Economic Growth），载《加拿大经济学与政治科学杂志》（*The Canadian Journal of Economics and Political Science*），第 20 卷，第 2 期（1954 年 5 月），第 238—242 页；以及文森特·塔拉肖（Vincent Tarascio）"比克迪克的货币增长理论"（Bickerdike's Monetary Growth Theory），载《政治经济学史》，第 12 卷，第 2 期（1980 年夏），第 161—173 页。下面是兰森就比克迪克对经济思想贡献而展开的更全面的评价，原版有详细的注释（"比克迪克的生活与工作"，载《政治经济学史》，第 19 卷，第 1 期 [1978 年夏]，第 1—21 页。下面引文出自第 1—2 页）：

今天他因为对国际贸易的贡献而为人所知——他是第一位运用比较静态分析来思考关税的福利效应，并导出最优关税方程和经济增长理论的人，也是第一位构建代数增长模型并思考它与货币供给关系的人。

即便他仅仅取得了上述成就，比克迪克在经济思想史上的地位就很稳固了，但是他做得更多。他的著作因较早利用加速数原理和乘数而引起人们的关注，他的一些文章因人们认识到他对公共财政的重要性而得以重印。除这些贡献外，还有他所提出的外部效应的一般概念，在此基础上构建的地方支出理论，以及他对经济事务中预期作用的关注。他的著作还对垄断竞争理论的发展有所启发。

[2] 也许可以认为，因为埃奇沃思 1926 年的去世，《经济学杂志》的主编易位他属，导致比克迪克发表文章的兴趣减弱；不过这纯属猜测。

（或曾有过）一部论文集；但是，人们并没有找到它。

比克迪克发表的著述包括十四篇文章，其中十二篇都发表在《经济学杂志》上；他还写过三十八篇书评，基本上都是为同一家出版物而作。[1]这些著述的时间跨度是 1902—1929 年。比克迪克的经济研究涉猎很广。他最有影响力的是摘自他那不走运的博士论文中有关国际贸易的文章，以及 1914 年那篇关于加速数的开创性文章——"就业波动的非货币因素"（A Non-Monetary Cause of Fluctuation in Employment）。[2]

兰森追溯了比克迪克直到 1924 和 1925 年有关增长的著述，把它们分为三个紧密相连的发展阶段。[3]这个事例再次说明，原本对福利问题的关注是如何相当迂回地收获有关经济增长进程的洞见，只不过这次的收获关乎经济增长内生的不稳定性。

比克迪克第一阶段的研究从 1907 至 1914 年。受庇古和埃奇沃思的影响（但偶尔也与之争论），此时比克迪克强烈关注的是福利经济学的某些问题。他尤其关注正负外部效应的问题（生产的"合作"或"非合作"条件）。这些概念指的是对个人利益的追求降低他人成本或增加他人快乐，或相反的情形。在此专题下，他对特定的微观经济问题的研究，系统地涉及后来庇古所特别强调的个人视角与社会视角的区别，以及埃奇沃思基于马歇尔而精心阐发的长期结果与短期结果的区别。

随着战争的到来，比克迪克研究的焦点从微观福利问题转向宏观福利问题，不过他依然同时保持着对个人和社会视角区别的敏感性，以及对外部效应的兴趣。沿着这条路径，他对预期之作用的兴趣日渐浓厚。尽管不是从宏观角度出发，但是比克迪克"就业波动的一个非货币因素"的发表，在某种程度上成为他从微观政策问题转向宏观政策问题的转折点，因为他已察觉到，给定部门中加速数与乘数的相互作用可能会从整体上对产业波动产生影响。

---

[1] 布鲁斯·迪安·兰森："生平与著述"，第 1 页。

[2] 比克迪克："就业波动的非货币原因"（A Non-Monetary Cause of Fluctuations in Employment），载《经济学杂志》，卷 24，第 95 期（1914 年 9 月），第 357—370 页。

[3] 布鲁斯·迪安·兰森，"生平与著述"，第 5—16 页。比克迪克谈论增长的两篇关键文章是"与储蓄相关的个人与社会福利"（Individual and Social Interests in Relation to Saving），载《经济学杂志》，卷 34，第 135 期（1924 年 9 月），第 408—422 页，和"储蓄与货币体系"（Saving and the Monetary System），同上，卷 35，第 139 期（1925 年 9 月），第 366—378 页。

他大胆地逆转正在形成的有关加速数的认识，认为耐用商品（包括耐用消费品）生产中后来被称为巨幅波动的乘数效应可能更加重要：[1]

> 长期观察表明，与耐用商品的生产，比如楼房、轮船、机械、建筑工程等相联系的产业更易于发生特别严重的就业波动……通常，这里的论证会采取这种方式：如果……商业整体存在波动……那么，器械生产商就会受到特别的影响……我建议……也许我们应该用另一种方式展开论证，并在耐用商品生产独立引起的波动中，至少找到一个导致货币扰动和整体波动的主要因素。

通过参考庇古和罗伯逊的有关工作，他把注意力集中到耐用程度问题上来。[2]
而后，他精心考察了加速数与乘数之间相互作用的周期序列，并给出了改进的建议：

● 由于它们相对的耐用性，需求的变化所引起的消费品（比如羊毛服装）和资本品（比如轮船）生产的变化存在显著的差异。

● 另一方面，相对于需求上一个很小的变化，耐用品生产的波动将会"放大"，这是"产业波动的主要潜在原因之一"。对此，货币系统会做出反应——因此，货币系统并非波动的主要原因。

● 工程、钢铁和其他部门对造船业的投入会表现出一个"加倍放大"的反应，进而使得"购买力因为工人和股东收入的波动而受到相当大的扰动……"[3]

● 因此，失业保险是"一个适当的补救措施，一个遏制扰动扩散的途径。"[4]

● 另一个减弱扰动的方法是允许轮船所有权实施信托，"由公共利益部门来管理，只旨于赚取资本的正常回报，"以维持充足的储备，"防止任何严重短缺的发生"。[5]

251　● 针对造船业的结论可以勉强推广到其他耐用品部门，也即"那些基于自利

---

[1] "一个非货币原因……"，第 357 页。

[2] 同上。

[3] 同上，第 361 页。

[4] 同上。

[5] 同上，第 363 页。

而展开的竞争不足以带来社会利益最大化的部门。"[1]

● 就酝酿发酵期而言，自利就能"遏制这种不规则性"，这种由于生产期结束时对市场条件预期错误而产生的不规则性——在比克迪克的例子中，这种酝酿发酵期长达 5 年。[2] 在这个方向上的努力并不总是成功的，但是问题的严重性要比耐用品情形下小多了。

基于这些福利经济学基础，比克迪克转向了战争融资与农业政策问题。比如他考察了战争融资中出现的如下问题：[3]（若将税收负担的不平等搁置一边）短期内，如果战争可以在宏观层面上从"正常的储蓄"之中获得融资，那么个体储蓄者是否会放弃未来的利息、停止储蓄，继续维持其战时的消费水平呢？

1924 年，在"与储蓄相关的个体和社会利益"（Individual and Social Interests in Relation to Saving）一文中，比克迪克又回到了储蓄者或非储蓄者决策的社会效应问题上来。但是，这一次的背景不再是短期的战争框架，而是长期的经济增长进程。

---

[1] 同上，第 367 页。至少有一种情况，通过对造船市场较长时间的观察可以发现，自我利益和社会利益引人注目地结合在一起；即，威廉·伯勒尔爵士（Sir William Burrell）（1861—1958）提出的反周期方法，作为格拉斯哥的一位船主，他最终为他土生土长的城市带来了一座壮丽的博物馆和大量的艺术收藏品（理查德·马克斯（Richard Marks），"威廉·伯勒尔爵士"，录于理查德·马克斯等，《伯勒尔的收藏》（The Burrell Collection）[伦敦和格拉斯哥：柯林斯出版社，1983]），第 10 页：

> 伯勒尔兄弟无疑有点石成金之术。乔治始终瞄准造船工业发展的前沿，而威廉则精于商业。他们的财富是建立在沉着镇定、深谋远虑和敢于冒险的基础上的。方法很简单。由于预计到萧条结束时船只将会脱销，因此他们在萧条期以最低价订购大量的船只。于是，伯勒尔和索恩（Son）就处于有利的地位，吸引大量的待运货物，因为它手里有船，可以索低价排挤竞争对手。从事几年利润丰厚的贸易之后，兄弟俩在繁荣期会将船队卖掉，静待时机，直到下一次萧条发生，新一轮的周期又开始了。这听起来很容易，伯勒尔自己也把赚钱描述为就像小菜一碟，但是该公司的竞争对手中却没有哪个有足够的胆量，敢冒那样的风险。
>
> 这种大规模的运作地重复了两次。1893 和 1894 年，船厂为伯勒尔和索恩的船队建造了十二艘新船，此时，工业处于非常萧条的状态。几年之后，利用当时可获得的轮船高价，每一艘飘扬着伯勒尔商号旗帜的船只都被卖掉了。进入半退休状态几年之后，1905 年，威廉和乔治订购了至少二十艘汽船，震惊了造船界；1909 和 1910 年，又有八艘交货。经过几年繁荣的贸易之后，兄弟俩再一次决定利用轮船市场价值的上升获益，一战的爆发使得这种价值的上升戏剧性地变成了现实。1913—1916 年间，几乎整个船队都被卖掉了，包括仍在建造中的船只。利用精明投资所分得的收益，威廉·伯勒尔在漫长余生中尽情消费，聚积了大量艺术收藏品。

[2] "一个非货币原因……"，第 369—370 页。

[3] 参见布鲁斯·迪安·兰森：《福利分析》，手稿第 104—105 页和第 115—121 页。亦可参见"生平与著述"，第 15—16 页。

比克迪克是这么展开论述的：[1]

　　若是从总体上对过去两个世纪中的经济进步展开考察，那肯定会留下这样的印象，即资本主义制度下的私人储蓄与投资不仅有利于储蓄与投资的个人（和他们的继承人），而且有利于没有储蓄的无产者。然而，过去的两个世纪的突出关注是新生产方式的发现，尤其是运输成本的降低，而这些发现并不必然是源于纯粹的储蓄（考虑科林·克拉克和索洛的区别，前文第213—214页与后文第622页）。因此，储蓄是否以及如何确切而言有利于非储蓄者这个问题，无法仅通过此类观察而得以解决。当我们考虑到这一事实，即储蓄者得到利息，而他或他的继承者可能最终花掉利息和资本，那么就有必要进行分析检验，而不能想当然。

　　就储蓄的发生而言，比克迪克的结论首先考虑的是储蓄的价格效应，而后是利息和资本的价格效应。他展开分析的前提假定是，储蓄会因为减少对消费品的需求而导致价格下降。因此，只要价格下降没有"扰乱"生产，那些具有恒定货币收入的非储蓄者就可以因此获益；如果利息和本金还是用于储蓄，那他就可以继续获益。

　　从我们所关注的增长模型角度，比克迪克的研究出发点实质上是卡塞尔的基本模型（前文，第204—205页）。为了简化起见，他假定分析的背景是社会主义国家及其银行制度，增长率恒定，以便与恒定的人口增长率保持一致，没有技术变化。基于这些假定，比克迪克认为，如果"货币利息率与物质财富和货币增长率相等，国家每单位时间收到的利息总量与区别于单纯用于重置生产的融资增加量所需要的货币总量增加量相等"（这种区别是卡塞尔所坚持的），那么，恒定的价格水平就能得以维持。

252　　比克迪克接着考虑了，如果假定个人储蓄发生在一个非社会主义经济中的话，那均衡条件会是什么。他以哈罗德式的思维总结道：[2]

---

[1]　"与储蓄相关的个人与社会福利"，第408页。

[2]　同上，第421—422页。

在一个崇尚个人主义的**政体**中，银行信用将取代国家成为货币的主要创造者……

如果下面两个条件得以满足，那么拥有统一价格水平的平稳增长状态便有可能实现：（1）增长是匀质的，（2）储蓄与银行创造的信用总能保持与区别于维持生产的融资增长所需的货币量相等。如果这些条件不能得到满足，那么不仅个体价格几乎不可避免地会波动，整体价格水平也会，而且在个体主义的通常条件下，这还会带来商业活动的震荡……即便匀质增长的条件事实上并不存在，但是以此作为出发点来思考这种不规则性的影响也会有所帮助。

比克迪克试图在 1925 年的一篇文章中直面"不规则性"分析所提出的挑战，通过放松早期论述中的几个假设，识别增长率不一致的各种情形；比如，移民增加所导致的人口增长率变化；生产率增长率的加速；由于对未来的折现，利率高于产出增长率；私人储蓄未能与维持一个恒定增长率所要求的投资相匹配；增长率加速对价格和储蓄的影响；在那些资本高度耐用、生产周期很长的重要产业部门（比如住房）中，价格和投资增长率的周期性影响；[1]时而出现的通货膨胀（以及强制储蓄）在使得收入向维持一个高增长率所要求的利润和储蓄转移方面的影响。比克迪克所得到的最终结论是宏大的，几乎堪比熊彼特：[2]

实际上发生的情况是，一次又一次快速增长的迸发，使得信用的扩张超过了当前的储蓄率，价格上升，这使得那些聪明和幸运的人相比在价格一致情况下，能够获得更多的收益。他们会把收益的大部分转化为储蓄，于是，储蓄总量因为这种迂回的方式而变得足够大，繁荣期和萧条期也就连在了一起。19 世纪的英国和美国以及 1870—1914 年的德国，财富快速增长的资金供给并非单纯依靠正常的储蓄，而是很大程度上依靠银行信用的过度扩张，结果便导致了周期性的通货膨胀。如果价格水平保持更加稳定，并且继续维持很高的附加税和遗产税税率，那么财富增长率就肯定会有慢下来的危险，除非能够找到其他融资方式。

253

---

[1] 比克迪克对这种情况的简单总结与我对康德拉季耶夫周期的看法近似，暗示其中存在一个动态最优部门存货水平（"储蓄与货币制度"），第 372—380 页。参见我的《为何穷国变富》，第 1 和第 2 章。

[2] "储蓄与货币制度"，第 377—378 页。

这个就是从这里的讨论中获得的最重要且具有实际意义的思考。"资本主义制度"在发达社会带来了相当快速的增长，但是这个增长却是通过财富分配的高度不平等，通过维持一个倾向于阻止消灭这种不平等的金融制度，通过周期性的通货膨胀来实现的。现在，人们通过税收制度，以及许多至少有关遏制货币波动方法的讨论，对分配不均展开强烈攻击。同样被逮住的还有如何维持一个良好的增长率这个问题。如果没有忘记的话，就本国而言，境外属地的增长也包含在这个问题之中，因为作为供给主要来源地，迄今为止它们的增长主要依赖于英国资本的供给。如果社会决定，不允许以旧有的方式将惯常的增长率强加于它，或者不允许增长率达到目前盛行的程度，那么就有必要认真考虑，除了让财富增长率大大减速外，是否还有其他切实可行的选择。

除了在批评福斯特（Foster）和卡钦斯（Catching）的《利润》（*Profits*）一书时曾有过几段总结他已发表观点的文字外，比克迪克再也没有在正式场合回到他1924—1925 文章的主题。[1]事实上，在"储蓄与货币制度"（Saving and Monetary System）之后，他只写过五篇评论。从 1929 年至 1961 年去世期间，他没再发表任何东西，尽管如前所述，他仍然会安静地与朋友分享自己的一些想法，定期参加伦敦政治经济学俱乐部的讨论会。[2]

因此可以说，比克迪克是从卡塞尔那儿继承了一个简单的增长模型，在这个模型中，经济按照与人口增长率一致的比率扩张；但是卡塞尔并没有探究恒定增长率的货币含义。这就是比克迪克所做的事情。他首先推导出维持恒定价格水平的条件，他通过假定社会主义制度的背景，银行为国家垄断而实现这一点。他接着考察了私人储蓄与投资制度下不仅会引起价格水平变化，而且会引起增长率和就业变化的一系列条件。这些条件包括，资本设备不同的酝酿发酵期和耐用性，储蓄降低价格进而导致失业的可能性，私人储蓄和私人重置扩张资本存量决策完

---

[1] 比克迪克的文章，载于威廉·特鲁芬特·福斯特（William Trufant Foster）和瓦蒂尔·卡钦斯（Waddill Catchings）"波拉克散文奖：讨伐利润"（*Pollak Prize Essays*, *Criticisms of Profits*），（纽顿，马萨诸塞：波拉克基金出版，1927），第72—78 页，第83—84 页，第87—88 页。

[2] 约翰·希克斯和尼古拉斯·卡尔多都回忆说，比克迪克定期参加伦敦政治经济俱乐部的讨论会；但二人谁也不记得有什么具体的事例。

全匹配的不可能性。

　　比克迪克所引入的每一块内容都可以追溯或者联系到与他同时代的另一位人物，比如马歇尔、卡塞尔、庇古、埃奇沃思和罗伯逊。[1]对不稳定、失业和缓慢增长的研究在 1920 年代中期的英国很流行。而且，在这段《通论》尚未发表的时期中，比克迪克对储蓄与投资的分析略显古旧、笨拙。尽管如此，他还是以非常有创意的方式，把同时代一些重要的零散见解编织在一起；他将增长模型向前推进，且远远超越了约翰·贝茨·克拉克和卡塞尔；他开始用代数形式来表达自己的观点；他还清晰地预见到哈罗德—多马及其新古典继承者们所使用的方法，以及他们所关注的"不规则性"——他还在其中添加了几个他们不会去处理的问题。事实上，他对稳态中的动态模型不经意间所秉持的谨慎态度，以及他那深刻的认识——这些模型的适当运用仅仅是不规则性和非均衡分析的开端，所有这些都已经在他的后继者那里开花结果。

　　值得注意的是，对于曾引起熊彼特和早年库兹涅茨思考的部门生产率非均衡增长的问题，比克迪克也非常清楚：[2]

　　　　财富的增长已经被看成是源于人口的相应增长。现在让我们假定，一开始时人口保持恒定，财富的增长取决于劳动生产率的增长。生产率的增长可能是生产过程改进或规模经济的结果，或二者兼而有之。

　　　　在现实中，生产率增长对各种生产活动的影响各不相同，但我们可以在考虑这些基本问题时先假定生产率的改进同等适用于所有生产活动，且在所有生产活动中以同一速率展开。

　　因此，比克迪克是有意识地将这个问题搁置一旁，而从自己早期关注的福利经济学出发，探寻资本主义银行和货币制度下由私人分散完成的储蓄与投资决策之于公共利益的含义。

　　照理说，作为《经济学杂志》一位常规读者（后来成为其编辑），哈罗德应该会提到比克迪克，因为比克迪克的文章主要发表于此；但是哈罗德没有。也

254

---

[1]　比如，参见布鲁斯·迪安·兰森："生平与著述"，第18—19页。
[2]　"储蓄与货币制度"，第366—367页。

许，在凯恩斯《通论》眩目的强光下，其他思想流脉和次要人物暂时都从人们的视线中消失了。

不管怎样，哈罗德的"动态理论"（An Essay in Dynamic Theory）（1939）作为一篇一般经济分析，尤其是经济增长分析方面里程碑式的文章，也很有可能保有它目前所拥有的地位，尽管之前已有那么多预设伏笔的先贤和前辈[1]。之所以拥有如此地位，是因为这篇文章使得许多经济学家试图以具体明晰的方式观察增长与波动的这种念想终于得以实现；尽管它不完美，但它却提供了一个批评和进一步精进的基础和参照点。

更确切地，哈罗德的"动态理论"直接源于他自己的《贸易周期》（Trade Cycle（1936））。[2]正如哈罗德自己所指出的，这部著述反过来又建立在三股经济思想整合的基础上。[3]

……（1）在消费品需求与耐用品需求之间存在着非常确定的关系[4]，其实质是后者的绝对量主要依赖于前者的增长率，这已经得到经验以及算术法则的支持。这种关系对于贸易周期理论有何含义将在此得到探究。（2）凯恩斯先生在他最近的著作《就业、利息和货币通论》中，已经就资本品需求、社会的储蓄倾向以及总体经济活动和收入水平之间的关系提出了一些重要观点。这些观点将在本书中得到充分的应用。（3）过去，我曾有机会研究不完全竞争理论，这一块经济学理论旨在让一般价值理论更接近事实。不过这里所构建的学说却与贸易周期问题相关。

哈罗德1936年得出结论，认为贸易周期"是该关系（加速数）与乘数共同

631　[1]　《经济学杂志》，卷49，第193期（1939年3月），第14—33页。在纪念哈罗德文章的补充注释里，H. 费尔普斯·布朗（H. Phelps Brown）谈到，人们认为埃里克·伦德伯格（Erik Lundberg）以及古斯塔夫·卡塞尔可能已经在某种程度上预见到哈罗德的增长方程（《经济学杂志》，第91卷，第361期，[1981年3月]，第231页）。

[2]　罗伊·哈罗德：《经济周期》（牛津：克拉伦登出版社，1936）。正如哈罗德所强调的，他的《经济周期》是一部后《通论》时代的作品。在他的凯恩斯传中，哈罗德清楚表明，在《通论》发表之前，他私底下已经知道了这部作品：《约翰·梅纳德·凯恩斯》（纽约：哈库特·布莱斯出版，1951），第452—453和456页。

[3]　《经济周期》，第vii页。

[4]　哈罗德起初称这种联系为关系（the Relation），但在"动态理论"中不情愿地放弃了，而采用了加速数这个不太准确但却更受欢迎的术语（第14页注）。

作用的结果"。[1] 在总结部分，也即题为"周期的不可避免性"（"The Inevitability of the Cycle"）的一节中，哈罗德在转而寻求可能的解决方案之前，提出了经济增长模型构建的路径：[2] "……让我们假定一个稳定增长的条件。每一次结果恰好都证明财富冒险（净投资）的合理性，并在此经验的基础上维持进步。"接着，他考察了贸易扩张期间可能导致产出增长率减速的各种因素。他总结说，结果总体上看来可能会是这样：[3] "问题的关键就在于此。如果增长率有任何下降，那么衰退就一定会发生。此时，上述关系（加速数）就将居于支配地位。增长率的下降涉及投资的衰退。但是根据乘数原理，消费也一定会衰退。"

255

很明显，哈罗德的兴趣并不在于经济增长，而在于（类似于比克迪克的"不规则性"的）周期性波动或长期高失业——在 1930 年代中期的英国，强调这个问题是可以理解的。尽管如此，他所提出的问题（是什么阻止了"稳定的增长"）自然会使他简要地触及经济增长的某些问题；比如，周期与技术创新节奏的关系，[4] 创新流中的资本或劳动偏向，[5] 未来人口增长和创新流的前景。[6] 在后面的一段话中，哈罗德引入了他 1939 年增长模型中的一个关键概念；[7] 也即，"一定期限内，由人口的正常增长和发明与改良所导致的生产率的正常提高所保证"的增长率。事实上，哈罗德把 1939 年的模型引入动态模型中的做法是，把它与前文引自 1936 年《贸易周期》中的段落明确联系在一起。[8]

不考虑各种精进的话，哈罗德的经济增长分析可分为六阶段。

1. 基本方程。在最简单的方程中，有保证的增长率（G_w）由下述方程决定：$G_w = s/c$，其中 s 是个人和（私人的和公共的）企业储蓄占收入的比例；c 是增加一单位产出所要求的资本品价值（加速数则转化为边际资本—产出比率或资本系数）。假定 s 和 c 独立于产出值（G）。在动态均衡中，有保证的增长率是指"这样一个产出水平，在这个生产水平上，厂商认为自己做了正确的决定，因而对结果感到满意，并将继续沿着同一路径前进。手上的存货和可得的设备也恰处于他

---

[1]　同上，第102页。

[2]　同上。

[3]　同上，第104页。

[4]　同上，第60—61页，这里参考了库兹涅茨和熊彼特的观点。

[5]　同上，第102—103页。

[6]　同上，第105页。

[7]　同上。

[8]　"动态理论"，第14页。

们所期望的水平。"[1]

2. 实际增长率（G）对有保证增长率（G_w）的偏离。如果 G 超过 G_w，就会出现资本短缺；存货与设备的生产就会扩张；在扩张不断累积的进程中，通过乘数与加速数的相互作用，G 将离 G_w 越来越远。与之类似，如果 G 低于 G_w，资本设备和存货就会过剩，产出就会开始下降并不断自我加强。动态均衡路径内在的不稳定是经济周期分析的根本。

3. 内生加速数投资与外生（或"独立"或"远程"）投资。事实上，并不是所有的投资都是由产出增长率（加速数）来决定的。投资的某些部分可能取决于下述因素：（1）对"经济活动未来长期增长"的判断；（2）着眼于使生产成本和消费者口味发生彻底变化的新发明；（3）收入水平而不是收入的增长率（比如，由公共当局，甚或是对当前利润水平很敏感的商业企业实现的公共工程开支）。这些修正降低了加速数原理在决定增长和波动的动态变化方面的作用。

4. 对外收支平衡的作用。进口是当前收入的一部分，进口的上升会提高 G_w，而出口或其他外汇收益的上升则会降低 G_w。

5. 自然增长率。有见于 G_w 将随着影响 s 和 c 的经济周期处于不同阶段，以及经济活动处于不同水平的变化而变化，哈罗德定义了"自然增长率"，即"假定充分就业的条件下，人口增长、资本积累、技术进步和工作/闲暇偏好设定所允许的最大增长率。"与此相反，一个"适当"的有保证的增长率被定义为"充分就业条件下可实现"的增长率。如果后者高于前者，就存在长期萧条的趋势，因为根据定义，自然增长率为一个给定经济体实际上所能获得的增长率设定了上限。如果后者低于前者，那么经济体就会走向繁荣，其标志是通货膨胀以及收入向利润的转移。

6. 可能的政策含义。如果适当的有保证的增长率大大高于自然增长率，那么就会面临长期性的而不是周期性的失业问题，于是，便可能需要有长期的反周期措施。比如低利率，这可以独立于加速数和 c 的值而鼓励高附加价值的投资增加；即，资本密集型投资增加。不过它也可能使 s 降低，因此可能需要一个近乎永久性的公共工程来加以补充。哈罗德认为，综合来看，1930 年代末的英国就处于那种状态，需要那样的补救措施，原因有三：（1）人口增长下降；（2）人们相信存在这

[1] 同上，第22页。

种趋势，即，越是富有的人，就会把收入的更大份额储蓄起来；（3）可能存在的资本节约型创新趋势。

正如哈罗德（用不大恰当且在经济学文献中很少见的双关语）所指出的，随着 1930 年代接近尾声，这类将乘数和加速数联系在一起的分析在"迅速加速"。[1] 这方面更著名的论述，比如保罗·萨缪尔森的乘数—加速数理论，基本与哈罗德的模型相一致。[2] 这种形式的经济分析有许多先例，可以追溯到一个多世纪之前。它的发展步伐由于许多经济学家的贡献，包括最近的哈罗德和比克迪克的贡献而得以加快。不管怎样，哈罗德对所有这些研究进行了干净利落的总结。他还以凯恩斯主义者的视角切入，集中分析了 1930 年代英国的问题，而且多少还带着一点李嘉图恶习的色彩。值得注意的是，1937—1938 年经济衰退之后，在整个经济离接近充分就业都还很远之时，他们均把英国的问题看成长期停滞，就像美国的汉森一般（下文，第 321—323 页）。

仔细观察，除了教育和劳动力质量之外，所有古典增长方程中的要素几乎都可以在哈罗德的方程中找到。人口增长率可以找到，投资率和投资的生产率也能找到。但是哈罗德（和萨缪尔森）都不知道如何处理熊彼特的洞见，即，重要创新是内生的、不连续的，它们的消长是经济波动的核心；他们也不知道如何处理库兹涅茨的洞见，即，经济增长的连续性有赖于主导部门序列的转移。（和比克迪克一样）哈罗德意识到部门增长率是有差异的：[3] "即便处于一般说来稳定的增长状态，也不能设想所有的部门会以同一速率扩张。"但是高度集成的经济增长与周期性分析太方便了，实在令人难以割舍；然而，若不直面创新进程内在的部门特点，就不可能获得令人满意的经济增长与周期性分析。[4]

这就是主流经济学家在"二战"前夕从凯恩斯革命中得到的关于经济增长的见解。"二战"之后，一旦人们清醒地认识到，西欧的重建很可能成功，而美国不会再次陷入大萧条，这些见解很快再次得到肯定。埃弗塞·多马（Evsey Domar）的增长方程于 1947—1948 年发表；哈罗德在 1939 年论文基础上所写的

---

[1] 同上，第 14 页注。

[2] 保罗·萨缪尔森，"乘数分析与加速数原则的相互作用"（Interaction between the Multiplier Analysis and the Principle of Acceleration），载《经济统计评论》，卷 31，（1939 年 5 月），第 75—78 页。

[3] 同上，第 16 页。

[4] 此处不是我们详述和捍卫该说辞之处。但可参见前文，第 231 页。至于更早的对哈罗德模型以及类似模型的批评，参见我的《经济增长的进程》，第四和第五章。

257　《走向动态经济学》（*Towards a Dynamic Economics*）于 1948 年发表。[1] 作为观察先进工业经济宏观运行的一个框架，该方法的优点在于利用了一些可统计衡量的概念。国民收入核算的累积成果为 G_w，s 和 c 提供了可用的近似值。而且，哈罗德的自然增长率也是可能得到衡量的；即给定充分就业下 s 的值，在相对充分就业的条件下，劳动力增长和技术变化所允许的近似增长率。通过把这种增长路径与实际增长路径相比较，便可以测出不足之额。对某些公共融资和其他目的而言，这已然被证明是有用的。只要世界经济，尤其是先进工业国能够如丹尼斯·罗伯逊所言，"一路颠簸"地向前发展，而不是重蹈 1914 年以前的十多年，或者欧洲两次大战之间的那种长期失业水平，那么精炼这种高度总量化的增长模型就不会造成什么巨大的伤害，而且还能给 1950 年代和 1960 年代一大批天才横溢的主流经济学家带来许多无伤大雅的乐趣（见下文，第十五章）。

另一方面，若想以此来构建一个勉强把握 1950 和 1960 年代大繁荣根源的框架会很困难，因为哈罗德 – 多马和各新古典增长模型均没有捕捉到那次繁荣的四大变量：

● 对于欧洲和日本来说，可以得到大量已经在美国经济中得到应用的技术。

● 存在一个相当大且相对较新的技术存量池，比如电视、合成纤维、塑料、一批新的药品、原子能；这个技术存量池已经做好准备，可以在所有先进工业国中迅速扩散。

● 1951—1964 年间，先进工业国贸易条件大幅改善，改善幅度接近 20%。

● 尽管贸易条件总体上趋于恶化，但发展中地区却经历了史无前例的经济增长，即使有些起伏。

这个框架也无法用来说明 1970 年代和 1980 年代的经济增长问题（下文，第 350—351 页）；正如第十一章所论述的，就 1939 年前有关经济周期分析的演进而言，这个框架代表着倒退，而不是进步。

---

[1]　埃弗塞·多马："扩张与就业"（Expansion and Employment），载《美国经济评论》，第 37 卷，第 1 期（1947 年 3 月）；亦可参见"资本积累的问题"（"The Problems of Capital Accumulation"）同上，第 38 卷，第 4 期（1948 年 12 月），罗伊·哈罗德：《走向动态理论》（*Towards a Dynamic Economics*）（伦敦：麦克米伦出版社，1948 年）。

第十章　经济周期与经济增长：从朱格拉到凯恩斯

1870—1939 年这段时期，是经济周期分析的全盛时期，这表现在两个方面：一是该问题吸引了大西洋两岸一大批天才学者，二是相关分析从最初的众说纷纭逐渐走向共识。[1]从两本重要的经济学说史作品的索引中，我们可以列出这个时期出现在经济周期议题下的学者名单：费雪、霍特里、哈耶克、霍布森、朱格拉、基钦、康德拉季耶夫、库兹涅茨、米切尔（和美国国民经济研究局）、米塞斯、摩尔（Moore）、帕罗尼（Panteleoni）、庇古、罗伯逊、熊彼特、斯皮索夫、丁伯根（Tinbergen）、维克塞尔。当然，这个名单并不完全，例如伯恩斯（Burns）、哈伯勒（Haberler）、汉森、哈罗德、凯恩斯、缪尔达尔，以及提出乘数—加速数原理的萨缪尔森都还不在名单之中。

出于前文业已提及的原因，此处我将不再区分所有这些学者的研究视角，不

---

[1] 就我所知，有关 1870—1939 年间的经济周期研究，最完整的文献书目可见戈特弗里德·哈伯勒（编），《经济周期理论读物》（费城：布莱基斯顿出版（Blakiston），1944），第 443—487 页。罗伯逊《产业波动研究》开篇首句就点出 1914 年之前经济周期分析的规模庞大和琳琅满目（伦敦：金，1915，由伦敦政治经济学院再版，政治经济学珍本再版，第 8 期，1948，第 1—2 页）：

　　1880 年代，在国会各个委员会前提到的所谓经济危机和萧条的原因，多少总有个 180 个，其中既有归之于铁路免费通行的，也有归之于拒绝女性公民权的。这个纪录一直没受到挑战，直到 1895 年贝尔格曼（M. Bergmann）以德文发表了一个极其详尽，包括八大类 230 种不同观点的说明。实际上，在过去的一个世纪里，产业波动问题一直困扰着各式各样的商人、各个流派的经济学者和不同背景的改革家，仅最近这五年就有六部很有影响力的著作出版于英国、美国和法国，篇幅从 280 页到 742 页不等。于是，在这样的情况下，试图在那浩如烟海的文献中再作任何的增添，似乎都显得过于放肆多余；尽管如此，我还是觉得不需要为此道歉。

　　一方面，尽管许多较次要的解释明显毫无道理，然而事实就是如此，套用一句永不过时的废话来说就是，每个人说的似乎都有一点道理，都必须有其一席之地……

过我还是想简单给出两点评价。首先回忆一下，经济周期是在从马尔萨斯—李嘉图（如 1820 年）和穆勒—马克思（如 1870 年）期间开始，日益被视为一个重复发生的现象和问题。如前所述，1870—1939 年间的核心主题，是福利而不是经济增长，还有就是严峻的周期性失业问题。由于私人以及社会措施在应对失业波动上表现不佳，失业问题自 1870 年代以来便成为民主社会中一个关键的福利问题。其次，1870—1914 年间，随着经济表现出十年一周的规律性循环，同时随着可用的统计数据日益改进，对经济周期展开科学研究的可能性越来越高，这种机会也日益为大西洋两岸的学者所抓住。

因此，越来越多的优秀学者转而研究经济周期问题，一方面是因为民众和社会关注度的提升与聚焦，另一方面是因为所积累的历史及当下收集的统计资料越来越多。不过从本书的视角看来，国际学术界这股相当壮观的科学努力，其结果看起来有些虎头蛇尾。就在经济增长和经济周期的联系愈发明显，使得马歇尔的长短期分析开始趋同时，1930 年代大萧条的爆发使得经济学家把对长期的考虑弃置一旁。经济周期和经济增长的联系被削弱甚或割断。随着凯恩斯《通论》的出版，大多数经济学家切入研究的视点开始转向短期产出和就业的扩张。为此，只要对有效需求的决定因素展开高度总量化的研究即可。而随着国民收入及其主要构成衡量方法的日渐成熟，这种趋势得到进一步强化。第十五章的论述表明，1945 年以后遇到（或没遇到）的问题，其性质鼓励主流经济学家沿着这一高度总量化的路径前进。这一进程持续了将近三十年，直到 1973—1974 年石油价格翻了两番之后才结束。

我之所以给出这样的判断，是因为本章以及下一章"经济周期分析的起落"的结构都是据此展开的。1945 年以后，强有力且过度总量化的理论研究工具和计量方法统治了宏观经济学，我相信这对于我们理解实际收入波动的一般原因而言，尤其是理解经济周期的过程而言，没有好处，只有坏处。虽然已经过了大约四十年，但是我还是完全同意罗伯逊在 1948 年对经济周期分析所做出的温和而不激烈的判断。[1] 在青年时出版的《产业波动研究》（*Study of Industrial Fluctuations*）（1915）中，他说道：

632　[1]　同上，第 16 页和第 17 页。

　　长期花费在经济学史和其他相关材料上的这些时间，不管最后的结果如何粗糙和不成熟，总有一些内在的价值历久而弥坚。对于一个亲历经济周期周而复始、往返以复的人而言，凯恩斯在其《通论》中最终试图用静态的稳定均衡理论来处理储蓄－投资变动的做法注定是一种退步，而他仅基于一次大萧条就试图彻底囊括停滞主义的想法，至少可以说是不成熟的。那些现在非常流行、程式化的经济周期模型无疑有其用处，但其局限性也很明显。我们必须怀着极大的耐心等待，直到计量经济学家确定，他们精细的研究方法，确实能够赋予这些模型以鲜活的生命力，使其变得有血有肉。但我承认，至少就我而言，其中发挥作用的力量看起来是如此之复杂，因此能否仅仅依赖于抽选的少数几个变量参数把握经济周期，或嫁接起不同的经济周期实在令人怀疑。因此，尽管本书包含了对一般类型的原始数据进行解释性研究，但我依旧怀疑从中是否能够最终获得真相，是否还得借助更精深、措辞更谨慎、更专业的方法。

　　罗伯逊结论的背后，存在着一个更为一般性的判断。虽然从理论上看，如果引入足够多不现实的假设的话，确实可以把经济周期与经济增长分开来研究，但是由于至少在过往的两个世纪中，经济周期恰好就是增长所表现出来的形式，因此把这两个领域分开是不恰当的，结果也证明这种分析代价高昂。

　　无论如何，请读者们谨记组织本章时所依托的这个核心论点。也因此，本章将只讨论一批经过精挑细选的经济周期分析家，集中关注他们是否有把周期分析同经济增长过程联系起来，以及如果有的话，他们是如何连接的。

朱格拉和其他欧洲大陆的学者

　　熊彼特说，克莱门·朱格拉（1819—1905）是"有史以来最伟大的经济学家之一"，这种说法也许有些夸张。不过，尽管朱格拉曾系统严肃地参考了许多先辈的工作，朱格拉的《经济危机》（*Des Crisis Commerciales*）至今仍是经济周期研究方面的代表性作品，而熊比特用朱格拉的名字来命名9—10年的经济周期也

260

颇为恰当。[1]

作为一位内科医生，朱格拉研究的切入点不同寻常。他是从人口增长，包括对婚姻、出生和死亡波动方面展开研究的。[2] 朱格拉发现，在剔除了干旱、战争以及流行病的影响以后，经济周期波动可能会对这些因素产生独立影响。朱格拉的一系列研究均以法兰西银行始于 1800 年的数据作为基础，这些研究逐步积累，最终便是 1860 年《经济危机》的出版。在后续的版本中，朱格拉逐渐扩展了所用数据的范围，纳入了英国和美国。他准确地界定了经济周期以及危机发生的时间；他查阅了大量讨论经济周期原因的理论文献，主要关注的是银行信用的扩张和收缩；他详细研究了各种价值变量（如价格、利率、汇率、中央银行资产负债表的构成）的变动特点；他回顾了矫正危机的政策建议（主要是财政和货币政策）；他还比较了同一个危机在三个国家的表现，比较分析了他所界定的危机的后果（英国从 1696—1882 年，法国从 1800—1882 年，美国从 1814 年到 1882 年）；最后，他还检验了经济周期波动对一系列经济变量（以及一些社会变量）的影响。

这部著作论证井然有序，拥有完美的法国式逻辑；它就像是一个智慧的老医生苦口婆心地劝导着一个非常没有耐心（甚或狂躁）的病人：[3]

这部著作中，我们想要证明的是：对于那些在繁荣期中对未来表现出过度乐观自信的人而言，最好审慎地看待不可避免的危机，并就危机接近的方式做出估计；对于那些因为经历了经济危机的苦难而变得过分悲观的人而言，则可期待未来经济的复苏；对于那些使用或者分配信用这一强大而又脆弱的工具的人而言，节制可以使其变得更加稳定，成为维持信用的主心骨；对所有那些关注人类命运的人而言，可以提供一种解释过去甚或也许还可以预测未来的方法，从而使得我们即使不能完全消灭可怕的经济危机，至少也可以其减轻影响。如果本书可以成功做到这些，那便太令人高兴了。

---

[1] 关于熊彼特对朱格拉的评论，参见《经济分析史》，（纽约：牛津大学出版社，1954 年），尤其是第 1123—1124 页。朱格拉的代表作的完整标题是《经济危机及其周期性反复：以英、法、美三国为例》（*Des Crises Commerciales et Leur Retour Periodique en France, en Angleterre, et aux Etats-Unis*）（巴黎：吉约曼图书馆出版（Librarie Guillaumin），1860 年，1889 年第二版）。此处页码索引参照的是第二版。

[2] 《经济危机》，第 5—6 页。朱格拉的人口学研究发表于 1851—1852 年间。

[3] 同上，第 558 页。翻译出自笔者之手。

正如熊彼特指出的，朱格拉显然是后来如韦斯利·米切尔（也许他还可以再加上一些名字，如罗伯逊、庇古和他自己）等人的先驱——这些人在解释周期性波动时，都想把理论、历史遗迹统计学系统地结合起来，有序使用。

尽管有这么多开拓性贡献，但是就经济增长和经济周期二者关系而言，朱格拉的研究还是有些令人失望。他清楚地认识到经济危机和萧条源于过度繁荣，但是除了阐明繁荣期务必保持克制、萧条期务必保持信心以外，他并没有说清楚，到底是哪些变量在驱动经济沿着（如果存在无上的智慧或者节制的话）它本来要走的路径前进。和同时代的其他人一样，比如约翰·斯图亚特·穆勒和马克思，他也假设经济的进步理所当然，并且在某种意义上是自动运行的。在这一假定之下，朱格拉在《经济危机》一书的扉页上清楚地表达出自己的观点，翻译过来就是："国家财富的正常扩张必然伴随着痛苦和困难。在经济危机中，所有的东西都会停滞一段时间，社会生活陷入瘫痪；不过这只是一种过渡性的停滞，是黎明之前的黑暗；简言之，经济危机就是一段总体上的清算期。"

261

但是，不论朱格拉的观点在理论上是如何不完整，他还是正确且确定地指出，或多或少规则性的周期过程是存在的。他还证明，以统计证据来检验理论假说的做法有待系统地发展。

经济周期最明显的特征之一，就是与耐用品有关的统计指标波动的幅度，要远高于非耐用品指标波动的幅度；与此同时，不论是欧洲大陆还是英美两国，有关经济周期与经济增长之间关系的分析，主要落脚于长期投资的波动。正如熊彼特直率指出的，[1]"大部分经济周期理论，不过是'工厂与设备'这一分析主干上不同的分支而已"。

虽然存在几分过度简化的危险，欧洲大陆这方面的后继研究总体上是经历了从杜冈·巴拉诺夫斯基（Tugan Baranowsky）到斯皮索夫再到哈伯勒的国际联盟（League of Nations）的综合（1937），而后是熊彼特的《经济周期》（1940）。[2]马克思的研究或明或暗地贯穿其中，这倒不是因为他勾勒了一套供他人检验和提

---

[1] 《经济分析史》，第 1128 页。

[2] 熊彼特《经济发展理论》（剑桥：哈佛大学出版社，1955 年）有关经济周期分析的内容中，第六章含有许多支持斯皮索夫观点的文献，但是他（在第 215—216 页中）又特意强调了自己的理论构建与斯皮索夫观点之间的差异之处。阿尔文·汉森令人信服地指出，古斯塔夫·卡塞尔《社会经济理论》卷四中阐述的经济周期理论，很大一部分内容是源于杜冈·巴拉诺夫斯基和斯皮索夫的工作；而实际上，斯皮索夫还从杜冈·巴（接下页注）

炼的经济周期理论，而是因为他坚信经济周期是资本主义经济增长的内在组成部分，而且经济周期不管怎样总归与固定资本形成过程有关。

杜冈·巴拉诺夫斯基有关英国工业危机的研究于1894年在俄国出版，德文版、法文版则分别出版于1901年和1913年。[1] 杜冈·巴拉诺夫斯基戏剧性地以蒸汽机的运行来描绘他的经济周期理论，汉森将其概括如下：[2]

> ……可贷资本的积累好像气缸里的蒸汽，当蒸汽获得推动活塞的压力时，活塞便被启动并被推向汽缸的顶部；这样蒸汽就离开了气缸，而活塞则回到原先的位置。当产业中可贷资本的积累达到一定程度时，它就像气缸里的蒸汽一样开始发挥作用。可贷资本被撬动起来，用于固定资本投入等方面。一旦资本耗尽，那么工业就会回复到原先的状态。经济危机就是以这样的方式周而复始，反复发生。

闲置的可贷资本，即以上比喻中的活塞，在经济萧条时逐渐积累起来，通过投资收入的乘数效应扩展了繁荣期的可用储蓄，进而促成了银行信用的扩张。显然，经济增长的瓶颈在资本市场的供给方：当资本耗尽时经济扩张过程也将结束。

然而，杜冈·巴拉诺夫斯基走得更远。他花费了相当大的篇幅笔墨，不厌其

（续上页注）拉诺夫斯基处借鉴了不少东西（阿尔文·汉森，《经济周期与国民收入》，纽约：W. W 诺顿出版，1953年），第292和第310页。以下文字引自310页：

> 很明显，卡塞尔似乎受杜冈·巴拉诺夫斯基和斯皮索夫的著作影响很深，尽管书中他一点都没提及这两人。当读到"商业的周期性运动不过是固定资本产出波动的一种表现形式"时，我们脑中就不禁想起杜冈·巴拉诺夫斯基了。当我们看到"用生铁产出代表整个固定资本的产出"时，心里就不免浮现出杜冈·巴拉诺夫斯基与斯皮索夫两人的名字。卡塞尔有关繁荣和萧条期的精确定义是："繁荣时期就是固定资本产出特别增加的时期，衰退或萧条时期则是固定资本产出未达到先前所到达水平的时期"。他用一张世界生铁产量表标记这些周期阶段，这也意味着他认为生铁产量可代表整个世界固定资本的产出。于是，上升与下降时期的交替，最根本的就体现为固定资本产出的变动。然而，这样的话，消费品的产出与经济周期性波动的关系就变得相对较小了。

接着，汉森具体阐述了卡塞尔经济周期分析中的一些原创特色。

[1] 此处援引的是法文版，《英国的工业危机》（*Les Crises Industrielles en Angleterre*）（巴黎：贾尔和布里埃出版社（Giard and Briére），1913年）。

[2] 《经济周期与国民收入》，第289—290页。杜冈·巴拉诺夫斯基理论的核心内容是在《工业危机》，第二篇，第三章，"工业产出波动以及有关经济危机的解释（Le Cycle Industriel et L'Explication de la Périodicité des Crises）"，第247—279页。蒸汽机图载于第273页。

烦地描述了所谓的经济周期的真实情况，即资本品的需求和生产，以及经济繁荣时期对消费品、营运资本、固定产业资本和基础设施需求的不平衡。[1]这些结构性问题，不禁让人想起马克思的分析；虽然它们与杜冈·巴拉诺夫斯基的资本供给活塞之间的关系并不十分明确，也并无多少说服力，不过杜冈·巴拉诺夫斯基显然还是在朱格拉和马克思的基础上，将经济周期分析向前推进了几步，至少在资本形成的供求分析方面是这样。

　　在上述基础上，斯皮索夫从两个方面深化了相关研究。[2]首先，通过强调新发明和开拓新领域的重要性，他更明确地将经济周期的扩张同经济增长过程联系起来；其次，他将经济周期和萧条主要归因于"生产过剩"，尽管他并未排除杜

---

[1]　《工业危机》，特别是第 271—277 页。

[2]　尽管与我们此处的分析主题没有多大相干，然而也许值得对斯皮索夫的生平背景作简要介绍。他生于 1873 年，少年时代的一次意外伤害事件，致使他开始研究经济周期：他父亲位于威斯特伐利亚的公司在 1870 年代的经济萧条中破产了。（阿瑟·斯维特泽尔（Arthur Schweitzer），"斯皮索夫的经济周期理论"（Spiethoff's Theory of the Business Cycle），（罗拉米：怀俄明州州立大学出版，第七卷，第 1 期，1941 年 4 月 1 日），第 1 页）。他师从德国历史学派的领军人物古斯塔夫·施穆勒（Gustav Schmoller）和统计学家阿道夫·瓦格纳（Adolph Wagner），后者致力于研究政府在国民收入中的支出比例会随着收入水平的上升而增加的倾向。由于更倾向于瓦格纳式（和朱格拉式）更加严谨的经验研究，斯皮索夫开始尝试详尽地识别和描述一个"典型的周期"（标准周期）。1902 年，也就是他人生中"神圣十年"的最后一年，斯皮索夫提出了他最著名的生产过剩理论，即"生产过剩理论：一个导言（Vorbemerkungenzueiner Theorie der Ueberproduktion）"，《施穆勒年鉴》（Schmollers Jahrbuecher），第 25 卷，第 2 期（1902 年），第 271—305 页；这篇文章是他于 1901 年 12 月 17 日在柏林的政治科学协会所做的演讲。除了朱格拉和杜冈·巴拉诺夫斯基，斯维特泽尔认为他还受到欧根·冯·伯格曼（Eugen Von Bergmann）的影响（"斯皮索夫的理论"，第 2 页）：

　　　斯皮索夫在经济学上持什么样的立场，他对经济周期理论的态度如何？对这个问题的回答，我们可　633
以参考三个人的著作：朱格拉、伯格曼和杜冈·巴拉诺夫斯基，并考察斯皮索夫对他们的回应。斯皮索夫在仔细地研究朱格拉的著作后发现，朱格拉不仅仅只是在讲没有规律的经济危机，他同时还说到经济周期：每一次波峰都将引发下一次波谷。这个重要发现让斯皮索夫创立了自己的"典型周期模式"。在他的经济危机理论发展史中，伯格曼试图证明古典理论只能解释经济危机的一小部分，而一般的经济危机却与所谓的"市场法则"不相容。斯皮索夫接受了伯格曼的解释，拒绝了萨伊的市场法则，并总结说均衡理论没法用来解释经济周期。另一方面，杜冈·巴拉诺夫斯基也使斯皮索夫确信，将经济周期的理论研究与经济周期的现实二者联系起来是可行的，并且还会开出令人满意的花果。至此，我们发现，来自历史学派的斯皮索夫，对古典和新古典理论都很不以为然，但却在自己的研究中远远地超越了施穆勒，试图给出一个以事实作为经济周期解释基础的经济周期理论。

斯维特泽尔的评价是基于他的《斯皮索夫的理论》而做出的（巴塞尔：赫宾和利希滕汉（Hebing and Lichtenhahn），1939 年）。有关伯格曼的著作，尤其是他对经济周期理论的综述，参见熊彼特，《经济分析史》，第 739，740，745，1123 和 1134 页上的注脚。特伦斯·威尔莫特·哈奇逊，有效地简化了杜冈·巴拉诺夫斯基和斯皮索夫所强调重点的主要分歧："杜冈·巴拉诺夫斯基将经济周期描述为储蓄的逐步累积和突然耗竭以至于短缺，与此不同，斯皮索夫将经济周期看作是一个投资渠道波动的过程"，见《1870—1929 年间经济学说述评》（A Review of Economic Doctrines）（牛津：牛津大学出版社，1953），第 381 页。

262 冈·巴拉诺夫斯基所引入的可贷资本短缺这一因素。[1]

斯皮索夫的"生产过剩"概念实际上相当复杂，它包含了一系列"生产和消费不平衡"的情况。[2]生产过剩的主要形式当然是斯皮索夫所设想的经济繁荣期顶峰的情形，也即因为耐用品和消费品投资方面的爆发而引发的资本需求的饱和。举例说来：[3]

> 生产性设备和耐用消费品的需求时断时续。当一个经济体上述物品的供应达到饱和，生产这些物品的工厂和机器就会被闲置一旁。一旦一个国家的钢铁工业制造出了足够的铁路，那么仅仅维修和养护是不足以使得这个产业满负荷运行的。

斯皮索夫还分析了另一个次要的方面，一个他不时提及但却从来没有给出清晰回答的问题："理想的、有利可图的平衡生产"应该是什么样的呢？[4]但是，他已满足于详细阐述导致现代资本主义经济偏离常态发展的供求方面的动态力量[5]，并且总是充满期待地总结道："……有利可图的平衡生产……作为生产过剩的对立面，只有在经济繁荣的至高点才会出现，但也只是昙花一现、转瞬即逝。也许，这种生产实际上仅仅只是一种从未实现过的理想状态"。

---

[1] 对斯皮索夫的生产过剩理论最成熟的阐述，载于《社会科学大百科全书》(*Encyclopedia of the Social Science*)，第六卷（纽约：麦克米伦出版社，1933），第 513—517 页。这篇文章后被收入阿尔文·汉森和理查德·克莱门斯 (Richard V. Clemence)，《经济周期与国民收入读物》(*Readings in Business Cycles and National Income*)，第九章，第 108—115 页。

[2] 同上，第 109 页。从以下文字我们可以看出斯皮索夫是如何定义他那些主要概念的（第 109—110 页）：

> 产出与消费的失衡，源于产出的增加或者消费的减少，可能是这二者中某一方单方面的原因造成，也可能是与两方的原因都有关。就产出方面而言，生产过剩的原因主要有三：第一，诸如粮食极大丰收等自然事件，不论是作为原材料还是食物，都可以在耕地面积没有扩大的情况下极大地增加产量；第二，技术发明使得生产率上升成为可能；第三，实际生产资料的增加，比如耕地面积的扩张，对自然资源更加集约充分的利用，新工厂的开办或原有制造基地产能的扩张，这些最终都将导致产出不成比例的增加。
>
> 消费方面导致生产过剩的原因更加数不胜数。流行潮流的变更……技术变革的影响……例如，集中供热取代了旧式炉子。此外，本地化的变化也可能影响消费……消费者的迁徙……工人、官员或军队的迁移……类似地，将某个产业迁往新地点，将导致当地依赖该产业的行业关门倒闭。再者，需求的饱和也可能引发消费的滑坡。

[3] 同上，第 110 页和第 114 页。

[4] 同上，第 114 页。

[5] 同上，第 113 页。

　　回忆一下，熊彼特是在循环流转均衡中构建的这种经济图景，不过在具体的细节上他处理得更加专业，而不是像斯皮索夫那样，只是提出"有利可图的平衡生产"这种晦涩的概念。但另一方面，和斯皮索夫类似，熊彼特也是在一个他所定义的宽泛的概念——"创新"之下，对导致平衡动态均衡不可能实现的力量展开详尽描述。在后续的工作（《经济周期》）中，他继续讨论了创新过程内生的特征——起始阶段的开创性以及随之而来的"蜂拥而出"，他认为，正是这种特征使得经济增长呈现出三种周期模式。在诠释朱格拉周期时，他与大多数同期学者都不同。他坚持认为，周期性萧条的存在是良性的，且具有建设性意义，因为在这个过程中，"繁荣期的成就会通过经济体内部的均衡修复机制扩散到整个经济体系中"（这个他在《经济发展理论》中就已有过详细阐述）。[1]但是同斯皮索夫一样，熊彼特从未清楚地定义资本主义偏离动态均衡的具体形态。

　　不过，他还是就他对斯皮索夫观点的赞同和反对提供了一点有益的说明：[2]

　　　　……我只……补充一点，资本投资的分配不可能平均分布于各期，而是会完全间断性地呈现。这是一个非常基本的事实……新企业的出现对于原有企业和现有经济状态所产生的全部影响就在于……通常来说，新企业不是产生于老企业的内部，而是出现在它边上，通过竞争淘汰它；于是，为了改变整个经济状态，就必须要有一个特定的调整过程。

　　因而，熊彼特自己是坚定地站在欧洲大陆的主流经济学传统这边，但是他也用一句话概括了自己与先辈和同时期学者的最大区别：他认为，创新的出现"是完全间断性的"，并且也由此启动了一个令人痛苦同时又富有创造性的调整过程。

　　某种程度上，戈特弗里德·哈伯勒的《繁荣与萧条：经济周期性运动的理论　　263
分析》（*Prosperity and Depression*，*A Theoretical Analysis of Cyclical Movements*）

---

[1]　熊彼特，《经济发展理论》，第251页。

[2]　同上，第214—216页。也可参见汉森所归纳的区分熊彼特和斯皮索夫的经济周期分析的几个特征（《经济周期与国民收入》，第301—308页）。这个时期，还有一项将经济增长与经济周期联系起来的努力也值得注意，也即约翰·阿克曼（Johan Akerman），《经济发展与经济危机》（*Economic Progress and Economic Crisis*）（伊丽莎白·斯皮格（Elizabeth Sprigge）和克劳德·内皮尔（Claude Napier）（译）），（伦敦：麦克米伦出版社，1932年），　　634
（瑞典语版，1931）。阿克曼从分析中得到的观点是，如果经济学要变得有用，就必须打破李嘉图、瓦尔拉斯和杰文斯的静态模型，并将"均衡条件的研究与均衡条件沿时间的变化二者结合起来"（第16—17页）。

(1937) 也可归入大陆的这个经济周期和增长分析传统，尽管事实上它是一部试图整合先进工业国家经济周期理论的权威性著作。它是对国际联盟赞助者所提出挑战的一个严肃回应。[1]哈伯勒用合理简洁的分类概述了各种经济周期理论，尽管来自欧洲大陆的过度投资理论在其中占据较多篇幅，却也不是压倒性的。接着，他构建了一个相当有说服力的综合性经济周期形态，具体包括四个阶段。这本书所有方面都很出色，也未丢失分析的连贯性。

然而，在 1930 年代的大萧条和政府急切寻求短期解决办法的巨大压力下，经济增长问题几乎淡出了哈伯勒的分析。这也反映出 1870 年以来的一个趋势，即投资分析从此占据了舞台的中心；当然，这里的投资是一个非常抽象的总量概念，本质上是有效需求的组成部分，而不是经济增长的动力。熊彼特的创新企业家偶尔才会出现一下，他的创新概念也主要是被作为一种提升利润率的力量时才会被提及——在那里，创新的作用就是获取超越货币利率的利润率，从而促成投资、有效需求进而就业的增加。

经济增长问题似乎逐渐蜕变为简单的"长期趋势"——一个像季节性波动那般需要纠正的变量：[2]"……由于主要关心的是 3—12 年的周期性波动，我们对于'长期趋势'的关注甚至还不如对数据序列中展示出的长期趋势偏离的关注"。在一段时期中，人们对经济萧条及其矫正机制是如此的关注，以致过去几代人累积起来的经济周期分析方面的智慧结晶——经济周期不过就是增长所表现出来的形式，一度被人们所遗忘。

三位剑桥巨擘

一如我们所追溯的欧洲大陆的情况，同一时期，多少有些类似的故事也在剑桥上演，故事的主角是继承马歇尔传统的三位著名经济学家：罗伯逊、庇古和凯

---

[1]　正如洛夫戴（A. Loverday）在序言中指出的，哈伯勒的研究源于国际联盟大会 1930 年的决议，这项决议发起了一项工作，以"协调整合当时已有的有关经济萧条周期性反复出现的研究"（第 iii 页）。第一步，以哈伯勒的研究为代表，便是就有关经济周期发生的原因展开梳理，识别出已有研究的一致之处及分歧。

　　第二步是想以历史事实来验证不同的理论。这个任务由简·丁伯根来完成，见《经济周期理论的统计检验》（Statistical Testing of Business-cycle Theory），第一卷，《投资活动分析的一种方法及其应用》（A Method and Its *Application to Investment Activity*），第二卷《1919—1932 年间美国的经济周期》（Business Cycles in the United States of America, 1919—1932），（日内瓦：国际联盟，1939 年）。后文会对这些研究作简要考察，第 299—301 页。

[2]　《繁荣与萧条》，第 174 页。

恩斯。凯恩斯我们将在第十一章再作详细介绍。

丹尼斯·霍姆·罗伯逊

我冒昧地以 23 岁的丹尼斯·罗伯逊参加 1914 年 12 月 16 日的皇家统计协会会议作为整个英国故事的开始，当时罗伯逊参加的会议会场由埃奇沃斯主持。[1]在第一次世界大战的前几年中，重大经济周期方面的研究可谓成果纷纭。正如哈奇逊所指出的，斯皮索夫有关经济周期的重要著作出版于 1909 年，庇古的《财富与福利》（*Wealth and Welfare*）以及熊彼特的《经济发展理论》均出版于 1912 年，费雪的《货币的购买力》和路德维希·冯·米塞斯的《货币与信用论》（*Theory of Money and Credit*）也在同年出版，这些学者显然都在把自己的理论应用于讨论经济周期。韦斯利·米切尔和阿尔伯特·阿夫塔里昂在 1913 年都有大量的著作发表，同时霍特里也发表了他穷尽心思阐释经济周期的货币理论——《好的商业与坏的商业》（*Good and Bad Trade*）。[2]卡塞尔在《社会经济理论》（*Theory of Social Economy*）的第四卷讨论了经济周期问题，该书虽于 1918 年才在德国出版，但实际上 1914 年就已完成。在这个时期，霍布森（《失业者》（*The Unemployed*），1895）、索斯斯坦·凡勃伦（《商业企业理论》（*Theory of Business Enterprise*），1904）以及门特·布尼亚田（Mentor Bouniatian）（1908 年），也发表了他们的非正统观点——关注总体消费不足的经济周期理论。在说到 1918—1929 年这一段时期时，哈奇逊评论道：[3]"这些年主要的贡献大都集中在修订并完善战前提出的理论……"他列举的是斯皮索夫、米切尔、霍特里和庇古的例子；当然，这个名单上也许还应该包括熊彼特。

我之所以介绍一战前这段充满生机、富有创造力的研究背景，是为了说明年轻的罗伯逊显然也受到环境的影响，并成为其中的一分子。有证据表明，这段时

----

[1] "研究商业波动的一些材料（Some Material for a Study of Trade Fluctuations）"，《皇家统计学会杂志》（*Journal of the Royal Statistical Society*），第 77 期，新研究序列，（1914 年 1 月），第 159—178 页。罗伯逊的论文后来成为《产业波动研究》（1915）的一章，这本书的早期手稿曾于 1913 年获得剑桥的科布登俱乐部奖。刊于杂志上的这篇文章，是他早期文稿及后续讨论的精简版。

[2] 哈奇逊《1870—1919 年间经济学说述评》，第 379—404 页。

[3] 同上，第 404 页。熊彼特更直接的评论是："……从 1914 年以前至今，可用于当前经济周期分析的核心方法及原理，都不能处理技术进步问题……"（《经济分析史》，第 1134—1135 页）。

间各国之间的学术交流非常密集，相互影响正在酝酿发酵，这不禁令人想起 1930 年代有关长期失业问题以及 1950 年代有关经济发展的研究。罗伯逊决非缪尔达尔描绘的那类盎格鲁—萨克逊传统经济学家——眼界狭隘，痴迷于做"多余的原创"。罗伯逊对斯皮索夫、阿夫塔里昂及其他欧洲大陆经济学家的工作有着深入的了解，尽管因为不懂德语而对相关文献的掌握有所滞后。

1914 年 1 月，罗伯逊在皇家统计学会宣读论文，他的文章主要讨论的是英国工业中广泛存在（主要但非完全）的投资孕育期对周期性波动的可能影响。比如，他处理了英国 1840 年代铁路大繁荣时期的定性和统计数据，煤和生铁产出的各个周期序列，运费和造船数量，以及咖啡、棉织品和油的产量。罗伯逊花费了大量甚至几乎可以说是惊人的精力，用于描绘这些部门投资发生的制度性背景，并且，为了解释他已经收集到的时间序列数据中年复一年的周期性波动，他不辞辛劳地查阅《经济学家评论年鉴》（*The Economist Annual Reviews*）以及其他同时期的相关资料。经过敏锐的理论观察，他把这些素材整合成一个总体，尽管正如罗伯逊后来所指出的，其中有些结论没能经受住时间的考验。不过，他的核心命题基本正确：（1）经济周期在一定程度上取决于投资决策，而这种决策反过来又受当前市场盈利状况的影响。不过，许多这种利润驱动型决策并没有考虑到供给因素，也没有考虑到集体决策的盈利可能性，也即决策者并没有考虑到，当供给的酝酿发酵期结束，新的供给进入市场时，该部门预期的成本回报率将迅速下降；（2）经济周期还受资本品使用期限的影响，这里典型的例子是船舶——比克迪克认为罗伯逊对这个方面的强调不够充分，尽管罗伯逊在皇家统计学会上宣读的文章已经提到这方面的内容。[1]

罗伯逊 1914 年的这篇文章后来成为其《产业波动研究》一书第一章的基础。

[1] "研究贸易波动的一些材料"，第 167—168 页。
正如前面所概述的，罗伯逊文章中的讨论总体上是支撑性的，尽管有所保留。托马斯（D. A. Thomas）很有礼貌地评价说，这篇文章"很有意思且富有启发"，但是，倘若正面接受罗伯逊文章的观点，那么他自己 1903 年讨论煤矿投资的文章就可能是错误的。他还指出，年度数据不足以检验罗伯逊所提出的投资酝酿期与经济周期性波动之间的关系。霍特里的评论避开了货币问题，但是却间接地涉及罗伯逊研究的货币一面，因为他基于若干理由，质疑了罗伯逊有关投资波动（源于酝酿期的存在）导致总体经济周期性波动的论断。（不知霍特里自己是否意识到，完全从极端货币主义的视角解读罗伯逊《研究》的整个文本，似乎本来就已经相当粗暴武断。）著名统计学家弗拉克斯（Flux）则指出罗伯逊年度数据中的不足。当然，这一点罗伯逊本人也很清楚。埃奇沃思认为罗伯逊的观点比那些数据（弗莱克斯已经就此做出评论）更加重要，而且他还将这篇文章概括为一次"从根本上区分长期和短期（最早清晰地考虑这一点的是马歇尔博士）"的实践。

对于这本书，哈奇逊的评价颇为恰当："此书是这个方面第一本由英国的经济学家整合历史、统计和理论分析写成的专著。"[1]

就经济增长和经济周期的联系而言，我认为罗伯逊的研究是1870—1939年间为数不多的最具原创性的工作之一。

在《经济学家历史年鉴》以及相关材料上花费了大量精力以后，他不仅强烈地意识到在经济增长和波动问题的研究中，为何应该从其复杂性入手，从部门入手，包括从所有决定部门过度投资和投资不足的因素入手，而且意识到应该如何

---

[1] 同上，第402页。由于此处主要从其与经济增长的关系方面，而非从狭义意义上的经济周期分析方面讨论罗伯逊的著作，因此，值得在此引述哈奇逊对其内容的出色总结（第402—403页）：

就方法论而言，它将历史、统计资料及理论分析综合在一起……过度投资和资本短缺、消费需求不足、发明创造、投资误差，以及粮食产出波动，这些因素在分析中全都占有一席之地，它们或是共同起作用，或是在不同周期的不同阶段作为替代性可能而出现。

罗伯逊的过度投资分析与斯皮索夫的理论类似，但是他又结合了阿夫塔里昂强调的一些因素。罗伯逊强调，与消费品的情况不同，企业家几乎没法就资本品的边际效用做出稳定正确的预测，而且，正是这些预测的差异和变动"提供了理解现代工业波动最重要的关键"（第157页）罗伯逊还特别强调，成本的上升可能导致经济繁荣最终走向尽头。斯皮索夫所描述的现实中消费品的真正"短缺"……被视为是投资繁荣破灭的可能原因，但是这可不是唯一的原因：

看来，建筑业中的故态复萌是因为，这个行业中存在或一下子就会出现生产资料相比于消费品的过剩产能。不管这种生产过剩是否表现为实际消费品的短缺，使得投资再也无法维持之前几年或几月的正常水平，或者是否是由于现代大规模生产不可避免地存在的错误估算所导致，它们内在的本质都相同，即不可能保证一个社会对消费品的消费在不同时段上保持可想像的最优分配。（第187页）

这里面还特别讨论了粮食价值波动在经济周期中的作用。这个主题在之前就曾得到许多关注，但是当涉及过程时，其结论便会显得极其模糊不清、前后完全矛盾。（第一部分，第五到第七章）

已讨论到的补救措施包括"更加集中的投资政策"，以及费雪所提出的稳定一般价格水平的计划，这些都已经得到部分认同……而在经济衰退中降低工资则受到强烈的怀疑：

首先，必须牢记，如果雇佣劳动的是建筑业，则这个时候对劳动的需求可能会缺乏弹性，于是劳动总收入就会下降，即使工人可以通过接受低工资而避免失业……总的来说，我不禁感到，尽管判断总有出错的时候，但是工会在这一问题上，确实要比人们原来一直想像的更清楚自己的境况。（第249页）

穷人法律委员完成了有关少数派的报告，其中公共工程方面的提案赢得了"热忱的支持"，而"霍特里先生对这项提案的攻击几乎不值得进行正式的反驳。"（第253页）

与熊彼特有些类似，这本书讨论的最后一个重点是现存经济秩序中发展与安全的冲突：它问的是，"将一个社会的收入最佳地分配到不同时期，这是什么意思呢？"在现存秩序下，那指的就是，"远离工业混乱，实现未来永久极大的财富。"（第254页）

在我看来，理查德·卡恩（Richard Kahn）在一战前后很快就正确地意识到，"丹尼斯·罗伯逊的思想要比凯恩斯先进……他已经发展出远远胜过凯恩斯的经济思想"（《〈通论〉的创作过程》，第15页，也可参见第49页和第185页）。在出版《货币论》（1930）的过程中，这两个人还是紧密合作的，只不过这时候，在绝大多数人看来，领导地位已经转至凯恩斯身上，虽然我本人仍旧认为罗伯逊对经济中实际因素运作方式的把握还是比凯恩斯强。很明显，这时候的凯恩斯，不论是在国内还是在国外，都已成为一个令人印象更为深刻的新经济政策的鼓吹者和阐释者。

从这些地方入手。罗伯逊研究的第一部分首先用三章的篇幅介绍"供给现象",而后用四章的篇幅介绍"需求现象",包括对农作物产出波动重要性的探讨。写完第一部分以后,无须任何人提醒,罗伯逊已经很清楚马歇尔式的长期因素无时无刻不在起作用,它们影响着短期发生的每一个事件,缔造着不可逆转的结构性变迁。

265　　罗伯逊工作的另一个突出特点在于,他不得不沿着最初采用的部门研究进路的逻辑,讨论国际经济主体之间复杂难明但却无可避免的相互影响。这就与从比如说朱格拉的进路出发,同时考察国民账户的周期性波动的研究非常不同,甚或与那些强调货币与长期资本市场相互作用带来的宏观影响的研究非常不同。英国生铁价格的上涨预期(源于美国铁路建设的复苏)是否影响到了1879年英国的造船业?美国农业的丰收和建筑业是否一而再再而三地影响到英国约克郡的木材贸易?在研究中,罗伯逊从部门的角度将世界经济看成了一个紧密联系、相互作用的统一体。[1]

另一方面,罗伯逊并没有只见树木不见森林。他非常明确地将部门分析和宏观分析联系在一起。举例来说,在1948年的序言中,他说道:[2]

　　……首先,我想让大家明白本书的主旨,(第2—7页)界定整个讨论的内容。本书的目的之一就在于,我们特意选择了实际国民收入的波动……而不是价格、利润甚或是就业的波动作为研究的主要对象……

　　我想说的第二点是,本研究将强调发明(包括法律上和空间意义上的"发明")对促进投资,进而一般经济活动的作用……这个问题实际上并无多少新意,尽管在那之后很久我才了解到熊彼特的工作,而且我还得面对我的老师庇古当时对这一问题所持有的看法,即"特别的发明就好比大自然所赏赐的**持续繁荣**,因此不会是经济**波动**的第一等影响因素",尽管他后来又对此作了漂亮的修改。但我还是想在本书中讨论包括如铁路、碱性钢材、电力、石油等领域的重大创新,它那各种各样的性质以及连续展开的阶段,讨论它给一般活动带来的不同后果。我斗胆地期望,这其中隐藏的线索依然值得搜寻。不管怎么说,我在这一领域的探索尽管非常粗糙,不过也让我深刻

---

[1]　《研究》,第61页和第104—105页。

[2]　同上,第4—5页。

地了解到，虽然我们确实处在一个许许多多的事情可能都可以用科学来解决的世界中，但是若想提供一个简洁的经济周期模型还是会面临多大的困难，更不用说提供一系列简洁的政策方案了。

尽管罗伯逊在分析中严重倾向于实体经济要素，但是在题为"工资和货币体系"的这一章中，他还是讨论了经济周期中货币因素的影响。他在这一章的第一段说道：[1]"货币经济，尤其信用货币经济，对商业过程的影响显然非常重要，以至于除了少数几个学者对此问题有所贡献之外，它或多或少迷惑了所有人"。

他接着分析了银行体系在经济周期的每一个阶段如何产生影响。经过分析，他拒绝了经济危机和萧条的严格货币论观点：[2]"货币的影响，尽管会加剧经济危机的严重性，但并非最主要的原因"。

罗伯逊的结论是：经济周期源于经济增长的特殊方式，即投资实施的方式。总的来说，罗伯逊非常同意马希尔·莱伯德尔（Marcel Labordere），一位富有的法国怪人，在一部有关美国1907年经济危机的小册子中所做的清晰论断：[3]"经济危机的产生……是因为人们一时有太多的想法又急于求成。"*

实际上，罗伯逊认为，任何能够令经济摆脱"初始萧条谷底状态"的力量，其反向作用都能使得经济扩张的进程停止。[4]这些积极的力量包括：（1）"在经济萧条的刺激下"，因为引入更有效率的生产方式所导致的生产率提高；（2）全球大丰收使得贸易条件变得对工业品有利，实际收入提高；（3）由于"大量现存的生产设备"的磨损，"新兴国家潜在产能的发现"，或是"实物或法律发明"而导致的资本品预期生产率提高；以及（4）黄金储备增加导致的信用扩张，或是信心提升。罗伯逊接着详细论述了经济繁荣的动态过程如何逆转这些使得经济得

266

[1] 《研究》，第211—212页。

[2] 同上，第218页。罗伯逊关于"黄金——良药、毒药和麻醉剂"的部分（第228—235页），对于简单的货币体系运行论而言，仍旧是一个很好的解毒剂。

[3] 莱伯德尔的论文最初单独刊于《巴黎评论》（La Revue de Paris），1908年2月1日，标题是"美国1907年危机中的实际资本与表面上的资本"（Crise Americaine de 1907 ou Capitaux-réels et Capitaux-apparents）。后来又被作为附录收入到再版的罗伯逊的《研究》中。文中引用的句子，出现在莱伯德尔论文的第14页。这篇随笔与把过度投资视为危机原因的其他论点一起，给凯恩斯留下了深刻的印象，促使他向伦敦政治经济俱乐部提交了一篇题为"繁荣与衰退的更替：银行家的责任到底有多少？（How Far Are Bankers Responsible for Alternations of Boom and Depression）"的论文（1912年12月3日）。

* La crise estvenue ... parce qu'on a voulu faire trop vite trop de choses a la fois."

[4] 《研究》，第239—241页。

以扩张的力量：经济繁荣使得边际成本上升，生产率提高速度减缓；丰收年景之后的歉收；随着生产酝酿期的结束和新的供给进入市场，资本品的预期回报率下降；不断上涨的价格、利率以及黄金储备的耗竭都将会打击人们对经济的信心。

就经济增长和经济周期而言，很清楚的是，罗伯逊的分析中最重要的是因素（3），也即预期的成本回报率（即后来凯恩斯那里的资本边际效率）的涨落；在罗伯逊的分析中是最为重要的；因素（1）和（4）都是通过影响成本和预期而发挥作用。

从 1915 年到 1919 年秋这段时期中，罗伯逊在服兵役，主要是在中东。其后，他回到剑桥继续在三一学院任职，并负责编撰剑桥经济手册系列的货币一卷——正如希克斯所言，货币的因素在那时开始变得"重要"起来。[1] 表 5.1 给出了 1870—1939 年间英国价格、失业率和实际国民生产总值的变动，这些数据为英国（以及其他国家）重要经济学家有关经济连续性的认识提供了支撑——这些经济学家感到，1914 年以前经济较为连贯，两次大战之间的经济则相反，断断续续而且非常脆弱；同时，这还为为何有如此多才俊聚焦失业、经济增长缓慢和（一直延续到 1930 年代中期的）通货紧缩问题提供了解释。

从有关货币的教材开始，罗伯逊迅速成长为一个重要的货币问题专家。在这方面，他最主要的著作是《银行政策与价格水平》（*Banking Policy and the Price Level*）（1926），其副标题是"经济周期理论文集"（An Essay in the Theory of the Trade Cycle）。[2] 尽管这部著作的大量内容都是就如何描述储蓄和投资之间的关系和凯恩斯进行对话，但这两人（及其他人）都已经认识到，投资与储蓄常常是由拥有不同动机的不同行动者所为。在这种对话的刺激下，在一个开始日益排斥罗伯逊的圈子的帮助下[3]，凯恩斯完成了《货币论》（1930）和《通论》（1936）。有些意思的是，罗伯逊在其《银行政策》和青年时代的《产业波动研究》中，都一贯地坚持强调实际因素而非货币因素的作用。举例来说，他在《银行政策与

---

[1] 希克斯，"纪念丹尼斯·霍姆尔·罗伯逊：1890—1963"（A Memoir: Deniis Holme Robertson, 1890—1963），载于丹尼斯·罗伯逊《货币与利率论文集》（*Essays in Money and Interest*）（伦敦：柯林斯，丰塔纳图书馆，1966年），第12—13页。

[2] 《银行政策与价格水平》，最初由斯坦普斯出版社出版，伦敦，1932年出了第二版。而后在 1949 年作为伦敦经济学院"珍本"重印系列，第八期（纽约：奥古斯图斯·凯利出版）。

[3] 由于凯恩斯从一向被罗伯逊视为 1920 年代最和谐的知识分子伙伴关系中退出，罗伯逊的难堪和沮丧表现（显然更多地是指感受而非正式表达出来的沮丧），可参见 1949 年《银行政策》的序言，第 xiii 页。例如：（接下页注）

价格水平》第一版引言的起始段落中重申：[1]"我怀疑，现代一些学者的思想业已受到战后经济异乎寻常的大起大落的过度影响，但我自己坚持认为，对于目下流行的波动的原因研究而言，相比于货币或心理因素，实际因素必须得到多得多的关注……"

在 1949 年回忆以往时，罗伯逊更为明确地将这一关联同自己的早期作品联系起来：[2]

> 我写这本书的目的，首先在于保留并重现我在《产业波动研究》（1915）中完成的分析框架的某些部分——因为后者已经销售一空，而我不可能重新再写；我的第二个目的是，将那本书核心的"非货币因素"观点，同对储蓄、信用创造和资本增长之间关系的讨论结合起来。

267

那么，就罗伯逊有关经济增长和经济周期的观点，我们可以得出什么结论呢？我想讲四点。

首先，罗伯逊的学术思想，更多地根源于欧洲大陆的经济周期分析传统，而非英国（也即穆勒—马歇尔）传统。他父亲是一位校长，一位信奉英国国教的乡村牧师。他曾经就读于伊顿公学，是三一学院的优秀毕业生，一生真正的家园是他在三一学院的小天地。他曾受教于马歇尔和庇古，受凯恩斯的影响极大。但是，在《银行政策》的序言中，他在致谢时都列举了哪些人呢？[3] 阿夫塔里昂的《生产过剩引发周期性危机》（*Les Crises Periodiques de Surproduction*）、卡塞尔的《社会经济理论》、莱伯德尔 1907 年的小册子和斯皮索夫（"在未读原著的情况下我（罗伯逊）的判断"）。他也经常援引庇古。在 1926 年版的序言中，他还说道，

（续上页注）出于这样或那样的原因，包括庇古在《工业波动论》（1927）一书中也提到货币因素所导致的产出变动，所有这些肯定令我产生了些许困惑，因为 1930 年之后的某个时期，认为货币因素……与产出及价格有关的想法，本应该会明显地让凯恩斯觉得不可思议，或者对那个常给他建议的能力出众的小组来说，这无论如何都难以想象，更别说把它当成一个新发现了。

另一方面，可参见理查德·卡恩论证详尽的解释，他不仅讨论了凯恩斯在创作《通论》过程中，凯恩斯—罗伯逊之间关系疏远的几个方面，而且讨论了第二次世界大战和布雷顿森林体系中两人愉快、高效而十分有意思的合作。（《凯恩斯一般理论的创作过程》，第 185—188 页）。

[1] 同上，第 1 页。

[2] 同上，第 7—8 页。

[3] 同上，第 5 页。

这部作品有关储蓄和投资的章节（第五和第六章）"曾与凯恩斯进行过无数次的讨论……以至于现在我们两人都弄不清楚，这里面到底哪些观点是他的，哪些观点属于我的"。[1] 但是使罗伯逊独树一帜的，正是一辈子毫不动摇地坚持实际供给因素的重要作用。这使他赢得了熊彼特的高度赞赏，尽管熊彼特也批评说，他的德语还不够熟练。[2]

其次，罗伯逊非常清楚，每一个经济周期均各有特点，这种独特性在一定程度上取决于周期中主导部门的投资特征。举例来说，他在《产业波动研究》中某一个很长的段落起首处写道："由于投入的资源在各个产业的分布通常不均匀，因此导致局面的进一步恶化"。[3] 他在后文中举了铁路、电力牵引、橡胶、石油、电力等方面的繁荣作为例证。在其后的《银行政策》里，他在一个脚注中直言不讳："在我看来，1872 年全球性的经济繁荣与铁路的修建有关，1882 年的繁荣源于钢铁交易，1900 年和 1907 年与电力有关，1912 年则是石油影响的结果。"[4] 这里说的就是人们能够从经济增长与经济周期之间发现的那种稳定关系。此外，当罗伯逊在《银行政策》里重新回归到这个主题上来时，他提出了"恰当的产出波动"（Appropriate Fluctuations of Output，第二章）和"不恰当的产出波动"（Inappropriate Fluctuations of Output，第四章）的概念，因此相比同时期的任何其他经济学家，他都更为接近部门最优产出（和投资）水平的观念。他在第二章中提处了界定动态部门均衡的准则，而这主要也还是在经济周期的语境中完成的。他定义产出的变化为恰当的变化，如果产出的变化准确地体现出：（1）实际运营成本的变化——这种变化可能反映了长期中很重要的部门创新，或是反映了生产率的周期性波动；（2）由于加速数效应，或是生产的酝酿发酵期而导致对资本品和耐用消费品需求的变化；（3）部门间贸易条件的变化："……因此，即使在我们所构建的最简化的生产世界里，我们也不能期待可以长期地保持恰当的或最优的工业产出率，不过我们却可以预期那些可谓'合理'的增长和衰退会交替出现，这些增长衰退中至少有一些会呈现出相当的规律性。"[5]

268

---

[1] 同上。

[2] 《经济分析史》，第 1127—1128 页。

[3] 《研究》，第 175—187 页。

[4] 《银行政策》，第 11 页，注 1。

[5] 同上，第 18 页。

"实际产出与恰当产出之间的不一致"（第四章）源自以下几种情形：（1）在很多交易中，生产工具非常"庞大、昂贵且耐用"，与此同时，当需求降低时，生产工具进行调整的成本还会非常高昂（例如船舶的生产、鼓风炉的封存、煤矿的关闭）；（2）由于反应上的时滞，以及每个企业倾向于高估自己在未来扩大的市场中将占有的市场份额，这两个因素结合在一起，便会导致对需求增长的反应倾向于过度；（3）在相互关联的私人市场中，因为对未来的态度会相互加强进而导致过度乐观（或悲观），这就使得市场变得非常脆弱；（4）货币幻觉——存在货币幻觉的情况下，卖家沉醉于所卖商品价格的上涨，却没有正确地估计他所购买的商品和服务的价格也在上涨。

罗伯逊总结道：[1]"货币政策的目标肯定不应该旨在防止一般价格水平的任何波动，而是应该允许一些产出的恰当调整而言是为必需的波动，同时抑制一些倾向于使得产出调整超出正常范围的波动。"罗伯逊并没有充分意识到区分"恰当"和"不恰当"的产出扩张所具有的重要意义，其中的原因很简单，也常见于同时期理论家的作品：他的兴趣不在于构建一个经济增长理论，而在于构建一个经济周期理论，或者说为何就业率和产能达不到充分就业的理论。但是在 1939 年以前（甚至包括 1945 年以后）的所有经济学家中，罗伯逊已经算是最深入地将分解的部门增长理论同经济宏观运行联系起来的学者。

第三，罗伯逊对于经济进程的看法是：一方面，各种动态的实际因素在各个部门中强有力地发挥着影响；另一方面，不断增强但作用依旧有限的宏观政策工具在缓和着这些实际因素的影响——这就解释了罗伯逊和凯恩斯之间的分歧，这些分歧随着《通论》的出版及其影响而达到顶点。下面是罗伯逊 1948 年对凯恩斯理论和政策的反思：[2]

　　……一般公众认为，1930 年代中期出现的一些有关"有效需求"的革命性发现已经彻底改变了经济学的整个图景；坦白地说，我认为这种倾向有些

---

[1] 同上，第 39 页。
[2] 《研究》，第 xvi—xvii 页。罗伯逊（就像瑞士的戴维森（Davidson）回应维克塞尔一样）意识到，在一个成本快速降低的创新时代，宏观政策的最优目标也许应该是一个不断下降的价格水平，而非保持价格水平不变。《通论》在讨论工资政策时，凯恩斯也研究了随着技术设备的不断进步，价格水平持续下降，而货币工资保持不变的情况（第 271 页）。

矫枉过正。那个对整个问题的简单陈述被过度吹捧，进而吸引了全世界最广泛的关注。在我看来，这似乎给战后以来的政策带来了不幸的影响，不管是在英国还是在美国。

最后，罗伯逊在给产业波动开药方时，将长期和短期结合在一起的做法也值得注意。[1]

说白了，防止产业波动，可一点都不比最大化整个社会所有时刻的净满足程度来得容易——或者换句话说，要比实现所有时刻收入在消费品上的最佳配置（这种配置不仅要可行，同时又不能给总收入带来任何不可欲的限制）来得容易。

基于该界定，我们也许便可以提出以下主张，也即我们可能可以借助以下措施推进这一可欲的目标：首先是……借助任何可以增加农业跨地区跨时期补偿倾向的措施；其次是借助任何能够在不牺牲效率的前提下降低投资进程不连续性的措施；再次是借助任何能够降低"繁荣期"或者"萧条期"错误计算倾向的措施；最后是借助任何能够减轻繁荣期过度投资带来的附带效应、防止"萧条期"中出现大量过剩产出的措施。

269

在讨论了补救"不恰当的波动"的方法之后，罗伯逊以一个将信将疑的口吻结束了自己的讨论。他提到约翰·斯图亚特·穆勒，不过他对正确答案的信心要比穆勒弱得多：[2]

从某种意义上看，整个产业变迁的周期看起来就像是无休止的祭祀，不停地献祭当下以换取将来。经济繁荣阶段，人们为求获得他们终将获得的乐趣，做出了不计比例的牺牲；经济衰退阶段，人们对享乐敬而远之，惟恐它带来进一步的牺牲。产业当下的混乱不堪造就了未来的绵延福泽。到底是在多大程度上，我们注定不得不以泽被后代为荣，并且默许这种永无休止的双

---

[1] 《研究》，第 241—242 页。

[2] 同上，第 254 页。

曲线式长期交换呢？我们是否就应该自愿牺牲自己以求：

前进、前进、再前进

总是成为整个世界前进的动力之源？

或者，我们是否应该听从那位最有智慧的英国哲学家之一的告诫——吃葡萄要从上到下，而且总是要首先备好刀子，以防哪一天走到交叉路口时需要求之于上帝？这已经不再是经济学问题，而是一个伦理学问题：但是，至少让我们记得，我们属于容易在不可避免的必要性（εν ανεν ον）中忘却终极目的（ον ενεμα）的一代，并且让我们在牺牲自我（如果必需如此的话）时睁开眼睛而非恍惚出神。*

阿瑟·庇古（1877—1959）

严格地说，在讨论英国的经济周期分析时，应该把庇古放在罗伯逊之前。他长罗伯逊 13 岁。他在 1908 年接替马歇尔成为政治经济学教授。在 1912 年的《财富与福利》一书中，他用了整整一节的内容讨论"国民收益的变动"（The Variability of the National Dividend）；而且，他还是罗伯逊的导师。[1]另一方面，庇古很明显是从社会福利这个角度切入讨论的经济周期。他热情洋溢、细致深入

---

* 　在一个学习希腊语已经没有罗伯逊年轻时那么流行的年代，我想说的是，有位这方面的权威曾告诉我，这两个希腊词应该分别译为"终极目的"和"不可避免的必要性"。在理查德·卡恩（Richard Kahn）的《凯恩斯〈通论〉的创作过程》（The Making of Keynes' General Theory），第 20 页，以上的短语被改为："在那些我们非做不可的事情之中真正重要的事情。"

[1] 　庇古，《财富与福利》（伦敦：麦克米伦出版社，1912 年），第四部分，第 401—486 页。约翰·普莱斯利（John R. Presley），《罗伯逊的经济学》（*Robertsonian Economics*），（伦敦：麦克米伦出版社，1978 年），是这么阐述庇古对罗伯逊《研究》的影响的（第 9—10 页）：

事实上，他（罗伯逊）一开始研究工业波动的方法就是先概述一些理论，然后用经验证据对此作出检验。庇古让他改变了这种思路，因为庇古对他说道："你已经收集了数量惊人的材料，而且对这些材料也一一作了评论，因而，我相信你最终肯定能做出一些很好的东西。但是当然，目前已有成果仍然主要就是一堆杂乱的原始材料。马歇尔过去习惯于教导我们说，每一项研究的骨架才是你自己真正的创造，它会逐渐显现，而后围绕着它，所有东西都会聚而成型。你还没有把握到骨架之所在，因为你还没有彻底理清这些材料。下一阶段要消化所有这些数据，对各种单一视角的解释进行深入研究，直到某种内在连贯一致的解释开始浮现，各部分分散的事实各归其位。"回过头来看，这个建议是否为他未来的工作指明了方向，已经很难判断了；可能还有其他一些人所未知的影响；但是，罗伯逊所采用的方法，确实与这个忠告有惊人的相似之处。庇古建议罗伯逊采取**实证**的研究路径，而不是以批判为主线。特别的，尤其重要的是，庇古教导罗伯逊（虽然还有所保留）："你应当更为一致彻底地挖掘货币表象背后的实际情况"……并"区分影响所有产业的**一般性**因素和只影响某些具体行业的特定因素。"

地挖掘了马歇尔理论的细节末节。他的论证思路遵循的是一条可以追溯到休谟的传统，即如果人们承认个人之间效用的大致比较合理可行，那么将财富和收入从富人转给穷人就可以增加整个社会的总体满足水平。这种可能性正是庇古思想的核心，可见于他最著名并且也最有影响力的著作——《福利经济学》（*The Economics of Welfare*）。[1] 在《财富与福利》中，庇古对经济周期的讨论主要关注的是收入和就业的波动给劳动者带来的负担以及相应的补救方案，比如包括"有效率的全国劳动交易"以及"调控下的劳动需求"。就分析方面来说，庇古集中
270 关注不规则性，把"乐善好施的天性"以及"商业预测误差方面波动"看成是经济波动的潜在原因。如前所述，庇古接着还坚定地提出一个后来又放弃了的观点[2]："特别的发明就好比大自然所赏赐的持续繁荣，因此不会是经济波动的第一等影响因素。"

　　最后，庇古认为，经济波动严重依赖于预期的大幅波动。结果发现，这"非常危险"，因为"商业世界中局部旋律的变化将会以一个非常不合常理的逻辑扩散到其他一些完全不相关的地方"。[3] 在陷入"这种相互理解且广泛传播的恐慌之中，让社会上各式各样的人等都变得无所适从"之后 [甘末尔（Kemmerer），《货币与价格》（*Money and Prices*）]，一个相互暗示的半催眠系统便开始启动："相互之间，往来神交，彼此点燃了燎原之火"。于是，"……他们涌入到系统性的恐慌之中，左突右撞"。正如我们已经看到的，很久以前人们就意识到，乐观和悲观情绪的接踵交替会影响到投资决策，这是经济周期过程中不可分割的一部分。但是，就那个年代而言，庇古戏剧化的处理依然令人印象深刻。

　　《福利经济学》没有涉及经济周期问题，不过，庇古在《工业波动论》（*Industrial Fluctuations*）一书中对此作了详尽系统的探讨，这也应验了罗伯特·斯基德尔斯基（Robert Skidelsky）的名言[4]："……庇古了解一个问题的方法就是写一本这方面的书……"并且，和罗伯逊的《产业波动研究》类似，庇古试图在这本书中将理论、统计和经常性的历史说明整合在一起。该书还有点类似于哈伯勒为

[1] 庇古，《福利经济学》，（伦敦：麦克米伦出版社，1920），（第1版）。
637 [2] 《财富与福利》，第447页，注1，也可参见罗伯逊的评论，《研究》，第 ix 页。
[3] 《财富与福利》，第460页，文中后两句引文也出自此。
[4] 罗伯特·斯基德尔斯基，《凯恩斯传》（*John Maynard Keynes*），第一卷，"希望被逆转：1883年—1920年"（Hopes Betrayed, 1883—1920），（伦敦：麦克米伦出版社，1983），第211页。

国际联盟完成的研究，原因有二：其一，它囊括并试图整合主要的分析性假说，包括实际因素、心理因素和货币因素，广泛提及他人的研究贡献；其二，它用了大概 150 页的篇幅仔细剖析了那些"补救方案"，包括中央银行的信用政策、工资政策以及各种各样刺激劳动需求的手段，比如救济、失业保险，等等。

　　就经济增长来说，和当时的学者类似，庇古同样很清楚经济的周期性波动是经济增长的结果；但是，出于分析和开药方两方面的便利，他将经济周期从经济增长的分析中分离了出来。举例来说：

　　● 在界定经济周期这个问题时，他用失业率的波动来表示，并主要关注"需求表偏离了一般趋势线的运动"，也即对增长路径的偏离。[1]

　　● 在谈到经济周期的实际因素时，庇古先是讨论了一个静态的标准，或者说一个稳态的趋势，然后接着说道：[2]

　　　　在动态情形里……实际因素可能引发心理因素的作用：例如，实际的繁荣会让人们对未来的憧憬过度乐观。另一方面，心理因素的变化必定又会引发实际因素的变动，一部分商人预期的错误，将导致他们增加或减少自己的产出，进而改变其他商人面对的事实真相。这还不是事情的全部。这个反应过程一旦开始，就可能一直延续，生生不息……

　　● 在讨论技术进步时，庇古首先引入"较小的发明和改进"，认为"从一般产业波动的视角看，这算是比较次要的因素，可以不予考虑"。[3] 接着，在如下篇章中，他对发明和创新作了一个的熊彼特式的严格区分：[4]

　　　　然而，时不时还是会出现影响深远的重大发明，比如与铁路和电气发展有关的发明创造，等等……启动了我们前面提到的主要相关行业以及其它行业中的种种反应的，并不是发明或者发现本身，而是它们在现实中被采纳并开始得到应用。

271

---

[1] 《工业波动论》，第 22 页。
[2] 同上，第 35—36 页。
[3] 同上，第 49 页。
[4] 同上，第 49—50 页。

● 在接下来大概 40 页的地方，他引出了创新型企业家：[1]

> 在这些情形里（经济波谷的转折点），行业中某些胆大者开始准备扩大产出，或者冒险尝试一些此前从未出现过的企业构架形式——对此，科学的进步已经打开了前进的大门。于是，这些开拓者开始着手企业的扩张，一下子满足了社会的需要，同时也为自己积攒了一大笔财富。慢慢地，随着这些人的成功，其他胆子稍微小点的开始模仿跟进，接着其他更多人也开始进入这个行业……

> 进而，所有这些人都受到以下事实的鼓舞……即在经济衰退期，技术上的改进不断累积……因此，技术进步一直层出不穷。

● 相比《财富与福利》中庇古的立场，这两段明显是一个巨大的进步。并且，如果简单地认为这是在强调发明的技术性功能与创新的投资过程之间的差异，那就可以把它们都看成是经济周期理论的合理组成部分。

鉴于此，我的结论是，尽管 1920 年代庇古在英国展开的研究不是非常具有原创性，但却为其学生丹尼斯·罗伯逊战前早熟的开创性工作提供了广阔的基础。他的工作提到了各种各样的重要因素，但是他却没有从经济增长过程展开分析，也没有追问，在这个过程中到底是什么因素导致经济增长采取周期波动的形式？他问的是：我们如何从数据中消除趋势（或增长）因素，进而可以分离出这个过程中纯粹的周期性因素？以上两个问题并不完全相同；虽然值得注意的是，庇古曾在一处注脚中援引了熊彼特的核心学说，而且没有对此作什么批评："周期性波动中繁荣阶段不断往复重现，这正是资本主义社会经济进步的基本形式"。[2] 不过，庇古并没有继续跟进这个命题的所有内涵。

然而在英国，如同在其它地方那样，凯恩斯革命的发生改变了甚至是几近彻底地颠覆了经济周期分析在 20 世纪初的几十年间建立起来的趋向，经济周期与经济增长、马歇尔长期分析与短期分析之间日趋复杂的联系就那么被打断了。

---

[1] 同上，第 92—93 页。
[2] 同上，第 93 页，注 2，始于 92 页。

第十一章　经济周期与经济增长：凯恩斯及其之后

约翰·梅纳德·凯恩斯（1883—1946）

迄今为止，有关凯恩斯和凯恩斯革命我们已经说得够多了——这个人是如此272
出色的多面手，对经济学的影响是如此的广泛深远，以致他的名字已经与如此多
领域的发展直接间接相连。现在，我们可以开始比较从容地讨论一下，凯恩斯本
人作为一个著名人物和科学家的性格特征，以及他的时代、他的观念，还有他的
影响。如果本章仅聚焦于我们所关心的那个问题，也即凯恩斯有关经济周期的分
析如何与经济增长分析相联系，那么我们所不得不说的一些内容就会更为有用。
我们将发现，这个问题的答案是，相比《货币论》，《通论》就是一个后退。

在上述两本书中，凯恩斯都试图通过对经济周期的分析，诠释、说明自己的
核心议题。在《货币论》中，他首先给出一个众人熟识的命题，也即储蓄和投资
是不同个体或者机构为了不同的目的而做出的行为。《货币论》中的动力学取决
于收入和储蓄的定义——这里的收入和储蓄不包括企业家的意外利润和损失。[1] 因
而，储蓄与投资不大可能相等，二者之间差距将引发经济系统的扩张（如果投资

---

[1]　简要的概述性说明参见《货币论》（伦敦，麦克米伦出版社，1930年），第一卷，第171—184页。罗伊·哈罗
　　德对凯恩斯《货币论》中各个相当奇妙的定义作了一个清楚的说明，见《凯恩斯传》，[纽约：哈库特·布莱
　　斯出版社，1951年，第407—408页]：

　　　　他从储蓄中去除了所谓的超额利润，却没有从商业损失中扣除之。超额利润被定义为激发生产者增加产
　　出的那种利润，而损失则被界定为实际收益与保持产出不减少所需收益之间的差额。如果在这个意义上出现了
　　损失，那么他会在下个阶段的运算中扣除这一项。因而，如果我们将超额利润加到储蓄当中，我（接下页注）

超过储蓄）或收缩（反之则反是）；但是本质上，每个经济过程都会有限度。

在分析经济周期（他称之为"信用周期"）之前，凯恩斯先定义了一个动态均衡，在其中，"货币供给的增长与一般产出水平的增长保持稳定同步，例如，每年 3%"。[1] 在这个货币数量论的命题中，MV 与 Q 同步增长，P 保持稳定不变。接着，凯恩斯问道："这种均衡状态是如何打破的呢？"他接着开始从货币、投资和产业要素等方面入手，识别不均衡的潜在来源。

在这个大背景下，凯恩斯引入了"生命历程（life-history）"这一一般化的术语来描述信用周期，对此他说道：[2]

> 让我们设想，现在出现了某些环境，使得企业家认为某些新投资将有利可图。举例来说，或者是因为一项新技术的发现，例如蒸汽机或电力或电或内燃机；或者由于人口增长而导致住房的短缺；或者之前威胁一国正常发展的危险已被克服，经济状况趋于好转；或者由于心理方面的原因出现投资膨胀；或者之前投资不足导致资金较便宜进而刺激新的投资反应，比如此前刚好是经济不景气时期。如果他们要启动项目，那他们就得将生产要素从别的行业吸引过来，或者是雇佣此前闲置的资源。

凯恩斯接着论证道，这个过程（具体形式可能多种多样）很可能引发价格（商品通货膨胀）和生产成本（收入膨胀）的上升。但是，前者上升的程度会超过后者，于是就有可能出现意外利润；并且按照定义，投资将超过储蓄。这一切意味着货币当局举止较为温和，利率的提高尚不足以摧垮普遍自信的氛围——凯恩斯称此为信用周期的第一个阶段。

在第二阶段，随着扩张进程的扩散以及充分就业的逼近，生产成本上升的速度会超过产出价格上升的速度（收入膨胀超过商品通货膨胀），"或早或晚，进

（续上页注）们就得到会计簿记的特征，即投资等于储蓄；如果我们将出现的损失从储蓄中扣减，剩下的部分同样也等于投资。凯恩斯之所以将这个独特的收入（或损失）项目分离出来，是因为这个动态要素的变化，一方面导致经济走向扩张和通货膨胀，或者另一方面也可能引发经济走向衰退和通货紧缩。另外，区分个人或公司谨慎正常的储蓄行为，与那些由经济不均衡导致的储蓄的意外增加，似乎也显得非常合情合理。

[1] 《货币论》，第一卷，第 258 页。
[2] 同上，第 282—283 页。

入市场的消费品再也无法以之前的主打价格卖出，经济周期的下降阶段也就开始显露端倪"。[1] 其他一些因素也可能开始发挥作用，导致预期投资收益率下降，信心丧失逐步蔓延，利率提升，信用收缩。所有这一切都可以归入一个主题，即经济开始转向另一个阶段——依据定义，企业家的损失导致这个阶段中储蓄超过投资。

凯恩斯由此总结，并得到了《货币论》两个主要操作性建议中的一个：[2]

> 当然，这一切均须假定银行系统墨守成规、循章办事，而设定并维持有效的银行利率，以使得储蓄和投资始终保持大致的平衡，本身并非其份内之事，亦非其权限所在。因为假使银行系统根据后一标准成功地实现货币管理，那么信用周期压根儿就不可能出现。

由此而来的是第二个主要建议，也即稳定的价格水平可能并不总是可以成为一个正确且无可争议的公共政策标准，因为在某些情况下，或长（或短）的商品价格（而非收入）膨胀可能还有些好处。[3]

> 值得注意的是，对财富积累速度的持续提高而言，信用周期的商品价格膨胀阶段没有多少用处，它唯一的作用就在于产生一个短暂且出人意料的冲击……
>
> 和持续的商品通缩不同，因为货币供给的逐步增加所引发的持续性商品通胀则完全是另外一回事……它可能是最有力的财富累积工具……
>
> 经济进步、财富积累所带来的好处将超过社会不公正带来的坏处，尤其当后者可以通过一般税收体系加以考虑并得以部分抵销时更是如此；另外，即使没有这种补偿纠正，假如一个社会起始的财富积累水平较低，并且亟须资本实现快速积累，那么情况也是如此。

274

凯恩斯在《货币论》第二卷中扩展了有关投资不稳定方面的分析。为了详细

---

[1] 同上，第 289 页。
[2] 同上，第 291 页。
[3] 同上，第 294、297—289 页。

说明他的体系以及他从中得出的政策建议，他还举了八个历史案例。[1]

再一次，一如我们在凯恩斯有关信用周期第一阶段动力源的描述中看到的，他的分析框架完全吸收了马歇尔的长期分析，以及有关经济增长因素的分析。在导致储蓄与投资失衡的原因之中，他所关注的是投资波动幅度变得更大。并且，他还援引熊彼特及其他将经济增长与经济周期相关联的那些学者的作品，回归创新性投资在这个过程中的作用，明显地在分析中如罗伯逊一般结合了实际因素与货币因素。[2]

若是考虑到固定资本，便很容易理解为什么投资率会出现波动。企业家是着手准备固定资本生产，还是停止固定资本生产，依据的是预期可得的利润。在变化万千的世界里，除了许多不足言道的原因可能导致波动，熊彼特教授有关重大波动的解释，倒是可以不加保留地予以接受。他指的是"一群数量相对较少但却异常富有精力的商人时不时弄出的创新……当少数天赋异禀的个体获得成功时，他们的榜样就会使得大量模仿者的跟进变得相对容易。因此一旦开始，创新的浪潮就会有力地展开。"

这里惟有一点需要加以补充，那就是，创新企业家实施计划的步伐……还将取决于银行系统负责人的配合。因此，虽然激发信用膨胀的源泉不在银行体系之内，但是也只有货币机器能够对这些刺激有反应时，信用膨胀才有可能发生，所以在这个意义上，它仍旧是一个货币现象……

相应地，我个人非常认同以下这些学者的观点——杜冈·巴拉诺夫斯基、赫尔（Hull）、斯皮索夫和熊彼特……但是，这些作者全都没能清楚地说明储蓄与投资的失衡对价格水平的直接影响，以及银行系统在这个过程中所起的作用。这个方面的开创性工作是由丹尼斯·罗伯逊先生完成的（《银行政策与价格水平》）。而且，由于缺乏一个能够应用于信用周期问题的货币数量论，他们均没有触及问题的根源，或者说他们没有意识到，营运资本增长所导致的经济周期，至少在"特征上"与那些主要由固定资本增长所引发的经

---

[1] 同上，第291页。卷二，第六篇，"投资率及其波动"，第195—210页。

[2] 同上，第95—96页，100—101页。虽然，熊彼特无疑会感谢凯恩斯援引他的著作，但是他一定也很生气，因为凯恩斯只是引用了韦斯利·米切尔《经济周期》书中的"简易概述"（第96页，注1），而没有直接援引熊彼特的德文原文。

济周期趋同。

在凯恩斯所列举的八个历史事例中，经济增长都仍旧存在。冒上一些过度简化的风险，这些例子可以粗略地概括如下：

● **西班牙珍宝舰队（Spanish Treasure）**：16 世纪初开始，金银大量流入欧洲，这使得英法两国商品价格膨胀的幅度超过收入的膨胀，并由此导致投资增加长期超过储蓄增长。凯恩斯总结道，从长期看，这种情形即使对那些实际收入相对下降的工人阶级而言也是有好处的；不过，目前还不到草率地下结论的时候。[1]

● **1790 年代的经济萧条**。凯恩斯认为，这个时期是"商品持续通缩的最佳例子"，非常类似于英国 1920 年代的情况：价格降幅比成本降幅还大，投资大幅减少；工人的储蓄水平大致保持不变，实际工资增长；利率水平出奇地低。当时英格兰银行还沉迷于金本位，虽然这种做法在 1920 年代已经不再典型。为了应对储蓄顽固持续超出投资的情况，凯恩斯提出如下建议[2]：

> ……原本在这种情形下，惟有借助政府强有力的应对措施才可望取得成功。政府与其他公共部门通过借款支持大型公用事业项目，并保证近期出台的《出口信贷和贸易促进法案》（Trade Facilities and Export Credit Acts）得以实施，这可能是吸收当前储蓄，避免发生如 1892—1895 年间那种高失业率的唯一方法。然而，这类政策措施与当时的观念传统显然全不相容。

● **战时繁荣期，1914—1918 年**。通过反复试错，在没有一个完善的战时经济学甚或战时金融学的情况下，英国逐渐发展出一套"有效"的体系：[3]

> ……权宜之计是让企业家成为集资代理人。但是，只能是代理人，而不能是委托人。当依据相当棒的理由而采纳这么一种政策，把战利品折价还给那些企业家时，我们必须确保一点，那就是，他们到时候要以税收的形式把

275

---

[1]　同上，第 162—163 页。

[2]　同上，第 170 页。

[3]　同上，第 174 页。

它还回来，并且他们不得因为曾"借钱"给政府而享有对社会未来收入的请求权。战时融资的有效解决方案就是，让价格上升的幅度超过收入增加的幅度，并最大限度地对企业家们收税……

虽然我不清楚在这件事情上，是否有理论曾经作此表述，不过这实际上倒是非常接近于英国财政部通过反复试错而在战争快结束时摸索出来的方法。

● **战后繁荣，1919—1920 年。** 商品价格通胀（同时投资超过储蓄）从 1919 年春天开始一直持续到 1920 年中期；接着，形势逆转，工资的上涨开始超过价格的上升，这种情况一直延续到 1921 年年底。凯恩斯总结道：[1]

追忆往昔，我们发现持续这么长时间的经济不景气，主要源于 1921 年上半年开始的利润紧缩。毫无疑问，这种情形是战后试图部分消减战争带来的收入膨胀（包括战时战后）所引发的结果，它的影响从 1921 年中开始延续到 1922 年，接着一直持续到 1924 年才结束。然而，从国家富强繁荣的角度看，这个做法却是有欠考虑的。倘若我们能够根据 1920 年底的收入膨胀水平，努力地稳定住货币供给，也即相比战前提高 175%，那么我们本可能避开过去十年来遭遇的大部分麻烦，也许还可能变得和美国一样富足。顺便可以提一下的是，这样一来，战争导致的债务也将降至当前水平的三分之二以下。然而，实际上采取的政策使得债务问题进一步恶化，不仅债务负担上升 50%，而且带来持续十年的失业问题，使得财富产出至少减少了十亿英镑。

● **英国回归金本位 [1925 年 5 月]。** 英格兰银行回归金本位导致商品价格下
276　降，利润下滑，但是成本却没有降低（比如，工资水平）。[2]

当价格水平下降速度快于成本下降速度时，企业家可以有三个选择：尽可能忍受已有的损失；退出利润较差的项目，减少产出和雇佣水平；和他的雇员就降低单位产出工资进行谈判。从整个国家看，只有最后一种方法才可

---

[1]　同上，第 180—181 页。
[2]　同上，第 182—184 页。

能使系统重新恢复真正的均衡……

企业家们逐一尝试了上述三个方法……

……通过各种适当途径实现的利润紧缩导致收入紧缩，进而导致国民财富的巨大流失。如果我们假定只有一半的失业率是非正常失业，那么估算下来每年损失的国民产出至少达到一亿英镑——这个损失一直持续了许多年。

● **英国回归金本位后的国内外投资**。1925 年 5 月之后，由于进入了一个恶性循环，英国经济的调整局面变得更为复杂。国内利润紧缩使得资本输出变得更有吸引力，然而当时高估的汇率却使得英国没有足够的贸易盈余来支持资本输出。由此而来的国际收支压力导致伦敦利率水平上升，延长了储蓄超过投资的时间，使得资本输出的吸引力进一步增强。有见于在自己创作的时候（1930 年）已不大可能实现足够大的贸易顺差，于是凯恩斯便提出了一系列我们所熟悉的补救性政策措施：[1]

假如按照传统方法我们可以实现均衡，那将是最好不过了。但是，如果因为社会政治力量的阻止而导致这种做法没法实现，那么通过对国内投资和国外投资分而治之，可能会更有助于实现均衡；甚或也许通过放下颜面，对国内产品和国外产品采取差别化政策，也要比无限期地忍受经济系统失衡所伴随的商业损失及失业好得多。

因此，大概过了 175 年，英国政治经济学主流传统所主张的自由贸易走到了尽头。

● **美国，1925—1930 年**。美国的繁荣和衰败在凯恩斯看来就是一个谜，他试图用《货币论》中的理论体系来展开解读，结果并无起色。他概括说，这些繁荣表现为储蓄与投资罕见的持续平衡以及商品价格的下降，这一情形一直持续到波峰阶段（1928—1929）。虽然没有商品通胀，因此企业家们也没有获得意外利润，不过大概占到美国储蓄总量 60% 的企业储蓄的急剧增长可能可以部分地解释

---

[1]　同上，第 189 页。

这个均衡的出现。凯恩斯总结道，1928—1929 年间确实出现过利润膨胀，期间对企业而言，短期货币市场利率虽然较高，但却还没有相对于分红而言股票价格的高涨来得重要。尽管如此，但是最终在股票市场崩盘前持续存在的高利率还是产生了一定的影响，而且因为崩盘所导致的沮丧心理影响了消费者对新车以及其他"奢侈品"的需求，这种影响还进一步加强。

● **"吉布森（Gibson）悖论"**。为什么 1820 年以来，中长期商品价格水平与利率水平始终保持系统性的同方向变动？凯恩斯的核心主张与维克塞尔的非常接近：市场利率倾向于系统性地滞后于自然利率；"当（自然）利率下降时，这种滞后会导致投资持续低于储蓄……而当（自然）利率上升时，投资又会超过储蓄……"。[1] 因此，对 1930 年代的英国，他又总结出一个教训：[2]

> 总体上，我倾向于把那对众所周知的关系归之于……市场利率未能如自然利率一般快速下降……
>
> ……请容许我再重复一遍，在当下和不久的将来这段时间内，经济进步所面临的最大困难和危险是世界上的中央银行都不允许市场利率降得足够快。

我之所以要总结《货币论》中的这些应用案例，理由有二。第一，一直以来我都认为，要确证对经济理论家所使用概念的理解程度，最简单的方法就是把它们应用于一系列具体事实。[3] 这种方法用在凯恩斯那复杂如斯的著作中真是再恰当不过了。他的著作中到处充斥各式各样的特殊定义，论述之中尤见作者广博的知识面，尽管因为总结了四分之一世纪以来的研究、经验以及反思而略显冗长、自恋。我不相信谁能在没有理解凯恩斯《货币论》的体系及其具体内容实质的情况

[1] 同上，第 204 页。

[2] 同上，第 206—207 页。

[3] 关于本人第一次实践这个方法，参见"解读大萧条（Explanations of the Great Depression）"，《19 世纪的英国经济》，第七章（牛津：克拉伦登出版社，1948）。哈罗德《凯恩斯传》，第 338—345 页）令人信服地指出，1922—1923 年的冬天是凯恩斯成长中的转折点，他从思考战争赔偿问题脱身开来，开始考虑国内金融财政问题。他特别提到凯恩斯 1923 年 7 月 14 号发表在《国家》（Nation）杂志上的一篇带注释的文章，在其中，凯恩斯对 7 月 7 日银行在价格下降失业率上升的情况下还调高利息表示了反对意见。这大概是有意识地走上通货紧缩的路子，以图将英国货币推回到战前金本位平价的水平。续 1923 年 11 月发表《货币改革论》（A Tract on Monetary Reform）这个小册子以后，凯恩斯紧接着发表的"对财政与投资的一个短评"（Note on Finance and Investment），令他走上一条直接通往《货币论》、《通论》，以及布雷顿森林体系和 1946 年英国贷款的路子上来。

下，读懂以上列举的八个说明性例子。

第二个原因是为了说明，凯恩斯《货币论》中的理论与他给世人传递的信息是多么接近。虽然篇幅不大，学术体例差强人意，文献引用也不大规范全面，并且行文分段也相当随意，但是《货币论》就像《通论》在那个时代的缩减版。其中凯恩斯的论断彻头彻尾延续了他始于 1923 年 7 月的主张立场，即反对回到金本位的战前平价，建议对内对外实施积极的财政政策和货币政策，以使英国摆脱通货紧缩和持续高失业的痛苦——1921—1924 年间英国的失业率平均高达 13%，1925—1929 年间平均为 11%。[1]对储蓄和投资的界定，对商品价格通货膨胀和收入膨胀的区分，以及所有其他构造的术语，从经济理论视角看，都是凯恩斯在那个年代试图突破货币数量论的种种限制而付出的诸多努力的一部分——那时候的货币数量论只关注价格水平，而对产出增长和失业率皆漠不关心。正如凯恩斯的一个传记作者曾写的[2]："凯恩斯革命的历史，很大程度上就是凯恩斯脱离货币数量论的历史。"

但是更根本地说，凯恩斯 1925 年至 1930 年间建构的理论体系，其目的就是为了给他认为对英国的存续而言至关重要的政策立场提供一个坚实的理论支撑——并且如果可能的，还是专业的、一致的理论支撑。

当然，这也是凯恩斯《通论》的目的之所在。那么，到底是什么激发了凯恩斯再次付出史诗般的努力，以图重建我们现在所谓的宏观经济政策的理论基础呢？

第一，《货币论》没有实现凯恩斯的伟大目的。他 1930 年递交给麦克米伦委员会的报告，以及实际上他 1923 年以来的著述和论争，均对于影响英国于 1931 年大举改变国内外经济政策并达成一致贡献卓著。然而，尽管《货币论》广受好评，但是它却没能把专业经济学家吸引过来，在坚实的理论基础上达成共识，而在凯恩斯看来，这种共识对推动公共政策的根本变革而言却是必要的。在他的那些经济学家同仁中，甚至几乎没人接受他那重要异常的储蓄与投资的界定，虽然许多人凭直觉模模糊糊也了解到这二者间有些差别。

有意思的是，在经济学说史上，凯恩斯因为《货币论》的遭遇而感受到的挫

278

---

[1]　（原书缺）
[2]　罗伯特·斯基德尔斯基，《凯恩斯传》，（伦敦：麦克米伦出版社，1930），第一卷，第 214 页。

败，与大卫·休谟对自己早期的著作《人性论》失败后的反应倒可做一番对比，尽管凯恩斯的作品并未彻底地失败。感受到失败的休谟，创作了多篇有关经济学和政治学方面的文集，这些文集极为出色并大获成功。凯恩斯的情况则是，这次经历使他下定决心，下次一定要通过加倍抨击已显得十分迟钝的传统理论，抓住他那些经济学同仁和稍有经济学知识的大众的注意力。哈罗德在他的《凯恩斯传》中描述了从《货币论》到《通论》的转变，这是他传记中最出彩的段落，他清楚地写道：[1]

> 公正地说，这一卷中凯恩斯开始强调他与传统经济理论的区别，并指出传统理论的一系列不足之处……在一些人看来，他似乎从肆虐地批评那些伟大的名字中得到恶作剧式的满足——也许他确实如此。实际上，凯恩斯之所以这样做，那完全是精心构思的结果。这是他对之前所感受到的沮丧的有意识调整，也是对自己的开创性贡献一直趋于被忽略而产生的一种情感反应。他觉得，如果不能激起人们的注意，自己将无所适从。他必须让大家清楚地看到，他所提出的理论与传统思想的一些进路并不一致，而那些仍旧认为他的工作无非是新瓶装旧酒的人，一定是没有明白他的意思。

《货币论》出版以后（1930 年之后），第二个对凯恩斯的创作产生影响的因素是日益恶化的世界（以及英国）经济形势。1930—1934 这五年间英国的平均失

---

[1] 罗伊·哈罗德的《凯恩斯传》，第 451 页。也可以参考阿瑟·庇古，"经济学家凯恩斯（John Maynard Keynes, Economist）"，载于英国皇家学会快报中的纪年词，1946 年，《约翰·梅纳德·凯恩斯：来自蒂尔顿的凯恩斯男爵（Baron Keynes of Tilton），1883—1946》（伦敦，杰弗里·坎布里奇出版社），第 19 页：

> 在马歇尔的主要工作完成之后，我国有关基础问题的经济学思想至今几乎都没怎么进步。我们只不过是一些旁观者，并有些自得其乐。凯恩斯的《货币论》及其后的《通论》，彻底打破了这个尴尬的沉寂。不论是同意还是不同意他的观点，讨论与争辩若雨后春笋，遍地开花，并扩散到整个世界。经济学和经济学家又重新苏醒过来，静寂的时代从此结束，又一个活跃的、可能也是有创造力的新时代诞生了，至少迄今为止是如此。而这一切几乎完全就是凯恩斯一个人的功劳。即使当下他的所有观点都被抵制拒绝（当然这是不可能的事情），就冲着唤起了整个时代精神这一点，凯恩斯仍旧是我们这个学科最出色的建筑设计师之一。
>
> 当然，人无完人，凯恩斯也有自己的缺点。早期著作中，他用一些常用词汇表达不常见的意思，比如"储蓄"和"收入"，以及后期著作中提到"充分"就业竟然又与较大规模的失业兼容，对那些头脑不及他灵敏的人而言，凯恩斯这种做法确实造成不少混乱。或许，倘若他没有那么着急扛起知识革命的大旗，多强调一致意见，少提一些分歧，那么他本可以消除一些误解以及一些没有任何结果的争辩，从而解放他自己，使其可以创作出比现在更有建设性的作品。但是，这个事情也有两面性。倘若他是这样做了，即更偏向马歇尔式的风格，那么不仅他自己没能成为一个知识变革中的有效催化剂，同时他对当下重要紧迫时期公共政策的影响力相比原来必将大打折扣，而这对于他而言意义非凡。

业率超过 19%，1932 年达到最高峰——22%；1934 年仍有 17%，而就在这一年年底，《通论》的手稿开始传阅以听取意见。《货币论》的问世与 1920 年代英国面临的问题密切相关，因为这期间美国的经济持续繁荣，即使是德法两国，在凯恩斯写作《货币论》的 1925—1930 年间，经济状况也保持良好。这部作品旨在改变英国财政部和英格兰银行的政策，因为这些政策在凯恩斯看来代价高昂且功能错位。1930 年代，凯恩斯主要关心的是外忧内患情况下西方世界和民主文明的整体命运——外部是来自法西斯主义和共产主义的威胁，而内部则一方面受困于传统政治经济理论中的错误，另一方面政治家们又苦于没有其他理论可供借鉴。

第三，凯恩斯想要摆脱货币数量论，构建一个可以将货币、价格、产出和失业率更好地联系在一起的新理论，而《货币论》就是凯恩斯沿此方向前进路上的一个中转站。进入 1930 年代之后，在一群很有活力的年轻经济学家们的激励下，凯恩斯立即展开了进一步的努力。这批经济学家以理查德·卡恩为首。凯恩斯曾提到，卡恩和丹尼斯·罗伯逊在《货币论》创作的最后阶段给他提供了巨大的帮助。而从那篇著名的"国内投资和失业率"（Home Investment and Unemployment）的文章（《经济学杂志》，1931 年 6 月）开始，卡恩和他的乘数，在《通论》出炉的过程中一直扮演着极为重要的角色。乘数将投资水平与失业或收入水平的变化直接联系在一起，前者之于后者的影响主要取决于收入中储蓄和消费的占比。而这也去掉了意外利润或损失（以及商品价格通货膨胀或紧缩和收入的膨胀或紧缩）对经济系统扩张或收缩的影响。并且，如所有经济学专业的初学者现在都知道的那般，凯恩斯认为，投资水平（也因此就业和收入）是由资本边际效率曲线（本质上就是费雪的预期成本回报率）与利率曲线相交所决定的；而利率则由货币的多重需要（流动性偏好）和银行系统的货币供给所独立决定。由于利率取决于一系列因素，而非投资市场上简单的供求出清，于是长期高企的失业率便获得了一个解释。凯恩斯倡导了十多年的政策主张——以积极的公共政策降低利率、刺激投资和消费，便拥有了一个崭新的理论基础。

279

在凯恩斯的理论中，投资和储蓄二者间存在一个动态平衡关系。例如，有计划的储蓄超过投资会降低收入，而这反过来又会降低储蓄，从而使得（事后）储蓄逐渐恢复到与投资相等。

《通论》对经济增长和经济周期有哪些论述呢？回顾一下，在《货币论》中，凯恩斯接受了当时那些主张把技术进步考虑在内的经济学家们的观点，并以此作为自己展开论述的背景（前文，第 274 页）。根据他的定义，投资超过储蓄或投资少于储蓄中就非常清晰地包含了重大不连续创新。确实，凯恩斯更擅长和银行系统、资本市场及国际金融市场打交道，相反对工业投资和技术则比较陌生。和罗伯逊不同，凯恩斯从来不会花费大力气去阅读《经济学家年鉴》，也从来不会去计算煤矿、轮船、咖啡及铁路部门投资的酝酿发酵期。尽管如此，在《货币论》有关经济周期的分析中，我们还是看到了马歇尔式长期实际因素的重要作用。

就《通论》而言，至少正式意义上，它所展开的是严格的马歇尔式短期分析：[1]

> 我们将以下变量视为给定：可得劳动的熟练程度和数量、可得设备的质量与数量、现有的技术水平、竞争程度、消费者的偏好和习惯、不同强度工作的疲劳度、监督和组织活动的成本，还有社会结构方面的许多因素，包括那些决定国民收入分配状况的因素，除非我们另有考虑。但是，这并不意味着我们臆断这些因素均保持恒定，而仅仅是说，此时此地，我们暂不考虑以上诸因素变动的影响及其结果。

罗伯特·索洛（Robert Solow）也提到了这一点，虽然相比笔者，他以高度总量化的术语来考虑长期：[2]

> 或许，《通论》所构建的模型中最重要的理论缺失，就是对存量概念、存量均衡以及存量与流量关系的相对忽视。凯恩斯可能必须作如下简化假定，比如，时间切片是如此之短，因而资本品存量可以视为恒定不变，虽然净投资可能总体上为正或为负。但是，不用过不久，这些时间切片就会马上叠加成一段时间，其中显然会出现存量资本的变化。此外，准确地把握流量的各种关系也很重要；而且由于流量常常与存量相关，因而经验模型不能只考虑最短的短期。

---

[1] 《通论》，第 245 页。

[2] 大卫·沃斯威克（David Worswick）和詹姆斯·特丽维西克（James Trevithick）（编），"凯恩斯和现代世界（Keynes and the Modern World）"，《凯恩斯诞辰一百周年纪念会议论文集》（*Proceedings of the Keynes Centenary Conference*），剑桥皇家学院（剑桥：剑桥大学出版社，1983），第 164 页。类似的观点，可以参见阿瑟·庇古，《凯恩斯的〈通论〉：一个回顾》（*Keynes' General Theory: A Retrospective View*）（伦敦，麦克米伦出版社，1950），第 4 页："这些限制性的假设条件，排除了资本设备存量的逐步增长对后续若干年投资的影响。"

然而，在讨论经济周期时，凯恩斯的《通论》只关注短期似乎就不是完全可行的了。

与《货币论》中对经济周期的分析类似，《通论》中凯恩斯"有关经济周期的解释"完全就是有意识地将自己的理论体系应用于复杂现实的尝试。对此，他极为简洁浓缩地概括到：[1]

> 因此，有时候我们可以认为，最终的自变量包含以下几个：（1）三个基本的心理因素，即内心的消费倾向，内在流动性偏好以及对资本资产未来收益的预期；（2）雇主和雇员之间就工资单位进行谈判所达成的结果；（3）由中央银行确定的货币数量。因此，若将以上这些因素视为给定不变，那么国民收入（或利益）及就业水平也就相应确定。

凯恩斯从繁荣期的末段和"危机"发生时出发，走马观花地描述了期间经历的阶段，特别强调了"三大基本心理因素"在这个过程中的重要性。[2] 凯恩斯论证道，繁荣将一直持续，直到对投资回报的预期过分乐观，以致不足以抵销由于"资本富余（资本存量的报酬递减）、生产成本上升（用《货币论》中的术语就是成本膨胀）以及可能的利率上升"所引发的资本品收益下降。[3] 因此，经济繁荣会在"自我消耗中走向结束"。[4] 经济危机的发生以及经济从繁荣走向衰退，主要并非源于利率因为繁荣而来的两种流动性偏好上升（"交易需求和投机需求"）而上涨，而是因为"资本边际效率的急剧下降"（"对资本资产未来收益的心理预期"）。凯恩斯并没有详细说明"对过分乐观和超买市场憧憬破灭"的触发机制，但是他注意到，这个过程会导致"流动性偏好急剧上升，也因此引发利率上升"，这就进一步加剧了主要是因为预期成本回报率的逆转（也即资本边际效率的急剧下降）而导致的投资水平下降。正是资本边际效率的急剧下降和流动性偏好的急剧上升交汇在一起，"使得经济萧条变得难以驾驭"。然而，随着萧条期的到来

---

[1] 《通论》，第 246—147 页。这段文字被庇古专门列出来，因为他认为它包含了"凯恩斯对经济分析的主要也是非常重要的贡献"，"回顾"，第 20 页。

[2] 《通论》，第 315 页。

[3] 同上。

[4] 同上，第 250 页。

（货币交易需求减少），流动性危机的结束和利率水平的下降并不足以促成经济的复苏：[1]

> ……恢复资本的边际效率并非易事，因为它取决于不受控制且难以驯服的商业心理。用通俗的话来说就是，在个人主义的资本主义经济中，如何重塑信心是一件极其难以掌控的事情。这就是萧条的一面，一直以来得到银行家和商界人士的正确强调，而这也是那些始终坚持用"纯货币政策"进行纠偏的经济学家们估测不足的地方……

> 不幸的是，资本边际效率的急剧下降对消费倾向也有不利影响，因为这个过程涉及证券交易资产市场价值的大幅缩水……由于全民炒股，正如美国现在的样子，股票市场的上扬走高可能几乎已成为获得令人满意的消费倾向的基本前提；这种情况直至最近才引起人们的注意，这显然会使得资本边际效率下降所引发的经济萧条愈加雪上加霜。

> ……于是，在自由放任条件下，当投资市场上没有什么理由值得期待时，需要改变整个市场的心理状态，进而避免失业率的大规模波动真是比登天还难。我的结论就是，规范调整当下投资水平的责任，单凭私人的独立行动将无法实现。

以上论述显然旨在为全面政府干预的主张提供支持——这里的主张"不仅包括促进投资增长，并且同时还要求推动消费增加；这种增加不仅需要达到令既有消费倾向与增加的投资保持相当的那个水平，而且还要更高"。[2]

凯恩斯在将自己的理论系统地用于经济周期的分析和诊断时，还在不少地方稍稍偏离了正式的分析框架，添入一些尤其与经济增长分析相关的观察评论。

举例来说，他反复推介的一个观点是，每次经济繁荣都特别地表现为某些部门的过分乐观，其投资增长尤其密集，投资模式因此被"误导"了。[3]也正是在这些部门，超调最严重，因而发生了资本边际效率的急剧下降，以及由此而来的各种扩散效应。这的确是一个正确无误、极具洞察力的见解，但是却无法切实地纳

[1] 同上，第317页和319—320页。
[2] 同上，第325页。
[3] 比如，参见，同上，第316，322—323页。

入到基于马歇尔式的众多短期假定而构建的经济周期分析框架中。而且，凯恩斯并没有针对"误导"的投资模式，对部门一级的产出与投资水平做出界定。他提及这一点仅仅是为了诠释自己的基本结论——在经济繁荣的波峰期，过度投资的含义有限：[1]

> ……过度投资这个词很模糊。它可能指代那些注定要让人们失望的投资……或者它可能意味着这么一种状态，即，每种资本品均如此富余，以至于甚至在充分就业的情况下，也不再预期会有新的投资可以在其生命周期中赚得超过重置成本的收入……只有在第一种意义上，才可以认为经济繁荣表现为投资过度……当然，也可能存在这样的情况（实际上也很可能出现），即，经济繁荣的幻象使得某几种资本资产过度富余，以至于以任何标准衡量，这其中的部分产出都是一种资源浪费……也就是说，这将导致投资被误导。

在我看来，这是一个异常重要的见解，即经济繁荣中的投资过度是一个部门性现象，而不是一个总量经济现象。但是，不论是凯恩斯自己还是他的后继者，都没有在经济周期分析中对此展开进一步的讨论。因此可以说，假如凯恩斯有关失衡的部门扭曲的洞见可以得到进一步挖掘跟进的话，那么他的经济周期与经济增长之间的联系也将变得更加丰富、符合现实。

在详细阐述经济周期方面的观点时，凯恩斯也不得不在不少地方暂时偏离短期分析。举例来说，经济繁荣阶段，随着资本的扩张，存量资本的收益率会下降，不过这很难纳入到短期分析框架中；并且，历史上这种因部门急剧扩张而带来的总投资的扭曲（"误导"），都和重大新技术的引进、新领域的开拓、大规模的人口迁徙以及其他马歇尔意义上的长期现象联系在一起。此外，在《通论》中，凯恩斯对资本主义社会中资本边际效率长期前景的悲观沮丧，也正是他明显转向长期分析的例证：[2]

282

> 19 世纪里，人口增长，发明创造层出不穷，新的土地不断被开垦出来，

---

[1]　同上，第 320—321 页。

[2]　同上，第 306—309 页。有关理查德·卡恩所做的对马歇尔式的长期分析为了某些有限的目的而出现完全以短期分析为主的著作中评论，参见《〈通论〉的来龙去脉》（*The Making of the General Theory*），第 122—123 页。

人们对生活的信心以及战争的频率都要高于以往（例如以每十年计）的平均
水平，这些表征与消费倾向一起，似乎便足以确立一个资本边际效率，使得
就业水平与利率水平相兼容——这里的就业水平合理且令人满意，利率水平
则足够高，可为富人内心所接受……

　　而现今，出于许多原因，资本的边际效率远比其 19 世纪的水平要低得
多，也许今后都将如此。当下特别麻烦的问题是，能够确保一个合理就业水
平的平均利率水平对于富人而言是如此的不可接受，并且这个问题没法通过
简单地操控货币供应量而加以解决……经得起时间考验的方法似乎没有。

　　尽管凯恩斯极具语言天赋，但是《通论》的论述还是有些不甚清楚，表达也
并非完全达意。另外，《通论》在引入新的术语解释大家所熟知的话题时，还会
碰到任何一部著述在类似情况下都可能遇到的阻力。[1] 相对而言，年纪轻的学者
要比年纪大的更容易接受这些。进而，随后马上就出现许多旨在澄清、改进和超
越《通论》的努力，例如哈罗德的《贸易周期》（1936）以及萨缪尔森试图将乘
数和加速数合并在一块的工作。此外，迈克尔·卡莱斯基（Michael Kalecki）和
尼古拉斯·卡尔多也作了一些阐释性的工作。[2] 这些优秀的工作对短期收入分析
作了充分的挖掘，但却遗漏了《通论》出版之前日趋一致的共识。这些共识包
括，将经济周期和经济增长视为相互交织、密不可分的过程——；经济增长的分
析必须直面创新的过程；而创新又必须从一开始就理解成一种部门的进程；也
因此，经济周期分析不仅需要进行宏观分析，同时也需要进行部门分析——这
一点在《通论》中有所反应，但却没有进一步展开。《通论》以后的模型更是抽

---

[1]　沃尔特·惠特曼·罗斯托（编），《从起飞到持续增长中的经济学》，国际经济学会会议论文集（纽约：圣马丁
　　出版社，1963），第 xiii—xiv 页。鉴于起飞一词在康斯坦茨所引发的争论，我个人得到的看法是："……引入一
　　个新概念，尤其是一个新术语，可视为对值得尊重的同事和朋友们的冒犯。"

[2]　迈克尔·卡莱斯基，"经济周期理论（A Theory of the Business Cycle）"，《经济研究评论》，第四卷，第二期
　　（1937 年 2 月）；尼古拉斯·卡尔多，"经济周期的理论模型（A Model of the Trade Cycle）"，《经济学杂志》，第
　　五十卷，（1940 年三月），重印于阿尔文·汉森和理查德·克里门斯（Richard V. Clemence），《经济周期和国民收
　　入文献选读》（*Readings in Business Cycle and National Income*）（纽约：W. W. 诺顿出版社，1953，第 23 章。卡
　　尔多明确指出自己的经济周期理论源于凯恩斯的《通论》，但是约翰·理查德·希克斯却认为卡尔多的理论更
　　偏向罗伯逊而不是凯恩斯。["丹尼斯·霍姆·罗伯逊的货币理论（The Monetary Theory of D. H. Robertson）"，
　　《经济学家杂志》（*Economica*），第九卷，第 33 期（1942 年 2 月），第 55 页]）。希克斯明确指出了卡尔多的
　　文章与罗伯逊的"工业波动和自然利率"一文的联系，该文载于丹尼斯·霍姆·罗伯逊，《货币理论论文集》
　　（*Essays in Monetary Theory*），第五章（伦敦和纽约：斯坦普斯出版社，1940）。

639

空了这些洞见，排除了增长与周期分析之中的部门含义，也因此消解了创新的实质。

韦斯利·米切尔（1874—1948）

韦斯利·米切尔于 1913 年出版了经典之作《经济周期》，这部著作是当时欧陆、英国和美国学界同时完成的一系列有关经济周期的研究成果之一。尽管这些研究在研究方法、行文风格和具体内容上迥然有异，"主观上"毋庸置疑也各具原创性和独立性，但借用熊彼特的话来说，它们之间"仿佛具有内在的亲缘关系"，"在问题的架构上均非常相似"：[1]

> ……（正如微积分以及许多类似情形的发现（或发明））事实上，在给定的时段，人类的心智倾向于得出类似的观点，尽管结果也会让这些研究者以及他们的学生认识到，这些发现除了关键的类同以外，彼此之间还存在着一些不怎么重要的差别。在这里讨论的情形中，人们的印象是，有关经济周期的解释层出不穷，然而事实却是，这些研究在架构经济周期和"经济危机"时所使用的一系列概念有些类似；他们的方法都日益求之于统计资料；他们的结论，比如对我们现在称之为加速数这一原理一般形式的强调，始终是那么明显。没有任何一个作者在这方面比他人更胜一筹，并且似乎也没有人曾受到他人的强烈影响。然而，米切尔的著作注定会在这场学术运动史中占据重要的一席之地。

283

和凯恩斯一样，米切尔并没有在二十多岁时写出一本将塑型并预设他一生工作框架的书。确实，我们可以发现，米切尔在芝加哥大学时的博士论文《美钞史》（1903，出版于作者 29 岁之时）（*A History of the Greenbacks*）中，通过整合货币因素和真实因素的分析，成为"现今一般货币经济理论的开端，也成为作者后来一直关注的真正主题"——这篇博士论文在作者 29 岁时出版。[2] 毋庸置疑，

---

[1] 约瑟夫·熊彼特，《十大经济学家》，第 251 页注 1。
[2] 同上，第 249 页。

米切尔早期对美钞史的研究，确实开启了他用经验事实检验理论命题的研究进路——他第一个检验的理论就是货币数量论。不过我倒觉得，在米切尔的经济周期分析中留下最深刻印记的，是凡勃伦在芝加哥历时虽短但却深远的影响——米切尔是从 1905—1908 年间开始关注的经济周期问题。

米切尔著作中的凡勃伦因素，使得所有重要的评论家都把时间花在探究米切尔对传统经济学的态度，以及他的著作与传统经济理论之间的关系上。

一方面，与一些制度主义者自傲地将当时的主流经济学放置一边不同，米切尔认真学习过经济理论，并且他在哥伦比亚大学时还曾正正经经地听过当前经济理论流派的课程。另外，他还在德国和奥地利学过一年经济学，熟悉德文文献，虽然汉森曾评论说："人们不免有一种很强烈的感觉，那就是米切尔似乎不怎么把欧洲大陆这方面有基本贡献的思想家放在心上"。[1] 但是不管怎样，他分别完成于 1913 年的《经济周期》和 1927 年的《经济周期：问题及背景》（*Business Cycles: The Problem and Its Setting*）都是从对经济周期理论的回顾展开的。

另一方面，米切尔对制度主义的眷恋产生了两方面的影响，使得他的工作和当代秉承其他方法论信仰的著作有所不同。首先，他把自己洋洋洒洒 600 多页的《经济周期》一书的成型归之于：[2]

> ……我坚信，得到可信结论最快捷的办法莫过于，多花些力气用于度量经济周期中展现出的经济现象……看过第一章的读者应该会发现，若是依托常识的话，许多经济危机起因的解释看起来都是合理的。为了判定这些解释中哪些确实合理，便有必要找出每个理论所预测的危机发生频率及规模。每个理论考虑的因素是什么，预测的结果又是什么。所有这些问题的解答都有赖于搜集并定量地分析有关商业情况的详细记录。

这就是米切尔的信念，也是他的工作方法，而这种信念和方法也正是国民经济研究局创办的初衷。

但是其次，米切尔从凡勃伦那里接受了一系列既明晰又强有力的概念，这使

---

[1] 阿尔文·汉森，《经济周期和国民收入》，第 406 页。
[2] 韦斯利·克莱尔·米切尔：《经济周期》（伯克利：加利福尼亚大学出版社，1913），第 7 页。

得他的作品有一个明确的核心与制度背景，但也导致他远离那些本可能引导他更
有效地关联经济增长和经济周期的视角。米切尔的凡勃伦式立场明显源于《商业
企业原理》一书，[1]其风格体现在类似下面这样的段落中：

> 一个商业企业可能或直接或间接地在为国家提供有用的产品，或者也有
> 可能没有。因为许多赚钱的途径最终对一国的福利没有任何贡献，还有许多
> 途径可能损于国家未来的福利。但是，若要理解经济的繁荣和萧条，我们就
> 必须十分清楚，即使是那些确实正在生产有用产品的企业，也只有当它们预
> 期经营可以实现获利这一基本的商业目标时，它们才会如此行为。实际上，
> 在货币经济体系中，任何其他态度都是不切实际的。

以上说法本质上没什么错误，甚至没有什么引人注目之处。正如米切尔在一
处脚注中提到的："实际上，近来所有理论都依托于这一默会的基础（'能赚钱'
或利润最大化）。凡勃伦在这一点上尤其明显。"[2]并且，他从凡勃伦那里学到如何
区分以下两个标准，第一个是"社会共同体的福利"标准，这要求有"有效率的
工业、商业"；第二个比较不重要但却为人所熟知，即只要求"成功地赚到钱"，
虽然这里的讨论并没有如马歇尔和庇古那里那般完整。这个凡勃伦式立场，确实
捕捉到了前人未曾详细讨论的"货币经济"动力学的一个图景，也给出了一个相
对狭义同时也更传统的调和周期性波动幅度的目标。[3]

> ……货币经济这台复杂的机器从来也没有被那些货币经济的发明者所完
> 全驯服。即便是目前这一代商人，也仍旧没有完全掌控这个系统的运行，而
> 这台金融机器还不断地对我们这些使用它的人带来巨大的痛苦……由于我们
> 有关其技术细节的理论知识和实践技巧都很贫乏，因而每一次的繁荣都无法
> 长期维持，几年即逝。
> 尽管如此，在过去的一个世纪里，我们已经在货币经济运行的掌控方面
> 取得了无可辩驳的进步……通过各种各样机构的配合，比如对新生企业章程

[1] 比如参见上引，第22—26页。
[2] 同上，第26页。
[3] 同上，第585—586页。

设立公共管制，为针对虚假促销的立法提供有效的行政支持，对高管持有的证券股票交易设定更为严格的要求，设立更有效的机构为投资者提供信息，同时令银行系统在面对投机性经济繁荣采取更加保守的策略，我们已经学会避开前面几代人最容易犯的错误。再者，通过实际经验积累，欧洲的银行至少已经学会一些控制经济危机，防止其进一步恶化为经济性恐慌的方法。而通过将权力集中到有经验的长官手上，通过缓和价格的急剧波动，所谓的"产业整合"在稳定商业过程中也起到了些许作用，尽管没有达到它自己通常宣称的那般有用。

285 因而，和同时代的许多人类似，米切尔所做的经济周期分析实际上是他研究福利经济学的附带产品。

出于两个原因，这里有必要对米切尔《经济周期》的技术组织层面作一个简单的概述：一是这本著作对后续美国的经济周期研究影响深远，二是为了把握米切尔著作中有关经济周期和增长理论关系论证不尽如人意之处。

米切尔在搭建好自己的理论视角，并对先进工业国家（美国、英国和法国）的制度环境做了一番阐述后，沿着下述四个部分展开了自己的讨论：

● 首先是大约45页左右的商业编年史，其中生动地描述了1873到1911年间每个经济周期的独特特点，比罗伯逊的《研究》还具系统性。

● 接着是350页左右编排良好的统计数据，包括不同商品的价格水平、货币工资和实际工资、利率水平和股票价格的数据，反映物质产出和失业率变动的序列数据，有关货币数量和流通速度的数据，有关储蓄、投资、利润和破产的相关数据，以及对这些数据变动的分析和讨论。

● 而后是对经济周期过程的典型化分析和描述（大概50页），其中特别强调了"经济繁荣如何孕育经济危机"，具体内容包括经济繁荣时出现的五个最终会逆转经济进程的重要内生衰退过程。

● 最后，他还反思了经济周期过程之于人类福利的意义，讨论了可能的补救措施，尤其是强调了能实现更好的"商业景气度预测"机构的创设——这是国民经济研究局最终竭力履行的职能之所在。

米切尔努力的最终结果就是他对经济周期的典型化描述（第三部分），主要关注的是少数几对关键的变量关系，而没有形成一个高度清晰统一的理论。这是他（如丹尼斯·罗伯逊一般）沉浸于 1873—1912 期间经济周期历史的必然结果。[1]
"……在商人的真实世界中，任何事情都在一直不停地累积变化着，总是从经济
周期的某个阶段过渡到另一个阶段……事实上，如果不是从理论上说，变化才是
商业世界中的唯一'正常'状态。"

尽管如此，米尔顿·弗里德曼针对米切尔著作第三部分理论内涵的评价还是
值得注意的：[2]

> 米切尔 1913 年著作第三部分所阐述的经济周期理论，实际上包含时下
> （1950）流行的经济周期理论的所有重要要素。这里面有乘数过程、加速数
> 原理、庇古式乐观与悲观的周期性交替，马歇尔和霍特里式银行系统现金流
> 的紧张以及货币市场的被迫紧缩，米切尔所说的波峰时新投资预期收益的下
> 降就相当于凯恩斯所说的"资本边际效率的崩溃"，只不过在米切尔那里，
> 收益是持续衰减，而在凯恩斯那里则是突然的"崩溃"，此外，凯恩斯还强
> 调流动性偏好的变化。当然，此处也是试图将这些有关经济周期现象的解释
> 合理地糅合到一起。

对于弗里德曼的评价，特伦斯·威尔莫特·哈奇逊评论说：[3]"不论这个判断
是否有些事后诸葛亮式的味道，但是相比那些仅仅将米切尔的著作视为一堆统计
原始数据堆砌的幼稚观点，它显然更为接近事实"。

在这一点上，我同意弗里德曼和哈奇逊的判断。米切尔研究理论，清楚这些
理论，能够运用它们，讲授它们。尽管如此，米切尔在架构理论与事实之间的
关系时还是存在两个问题。首先，他没有清楚地意识到著作第二部分所收集的
那些数据，包括数据的分组和分析，本来就隐含了一系列有关经济周期本质的假
说，而相比他自己在书本结尾处花费一页半的篇幅引用并宣称自己所接受的理论
概念，这些假说更值得作细致的分析。[4]凡勃伦的"货币经济"并不足以构成这类

286

---

[1] 同上，第 398 页。

[2] 米尔顿·弗里德曼："作为理论家的韦斯利·米切尔"（Wesley Mitchell as a Theorist），《政治经济学杂志》（1950
年 12 月），第 401 页。

[3] 特伦斯·威尔莫特·哈奇逊：《1870—1919 年间经济学说述评》（牛津：克拉伦登出版社，1953），第 487 页。

[4] 参见《经济周期》，第 578—581 页。

经验研究的分析框架。第二，强调使用定量证据，即正式的序列统计数据，可能会限制可探索的假说范围。正如我们已经看到的，库兹涅茨的研究也存在类似问题，国民经济研究局的大部分（并非所有）工作皆是如此。

米切尔所援引的数据既可以用于经济增长分析，也可以用于经济周期分析。原始数据都显示在表格里面，最重要的一些序列则用图勾勒出来。由图 11.1 可见，即使在较短的时期里面，更为显眼的依然是经济增长而不是经济波动。再者，米切尔很清楚，每个经济周期都是独一无二的，每次经济扩张时，投资的具体项目也在不断变化。[1] 他也明白，"在少数主导行业中，时下或可预见的将来（会发生）利润的下滑……而且这会在下滑普遍蔓延开来之前出现"。[2] 他同样也了解，相比创新的引入，发明流要连续得多，并且他认为前者主要集中在经济复苏的早期阶段。[3] 不过，米切尔的整个心思都专注于经济的周期性波动和平复。和那个时代几乎所有的学者类似，他一直把经济增长视为理所当然。

米切尔有关经济周期分析的第二个主要贡献是 14 年后发表的《经济周期：问题及背景》。到 1927 年，国民经济研究局的运行已经上了轨道，它也掌握了越来越多的序列统计数据。维拉德·索普将原本只包括四个国家的商业年鉴（报）扩展到十七个国家，并且发布了更易于使用的版本。[4] 最重要的是，米切尔在著作序言中提到了这些能干助手们的帮助，包括弗里德里克·米尔斯（Frederick C. Mills）、维尔福德·金（Willford I. King）、西蒙·库兹涅茨以及索普等。

从结构上说，米切尔的新作是对 1913 年作品的更新：[5]

> 我没能构想出一种可以超越 1913 年的新方式，并据此展开研究。我之前的感觉是，经济周期是许许多多的经济过程错综复杂交互作用的结果，若要对这些交互过程有所了解，就必须将历史研究与定性、定量分析结合在一起；经济周期是某种经济组织形式所特有的，因而只有在了解相关的制度背

---

[1] 比如，参见上引，第 387—421 页和第 581—583 页。

[2] 同上，第 503 页。

[3] 同上，第 567 页和 589 页。

[4] 维拉德·索普：《商业年鉴》（纽约：国民经济研究局，1926）。其他 1927 年以前由国民经济研究局出版的有关经济周期波动的著作包括：《经济周期和失业》（1923），国民经济研究局研究人员及其合作者；维尔福德·金：《美国经济繁荣与经济萧条时期的就业、工时和收入：1920—22》（*Employment, Hours, and Earnings in Prosperity and Depression*）（1923）；以及哈里·杰罗姆（Harry Jerome）：《人口迁徙和经济周期》（1926）。

[5] 《问题及背景》，第 5 页。

景之后，才可能理解经济的周期性波动——当我试着用更简洁的形式处理这个主题时，这些感觉再次得到确认。因此，这一版的内容并不会比之前那个版本更短，也不会更简单。

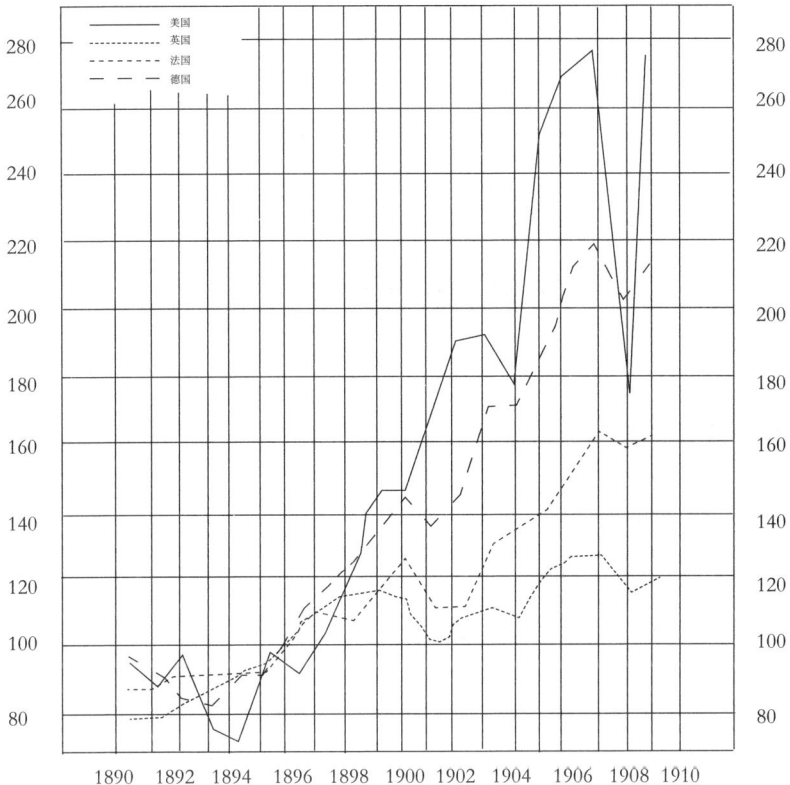

图 11.1　1890—1909 美国、英国、法国和德国生铁的相对产出。

摘自韦斯利·克莱尔·米切尔，《经济周期》（伯克利：加利福尼亚大学出版社，1913），第 234 页。

相比 1913 年的版本，新版本添加了一些新的经验数据，讨论了统计方法存在的一些问题，也援引了更多研究经济周期理论家的著作，并对未来"经济活动规律"的研究作了展望。但是，这仍旧是一部令人失望的过渡型作品，没有任何创造性的生命力，也丝毫没有展示出 1913 年研究中那个年轻人所拥有的整合的绝技。它给我们留下的印象是，经济周期的研究已被撕成无数碎片，变得专业化、僵硬化。

尽管如此，新版本还是出现了一个尽管很小但却很有意思的积极变化。它对经济周期理论进行了一个相当翔实的分类，其中有一类（处于那些将经济周期与制度过程联系在一起的研究中）是："创新接踵而至，开启了经济繁荣和萧条的过程。约瑟夫·熊彼特、明尼·英格兰（Minnie T. England）"[1]。接着，米切尔花费了几页篇幅详细解释了根植于"创新、提升和进步"的理论，包括熊彼特的理论。[2]

然而更重要的是，新版本中对长期趋势也作了扩展讨论，非常清楚地体现了西蒙·库兹涅茨在当时所做的工作。[3] 米切尔讨论了度量和阐释长期趋势、减速的逻辑以及长波假设（包括康德拉季耶夫的工作）时存在的技术性问题。他的这些阐述，至少引导着他自己回到经济增长和经济周期的联系上来：[4]

> 倘若我们试图探究长期趋势变动背后的原因，那么我们必定会发现，不每个序列对应于一个特定的原因，而是会有一系列相互关联因素的独特组合。这些原因可以归为以下几类：（1）与人口总量变动相关的因素；（2）与人口经济效率变动相关的因素，具体包括：年龄、体质、健康状况、教育水平、技术知识水平、装备状况、合作方式、解决争端纠纷的途径以及其他一些因素；（3）与人们所使用的自然资源数量和质量相关的因素。

显然，这些因素中有些是与长期经济增长相关的基础变量。于是，米切尔接着写道：

> ……下面这一系列问题尤其重要：长期趋势与周期性波动之间是否存在确定的关系？相比趋势相对平缓的经济活动，处于快速上升趋势中的经济活动周期是否更频繁或者更剧烈？更具体地，时间序列一旦被估测出来，以后

---

[1] 同上，第50页。明尼·英格兰的著作主要关注"提升"的波浪，繁荣期中侵蚀处于提升期中的部门预期利润的力量的发展，以及经济危机的传导机制。比如，参见她的"经济危机"（Economic Crises），《政治经济学杂志》，（1913年4月），第345—354页；以及"经济危机分析"（An Analysis of the Crisis Cycle），同上，（1913年10月）第712—734页。

[2] 《问题及背景》，第20—23页。

[3] 同上，第213—233页。米切尔说到（第213页，注1）："据我所知，真正以正确的方式认真研究长期趋势的只有西蒙·库兹涅茨博士……"

[4] 同上，第230—233页。从内容和风格看，这段文字实际上可能是库兹涅茨写的。

是否无须再作调整？或者正如那些将经济周期与"经济进步"联系在一起的
理论所指出的，在解释经济的周期性波动时必须引入趋势本身？是否趋势本
身就是由经济的周期性波动所导致的呢……虽然这些问题在此都出现了，但
是若没有详细考查相关的经验证据，就没法给出回答。然而所有的经济周期
理论家都必须面对这些问题，这也说明，理论家不能像经济周期统计学家那
样，仅仅满足于剔除长期趋势。

仅就《经济周期：问题及背景》一书来说，研究到此就结束了。在该书的最
后一章中，作者讨论了国民经济研究局的"结论和后续计划"，却不见有对经济
周期与经济增长关系的进一步讨论。[1]

米切尔的追随者们

不过事实上，国民经济研究局确实曾作过或支持过一些将经济增长与经济周
期联系在一起的研究。这其中首先当然是前文曾详细讨论过的库兹涅茨的《长
期波动》（第 242—246 页）。四年以后，国民经济研究局出版了阿瑟·伯恩斯
（Arthur Burns）的著作——《美国 1870 年以来的产出趋势》（*Production Trends in
the United States Since 1870*）。

伯恩斯的《产出趋势》是美国国民经济研究局自 1920 年成立以来完成的主
要项目之一。它所关心的现象与库兹涅茨的《生产与价格水平的长期波动情况》
部分类同；比如，它讨论了从 1870—1885 到 1920—1929 年美国部分部门 104 个

---

[1] 这一章的确预示了国民经济研究局的统计分析技术，具体包括：消除序列统计数据时间趋势，分离每个序列
独特的周期性趋势（特定周期），以及与一般周期性波动（参考周期）相关的周期性趋势（同上，第 472—
474）。其实现方法是重新计算每个统计序列相对经济周期平均趋势的变动。而这种类型的趋势消除，通过计
算均值序列（average standings），提供了一种测量趋势的方法。米切尔并没有讨论这种方法中内含的对潜在趋
势（例如，经济增长）的测量，除了以下文字中隐约提到一些（第 474 页）："有关（经济周期的）分析，必
须补充对某些假说长期趋势的检验和讨论……在检验时，统计序列须作为一个整体处理，而不是分隔成一段
一段。"

产品产出减速的现象，只不过它关注的领域更窄更集中，研究也更深入。[1] 但是，在整个时段数据的曲线拟合方面，伯恩斯所使用的方法与库兹涅茨不同。他用十一年的时间间隔迭代来测定变动趋势，据此消除传统的经济周期波动。基于此，再通过包容各个以指数曲线进行拟合的间隔期，便获得了可用于衡量减速速率的"基本趋势"。和库兹涅茨类似，伯恩斯也对导致部门产出普遍减速的多种因素作了猜想，并对这个过程中经历的几个阶段及其相对持续时间做了初步的描绘。[2]

表 11.1　美国 1875—1929 年间经济增长快速和慢速增长阶段

一般产出表现出异常	
快速增长的年份	缓慢增长的年份
1875—1885	1885—1895
1895—1905	1905—1915
1910—1920	1915—1925

资料来源：A. F. 伯恩斯，《1870 年以来美国的产出趋势》，（纽约：国民经济研究局，1934），第 xx 页。

就经济增长与经济周期的关系而言，更重要的是，伯恩斯还测算了基本趋势减速期的增长率波动。不论是单项产出序列还是产出指数，伯恩斯都普遍发现了围绕基本趋势上下超调的普遍性的周期波动，虽然对曾经（用罗伯逊的话说）"沉迷"于使用分散序列数据及其测量的伯恩斯而言，对使用产出指数的检验仍然有些疑虑。表 11.1 和图 11.2 是伯恩斯计算的结果：[3]

---

[1] 感谢阿瑟·伯恩斯在 1986 年 4 月 23 日的一次电话长谈中和笔者解释了这项研究有意思的起源。他于 1920 年代末开始研究美国经济周期中生产与价格的周期性变动之间的关系。在分析了一系列新的经济周期活动后，伯恩斯最初的结论"坍塌"了。于是，他停了下来，开始反思试图衡量如此长的一段时期内实际生产量可能存在的问题，这其中包括指数问题的多面性。成果便有了那篇经典的文章"实物产出规模的测量"，《经济学季刊》，卷 44，（1930 年 2 月），第 242—262 页。《产出趋势》说明，他后来对源于在长期中使用指数而可能导致的扭曲的极度敏感。这本书通篇多处或明或暗地引用《经济学季刊》的那篇文章，比较典型的有第一、第二和第六章。例如，他指出（第 256 页）："……在变化莫测的经济系统中，任何所谓的实际产出规模指数本质上都有些模糊不清……并且，指数所涵盖的时期越长，这种模糊不清也愈发严重。"他接着指出，这个命题在 1930 年的文章中有详细的讨论。

[2] 《产出趋势》，第 172—173 页。部门停滞在伯恩斯看来是经济动力系统的一般表现，该书的第四章详细考察了这个问题，第 96—173 页。

[3] 同上，第 20 页，以及第 180—181 页。

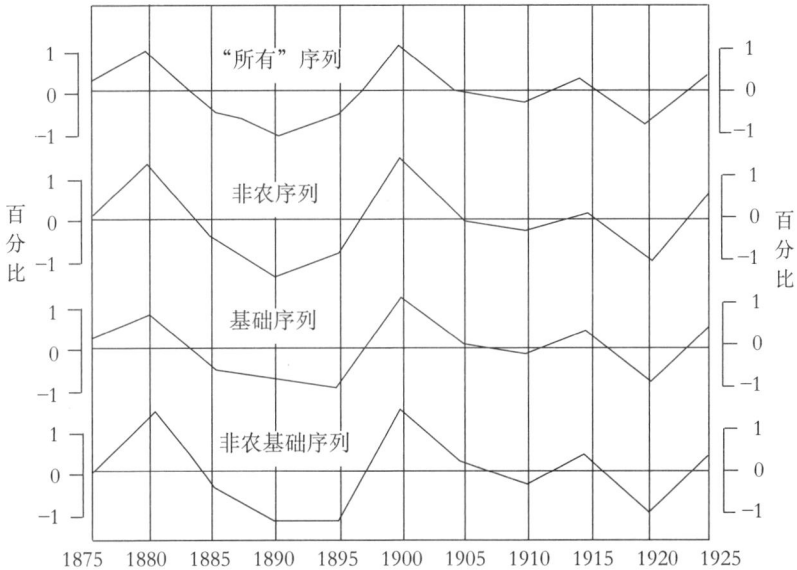

图 11.2　若干产出序列趋势周期的中位数。

摘自 A. F. 伯恩斯，《产出趋势》，第 181 页。

至此，伯恩斯从不辞辛劳的测算中得到了什么结果呢？本质上而言，他得到了三个关键的结论并提出了一个重要的问题。用他自己的话说，他的结论是：[1]*

偏离和增长趋势

图 11.3 给出了每个十年间隔期两组产出序列十年增长率偏离的轨迹……值得注意的是，偏离轨迹的周期性波动与标准趋势周期变动图非常相像。这种相似意味着，每当产出的总体趋势大幅向上走时，产出趋势的偏离幅度相应也会变大；而当总体产出趋势只是适度增长时，产出趋势的偏离相应也较小。总之，产出趋势的偏离始终随经济发展进步水平的变化而变化。

290

---

[1] 同上，第 242—243 页。
* 原书稿缺注 58，疑注此——译者注

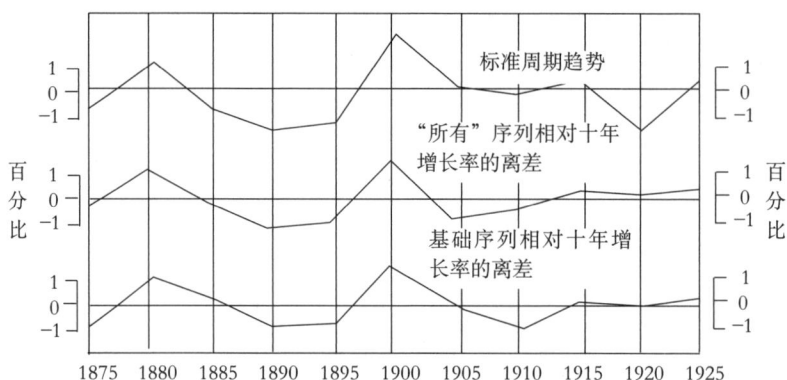

图 11.3　产出序列十年增长率相对于标准趋势周期的偏离。

摘自 A. F. 伯恩斯，《产出趋势》，第 243 页。

偏离和"正常"增长[1]

　　在一个正处在进步的经济体中，某种程度的趋势偏离是平稳增长的必要条件。因为在这样的经济体中，制造业产出品与原材料的比率倾向于上升，而工具设备与最终消费品的比率，以及"舒适品"、"奢侈品"与"必需品"的比率也倾向于上升。然而在实践中，产出趋势的偏离程度一般总是比"正常情况"更高或更低……在趋势周期向上波动时，偏离会超过当时的"正常水平"，于是经济系统内部将出现紧张；这可能引发一般性的危机进而使得整个系统的增长率被拉下来。于是，相对较高的产出趋势偏离与工业中趋势周期向上波动之间那种独特的对应关系意味着，导致产出趋势周期向上波动停止的因素之一，就在于经济向上运动的过程中工业系统的部分失衡。

　　……然而，在产出趋势周期向下变动阶段，产出趋势偏离将"低于正常水平"，这是实践中持续调整的典型症状；因为"低于正常水平"的偏离主要是源于，那些在趋势周期向上波动过程中增长过快的行业，其增长率急剧下降……于是，相对较小的产出趋势偏离与趋势周期向下波动之间那种独特的对应关系意味着，在产出向下波动的过程中，工业系统的平衡在恢复，而

---

[1]　同上，第 244—245 页。

...

这也将为新的产出向上增长过程的开始提供了有利（或可能）的条件。

产出趋势周期和经济周期[1]

……最近十年里工业增长率的差异异常显著，这已经是个常识。一些规模庞大的工业行业，比如汽车业、人造丝业、无线电行业和家用电器业，增长异常快速；而其他一些行业，比如男装、皮革、靴子鞋子、某些编织品以及一些木制品行业，几乎没有增长，甚至出现衰退；然而，我们所分析的统计数据并未包含这些行业。于是，1920—1929 年间的产出趋势偏离，事实上可能要比我们的长期时间序列数据所显示的情况大得多。伴随着史上最严重的经济萧条的出现，这十年产出的急剧增长与扩张率的巨大差异终于走到终点……显然，我们的假说也已经得到上一个十年经验的验证……

因而，从有关美国 1870 年以来历史经验的分析中，我们可以总结如下：首先，一般产出趋势的急剧增长总是会表现为巨大的产出趋势偏离，而这以后又总是会伴随着严重的经济衰退；其次，绝大多数比较严重的经济衰退之前，都会出现一般产出趋势的急剧增加，以及个别行业产出趋势的巨大偏离。

---

[1] 同上，第 248—251 页。伯恩斯在论述中提到如下历史背景：

……十年增长率的引入为这个问题的处理提供了一个有益的尝试。

标准的趋势周期和产出趋势偏离周期的第一次波峰出现在 1875—1885 这十年当中。1882 年 4 月开始的那次严重的经济衰退，一直延续到 1885 年 5 月……因此，这里的统计记录，大致和以下假说相一致，即经济衰退的严重程度，与之前总产出的长期增长幅度以及不同部门长期增长率的偏离幅度有关。

标准的趋势周期和产出趋势偏离周期的第二次波峰出现在 1895—1905 这十年间。这个十年出现了极其快速而且几乎从未间断的经济增长……1900 年和 1903—1904 年经济增长的微调，在年度产出数据中几乎不可察觉，与 1907—1908 年的经济衰退相比在规模上也完全无法相提并论。虽然，这次经济衰退历时较短，大致只延续了 13 个月，即从 1907 年 6 月到 1908 年 6 月，但是衰退却较为严重。统计记录再次确证了我们的假说，即当长期产出趋势高涨，并且扩张率的偏离出人意料地大时，接着将出现严重的经济衰退……

标准趋势周期的下一个波峰出现在 1910—1920 这十年。这个时段的波峰相比其他阶段而言幅度并不大，因为许多行业，尤其那些与建筑有关的行业，此时仍旧处于波谷期。这个时期更重要的一个特点是，不同行业扩张的速度差异很大——这是经济从和平阶段过渡到战争准备阶段的自然结果……就这里的目的而言，这也足以表明统计证据再次与我们的假说相符；这十年最终以一个极其严重的经济危机作为结束，经济低迷从 1920 年 2 月一直持续到 1921 年 9 月。接下来一个也是最后一个标准趋势周期和长期扩张率偏离周期的波峰出现在 1920—1929 年之间……虽然，我们还不能肯定波峰确实出现在 1920—1929 之间，但是，1925 以来的产出统计明显表明，以 1930 年为中间年份的十年，与以 1925 年为中间年份的十年相比，标准趋势周期要低于前者……

显然，以上这些命题是伯恩斯对经济增长与经济周期关系分析的重要贡献。它们清楚地预示着经济系统产生经济周期的动态机制是：通过将某些部门或多或少明显地推离最优部门均衡增长路径，接着对其他部门和整体经济绩效产生强有力的派生影响；并且，扩张期的扭曲反应越大，经济周期下降阶段的衰退很可能就会更加厉害。

熊彼特对韦斯利·米切尔曾有过一段生动的评价：[1]

> ……我永远无法忘记米切尔当时无语愕然的样子，当我和他说，就他 1913 年大作所论证的核心梗概来说，他实际上是在一个动态均衡理论中展开。

> 另外，米切尔一而再再而三地提到"价格水平的不断调整"，并指出经济系统一直不停地朝均衡方向靠拢但却无法实现均衡，这又意味着什么呢？如果他自己都没有使用均衡分析的理论工具，那么均衡理论的构建者（以及后续学者）也就更无法将均衡理论应用到他所分析的那些事例中了。

不像米切尔，伯恩斯确实在某种程度上有意识地"在动态均衡理论中展开"。他在研究经济增长时已清楚地提及下面这个更大的问题，尽管没有作进一步的跟进：我们如何定义一个部门正常的生产趋势（或者最优动态均衡）呢？读者请注意在我们前文援引的段落中，伯恩斯已就此给出一个比较随意的定义[2]："……（它）或多或少是由商品技术关系或消费者习惯的变化引起的；或多或少对经济总体上保持一个持续的发展速度而言是必要的。"因而，伯恩斯高超的统计分析技直接把他引向某类经济学家的阵营，或至少是这个阵营的边缘——这个阵营中的经济学家都已察觉到，部门间动态"比例协调性"的缺失是导致经济周期性波动的关键所在，马尔萨斯正是这个阵营的开拓者。

1934 年，国民经济研究局发表了一项新的研究成果，它与之前的研究有很大不同，直接关注动态平衡及其与经济周期的关系问题，那就是约翰·莫里斯·克拉克（John Maurice Clark）的《经济周期中的战略要素》（*Strategic Factors in*

292

---

[1]　参见《十大经济学家》，第 248 页注 9。
[2]　参见《产出趋势》，第 244 页。

Business Cycles）。[1] 正如注文所指出的，1930 年代异乎寻常的经济大萧条，也使这项研究与国民经济研究局以往的工作有很大不同。克拉克 234 页的著作中没有一张统计图表，虽然其中附有一个关于产出品、居民住房和汽车总量波动的附录。克拉克的研究目标显然是操作性的，而非严格的"科学"推演；也即，他试图找到"那些可以让人做点什么的要素……（并）集中关注它们……[2]

克拉克一开始先是陈述了自己的理论假设，从国民经济研究局的数据中概括出许多变量的时间趋势和波动幅度，识别出 1922—1929 年间经济周期运动的一般特征和独特的地方，而后用一小节专门讨论了一个核心的议题："平衡的意义及要求：一条不同的进路。"

通过援引经济形势变迁委员会报告中使用到的"平衡"这一概念，克拉克很有见地地讨论了，一个经济体沿着分散在各个部门之中的动态"平衡"路径前进的可能意义及启示——这种平衡也就是一种粗略的"动态均衡"，也就是阿伦·杨格（Allyn Young）和伯恩斯早些时候都曾有提及的那种均衡：[3]

　　……我们能否设想或描述一种可以称之为"平衡"的状态呢？在这种状态中，人口在增长，资本增长要更快一些；人均产出以不同的速度在增长，

---

[1] 实际上，约翰·莫里斯·克拉克的研究是国民经济研究局与经济形势变迁委员会合作的结果。该书的序言就是委员会所作，讲述了这项研究缘起于 1921 年一战后的第一次经济衰退中期；接着双方就"全面从事实与数据方面描绘重要经济周期中经济力量发挥作用的结果……"展开了系统性的合作；1929 年以后，他的注意力集中在大萧条的病理学分析，并且在一定程度上也试图寻找补救方案。克拉克参加了委员会的相关讨论会以及专家们的数据报告会，他也被要求"客观中立地观察整个经济周期的全景……进行相应的评价，并作总结。"

[2] 约翰·莫里斯·克拉克：《战略性要素》，第 5—7 页。克拉克力求理论推理与归纳之间的平衡的努力，是马尔萨斯和李嘉图有关研究方法的讨论中希望实现的折中立场的绝佳诠释（第 6 页）：

　　理论研究所提供的影响因素太少并且失之简陋，比如产出过剩、消费不足、储蓄过度或者没能将全部产出分配给劳动者，或者分配得不够以使得他们有能力购买所生产出来的产品。另一方面，归纳研究提出了许许多多的影响因素，这些因素如此错综复杂地交错在一起，以至于我们可能由此得出如下结论，即每个要素都既是原因又是结果，并且几乎都受到所有其他因素的影响，或者说，现代工业主义的所有特征共同导致了经济的周期性波动。这里的这项研究将试着在以上两个极端之间找到一条中间道路，这里面包含所有优秀的经济周期研究中提到的各种事实，但是我们只选取那些看起来最重要的战略性要素，如果可以的话。如果一个因素，对其他因素有实质的控制力，并且能决定结果的一般特征，则这个因素就可称为战略性因素；并且，如果我们能够控制这种要素，那么战略上它就显得尤为至关重要了；而如果我们对之无能为力，比如天气，那么它就不在我们现在能处理的范围之内。

641

[3] 同上，摘自第 127—131 页。"动态均衡"这个词取自阿伦·杨格的"报酬递增与经济进步"，《经济学杂志》，卷 38，第 152 期（1928 年 12 月），第 535 页。

也许在长期之中是介于前两者之间；由于必须容纳不断增长的人均资本量，相应地生产的技术方式也不断在发生变化，旧的生产方式逐渐退出舞台（虽然并非在每个进程中都是立马退出），并且随着产出增加所导致的支出能力上升，有更多的新产品面世。这绝对不会是一个静止的状态，而是一个均衡和平衡的概念只有在特定和有限意义上才能使用的状态。

经济形势变迁委员会只是在大致接近的意义上使用着"平衡"一词，与此相伴随着的是某种"可容忍区域"的想法——超过这个区域就意味着比例失衡变得严重起来。然而，问题仍旧没有解决，接近于什么呢？对什么的偏离是可容忍的呢？……

显然，经济周期本质上意味着对绝对意义上的平衡的偏离。

克拉克接着讨论了以下平衡标准：

● 劳动力市场平衡，平均失业率保持在低水平。[1]

● "合理稳定的"产出增长率。[2]

● "储蓄与资本支出"的平衡。[3]

293　● "信用扩张造成的累积性扩张趋势"保持在合理的范围以内。[4]

● 保持高工资以维持高消费，与避免因工资过高而导致过度失业之间的大致平衡——这个两难的最佳解决办法是，通过"消除工资变化对雇主雇佣行为影响的形式"提高劳动收入，比如通过利润分享；[5]

● 就新消费品的发明与销售而言，保证"购买力及其分配能维持有效的需求，同时又能保证新产品的生产速度与人们的吸收速度大致相同。"[6]

● 找到一个正确的、最好很灵活的劳动时间方案，确保总失业率最小化。[7]

● 从更广泛的基础出发，解决伯恩斯在《生产趋势》一书中提出的部门性扭曲问题。[8]

---

[1] 《战略性要素》，第 131—134 页。

[2] 同上，第 134—136 页。

[3] 同上，第 136—137 页。

[4] 同上，第 138—139 页。

[5] 同上，第 139—142 页。

[6] 同上，第 143—144 页。

[7] 同上，第 144—147 页。

[8] 同上，第 151—154 页。克拉克并没有明显援引伯恩斯那几乎完成于同一时间的成果。

平衡的一大关键特征就是，经济系统的任何部分，其运行速度相比于它可以在不超过或者不落后于其他部分的恰当比例下持续运转的速度，都不应过快或者过慢——这里的恰当比例取决于经济因素和实际因素。原材料的生产速率应该等于最终产品生产中所消耗的数量（随着产出总量的增长，资本存量增长稍慢一些是可以接受的）。设备的生产速率应该等于储蓄水平以及技术方法的发展可以维续的速度……有关既有资本增长率的限制非常严格，它的增长既不能有重复性浪费，并且在可预见的将来也不能过少……

市场能够相应消化的消费品数量很有弹性，而且不存在最终的极限。但是，和我们可以配备的资本规模类似，它只能按一个有限的速度增加。如果所生产的产品正好就是拥有所分配到的收入者需要的那些，并且假如他们无须维持资本供给的平衡，而把所有资金都用于消费支出，那么生产多少，市场也就能消化多少。然而，所有这些的实现都需要一定时间。

● 价格水平和利润之间的平衡大致需要满足如下规则：[1]

理想的状况是，扩张中的行业所获得的利润，恰好足以刺激它的增长，使其产出能力与需求保持平衡，不多也不少。而收缩型行业的亏损则恰好达到这样一个水平：一方面，其亏损程度能够使那些卷入其中的生产能力收缩到足以把最没有效率的厂商剔出局，从而在其他方向上恢复平衡；另一方面，它又可以使得其他人延迟扩张，或者因为未能完成完全的更新换代而收缩。

在此基础上，克拉克开始甄别那些可操作的战略性要素，也即"可以做点什么"的要素，他特别强调将他所拓展的加速数概念应用到汽车、耐用消费品和住房建设之中。[2]

正如我们已经看到的，经济周期起源于经济系统内部平衡和比例系统性错乱失调的提法，并无多少新意可言。但是相比之前任何先辈，克拉克对一系列可能

---

[1]　同上，第155页。在最后一章中（第155—158页），克拉克提到了导致不平衡的其他潜在因素；例如，通过劳动组织的调整而实现的农业生产率提高、关税和其他扭曲国际贸易、支付的因素。

[2]　克拉克对加速数的最早论述，参见"经济加速与需求法则（Business Acceleration and the Law of Demand）"，《政治经济学杂志》，卷25，（1917年3月），第217—235页。

294 走偏的平衡的分析都要更加完整——1920 年代和 1930 年代初也确实出现了离谱的偏差。甚至更重要的是，他还试着给出经济部门中"可容忍"的动态平衡随时间推移而变化的明确标准。进而，他还围绕着那些能够使经济系统保持大致动态均衡的战略性要素提出了他的建议。与 1930 年代后期逐渐开始流行的那些过度简化的宏观经济周期理论相反，克拉克一再明确坚持将马歇尔式长期及短期变量引入到自己的分析中，并以此提出补救措施。

此外，国民经济研究局还有两项研究值得一提。第一项是所罗门·法布里坎特的著作——《1899—1937 年间制造业产出》(*The Output of Manufacturing Industries，1899—1937*)。[1] 正如法布里坎特自己所说，这本书严格说来没有一个章节涉及经济周期。[2] 相比如库兹涅茨的《长期趋势》或者伯恩斯的《产出趋势》所主要关心的部门增长模式与经济周期的关系，法布里坎特的著作更纯粹地集中于部门增长的细致解剖。事实上，法布里坎特的研究是国民经济研究局在生产、就业和生产率这个领域中研究获得的一系列成果的一部分——这一系列成果包括一大批的著作和若干文章，主要出版于"二战"期间或者战后。法布里坎特工作的核心成果可见表 11.2。他对表中所呈现的部门增长率的巨大差异，以及部门间复杂的相互关系展开了精微的分析。

表 11.2　各制造行业实际产出变化比例排序，1899—1937 年

行业	变化比例	行业	变化比例
汽车	＋ 180,100	棉织品	＋ 101
香烟	＋ 4,226	蔗糖炼制业	＋ 101
炼油业	＋ 1,920	羊毛帽子	＋ 96
罐装牛奶	＋ 1,180	罐装鱼制品	＋ 90
甜菜糖	＋ 1,688	鞋子、皮革制品	＋ 87
针织袜	＋ 1,202	食盐	＋ 82
水泥	＋ 838	其他甘蔗	＋ 67
罐装水果和蔬菜	＋ 792	肉类加工	＋ 66
其他地方未归类的化工产品	＋ 741	棉籽制品	＋ 63

---

[1]　所罗门·法布里坎特：《1899—1937 年间制造业的产出》(纽约：国民经济研究局，1940 年)。

[2]　同上，第 3 页。

（续表）

行业	变化比例	行业	变化比例
冰冻食品	＋668	皮革制品	＋61
丝绸和人造丝制品	＋512	羊毛制品	＋60
纸浆业	＋505	麦芽酒类	＋60
出版印刷业	＋494	针织内衣	＋52
纸	＋465	地毯、垫子和毛料盖	＋52
大米	＋416	铅制品	＋51
针织外套	＋393	编绳业	＋38
磁漆	＋391	毛皮帽子	＋26
焦油制品	＋380	皮革手套	＋16
锌	＋318	雪茄	0
蒸馏酒	＋315	钢琴	－5
轧钢产品	＋313	其他烟制品	－6
黄油	＋309	面粉	－8
皮革蹂制染色材料	＋292	粘土制品	－15
铜	＋272	船舶业	－17
炸药	＋267	其他地方未归类的汽车和铁路	－22
木材干馏制品	＋259	其他地方未归类的锯木产品	－32
化肥	＋248	松脂和树脂	－32
鼓风炉产品	＋171	亚麻制品	－44
奶酪	＋158	其他地方未归类火车机车头	－79
黄麻纤维制品	＋134	马车、雪橇	－95
回魂绒线	＋116		

资料来源：所罗门·法布里坎特，《1899—1937年间制造业的产出》（纽约：国民经济研究局，1940），第89页。

不过法布里坎特依然无法完全避开，因为在他分析的年份中，至少有20%的时间段内（1929—1937年）均存在着（波峰到波峰的）周期性波动。事实上，在国民经济研究局的那若干篇论文中，有关制造业产出的部门（以及总体）趋势方面发表的第一篇论文，就是出自法布里坎特之手。[1]

这段不正常的经济波动，直到 1937 年波峰阶段仍有高达 14.3% 的失业率。法布里坎特从这段时期分析中得到的主要结论如下：

● 工厂总产出略微（大约 3%）增长。

● 马歇尔意义上的长期力量，在相对较短时间内已开始普遍发挥作用，其具体表现如下：[2]

即便只是粗粗地看一眼这个表格，也不难发现，在这些困难的年份里，还是有许多行业取得了较高的正收益。139 个行业中，42 个行业的产出都增加了至少五分之一，另有 15 个行业产出的增加介于十分之一和五分之一之间，再有 17 个行业的产出稍有增长，不到十分之一。换句话说，139 个行业中，超过半数的产出或多或少都实现了增长，有 2 个行业 1927 年和 1937 年的产出一样，剩下的 63 个行业的产出减少了。

● 从经济增长率的角度看：[3]

在这个列表中，那些新兴行业和复兴的行业排在最前面。禁令一取消，酒类行业当然立马井喷。同样排名靠前的显然都是些新兴行业，比如机械制冷、人造丝、洗衣机以及无线电；还有就是那些除了生产已经非常成熟的产品，还生产新产品或者近来需求被激发起来的各种产品的行业，比如各式各样的调味品、玻璃制品（用来装饮料和食物）、化学制品、压缩液化气、丝绸和人造丝制品……那些稍微老一点但却不能说业已成熟的行业，也位列该表的前三分之一：马口铁罐头、罐装水果和蔬菜、罐装牛奶、香烟、碳黑制品、石棉制品以及炼油业。位列表格下方的萎缩行业包括：木炭、火车机车头、粘土制品（砖）、钢琴、马车、锯木产品、冰冻食品、亚麻制品以及雪茄。

295

---

[1] 所罗门·法布里坎特：《1929—1937 年间制造业的产出》（纽约：国民经济研究局，不定期出版的论文系列，第 1 期：1940）。

[2] 同上，第 6 页。

[3] 同上，第 9—10 页。

● 与预期一样，相比耐用品行业，易耗品行业的产出表现要好一些：[1]

尽管存在许多例外，但是一般而言，易耗品行业的产出都在增加。尽管半耐用品行业在排名表中上下都有分布，但是大部分位于中位数以上。丝绸和人造丝制品业最具代表性，排在最前面，接下来是女装、针织外衣、袜类产品、毛料制品、鞋子和皮革制品。棉类制品和男装略有收缩。轮胎和内胎业是唯一一个产出大幅下降的大型半耐用品生产行业。最重要的耐用品行业——农业器具、轧钢产品、铁路设备、汽车、非铁金属制品、船舶业、锯木产品、水泥、刨削制品以及火车机车，产出全部下降。受打击最厉害的是建材行业。

296

法布里坎特的以上观察以及其他有关经济周期的论述[2]，是对经济增长与经济周期关系研究文献的重要补充。

这个领域还有另一项研究值得一提，它独立于国民经济研究局，但又与其密切相关，那就是阿瑟·盖尔等人完成的《1790—1850年间英国经济的增长与波动》。[3] 该书于1941年2月完成，但两卷本首版于1953年。这本书的副标题揭示了作者们的勃勃雄心——"对英国经济发展的历史、统计及理论研究"。

笔者之所以提到这部著作，原因有以下几点。首先，该书分析中所使用的概念体系，完全是阿瑟·盖尔自己提出的，这种真正的创新性贡献值得铭记。与此同时，盖尔在牛津大学的博士论文（1930）的题目是"1815—1850年间英格兰的工业波动和失业率"（Industrial Fluctuations and Unemployment in England，1815—1850），这恰好和后来在国民经济研究局完成的工作一起，相当浪漫地实现着韦斯利·米切尔的宏伟梦想，也即通过整合复杂的统计分析以及历史、制度和理论分析，对某一个民族国家在相当长一段时间中的经济表现展开研究。盖尔和他的小团队所完成的工作饱含着年轻人的激情和方法论理想主义的色彩，已经相当接

[1] 同上，第12页。
[2] 比如，参见《1899—1937年间制造业的产出》，第43—46页。
[3] 牛津：克拉伦登出版社，1953。该书第二版于1975年由哈维斯特出版社（靠近布赖顿的哈维斯特，苏塞克斯）出版。除了盖尔，作者还有沃尔特·惠特曼·罗斯托和安娜·雅克布森·施瓦茨，另外，伊赛亚·弗兰克（Isaiah Frank）提供了许多帮助。此研究受到哥伦比亚大学社会科学研究委员会的资助，不过却是在韦斯利·米切尔、阿瑟·伯恩斯及其他国民经济研究局同仁的合作帮助下得以完成。

近米切尔的梦想。他们的工作还恰如其分地反映了 1930 年代许许多多英国和美国经济周期分析人士的希望与憧憬。

从一开始，该项研究即明确地把经济增长和经济周期联系在一起；然而，正如安娜·雅克布森·施瓦茨（Anna Jacobson Schwatz）和我在 1952 年合作的补充序言（这是在盖尔英年早逝之后写的）中指出的，从事后看来，这二者的联系并没有原本可以有的那么密切。他们从周期性波动的历史中识别出每个繁荣期经济增长的内涵，以及每个衰退期中实际上持续存在着的创新性变化的脉络。在历史研究与分析那部分中，经济周期均是作为经济增长展开的形式而出现，每次周期中的主导部门都得以清楚地识别。另一方面，研究的理论部分关注的是趋势周期（或者长周期）方面的分析而非经济增长，正如它在比如 1950 年代、1960 年代或者 1980 年代原本可以获得的处理那般。然而，在禁不住仔细地应用了国民经济研究局开发的经济周期和趋势分析技术之后，他们确实还是在正式的统计分析中（伴随着周期性模式一起）衡量了个别产出的增长序列。

正如 1975 年第二版的序言中所言[1]："自 1930 年代以来，经济周期的历史分析并无多少起色"。不论好坏，盖尔的研究多少仍旧是时代的产物。然而，用盖尔自己的话说，这个著作仍然能够很好地诠释，各种各样的分析方法如何能够在经济增长和经济周期的分析中融合到一起，为追逐某个宏大的构想而"紧密协调地合作"。

阿尔文·汉森（1887—1975）和年轻时的保罗·萨缪尔森（1915—）

不管怎么说，这一章总不能很怀旧地以一个 1945 年以后已经不再流行的分析作为结尾吧。更合适的选择看来是我们已经多次提到的一篇文章——萨缪尔森 1939 年 5 月发表的"乘数分析与加速原理的交互作用"（Interactions between Multiplier Analysis and the Principle of Acceleration）。不论好坏，萨缪尔森的工作确实为二战后宏观经济分析的许多内容，包括经济周期的分析埋下了伏笔；而且，这篇长仅四页的出色短文洋溢着一个才华横溢的青年对数理经济学和计量经济学未来前景的憧憬与兴奋。

297

---

[1]　同上，第二版，第 v 页。

  萨缪尔森需要感谢的人是汉森，因为正是后者"建议"他用正式的数学模型将乘数和加速数的联系表述清楚，因为他认为这么做可能会有所收获——这个联系自哈罗德的《贸易周期》（1936）发表以来，已经得到绘声绘色的强调。但是，在讨论萨缪尔森的"绝技"之前，有必要对汉森说上两句，因为他的贡献相比传统教科书有时所赋予的凯恩斯革命红旗手角色要重要得多。

  汉森先最初是在 1921 年发表了一部讨论美国、英国和德国 1902—1908 年间经济周期性波动的专著；[1] 而后，他和韦斯利·米切尔一起，逐渐成长为美国顶尖的经济周期分析大家，对从亨利·索顿（Henry Thornton）和大卫·李嘉图以来的各式各样的经济周期理论滚瓜烂熟。他在第二部重要著作（1927）中对经济周期理论进行了分类（见表 11.3）。[2] 对这些理论一一作了分析讨论以后，汉森试着调和几种重要的理论（"货币、资本产出以及消费者需求"），推测经济周期在一个生机勃勃的资本主义世界里消亡的可能性，尽管他对此持怀疑态度。[3]

表 11.3 汉森的经济周期理论分类：1927 年

I. 资本主义经济学派
A. 将资本主义经济分配体制视为经济周期的原因
B. 将资本主义经济生产过程视为经济周期的原因
1. 将发明、发现和创新视为影响经济均衡的重要因素
2. 将消费者需求的波动视为影响经济均衡的重要因素
II. 交换经济学派
III. 货币经济学派
A. 利率、预期利润率与价格水平之间的交互作用
B. 成本与价格、利润空间与资本化之间的交互作用

  资料来源：阿尔文·汉森，《经济周期理论的发展及现状》（*Business Cycle Theory*, *Its Development and Present Status*），（波士顿：基恩出版社，1927），第 10 页。

---

[1] 阿尔文·汉森：《美国、英国和德国的经济繁荣与衰退周期：基于 1902—1908 年间月度数据的研究》（*Cycles of Prosperity and Depression in the United States*, *Great Britain and Germany*, *A Study of Monthly Data*, *1902—1908*）（麦迪逊：威斯康星大学出版社，1921）。在其后的《经济周期理论》（*Business-Cycle Theory*）中（见注 86），汉森指出，相比 1927 年的工作，他自己早期的研究有些失之武断。他早期的工作展现出的就是不加掩饰的货币主义："……经济繁荣的周期本质上说就是一个货币、信用及价格问题……"第 110 页。
[2] 阿尔文·汉森：《经济周期理论的发展及现状》，（波士顿：基恩出版社，1927），第 10 页。
[3] 同上，第 187—206 页。

642

就当前语境而言，值得注意的是汉森在其中提出的一个一般命题和一个具体命题。汉森在 1927 年研究中纳入了将经济周期看经济增长表现形式的理论，会受到不连续的快速技术变迁与资本主义投资手段的影响。而且，汉森的理论综合还包括了传导机制，即后来著名的乘数和加速数；也就是说，他纳入了投资的变化对收入与就业的影响，以及消费需求的变化对固定资本和流动资本需求不成比例的影响。[1] 比如，他提到，如果固定资本的折旧率为 10％，则消费需求增加 5％就会导致固定资本需求增长 50％。[2] 对汉森而言，提炼并吸收卡恩、凯恩斯及哈罗德 1930 年代的理论没有任何困难；因而，也就很好理解，他为何会鼓励萨缪尔森以其优秀的数学才能，将乘数与加速数结合起来。虽然汉森最终成了一个重要的凯恩斯主义者，然而正如后维克塞尔时期的斯德哥尔摩学派一般，他有资格声称，许多源于《通论》或者跟随《通论》而展开的分析与学说都来自他这里。

特别的，萨缪尔森把国民收入增加额分解为以下三个部分的贡献归之于汉森："（1）政府支出赤字，（2）由之前的公共支出引致的私人消费支出，以及（3）引致的私人投资——根据熟悉的加速数原理，可假定私人投资的增加量与消费的增长幅度成比例。"[3] 萨缪尔森接着探讨了不同的边际消费倾向取值（这决定了乘数大小），以及消费增加与引致投资增加之间的比例关系（这决定了加速数大小）之于国民收入的含义。他首先提出了一个诠释经济周期行为的模型，而后接着给出了更一般的证明，认为不同的边际消费倾向和消费增加与引致投资增长之间关系的取值，只可能有四种情况。比如，一次性支出增加虽然会带来国民收入的一次性爆发，但是最终还是会逐渐回落到初始水平；一直持续的政府支出与此不同，它会导致国民收入持续的扩大式振动；而当边际消费倾向与加速数均取较高值时，恒定的政府支出将导致国民收入的增长最终逼近复利增长。假定上有充分就业的天花板，下有净投资为零的底线，那这种分析显然可以转化为高度总量化的经济周期分析——这确实在不久后就实现了。[4]

那么，在这个分析图式中，经济增长又会如何呢？有两点值得一提。首先，充

---

[1] 同上，尤其参见第 191—196 页。

[2] 同上，第 193 页。

[3] 保罗·萨缪尔森，"乘数分析与加速数原理之间的交互作用"，《经济统计评论》（1939 年 5 月），第 75 页。

[4] 有关萨缪尔森及其后乘数—加速数模型的一个简要说明，可以参见穆利尼克斯（A. W. Mullineux）：《凯恩斯以后的经济周期》（*The Business Cycle after Keynes*）；（托托华，新泽西：波尼斯和诺贝公司出版（Barnes and Noble），1984）。

分就业的瓶颈会扭转加速数推动经济增长的方向，这实际上是一个动态的构想，类似于总产出的某种充分就业增长路径；然而，人们却很少注意到这一点所拥有的含意，并且实际上是把其中的经济周期分析处理成准短期的概念，正如凯恩斯的《通论》一般（前文第 279 页）。其次请注意，熊彼特式重大创新在这里已经被搁置一旁，取而代之的是外生（或者自发）投资的概念，引入这个概念是为了说明因为加速数而在周期性扩张过程中投资所发挥的积极作用。这种处理程式，即否定重大创新的内生性，避而不谈它们的部门特征，并将经济增长与经济周期分析区分开来，可以说是一个巨大的退步。许多代经济学家——欧洲大陆的、英国和美国的，经过长期艰辛努力才获得的精妙洞见——经济周期只是经济增长的一种表现形式，经济扩张、经济危机、经济收缩以及经济复苏只能放在部门分解的语境中才有望得到完全的理解——因为它们都与部门发展的系统性扭曲有关，它们不断向部门动态均衡状态移动靠拢，但却永远也无法实现；所有这些知识与智慧，这些长期积累的统计和定性证据以及对这些证据意义的反思，统统都被抛到了一边。

然而，萨缪尔森的首要兴趣并不在于经济增长与经济周期的关系。他所得出的那些更加一般的结论，就他当时的年龄（24）和他人生中"神圣十年"的构想而言，都是再正常不过了——那是一个萨缪尔森在接下来的岁月里也从未动摇过的构想[1]："和通常持有的想法不同，数学方法如果应用得当，不仅远不会让经济理论变得更加抽象，实际上还能成为一种强有力的分析工具，使得再怎么真实复杂的假说也能得到支持和讨论。"对此构想，他还在一个注脚中补充道："顺便可以提一下的是，我们所分析的问题的正式结构，非常类似于伦德博格（Lundberg）的一系列模型，另外与丁伯根的动态理论也很相像。目前讨论的这个问题非常简单，它可以为后者的数学理论工作提供一个有益的引介说明。"

正如萨缪尔森后来在纪念乔·贝恩（Joe S. Bain），一位努力将经验研究与理论相结合的学者时所说的：[2]"作为一个理论家，就像毕加索一样，没有哪个下午我想不出一个新玩意。然而，在研究真实世界的市场时，为了作些有意义的贡献，我们必须年复一年地收集数据并对其展开分析。"萨缪尔森没有正视的问题

299

---

[1] 同上，第 78 页，同时还包括注 1。

[2] 保罗·萨缪尔森，"序"，载于罗伯特·马松（Robert T. Masson）和大卫·廓尔（David Quall）（编），《纪念乔·贝恩的工业组织论文集》(Essays on Industrial Orgnaization in Honor of Joe S. Bain)（剑桥，马萨诸塞：鲍林格，1976），第 18 页。

是，自己的精湛技艺所引发的跟随效应导致过去和现在若干代年轻的经济学家，没有毕加索那样的天赋，却以"真实世界市场的研究"为代价，把精力集中在设计没有任何意义的"新玩意"上。

仅就经济周期的分析而言，若是依赖乘数 a 加速数模型，确实能够构建许多经济周期理论。问题在于，这些理论与现实中发生的经济危机几乎没有关联。它们多少让人回想起一个美国学者的妻子对一个英国生活细节的评论[1]："英国妇女穿的鞋子，看上去好像是那些经常听别人描述鞋子的样子，但却从未见过一双鞋子的人所制……"。

计量经济学的诞生：弗里希和丁伯根

然而，对于 1930 年代末的萨缪尔森来说，确实可以有很好的理由期望，专注于数理经济学和计量经济学可以收获丰硕的果实。计量经济学会成立于 1930 年，它将老一代先驱（比如费雪、熊彼特和弗里希）和年轻一代热衷于此且日渐扩展的队伍凝聚在一起，并于 1933 年 1 月推出一个内部刊物——《计量经济学杂志》（*Econometrica*）。瓦西里·里昂惕夫（Wassily Leontief）大约也在这个时间（1931）来到美国，并在国民经济研究局稍作停留后加盟哈佛，开始在那里展开他在投入—产出分析方面的工作。并且如前所述（第 209 页及其后），由于凯恩斯的国民收入分析鼓励将统计学、经济理论以及数学整合起来，国民收入核算大概也是在此时出现，而统计学、经济理论及数学三者的整合，也正是弗里希对计量经济学使命的简洁界定：[2]

因此，计量经济学与经济统计学决然有别；它与我们所说的一般经济理论也不相同，虽然后者中有很大一部分都拥有明确的数量特征。计量经济学

[1] 玛格丽特·豪赛（Margaret Halsey），《谑而虐》（*With Malice Toward Some*），（纽约：西蒙和舒斯特（Simon and Schuster）图书公司，1938），第 99—100 页。

[2] 这个定义第一次出现是在《计量经济学杂志》，第一卷（1933 年 1 月），第 2 页。建议将计量经济学视为一个明确界定的研究领域（及一个国际性的研究团体），并对之满怀热诚寄予厚望的，包括那些给《计量经济学杂志》第一期投稿的人：约翰·阿克曼（Johan Akerman）、阿瑟·鲍利、阿尔弗雷德·考尔斯（Alfred Cowles）、莫迪塞·恩齐尔（Mordecai Ezekiel）、欧文·费雪、拉格纳·弗里希（以及他的"编者的话"）、阿尔文·汉森、哈罗德·霍特林（Harold Hotelling）、约瑟夫·熊彼特、简·丁伯根。此外，本期还发表了马歇尔的一篇短评"数学家的自我独白（The Mathematician，as Seen by Himself）"。

与将数学应用于经济学也有区别。经验表明，统计学、经济理论和数学理论，这三种视角的任何一种对于真正理解现代经济生活中的数量关系仅仅只是必要条件，决非充分条件。只有三者的联合统一才会带来强大的力量，而所谓的计量经济学就是这种联合。

就本章的讨论而言，主要的计量经济学分析工作是简·丁伯根为国际联盟完成的研究成果——两卷本的《经济周期理论的统计检验》（*Statistical Testing of Business Cycle*）。[1] 该研究显然是计量经济学模型构建（1945 年以后的一项主要学术运动）过程中的一个里程碑，虽然凯恩斯在 1939 年 9 月的《经济学杂志》上对该书第一卷所发表的肆无忌惮的攻击至少同样令人记忆犹新。[2] 凯恩斯的反应不仅仅或者完全不是出自一个经济周期理论家的角色，而是始于年轻时就已形成的逻辑学家和概率论专家的立场。凯恩斯对多元回归分析设定中那种内在的模糊性（这是丁伯根主要认同之处）的指责相当中肯，尽管多少有点蛮横。

在第一卷中，丁伯根试着用计量经济学的方法识别以下三个影响经济波动的因素：投资（钢铁的消耗）、住房建设以及机车中的净投资。他使用的数据来自战前的法国、战前和战后的英国、德国、瑞典以及美国。第二卷则在对美国 1919—1932 年间的经济周期做出"解释"。

由于意识到这项工作拥有一定程度方法论方面的目的，丁伯根不厌其烦地解释着自己所使用的概念和方法。第一卷中，每个变量的处理都分为三个部分：关系检验、统计资料及结论。结论并不出人意表[3]："有充分证据表明"，投资主要"取决于"几个月前工业企业的整体利润水平；在许多国家中，住房建设取决于许多因素的组合：租金、建造成本、利润和滞后三年半的住房数量（偏离长期趋势的数量）——最后这个变量在美国的影响尤其显著。机车投资的情况同样有些复杂，相比欧洲，尤其德国铁路公有体制下交通规模增长速度的核心作用（符合"加速数原理"），在铁路为私人所有的美国，机车投资对利润、利率和钢铁价格

300

---

[1] 日内瓦：国际联盟，1939，第一卷，《投资活动分析的一种方法及其应用》（A Method and Its Application to Investment Activity）；第二卷，《美国的经济周期：1919—1932》。以上两个著作加上丁伯根专门为此写的一个导读，后来被重新编入同一卷书中（纽约：阿吉顿出版社（Agathon），1968）。

[2] 这篇评论、丁伯根的回复以及凯恩斯的评论，重印于阿尔文·汉森和理查德·克莱门斯的《选读》，第 330—356。

[3] 《统计检验》（*Statistical Testing*），第一卷，第 49、98、130 页，简要地概括了主要结果。

的反应明显更强。

在第一卷的最后一章中，丁伯根指出，确定性的"解释"需要"构建一个完整的系统，个中方程的数量必须等于用来充分描述经济周期传导机制所必须考虑的变量数量。"[1] 这就是第二卷的目标。

丁伯根所构建的美国经济模型虽然已根据后来的标准作了简化，但是仍旧过于具体细碎，不宜在此处赘述。简单地说，他设立了一组组有关需求、供给和收入形成的等式。基于这些变量的交互作用，丁伯根列出了一系列"直接"和"间接"的关系式，并以此对同样属于国际联盟的姊妹研究——哈伯勒的经济周期分类理论进行了评价。

丁伯根的主要结论如下：[2]

● 短期利率对投资几乎没有影响，长期利率则"有些"影响；货币体系有弹性，并非经济波动中的"主要因素"。

● 利润是影响投资的主要因素，不过存在滞后性；加速数原理并未得证。

● 经济繁荣时，生产周期对成本的上升有"相当重要的影响"，但就经济危机的发生而言，它"并没有那么重要"。在这一点上，1929 年经济处于繁荣顶峰时的价格表现多少有点例外。

或许，这项研究最具实质意义的结论是（丁伯根 1967 年为重印本撰写"序言"时也仍旧记得这一点），1928—1929 年股票市场的投机显然对美国 1920 年代的经济周期有着巨大的影响——对此，他的分析方法只能摆摆姿势而无法给出回答。

在三十年后回顾这项研究及其他开创性的计量经济学工作时，丁伯根说道：[3]

> 我们模型中的一些拟合一直不是很理想，或者说，即使最终它们被迫得出高相关度，这种关系也会在几年之后消散。我担心我为国际联盟所作研究

---

[1] 同上，第 131—132 页。然而，即使是像丁伯根这样如此严格自律之人，仍旧无法抗拒基于非常不可靠的相关分析而得出有关英国经济的相关结论，比如 1883 和 1887 年的情况。并且，这些错误他本可以避免，如果他也和比罗伯逊一般，在相关年份的《经济学家年鉴》中再多"沉迷"一会儿。

[2] 同上，第 184—193 页。

[3] 简·丁伯根，"模型的作用：经验和前景（The Use of Models: Experiences and Prospects）"，《美国经济评论》（特辑，1981 年 12 月），第 17 页（诺贝尔奖演说，1969 年 12 月）。保罗·萨缪尔森在反思计量经济学的好处时，很率直地表达了他的失望之情（"我的人生哲学（My Life Philosophy）"，《美国经济学家》（The American Economist），26 卷，第 2 期 [1983 年秋]，第 9 页。）： （接下页注）

中处理的第一个主题，即解释投资活动的波动，从来没有取得多大成功。若
干年后，在荷兰中央计划管理局，我们发现，相比依靠计量经济学的解释，
直接询问实业家们的投资计划反倒显得更加安全。同样，政府支出也是很难
解释的变量之一。在这两种情形中，我们都可以将失败归之于如下事实，也   301
即因为决策是由一小撮决策者做出的，随机性偏差因此变得很重要。

　　然而，尤其值得注意的是，和乘数—加速数分析类似，丁伯根的模型需要清
楚地打破经济增长分析和经济周期分析间的联系。在这里，长期趋势被剔除了，
重要发明及公共政策都被视为是对系统的外生冲击。在 1969 年 12 月的诺奖演说
中，丁伯根提到了使用这种分析程式的原因：[1]

　　　　更一般地说，我们都知道，许多经济周期模型只有在经济周期的转折点
　　出现后，才能对其做出"预测"。在建模的早期阶段，拉格纳·弗里希就非常
　　明智地引入随机冲击作为经济周期的关键因素，并将整个积累过程置于转折
　　点之间，而没有把转折点本身视为模型确实可以解释的因素。

（续上页注）此处，请允许我作个坦白。当我只有二十岁时，我是能够感受计量经济学方法上的巨大
进步的。即便是没有预见到计算机时代来临而带来的计算成本的急剧降低，我还是期待新的计量经济学
能够减少经济理论的不确定性。从此，我们能够检验并拒绝错误的理论，发展出全新的、正确的理论。
　　我必须承认，我的期望并没有实现。从由最近几十年甚至几个世纪成千上万的月度、季度构成的时
间序列数据中，结果表明，我们最终也没能接近无可辩驳的真相。我从来没有忽视计量经济学的研究，
但是一些不愉快的经历令我感到这宛如大海捞沙。计量经济学家使用一个研究去调整校准另一个研究：
先验的思想实验没法完成这项工作。但是，看起来很客观的事实是：计量经济学的发现没能累积汇聚到   643
一起，集中于某个可验证的事实真相。

对计量经济学所取得的成果及对其他形式数量分析比较正面的评价，参见理查德·斯通（Richard Stone），"政
治经济学、经济学及其他（Political Economy, Economics, and Beyond）"，《经济学杂志》，第 90 卷，第 360 期
（1980 年 12 月），第 719—736 页。
[1] 同上。这一点上的理解参见简·丁伯根和波拉克（J. J. Polak），《经济周期的动态性》（*The Dynamics of Business
Cycles*）（芝加哥：芝加哥大学出版社，1950），它是基于丁伯根的《经济波动》（*Economische Bewegingsleer*）
（阿姆斯特丹：荷兰出版社，1942）。该书中，丁伯根用一章 15 页的篇幅讨论了"长期经济发展（Long-
Run Developments）"，另有一章讨论了"经济结构的中断和突然变化（Interruptions and Sudden Changes in
Structure）"，再有一章论及"长期经济发展的过程（The Process of Long-Run Developments）"。但是，他将经济
周期视为"经过特别强化的一般长期经济趋势"（第 60 页）；而且，在分析的核心概念中，他对经济周期和经
济趋势还作了区分（第 159 页）。在很多地方，丁伯根都觉得这种区分方法并不容易操作；并且，在一个"理
论附录（Theoretical Postscript）"中，他承认经济的内在因素和增长因素一样，都可能使经济走出衰退，开始
复苏（比如，"一项新发明或者开辟新市场"，第 257 页）；但是他却将后者视为外生变量。尽管该书有许多地
方提到经济增长，但是在分析中，经济增长和经济周期却是泾渭分明。

按照本章的观点，用"随机冲击"来取代决定经济增长周期性路径的内生力量，这远不止是一个模型构建中的技术缺陷：它割裂了经济增长与经济周期之间的纽带，而这正是任何有效的经济周期理论都必须面对的问题。

第十二章　相对价格

1870—1939 年间，洋洋洒洒一大串著名经济学家都醉心于经济周期的分析；与此相反，只有一小撮研究者在思考相对价格这个经典问题：制成品价格相对初级产品价格如何变动？也即，对那些主要出口制成品进口初级产品的国家来说，交换的净贸易条件如何？这一小撮经济学家主要讨论的是以下三个问题：

● 1914 年之前英国贸易条件的恶化——这在很大程度上影响了凯恩斯在《凡尔赛条约》上的立场，并在《和平的经济后果》一书中有所体现。

● 而后，英国贸易条件的突然急剧好转，及其对两次大战之间有关英国经济政策辩论的影响。

● 世界经济中的长周期问题，尤其值得注意的是康德拉季耶夫的长波假说，科林·克拉克有关"资本稀缺"和"资本过剩"相互交替的假说，以及法尔克·希尔吉特（Folke Hilgerdt）在《工业化与对外贸易》（*Industrialization and Foreign Trade*）中分析的国际贸易价格及规模的变动情况。后面两个研究者明确把其研究与相对价格相连，康德拉季耶夫则没有这么做，虽然他在著作中的一些地方也有涉及这层关系，尤其是在提到把新的农业区域引入世界经济中时。

虽然，把转移问题（第九章）与贸易条件问题分开讨论有其合理性，不过前文所涉及内容中显然有一部分与这里相对价格的讨论密切相关。

英国人对贸易条件恶化的忧虑：1903—1919 年

回忆一下，马歇尔异常关心进口商品相对价格对英国，尤其是对英国劳动

463

力实际工资的影响。基于阿瑟·鲍利所提供的数据，马歇尔注意到 19 世纪最后二十五年间，英国的实际工资上升主要源于国外进口的粮食变得比较便宜；而且早在 1903 年，他就清楚地把握到这一趋势已经开始逆转（前文，第 182—184 页）。

毫无疑问，正是受了马歇尔的影响，凯恩斯和罗伯逊均非常重视 1900 年以后英国贸易条件的恶化，这一点和 1813 年以前古典经济学对农业报酬递减所表现出来的忧虑非常类似。就这个主题，凯恩斯 1912 年在《经济学杂志》上发表了一个短评。他指出，如果 1900 到 1911 年间进口价和出口价变化幅度相同，那么英国就可以少损失 3700 万。这篇短评中有如下文字：[1]

> 从我国的立场看，以上情况的恶化，当然是原材料报酬递减定律起作用的结果——前一段时间它还暂时沉寂，不过近几年却开始发挥剧烈的影响。目前的趋势已再次稳定下来——给定数量的制成品所能购买的原材料正年复一年地减少。贸易中的比较优势正变得越来越不利于工业国家。

在《产业波动研究》一书中，罗伯逊用好几页纸的篇幅阐述了初级产品相对价格变化将带来的诸多后果，他的分析同样依托于凯恩斯曾用过的那些贸易数据。他强有力地总结道：[2]

> 总体上，从这些数据中可以得出的一般结论是，交换比例变得对制造业不利，而对农业社会有利，这个趋势发生在 1870 年代，1880、1890 年代的时候一度中止，现在这股趋势力量整体上又已重新占据上风。这或许是现今世界经济中最重要的事实……然而明显的，这个现象的重要性体现在长期之中，而非周期之中。

这种趋势被凯恩斯看成是当务之急，并被作为第二章的基础而引入到《和平

---

[1] "官方论文，'按 1900 年价格估计的英国国际贸易收益'"("Official Papers, 'Return of Estimated Value of Foreign Trade of United Kingdom at Prices of 1900'"),《经济学杂志》，卷 22，第 88 期（1912 年 11 月），第 628—632 页。
[2] 丹尼斯·霍姆·罗伯逊，《产业波动研究》（伦敦：P. S 金出版，1915 年由伦敦经济学院重印，政治经济学著作珍本重印，第 8 期，1948 年），第 169 页，注 1。

的经济后果》之中——在那里，他在再次提起战前贸易条件的变化之后写道：
"……从整个世界看，小麦供应并无不足，但是为了保证充足的供给，有必要抬
高小麦的实际价格"；并且，他在后来总结时进一步指出，"食物实际成本的上
升，以及大自然对世界人口进一步增加的反应持续下降"，这是 1919 年以后欧洲
碰到的两大根本问题之一。[1] 基本上，正是基于以上理论分析，凯恩斯才将西欧在
当时世界经济体系中并不稳固的经济地位，与 1919 年政治家们傲慢的政治治术
作了对比。

　　不论是哈罗德还是斯基德尔斯基的《凯恩斯传》都没有明显注意到，凯恩斯
在 1914 年以前就已经确信，由于一个世纪以来再没有开采什么新的土地，那个
古老的恶魔——报酬递减又开始起作用，并将继续起作用，侵蚀工业化欧洲的贸
易条件。[2] 因而，他们都忽略了在面对战后英国贸易条件完全出人意料的突然好
转，并且一直大幅波动直到 1938 年时，凯恩斯所表现出来的戏剧性困惑——在
1938 年，贸易条件相比 1913 年已经改善超过 40%（表 12.1）。

---

[1]　约翰·梅纳德·凯恩斯，《和平的经济后果》（纽约：哈库特·布莱斯出版，1920），第 9—26 页和 254—255 页。
　　下述段落（第 9—10 页）不仅捕捉到凯恩斯 1912 年与 1919 年在贸易条件问题上立场的联系，而且体现了凯恩
　　斯对经济历史灵活现的修辞描写：

　　　　1870 年以后，情况发生了前所未有的变化，欧洲的经济条件在未来的五十年内都变得非常不稳定，并
　　且和别的地方迥然有异。人口增长对食物的压力已经通过从美国进口食物这个手段得以缓解，人口与食
　　物之间的关系第一次自有文字史以来发生了确定性的反转。随着人口数的增加，食物实际上变得更容易获
　　得。和工业一样，越来越多的农业部门开始出现规模报酬递增。随着欧洲人口的增加，一方面，更多的移
　　民迁徙到新的国家耕种土地；另一方面，从此欧洲也有足够多的工人从事工业品和资本品的生产，以维
　　持新移民的住家所需，也使更多铁路、船舶的修建得以可能，从而让欧洲可以从遥远的大陆获得食物和原
　　材料。大约直到 1900 年，工业中使用的每单位劳动所拥有的购买力，换算成食物数量的话，年复一年地
　　增长着。但是，大概是在 1900 年，这个过程开始反转，人类劳动投入的收益开始自然地持续下降。不过，
　　谷物实际成本上升的趋势，最终还是因为其他方面的改善而得以缓解；这其中，作为许多新事物之一，非
　　洲热带的资源开始第一次得到大规模的利用，油菜籽开始借助新的运输方式大规模地出现在欧洲人的餐桌
　　上——它相当便宜，已成为人类最重要的食品之一。对于早期经济学家而言，这些都只应出现在世外桃
　　源、出现在乌托邦的经济世界里，而我们大多数人恰恰是在这种环境中长大成人。
　　　　然而，这种欢乐情怀忽略了深藏于政治经济学莫基者们内心中的忧郁。18 世纪之前，人类并未抱有
　　什么不切实际的期望。18 世纪晚些时候，为了破除日益流行的不切实际的幻想，马尔萨斯放出了一只魔
　　鬼。随后将近半个世纪里，所有严肃的经济学著作都很清楚地注意到那个魔鬼。而在接下来的半个世纪
　　里，这个魔鬼似乎又被锁起而消失在人们眼中。现在，我们也许又对他松绑了。

[2]　相关的章节包括：罗伊·哈罗德，《凯恩斯传》（纽约：哈库特·布莱斯出版,1951）第 280—281 页；罗伯特·斯　644
　　基德尔斯基，《凯恩斯传》（伦敦：麦克米伦出版社，1983），第一卷，第 384—388 页。

就《和平的经济后果》和凯恩斯有关战后贸易条件的错误预设，还有一些可谈之处。这部著作还真就是凯恩斯本人的生动写照，栩栩如生地再现了凯恩斯所有的心智特征。首先，它集中体现了凯恩斯作为专业经济学家的分析水平，兼有公务人员异常专注于可操作性议题的特征，以及伟大的文体学家极富情感的写作特点。这背后则蕴涵了凯恩斯对1914年之前欧洲文化中最有价值的那些东西的忠诚和执着。虽然由于领导人的目光短浅，加之普通民众的冷漠粗暴，这些价值已经明显受到威胁，但是凯恩斯还是希望并渴望重新找回这些价值信念。为了使人们想起战前的欧洲（第二章）和合约之后的欧洲（第六章），凯恩斯毫不费力地在经济、政治、社会和心理议题之间轮转切换。他关注的是那些有着共同核心文化基础，且相互之间紧密相连的各个民族社会的命运。还有凯恩斯对领导人的那些描绘，委实入木三分，令人印象深刻。他在上述讨论之后接着写道，这些人富有洞察力，在一定程度上还有点暴躁。于是，当他发现所需要的政治家之才与过路人式的狭隘政治所塑型的结果之间的差距时，他变得沮丧不已，甚至暴躁不安。

表 12.1　1913—1938 年间英国的贸易条件

1913	70	1928	83
—	—	1929	83
1919	81	1930	90
1920	88	1931	100
1921	99	1932	100
1922	92	1933	103
1923	90	1934	100
1924	87	1935	99
1925	83	1936	97
1926	85	1937	92
1927	85	1938	100

注：出口价除以进口价（平均值）

资料来源：《贸易部杂志》（*Board of Trade Journal*），1951 年 8 月 4 日，重印于布莱恩·米切尔和菲利斯·迪恩，《英国历史统计摘要》，（剑桥大学出版社，1962），第 332 页。

最后，凯恩斯还有一面，即作为一个概率论理论家的凯恩斯。他在看到自己有关贸易条件方面的错误判断之后，能够迅速做出调整而对此丝毫不感到尴尬：[1]

> 即便是制定的法律，我们也不可能奢望它能适用一代人或更长的时间。人类经济条件的长期变化，以及人类的预测注定会有错误，都可能导致我们或在此处或在彼处犯下错误。作为一个理智之人，如果我们能够基于已有的经验证据制定政策，并根据未来五到十年间某种我们认为有一定精确性的设想预测作相应调整，那么我们已经不能做得更好。如果我们只是忽略了人类存在的极端可能，忽略了自然秩序或者人类与自然之间关系发生根本性变化的极端可能，那并不是我们的错误。

凯恩斯和罗伯逊有关两次战争之间贸易条件的研究：
财富带来的尴尬

1919—1920 年间，英国煤炭的出口价格高企，缓解了食物和原材料进口价格高企对贸易条件的不利影响。在 1921 年英国价格总体上急剧下降的过程中，进口商品价格的下降幅度大大超过包括煤炭在内的出口商品价格的下降幅度，结果当年的贸易条件相比 1913 年高出 41%。直到 1929 年前，在世界经济相对复苏期间，英国的贸易条件略有下降，但是即便是在两次大战之间的波谷处，贸易条件仍旧要比 1913 年要高出近 20%。

正是在与威廉·贝弗里奇（William Beveridge）进行的旷日持久的辩论中（辩论主题是《和平的经济后果》的主要命题，也即世界正面临着马尔萨斯所说的人口增加对食物供应的压力），凯恩斯发现，将 1900—1913 年间贸易条件的变动趋势套用到战后时期的分析中是个错误。他自己，而不是贝弗里奇，还注意到，购买给定数量的进口食品的出口制成品数量，已经从 1913 年的 97 降到 1922 年的

305

---

[1] 《经济后果》，第 204 页。这里，我想指出的是，凯恩斯的概率论观可能导致他在未经深思熟虑的情况下接受自己犯下的错误。在考虑凯恩斯回应法国学者批评他在《和平的经济后果》中对德国战争赔款能力的估计时，斯德尔斯基也作了类似的评论（《凯恩斯传》，第 390—391 页）：

> 认为所有事情都有可能发生，绝不是我们愚蠢地夸夸其谈的借口……我们并不能因为对德国的长期赔付能力缺乏充分的了解，就有理由认为……她能够支付 100 亿英镑。　　　　　　　　　　（接下页注）

77，这意味着定义中贸易条件的"大幅改善"。[1] 然而，这个变化却伴随着"英国出口规模的急剧下滑"。面对着这种新情况，凯恩斯表现出一种典型的随机应变。他试图用一个概念将英国战前战后贸易条件的不同变化趋势调和起来，并以此来界定英国在这两个时期中的困难处境："我们再也没法以更高的实际价格（以食物表示），销售（或相对人口而言）更多的制成品了。"[2]

随着战后贸易条件的变化趋势已成为人们的共识，英国经济学家转而开始考虑，英国应该如何应对这种突然的同时也是相当令人窘迫的实际财富增加呢？在对贝弗里奇的"回应"中，凯恩斯考察了英国出口产品需求弹性的可能情况。他的结论是，如果试图恢复贸易总量并以此降低出口行业的失业率，那贸易条件可能又会急剧恶化，进而引发实际工资的下降。这个分析与他对德国战争赔偿可能带来的转移问题的结论非常类似。[3] 而后，罗伯逊接过了讨论的接力棒。他提出了三种可能的调整方式：其一，正如凯恩斯所建议的，"人为地迫使交换比率下降"；其二，将劳动力从出口行业转移到国内市场生产；其三，增加资本输出。[4] 总体来看，罗伯逊是倾向于刺激国内市场。

在详细阐述自己见解的过程中，罗伯逊特别强调了一国经济能快速地将资源从一个生产部门转移到另一个部门的重要意义：[5]

（续上页注）若想理解在凯恩斯 20—30 岁那十年中塑造他的性格特征的那些复杂且不同平常的线索，可见大卫·费利克斯（David Felix），"早期的凯恩斯：逻辑学家和应用经济学家（The Early Keynes: Logician and Applied Economist），"《挑战》（Challenge）（1986 年，9—10 月），第 51—54 页。费利克斯发现凯恩斯性格特征里的三条脉络——"逆反心理、务实主义，以及超验主义"（同上，第 54 页）。费利克斯之所以得出以上概括，是因为他发现凯恩斯具体受如下几个方面的影响：其一，乔治·爱德华·摩尔（G. E. Moore）的新柏拉图主义哲学，使凯恩斯背弃了他父亲笃信的"客观"逻辑，而将摩尔所强调的本能、直觉和主观第一性作为《概率论》的基础；其二，凯恩斯在印度办公室的工作训练，以及他写的《印度货币与金融》（Indian Currency and Finance）；其三，在某些关键时候，凯恩斯也愿意提一些超越了公务人员训练的、富有想像力的解决方案。费利克斯的三重奏，不禁令我想起我本人对约翰·斯图亚特·穆勒性格三分法的描述，以及在描述托马斯·斯特恩斯·艾略特时，说他是奥登族的小男孩、农民祖母和高级教会官员（前文，第 97 页，和第 591 页，注 28）。

[1] 有关凯恩斯与贝弗里奇之间的争论，参见拙作《经济增长的进程》，（剑桥，克拉伦登出版社，1953），第 186—188 页。

[2] "答威廉·贝弗里奇爵士（A Reply to Sir William Beveridge），"《经济学杂志》，卷 33，第 132 期（1923 年 12 月），第 467—477 页。

[3] 同上，第 482 页。

[4] 丹尼斯·霍姆·罗伯逊，"有关国际贸易实际交换比率的说明（Note on the Real Ratio of International Interchange），"《经济学杂志》，卷 34，第 134 期（1924 年 6 月），第 286—291 页，重印于阿瑟·庇古和丹尼斯·罗伯逊，《经济学论文和演说集》（Economic Essays and Addresses）（伦敦：P. S. 金出版，1931）。在这篇文章中，罗伯逊调侃了凯恩斯在贸易条件问题上的迅捷善变，他说道："即便是乌鸦，也没这么容易就止住自己的呱呱叫"（庇古和罗伯逊，第 163 页）。

[5] 庇古和罗伯逊，《经济学论文集》，第 168—169 页。

　　一般而言，倘若一个国家的资本和劳动力资源能够在不同用途之间完全流动，那么交换比率的提高只有好处没有坏处，虽然这将导致出口和进口的数量同时降低。倘若我们能够不花费任何代价就建起一个巨型粉碎机，能将造船厂一下子变成棉花，将棉纺织工变成泥水匠，那这么做就是明智的。即便如此，我尚不能肯定的是，若考虑到劳动力，那我们是否不应该从德国人那里拿一分一毫，同时比过去更坚定地朝这个方向前进。

以上论点多少让人想起休谟所表扬的那些"勤勉上进的"国家在应对一个又一个挑战者时的做法。它不禁还让人联想起，西欧和美国在1980年代技术革命大规模展开时，面对着日本以及一大班新兴工业力量而导致竞争日益激烈的情形。实际上，罗伯逊在继续探讨如何应对贸易条件急剧好转所带来的烦恼时，曾很有先见之明地总结说，富国与后进追赶国家之间的差距可能会缩小：[1]

　　　　倘若将来某个时候，贸易条件开始变得对我们不利，那就可能意味着有一个影响更为深远的变化即将来临，也即不同国家在国际贸易中体现出的比较优势，以及由此决定的产能差异，将在一定程度上不复存在。如果这个情况真的出现，那么对于英国而言，正确的做法仍然是调整经济，使自己适应于比以往更低的出口贸易规模——这并非是因为当前它可以如此便宜地获得进口商品，而是由于一个大家并不完全认同的理由，也即在一定程度上，英国作为世界加工厂有利可图的时代已经一去不复返。

306

事实上，1931年英国政府实际采取的调整措施完全囊括了罗伯逊所提出的三个选择；也即，英国政府事实上不仅让英镑贬值、刺激国内市场（比如，运用一些手段鼓励建造住房），而且鼓励向大英帝国内部输出资本。说到资本输出，有意思的是，罗伯逊将其视为相当特殊的刺激英国出口行业的短期办法。他并没有试图弄清楚导致贸易条件改善的原因是否可能持久，或者资本输出的长期效应是否可以直接缓解英国经济那段时间相对较高的进口价格。总体上看，那个时代的经济学家倾向于认为，英国在两次战争间的贸易条件状况看起来很

---

[1]　同上，第136页。

有可能持续下去。于是，政策讨论也就主要集中于研究最为恰当的调整形式与方法。

且不说贸易条件分析在英国诊断两次大战之间世界经济病理中的重要作用，这段历史还有两点值得注意。首先，凯恩斯和罗伯逊都很清楚，当他们开始注意1914年之前贸易条件的恶化时，那只不过是在翻新一个古典经济学原理，但是他们并没有回溯上一个世纪相对价格和贸易条件摇摆波动的历史，也没有考察那些过去已经起作用的纠正机制，或者探询那个机制是否仍旧会起作用。面对1914年之前恶化的贸易条件，他们至少含蓄地假定，这个趋势将无限期地延续下去。当两次大战之间贸易条件改善时，他们又都一般性地假定这种情况在当时的政策期中将一直持续。他们也没有继承马歇尔的优良传统——在撰写有关"国际贸易中的财政政策"（1908）这一报告时，马歇尔用了5页多的篇幅详细记述了"英国1820年以来的小麦价格"[1]，并且自始至终把自己的结论放在这么长的一个历史视角下进行考察。

其次，这多少也让人想起了1980年代的国际债务危机。英国从这次危机之中吸取的教训是，世界经济已经紧密地联系在一起。过度有利的贸易条件对英国出口市场的不利影响是一个谜，主流经济学家此前从来没有认真地思考过这一点；而且，他们一直没有转过思路，重新关注这个问题，直到美国在1980年代让美元持续高估近30%——这虽然导致美国出口市场的巨大损失，但却使得国内的通货膨胀得到抑制。

三种长期视角：康德拉季耶夫、科林·克拉克以及希尔吉特

从一个完全不同的研究视角出发，在一个意想不到的地方——苏联，在两次世界大战间出现了一个历史分析，它把人们从1920年代带回到1790年，这就是尼古拉·康德拉季耶夫有关长波的定义和讨论。虽然康德拉季耶夫也提到了两个荷兰前辈的工作，但是他仍旧当之无愧是第一位提出资本主义经济大约每隔五十

---

[1] "官方论文"，第380—385页。

年就会出现一个经济周期的人。[1]他的经验研究发现，商品价格、工资水平、利率及其他与价值相关的许多序列，在他所研究的时期内存在两个半长波周期，波谷出现在 1790、1844—1851 以及 1890—1896 年，而波峰则分别出现在 1810—1817、1870—1875 以及 1914—1920 年。在契合该周期模型时，生产方面的数据相当缺乏，且不大规则。尽管如此，康德拉季耶夫还是相信，产出的长期波动会与价格和其他价值类序列的变动相伴共存。他向我们展现的是一个动态的这个图景中，生产上升的趋势多少还算稳定，价格和产出长期围绕着这一上升趋势不断波动，世界经济就是在这么一副图景中向前发展的。

307

　　康德拉季耶夫没有打算直接给出一个长波周期理论。然而，一些批评者质疑，他所检验的现象只反映了技术革命、战争和革命、世界经济中出现新兴国家以及黄金产量波动等外生因素的影响，在回应这些质疑时，康德拉季耶夫却坚定地指出，所有这些现象没有哪一个外生于资本主义世界体系的运行[2]，不过用他自己的话说，他却从未提出"一个适当的长波理论"。平心而论，康德拉季耶夫的主要贡献有两点：第一，他证明了价格、利率水平和其他价值序列存在长期变动（或周期性波动）。第二，他得出了一些可供他人继续思索的经验规则，包括在那些长波周期中，（传统）周期性繁荣的上升阶段所经历的时间一般长于衰退阶段所经历的时间；衰退阶段都伴随着农业部门的衰退；大规模的发明创造都出现在经济周期的衰退阶段，但却是在经济的上升阶段才得到全面运用；上升阶段开始时一般都会伴随着黄金产出的增加，还有一些新兴的地区有效地融入世界经济体中；上升阶段的后半段往往都会出现"造成巨大破坏的战争与革命"。总之，康德拉季耶夫所作工作的首要重点就是，以最生动形象、最具说服力的图表，绘声绘色地展现 1789 到 1920 年间商品价格波动的两个半周期品（图 12.1）。

---

[1] 尼古拉·康德拉季耶夫，"经济生活中的长波（The Long Waves in Economic Life），"《经济统计评论》，第 17 卷，第 6 期（1935 年 11 月），第 105—114 页。也可参见乔治·格威（George Garvy），"康德拉季耶夫的长周期理论"，《经济统计评论》，第 25 卷，第 4 期（1943 年 11 月），第 203—220 页；以及西蒙·库兹涅茨对康德拉季耶夫观点的讨论，《产出与价格的长期波动》，（波士顿：霍顿·米弗林出版社，1930），第 263—265 页。1922 年到 1928 年间，康德拉季耶夫用三种形式发表了自己的观点。在斯大林时代，康德拉季耶夫将资本主义经济视为围绕长期动态均衡水平摇摆波动的观点，被视为反马克思主义的异端邪说。根据索尔仁尼琴（Solzhenitsyn）的《古拉格群岛》（Gulag Archipelago）的记述，康德拉季耶夫于 1930 年被流放到西伯利亚的监狱，并卒于该地。据报道，1987 年苏联为康德拉捷夫平反恢复了名誉（《科学》，[1987，10 月 9 号]，第 149 页）。

[2] 康德拉季耶夫，"经济生活中的长波"，第 112—115 页。

当然，康德拉季耶夫的工作最重要的影响之一就是刺激了熊彼特，使其试图在《经济周期》中将自己早期的创新模型，与康德拉季耶夫分离出来的价格、利率周期波动模式对应起来（边码第 240 页）。

308

正如本章概述中所指出的，康德拉季耶夫只致力于研究总体价格指数，他并没有涉及相对价格的运动。尽管如此，阿瑟·刘易斯（Arthur Lewis）与我本人，两个长波周期研究方面的后辈，已经就此得出了一些结论。我们认为，康德拉季耶夫发现的现象，可以用农业及其他初级产品相对紧缺或相对富余，从而导致相对价格、价格水平和利率等序列的变化来解释。[1]其实，我想指出的是，康德拉季耶夫提到的所有可能因素中，只有设想的相对价格变动才能契合康德拉季耶夫长波中的时段界定，并覆盖到从 1790 到比如 1980 年代末的整个时期。

不过，就目前的视角看，康德拉季耶夫的成就在于，他坚定地声称，长波必须被看作资本主义自身发展过程中的一个方面。

科林·克拉克对贸易条件的阐述，可见于《国民收入与支出》中一个相当引人注意的章节——"经济增长率"（The Rate of Economic Progress）；他同样是在一个历史情境中展开了讨论。[2]

克拉克分析的出发点，似乎是在事后对英国潜在优势消散程度的测算，其工

---

[1] 刘易斯的观点在其下述著作中有充分的展开，见，《增长与波动》，1870—1919》（伦敦：乔治·艾伦与昂温出版，1978）。刘易斯目前的观点，其实早在《经济调查：1919—1939》（*Economic Survey, 1919—1939*）（伦敦：乔治·艾伦与昂温出版，1949）一书中就已经有所预示。近来有关相对价格周期的描述，可参见约翰·列维（John Levi），"来自贸易条件的预告——有关未来几年的预期"（Omens from the Terms of Trade-Expectations

645

about the Next Few Years），载于《泛经济学》（*Inter Economics*），第 3 期（1983 年 5 月—6 月），第 120—124 页。我个人的观点参见《19 世纪英国经济论文集》（*Essays on the British Economy of the Nineteenth Century*）（牛津：克拉伦登出版社，1949），尤其是第一章和第二章，其中讨论了康德拉季耶夫和熊彼特的工作。我后来有关长周期方面的研究可参见，阿瑟·盖尔、沃尔特·惠特曼·罗斯托和安娜·雅克布森·施瓦茨，《英国经济的增长与波动：1790—1850》（牛津：克拉伦登出版社，1953），尤其是其中的第二卷，第四章和第五章；《英国国际贸易波动：1868—1896》（纽约：阿诺出版社，1981[实际成书于 1939—1949 年间]）；《经济增长的进程》（牛津：克拉伦登出版社，1951；1960），尤其是第三部分和第六、第八和第九章；以及《为何穷国变富而富国减速》（奥斯汀：德克萨斯州立大学出版社，1980），尤其是第一章和第二章。该书第一章没有讨论我自己的观点，而是谈论了康德拉季耶夫的经济周期理论。值得一提的是，由于复杂的政治经济原因，通过铁路来开拓新领域的做法还是可能出现于价格下降期；例如，阿根廷的彭巴斯草原和加拿大西部地区。对以上观点的讨论和诠释，可参见"贸易条件和经济发展（The Terms of Trade and Development）"，载于纪念阿瑟·刘易斯的文集《经济发展的视角》（*Perspectives on Economic Development*），巴克尔（T. E. Barker）、丹尼斯（A. S Downes）和萨克雷（J. A Sackey）（编）（华盛顿：美国大学出版社（University Press of America），1982），第 256—258 页。

[2] 科林·克拉克，《国民收入与支出》（伦敦：麦克米伦出版社，1937），第八章，第 262—273 页。该书第五章（第 210—235 页）是第七章的基础，这一章也是从格里高利·金以来到 1930 年代重构英国国民收入统计中的开创性作品。

作的背景是英国在两次大战争之间因为贸易条件的明显改善而导致失业率高企。他在略微扼要地总结了一部分历史经验证据之后，提出了一个"经济消化不良说"[1]："在实际收入产出潜力大幅增长时，可能是由于生产率真正的提高，或者是由于贸易条件的改善，这种增长中很大的一部分似乎不可避免地会浪费掉，也即表现为失业率的上升。"这种源于丹尼斯·罗伯逊在麦克米伦委员会所做报告的观点，后来似乎变成了一种特定的历史假说，也即现代经济史的典型特征表现为资本稀缺与资本过剩时期的相互交替、此起彼伏。[2]

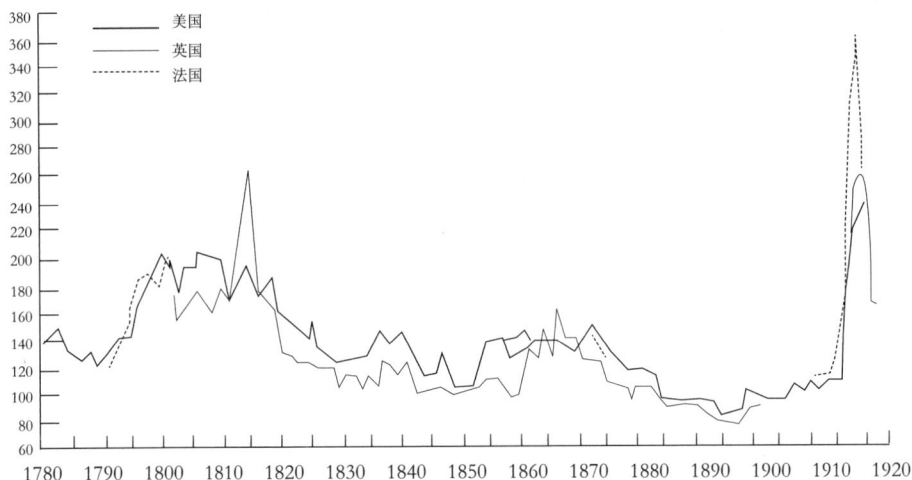

图 12.1 1780—1922 年间的商品价格指数：英国、美国和法国
（1901—1910=100）。

[1] 同上，第 270—271 页。

[2] 丹尼斯·霍姆·罗伯逊在麦克米伦委员会（1930 年 4 月）所做的有关金融与工业的报告（报告递交于 1931 年 6 月），载于庇古和罗伯逊，《经济论文集》，第 116—138 页。麦克米伦委员会的报告重印于《英国议会的国际金融报告》（*British Parliamentary Reports on International Finance*），（纽约：阿诺出版社，1978）。从两个地方的论述看，克拉克大体上应该看过罗伯逊的报告：首先，他把第一节的标题取为"贪得无厌的欲望（The Gluttability of Wants）"，其次是其中包含了一个章节，对贸易条件的突然好转做出了回应。

第一个地方指出，在特定时期，经济萧条的本质就是消费品和资本品（"工具品"）的产出超过需求，因此认为银行系统会满足于供给合理的"贸易所需"这种观点不够完善。在一个潜在增长率很高的经济中，对资本品和消费品的需要很快就会推动经济复苏。但是，他又补充到（同上，第 124 页）："目前，在我看来，相比战前典型的经济不景气时期，这类政策看起来更为迫切……随着人口与国际贸易增长率的下降，工具品的过度供给予以往相比持续时间将更长；也就是说，经济萧条的尾声，并没有那么容易被下一次的经济繁荣所替代。"报告的后半段，罗伯逊还阐述了贸易条件变动对英国出口市场的剧烈影响。

摘自 N. D. 康德拉季耶夫，"经济生活中的长波"（The Long Waves in Economics Life），《经济统计评论》，第 17 卷，第 6 期（1935 年 12 月），第 106 页。

具体来说，克拉克将 1870 年以后的时间分为以下几个时段：（1）1870—1876 年，低失业率、零售价格上升、经济欣欣向荣，但是生产率增长速度较慢的时期；[1]（2）1877—1885 年，价格和利率水平双双下降、贸易条件改善，但是生产率增长带来的好处部分为高失业率所抵销的时期；（3）1900—1913 年，价格上涨、实际工资停滞不动、生产率停滞不前，但是失业率保持在较低水平的时期。显然，克拉克将两次大战争间的那些年份看作是 1900—1913 年情形的相反版本，也就是说，这段时间生产率快速增长和贸易条件改善带来的好处被高失业率所抵销，出口行业尤其如此。

坦白说，克拉克的阐述主要是解释性的。他指出了故事中存在的某些异常之处，但是他的历史数据并不完整，有些数据甚至还存在商榷的余地。不过，克拉克的分析中缺失了一个重要因素，那就是资本输出的作用。资本大规模输出的时期（比如，1871—1873，1911—1913），都会表现出通货膨胀压力、生产率停滞不前、实际工资上升以及失业率下降。因此，克拉克的分析还未涉及初级产品生产领域里相对价格高低与资本经常（并非普遍）流向初级产品生产领域二者之间的关系。

法尔克·希尔吉特为相对价格变动分析增加了一个有益的维度，他的做法是计算相对价格变动趋势与国际贸易中制成品与初级产品相对规模变化趋势之间的关系（图 12.2）。[2] 当今世界，制成品的出口主要集中在高度工业化国家，初级产品的出口则主要集中在欠发达国家。直到 1951 年，图 12.2 中上下两条曲线几乎保持完美对称；也就是说，给定其他条件不变，当相对价格对制成品有利时，为换取给定数量的制成品，便需要有更大数量的初级产品。表 12.2 给出了"高度工业化"国家与"其他国家"之间贸易交换的实际情况。实际上，希尔吉特的评论

309

---

[1] 实际上，1873 年世界性经济危机发生的前后两个阶段必须用不同的术语加以分析。1873 年以后，价格下降，实际工资上升，但是由于经济周期波峰过后伦敦资本输出需求回落导致利率降低，由此引发危机过后建筑业的大规模发展，一直持续到 1876 年，于是，受此影响，失业率仍旧维持较低的水平。

[2] 法尔克·希尔吉特，《工业化与对外贸易》，（纽约：国际联盟，哥伦比亚大学出版社分发出版，1945），第 14—20 页。

表明，其他条件并不能总是保持不变：[1]

　　如果简单粗暴地认为，制成品贸易数量低于初级产品数量是由于贸易条件对工业化国家有利，因此它们可以通过出口数量不断减少的制成品换取给定数量的初级产品，那就大错特错了。1890年代制成品出口的相对下降……部分是因为当时关税保护程度的提升，使得一些相对发达的先进工业国家如美国、法国和意大利，对这些产品的进口规模下降。1930年代早期，工业国家之间的制成品贸易又再一次受进口壁垒影响而下降，只不过和之前的关税手段不同，这次是数量控制。在这两个场合，壁垒的出现都是出现在价格下降之后——由于初级产品价格调整变化幅度倾向于超过制成品，这种价格上的下降使得贸易条件变得对工业国家更加"有利"。

表 12.2　1935 年按美国旧金元衡量的世界贸易（十亿元）

	进口			出口		
	初级品	制成品	总和	初级品	制成品	总和
I：高度工业化国家						
内部贸易	1.7	1.4	3.1	1.7	1.3	3.0
与第 II 类国家的贸易	4.1	0.2	4.3	0.7	2.5	3.2
	5.8	1.6	7.4	2.4	3.8	6.2
II：其他国家						
内部贸易	1.2	0.4	1.6	0.9	0.4	1.3
与第 I 类国家的贸易	0.8	2.6	3.4	3.6	0.2	3.8
	2.0	3.0	5.0	4.5	0.6	5.1
世界	7.8	4.6	12.4	6.9	4.4	11.3

　　注：上表中的数值已经经过调整，以体现"边境沿值（frontier values）"（进口用 CIF 价，出口用 FOB 价）。由此，世界进口将多计 0.2，出口将多计 0.1。
　　第一类国家包括：澳大利亚、比利时、捷克斯洛伐克、法国、德国、意大利、日本、荷兰、瑞典、苏黎世、英国和美国。
　　资料来源：《工业化与对外贸易》，第 19 页。

　　图 12.2 中，我把两条曲线 1950 年以后的变动情况也画了出来，以图进一步

---

[1]　同上，第 16 页和 18 页。

说明，在一个持续较长的时期中（比如 1951—1971），其他情况不会保持不变。[1]
也就是说，这段时间内，先进工业国家间的制成品贸易相比此前提高了很多，同时，这些国家在初级产品出口方面的地位也有有所提高。

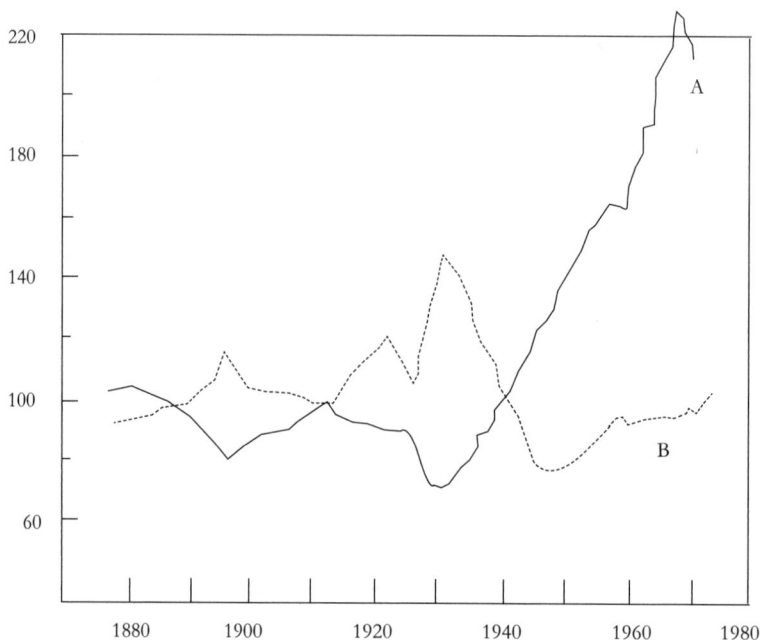

图 12.2 相对价格变动与世界贸易：1876—1880 到 1972 年。A：国际贸易中制成品与初级产品相对数量指数。B：制成品价格与初级品相对价格指数。

---

[1] 对此的解释参见沃尔特·惠特曼·罗斯托，《世界经济》，第 98—99 页。

　　许多因素都可以解释 1951 年之后出现的重要结构性变化：欠发达国家在粮食贸易中的地位日益下降，美国、加拿大和澳大利亚开始在其中发挥主导作用；工业国家围绕着汽车、电视以及其他大众消费的个人制成品贸易的急剧增加；那些原来在生产中使用许多原材料的经济部门，也向原材料消耗较少的工业部门转变；石油在国际贸易中的地位日益提高，而影响石油供给予需求的条件与传统上在工业国家和非工业国家之间进行的初级产品贸易的影响条件并不相同。从 1938 年到 1971 年，石油贸易在国际贸易中的比重按数量计从 7.2% 上升到 10.3%（按价值计算则是从 8.1% 上升到 9.7%），而同期食品及原材料贸易的份额按数量计从 49.1% 下降到 23.4%（按价值计算则从 46.4% 下降到 22.9%）。

　　1972 年到（比如）1980 年间，相对价格与国际贸易的格局都发生了戏剧性的变化。石油输出国的贸易条件急剧改善，石油和（有时候）食物进口国的贸易条件急剧恶化。工业国之间贸易的扩张主导了战后的世界贸易，不过由于两次经济不景气的影响，其比例开始收缩，工业原材料贸易的数量和价格也因此受到影响。虽然 1972—1980 年这段时间发生的事情从许多方面看都很独特，但是它与过去两个世纪中发生的四次重要的相对价格变动还是有很多类似的地方。这所有这些情况中，包括最近发生的情形，相对价格的变化都是源于工业品与消费品需求与原材料及食物供给的失衡。

摘自法尔克·希尔吉特的《工业化与对外贸易》，第 18 页，更新部分的数据引自相关年份的《联合国统计年鉴》。

顺便值得一提的是，两次大战之间相对价格问题不仅是一个国内问题，同时也是一个国际话题。图 12.3 展现了这个问题的基本面，其中给出了英国的贸易条件和美国农产品平价比率，二者之间明显呈现出大致相反的运动方向。

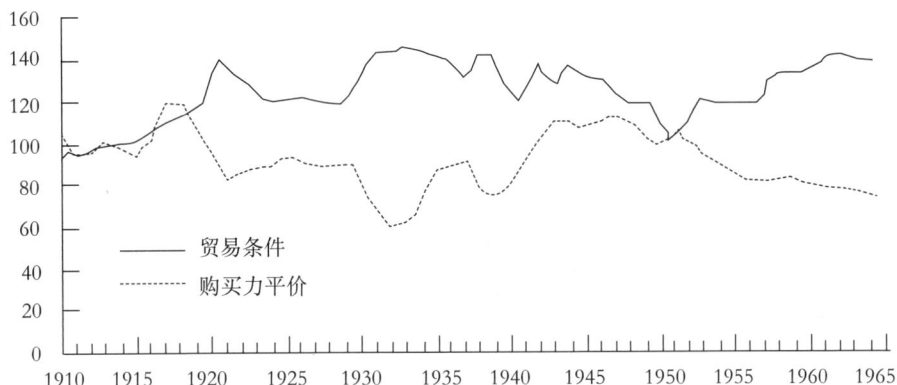

图 12.3　英国贸易条件与美国农产品平价比率的关系。

摘自费恩斯坦（C. H. Feinstein），"英国国民收入和国民产出统计表：1855—1965 年"（Statistical Tables of National Income, and Output of the U. K.），第 139 页。美国商务部，《美国的历史统计：从殖民地时代到 1970 年》（Historical Statistics of the United States: Colonial Times to 1970），第一卷，1971 年，第 488—489 页。

310

总结

1879—1939 年间相对价格变动所引发的一系列问题，吸引了当时几个著名经济学家的注意，一如 1914 年之前，有关大不列颠帝国资本输出及战争赔款转移问题的争论，激发了有关贸易条件决定因素的研究。凯恩斯和罗伯逊关心的问题主要是：贸易条件的改善和恶化对英国经济的影响及其对英国短期经济政策的启示，同时凯恩斯还讨论了这个对战后德国政策选择的影响。相对此二人，科林·克拉克的分析视角更往前一点，他回溯并阐述了历史上贸易条件变动的三个趋势周期（大致是 1873—1896 年；1896—1920 年以及 1920—1930 年代中期）。克拉克富有想像力地探讨了贸易、生产率、失业率与资本需求量趋势变动之间的可能关系，但他并未得到确定的结果。法尔克·希尔吉特衡量并分析了相对价格变动与国际贸易中制成品和初级产品相对贸易规模变动的关系。康德拉季耶夫的工作则大大推进了 1790 年以来有关价格及其他价值序列长期波动可能原因的研究。他认为，这些周期应该被看作是经济增长过程的一个方面，不过他并没有就二者之间的关系给出一个令人满意的解释。与 1939 年之前完成的大多数经济周期研究类似，其他对相对价格周期性波动的分析也都面临着类似的根本缺陷；也就是说，它们都没有充分立足于部门分解的动态增长模型，也未能揭示出实际部门生产能力对动态均衡水平的系统性偏离。而实际上，正是这些偏离引发了后续阶段中相对价格进而贸易条件的扭曲。[1]

---

[1] 主要可以参考拙作，《为何穷国变富》，第二章。

第十三章　经济增长的阶段与极限

1939 年之前，有关经济发展早期阶段的分析性文献少得可怜，实际上本不该 如此。阿根廷和巴西的进口替代起飞开始于 1930 年代，这可以视为对两国出口创汇能力衰竭的积极回应。1920—1940 年间，随着血腥内战的结束，墨西哥也完成了经济起飞的前期准备。十分类似的发展状态同样出现在拉美的其他地方。而在奥斯曼帝国四分五裂之后，土耳其经过艰难的民族国家重建，矢志进行现代化建设，也于 1930 年代开始步入起飞阶段。除了没能起飞，其他一些地方也获得了重要的发展，比如印度和中国，虽然这些国家皆为政治问题所耽搁，其中中国还受到军事问题的羁绊。

与此同时，社会科学理论家最关注的是，尽管受到两次世界大战间西欧和整个世界经济总体上不景气的影响，东欧在 1914 年之前的发展虽不平衡，却也在不断进步，继续走向现代化。

不管怎么说，有关 1870—1939 年之间经济发展过程的系统性分析研究，比大多数分析家想像的还是要多一些。[1] 然而，与诸如经济周期的研究相比，这方面已有的传统研究文献则是少之又少。之所以如此，原因有三。首先，当时在美国、西欧、中欧正规经济学界占据主流地位的，除了一个例外（也即，马歇尔），都是一帮眼界相当狭窄的家伙，他们成天就着眼于眼前和身边的问题。

其次，那些真正参与到发展中国家早期现代化阶段中的经济学家都太忙了，

---

[1] 例如，参见杰拉德·迈耶和达德利·西尔斯（编），《发展的先驱》（纽约：牛津大学出版社世界银行专辑，1984），第 3—6 页，（杰拉德·迈耶，"序"）。

以至于都来不及就自己所经历操作的事情展开系统性分析，并按照传统的方法进行总结提炼。举例来说，作为发展中国家最好的经济学家之一，劳尔·普雷维什（Raul Prebisch）在回忆时是这么说的：[1]

> 1920 年代，当我作为一个年轻经济学家、教授而开始自己的职业生涯时，我对新古典理论笃信不疑。然而，第一次资本主义大危机与世界性大萧条的发生，开始让我对以上信念产生严重的怀疑……
>
> 经济大萧条那些忙乱的年份，我对自己祖国——阿根廷的经济政策有些影响，先是担任财政部的副部长，后又在中央银行任职。1930 年代，我建议使用传统的反通胀政策消除财政赤字，抑制通货膨胀的趋势，不过在不得不面对严重的国际收支失衡时，我背离了传统教诲，转而倡导通过坚决的工业化政策及其他手段来处理这个问题。
>
> 这个时期，我的工作职责使我无暇分身于理论研究。但是，等到 1940 年代卸下这些重担后，我花了几年时间试图从以往的经验中总结出一些理论的创见。

其三，长久以来，有一个问题一直存在，即使 1945 年经济发展分析开始流行之后也没有消失。这个问题就是，对发展现象的严肃讨论必须将经济分析与非经济分析系统地整合在一起。然而在 1870—1939 年间，经济学正变成一个日益职业化、专业化的学科，没有多少主流经济学家愿意并且能够遵从政治经济学的古老传统，在一个多维度的社会科学基础上展开研究。

当然，相比本书已经挖掘的，我想我们还是能找到更多的有关发展中国家和地区的分析性研究，如果我们深入地挖掘政府文件、当地的杂志以及殖民政府的公文档案的话。不幸地是，这是一项无法纳入当前研究的任务。

---

[1] 同上，第 175 页。事实上，有关进口替代发展方面的理论，在拉美至少可以追溯到 19 世纪中期。例如，参见，弗兰西斯科·凯尔德龙（Franciso Calderon），"拉丁美洲的经济思想（El Pensamiento Economico de Lucas Aleman）"，《墨西哥历史杂志》（*Revista Historia Mexicana*），墨西哥大学（Colegio de Mexico），卷 34（1984 年 7 月），第 435—459 页。卢卡斯·阿里曼（Lucas Aleman）充满希望地描述了 1845 年墨西哥保护主义的第一批工业成果。然而，由于 1930 年代的大萧条以及"二战"后的发展政策，经济自由主义思潮开始复苏，他的观点就淹没其中了。有关墨西哥经济发展思想的评述，参见赫苏斯·席尔瓦·埃尔索格（Jesus Silva Herzog），《墨西哥的经济、政治和社会思想：1810—1964 年》（*El Pensamiento Economico, Socialy Politico de Mexico, 1810—1964*）（墨西哥：文化经济基金出版（Fondo de Cultura Economica），1974）。

因此，就 1870—1939 年间增长的阶段和极限问题的讨论，本章将只局限于讨论以下五个方便可得的作品：

● 科林·克拉克真正具有开创性的著作《经济进步的条件》。

● 维拉·安斯蒂（印度）和理查德·亨利·托尼（中国）的国家个案研究，以及莉莲·诺尔斯有关大英帝国经济发展的评论。

● 沃尔瑟·霍夫曼那具有高度原创性的著作《工业经济的增长》（*Growth of Industrial Economies*）。

● 法尔克·希尔吉特在《工业化与对外贸易》中对发展过程所做的相当令人震惊的概括。

●1930 年代经济大萧条所引发的有关经济增长及其极限的反思，尤其是汉森和熊彼特的工作。

《经济进步的条件》

科林·克拉克著作的题目取自马歇尔[1]。在倍受 1930 年代本国麻烦的经济状况困扰时，这位英国人竟然还能专注于研究经济进步的条年，集中精力讨论国民经济核算中劳动比例的下降及其可能影响，这真是相当的了不起。在准备这一章写作的过程中，我写信给克拉克，询问了这一切的前因后果。他有些调侃般地回复说（1986 年，6 月 10 日）：

> 有关《经济进步的条件》一书的想法最初开始于 1935 年。那时我才订婚，我的未婚妻善意地提醒我，我正整天无所事事，得过且过。于是，在一个阳光灿烂的午后，这也是那个季节（3 月）不大可能出现的天气，我独自一人泛舟康河，接着将小船绑在一棵树上，不到一小时就完成了整本书提纲的构思。

---

[1] 凯恩斯在纪念马歇尔的文章（"纪念阿尔弗雷德·马歇尔"，第 65 页）中总结道：

> 他在《货币、信用与商业》的序言中写道，"虽然岁月不饶人，但我仍然希望自己就社会进步已经形成的一些观点可以发表。"一直到最后身患疾病，尽管记性慢慢变差，身体也日益虚弱，他还是挣扎着试图再多写一卷。这一卷本取名"进步的经济条件"。但是，这个工作还是过于艰巨了。

在《发展的先驱》（*Pioneers in Development*）一书中，克拉克还就这个不太正统的兴趣取向提供了其他一些解释。[1]其中，有两件事情使他对印度问题产生了兴趣：一是奥斯丁（Austin）和琼·罗宾逊 1926—1928 年在当地的经历，她们两人回来后兴兴致勃勃地将这些见闻转达给剑桥的同仁们；[2] 二是克拉克当时正指导一个很出色的印度学生劳（V. K. R. V. Rao）创作题为"1931—1932 年间英属印度的国民收入"（The National Income of British India）的毕业论文。另外，肇始于 1935 年一项有关发展中国家农业产出的比较研究，也进一步强化了克拉克的兴趣。

314

《经济进步的条件》首版于 1940 年，此后于 1951 年彻底重写再版。这项研究为战后许多学者的研究奠定了基础，包括库兹涅茨、霍利斯·钱纳里，以及其他致力于度量、比较处于不同实际人均收入水平经济体的结构性特征的学者，不管他们是对此作长时间段的考察，还是关注某个特定时间段的横截面比较。

虽然相比 1951 年的版本，1940 年那个版本所使用的统计数据要少很多，但是这个版本完全就是我们现在所考察的这个时期的产物，而不属于我们将在第三部分讨论的 1945 年之后的故事。而且，第一版还包含了某些在第二版中被遗憾地删除的内容。这其中尤其值得注意的是，第一版中包括了一章题为"概述及结论"（Summary and Conclusions）的内容，讨论了贸易条件与经济增长的关系，写得形象生动，读来也令人受益匪浅；第一版还试图将乘数和加速数分析从短期转向长期。[3]

不管在哪个版本中，克拉克技术分析的核心内容方面都有三个主要特征。

● 实际收入及其构成的界定用的是标准"国际单位"（I. U），它具体包括 1925—1934 这十年间，平均 1 美元能在美国购买的商品和劳务数量。这就使得系统的国际比较成为可能，甚至还使得粗略地计算全球总产出以及处于不同平均实际收入水平的国家的收入分配状况成为可能。

● 克拉克基本是按照第一产业（农业等），第二产业（制造业）及第三（服

---

[1] 《发展的先驱》，第 62—65 页。

[2] 1926 年，罗宾逊夫妇到印度度蜜月，奥斯丁当时是瓜里尔皇储的私人教师。我可以肯定的是，他们 1949 年一起回想起这段时间时仍旧是兴奋异常。

[3] 克拉克，《经济进步的条件》（伦敦：麦克米伦出版社，1940），第 1—16 页（"概述及结论"）；第 448—469 页，第十四章，"交换的条件"（The Terms of Exchange），以及第 470—484 页（第十五章，"投资与收入之间的关系"（The Relation Between Investment and Income））。

务）产业进行部门分解的。他比较了不同实际收入水平的国家中，以上三个产业的相对产出效率以及劳动力配置情况。另外，他还分析了特定国家产业结构比例随着时间的推移、技术的变迁以及人均实际收入的上升而发生的变化。克拉克因此可谓战后横截面比较研究和国家研究方面的先驱。

● 他的研究还涉及如何测量、评价资本在经济进步中的作用，个人收入分配状况，不同收入阶层的消费模式变迁，以及人口增长率与国民收入增长率之间的关系等问题。相关讨论均富有启发性，尽管克拉克没有得到什么确定的结论。

从致谢和参考文献看，到 1930 年代后期，克拉克已经掌握了大量可用的数据。不过他的工作真正具有开创性之处在于，他围绕着一系列连贯一致的基础性问题把这些材料组织到了一起。随着可得数据的增加，克拉克的一些结论已经得到修正，一些分析性内容也变得有争议。就我个人而言，我比较不确定的是，仅仅使用人均实际收入水平来衡量经济发展程度或经济增长阶段是否足够。不管怎样，《经济进步的条件》实际上是为数不多的开创了一个全新经济分析领域的著作之一，尽管克拉克自己对此并不认同，并谦虚地认为自己的一些主要结论早在威廉·配第那里就已经有所体现[1]；当然，就此而言，他本还应提到亚当·斯密和阿尔弗雷德·马歇尔。

安斯蒂、托尼和诺尔斯

在第七章简要介绍人口统计分析的演变时，我曾捎带提及两次大战之间安斯蒂对印度的研究（第一版，1929 年），以及托尼对中国（1932 年）的研究（前文，第 206—208 页）。这两者都是从整个社会的视角出发讨论发展问题与前景的杰作，时至今日依旧值得一读，尽管时间已经过去半个多世纪，尽管有关印度与中国发展问题的分析自那以后已经变成一个小行当。

这两个研究所讨论的对象——印度与中国，当时正处于我称之为准备起飞的复杂转型阶段。它们的经济中已含有现代元素，并且已有一小部分人对西方的组织方式有所了解，而且这部分人出于这样那样的缘由，正试图扩张现代活动的范围。用安斯蒂的话说，"那些受过教育说着英文的印度人……就像一层薄纱覆盖

---

[1]　《发展的先驱》，第 70 页。

在整个印度社会的表面。"中国社会中也存在着类似的一小群人。这两个经济体都已拥有铁路系统、棉纺织工厂、钢铁冶炼业、工程行业以及化学工厂等等。但是从本质上说，这两个地方都还是十足的传统社会，大多数人都从未接触过现代活动和生活，或者只触及现代的边缘。安斯蒂显然大致是在用中世纪西欧背景作为类比，以诠释一个现代印度将要发展演进的环境起点。在印度人生活的种种特征中，她强调了以下几个方面：广泛深入的宗教影响，进步观念的缺乏，严重的社会分割状态，个体从属于集体，自给自足的农业占主导地位，普遍存在的行业协会。在这两个国家中，政治生活的关注点都不在发展问题。之所以如此，是因为那里存在着显然比发展还要重要的问题：就印度而言，首先是要实现国家独立；而中国则忙于与入侵的外敌一决高下，忙于构建一个强大的中央政府，同时终止至少始于 1927 年的内战。

这两本书的中心议题都是古老而强大的宗教、文化、社会结构及政治行为与现代化的对位。两本书的作者最终都认为，只有在排除这些非经济障碍，包括人口的过度增长之后，经济发展才能成功地迈步前行。

安斯蒂的文本大部分集中于论述印度社会中弥漫着的现代经济气息，以及新近的趋势、政策和展望。这也是世界银行在大致二三十年之后，开始在大范围内进行国家研究时使用的原型之一。但是，安斯蒂对技术经济分析与非经济力量作用之间关系的处理显得平滑自然、自由通畅，而且相比后来大多数高度专业化的经济发展研究，她的研究更令人印象深刻。在最后讨论经济"大踏步前进的主要障碍"时，她指出，障碍不在"物质、技术领域，而在社会组织领域"。她所界定的"三个最基本的障碍"是："人口过度增长的趋势、人们持有的非经济观以及政府与其臣民之间缺乏合作"。[1]

相比安斯蒂，托尼对中国的研究（《中国的土地与劳动》）既窄又宽。它的篇幅要少上五分之二；它的关注点，正如其标题所示，主要在于农业部门与农村生活。最开始，这是为太平洋关系组织 1931 年 11 月在上海举行的一次会议而准备的备忘录。会议组织者慧眼识英才，聘请到欧洲从中世纪向现代社会转型分析中最著名的专家之一。他在分析时并没有一成不变地引入欧洲经验；与此相反，他特别强调了中国的特殊之处，并以这种区分作为整本书的基本框架。

---

[1] 维拉·安斯蒂，《印度的经济发展》（*The Economic Development of India*）（第三版，1936），第 3 页。

作为类比，文中出现了如下这样的论述：[1]

> ……中国农业的无序……很严重但（部分地）却非其所独有。它们是已经广泛存在的事物类型的一种，不依这个国家或那个国家的具体特征所决定，而是经济文明发展到某个阶段的产物。尊重经验的使用，坚守经验的方法，不相信科学；技术水平低下，食物产出低得可怜；持有物分散化导致时间与劳动的浪费；耕者的利润被中间商、高利贷者和地主们予取予夺；缺乏沟通手段，以及其他类似的难以忍受的生存条件；大量的人口在饥饿与周期性重复发生的地方性饥荒边缘徘徊——所有这些现象，除了少数几个情况稍好的地区，自从人类第一次思考它们开始，直到最近也仍是西方经济生活中的寻常现象……
>
> 那些在上个世纪改变了整个局面的力量，无须再作赘述。现在这个时代的新奇之处就是科学与生产技艺的结合。

托尼文本的大部分内容都在探讨其他地方曾使用的补救措施在中国的适用性：交通运输方面，科学与教育，合作型组织，土地使用权，旱涝控制，降低出生率与移民，以及现代工业发展等等——他用了整整一章的篇幅来阐述这些措施。技术上，托尼总结道，"中国最基本的经济需要……按照重要程度排序如下：[2]

> （1）通过扩张道路网并在环境允许的范围内修建铁路，以改进沟通手段；（2）改进农业，不仅是改进生产方式，而且资金、市场及土地使用权等方面也要作相应变革；（3）充分保护机器工业的发展，从现有机械集中的狭小区域向外扩张。然而，政治稳定与经济进步都不可能自动实现。

但是他认为，相比经济，政治问题具有优先性：[3]

> 他们（中国人）必须缔造一个稳定、统一的政治体系，没有它讨论民族

---

[1] 同上，第470页和第473—478页。

[2] 托尼，《中国的土地与劳动》（*Land and Labor in China*）（纽约：哈库特·布莱斯出版，1932），第79页。

[3] 同上，第182页。

独立或者经济重建都毫无意义……他（一个西方观察家）听到许多有关中国统一在国民政府之下的事情。然后他拿来一张地图，一个一个省份地看过去，用铅笔标出那些南京政府权力可以到达的地方，名义上接受南京政府统治的地方，以及公开反对南京政府统治的区域。然后他的观点就变了。首都能够有效管辖的领域逐渐减少，也许只能有效地管辖整个大陆三十个省份中的六七个——这三十个省份有些较为友好，有些对中央政府漠不关心，而有的则充满敌意。这就是 12 世纪的法国，领土无限广袤，但是点亮的只有一个角落——巴黎与法兰西岛，余下之处到处充斥着混乱的自由。

与安斯蒂一样，托尼转而以"中世纪的基督教界"作为类比，以说明如果要实现一个现代中国的诞生，潜在的制度与观念结构需要发生怎样的变化。但是在操作层次上，他的关注点仍然在于：[1]"首要的问题是……创造一个有效的政府体系；"而他认为要实现这个重要目标，关键是要发展起一个更有效率的现代教育体系。

他在最后一章中讨论了影响结果的决定性因素——"教育与政治"；进而讨论了他那雄辩滔滔的观点：中国人自己必须协调好势在必行的现代化与文化传承延续之间的关系——这是有关经济发展的文献中可以找到的最为明智的评论之一。[2]

大多数对中国西化的讨论与实际情况相距甚远……对美国或者欧洲的模仿，已经深深地影响了中国的教育，但却没有解决中国更深层次的问题。这是其演变过程中一个不可跨越的阶段；直到认识了西方，中国方能完全了解自己……虽然一个国家可以借得他山之石，但是使用这些手段的能量却必须从自身内部找寻。

惟有源自内心的复兴才是真正的复兴。*

只有从她自己的内部，从自有的历史文化之中再作重新挖掘和重新阐释，中国才能找到她所需要的动力。革命最重要的成就还有待实现。问题

---

[1] 同上，第 169 页。

[2] 同上，第 193—195 页。

* Erquickung hast du nicht gewonnen, Wenn sie dir nicht aus eigner Seele quillt.

在于把政治活力的恢复转变为社会制度的实践问题，利用现代技术展开实践，不过这些均须扎根于中国国情。中国必须到自己的学校与大学中寻找建设者。

莉莲·诺尔斯的《大英帝国海外殖民地的经济发展》是一本非常与众不同的著作。[1] 它主要研究帝国的热带地区[2]，涵盖了的是诺尔斯在伦敦经济学院作为先驱所开设的发展经济学课程内容——这是一门有关大英帝国经济发展的课程，是商学学士学位的必修课。与安斯蒂和托尼的工作相比，这里更多涉及帝国政策的历史变革，而对经济发展问题与前景的分析虽然也有但却相对较少。因此，它不可避免地枝大叶粗。同时，在阐述"新大不列颠热带帝国的传奇史……"时，它也许同样不可避免地会带上一丝惊奇，甚至是歌颂的成分，把英国说成是"文明、法律和秩序的伟大传播者"，以及"渴求生产、销售和原始竞赛的世界……"在受到冲击时的缓冲器。[3]

　　然而，其中还是有一些重要的分析性见解；例如，它分析了技术变迁，包括镇压奴隶能力的变迁对殖民政策的系统性影响。它直截了当地讨论了"大英帝国潜在的重商主义"，但是它同时也讨论了"当地利益"以及"对原住民的责任感……"的优先性上升问题。[4] 与同期伦敦经济学院的两位同仁类似，她也用欧洲从中世纪的转型来诠释她从热带帝国观察到的历史现象，并写道：[5] "当我们回顾英国历史，看一下那些大约 1900 年前的文明人（例如罗马军队）会如何看待我们时，我们就无须对热带人感到失望了。"

318

　　在这些工作之外，值得一提的是，还有一些英国学者深入到殖民主义背后的现代化表面之下，敏感而同情地抓住了被卷入这一进程的双方都存在的矛盾心理；例如福斯特（E. M. Forster）和乔伊斯·卡里（Joyce Cary），后者有一段时间曾任职于一个西非殖民地。《印度之行》（*Passage To India*），《约翰逊先生》（*Mr. Johnson*），还有更传统的文本，都属于这类有关现代化的著述。

---

[1]　诺尔斯，《大英帝国海外殖民地的经济发展》（*The Economic Development of the British Overseas Empire*）（伦敦：乔治·路特里奇，1924）。

[2]　同上，第 8 页。

[3]　同上，第 510—511 页。

[4]　同上。

[5]　同上，第 509 页。

沃尔瑟·霍夫曼

霍夫曼的《工业经济的成长》1931 年首版于德国，但是直到 1958 年译文出版之后，这部著作才在西方世界广泛流传开来。[1]霍夫曼没有就他是如何写出这本具有高度原创性的著作做出说明，不过他指出，他想调和两种有关一战期间欧洲以外的国家工业化加速的冲突性观点。这两种观点，一种认为"1918 年之后欧洲竞争的重新来临"将会危及"战争带来的这些结果"；另一种观点则认为，工业在欧洲之外的扩散与先前在欧洲内部的扩散类似，而后来者则拥有借鉴"欧洲国家先行经验的优势"，并且它们走向工业的自给自足会减少"欧洲某些种类制造品"的出口。[2]为了处理这些问题，霍夫曼的方法直截了当、井然有序。首先，他从自己的基本经济增长方程出发，界定了总体经济增长的决定性因素：[3]

> 在任何一个国家中……第一、第二和第三产业这三个主要经济部门的增长率差别很大，并且三个部门中特定行业的增长率也有很大不同。这些差异主要是源于以下因素的交互作用：（1）生产要素（自然资源、资本存量、劳动力）的相对数量；（2）生产资源在国内外国市场上所处的区位；（3）技术发展水平；以及（4）非经济特征的要素，例如企业家才能、消费者偏好，以及相关国家的政治社会结构。这些因素决定了一国经济总体上的增长及其不同部门的增长。然而在经济发展的过程中，这些要素基本上也是经济增长的结果。

接着，霍夫曼集中关注"由不同制造业部门增长率差异所导致的"工业部门内部的结构性变化，并断言经济增长的进程中，国家间的工业化模式具有惊人的相似之处。[4]

319

---

[1] 1931 年的版本，题为《工业化的不同阶段及类型》（*Stadien Und Typen der Industialisierung*），由基尔大学世界经济研究所在基尔出版发行。1958 年版本，《工业社会的成长》（*The Growth of Industrial Societies*），由亨德森（W. O Henderson）和查伦纳（W. H Chaloner）译自德文，并在曼彻斯特的曼彻斯特大学出版社出版。

[2] 《工业社会的成长》，第 11—12 页。霍夫曼的初始想法，和法尔克·希尔吉特在《工业化与对外贸易》一书中的想法有明显的内在关联。

[3] 同上，第 1—2 页。

* 这是科林·克拉克的划分。

[4] 同上，第 2 页。

具体来说，他发现：[1]

　　……经济中的制造业部门，其结构总是遵循着统一的模式。食品、纺织品、皮革制品与家具行业，这些所谓的"消费品行业"，在工业化进程中总是首先发展起来。但是金属加工、汽车制造、工程以及化工，即所谓的"资本品行业"，很快会发展得比第一类行业更快。这种现象在工业化进程中随处可见。……

　　就我们的分析目的而言，我们把这个渐进的过程分为以下四个阶段：

● 阶段一的比率为 5（±1）:1
● 阶段二的比率为 2.5（±1）:1
● 阶段三的比率为 1（±0.5）:1
● 第四阶段的比率继续降低……

　　这本书的主要目的就在于说明，所有自由经济体中均可以发现这些经济发展阶段。

　　接着，霍夫曼检验了他的核心假说，也即不同时期处于相似增长阶段的国家工业结构之间的联系，这让他得以识别不同国家现代工业化起步的时期。[2]在一番富有见地的讨论之后，他把注意力集中到棉纺织业上，而后把这些工业化起步阶段分为四个时期：1770—1820（英国、瑞士、美国）；1821—1860（欧洲大陆上的西欧与中欧加上俄罗斯）；1861—1890（意大利、荷兰、丹麦、德国、日本、加拿大）；1891之后（匈牙利、印度、南非、拉丁美洲、澳大利亚、新西兰与中国）。总体上，这些时间都要早于我所定义的起飞时期。霍夫曼的分析归类只局限于现代纺织工业。而我有关起飞的标准更加复杂，它表征的是更多前沿行业已经实现的进步。仅仅在少数几个例子中，现代纺织工业的兴起才足够规模、足够强大，才符合我的起飞标准。不过，霍夫曼的时期划分，完全服务于其有限的目标。

　　通过定义并跟踪一个可衡量的比率，即抽选的消费品行业增加值相对于类似

---

[1]　同上，第2—3页，以及第二章（"工业化过程"（The Process of Industrialization）），第24—41页。

[2]　同上，尤其参见第3页和第三章（"工业化的历史阶段"（The Historial Phases of Industrialization）），第42—66页。

的一组资本品行业增加值的比例，霍夫曼提出了一个原创的四阶段经济增长形态学。沿着这一思路，根据进入工业化的时间，他对一系列国家进行了排序。他在这方面的工作，尽管一般的有关发展的文献都未曾提及，但显然属于那些真正富有开创性的研究。

希尔吉特

作为其主要目的（前文，第308—310页）的意外收获，希尔吉特在《工业化与对外贸易》中用了两章篇幅，不仅构建了一个有关发展中国家工业化任务的简要指南，而且包含了一个复杂的有关经济发展与发展政策的一般性论述。[1] 希尔吉特的分析广泛地涉及当代及历史上处于不同现代化阶段的各个国家的经验，不过与众不同的是，他特别详细地讨论了人口密度、初始人均收入、国家及国内市场规模、气候与人口健康、基础设施规模、国内外资本的可得性、人口增长与320　工业增长率之间动态关系的决定因素，以及关税政策的作用等。

下述段落摘自"概述和结论"一章，希尔吉特的分析特点在其中一展无疑：[2]

14. ……必须依据自然资源的可得度区分两类国家，一是人口相对较少的非工业化国家，二是人口相对较为密集的国家。

15. 在人口较少的国家中，甚至工业化之前，经济商业化常常已经到达一定程度，因为这些国家初级产品的出口盈余可能相对较大，当然因此制成品的进口规模也相对较大。这些国家早期的外贸增长……很可能会促进它们的工业化。

16. 那些人口密集的国家，农业人口往往就占据了四分之三，常常受困于贫困、低下的劳动生产率以及陈旧迟钝的社会组织……除了其他方面，它们的工业化还需要在社会价值与管理、农业的重组与合理化方面有一个根本的改变。

---

[1]《工业化与对外贸易》，第三章和第九章，第30—75页。同样也可参见第七章（"主要发现概述"（Summary of Findings）），第116—121页。

[2] 同上，第120—121页。

17. 在人口相对较少的国家中，工业发展……会碰到一个特别的困难，也即因为这些国家的国内市场太小，不足以在许多制成品的生产上形成规模、吸收产出。

18. 在人口密集的国家中，如果建立的工业比较分散并且生产规模相对较小，就可能会有利于工业发展，尤其是早期阶段的工业发展……

19. 在人口密集的国家中，成功的工业化计划，可能不得不与防止人口过度增长的措施相结合。

20. 在这些国家中，工业化逐步推进之前，必须保证尽可能少地消耗既有自然资源。

21. 外资流入对于对外贸易及公用事业的发展十分重要，而这二者正是工业化的先决条件。但是经验显示，在制造业逐步推进的过程中，可以获得的这类资本非常有限。因此，工业资本的大量供给通常必须依赖国内储蓄。乍一看，筹集这种资本的可能性……要大于它出现的可能性。

22. 当前，关税保护不能作为实现工业化的惟一依赖或者主要手段。一个成功的工业化方案，通常必须包括许多方面的项目计划：社会的复兴、卫生的进步、综合教育与技术教育、农业改革以及交通、电力和其他公用事业方面的投资。

显然，希尔吉特的工作预示了战后许多有关经济发展的处方性文献的研究路径。 321

经济增长极限问题的思考：汉森与熊彼特

从根本上说，关于经济增长极限的观点有三种：第一种关注报酬递减与基本商品价格的相对上升；第二种认为经济系统可能无法产生足够高的有效需求，因此难以避免异常高水平的失业持续存在；第三种涉及限制经济增长以求提升生活质量的必要性。在这些之外，我们还可以加入熊彼特有关民主的动力学与资本主义运行的必要条件之间存在冲突的构想。

由于第一种观点是以基本商品的相对短缺和富余等术语来界定的，因此它与康德拉季耶夫周期的基本旋律便变得非常接近。[1] 周期中，对基本品生产报酬递减达到极端焦虑的时间段包括：1813 年之前，马尔萨斯和李嘉图所关注的人口增加对食物供给造成的压力，以及这种压力给增长前景和人均实际收入带来的影响；1840 年代中期到 1873 年间不同时期对食物、棉花、煤炭需求的增长及人均实际收入的忧虑，这其中包括杰文斯很不情愿地而得出的结论，即"我们必须放缓步伐，稍事休息了"，因为英国无法从质优、可得、高生产率的煤层中获得煤炭资源，支持年均增长率为 3.5% 的煤炭消费；[2] 还有就是凯恩斯与罗伯逊有关 1914 年之前欧洲贸易条件广泛影响的思考。1945—1951 与 1965—1980 年间，由于相对价格的变动，以及 1965—1980 年间人口增长和工业化加速对物理环境造成的压力的集聚，类似的焦虑再次出现。

因为关心长期存在的高失业低增长，一些学者开始提议大规模变革公共政策。这就是 1815 年之后那个最糟糕的结构调整阶段中，马尔萨斯与李嘉图争论的背景；这也是 1840 年代早期与晚期，大规模经济萧条使得宪章运动者（以及货币与其他改革者）在英国的活动加强，以及社会主义者在欧洲大陆的活动加强的背景；这还是复金银本位制者 1880 年代中期在英国与 1890 年代中期在美国出现、流行的背景，是 1930 年代凯恩斯主义矫治方案的支持者大力推销自己的背景。1980 年代大西洋两岸焦虑不安的结果，仍然应该从政治的视角来加以理解。

对于那些有着各种积极的理由支持增长存在有极限观点的人而言，他们都没有察觉到上述这种庄严的旋律，虽然从约翰·斯图亚特·穆勒到丹尼斯·米都斯（Dennis Meadows），他们都曾把自己的观点与工业逐步扩张过程中有关资源与环境的焦虑联系在一起。

我们这里的关注点是第二种类型的焦虑的一次特别表现，那是在两次大战之间，由于周期性的上涨未能把西欧（除德国外）与北美带回充分就业状态，紧接着在 1937—1938 年还出现了急剧的衰退，由此便引发了对"长期停滞"的高度关注。对此，出现了两种替代性的解释，一是阿尔文·汉森在 1938 年 12 月 28 日美国经济学会第五十一次会议上当选为学会主席时发表的演讲中提出的观点——

---

[1] 有关这种关系的讨论，例如，可以参见，罗斯托，《从这到那》（*Getting from Here to There*）（纽约，麦格劳·希尔出版公司，1978），第 13—16 页。

[2] 威廉·斯坦利·杰文斯，《煤炭问题》（*The Coal Question*），第二版（伦敦，麦克米伦出版社，1866），第 7 页。

"经济的进步与下降的人口增长"，[1] 还有就是熊彼特对"令人失望的朱格拉周期"那含义明显与众不同的解释。[2]

汉森清楚地意识到，要有效地处理长期停滞，就必须把经济增长分析与凯恩斯的短期收入分析结合起来，或者按照汉森自己的话说，把经济增长分析与"结构性变迁"和"波动"结合起来。[3]

简言之，汉森的论题可总结如下：

1. 1930 年代是一个新纪元的开始，虽然现在还无法界定："可以说，我们正在跨越一个分界点，在这之前是 19 世纪——一个经济增长和扩张的伟大时代，在这之后是一个没人不愿展开想像力，却也没人能够清除准确地加以刻画的时代"。[4]

2. "最重要的"是，相比 1920 年代与 1914 年之前（前文，第 201 页），美国人口增长率在 1930 年代下降了一半。[5]

3. 如果是从斯密的乐观观点而非马尔萨斯的悲观观点看待人口增长在经济增长中的作用的话，"影响经济进步的构成要素"还有另外两个："……（1）发明，（2）发现并发展出一个新领域与各种新资源……反过来，这些因素（包括人口增加）各自或其组合都可以打开投资的出口，导致资本的快速形成。"[6]

4. 自 19 世纪晚期以来，已有一群经济学家详尽地证明："经济波动本质上就是经济进步的一种表现。"[7] 这个方面的先驱包括：维克塞尔、斯皮索夫、熊彼特、卡塞尔以及罗伯逊。

5. 在 19 世纪，"投资出路众多且很有吸引力。"经济周期是那个世纪最突出的问题。现在我们遭遇的是"长期停滞——死于襁褓之中的脆弱的复苏，以及自我强化并留下失业这个烂摊子的衰退……这是我们这个时代的主要问题……"。[8]

322

---

[1]　汉森的文章刊于《美国经济学评论》，第 29 卷，（1939，3 月），第 1 期，第一部分，第 1—15 页。1938 年，汉森还出版了一个篇幅更长的版本，载于《全面复苏还是停滞》（*Full Recovery or Stagnation*）。

[2]　《经济周期》，第二卷，第 1011—1050 页。

[3]　汉森，"经济进步"，第 1 页。

[4]　同上。

[5]　同上，第 2 页。

[6]　同上，第 3 页。

[7]　同上。

[8]　同上，第 4 页。

6. 人口增长率的降低减少了对衣食住行以及各种制成品的需求，从而减少了对投资的需求，进而导致长期失业。依据粗略的估计，在 19 世纪的后半叶，人口的增长可以解释西欧资本形成总量的大约 40%，美国的 60%。[1]

7.19 世纪因为新领域的开拓而形成的新资本比重甚至无法得到大概的估计。但是在 1914 年之前，英国的资本形成总量中可能有四分之一去了国外，而在法国，这个比重是七分之一。可以预期，20 世纪的这种刺激会变小；从俄罗斯、东欧、中国以及东方可能的工业化进程中，可以期待的刺激并不多。[2]

8. "因此，新投资的出口迅速缩小，只能涌向那些技术进步所开拓的领域。"我们需要提升科学与技术进步的速度。我们需要创造大批新兴行业；但是正如罗伯逊所言，这一过程"并不连续，会整块整块的出现，还有些急促。""当庞大的新兴工业（如铁路、汽车）已经耗费了诸多力量之时，其他一些相同量级工业的出现，可能就要等上一段很长的时间了。事实上，过去的十年中就没有出现什么。这一基本事实，再加上州与地方政府实际上已经中止的公共投资……基本上说明了联邦支出上升的必要性。"[3]

9. 某些制度与市场的刚性降低了新技术对于扩大投资、减少失业的潜在贡献。[4]但是即使在减少这些障碍上取得进展，那也不能替代大规模的政府行动，也即通过刺激消费和公共投资，直到可以避免无可忍受的失业水平和实际收入的下降——这才是核心需求之所在。

汉森估计，当前实现充分就业的国民收入水平在 800 亿美元。他认为，政府在国民收入"实质上低于"650 亿美元时就应该采取强有力的行动，并建议在 700 亿美元左右时"逐渐停止"以避免带来通胀压力。[5]

10. 汉森承认，追求这么一种政策导向提出了一个 1939 年的经济学家还不能回答的重要问题。[6]他特别指出，政府刺激消费与公共投资的措施事实上不仅会遭遇政治上的困难，而且可能通过各种路径削弱私人投资的激励。他总结道："当前所面临的巨大转型——人口增长率的迅速下降，以及这种下降对资本形成与自

[1] 同上，第 8—9 页。
[2] 同上。
[3] 同上，第 9—11 页。
[4] 同上，第 11—12 页。
[5] 同上，第 13—14 页。
[6] 同上，第 12 页和第 15 页。

由企业体系运行造成的影响，呼唤我们沿着社会科学各学科的前沿路径展开高度科学性的探索。"

考虑到 1950 年代和 1960 年代世界的繁荣兴旺，汉森的某些分析看起来有些奇怪，而且与现实有些出入；同时，他显然没有认识到 1945 年之后的四十年中，在先进工业国家与发展中国家之间形成的异常紧密的相互关系。但是他的见解仍然少有地结合了经济增长与短期收入分析——乘数、加速数及其他因素。当然，他还捕捉到第二次世界大战爆发以来广泛流传的观点。

但是熊彼特对此并不认同。熊彼特在《经济周期》的最后一章中具体说明了他的不同意之处，稍后又在《资本主义、社会主义与民主》中对自己的观点展开了详细的论述。[1]

熊彼特最后讨论的论题非常简单：[2] "……气球瘪了，并不是（如汉森所说的）因为其内在结构出问题了，而是因为里面的空气被吸光了"——因为罗斯福新政中各种政策及其创造的敌对氛围对美国资本家及其投资意愿造成的心理影响。简言之，熊彼特想说的是，汉森最后提出的那个问题，即有关强有力的竞争资本主义与他自己所建议的那种积极的选择性干预主义之间的兼容性问题，早就已经被证伪了。

熊彼特的结论相比其分析过程而言比较不重要，因为在分析时，他不仅把经济增长与短期分析放到了一起，而且还加入了资本主义的社会学与心理学。

1. 和汉森类似，熊彼特的关注点也是发明与创新，（与 1880 年代一样）他把 1930 年代看成这么一个阶段，在这个阶段中，经济的进步是源于康德拉季耶夫长周期中日益成熟但却仍然处于含苞待放期的技术的扩散——比如，电力、汽车以及化学等方面。[3] 在解释康德拉季耶夫的下降期时，他所用的术语与汉森的截然不同：[4]

　　过去惯常带来繁荣的那些进程，目前仍旧存在，这的确让我们倍感欣慰。这样一来，我们便拥有了阐释朱格拉周期性繁荣的资格，并且还可以让

[1] 《资本主义、社会主义与民主》，（纽约：哈珀与罗出版，1942）。
[2] 《经济周期》，第二卷，第 1050 页。
[3] 同上，第 1020—1026 页。
[4] 同上，第 1026 页。

我们从经验推知，繁荣就是繁荣，它不需要借助任何的外力，包括政府支出或者任何其他因素对经济系统的介入干预。特别的，没有任何迹象表明，相比过去，比如 1925 年，客观机会变少了，或者资本主义的动力减弱了。于是，为何繁荣如此脆弱，以及为何这之后应该跟着出现一个非常严重的衰退，这些问题都开始出现在恰当的背景之中。

324

2. 在回顾了各种各样的货币与财政政策方面的发展之后，他总结认为，政府的角色"……异常不逢其时——在经济进程本可以不要它就轻易自己做好时，政府的动作往往最多；相反，当经济进程处于最敏感的阶段时，政府又开始不作为了。"[1] 不过熊彼特指出，财政政策与货币政策的不当并不能解释 1937—1938 年间出现的严重衰退。

3. 在异常明晰地回顾了汉森的论题之后，熊彼特识别出有关长期停滞理论人们看法比较一致的两个领域："未来某个时候，投资机会可能消失"，并且它们可能"因饱和"而消失。[2] 这就使得他可以清楚地阐释他的不同意见，并质疑：[3]

……那些有关 1938 年经济状况诊断的（长期）考虑是否有道理……离我们曾经见证的那次强有力的繁荣，时间还不到十年；同样，离那次可能主要是源于之前"进步"的速度而导致的萧条，时间也还不到十年……它与之前的康德拉季耶夫下降期中那个可比较的朱格拉繁荣期性质上并无差异，也因此，没有任何迹象表明，资本主义组织机制的运作发生了什么根本性的变迁……

……但是，仅仅通过其自身的运转，资本主义制造了一种敌视自己的社会氛围（一种道德律令，如果读者更喜欢这么说的话），这种氛围反过来缔造了使其不能运转的种种政策……某种程度上，这就是这个国家已经发生的事情，虽然也许对这个国家没有什么好处。

---

[1] 同上，第 1032 页。
[2] 同上，第 1034—1035 页。
[3] 同上，第 1036—1038 页。

5. 现在，熊彼特可以自由从容地地阐释自己的论题了。他认为，正是政策以及政府对美国私人资本主义态度的突然变化，极大地抑制了投资。熊彼特回顾了税收、劳动力、公用事业以及反垄断政策的改变，认为这些变化在一定程度上解释了问题，因为它们"倾向于相互加强"。[1] 由于 1933 年的意外转折，以及行政管理新方式的引入，这些变化的组合效应得到进一步强化。

6. 因此，熊彼特总结道："……对于时下朱格拉周期中出现的种种令人失望的特征，以及经济系统对政府支出的微弱反应，尤其是政府在投资和失业方面没能发挥曾有的影响，我们以进程以外的因素便足以解释，这应该没有什么值得怀疑的。"[2]

在最后一个脚注中，熊彼特埋下下一本书的伏笔（同时预示了里根政府巨额赤字的某些缘由）：[3]

　　……源自抑制性因素的作用而导致的模式，与储蓄－投资理论所设想的模式之间在各个方面上表现出相似性；它将展示的是一样的缺乏弹性，一样的动态趋势——趋向正常水平以下的准均衡；特别的，它将总是导致或者说不断导致大规模的失业。因此，政府支出将……总是强调自己是一种短期困难的补救措施，每一次应用都将意味着还要有下一次，如果中断就要付出代价。于是，害怕这种中断最终成为主导性的动机，即使是原则上最强烈地反对支出政策的那些人也是如此。

325

1870—1939 年间的两种视角：第二部分总结

和汉森与熊彼特一样，也正是出于对 1930 年代明显的长期停滞所带来的严重问题的高度关注，庇古提出了一个稍微冗长且哲学味更浓的观点。1939 年，他在当选皇家经济协会主席时发表了一个引人入胜且饱含怀旧情绪的演讲——"从

---

[1]　同上，第 1045 页。
[2]　同上，第 1050 页。
[3]　同上，第 1050 页，注 1。

648

1939 年往回看"（Look Back from 1939）。[1] 他回溯了从自己在剑桥求学以来四十年间发生的一系列巨大的变迁：例如，汽车与飞机的双刃剑式成功；妇女地位的改变以及她们那堆积成山的大衣行业的变革；受到专业训练的经济学家数量急剧增加，结果因为报酬递减定律的作用而导致其质量出现滑坡——学生时代，他只能举出八个"最出色的经济学家"，包括马歇尔与埃奇沃斯。他接着问道：[2]

> 最大的区别是什么？这个问题的答案几乎确定无疑。那时，经济学家已经在一个政治、经济都相当稳定的世界中成长起来，而且他们的总体经验也被限制在这个世界中……根本性的变化总是渐渐发生，缓慢作用。也没有什么大型灾难。这与今天经济学家们的经验是多么不同啊！1914 年的战争造成了毁灭性的后果；预算失衡、恶性通货膨胀；缓慢的再调整；大萧条重复来袭，与此相伴的是政治上的紧张！我认为，这种经验上的根本性差异，基本上可以解释老一代经济学家与新一代经济学者逼近问题方式的不同。相比从前，现在短期问题相对于长期问题必然显得远为迫切。当然，比如说从 1890 到 1910 年，经济学家们并没有忽视转型问题，以及就业波动所引发的大不幸。但是在那时，相比影响生产与分配的潜在因素，这些问题略显次要……而在一个我们的心智饱受突发、迅猛的变化冲击的时期，看法不同那是再自然不过的了。确实，在平静的天气里估计行船的路线时并不需要考虑太多的波浪。但是，若是在暴风雨中，波浪可能就是问题的全部。转型问题都属于燃眉之急。因为如果没有解决好，发生的就不是转型而是大灾难；长期也就永远不会到来。

庇古提到了极度的紧迫性以及两次大战之间问题的独特性，这可以帮助解释为何经济增长在那个时期受到的关注有限。某种意义，庇古也为凯恩斯的名言正了名，即在（马歇尔式）长期中，我们都已死去。至于 1870 年到 1914 年，在当时世界上的先进工业国家中，经济增长基本上被认为是理所当然的事情。经济增长是庇古考虑的那个稳定且缓慢变化的成熟世界的一部分；于是，在这个假设的

[1] 载于庇古，《经济学随笔》第一章，（伦敦：麦克米伦出版社，1952），第 1—9 页。（重印自《经济学杂志》，卷 49，第 194 期 [1939 年 6 月]）。
[2] 同上，第 3 页和第 4 页。

背景下，他可以把自己的才智投入如何从边际上实质性地提升人类的福利，如何缓解经济的周期性波动。

从 1980 年代往回看，令人惊讶的是，战后各种各样的增长分析赖以依托的基本洞见和方法中，有多少是出自以 1914 年作为分水岭的前后两段截然不同的背景：人口学，对投资与技术的分析，经济周期，相对价格趋势，以及经济增长的阶段与极限。而且，经济增长分析方面主要贡献的质量，不论直接间接，均如庇古青年时仰望的伟大人物一样，令人高山仰止：马歇尔与罗伯逊；斯皮索夫与熊彼特；科林·克拉克与库兹涅茨；阿瑟·伯恩斯与法布里坎特；安斯蒂与托尼；比克迪克与哈罗德；霍夫曼与希尔吉特；其间还有：卡塞尔、约翰·贝茨·克拉克、约翰·莫里斯·克拉克、费雪、维克塞尔以及阿伦·杨格。接着，通过把在报酬递减定律支配下那个相当古典的经济增长分析与现代国民收入分析结合起来，凯恩斯与汉森清楚地阐述了长期停滞的情况，而这又带来了熊彼特那深深根植于中世纪欧洲悲观主义的回应，得到的是一个比黑格尔还悲观的前景。

第三部分将表明，1945 年以后的四十年间，经济增长分析从未在主流经济学占据主导地位；但是仍有大量的分析家直接讨论了增长问题，而这些讨论的进路早在 1939 年之前的七十年间就已经埋下伏笔，尽管在两次大战之间人们抑制不住地转而关注短期。

第三部分　1945 年以后的经济增长
分析：令人眼花缭乱的年代

第十四章　导言

从这一章开始，我们转入 1945—1988 年这一时期。我们将面对的挑战和第二
部分有所不同。与所有的增长曲线一样，在大西洋两岸，经济学专业领域的扩张
在推进一步之后开始趋缓。经济学中，各种各样的专业化运动开始展开。它所关
注的焦点亦随着经济形势的变化而不断转移：从 1950 年代和 1960 年代那出人意
料的、前所未有而又相对稳定的高增长，到 1973 年和 1981 年的两次石油危机引
发的令人烦恼的扰动，再到 1982—1989 年间伴随着相对低水平增长的高失业率、
高赤字与高债务，其间经济学家虽有不情不愿，且感棘手难缠，却也没有办法。

这一次，经济增长分析重新回到舞台的中央。但是，这并不是说它已回到 18
和 19 世纪那具有广阔包容性的古典模型上来。在这一部分中，我们将主要讨论
经济增长分析的三个领域，这三个领域都是在两次大战之间发展起来的：

● 形式化的增长模型，其基本风格源自哈罗德 1939 年的工作；

● 对人均实际收入水平不同的增长模式进行比较统计研究，这方面的开拓者
是科林·克拉克；

● 针对欠发达国家的经济增长问题而展开的经济发展理论进路。这些研究涉
及面甚广，尽管在方法上还不甚严格，埋下其中伏笔的是安斯蒂、托尼和希尔吉
特等人。

这三个领域的研究有一些交互作用，尽管其中的研究者是在不同的领域里探
究真理、展开论辩。

我还想稍微介绍一下这个时期的一个重要研究，因为它已超出了上述分类：

这就是英格瓦·斯文尼尔森（Ingvar Svennilson）的《欧洲经济的增长与停滞》（*Growth and stagnation in the European Economy*），此书由联合国欧洲经济委员会于 1954 年在日内瓦出版。然而，此书和"二战"后任何理论的或者方法论的潮流都格格不入。作者清楚地认识到马歇尔、卡塞尔、熊彼特、维克赛尔、凯恩斯和哈罗德取得的成就以及尚未解决的难题，因此明显地在自己的理论框架中整合了宏观分析和部门分析。作者拒绝对长期和短期分析进行区分，并把周期性分析和趋势性分析融到一起。他详尽地讨论了重要部门的技术变迁，以及相对价格和贸易条件变化的成因和影响。但是，这项研究本质上是独一无二的。因此，我们关注的重点只能是那些在"二战"后的四十年里占据经济增长分析主导地位的理论。

尽管经济增长理论在 1945 年之后比在 1939 年之前更为流行，但是被主流经济学定义为自己一部分的却只有一种经济增长分析，那就是形式化的增长模型。哈罗德所开辟的进路中高度总量化的形式、数学术语的阐述，以及和其他宏观经济理论清晰的关联，都使得新凯恩斯主义经济学家很自然地选择通过这条进路逼近经济增长的分析。战后那一代主流经济学家对经济增长分析的其他两个领域几乎不感兴趣。

平心而论，如果认为保罗·萨缪尔森的《经济分析基础》（*Foundations of Economic Analysis*）在塑造主流经济学的整体氛围、定义主要问题以及打下方法基础上前无古人后无来者，这尽管略显夸张，却也并不为过。[1] 此书的手稿尚未出版就已获得 1941 年哈佛的大卫·威尔士（David A. Wells）奖，虽然其中的大部分内容皆可追溯到 1937 年萨缪尔森 22 岁时候的工作。这是萨缪尔森为自己以及他那一代经济学家所界定的构想的一部分，其矛头明确地指向了马歇尔。[2]

> ……马歇尔曾说道，"看起来，不会有人愿意花费很多时间，用于阅读经济学说中那烦冗复杂且还不是出自自己之手的数学方程"；我觉得，应该是时候弃置马歇尔的这个声明了。现代经济学的许多理论本质上是可以用简单的数学概念予以刻画的，对于这些数学概念展开费力的文字工作不仅从推进该学科进展的立场上看不值得褒奖，而且一样是一种尤其败坏的智力操练。

---

[1] 保罗·萨缪尔森，《经济分析基础》（剑桥：哈佛大学出版社，1947）。
[2] 同上，第 6 页和第 311—312 页。

　　确实，经济学家在用上力学的类比的同时也曾用上生物学的类比，这一点在马歇尔的著作里尤其明显，演化与有机体的生长在那里被看作是静态均衡分析的对立面。然而总体上，其结果看来颇为让人失望；比如，马歇尔对递减成本的处理便因此而变得模糊。

基于自己的构想，萨缪尔森继而在1948年出版了他的教科书——《经济学》第一版。此书实际上已然取代约翰·斯图亚特·穆勒和马歇尔的《原理》，并依托其不断的再版（以及一些的模仿者）而成为盎格鲁—萨克逊世界内部（以及外部）自《国富论》以来第四本占主导地位的经济学教科书。

挑马歇尔作为对手，萨缪尔森是对的；只是，至少在他学术生涯的早期阶段，他并没有完全把握住马歇尔的立场。马歇尔对于数学是否足以作为政治经济学一种语言的严厉态度，其意义殊非萨缪尔森简短的批评所能涵盖。马歇尔是一个训练有素的数学家，他把数学语言看作一种有用亦有限的工具，他认为该工具并不能够充分把握与经济分析有关的全部变量，也无法解决那些总是超出狭义经济学范围而属于政治经济学的重大议题。马歇尔并没有这样"败坏"的、受虐的偏好，非要把简单、流畅的数学公式翻译成英语散文。他只是认为数学不足以作为经济学的一种语言，因为他不相信经济学能够被"简单的数学概念"所包含。他写那些散文体的文字，意在刻画自己想法的充分复杂性。至于递减成本，诚然，马歇尔从来没有干净利落地用数学解决这一问题；但是在几近一个世纪之后，"现代经济理论"也仍然没有找到一个令人满意的解决方案。这是因为，那样的方案必然得涉及所谓的熊彼特问题——大规模非连续的内生创新问题。面对这一问题，当代主流经济学退却了，总是以一个或者另一个抽象空洞、模棱两可的装置设计敷衍了事。

不过值得赞赏的是，萨缪尔森的主要兴趣并不在于发动一场有关方法的论战。他的目标在于证明，若是把严格的数理方法应用于他那一代所继承的经济学主体理论——消费者行为理论、厂商理论、福利经济学理论以及经济周期理论，其潜力是多么巨大而激动人心，正如他所见到的那般。

这样一来，尽管萨缪尔森在经济学领域兴趣广泛、建树颇丰，他所高举的旗帜虽然反映并大大强化了战后两代经济学人的学术偏向，但是他却并没有像他的先辈那样，因提出政治经济学的重大原理或者目标而垂名青史，他传世只因这

331

么一个词：数学。他明确把自己归入这么一条流脉：从瓦尔拉斯经帕累托到弗里希，以及其他接受这样的教义并沉醉于威拉德·吉布斯（J. Willard Gibbs）格言所描述的优雅人生的那些学者——"数学就是一种语言"（萨缪尔森把这句格言印到了《经济分析基础》的扉页上）。萨缪尔森非常清楚，马歇尔（和希克斯）都是此道中人；但是因为他们都"将令人生畏的数理分析置于事物的表层之下，把它们放到附录里……"。[1] 这使得他稍感不安，仿佛自己已成了他们的叛徒。

以数学来表述经济理论，均可统合于"最大化行为研究"这一旗帜之下，萨缪尔森为此定下了两条操作性的原则。首先，除了定义之外，所有的命题都必须根据行为规则、参数，以及支配实践者所关注的那些变量的初始条件来表达。其次，满足了这些条件之后，无论是比较静态还是动态分析，经济理论的目标都是要决定，"随着数据的明确变化，我们的变量如何发生定性或定量的变化。这样，我们就清楚地将某些数据以参数的形式引入我们的系统，根据参数的变化来改变我们的函数关系。"[2] 萨缪尔森试图表露并阐明的，是隐含在"看似各不相同的领域——生产理论、消费者行为、国际贸易、公共财政、经济周期、收入分析……中那种形式上的惊人相似。"[3] 他实现这一点的路径是，首先探求比较静力学的方方面面，然后通过符应原则过渡到比较动力学。[4]《经济分析基础》的总结陈词慷慨激昂，满怀希望：[5]"沿着这条比较动力学的康庄大道，分析性经济学的进一步发展翘首可待。可以期待的是，这将有助于我们在各种不同的问题上展开攻坚——从单个小商品的细微表现，到经济周期重要构成部分的波动，甚至到经济

---

[1] 同上，萨缪尔森的《原理》实际上正是他归之于马歇尔和希克斯的那种方法的一次尝试。后来萨缪尔森有关社会科学中数学作用的稍微更为细微的说明，可参见，"经济理论和数学——一个评价"（Economic Theory and Mathematics），《美国经济评论》，第 62 卷第 2 期，[1952 年 5 月论文与快报（*Papers and Proceedings*）]第 56—73 页。
[2]《经济分析基础》，第 7 页。
[3] 同上，第 3 页。
[4] 萨缪尔森定义相应的原理为对下述问题的证明：某个系统的比较静态行为被看作与它的动态稳定性质紧密相关（第 351—352 页）：

比较动态的中心观念是够简单的了。我们改变某些东西（只是暂时我们不需要关心的那些东西），然后我们针对所考察的经济系统，研究这一变化对其总体运动或行为随着时间的推移会发生什么样的影响。由此可见，比较静态是其中的特例，在这里，变化是"永久"的，所讨论的也只是对最终静态均衡水平的影响。

很明显，这种方法和李嘉图在与马尔萨斯论辨时的立场非常接近。
[5] 同上，第 355 页。

发展这一伟大庄严的主题，莫不如此。"

对于年轻的萨缪尔森把数学作为一门语言引入经济学的雄心壮志，我们很难不怀有同情之心；但是结果遗憾地表明，他和他的追随者们并没有认真对待弗朗西斯·培根的告诫："不要以为通过论争建立起来的公理就足以胜任发现新事物的工作，因为自然的微妙远远超出论证的微妙很多倍。"不过本书在此关注的问题略为狭窄：在过去的四十年中，主流经济学家实际上是如何讨论"经济发展这一伟大庄严的主题的"？

在回答这个问题并进而考察前文所定义的战后另外两个增长分析学派时，我的目标很有限：第一，我将尝试从较广的意义上揭示，每一类经济增长分析在过去的几十年中是如何演进的，包括它们与世界经济中的诸多事件和各色环境的联系如何。在这个过程中，我们将重点考察这些进路如何处理，或者没能处理经济增长分析中本书认为关键的那些维度；第二，我们将对每种方法的优劣短长做出评价。

第十五章　形式化增长路径的兴衰起伏

一个并不严谨的统计性注解

332　　在过去的半个世纪中，形式化增长模型的演进故事相当优美。它肇始于哈罗德 1939 年的《动态理论》，而后得到多马 1946—1947 年工作的二次助推，[1] 不过这并未引发大规模的论争和良好的发展势头，直至 1950 年代中期托宾（Tobin）、索洛、斯旺（Swan）三者三篇文章的问世。这几篇文章对早期模型中刀锋增长的不稳定性发起挑战，从而缔造了与哈罗德—多马模型相对立的新古典时期。[2] 接下来，有趣的事情发生了。就像是在三个熊彼特式的创新英雄证实了可盈利性之后，既乏冒险精神又无想像力的商业机会主义者像潮水一般涌入新领域一样，大量才华横溢之人涌入到形式化增长模型的构建之中，使得配置到这方面的才智在 1965—1966 年间达到顶峰；尽管早在 1964 年 12 月，汉恩（Hahn）和马修斯（Matthews）就在他们宏大的综述里（参看下页注释 2）宣称："……报酬递减的

---

[1]　埃弗塞·多马，"资本扩张、增长率和就业"（Capital Expansion，Rate of Growth，and Employment），《计量经济学杂志》，第 14 卷（1946），第 137—147 页；和"扩张与就业"（Expansion and Employment），《美国经济评论》，第 37 卷，第 1 期（1947 年 3 月），第 34—35 页。

[2]　詹姆斯·托宾，"一个动态总量模型，"（A Dynamic Aggregative Model）《政治经济学杂志》，卷 63，（1945 年 4 月），第 103—115 页；罗伯特·索洛，"对经济增长理论的一个贡献，"《经济学季刊》，第 70 卷，（1956 年 2 月），第 65—94 页；和斯旺，"经济增长与资本积累，"（Economic Growth and Capital Accumulation），《经济记录》（*Economic Record*），第 32 卷，（1956 年 11 月），第 334—361 页。对哈罗德模型的一个批评可见我的《经济增长的进程》（牛津：克拉伦登出版社，1953），第 86—96 页。也可以参看佐藤（R. Sato），"哈罗德—多马模型对新古典模型，"（The Harrod-Donar Model vs. the Neo-Classical Model）《经济学杂志》，卷 74，第 294 期（1964 年 6 月），第 380—387 页。佐藤认为，新古典模型里假设的调节过程实际上可能是如此之慢，以致产生了哈罗德—多马模型中的不稳定性。

拐点可能已经到来。"在接下来的 1970 年代，这一切渐趋平淡。虽然并非所有的激情都已退去，但是逐渐明晰的是，所有能从新古典增长模型的探索，以及围绕这些模型展开的论辩中汲取的洞识均已水落石出。图 15.1（其统计指标的构造说明可见注释 3）描述了从 1930 年代末期到 1970 年代早期形式化增长模型的兴衰起伏。[1] 在考察用来勾勒图 15.1 的参考文献目录时，一个有趣的发现是，1969—1973 年期间的条目近乎一半都是综述性研究、教科书，或者是涵盖某一轮廓边界都已界定好的领域的文献合集。那些希望学习现代形式化增长模型的学生，其兴趣以此便可得到很好的满足。因此，于此再行提供一个自 1939 年到 1970 年代早期所有增长模型的文献综述实无必要。注释 2 引述的几项工作已经做出或包含了出色的总结；比如，汉恩和马修斯、琼斯、森（Sen）、万又暄（Wan）以及索洛 1970 年关于增长的讲演。[2]

接下来，我们的论述将沿着四个方面依次展开：

● 回望增长模型出现时世界经济的大背景，讨论大环境对这些模型的影响。

● 对主要的几类增长模型之特征作一程式化解释。　333

● 就主要的模型如何处理本研究中考虑的关键增长变量予以简要的综述。

● 评价增长模型各种细微变化的功与过。

---

[1] 图 15.1 是依据海韦尔·琼斯（Hywel G. Jones）《现代经济增长理论导论》（*An Introduction to Modern Theories of Economic Growth*）（纽约：麦格劳—希尔出版，1975）中的 278 项参考文献描绘的，见第 238—247 页。我武断地剔除了和最近几十年的建模工作没有直接关联的文献；例如，约翰·贝茨·克拉克和约翰·莫里斯·克拉克、米尔顿·弗里德曼、约翰·梅纳德·凯恩斯、菲利浦·威克斯帝德（P. H. Wicksteed）等人所做的研究。然后我按照发表的年份排列了余下的 182 项。

[2] 这些综述中的第一个产生于增长模型构建工作中最热烈、最激动人心的阶段，这个综述还有点古典意味：汉恩和马修斯，"经济增长理论：一个综述"（The Theory of Economic Growth: A Survey），《经济学杂志》，卷 74，196 期（1964 年 12 月），第 779—902 页。后来的文献有：伯迈斯特（E. Burmeister）和罗德尼·多贝尔（A. R. Dobell），《经济增长的数理理论》（*Mathematical Theories of Economic Growth*）（纽约：科利尔—麦克米伦出版（Cllier-Macmillan），1970）；汉恩，《经济增长理论读物》（*Readings in the Theory of Economic Growth*）（伦敦：麦克米伦出版社，1971）；阿玛蒂亚·森（主编），《增长经济学》（*Growth Economics*）（哈蒙兹沃斯，英国：企鹅出版，1970）；卡尔·谢尔（K. Shell）（编），《最优经济增长理论文集》（*Essays on the Theory of Optimal Economic Growth*）（剑桥：麻省理工学院出版社，1967）；罗伯特·索洛，《增长理论：一个说明》（Growth Theory: An Exposition）（牛津：牛津大学出版社，1970，1988 扩展版）；约瑟夫·斯蒂格利茨（J. E. Stiglitz）和宇泽弘文（H. Uzawa）（编），《现代经济增长理论读物》（*Readings in the Modern Theory of Economic Growth*）（剑桥：麻省理工学院出版社，1969）；万又暄（H. Y. Wan, Jr.），《经济增长》（*Economic Growth*）（纽约：哈库特·布莱斯与约万诺维奇（Jovanovich）出版，1971）。当然，海韦尔·琼斯的《现代经济增长理论导论》也在这个名单之列。　649

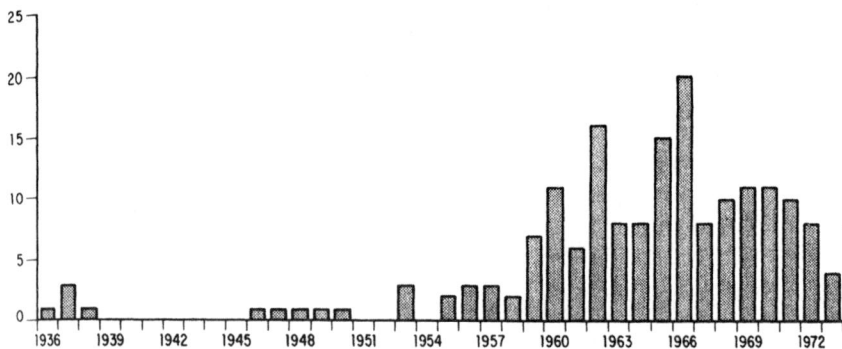

图 15.1　形式化增长模型的参考文献：1936—1973。

改编自海韦尔·琼斯（Hywel Jones）的《现代经济增长理论概论》（*An Introduction to Modern Theories of Economic Growth*）（纽约：麦格劳—希尔出版，1975），第 241—250 页。

世界经济三个不同阶段的增长模型

在三个相当不同的时期中，世界经济状况明显影响到形式化增长模型的构建。首先，战前和战后初期对大萧条重复发生的担心强烈地影响到哈罗德和多马，可以想像，这也使得在模型中纳入极端不稳定的内在可能性变得可以接受，看起来也符合实际。当哈罗德在 1939 年的文章里得出政策上的结论时，实际上他总是假定经济系统是脆弱的，要么在前一个繁荣期达到充分就业之前就已陷入衰退（就像 1937—1938 年期间），要么由于人口增长率的下降，或者源于储蓄率的上升，或者因为技术变迁偏向于资本节约型等因素而陷入长期高失业状态。[1] 在 1948 年的《走向动态经济学》里，哈罗德讨论了战后一些积极的发展现象，但是无论是短期还是长期，他开出的药方都仍然根植于两次大战之间塑型他的理论体系的那种悲观主义。同样，多马于 1946 年在《计量经济学杂志》上发表的文章也反映了当时大多数经济学家的共识：除非当局确实有相当英勇的气魄采取对策，否则战后的世界经济不久就会陷入萧条。[2] 他还明确地表达了对汉森式长期停滞的担心——在这种情况下，（由技术变迁、偏好、新资源的发现等引致的）"自

---

[1] 罗伊·哈罗德，《走向动态经济学》（伦敦：麦克米伦出版社，1948），第 33 页。

[2] 多马 1946 年的文章重印于阿马蒂亚·森的《增长经济学》，第 65—77 页。多马对"有保证的收入增长"的讨论在第 74—77 页。

发"投资不足以通过乘数维持充分就业，也即不足以通过给定数量的投资增加带来总就业的增加。因此多马提议，当局必须保证收入增长维持在一定的水平，以使得充分就业所需的总投资量能够通过加速数而实现，也即通过给定数量的收入增长带来的投资增加而实现。

　　世界经济当然没有在战后陷入困顿，故而增长模型的发展一度放慢了脚步。

　　到了1950年代中期，美国经济由于朝鲜战争、经马歇尔计划援助后的欧洲而展现出旺盛的活力，甚至以更强劲的增长力进入一个以私人汽车和耐用消费品为基础的大规模消费时代，而日本经济也从神奇的复苏进入到令人叹为观止的一路狂奔中。在这一背景下，很多经济学家开始觉得，那种认为先进工业国增长脆弱性的论断可能有些过头了；其中若干学者转而开始探寻经济体内生的力量，也即可能会以各种方式将偏离动态均衡的波动拉回到稳定增长路径上来的那些力量。如此便有了新古典增长模型，这其中，托宾、索洛和斯旺通常被视为这方面研究的先驱。

　　围绕着这些会自我纠正且动态上相当稳定的模型，研究与争论持续了大约十年。在1973—1974年间，当世界经济进入自1930年代以来另一个不稳定的阶段时，上述范式已被相当充分地挖掘殆尽。而且，哈罗德—多马模型中并未涉及导致此次经济动荡的力量，新古典模型因此也就无法提出内在的纠错机制。形式化增长模型与1973年到1989年期间世界经济面临的核心问题明显没有多少关系；与此同时，由于1945—1972年世界经济的相对平稳发展，分析性智力资源在经济周期研究上的配置也大大削弱，这两方面一起共同解释了为何这一领域中的新工作本质上乏善可陈。

增长模型：对哈罗德—多马模型的修正

　　为了将主流经济学纳入到一个视经济增长为核心进程、视经济周期及其他不规则情况为对经济增长的偏离的模型之中，分析者们受到了高度总量化的新凯恩斯主义框架的严重制约，不过对于这一框架，他们不仅视为理所当然，而且可谓用之泰然。下面这些概括尽管简要，却也足以囊括从哈罗德1939年的文章到1970年代早期形式化增长模型中几个流脉的特征，以及一小撮更为直接地处理经济增长和经济周期关系问题的研究。

1.哈罗德—多马模型：处在深渊的边沿。这类模型提出的问题是：稳态增长是否可能？如果可能，其特征如何？什么条件会导致不稳定？哈罗德的回应首先是对有保证的增长率和自然增长率做出界定，进而把他用来构造 1936 年的《贸易周期》一书的框架基础——乘数加速数的结合应用到经济增长分析中。他的理论体系关注的是有保证的增长率（G_w）和自然增长率（G_n）二者保持同步的困难。哈罗德由此界定了他所关心的问题[1]："……对于分析和政策来说，这里存在两类明显不同的问题，也即：（1）G_w 对 G_n 的偏离；及（2）G 偏离 G_w 的趋势。前者是长期失业问题，后者是经济周期问题。"

多马独立地界定了一个成长中的私营企业经济内在的不稳定性，虽然他使用了略有差异的术语，不过却是异曲同工。在他的模型中，与有保证的增长率对应的是 G；和自然增长率对应的是 s。最后令他深怀忧虑的是，s 不可能高到和 G 相匹配的程度，他由此推断，需要有公共政策的大规模补偿措施来提高 s。

从经济增长理论出发，多马清晰地表达了凯恩斯主义分析存在的形式缺口：因为凯恩斯主义分析是建立在马歇尔的短期假设基础之上，投资的作用是通过乘数决定收入水平，而非促进生产能力扩张。

哈罗德—多马的模型出现之后，就像乐曲在开演之初优美简洁地表达出它的主题之后，各种各样的变化，甚至不总是和谐而是对立的主题也就开始随之展开。

2.新古典增长模型：经由要素替代而实现稳定。1956 年，随着索洛和斯旺论文的发表，增长模型的构建者们分析的核心问题之一就从一个焦虑的小调变成了一个大调。索洛清楚地表达了这一富有前景的主题：[2]

　　　　哈罗德—多马模型中最突出也最有力的结论就是，即便对于长期而言，经济系统也只能在均衡增长的刀锋路径上实现最佳平衡。如果如此众多的关键变量，比如储蓄率、资本产出比、劳动力增长率，哪怕是轻微地偏离静止点，其结果不是导致失业上升，就是导致长期通胀。

　　　　不过，有保证的增长率和自然增长率这种根本的对立，最终证明是来自一个关键的假设，即生产是在固定比率下进行的。生产中不能用劳动替代资

[1] 罗伊·哈罗德，《走向动态经济学》，第 81—82 页。

[2] 罗伯特·索洛，"增长模型"（A Model of Growth），此文最早发表于《经济学季刊》（1956），也可见于阿马蒂亚·森的《增长经济学》，第 161—162 页。

本。如果放弃这一假设的话，不稳定平衡的刀锋观点似乎也会随之而去。实际上，有见于在他们的理论体系里，有些部分如此僵化必然导致其他部分陷入刚性，因此这并不让人感到奇怪……

本论文所致力于构建的长期增长模型接受了哈罗德—多马模型的所有假设，唯一的例外是固定比例假设。与固定比例假设相反，我们假定，单个复合商品的生产由劳动与资本在标准的新古典条件下完成。

无须详细引述索洛的具体陈述，资本和劳动的可变比例假设与新古典关于竞争市场行为假设的结合，使得索洛得到如下结论：[1]

……当生产在可变比例和规模报酬不变的新古典条件下进行时，有保证的增长率和自然增长率之间不可能出现简单的对立。任何刀锋状态增长可能都不会存在——实际上，在柯布—道格拉斯函数假设下，刀锋增长永远不会出现。经济体会自我调整以匹配任意给定的劳动增长率，并最终达到稳定的比例性扩张状态。

3.剑桥（英格兰）学派对新古典增长模型的回应：经由收入分配和储蓄—消费比率的变化而实现稳定。存在相当一批增长模型，它们实现稳定的路径是假定工薪阶层与食利者阶层之间的边际消费（储蓄）倾向存在差异；前者的收入主要是工资，后者的收入包括所有形式的财产收入，而不仅仅是企业家的收入。[2]如果财产所有者的收入用于储蓄的比例在边际上高于工薪阶层，那么总体边际消费倾向的变动就会稳定下来。正如卡尔多所详细阐明的那样（他曾就这一中心命题发展出若干个版本），只有在假定初始就业充分的情况下，经济体才会趋于 336
稳定。

这个过程中的调节机制非常简单：经济系统偏向更高水平产出的趋势（比如，由于投资增长而引起）会导致价格与利润进而储蓄的膨胀，结果便会降低有

---

[1] 同上，第169页。
[2] 关于这类增长模型不同版本的表述，可以参看如汉恩和马休斯的《经济增长理论》，第793—801页；森的《增长经济学》，第16—18页和79—157页；万又暄的《经济增长》，第63—93页和海韦尔·琼斯（H. Jones）的《现代增长理论导论》，第143—152页。

效需求，促使经济回归充分就业的均衡。逆向运动就是完全对称的自我纠偏。卡尔多，这一脉络新古典增长模型的代表人物，基于卡恩－凯恩斯的消费函数和乘数，他是这么描述这一核心机制的作用情况的：[1]

> ……基于"充分就业"的假设……投资进而总需求的上升将提高价格以及利润盈余，从而减少实际消费；相反，当投资下降时，总需求也会减少，从而导致价格（相对于工资水平而言）下降，进而导致实际消费的补偿性上升。假定价格（或者更确切些是利润）具有完全弹性，那么经济就会在充分就业处稳定下来。

这种稳定增长模型的进路，不仅经历了各种修正，而且成为热议的对象，和增长模型故事的其他各个维度一样受到大量关注。

那么，契合于这些企业的发明、创新以及技术的作用又体现在哪里呢？

4. 增长模型中的发明、创新及技术。所谓的主流增长模型曾用各种方法讨论发明、创新和技术的作用。所有这些方法的使用，都是为了回避熊彼特的核心洞见：也即，大量的创新是大规模、内生、非连续的创新，在一开始受其影响的都是特定的部门；不过从更广的视角看，这些重大创新不仅会影响到总体经济的结构，而且实际上会影响到经济中所有重要的变量，比如产出增长率、信贷需求、价格水平、实际工资以及利润率等。当经济增长的决定因素都是以高度总量化的术语来定义时，增长模型的主要构建者牢牢关注的便只有影响总体增长路径稳定与否的力量。他们基于下述几种主要的装置设计，置熊彼特问题于一旁：

● 假定没有技术进步，把经济增长视为劳动力和资本存量扩张的结果。

● 假定技术进步是外生的、渐进的，是（脱离实体的）时间的函数。

● 假定技术进步体现在投资中，是投资率的函数——这是为了回应市场扩张而回到斯密式的渐进技术变迁。

● 假定所有技术变迁都是内生但却是渐进的，源于要素价格、生产中累积的

---

[1] 这段话来自尼古拉斯·卡尔多的"关于分配的不同理论"（Alternative Theories of Distribution），《经济研究评论》（*Review of Economic Studies*），第 23 期（1955—1956），第 94—100 页，也可见于森的《增长经济学》，这段引文在书中的第 84 页。剑桥（英格兰）学派观点的根基可以从琼·罗宾逊的批评里得到清楚的理解，"哈罗德先生的动态学"（Mr. Harrod's Dynamics），《经济学杂志》，卷 59，第 233 页（1949 年 3 月），第 68—85 页。

经验、教育，以及其他人力资本和／或研发投资的改进。

这个技术变迁表现为渐进的世界，不管技术变迁是内生还是外生，都可以通过假定技术进步中性而变得更易于处理。这里所谓的中性技术进步，通常是指资本和劳动边际产品比保持不变，只要总体资本—劳动比例保持不变。不过在有些情况下，学者们也会在模型中引入资本节约型或者劳动节约型的技术进步。

对于形式化增长模型的变化，上述这样扼要的回顾当然不够全面。但是我认为，没有必要在此讨论这些模型所提出并争论的其他一些问题，比如资本品完成制造或者安装前后，其可调整的程度（安装前后均可随意调整比例；安装前可调整，安装后固定；或者安装前后均固定），以及资本品构成的后续使用年限（或者年份）；在经济增长进程中程式化地引入货币维度；两部门（资本品与消费品）模型，最大增长率（纽曼）模型。主流增长模型化工作的核心，可以在索洛1970年优美而简洁的演讲中得到最好的阐释。[1]索洛关注了三个概念：储蓄率（s），资本产出率（v），以及劳动力增长率（n）。基本上，哈罗德—多马模型认为，稳定的增长需要$s=vn$，而且因为每一个变量都是独立决定的，稳态可能只有在"纯粹意外"时才会发生。对此，其他经济学家便旨于通过定义v和s的决定因素而构建出倾向于将经济拉回稳态增长路径的模型。[2]

337

对于这——般模型（哈罗德—多马模型），只有一条路径可以跳出那个框框。s，v和n三个符号中至少要有一个，也可以是多个，必须不是给定不变的，而是成为具有足够宽取值范围的变量。如此，便足以确立稳态增长的可能性。然而，为了解释实际经济中稳态或接近稳态增长的普遍存在，还有一些需要做的事情。理想的状况是，这里还需要某些似是而非的机制，使得s，v和n三个变量中的某一个或者几个能够形成某种关系构造，满足哈罗德—多马模型的一致性条件。机制勉强更少也成，如果s，v和n变迁路径的获得可以恰当地依托合意且不是太过似是而非的条件的话。

在这三个关键参数里，哪一个是最可能担当上述角色呢？有意思的是，古典经济学家大概首先会认同的是人口增长率，一个现代理论研究者唯一趋

---

[1] 《增长理论》，第8—12页。关于索洛后来对其1956年模型的反思以及他的瑞德克利夫（Radcliffe）讲座的稿子，可见他1987年的诺贝尔演讲稿，重印于《增长理论：一个说明》1988年版。

[2] 同上，第12页。

向于视为不变的变量。

在这一点上，特别的，对 v 可能具有的自我纠正特征的探究带来了一连串复杂的问题，学者们在哈罗德—多马模型所构建的那个高度抽象的世界里努力探索着这些问题，尽管在对 v 进行探索的过程中，某方面的研究重新回到收入分配，从而间接地回到 s 上来。

尼古拉斯·卡尔多

这一时期，并不是所有的增长理论家都对这样优美而抽象化的变量处理感到满意。比如卡尔多，他就非常明确地试图找到一个模型，据此调和熊彼特那里融合了创新的经济增长和经济周期理论。在 1950 年代这些模型构建者所完成的这些工作中，这项工作也因此凸显而出。[1]

一开始，卡尔多对熊彼特理论的态度并不友好：[2]

熊彼特理论的麻烦在于，它是描述性，而非分析性的。尽管很容易就可以看出，这个故事的某一特定部分如何推演自前一部分，但是若不整合一些本身便足以解释周期的因素，那就无法就整个故事构建一个统一的"模型"……——比如，我们必须求之于熊彼特自己提出的大批创新者和模仿者阶段，甚或纳入技术进步这样的概念。对于熊彼特理论中至关重要的创新投资（在时间上）必要的"集聚"而言，若不将凯恩斯的乘数以及产出—投资关系（加速数）引入作为辅助，便无法得到令人满意的解释。

诚然，研究已经证明，从分析上看，沿着凯恩斯的《通论》而发展起来的经济周期理论无法与经济周期和动态增长内在相连的观点相兼容，也即无法与经济周期仅仅只是经济"进步"的一种附带产物，若无后者便不可能发生这样一种观点相兼容。

---

[1] 尼古拉斯·卡尔多，"经济增长与周期性波动的联系"（The Relation of Economic Growth and Cyclical Fluctuations），《经济学杂志》，卷 64，第 253 页（1954 年 3 月），第 53—71 页，最初是 1953 年 5 月 23 日在巴黎的应用经济科学院所做的一个讲演。

[2] 同上，第 53—54 页。

卡尔多接着证明，如果是基于合适的假设，还是能够构建出拥有静态趋势的经济周期模型的。在认识到这种模型的不切实际之后，他进而表示，动态趋势也是能够被整合进该模型的，只是那样一来就和熊彼特的经济增长周期假说不相符合了：[1]"由此可见，所有最近发展出来的'动态'模型……只是同一个东西的变种而已，而且本质上讲，所有这些模型都只是在本来没有趋势特征的模型基础上从外部引入一个线性趋势，而没有以任何方式改变其基本性质。"

到了这里，卡尔多开始离开模型化的世界，其观点也开始变得有意思起来：[2]

> ……但是，若是从知识性或者分析性的视角看，这种状况是否可以完全令人满意呢？趋势自身并没有"得到解释"；它只是作为数据被引入而已。因此，没有任何理由可以认为，这些理论可以成为经济增长理论的基础。然而，不同的人类社会增长率是如此的不同（实际上，不同时代或者同一时代世界上不同地方的增长率差异本身就是最引人注目的历史事实之一），这一事实本身也为如下观点提供了强有力的支持，也即技术发明和人口增长，这两个支撑经济变迁趋势的因素确实又是社会过程的结果，而不像气候或者季节的变迁，完全独立于人类行动。

基于该核心命题，卡尔多指出，人口增长率、技术进步以及资本积累都是基本社会力量相对作用强度的结果，而非经济增长的初始原因；而且[3]

> 为何某些人类社会远比其他增长得更为迅速？对于这一问题，似乎最可接受的答案可以……从人类的冒险和牟利态度中找到……
>
> 于此，我们最终发现了我们一直在寻觅的经济趋势和经济周期之间的内在联系。因为如果以上分析正确的话，则不管是经济周期还是经济增长，都是企业家某种态度的结果——更确切地说，都是企业家对待未来预期的不稳定造成的……熊彼特的英雄，也即"创新的企业家们"，我们一开始如此草率和轻蔑地打发掉的那些人，最终获得了极为荣光的地位，甚或成为这个舞

---

[1]　同上，第61—63页。

[2]　同上，第65页。

[3]　同上，第67，68—71页。

台上的关键角色——虽然我们甚至愿意赋予他们更为多样的特征角色。他们是发起者、投机者、赌徒；他们不仅仅是新生产技术的传播者，而是一般意义上的经济扩张的传播者。

尽管和他那个时代的其他模型建构者一样，卡尔多对经济增长的技术分析过于总量化，而且他对非经济力量的论述显然也过于简单，但是在模型建构流行的年代中，这种思路的出现便犹如沙漠里的一片绿洲。

339

在这篇有趣但不是十分典型的论文中，卡尔多提出了两个重要的问题。首先，我要强调的是一个相当狭小的理论问题。卡尔多早期有关分配方面的工作以及他关于经济增长内在稳定性方面的主张，都依赖于凯恩斯所定义的边际储蓄（消费）倾向随着实际收入的涨落而发生的变化。而在这篇文章中，他引入了一个多少有些不同的命题：[1]"商业企业利润的再投资一直是，并且仍将是，产业资本积累的主要来源……"。这是一个极为重要的命题，因为特定部门的增长率（以及所赚取的利润）[2] 常常是新技术吸收速率的函数。卡尔多并没有系统地推进这一洞见，这大概是因为在他所致力于从事的大多数工作里，技术变迁的概念都是高度总量化的、渐进的，都体现在投资水平之中，而且这些工作也不允许技术存量这样的概念存在。[3]

其次，卡尔多在把经济行为和潜在的社会力量相关联时退缩了，他清楚地阐明了一个自我否定的诫令：[4]"在这里，经济推测侵入了社会学和社会史学的领地；作为经济学家，在这种情况下我们最多只能说，经济分析中不存在诸如经济史家和社会学家所强调并争论的新教伦理和资本主义兴起这样重要的关联。"这种对经济分析的局限做出限制的观点，在 20 世纪的主流经济学家中非常常见，但却和从大卫·休谟到阿尔弗雷德·马歇尔这一源流所设想的领域范围不相一致，

---

[1] 同上，第 66 页。

[2] 举例来说，可参看里夫·约翰森（Leif Johansen），"分解资本积累效应的一种方法和基于劳动生产力增长的生产函数变化"（A Method for Separating the Effects of Capital Accumulation and Shifts in Production Functions upon Growth in Labour Productivity），《经济学杂志》，卷 31，第 284 期（1961 年 12 月），第 775—782 页。约翰森的分析利用了索尔特（W. E. G. Salter）《技术变迁和生产力》（*Productivity and Technical Change*）一书中的数据（剑桥：剑桥大学出版社，1960）。

[3] 比如说可参见我在"技术与价格体系"（Technology and the Price System）一文中的讨论（和参考文献），该文见《为何穷国变富而富国减速》，（奥斯汀：得克萨斯大学出版社，1980），第 166—168 页。

[4] "经济增长和周期性波动"，第 67 页。

和卡尔多所参考的两个权威——卡尔·马克思和约瑟夫·熊彼特所构设的领域范围也不一致。更重要的是，这种观点排除了任何对经济发展过程的严肃分析，又或排除了对不同国家社会增长率差异原因的分析，因为这些问题实际上毫无例外地均涉及非经济变量。

琼·罗宾逊

从另一个视角出发，琼·罗宾逊表达了对主流增长模型的不安之情。当说到她对1950年代和1960年代早期增长理论文献的贡献时，立马就会让人想到一些申斥以及极为严肃的思考。这好像是因为在她看来，这些实践的核心人物，尤其是新古典模型的建构者，其中在某种程度上还包括她的朋友和同事尼古拉斯·卡尔多，都只是十分肤浅地在处理这一严肃的主题。只是从相当简单的方程组和假设中推论资本主义要么不稳定，要么因为要素替代，甚或因为凯恩斯消费函数在面对收入分配变化时的作用，就推出资本主义可以保持相对的充分就业，这些都是不够的。正如她所说的："嬉闹够了，让我们回到最初的原理上来吧。"

于是，她通过给定初始资本品存量以及由过往经验所决定的预期状态，列出了六个她认为决定增长率的基本变量：[1] 技术条件（包括劳动力增长率、工业技艺和自然资源）；投资政策，以及休谟、马克思和凯恩斯所论述的"兽性"；节俭的条件，包括凯恩斯主义事后储蓄等于投资的假设；竞争的程度（它与增长率的关系还有些含糊不清）；工资议价（假定货币工资恒定不变，除非出现严重的劳动短缺，并且实际工资面临无可接受的通胀压力）；金融状况（包括如下假设：

---

[1] 琼·罗宾逊，《增长理论论文集》（*Essays in the Theory of Growth*）（伦敦：麦克米伦出版社，1962），第34—50页。万又暄有一篇我所见到的对罗宾逊增长体系展开最详细的讨论，见《经济增长》（第63—82页）。在其中，万又暄指出，这个基础性的、复杂的、终极开放的方法实际上从各个维度反映了"罗宾逊世界的全貌"：

　　若一个人想了解罗宾逊夫人的观点，那莫过于考察她的理论根源。从马克思那里，她获得了"扩大再生产"的大纲，这或许还可以一路追溯到魁奈。马克思的两部门（两大部类）模型囊括了在经济中流动的资源。追随马克思，罗宾逊夫人的理论也考虑了投资的激励。马克思认为积累的推动力内生于资本主义体系之中。罗宾逊夫人还从凯恩斯那里继承了"收入理论"的方法，包括"有效需求"、"通胀缺口"、"贮藏"等概念；继承了投资的"兽性"解释，即把冒险的意识而非利润计算视为投资决策的第一动力；还继承了还有后来为人所知的卡莱斯基（Kalecki）储蓄函数：资本家储蓄全部，工人们花掉一切。对凯恩斯而言，这后一种特征是在为资本主义作为一种快速积累的方式辩护。从哈罗德那里，她继承了平衡增长和哈罗德—中性技术进步的概念。除了这些之外，她还吸收了马歇尔的短期长期二分法，维克塞尔的资本理论，斯拉法的异质资本品模型，这些都为罗宾逊夫人的世界起到了添砖加瓦的作用。

650

所有的资本重置和大量净投资的资本来源都是总的留存利润；利息率给定，或者部分由收支平衡与汇率问题决定）。

340

罗宾逊夫人分别基于企业的"兽性"和假定的"技术条件"，就哈罗德对有保证的增长率和自然增长率所做的区分做了一点改变，阐述了八种以金属命名的著名情形，并总结道：[1]

> 在黄金时代，初始状态是适于稳定增长的。在真实而不稳定的黄金时代，实际实现的增长率仅受限于意愿增长率。（在一个真正的黄金时代里，可能的增长率与意愿的增长率相等，而且此时已接近于充分就业。）在一个受限制的黄金时代，实际实现的增长率受限于可能的增长率，并会持续低于可能的增长率。在灰铅时代，可能的增长率受制于实际实现的增长率。在假冒的黄金时代，可能的增长率受到另一种限制，也即实际工资处于尚可忍受的最低水平。不管是不稳定的黄金时代，还是假冒的黄金时代，任一时刻实存的资本存量都不足以向所有可供利用的劳动提供就业机会。在不稳定的黄金时代，由于缺乏"兽性"，机器设备的存量并未迅速增长。在灰铅时代，由于受制于通胀，它同样无法快速增长。
>
> 在白金时代，初始状态并不允许稳定增长，积累率随着具体情况而加速或者减速。

接着，她就节俭以及其他前文所列的增长决定因素对各种增长模型稳定性的一般影响展开了简要的讨论。她最后得到两个结论：[2] 第一，就她所考察过的所有增长模型，包括她自己的增长模型而言，都"太过简化"，而且一定是在"貌似合理的先验假设上展开推断"。第二，她重申了一个凯恩斯主义的结论，这个结论更接近于哈罗德——多马，而非新古典主义者："他们之间在侧重点上存在重大差异，这种差异取决于他们是展现出某种在长期中维持充分就业的内在倾向，还是沿着凯恩斯的进路，认为若要实现短期中的稳定，或者维持长期中充分的增长，就得依靠无法成为依赖且孤军奋战的企业。"

---

[1] 琼·罗宾逊，《经济增长理论》，第59页。

[2] 同上，第98页。

在我看来，罗宾逊夫人对那个时代高度总量化、过于简单的增长模型的责难是非常正确的。同样正确的是，她认为，充分就业的稳定增长这样的结果，在私人投资体制下是不可能在长期中实现的。另一方面，她的分析却又无法涵盖在解释1950年代和1960年代非同寻常的繁荣增长时必须用到的那些变量；尤其是相对价格趋势和贸易条件、可资西欧和日本使用的技术存量，以及1945年之后从发明走向创新的一系列技术。我们需要一个高度分解的分析体系来把握这些变量："兽性"并不是一个均匀分布在经济体各部门中的宏观现象；还有，正如索尔特（Salter）和其他人已经证明的那样（后文第466—469页），在任一给定时期，技术变迁和留存收益对工厂与设备的再投资，总是倾向于高度集中在相对少数技术上不断变化的部门。

341

总之，罗宾逊夫人对增长模型的批评，是那个时代整个故事的重要组成部分；但是，正如她自己在一定程度上意识到的，她自己那过于总量化的方法依然令她与"现实"隔上一段距离。

索洛整合人口变迁的工作

索洛和其他大部分新古典增长模型构建者不同，他确实或多或少地在自己的理论体系中实现了人口变迁这一变量的内生化。在1956年发表于《经济学季刊》的文章中，他试图考察利率与相关的储蓄率是否可能因为资本—劳动比率的持续上升而下降，从而走向古典的稳态。索洛指出，如果净投资中止一段时间的话，人口的持续增加会降低资本—劳动比率。接着，他的论述引出了类似于保罗·罗森斯坦-罗丹（Rosenstein-Rodan）的大推进理论，或者说罗斯托的起飞理论中隐藏的某种可能性：[1]

---

[1] 罗伯特·索洛，"对增长理论的一个贡献"，见阿玛蒂亚·森的《增长经济学》，第188—189页。有一个更复杂的观点，和索洛的文章内在关系，可以参看哈维·莱宾斯坦（Harvey Leibenstein），"人口增长和起飞假说"

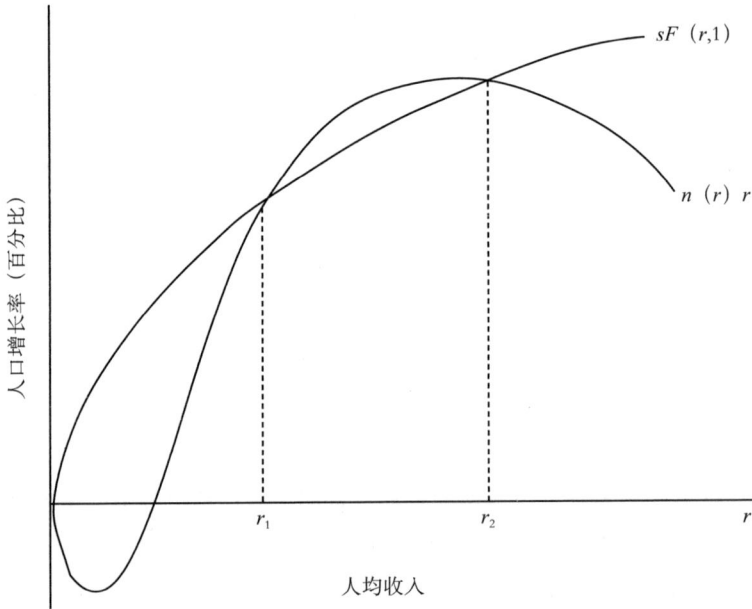

图 15.2　人均收入和人口增长率。

摘自罗伯特·索洛，"对增长理论的一个贡献"（A Contribution to a Theory of Growth），阿玛蒂亚·森（A. K. Sen）（编），《增长经济学》（*Growth Economics*）（哈蒙兹沃斯，英国：企鹅出版（Penguin），1970），第 189 页。

　　假定……当人均收入处于非常低的水平时，人口趋向于减少；当人均收入处于较高水平时，它又开始增加；而人均收入进一步提高时，人口增长率将趋于平稳，并开始下降。结果可能会像图 15.2 所示。均衡的资本－劳动比率 r_1 是稳定的，但是 r_2 不稳定。相应的人均收入水平变化可见 $F(r, 1)$。如果初始的资本－劳动比小于 r_2，则系统就会自动回到 r_1。如果初始的资本—劳动比能够以某种方式推进到 r_2 这一关键水平，则一个人均收入自己持

　　（续上页注）（Population Growth and the Take-off Hypothesis）以及"技术进步，生产函数和发展"（Technical Progress, the Production Function, and Development），见沃尔特·惠特曼·罗斯托（编），《从起飞到可持续增长的经济学》（*The Economics of Take-off into Sustained Growth*）（伦敦：麦克米伦出版社，1963），第 170—200 页。对这些模型的讨论，尤其可以参见汉恩和马休斯的"经济增长理论"，第 835—836 页。

522

续上升的过程就会出现（人口仍会增长）。这一情形的有趣之处在于，它说明，即使完全缺乏不可分割性或报酬递增，仍然可能出现一种情况，在这种情况中，小规模的资本积累只会导致经济重回停止状态，但是投资的爆发却能将经济带到一个人均收入和人均资本自我生发的扩张进程之中。

342

这样一来，索洛便与一些旨在为公共投资暴涨提供基础的学者区别开来。索洛认为，投资率的跳跃可能会提升总的资本—劳动比，从而降低人口增长率，进而引发人均产出加速可持续的增长，而后者认为，大规模的基础设施建设是不可避免的，除了其本身可以带来公共投资的暴增外，这还可以为私人投资提供实质性的间接刺激。

投资与技术：查尔斯·肯尼迪—保罗·萨缪尔森的争论以及其他一些不安的努力

主流增长模型在投资与技术方面的内在局限性可以通过查尔斯·肯尼迪和保罗·萨缪尔森相互强化的交锋来说明。这个著名的交锋争论的是发明的资本或劳动偏向性对于收入分配中所谓的资本和劳动份额稳定性的影响。[1]

肯尼迪—萨缪尔森的争论以一种高度抽象的方式，在一定程度上将创新过程和市场过程联系了起来。但是，其中亦存在三个缺点：第一，创新仍然是以扩散的渐进过程出现的，这些讨论仍然没有严肃地讨论科学、发明和创新之间的关系，除了萨缪尔森曾在"引致创新理论"（A Theory of Induced Innovation）中提到，有创造力的科学家们拥有一种本能，能够在若干重大突破之后探知发明活动下一个有希望的进路之所在。[2]第二，发明和创新的特征作用只是在与资本或者劳动节约型偏向相联系时方作处理，这种处理与其他这类分析一样，只是给"外生技术变迁"留下了一个关键的位置，但却不作考察。第三，在资本供给快于劳动供给且技术正在进步的经济里，这种有关分配份额大致保持长期稳定的理论条件

---

[1]　查尔斯·肯尼迪，"创新里的引致偏爱和分配理论"（Induced Bias in Innovation and the Theory of Distribution），《经济学杂志》，第74卷（1964年9月），第541—547页；保罗·萨缪尔森，"沿肯尼迪—维塞克一线的引致创新理论"（A Theory of Induced Innovation along Kennedy-Weisacker Lines），《经济统计评论》，第47卷（1965年11月），第343—356页；查尔斯·肯尼迪，"萨缪尔森论引致创新"（Samuelson on Induced Innovation），以及保罗·萨缪尔森的"反驳"（Rejoinder），《经济统计评论》，第48页（1966年11月），第442—448页。

[2]　萨缪尔森，"引致创新的一个理论"，第353—355页。

的讨论，并未从经验上提及那种（非常初步的）稳定的进程。事实上，不同时期分配份额的变化趋势是非常不同的，比如 1873—1896 年和 1896—1914 年期间的不列颠，而且，每个时期城市生活成本的趋势才是起决定性作用的因素。[1]*

尽管如此，也有很多卷入增长模型构建的经济学家对于把发明外生化感到不安，其中至少有一些人试图寻求把创新的发生与经济的制度结构联系起来。[2] 正如卡尔·谢尔（Karl Shell）在他的论文中开始展开讨论时曾说的：".....对经济发展的解释若要令人满意，就需要有一个内生化技术进步的理论。"[3] 如前所示，学者们发展出许多装置设计来处理这一问题，比如埃德温·曼斯菲尔德（Edwin Mansfield）测量研发生产力的重要工作——他把研发当作现代经济中缔造创新流的投资子部门。[4] 实际上，由于不满于科学、发明和创新问题的处理，国际经济学会就曾于 1970 年代早期以"经济增长中的科学和技术"为题特地召开了一次会议。[5] 会议上的这些论文不仅与发达国家相关，而且与发展中国家相关，（对本书作者而言）主题务实，质量上乘。另一方面，它们与建模方面的联系成效并不明显；罗宾逊（E. G. Robinson）在会议最后一场所做的评论依然公正到位：[6] "罗宾逊教授问，在经济增长的解释里，是否存在某些比较大的问题令经济学家束手无策呢？我们不能留下没有任何解释、虚无缥缈的残差项，然而我发现，这好像就是这次会议走到尾声时的状态。"在第二十章，我们还会回到这个问题上来。

343

---

[1] 参看沃尔特·惠特曼·罗斯托，《19 世纪的英国经济》（牛津：克拉伦登出版社，1948），第四章，"投资与真实工资，1873—86"以及附录，"卡莱斯基先生论收入分配，1880—1913"（Mr. Kalecki on the Distribution of Income，1890—1913）。

* 此处注释的标识原文缺，兹根据注释内容判断在此，特此注明。——译者

[2] 如卡尔·谢尔，"发明活动，产业组织和经济增长"（Inventive Activity, Industrial Organization, and Economic Growth），录于詹姆斯·莫里斯（James A. Mirrlees）和斯特恩（N. H. Stern）（编），《经济增长模型》（Models of Economic Growth），第四章，国际经济学协会会议快报（纽约：约翰·威利出版（John Wiley），1973），第 77—96 页。关于后来索洛的再评价，见他的"关于增长理论的第二次思潮"（Second Thoughts on Growth Theory），阿尔弗雷德·施泰因赫（Alfred Steinherr）和丹尼尔·韦泽伯斯（Daniel Weiserbs）（编），《就业与增长：1980 年代的主题》（Employment and Growth：Issues for the 1980s）（多德雷赫特：科卢佛学术出版社（Kluwer），1987），第 13—45 页。

[3] 同上，第 97 页。

[4] 如埃德温·曼斯菲尔德（E. Mansfield），"工业研究与发展的收益率"（Rates of Return from Industrial Research and Development），《美国经济评论》，第 55 卷，第 2 期（1965 年 5 月），第 310—322 页。

[5] B. R. 威廉姆斯（Williams）（编）的《经济增长中的科学和技术》（Science and Technology in Economic Growth）（伦敦：麦克米伦出版社，1973）。本书是国际经济学协会举办的一个会议的报告。

[6] 同上，第 xi 页。

经济增长与经济周期：主流共识之外的五项工作

罗伯特·索洛曾给自己以前的两个学生所著的一本有关数理增长模型的书（该书出版于 1970 年）写过一个序，在这个引人入胜的序中，索洛写道：[1]"把一个主题描述成'适合作教科书式处理'，这是一种标准化的策略手段，我自己也曾这么做过，不过这也意味着它会被编排、裁剪、抽干。"不管在那个时代增长模型的状态如何，在主流经济学的眼中，经济周期分析早就"适合作教科书式处理"了。

不过，1950 年代至少出过四本杰出的巩固整合型教科书，每一本都颇具原创性。这四本书的作者分别是约翰·希克斯（1850）、阿尔文·汉森（1951）、詹姆斯·杜森贝里（James Duesenberry）（1958）和马休斯（R. C. O. Matthews）（1959）。[2]此外，国民经济研究局整合经济周期分析的最终工作早在 1947 年就已出版，那就是伯恩斯和米切尔的《测量经济周期》（*Measuring Business Cycles*）。

在这里，简单总结一下这五项工作有关经济增长与经济周期关系的观点，可能会有所助益。

1.希克斯（1950）。希克斯的《贸易周期》（*Trade Cycle*）非常流畅、优美地阐释了乘数—加速数模型，同时还认真地阐释了周期的上限和下界，以及扩张和收缩的不对称性。在希克斯那里，经济增长问题很独特，这不仅是因为他跟随哈罗德，将周期问题嵌入形式化增长框架予以考虑，还因为他以一种十分独特的方

---

[1]　埃德温·伯迈斯特和罗德尼·多贝尔，《数理理论》，第 vii 页。索洛否认形式化增长模型已经走到穷途末路，而完美地"谢幕"。从事后的视角看，我认为，截至 1970 埃德温·伯迈斯特和罗德尼·多贝尔二人的书出版时，该领域要比当时索洛所想像的更接近于那种阶段。

[2]　约翰·理查德·希克斯，《对贸易周期理论的一个贡献》（*A Contribution to the Theory of the Trade Cycle*）（牛津：克拉伦登出版社，1950）；阿尔文·汉森，《经济周期与国民收入》（纽约：W. W. 诺顿，1951）；詹姆斯·杜森贝里，《经济周期与经济增长》（纽约：麦格劳—希尔出版，1958）；马修斯，《经济周期》（剑桥：剑桥大学出版社出版，1959）。显然，除了希克斯的研究之外，所有其他的都是教科书。希克斯在以下三个先辈的基础上完成了他的综合：凯恩斯、约翰·莫里斯·克拉克和哈罗德。但是，他的作品与马克思和熊彼特的动态增长模型也存在内在联系，尽管希克斯可能会对这样的看法感到惊奇。我要强调的是，这些研究绝非这一时期研究经济趋势（或增长）与经济周期问题的所有工作，再引三项其他类似的研究即可说明问题：理查德·戈德温（Goodwin），"趋势和周期的问题"（The Problem of Trend and Cycles），《经济和社会研究的约克郡公报》（*Yorkshire Bulletin of Economic and Social Research*），第 5 卷（1953 年 8 月），第 89—97 页；威廉·费尔纳（William Fellner），《经济活动中的趋势和周期》（*Trends and Cycles in Economic Activity*）（纽约：亨利·霍尔特，1956）；阿瑟·史密斯（Arthur Smithies），"经济波动与增长"（Economic Fluctuations and Growth），《计量经济学杂志》，第 25 卷，第 1 期（1957 年 1 月），第 1—52 页。

式将自主投资引入到模型中来。

希克斯首先融合引致投资和自主投资，在模型里界定了动态均衡（一个"规则性进步的经济"）的条件。这里的自主投资是指：[1]"公共投资，直接针对发明创造的投资，以及很多'长期'投资……这些投资仅是期望得到长期报酬……"。希克斯很清楚，这样的投资不可能是规则性的。尽管如此，他还是在一个纳入自主投资的经济中，为动态均衡设置了严格的假设，以便探讨"经济周期理论不得不回答的那个关键问题——……波动是否可能，如果可能，那么在没有外生扰动的情况下，它们又是如何成为可能的。"[2] 如同马克思和熊彼特，他同样是以一个稳态均衡模型作为初步的基准点，"参照的标准"。[3]

出于形式化阐述的目的，希克斯接着界定了渐进式均衡（progressive equilibrium），在该均衡中，自主投资产出比保持不变。然后他问道：在何种意义上，这样的投资是自主的呢？他的回答是：[4]

> ……自主投资毕竟真的是独立自主的。为了使得规则性渐进式均衡成为可能，它必须满足的唯一条件是，其扩张率必须固定不变。满足这一条件，该均衡的增长率和增长"水平"便成为独立变量。这样，决定整个经济体均衡增长率的就是自主投资增长率，决定产出均衡水平的就是自主投资水平。

344

在手上有了这样一个规则性渐进增长经济的形式化定义之后，希克斯开始加入一个合乎传统的乘数—加速数模型；在这个模型里，自主投资的持续上升给衰退设定了一个限度，也为复苏准备了基础（图 15.3）。[5]

基于此，希克斯进一步放松了自主投资增长率保持不变以及在充分就业上限上保持不变的假设。这就得到了图 15.4 的模式，对此，希克斯评论道：[6]

> ……应当认为，实际周期是在产出向上攀升的背景下发生的……；虽然

---

[1] 约翰·理查德·希克斯，《贸易周期》，第 63 页。

[2] 同上，第 63 页。

[3] 同上，第 56—57 页。

[4] 同上，第 60—61 页。

[5] 同上，第 97 页。

[6] 希克斯的图同上，第 121 页；他的评论和解释在第 120—123 页。

可以认为，这个趋势在相当程度上受到来自自主投资上升趋势的支撑，但是尽管如此，自主投资的实际过程不可能非常规则——它必定要经历源于自身原因的自主波动。这些波动及其结果，会全部附加到我们一直在研究的周期之上……

　　自主投资的波动将会反映在均衡路径的相应波动中——在上均衡线 EE 和下均衡线 LL 上均有所反映。根据这个修正，该理论成立；上均衡不稳定，下均衡稳定也仍然成立……

345

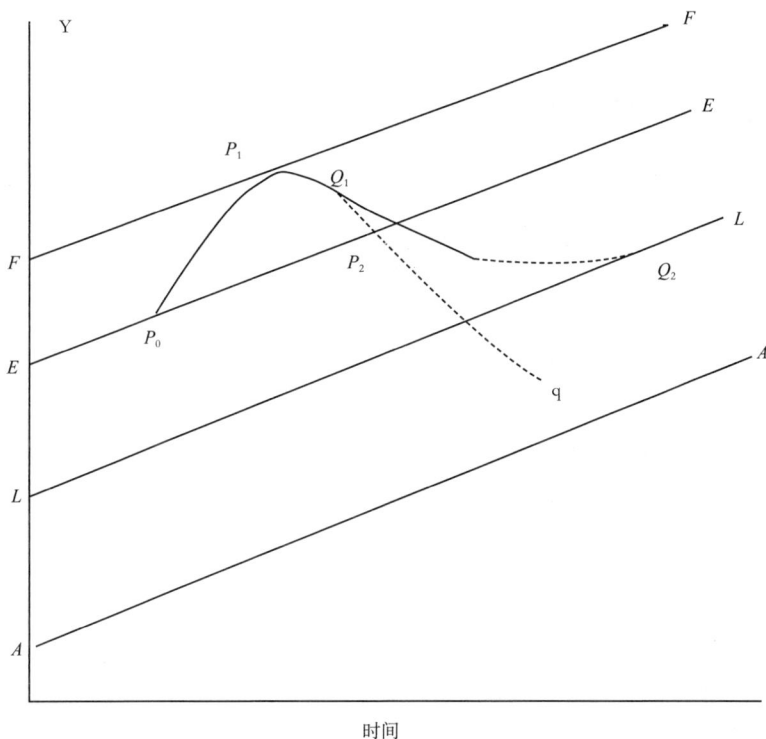

图 15.3　自主投资增长率固定时的周期模型。

　　符号标识：*FF* 表示充分就业上限。*EE* 表示产出均衡路径。P_0 表示由外部扰动引起的产出被迫上移的初始均衡位置。*AA* 表示固定比率的自主投资增长路径。*LL* 表示考虑自主投资的乘数效应之后衰退期的均衡线。

　　摘自约翰·理查德·希克斯，《对贸易周期理论的一个贡献》（牛津：克拉伦登出版社，1950 年），第 97 页。

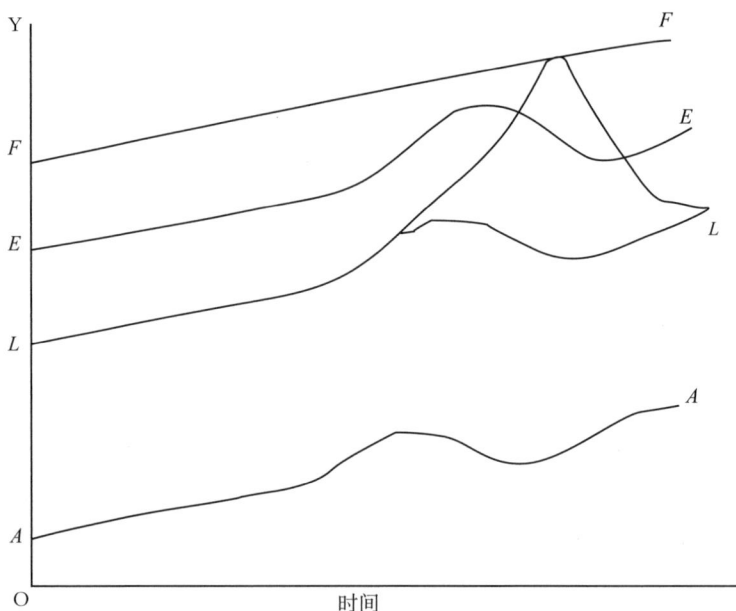

图 15.4　非连续自主投资下的周期模型。

符号标识如图 15.3。

约翰·理查德·希克斯,《贸易周期》,第 121 页。

从本书的视角看,我们如何看待这种分析呢? 首先,这是一项将经济增长和经济周期分析,尤其是它们之间的互动联系起来的重要工作——经济周期的力量和过程基本上依赖于自主投资的潜在力量;但是,一次特别显著而急剧的周期性衰退又会在一段时间中破坏自主投资强烈的潜在上升趋势。

其次,希克斯确实将自主投资看成是自主的,绝非源于市场压力或者经济增长过程本身带来的机会。和 1945 年之后大多数模型一样,希克斯的阐述中仍然找不到熊彼特洞识的确切位置。他的确认识到自主投资的内在非连续性,还引用了铁路和汽车的例子,但是他没有认识到产生重要发明和创新的内生力量。

最后,在构建经济增长和经济周期之间的关联结构时,希克斯模型高度总量化的形式不够真实,也无法令人满意。[1]特别的,该模型无法捕获三个基础性的经

---

[1]　这些观点可见罗斯托,"关于希克斯先生和历史的一些笔记"(Some Notes on Mr. Hicks and History),《美国经济评论》,卷 41,第 3 期(1951 年 6 月),第 316—324 页。

验现象：[1]

● 在每次繁荣中，新投资的主导方向基本上可以和非均衡联系起来，也即与某些部门的最优增长率和繁荣发生之前既有产能之间的非均衡相联系⋯⋯

● 主导部门产能的持续扩张趋势太过长久，以至于直到繁荣期末都会明确带来一个超过经济中特定部门所要求的最优水平的产能预期。

● 投资的主导模式所存在的酝酿发酵期在决定每次繁荣期中投资扭曲程度上的作用。

346

尽管如此，通过认真对待自主投资问题，而不仅仅是把它作为简化模型的工具，希克斯已经比其大多数同时代人更好地把握到经济增长和经济周期之间的联系。

2.阿尔文·汉森（1951）。在阿尔文·汉森的《经济周期与国民收入》（*Business Cycles and National Income*）一书里，有着大量关于经济增长和经济周期以及对它们之间各种可能联系的讨论。其中有些章节将美国1865年之后发生的经济周期作为讨论的历史背景，有些讨论的是建筑业的周期问题，有些讨论长期趋势和经济周期，有些则关注经济周期中的投资问题。所有这些章节都包含有将经济增长和经济周期相联系的段落。其中还有一个详细的综述，回顾了相关的经济周期理论，触及经济学家围绕这两个进程之间的关联而展开的重要讨论。但是，汉森自己关于这一主题的观点只在两个方面上突破了他书里所体现的那种教科书式的中庸之道。

首先，他肯定了熊彼特基本洞见的正确性：[2]

如果我们接受熊彼特的假设，假定创新性投资成群成群地发生，那么还是可以在我们的体系里解释经济周期的。（投资的）进度就表现为这样的爆发性，开始比较缓慢，接着开始加速，最后停止。结果，投资缓慢上升；而当所有的可能性都已发掘殆尽，新产品来到市场上时，投资开始下降，并迫使价格下降，同时降低了剩余可能性的现值。这一过程只会大致规则性地重复着，其猛烈程度亦千变万化，这些都取决于历史上给定的技术变迁过程。

---

[1] 同上，第319—321页。

[2] 阿尔文·汉森，《经济周期与国民收入》，第446页。

任何经济周期理论均必须整合这些事实。它们很重要，因为我们以此就可以解释，在给定相对不变的经济结构也因此给定回应机制的条件下，何以每一个周期均有其历史独特性，前无古人，后无来者。然而，值得注意的是，对于这个简单的模型而言，对经济周期的基本解释并不在模型之中，而在于熊彼特关于投资支出集中出现的理论中；而且，该理论也很难表述为计量经济学模型。

接着，他再次总结说：[1]

现代分析显示，只要经济是动态的，只要经济增长和经济进步要求有大量的投资支出，就会有强大的力量发挥作用，带来经济的周期性波动。因此，我们不能将周期看作不正常的情形。它是现代动态经济的内在本质现象。"内在"的制度安排的确能够缩小波动的范围，但它不可能从根本上剔除波动。我们必须要有一个积极的反周期计划。

3. 詹姆斯·杜森贝里（1958）。杜森贝里的教科书，《经济周期与经济增长》（*Business and Economic Growth*）出版比汉森的书只晚七年；但是它却反映了整整一代人的差距。作者构建了他自己的新古典增长模型，明确地认为自己是在与哈罗德、希克斯、戈德温、卡尔多人进行对话，甚至在一定程度上进行争论。杜冈·巴拉诺夫斯基、斯皮索夫，以及熊彼特；卡赛尔和维克塞尔，罗伯逊和庇古（Pigou）、费雪（Fisher）和米切尔（Mitchell），这些学者都不在作者的考虑范围内。阿瑟·伯恩斯仅仅出现过一次，那是在批评凯恩斯《通论》中的某观点时。该研究非常自觉地把自己定位为1950年代主流增长模型内部争论的一部分。

尽管如此，在处理经济增长和经济周期的关系时，它有两方面做法值得引起注意。

第一，杜森贝里在构建模型时所依赖的基础是资本—调整过程，而不是传统那个更为多变的加速数原理。这种关联经济周期与经济增长的方式可以同时容

---

[1] 同上，第497页。

纳弱扩张弱收缩（汉森）和强扩张强收缩（希克斯）模式。之后，他利用埃德温·弗里克（Edwin Frickey）的生产指数（1860—1914）以及后来的数据，按照上面的区分，简明地考察了美国从1870年代到1950年代的经济周期。[1]

第二，类似于当时大多数模型构建者，杜森贝里一开始在建模时也考虑了初始条件和参数固定的情况，以图设计出可以在该静态框架下探究变量之间关键互动的模型。接着，他大胆地直面问题的复杂性，试图构建一个能"解释现实中收入运动"的模型。[2]

> 参数的变化将逐渐改变整个系统中的行为特征……
>
> 欲对经济史做出完整的解释，就需要对参数自身变化提供一个解释。这样的解释至少和解释给定行为参数集时发生的结果一样重要，只不过这时所需要的能力并不同于分析给定参数模型时所需要的能力。

杜森贝里并没有假称自己已经构造出一个可以完全解释"现实中收入运动"复杂性的模型，他只是尽可能地让自己的模型能够逼近美国内战后经济周期性波动的历史。值得充分注意的是，这一过程迫使他不得不去定义多部门均衡；[3]还有，作为其中的一个部分，这使他不得不检验"成长中的产业和自主投资"。[4]沿着这一路线，杜森贝里最终还是被带到经济增长和经济周期的关系上来：[5]

> ……为了理解真实世界，我们必须考虑生产方式的变化、新产品的出现、人口的增长，以及新居住地的开发。这些现象都会影响经济系统，但是它们的出现却基本上不依赖于经济状况。它们通常被归为作用于经济系统的外生事件。

---

[1] 詹姆斯·杜森贝里，《经济周期》，第281—294页。

[2] 同上，第199—201页。

[3] 同上，第222页。

[4] 同上，第225—239页。

[5] 同上，第225页。

他以宽泛而抽象的术语考察了各类自主投资的收入净效应，包括对预期的影响、对不可分割性的影响，以及对滞后性的影响等。接着，他总结道：[1]"可持续性性的增长一定是可能的，但是若没有外部驱动力的帮助，比如人口增长的帮助，某些资本密集型行业相对快速地成长的帮助，它就不大可能出现"（——这些资本密集型行业包括比如铁路、公路、电话及电力事业等）。

若是从本书的视角回看这项研究，就其实质内容与方法而论，杜森贝里的分析是相当有意思的。实际上，他想缩小他的模型和经济史实之间差距的决心，迫使他对关键部门的投资和经济增长展开分解。其次，杜森贝里的研究还推动他朝着所谓的马歇尔式方法前进。随着他跳出简单而传统的建模思路——给定初始条件、固定参数、考察单一产出，数学变得越发没有多大用处。在详细说明那些可能决定 1914 年前和 1918 年后经济周期差异的增长环境变迁时，他发现自己已离不开文字描述。

4. 马休斯（1959）。马休斯那部被列入剑桥丛书的教科书《贸易周期》(*The Trade Cycle*) 特别有趣，因为他本人在经济周期史方面也是著述颇丰。[2] 借助详尽的部门分解，他对 1830 年代美英两国那次重要周期的分析，就是对那个充满戏剧性的十年发生在这两个经济体中经济增长现象的解释。棉花依然是商业、金融和工业经济的核心，不过铁路事业正在大西洋的两侧不断向前推进。在后面的文本中，马休斯的确展现出对与经济周期相连的经济增长问题的敏感性。

和杜森贝里有些相像，马休斯使用的周期性机制是存货—调整—乘数模型。不过，由于这是一部由一个有着经济学家和历史学家双重身份的学者创作的书，因此可以预期的是，当作者要深入地讨论创新在经济增长和经济周期中的作用时，熊彼特会闪亮登场——结果确实如此。[3]

在倒数第二章"趋势和周期"（The Trend and the Cycle）中，马修斯将经济增长问题作为一个整体加以处理。这一章就是一篇精致的论文，其主要思路值得总

---

[1] 同上，第 239 页。

[2] 马休斯，《贸易周期史的研究，大不列颠 1833—1842 的经济波动》(*A Study in Trade-Cycle History, Economic Fluctuations in Great Britain, 1833—1842*)（剑桥：剑桥大学出版社，1954）。

[3] 《贸易周期》，第 68—84 页。马休斯的综述文章指出其同意（以及某些不同意）杜森贝里的实质领域（"杜森贝里论增长和波动"(Duesenberry on Growth and Fluctuations)，《经济学杂志》，卷 69，第 276 期 [1959 年 12 月]，第 749—765 期）。

结。在这一章中，作者开门见山，直奔核心主题：[1]"构建一个能够同时处理趋势和周期的理论模型很难，这主要是因为经济周期理论主要关心有效需求波动的原因，而在讨论经济增长问题时，分析的重点常常在供给面而非需求面。"

接着，马休斯指出了关键的分析问题，认为需要"对经济增长过程的需求面展开分析，以使其与平常更为熟悉的（凯恩斯主义在短期中）对需求波动的分析达成一致。"[2] 他列出了四种可能的假说把供求相联，并采纳了最后一种：

● 萨伊定律：供给创造需求。

● 借助乘数—加速数原理（或者资本—存货调节原理），通过二者无休止地相互刺激，导致收入和投资增加。

● 引入一种预期，使得衰退期的企业家们相信，当前情况是暂时的，以往的高峰期还会再次到来或被超越，因为产能的上限已被提升到以往的水平之上。

● 修改凯恩斯的分析，以证明人口增长和技术进步如何以某种方式自我扩散，增进总需求：[3]

> 这里的要求只在于说明，人口增长和技术进步会影响到消费函数和／或投资诱因，从而提升需求；接着，围绕着上升趋势会发生收入波动……也许可以认为，这两种效应对投资的影响更为根本……
>
> 尽管不能保证充分就业，但是如果自然增长率持续超过实际增长率，那么比如失业不再继续增加就会获得一些保障。

从这里开始，马休斯回到了高度总量化的增长模型，对几种不同的调节机制进行了检验，这为后来汉恩－马修斯的综述文章埋下了伏笔。但是他对此明显不满意，因为他清楚地认识到，在一个非常不同的方向上仍有大量的工作需要完成，那就是技术进步率由什么因素所决定：[4]

---

[1] 同上，第 227—228 页。
[2] 同上，第 228 页。
[3] 同上，第 233—235 页。
[4] 同上，第 253—254 页。

　　……经济学家已经广泛地研究了资本理论问题，但是这些问题实际上到底有多重要还是有点让人怀疑。反过来，到底是什么决定了自然增长率，尤其是技术进步率呢？对于理解经济增长，也许还包括理解经济周期，这些问题有着巨大的实践重要性，但是在这方面的系统性工作相对而言还很少。

　　在这一点上，有关经济增长－经济周期之谜的讨论中缺了重要的一块，那就是，周期性的扩张会从根本上大幅背离部门的最优生产水平，以至于可能在相当长的一段时期内造成过度供给；于是，下降趋势从繁荣期的主导部门开始出现并蔓延开去；不过随着时间的逝去，当金融危机的外伤逐渐愈合，资源开始从昔日繁荣的主导部门退出，在其他方向上进行投资的盈利可能便会得到挖掘。在两个连续的繁荣期中，很少会发生主导部门雷同的情况。马休斯（以及希克斯、汉森和杜森贝里等人）的分析的确证明了，穆利尼克斯（A. W. Mullineux）对于构建现代经济周期模型的反思有其合理性：[1]"看来，我们很难避开这样的结论，即我们需要的还是一个能够全面解释经济周期和经济增长，或许还有它们之间交互作用关系的动态经济发展理论。"

　　5. 伯恩斯和米切尔（1947）。《测量经济周期》一书当然和上面讨论的这些作品完全不同。米切尔在引言里讲得很清楚，这是一个阶段性的总结，其主要著者是伯恩斯而不是年长的米切尔。其正文中大约有 90% 的篇幅被用于对国民经济研究局有关经济周期和趋势研究方法进行权威性描述，还有就是对解释这些结果时出现的特定技术问题进行反思。此外，本书所总结的研究工作主要是在"二战"前和"二战"中进行的，正好是在 1945 后的问题和观点被界定之前。然而，这两位作者确实根据国民经济研究局的数据，检验了某些将传统经济周期与长期趋势或经济增长联系起来的假说。比如：

　　● 他们检验了弗里德里克·米尔斯（Frederick C. Mills）1926 年试图确立的假说：经济周期在经济增长的早期阶段持续时间相对较长，而后随着经济进入快速增长阶段而变短，当经济开始减速时再次变长。基于改进之后划定的参考周期时段，他们发现这一假说至多只获得"些许的支持"。

---

[1] 穆利尼克斯，《凯恩斯之后的经济周期：当代的分析》（托托华，新泽西：巴尼斯和诺布尔（Barnes 和 Noble），1948），第 89 页。

● 和另一个假说相反，他们在将1914—1933年和1914年之前的几十年进行对照之后发现，周期的时间点和结构没有发生显著的变化。

● 他们强烈地重申，有证据表明，存在15—20年的建设周期；但是没有证据表明，经济周期的振幅与持续性和建筑业兴衰时期之间有任何系统性关联。

● 他们回顾了康德拉季耶夫、熊彼特和基钦有关不同时期周期性表现结果不确定的假说。

从现在看来，关于这本书，最重要的一点评论就在于，它并没有朝着国民经济研究局1939年以前所行进的方向前进；也就是说，它并没有沿着早期由伯恩斯、约翰·莫里斯·克拉克、所罗门·法布里坎特和库兹涅茨开创的富有启发性的路径前行，没有在系统性地关联经济增长和经济周期分析方面作进一步努力。

这一大缺陷几乎肯定是由该研究的阶段成果性质和方法论特点所导致的，尽管该研究也包括了一个简短的章节，用于介绍"后续的工作计划"。[1] 不过应该注意到，这一时期作者思想的焦点似乎是想把传统的经济周期与长周期相联，而非与经济增长过程本身相联。

350

小结

在这里综述所涉及的约三十五年里，增长模型吸引了众多才华横溢之士的前仆后继，理所当然也取得了一些有价值、有意义的成果。汉恩－马修斯和莫里斯（Mirrlees）详细地列出了那些积极的成果。比如说，汉恩与马修斯就认为，其中的"决定性贡献是……认识到投资和技术进步可能是连体双胞胎"，由此引出了卡尔多的技术进步函数和肯尼思·阿罗（Kenneth Arrow）的学习过程；[2] 尽管相比1945年以后的主流经济学家，这一认识在经济学史家们看来没有什么新鲜之处。再比如，莫里斯给出了一份清单，罗列了"增长模型的八种用途："[3]（1）作为猜测历史的框架；（2）作为反思经济行为和政策变化结果的框架；（3）作为解释经济关系的政策含义的框架（有时这二者也相互冲突）；（4）作为提出富有理论意

---

[1] 伯恩斯和米切尔，《测量经济周期》，第464—465页。

[2] 汉恩和马修斯，《经济增长：一个综述》，第888—889页。

[3] 莫里斯和斯特恩（编），《经济增长模型》，第xii—xvi页。

义的新命题的框架；（5）作为处理无可避免的哲学或价值问题的框架；（6）作为阐明制度环境之于政策可选集中最优选择意义的框架；（7）作为一个估计参数的工具——这些参数是政策表达过程的一部分；（8）以及作为一个有助于澄清认识的教学工具。

尽管这一系列令人印象深刻的贡献确实有其道理，可是从现在回过头平心而论，认为这些大师前仆后继的工作贡献甚微也无可厚非。例如，在汉恩－马修斯那篇引人注目的综述最后，他们明确表示了遗憾：[1]

> ……这世上最容易的事情，莫过于把诸多变化套在越来越复杂的模型之上，而不用考虑这是否能带来任何实质上的新观点，是否能提出更为接近国民财富原因之所在的理论，是否能提出更逼近国民财富原因之所在的理论。它们所提出的问题也许充满着知识上的魔力。但是，那基本上只是一种无关紧要的职业行为，旨在从非常不均匀的力量联系中找出一条线索，然后倾尽全部精力去强化、改进这些原本已经相对比较强健的联系。

森的结论更为辛辣：[2]

> ……（1945 年之后）对经济增长问题兴趣的复苏一开始比较慢，之后则一步一跃……每个人都关心经济增长，在这样一个社会环境下，经济学家过度关注经济增长理论也就不足为奇了。

---

[1] 汉恩和马休斯，《经济增长：一个综述》，第 890 页。

[2] 森（编），《增长经济学》，第 9 页。这里引用的段落反映了建模者们普遍的不安。比如，见莫里斯和斯特恩主编的书里"最后讨论的总结"，第 361—367 页。罗伯逊在 1960 年马歇尔讲座上轻松而又尖锐的评论尤其值得关注（《增长，工资和货币》（*Growth, Wages and Money*），剑桥：剑桥大学出版社，1961，第 4 页。）：

> ……在增长理论的问题中，我已经落后太多太多了。不管怎样，你们都不需要从我这里得到什么帮助。滑稽的是，你们中没有一个不能在第一年或至少最近一年里，勇敢地处理类似这样的问题："把哈罗德、多马、琼·罗宾逊、卡尔多初论、卡尔多再论、卡尔多三论、汉恩、马休斯、戈德温、钱珀瑙恩（Champernowne）、希克斯、李特尔（Little）、杜森贝里、托宾、费尔纳、索洛和斯旺的模型进行比较和对照。这对你们来说这也许是最没有意义的了，为什么呢？"

既然有着如此之广阔的实践动机，那么对经济增长理论家来说，采取一个拥有相当实践基础的形式本应是自然而然的事情。然而，这种情况并没有发生。多数现代增长理论关心的都是些相当深奥的主题，这些主题与公共政策的联系通常十分遥远，就好像赚钱糊口的穷人把赚来的钱全部花在喝酒上一样。

在反思增长模型的文献中，普遍弥漫着一种观点，认为稀缺的智力资源在该领域投入的努力与其收获不成比例。如何解释这种令人不舒服的现象呢？

首先，哈罗德—多马模型的刀锋型增长背后对大萧条卷土重来的忧虑，与1945年后的世界经济进程并不相符。在先进工业国家，紧随着战后经济复苏而来的是相对稳定且完全出乎预料的增长，这激发了后来新古典增长模型构建的浪潮；可惜的是，这些模型实际上没有一个能说明1950年代和1960年代大繁荣发生的原因。那次繁荣扎根于技术和贸易条件的变化，而这些因素在不同学者所详细阐发的模型结构中几乎没有立足之地。[1]至于企业家精神，这些模型假设，所有有利可图的发明，无论内生还是外生，无论是体现在总投资中还是通过干中学而实现，都一律被即时地纳入到资本存量之中。

其次，以简单的利润最大化模式来处理创新，阻碍了对吸收能力这一基本概念展开建模。当然，吸收能力的研究的确需要借助于政治的、社会的、文化的以及经济的分析，这正如伟大的古典经济学著作所认识到的那样。这一不足，使得与拉美、非洲、中东和亚洲等地区发展问题相关的模型得不到应有的重视。正如十七章将要展示的，在另一个环境中，几乎（虽然不是完全）独立于这些只在一个十分狭隘封闭的世界里并行展开的建模努力，发展经济学也已生根发芽，缤纷登场。

第三，当这些模型的构建者试图将他们的分析与更长期的历史梳理相联系

351

---

[1]　我在"1945年以来的世界经济：一个程式化的历史分析"（The World Economy Since 1945：A Stylized Historical Analysis）一文里讨论过这个主题，见《经济史评论》，卷38，第2期（1985年5月），第252—275页。

时，他们又被迫维护那些令人生疑的主张。[1] 正如汉恩和马修斯所总结的：[2] "经济增长的诸种历史模式……如此复杂，以至于很难用稳定增长来加以描述。" 在历史证据之外，各国经济和世界经济在 1970 年代和 1980 年代的回旋盘绕，也违反了主流增长经济学家所假定的大多数典型事实，偏离了整个稳定的、能自我纠正的增长路径——世界经济环境终于给予这一在 1970 年代早期就已明显呈现出报酬递减特征的领域以致命的一击。

所有在增长模型方面付出努力的参加者均不认为，阐明过去、现在以及未来有关国家增长的大问题以及前景是他们的使命。他们进入该领域只是为了澄清某些非常有限的专业问题，抑或也许只是纯粹为了好玩而加入象牙塔里最时髦的游戏——这种在任何科学里都绝对毫无价值的动机，与用于解释"集群"形成进而解释投资和发明方面部门超调的动力机制一模一样。当然，由于时间仍然太过短暂，因而对于这一计划中已经完成和未能完成的部分，尚无法盖棺定论。

不过，可以总结的是，无论它有着什么样的吸引力，形式化增长模型还不能支配增长分析的领域，或者说还不能引人注目地阐释在先进工业国或发展中国家

---

[1] 卡尔多，"资本积累与经济增长"（Capital Accumulation and Economic Growth），见于卢茨（F. A. Lutz）和黑格（D. C. Hague）（编），《资本理论》（*The Theory of Capital*）（伦敦：麦克米伦出版社，1965），第 178—179 页。例如，在一项史诗般的工作中，为了使得他的模型与先进工业国家的现代史相关，卡尔多列出了六个"典型事实"：

（1）生产总量和劳动生产率按恒定增长率持续增长；生产率增长率没有过下降的记录。

（2）在这层关系上，无论采取什么样的统计指标来衡量"资本"，工人人均资本量持续增长。

（3）存在稳定的资本利润率，至少在"发达"的资本主义社会是如此；这一利润率要显著高于长期的"安全"利率，即高于零风险债券的收益……

（4）长期里稳定的资本产出比率；至少不存在清晰的长期趋势，不管是上升还是下降……

（5）收入中的利润份额和产出中的投资份额高度相关；当投资系数（产出中的投资份额）保持不变时，社会中的利润（以及工资）份额保持稳定……

（6）最后，不同社会中劳动生产率的增长率和总产出的增长率明显有别……

在这些命题当中，对于先进工业社会而言，一旦起飞已经开始，那么命题（6）毫无疑问就是正确的，但是正如卡尔多清楚地意识到的那样，他的（和其他人的）模型几乎无法或者完全无法解释这种差异；（1）和（2）也是正确的，尽管增长和提高的比率并不稳定；（3）和（4）并不正确；（5）包含着一个值得怀疑的分析性联系。

[2] 汉恩和马修斯，"经济增长：一个综述"，第 890 页。

里关于增长的政治经济学。由此，1945 年之后增长理论的传奇故事便转而指向另外两个群体，他们带着各种不同的问题走进这一领域，而这些问题多少更接近于"无限纷杂的真实世界。"[1]

---

[1]　同上，第889 页。

第十六章　增长结构的统计分析：从形态学到政策学

西蒙·库兹涅茨的伟大工作

352　　1955、1956 这两年在经济增长分析史上很重要。如前所述，索洛、斯旺和托宾在这两年中提出了他们的新古典模型，推动了经济增长数理分析时代第三个阶段的到来。尽管视角非常不同，不过我的那篇有关起飞理论的文章，也于1956 年 3 月发表在《经济学杂志》上。然而，就本章的目的而言，合适的基准点是 1956 年 10 月的那一卷《经济发展与文化变迁》(*Economic Development and Cultural Change*)，其中包含了西蒙·库兹涅茨在《国民经济增长的定量研究》(*Quantitative Aspects of the Economic Growth of Nations*) 这一标题下所写的十部长篇著述的第一部。这一系列的最后一部作品发表于 1964 年 10 月。[1] 库兹涅茨后

---

[1]　库兹涅茨专著的标题如下：《国民经济增长的定量方面》：

     I. 增长率的水平和变化

     II. 国民产出和劳动力的产业分布

     III. 美国各州 1919—1921 到 1955 收入和劳动力的产业分布

     IV. 国民收入的要素份额分布

     V. 资本形成比例：近年来的国际比较

     VI. 资本形成比例的长期趋势

     VII. 消费的份额和结构

     VIII. 收入规模的分布

     IX. 对外贸易的结构和水平：近年来的国际比较

     X. 对外贸易的结构和水平：长期趋势

（接下页注）

来又出了四本重要的著作。[1] 此外，对库兹涅茨1949年以后的卓越工作得到了社会科学研究会经济增长分会的大力支持。在此之外，这个组织还赞助了在十一个国家持续展开的有关国民收入及其决定因素的重要研究。

　　库兹涅茨是如何考虑并走上这一极为重要的事业路途的呢？虽然就此并无什么权威性的记述，不过其中也并非无迹可寻。[2] 以库兹涅茨自己的工作演进而论，他1945年后关于经济增长的工作某种程度上可以视为其早期工作的延续，是对经济增长分析和国民收入分析的融合。经济增长是《长期波动》（1930）一书的中心主题，而在进行国民收入估算的时候，库兹涅茨也不仅仅是一个狭义的统计学家。他的天资和志趣使他能够最终将估算往回推，以解释时间序列中出现的各种波动。在这种情况下，库兹涅茨在研究了美国的国民收入之后，自然而然地便展开了经济增长结构的国际比较研究。这其中尤其值得注意的是两本著作——《1869年以来的国民产出》（*National Product Since 1869*）和《国民收入：发现的总结》（*National Income，A Summary of Findings*）（都出版于1946年）。

　　不过在分析上，他后来的工作与《长期波动》迥然有异。在这些工作中，他利用了多少有些可靠的国民收入数据（包括当前的以及历史的数据），对战后的迅速扩张展开了系统性的探究。库兹涅茨在经济增长比较形态学意义方面的工作，其优点与缺点都源自他的战略性研究决定，即构建国民收入数据，并把传统上被分解的这些数据合成为高度总量化的数据。

　　尽管库兹涅茨还在华盛顿时就已经有了这一设想，不过直到他回到国民经济研究局，并参与到该组织有关战后的研究应该何去何从的激烈讨论中之后，他才坚定地把注意力集中到经济增长分析上来。经济增长分析是优先考虑的方向之一，而库兹涅茨正是众望所归的领导者。　　　　　　　　　　　　　　　　353

　　（续上页注）这些研究陆续出版于《经济增长与文化变迁》下述发行本中，第五卷（1956年10月）；第六卷（1957年7月增补）；第七卷（1959年4月，第二部分）；第八卷（1960年7月，第二部分）；第九卷（1961年7月，第二部分）；第十卷（1962年11月，第二部分）；第十一卷（1963年1月，第二部分）；第十五卷（1967年10月，第四部分）。

[1]　西蒙·库兹涅茨，《经济的增长与结构》（*Economic Growth and Structure*）（纽约：W. W. 诺顿出版，1965）；《现代经济增长：比率结构和扩展》（*Modern Economic Growth: Rate Structure and Spread*）（纽黑文：耶鲁大学出版社，1966）；《各国的经济增长：总产出与生产结构》（*Economic Growth of Nations: Total Output and Production Structure*）（剑桥：哈佛大学出版社的贝尔纳普（Belknap）出版社，1971）；《人口，资本和增长》（*Population，Capital and Growth*）（纽约：W. W. 诺顿出版，1973）。

[2]　在写作此部分时，我从与库兹涅茨的两个朋友和同事的对话里得到了莫大的帮助，他们是：摩西·阿布拉莫维茨（Moses Abramovitz）和所罗门·法布里坎特。当然，文责自负。

撇开库兹涅茨由《长期波动》到经济增长结构的比较分析这一内在逻辑不谈，他（以及国民经济研究局中的其他一些人）大概很可能还受到战争以及战后所接触的一些国家的影响——这些国家他以往从未接触过；比如库兹涅茨之于中国，所罗门·法布里坎特之于西非和巴西。不过，库兹涅茨还是失败了，他没能让描绘经济增长的长期轮廓成为国民经济研究局的主要工作方向，这可能是由于有一些同事质疑可得的数据质量。经过坚持不懈的努力，他从洛克菲勒基金会的约瑟夫·威利茨（Joseph Willetts）那里获得了暂时的支持，之后又找到了社会科学研究会的经济增长分会这一长期根据地。[1] 在这一始于 1949 年的项目发起七年之后，他的成果开始源源不断地涌现。

---

653   [1]   在 1983 年 7 月库兹涅茨去世时，社会科学研究会出版了一本记录，总结了库兹涅茨与该基金会漫长而富有成果的结合，由于库兹涅茨曾长期担任社会科学研究会的经济增长委员会主席一职，在战略上很重要，因此值得详细引述。(项目（Items），社会科学研究会，第 39 卷，第 3 期 [1985 年 9 月]，第 49—50 页。)

> 库兹涅茨先生在 1923 年本会建立后不久，就已积极参加本会诸多活动，至他于 1926 年从哥伦比亚大学取得经济学博士学位之后便更是如此。他是 1925—1926 年度本会的研究人员，那是本会研究员项目启动的第一年，他全身心地投入到对生产和价格长期波动的研究中。大约在六年时间中，也即从 1938 年到 1943 年，受美国经济学会指派，他成为本会主任委员会成员之一，继续参与本会各项活动。他对本会研究项目的最重要贡献是在 1949—1968 年间长达二十年的时间里担任经济增长委员会的主席。
>
> ……他研究中的主要一块是在与经济增长委员会合作并在该委员会支持下完成的，该委员会肇始于他于 1948 年提交给本会的一份备忘录。在这份备忘录中，库兹涅茨先生提议成立：
>
> ……一个以探讨经济增长研究的可能方向为其目标的委员会，这里的经济增长是指量上的长期上升（或下降）以及较大社会单元（基本是国家—州层面）结构上的变迁。这种探索的目标在于，确定如何才能够最好地对经济增长富有成效的经验研究工作进行规划；并且，在那些经验研究的基础性工作尚不具备的领域，激发思考和讨论，从而促成必要的知识框架。(*原文注：社会科学研究会，问题与政策委员会，1949 年 1 月 8 日会议记录，附录 1，"关于建立社会科学研究会经济增长研究委员会的备忘录"，西蒙·库兹涅茨于 1948 年 12 月 8 日提交。)
>
> 库兹涅茨先生力劝该委员会不仅要关心经济研究，而且还要关注那些影响经济增长的因素，比如科学与技术、自然资源、政府效率以及其他社会机制、文化、社会结构方面的因素。他注意到，委员会应该包括来自各个学科而不仅仅是经济学的成员。
>
> 在后来他受命主持经济委员会的二十年里，有关长期经济增长的重要研究开始在澳大拉西亚、加拿大、丹麦、法国、德国、意大利、日本、荷兰、挪威、瑞典和联合王国展开。库兹涅茨先生与其他这一领域的学者，将这些研究用于经济增长的比较分析，以及夯实理论和政策分析的经验基础。
>
> 库兹涅茨先生引领并激励着该委员会大量的研究工作。他访问国内外的经济学家，激发他们对该委员会计划的兴趣，经常提出一些经验研究上的新想法，维持研究计划的全局策略和学者们之间的沟通。在本会历史上很少有哪个委员会有这样一位主席，工作起来如此敬业，且在将许多风格迥异的学者糅合在一起方面颇具技巧。经济增长委员会的成员的经历证明，他们最大的收获就是来自于他们的主席亲密无间的合作。
>
> 除了他在经济增长委员会的工作上所扮演的核心角色之外，库兹涅茨先生还帮助组织本会中国经济委员会的工作，该委员会在很多意义上构成对经济增长问题进行研究的一个特例。在该委员会存续期间，即 1961—1970，他一直担任主席一职。

库兹涅茨的主要结论可以总结如下：[1]

● 随着各个国家进入到始于18世纪英国的"现代经济增长"时代，总产出增长开始加速：和漫长的历史相比，刚过去的一个半或者两个世纪，代表着一个全新的经济纪元。

● 目前，除了日本这一重要的例外之外，发达国家都在欧洲，或者是欧洲的海外支系。

● 当前的欠发达国家或地区之所以无法进入发达行列，或者是因为（它们进入到"现代经济增长"时）初始的人均产出水平很低，或者是因为在过去一个世纪左右，人均产出增长率很低，或者二者兼而有之。它们的前景不在于把握1914年之前的欧洲，或者源于欧洲的那些经验。[1960年代出现的案例要多于库兹涅茨的分析，而不仅仅包括早期日本的经验，比如还有印度、中国等，而有些拉美国家和土耳其更是早已进入"现代经济增长"（或曰起飞）阶段。]

● 通过把产出和劳动力分解为三大类（I，相当于工业；A，相当于农业；S，服务业），库兹涅茨获得了一些发现，虽然这些发现中的大部分至少在马歇尔那里就已经埋下伏笔，并且自科林·克拉克在《经济进步的条件》中完成的开创性工作以来就为人所熟悉（前文第173页）。在现代经济增长中，A部门对产出以及劳动力吸收的相对贡献在下降；I部门的贡献在上升；S部门的贡献并非始终如一，在某些最富裕的国家中，该部门的产出份额明显上升。不过，由于S部门的平均生产率要低于I部门，这使得处在较高人均资本产出水平上的S部门的劳动力比例显著上升。

● 国家的规模对经济结构，特别是对该国参与国际贸易的程度，有着深远的影响。人口意义上的大国在贸易上比不上很多小国。

● 在增长的早期阶段，储蓄率会上升，国民收入和产出中资本形成的占比也会上升，但在达到某一水平后，这些比率的趋势不再清晰，显著不同于国民生产

---

[1] 库兹涅茨自己对其不同一般性层次上的主要发现进行了总结：比如，他的《各国的经济增长》一书有相当详尽的论述（第303—314页），还有《人口、资本与增长》，第165—184页（库兹涅茨1971年诺贝尔演讲稿）则有高度的概括。还可以参看德怀特·柏金斯，"国际定量比较三十年"（Three Decades of International Quantitative Comparison），这篇为西蒙·库兹涅茨八十岁生日祝寿的文章，1982年（未出版），第4—7页，柏金斯在其中界定了八个"经受住时间考验的重要发现"。柏金斯的"发现"也包括少数库兹涅茨的弟子使用他的方法得出的那些结论。这里，我选择性地综合了柏金斯的概括和库兹涅茨在"各国的经济增长"（《政治科学季刊》1971年12月，第654—657页）一文中的总结。

总值。

● 收入分配规模随着人均收入上升而变动的路径呈现出"U"字形，也就是说，在发展的早期阶段，不平等会有所抬头，之后又会缓慢下落。同样的现象还出现在地区收入差异上。

● 所有正处于现代经济增长阶段的国家，都在经历着现在所谓的"人口变迁"；也就是说，人口总死亡率首先会迅速下降，接着出生率也开始下降，但存在一个很大的时滞。因此，在这个变迁过程中，人口增长率会明显加快。

● 在存在连续数据的少数情况下，有证据表明，1914 年之前的这段时期中的增长率存在长幅摆动（大概以二十年为一个跨度）。

● 源于科学技术存量池的持续扩大，生产率在提升；依托这种提升，而不是人均工作小时数或物质资本数的增长，便基本上可以解释现代经济增长中人均产出的加速。

● 根据传统方法计算的人均产出增长率，会因为以下三个原因而高估：（1）列为消费的一些细目实际上应该当作城市工业生活的成本记入借方；（2）没有考虑其他成本（比如空气污染和噪声）；（3）教育在某种程度上很难衡量，它既是资本成本又是提高生活质量的一种消费。

● 给定 I 部门和人均产出的增长，当代欠发达国家 A 部门劳动力比例的下降幅度要低于历史数据所显示的幅度；而 1945 年后发达国家的农业生产力革命，使得农业部门劳动力比例的下降比预期还要迅速。[库兹涅茨的数据来自 1950 年代。也许，后来在主要发展中国家发生的绿色革命以及农业生产率上的一系列改进可能多少会改变这些结果。]

在一篇比较日本与战后发展中国家平均表现的文章中，钱纳里（Chenery）曾精确到位地评述道：[1] "我们的研究尚未涉及更多影响经济增长的基本因素：储蓄水平、新技术的吸收、特殊资源禀赋的影响，或者国家政策的重要性等。这些因素只是借助推理而进入分析。"这一观点和库兹涅茨的工作有着直接重要的关系，库兹对此涅茨心知肚明。库兹涅茨不满足于报告不同人均实际收入水平下成长经济体的一般情况。他还分析了现代经济加速增长本身的根本性质。像大多数

---

[1] 霍利斯·钱纳里、宍户俊太郎（Shuntaro Shishido）和渡边恒彦（Tsunehiko Watanabe），"日本增长的模式，1914—1954"（The Pattern of Japanese Growth），《计量经济学杂志》，第 30 卷，第 1 期（1962 年 1 月），第 98—139 页。

分析家一样，他的核心结论是，这是源于现代科学思想和技术在产业中的应用。和钱纳里一样，库兹涅茨也把那些可衡量的统计现象看成是进入现代经济增长进程的证据，是更深层次经济进步的结果。这些派生的可衡量现象尤其表现在：（1）城市化比率的加速（他习惯以此作为进入现代经济增长的标识）；（2）实际人均产出持续、快速的增长，这通常伴随着人口的高增长；（3）劳动力从农业向工业和服务业转移；（4）与外部世界的联系扩大。

　　大约三十年前在《长期波动》一书中，库兹涅茨的分析强调的是现代科学思想和技术在经济上的应用；这完全可理解，因为那本书关注的正是一系列因为新技术的成功扩散而产生的主导部门。但是，在库兹涅茨有关统计形态学上的大量工作中，却有两个方面的做法阻碍着他，使他无法接近被他自己视为现代经济增长核心的力量，即科学和技术。首先，他的三分法（工业、农业和服务业）如此宽泛，以致它们无法直接与具体的重要技术的引入和扩散联系起来。其次，在把精确的统计测量合理地当成自己工作中压倒一切的标准后，库兹涅茨发现他的研究框架无法处理技术变迁。1971年，当他走向学术生涯中最高产的尾声时，库兹涅茨出版了《各国的经济增长》（*Economic Growth of Nations*）一书中。在这本书中，库兹涅茨在花费了大约300页篇幅总结了以往的统计性和分析性发现之后，突然表达了他的挫败感：[1]

　　　　在现代社会，技术瞬息万变，技术变迁不断加速，这已成为人均产出和生产率快速增长的主要源泉，同时也成为生产结构发生显著变化的主要原因。在这种情况下，有鉴于当前的部门分类无法将新产业和旧产业分离开来，无法把那些受技术革新影响的部门区分出来，这着实让人感到沮丧……

　　在接下来的二十八页中，库兹涅茨阐明了，如果要把经济增长与新技术的出现相关联的话，那么还需要展开更进一步的部门分解。他讨论了主导部门，包括

355

---

[1] 《各国的经济增长》，第315页。在库兹涅茨最后一批学术论文中，其中有一篇实质上关注的是同一个主题，即技术创新的集中性及其结构序列："经济增长的驱动力：我们能够从历史中学到什么？"（Driving Forces of Economic Growth: What Can We Learn from History？），录于赫伯特·吉尔施（Herbert Giersch）（编），《关于经济增长的解释》（*Towards an Explanation of Economic Growth*）（图宾根：J. C. B. 摩尔出版（Mohr），1981），第37—58页。这篇论文在1980年德国基尔世界经济研究所举办的论坛上宣读过。

旧的和新的，并且构建了一个高度分解的部门列表，试图捕捉美国经济在1880—1948年间的演进。在这样的背景下，他构建了一个模型，用于说明快速增长的新部门和新产品对总体增长率的影响。由此，我们看到了《长期波动》的作者重新回归，看到他对创新过程敏感而正确的评价，这着实令人欣喜，因为在那之前，所有这些都一直被他那压倒一切的将国民收入总量化的考虑，以及从科林·克拉克那里得来的三分法所掩盖。

不过，库兹涅茨实际上从未能解决他所面临的一个根本困境：他是在新技术有效吸收的意义上定义的现代经济增长，可他却是在人均产出——一个迥然不同且只是间接相关的变量上展开测量。他的后继者，沿着比较统计增长分析这一进路前进，虽然在很多方面取得了丰硕的成果，但却同样无法打破他们自己建构的牢笼，尽管部门发展计划者和增长核算人员在一定程度上避开了这个牢笼（后文第359—362页）。

钱纳里等人

德怀特·柏金斯（Perkins）在1981年那篇国际定量比较研究的综述中，将第二个后库兹涅茨阶段概括为"更多的数据和分解"。很明显，霍里斯·钱纳里（Hollis Chenery）是此阶段的核心人物。[1] 我想基于略微有些不同的根据把他的工

---

[1] 钱纳里的主要出版物如下：

与渡边恒彦合作的，"生产结构的国际比较"（International Comparisons of the Structure of Production），《计量经济学杂志》，第26卷（1958年10月），第487—521页。

与保罗克拉克（Paul G. Clark）合作的，《产业间经济学》（Interindustry Economics）（纽约：约翰·威利和索恩斯出版（John Wiley and Sons），1959）。

"工业增长模式"（Patterns of Industrial Growth），《美国经济评论》，第50卷，第4期（1960年9月），第624—654页。

与兰斯·泰勒（Lance J. Taylor）合作的，"各国和各时期的发展模式"（Development Patterns: Among Countries and over Time），《经济统计评论》，第50卷（1968年11月），第391—416页。

与蒙特克·阿卢瓦利亚（M. S. Ahluwalia）、贝尔（C. L. G. Bell）、多利（J. H. Duloy）和乔利（R. Jolly）合作的，《增长的再分配》（Redistribution with Growth）（伦敦：牛津大学出版社，1974）。

与莫西·赛尔昆（Moshe Syrquin）合作的，《发展的模式，1950—1970》（Patterns of Development, 1950—1970）（伦敦：牛津大学出版社，1975）。

与谢尔曼·罗宾逊（Sherman Robinson）和莫西·赛尔昆（还包括格申·费德（Gershon Feder）、久保裕二（Yuji Kubo）、杰弗里·刘易斯（Jeffrey Lewis）、海梅·德梅洛（Jaime de Melo）、西水美惠子（Mieko Nishimizu）的贡献）合作的，《工业化与增长》（Industrialization and Growth）（纽约：牛津大学出版社，世界银行专辑，1986）。

作与库兹涅茨区分开来。库兹涅茨一边倒地关注西欧、北美、俄罗斯、日本和澳大拉西亚[*]的增长形态学，依据可以获得的最长时段时间序列数据，尤其是国民收入数据而展开自己的分析。用我的话来说，他构造出某种高度总量化的指标，对1914年前就已进入起飞阶段的那些国家的历史展开了分析。钱纳里主要（但绝非唯一）关心的是当代发展中国家，以及统计分析最终可以在指导发展政策上提供些什么。[1]正如德怀特·柏金斯所言，钱纳里可得的数据更多，他拥有由美国、世界银行和其他专业机构在1945年后搜集的庞大的数据序列。虽然从本质上讲，可得的时间序列通常还比较短暂。钱纳里调动和分析这些数据的基本方法是横截面模型，通常关注的是1950年代和1960年代人均实际收入水平不同的各个国家的一般表现模式。

356

在《钱纳里纪念文集》中，爱德华·麦逊（Edward S. Mason）也贡献了一篇重要的文章，他以一贯的简洁鲜明总结了钱纳里分析发展时考虑的三个核心主题：[2]

> ……各国之间可以察觉的相一致程度……如果这种一致可以被察觉的话，它们是否与现今发达国家曾经经历的增长模式相一致呢……不管一致与否，欠发达国家的发展过程能否借助发达国家经济增长分析中发展起来的那些工具进行有效处理呢。钱纳里对所有这些问题的讨论均做出了重大贡献。也许，他最大的贡献还是他对一致性所做的检验。

就一致性而言，钱纳里与莫西·赛尔昆（Moises Syrquin）合作，于1975年发表的《发展的模式，1950—1970》（*Patterns of Development，1950—1970*），大概可以最好地体现他的方法和成就。钱纳里在他后来的几本主要著作中走得更远；后文中的表16.1实际上就是对他1986年发现的一个总结。

他的横截面分析法和库兹涅茨对长时期的历史时间序列进行比较的方法迥不

---

[*]　澳大拉西亚：一个不明确的地理名词，一般指澳大利亚、新西兰及附近南太平洋诸岛，有时也泛指大洋洲和太平洋岛屿。——译者注

[1]　钱纳里著述的完整清单（1949—1981）可见一卷精选纪念他的文集，莫西·赛尔昆、兰斯·泰勒、拉里·韦斯特法尔（Larry E. Westphal）（编），《经济结构和绩效》（*Economic Structure and Performance*）（纽约：学术出版社，1984），第xxi—xxvi页。柏金斯的论文中有一份精选的钱纳里主要著作清单，这份清单主要关注的是与现代经济增长过程的结构变迁分析直接相关的作品。也可以参看《工业化与增长》中那份出色的经济增长参考文献中与钱纳里有关的条目，第361—377页。

[2]　赛尔昆、泰勒和韦斯特法尔（编）的《经济结构》，第3页。

相同，这种不同体现在：（1）钱纳里和赛尔昆使用的是相关性分析，以确立他们的一般模式（或者"典型事实"）；（2）在库兹涅茨严格的经济分类之外，他们更为系统性地做了一些细目的部门分解；（3）他们很有意义地纳入了几个社会范畴，其中尤其值得注意的是教育和人口变迁。

钱纳里还在以下三个方向上深化了自己的研究。第一，在与兰斯·泰勒（Lance Taylor）合作的一篇文章中，他将工业分解为"早期、中期和晚期"。[1] 这个三分法大致接近于我在刻画起飞、趋于技术成熟、大众高消费时所描述的主导部门的先后顺序，也契合于沃尔瑟·霍夫曼的工业阶段划分。第二，相比库兹涅茨，钱纳里对贸易和资本流动（包括国外援助）给予了更多关注，而且还根据国际贸易相对规模及其构成对发展中国家作了分类阐释。第三，钱纳里还集中研究了一些特定的国家，比如印度、日本、巴基斯坦和以色列。自 1950 年代晚期以来，他一直是政策导向型发展分析的中坚人物。相比一般人，他对从相关分析中获得的一般表现模式（和一般偏离）的把握更为到位，更能理解一般情况与提供可靠的政策建议时所需的特定时间、地点数据之间的差距。在分析上，他有意识地寻求将历史分析和截面分析的优点与每一个案例的特殊意义结合起来。比如，他 1962 年的论文（与宍户俊太郎（Shuntaro Shishido）和渡边恒彦（Tsunehiko Watanabe）合作）就是对 1914 年、1935 年和 1954 年日本经济结构的系统性分析——这些年的日本经济偏离了所谓的"标准"表现。作者以一种很有说服力的方式基本上解释了日本的这种偏离。

随着 1980 年代渐趋尾声，我们已可以对那些关注经济增长模式和结构统计测量的学者做出评判。他们一面回应着基本友善的批评，一面向着研究日程的新阶段进发。关于他们过去的成就和未来的期望，最富有权威的陈述当然来自于霍里斯·钱纳里本人。[2] 他的评价值得总结。

他认为，库兹涅茨对结构分析的贡献，可以概括为将"需求、生产、贸易和就业构成上一系列一致的变化"分离开来——"这些变化中的每一个都反映了资

---

[1] "各国和各个时期的发展模式"。钱纳里的"工业增长的模式"某种程度上预示了后来（1968）文章（1971 年编）的结论，第 230—234 页。

[2] "结构转型：一项研究工作"（Structural Transformation: A Program of Research），发展讨论论文第 323 期（剑桥：哈佛国际发展研究所，1986 年 6 月）。

源配置随着收入水平的上升而转移的不同面相"。[1]   357

他指出了库兹涅茨留给后来者的主要问题：

● 贸易和资本流动在发展中的作用；

● 发展模式的时间序列和横截面估计之间的相似点和不同点；

● 把"根据因果链的推论转变为更为正式的模型和可以检验的假说"，以及

● 填补库兹涅茨工作留下的"政策分析空白"。

钱纳里也注意到了伊尔玛·阿德尔曼（Irma Adelman）和辛西娅·莫里斯（Cynthia Taft Morris）的重要贡献，他们把结构方面的度量扩展到发展问题的经济、社会和政治方面。

他继续总结很大部分是在他本人领导下取得的那些进步，比如根据市场扩张的形式（初级品的出口、制成消费品的出口、国内市场的开发）划分发展模式；将发展的几个关键变量之间典型关系进行模型化；提炼出发展中国家据以分组的类型学；使用模型化技术来帮助把握政策问题，尤其是那些"市场力量不一定带来最优结果的问题——比如人口增长、城市化或者收入分配等。"[2]

这些研究的进路早在之前就已埋下伏笔，并在《工业化和增长》（*Industrialization and Growth*）（1986）出版之后达到顶峰。这些研究同样不可避免且恰如其分地遭到一些善意的批评。早在1976年，卡洛斯·迪亚斯－亚历安德罗（Carlos Diaz-Alejandro）就已指出，"……在生产和消费结构，以及与此相关的劳动力配置和城市化模式之外，试图寻找一致模式的研究似乎迅速陷入报酬递减中"；他还发现，一些重要的回归结果"令人失望"。[3]

德怀特·柏金斯（Dwight Perkins）1981年的论文表达了更为广泛的担忧：

● 增长结构一致性统计研究中的新发现能够超越科林·克拉克和库兹涅茨的，相对还很少。

● 基于工业部门分解而给计划者带来的指导也有限。

● 随着时间的推移，处于不同增长阶段的国家，其投入—产出系数是否稳定还不是很确定。

---

[1] 同上，第5页。

[2] 同上，第22页。

[3] 《经济学杂志》，第86卷，第342期（1976年6月），第401—403页，钱纳里和赛尔昆的综述，《发展模式：1950—1970》（*Patterns of Development*，*1950—1970*）。

● 这种对长期稳定和／或截面稳定的经济增长模式的探索，遮蔽而非处理了一个关键的问题——这些模式在多大程度上取决于对独特技术创新的吸收能力。

● 虽然对次一级分类下不同国家的截面一致性展开研究很恰当，但结果并未令人满意。

● 一个关键问题：把印度和中国放入一般表现模式的测量中明智吗？这两个国家的人口占到整个世界发展中国家人口的一半，而且还有着非常不同的文化传统。

● 库兹涅茨－钱纳里的结构性分析所使用的基本数据存在严重缺陷，克拉维斯（Kravis）通过相对购买力分析完成的数据纠正工作，可以说明问题之一二。

柏金斯认为，改进数据质量的优先性应当高于精炼结构分析；应该更紧密地把增长理论与数据收集和分析结合在一起；无论以哪种方式，目前为求处理上的方便而剔除的一系列决定各国经济增长绩效的重要变量，现在都应该被考虑进来，尤其是技术变迁和技术吸收能力上的差异、政府和公共政策的作用、制度的作用，以及国内外战争的影响。

柏金斯做出了如下总结：[1]

推说这些主题更适合于其他学科的范畴，比如政治学或心理学，这毫无帮助，因为这些学科在面对经济发展问题时，同样不会考虑这些问题。经济增长的国际比较已经给我们提供了重要的工具，经济理论则会给我们提供具体的工具和严格的分析传统，但是我们还需要更多的传统技能，更深广的历史视域。

值得注意的是，爱德华·麦逊（Edward S. Mason）在《钱纳里纪念文集》中的那篇文章给出了一个更进一步的评论。[2] 在明晰地概括了钱纳里的目标和成就之后，他总结道[3]："这些研究几乎没有关注文化、政治和管理方面的因素，而这些

---

[1] 柏金斯，"三十年"，第 36 页。

[2] "钱纳里的分析和其他一些思考"（The Chenery Analysis and Some Other Considerations），见赛尔昆、泰勒、和韦斯特法尔（编），《经济结构》，第 3—21 页。我也许应该提一下，我和钱纳里一样，都有着莫大的荣幸，既一起和麦逊密切工作过，也是一本《纪念文集》大肆挞伐的对象。

[3] 同上，第 7 页。

同样会影响到发展。这些研究揭示了不同的经济政策选项，这很有助益，的确也很必要，但是它们对经济增长原因以及经济增长极限的解释并不完整。"麦逊接着通过对比1945年之后埃及与韩国的发展，进一步阐释了这些非经济变量的核心重要性。

在钱纳里所引领的这类分析工作中，尚未解决的问题中最为基本的就是对技术变迁的处理。下面是柏金斯对三十年国际定量比较工作成果所做的评论。[1]

> 一般认为，广义的技术变迁是现代经济增长的主要源泉，它有时会体现在资本中，有时不会。进一步来说，技术的累积与现今一些发展中国家为何会发展得比昔日的西方国家要快很有关联。然而，经济学家不只是对当技术创新与发展相联时其本质所知甚少，而且对于创新如何以及为什么会扩展到，或者没有扩展到这个世界的其他国家方面也是如此。

我认为，在这个问题上需要区分一下库兹涅茨与钱纳里的立场。从库兹涅茨早期的著作《长期波动》看，他是接受所谓的熊彼特主义者的立场的；也就是说，现代经济增长的驱动力在于把科学应用于经济，这一结果部分地表现为一系列重大、非连续且也会面临衰退的主导部门的出现。他把自己后期基于长期时间序列[2]而展开的增长结构特征的研究，视为对经济增长之初步确定的解释；不过，他经常信誓旦旦地声称，他已经知晓根源所在，那就是现代科学被系统性地应用于产品和劳务的生产。而且，他非常明确地坦承自己的沮丧——比较统计形态学没能把握住技术变迁，他的梦想因此还是成空了。

钱纳里的工作主要是横截面分析，他对发展中国家的结构以及发展政策抱有浓烈的专业兴趣。他对日本的研究体现了历史的维度，但是他的工作几乎一边倒地集中于1945年之后的发展中国家。他也认识到，新技术的引入是经济增长的 359
基础，不过理所当然的是，他应该以多少有异于库兹涅茨的方法来探索技术变迁问题。而且，他在有关工业化"原型"的模型中确实就这么做了，他把技术变迁

---

[1] 柏金斯"三十年"，第35页。

[2] 库兹涅茨偶然地做过一次对1958年的横截面分析，包括那些人均收入低于100美元到高于1000美元（1958年计值）的国家（《现代经济增长比率、结构和扩展》（*Modern Economic Growth Rate Structure, and Spread*）），第402—408页。

归为"中间需求的增长",以此作为产出增长的四个来源之一。[1] 他所提出的其他三个因素是国内需求的增长、出口的增长和进口替代效应。表 16.1,一个高度简化的投入—产出表,呈现了从最低水平到最高水平发展的"转型"。

360

表 16.1 转型中的结构变迁,收入水平(GDP 的百分比)分五级对比;

部门	国内需求（D）			净出口（T）			中间需求（W）			总产出（X）a			增加值（V）		
	初期	末期	增量	初期	末期	增量	初期	末期	增量	初期	末期	增量	初期	末期	增量
贸易品															
初级品	18	4	−14	13	−2	−15	14	14	0	46	16	−30	38	9	−29
制成品	28	34	+6	−14	0	+14	22	51	+29	36	85	+49	15	36	+21
非贸易品															
社会管理部门	14	20	+6	0	1	+1	5	7	+2	20	28	+8	11	16	+5
服务	42	42	0	−1	2	+1	9	10	+1	50	53	+4	36	39	+3
总计b	102	100	−2	−2	−1	+1	50	82	+32	151	182	+31	100	100	0

表注:第一级的人均 GDP 是 140 美元;第五级的人均 GDP 是 2100 美元。a: $X = D+T+W$。b: 因为四舍五入,加总数据可能不等于相加之后的总数。资料来源:霍利斯·钱纳里,谢尔曼·罗宾逊(Sherman Robinson)和莫西·赛尔昆,《工业化与增长:一个比较研究》(*Industrialization and Growth: A Comparative Study*)(纽约:牛津大学出版社,世界银行专辑,1986 年),第 52 页。

从形式上看,技术在这个转型过程中已得到解释,并表现为中间产品制造业的勃兴。不过,这种处理几乎没有涉及如何衡量技术存量,技术存量减少的过程中又涉及什么,而正是这些从实质上界定了欠发达的状态。这是又一个回避如何解释技术产生和扩散问题的精巧装置,目前这种装置已有一大摞。

部门计划者

钱纳里的横截面分析,对发展中国家类型和战略的明确定义,以及基于典型事实而建立的有关转型的原型模型,所有这些工作的最终目的都指向实践。实

---

[1] 钱纳里在他的"结构转型"里总结了他的方法,很有用处,第 13—18 页。至于更为具体的,可以参看《结构变迁和发展政策》(*Structural Change and Development Policy*),第三章,以及《工业化和增长》,尤其是其中的第二章和第三章。

655

际上，这些都是设计来帮助经济计划者和其他官员，使得他们可以通过识别自己国家所属的类型，通过分离其对一般表现的偏离，通过决定是否想要走向一般模式，抑或维持既有的发展模式，抑或寻找其它路径，从而确定广泛意义上的发展政策选项。这一宏大的目标在《工业化与增长》一书中最接近于实现。这是在一般增长模式的结构分析与发展政策之间建立起联系的一项重要工作。它还讨论了发展经济学家关于政策问题而展开的争论，并得到了自己的结论（见后文 422—423 页）。这里，我就将围绕这些结论作一些讨论。

不过，在朝着这一实践性目标前进时，包括钱纳里自己以及许多其他学者都陷入了我所谓的格塞尔（Gesell）问题当中，只有部分人得以逃脱。[1]

阿诺德·格塞尔博士是关注儿童发展的学者，独著或者合著过二十多本有关出生到十岁的儿童发展方面的书籍。他的核心工作旨在通过一系列相当细致的研究，描述孩子们如何随着时间的推移（而非人均国民生产总值的提升）而"转型"。不过，一如钱纳里，他也试图通过定义三类不同的成长模式，寻找独特性与一般性之间的中间基础。[2]同样与钱纳里一样，格塞尔最终的兴趣也在于政策；也就是说，为父母、老师等人养育孩子提供指引。但是，像所有有关儿童成长的严肃学者（以及每一个父母）一样，格塞尔认识到，每一个孩子始终都是独一无二的，在应用那些由成长模式和一般行为描述中得到的经验教训时，必须尊重孩子的个性。对科学一般性的寻求，和具体事例的独特性之间的冲突，给他的工作平添了一丝困扰。

由于这种类似生物学式的一般概括存在某些局限，于是大量的研究开始关注经济计划，将复杂精致的数理方法和计量技术应用到各个部门（有时甚至是整个经济系统），尤其是发展中国家的计划之中，以图获得具体的政策建议。[3] 涉 　361

---

[1] 我用来解释格塞尔问题的这项研究，是由阿诺德·格塞尔（Arnold Gesell）和弗朗西斯·伊尔克（Francis L. Ilg）、雅内·勒尼德（Janet Learned）和路易斯·埃姆斯（Louis B. Ames）合作完成的，《今日文化中的婴儿和儿童，家庭和幼稚园对发展的引导》（*Infant and Child in the Culture of Today, The Guidance of Development in Home and Nursery School*）（纽约：哈珀出版，1943）。

[2] 同上，尤其是"增长模式的个体性"（The Individuality of Growth Patterns），第43—46页。

[3] 大卫·肯德里克（David Kendrick）在他的手册（未出版）《经济计划的数理方法》（*Mathematical Methods in Economic Planning*）里收集了 117 个参考文献。其中下面一些很有代表性：

伊尔玛·阿德尔曼（编）《发展计划的实践方法：朝鲜第二个五年计划》（*Practical Approaches to Development Planning: Korea's Second Five-Year Plan*）（巴尔的摩：约翰·霍普金斯大学出版社，1969）。

伊尔玛·阿德尔曼和埃里克·托尔贝克（Erik Thorbecke）（编）《经济发展的理论和设计》（*The Theory and Design of Economic Development*）（巴尔的摩：约翰·霍普金斯大学出版社，1966）。　　　　　（接下页注）

及整个系统的计划模型一般被称为可计算的一般均衡模型（computable general equilibrium models）。

大卫·肯德里克（David Kendrick）和阿瑟·麦克艾文（Arthur MacEwan）清晰地描述了这一经济计划的目标和结构性特征，并以之与较少关注政策导向的增长模型进行了比较：[1]

> 计划模型是设计来研究影响资源配置政策的长期结果，尤其是影响投资在不同部门中分配的政策结果的模型。它们关注理论增长模型的结论，但是又和理论模型不同，因为它们（1）包含了经验估计，并用数字模拟来求解，（2）通常分解为很多部门，（3）囊括了发展过程更为复杂的特殊性和特定的政策约束。由于存在这些差异，理论模型因此更适合于在抽象的背景下研究经济增长的一般特征，而计划模型则因此更有助于考察分解更细且囊括政府政策工具和约束集的复杂系统。

（续上页注）鲍尔斯（Bowles）、萨缪尔（Samuel）和大卫·肯德里克与兰斯·泰勒和马克·罗伯茨（Marc Roberts）合作的，《微观经济理论的问题和注解》（*Notes and Problems in Microeconomic Theory*）（芝加哥：马克汉姆（Markham）出版公司，1970）。

布朗（M. Brown）《论技术变迁的理论与衡量》（*On the Theory and Measurement of Technological Change*）（伦敦：剑桥大学出版社，1966）。

查克拉瓦蒂（S. Chakravarty）《资本和发展计划》（*Capital and Development Planning*）（剑桥：麻省理工学院出版社，1969）。

霍利斯·钱纳里（编）《经济计划研究》（*Studies in Development Planning*）（剑桥：哈佛大学出版社，1970）。

立夫·约翰森（Lief. Johnansen）《经济增长的多部门研究》（*A Multisectoral Study of Economic Growth*）（阿姆斯特丹：北荷兰出版公司，1970）。

大卫·肯德里克，《工业过程中的规划投资》（*Programming Investment in the Process Industries*）（剑桥：麻省理工学院出版社，1967）。

马兰沃（E. Malinvaud）和巴克拉克（M. O. L. Bachrach），《增长和计划理论中的活动分析》（*Activity Analysis in the Theory of Growth and Planning*）（伦敦：麦克米伦出版社；纽约：圣马丁出版社，1967）。

阿玛蒂亚·森，《技术选择》（*Choice of Techniques*）（牛津：巴塞尔·布莱克韦尔出版（Basil Blackwell），1960）。

亚蒂·森古普塔（Jati K. Sengupta）和卡尔·福克斯（Karl A. Fox），《数量经济模型的最优技术》（*Optimizing Techniques in Quantitative Economic Models*）（阿姆斯特丹：北荷兰出版公司，1969）。

卡尔·谢尔（编）《最优增长理论论文集》（*Essays on the Theory of Optimal Economic Growth*）（剑桥：麻省理工学院出版社，1967）。

拉里·韦斯特法尔（Larry E. Westphal），"以规模经济为特征的动态多部门规划模型：韩国的石化和钢铁投资计划"（A Dynamic Multi-Sectoral Programming Model Featuring Economies of Scale：Planning Investment in Petrochemical and Steel in Korea），未出版的博士论文，哈佛大学经济系，马萨诸塞州，剑桥（1968年6月）。

[1] 霍利斯·钱纳里编，《发展计划研究》，序，第7页。

　　这类计划研究已经在很多发展中国家和地区展开，包括埃及、智利、希腊、以色列、朝鲜、墨西哥、巴基斯坦以及中国台湾。此外，立夫·约翰森（Lief Johansen）还以非常复杂的方法考察了挪威的情况。[1] 虽然较不严格，但是这些方法还被用于分析某些地区的发展问题，比如说拉美国家和非洲撒哈拉沙漠以南地区。

　　从本书的研究视角看，政策导向型增长模型有若干积极的特征。[2] 首先，它迫使那些最终关注的是最优投资配置的分析者把其研究分解到新技术被引入经济的那个层次上。由此，分析就可以从那种令人沮丧的部门三分法——"初级品"、"工业品"和"服务"中脱离出来，进入到具体的决策制定中，比如是否需要建造钢铁厂或者石化厂，何时修建，在哪里建等等。这并不容易（从马歇尔时代以来它就没有容易过），分析者因此不得不处理报酬递增，他们也已经找到一些处理的方法。[3]

　　因而，总体上，发展中国家实施投资计划的必要性，加上原型建模给人留下的远离现实的感觉，刺激了动态理论的重大发展，使其纳入技术变迁的某些方面，包括报酬递增的重要属性，以及技术变迁对瓦西里·里昂惕夫（Wassily Leontief）所开创的宏伟工作——投入产出系数的动态影响。

　　当然，这一进路仍然存在一些重要的局限。例如，既有的技术池在其中是给定的。这些模型无法处理科学和技术的动态交互。企业家的质量或者没有在模型中得到考虑，或者被纳入到吸收能力的计算中———一个尽管有趣但却相当抽象而且过于总量化的概念。它们没有分析那些导致主导部门突然加速的力量。在现有的多部门模型中，垂直联系已得到考虑，但是伴随着主要部门快速变化的复杂性而来的横向扩展效应并没有得到充分的衡量。不过，在经济思想的历史长河中，从事计划的经济计量学家正在着手严肃地考察一些长期以来被弃置一旁，或被形式优美但内里空洞的装置设计覆盖掉的问题。

　　至于他们在计划方面的贡献，由于这个领域仍在发展，因此做任何武断的判

---

[1]　立夫·约翰森，《多部门分析》。

[2]　对这一模型构建路线早期的分析和评价，参看我的《为何穷国变富而富国减速》（奥斯汀：得克萨斯大学出版社，1980）第183—185页。

[3]　比如，参看马科维茨（H. M. Markowitz）和曼尼（A. S. Manne），"关于离散规划问题的解"（On the Solution of Discrete Programming Problems），《计量经济学杂志》，第25卷，第1期（1957年1月），第19页及其后，还可见大卫·肯德里克将这一方法应用于钢铁业研究的成果《工业过程中的规划投资》。

362 断都还太早。不过大卫·肯德里克（David Kendrick）作为一个重要的实践者，还是恰当地总结了这些暂时的进展：[1]

> 对于现今经济计划模型的有用性至少存在两种观点。一种观点将当前的模型和更加细化的部门分解，以及未来可能会出现的更加一般的特定模型相对比，同时把当前的模型和政府规划部门对高度细化结果的需要相对照。这一观点发现，当前的模型还有缺陷，并把目前的研究看作是长期努力的一部分，认为这些研究最终将有助于发展出可用于政府政策分析的工具。第二个观点对比了数字模型和其他用于制定整个经济规划决策的方法，并发现这些模型的全面性带来了比较简单的分析手段所无法获得的洞识。
>
> 作者的态度倾向于第一种观点而非第二种，因为作者认为，相对于为经济政策提供处方，这些模型更有助于为如何建立更好的模型提供洞识。不过这些模型拥有一个优点，它们能够迫使经济分析者系统地思考所研究的问题，这也构成这些模型最有用的属性之一。

一个小结

通过总结，简略地讨论一下这些增长形态学方面的研究如何看待本书所架构的那些关键的增长变量，可能会有所助益。

基本增长方程

正如钱纳里所指出的，对伴随着人均实际国民生产总值增长而来的结构变迁所做的统计分析很狭隘，"无法告诉我们决定经济增长的更为基本的因素何在……因为这些因素都只是通过推断而得。"然而很清楚，这些"推断的因素"就是那些到目前为止人们非常熟悉的因素，包括人口和劳动力、储蓄—投资、自然资源禀赋。除此之外，钱纳里还增添了"国家政策"这个因素。由科林·克拉克开创的部门三分法使得恩格尔定律的影响变得尤为重要，因为该定律确定，劳动力会随着人均国民生产总值的上升而从农业转移到工业和服务业。

---

[1] 《经济计划中的数理方法》，第 11—12 页。

相比他们的后继者，科林·克拉克和库兹涅茨所关注、探讨并推测的经济增长因素要更多，即使这些因素实际上无法在他们获得的数据中得到衡量。不过，他们将一直把处理经济增长过程的映像，而不是"基本决定因素"放在首位，这是他们研究结构变化的统计方法所固有的。

人口与劳动力

基于统计而展开的经济增长分析进路，已经开始从历史时间序列和横截面数据角度敏锐地关注出生率、死亡率和人均国民生产总值的关系，使得人口变迁研究的基础比以往更为扎实。然而，研究的结果表明，对一般表现模式的偏离非常明显，尤其是出生率（如图20.1）。于是，大量的文献开始出现，试图通过把出生率和其他变量如教育、健康、城市化、人口流动、收入分配等联系起来，缩小这种偏离的程度。[1]尽管这些对人口生育方面的分析还留有很多没有回答的问题，但是它们代表了经济和社会分析中非常少有的重要尝试——特别的，这本身就是伊尔玛·阿德尔曼和辛西娅·塔夫特·莫里斯的研究目标之所在。

363

投资和技术

就投资占国民生产总值的比例与不同人均收入水平之间的关系而言，也出现了许多额外的证据，不管是时间序列还是横截面。现在已经清楚的是，一般而言，在我称之为起飞和趋于技术成熟的阶段，投资率会上升，之后将保持平稳。[2]

关于经济增长中投资的作用，以及投资的来源，在这些增长形态学学者的研究中，最有趣的可能要数科林·克拉克的研究（前文，第213—214页）。克拉克认为，资本形成率并非唯一决定经济增长率的因素；与此同时，厂房和设备上储蓄—投资的高比例源自利润再投资，而非像凯恩斯主义总体消费—储蓄函数通常构想的那样。比如，钱纳里－赛尔昆就沿着后一种路径，讨论了他们的数据中有关"积累过程"的理论和经验基础。[3]另一方面，他们在投资率方面的讨论，有关

---

[1] 有关的讨论和参考书目，可见霍利斯·钱纳里和莫西·赛尔昆的《发展模式：1950—1970》，第56—63页；也可以参看我的《世界经济：历史和展望》，（奥斯汀：得克萨斯大学出版社，1978）第39—42页和726—727页。

[2] 关于这一点上现存的历史和横截面数据，以及对此种模式的分析，可参看我的《为何穷国变富而富国减速》（奥斯汀：得克萨斯大学出版社，1980）第267—281页。

[3] 《发展模式：1950—1970》，第23—25页。

资本输入的系统证据，以及教育方面的投资配置，都是极为有价值的。

关于技术变迁，科林·克拉克和库兹涅茨都强调把科学应用于经济是现代经济增长的基础；但是一如库兹涅茨最后所强调的，结果证明他们的方法略显笨拙，未能抓住其中的关键联系。[1]

钱纳里的分析似乎并不关心技术问题。比如，技术这个词在钱纳里－赛尔昆的结论中也只是和其他两个外生变量一起出现过一次。[2]但是，钱纳里确实通过一个结构变量引入了技术，也即"中间"产业的相对兴起，他把它置于转型的核心位置。

在早一年（1974）出版的一项研究中，索吉尔·克里斯腾森（Thorkil Kristensen）基于与钱纳里－赛尔昆大致相同的数据，在经济增长率的时间变动模式方面得到了与后者类似的结论（表16.2和16.3）；不过相比后者，他的研究与技术的联系更为直接。[3]

克里斯腾森有关经济增长率起伏的基本观点是这样的：经济增长取决于对已有且可得的知识存量的吸收率，而吸收率又取决于资本和熟练工人的可得性。在他所定义的中等收入国家中，增长加速的原因在于，它们积累起来的人力资源（包括企业家）存量已经达到这么一种水平，使其可以提升吸收已有知识存量的速率，只要它们在国内形成或者从外国获得足够的资本来融合这些知识；而对于那些高收入国家而言，其经济增长率下降的原因就在于，由于它们已经吸收了既有知识存量，因此接下来就不得不依赖于后续新知识创造的增长率。他总结道："因此，如果存在所谓的人均国民生产总值典型增长曲线的话，那它就不会是指数曲线，而是'S'形曲线，这一曲线可能会也可能不会逼近其上限。"[4]

基于这一定量但不可直接测量的假说，克里斯腾森进一步说明，"S"形的技术吸收路径如何反映在多多少少可以测量的各种经济和社会指标上。他将这些指标和人均实际收入相联——比如说，劳动力的分布、城市化、收入分配、食物和能量的消费、健康服务、人口统计方面的变量、教育、外贸，等等。

---

[1] 西蒙·库兹涅茨，《各国的经济增长》，第314—384页。

[2] 《发展模式：1950—1970》，第135—136页。

[3] 索吉尔·克里斯腾森，《穷国和富国的发展》（纽约：普雷格出版，1974），第156—159页。

[4] 同上，第29页。

表 16.2 收入水平和增长率，1960—1970

	人口 1967（百万）	人均国民生产总值 1967 美国美元	年均增长率 1960—1970
美国	199	$3,670	3.2%
组 1	307	3,120	3.4
组 2	238	1,490	3.5
组 3	444	930	6.5
组 4	161	550	4.4
组 5	299	270	2.9
组 6	376	130	2.6
组 7	1,580	90	1.7
世界	3,391	$610	3.2%

资料来源：索吉尔·克里斯腾森，《富国与穷国的发展》（*Development in Rich and Poor Countries*）（纽约：普雷格出版（Praeger），1974），156—159 页。

表 16.3 人均 GDP 年均增长率，1960—1973

阶段	百分比
A. 老牌发达国家	
1. 美国	3.1
2. 其他国家	3.7
加总	3.4
B. 新兴发达国家	7.0
C. 过渡期国家	3.9
D. 欠发达国家	1.8
所有市场经济体	2.8
E. 中央计划国家	3.6

资料来源：霍里斯·钱纳里，"转型中的增长和世界工业化"（Transitional Growth and World Industrialization），诺贝尔论坛有关经济活动国际配置会议的论文，斯德哥尔摩，1976 年 6 月 8—11 日，表 2b.

对于增长过程，克里斯腾森和钱纳里分析观点的差异主要集中在技术进步的作用上。克里斯腾森把新旧技术知识的扩散视为经济增长的基础。钱纳里则把对

新技术的逐渐吸收看作提高人均收入的阶梯，看作不断精细化的制造业扩张的副
产品；给定老牌发达国家存在一个可获得的技术存量的话，这样的观点在横截面
365　分析中是可以理解的。从历史的视角出发，克里斯腾森的观点，也即他对时间过
程中技术扩散的关键作用的强调，和本书的观点更为相近。

诚然，经济计量的部门计划者们确有直面技术变迁问题；不过，当进入到多
部门动态均衡模型中时，他们到目前为止所面对的问题，还是要求把技术变迁当
作外生变量来看待。

经济周期和相对价格

不可避免的是，由于这些工作主要关注结构变迁的长期模式与人均国民生产
总值水平的实质变化之间的系统性关系，因而几乎与经济周期或者相对价格变化
方面的研究没有任何关系。

经济增长的阶段和极限

科林·克拉克和库兹涅茨均认为，经济增长是一个一旦开始，就会出现许多
与不同实际人均收入水平相联系的结构性特征的过程，这些特征是可识别的。自
然的，当钱纳里在克拉克和库兹涅茨的基础上，从横截面的视角处理一系列国家
的结构性变化时，也会以这些结构性变迁来定义经济增长的阶段。

钱纳里的基本观点如下：[1]

1. 阶段的界定可以如表 16.3 所显示的那般宽泛，不过这一界定有赖于钱纳
里－赛尔昆在表 16.1 中给出的有关变迁一般模式的数据。

通过衡量每一个发展阶段的中间点，便可以把变迁分为早期和晚期两个
阶段，这种做法是有帮助的。比方说，从不发达国家到发达国家，国民生产
总值中的工业份额（制造业加上建筑业）平均会从 12.5% 上升到 38%。当收
入水平达到 450 美元（1967 年的币值计是 300 美元）时，这一过程刚好完成
一半，和所有过程的平均水平很接近。另一方面，制成品出口在国内生产总
值中所占份额的上升（从 1.1% 到 13%）在变迁中发生得更晚，且只有在收入

---

[1]　钱纳里，"过渡期增长和世界工业化"，第 5—6 页。

水平达到 1000 美元（1967 年为 625 美元）时才完成一半。在接下来的讨论中，生产和贸易结构的正常变化已经超过一半的国家，将被归入"过渡期国家"，而那些没有达到该点的国家则将被归入"欠发达国家"。

根据钱纳里的估算，"老牌发达国家"1973 年制造业的份额为 30.7%，"新兴发达国家"为 29.6%，"过渡期国家"为 21.7%，"欠发达国家"为 14.4%，"中央计划国家"为 39.8%。

2. 过渡期国家依次又可以分为三类：（1）"大"国，1960 年拥有人口一千五百万或者更多，拥有广大的国内制成品市场，以及相对于国民生产总值较小比例的对外贸易；（2）相对集中于初级产品出口的小国；（3）相对集中于制成品和服务出口的小国。

在过渡期国家中，钱纳里还作了进一步的分类，依据其增长率是高于最不发达国家还是高于老牌发达国家而把它们分为"新兴发达市场经济"和"新兴发达中央计划经济"。在 1973 年，所有的这些经济体人均国民生产总值都已超过 1000 美元（以 1967 年美元计算），生产结构多少也可以代表这个实际收入水平的标准。

由此，通过界定变迁过程，钱纳里在各子类中纳入的国家人口在 1973 年总计占到世界人口的 52%：新兴发达市场经济体（7%）、新兴发达中央计划经济体（9%）、过渡市场经济体（13%）、过渡中央计划经济体（35%，包括中国，23%）。而老牌发达国家仅占世界人口的 13%，其他发展中国家占 35%。

3. 在一篇和兰斯·泰勒（Lance Taylor）合写的文章中，钱纳里跳出国民生产总值中工业部门总份额的标准，开始考虑把人均国民生产总值和特定的"早期"、"中期"、"晚期"产业群的加速与减速期联系起来。[1]

钱纳里还在一般意义上把这个命题与阶段论相联，具体如下："过渡期"国家正处在吸收基本的重工业部门（钢铁、电机、化工）的过程中；"新兴发达国家"则处在吸收更为复杂技术部门的时期，如大规模的汽车、耐用消费品、重工、电器等等。[2]一如 1960 年之后近乎所有的研究，钱纳里的数据和分析再次确

---

[1] 霍利斯·钱纳里和兰斯·泰勒，"各国和各个时期的发展模式"，《经济统计评论》，第 50 卷，第 4 期（1968 年 11 月），第 391—416 页。

[2] 钱纳里明确地将他的"早期工业"和我的起飞阶段中的主导部门联系起来，见他的"工业增长的模式"，第 651 页。在《发展的模式：1950—1970》的结论中，他提到（第 136 页注）："尽管这一形式和罗斯托（接下页注）

366

证了曾经有过诸多辩论的一个问题——起飞期的投资率会有显著上升。[1]

然而，有几个相当重要的区别需要注意。首先，钱纳里把对新技术的逐渐吸收看作提高人均收入的阶梯，看作不断精细化的制造业扩张的副产品。但是从发展中国家发奋图强的历史视角看（又或即便是从先进工业国的视角看），科学和技术的微妙互动一定也可以被看成一个会得到投资资源配置的经济部门，而且像其他的部门一样，这个部门也会拥有一个即便难以测量，但也可以从概念上定义的成本回报比，尽管存在一定的时滞。

之所以强调技术产生和扩散的重要性，原因之一在于，它是两个世纪以来抵制农业和原材料生产方面报酬递减的基本力量，而在自鸣得意的 1950 年代和1960 年代，这个方面已经被排除出横截面视角下的经济增长故事，因为那段时期基本产品的价格相对较低。当然，对于比如 1790 年代、1850 年代、1900—1910、1945—1951，或者 1970 年代中期，即使是横截面分析也肯定不能忽视相对价格对收入和增长率带来的影响；实际上，1950 年代和 1960 年代工业化国家和地区的增长率之所以有些高得反常，一定程度上也是因为能源、食品和原材料方面价格低廉而带来有利的贸易条件。

其次，钱纳里在制造业部门内捕捉技术变迁的方法，即使是沿着钱纳里—泰勒的路线进行分解，也未能捕获一连串主导部门动态变化的复杂性，捕获它们与过去、横向和未来主导部门的联系。在《工业化与增长》一书中，在某些特定的点上，部门分解的程度更为细致。不过，最终作者承认，其中还是存在一个黑箱。[2]

如此，我们关于全要素生产率的经验结果就不应该仅仅被解释成这么一种技术变迁的衡量，即源于新技术知识的应用而带来生产可能性曲线移动这

（续上页注）(1956) 的"起飞"有某些共通之处，但是我们已经表明，变化更快速的时期会在不同进程的不同收入水平上发生，且会随着后续战略的变化而变化。"相反，在《经济增长的阶段》里，我从来没有否认后起飞时代暴涨的增长率存在的可能性，也没有否认增长政策可能对增长率产生的影响。

[1] 关于 1960 年之后证据的总结，参看《经济发展的阶段》，第二版，(1971)，附录 B，第 233—235 页。也许还应提一下的是，在风潮过后，库兹涅茨平静地在这一点上做出了让步，见他 1971 年的《各国的经济增长》(第 61—65 页)。他认识到，历史证据显示，前现代的净投资率增长可以达到 5% 或 6%；特别是末期，这个数字可以达到 15%。尽管库兹涅茨倾向于认为，投资率在长期中会逐渐上升，但详细的历史和横截面数据却显示，投资率在一开始急剧提高（在我看来，这包括趋于技术成熟以及起飞两阶段）之后有一个明显的减速。在钱纳里—赛尔昆的分析里，减速是在人均收入达到 300 美元之后开始的（《发展模式：1950—1970》，第 20 页）。关于钱纳里在"转型"初期、中期和末期最低投资率的数据，见《工业化与增长》，第 49—52 页。

[2] 《工业化和增长》，第 288 页。

个意义上的技术变迁。相反，一定要在非常广的意义上解释这些衡量，纳入如下这些要素，比如产业和工厂组织、关于如何操作的工程知识，或者如何应对短期内会影响到产能的生产过程突然中断的方法。这些衡量的确把生产单位看成一个黑箱。我们衡量投入和产出，但是却从未真正尝试去描述工厂大门内确切发生着什么。描绘黑箱内到底如何运作很重要，但是这超出了本书的范围。我们试图在一个相当总量化的层面上描绘典型事实，因而在一般化或者挖掘因果联系方面的工作必然便会弱一些。

上述这两点，也即把技术的精湛程度与制造业的规模相联系，以及全要素生产率方法中存在的黑箱，都和增长的统计形态学中所遗失的一些东西存在关联：经济增长过程固有的阵痛、复杂性和无止境的创造力，包括1840年代（棉纺织品到铁路）、1900—1910（钢铁业到电力产业、机动车产业、化工业）、1975—1985（机动车等产业到微电子行业等），经济从一批主导部门到另一批主导部门的移动，其间体现出的张力、成本以及亢奋。

本质上，经济增长分析就是由这样不可逆转的动态非均衡连续阶段构成。每一个阶段，在解决了一个问题且大概经历了相对稳定的一个过渡期后，就会有新的问题出现，以待解决。我相信，这大概就是阿尔伯特·赫希曼（Albert Hirschman）在看待经济发展问题时的所思所想；大概就是格塞尔的观点——人类的发展过程就是一个借由非均衡带来的压力而不断解决"永无休止、持续产生的增长问题"的过程；[1]这与混沌学家对待物理世界的观点也差不了多远——他们认为，物理世界就"是一个过程而非状态，是变动而非实在……（在这个世界中）简单系统不规则的行为表现为一个创造性的过程，它缔造了……丰富的组织模式，时而稳定，时而不稳定……"。[2]

对经济展开比较结构分析的研究者未能把握住这个过程，因为隐含在他们所

---

[1] 尤其可以参看《今日文化中的婴儿和儿童》，第45，293，354页。

[2] 詹姆斯·格莱希（James Gleich），《混沌：形成一个新科学》（Chaos: Making a New Science）（纽约：维京出版，1987），第5，43页。在一个非常有限的类比——外国人在英国经济、知识和政治生活中的崛起中，詹姆斯·戈德史密斯（James Goldsmith）爵士，这个盎格鲁—法兰西的金融家评述说："动态变化通常是非均衡的结果。"（《经济学家》[1988年12月24日—1989年1月6日]，'新血液'，第73页）

描述的贫富转型之中的动态模型是一个一般均衡模型。[1] 科林·克拉克那开创性的研究告诉我们，实际上，当放在横截面视角中讨论时，处于增长中的经济体，一旦它们开始走向现代（或者自我持续的）经济增长，就会在大致一致的方式下改变它们的结构和它们对资源的配置。这个过程中产生的模式将超越传统的经济变量，而波及出生率和死亡率、教育水平、社会福利配置以及收入分配。可以预期，一般的截面模式将产生严重的偏离；而且，其中有些偏离是系统性的，正如钱纳里对制造业导向和初级品导向的小型国家所做的研究表明的那样。然而在这些分类中，方差是很大的。不过，此处我们有一个重大的断言，即最终还是必须要有平衡增长与动态均衡模型。

正如钱纳里和赛尔昆正确指出的，这样的均衡模型可以充分地说明"资源配置中相互依赖的变化，而正是这些变化构成了主要发展模式的基础。"[2] 但是，他们没有解释经济增长实际上所呈现的不稳定过程；而且他们只能反映，而不是抓住实质上的非经济因素，也正是这些因素启动了现代经济增长，并且推动着它一路前行。

368

非经济因素

如前所述，借助统计分析，一项相当重要且涉及面甚广的研究工作已经展开。这项工作旨在跳出人所熟知的出生率与人均收入的负向联系，识别出生率的决定因素。伊尔玛·阿德尔曼和辛西娅·塔夫特·莫里斯开创性地应用统计学方法，检验了经济增长与诸多社会、政治变量之间的联系，虽然这些变量本身并不适合于直接的时间序列分析。[3] 他们在寻找以下十三个社会文化指标、十七个政治指标的代理变量（或者是进行大致定量分类的方法）时，表现出了很高的想像力和创造力，因为常规统计一般只会提供其中三个指标的数据（城市化程度、识字程度以及毛出生率）：[4]

---

[1] 霍利斯·钱纳里和莫西·赛尔昆，《发展模式》，第10页："既然我们关心整个经济结构的相互联系，隐含在我们分析里的模型就是一个一般均衡模型。"

[2] 同上。

[3] 尤其可以参看伊尔玛·阿德尔曼和辛西娅·塔夫特·莫里斯，《社会、政治和经济发展》（*Society, Politics, and Economic Development*），修订版（巴尔的摩：约翰·霍普金斯大学出版社，1971）；以及《发展中国家里的经济增长和社会公平》（*Economic Growth and Social Equity in Developing Countries*）（斯坦福：斯坦福大学出版社，1973）。

[4] 《经济增长和社会公平》，第15—16页。

社会文化指标

传统农业部门的规模

二元化程度

城市化程度

本地中产阶级的地位

社会流动程度

识字程度

交通发达的程度

文化和种族相似度

社会的紧张度

天然的丰饶程度

外观现代化程度

占主导地位的宗教类型

社会经济发展水平

政治指标

民族融合的程度以及民族统一的认同度

政治权力集中化程度

政治参与力度

政治反对和新闻自由程度

政治党派竞争程度

政治党派体制的主要基础

劳工团体的力量

传统精英的政治力量

军队的政治力量

宗教组织的政治和社会影响力

行政管理效率

领导力致力于经济发展的程度

直接干预经济活动的程度

殖民历史的长短

殖民历史的类型

实施自我管理的最近时间

政治稳定的程度

对于这些明显会相互作用的变量而言，这样的联合分析本身并不能得到什么轮廓分明的分析性结论或者条分缕析的政策结论。当阿德尔曼和塔夫特在有关经济增长和社会公平的研究中得出，经济增长率、收入分配公平度以及政治参与度之间并不存在正向联系的结果时，它确实令人震撼。他们总结道，需要有新的经济与政治发展策略来实现他们认为合意的目标。不过若要得到那种结论，其实并不需要进行如此精细的定量分析。

换种方式来说，与发展过程相伴而行的社会和政治生活的一致性，就其核心而言，乃是每个社会以其自身方式解决的一系列问题。[1]通过一些定量方法对这些解决之道进行平均，对于辨别这一系列问题又或解释对于一般表现模式的偏离而言，可能并非最优路径。

不过，这类分析最重要的弱点和经济增长的比较统计分析一样，均在于这种做法必然会掩盖变化的动态性——也就是保罗·罗森斯坦－罗丹那里所谓的"显示动态均衡路径的推进曲线（pursuit curve）"。[2]比方说，在这类分析中，没有一个有把握住社会中的复杂力量（其中最强大的就是对外部侵扰的畏惧和反应），而这些力量会使得准传统社会在进入起飞阶段或者现代经济增长时，接受那些本质上令人痛苦且又颇富异议的必要变化。没有哪一个分析有识别出引领前路的特定部门或者部门组合。也没有哪一个分析有详细说明，中央政府和行政管理部门先前的历史经验是使得转轨变得更为容易还是更为艰难。还有，有关经济因素和非经济因素相互作用的研究，也留给了后来者。

---

[1] 我的《政治和增长的阶段》（*Politics and the Stages of Growth*）（剑桥大学出版社，1971）是将经济和政治发展相联系的进路上的一个尝试。

[2] 保罗·罗森斯坦－罗丹，"自然跃进（Natura Facit Saltum）"，录于杰拉德·迈耶和达德利·西尔斯编的《发展的先驱》（纽约：牛津大学出版社，世界银行专辑，1984），第208页。在一个注释里，罗丹解释了"推进曲线"的含义及其最初的缘起：

> 一条狗在没有任何预期的情况下，会沿着它看到兔子的最短距离（一条直线）去追一只兔子。同时，兔子从点1跑到点2。当这条狗再次在新的位置上看到了它，它再次沿着最短的距离（一条直线）去追兔子。同时，兔子跑到点3，如此等等。狗在奔跑时所沿着的直线就是我们想要解释的。不管狗在哪里看到兔子，这条线总是由那个直线距离所决定。推进曲线上绝大多数的点都是非均衡点。如果狗最后抓到了兔子，那它便可以被称为"均衡状态"。
>
> （帕累托曾经提到过它，但是没有解释。）

　　然而，我们不应该要求一种方法做它力不能及的事情。经济增长和经济发展的比较统计分析使得大量的历史数据和横截面数据得到系统的组织，所有研究经济增长的后来者即便必须从其他地方寻找"转型"的动力学，也还是会继续使用这些数据。

增长核算：爱德华·丹尼森

　　和钱纳里的"中间产品"相比，布鲁金斯研究所的爱德华·丹尼森（Edward F. Denison）采用了一种完全不同的方法来处理技术变迁和生产立场。基于认真细致的部门分解，他发展出一种用来分析增长决定因素变化的方法。他的方法体现在他所著的六本书（第一本出版于 1978 年），以及其他人完成的一些类似研究中。综合起来，这类文献涉及美国、加拿大、西欧、日本、印度以及韩国近来的经验。丹尼森（1985）最近的工作是关于 1929—1982 年间美国的经验。[1]

　　表 16.4 显示了丹尼森的部门分解程度，以及他对美国 53 年来经济增长各种源泉的估计，他已经为此理出了可比较的数据。就本书而言，从定量上讲，其中最重要的变量就是"知识上的进展"。它包括技术变化和"管理与组织知识"的改进。[2] 尽管完成了史诗般的工作，包括与埃德温·曼斯菲尔德（Edwin Mansfield）和其他人所估计的研发生产率联系起来，但是到目前为止，丹尼森一直被迫把知识进步当作残差项来处理。[3] 为了让人们相信他的这种处理可以相当好地捕获

---

[1]　爱德华·F. 丹尼森，《美国经济增长的趋势：1929—1982》（华盛顿特区：布鲁金斯研究所，1985）。丹尼森、　657
　　约翰·肯德里克（John Kendrick）以及其他人的增长核算工作的知识背景相当可观，这包括：雅各布·施莫克勒（J. Schmookler），"美国经济变化的效率，1869 到 1938"（The Changing Efficiency of the American Economy, 1869—1938），《经济统计评论》（1952 年 8 月），第 214—213 页；所罗门·法布里坎特，"经济进步和经济变迁"（Economic Progress and Economic Change），见第三十六次年鉴报告（纽约：国民经济研究局，1954），第 235—248 页，（1955）；亚历山大·凯恩克劳斯（Cairncross），"经济进步中资本的作用"（The Place of Capital in Economic Progress），录于里昂·迪普里耶（Leon H. Dupriez）（编），《经济进步》（Economic Progress）（卢万：经济和社会科学研究所，1955），235—248 页；摩西·阿布拉莫维茨，"美国自 1870 年以来的资源和产出"（Resources and Output in the United States since 1870），《美国经济评论，会议录》，第 46 卷（1956 年 5 月）；以及罗伯特·索洛，"技术变迁和总生产函数"（Technical Change and the Aggregate Production Function），《经济统计评论》，第 39 卷（1957 年 8 月）。也可以参看对于把技术而不是总体物质投入作为生产率增长源泉的一个批评，戴尔·乔根森（D. W. Jorgenson）和维·格里利切斯（Z. Griliches），"生产力变化的解释"（The Explanation of Productivity Change），《经济研究评论》，第 34 卷（1967 年 7 月）。

[2]　同上，第 28 页。

[3]　尤其可以参看，同上，第 27—32 页，包括埃德温·曼斯菲尔德和其他人的注解。

1948—1973 年间的知识进步，丹尼森给出了合理的、令人信服的理由；但是他发现，他的理论体系无法解释 1973 年之后生产率增长的崩溃。[1]

371

表 16.4 美国：1929—1982 的增长源泉

	潜在国民收入				真实国民收入			
	加总		人均		加总		人均	
	整个经济（1）	非住宅性商业（2）	整个经济（3）	非住宅性商业（4）	整个经济（5）	非住宅性商业（6）	整个经济（7）	非住宅性商业（8）
增长率	3.2	3.1	1.6	1.7	2.9	2.8	1.5	1.6
增长率百分比								
所有来源	100	100	100	100	100	100	100	100
剔除教育后的劳动投入	34	25	−13	−23	32	20	−12	−25
每个工人的教育	13	16	26	30	14	19	27	34
资本	17	12	15	10	19	14	20	13
知识进步	26	34	54	64	28	39	55	68
资源配置的改进	8	11	16	19	8	11	16	18
规模经济	8	11	17	20	9	12	18	22
法律和人为环境的变化	−1	−2	−3	−4	−1	−2	−3	−4
土地	0	0	−3	−4	0	0	−3	−3
不规则的因素	0	0	0	0	−3	−5	−7	−8
其他决定因素	−5	−7	−10	−13	5	−8	−10	−13

资料来源：爱德华·丹尼森，《美国经济增长的趋势：1929—1982 年》（Trends in American Economic Growth，1929—1982）。（华盛顿特区：布鲁金斯研究所，1985），第 30 页。

我认为，丹尼森以及其他那些从事类似研究的人的工作，打开了现代理论家们用来包裹发明和创新的各种索然无味的黑箱，充满希望。然而我还是怀疑，就 1973 年之前以及之后而言，丹尼森所提供的部门分解是否足以令人满意。比方

---

[1] 同上，第 29—30 页。

说，对于1950—1962年期间西北欧比美国取得相对较高的生产率绩效，丹尼森基本上是以规模经济这一因素来解释。他把这种趋势和"有收入弹性的消费品"产出的巨大增长联系在一起。[1]平心而论，认为欧洲正在走向美国的消费模式，也即人口中消费汽车、耐用消费品等的比例变得更高，这种解释非常笨拙、僵硬。借助以往的联系，这一过程有助于在更大范围内有效地吸收早就在美国得到大规模应用的民用技术。主导部门的复杂性、扩张上的不成比例，均使得资本可以扩散到更大的范围中，这一方面体现在高比例的利润再投资，另一方面体现在以最大的相对效率使用这些资本。加速数强有力地发挥着作用；也就是说，消费方面支出的扩张导致有着高收入弹性的部门以及与之相关的子部门投资的增长。换一种方式说，西欧在这段时期中享有并利用了通常与发展中国家的成功相联系的资源：迄今为止尚未得到应用的巨大技术存量。

用经济增长阶段方面的术语来说，西欧已经完全进入大众高消费阶段，虽然有点姗姗来迟。[2]

这里没有给出美国1973年之后生产率明显减速的分析；但是我坚信，一个令人信服的解释需要大量的部门分解，包括1970年代能源价格的上升通过需求的收入和价格弹性而对1950年代和1960年代繁荣期的主导部门产生影响，以及大约1970年代中期新一轮技术创新在日本、美国和西欧初始扩散速率的异常不均匀。

总之，增长核算对于研究经济进步来说是一种很有前途的方法；但是，一如主流经济理论以及该方法所属的增长统计形态学，它也没能把握住新技术产生和扩散的过程。

最后的一点思考

这些统计性和分析性方面高度学术化的工作着实令人钦佩。对此，我姑且再提最后一点反思，这也许是因为它如此明显地反映了我的偏见和经验之故吧。作

---

[1] 爱德华·丹尼森，《增长率何以不同》（*Why Growth Rates Differ*）（华盛顿特区：布鲁金斯研究所，1967），第301—302页。

[2] 关于对此一时期美国—西欧—日本增长率展开的更为完整的比较分析，可看看我的《世界经济：历史和展望》，第17章。关于欧洲，尤其可看看迈克尔·波斯坦（M. M. Postan）那出色的对新消费模式、技术和投资的分解研究：《西欧经济史，1945—1964》（*An Economic History of Western Europe, 1945—1964*）（伦敦：梅休因出版（Methuen），1967），尤其是第5、6、8、11章。

为一名经济史学家，出于职业的缘故，我的内心中总是铭记着每一个国家增长故事的独特性，铭记着其对旨在界定统一性的数据所描述的一般表现的巨大偏离，铭记着黑箱中残差项的关键性质——对于这种性质，即使是最高深的统计方法也几乎很少给出什么有力的结论。作为一名发展经济学家，在超过三十年时间里被要求为每一个发展中地区的国家提供分析和药方时，我深知，检验每一个国家的独特性而不是给出源于统计一般性的药方是多么得重要。这种独一无二的关键部分，只能通过详细考察每个发展中国家的历史——政治的、社会的、文化的以及经济的，才能得以确立。

接下来怎么办？除了以科林·克拉克传统下的统计学家所能提供的方法引导我们的学生之外，经济学家还应该学习并讲授主要经济体的历史。一旦如此，对于那些友善地批评钱纳里工作的人而言，困扰他们的各种问题也就变得可回答：为什么埃及的发展绩效和韩国不同？麦逊的"文化、政治和行政管理因素"如何进入发展的过程？为什么技术吸收能力在各个社会的不同时期截然不同？从技术存量中进行吸收的顺序原本是怎样的，为什么是这样？

这是一个无法实现的梦想吗？我觉得不是。在《世界经济》的第五部分，我曾简洁地讲述了截止1970年中期二十个经济体的故事，这些经济体的人口占到世界总人口的三分之二，产出则大约占全球总产出的80%。当然，这项工作可以以不同的方式做，并做得更好。但是我确信，我们可以很好地理解这些国家以及它们发展的历史，这种断言绝非夸大虚无之词。

诚然，随着时间的消逝，由库兹涅茨的社会科学研究会项目所发起或者说激发的国家增长分析史，其所得到的评价至少会与对一般行为模式展开集成统计这一工作一样高。在任何情况下我都相信，只有通过理解每一个国家的独特性和复杂性，我们才能够完善有关经济增长过程及其动力学的知识，而这就包括理解非经济变量的作用，理解主导部门不断提升的熟练程度所依赖的重要特定技术被吸收的时序，以及理解这些国家与世界经济间不断变化的关系。现在，正像那些有思想的学者和高人长时间一直提醒我们的那样，每一个人，还有每一个国家都是独一无二的，这一点千真万确。不过，比起身边的男女老少，国家的数目要少得多，因此如同了解老朋友一般去了解那些容纳了大批世界人口的国家还是可能的。我坚信，如此我们获得的知识将远超所有一般统计性数据带来的知识，即便是那些经过反复巧妙处理的数据，也是如此。

第十七章　发展经济学

这里再次引用罗伯特·索洛那颇具讽刺姓的珠玑妙语，1980 年代的上半 373
期，发展经济学表现出某些"适合作教科书式处理"的迹象，比如在增长建模
和增长的统计形态学方面。海因茨·沃尔冈夫·阿恩特（H. W. Arndt）在其 1978
年出版的《经济增长的兴衰》（*The Rise and Fall of Economic Growth*）中定下
了这种基调。[1] 跟着而来的是达德利·西尔斯（Dudley Seers）在 1979 年出版的
《发展经济学的诞生、成长与死亡》（*The Birth*, *Life and Death of Development
Economics*）。[2] 在阿尔伯特·赫希曼《跨学科论文集》（*Essays in Trespassing*）
（1981）中，第一章便是"发展经济学的兴与衰（The Rise and Decline of
Development Economics）"。[3]20 世纪基金（Twentieth Century Fund）聘请李特尔
（I. M. D. Little）来回顾发展经济学的文献，由此便有了他那个具有纪念意义的关
键作品，也即出版于 1982 年的《经济发展：理论、政策和国际关系》（*Economic
Development*：*Theory*, *Policy*, *and International Relations*）。不久之后，迪帕
克·拉尔（Deepak Lal）的《发展经济学的贫困》（*The Poverty of Development
Economics*）也随之面世。[4] 1983 年，世界银行感到自己正站在知识和政策研究的

---

[1] 阿恩特作品的全名是《经济增长的兴衰，一项当代思想的研究》（*The Rise and Fall of Economic Growth, A Study in Contemporary Thought*）（悉尼：朗文柴郡出版，1978）。该研究主要致力于纠正发达工业国家增长中的错误观念，但是其论点显然也是和发展经济学相关。

[2] 载于《发展与变化》（*Development and Change*），第 10 卷，第 3 期（1979 年 7 月），第 707—718 页。

[3] 阿尔伯特·赫希曼这本书全称是《跨学科论文集：从经济学到政治学到其他》（*Essays in Trespassing: Economics to Politics and Beyond*）（剑桥：剑桥大学出版社，1981）。他的第一章是原来在 1980 年召开的有关拉美的研讨会上宣读的论文。

[4] 李特尔的研究由基础书籍（Basic Books）出版，（纽约，1982）。拉尔的《"发展经济学"的贫困》（接下页注）

某个十字路口，这促使它回过头梳理了 1950 年代十位"发展先驱"的故事，其中讲述的是他们的观点如何形成，他们自己对自己的回顾与评价，以及他们如何看待 1980 年代早期的发展问题和政策。[1] 其结果便是杰拉德·迈耶那卷包含了发展经济学兴起的历史性综述，以及保罗·斯特里藤（Paul Streeten）关于"发展二分法"的分析性后记（即使不是事后的剖析）。[2] 因为意识到方向与动力皆失，阿瑟·刘易斯在 1983 年 12 月 29 日就任美国经济学会的主席演说中，以其惯有的敏锐和略带激昂之情，做了题为"发展理论的发展现状"（The State of Development Theory）的注解和评价。他在其中这么说道：[3]

> 无论怎样界定，在意气风发数十年之后，据说发展经济学现在正郁郁不得志。看起来，该学科确实已为美国博士生所摒弃。他们知道到哪里去找最好的工作。在这场竞争中，发展经济学不再拥有竞争力。对外援助已经消减，多边机构在通货膨胀中难以为继，而福特基金会也改弦易辙。

刘易斯接着温和地提醒美国的经济学家，他们快速改换门庭的风潮并非遍及全球，发展经济学在第三世界的学生中仍生机勃勃、势头良好。

1945 年后成长起来的发展经济学家走进该领域的缘由不尽相同。不过，他们都关注政策，这种关注一方面源于道德上的信仰承诺，另一方面是源于亚洲、中东、拉丁美洲和非洲宏伟的现代化事业逐渐展开后，接踵而来的一幕幕所谓的历史篇章的刺激。

在很大程度上，增长的统计形态学和计量经济计划者研究中的政策导向性也在往发展的政策议题上汇集。在展开自己的工作时，他们怀着与更加传统的发展

（续上页注）（*The Poverty of "Development Economics"*）首先是在 1983 年 8 月由伦敦经济事务研究所出版，1985 年在剑桥由哈佛大学出版社重版。

[1] 杰拉德·迈耶和达德利·西尔斯（编）《发展的先驱》（纽约：牛津大学出版社，世界银行专辑，1984）。

[2] 迈耶的历史介绍"形成的时代"，同上，第 3—22 页；保罗·斯特里藤的补充说明，第 337—361 页。每位"先驱"的论文都有一两位更年轻的评论人的批评性评论。迈耶随后针对发展理论的演进写出了一个更为宏大的分析性解释，其中还包括他自己的政策建议，见《从贫困中崛起：真正重要的经济学》（*Emerging from Poverty: The Economics That Really Matters*）（纽约和牛津：牛津大学出版社，1984）。

[3]《美国经济评论》，第 74 卷，第 1 期（1984 年 3 月），第 1 页。另外一个慎重但绝不自满的评价可参见阿玛蒂亚·森，"发展：现在路在何方？"（"Development: Which Way Now？"）《经济学杂志》，第 93 卷，第 372 期（1983 年 12 月），第 745—762 页。然而，克劳迪娅·戈尔丁（Claudia Goldin）教授告诉我，她在 1987 秋季感觉到学界对发展经济学的兴趣正在复兴，而我的观点过时了。

经济学家们大致相同的动机。不过，其中还是存在一点差别。前一个群体在分析经济增长并给出药方时，旨在确立可以达到目的的具体方法。对于发展经济学家来说，拘束更少。这并非意味着他们可以免除方法论上的先入之见或偏见。没有人可以；而且由于一个非常具体的理由，情况恰好相反。对于几乎所有的先驱学者而言，发展经济学就是一个二婚头，或者说，它就是和自己早期致力于探索的其他研究方向，有时是和当下正在展开的研究工作的一个姘头而已。这些早期的职业信仰承诺以及偏见就那么自然而然地，甚至是有点不可避免地反映在他们有关发展的工作中。尽管如此，他们展开分析并给出药方的方法要更为直接，也更少受到需要恪守某某分析方法的僵硬约束。而且，其中可以说是百花齐放，对同一问题各持己见。

　　不过，发展经济学的演进也存在一个重要的时序；并且可以预期的是，在这样一个有着明确政策导向的领域，其中的分析与真实世界中发生的事情是一直联系着的。

发展的六个阶段和发展政策

　　尽管要冒上一些过度简化的风险，不过我认为，发展的故事可以分成六个阶段。

　　第一阶段，针对战后的战时计划。除了法尔克·希尔吉特的《工业化和对外贸易》，这个阶段还出现了三项严肃的研究：1943年保罗·罗森斯坦-罗丹的"东欧与东南欧的工业化问题"（Problems of Industrialization of Eastern and Southeastern Europe）[1]，这项研究源于他在查塔姆研究所（Chatham House）的工作；尤金·斯塔利（Eugene Staley）出版于1944年的《世界经济发展：对先进工业国家的影响》（World Economic Development: Effects on Advanced Industrial Countries），这项工作系国际劳工办公室的命题之作；[2]以及柯尔特·曼德尔鲍姆（Kurt Mandelbaum）（后来改名马丁（Martin））出版于1945年的《落后地区的工业化》（The Industrialisation of Backward Areas），这是由牛津的纳菲尔德学院和统计研究所联合发起的，一个涉及面很广的有关国际重建问题研究的项目成果。[3]

---

[1]　《经济学杂志》，第111卷，第210—211期（1943年6—9月），第202—211页。
[2]　蒙特利尔：国际劳工办公室，1944。
[3]　牛津：巴塞尔布莱克韦尔统计学研究所专题论文第2期，1945。

罗丹那只有十页纸的文章当之无愧地成为发展理论中著名的开创性贡献，我们将在后文再回到这篇文章上来（后文，第 408—411 页）。斯塔利的重要著作源于在弗莱彻法律外交学院有关"转型和调整的经济学"（Economics of Transition and Adaptation）的一个项目，即使在 1980 年代及以后看来，它仍然是一本非常新颖和切题的短论。他在自己那个范围广阔的综述中，花费了巨大的篇幅讨论穷国富国问题，虽然他没有提及休谟和亚当·斯密。他最终的目标在于，确立那些能够对先进工业国家和发展中国家带来最大互惠利益的政策。在美国商务部的经济学家和统计学家的帮助下，斯塔利基于一大堆历史数据得到了一条结论，虽然这个结论休谟早已得出——也即，欠发达国家的经济增长会带来对更发达国家进口需求的增加。接着，他分析了这两类国家需要经历的工业调整过程。例如，他对"先进工业国"的建议可能来自 1989 年对开明的日本、美国或西欧政策的描述。[1]

对于每个先进工业国家而言，若要在自己的疆域内实行能够尽展所长的积极调整政策，其应把握的基本原理是：

375

1. 鼓励更强大、更有前途的产业扩张，同时收缩较弱和缺乏前途的产业（除非后者能够通过充分猛烈的技术革新提高效率，改善发展的前景，不至于成为"弱势"产业）。

2. 帮助劳工和资本从没有希望的产业转移到更有希望的产业……

3. 保护个人和社区，使其免于因为符合社会利益的生产调整而面临收入减少、失业增加的困扰，但不要为了保护他们而反对必要的调整。

曼德尔鲍姆的研究和罗丹的论文一样，关注的是东欧和东南欧的"落后地区"，包括保加利亚、希腊、匈牙利、波兰、罗马尼亚、南斯拉夫。但是，他的目标和罗丹一样广大：以"欧洲一角"为切入口，探究"人口压力、贫困和工业落后"的病理学含义，无论其发生于何处。[2] 基于科林·克拉克在《经济进步的条件》中建立起来的粗略关系，运用一个循环流动的里昂惕夫投入－产出表，曼德尔鲍姆为该地区设计了一个五年工业化计划。该计划包括来自国内外的资本要

---

[1] 《世界经济发展》（*World Economic Development*），第 185—186 页。
[2] 《落后地区的工业化》（*Industrialisation of Backward Areas*），第 iii 页。

求，它能够吸收过剩的人口，尤其是农村的隐性失业人口。不过这一杰作的完成有赖于很多前提假设：它排除了所界定政策目标的执行问题，运用的是马歇尔的短期假设（例如假定劳动生产率和储蓄率固定不变），并且忽略了农业中的变化。尽管如此，曼德尔鲍姆的工作无疑算是发展计划方面有意思的开创性实践。[1]

在更大的舞台上，源于在布雷顿森林出席会议的一大批发展中国家的压力，"发展"一词终于进入世界银行的名称和理念；国际粮农贸易组织成立，并将发展中国家的利益提上日程；而且，在战后很短的时间内，亚洲、远东和拉丁美洲的区域经济委员会也都相继设立。[2]

尽管有这些制度性的进展，对于战后大西洋世界先进工业国家的经济学家而言，当务之急仍是关注欧洲；相应的，对于这些国家的经济政策而言，当务之急则是欧洲的复兴。发展中国家虽然对此表示抗议，但是中东和亚洲的大部分地区都已陷入内战之中（如中国），或者或多或少地陷入各种脱离殖民主义的暴力运动之中。与此同时，拉丁美洲迎来了一段贸易条件改善的美好时期，其形势要大大好于1951年相对价格变化之后的情况。

经济发展思想和政策演进的第二阶段集中于1948—1949年之交，此时政策和思想的环境开始从欧洲的重建转向发展中地区。这一阶段，一系列彼此相当独立的情形和事件集中出现，不仅使得美国和西欧赋予发展政策的优先地位得到强化，而且扩大了发展分析的阵容，这组事件包括：

● 随着1948年美国国会通过马歇尔计划法案，以及德国展开货币改革，西欧的复苏似乎获得了保障。英美的空运看起来是对苏联人在1948—1949年秋冬封锁柏林的恰当反应。

● 但是在亚洲，毛泽东领导的力量在中国很明显正走向胜利，而马来西亚、缅甸、菲律宾和印度尼西亚则爆发了游击战争，加剧了1946爆发的印度支那战

376

---

[1]　曼德尔鲍姆（同上，第5页）注意到并摘录了源自撒克达斯（P. Thakurdas）爵士和其他人的数据。《印度经济发展规划》（*A Plan of Economic Development of India*）（伦敦：企鹅出版，1944）。他也在早期规划研究中还注意到邦内（A. Bonne）的《中东的经济发展：规划重建纲要》（*The Economic Development of the Middle East：An Outline of Planned Reconstruction*）（伦敦：基根·保罗出版，1945）。

[2]　杰拉德·迈耶和达德利·西尔斯（编），《发展的先驱》，第8—10页。还可参见本人的《世界舞台上的美国》（*United States in the World Arena*），纽约：哈珀出版，1960），第70—80页；以及《艾森豪威尔，肯尼迪和对外援助》（Eisenhower, Kennedy, and Foreign Aid）（奥斯汀：德克萨斯大学出版社，1985）。关于联合国地区经济委员会的起源，参见我的《"二战"后欧洲的划分：1946》（*The Division of Europe after World War Ⅱ：1946*）（奥斯汀：德克萨斯大学出版社，1981），第70—75页。

争所带来的焦虑。

- 与此同时，印度和巴基斯坦分别独立，并明确高调地把发展摆上议程。

- 1948—1949 年间（始于 1948 年末）美国的急剧衰退，导致基本商品价格相对下降，进而导致拉丁美洲和其他基本商品出口地区的经济发生波动。

所有这些加在一起，使得对外援助的需求和供给曲线在一定程度上发生了位移。正如国际联盟和国际劳工办公室引领了战时所有国家前进的道路一般，联合国大会在全球各国的支持下，成为这个重要节骨眼上欠发达国家利益的代表。第一个反应来自 1948 年末在巴黎夏乐宫中举行的一次冷淡的会晤。当一个集团试图维持苏联和西方三巨头就柏林封锁而展开的谈判时，其他国家，包括热心的联合国秘书处成员则为一些小的技术援助项目成功地展开了游说。1949 年的 1 月20 日，在相同的背景下，杜鲁门总统提出了第四点计划（Point Four），这是美国发起的第一个支持发展的项目，也是一个技术援助项目。正如他在就职演说的宏篇大论中所言，这个计划宏大的意图已远远超出其本身有限的建议以及国会依旧谨小慎微的行动。很明显，它成为西方政策的转折点，并产生了广泛的共鸣和影响。也正是在这一转折时期，世界银行首次向发展中国家授予贷款：智利（1948）、墨西哥和巴西（1949）。1950 年，科伦坡计划（Colombo Plan）开始启动，这是伦敦和英联邦所支持的澳洲概念，它为对许多发展中国家进行技术援助提供了适度而有用的进路。

第三阶段，政策的好势头被朝鲜战争的爆发所打断，世界开始进入一个持续十年的阶段。战争不仅使得美国的国防开支大幅上涨，同时也导致这个十年中大部分时间内的对外援助转向安全而不是发展目标。[1] 有些吊诡的是，恰恰是在这种扭曲的背景下，思考发展和发展政策最富有创造性的阶段开始了。它贯穿整个1950 年代，由三大块构成：有关对外援助政策的概念和争论，发展政策本身以及发展理论的概念和争论。

1949 年 10 月，共产党在中国成功掌权，毛泽东一边倒地与苏联紧密合作的战略，使得中共高层的想法主要集中在封锁政策的经济、军事和政治方面，并导致国务卿艾奇逊（Acheson）于 1950 年 1 月和 3 月期间，朝鲜战争爆发前就亚洲发表了一个深思熟虑的演讲。戈登·格雷（Gordon Gray）领导的委员会，在 1950

---

[1] 数据和讨论可参见本人的《艾森豪威尔、肯基迪和外援》，第 80—83 页。

年12月的报告中同情地考察了军事联盟框架以外的发展援助情况。纳尔逊·洛克菲勒（Nelson Rockefeller）于1951年5月出台的报告——"进步中的伙伴"（Partners in Progress），则以类似的视角考察了拉美的情况。[1]

377

在联合国，三个国际专家委员会相继制定了扩大对发展中国家援助的方案：《充分就业的国家和国际措施》（*National and International Measure for Full Employment*）（1949），其中发展援助被列在第二位；《欠发达国家的经济发展措施》（*Measures for the Economic Development of Underdeveloped Countries*）（1951），为大幅增加的发展中国家官方贷款提供了正面的支持；还有就是《国际经济稳定措施》（*Measures for International Economic Stability*）（1951），其中关注的是更加贫困一些的发展中国家，考虑了降低基本商品价格波动和扩大海外资本流入等支持性措施。[2]与此同时，1950年劳尔·普雷维什在智利圣地亚哥为拉美经济委员会设点，他在一年前的"拉美经济发展及其主要问题"（The Economic Development of Latin America and Its Principle Problems）中还发出了截然不同的声音。[3]

鉴于1950年代国际发展政策的相对重要性（自其重要性显著下降之后），美国成为援助发展中地区关键性争论的舞台。简言之，围绕着发展政策，一场官僚和政治争论贯穿艾森豪威尔（Eisenhower）政府（1953—1961）的始终。这是一场围绕发展政策展开的官僚和政治斗争。[4]它不仅吸引了政府内部相互竞争的个人和团体，还把国会、出版界和广泛的自愿团体卷入其中，当然也包括一部分活跃的学术团体。争论绝不仅仅局限于美国人，比如芭芭拉·沃德（Barbara Ward）和彼得·鲍尔就是这场争论中某一极端观点的杰出辩手。经过这些团体长期的交锋，大量可称为分析性－政策性的文献应运而生，其中麻省理工学院国际研究中心出版的《有效对外政策的关键：一项建议》（*A Proposal：Key to an Effective Foreign*

---

[1]　戈登·格雷委员会报告的标题是《总统报告：对外经济政策》（*Report to the President on Foreign Economic Policies*）（华盛顿特区：政府文印办公室，1950）；美国国际发展顾问局的洛克菲勒报告，《进步中的伙伴：递交给杜鲁门总统的报告》（*Partners in Progress: A Report to President Truman*）（纽约：西蒙与舒斯特出版（Simon and Schuster），1951）。艾奇逊关于对亚洲外援的演讲总结成集，录于麦乔治·本尼（Mc George Bunndy）（编）《责任模式》（*The Pattern of Responsibility*）波士顿：霍顿出版，1952，第171—200页。

[2]　对于这些报告和作者更加完整的总结客参见杰拉德·迈耶和达德利·西尔斯（编），《发展的先驱》，第11—13页。

[3]　纽约：联合国，1950。

[4]　《艾森豪威尔、肯基迪和外援》本质上是一本关注1950年代发展政策多维度争论的书。

Policy）就是一例，鲍尔反对针对印度发展展开援助的论辩则是另一例。[1]

1950 年代后期，在一系列复杂因素的冲击下，自 1953 年以来一直如哈姆雷特般优柔寡断的艾森豪威尔政府终于开始采取支持扩大发展援助的政策。政府部门的人事更替，苏联人造卫星的发射上天，一开始对毛泽东发起的"大跃进"运动颇具浪漫色彩的错误解读，1951 年以来基本商品价格相对下降给发展中地区造成的不断侵蚀，尼克松副总统拉美之旅的狼狈不堪，以及（也许是在边际上）发展政策拥护者的坚持不懈，都对艾森豪威尔政府的政策转向产生了一定的促进作用。不过事实上，在第三阶段结束前，随着约翰·肯尼迪总统的就职，美国发展贷款基金、世界银行长期低利贷款窗口、国际开发协议、美洲开发银行，以及世界银行支持印度和巴基斯坦财团都已相继成立。此外，艾森豪威尔在完成他任内最后一趟外交之旅后，也许是因为受到在印度的所见所闻和热情款待的影响，于离职卸任前向国会递交了一份他八年来一直持反对态度的法案，将发展援助的预算提升 30%——这着实大大减轻了肯尼迪的工作压力。[2]

我想再次强调的是，随着 1950 年代的终结和肯尼迪总统的上台执政，尽管有关发展政策的争论及其最终决议均十分关键，但是这场争论本身及其最后的政策成果却并非只限于美国。实际上，西欧和日本也先后日益卷入到 1950 年代发展援助的潮流之中。这也是 1958—1959 美国参议院决议的一个明确目标——该决议由参议员约翰·肯尼迪和他的共和党同僚约翰·谢尔曼·库珀（John Sherman Cooper）发起，旨在向印度和巴基斯坦提供持续的发展援助。也正是反应于这一潮流，世界银行在肯尼迪－库珀决议之后，于 1960 年把三位有识之士派往亚洲，他们一个是英国人（奥利弗·弗兰克斯（Oliver Franks））、一个德国人（赫尔曼·阿布斯（Herman Abs）），还有一个是美国人（艾伦·斯普罗（Alan Sproul）），378 而弗兰克斯则被一致推举为这一工作的领头人。在那之后紧接而来的便是具有开创性意义的世界银行国际银团协议的诞生。

这一时期，华盛顿激烈的政策冲突在其结束时导致了差强人意的积极结果，不过这一时期却是发展理论大创新的一个时期。赫希曼注意到了这个吊诡的现

---

[1]　《一个建议》（纽约：哈珀出版，1957）由马克斯·米利坎和我一起撰写，合作者还包括保罗·罗森斯坦－罗丹和其他十一位国际研究院成员。鲍尔的研究是《美国的援助和印度的发展》（*United States Aid and Indian Development*）（华盛顿特区：美国企业家协会出版（American Enterprise Institute），1959 年 9 月）。

[2]　例如，请参见《艾森豪威尔、肯基迪和外援》第 9 章和第 10 章。

象；反过来在第四阶段，随着发展经济学"活力"的日渐衰弱，发展政策和经济增长率却迎来了加速期：[1]

四十年代，特别是五十年代见证了基本观点与模型的大量涌现，这些观点和模型支配着新的领域，引发了各种对于发展经济学的活力大有助益的争议。在那个"激动人心"的显赫时代，发展经济学比它的研究对象——主要位于亚洲、拉美和非洲的世界贫困地区的经济发展表现得还要出色。

第四阶段，1960年代，这是一个行动主义、进步的年代，不过某种程度上也是一个令人失望的年代。随着世界银行国际银团协议沿着原初的印度模式向外扩展，支持拉美发展的进步联盟（Alliance for Progress）于1961年3月成立，联合国十年发展项目开始提出虽然有点烦琐但并非无关重要的倡议，以及更重要的，随着肯尼迪总统表态对发展的明确支持，所有这些努力最终导致，经合组织国家官方发展援助在1960—1965年间增加了27%，而美国则增加了35%。在1960年代的后半期，经合组织的援助总额下降了，部分是因为印巴战争对援助的影响，部分是因为东南亚的激烈战争使得美国尤其是国会的资源和注意力从发展问题转移开去。不管怎样，美国对拉美的援助滚滚而来，那里的经济增长率也因此步入井喷阶段——巴西从1960年代早期的困境中复苏，并引领了这一经济增长的进程。而且在第二个五年中，西欧和日本的相对贡献急剧扩大，世界银行和地区发展银行的作用也日益上升。

在这个阶段，当1950年代的知识先驱把自己的理论应用于各国政府、国际机构以及顾问团等地方时，有相当多人都陷入令人兴奋但有时也留下教训的体验之中。

第五阶段始于知识界对所谓的1960年代正统发展主张的反叛，这种反叛后来演变成一种政治上的反叛，国际社会迄今仍然未能从中恢复过来。

知识界的反叛高举的策略口号是"基本人类需要"。它有两个根源。首先，也是最重要的根源是，在许多国家中，与高企的总体实际增长率相伴随的是大规模的贫困、失业和部分失业，以及其他社会病。第二，在"基本需要"运动中有一股学说主张限制增长；也即，为了保护人类的栖息地，增长必须停止，收入必

---

[1] 《跨学科论文集》，第1页。

须重新分配，实际收入必须稳定在一个可供人类基本需要的水平上。该学说在阐释的过程中，有时也会触及中国和古巴的某种浪漫主义。

对于该学说，最好和最清晰的阐述之一来自对皮尔逊委员会的报告——《发展中的伙伴：国际开发协会报告》(*Partners in Development: Report of the Commission on International Development*)（1969）的回应。该报告受世界银行资助，它致力于在先进工业国家政治支持日趋减弱的情况下，强调维持甚至扩大发展援助的必要性。

379　　皮尔逊委员会建议，1970 年代发展中国家将平均增长目标设定在 6%；官方的发展援助定在先进工业国家国民生产总值的 0.7%，其中 20% 通过多边机构分配；它还建议，粮农组织的条款是把利率限制在 2%（归还期限是 25—40 年）。由于国民生产总值比率的数量目标达到当前水平的两倍，这表明，皮尔逊委员会的报告可谓雄心勃勃。

1970 年 2 月 15—21 日在纽约和威廉斯堡召开，由哥伦比亚大学组织的国际会议对该报告做了评估。这次会议诞生了《哥伦比亚宣言》，很好地抓住了基本需要说的主题和精神：[1]

> 在收入、生活水平、经济和政治权力方面，近几十年来世界三分之一的人口一直在稳步前进，而余下众生则生存在相对贫困中。在许多情况下，他们喝不到清洁的水、无法接受教育、没有基本的医疗设施和足以容身的住所。然而，运用现代技术和既有产能，如果人类愿意发展并组织运用手头的资源，上述情况将不复存在……因此，需要在发展援助方面形成一个客观有效的新标准……还需要形成一个关注各国底层四分之一人口生活水平的标准。我们也建议成立一个专用基金，专门用来实现各种社会目标，包括教育、健康、计划生育、农村和城市住房工程以及其他相关社会项目……
>
> 绩效标准应日益关注收入分配、土地和税收改革、无效的贸易和外汇政策、军事开支规模以及社会正义的推进……
>
> 要进一步民主地分享国际权力；而且这个目标只能通过强化机构的作用

---

[1] 芭芭拉·沃德（Barbara Ward）、朗内尔斯（J. D. Runnalls），和莱诺雷·当茹（Lenore d'Anjou）（编），《扩大的差距：1970 年代的发展》(*The Widening Gap: Development in the 1970's*)（纽约：哥伦比亚大学出版社，1971），第 11—13 页。对于十年后人类基本需求更加专业的研究，参见保罗·斯特里藤（Paul Streeten）等《要紧事先来》(*First Things First*)，纽约：牛津大学出版社，世界银行专辑，1981）。

而实现，因为发展中经济体在这些机构中拥有代表性的一票。

　　1970年代，该学说并没有被忽视。例如，在罗伯特·麦克纳马拉（Robert McNamara）的带领下，世界银行增加了社会目标方面的资源配置，并对相对于总体和部门增长率而言过度倾斜的收入分配与贫困之间的关系展开了精细的分析。其实，贫困和收入分配方面不正常的倾斜，很大程度上与过高的人口增长率，以及政府对农业和农村生活现代化的关注不足有关。税收收入的不足，以及政府资金向各种可疑领域补助的分流（这样就限制了向健康、教育和其他重要社会目标的配置）也有推波助澜之势。

　　在出生率快速下降，农业生产率和农村生活现代化得到认真对待的地区，人口中收入最低的20%所获得的总收入份额堪比先进工业社会，例如韩国和中国台湾。

　　尽管这些更深层次的力量在很大程度上决定了发展中国家的社会结果，不过基本人类需要说的兴起，无疑还是在一定程度上导致了国家和国际发展资源的重新配置；也许同样重要的是，它还导致了对发展中国家贫困问题的强化剖析。

　　然而事实是，在1970年代期间，先进工业国家政府不仅拒绝了《哥伦比亚宣言》的崇高目标和要求，而且拒绝了皮尔逊委员会报告设定的目标。经合组织国家配置到粮农组织的资源占国民生产总值的比例基本上保持不变：在1970年到1979年都是0.34%。 380

　　这一结果，作为第五阶段的一部分，其出现与世界经济和南北政治关系中一系列的痛苦事件密切相关：

　　● 随着布雷顿森林体系的崩溃，先是谷物，然后是石油的价格在1970—1974年间爆炸性地增长。

　　● 接着，经合组织国家1950年代和1960年代所经历的长久繁荣确定终结，取而代之的是滞涨，这就令北方经济学家的视线从发展转回到国内。

　　● 许多南方经济学家和政治家欣欣然地迎来了一种期望，认为欧佩克通过抬高油价将巨大的资源从北方分流出来的这种暂时的成功，可以在其他部门加以复制。这种观点在1974年4月意见分歧的联合国大会上达到顶峰。不过这种想法并没有能持续多久，它很快便让位于冷静的第二种想法，因为很明显，南方石油进口国成了高油价的主要受害者，同时高油价也导致北方陷入严重衰退。这段时期所留下的遗产是对国际经济新秩序的强调——结果表明，这种强调在下一代南北对话中不仅劳而无功，甚至适得其反。

● 即使是在颇为纷乱的国际社会中，不管怎么说，借助于自身的资源，再加上世界银行、拉丁美洲和亚洲发展银行持续而有意识的支持，南方许多国家的经济发展仍在向前推进；但是，这种发展更多的是借助私人借贷的急剧扩张而实现的，而这种扩张反过来又依赖于北方为了转移过剩的石油美元而建立的银行系统——这些石油美元过剩是因为在相当不景气的经合组织国家找不到适当的投资机会。

第六阶段开始于伊朗伊斯兰革命导致的1979—1980年的第二次石油冲击。石油价格的过度上升和随后的急速下降，导致了石油美元的枯竭，削弱了南方私人借贷的基础。同时，经合组织经济增长的快速减缓和美国利率的高企，进一步削弱了南方一些重要经济体的进口能力，使其难以维持与高增长率相一致的进口水平。一些国家面临着长久的危机，除了一些国家外所有国家都陷入缓慢增长或者忧虑不堪。在这样的背景下，经合组织主导了国际发展政策的议程，话题不外乎不可持续的债务，日益严重的保护主义，以及其他一些迫在眉睫的具体问题。

正如赫希曼和许多其他思考发展理论演进的学者所言，1970年代和1980年代没有产生多少重要的新思想。不过文献中出现了两个明显不同，甚至是相互矛盾的因素：一方面，依附理论家集中关注所谓的工业化"中心地区"对欠发达"外围地区"的控制，声嘶力竭地强调他们的准马克思主义立场；另一方面，则是逐步纠正中央计划经济，以及相应地不断强化对竞争性市场在配置资源和定价中优点的强调。前者由于一些发展中国家因债务负担引起的挫折，以及经合组织国家增速放缓和保护主义抬头而得到强化；后者则通过吸取社会主义和非社会主义社会惨痛经历的教训，以及随着许多国家在进入技术趋于成熟阶段之后产业部门日益走向多元化和精细化，从而使得在国家层面实施明智计划的困难性明显提高而得到强化。不管怎么说，发展本身并未止步。

381　　我将在此强调三大趋势：(1) 1960年代和1970年代的高速发展势头使得较发达的发展中国家从起飞阶段跃进到技术趋向成熟阶段（按照世界银行的说法是"中等收入"水平，表17.1和17.2）；(2) 相关教育数据中反映出来的一个趋势——技术吸收能力的戏剧性增强（表17.3）；以及 (3) 一些发展中国家在生产和出口日益多元化和精细化的制成品方面的能力明显提升，竞争力明显加强（表17.4）。另外，在印度和中国的引领下，一些发展中国家终于认识到农业在现代化的进程中举足轻重，进而通过彻底地变革相关政策收获了令人瞩目的积极效果。

这些表格表明，发展中世界开始分化为那些从起飞进入技术趋于成熟的国家和那些尚未进入起飞的国家。

表 17.1　工业国和发展中国家的一般表现，1965—1985（年均百分比变动）

国家组别	1965—1973	1973—1980	1980—1985
工业国家			
GDP	4.7	2.8	2.2
通涨率 [a]	5.1	8.3	− 0.3
实际利率 [b, c]	2.5	0.7	6.7
名义借贷利率 [c]	5.8	8.4	12.0
发展中国家			
GDP 增长	6.6	5.4	3.3
低收入国家			
非洲	3.9	2.7	0.9
亚洲	5.9	5.0	7.8
中等收入石油出口国	7.1	5.8	1.4
中等收入石油进口国			
主要制造业出口国	7.6	5.9	2.1
其他石油进口国	5.4	4.5	1.7
出口增长	5.0	4.6	4.1
制造业	11.6	13.8	7.9
初级产品	3.8	1.1	1.4
进口增长	5.8	5.9	0.9

注：增长率依据九十个发展中国家组成的样本计算而得。

a："工业国家"经过以美元表示的国内生产总值平减指数的调整，美国的通货膨胀率在高的时候是 5.7%，而在低的情况下是 3%。但是对于工业国家整体而言，用美元计算的通胀率会偏高，因为 1985—1990 年间美元出现了贬值。

b：取 6 个月美元对欧洲货币的平均汇率，通过美国国内生产总值平减指数变动率调整。

c：年均利率。

来源：世界银行《世界发展报告》1986 年，第 43 页。

表 17.2　人均国内生产总值的增长，1965—1985（年均百分比变动）

国家组别	1965—1973	1973—1980	1980—1985
工业国家	3.7	2.1	1.7
发展中国家	4.0	3.2	1.3
低收入国家	3.0	2.7	5.2
非洲	1.2	−0.1	−2.0
亚洲	3.2	3.0	5.9
中等收入石油出口国	4.5	3.1	−1.1
中等收入石油进口国	4.5	3.2	−0.1
主要的制造业出口国	5.2	3.7	0.2
其他石油进口国	2.8	2.1	−0.8

注：增长率依据九十个发展中国家组成的样本计算而得。
来源：世界银行《世界发展报告》1986年，第45页。

表 17.3　发展中国家或地区的中等和高等教育：1960年和1982年

	学龄组中中等学校的入学率		20—24岁人口中高等教育入学率	
	1960	1982	1960	1982
低收入经济体	15%	30%	3%	4%
印度	20	30	5	9
中国内地	—	35	—	1
中低收入经济体	10	35	4	10
中高收入经济体	20	51	5	14
韩国	27	89	6	24
巴西	11	32	2	12
墨西哥	11	54	4	15
阿根廷	23	59	14	25
中国香港	20	67	5	11
新加坡	32	66	10	11
工业市场经济体	64%	85%	16%	37%

来源：《世界银行发展报告》，1984年，第266—267页和1986年，第236—237页。

表 17.4　发展中国家贸易的变化，1965—1985（年均百分比变动）

国家组别	商品出口			制造品出口			初级产品出口			商品进口		
	1965—1973	1973—1980	1980—1985	1965—1973	1973—1980	1980—1985	1965—1973	1973—1980	1980—1985	1965—1973	1973—1980	1980—1985
发展中国家	5.0	4.6	4.1	11.6	13.8	7.9	3.8	1.1	1.4	5.8	5.9	0.9
低收入国家	1.9	5.4	5.0	2.3	8.3	7.4	1.6	3.6	3.1	0.8	6.1	5.9
非洲	4.6	1.3	-1.5	5.4	2.0	-2.1	4.5	1.2	-1.5	3.4	2.1	-3.0
亚洲	0.6	6.8	6.6	2.0	8.7	7.8	-0.6	5.2	5.4	-0.5	7.7	8.2
中等收入石油出口国	4.3	0.0	1.2	10.7	8.0	15.4	4.2	-0.4	-0.1	3.7	9.1	-2.0
中等收入石油进口国	7.1	9.0	5.6	15.5	15.3	7.4	3.8	3.3	2.8	8.0	4.7	0.9
主要的制造业出口国	9.2	10.6	5.9	15.6	15.9	7.0	5.5	3.8	3.6	9.6	4.8	1.1
其他石油进口国	2.4	3.5	4.3	14.8	9.1	13.0	1.2	2.4	1.4	3.6	4.3	0.0

注：国际贸易量的历史增长率是经过对名义贸易数据的修正以及贸易平减指数计算方法的修正而得。

资料来源：世界银行《世界发展报告》1986年，第 48—49 页。

发展的先驱们

1945 年后，经济发展文献如雨后春笋般出现。在这浩瀚的队伍中，我将围绕世界银行出版第一卷"发展的先驱"时所选择的十位学者中多少具有一些代表性的九位展开讨论。[1]世界银行初始的选择是比较随意的，这体现在当它不满于第一卷中有些学者未能入选后，便在第二卷中又增加了额外的五名"先驱"。

382

这就意味着，我不会详尽地（或根本不会）讨论很多对发展研究做出重要贡献的经济学家。

例如雅各布·维纳（Jacob Viner）；如所预料的那样，他不仅认为农业和外贸在发展中举足轻重，而且也使古典经济学中差不多为人所遗忘的一个思想观点重回学界，那就是对于贫困的厌恶如马歇尔般激情澎湃。他令人难忘地说道："在现代条件下，若想实现足够高的劳动生产率，第一要求就是普罗大众均应当识字、健康、有足够好的饮食以保证体魄强健且精力充沛。"[2]在在贸易方面，值得注意的还有拉·明特（Hla Myint）的工作。他精练地指出，出口的重要性在于"释放剩余"而不是比较成本。[3]然后是拉格纳·纳克斯（Ragnar Nurkse）平衡增长的观点，该观点根植于约翰·斯图亚特·穆勒对萨伊定理的阐释。[4]约翰·希克斯的《经济史理论》（A Theory of Economic History）以英国为例，独辟蹊径地讨论了传统社会如何转变成现代社会。他对手工业向现代制造业转变的处理令主流经济学家（包括马克思主义者）非常舒服，因为这种区分极为接近他们的做法。他认为，正是固定资本相对于运营资本重要性的提高以及前者范围的扩大界定了"我们正在思考的变化"。[5]但是，他很快就认识到缺陷所在：[6]"当然，还有更多

384

---

[1] 尽管很荣幸我自己也被包括在十位先驱之中，不过我会在第十八到第二十一章及与迈克尔·肯尼迪（Michael Kennedy）一起写的附录中讨论我自己的观点。

[2] 雅各布·维纳，《国际贸易与经济发展》（International Trade and the Economic Development）（牛津：克拉伦登出版社，1953），第 100 页。这段文字出现在维纳书中的某一章中，重印于阿加瓦拉（A. N. Agarwala）和辛格（S. P. Singh）（编），《欠发达经济学》（The Economics of Underdevelopment）（纽约：牛津大学出版社，1963），第 17 页。

[3] "国际贸易的'古典'理论与欠发达国家（The 'Classic' Theory of International Trade and the Underdeveloped Countries），"《经济学杂志》，第 68 卷，第 270 期（1958 年 6 月），第 317—337 页。

[4] 参见拉格纳·纳克斯，"经济发展问题的一些国际侧面（Some International Aspects of the Problem of Economic Development），"《美国经济评论》，第 42 卷，第 2 期（1952 年 5 月，论文与快报），第 571—583 页；更加一般地，也可参见《世界经济的均衡增长》（Equilibrium Growth in the World Economy），（剑桥：哈佛大学出版社，1961）。

[5] 约翰·理查德·希克斯《经济史理论》（牛津：牛津大学出版社，1969）第 142—143 页。

[6] 同上，第 145 页。

的影响因素"。这就是科学。(在我看来)接着而来的四页纸是这本书的精华之所在，那代表着一个第一流的主流理论家尝试努力解决大多数主流经济学家所忽视的一个问题：关于科学、发明和创新之间的联系。虽然其结论并不确定，也不具有完全的说服力，但这仍旧是一个值得纪念的篇章。

当然，还有许多其他非常不同且值得一提的人物，无法一一列举。这儿想要说明的是，作者(当然还包括读者)已认识到本书这部分的遗漏，而这种遗漏反映的是一个有点重要的事实：1950—1960年代的发展理论可谓百花齐放，其间诞生了18世纪以来最丰富的增长研究文献。

尽管官方确定但随意挑选的九位"先驱"并不能代表全部，但是他们还是代表了一个合理的样本。表17.5和表1.1一样，展现了他们职业生涯有限的几个方面，尽管不是那么严肃。

表17.5　九位"发展先驱" [385]

姓名	出生日期	首次发表有关发展主题文章的日期	研究发展问题前的兴趣	所影响的发展中国家
彼得·鲍尔	1915	1946	东南亚的橡胶业和英属西非的贸易组织	马来西亚和西非
科林·克拉克	1905	1940[a]	国民收入估算	印度 (1928)
艾伯特·赫希曼	1915	1958[b]	西欧的战后重建	哥伦比亚 (1952—1956)
阿瑟·刘易斯	1915	1944	1870年以来的世界经济史 1870[c]	牙买加和加勒比
冈纳·缪尔达尔	1898	1955	福利经济学	印度
劳尔·普雷维什	1901	1951[d]	新古典经济学	阿根廷和拉丁美洲
保罗·罗森斯坦－罗丹	1902	1943	传统经济理论	东欧和东南欧
汉斯·辛格 (Hans Singer)	1910	1949	英国1930年代的萧条地区；福利经济学	巴西东北
简·丁伯根	1903	1958	计量经济学；战后欧洲的经济计划[e]	印度 (1951)、土耳其、埃及

a：《经济进步的条件》，撰写于1935—1939年。

b：因1951年会议而开始感兴趣。

c：与发展问题的兴趣同时产生。

d：1930—1932 作为财政部副部长提倡阿根廷的工业化，除此以外还是"新古典理论的坚定信奉者。"其发展的观点第一次是 1950—1951 年发表在 ECLA 的研究中。

e：1942 年有关趋势波动的文章中预示了他对发展的兴趣。

表 17.5 突出了重要程度不一，但也许颇值得注意的几个特征：

● 科林·克拉克是唯一一位出生在英国的经济学家，尽管其中至少还有四位深受英国经济学家和 1930 年代经济学的强烈影响。九人中无一是美国人。

● 总体上，发展经济学并不是这个群体在熊彼特所说的"神圣十年"中的主要兴趣之所在，尽管阿瑟·刘易斯因其 1944 年参与牙买加的经济计划而成为一个例外，而彼得·鲍尔在殖民办公室从事有关马来西亚橡胶业和始于 1940 年代的英属西非贸易研究时也接近于这一年龄。

● 实际上，在每个例子中均可以发现，每个先驱后来对发展的看法皆同其早期职业兴趣之间存在某种关联，或者是同他在特定发展中国家有过的经历之间存在某种关联，或者兼而有之。

● 一例外的是，他们在最初感兴趣的发展中国家直接观察到的问题都与起飞的前提条件或者起飞本身有关。这一点在先驱们所提出的各种发展理论中留下的印迹随处可见；但是，其中也有一些留在发展经济学领域的先驱提出的观点与起飞后的那个阶段——技术趋向成熟阶段相关。

在这个一般背景下，本节下文将按照先驱姓名的字母排列顺序展开讨论。因为阿瑟·刘易斯对发展的处理更具有一般性，涵盖了更多的变量，而且更加明确地根植于古典增长理论和经济史，因此本节在讨论他时花费的篇幅要比其他人长一些。但是不管是谁，这里的目的均不是要撰写一篇盖棺定论的学术论文。讨论时，我们将首先介绍每一个经济学家研究发展问题的独特之处，而后再从我本人非常武断的视角对每个人的贡献作简要的评价。

彼得·鲍尔

鲍尔在地方发展实践的经验和后续发展理论之间所建立起的联系，其清晰程度无人能及。他在相当长的时间内密切考察了在马来西亚种植橡胶，在西非种植可可和其他经济作物对当地居民实际收入的积极影响。他还考察了这些地区贸易网络的弹性和活力。所有这些都直接导致他反对"1950 年代发展理论所谓的正统

学说"，对此他阐释如下：[1]

> 即使是在最好的情况下，对外贸易对于欠发达国家的经济发展而言也是没有帮助的，而且更经常的是带来破坏。相反的，欠发达国家靠的是为本国的基础设施、快速发展的制造业和经济及社会的现代化提供充足的资本。欠发达国家长期面临着缺乏弹性且固定不变的低收入约束（贫困和停滞的恶性循环），而且这种约束还会因为两方面的因素而强化：一是国际示范效应，二是因为自身市场规模固有的局限性而缺乏有利可图的私人投资机会；因此，其本身不可能提供自己所需的资本。总体落后、经济不能做出快速反应，以及缺乏创业精神几乎是欠发达世界的普遍现象。因此，如果要取得显著的经济进步，政府就要在推进关键性的大规模变革方面发挥不可或缺的全面作用——这些变革对于捣毁阻碍发展的可怕障碍，启动并维持增长进程而言是必不可少的。

沿此路线，鲍尔奋起反对他所定义的正统理论，成为一名激情四射的善辩 386
者。首先，他抨击了英国殖民时代晚期，由后殖民政府接管的西非市场管理部门。他把这些部门视为征税的工具，只是在为政府的贪污渎职和低效率买单。他随后又成为知识界反对对外援助的领军人物，反对几乎任何形式的对市场进程的公共干预，甚至反对限制家庭规模。

在进行辩论时，如果可能的话，鲍尔的方式是依姓名来孤立他的目标人物，然后运用经过精挑细选的可得著述，挖掘其中的冲击性观点，以最极端和最具攻击性的方式，对目标予以一顿棒槌乱揍。他瞄准了一大堆恶人：夸梅·恩克鲁玛（Kwame Nkrumah）（因为他一无是处的经济政策）；朱利乌斯·尼雷尔（Julius Nyerere）（因为他创立了低生产率的集体农业）；玛哈兰诺比斯（P. C. Mahalanobis）教授和印度的第二个五年计划（由于他过分强调资本品工业的扩张）；也许最重要的还有国际经济新秩序的设计者和支持者，这其中几乎囊括了鲍尔所鄙视的所有主要的经济和政治学说与看法。我应当指出，"麻省理工学院的发展经济学家"也位于他的恶人之列——1950年代我也是其中一员；尽管我们

---

[1] 《先驱》，第27—28页。

也不赞成他所列出的绝大多数恶人的观点，但是我们对发展进程以及恰当的发展政策的看法与他迥然不同，就这一点而言，他的判断相当正确。

马来西亚和西非高价值的种植农业当然不足以令人满意地实现发展理论和发展项目的一般化。然而事实证明，鲍尔的观点中也有一些严肃而正确的洞见。例如，农民对激励和反激励精明而迅疾的反应，竞争性私人交易体系比政府的交易体系更好。而且，他和他的许多同时代的人一样，越来越赞赏发展中国家（正如在发达国家那般）相比经济进步而优先对待政治和权力的趋势。

作为一名发展理论家，鲍尔在他的工作中展现了对两类复杂性的认识：经济系统内互动的复杂性，以及社会中经济、社会和政治部门互动的复杂性。他研究工作的旁白反映了他对经济安排中部落权力、种族、社会等级制度和文化的认识，尤其在研究非洲和印度时。他对其他发展中地区的知识就显得单薄。但是，鲍尔从来没有对社会体整体进行更细微的考察，并把它们与经济进步系统地联系起来。市场经济学家和那些更广意义上有些随意的人类状态评论家之间并不能画等号。最后，作为他所谓的国际自由事业屁股上的新古典牛虻，鲍尔似乎为此角色倍感欣慰。

正如我在另一场合写到的：[1] "如果这个世界上没有鲍尔教授，那么缔造这么一个人也是有益的……的确，事情固有的复杂性就如同增长理论和政策，如同它们与政治之间千丝万缕的联系，如同情感的攻势，需要魔鬼般的呐喊"。另一方面，他没能充分地考虑到政府在发展的早期阶段，在提供基础设施投资，在快速发展教育体系，在鼓励扩大农业产出和外汇，以及在刺激有竞争力的私人工业企业家队伍成长方面所起到的极其重大且不可回避的作用。

科林·克拉克

387

就科林·克拉克而言，他先是在英国国民收入统计方面展开了一系列极其诱人的工作，然后转而在《经济进步的条件》（1940，1951）中拾起并推进马歇尔未竟的梦想，有关这其中的迂回曲折和偶然因素，我早已提到。1939 年以前，他第一次通过印度而间接地了解到发展中国家的问题（通过奥斯丁和琼·罗宾逊以及

659　[1]　我对鲍尔《平等、第三世界与经济幻想》（*Equality, The Third World and Economic Delusion*）（剑桥：哈佛大学出版社，1981）的评论，发表在《交易与社会》（*Transaction/Society*），第 20 卷，第 1 期（1982 年 11 月 /12 月），第 88—89 页。这个评论详细说明了我同意和不同意鲍尔的地方，不过这些并不属于本章内容。

V. K. R. V. 劳）；而他第一次直接的实地考察经验也是来自印度——1947年他受印度计划委员会的邀请对该国的经济发展前景作评估。他后来的直接了解几乎都是来自对印度和其他次大陆国家的访问。

如同其在国民收入方面的工作一般，克拉克作为发展经济学家，其目标就限于扩大经验知识并对其进行分类。[1]事实上，他持有某些古怪的想法，认为"每一代中只能有两三个经济理论家，而不能有更多"。不过这个内心的座右铭显然并未阻止克拉克着手展开理论构建，创立有关投资率决定因素、经济周期起因、相对价格趋势和贸易条件的理论和推测性假说。类似的，尽管对《经济进步的条件》两个版本中的数据进行编排以使得它们能大致比较，进而用正式的统计术语进行分析需要耗费特别多的精力和体力，但是克拉克依然常常能提出有关经济发展的颇具原创性且富有争议的观点。他以自己的方式成为一个十足的持异议者，正如自我标榜的持异议者，比如阿尔伯特·赫希曼那样。

克拉克并没有构建出一个一般性的经济增长和发展理论。寻找一般性这种做法不是他的风格。但是，若想把以下五个实质性观点联系起来，使其成为前后连贯且合理统一的理论框架其实也不难。

1. 报酬递增和公共部门在发展中的作用。科林·克拉克植根于庇古的福利经济学，而庇古的福利经济学又以马歇尔的分析为基础。源于该传统的，还有比如琼斯（G. T. Jones）1933年的杰出研究，《报酬递增》[2]——克拉克曾在该作品编辑时对其做过重要的评论。于是，对于克拉克来说，认为报酬递增的存在可能会在国内外经济政策方面普遍危及竞争性私人资本主义便很自然了　　这一点同样在保罗·罗森斯坦－罗丹早期的思想中占据重要位置。[3]

打破自由放任的论据来自这样一个经济事实，该事实也是世界财富的主要源泉之一——也即，存在报酬递增……

由于存在报酬递增，民族主义或保护主义就可能因为拥有一个有效的基

[1]《先驱》，第60页，也可参见克拉克在1940年版《经济进步的条件》的序言中对英国经济学家的抨击，他认为他们过于臆想与理论化。

[2] 琼斯（G. T. Jones）《报酬递增》（剑桥：剑桥大学出版社1933）。科林·克拉克在琼斯英年早逝之后把他的书编辑出版。参见《经济进步的条件》（1940），第291页及之后和340—341页。

[3]《经济进步的条件》（1951），第 viii—xiii 页。

础而出现……在某些情况下，一国可以通过干涉自由放任的国际贸易流，建立报酬递增的产业，从而使自己富裕起来……

若想把公共所有权或控制引入到那些竞争已经自由发挥作用的产业中，而又不至于导致行业中的大多数企业在平均成本以下运行，那是不可能的，除非我们有充分的理由相信，组织规模可以一直提升直至实现明显超出任何竞争性企业可以想象的报酬递增。

2. 经济发展发中的农业和工业。与大多数先驱者相比，克拉克对农业有着更真切的认识。他对发展中地区农业的比较研究早在 1935 年就开始了，并在后来的二十年甚至更长时间中从未间断。比如，在他那篇《先驱者》的文章中，他饶有兴趣地引用了圣雄甘地（Mahatma Gandhi）那相当令人吃惊的观点：[1]

事实上，甘地（没有人会相信）是一位深信自由市场的经济学家，他强烈地抨击价格控制、配给，以及当时尼赫鲁政府对农作物实施的强制性收购。他说正确的解决办法是提高食品的价格，因为这样每个人就会更加努力地工作。印度陷入麻烦的根源在于人民太过懒散。

克拉克还抨击了一些人的下述观点，这些人误读了农业中劳动力比率下降而人均收入提高的操作性含义，认为工业领域就业扩大（忽视了农业）"就可以使国家自动走向富裕"。[2]他直言不讳地抨击了印度 1950 年代的科学家兼经济计划者玛哈兰诺比斯。他在接受咨询时指出，印度是否会扩大它的钢铁产能，这是"一个比较宗教学方面的问题"。[3]实证上，克拉克认为，农业生产率的提高是工业发展的必要条件，该观点在 1960 年代早期还演变成准数学的形式。[4]

国际比较和时间序列研究均表明，如果农业生产率不仅会提高，而且是以一种递增的速度提高，非农产业的劳动力比重才有可能提高……唯一的例

---

[1] 《先驱》，第 63 页。
[2] 同上，第 64 页。
[3] 同上。
[4] 同上，第 76—77 页。

外是，一个发展中国家能够生产我们所谓的"食物替代品"——矿产或森林产品，或者偶尔生产制成品，并把它们出口到世界市场，同时进口食品，从而可以部分地替代本国农业生产率的提升……如果你不能解决他们的温饱问题，你就雇不到工业劳动力。另外，经济发展必须要有进口量的增长（尽管许多计划者似乎已经忽视了这个问题）。这些都得付钱，而在大多数发展中国家（除了上述提到的例外情况），唯一可能用于出口的就是农产品。

3. 闲置的农业劳动力。克拉克认为，在低生产率农业国并没有劳动力剩余，除了农闲季节——这是他最反传统的观点之一。比如，中国的数据显示，正常情况下除了12月和1月两个寒冷月份外，劳动力都是短缺的。[1] "毕竟，简单地讲，如果你打算用双手耕种像中国这样大的国家，很少有耕畜，更不用说拖拉机，那你大概会需要六亿的人口。"他列举了在1958年"大跃进"期间把农业劳动力向工业活动转移而给农业带来的生产成本和收割成本，以作为广泛流传的缪见的有力证明。

4. 非农就业的最大增长率。科林·克拉克在其职业生涯中一直表现出一点引人注意的特征，那就是他在承认以前的错误时总是心平气和。例如，他主要依据日本的历史数据，估计1950年代早期非农就业最大的可持续增长率是每年4%。 389 后来他指出，该估算"过于谨慎"，并引证说韩国实现了8%的稳定增长率。[2]

5. 人口。也许克拉克最富有争议的观点形成于1945年之后，当时他认为，人口的高增长有利于发展中国家人均实际收入的增长。反观1940年版的《经济进步的条件》，他在其中指出，人口的高增长对于贫困的农业国家而言是"不利的"。[3] 在1950年代，他看到了人口高增长的一些好处，这无疑是对传统识见的又一大冲击：[4]

当时几乎每个人，事实上正如现在大多数人，都倾向于把人口增长视为消极因素……埃弗雷特·哈根（Everett Hagen）首先在1953年收入和财富研

---

[1] 同上，第65页。
[2] 同上，第64页。
[3] 《经济进步的条件》第6页。
[4] 《先驱》，第75—76页。

究会会议上对该观点展开了的根本性的攻击……国际比较显示，人口的地理密度及其增长率两者均倾向于大大减少人均资本需求……

　　哈根进一步提出了一个重要观点。快速增长的人口，按他的古怪说法，可以"免除"国家投资失误带来的后果……相比于人口处于静止状态的情况，在人口增长的情形中，某次错误的实际投资找到替代性用途的可能性要大得多。

　　正如他可能希望的那样，科林·克拉克之所以为人所铭记，主要是因为他在国民收入和经济增长分析两方面直言无惧、见解深刻，同时兼具勤勉奋进的开拓精神——大部分工作"全都是在独自一人的努力下完成，而且他还身兼多项职责，唯一的一个文书助手还是他自己花钱雇的"。[1] 与战后主流经济学家形成鲜明对比的是，他依然忠实地践行着他刻印在《经济进步的条件》第一版扉页上弗朗西斯·培根的那句格言："不要以为通过论争建立起来的公理就足以胜任发现新事物的工作，因为自然的微妙远远超出论证的微妙很多倍。"但是，他的研究工作绝非零散细碎的经验主义集合。他针对数据所提出的问题直接来自马歇尔和庇古的论述——还有凯恩斯，他们"为了讨论 20 世纪的平衡问题，复活了李嘉图 - 马尔萨斯在 19 世纪展开的争论"。在克拉克看来，就经济学而言，"在 17 世纪后期英国科学精神的繁荣令人震惊的年代，由乔治·金和威廉·配第爵士所开启的正确路径"在他们两人手里"扭曲变形"。[2] 克拉克当然属于政治算术的传统。和他们一样，他的目标宏大而实际：[3] "为了找出未来可欲的最大程度经济进步的条件"。但是在追逐这个目标的过程中，作为一位植根剑桥传统的福利经济学家，他不仅理解他所面临的度量上的复杂性，也理解价值上无可回避的层次结构——哲学的和宗教的，伦理的和政治的，这些方面的价值都在塑型并恰当地控制着所有社会体中对福利的思考。[4]

390
阿尔伯特·赫希曼

　　赫希曼在世界银行《先驱者》第一卷中自认为是一个持不同意见者。他所撰写的文章题目是："一位异见者的坦白：'经济发展战略'回顾（A Dissenter's

[1]　《经济进步的条件》（1940），第 ix 页。
[2]　同上。
[3]　同上，第 vii 页。
[4]　尤其是参见《经济进步的条件》第 1—5 页。

Confession: 'The Strategy of Economic Development')"。他的立场使我重新检视了该卷中的其他九篇文章。从某种意义上说，这些文章的所有著者都视他们自己为持异见者。因此，重要的是精确地界定赫希曼对什么持有异议。他自己的描述如下：[1]

> 我……自认为是一个反叛权威之人，是第二代的异议者，我所反对的这些主张，尽管其自身新颖且反正统，但在1950年代却作为发展问题的新正统迅速成型……透彻观之，我的不同意见，不管如何强烈，其本质上是在反对试图将发展经济学确立为一个新的研究和知识领域的普遍想法。我的主张与老正统（后文称为新古典经济学）的距离至少和与新正统的距离一样远。

但是，什么是"新正统"呢？这可见于他从世界银行总部得到的指示，那是他第一次去哥伦比亚，在那里，1952—1956年间，他先是计划局的财政顾问，然后成为一名私人顾问：[2]

> ……指示很快从世界银行总部传来，主要是希望我尽快采取行动，系统地构建某种野心勃勃的经济发展计划，详细说明哥伦比亚未来几年在投资、国内储蓄、增长和外援方面的经济发展目标。对于那些精通于新计划拟定之术的专家来说，所有这些显然都易如反掌：现在，即便没有对当地环境展开密切研究，那也已经拥有足够多的知识，可以对储蓄和资本—产出比的可能范围做出估计，而那些估值，再加上最新的国民收入和收支平衡表，便可获得所有需要的关键数据。我反对被打发去干这种活。

于是，在某种意义上，赫希曼的不同意见可归入一种经典的模式，即处于某个领域中的某个人，会抵制来自信息不畅、反应不敏感的中心传达的指令——这是官僚历史真正永存的侧写之一。[3]

赫希曼持不同意见的学说，其主旨大家都很熟悉，说到底也相当简单——这

---

[1] 《先驱》第87页。

[2] 同上，第90页。

[3] 赫希曼持不同意见，并就反对"强加在弱者或被征服者身上的粗俗手段"而展开了漫长的斗争，对此，更加细致的阐释可参见卡洛斯·迪亚兹·亚历杭德罗（Carlos Diaz Alejandro），同上，第112—113页。

种简单当然绝非缺陷。他认为，在那些发展中的经济体中，存在着许多非理性或者扭曲（或失衡）的因素，这些因素可以引发强大的激励，进而解决问题，也因此有助于理性因素在经济增长过程中的作用。在回顾中，他列举了一些例子，以说明他那里的看不见的手这种机制。[1]

● 短缺和瓶颈；

● 劳动力明显剩余的经济体中资本密集型的工业化过程；

● 对于决策者而言，来自通货膨胀和平衡预算赤字的压力；

391

● 与比如公路交通相比，负责维护高技术、但对生命有潜在威胁的交通运输形式（飞机）的那些人所面临的压力。

● 承诺制造一种可以带来国内投入（后向联系）的成品所带来的压力。

所有这些都导向赫希曼对战略的定义，对此他是这样陈述的：[2]

> 我正在寻找一个一般性的经济原理，可以把它们（以及一些相关命题）捆绑在一起。为此我认为，欠发达国家需要特殊的"压力机制"，或者"定步调的策略"来诱发他们的潜力。用我自己最一般化的描述而言，这就是说："发展基本上无关乎找出给定资源与生产要素情况下的最优组合，而是取决于为了发展的目的去发掘那些深深隐藏着的、分散各处的或运用糟糕的生产资源和能力。"（《战略》第5页）

因此，赫希曼强调的是失衡和扭曲的优点以及"潜在的理性"。赫希曼知道这不可避免地会带来问题，对此他展现出了令人钦佩的敏感：[3]"实际上，你会鼓吹非均衡增长、资本密集性投资、通胀等等吗？诚实地讲，但却有点不太令人满意的回答一定是：是的，不过当然要在一些相当严格的限制之内。无疑，非均衡增长战略可能会走过头，并带来可怕的后果……但是要求内燃机的发明者马上想出污染控制和气囊的设计来难道就合理吗？"

---

[1] 同上，第91—110页。尽管每项研究都有自己的立足点，但是赫希曼的《激情与利益》（*The Passions and the Interests*）还是清楚地通过它那"显著的非意图性后果"而与他的非平衡增长理论联系起来。尤其参见《激情和利益》第130—131页对他更早形成的发展理论的回响。

[2] 《先驱》，第94页。

[3] 同上，第92—96页。

也许吧。但是，要求支持非均衡增长的人界定他建议偏离的那个均衡概念，却不会不合理。从马尔萨斯到阿瑟·伯恩斯和约翰·莫里斯·克拉克，在1930年代，富有思想的分析家已经目睹了经济体以非常不稳定的非均衡增长方式一路走来，尤其表现为部门增长的失衡——这些不平衡既推动了经济向前发展，又在经济过热时启动修正机制。不过，克拉克接着在经济周期分析的背景下界定了动态均衡的七个标准。赫希曼约束了自己，只是指出在面临不均衡的情况下，部门均衡的动态模式将通过看得见的手和看不见的手而实现：[1]"由于在投入—产出的意义上，经济体是相互依赖的，一个部门或其子部门先于其他部门的扩张可以启动各种力量（比如通过相对价格变化和公共政策回应短缺抱怨），而这倾向于消除初始的不均衡"。

事实上，赫希曼（和鲍尔一样）沉湎于讽刺，不管他面对的是来自世界银行总部的指示，还是那场重要论战，也即努力"反对当时的共识——需要一个'均衡的'或'大推进式的'工业化努力"。（很有可能就是保罗·罗森斯坦-罗丹，当时世界银行的一个重量级人物，把这份恼人的总部电报发给了波哥大那位充满怨愤但却可以理解的顾问）。凡是我所认识的严肃的发展计划者，没有一个会不知道五年计划每年至少在出现不可预期的扭曲和新的可能时要修正一下，没有一个人会苟且于面对危机时"机遇和挑战并存"的中国式表述。而且，罗森斯坦-罗丹的学说有很大一部分建立在坚实的经验证据基础上；也即，发展中国家总投资中的很大比例投入到基础设施建设（例如35%），这其中又有许多被投入到很大的非连续部门——这些部门的资本需求已超出国内私人部门的融资能力（例如，电厂、灌溉项目、港口）；而正如亚当·斯密所言，这些部门具有重要的外部经济效应，使得它们即便对于私人投资者来说无利可图，但是对于"一整个社会"来说却是有利可图。

赫希曼惊奇地发现，历史的车轮并未一帆风顺地沿着所有部门都处于动态均衡的路径前进，这种惊奇中存在着某种重新发现的因素。不过这也意味着，他对至少可追溯至马尔萨斯的非平衡增长方面广阔的文献了解不多。

但是没有关系。像鲍尔一样（当然方式非常不同），赫希曼持不同意见的立场对他来说显然是舒适的、刺激的，事实证明，也是有成效的。由于发展经济学

[1]　同上，第105页。

的繁盛期和哈罗德－多马与新古典增长模型的全盛期相互重叠，赫希曼的作品对那些表现得如同社会动物一般的男男女女们而言，就是一个重要的警示，提醒他们注意那些相当有吸引力的不雅行为。其实，赫希曼已经形成自己的研究范式，他也许本可以很好地通过适当的修改而采用格塞尔的范式——此君亦在他有关人类非均衡发展的洞见中找到了对希望的偏爱（前文第 359 页）。

阿瑟·刘易斯

在我们所讨论的九位先驱中，阿瑟·刘易斯是独一无二的，其独特性体现在以下两个方面：一方面，在他的神圣十年，经济发展是他的最爱和主要兴趣之所在；另一方面，他有意识地沿袭从亚当·斯密到约翰·斯图亚特·穆勒的古典路径来思考经济增长问题。一如他自己所清楚阐明的，与他名字相联系的两个主要观念均来自古典：劳动力无限供给条件下的经济增长分析，以及工业化过程中农业生产率提升的基础性作用。他在"无限劳动供给下的经济发展"（Economic Development with Unlimited Supplies of Labour）一文开篇，说了一句颇值得回味的话："这篇论文的创作沿袭的是古典的传统，建基于古典的假设，提出的是古典的问题"。[1]

刘易斯在二十几岁时就成了一名发展经济学家。他在二十九岁时发表了第一篇论文——"牙买加的经济计划"（An Economic Plan for Jamaica）。[2] 紧接而至的是其他几项关注加勒比海地区的应用性研究，而后他参与了联合国报告的撰写，其重要贡献可见于联合国于 1951 年出版的一本论文集：《欠发达国家经济发展的衡量》（*Measures for the Economic Development of Under-Developed Countries*）。[3]

但是刘易斯的兴趣超越了发展。虽然他并从未失去对发展政策的关注，或者说从未丢失对加勒比海地区的关心，但他是个受过良好训练的经济学家，有着广泛的兴趣；他对经济学说史以及经济史的了解，除了少数几位学者之外，比他同

---

[1] 《曼彻斯特学派》（*Manchester School*）（1954 年 5 月），重印于阿加瓦拉和辛格，《欠发达经济学》，第 400 页。

[2] 《议程》（*Agenda*），第 3 卷，第 4 期（1944 年 11 月）。

[3] 对于加勒比，刘易斯发表了"波多黎各的工业化"（"Industrialization of Puerto Rico"），《加勒比经济评论》（*Caribbean Economic Review*）（1949 年 12 月），还有更加一般化的《加勒比的工业发展》（*Industrial Development in the Caribbean Economic Review*），（葡萄牙—西班牙，特立尼达：加勒比协会（Caribean Commission），1949）。参与撰写 1951 年联合国发展报告的刘易斯的同事有：阿尔贝托·巴尔蒂亚·科尔特斯（Alberto Baltia Cortez）（智利），加吉尔（D. R. Gadgil）（印度），乔治·哈基姆（George Hakim）（黎巴嫩），西奥多·舒尔茨（美国）。

时代的所有经济学家都要来得多。实际上，他有三本书的主要关注点都是先进工业国家。[1] 因此，他对经济增长和发展问题的研究既体现了基础广泛的学识，又承载了一个希望帮助战后那些渴望发展的国家的学者对操作层面的关注。在他的《经济增长理论》（*Theory of Economic Growth*）一书的序言中，刘易斯说得很清楚：[2] "一半是因为抑制不住的好奇心，而另一半是出于当时政策制定者的实际需要，这两方面一起驱使着我涉足这个广阔的领域……好奇心要求我对人类历史进程展开学问上的探询，实际需要则要求我有一本做事情的指导手册。"

刘易斯曾为《发展经济学手册》撰写了其中一章。他按照 1980 年代的标准，总结了该领域从亚当·斯密到穆勒时期的发展情况。在上述背景介绍下，他这么做也就完全可以理解了。[3]

在本章讨论的发展经济学家中，刘易斯还有一个独特之处：他的《经济增长》是唯一一部触及所有关键增长变量的研究。因此，简单说明一下它们如何被引入分析可能会有所助益。

1. 人口和劳动力。《经济增长》第六章的题目是"人口和资源"（Population and Resources）。这一章对 1945 以来发展中世界的人口变迁形式展开了精致的分析，而且还附有追溯到马尔萨斯的比较参考文献。[4] 针对人均收入与出生率之间呈现反向关系的这一经验现象，刘易斯讨论了几乎所有可能的复杂因素，重点强调了一个至少自亚当·斯密以来就被认为是很关键的人口变量——教育的作用。他接着考虑了世界不同地区人口和资源的平衡，以及不断变化的劳动力就业结构。最后，在结尾的段落中，刘易斯考察了一个源于重农主义者和英国古典主义者的主题，一个在他（还有科林·克拉克）的工作中一以贯之的主题；也即，农业生

393

[1]　参考的书是《经济观察，1919—1939 年》（*Economic Survey*，*1919—1939*），（伦敦：艾伦与昂温出版，1949），它包括一些发展中国家的材料，尤其是两次大战之间贸易条件变动对它们的影响；《经济计划的原理》（伦敦：艾伦与昂温出版，1949）主要关注发达工业国家的计划，尽管它包括了一个附录——"关于后进国家的计划（On Planning in Backward Countries）"；以及《管理费用》（伦敦：艾伦与昂温出版，1949），这本论文合集主要致力于探讨发达工业国家的垄断竞争问题。

[2]　值得注意的是，在伦敦的学术圈中，刘易斯并非关注经济发展的唯一一人。其他还有如保罗·罗森斯坦-罗丹、屈特·马丁（Kurt Martin）、理查德·亨利·托尼、维拉·安斯蒂、艾琳·鲍尔（Eileen Power）、迈克尔·波斯坦等人也都在这里。

[3]　"发展理论的根源（The Roots of Development Theory）"，载于霍利斯·钱纳里和斯里尼瓦桑（T. N. Srinivasan）（编），《发展经济学手册》（*Handbook of Development Economics*），第一卷，第 2 章，（阿姆斯特丹：北荷兰出版社，1968）。　　660

[4]　《经济增长》，第 304—319 页。

产率的增长对于总体增长率提高的极端重要性：[1] "伴随经济增长，（劳动力）从农业向其他行业的转移是经济增长的结果而不是经济增长的原因。因为这要顺利地发生，一定是要么农业生产率有提高，要么非农产品出口有增加。"

他还在其他地方讨论了劳动力质量的决定因素：第二章（"节约的意愿"（The Will to Economize））讨论了工作意愿和能力；第三章（"经济制度"（Economic Institutions））讨论了激励和反激励的作用；第四章（"知识"（Knowledge））讨论了各个社会体中受过训练的产业工人之间以及农村人与城市人之间的才能差异；当然还有教育。事实上，不管是怎样的形式，他几乎在每一章中都有涉及教育，反映了刘易斯对从小学到大学的教育在发展过程中关键作用的判断。[2]

2. 资本和技术。《经济增长》一书结构的成型是源于以下命题：[3] "经济增长的直接原因在于节约的努力、知识的积累和资本的积累"。其中有关技术的讨论出现在第四章（"知识"），而资本则出现在第五章（"资本"（Capital））。

在讨论知识时，刘易斯明确区分了纯科学、技术研究、发展与生产。他也考察了影响商业上可行的新技术传播快慢的因素，他所列举的是从古希腊和中国，经文艺复兴，直到1950年代早期英国的历史经验。在每一小节中，他都考察了先进工业国家与发展中国家情况的主要差异，以及因此在合适的优先选择上的差异。

刘易斯在论知识一章的结尾段落中盛赞了竞争，把竞争看成创新的激励之源，这让人想起了约翰·斯图亚特·穆勒和阿弗雷德·马歇尔：[4]

确实，与专制国家相比，商业活动本身在公共行政管理趋向分权、民主的国家可能会更有活力——在那里，相比政治权力被授予寡头政治的国家，从乡村往上，人们在每个层面上都习惯于自主管理自己的事务。这也是捍卫竞争的最有力论点之一，它同样扩散到了经济生活的决策与管理经验中。

第五章（"资本"）是刘易斯所完成的最著名的论述之一，尽管保罗·罗森斯

---

[1] 同上，第340页。
[2] 同上，第183页。
[3] 同上，第164页。
[4] 同上，第200页。

坦－罗丹早先曾埋下一些伏笔（后文，第 409 页）：[1] "所有现在相对比较发达的国家在过去的某个时期都经历过一个快速的发展期，在这个过程中，它们的年净投资率从 5% 或者更低提高到了 12% 或者以上。这正是我们所说的工业革命。"

394

刘易斯是从科林·克拉克和库兹涅茨对资本—收入平均和边际比率的测度中得出这个判断的。他首先考察了先进工业国家和发展中国家主要部门在这些比率上存在差异的一些具体假设条件，然后给这二者各选择了一个平均边际比率，其值均在 3 比 1 和 4 比 1 之间。以 1950 年代早期的印度为例，当时印度的净投资率大约为国民收入的 4% 或 5%，而实际人均收入基本上处于停滞状态，由此他推断，要实现生活水平 1.5% 到 2% 的增长率，则 12% 的净投资率是必要的——这个水平在 1960 年左右达到了。[2]

作为一个发展计划者和一个宏观经济学家，刘易斯接着对投资分布进行了部门分解。他所依赖的数据来自先进工业国。这些国家的典型模式是，总投资占国民生产总值的 20%，他以此进行了粗略地平均。[3]

---

[1] 同上，第 208 页。我后来在我关于起飞的文章中运用了相似的表述，通常把那类投资的增加视为"纯刘易斯行为"。我承认只是在撰写这本书和重新阅读保罗·罗丹那篇有关东南欧的开创性文章时，才发现他创造的这个概念。我怀疑，我在 1950 年代早期阅读时，是把它当作麻省理工学院发展经济学家传统智慧的一部分。对于这一与起飞一致的杰出概念，我对于这么晚才重新认识的遗憾，也可见《先驱》，234—236 页，以及前文 433—434 页。

[2] 《世界发展报告》，1983 年，第 156 页。

[3] 《经济增长》，第 210 页。我意识到，我对投资分布和部门边际资本—产出比率最详尽的估计和保罗-罗丹的估计相同。罗丹的估计重印在一张褪色的老式油印纸上，据我所知，目前尚未发表。我还考虑了钱纳里在《工业化和增长》第 49 页中做出的估计（参见表格3，注4，注5）。

661

表 3　欠发达国家（A）与发达国家（B）的投资分布

部门	A			B		
	总投资比例	部门资本产出比	对产出的贡献	总投资比例	部门资本产出比	对产出的贡献
I.1. 社会管理资本	34.0%	8:1	4.25	32.0%	7:1	4.6
2. 教育	1.0	10:1	0.1	1.5	8:1	0.2
3. 住房	24.0	10:1	2.4	24.0	10:1	2.4
II. 农业						
1. "旧"	7.5	1.33:1	5.6	4.5	1.7:1	2.6
2. "新"	3.0	6:1	0.5	2.0	5:1	0.4
3.X			1.5			
III. 工业						
1. 重工业	7.5	4.5:1	1.7	8.5	4.25:1	2.0

（未完，接下页注）

然后，他权衡比较了发展中国家在每个类别上相对于先进工业国的比例（包括存量），并由此得到如下结论：[1]

（续上页注）　　　　　　　　　　　　　　　　　　　　　（续表）

部门	A			B		
	总投资比例	部门资本产出比	对产出的贡献	总投资比例	部门资本产出比	对产出的贡献
2. 轻工业	8.5	2.5:1	3.4	9.5	2.25:1	4.2
3. 手工业	1.5	1.2:1	1.25	1.0	1.5:1	0.7
4. 建设残余			1.5			1.8
5.X						2.5
IV. 服务业	13.0%	1.1:1	$\frac{11.8}{34.00}$	17.0%	1.5:1	$\frac{11.4}{32.8}$
总边际资本产出率	100:34.0=2.9			100:32.8=3.0		

来源：保罗·罗森斯坦-罗丹（没有其他来源）

662　　　　　表4　跨国模型的标准解，收入水平5（1970年人均2100美元）（人均美元）

部门	国内最终需求					
	消费	投资	总投资比例	政府	总需求	总需求比例
初级产品						
1. 农产品	64	0		4	68	3%
2. 矿产品	19	0		4	23	1
小计 a	83	0		8	91	4
制成品						
3. 食品	186	0		19	205	10
4. 消费品	202	0		15	217	10
5. 生产品	104	0		6	110	5
6. 机械	15	172	36%	4	191	9
小计 a	507	172		44	723	34
非贸易品						
7. 社会管理	115	283	59	26	424	20
8. 服务	549	25	5	300	874	42
总计 a	1,254	480	100%	378	2,112	100%
总最终需求比	59	23		18	100	

a：由于四舍五入，各项相加不一定等于总计。

来源：霍利斯·钱纳里等，《工业化与增长》，（纽约：牛津大学出版社，世界银行专辑，1986），51页（世界银行数据）。

[1] 同上，第213页。

人们并没有普遍认识到建筑业极大重要性。很多人认为，资本形成主要取决于安装机器，然而实际上，资本形成更依赖于这样那样的建筑结构；民用工程是资本形成的关键行业，而机械工程次要一些。由此，必然会有以下结果。其中一个我们已经得到，也即在既定的融资条件下，抑制投资快速增长的实际瓶颈是建筑业自我扩张的能力。另外一个推论是，在经济发展的初期，资本需求最大的领域是公共工程和公用事业，由于在那时这个领域并不直接对外国私人投资者开放；因此，国外私人投资对于欠发达国家的资本需求意义有限。

住房	约占 25%
公共建设工程和公用事业	约占 35%
制造业和农业	约占 30%
其他商业	约占 10%
	100%

基于这样的背景，刘易斯接着研究了储蓄的来源。他以古典式的风格推断，这其中利润最为重要：[1]

_____

（续上页注）

表 5　跨国模型的标准解，收入水平 1（1970 年人均 140 美元）（人均美元）　　665

部门	国内最终需求					
	消费	投资	总投资比例	政府	总需求	总需求比例
初级产品						
1. 农产品	25.5	0		0.5	26	18%
2. 矿产品	0	0		0.5	1	0
小计 [a]	26.0	0		1.0	27	18
制成品						
3. 食品	15	0		1	16	11
4. 消费品	11	0		0	11	8
5. 生产品	3	0		0	3	2
6. 机械	0	7	33%	1	8	6
小计 [a]	29	7		2	38	27
非贸易品						
7. 社会管理	7	12	57	1	20	14
8. 服务	41	1	5	16	58	40
总计 [a]	102	21	95%	20	143	100%
总最终需求比	71	15		14	100	

a：由于四舍五入，各项相加不一定等于总计。

来源：霍利斯·钱纳里等，《工业化与增长》，（纽约：牛津大学出版社，世界银行专辑，1986），49 页（世界银行数据）。

[1]　同上，第 233—235 页。

这意味着对于任何"工业革命",即对于任何资本形成的突然加速而言,基本上都可以用赚钱机会的突然增加来解释;无论这种新机会是源于新的发明,还是源于令既有机会的利用成为可能的制度变革。

如果一个经济体的储蓄从 5% 上升到 12% 的过程本质上取决于相对于国民收入而言的利润增长,那么便可以得到,贫穷国家的储蓄如此之少并不是因为它们贫穷,而是因为它们的资本品部门太小。

因此,刘易斯所谓的工业革命中投资率的上升,正如在我的起飞理论中那般,是对一个更深刻的过程的思考——对于该过程,我认为快速吸收迄今为止未加利用的技术是最重要的。刘易斯继续考察了储蓄的其他来源,特别是通过通胀、公债、税收和外债而获得的强制储蓄。

3. 经济周期。刘易斯在其他研究中广泛地探讨了经济周期;[1] 在《经济增长》中,相关论述虽然只有寥寥几页,不过却清晰地阐释了他的两个基本假设。

首先,"创新的不规则性"在决定投资波动中的作用。他把经济增长的根源追溯到一系列创新的主导部门。[2] 总的来说,每一次波动的路径都遵循一条加速和减速的逻辑斯蒂曲线,但是由于投资者事先并不知道这条路径,于是他们便会系统性地上下超调,从而在经济系统中加入强有力的连续冲击,造成经济系统整体上的扩张和收缩。因此,与当时流行的宏观模型明显不同,刘易斯沿着熊彼特和早期库兹涅茨工作的思路把经济增长和经济周期联系了起来。

其次,住房投资。刘易斯系统性地强调说,所有社会体的投资中都会有一个令人吃惊的比例被投向住房建设,而住房是长期存在的。尽管大家对未来十年家庭形成速度的了解相当确定,但住房投资并不会平稳地进行。这方面的波动不仅可以解释住房行业的长期(比如说二十年)波动,还可以解释或强或弱的重要周期相继发生的趋势:[3]

---

[1] 刘易斯在《经济观察》中论及两次大战之间的经济周期,而在《增长与波动》(*Growth and Fluctuation*)(伦敦:艾伦与昂温出版,1978)中展开了更加系统的讨论。

[2] 《经济增长》,第 284—286 页。刘易斯提到了影响投资不稳定的其他三个因素:银行信用的弹性、投资和收入增长之间的不稳定关系、收入分配的变化。

[3] 同上,第 286 页。

当经济的疲软是发生在住房建设和重要创新汹涌而至时，那疲软就不会变得很严重，也不会持续太长时间。反之，当经济衰退发生在建设周期的疲软期，或者发生在重要创新刚刚达到顶峰之后（如1929年的美国汽车），那这时的衰退就会非常严重，持续时间也会很长。由于建筑平均占总投资的25%，而且存在十八至二十年的周期跨度，数十年的繁荣与数十年的缓慢增长交替出现便不足为怪了。

4. 相对价格。又一次如科林·克拉克一样，刘易斯在先进工业国和发展中国家贸易条件变动趋势的路径和影响方面完成了一些他最具原创性的工作。[1] 实际上，他之所以特别强调努力达到"平衡发展"的必要性，便主要是基于这方面的工作。刘易斯认为，若能接近农业和工业部门的最优增长路径，则至少能缓和贸易条件的波动，从而缓和这种波动给大多数发展中国家带来的严峻的社会、政治和经济压力。[2] 这层关系与刘易斯对提高农业生产率必要性的极端强调有关。[3]

因此，对于经济周期，刘易斯将相对价格趋势看作是特定环境下经济增长本身的产物——在这些环境中，未来的不确定性系统地引发了非理性预期，以及农业和工业生产对最优部门路径的偏离。[4]

5. 增长的阶段和极限。像这里所考虑的1950年代其他八位先驱一般，刘易斯的目光主要锁定在那些努力进入或推进工业革命的国家——这在库兹涅茨看来就是旨在开启或推进现代经济增长的国家，而在我看来则是处于为起飞做准备或进入起飞阶段的国家。

396

由于刘易斯的直接经验主要来自于加勒比海地区、非洲和印度，因此他在1950年代早期的建言关注的绝大多数是低级阶段的经济增长问题。他也曾在一些地方提到拉丁美洲，但不是很多——在拉美，阿根廷和巴西是在1930年代中期就已进入起飞阶段，而墨西哥大约是在1940年开始起飞。

但是，作为一位严肃对待历史，并在阐述他的增长理论时常常强调这一点的

---

[1] 尤其参见《经济观察》。

[2] 例如，请参见《经济增长》，第289—292页。

[3] 同上，第279页。

[4] 刘易斯和我都认为，康德拉季耶夫所确认的价格、货币工资和利率等长周期现象，可以依托跨部门基本商品和制成品之间贸易条件连续的趋势期来解释。例如，参见刘易斯《增长与波动》第69—93页。

经济学家，刘易斯只用了两次阶段的概念。

他第一次运用阶段的概念是在讨论知识的增长时。[1]

> ……在考察知识增长时，我们必须区分三个时期，即史前蒙昧时期，没有科学方法记述的时期和有科学方法记述的时期。同样地，我们必须根据社会是否识字，以及社会的文化和哲学是否能激起科学观来区分之。

刘易斯将第三阶段划分为两部分：一是自文艺复兴以来的很长一段时期，那时科学知识逐渐累积，但却并没有与发明直接相联：[2]

> 事实是，18 世纪和 19 世纪的重大发明……都是由那些没有科学知识或对科学知识知之甚少的实践人士所完成。只是在 20 世纪，科学教育才成为想要成为发明者的人必备的东西，或者说科学发现才成为技术进步的主要源泉。

他接着详细讨论了 20 世纪基础科学与发明之间紧密的有机联系。

刘易斯第二次是在一个很冷门的主题中说到阶段的概念，这个主题关乎侵略与经济增长阶段的关系。在论述中，他认识到了正在成长的经济体那危险的"中年"时期：[3]

> 如果说在光荣美丽的梦想和经济发展的阶段之间存在什么联系的话，那就是在经济增长的中间阶段了。那些最富裕的国家趋向和平，享受着它们所拥有的，也不再羡慕什么；那些最贫穷的国家则处于昏睡混乱的状态，也无力组织战争……威胁世界和平的国家，往往是那些认为它们拥有一个非常伟大的未来的国家，而不是那些歌颂赞美自己伟大过去的国家。因而，世界军事领先地位的更替常常按照与国际贸易领先地位更替大体相同的方式从一个

---

[1] 《经济增长》第 165 页。

[2] 同上，第 169 页。为了强调十八和 19 世纪科学和发明之间间接的而不是直接的重要联系，可参见我的《一切是如何开始的》(*How it All Began*)（纽约：麦格劳·希尔出版，1975），特别是第 1 和第 4 章。

[3] 同上，第 371 页，对于这个主题略有不同但并不一致的讨论，参见拙著《经济增长的阶段》(*Stages of Economic Growth*) 一书的第八章，"增长和进步的相对阶段 (Relative Stages of Growth and Aggression)"。

国家转到另一个国家，这可能也是因为同样的理由……

与他对发展阶段的简单化处理相反，刘易斯从长期停滞和资源约束方面入手，对经济增长的极限展开了非常充分的讨论。[1] 他在下述段落中沿袭了大卫·休谟的哲学气质，对自己的观点做了有益的总结：[2]

> 因而，在漫长的增长过程中，存在很多陷阱，任何一个国家，一不小心就可能落入其中：它可能对物质财富感到厌倦，它的企业家可能表现得缺乏竞争力，它的公众可能拒绝改变，它的收入分配可能发生不利变化，它也可能耗尽自己的自然资源，失去国际贸易中的地位，或者创新无力。此外，它还可能成为自然灾害的受害者，或者由于战争、国内冲突或治理不善而毁于一旦。这些没有一样是不可避免的……虽然知之甚少，但是我们过去四千年的经济史却似乎相当有力地支持了这样一种预期，即长期增长之后，缓慢增长、停滞，甚至衰退就会在适当的时候接踵而至。

不过，他接着又给人类及其所处的社会指明了一条逃离汤因比式前景的道路："如果一个国家足够幸运，能在恰当的时间获得英明的领导的话，那柳暗花明也还是有可能出现的。最新的分析表明，历史只是关于个体如何应对时代挑战的记录。所有的国家都有机会，只要能振作勇气，坚定意志，机遇就在手心边上。"

6. 非经济因素。这里所讨论的九位先驱有一个共同特征，那就是他们在发展政策的制定、管理和咨询建议方面均有一定的实践经验。比如，回忆一下，刘易斯最早期的工作就是关于牙买加和波多黎各发展的现实问题；而且从 1957 年以来，他几乎有一半的时间都花在行政部门的工作上，其中包括联合国的数个职位；他还做了四年（1970—1974）加勒比开发银行的总裁。

一般说来，这种实践经验并不会阻碍这些先驱就发展问题提出一些很强的，有时甚至是过分简化的分析性或政策性命题。他们也经常表现为是按他们自己理

---

[1] 关于长期停滞的两种类型，参见刘易斯的《经济增长》，第292—302页，以及第408—415页，后者提供了政府政策可能拖累经济增长的九种路径概览。在题为"制度变化"（Institutional Change）的那一节中（第145—162页），有一些关于长期停滞可能性的讨论。

[2] 同上，第302，415，418页。

解的凯恩斯格言生活着：[1]"文字应当略有些野性，因为他们是对没有思想者的一种思维冲击。但是一旦升到某个高位、掌握了权力，就不该再有诗人般的放纵……当空谈家开始行动，可以说，他就必须忘记他的学说。因为若在行动中还记得那些文字，那这些人可能就会失去所要寻找的东西。"

在这个方面，刘易斯又一次成为一个例外。无论是在作为一名经济学家的技术分析里，还是在努力将发展经济学置于更广阔的人类和社会背景中时，他都展示出一种能力，使其能够带着同情共感去理解，能够兼听各种各样的观点见解，同时又不失显示其自身明晰而独特观点的能力。在这一点上，刘易斯与穆勒有些相近：一位是东印度公司伦敦总部有过良好训练的参谋，一位是对他的前辈和同代人的研究心怀同感，但最后也能提出独到且颇具原创性经济命题的经济学家。

刘易斯对发展经济学和发展政策的态度温和节制。他的这种态度，源自他对人类动机的复杂性和不同社会及其文化间深刻差异的清醒认识。他不仅时常超越经济学的传统，博览群书，而且积极思索，考察来自历史学、社会学和人类学领域的观点。在这方面，他几乎超越了他同时代的所有人。[2]例如，下面这一段关于他接近发展经济学的陈述，就不仅捕捉到他的宽广视野，而且捕捉到他对其中可能存在的局限性的感悟。[3]

最难的问题……是解释为什么人们会持有他们所持有的信念。经济增长取决于对工作、对财富、对节俭，对拥有小孩、对发明、对陌生人、对冒险等等的态度，而所有这些态度都来自人类思想的深处。有些人曾试图解释为什么这些态度会依社群而异。有人从宗教的角度来寻找差异，但这仅仅是问题的重述……富有经验的社会学者知道，这些问题不会有答案，在我们现有的知识状态下的确如此，也许永远都不会改变……

这并不意味着我们会停止对社会变迁的认知；人是种很好奇的动物，停止认知与我们的天性相悖。接下来我们应当谦虚地对待我们的主张，并认识

[1] 约翰·梅纳德·凯恩斯，"国家的自给自足（National Self-Sufficiency），"《耶鲁评论》（Yale Review），第 22 卷（1933），第 755 页。

[2] 例如，参见《经济增长》序言结尾部分的参考文献目录，第 21—22 页。此处和刘易斯在其他章节末尾提供的参考文献目录注释生动地提醒我们，1950 年代早期的发展文献是多么有限，尽管还算丰富。

[3] 同上，第 14—16 页。

到任何基于历史研究而提出的假设都是尝试性的。

这就是在《经济增长》前163页中，在探索支撑（或者未能支撑）人均产出扩张的非经济变量——"节约的意愿"和"经济制度"时，刘易斯所体现的精神实质。

刘易斯对人类情况的认知还渗透在他为回答一个常常被认为是理所当然的问题而展开的努力中——"经济增长是合意的吗？"典型的，他从一个有关人类复杂性的命题切入：[1]"当经济增长开始时，我们对此充满热情；但是过了一段时间之后，我们却对它倍感厌烦。我们开始渴望稳定；我们拒绝物质主义而重回精神层面；如此等等。因此，社会态度在喜欢和不喜欢增长之间切换，而社会制度也以同样的方式变化着。"他接着陈述有关经济增长的情况：[2]

> 经济增长的力量在于，它使人更有能力控制他的环境，从而提升他的自由度。
>
> 我们首先可以在人与自然的关系中看到这一点。在原始层面，人为了生存而斗争……经济增长使他能摆脱了这种奴役状态。
>
> 经济增长也给了我们选择更多休闲的自由……
>
> 同样，经济增长还使得我们可以拥有更多的服务，就像拥有更多商品或休闲一样……上个世纪生活水平的提高，在没有以这样或那样的方式影响到最好艺术品品质的情况下，拓展了鉴赏和艺术创作的机会……今天，能够听到最好作曲家作品的人的人，相对的要远远多于当是时听到莫扎特和巴赫作品的人，或者看到伦勃朗（Rembrandt）和葛雷柯（EI Greco）作品的人。
>
> 女性从这些变化中的获益程度甚至要高于男性……对女性而言，围绕经济增长合意性而展开的争论，就是围绕女性是否有机会不再成为构成负担的动物，而加入人类行列的争论。
>
> 经济增长还使得人类得以沉湎更加慷慨的人道主义……
>
> 对于那些当前政治方面的渴望已超过资源的社会，经济增长可能显得尤

---

[1] 同上，第159页。对于这个学说在政治学上更加一般的应用缘于柏拉图的《理想国》——参见我的《政治和增长的阶段》（剑桥：剑桥大学出版社1971），第8—16页和248—250页。

[2] 《经济增长》，第421—423页。

其重要，因为经济增长可以防止这些社会步入实际上无法承受的紧张状态。

在回顾了各种各样反对经济增长的论据之后，他提出了一个典型的平衡各方的观点：[1]

399

> 从该分析中可得到三个结论。第一，一些所谓的经济增长代价根本不是经济增长的必然结果——例如城镇的丑陋，或者工人阶级的贫穷。第二，一些所谓的罪恶实际上就本质而言并不是罪恶——例如个人主义和理性的膨胀以及城镇的扩张。在一切人类生活中，这些东西可能会被看得过重，但是与它们的对立面相比较，它们本质上还算是合意的。然而，从这点出发，便有了第三点：相对于社会健康而言，经济增长的速度可能是过高了。

1984 年，刘易斯对资产负债表的看法，与比如缪尔达尔或普雷维什的观点很不一样，他仍然保持温和乐观的态度。[2]

> 作为一个集团，欠发达国家的政府事实上已通过了合理的测试。现在入学儿童是 1950 年的 4 倍。婴儿死亡率已下降了四分之三。医院病床数、乡村水管、全季候乡村公路和其他公众服务数量的增长，其速度比之现在发达国家历史上的任何时期都要快。有人对过去三十年的结果感到失望，这些人一般来自那些对社会工资的重要性不太理解的人们，那些对 1950 年公众所处环境一无所知的人们，或者那些忘记了欠发达国家生存环境恶劣程度的人们——我们仍然需要技术上的突破来帮助欠发达国家的人们克服半干旱的生存环境。

冈纳·缪尔达尔

我们可以沿着三条线索来解读缪尔达尔在发展方面的工作。首先，从哲学的视角。他的第一本博士后著作（1930）是《经济理论发展中的政治因素》（*The*

---

[1] 同上，429—430 页。
[2] 《先驱》，第 132 页。

Political Element in the Development of Economic Theory）。[1] 在这本书中，他讨论了一个贯穿他一生研究的基本主题：即"经济理论的发展从一开始……就已被时间偏见所扭曲。"[2] 但他很快就超越了这一命题：[3]

> 通过进一步的研究，我发现……价值预设对于确立事实是必要的，而不仅仅是为了得出政策性结论……从一开始，经济理论学说发展的分析思路就没有变过，同样它被时间偏见所扭曲的方式也是如此。我只能补充这样一个新见解，即经济理论从来就不是中性的，从实证主义的角度来说，不是"客观的"。

这种判断的好处在于，它使得缪尔达尔对他自身的价值预设非常敏感，而且可以系统清晰地与他的读者一起分享这些价值预设。

第二，缪尔达尔是在知天命之年才进入发展经济学，并且把自己处理1930年代的瑞典（通常也是西欧）问题以及美国的种族问题时发展起来的价值、技术判断和分析方法带入该领域。[4]

第三，缪尔达尔具有所有先驱共有的一个特征，且有所强化：那就是持不同意见者的姿态。虽然对缪尔达尔而言，这到底是一种天生的气质，还是那个超级持异议者纳特·维克塞尔烙印在追随者身上的特征，抑或是创造力必要的伴随物，或是上述三者兼而有之，还有待评估。但是，即使是在他一生最为自律的时候，也即在作为一名拥有一些权力的联合国官员而与主权国家的外交部长们一起成功地处理精细而复杂的事务时，缪尔达尔也从未完全失去那种突出的嘻皮顽童气质——比如，他有一次就为了给当地的中产阶级一个惊喜而突然从德勒卡莱到了

---

[1] 1930年这项研究首先在瑞典发表，1958年以英语发表（伦敦：路特里奇与基根·保罗出版）。

[2] 冈纳·缪尔达尔，《反潮流：对经济学的批判》（*Against the Stream: Critical Essays on Economics*）（纽约：潘瑟恩出版（Pantheon Books），1972）第vi页，缪尔达尔从阐释自己早期的研究展开论述。

[3] 同上。

[4] 缪尔达尔指出，他对发展问题的直接关注缘于他（1947—1957）作为联合国欧洲经济委员会执行秘书时的工作。联合国远东和拉美地区经济委员会随后成立。缪尔达尔和这些机构建立了亲密的联系，并广泛走访了亚洲和中东地区。他最早对发展的反思发表于1956年，当时他58岁：《一个国际经济：问题和展望》（*An International Economy: Problems and Prospects*），该文源于1954年5月哥伦比亚大学两百周年纪念上的讲演；还有就是《经济理论与欠发达地区》（*Economic Theory and Undeveloped Regions*），该文源于1956年在埃及中央银行所做的讲演，次年单独出版。前者从"一体化"的角度把世界经济视为一个整体；但是大约有三分之二的篇幅是在讲发展问题。后者则全是在探讨发展问题。

400 　斯德哥尔摩。《反潮流》（*Against the Stream*）作为他论文集的题目非常适合。当然，相对于其他人而言，缪尔达尔对经济计划，对罗森斯坦－罗丹的"大推进"，以及对发展进程中政府的巨大作用的拥护，则体现了其他人所不同意的正统或传统智慧。

缪尔达尔的实证发展理论源自他有关瑞典福利国家基本原理的一个核心命题；也即，一个国家内部，实现收入平等化与实现经济高速增长二者完全可以兼容：[1]

> 在 1920 年代和 1930 年代……我的观点是，有利于低收入阶层的平等化也是对劳动力质量和生产率的一种生产性投资……在不发达国家，收入平等化在这个方向上的作用似乎更为明显，因为那里众多的人正忍受着营养、住房及其他各个方面的严重匮乏。
>
> 然而在不发达国家，要实现这样的收入再分配，却不能借助于向富人征税，并通过社会保障计划向穷人转移支付，以及其他提高他们生活水平之类的措施。穷人占了绝大多数，而富人群体相对而言是如此稀少——逃税在他们当中也很普遍。相反，为了提高大多数穷人悲惨的生活水平，需要的措施是激进的制度改革。这有利于同时实现更大的平等和经济增长两个目标。这两个目标是难解难分的。

> 这正是他《亚洲的戏剧》第三卷的主题。[2]

从方法上讲，正如缪尔达尔所说的，《亚洲的戏剧》是"《美国的困境》的某种翻版"。[3] 和后者一样，《亚洲的戏剧》主要是针对印度的研究，书中把发展的任务看成是以一种良性的、自我加强的进程替代不好的进程。这种转变要求社会上诸多部门同时采取积极的行动，特别是人口政策、地权和租佃、公共健康、教育和政治方面；在所有这些情况中，激进的制度变革都是必要的。在《美国的困境》中，美国式信念是积极启动"循环累积因果关系"的引擎，尤其美国社会为机会平等而奋斗的终极承诺。而发展中地区在"浓缩于发展合意性中的现代化理

---

[1] 《先驱》，第 154 页。

[2] 《亚洲的戏剧：对各国贫困的调查》（*Asia Drama: An Inquiry into the Poverty of Nations*），纽约：潘瑟恩出版，1968）。

[3] 《先驱》，第 153 页。

念"方面达成的共识，则推动《亚洲的戏剧》走向了一个乐观的断言——收入平等和高增长可以收敛。[1]

显然，《亚洲的戏剧》所使用的方法同缪尔达尔早期对战前瑞典人口问题的处理方法（前文第199—200页）相类似。在1938年的哥德金讲座中，他还考虑了一个通常主要是由经济学家依托经济学术语加以研究的主题，也即最优人口的概念；而后，他将论证转向人口规模和质量的社会和制度决定因素；最后，他以一个福利国家强有力的强化案例作为总结，并在其中考虑了收入分配方面的激进变革。

缪尔达尔关于收入分配的研究后来又继续出现在他的《世界贫困的挑战》（*The Challenge of World Poverty*）（1970）中。[2] 作为在约翰·霍普金斯大学高级国际研究院的演讲稿，《挑战》一书实际上是《亚洲的戏剧》的概要，用它的副标题来说就是给出了"一份世界反贫困大纲"（A World Anti-poverty Program in Outline）。它积极地将捍卫福利国家的论点推向国际社会，认为应该扩大对外援助，应该采取一系列措施清除面向发展中国家的公共和私人借贷中专横的权力内容。例如，他倡导更多地利用多边援助，倡导具有终止期的私人管理合约，倡导美国官方和世界银行合作，把在拉丁美洲的美国私人投资国有化。援助应当给予优惠利率以避免受援者债台高筑。先进工业社会增加援助的政治基础应当是道义上的，而不该是为了长期或短期的私利。[3] 瑞典援助计划的扩大（基本上）可看成这种方式的原型，而美国的援助计划及其与发展中国家的关系则证明，所有这些都需要"清理"。[4] "……将来，我们应当力图达成这样的共识，即援助欠发达国家是发达国家的共同责任，这种责任要以一种共同认可的公平方式一起分担，等价于一种国际税收体系。"

缪尔达尔1969年在约翰·霍普金斯大学高级国际研究院发表演讲时，发展政策的国际环境正处于反省的第五阶段。反对美国政策的辩论在很多方面以各种方式展开，包括它对东南亚的政策。

401

---

[1] 《亚洲的戏剧》第1563页。

[2] 《世界贫困的挑战，世界反贫困计划纲要》（*The Challenge of World Poverty, A World Anti-Poverty Program in Outline*）纽约：潘瑟恩出版，1970）。

[3] 《挑战》，第365页。

[4] 同上。

接着，缪尔达尔的注意力转向了其他问题。应世界银行为《先驱》贡献一章的要求，他又撰写了1980年代早期的发展政策。这篇文章结尾部分的措辞尽管并不激烈，与《挑战》相比却反映了更广阔的反省。其直接背景是1979—1982年世界范围的萧条，当时在先进工业国家需求减少、第二次油价暴涨、国际利率激增导致债务增加以及私人贷款削减等因素的共同影响下，很多发展中国家的发展进程停止甚或倒退了。[1]缪尔达尔对此做出响应，他强烈要求援助要用于基本需求（如提高粮食产量，改善水供给、卫生设施、学校，限制家庭规模），而且援助应是双边的，应当放弃对大规模工业项目的援助，并且其中还出现了值得注意的转变："对外援助国政府应当坚持有效地控制援助款在欠发达国家的使用。"

这些建议不仅仅是对那段时期发展中国家人类（或基本需求）危机的反应，也是对很多发展中国家政府表现出的特征感到极度失望之后的一种反应：[2]

在欠发达国家中，政府处处均处于上层精英的控制中，甚至在不是军队独裁的国家也是如此。在那里，所有的商业活动都不得不同当权的政府进行协商，并由其决定，甚至援助方面的事务也是如此。如前所述，结果就变成对发达国家的穷人征税来"援助"欠发达国家里的富人。

他冷淡地评论了两份布兰特委员会（Brandt Commission Reports）的报告（1980年和1983年），而且对国际经济新秩序提出了尖锐的看法：[3]

最近，欠发达国家提出了抗议，并要求建立"国际经济新秩序"。一个接一个的国际议会召开来讨论这一呼吁。

虽然发达国家在与欠发达国家的经济关系上没有准备作任何实质性的让步，但他们总是表现出绅士风度，从不询问欠发达国家国内是否需要一种新秩序……

我相信，欠发达国家转而要求一种新经济秩序是一种拒绝改变他们统治方式的托词。在这些会议中他们可能赢得的任何让步，与他们通过我在本文

402

---

[1] 《先驱》，第162页。

[2] 同上。

[3] 同上，第164—165页。

中强调的内部改革而在经济和社会两方面能够获得的相比，都是微不足道的。

我猜想，缪尔达尔对发展中国家政治和政治家的谴责不仅反映了他自己的观察思考，也部分反映了出色的瑞典援助团队在执行其任务时所经历的挫折——这个国家做出了相当勇敢的决定，单方面扩大自己对发展中国家的官方援助。[1]像其他很多人一样，尤其是面对着最为贫穷的发展中国家时，他们发现自己常常会问这样的问题：为什么我们满怀好意地把瑞典资源用于这类计划，且尽管有我们的援助，这类计划却注定因为不明智的地方政策或腐败而失败呢？

但是在劳尔·普雷维什的五阶段探寻进程中，我们将换一种略微不同的形式，看到其中存在的一个更大的问题。对发展中国家的政治进程可以现实地期待什么吗？在《先驱》的论文中，缪尔达尔在某处提到，他对解放后在贾瓦哈拉尔·尼赫鲁领导下的印度的访问激起了他的希望：这是一位希望"沿着民主与平等这一正确方向"前进的领导人；在那里，公共服务中几乎没有腐败，至少在高层是这样，并且它总体上与英国和国际社会有着良好的关系。很快就出现了计划委员会和第一个五年计划，还有土地工程和教育改革。对战后初期一个心地善良的北欧社会民主党人来说，这是一个令人倍感温暖的景象。

但是，当缪尔达尔于1957年开始写作《亚洲的戏剧》，并因此重新考察印度时，他却发现了许多需要谴责之处：一位身体不佳且缺乏勇气的领导人，在机会平等或更平等的收入分配方面几乎没有进展，政治权力掌握在富人手中，土地分配几乎没有进展，腐败向政府高层漫延，社会秩序普遍缺失。所有这些均在支撑着《亚洲的戏剧》里那个重大的结论：改革印度的"软弱政府"是经济进步的必要条件。

回想一下，在1950年代末期，包括1958年的"大跃进"，曾俘获很多西方知识分子的想像——这些知识分子并未认真地了解1949年以来中国大陆事态的演变。缪尔达尔也不例外：[2]

> 毛泽东首先是一位积极道德哲学的奠基人，他的哲学涉及所有的社会关系。在这种已经在中国存在几十年的非常独特的环境下……在这种已经在中

---

[1]　瑞典的官方发展援助数额从国民生产总值的0.19%提高到1982年顶点时的1.02%。1985年的数额是0.85%，只低于荷兰。《世界发展报告，1986》（纽约：牛津大学出版社，世界银行专辑，1986），表20，第218页。

[2]　《反潮流》第312页。

国存在多个世纪且同样非常独特的民族传统中，他成功地使这个巨大无比的民族成为"新的人民"，使他们的生活和工作方式脱离了旧中国，当然，也脱离了其他民族。

……（在毛的道德理论中）还包括了一条适合中国国情的经济发展计划的总路线，这条路线在经历了大量的试错之后，取得了巨大的成功。它们在智识上无疑要比其他相当贫穷的欠发达国家的计划指导更为优越。

我猜想，正是这两个方面的对照影响了他对印度的判断：一方面是他在印度的所见所闻，另一方面是他对毛泽东领导下的国家看起来更强硬这种多少有点浪漫的观点。

但与这里讨论的所有先驱一样，缪尔达尔面临着一个基本的问题，即不存在一个可接受的政治发展理论来辅佑、界定、充盈或支配经济发展理论；而说到底，想把政治从经济发展中剥离出去却又绝不可能。

因此，缪尔达尔不可避免地需要在一定程度上重新阐释《我的美丽女士》（*My Fair Lady*）中那个著名的问题："为什么这些人不能像瑞典人那样行为？"更严肃地讲，缪尔达尔的感受是正确的，西方的意识形态和现代化的价值体系已经传遍许多发展中国家，但它并没有就此简单地获得压倒性的支配地位。恐外的民族主义，相对自卑的痛苦记忆，地区的、种族的和宗教的敌意，个人的权力斗争，对金钱的贪欲，以及那些根深蒂固的社会和政治模式（这些模式不一定收敛，且常常和现代化要求相冲突），所有这些均在与西方的意识形态和现代化的价值体系相互激荡。[1] 这正是这笔遗产的复杂性，这其中最为重要的是民族主义的压倒性力量，它与缪尔达尔的最初假说并不相符——把先进工业社会里国内福利国家的价值和政治带入国际社会（即国际化），这不仅在道义上是正确的，而且是现实的。自"二战"以来，发展中地区不仅没有直接发展出多少现代化的价值体系，而且令人想起了诸多比如15世纪至18世纪现代欧洲早期所经历的那些痛苦和暴力事件——相比于前者，后者的程度可谓多得多了。

但是，当把所有这些都纳入考虑的时候，缪尔达尔最后确实有资格以略显些马歇尔式的气质骄傲地宣称，他在这半个世纪风风雨雨中坚持的哲学理想主义具

---

[1] 对于现代化复杂政治的进一步讨论，参见前文第418—427页。

有积极和实用的作用。[1]

> 理想也是我们社会的一种活跃的力量，因而是我们正在研究的社会现实的一部分……理想通过人们的价值观和政治态度发生作用。我们是否希望逐步实现理想，以什么样的速度，达到什么样的程度，很大程度上取决于理想在人类价值体系中以多大的力度得以确立……
>
> 人民的努力实际上是最重要的社会事实，而且他们很大程度上决定了历史的进程。

缪尔达尔的工作在许多领域可能或已经遭到批评，例如，他面对1950年以来发展中地区大量的社会和经济进步时固执的悲观主义，他对计划的潜力的高估，对竞争价格机制积极的社会和经济作用的低估，以及没有观察到出口导向型发展的可能性。

但是，缪尔达尔对发展经济学的贡献，并不在于他怎样在这些和类似问题的辩论中达成平衡，而在于他坚持主张，现代化的进程应被看作是整个社会和全体人民的表现，而不仅仅是它的经济和经济人的表现。

劳尔·普雷维什

在所有先驱中，普雷维什完全按照编辑的要求来安排自己的文章，为读者简化了自己的分析任务；也即，1950年代分析和政策观的渊源及其后续直至1980年代的发展演进。他写的那一章的题目是："我所思考的发展五阶段"（Five Stages in My Thinking on Development）。

普雷维什划分的五个阶段和本章开头描述的六个阶段大致吻合。实际上，他把我的最后两个阶段（20世纪70和80年代）融合在一起，而形成对"外围资本主义"略微严厉的批评。

按普雷维什自己说法，他在三十岁不到的时候，以一个新古典理论家的身份投身于政治。1930—1932年间，他在阿根廷政府中担任财政部副部长，而后在中央银行任职，他对正统理论的信心因为阿根廷出口额和价格的急剧下降而受到

---

[1] 《国际经济》，第 iv 页。

动摇。在外汇极度短缺的情况下，他开始推崇"坚定的工业化政策"并"转向保护主义"。[1] 在他看来，这些实用主义的结论是他所描述的第一阶段（1943—1949）的基本背景——这段时间，在相对平静之中，他为自己的进口替代工业化理论找到了逻辑一致的理论基础。不过他在这个熟悉的理论中假定，发展中国家进出口需求相对弹性不对称，同时他坚信基本商品相对价格存在长期恶性下降的趋势，这些都根植于他试图回答两个更深层问题的努力：[2] "国家为何有必要在发展中扮演积极的角色？中心地区制定的政策为何不能在外围地区实施？"——这两个问题是他于1930年代亲身经历阿根廷严重的危机之后归纳而得的。

第二个阶段的转折点，据我的估计是1949—1950年，与普雷维什的界定也一样。这时，他的理论阐述已变得连贯一致。在1949年，他被委任为联合国拉丁美洲经济委员会的执行秘书，工作地点在智利的圣地亚哥。最初的两年（1949—1951）对他的理论来讲并不是很顺利。拉美的贸易条件（1963=100）在1938年是70，在1948年是100，在1951年，朝鲜战争高潮时达到124。（若把石油排除，则数据分别是67，98和134。）这些数据随后降至稍高于1948年的水平，这确实非常痛苦，并唤起了拉美和其他地方的基本商品出口商对1930年代回忆。普雷维什是这样归纳他的初始观点的：[3]

> 我对拉美国家形势的诊断是基于我对外向型发展模式的批判，我认为这种模式无法使这些国家获得充分的发展。我提出的发展政策旨在确立一种新的发展模式，它有可能克服前一种模式的局限性。这种新的发展模式以工业化为主要目标。事实上，我的政策提议旨在为已经实施（特别是被拉美的一些大国）的工业化政策提供理论基础，以鼓励其他国家效仿，并为所有这些国家实施这个政策提供一个秩序井然的战略安排。

但是随着1950年代的到来，逐渐清晰的是，进口替代部门最初的拓展速度在急剧下降。[4] 在许多拉美国家，国内市场的比例相对来讲很小，而且政策也发

---

[1] 《先驱》，第175页和第178页。
[2] 同上，第176页，普雷维什对其学说的总结既清楚又权威（同上，第176—180页）。
[3] 同上，第177页。
[4] 对这个现象原因的思考，参见我的《世界经济》，第381—283页。

生了扭曲。尽管在1950年代拉美发展中存在这些问题和其他问题，拉美的技术吸收能力还是在不断增强。特别是三个主要的国家均已开始进入技术驱向成熟阶段，其表现就是产业更加多元化。而且在最后的几年中，艾森豪威尔政府顶着大量来自内部的原初反对意见，将政策立场从单纯针对军事同盟的经济支持转向发展援助；不久以后，肯尼迪政府对发展中地区表现出更加积极的姿态。

普雷维什接着引出了他的第三阶段，阐述了1950年代末和1960年代初不断涌现的各种塑形第三阶段的问题和可能性杂糅的状况：[1]

　　……随着国际贸易与支付体系的重新组织进而效率的提高，世界经济的重建已经完成。新的贸易可能性对于外围地区来讲是可以预见的，由此我开始宣扬一种政策，刺激制成品向中心地区的出口，并强化外围地区内部的贸易联系。我的理由是：由于工业化一直建立在保护之下的进口替代基础上，而没有相应地提高制成品的出口，因此工业化的进程一直是非对称的。为了应对和中心地区成本上的差异，保护应该和选择性的出口补助相配合。而且，产业政策要相机抉择，这主要是为了抵销出口周期性下降的影响。有必要通过降低税收，回归理性，矫正曾经的夸大和滥用。过重的税收不仅扭曲了工业生产，而且对初级产品的出口有负面影响。

此类反思，再加上对发展中地区收入偏态分布不断增强的敏感性，一直体现在普雷维什这一段时间在国际舞台上的工作事务中——他当时担任的是联合国贸发会秘书长。在第四阶段（1964—1969），普雷维什致力于扩大发展中地区向发达地区的出口流量，以及发达地区向发展中地区的资本和技术流量。为实现这个目标，他试图引入两个主要工具，一是针对发展中国家普遍的贸易优惠，二是可以减少价格波动，并改进出口国一般贸易条件的商品价格协议。普雷维什在回顾自己这一阶段的工作时，深感沮丧和失望。[2]"……我没有成功：明显的证据是，北方不愿行动，南方也不愿非常认真地进行必要的结构转型，以铺平发展和社会公平的道路。"

---

[1]　《先驱》，第181页。

[2]　同上，第183页。

他最后一个阶段，即第五阶段，涵盖 1973 年后的十年，包括两次油价暴涨和 1979—1982 期间发生的严重萧条。他将这一阶段看作是 20 世纪资本主义的第二次大危机。他在这时基于反思而形成的政治经济学说，几乎就是新马克思主义、列宁主义和熊彼特主义思潮的糅合。但是，正如他 1950 年代提出的进口替代工业化模式是对阿根廷（巴西和墨西哥）面对 1930 年代早期外汇灾难而出现的实用主义反应的绝佳归纳一般，普雷维什 1970 年代中期和 1980 年代早期的黯然预测反映了"智利和阿根廷最近十年的挫折……"。[1]

他通过扩展他原先关于中心和外围的基本概念，从两方面着手展开论证：一方面，他考虑了中心地区产生的技术未能迅速扩展到外围地区的原因，认为这是因为后者的作用"主要限于供给初级产品"；[2] 另一方面，他将外围地区精英的特征刻画为中心地区的模仿者，认为他们在模仿中心地区的"技术和生活方式"、"理念和意识形态"。[3]

406 在此背景下，他将论证转移到"经济盈余……"的处理上。他认为，这种盈余并没有用到它本该用的地方，也即为生产性投资融资，而是浪费到了三个方面：

● 模仿社会精英的高标准生活；

● 由于在生产率很低或者几乎为零的活动中对失业人员的"虚假吸纳"，国家的需求不断增长；

● 来自越来越熟练和自信的劳力对收入重新分配的压力，他们要求更高的工资和更多的社会服务。

结局就是一次通胀危机，因为货币当局面临着两难选择，要么强制硬着陆，要么纵容通货膨胀。他们通常会选择后者。这就导致智利、阿根廷和其他拉美国家上一代所经历的那类政治危机——"民主进程自我毁灭"，军队或急切地或不情愿地介入政治：[4]

阻止这种螺旋式升级的另外一种方式是通过政府干预控制工资和薪金，并

---

[1] 这里的参考来自阿尔伯特·菲什洛对普雷维什论文的评论，同上，第 196 页。通过担任《联合国拉美经济委员会评论》（*CEPAL Review*）的编辑，普雷维什为他生命最后阶段的分析提供了一个基础。他这一阶段发表的主要作品已列在《先驱》第 183 页注 6 中。

[2] 同上，184 页。

665 [3] 同上。

[4] 同上，第 188—189 页。

让价格达到"合适的"水平。换句话说，这涉及恢复盈余，损害劳动者……

　　然后国家就要动用武力来压制工会组织和普通大众的政治力量。看看这种自相矛盾的说法吧：通过引出国家不应该干涉经济的原理来表明政府使用武力的正当性！如果我们以它们最初的哲学统一性来解释这些概念，那就是在说，经济自由主义强力标榜自己存在巨大的社会和政治代价，那就是毁坏政治自由主义。

普雷维什接着指出，统治集团为了自身的过度消费只对维持盈余的控制感兴趣，普雷维什为此提出了他的补救方案：[1]

　　如果我们要将发展和社会公平与政治进步结合在一起，那么在我看来，制度的转变似乎就是不可避免的。然而，最广泛传播的理论选项对指导这种转变好像没有多大的用处……因此我认为，寻求将社会主义和真正的经济自由主义融合在一起，进而重建经济自由主义和政治自由主义这二者必要的哲学统一，这种时机已经来临……

　　社会主义对于保证盈余的"社会使用"是必要的……经济自由主义也是必要的，个人的生产和消费决定应该留给市场来完成。

在国际范围内，他尤其主张中心地区进行改革，这样会扩大外围地区的出口收益，更一般地，他主张采取政策，以挖掘长期来看符合共同利益的各种潜在可能性：[2]

　　我们需要一项激起双方长远目光的政策。但是现在，就涉及一系列已经取得一致同意的开明政策行动而言，长期已经开始。中心地区和外围地区正失去一个绝佳的机会。面对会给全世界带来深远经济、社会和政治影响的巨大历史责任，这个世界仍然一无所成！

407

---

[1] 同上，第191页。

[2] 同上。

在总结普雷维什对发展分析和政策的贡献时，我们不难识别出其中的局限性、不当引导甚至是错误，正如《先驱》中两位著名的评论家（阿尔伯特·菲什洛（Albert Fishlow）和贾格迪什·巴格瓦蒂（Jagdish N. Bhagwati））所说的那样。比如说，普雷维什认为进口替代战略差不多是 1930 年代唯一可行的选择，但正如一些东亚国家的经历所证明的，在 1950 年代、1960 年代，甚至在有些病态的 1970 和 1980 年代，基本商品以外其他产品的出口扩张潜力比普雷维什分析所表明的要大得多。再比如，作为联合国贸发会公认的领导者，他认为有必要清楚地阐释那些源于他对拉美问题的理解的学说和政策。他试图把这些学说和政策应用到更多的发展中国家中。问题是，非洲、中东和亚洲的典型问题和拉美的并不一样。[1] 而且更重要的是，这些区域内部，包括拉美内部，不同国家的问题也极不相同。在组成各异的联合国贸发会成员中寻求共同的立场时，普雷维什为形势所迫，采取对抗和强化争论的立场，把发展中地区不论是过去还是现在的问题都归咎于先进工业国的政策。联合国的国际经济新秩序战略继承和强化了这个措辞严厉的对抗策略。其代价是严重的。先进工业国家其实很有能力抵御这种压力。而在发展中国家内部，那些在大型国际会议上口诛笔伐、起草空头决议的国家，和那些认认真真致力于国内和国际发展任务的国家间出现了隔阂。先进工业国家的议会和美国国会中支持对外援助的联盟，凭良心说，是非常脆弱的。它们并未因联合国贸发会议和国际经济新秩序战略而得以加强。

不过就普雷维什对发展理论和政策的贡献而言，还有一种截然不同的观点。关于这种观点，可见巴格瓦蒂顺带提及的如下评论：[2]

在我这一代，对于发展中国家的经济学家来说，劳尔·普雷维什在这个显然很重要的领域的卓越表现，已成为我们灵感的主要源泉。对于一个学者而言，看到自己的工作可能是创新的、智巧的、重要的，从内心上讲，一直是，在当时尤其是一件相当重要的事情。因为，在过去困扰我们社会的殖民地态度中，按照普雷维什那绝妙的术语来说，有一种信念认为，根本性的思

[1] 对于普雷维什此处和别处观点的尖锐的批评，比如参见弗兰德斯（M. J. Flanders），"普雷维什论保护主义：一个评论（Prebisch on Protectionism: An Evaluation），"《经济学杂志》，第 74 卷，第 294 期（1964 年 6 月），第 305—326 页。

[2] 《先驱》，第 197 页。

想要求一个人来自中心，而非外围。若干位关键人物，其中包括普雷维什和刘易斯，帮助我们断然打破了那个神话。

普雷维什是一个高深莫测的人。那些从专业视角研究他的人（比如我自己），以及那些致力于研究发展问题的朋友和同仁都知道，他完全理解，对于每一个民族社会来说，发展主要是一个国内任务，其中主要的障碍在于发展中国家本身的历史、文化和制度，而那些所谓的核心国家只能起到辅助作用。[1] 他也深谙历史，能够很好地理解，"外围"国家实际上并不是注定永远处于二流地位。然而，这样的认知并不能缓解短期内依赖的痛苦。因此，对于日复一日地面对着发达国家常常麻木不仁的政策的后来者而言，普雷维什所采取的汉密尔顿式立场，可以给予他们从心理上和政治上表达沮丧和怨恨的一种有效方式。

408

保罗·罗森斯坦－罗丹

如果哪一份发展先驱的名单没有包括保罗·罗丹，那它就不算是一份严肃认真的名单。保罗·罗丹是两次大战之间由中东欧迁往英国的一群杰出年轻经济学家中的一员，这些人不仅极大地丰富了当地的大学生活，尤其在伦敦，而且丰富了整个世界的政治经济学。罗丹 1930—1947 年任教于伦敦大学的大学学院。虽然从二十八岁起就成为一位伦敦市民，但他和熊彼特一样，确实从未完全丢失他们在维也纳的学生时代所培养起来的风格。

罗丹那篇著名的关于东欧的文章发表于 1943 年，当时他四十一岁。但是从那时起，直到四十年后去世，他把自己的职业生涯完全奉献给了与发展经济学相关的理论、实践与教学。

在回顾以往时，由于受到后来的辩论、事件和认知发展的影响，我们常常倾向于带着如此形成的后见偏见来看待经济学家的早期作品，包括我们自己的作品。因此，首先简要总结一下罗丹 1943 年文章实际上在讨论的内容可能会有所

---

[1] 我和普雷维什最密切的职业关联发生在他任职联合国贸发会总干事的时候，我那时担任国务院政策计划委员会主席。在一次私下交谈中，我忆起一项质疑，即一般化的偏好是否是足够强大，以致可以克服拉美进口替代工业化过度保护期所形成的坏习惯。他同意说，为了极大地扩大有竞争力、多样化的制成品出口，国内态度和政策方面需要有显著变化，同时他怀疑一般化的偏好可否被经合组织国家接受；但是，他认为通过联合国贸发会对它们施加压力会有助于扩大外国援助。我回应说，我认为他的策略，用英语中的老话讲，是"一厢情愿"，但也祝他成功。

助益。这篇文章定量地勾勒了一个战后的十年发展计划，为 1960 年代罗丹在麻省理工学院完成的大量杰出工作埋下了伏笔。就文章中勾勒的那个计划而言，其目标旨在通过结合提高国内储蓄、吸引外资、德国的战争赔偿以及移民等要素，将东欧和东南欧的经济增长率从事实上的停滞状态提高到 4% 以上，从而使得劳动力从最初的大量失业和部分失业转向充分就业（在工业方面的就业达到 40%—50%）。这篇文章预示了 1960 年代罗丹在麻省理工学院完成的大量杰出工作。以下是罗丹计划的要点，我们在注解中详细说明了其中非常有意思的计算过程。[1]

在国际萧条地区推进工业化的目的在于，通过为农业剩余人口创造生产性就业机会而实现世界经济的结构平衡。可以设想，债权国不会愿意提供期限超过十年的长期贷款。在那样一段时间内能取得多少成果，所需大量资金的大致顺序又是什么？

……即便我们考虑不断上升的国民收入，以 8% 起步并在 10 年后达到 15% 的储蓄率似乎已代表着我们所能计划的最大值。假使国民收入每年增长

---

[1] "工业化的问题（Problems of Industrialization）"，重印在阿加瓦拉和辛格（编），《欠发达经济学》，第 254—255 页，对东欧投资信托的解释大概接近于当时世界银行想要介入的那类事务（同上，第 254 页）。

　　这个项目的机构实施必须留待其他场合。它的主要纲领是：至少所需资本的 50% 必须由内部提供。"贷款"和"借款"国家各自获得了该地区所创设的所有产业信托 50% 的份额。作为商业伙伴，他们将和董事局中的政府代表一起计划和推进业务。贷款人所获得的信托份额，如果过去至少能维持平均 4.5% 的股息给付率，二十年以后可以高出同等价格 10% 的比例赎回。政府基于其国家中投入的份额保证平均 3% 的股息给付率。在东欧和东南欧，要求由国外信用的私人投资获准许可。本质上，有贡献者就可以要求获得份额：例如，建立分厂。东欧内部权威机构还要保障内部税收政策的非歧视性。

　　工业领域需要为（a）2000 万农业剩余人口加上（b）700—800 万新增人口，也即总数为 2800 万人口的 40%—50% 提供就业机会（假定 50%—60% 将被农业吸收），也即总数为 1200 万的工人，其中包括 900 万劳动男子，300 万劳动妇女。闲置生产力可雇佣 200 万工人。因此，需要为 1000 万工人找到资本。由于可得的资本是稀缺的，劳动密集型工业，也即轻工业会盛行。根据这些可获得的统计数据，建议对工业做如下分类：（1）轻工业——人均资本装备 100—400 英镑；（2）中间工业——人均资本装备 400—800 英镑；（3）重工业——人均资本装备 800—1500 英镑。因为有些重工业不可缺，让我们假定人均需要 300—350 英镑的资本，包括住房、通讯和公用事业。这就要 30 亿英镑，由于还要外加 18 亿英镑以用于十年中新旧资本的维修，因此共总需要 48 亿英镑。东欧至少必须提供 50%，即 24 亿英镑。另外农业改良需要资本 12 亿英镑，假设这些资本大部分只能通过内部提供ᵃ，这样，比如说在 1945 到 1956 年间，东欧和东南欧内部必须提供 36 亿英镑资本。ᵇ 因为它每年的总收入为 20 亿英镑，这就意味着 18% 的投资率（和俄罗斯相当）。

注 a：少部分可以通过国际借款获得，不过这时的借款方式将是债券。
注 b：战后头两年的转型期没有计算在内，所以这实际上是一个十二年计划，而非一个十年计划。

4%，平均投资率为 12%，国内资本供给也仅能到达 30 亿。……充其量，最多只有 70%—80% 的失业者能够再就业。这意味着，移民仍旧可以作为工业化的补充措施。然而，除此之外，德国以资本设备形式的战争赔偿可能也可以提供一部分东欧投资信托基金的资本。……德国可以将它的消费提高到战时标准之上，并在本质上将它过去用于军备的 25%—50% 作为战争赔偿转移出去。

关于这个预演算，以下几点值得注意：

● 在围绕着劳动力从农村失业和部分就业转向充分就业展开计算时（凯恩斯概念在发展问题上的某种转用），罗丹也运用了哈罗德的资本—产出比率。[1]

● 罗丹将每个雇佣工人的资本需求按照部门进行分解，隐含地预示了他后来对部门资本—产出比率的关注。

● 他将凯恩斯随人均收入增长而增长的边际储蓄率概念运用到发展经济学中。

● 他的估计——十年间国内（毛）储蓄率最多可能从 8% 增长到 15%，以及因此提出需要来自于国外的重要补充资源才能实现他的充分就业目标，这意味着他预见到阿瑟·刘易斯对转型期间投资率上升的判断。

这是一个即便不是原创却也极具想像力的计划纲要。在这个计划的背后，存在四个观念上的"创新"，反映了私人市场运作中的缺陷。回顾以往，罗丹对这四个方面的定义如下：（1）对农村隐性失业（或过剩人口）的关注；（2）对马歇尔"金融"外部经济的引申，引出了规模经济；（3）对大规模基础设施投资作用不可或缺的强调，认为这是有利可图的工业化的必要基础；还有（4）对"技术外部经济"的高度重视，尤其是对教育和培训方面公共投资的高度重视。

总而言之，现实中种种形式的市场失灵构成了罗丹计划某种"大推进"的基础，罗丹认为这是将一个相对停滞的欠发达国家推向持续增长的必要举措：[2]

市场机制并不会在一个国家或数个国家间实现"最优"，因为它依赖于这样一些非现实的假设，比如线性齐次生产函数、没有递增报酬、没有规模

---

[1] 在《先驱》文章的一个脚注（第 207 页）中，罗丹引用了"发展理论的重要前辈，包括哈罗德－多马、琼·罗宾逊、凯恩斯、科林·克拉克。"

[2] 《先驱》第 209 页。

经济和聚集经济，以及没有最小量或门槛要求。这掩盖了发展过程的本质及其所涉及的风险。不管是在神学还是在技术中，都没有任何教条规定，上帝创造的世界要向下凸。

（一如肯尼斯·阿罗）罗丹认识到了下述问题的理论合理性：商品和服务的完全期货市场是否有可能减轻或消除这些市场失灵。[1] 他的回答是：[2]

> 用当代理论的术语来说，1943 年文章的本质似乎就在于一个基本问题：在未来无限期又不确定的情况下，是否所有商品都存在一个完全的期货市场。虽然我承认期货市场和期货价格可以提供必要的附加信号，但是我认为，"所有商品的期货市场是否会存在是一个未决的要点。（我）怀疑（不过没有证据），因为同样的理由——它们不可能存在，完美的预见是不可能的。事实上，它们肯定不存在。"

罗丹在研究和写作中发展和完善了这些主张，但他最重要的身份是成为诸多发展政策和计划的咨询顾问。1947—1953 年间，他出任世界银行经济学部副主任和经济顾问组主管。他的主要工作是展开了一次不屈不挠维护理想的行动，最终这次行动非常成功地将世界银行的借贷模式从计划制转为项目制。1953—1968 年在麻省理工学院期间，他在意大利、印度和智利开展工作。他还是马克斯·米利坎（Max F. Millikan）领导的国际研究中心在将美国政策转向持续大规模支持发展行动中的核心成员。[3] 时任参议员的约翰·肯尼迪（和另一参议员约翰·谢尔曼·库珀合作），为支持印度和巴基斯坦的发展计划而努力推动国际财团的安排，他是

410

---

[1] 参见肯尼斯·约瑟夫·阿罗，"有限知识与经济分析（Limited Knowledge and Economic Analysis）"，《美国经济评论》，第 64 卷，第 1 期（1974 年 3 月），第 1—10 页。肯尼斯·阿罗得出结论认为，投资市场的不完善本质上是不可补救的。有关斯里尼瓦桑对彼得·鲍尔的回应及相关讨论，参见《先驱》，第 54—55 页。也可参见希卡莫伊·查克拉瓦蒂（Sikhamoy Chakravarty），"保罗·罗森斯坦-罗丹：一个评价（Paul Rosenstein-Rodan: an Appreciation），"《世界发展》（*World Development*），第 11 卷，第 1 期（1983 年 1 月）。

[2] 《先驱》，第 210 页。在这里，罗丹引用了麻省理工学院国际研究中心的一篇论文，这篇论文是为外援项目研究特别委员会准备，《美国经济援助项目的目标》（*The Objectives of U. S. Economic Assistance Programs*）（华盛顿特区：政府文印办公室，1957），第 70 页。

[3] 比如，参见我在《先驱》第 240—245 页，以及在《艾森豪威尔、肯尼迪和对外援助》第 41—50 页中的参考文献。

其中做出重大贡献的主要支持者之一。同样，在1950年代进步联盟的奠基工作中，他也发挥了重要的作用。

　　除了他的分析技巧和积累起来的经验，罗丹还赋予了这些以及其他事业两个与众不同的特征，一个是狭义的，一个是广义的。首先是他将一项政策提议及其分析基础转化成粗略但有用的定量术语方面的技巧，恰如他在1943年关于东欧的那篇文章中所做的那样。比如，他牵头完成了对发展援助必要水平的粗略计算，为《一项建议》（1957年）设计了定量附录；随后他还在1961年《经济统计评论》上的一篇重要文章中精炼了这些估计。[1] 第二，他在推进1950年代北方和南方发展经济学家达成某项共识的过程中贡献卓著——这项共识关注的是国际努力扩张背后的分析性原理，以及这些努力应该如何组织。罗丹给人的深刻印象源自他身上各种品格和特质的融合：他很明显对发展问题的全身心投入，他作为公认的先驱的地位，他热情开朗的个性，甚至还有当美国力量的影响力多少成为一种负担时他的英国公民身份。回顾过去，那项共识的存在是那个阶段一项引人注目的成就；而1980年代南北关系的一个主要问题就在于对该往哪里走缺乏共识。

　　罗丹在他的《先驱》一文中回到了一个失败的愿景上来，这个愿景是他最珍视的愿景之一，旨在推动设立一个由发展经济学家组成的某种国际高等法庭，以裁决债权国和债务国之间有关合适的援助数量和援助条件的分歧。进步联盟的"九人委员会"是朝着这个方向前进的第一步，不过却惨遭破坏。罗丹认为，其中的罪魁祸首是"'对知识分子的背叛'——也即，美国和拉美官僚对进步联盟的蓄意破坏"。[2] 罗丹对这个概念的最终思考值得我们摘录：[3]

---

[1] 马克斯·米利坎、沃尔特·惠特曼·罗斯托以及罗森斯坦－罗丹和其他人，《一项提议：有效对外政策的关键》（A Proposal: Key to an Effective Foreign Policy）（纽约：哈珀出版，1957），第153—170页，"附录：发展所需资本的估计（Appendix: The Estimation of Capital Requirements for Development）"。罗丹的文章是"欠发达国家的国际援助（International Aid for Underdeveloped Countries）"，《经济统计评论》，第43卷，第2期（1961年5月），第107—138页。

[2] 《先驱》，第212页。鉴于我曾满怀同情地密切观察九人委员会的这次试验，我感到有必要说明一下，在我看来，它的失败有着更复杂一些的原因，而不仅仅是由于拉丁美洲和美国那些官僚们做出的本能对抗。事实证明，九人委员本身是一个相当好争论且以自我为中心的团体。如果罗丹在华盛顿出现时的其他合理诉求不是那么急迫，那么他们就可能在他的领导下统一起来。九人委员会与进步联盟美洲委员会相互重叠，并最终为其所取代——后者包括七位拉美成员（也包括政府官员），外加一个拉美主席（卡洛斯·桑兹·德桑塔玛利亚（Carlos Sanz de Santamaria））和一名来自美国的成员（不是代表）。在解体前有一段时间，九人委员会成为进步联盟每周委员会的顾问。美国国会规定进步联盟的贷款必须在进步联盟美洲委员会建议的基础上进行。不幸的是，在我看来，进步联盟美洲委员会的机制在1960年代后期不断减弱了。

[3] 同上，第218—219页。

债权国对于债务国应该做什么的讨论毫无疑问会招致反对，后者会认为自己的主权受到侵犯。在这种情况下，讨论要么不完整，要么表述欠明晰，要么注定导致双方相互指责。

走出这个怪圈的唯一途径是建立一个既不由债权国或债务国政府任命，也不对任何一方负责的委员会，对国家发展工作展开独立的评估，并由此对应该配给的援助额度提出建议……它应该发展成一个事实上的"国际经济公正法庭"……

现在的国际银行有能力，有资金，但没有民主——而联合国有民主，却没有资金*……进步联盟的九人委员会是运用这种国际仲裁的一次尝试。由于受到双方的抵制，尝试失败了，但是所有伟大的想法一开始的时候都会失败。所有的进步一开始的时候都被宣布为不可能，但最后却都实现了。

回顾过去，展望未来，罗丹和他许多同时代的先驱一样，最后的反思也是回到作用比一开始设想时更大的"非经济"因素和目标上来：[1]

经过约四十年对发展挑战的共同关注后，我们可能会问经济学能解释多少。经济理论虽然不能确定经济增长的充分条件，但却可以确定经济增长的必要条件。而所谓的非经济因素能解释必要性和充分性之间的缺口。数据……不仅必须涵盖可获得的物质和人力资源、技术潜能和心理偏好，而且必须涵盖人们改变这些因素的态度和能力。最后一类因素（社会态度）的很大一部分与其说是给定数量的，还不如说是未知的，因此数据并不可得。目标基本上是潜意识的——既非非常确定，也非非常不可捉摸。

正如缪尔达尔和其他人一样，罗丹也表达了他的失望之情，并认为在1980年代早期，"……发展正经历着一个低谷"。[2]但到最后（像阿瑟·刘易斯那样），他拒绝放弃人类共同体最终能取得胜利的信仰，这种信仰洋溢在他

---

* 偶尔，罗丹对珠玑妙语的偏爱在这里对上了现实。联合国大会的一国一票几乎不能被认定为是一个"民主"的程序。

[1] 同上，第219—220页。

[2] 同上，第220页。

所信奉的发展之中。[1]

援助的初始理念仍然是正确的，现在的愤世嫉俗是没有道理的……寿命的延长，婴儿死亡率的下降，还有增长率，这些都是每一个发展中国家已取得的成就——在二战结束时，没有人能预计到可以取得这么多成就。现在世界上还有十亿人仍处于饥饿状态，但若没有已经取得的这些成就，就会有二十亿人挨饿。

然而，1970年代失去的是国际团结。国际社会充分就业的目标在越战之后由于愤世嫉俗已荡然无存。从民族福利国家向国际社会的转变必须仍然要推进……普遍的愤世嫉俗至少和天真的理想主义一样不合实际。我们知道应该做什么——我们必须集中意志去做。

罗丹有关发展计划清晰而有原则的说明，植根于竞争性市场过程中存在的四方面失灵；围绕着计划在从相对停滞向持续增长转型中的恰当作用（如果有作用的话）及其局限性，罗丹的阐释还成为因此而展开的冗长争论的中心。虽然辩论并不总是符合罗丹论点的条理性和准确性，或是直接与其照面；但是在构建其观点时，罗丹依据一个"从未回馈任何个人或少数人"的"大社会"的要求，将他对计划的推崇，以及事实上他有关经济增长早期关键阶段发展经济学的观点，牢牢地与古典传统联系到了一起。

汉斯·辛格

与同时代的许多先驱一样，汉斯·辛格所完成的第一项专业研究是关于两次大战之间欧洲的一些棘手问题——他研究的是英国所经历的长期严重高失业问题。和他同时代的许多先驱一样，他不仅把从长期萧条领域研究中得到的教训，而且把福利国家因两次大战之间的病态经历而极大强化了的意识形态引入到发展政策中。在他为《先驱》撰写的文章中，辛格将他的知识传统追溯到凯恩斯、贝弗里奇（Beveridge）和熊彼特（都生于1880年代早期），也即所谓的第一代现代经济学家，以及所谓的第二代经济学家，如科林·克拉克、罗森斯坦·罗丹、巴劳格（Balogh）和缪尔达尔（出生于世纪之交）。出生于1910年的辛格，更多的

[1]　同上，第220—221页。

是和鲍尔、赫希曼和刘易斯（都生于 1915 年）那样，可能被看成是第三代经济学家的一分子。

辛格对发展经济学最著名的贡献，当然体现在他在转折时期（1949—1950）发表的两篇论文上，论文的内容是他对发展中国家贸易条件的分析。[1] 辛格详细地叙述了引导他关注先进工业国和发展中国家贸易相对价格和相对收益长期过程的各种影响因素。[2] 不过在这背后，他更感兴趣的是"分配正义"：[3]

> 虽然主流经济学关注的是配置效率问题（其中比较优势占绝对主导地位），但是追随着阿尔弗雷德·马歇尔、理查·亨利·托尼、和威廉·贝弗里奇等人的路径，我从一开始就按照自己的理解，把兴趣更多地投入到分配正义上，或者更确切地说，投入到分配效率上。这反映了我以往对失业和福利国家的关注，同时也预示了我未来对儿童基本需求和问题的研究兴趣。

因此，辛格也是某个学派的持异议者，正如鲍尔和李特尔也是其对应学派的持异议者一样。

回顾了自己发表于 1950 年代的观点之后，辛格同时在技术层面和国际层面上捍卫着福利经济学的基础。他显著参考了斯普劳斯（J. Spraos）1980 年的一篇文章；他研究中的测量排除了石油价格，并假设 1980 年代中期基本商品的相对价格将持续下滑。[4]

在我看来，贝拉·贝拉萨（Bela Balassa）在评论《先驱》时，令人信服地驳斥了辛格的技术论点；同时，刘易斯在他的文章中也简洁有力地回应了普雷维

---

[1] 辛格的两篇基础论文是"欠发达国家进出口的相对价格（Relative Prices of Exports and Imports of Underdeveloped Countries）"，（纽约：联合国经济事务部，第 1949 期，II，B. 3），以及"投资国与借贷国间收益的分配（Distribution of the Gains Between Investing and Borrowing Countries），"《美国经济评论，论文与快报》（1950 年 5 月）。

[2] 《先驱》，第 279—280 页，辛格从不同的角度引用了凯恩斯、米德（Meade）、希尔吉特、卡尔·梅杰·瑞特（Carl Major Wright），以及冈纳·缪尔达尔的作品。他后来（第 285 页）提到，他曾把熊彼特关于新技术创新会带来准垄断利润的概念引入到国际经济关系中。

[3] 同上，第 280 页，文本和注释 13。

[4] 《先驱》，尤其是第 282—283 页和第 288—293 页。斯普劳斯的文章"有关初级产品与制成品间净易货贸易条件的统计学争论（The Statistical Debate on the Net Barter Terms of Trade between Primary Commodities and Manufactures），"《经济学杂志》，第 90 卷（1980 年 3 月）。

什-辛格的贸易条件说——我觉得这个回应是终局性的。[1]此外，在评论通过进口替代实现工业化的战略时，辛格未能考虑到，因为制成品价格过高，因为政治上代表更为复杂多变的城市人口对农民的剥削，以及因为对农业生产率的忽视，结果导致了国内贸易条件的恶化——这些因素只是在造成极大破坏之后才开始引起普雷维什的注意。为了扭转这些扭曲问题，就需要国内贸易条件有所转变，使其有利于农业，并鼓励效率更高的制成品出口。然而事实证明，这在许多国家是一个政治难题，甚至是极易引爆的难题。[2]辛格同样也未能考虑到我和刘易斯所提出的观点——农业发展和工业发展应该紧密相互依赖。

辛格捍卫的第二条战线，直接说来就是，虽然联合国大张旗鼓地呼吁采用各种方式来改善发展中国家贸易条件，而这种呼吁并未能带来什么实质性的效果，但是它们已经为努力建立一个将扩大对发展中地区软贷款的机构铺好了道路。

这场辩论是这么展开的：首先，辛格列出了可能减轻或逆转不断恶化的贸易条件的五条行动路线，这[3]包括（1）通过"向多边机构施压同时传播高生产率的技术"以"改变潜在的讨价还价关系"；（2）扩大"不发达国家内部的贸易和投资"；（3）通过专制式的进口替代，帮助发展中国家跳出与先进工业国家的贸易；（4）扩大制成品出口；以及（5）增加初级商品的出口量并以此改善收入贸易条件（出口收入除以进口价格）。他在所有方面都表现出贸易悲观主义。这就留给 413
他这样一个问题："援助而非贸易？"[4]

辛格接着指出，联合国经济发展特别基金秘书处，这个设立来发放软贷款的部门中的那些"狂野汉子"，他们所进行的大肆宣传已经在接受世界银行国际开发协会的过程中发挥了重要的铺垫作用。这个判断有其合乎实际之处，虽然1950年代晚期，国际开发协会及其他机构和政策方面扩大发展援助的过程远比辛格所说的更加复杂。[5]

从某种意义上说，这里述及的所有先驱，无一例外地都感到他们是在为这个世界上的弱者而战，也即为那些发展较晚的国家的男女老少而战。这些国家直到

---

[1] 同上，第123—124页（刘易斯）和第304—311页（巴拉萨）。

[2] 我应当提一下，辛格（同上）确实承认，"鉴于事后诸葛亮的好处……我同意进口替代工业化的局限并未得到充分的认识"。

[3] 同上，第293—295页。 667

[4] 同上，第296页。

[5] 例如，参见我的《艾森豪威尔、肯尼迪和对外援助》，第8—10章。

1930 年代才进入经济起飞，或实际上直到 1950 年代还在为进入起飞或处在起飞的早期阶段而挣扎——它们苦苦挣扎于严重的政治、社会和经济问题。然而与此同时，令大多数经济学者吃惊的是，西欧和日本在美国那一点点激励性投资的帮助下，就已经迈进它们历史上增长最快的阶段；而就美国来说，随着其经济从战争中恢复活力，它也已经走向世界经济格局中全新的富裕水平，其具体表现就是美元已成为国际性货币，而美国的资本市场也已成为毋庸置疑的全球金融中心。可以说，辛格在从英国贫困地区转到世界贫困地区的过程中所表现出的偏见，其实并不难以理解。同时，联合国的氛围，加上它在非安全事项上的决策规则，也即它的一国一票制，这二者一起强化了这种偏见。

在这样的背景下，对于辛格来说，从"全球福利国家"的角度来思考自己的使命便很自然了：[1]"作为我对失业问题关注的一部分，我感到自己卷入到了战后随即出现的社会福利国家的发展之中……显然，在那些满怀希望充满天真的乌托邦主义最初的日子里，由联合国代表的全球福利国家的想法和可能性，吸引着社会福利国家的参与者。"不同程度上，或明或暗，大多数（不是全部）先驱都是这么想的。从这个角度看，这种想法存在一定的合理性，因为西方社会的宗教和文化源于人与人之间终将亲如手足的理念。其实，联合国宪章的用语也反映了现实中的这种理念。若是有人完全否认先进工业国议会支持发展的动机中存在这种成分，那便是一种天真的愤世嫉俗，更不用说怀疑那些将自身生命及其职业生涯的一部分贡献给发展事业的那些人的动机了。至少从大卫·休谟起就，这样的命题就一直存在：穷人收入多出一美元所增加的价值要比从富人收入中拿走一美元减少的价值来得多。

但是，如果这些等式中的因素要保持合理的平衡，就必须遵守两个重要的限制条件。首先，不管好坏，联合国是一个由主权国家组成的机构，而不是一个全球政府。所有成员国都在小心翼翼地守卫着自己的终极主权，也许那些发展中国家的政府更是如此，因为它们之中有许多刚刚摆脱了殖民统治。正如保罗·罗丹所指出的那样，这意味着只有伙伴关系才能行之有效；而伙伴关系要求意见一致。[2] 结果表明，在这种情况下，把所有权利分配给发展中国家，把所有义务分

414

---

[1] 《先驱》，第 276 页。

[2] 《先驱》，第 220—221 页。

配给先进工业国家，这样的权力和义务宪章不会有什么帮助。

第二点，也是在我看来更加重要的一点是，福利国家的类比在技术上具有误导性。它鼓励了这样一种观点，即成功的发展依赖于富国向穷国充分的转移支付流。因此，各种各样关于对外援助水平的国际报告都建议，援助标的额应设定为先进工业国国民生产总值的一定比例。但是，国际发展政策的直接目标并不是收入再分配，而是要促使那些发展较迟的国家通过经济增长与发展走向现代化。之所以会发生一些类似收入再分配的现象，是因为在进入起飞阶段或起飞之后，对于一个有着大量未加利用的技术存量需要去吸收和掌握的发展中国家来说，通常其增长率要比一个先进工业国家来得高。国外援助如果使用得当一定能促进发展，但是援助（除了在饥荒或是其他短期危机时展开的人道主义援助外）的适当标准是一个经济体在高效利用状态下吸收外部资源的能力。这意味着需要高效地使用国内资源，因为国外援助总归是作为适度增加的额外资源而存在。再次引用罗丹的话：[1]……援助的基本目的是催化发展中国家国内的额外潜力……援助应该持续到某一点，在这一点，它们在自力更生的基础上能够实现令人满意的增长率。"

从具有共同利益的伙伴关系角度可以证明，这种看法是合理的。其结果，将不再是富国向穷国转移支付国民生产总值的固定比例，而是随着一个接一个的国家进入自力更生式的增长，并依靠自身资源外加来自国外的常规私人借款来满足自己的资本需求，转移支付流开始不断减少。

简·丁伯根

迈克尔·布鲁诺（Michael Bruno）在评论丁伯根发表于《先驱》上的文章时，高度集中于其最与众不同的贡献；也即，由他在战后荷兰政府中开创的计量经济计划技术向发展计划的转变——他在1958年所著的《发展的设计》（*The Design of Development*）中对这一转变作了明确阐释。[2] 虽然1951年就已访问过印度，但

---

[1] 同上，第218和217页。

[2] 简·丁伯根《发展的设计》（巴尔的摩：约翰霍普金斯大学出版社，世界银行国际发展研究所专辑，1958）。对丁伯根职业生涯更加一般化的评价，尤其可参见本特·汉森（Bert Hansen），"简·丁伯根，其对经济学贡献的评价（An Appraisal of his Contributions to Economics），"《瑞典经济学杂志》（*Swedish Journal of Economics*）（1969），第325—336页。

是直到 1955 年，当丁伯根已经 52 岁的时候，他才完全不受政府职责约束，可以集中精力研究发展问题。在丁伯根发表于《先驱》的文章中，可以感受到他从知天命之年的努力中获得的道德及心智上的满足。他提到，他在 1920 年从物理学转向经济学是为了与贫困这一恶魔做斗争。他在 1951 年的印度之行中看到，这里的贫困比他曾在欧洲任何地方看到的都要严重和普遍得多。只要想像一下他在1950 年代中期能够全身心地从日益富裕的欧洲转而研究发展的挑战，并成为快速扩大的发展经济学家队伍中的一员，得以与那些他亲切地称之为老师的人并肩作战，便能够理解他从中得到的满足。顺便提一下，这些被他称为老师的人包括他的三位先驱同仁：保罗·普雷维什、保罗·罗森斯坦·罗丹和汉斯·辛格。

如前所述（第 300—301 页），丁伯根本人以及迈克尔·布鲁诺，均强调了在应用于政策问题时正规计量经济方法的约束局限；下面这段来自《发展设计》中的话，每个计划者都应该时刻铭记：[1]

> 首先必须阐明的是，计划并不是常识的替代选择；它无法也不应该代替常识。它确实可以补充常识，尤其是当考虑到相关现象的数量关系时。在发展计划中，所有可获得的信息和方法都应该投入使用。这样看起来更加可取，因为传统类型的信息，即通常的统计数据，往往是不充分的，也是不一致的。

丁伯根反思着他作为一个发展经济学家的经历，这种反思很好地体现在他大约八十岁时发表于《先驱》的那篇文章的标题中："作为学习过程的发展合作"（Development Cooperation as a Learning Process），这令他看起来与众不同。为了捕捉他的文章中所体现的真实性和罕有的思想开放性，回顾一下他早年的工作当有所助益。丁伯根第一篇尝试分析经济增长的文章完成于 1942 年德国占领下的荷兰。[2] 回忆一下，丁伯根在 1939 年之前有关经济周期的著述中，已经很明确地把经济周期和经济趋势区别开来，认为后者本质上属于外生现象。在 1942 年发表

---

[1] 《发展的设计》第 9—10 页。布鲁诺对丁伯根作为发展经济学家的评价请参见《先驱》，第 332—334 页。

[2] 首次发表题目为"长期经济发展理论（Zur theorie der Langfrisrigen Wirtschaftentwicklung），"《世界经济评论》，第 55 卷（1942），第 511—549 页。后被翻译，并以"论趋势波动的理论（On the Theory of Trend Movements）"重印于克拉森（L. H. Klassen），科伊克（L. M. Koyck），以及魏特琳（H. J. Wittereen）（编），《简·丁伯根：论文精选》（*Jan Tinbergen: Selected Papers*）（阿莫斯特丹：北荷兰出版社，1959），第 325—336 页。

的关于趋势的论文中，他实际上进行了反向操作，从经济周期中将经济趋势提炼出来。他认为，只要系统中波动的"周期成分"以某种方式得到抑制，以致可衡量的趋势构成"短期成分的'重心'"，或是系统"整体波动的'一般趋势'"，那么这种做法就是合理的。[1]

基于这种形式化的分离，他阐述了他的目的：[2]

> 趋势波动理论的目的是研究跨越数十年，或甚至数个世纪的经济波动。这样的一个理论绝不能忽视人口、资本等因素的发展，事实上它必须把这些因素作为它分析的关键主题。它的核心问题可能可以简要地表达为：在人口增长、技术进步和资本形成的影响下，生产、就业、生活标准和其他因素是如何改变的？

丁伯根认为，库兹涅茨（《长期波动》）、卡尔·施耐德（Carl Snyder）（有关经济周期方面）、恩斯特·瓦格曼（Ernst Wagemann）（有关长期波动方面）和沃尔瑟·霍夫曼（有关发展阶段方面）的研究成果均无法对该问题提供一个圆满的回答，由此他通过将卡塞尔的"均衡增长经济"与保罗·道格拉斯（Paul Douglas）的生产函数结合在一起，展开了自己的论述。他提出了一个非常简单的古典增长方程。

$$u = \in^{t} a^{\lambda} K^{1-\lambda}$$

其中，u 是商品和服务的总产出；$\in^{t}$ 是一个随时间增长的决定生产率的因素，即"技术发展"；a^{λ} 是劳动力；$K^{1-\lambda}$ 是资本；且 $1-\lambda$ 在道格拉斯线性齐次生产函数假设下是一个常量。他考虑了把土地作为一个独立于资本的变量加以引入的可能性。道格拉斯把 λ 的值定为约 3/4；但是对于道格拉斯有关劳动力和资本完全可替代的假设，丁伯根提出了质疑。

基于此以及其他一些对增长方程的修正，丁伯根进而比较计算了德国、英国、法国和美国 1879 年到 1914 年间的工资弹性，总人口、劳动人口、实际工资、产出和资本（包括土地）的年增长率，劳动生产率、总"效率"以及资本强度的　416

---

[1]　克拉森等编，第 189 页。
[2]　同上，第 183 页。

增长率。也许这些计算中最有趣的是，他努力通过投入（资本和人口）的增长对比效率的增长来"解释"产出的增长。[1]

我在这里引出这个在比较总增长分析方面勇敢而具有高度试验性质的实践，不仅因为这是丁伯根从经济周期出发走向经济增长的起点，而且因为这更加形象真实地展现了他在《先驱》那篇文章的标题中提出的"学习过程"。他特别详细地说明了自己在发展研究上"从不太令人满意到更加令人满意的路径转变"：[2]

> ……从物质资本的创造和转移到人力资本的创造和转移，从外国来的、资本密集型技术到恰当的或适合的资本密集程度较低的技术——这在很多情况下意味着从大项目向较小项目的转移，以及从城市的就业创造到农村和小城镇的就业创造的转移。我也讨论过从外部的（政府之间的）政策到内部政策的转变，以及与此有点相关的，从家长式主义到自力更生的转变。

在这些转变之外，我还想加上一个丁伯根事实上确实讨论过的"转变"，尽管他没有在自己的总结中正式列出；也即，需要把一个广阔的用于计划的一般框架与那个"新工业：项目评估"联系在一起。[3]丁伯根在理论方面，以及某种程度上在实践方面，均描述了用于项目评估的传统知识框架；也即，测算所有未来收益的现值。这就要求对项目的建设成本和耗时，对年收益进行估计，同时（对于不均衡的市场而言）也常常要求对影子价格做出估计。他注意到，适当的时间贴现——当前的商品和服务相对于未来商品和服务的价值，是所有变量中最难以估计的变量，通常在最后需要借助于直觉判断或是政治妥协。

---

[1] 这是丁伯根后来对其研究尝试中假设的描述（《先驱》，第316页）：

> 假定生产以及实际收入取决于劳动和资本的供给。生产函数假定为不考虑技术发展的柯布—道格拉斯函数，劳动力和资本的指数分别为四分之三和四分之一。假定资本对价格（利息）的供给弹性是零，劳动供给为从 -1 到无穷的固定值。假定劳动供给予人口成比例增长，而人口自身呈指数增长。假定资本形成是实际收入的一个固定比例。其他与资本供给弹性和人口动态发展相关的假设已纳入考虑。在前面描述的核心情形中，两个主要结果是：（1）产出的时间趋势，和（2）所考虑时段中点针对劳动供给弹性四个不同值的资本、劳动和产出的增长率。
>
> 这一尝试是对经济周期理论的一个补充，其考虑是源于发达国家的形势和繁荣期没有出现大规模失业的情况。

[2] 同上，第330页。

[3] 同上，第320页。

但是这里缺少了一些重要的东西：对部门而不是项目进行评估的标准。理论上，若要确立所有未来收益的最高现值，就应当确定最佳的部门配置以及项目配置。所有部门的净边际收益率应该相等。但事实上，在发展中国家，一个自由市场并不占主导的地方，配置过程不仅是而且也应该确立在部门（或地区）层次上，而不是仅仅在项目层次上；例如，到底是发展道路、还是电力、还是农业、还是教育、还是港口呢。这些选择并不仅仅反映出互相抗衡的政治利益的相对力量，它们还意味着一个最优的部门发展模式。在一个特定的时间段里，不管一个部门是位于它的最优动态路径之下还是之上（并因此面对一个当前的或是可以预见的瓶颈，或是经历显著的生产过剩），这都会深刻地影响到项目评估的进程。[1]

丁伯根在回顾并评价自己提出的"学习过程"时，有一点凸显而出：他很从容地领会到，发展计划在现实中不得不经历约略但却有备的过程。他并没有产生在复杂难明的现实中应用他那精湛的计量技术的冲动：[2]

> 为每个概念选择具体的数字意味着大量的武断判断，而努力得到一个"最优"的政策需要进行一系列冒险的猜测。一个合理的开始当然是观察刚刚结束的过去，然后选择一个稍微高一点的数字。在实践中，最短的木板决定了木桶的容量。对于许多较不发达的国家而言，这个瓶颈就是吸收能力（也即足够具体的项目蓝图的数量）；而对于许多较发达的国家而言，这个瓶颈是它们提供资金的意愿。但是在执行一个给定项目时，将出现各种各样其他类型的瓶颈：材料供给，某种类型的熟练工人（从体力到脑力），以及各种各样的官僚主义缺点。

417

丁伯根在讨论发展中国家公有部门和私有部门的作用时，得出了一个与此类似的实用主义平衡。例如，他在1958年所著的《发展设计》中指出，私人活动与公共活动之间界限划分的依据是，当前者在公共的激励下仍不能担负起关键的

---

[1] 在《发展的设计》中对规划部门结构的讨论和这个观点相近，见第47—49页，以及第81—84页；但是至少，我不会把它看成充分条件。
[2] 《先驱》第320页。

发展功能时，才轮到后者出场。[1] 在这个范围内，他识别出以下根本任务：[2]

1. 创造和维持健康的货币环境；

2. 规范行为以避免大规模失业；

3. 纠正收入分配方面的极端不平等；以及

4. 补充某些基本领域的私人活动——这些领域的活动由于这种或那种原因未能满足合理性的要求。

在这些管理，监督和补充性任务之上，还有一些领域需要公共部门在一定程度上直接介入生产。的确，有些部门对于国家的存在而言是如此重要，以至于直接控制是需要的。这些部门，比如洪水防控系统和军事防卫工作，守卫着的是国家的安全

回到他在《先驱》上的那篇文章，他在其中进一步增加了两点经验观察：至少在荷兰，公共行业和私人行业的相对绩效主要是管理质量的函数，而不是所有制结构的函数；而在土耳其，大量的行业采用了公有制，因为私有部门根本无法筹集到必需的资本。[3]

本特·汉森（Bent Hansen）很好地捕捉到丁伯根所具有的良好的判断力以及对于重要性而不是精美的优先考虑：[4]

对他而言，需要解决的基本经济问题是如此之多，如此之大，以至于在宏大的视野下使用粗略的方式进行直接的讨论，看起来比使用高度精练的方式对单独抽取出来的小问题展开细致研究要来得有收获。在汽车行业发展的早期，法国机械工程师潘纳德（Panhard）曾经如此评论新发明的手动（非同步化的）变速箱："它很粗暴，但它很有效。"虽然人们肯定不会把丁伯根与粗暴相联系，但潘哈德的评论显然适用于丁伯根使用的经济学方法。

---

[1] 《发展的设计》，第 63—67 页。

[2] 同上，第 65 页，丁伯根提到（《先驱》，第 325 页，注 19），他所列举的荷兰政府对钢铁工业的融资使得世界银行主席（尤金·布莱克（Eugene Black））非常不安，以致他这本著作的发表推迟了数年。

[3] 《先驱》，第 325—326 页。丁伯根没能注意到，随着土耳其私营部门产生了大量有活力的企业家，一些起初由政府所有的企业被卖掉了，日本也紧随其后，在 1880 年代开始了这一进程。

[4] "简·丁伯根：一个评价"，第 331 页。

丁伯根兼具精湛的技术和良好的判断力，隐藏在他这种品质背后的是他的幽默、中庸以及他对人类环境复杂性的认知——所有这些品质都可见于他在"我的人生哲学"（My Life Philosophy）中表现出的那种罕有的坦白直率、中正平和。[1]

有关发展政策的两点结论：时间和政治

这里的回顾表明，二战后的发展经济学家，除了阿瑟·刘易斯之外，并未采用古典经济学家的基本方式来探究这一领域——这种方式曾一直延续到约翰·斯图亚特·穆勒（在我看来，甚至是马歇尔）。他们的关注点并不在于经济增长的过程，一个可以展开一般性、系统性分析的领域。他们并不接受 1870 年后主流经济学最关注的问题，也即早在 1780 年代以来就已经成功地完成起飞的那些先进工业市场经济体的运作机制。1945 年后的发展经济学家是在经济增长研究图谱的另一端展开研究。他们关注的是一个操作上的问题：那些无论什么原因在前两个世纪中落在后面的国家，要怎样才能赶上北美、欧洲和亚洲那些更发达的国家？更具体地，它们要如何才能实现从缓慢、不稳定、不平衡的进步到可持续增长的转变，同时相应的实现社会之进步，并在世界舞台上获得一个有尊严的地位？许多国家刚刚独立；实际上几乎所有国家都胸怀雄心壮志，因为第二次世界大战摧毁了或极度削弱了殖民体系，同时提供了一些迄今为止被认为不现实的选择。问题是：这些满怀抱负的国家应该做些什么？并且，这首先意味着：这些满怀抱负、姗姗来迟的国家的政府应该做些什么？那些感兴趣并愿意提供帮助的国家的政府又应该做什么？

这就将发展理论引向界定明确的公共政策问题，这种思路当然肯定属于古典经济学的传统。但在 1950 年代和 1960 年代，它的实践者并未寻求用人性的自然法来替代行动迟缓、争权夺利的国家官僚机构的任意妄为。由于先前两次大战之间的萧条和战争本身经历的影响，国家的关键作用变得凸显而出。在这种背景下，除了一些重要的例外，所有的经济学家均已将公共政策看作发展进程的根本工具。

当然，他们之间是不同的。一如休谟和亚当·密斯挑战重商主义政策以来经

418

---

[1] 简·丁伯根"我的人生哲学（My Life Philosophy）"，《美国经济学家》，第 28 卷，第 2 期（1934），第 5—8 页。

济学的所有其他分支，现代发展经济学也已成为一个争论不绝之地。在对相互争辩的各方展开的各种各样的界定中，保罗·斯特里藤的努力显然是最为精细的。[1]他从下面的矩阵开始展开论述：[2]

表 17.6 发展理论的类型

		单一经济学	
		支持	抵制
共同利益	支持	正统经济学	发展经济学
	抵制	马克思？	新马克思主义理论

出处：保罗·斯特里藤。

显然，他以两个维度划分了经济学家：一方面，根据他们是否相信在发达国家与发展中国家之间存在共同利益；另一方面，根据他们判定单一经济分析的集合是否足以解决发达国家与发展中国家的问题。

在详尽阐述这个双重维度时，他认为，早期的发展经济学家拒绝承认新古典经济学已完全够用，并识别出发展中地区特殊的结构问题，这其中一些问题后来也出现在了 1970 年代和 1980 年代的先进工业世界中。斯特里藤因此认为，发展经济学丰富了主流经济学，并将这两个领域带向统一（"多元归一"）。

接着，他略带匆忙地讨论了一系列主张在先进工业国家和发展中国家之间存在共同利益或者利益冲突的观点，并将经济学家的观点与那些"思想怪异者、持异议者、'诗人'、记者和小说家"的观点进行了对比（"职业知识分子与非职业知识分子部门的对比"）。[3]

在此背景下，他详细叙述了前文已经介绍过的那些在中心地带展开的战斗；也即，新古典经济学家与结构主义者之间的战役。伊恩·李特尔界定了这种分类，斯特里藤沿着这一界定说道：[4]"……直到最近，我才把这个故事看作结构主义者和新古典主义者之间的一次斗争，结构主义者认为这个世界是有界的、平

---

[1] 保罗·斯特里藤，"一个补充说明：发展的二分法（Postscript: Development Dichotomies）"《先驱》，第 337—361 页。
[2] 同上，第 338 页。
[3] 同上，第 342 页。
[4] 同上，第 345 页，这种划分经在李特尔的《经济发展》中得到了进一步的阐释。

坦的，是由有待训练的墨守成规者组成，而新古典主义者则认为这个世界是圆润的，且住满了富有进取心的人，这些人会以一种非常有效的方式重新组织自己！"

接着，斯特里藤介绍了他自己的两种区分：（1）一方是只看到单一增长障碍（比如，缺乏投机激励）或者单一目标（比如国民生产总值增长）的那些人，与之相对的另一方是那些视发展为多重原因的产物，并且按各个社会间很可能截然不同的多重价值界定目标的"多元论者"（"刺猬对狐狸"）；（2）"线性范式对比非线性范式"。在后面这一点上，前者指我的经济增长阶段论，因为我认为德国、俄国、英国和同时期的发展中各国遵循了相同的（线性）发展路径；后者指斯特里藤自己的依附理论——结果看来，这种比较相当奇怪。[1]

在接下来的部分（"大对小"）中，他比较了玛哈兰诺比斯和E.·F· 舒马赫（E. F. Schumacher）。虽然他对两者都很客气，不过他最终选择与前者站到一起，除却"一个重要的例外"，也即他认为前者"忽视了外贸的机会"。[2] 令人吃惊的是，他略去了马哈兰诺比斯的农业低优先论，这点也成为许多批评他的人攻击他的靶子。

斯特里藤最后的二分法区分了"乌托邦主义者与学究"。这些人是佚名的，且未作说明；但斯特里藤极力主张把他们的优点结合在一起。事实上在绝大多数情况下，他都相当英勇地竭力确定每种方法的优点，并时而清晰、时而含糊地建议进行良性的综合。

其他人，在接手斯特里藤这份令人气馁的工作时，无疑会给出不同的分类和偏见。我要特别推荐杰拉德·迈耶所著的《从贫困中崛起》（*Emerging From Poverty*）（1988），他在其中展现出更长远的眼光和更好的平衡。但是斯特里藤确实非常充分地说明了学者们进入发展经济学视角的多样性。因此，在对这个领域的综述进行总结时，我的目的不会是按传统做法以我自己的风格重做他的文章，而是要把中心问题放在围绕两个略微不同的视角而展开的争论中。这里第一个视角关注的是时间，第二个视角关注的是政治。

---

[1] 《先驱》一书的编辑杰拉德·迈耶邀请我对斯特里藤的依附学说做出回应，我照做了，同上，第250—253页。《增长的阶段》的一读本详细阐述了起飞前后的多种路径，而《世界经济》的第五部分（就我看来），应当可以消除那个不可理解的观点，即各个国家的发展经历相同。但是，如前所述，发展经济学家们很奇特地会被不同意见所吸引，倾向于进行争论以对抗稻草人。

[2] 同上，第257页。

我有幸在相隔二十二年的时间里分别拜访了两位泰国的经济计划学家。第一次是在 1961 年 10 月，我拜访了普阿·恩哈中（Puey Ungphakorn）博士，他那时不仅是沙立·他那叻（Sarit Thanarat）陆军元帅政府的首席经济计划专家，也是泰国国立法政大学的院长，中央银行的行长，并且在吉尔伯特（W. S. Gilbert）身兼多职的传统下，他还担任其他数个高职。普阿博士是我曾遇到的最能干的发展经济学家和政府官员之一。我们讨论了各种各样的话题，不过最终落在由当地传统而导致的私人创业这一问题上——依传统，受过良好教育的泰国人会进入专业技术职业或公共服务部门工作，而不会到商业和工业部门就职。因此，他们将这些领域留给海外华人——华人在泰国社会的政治和社会生活中均无法进入高层，于是他们作为典型的"异类分子"，就把他们超凡的精力和才华投入到创业生涯中，就像大约三世纪前威廉·配第爵士观察到的那样。普阿博士注意到，进口替代工业一开始出现时的最初目的是为了给泰国军队提供补给，然后才是为当地的一些市场提供供给。在那里，创业采取的形式有些尴尬，因为它常常采取政治上起保护作用的泰国军方官员与华人商人"联姻"的形式。

借助鼓励扩大教育、农业和增加私人资本输入等政策，并在大量官方发展援助的帮助下，泰国经济在接下来的四分之一个世纪里急速腾飞。实际国民生产总值翻了四番多；在工业投资推动法案的巨大鼓励下，制造业增加值从 1960 年的 14% 增加到 20% 以上，并极大地实现了多元化；新一代受过良好教育的泰国人开始投身经济领域。1980 年代早期，泰国实际上比世界上任何其他发展中国家都更好地经受住了世界经济减速的冲击，并很快加入到东亚四小虎的行列中。

当我在 1983 年 8 月拜访泰国经济学会会长和国家经济和社会发展委员会秘书长斯诺·尤那库（Snoh Unakul）博士时，他说道，在泰国的这个历史阶段，国家计划的任务主要是退居幕后，让私有部门发挥作用。

这点在我看来是如此重要，以致我想再举一个例子证明其合理性，那就是韩国。这是 1980 年代发展中国家中，第一个崛起并全面达到高科技水平的国家。表格 17.7 列举了令韩国走到现今地位的公共政策战略。[1]

---

[1] 权沅淇（Kwon Won-Ki），科技部副部长，"科学和技术对于国家现代化至关重要（Science and Technology Vital to Nation's Modernization）"，《韩国商业世界》（*Korea Business World*）第三卷，第 4 期（1987），第 10 页。关于战后韩国经济迅速发展中官僚制度所起到的关键催化作用，参见李翰彬（Lee Hahn-Been）简短却权威的论文，"韩国发展：教训、问题和前景（Korean Development: Lessons, Problems, and Prospects）"，（接下页注）

该国科技部副部长对该政策 2000 年目标的描述是：[1]

> 韩国政府已经拟定了直到 2000 年的长期技术发展计划。
>
> 该长期计划的主要目标是提高韩国的技术水平，使之在目标年达到发达国家的水平。我们确定了有效完成该目标的五个主要技术领域。

这五个领域包括微电子学、基因工程、一系列工业技术、环境保护和卫生保健。报告接着写道：

> 我们将仔细遴选关键的研发项目，遴选的依据是投资回报率或基于韩国国情的可行性。我们现有的资源将会集中投入到这些关键项目之中。
>
> 为了支持发展目标，研发投入将在世纪之交大幅提升。大师队伍建设计划也旨在目标年前募全 15 万名的研发人员，其中百分之十拥有国际水准的项目管理才能……
>
> 而后，所设定的目标将被转成国家经济和社会发展五年计划中的具体项目予以实际执行。

表格 17.7 及前文的扩展引文抓住了两个要点：一是在四分之一个世纪中，韩国经济非同寻常的转型，包括它从进口替代的增长模式转向出口导向的增长模式；二是这种转型由积极的政府政策领导和引导的程度。

421

表 17.7　战略大纲：韩国，20 世纪 60—80 年代

时期	工业化	科技
1960 年代	1. 发展进口替代工业	1. 建设科技基础设施
	2. 扩展出口导向型的轻工业	2. 开发熟练的技术人力资源
	3. 支持生产资料工业	3. 推广转移技术的采用

（待续）

（续上页注）该文录于他的《韩国普通人的时代》（*The Age of the Common Man in Korea*），第 8 章，（首尔：朴杨萨出版（Bak Young Sa），1987），第 258—267 页。

[1]　同上，第 11 页。

（续表）

时期	工业化	科技
1970 年代	1. 扩张重化工业	1. 加强大学的科技教育
	2. 重点从资本输入转到技术引进	2. 促进私有部门对引进技术的消化吸收
	3. 加强出口导向型工业的竞争力	3. 推进适应工业需要的研究
1980 年代	1. 将产业结构转化为一种比较优势	1. 培育并猎取顶级科学家和工程师
	2. 扩展技术密集型工业	2. 将关键战略性技术本土化
	3. 激励工业劳动生产率的提高	3. 促进工业技术的发展

资料来源:《韩国商业世界》(*Korean Business World*)，第 3 卷，第 4 期，1987 年 4 月，第 10 页。

我之所以引用这些发展的故事，是因为有关发展经济学的大部分争辩尤其关注静态特征，尽管争辩的客体——那些发展中地区本身处在日新月异的变化之中。举例来说，泰国在 1960 年代开始进入起飞阶段（现代经济增长，工业革命阶段）；在 1980 年代无疑已处于趋于技术成熟阶段（低中收入国家）。超过一代人的时间过去了，那些在 1980 年代担当大任者已非常习惯于快速增长，以及如饥似渴地吸收大批相关技术存量的环境。1960 年代，20 岁至 24 岁的人中只有 2% 接受高等教育；而在 1982 年，这一比例达到了 22%——这是一个经济和社会方面真正颠覆性的转变。

对于韩国来说，它在这段时间内的可比较数据甚至更为引人注目。1961 年，那个年轻的军官发动政变时，它甚至还是一个比泰国还穷的国家，但是在 1980 年代中期，它的实际收入比泰国还高（已达到世界银行所列的中高收入水平）。在 1960 年，它的适龄人口中接受高等教育的比例还只有 5%，到 1985 年这一比例已达到 36%——相比之下当时英国的这个数据还只有 22%。很显然，它正迈向我所说的大众高消费阶段，也即世界银行所谓的"工业市场经济"阶段。

尽管整个社会仍保留着旧有的文化，但 1980 年代的泰国和韩国与 1961 年时相比已是截然不同的国家——无论是经济上、社会上，还是政治上。其实，对于其他每一个发展中国家而言，都可以这么说，虽然和其他所有发展中国家一样，泰国和韩国的情况均有其重要的独特之处。在1950年代和1960年代，发展中国家的人均增长率平均是当今发达国家在同一时期增长率的两倍多，尽管其中普遍存在明显消极甚至病态的特征。[1]

如果暂时接受伊恩·李特尔的区分，而把发展经济学家分为结构主义者和新古典主义者的话，那么这种划分将高度敏感地反应于人们心目中对（各个）经济体所处时间和历史阶段的界定。一个处于我称之为起飞准备阶段的国家（比如1960年代的印度尼西亚），可能不仅如泰国般缺乏土生土长的企业家干部，而且识字率也较低；中等和高等教育系统极其不发达；传统农业实质上尚未接触到现代劳动密集型农业可以利用的生产方式；基础设施尚不能支撑一个高效的国内市场，或是在国际经济中获得一个重要位置；官僚机构即便不起阻碍作用，不腐化堕落，也是软弱无能的；此外，公共收入流也不足以支持政府行使其基本职能，即使这些职能仅限于如亚当·密斯所定义的最小政府职能。

净投资率也许只有5%甚至更少，且集中在国外投资者开发的那些旨在扩大原材料出口的飞地中。

我列举大家熟悉的这些不发达的特征表现，是为了说明我讲的"结构"问题到底意味着什么——"结构"，这是一个常常被含糊不清地使用着的术语。

当然了，在1960年代，还有一大批发展中国家远远地落在印度尼西亚的后面。但首先要明确一点（这一点不知何故并未出现在李特尔区分结构主义者与新古典主义者的范式中），对于一个国家而言，合情合理的政策处方会随着其发展阶段的不同而急剧改变：它是处于起飞前的准备阶段，还是处于起飞阶段（这时的经济总是受部门并且常常还受地区的限制），或者在趋向技术成熟阶段上已经走了多远，这是一个需要考虑时间的动态过程。比如，与趋向技术成熟阶段相比，在起飞前的准备阶段，国家的作用相对于私有部门必定更大。毕竟此时，投入到基础设施（房产除外）方面的投资比例在所有社会中通常都要高于30%。发展理论家在1950年代和1960年代走访了一些社会，观察其表现，并为其出谋划策；在当时，这些社会大都处于经济增长图谱中较低的阶段。换句话说，对于那些经济日益趋向技术成熟阶段的经济体而言，已经可以逐渐增加对较先进工业国所使用的那些技术的应用，并由此展开分析，给出解决方案——尽管我认为新古

422

[1]　参见我的《为何穷国变富》，特别是第268—271页，表6—7和6—8。

典经济学肯定还不足以胜任其中任何一项任务。

为了解决结构主义者与新古典主义者之间的争议，确定出口导向与进口替代政策的作用，钱纳里付出了极大的努力，这可见于他的《工业化和增长》。[1] 使用一种基于实验的可计算一般均衡模型，钱纳里及其同事一方面针对典型的韩国发展模式，另一方面针对墨西哥和土耳其的发展模式，比较了出口导向与进口替代战略。在其中，他们还探讨了一个或多或少表现适中平衡的策略，也即以色列的发展模式。[2] 他们从研究中得到的其中一个结果是，尽管出口导向型模式表现最佳，但是这一结果基本上并不确定，因为其中的模型不可避免地对现实情况作了高度抽象的简化。[3]

> ……我们集中研究市场激励而不考虑外生因素，因为这些外生变量与政策的联系尚未得到很好的理解……（而且）它们也只能……借助参数变化而得到研究。经验上，这些要素是非常重要的。通过激励和市场渠道起作用的内生效应只能解释绩效差异的一部分。
>
> 对于实现经济的快速增长和结构转变来说，为"作对价格"而设计的政策可能是必要的，但是就我们目前掌握的知识而言，我们还无法得出结论说这些就已足够……
>
> 也许可以说，在自由市场环境中，所有这些相关要素自然都是来自有着合理激励的政策体制。然而，这样一个结论肯定并非昭然若揭。通过考察历

423

---

[1] 霍利斯·钱纳里、谢尔曼·罗宾逊，以及莫西·赛尔昆，《工业化和增长》（纽约：牛津大学出版社，1986），特别是第十一章（"发展的替代路径"）（Alternative Routes to Development）和十二章（"增长与结构：一个综合（Growth and Structure: A Synthesis）"）。关于重要的支持性数据及分析参见第六章（"贸易战略和增长传奇（Trade Strategies and Growth Episodes）"），以及第七章（"相互依赖和产业结构（Interdependence and Industrial Structure）"）。

[2] 可计算一般均衡模型的创立者是约翰森（Johansen），对于该模型，钱纳里的说明如下（同上，第 314 页）：

> 在发展的文献中，可计算一般均衡模型可以追溯到曾在 1960 年代被广泛应用于发展中国家计划的多部门投入—产出模型。可计算一般均衡模型坚实地建立在瓦尔拉斯一般均衡理论的基础上，可以看作是计划模型类文献通过在基本投入—产出模型上加入越来越多的可替代性和非线性之后，在逻辑上演进到了极致。这些模型趋于高度非线性，有新古典的生产和消费函数，融合了生产、需求和贸易的各种替代可能性。应用于发达国家的可计算一般均衡模型总体上和瓦尔拉斯范式相近。但是在应用于发展中国家时，大多数研究者已把某种结构主义特征引入其中，试图捕捉这些国家的特征事实。

[3] 同上，第 339—340 页，以及第 358—359 页。

史可知，那些成功地追求出口导向型增长的国家普遍采用了积极的干预主义政策，尽管它们在很大程度上依赖于市场激励。我们的分析几乎没有给这场辩论增添什么知识，但它确实表明，在要求做出特定的政策选择时，适度的谨慎还是需要的。

平心而论，在解释韩国为什么在1960年代早期以来表现得比墨西哥和土耳其好时，人们并不需要借助于一个可计算的一般均衡模型——实际上，人们甚至可能会因此而感到困惑。可以确定的是，这些国家对待教育和计划生育态度的文化差异相当显著；它们的政治领导层和公民视国家安全和独立与发展步伐息息相关的相对意识也迥然有异；它们所获得的人均外来援助水平，还有其他与结果高度相关但并没有在可计算一般均衡模型中得到考虑的其他变量都存在明显不同。

然而，就当前目的而言，他们推测得出的下述动态结论最为紧要：[1]

……在进口替代主导的经济增长转向以生产出口品为经济增长主要发动机的过程中，可能存在一个必要的顺序。看起来，一个经济体必须发展出一定的工业基础以及一套技术技巧，然后才能开始发展制成品出口行业……在部门层面存在也一个先后顺序，先是与低全要素生产率增长率相关的进口替代，接着是同一部门中高出口导向型增长以及高全要素生产率增长。我们的数据无法确定这些观察到的顺序是否必要，但这些顺序是具有启发性的。

毫无疑问，1945年以后，进口替代在许多发展中国家中都走过了头。另一方面，穆勒在讨论临时关税时所做的仔细界定仍然是合理的，他的判断与休谟一般清晰："在某一生产行业，一个国家相对于另一个国家的优势常常只是因为该国起步较早。"

现在考虑第二个方面：政治在发展中的关键作用。事实上，从雅加达到中

---

[1] 同上，第358页，关于相似的结论，请参见马丁·弗朗斯曼（Martin Fransman），《技术和经济发展》（*Technology and Economic Development*）（布赖顿：惠特谢夫大书库出版（Wheatsheef Books），1986），特别是第八章，"幼稚产业、出口和技术进步（Infants, Exports and Technical Progress）"，第75—93页。

国，从印度次大陆到拉巴特[1]，横贯拉丁美洲，在东欧，在苏联，以及事实上在西欧，某种共识已经达成，那就是经济中公共干预的力量已经过度，应在更大程度上依赖私有企业和竞争市场的规律。我相信，导致新古典主义者攻击结构主义者的主要就是许多发展中国家对经济施加公共干预的范围和结果。并且，尽管总体增长率很高，但是发展中国家需要纠正的地方确实还很多。比如，考虑这么一个发展中国家现状的描述：[2]

> 埃及继承了 1950 年代的经济政策遗产，这些政策旨在关注公平、帮助穷人，体现为价格管制、消费品补贴、公共部门占支配地位和国家控制。后来，政府试图阻断各种国际经济震荡对普通民众的影响，并因此在很多年中都没有调整价格……消费者没有直面世界能源或是许多基本商品的价格。尤其是物价和政府工作人员的薪水，均被显著压低。随着市场价格和管控价格之间差距的不断增大，维持当前体系已经变得越来越困难，代价也越来越大。

这段话适用于大批亚洲和拉丁美洲以及中东地区的发展中经济体。我们还可以在这之外加上发展中地区普遍存在的其他一些尚未解决的问题，例如出生率降低的速度极慢，过度关税壁垒保护下国内竞争的不足，以及常常只顾自身利益不顾全体人民利益的"国家资产阶级"的出现。[3]

这个历史进程的结果之一就是公共部门的膨胀。这种膨胀源于 1950 年代发展中国家内所谓的技术经济和政治因素与某些根深蒂固的态度的融合。

在经济方面，发展中国家没有能力去赚取，也没有能力在可容忍的利率下借得足够的外汇，避免使用高度保护主义的进口替代政策。这些直接导致了国内市场竞争不足，抑制了公共部门和私有部门企业家的质量。外汇配给这种政策也需

---

[1] 我之所以列举雅加达和拉巴特，是因为在 1983 年 7 月到 1984 年 7 月的一年中，我妻子和我花了四个半月的时间完成了从太平洋到亚洲和中东的旅行。实际上，在我们所访问的十多个发展中国家（包括印度和中国）中，几乎每个国家的高官都在试图使民众关注减少政府作用、扩大私有经济范围的必要性。这些国家中第一个是印尼，最后一个是摩洛哥。

[2] 这段文字来自未归入国家机密的美国政府档案，由一位匿名的美国公共雇员撰写。我在 1983 年 9 月埃及国家银行所做的一次讲座中引用了它（《世界经济前景》（*Prospects for the World Economy*））。

[3] 该短语出现于威廉·格莱德（William P. Glade）的"经济政策制定和拉丁美洲的公司结构（Economic Policy-making and the Structures of Corporation in Latin America）"，（选印本系列，第 208 期，拉美研究协会（Institute of Latin American Studies），奥斯汀：德克萨斯大学出版社，1981）。

要庞大的权力机构来决定应该进口什么。在许多国家，这个过程被看作是计划的核心环节。在政治方面，因为担心城市规模上升而导致本就脆弱的城市动荡不定，于是便有了城乡分割的决定——这实际上是代表城市人口在剥削农民。当然，这还导致农业部门激励的下降和农业产出增长的速度减缓，进而迫使这些国家以工业和交通部门的资本品为代价，换取谷物进口的增加。

关于态度方面，1950 年代，资本主义在发展中地区并不如社会主义受欢迎。资本主义与殖民和准殖民状态联系在一起，代表着一种侵入的外部力量，这是一种系统性的认知，并在广泛的范围内受到政治领袖的贬低。在情感上，1950 年代的社会主义也相当具有吸引力：一些欧洲社会民主政府干得相当不错；对于那些并未对中国展开深入研究的国家而言，毛泽东的"大跃进"和中国的共产主义政策总体上产生了巨大的吸引力；甚至赫鲁晓夫（Khrushchev）夸下的海口，说苏联的总产出很快会在 1950 年代末超过美国也赢得了一批信众。在所有这些因素之外，许多崭露头角的领导人常常是知识分子或是军人出身，而这两种人对市场进程天生持怀疑态度，且由于各种原因倾向于过分相信政府管理的力量。

结构主义发展经济学家应当在多大程度上对这样的结果负有责任，如果有的话？问一问这一点是合情合理的。若不事修辞，相关指责可化约为三点：

● 战后"出口悲观主义"和过度依赖进口替代；

● 对于农业的鼓励和支持不足，加上过分补贴以维持城市"基本需求品"的低价格；

● 对政府所有制和产业控制的过度依赖，以及对国内竞争和国外私人投资鼓励的不足。

就第一点指责而言，应该回忆一下，如果没有追溯到亚历山大·汉密尔顿的话，那么进口替代政策与其说是理论的产出，不如说是环境的产物；也即，它是 1930 年代大萧条的产物。普雷维什，一位受过训练的古典经济学家，在面对那段时期阿根廷和大批其他发展中国家所面临的压倒性的国际收支危机时，是基于实用主义的立场而支持了这样的政策。后来比如雅各布·维纳，戈特弗里德·哈伯勒，和彼得·鲍尔等提出的说辞，在 1930 年代的拉丁美洲听起来均显得有些空洞。至于随后出现的拉丁美洲经济委员会的学说，结果看来，也是在以熟悉的模式做最后的挣扎。

战后初期出口悲观主义的产生，一定程度上来自人们的普遍预期，也即认为

425

全球萧条有可能在一个短期的恢复性繁荣之后再度出现。此外，在预测 1950 年代和 1960 年代全球繁荣的速度时，经济学家普遍犯下错误：1950 年到 1973 年期间，先进工业国人均国内生产总值的年增长率（3.8%）几乎是先前最高可持续增长率（1.4%，1870—1913）的三倍。战后初年，某些先进工业国（比如，意大利、法国、日本）和发展中地区对出口前景充满了悲观。当然，其他的一些因素也在起作用，比如对苏联在独裁和外汇短缺的基础上成功维持经济快速增长的评价。

简而言之，一方面是环境因素，另一方面是经济学家不准确的预期，这二者结合在一起，维持或启动了战后的进口替代计划。明晰、积极又专业的进口替代学说起到了一定作用；但是我猜想，它扮演的更多是一个推波助澜的角色。正如普雷维什所指出的，他的理论只是为 1930 年代世界经济格局迫使拉丁美洲政府采取的政策提供一个理据。然而，过度关税保护滋生了既得利益，以进口替代作为工业化推动力也存在相当狭隘的局限性，而且由此还导致了结构性扭曲（包括国内贸易条件的反转）；随着发展经济学家观察到这些事与愿违的结果，他们开始不断地推出各种补救措施，比如自由贸易区、共同市场和努力扩大制造品出口。

至于以牺牲农业和农村生活为代价而倾向于城市的政策，发展经济学家几乎没有受到什么责备。当然，他们在抗议这些扭曲的力度方面有所不同，而且彼得·鲍尔还可以有理有据地认为，他在抗议非洲市场管理局对农业造成的危害时，本应该得到同仁们更强有力的支持。此外，绝大多数发展经济学家还没有完全弄清，依据《480 公法》（Public Law 480）对美国农产品供应进行授权和补贴会有何负面（和正面）影响。但是，对于农业的相对忽视和日益繁重的城市人口补助，确实不是来自于发展经济学家的主张和建议，而主要是来自发展中地区的政治生活，及其对殖民主义（或半殖民主义）历史进行真实或臆想的扭曲的非理性反应。

类似的，过度依赖于政府所有制和产业控制主要是政治推动和政治形象与私人企业家群体初始基础薄弱相结合的产物。此后，官僚既得利益集团的日益成长阻止了某种向私有化的转化——与此不同，1880 年代日本人曾以远见卓识和精湛技巧开此先河，实现了这种转化。

我之所以在此提出这些观点，并不是为了捍卫结构主义者以对抗新古典主义者——他们相对的优缺点会随着时间的流逝而逐渐变得明晰。我之所以如此做，纯粹是为了一个更大的缘由。依我看，1950 年代和 1960 年代各种形式的发展经

济学最大的问题在于，它缺乏一个坚实的、可分析的政治基础。自亚历山大·汉 426
密尔顿1791年发表《论制造业》(*Essay on Manufactures*) 以来，发展中地区的
经济增长基本上（某些情况下完全）就是源自一种民族主义的决心，也即面对历
史上记忆犹新的外来侵略或者因为害怕未来被侵略，而渴望在世界舞台上获得独
立和尊严的民族主义决心。[1]

在许多情况下，这一脉络还因为一些心怀天下的政治家的判断而加强。这些
政治家认为，最紧急的任务是通过这样或那样的方式强化通常较弱的国家意识。这
常常需要一场斗争，宣布政治中心的权力位于省份或是部落的权力之上。它还会吸
引大批的领导人，针对某个主要大国展开军事行动，或是对其采取仇视的姿态。

1961年4月和9月，在与印尼总统苏加诺（Sukarno）的会谈中，肯尼迪总
统完全了解了该问题。[2]在第一次会面时，肯尼迪极力主张发展应该置于高度优先
的地位，且表示愿意就此而支持建立一个世界银行国际财团，就像已经在印度和
巴基斯坦设立的那样。苏加诺的回答是："发展需要的时间太长。政治就是一切。
总统先生，给我西伊里安吧。"不管结果好坏，苏加诺得到了西伊里安；不过随
着苏哈托（Suharto）在1965年取代苏加诺，一个服务于印尼的国际财团（海牙
俱乐部）终于还是在1960年代后期成立了。

肯尼迪在1961年9月再次见到了苏加诺，这次陪同后者的还有马里总统凯
塔（Keita）。这次会晤的背景是1961年的贝尔格莱德会议———一批自称"中立
派"的国家聚集在一起，试图在美苏对垒的情况下主张自己的利益。为了向主要
先进工业国家解释并捍卫这次会议的决议精神，来自发展中国家的这两位领导人
代表访问了华盛顿。

凯塔的自尊和直率给肯尼迪留下了很好的印象——他试图解释过去美国-马
里关系中的一处阴影。艾森豪威尔总统曾拒绝马里进口一些DC-3型运输机和机
枪武装吉普车的要求。凯塔后来从捷克斯洛伐克获得了这些装备，这有点加强了
他左翼顾问团的势力。他说："我要对国家负责——它之所以称为国家，是因为
那一片土地的存在。我需要一些漆上我们国旗的飞机，需要一些给警察使用的吉

---

[1] 尤其参见本人的《经济增长的阶段》，特别是第26—30页；《政治和增长的阶段》，尤其是第三章和第四章，
也可见《先驱》第232—233页。

[2] 更加完整的说明可参见本人的《权力的扩散》(*Diffusion of Power*)（纽约：麦克米伦出版社，1972），第192—
196页。

普车，需要给我们的国家身份增添一点实质性的东西。"

当一些地区的政府以发展为中心，甚至满怀热情转向发展时（比如，韩国），如前所述，这是源于那个汉密尔顿式的原因：一般认为，对独立和安全的需要，与那些提高人民和社会福利的需要是相一致的。

简而言之，在发展中世界里，政治一般来说要比经济重要得多；且其关键的政治问题与先进工业国家截然不同。我相信，这便是发展理论家的一些观点不够充分的原因之所在；比方说，鲍尔恳求只给那些依赖市场并因此向民主前进的政府提供援助，或者再比方说，缪尔达尔和辛格将 1945 年后西北欧社会民主福利国家的标准轻易地套用于发展中世界——缪尔达尔最终放弃了这个观点。这还会令我们想起其他的几位先驱，他们在面对政治给其所设想或希望的经济发展成果带来的阻碍时，最终也是以困惑和失望而告终。杰拉德·迈耶《从贫困中崛起》的最后一章（"经济学的欠发达状态"（The Under-development of Economics））主要与政治相关，这是合情合理的。

1945 年，距离拉丁美洲独立已经大约过去 125 年，它的政治当然与包括许多

427　新独立国家的其他发展中地区有所不同。但是在那里，其政治领导人同样陷入了与支离破碎的区域和阶级利益集团无休无止的斗争之中，包括根植于法国大革命理念而产生的裂隙。面对有限的资源，要以某种方式确立大多数国民的共识，并达成平稳民主统治所需的妥协，一度并且直到现在依然极其困难。[1] 在我看来，普雷维什对拉丁美洲政治进程的最终解释并没有准确地捕获那个地区所面临问题的本质，他有关第五阶段的补救方案也不够充分。

无论如何，第四部分将考察政治经济和公共政策本身面临的任务，非经济力量和政策的第一重要性将得以进一步展现。[2]

---

[1]　关于这一论点的详细阐述，可参见本人的《政治和增长的阶段》，第 289—295 页。

[2]　当该书面世时，《代达罗斯》（*Daedalus*）1989 年冬季版也已出版，其主题是"创造世界：发展的视角"（A World to Make：Development in Perspective）（第 118 卷，第 1 期）。这一辑中包含了三十八位学者对 1945 年后发展理论和实践的广泛评论与批评。许多人在他们的论文或讨论中均给出了政策性结论。就本书而言，值得注意的是，这一辑自始至终充斥着对过去四十年发展进程中政治那不可避免、但却时常极化、时常扭曲、时而强化的作用的反思，只不过大家心情各异。

第十八章　罗斯托的经济增长理论

预设

经过前文的论述，对于我本人所带入历史与经济学研究中的偏见，本书的读 428
者无疑已经能够明白无误地把握。但是既然我已经毫无拘束地评判了许多先驱和
当代同仁的工作，在这一章中就我自己如何看待这些问题做一个简单明了的总结
应该会有所助益。

本章旨在总结，而非就我自己的知识历程写一篇自传。为此，所有读者须
知，我在十七岁的时候就有志于把历史和经济理论在两种意义上结合起来：一方
面，运用经济理论来阐释经济史，进而阐释相当描述性的制度领域；另一方面，
致力于探求经济和社会非经济部门之间复杂的交互关系。作为一种学术上的指导
思想，这是我始终如一所秉持的。

我也许应当加点显而易见的东西。由于一开始我接受的不仅仅是经济学的训
练，还有历史学的训练，我对马尔萨斯在和李嘉图辩论时的声明感同身受："在
政治经济学中，简化的渴望会导致研究者不愿承认特定结果的出现是源于诸多原
因而非某一个原因……哲学的第一要务是说明事物的本来面目……"这便是我早
期对覆盖了从1790—1914年间（除1850—1868年间）英国经济周期逐年逐个展
开研究的目标之所在。这也是我非常能够体会丹尼斯·霍姆·罗伯逊和其他类似
学者的缘故之所在，因为这些人训练自己就是为了理解，经济生活实际上是如何
在并不优雅的复杂互动、长期和短期因素同时作用的情况下展开的。

由于第二十章和数学附录（和迈克尔·肯尼迪合作）会包含进一步展现我所

持有的观点的技术细节和理论材料，因此，这里的总结将集中关注我的观点中某些一般性的特征。

人、复杂性和过程

我痴迷于大卫·休谟的思想、风格及其所崇扬的价值，这一点在第二章中就已展露无遗。特别的，依我之见，休谟的这个经典论述，会是任何历史学家、社会学家、小说家，或者实际上任何其他研究人类的学者的恰当出发点："对于这

429

些人类天性秉性，你会说它们自相矛盾；但人是什么呢？不就是一个矛盾体？"人，进而社会的复杂性是不可避免的，这就决定了最大化的行为假设通常是误导人的。[1] 非经济力量能够强化、淡化或抵销经济动机；例如，对外部入侵的担忧（如亚历山大·汉密尔顿以及明治维新者们）能够强化其他推进社会现代化的动力，就如许多发展中国家反复无常的政治令缪尔达尔的"现代化理念"遭遇直接的挫败一样。再举个例子，"二战"以后，如果没有在某种程度上考虑类似祖孙这样的联系，就不可能完全理解西欧那超乎寻常且出乎预料的复兴；也即，那些了解 1914 年前欧洲的人（例如莫奈（Monnet）、德加斯贝利（De Gasperi）、阿登纳（Adenaure）、舒曼（Schuman）），以及那些从战争中成长崛起的年轻且充满激情的专家治国论者，如祖孙一般为了共同的事业而努力。而两次大战之间的那一代背负着失败感，几乎从视野中消失。严肃的经济理论、历史和发展学说必须把这种复杂性纳入考虑，包括代际顺序。如马歇尔所言，非经济因素的作用，结合报酬递增问题，要求经济学最终必须成为一个生物学意义上的学科，而不是新牛顿主义意义上的学科。于是，相比构建一个一般意义上的经济增长理论，提出一种对经济增长过程的理解会是一个更加恰当的目标。后来，我从一位物理学家——伊利亚·普里戈金（Ilya Prigogine）有关物理世界的认识中，发现了可以非常精准地捕捉到我对经济增长（包括经济历史）如何展开的看法[2]："不稳定、变异和多样性，其中，不可逆转的过程始终在起作用，非均衡本身就是动态秩序的

---

[1] 尤其参见，《政治与增长的阶段》，（剑桥：剑桥大学出版社，1971），第 7—16 页。其中有关于人类三重分观点含义的详细说明，包括与经济学家相对边际效用递减原理的个个和集体行为的相关性。

[2] 该段落出自普里戈金教授的"秩序源于混沌（Order out of Chaos）"，这是他 1977 年 12 月 18 日在德克萨斯大学奥斯汀分校所做的公开讲演（未发表），此时恰逢宣布他获得诺贝尔奖。

一个来源。"

这些判断，无论怎样，尤其可以解释为何我在第十五章中对哈罗德—多马以及新古典增长模型的兴趣相当冷淡，以及为何我会选择《经济增长的进程》(112，1960) 作为我的著作标题。

产出的动态分解理论

我在《经济增长的进程》中详细阐述了我的基本观点。它相当于某种理论路线图，我后来的工作就是对此进行阐发，并把它应用到广阔的历史与政策分析中。1950 年，当我在麻省理工安顿下来教授经济史时，我感到有必要把它展示出来。那时，我已经断定，传统经济理论存在缺陷，使其不足以成为研究和教授 18 世纪以来世界经济史的框架。这些缺陷表现在四个方面。首先，传统理论没有提供把非经济因素系统性地引入经济增长分析的路径，而实际上非常明显的是，它们贯穿于经济增长的始终，尤其是在经济增长的早期阶段，因此惟有把经济增长放在整个社会动力学的视角下进行探究，才有可能得到理解。第二，传统的框架中无法容纳新生产函数产生和扩散的过程。它没有说明科学、发明和生产过程的联系。

第三，主流理论没能对比传统经济周期还要长的基本商品和制成品相对价格的趋势周期提供可信的解释。第四，它无法令人信服地阐释常规经济周期和经济增长过程之间的联系。作为一名历史学家，显然可以把经济周期简单地看成经济增长在历史进程中的表现。相反，把经济周期和经济趋势相分离，以及把马歇尔那里长期和短期相分离，均是一种知识上的暴力行为，因为这样就把经济周期和经济增长问题的核心给切除了。但是，回想一下，1950 年代时期的主流经济周期理论家正是这么干的。当时，他们正围着乘数和加速数之间的互动变化团团打转，因此从实质上把经济增长和经济周期分离开来，把创新之源简单地归于外生的投资。

《经济增长的进程》就旨在回应这四个问题：通过扩展对经济和非经济因素相互交织的考虑，集中关注概括了一个社会对其所面临的各种经济挑战和可能性做出有效反应的那些倾向（第二、三章）：通过分析科学、发明和创新之间复杂的联系如何缔造新的生产函数，包括分析把现代经济增长与人类过去所有经验

430

区别开来的那些壮观、创造性主导部门出现的时序（第四章）；通过把经济周期（第五章）和长期趋势（第六章）以及由此构想出来的经济增长过程联系起来。一如早年在《19世纪的英国经济》（*British Economy of the Nineteenth Century*）的第五和第六章中所做的那般，我在这本书中花费了大量篇幅，用于论述给经济体中的非经济框架（也即那些倾向）带来变化的各种力量，包括之前的经济变迁。不管是在第一版还是在第二版中，《经济增长的进程》中的平衡均可见于从这种视角出发审视经济增长过程的一系列阐释与说明。

在我看来，经济增长过程的核心意味着，在给定的（或者缓慢变化的）社会框架下（后者通过其中的那些倾向来界定），存在一组动态最优的部门路径，在其中，经济以一种约略而有备的方式，随着时间的流逝而逼近该路径。偏离最优路径就是为了确立相对价格和其他激励，从而可以借助长短不一的时滞，把经济系统重新拉回到部门最优的路径上来。二十多年以后，在写作《世界经济：历史与展望》（1978）一书时，这个框架依然好用。我在指出这本书与《经济增长的进程》之间的前后联系之后，是这么界定《世界经济》的潜在理论框架的：[1]

> 我相信，在动态部门分解的理论框架内，引入说明人口变迁、科学知识和发明产生以及创新过程的因素是可能的。由此，为一个静态的、封闭的经济体及其所有部门架构一个动态的平衡路径便成为可能。那些总体和部门的最优路径意味着，在考虑了技术变迁以及需求变化之后，投资资源能够被没有差错、没有迟滞地配置到各个部门中。因此，我们能够抽象出一个分解的、动态的、而非静态的均衡。当然，我们所研究的经济体其实并不是封闭的；它们常常处在战争中，或受到战争的影响；投资也受制于系统的差错和时滞。而且，新技术的出现、食品和原材料供给新来源的开辟，这些变化也往往在经济体及其结构中采取大规模、非连续变迁的形式。此外，即便是在最典型的资本主义社会中，政府的经济作用也是显著的。因此，我们所观察到的就是动态的、相互作用的国民经济体，它相当笨拙，试图逼近最优的部门均衡路径，却又常常连续地围绕那些路径上下超调。
> 这个世界在科学和发明上的投资会引致技术的变迁，如果这些不同的经

431

---

[1] 《世界经济：历史和展望》，奥斯汀：德克萨斯大学出版社，1978，第 xi—xli 页。

济体或多或少规则性地吸收由此而来的技术，那么它们就会成长；也就是说，一旦起飞，经济体中的人均收入将倾向于带着种种不规则性和涨落起伏，（沿着）……一条S形路径增长，先加速，再减速。这一经济增长的过程，如通常所表现的那样，往往伴随着城市化、教育和其他社会变化的增加，从而引发人口的变迁。在投资时滞特别长的地方，正如历史上产出因为食品和原材料新来源的开辟而增长时投资时滞所倾向于表现的那样，经济增长的动力学就会带来一些趋势周期……这些趋势周期通常表现为对最优部门路径相当幅度的上下超调……（这些波动反映了）我对康德拉季耶夫所识别的经济周期的解释——康德拉季耶夫虽然识别了这些周期，但他并没有为此提供任何系统性的解释。当时滞较短时，投资失误就会更快地得到矫正，（常见的经济周期）……就出现了。在分析国民经济增长时，若特别关注对波浪起伏的重要技术序列的有效吸收问题，那么经济增长的阶段……就来到了舞台的中心。

在《发展的先驱》中，我总结了这一观点：[1] "于是，经济体就这样在历史中前行，时而冲到最优部门路径之上，时而又俯身其下，仿若一个醉酒之人在周六的夜晚从当地的小酒馆回家。"

纵贯本书，我在不同章节对其他人观点的评论表明，我认为经济增长的最优动态部门分解模型是很重要的——我们由此便可以估计出偏离的程度；比如，我表达了对约翰·莫里斯·克拉克围绕"均衡"的含义而展开的分析的敬意，还有对阿瑟·伯恩斯就周期性扭曲而展开测量的敬意；同时，我也对赫希曼虽赞颂非均衡增长却未能发展出动态均衡增长理论表示遗憾——他只是把它视为自己分析过程中一个隐含的标准。

《经济增长的阶段》的出现

正如前面的长篇引述所清楚表明的，在我看来，经济增长的阶段仅构成我所

---

[1] 《发展的先驱》，杰拉德·迈耶和达德利·西尔斯（编）（纽约：剑桥大学出版社，世界银行专辑，1984），第238页。

设计的整个理论框架的一部分。实际上，起飞第一次不经意的出现是在《进程》中，主要在第四章。[1]一如本书那般，经济增长的阶段是和经济增长的极限在那里也是并列讨论的。

起飞不可避免的是非连续的；不管是从我自己的研究看，还是从我在麻省理工学院举办的讨论班中学生的研究工作看，均是如此——我们一起仔细考察的不仅包括英国和美国的情况，还包括比利时、法国、德国、日本、瑞典、俄国、意大利、阿根廷、巴西、墨西哥、土耳其、加拿大、澳大利亚和其他国家的情况。这种非连续性是不可避免的，因为现代经济增长源于对日益精密的技术的生产和有效吸收——这个命题是我论述的出发点。如果有人要研究把新技术引入某经济体的问题，那就必须分解至部门这个水平，有时甚至是分解至特定的工厂（如比利时约翰·科克里尔（John Cockerill）的创意工厂），因为新技术就是在这些地方被引入的。在那些部门及其相关部门，由于新技术的吸收而导致的非连续性显而易见；于是，由这里出发，然后对这些多重联系所引致的总体经济绩效方面的结果展开探究，这至少大体上是非常可能的。

到 1955 年，我已经准备好为《经济学杂志》写一篇题为"从起飞到可自我持续的增长"（The Take-off into Self-Sustained Growth）的文章。

起飞之外的增长阶段

至此，我尚未在起飞和可自我持续的增长之外对经济增长的阶段再做区分。比如，我在 1956 年的文章中是这么说的：[2]

> 经济发展的时序包括三个时期：一段较长的时期（长达一个世纪，或者可以想像会更长），此时起飞的准备得以完成；起飞本身，界定在二十或三十年之内；另一段较长的时期，此时经济增长趋于正常，且进入相对自动的增长阶段。当然，这三个阶段的划分并未排除经济增长在长期中陷入持久停滞或衰退的可能。

---

[1] 《经济增长的进程》，（剑桥：克拉伦登出版社，1953，1960），第 17，71 页。

[2] 《经济学杂志》，卷 66，第 26 期（1956 年 3 月），第 25—48 页。

但是在可自我持续的增长这一总标题下，还可以进一步区分两个阶段：趋向技术成熟阶段和大众化消费阶段。

令经济进入趋于技术成熟这一阶段的，本质上是一个非经济的过程。用防腐技术方面的术语来说，这是一个技术吸收能力逐渐增长的过程；也就是说，整个社会中能够吸收，并且有动力吸收迄今未用且日益精密的重要技术存量的人群在逐渐积累，包括科学家和工程师、工人和企业家、领班和管理人员等。这不仅意味着教育在每一个层面上的扩展，推进这一进程的现代化机构在广泛的范围内出现，而且意味着连续几代人，每一代人一出生就视技术上更复杂、更多样化的世界为理所当然。结果便是现代的理念、现代的动机，以及现代的技术逐渐扩散到起飞中相对少数几个（常常只局限在一个或几个区域）主导部门之外。

大众高消费阶段与一个社会技术吸收能力的累积无关，但却与该社会的实际人均收入，以及人们更富裕之后如何消费有关。用经济学家的话来说，它是以需求的收入弹性来刻画的一个给定阶段；也就是说，在这个阶段，人们足够富裕，会把收入增加的部分花在家庭汽车和其它标准耐用消费品的组合上，而这些都是科学和技术为 20 世纪的现代家庭所提供的商品。

我在精心构思并完善起飞之外的增长过程时，主持了一个项目，撰写了《世界舞台上的美国》(1960)。这是一本篇幅相当长的书，它主要关注的是美国国内生活与对外政策的相互作用。[1]这本书包括了一篇详尽介绍历史的章节，涵盖了从美利坚合众国成立至 1940 年间，国内生活与对外政策的相互作用，其中使用了已经精致化的经济增长阶段论来展开分析。（为此该书还使用了其他两个概念：国家风格（national style）和国家利益（national interest）。）

1958 年米迦勒节期间，我以"工业化进程"为题，为剑桥大学的本科生做了八次讲座，而且我决定把必须讲的有关经济增长各阶段的内容纳入到讲座中。

这些讲座在 1959 年 8 月分两期由伦敦《经济学家》杂志做了总结，并在 1960 年以《经济增长的阶段》为题出版。该书先后重印了十八次，并被翻译为多种语言，迄今依然颇受欢迎，不断结交新朋友，并且掀起了持续三十年的争论。

由此，我得出结论，认为现代经济经过两个世纪的增长已经历经五个阶段：传统社会，起飞前的准备阶段，起飞，趋于技术成熟阶段，大众化高消费阶

433

---

[1] 《世界舞台上的美国》，纽约：哈珀与劳出版，1960。

段。此外，在《政治与增长的阶段》(1971) 中，我还定义了一个追求品质 (the Search for Quality) 的阶段；不过这个观点还有待观察，看看在动荡的 1970 年代到 1980 年代之后它是否仍能以可定义的阶段出现。

作者所目睹的《经济增长的阶段》

也许，《阶段》与我自己对经济增长问题的精心构思相一致之处颇值得注意。可以肯定的是，它所构建的方法至少暂时解决了我在《增长过程》中确认、分析，并详加说明的两个基本问题。首先，随着经济增长过程的展开，怎样把经济因素和非经济因素联系起来。从更广的社会科学角度来看，这就是马克思主义所提出的中心问题，因此也就基本上解释了我为什么会接受《经济学家》杂志编辑的建议，把这本书的副标题定为"一位非共产主义者的宣言"(A Non-Communist Manifesto)。《阶段》认为，社会的非经济部门会与经济部门相互作用。它们不是单纯由技术和产权安排所决定的上层建筑。第二个问题，也即我感觉我已经在往前推进的一个问题是，怎样在经济增长分析中系统地引入经济史学家的洞见，尤其是为熊彼特、年轻的库兹涅茨和霍夫曼所一般化了的，关于重大创新主导部门交替出现的洞见——这些部门令 18 世纪最后二十五年以来的这段时期在人类历史上占据了一个独一无二的地位。

关于经济和非经济因素，我发现依次讨论每一个阶段（传统社会、起飞前的准备、起飞、趋于技术成熟、大众化高消费）两者之间的关系，而不是眉毛胡子一把抓会更有成效。当然，每一个国家都是独一无二的，而这种关系的相互作用性质又使其变得极其复杂。不过，这个过程中还是存在可界定的模式和重复作用的因素；比如，在现代化早期阶段由入侵和对外部入侵的恐惧所引发的恐外民族主义的强大作用，还有比如在现代化过程中由中间阶层担负起领导责任——该阶层虽没有机会进入传统社会上流阶层，但并没有被剥夺教育或者财富（比如英国那些不循传统者、日本的武士阶层和印度的拜火教徒）。

434　　至于技术的引入，则为直到大众化高消费的增长诸阶段提供了一条路径，使得社会现代化程度（表示在教育、创业企业家、非传统家庭观念和政治等方面）得以与一个重要的经济变量——技术吸收能力相联系。因此，经济增长各阶段并不是依据现代经济学中的传统做法（比如世界银行），以人均实际收入来界定，而是以一个社会能够多大程度上证明自己有能力有效吸收（过去）现代的技术来界定。

这种依托技术的进路，与强大的主导部门明确相连，同时也绕过了凯恩斯主义分析中传统的储蓄—投资进路。《阶段》强调的是企业家资本供给的重要性——在迅速发展、高利润回报的主导部门中，这些人把利润再投资，将迄今为止没有有效融入经济中的技术引入其中。例如：[1]

> 于是，在看待经济发展上，起飞的观点便回到了一个相当古老的传统。起飞被界定为工业革命，直接与生产方法的激进变革相连，对一段相对较短的时期具有决定性的影响……
>
> 这一论点（宣称），一个或多个新生产部门的快速增长是经济转型强大和必要的引擎。当一个社会准备好对这一影响做出积极回应时，它便会带来强大的影响，这种影响的力量来自其影响形式的多样性。在那些部门中，源于高生产率的新生产函数，增长自身倾向于提高人均产出；它会把收入配置到某些人的手中，这些人不仅会将增加收入的很高比例储蓄起来，而且会把它投入到高生产率的部门中；它会建立起一条针对其他制成品的有效需求链；它会提出扩展城市范围的要求，尽管这样做的资本成本可能会很高，但是城市中的人口和市场组织也将推动工业化的持续进行；最后，它还将启动一系列外部经济效应，这些效应最终将在起飞的主导部门的初始动力开始消退时帮助催生新的主导部门。

依我看，这都挺好；但是实际上，我几乎完全没能让我的同僚们看到《阶段》和《过程》更宽广的框架之间的联系。《阶段》第二章的小结包含四页文字（标题为"一个动态的生产理论（A Dynamic Theory of Production）"），明确阐述了我心中如此了然的联系。[2]我的同僚坚持，比如说，基于哈罗德—多马增长模型的进路，把起飞过程中投资率的上升视为一个主要原因。正如我在其他一些场合指出的，这其中部分的过错当然在我身上。[3]如果让我重写一遍，那么我会在一开

---

[1]《经济增长的阶段》（剑桥：剑桥大学出版社，1960，1971），第57—58页。

[2] 同上，第12—16页。

[3]《先驱》，第234—237页。

始就重点阐述我在"引言和结尾（Introduction and Epilogue）"中所写的内容，概述 1960 年在康斯坦兹召开的国际经济学会上关于起飞的争论：[1]"……足以超过人口增长率，并引出一个增长率为正的净投资率，这至少和增长的原因一样，很大程度上是先前（部门）增长的结果。"但是如前所述，起飞恰恰出现在这样一个时期。于是，就经济增长而言，便有两种替代解释闪亮登场：新古典增长模型和库兹涅茨对科林·克拉克增长形态学统计方法的大幅扩展。当然，起飞没有被忽视；不过它的知识框架并不易和其他两种进路相契合，尽管如前所述，它与库兹涅茨早期的《长期波动》存在紧密的关系。

争议

435　　那些可能对《阶段》的争论和我的回应感兴趣的人，可参考注释提供的一些参考文献。[2] 这里，我仅谈简单的几点：

●如前所述，在争辩的过程中，增长各个阶段的概念几乎完全和动态部门分解的一般生产理论相分离，而前者正是源于后者，而且仅是后者的一个组成部分。

●在西蒙·库兹涅茨所引领的这场抨击中，大量的争论主要集中在统计证据是否表明（或者将会表明），在起飞的过程中，正如罗森斯坦－罗丹－刘易斯－罗斯托所说的那般，投资率会大致翻倍。现在，大约三十年后，可得的数据表明，某些此类统计上的非连续性可以得到确认（后文，第 656 页，注释 40）；而且，库兹涅茨在 1971 年发表的著述中对"现代经济增长开端"的界定，和那些在《阶段》一书中对起飞阶段的界定非常接近。[3]

●在康斯坦兹，围绕一个更深层的问题也发生了争论，这个问题就是，适合于经济增长分析的总量合成和部门分解的程度。这些争论有总体上的，也有针对特定历史案例的。库兹涅茨在康斯坦兹曾充满激情地支持总量进路，不过在走到职业生涯晚期时，他有所软化，并转回到他年轻时那种部门分解的进路上来

---

[1] 沃尔特·惠特曼·罗斯托（编），《起飞到可持续增长的经济学》（*The Economics of Take-off into Sustained Growth*），纽约：圣马丁出版社。

[2] 尤其参见，同上，第 xiii—xxxv 页和第 1 章，第 1—21 页；《经济增长的阶段》第 2 版，1971 年，附录 B，第 172—241 页；《世界经济》，第 778—779 页；《先驱》，第 234—238 页，以及第 250—253 页。

[3] 《世界经济》，第 778—779 页，其中提供了两组时期划分，并讨论了它们细微的差别，包括日本的情况，对此，我们都有点早。

（前文，第 354—355 页，后文，第 669 页，注释 12）；而且，弗兰克斯·克鲁泽（Fancois Crouzet）在进行部门分解之后提供的年度产出数据，也已经帮助重新确立了一个曾在康斯坦兹备受挑战的观点——1840 年代是法国起飞的关键时期。[1]

图 18.1 给出了斯密、新古典和罗斯托增长模型的形式比较图（具体的形式比较见数学附录）；如图所示，我逼近经济增长的进路带来的是一个截然不同的形式化结果。

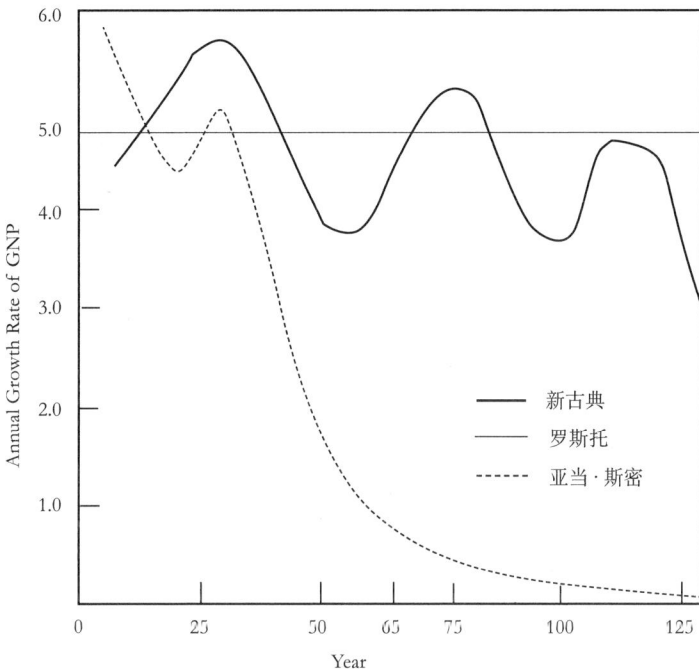

图 18.1　三个体系下随时间变化的国民生产总值年均增长率（参见附录，边码 526 页及以后）。

但是，回眸本人定义经济增长的阶段及其动力学以来的三十个春夏秋冬，我倾向于断定，对许多读者而言，对这个概念的关注主要源于它与发展政策问题，以及与战争和平前景问题的相关性。像经济学领域的许多其他理论著作一样，它是时代的产物；也许因为它本来就源自给本科生开设的讲座，所以它能很好地与

436

---

[1] 至于克鲁泽的工作与这个问题的相关性，请参见《阶段》第而版，第 214 页。我还应该补充的是，大卫·品克尼（David H. Pinkney）的研究也提供了支持，见《法国的决定性岁月：1840—1847 年》（*Decisive Years in France，1840—1947*）（普林斯顿：普林斯顿大学出版社，1986）。在这部作品中，作者主要以散文体的方式，阐释了法国现代化过程中 1840 年代的至关重要性，比克鲁泽的研究或我的统计分析更加有效。

读者沟通，而且它来的也正是时候——当时，发展问题和冷战正是公众关注的热点问题。

在 1950 年代的应用：发展政策

为了构建一种与当代拉丁美洲、非洲、中东和亚洲问题相关的发展理论，并在此基础上界定和倡导一种先进工业国家针对发展中地区的合理政策，从《过程》一书到剑桥的讲座，在增长阶段概念合理而有序地演进着之时，相对应的，一项始于 1951 年的漫长的集体努力也正在展开。[1] 尽管我在 1950 年代的研究带来了一些有关发展政策的具体观点，而且我本人也就这个问题讲了很多，写了很多，但是我对政策问题最有益的贡献无疑来自 1950 年代在麻省理工学院国际研究中心展开的集体努力的一部分。

1952 年，国际研究中心对发展的研究工作正式开始，包括了对印度、印度尼西亚和意大利的深度研究。除了马克斯·米利坎和我，参与经济发展问题研究的资深人员还有埃弗雷特·哈根（Everett Hagen）、本杰明·希金斯（Benjamin Higgins）、威尔弗雷德·马林鲍姆（Wilfred Malenbaum）、保罗·罗森斯坦·罗丹。当然，罗丹研究发展问题的经历比我们中任何一个人都长些。我们也和同事查理斯·金德尔伯格（Charles Kindleberger）保持着紧密联系——他兴趣广泛，其中就包括历史和当代的经济增长领域。詹姆斯·克洛斯（James E. Cross）、丹·勒纳（Dan Lerner）、莱塞尔·德萨拉·普尔（Ithiel de Sola Pool），以及白鲁恂（Lucian Pye）从政治学和社会学的角度提供了洞见。更年轻的经济学家，包括乔治·鲍德温（George Baldwin）、弗朗西斯·巴托（Francis Bator）、理查德·伊卡斯（Richard Eckaus），以及乔治·罗森（George Rosen）等也加入其中，另外加盟的还有一位当时资历较浅的政治学家唐纳德·布莱克默（Donald Blackmer），以及一位著名的前小学校长、小说家理查德·贺奇（Richard Hatch）——他担任的是国际研究中心的评论员、编辑兼道德委员。

---

[1] 这个集体行动在我的《艾森豪威尔、肯尼迪和对外援助》（奥斯汀：德克萨斯大学出版社，1985）一书的第三和第四章中有所涉及；同时见我的论文，"发展：马歇尔长期视角下的政治经济学"（Development: The Political Economy of the Marshallian Long Period），录于杰拉德·迈耶和达德利·西尔斯（编），《先驱》，尤其第 240—247 页。

我们经过集体的努力，综合不同的视角，完成了一本题为《有效对外政策的关键：一个建议》的小书上，这本书于 1956 年 8 月完成。[1] 尽管这部作品合理地对研究对象展开了复杂的阐释，不过若冒上一些过度简化的危险，书中的论点还是可以总结如下：

● 导致发展中世界走向不稳定和暴乱的是其内在的力量：主张现代化者，和那些依然根植于传统社会的价值观和制度的墨守成规者之间的紧张矛盾；主张现代化者之间的权力争斗；常常十分强烈的恐外民族主义所引发的各种各样潜在的分裂势力——这种恐外民族主义是因为摆脱殖民主义而遗留下来的；对常常步伐缓慢的经济和社会进步感到沮丧；以及在拥挤而争论不休的世界舞台上占据一个有尊严和独立地位的强烈愿望。共产主义和非共产主义之间的竞争仅仅是在此增加了一个额外的维度，并强化了这些不稳定的来源。

● 发展中社会若能以尽可能少的暴乱快速走向现代化符合美国的利益，把有限的人才和资源集中在现代化任务上，而不是用于对外战争或激烈的内斗，这看起来是实现上述目标的康庄大道。

● 美国可以为实现此目标做出贡献，其最有效的路径是支持那些进步的力量，只要这些力量国家认为，若要获得每个国家普遍在追求的世界舞台上的尊严和独立地位，那么最佳路径就是借助于明显而持续的经济和社会进步；而实现这种支持的最佳路径在于，确保国际社会提供足以与发展中社会有效吸收资本能力相匹配的外部资本，同时通过技术援助和教育支持来提升这种吸收能力。

所以，在最广泛的意义上，我们对发展援助的基本论点是政治性的。它源于对一个处于现代化早期阶段的社会不可避免地会发生的冲突力量的判断，源于对仅能发挥边际影响的局外人所可能采取的、有助于平衡向我们认为有利的方向恢复的行动的评估。

我的同事们接受了增长阶段概念的合理性——尽管我们之间存在友谊，但是这种接受也绝非自动实现且坚如磐石。

这种把增长阶段引入到论证中的做法，可以从政治上和心理上带来两点实质结果。在发展中地区，它为各种推进经济增长的努力提供了一个可操作的聚点——可以说，这种经济增长在人的一生中是可以设法实现的。如果一个国家在

---

[1] 　纽约：哈珀出版，1957。

1950 年代起步时看到，以当前价格表示的人均收入差距，比如说是 100 美元和 3000 美元，那它就会得出结论，认为现代化任务遥遥无望，或者认为现代化至少与这一代人的努力无关。如果把任务定为实现起飞和可自我持续的增长，而不是达到美国的实际人均收入水平，那么人们就更容易挽起衣袖，心安理得地去工作。在许多发展中国家，起飞得到逐渐认可，被认为是一个可操作的合理目标。

在先进工业世界日理万机的议会内部，如果大家相信，随着发展中国家一个接一个地实现起飞，大部分发展中国家能够逐渐依靠传统的资本来源步入其他发展阶段，这种援助就会停止上升，并最终下降，那么，做出持续发展援助的承诺就会更容易一些。

在这个背景下，我们的提议就是一项国际计划，也即通过募集足够的资源，满足对外援助的所有要求，而且这些援助根据吸收能力理论判断是合理的。这项计划的预算估计每年增加 25 亿到 35 亿美元（以 1987 年美元计价大概是 100 亿到 140 亿美元），其中大概三分之二应由美国提供，这在当时对美国来说也是一个公平的份额。

行政管理上，我们建议项目的实施主要由现有机构来操作，但是世界银行应设立一个专门的机构来"协调信息，设定基础规则，并保证投资项目标准的可接受性。"

至于经济发展和稳定的政治民主出现之间的联系，回顾以往，我们可能有点过于乐观了，尽管比如到 1989 年，世界许多地方流行的民主主张放到 1950 年代很可能会使当时的民主倡导者们既惊又喜。总的来说，我们并不幼稚。国际研究中心 1950 年代的一份出版物直截了当地提出并回答了一个相关的问题："能保证那些自由的亚洲国家从迅速的经济增长中走向政治民主吗？谁也无法做出这样的保证。经济增长和政治民主之间的关系并不简单，也无法自动实现。"[1] 但是，我们坚信，若能把稀缺的资源、人才和政治能量集中到发展任务上，在维持合理的平衡下，便很有可能最大化各个社会进入现代化进程的几率，且动荡最少，人力成本最小，同时所产生的政府，其政策也越发接近被统治者的意志。

在本书前面讨论休谟和斯密的部分，我试图引出充盈在他们作品字里行间中

438

---

[1] 《美国的亚洲政策》（*An American Policy in Asia*）（麻省理工学院和约翰·威利技术出版社，1955），第 50 页。实际人均收入和维持民主能力之间明显缺乏短期自主联系，这是导致我撰写《政治和增长的阶段》的原因之一（剑桥：剑桥大学出版社，1971）。

的大量思考：如何把他们定义的"同情共感"与冷酷的竞争结合起来，以发扬人性中的善而约束人性的恶；如何缓和贫困的恶性循环；如何使增加的财富成为各个社会国内生活各行各业上公民自由的朋友，成为散布文明的使者；以及，一项明智的经济政策怎样才能抑制国内外重商主义的残暴。

也许，1950年代和1960年代发展问题的倡导者所提出的观念和政策，需要放在更长的视角中才能加以评判，然而现代政治经济学说史已经等不及其实践者在拥有更好的权利时，才来感受他们与古典前辈的亲缘关系。

在1950年代的应用：战争和平

我通过两种方式把阶段的概念应用于战争与和平问题。《阶段》的第八章（"相对增长阶段和侵略"）（The Relative Stages-of-Growth and Aggression）区分了各个社会中与技术相对成熟度和相对经济力量相关的三种战争。包括由一个殖民国一开始侵入一个传统社会所引发的冲突，一个殖民国企图攫取另一个殖民国殖民地引发的冲突，或者殖民地人民宣布从宗主国独立而引发的冲突。就殖民地这一方而言，这些战争皆发生在一个处于起飞前准备阶段的社会中。其二是地区侵略，通常是新兴民族国家崛起之后发动的有限战争，这些国家回顾既往的屈辱，环伺周围，伺机宣扬他们的民族主义。这些战争的发起者是那些距离起飞还非常遥远的国家（例如1812年战争中企图偷袭加拿大的美国），或者正在起飞中的国家（例如1864—1871卑斯麦控制下的德国）。其三，为欧亚力量平衡而发生的战争，包括"一战"、"二战"和"冷战"。此时，当结束趋于技术成熟阶段的国家，被诱惑着攫取并掌控欧亚地区的霸权，以对抗其他先一步走向成熟、略显颓势、存在可乘之机的国家时，危险的时代就来临了。

在此背景下，我在以"增长阶段的相对性和平问题（The Relative Stages-of-Growth and the Problem of Peace）"为题的一章中提出了这样一个问题，即和平结束冷战的前景可能如何。我所提出的核心概念是力量从莫斯科和华盛顿两极扩散开去——我认为这一过程从1948年就开始了。

从短期看，力量的扩散来自于这样的一个悖论，即核武器除了用于阻吓对方外，从理性的角度讲是不可使用的，不过也因此，工业力量和常规军事力量之间　439

的比例协调性已经被打破。[1]"……尼赫鲁、纳赛尔（Nasser）、本－古理安（Ben-Gurion）、阿登纳（Adenauer）以不同方式，就不同问题在非共产主义世界找到了利用这一悖论的方法；而毛泽东、哥穆尔卡（Gomulka）、铁托（Tito）则在共产主义阵营中做到了这一点"。

从长远看，我认为力量的扩散是确定的。[2]

19世纪后半叶增长阶段的演进大步向前，塑造了20世纪上半叶的世界舞台，使得日本、俄罗斯、德国和法国，以及美国成为舞台中央的主要演员；与此相类，长期中起作用的变迁时序在1945年之后正在积聚力量，决定着一个略有不同的世界舞台，这个舞台现在正在成为现实。

有关世界力量未来的核心事实是，在南方这一边，东南亚、中东、非洲和拉丁美洲，起飞前的准备阶段或者起飞阶段已开始加速。而且，东欧的关键地区（尤其是南斯拉夫和波兰），当然还有中国，随着它们开始步入起飞阶段，也都在崛起……

在拉美，两个国家（墨西哥和阿根廷）已经完成起飞；其他国家如巴西和委内瑞拉的起飞也正在进行中。

我认为，在此背景下，俄罗斯的前景是，它将目睹大量它无法控制的新国家步入世界舞台。它的基本利益，不管是与新武器有关，还是与新国家崛起并走向成熟有关，都是防卫性的——在这一点上，它本质上与美国、西欧和日本是相似的。我的结论是：[3]

面对一系列新国家起飞所带来的力量扩散，俄罗斯的国家利益与美国和西方靠得更近了……构想一个由核大国支配的双边或三边世界，阻止其他国家加入其中，同时维持冷战竞争的游戏，这并非一个现实的选择……

力量的扩散可能是相对安全的，也可能是非常危险的；但它却是不可阻止的。经济增长的进程和各类国家现在所处的经济增长阶段，同样排除了美

[1]《阶段》，第125页。
[2] 同上，第126—127页。
[3] 同上，第130页。

国世纪、德国世纪、日本世纪或俄国世纪出现的可能性。

于是，对于有着民族主义情节的俄罗斯而言，合理的政策就是当机立断，和美国一道迫使彼此以及整个世界完成这个世界会接受的一件事情，那就是建立有效的国家间武器控制系统。

我接着分析了莫斯科在接受这个构想时所面临的困难。我问的问题是，为了实现我所谓的"说服大行动"，西方能对此做点什么：[1]

从根本上说，我们必须在非共产主义世界证明三件事。

我们必须证明，我们不容许他们走得太远，致使临时军事决议合理化。

我们必须证明，不发达国家，能成功地在民主世界的轨道内从起飞前的准备阶段步入基础坚实的起飞阶段……我相信，这是西方议事日程上最重要的一件事。

而且我们必须向俄罗斯表明，对于俄罗斯来说，在世界舞台上存在着一个有趣而生动的抉择，要么参加军备竞赛，要么无条件投降。

但是说服大行动还有一个维度：那个维度就是时间。对于这个有关转型的探索性问题，俄罗斯人必须自行解决；而这需要时间。

参照托马斯·曼（Thomas Mann）关于几代人的小说《布登勃洛克家族》（Buddenbrooks），我用类比的方法提到这样一个时序，从老布尔什维克开始，到斯大林（Stalin）这一代及下一代之后，年轻的工程师干部们挑起重担：[2]

但是，他们的后代把现代工业体系视为理所当然，正在寻求斯大林创造的成熟社会所不能提供的东西。我们所发现的苏联的社会变动是什么呢？是日益增强的对个人尊严和个人隐私权的主张；是日益增强的对俄罗斯作为一个国家和一种民族文化在世界舞台上保持尊严的主张；是日益增强的对享受更高消费水平的主张——不是在将来的某个时候，而是现在；是日益增强的

---

[1]　同上，第133—134页。

[2]　同上，第135页。

对现代科学改变力量问题方式的欣赏，包括改变对发端于俄罗斯和共产主义的某种军事上敝帚自珍的金科玉律的欣赏……没有什么理由相信，这些潜在的趋势会平稳而安宁地自动发挥作用。另一方面，我们应当意识到，在和世界舞台上力量的扩散相结合之后，苏联社会内部代际的动态变化，尤其是步入后成熟阶段的第一代人，能够及时解决和平问题，如果西方做好自己的分内之事的话。

无论米哈伊尔·戈尔巴乔夫（Mikhail Gorbachev）的命运将来可能怎样，他都会被历史所铭记，部分是因为成为"后成熟阶段第一代的第一位苏联领导人"（他出生于 1931 年），而且他的政策反映了前述引文所影射出来的许多愿望。

《阶段》在 1950 年代和 1960 年代有关发展的理论和政策辩论中的应用，是那些鲜活的时代中公共记录的一部分。阶段概念对美国之于苏联的政策含义已在我作为一名顾问时传达给艾森豪威尔政府，以及作为一名工作人员时传达给肯尼迪和约翰逊政府。[1]

1980 年代及以后的五个应用

本书在讨论每位增长理论家时考虑的关键问题为本书提供了骨架和连续性，而这些问题都直接来自《过程》一书。这种连续性还将体现在第二十章和数学附录中。二十一章也很明显——在那里，我展望了 21 世纪中叶，并认为经济增长的阶段依然是我用来识别人类社会未来面临的五个关键问题的法宝。但是，未来占据舞台中心的会是趋向技术成熟这一阶段及其含义，而不是现在大量争论的起飞阶段及其含义。

这些问题可以用问句的形式非常简洁地陈述如下：

● 力量的扩散，连同苏联社会的发展动态，这二者都与经济增长的阶段紧密

---

[1] 例如，艾森豪威尔总统 1958 年 8 月 13 日在联合国大会演讲的总结中，以及约翰逊总统 1967 年 6 月 23 日和柯西金总理在葛拉斯堡罗（Glassboro）的谈话中，对这些思考都有所表示，参见拙著《力量的扩散》（纽约：麦克米伦出版社，1972，第 390 页）。1960 年 11 月—12 月在莫斯科帕格沃希会议上，我获得了一个机会，表达我对力量的扩散与和平之间关系的看法。至于其背景和相关文本，请参见拙著《半个世纪论文集》（*Essays on a Half-Century*）（西景出版社：波尔得，科罗拉多州，1988）第 58—59 页和第 158—159 页。

相连，它们能使得冷战得到和平解决吗？

● 随着第四批实现起飞的国家（例如中国、印度、巴西和墨西哥）的进一步发展，当它们到达技术成熟阶段（参见图19.1）时，国际社会能够自我组织，以便和平、平等地接纳它们吗？

● 当这些人口众多的第四批起飞国家走向完全工业化时，国际社会能够提出有效的政策来维持宜居的物理环境吗；或者，已经很明显紧绷的物理环境会演变为不可控制的危机吗？

● 那些已经得到非常好的开发，并把大众高消费的诱惑视为理所当然的先进工业国家，能否继续维持休谟所说的"勤勉而文明开化的"的社会？——这是《阶段》一书中提出的一个问题。[1]

● 世界上还有大致20%的人口生活在尚未成功地完成起飞前的准备并进入起飞阶段的那些国家（例如海地、非洲撒哈拉南部、也门、阿富汗、缅甸和许多太平洋群岛国家）中；国际社会，包括那些最发达的发展中国家，能够为这些人提供耐心的支持吗？

在《阶段》一书的序言中，我强调这本书将提出一个有关经济增长的理论，以及一个有关整个现代历史"高度集中有偏"的理论。[2] 然后我引用了贝奈戴托·克罗齐（Benedetto Croce）洞若观火的话："……尽管把历史中出现的特定现实因素浓缩为一般概念是可能的……但是要把由这些因素组成的单一复杂整体发展成一般概念却不太可能。"[3] 回到本章的初始主题，我非常清楚给定的任何一组概念的局限性和随意性。这就是为何对待知识生活，也应当像对待人类的其他追求一样，需要严肃，但也不能太过于认真的原因之一。这些概念源于我在经济学和历史之间多少有点古怪的拉郎配。只有当结果证明，它们可以帮助人们构想并处理过去以及周遭生活中难以捉摸的模式时，这些概念才是有效的。不过，事实证明，它们确实具有强大的预测能力。

[1] 尤其参见《增长的阶段》，第90—92页和第165—167页。

[2] 同上，第1页。

[3] 同上，这段引文来自克罗齐的《历史唯物主义和卡尔·马克思经济学》（*Historical Materialism and the Economics of Karl Marx*），C. M. 梅雷迪斯（Meredith）（译）（伦敦：艾伦与昂温出版，1922），第3—4页。

第四部分　问题与展望

第十九章 两个终局问题

经济思想和学说的发展历史是比较随意的，有时甚至会在某些地方出现断 445
代。从某种程度上说，这也是不可避免的。毕竟，它所研究的是一个非常活跃并
且在持续演变和彼此争锋的领域，这个领域的历史至少可以一直追溯到 17 世纪，
往前还有中世纪和古典时代的先驱。当作者想要停止时，他的故事就可以就此停
止，或许会带着对他所讲的整个故事的一些终极思考——这取决于其特殊的兴趣
和偏见。

本书的结构安排意味着，我们的故事会在 1989 年结束。这虽然同样比较随
意，不过却与传统略有不同。因为我们还将面对两个问题："对于经济增长，我
们还有什么不知道的？"（第二十章）以及"我们处在'何方'？（人在中途时
的一个考虑）"（第二十一章）。

这么安排的理由就隐藏于本书的分析框架中。本书的第一、二、三部分密不
可分，其联系不仅在于基本增长方程，而且在于从基本增长方程中衍生出的一系
列关键问题——在我看来，这是所有研究增长理论家必须面对的。具体地说，我
尝试归纳出理论家如何处理下列决定因素：劳动力的规模与质量；投资以及技术
的生产与吸收；经济增长同经济周期的关系；经济增长同制成品与基本商品相对
价格趋势的关系；经济增长的阶段和极限；以及非经济因素的作用。当然，这些
主题均反映了我自 1938 年以来所发表有关经济增长和经济波动的作品中详细阐
述的那种视角。尽管我试图在本书中基于同情的理解来捕捉先贤和当代同仁的各
种视角，但是我自己的观点同样不仅贯穿全书，而且有时也得到相当明确的阐
释，这包括第十八章和数学附录。但我还是认为，再次基于作为本书骨架的一

经济增长理论史

系列问题，对经济增长分析技术上尚未解决的一些问题做出界定，可能会有所助益。不管怎么说，这就是第二十章的目标。

不过本书还有另外一条主线。它系统性地指出，经济学家们所处时空的背景问题会深深地，有时甚至是永久地在他们心中烙下印迹——尤其是在他们年轻的时候，但也不仅仅是在年轻时。

446 这种关联启发我提出了以下几个问题：我们所处的时空处在经济增长进程本身的哪个位置？随着 1980 年代的结束，自英国的起飞开始计起，惶惶然，人类已经走过两个世纪，那么我们现在又处于人类经济赛跑故事的何方？这种评价对于政治经济学以及公共政策而言又有何广泛的含义？

一旦英国的经验证明，发明与创新可以称为一种创新流，而非亚当·斯密意义上"哲学家们"的偶然贡献，机械技艺方面的技巧就开始迅速传播开来。第二批国家效法英国这个独特的例子实现了起飞（图 19.1）；而后，第三批又接着跟上了第二批。每一批在起飞后都会发展得比之前的国家更快，这是因为它们拥有了更多可资利用的技术存量。后来者拉近与先行者的距离，这与 18 世纪经济思想史上所争论的问题很相似（表 19.1）。第四批实现经济起飞的国家和地区已经出现，这些经济体正在逐渐融入世界的经济和政治舞台——这视为是未来几十年里世界经济和政治的核心特征。

表 19.1　自经济起飞到 1967 年的人均增长率：十四国（以 1967 美元计价）

	起飞时间	近似人均国民生产总值：起飞初期	人均国民生产总值：1965—1969	历时	年均增长率
英国	1783	$183	$2,018	184	1.31%
美国	1843	451	3,99.5	124	1.77
法国	1830	173	2,343	137	1.92
德国	1850	249（1851）	2,148	116	1.87
瑞典	1868	239	3,244	99	2.67
日本	1885	158（1886）	1,207	81	2.54
苏联	1890	246	1,594	77	2.46
意大利	1895	300	1,333	72	2.09
加拿大	1896	796	2,962	71	1.87
澳大利亚	1901	923	2,106	66	1.26
阿根廷	1933	418	741	34	1.7

（续表）

	起飞时间	近似人均国民生产 总值：起飞初期	人均国民生产总 值：1965—1969	历时	年均增长率
巴西 *	1933	144	323	34	2.4
墨西哥	1940	224	545	27	3.35
土耳其	1934	171	331	33	2.02%

＊地区起飞采用的地点和年代为新英格兰 1820 年代初始，以及圣保罗地区 1900—1920。资料来源：W. W. Rostow, *Why the poor Get Richer and the Rich slow Down*,（Austin:University of Texas Press, 1980），P.261 以及附录 I。

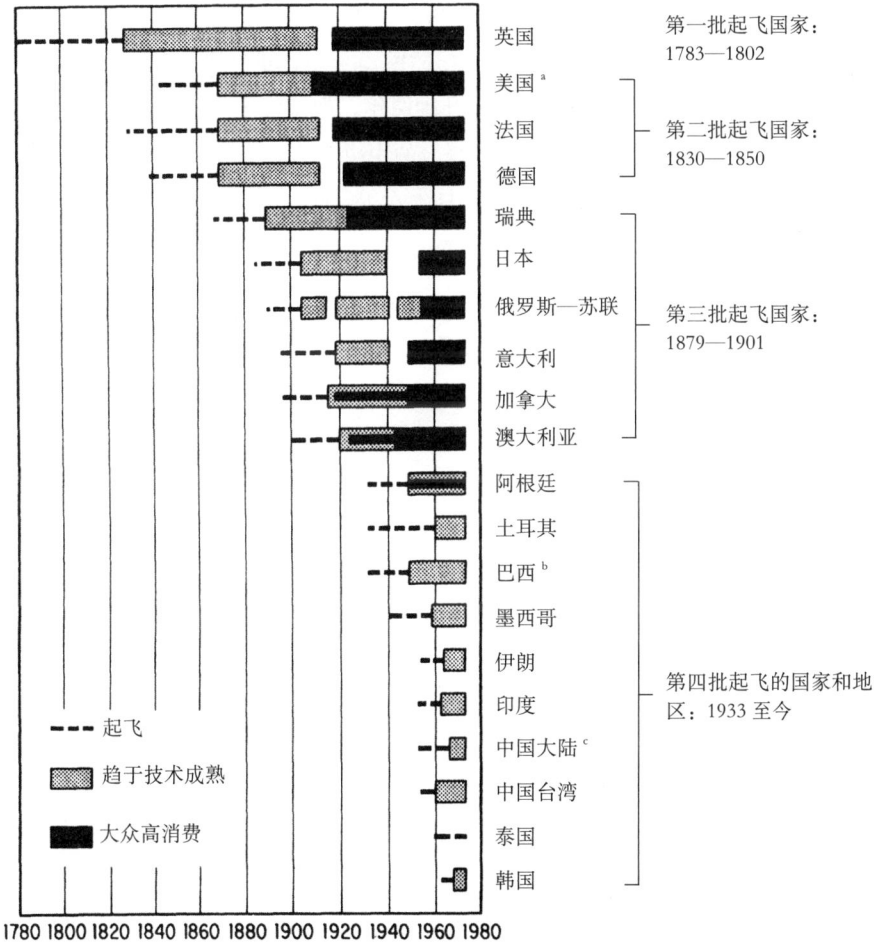

图 19.1　已经完成起飞的四类国家或地区：两个世纪中的经济增长阶段。

677

摘自沃尔特·惠特曼·罗斯托，《世界经济：历史与展望》（奥斯汀：德克萨斯大学出版社，1978），51页第五部分。

在 1815—1914 这个世纪中，强国外交的均衡使得工业强国和潜在的军事强国不断分化并重新整合，除美国的南北战争和中国的太平天国战争外，这段时间没有什么重要的战事，各国都通过不同的方式与技术现代化的扩散过程联系到了一起。但是这个世纪短暂的相对平静也是有代价的，其中一部分就表现为一段时期的殖民统治，并因此累积了巨大的爆炸性潜力，最终因为第二次世界大战汹涌而出。始于 1914 年的这个故事从本质上证实，趋于技术成熟阶段的完成会是如何的危险。回望 1870 年，俾斯麦通过三场小型战争统一了德国。彼时，英国占世界工业生产总值的 32%，德国占 13%，法国占 10%，俄罗斯占 4%，大西洋彼岸的美国占 23%，日本的明治维新虽已开始两年，但却尚未进入这个名单，尽管其主张现代化者已经确定走到日本政治舞台的中央。

德国经济在 1840 年代开始起飞，日本在 1880 年代，俄罗斯在 1890 年代。到 1914 年，德国已掌握当时存在的一切重要技术，日本和苏联在 1941 年做到了这一点。用我的话讲，在那个时代，这三个挑战者从起飞到技术成熟花了 60 余年。到 1936—1938 年间，世界工业生产总值中，英国和法国的比重相对下降，俄国有所提升，日本也已经占有一席之地：英国占 9%，德国占 11%，法国占 5%，俄罗斯占 19%，美国占 32%，日本占 4%。第二次世界大战使得德国和日本在一段时间中被剔除"出局"，且严重削弱了英国和法国的实力，留下的是骄傲自大、野心勃勃但却饱受战争摧残的苏联，以及并没有太大损伤且从大萧条中恢复了元气的美国。

有关第一和第二次世界大战以及冷战的到来，可以说的还有很多；但这种增长上相对的先后顺序显然是这些可怕事件的一个基本成分。

在两次大战之间以及冷战的一片动荡期间，第四批实现经济起飞的国家和地区开始粉墨登场，其中包括拥有世界大部分人口的拉丁美洲、亚洲，可能还包括饱受折磨的中东。在我看来，它们现在已经超越起飞，开始走向技术成熟阶段。

这些地区的增长遇到了各种各样的问题和阻力，有外部的，也有内部的。不过，那个旧的规则仍然成立，也即那些后来实现起飞的国家较之它们的前辈发展得更快。在第二十章中，我们将会举出一些相对具体的证据来说明，为什么在未来的几代中，经济发展可能会是这种情形。

由此，对于这个世界而言，核心的议题就在于我们是否能在和平之中继续完成始于18世纪的贫富转型。在这个时代，制造核武器的能力已经扩散到数量可观的核国家，此时如果发生第三次世界大战，那必定是毁灭全人类的灾难。

毫无疑问，将来前进的道路上还会出现很多其他问题，只不过根据我们现在的能力还无法确定。我非常清楚，凯恩斯作为概率论理论家而非经济学家所提出的那句至理名言有其合理性："完全确定的事从来不会发生，但出人意料却是常态。"[1]不过近年来日益明晰和迫切的是，应对第四批起飞国家的调整的关键和核心特征已经显现。对于这些调整，大致的分析已经表明，其中存诸多需要分析的维度，这不仅包括苏联和西方国家冷战的和平化解，还包括大西洋世界和日本国内政治要件的重组；包括在分布于亚太地区、西半球以及其他处在不同发展阶段的国家或地区之间寻找展开常规性区域合作的方式；包括在现行的贸易和金融情况下重新定义新的游戏规则：（1）没有哪一个国家能单独领导世界；但是（2）所有国家在整个体系活力方面都存在切身利害关系；（3）因此，所有国家都必须根据自己所处的增长阶段和其他相关环境承担对国际社会的义务，同时享有权利。我已经在别处探讨过这些问题[2]，在第二十一章我将不再重复那些在别处展开的详细论证。但我会尝试粗略地评估一下我们在这个伟大的转型进程中的位置——这个进程，从休谟和斯密还年轻的那个时代开始，就一直在缓慢地集聚能量。假设绝大多数国家终将尝试把现代科学技术的成果按照自己的方式应用于自己的国家，那么在这个进程中，我们能够走多远？清楚地摆上日程的问题有哪些？如果我们要达到一个相对普遍富裕、没有全球性挫折和灾难的世界，我们还需要什么样的智慧与运气？这些问题将在第二十一章进行探讨。这些问题与18世纪政治经济学的创始人时所关心的问题是如此之相似，却也有本质的区别。

---

[1] 米洛·凯恩斯（Milo Keynes），《约翰·梅纳德·凯恩斯文集》（*Essays on John Maynard Keynes*）（剑桥：剑桥大学出版社，1975），第3页。引文出自1938年8月26日给《新政治家与国家》（*The New Statesman and Nation*）的编辑金斯利·马丁（Kingsley Martin）的信件。全文参见唐纳德·莫杰里奇（Donald Moggeridge）（编），《约翰·梅纳德·凯恩斯著作集》（*The Collected Writings of John Maynard Keynes*），第二十八卷，《社会、政治与文学著作》（*Social, Political, and Literary Writings*）（伦敦与把辛斯托克：麦克米伦出版社，剑桥大学出版社，皇家经济学会专辑，1982）。

[2] 《富国与穷国：反思过去，以鉴未来》（*Rich Countries and Poor Countries: Reflections from the Past, Lessons for the Future*）（波尔得，科罗拉多：西景出版，1987）。

而后，本书将附上一个由本人和兰德公司的迈克尔·肯尼迪博士第二次合作的成果。我们的第一次合作旨在以数学语言再现有关康德拉季耶夫周期的各种观点，分析它们的差异性及其与历史波动的关系。[1]那次合作的成功直接促成了这个附录的产生，我们试图在其中看看本书支撑性论点的骨架可以在多大程度上通过数学语言来展示。

数学附录的第二部分基于一个普通的分析矩阵系统地比较了三种增长理论：斯密式的前工业革命模型，新古典模型，以及构成本书基础但略微简化的增长理论模型，我们在其中纳入了经济增长进程中三个内生的本质特征：人口变迁；重要创新集聚的间隔期，比如说55年；基本品供应（以及相对价格）方面在比如40年中展示出的康德拉季耶夫周期。（有关此模型截然不同的所有假设可见后文，第543页）。由于这三个模型赖以依托的假设并不相同，相应的，其总体增长路径也就迥然有异。

[1] 参见《为何穷国变富而富国减速》（奥斯汀：德克萨斯大学出版社，1980），第1章。

第二十章　经济增长中的未解之谜

人口与劳动力

仅仅是尊敬地提了一下亚当·斯密，科林·克拉克便自信满满地把自己的知 识谱系追溯到"政治算术"：约翰·冈特，格里高利·金，威廉·配第，以及其他在 17 世纪晚期重商主义盛行的环境中就开始测量人口规模和国家财富，从而开创了人口学的那些学者。不过，尽管这一做法已有三百年的悠久历史，尽管政府对人口数据怀有各式各样的浓烈兴趣，但是关于人口变迁的分析在某些方面仍然难以捉摸，尤其是在考虑生育率的决定因素时。例如，在讨论人口变迁时，钱纳里和赛尔昆就说道：[1]

> 鉴于人口增长对人均收入水平有至关重要的影响，因此确定两者之间的关联程度，并指出其联系就显得非常重要。虽然这些关系是当今人口学家和经济学家的研究热点，但就所涉及的各种相关因素而言，其本质与相对重要性上仍然存在众多分歧……
>
> 尽管世界范围内死亡率下降的原因已得到很好的了解，但是社会经济过程，包括如教育、卫生、城市化以及流动性等等，与生育率之间的相互关系仍是争辩的焦点所在。

---

[1] 霍利斯·钱纳里与莫西·赛尔昆，《发展的模式，1950—1970》，(纽约：牛津大学出版社，世界银行专辑，1975)，第 56 页。

在分析可得的横断面数据时，他们主要还是回到了标准的回归分析上。图20.1 给出了相关结果，其中那些散点表示生育率。

标准差数值显示，出生率的离散度比死亡率更大，其初始离散度十分巨大，不过这会随着人均收入的上升而变小。在相对富裕的国家中，当出生率和死亡率在越过某一点后，其与人均国民生产总值的关系似乎相对的就变得不敏感了。[1]

有许多研究都致力于确立不同收入水平下决定出生率离散化因素的相对权重，[2] 但这些统计分析尚未取得一致可靠的结果，而且它们在处理许多情况中明显会影响到结果的文化与宗教因素时遇到了系统性的困难。最终，这些研究得到的是一项政策性的共识，而非一个分析性的共识：降低发展中地区出生率最有效率的手段是坚决地实施公众避孕教育，同时启动一系列的发展项目，推动经济的快速增长，扩大教育卫生基础设施，改善收入分布。即使大家都认同这个共识的存在有其意义，但在生育率与生育政策上还有许多问题等待进一步了解，正如印度与中国政府计划生育政策的变迁所启示的那样。

值得一提的是，这里事情的本质乃至成为悖论的是，目前有关发展中国家生育率更低的决定因素的一般认识，与缪尔达尔在1930年代提出的提高生育率理论密切相关；* 也即，只有广泛的经济和社会福利项目才能创造出让瑞典家庭希望拥有更多孩子的氛围。之所以回顾该提议，主要是因为，在1970年代，在十七个发达工业国家中，人口的净生殖率已经降到 1.0 以下；而到 1986 年，在世界银行所列出的十九个工业市场经济体中，除了爱尔兰，其他所有国家的总生育率都降到了 2.0 以下。[3] 而 2.1 是大概保持人口长期稳定所需的阈值。在程式化的简单假定下，依据世界银行提供的这些数据，就可以得到每个国家假想的人口规模

---

[1] 《世界经济：历史与展望》（奥斯汀：德克萨斯大学出版社，1978），第 17 页。

[2] 相关讨论与参考，同上，第 38—44 页，相关的注释可见 725—727 页。也可参见霍利斯·钱纳里与莫西·赛尔昆《发展的模式》那出色的参考文献目录，第 215—222 页。

* 原文这里是发展中国家，但是照前后文理解，应该是发达国家。——译者注

[3] 《世界发展报告 1988》（纽约：牛津大学出版社，世界银行专辑，1988），表 28，第 277 页。通过计算净生殖率与总生育率，便可以预测未来人口趋势和水平。世界银行给出的相关定义如下（同上，第 301 页）：

净生殖率是指，在给定特定年龄段生育率与死亡率的情况下，一个新生女孩一生中将生育的女儿数量。因此净生殖率衡量了一个社会中新生的女孩在给定生育率和死亡率的情况下自我繁殖的程度。净生殖率等于 1 就意味着生育率正好处于更替水平：在这个水平上，平均而言，每个育龄妇女只生育足够数量的女儿来替代人群中的自己。

总生育率是指，当每个女性均可以活到其生育期结束，并且依照当前盛行的特定年龄段生育率选择在每个年龄段生育时，平均每个妇女将生育的小孩数量。

及其出现的日期。在第二十章，我们会对该估计作进一步检验。不过事实上，在1980 年代，我们已经看到，围绕着始于 1930 年代人口下降的可能影响，各种焦虑和分析均纷涌而出；[1]我们还看到，一些先进的工业化国家已经开始提出鼓励生育的公共政策。

目前已经足够明确的是，在未来的几十年中，地球村很可能将面临着有些地方人口增长过快而有些地方人口减少过快并存带来的焦虑；现有丰富的统计数据尚无法确定地告诉我们，生育率的决定因素是什么；而且，那个悬而未决的古老问题——如何界定一个最优的人口水平，还很可能（也许是肯定）会卷土重来，即使不是已经来临的话。[2]

452

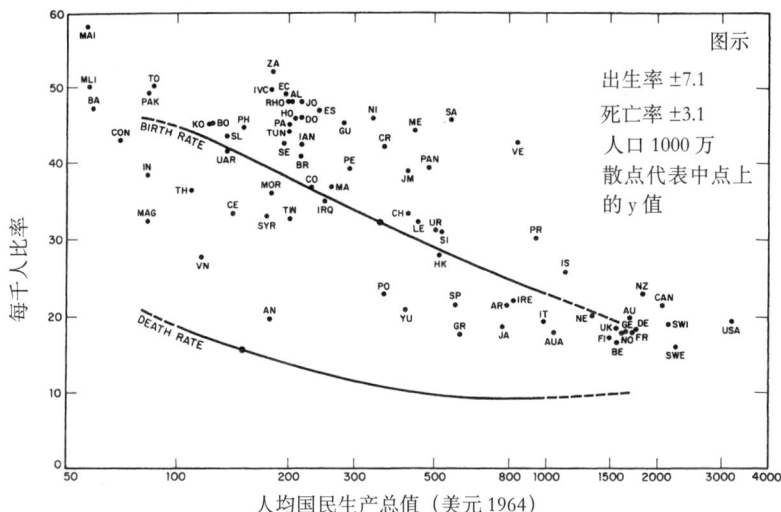

图 20.1　人口变迁。1965 年 76 个经济体出生率的散点图，数据来源同图 7.2。

[1] 见如，约翰·考德威尔（John C. Caldwell），《解读生育率下降》（*The Theory of Fertility Decline*）（纽约：学术出版社，1982）；迈克尔·泰特尔鲍姆（Michael S. Teitelbaum）与杰伊·温特（Jay M. Winter），《人口下降的危险》（*Fear of Population Decline*）（奥兰多：学术出版社，1985）；和本·瓦藤博格（Ben J. Wattenberg），《生育不足》（The *Birth Dearth*）（纽约：法洛斯出版（Pharos），1987）。还可参见西德尼·琼斯（Sidney L. Jones），"美国的人口趋势：从人口金字塔到方形"（Demographic Trends in America Squaring the Population Pyramid），《专题报告》（*Forum Report*）（华盛顿特区：华盛顿专题讨论会，1987 年 9 月 30 日）。琼斯比较详细地分析了 2050 年前美国人口规模和结构的趋势对美国经济和社会安全等方面的含义。

[2] 见如，朱利安·西蒙（Julian L. Simon），《人口理论与经济增长》（*Theory of Population and Economic Growth*）（牛津：巴塞尔·布莱克韦尔出版，1986），第七章，"最优人口增长率"（The Optimum Rate of Population Growth），冈特·斯泰因曼（Gunter Steinmann）和朱利安·西蒙，第 15—139 页。该书因其将人口增长与技术变迁精致地联系在一起而著称于世。

453 图 20.1 附带的解释用表

国家和地区	代码	国家和地区	代码	国家和地区	代码
1. 阿富汗	AF	35. 海地	HA	69. 巴布亚岛	PNG
2. 阿尔及利亚	AL	36. 洪都拉斯	HO	70. 巴拉圭	PA
3. 安哥拉	AN	37. 中国香港	HK	71. 秘鲁	PE
4. 阿根廷	AR	38. 印度	IN	72. 菲律宾	PH
5. 澳大利亚	AU	39. 印度尼西亚	IND	73. 葡萄牙	PO
6. 奥地利	AUA	40. 伊朗	IRN	74. 波多黎各	PR
7. 比利时	BE	41. 伊拉克	IRQ	75. 罗得西亚	RHO
8. 玻利维亚	BO	42. 爱尔兰	IRE	76. 沙特阿拉伯	SAU
9. 巴西	BR	43. 以色列	IS	77. 塞内加尔	SE
10. 缅甸	BA	44. 意大利	IT	78. 塞拉利昂	SL
11. 柬埔寨	CB	45. 象牙海岸	IVC	79. 新加坡	SI
12. 喀麦隆	CM	46. 牙买加	JM	80. 索马里	SO
13. 加拿大	CAN	47. 日本	JA	81. 南非	SA
14. 中非共和国	CA	48. 约旦	JO	82. 西班牙	SP
15. 锡兰（Sri Lanka）	CE	49. 肯尼亚	KE	83. 苏丹	SU
16. 乍得湖	CD	50. 朝鲜	KO	84. 瑞典	SWE
17. 智利	CH	51. 黎巴嫩	LE	85. 瑞士	SWI
18. 中国台湾	TW	52. 利比里亚	LBR	86. 叙利亚	SYR
19. 哥伦比亚	CO	53. 利比亚	LBY	87. 坦桑尼亚	TA
20. 刚果（扎伊尔）	CON	54. 马达加斯加	MAG	88. 泰国	TH
21. 哥斯达黎加	CR	55. 马拉维	MAI	89. 多哥	TO
22. 达荷美共和国	DA	56. 马来西亚	MA	90. 突尼斯	TUN
23. 丹麦	DE	57. 马里	MLI	91. 土耳其	TU
24. 多米尼亚共和国	DO	58. 墨西哥	ME	92. 乌干达	UG
25. 厄瓜多尔	EC	59. 摩洛哥	MOR	93. 埃及	UAR
26. 萨尔瓦多	ES	60. 莫桑比克	MOZ	94. 英国	UK
27. 埃塞俄比亚	ET	61. 荷兰	NE	95. 美国	USA
28. 芬兰	FI	62. 新西兰	NZ	96. 上伏塔	UV
29. 法国	FR	63. 尼加拉瓜	NI	97. 乌拉圭	UR

（续表）

国家和地区	代码	国家和地区	代码	国家和地区	代码
30. 西德	GE	64. 尼日尔	NIR	98. 委内瑞拉	VE
31. 加纳	GH	65. 尼日利亚	NGA	99. 维也纳（南）	VN
32. 希腊	GR	66. 挪威	NO	100. 南斯拉夫	YU
33. 危地马拉	GU	67. 巴基斯坦	PAK	101. 赞比亚	ZA
34. 几内亚	GUI	68. 巴拿马	PAN		

技术与投资

我将从一段扣紧本书主题的引语开启这一小节的讨论：[1]

> 虽然新古典经济理论有着许多重要的应用，但从长期来看，这些理论与真实世界的相关性很弱。之所以出现这个缺陷，主要是因为这套理论并没有纳入技术知识的变迁……技术变迁只能作为外生变量引入到这个分析框架中。它只是在假定，而非在解释。因此，从长期看，决定价格和产出最为重要的真正变量却完全游离在这个理论之外。

增长理论最主要的缺陷之一就集中在如何处理技术上：技术的产生，包括科学和发明之间各种间接和直接的联系；技术的扩散，以及技术在企业家精神质量发展过程中所起的作用；技术与总体投资过程进而宏观经济绩效的联系；以及落后国家有效率地吸收相关技术存量速度的决定因素。正如随后将讨论的文献所提到的，由于许多学者已经意识到当代历史上最伟大的技术革命之一正在拉开序幕，过去十多年里围绕这个问题出现了大量工作。[2] 但是我推测，几乎所有关注这些问题的学者都会同意，当前的许多研究和分析还处在探索阶段，属于零敲碎

454

---

[1] 雅各布·斯穆克勒（Jacob Schmookler），《专利、发明与经济变迁》（*Patents, Invention, and Economic Change*），兹维·格里利谢斯（Zvi Griliches）与利奥尼德·赫维茨（Leonid Hurwicz），（剑桥：哈佛大学出版社，1972），第 70 页。

[2] 保罗·斯通曼（Paul Stoneman）的《技术变迁的经济分析》（*The Economic Analysis of Technological Change*）（牛津：牛津大学出版社，1983），每个章节后都有一个参考文献，这些参考文献可为近来有关技术变迁经济学研究的规模和方向提供有益的判断。斯通曼的著作是1980年代早期一份有价值的研究总述。不过在（接下页注）

打，也没有充分融入传统的经济分析之中。因此，这个领域的研究现在还有两个悬而未决的问题：一是针对技术分析本身的整合；二是这种技术分析同主流经济学的关系。

本书所讲述的具有讽刺意味的故事之一，就是1870年左右形成的边际分析方法。该方法的出现通常被认为是经济学中决定性的、开创性的重要突破，但是它却打破了技术与经济分析之间已经如此简单而自然地存在一个多世纪的联系。[1]不论是休谟和亚当·斯密，马尔萨斯和李嘉图，还是（受到查尔斯·巴贝奇影响的）约翰·斯图亚特·穆勒和马克思，都花费了大量篇幅讨论他们所处时代的技术发展带来的问题。马歇尔、罗伯逊以及阿伦·杨格也是如此，尽管他们并未找到一条能使1870年之前的相关理论与他们理论之间良好衔接的桥梁。不过，马歇尔毕竟还是注意到传统的均衡分析与严格的报酬递增状态之间的不相容，一个对新技术的扩散展开任何正式的分析时必定会出现的冲突。

我之所以在此重提针对这一非常棘手的问题的这些工作，原因有三。首先，主流经济学后来的发展历史，本质上就是在设计各种装置，以图维护某种可以避开这些问题的方法。它或是外生化创新，或是简单地把它纳入总投资；或是将其处理为市场扩张或者干中学的增量结果；或是通过"残差项"、边际资本产出率或者"中间产品"等黑箱来将其掩盖。除前文提到的少数特例外，主流文献好像

（续上页注）其文献之后，还应该加上伯顿·克莱因（Burton H. Klein）的著述，后者在技术变迁的影响因素方面做了许多有意思的研究；例如，《价格，工资与经济周期：一个动态理论》（*Prices, Wages, and Business Cycles: A Dynamic Theory*）（艾姆斯福德，纽约：佩尔加门出版（Pergamon Press），1984）。克莱因提出了"看不见的脚"（也即给定部门的竞争强度）一说，认为这是看不见的手这一利润诱惑之外决定技术扩散速度的因素之一。更早一些，威廉·诺德豪斯试图把发明创新的进程和新古典主流经济学调和在一起而付出了严肃认真的努力，见《发明，增长与福利：对技术变迁的一个理论处理》（*Invention, Growth, and Welfare, A Theoretical Treatment of Technological Change*）（剑桥：麻省理工学院出版社，1969）。其中给出了1960年代后期一个完整的参考文献目录，见第155—164页。在第55—59页中，诺德豪斯强调了他的研究必须要有的三个假设，这些假设虽然重要但却不那么符合现实：确定性、规模报酬不变和完全竞争。另外一个同样不现实的假设是研发的产出（生产力改进技术知识）会逐步增加。

技术已经进入关注经济变迁的经济史学家与经济学家的研究范围，尽管他们还未能很好地沟通并相互支持。有关技术研究与新古典经济学间不可避免的冲突，可参保罗·戴维德（Paul A. David）的著述，《技术选择创新与经济增长》（*Technical Choice Innovation and Economic Growth*）（剑桥：剑桥大学出版社，1975），"前言：技术、历史与增长"（Introduction: Technology, History and Growth），第1—16页。有一项研究试图勾连主流经济学与经济史，包含了对技术所引出的问题的大量讨论，参见威廉·帕克（编），《经济史与现代经济学家》（*Economic History and the Modern Economist*）（牛津：布莱克韦尔出版，1985）。

[1] 这是我在"技术与经济理论家"（Technology and the Economic Theorist）一文阐释的核心主题，该文是为庆祝大卫·兰德斯（David Landes）六十岁生日而举行的会议所作，未发表，该会议于1987年8月30日—9月4日在科莫湖百乐宫的塞尔贝罗尼庄园举行。

已经把约瑟夫·熊彼特以及西蒙·库兹涅茨年轻时的《长期波动》抛于脑后。

其二，迈克尔·肯尼迪和我都在想，我们是否可以在附录中建立一个模型，捕获亚当·斯密式前工业革命的经济增长，以比照当代经济增长模型。这其中，一个有待解决的中心问题是：能否捕捉到从斯密的"哲学家"和创造性的机械制造者偶尔为之的发明创造向技术创新流的转变，因为这正是现在经济增长的最重要特征。[1]

其三，从第二十一章看来，所谓的第四次工业革命实际上将影响到国际社会将在比如后半个世纪面临的所有重要问题。而这次革命的四个主要部门——微电子、基因工程、新工业材料以及激光，都将展现出非连续发展以及持续不断进步的特征。

因此，本节还有一个目标，那就是找出那些必须解决的问题，以及关于技术与投资研究的广阔特征，这也许能够使得那两条自从 1870 年之后就分道扬镳的路径同归于一。这里的观点包括八个相关命题。

1. 研究和开发是一个复杂的交互统一体，其最终产出是有利可图的发明和创新。新技术的创造及其被引入经济系统以图牟利是一系列复杂活动的结果。这一系列活动始于基础科学，经由发明，再延展到开创性的复杂商业运作，也即所谓的创新——在这个创新的过程中，又往往伴随着高风险的融资，劳动力的培训或者再培训，以及富有想像力的市场营销。偶尔，所有这三种活动都会由一个人完成，例如埃德文·兰德（Edwin Land）和他的宝丽来（Polaroid）相机。但是，即使是第一次工业革命中那些最为重要的发明，从本质上看，这三个阶段无一轻而易举，而是一个复杂波折的过程。[2]

就基础学科而言，如同它自身从哥白尼到牛顿再到后来的发展，它拥有自己的生命轨迹，有时会与发明的过程直接相联，密切交互，有时候则是远远游离，

455

---

[1] 沿着与本书中到处可见且大致相同的路径而对主流经济学展开批评的论述，可见纳尔逊（R. R. Nelson）和温特（S. G. Winter），"新古典比对经济增长的演化理论：批评与构建（Neoc1assicai v. Evolutionary Theories of Economic Growth; Critique and Prospectus），"《经济学杂志》，卷 84，335 期，（1974 年 12 月），第 886—905 页。关于使用新古典工具研究创新的严格条件假设，可以参见威廉·诺德豪斯，《发明，增长与福利》，27 页。在花费了一章的篇幅致力于放宽这些假设条件之后，诺德豪斯总结说（第 59 页）："我们本节提出的问题非常重要，如果希望这些结论可以用于实际市场的话，就不能对此视而不见。不过，对此展开完整的研究讨论并寻求解决的方案并非本书的主旨。"

[2] 对这些复杂性的探究，请参见本人的《所有这些是如何开始的》（How it All Began）（纽约：麦格劳—希尔出版，1975）一书的第四章，"科学，发明与创新"（Science, Invention, and innovation）。

672

或只是间接相关。[1] 尽管路径截然不同，但是不管是熊彼特在解释他自己提出的史诗般的创新背后的复杂性时，还是库兹涅茨在解释主导部门创立背后的复杂性上，二者的解释均非特别的发人深省。熊彼特把发明的源泉归于自发原生，他所重点关注的是创新者以及重大非连续创新所带来的经济结果。[2] 而库兹涅茨虽然多次提及现代科学在经济发展中的基础性作用，但是他并没有严肃认真地探索不同时期科学与发明之间联系的各种特征，也没有针对一些特别的发明展开讨论。

就此处有限的目的而言，注意到下述三点便已足够：首先，研发过程所涉及三种概念上可区分但却交互作用的创造性活动；其二，它们之间如何相互联系仍然有待进一步研究；其三，在当前正在展开的第四次技术革命中，它们之间的联系和互动将会变得前所未有的紧密。

2. 尽管有点过度简化，但是如果我们将创新和发明分为两大类——增量创新以及不连续创新，对于分析应该会十分有用。亚当·斯密和熊彼特都做了类似的区分。这两者的极大差别在于，前者的创新程度是如此之小，以至于管理者就可以胜任，但是对于后者而言，则是具有企业家精神的英雄所做出的巨大的结构性突破。其实，熊彼特在这一点上的工作可能有些走过了头。事实上，他自己的分析也表明，在某一时刻，部门和企业中创造性企业家精神强弱程度的分布呈一个谱系状态（前文，238—239 页）。罗森伯格直接讨论了这一点：[3]

> 熊彼特的观点令经济学家习惯于认为，技术变迁就是包含有重大突破的技术变革，与以往的技术有着巨大的不连续或者断裂……但实际上，技术变迁（甚或更为重要的）另一面是，它还是一个由熟练员工无数次较小的调整、修改、适用组成的连续流，并且在一个应用了机器技术的经济体中，一项技术的生命力会极大地体现在这项技术是否能够做出这些调整适应。

---

[1] 对于科学与创新之间关系的讨论，尤其可参见雅各布·斯穆克勒，《创新与经济增长》（剑桥：哈佛大学出版社，1966），和内森·罗森伯格的评论，录于《论技术》（*Perspectives on Technology*）（剑桥：剑桥大学出版社，1976）第七章 "卡尔·马克思论科学的经济功能"（Karl Marx on the Economic Role of Science）和第十五章 "科学发明与经济增长"（Science Invention and Economic Growth）。第十五章中有一部分内容是在评论斯穆克勒的研究。本人的观点汇集于前面提到的《经济增长的进程》（牛津：克拉伦登出版社，1953）、《这一切是如何开始的》以及《为何穷国变富》的第四章 "技术与价格体系"（Technology and the Price System）。

[2] 对斯穆克勒及其在这些方面影响的重要评论，见内森·罗森伯格，《论技术》，第 66—68 页。

[3] 同上，第 166 页。

沿着这个逻辑，罗森伯格讨论了瓦特之前纽科门（Newcomen）发明的蒸汽机的重要作用，退回到反证法且找到了一个恰当的平衡：[1]

> ……人们或许机会就会说，詹姆斯·瓦特"不过是一个改良者"，虽然这样的说法和说拿破仑仅仅是一个士兵，或是说巴赫仅仅是一个教堂乐师相当。也就是说，瓦特对蒸汽机的改良将它从一种应用范围有限，也即特别有利于在便宜燃料可得之处使用的工具，变成了一种远为重要的一般性动力源。

实际上，增量式发明和创新有两种。首先，即使是最伟大和最强有力的创新，那也是一个渐进的过程，其中包含着许多人的心血和汗水，因此几乎可以肯定，在一个关键突破出现之前，会有一种增量创新持续发挥作用，沿着沿着库兹涅茨所说的主导部门不可避免的衰退路径不断前行，精进新工具，改善新方法。其次，在现代经济那些扩张不那么快、停滞甚至衰退的部门中，还有一种每天都在发生的增量发明和创新，虽然这种创新可能欠缺锐气。

456

简言之，除了明确赞同从亚当·斯密到内森·罗森伯格都在强调的增量创新发明的重要性以外，我还要重申熊彼特在他的《经济周期》中所绘声绘色地描绘的三次伟大的工业革命的合理性：1780年代，新式纺织机械、瓦特蒸汽机以及柯特的焦炭冶炼法三者合一；铁路革命，谨慎地说是始于1830年代，不过很早之前就借助钢铁技术革命克服了铁轨的高折旧率；世纪之交，电力、化学以及内燃机的突破性进展。第四次工业革命，在经过长期的酝酿之后，自1970年代中期开始展开，包含四大领域：微电子学、基因工程、新材料的发展（例如陶瓷、光纤以及新一代塑料制品），还有激光技术。在那些高度多元化的领域中，增量改善的过程或多或少也在向前推进，正如在一个仍然处于技术革命早期阶段时可预期的那般，偶尔惊艳地出现一些重大的突破，例如最近关于高温超导体的进展。

3. 两种类型的研发，不管是增量的还是不连续性的，都是投资的一种形式；也就是说，它们意味着在考虑风险和专用性问题的基础上，通过配置人类目前拥有的才能和资源，以图在未来至少实现与这些资源配置在其他方向上相当的预期成本收益比。从休谟到凯恩斯，所有睿智的经济学家都曾指出，投资是一种创造

---

[1]　同上，第192页。

性的冒险活动，人们致力于这类冒险活动的激励已经超越常规的收益激励；相比一般的投资行为，研发上的投资也许更是如此。尽管如此，发明的社会价值甚至在第一次科技革命之前就已经体现出来，比如英国的专利制度和18世纪法国政府对于发明和创造提供的各种形式的补贴和奖励。[1]但是，只有到了最近，以各种严肃认真的专业性努力去测量研发投资的可盈利性，才开始作为投资过程中的一个子部门出现在世界经济中。这种努力的主要先驱包括雅各布·舒摩卡乐（Jacob Schmookler）、埃德温·曼斯菲尔德（Edwin Mansfield）和兹维·格里利克斯（Zvi Griliches）。1960年代，美国生产率的增长开始减速，这也许与美国国内研发支出的递减有关，而这也促使后续研究沿着以上三位学者所开创的路径进一步扩展并强化。[2]

像熊彼特所意识到的那样，就研发过程与我们所熟悉的经济激励之间的关系而言，其程度与方式都很复杂。其实，围绕着科学或者研究的目的，这些研究者们还与马克思主义者产生了一些争论，他们甚至试图搬出牛顿的《原理》来解释资产阶级的必要性。[3]

这里的观点还要稍微复杂些。在追溯经济增长理论的演进时，明显存在两条对位的流脉：其中一条试图解决现实世界中的各种问题，而另一条则在所谓的学

---

[1] 对英国与法国鼓励创新方式的比较研究，请参见本人的《这一切是如何开始的》，第173—189页。

[2] 见如，爱德华·丹尼森（Edward Denison），《美国经济增长趋势，1929—1982》（*Trends in American Economic Growth*）（华盛顿特区：布鲁金斯研究所，1985），第40—44页，及其注释中的参考文献。除了注释12中引用的《创新与经济增长》，还可参考雅各布·斯穆克勒的《专利、发明与经济变迁》，尤其是"技术变迁与工业增长定律"这一篇（Technological Change and the Law of industrial Growth），第70—84页。

[3] 关于这个问题的争论，见《这一切是如何开始的》，148—150页。罗森伯格在他论述马克思科学观时领会颇深，他作了如下有益的总结：

"科学的产生与发展由生产决定"这一陈述，我们可以有多种不同的理解。

1. 科学研究的经费支持有赖于工业生产。

2. 对于个体（以及社会）而言，解决特定科学问题的动力在于可获得高额经济报酬的预期。

3. 工业生产的需要是引发对某个问题展开研究的有力因素（如巴斯德对发酵与家蚕流行病的研究）。

4. 正常的生产活动可以为某些学科提供非常重要的证据来源（冶金术与化学、运河开凿与地质学）。因此，作为其副产品，工业活动为科学原理的建立及其一般化提供了源源不断的原始观测样本。

5. 某个学科的发展史，包括不同历史时期各个学科发展速度的差异，完全可以理解为是因为社会经济需要的不同所导致。

我相信马克思和恩格斯会毫不犹疑地同意1到4这四点推论。我还相信，看起来他们还会赞成第5个结论。但是，我认为……他们赞成第5个结论是有一定的条件的——这些条件令我震惊，因为它们整体上比原初的结论更令人感兴趣。

罗森伯格所指的条件主要关系到复合体的出现、高度差异化的机械，以及科学原理在设计与制造中的运用。

科内部发展出了一连串连续的概念、争论以及阐释。对于自然科学的演进而言，显然也是如此。而且，自然科学与社会科学二者均在一定程度上受到测量与计算能力的影响；例如，当国民收入与产出分类核算的出现使得概念与数字得以统一，凯恩斯的收入分析便因此得到极大的强化。[1]在这里（还有第二十一章）需要强调的是，在过去两个多世纪里，随着时间的推移和前后四次创新的集中涌现，基础科学与发明和创新之间的关系已经日益变得更为直接。第四次工业革命与一些基础科学领域密切相关，这些领域本身也经历了革命性变化。在过去的两个世纪中，发明家、创新型企业家以及劳动力一直有如一个团队那般，尽管有摩擦，却很和谐。现在科学家也必须日益看作是这个"团队"的一员，并且若想成功，企业家就必须明白科学家在这个"团队"中处于什么位置。在不远的将来，仅仅基于一个屠宰场（例如类似于亨利·福特的流水线生产），是不太可能实现重大突破的。

457

　　但是，基础科学和应用科学之间这种最古老的区分依然存在。尽管基础科学一片繁荣，盛产出各种丰硕的果实，但它所带来的社会效益却很难预测，也很难启发发明家。不过随着1661年英国科学家与查尔斯二世的辩论，以及科尔贝特（Colbert）代表法学科学家（包括帕斯卡（Pascal）和惠更斯（Huygens））与路易十四的辩论的展开，几年以后，共识达成——政府必须出于整个国家的利益补贴基础科学，于是便有了后来斯密所定义的"大社会"的基础。英国皇家学会和法国科学院创立之合理性，再经过19世纪巴贝奇、穆勒等人的强化，最终确立了延续至今的基础研究公共补助模式。

　　若不考虑军事科技，以及某些对于私人部门来说有着太多不确定性或者过于昂贵的重要民用事业（例如核聚变能量的利用），那么非常明显的是，市场已经在过去的几个世纪中带来琳琅满目的众多发明。罗森伯格提出了一个与赫希曼的"诱导性机制"相关的说法，列举了三种"强制性时序"，认为它们会一针见血地抛出界定好的问题，并吸引创造性才能来解决问题。[2]这三种"强制性时序"包括：由于互相联系的经济过程中发展不协调而导致的技术不平衡，工人罢工或者

---

[1]　对现代物理科学发展初期以及最近的测量能力的讨论，可参见《这一切是如何开始的》，第154页，以及《从这到那》（纽约：麦格劳—希尔出版，1978），第160—162页。

[2]　《论技术》第六章"技术变迁的方向：诱发机制聚焦装置"（"The Direction of Technological Change: inducement Mechanisms and Focusing Devices"）。

673

其他影响生产连续性的威胁，以及战时因为生产中断而导致的短缺或供给成本的急剧增加。当然，所有这三种强制性机制都是出于牟利或者谋取预期利益而发挥作用，但是罗森伯格并未止步于展示这种明显的关系。实际上，他试图说明，发明才能聚集的渠道很容易受到不平衡状态的巨大影响，不管这些不平衡是内生的技术演变，还是外生于经济体系的运转。

这些都是十分有价值的观点；但是显然，仍然有很多东西需要整理，就像我们日益将整个研发过程看成现代经济运行过程的一个内生部分一般。

4.科学才能、发明才能以及企业家才能趋于集中；这是为什么呢？ 1970到1980年代中，由于凯恩斯、货币主义者或者两者的需求导向型宏观经济理论，不管是在分析上还是在对策建议上均出现力有未逮，于是对长期周期理论的兴趣略有复兴的迹象，尤其是从熊彼特创新的角度去理解康德拉季耶夫周期。这就不可避免地走向对熊彼特断言的重新检验：在历史上，重大创新往往是不规则且成群成群地在某一时期集中出现。

有关这个问题的争论再次兴起，其中心人物是是美德两国学界的关键人物，格哈德·门什（Gerhard Mensch），曾引领苏塞克斯大学一个杰出的分析家团队的克里斯托弗·弗里曼（Christopher Freeman），以及荷兰经济学家阿尔弗雷德·克莱因克内希特（Alfred Kleinknecht）。[1]

在这里值得一提的是，相关讨论已经很复杂，因为其中涉及三种得到恰当区分的集群定义（及假说）。首先，熊彼特在写他的《发展理论》时，心中似乎就已在设想由单一主要部门发起的重大创新突破，其后紧跟而来的是一个席卷整个经济的浪潮，引领众多的新企业在较次一级企业家的带领下进入该部门，摄取已经得到确证的那种源于创新的获利机会。其次，根据朱克斯（Jewkes）的《发明之源》（*The Sources of invention*）中对发明及创新时期的划分，门什（1958）认

---

[1] 门什的假设可见他的《技术僵局：以创新打破萧条》（*Stalemate in Technology: innovations Overcome the Depression*）（纽约：鲍林格出版，1979），英文版译自1975年的德文版。弗里曼观点的完整阐释，可见克里斯托弗·弗里曼，约翰·克拉克（John Clark）和卢茨·泽特（Luc Soete），《失业，与技术创新》（*Unemployment: and Technical Innovation*）（康涅狄格，西港：格林伍德出版社，1982）。该书的参考文献部分（第203—210页）罗列了近期有关长波的主要研究及一些经典文献，尽管这方面研究在1980年代成群结队地出现。我对门什—弗里曼论辩的评价可见我对后者研究成果的评论，《经济学文献杂志》，第26卷（1988年3月），第129—131页。还可见阿尔弗雷德·克莱因克内希特的《危机与繁荣期的创新模式：再探熊彼特的长波理论》（*Innovation Patterns in Crisis and Prosperity: Schumpeter's Long Cycle Reconsidered*）（纽约：圣马斯汀出版（St. Mastin's），1987），简·丁伯根作序，以及我在《经济学文献杂志》中的回顾，第26卷（1988年3月），第111—113页。

为：[1]（1）当发明和创新之间的差距缩短，不同部门中的重大创新集群就会在周期性衰退期启动，而随着这种创新的扩散，经济的大繁荣也就随之而来；（2）在这些创新集群的效应发挥之后，"技术僵局"期会随之而来，直到萧条期产生和释放一批新的发明和创新。

弗里曼在认真适度地分析了门什的数据之后，总结了以下几点——这些观点我基本同意：[2]

（1）基本上，基础性发明确实有在某些时期集中的趋势，包括 1930 年代初的大汇聚，但是这种集中看起来与经济萧条并没有系统性关联。

（2）现有的证据并不能为门什—克莱因克内希特有关大萧条时期基础创新会大汇集的观点提供一致的支持，虽然在 1930 年代后期存在一些集群的证据。

（3）同时，现有的证据也不支持大萧条时期启动的创新，其主导时间在加速减少的假说。

（4）但是有证据表明，在长期繁荣的末期，基础性创新会下降。

（5）在更为严峻的萧条期，公司会趋于减少它们研发方面的活动，专利也会减少。

弗里曼自己关于科学、发明以及创新三方关系的假说，以及重大非连续创新和小幅增量创新的假说与此略有不同：[3]

> 我们对于创新的"星群"感兴趣，因为它们之间相互关联，而不仅仅只是在特定年份或者年代中表现出或多或少统计意义上的集聚而已。如果我们想要在理解创新与长波之间的关系上取得进展的话，重要的是需要阐释产业与技术的出现、成长、成熟以及衰退。重要的新技术在引入经济系统后会历时数十年，并影响很多的行业；但是，这个过程有周期性的一面，会引来长期波动。

弗里曼随后增加了一个结论，这将他带回到熊彼特至少是在《经济周期》中阐述的正统观点：[4]

---

[1] 朱克斯等，《发明之源》（The *Sources of Invention*）（伦敦：麦克米伦出版社，1958，1969）。

[2] 弗里曼等，《失业与技术创新》，第 63 页。

[3] 同上，第 64—65 页。

[4] 同上，第 67—68 页。

……如果 S 形曲线只是由相当多不连续的基础性发明随机分布而来，并且曲线的形状多种多样，那么在大的经济环境中可能就会激起一系列的涟漪，但却不会有很大的波动。

当这些创新之中有某些尤其重大，有较长的时间跨度（如铁路），并且 / 或者有某些创新由于技术上或社会方面的原因而相互依存、相互联系，又或者一般的经济状况有利于其共同成长时，就可能出现大的波动。因此，我们对可称为"新技术系统"，而不是杂乱离散的"基础性创新"集更感兴趣。基于该立场（我们相信，这本质上也就是熊彼特的立场），创新的"集群"是与技术网络相联系的，是与新产业和服务包括独特的新企业群的成长，与他们自己的"亚文化"和特有的技术，与消费者行为的新模式相联系的。熊彼特提到，第一次康德拉季耶夫周期是基于纺织机械的创新以及蒸汽动力在制造业的大规模应用，第二次是基于铁路和钢铁，第三次是以电力、内燃机以及化工行业为基础。

弗里曼接着比较细致地考察了"二战"后变得非常重要的两个技术系统：合成材料和电子行业。

在以上和其他一些经济史学家的研究之中出现了三个脉络，这些脉络也许能够帮助找到下面问题的答案[1]：为什么在过去的两个世纪里会出现四次重要的技

---

[1] 在弗里曼与本人的分析中存在一个知识上的问题：假如确实存在创新的周期，那以此来看的话，世界经济处在什么位置呢？在熊彼特所界定的 1914 年前三次技术革命的基础上，克里斯托弗·弗里曼及其同事识别出 1945 年后的第四个长波（第六章至第八章）。它在 1960 年代中期达到顶峰，主要与塑料、人造纤维及微电子技术，包括电视机相关——弗里曼对这些部门做了原创且富有成果的分析。他非常清楚，汽车和耐用消费品再战后大繁荣中极重要的地位，但是这些部门（除了电视）明显没有处于技术创新阶段，而属于第三次工业革命的成果。但是弗里曼选择极尽所能地刻画一批一直在苗壮成长的技术的兴衰，因为它们明显在 1945 年之后开始进入大规模生产阶段。

我倾向于将战后繁荣的主导部门（包括塑料、人造纤维及电视）归于第三次工业革命的作用，我比弗里曼更强调 1950 年代至 1960 年代汽车及耐用消费品革命向西欧与日本的扩散，这些部门均偶然大量地采用了合成材料和微电子技术。我会把始于 1970 年代中期的微电子技术、基因工程、新合成材料和激光看作是第四波。

我在这里并不是想说，我的观点是正确的，而弗里曼的观点是错误的；我想说的是，成群结队地出现是现代经济史的一个典型特征，我们的分组和阶段划分因此无可避免地具有随意性。我们需要认真对待但不必过于计较，就像许多重要的创新会发生在这几个集中时段之外，同时集群也可以依托不同的方式进行分组一般。

威廉·克雷勒（Wilhelm Krelle）沿着一种非常不一样的进路研究创新集聚，见"技术进步与增长的长期波动"（"Long-Term Fluctuation of Technical Progress and Growth,"《制度与技术经济学杂志》(*Journal of Institutional and Theoretical Economics*)，卷 143，第 3 期 [1987 年 9 月]，第 379—401 页）。他提出了"创业"周期这一概念，把它界定为一个"用来测度人群中经济活动程度的潜在变量"，并以此来解释美国、联邦德国及日本在 1965—1975 这十年间创新的衰退以及后来的复苏。在我以更具体的方法考察这一现象时，克雷勒已是少数把握到那十年中创新衰退以及后来复苏的学者之一。

术系统性集群？

第一条线索是，搞出并完善某个给定的突破性创新明显是一个长期过程。在《世界经济：历史与展望》的第五部分中，我试图采取一种简单的方式去描述主导部门复合体的角色。我通过计算五年连续移动平均值，画出了各个主导部门的平均增长率，以比对整体工业生产指数的增长率。明显的，主导部门的增长率曲线在开始的时候会极大地超出整体工业生产指数曲线，经过了一段时间之后，则会降到整体工业生产指数曲线的水平（或者其下）。下表说明了英国这一过程花费的时间：[1]

表 20.1 主导部门大致的主导时间：英国，1783—1792   460

部门	增速最快时期（1）	成为主导部门的时间估计（2）	估计的终止时间（3）	时间跨度（3）——（2）
棉纺织业	1780 年代	1780 年代	1840 年代	60
生铁	1790 年代	1780 年代	1860 年代	80
铁路	1830 年代 ^{a}	1830 年代	1870 年代	40
钢铁	1870 年代 ^{b}	1870 年代	1920 年代	50
电力	1900—1910	1900—1910	—	—
汽车	1900—1910	1920—1929	1960s	40

a：每个十年中增加的里程数如下：1825—1830，71：1830—l840，1,400，1840—1850，4,58；1850—1860.4,493；1870—1880，2,001；1880—1890. 1,718.

b：1871 年估计为 329,000 吨。由于产量低，最大增长率可能来得更早一些。

数据来源：沃尔特·惠特曼·罗斯托，《世界经济》，（奥斯汀：德克萨斯大学出版社，1978），319 页。

弗里曼绘制了美国塑料行业的生命周期，其结果再一次表明，技术系统生命周期稳步减速的节奏一如早期库兹涅茨《长期波动》中所描述的那般（图 20.3 和 20.4）。传统的经济周期就是这个长期过程所呈现的形式，而不是触发这个过程的源头。   461

---

[1] 《世界经济》，第 379 页。

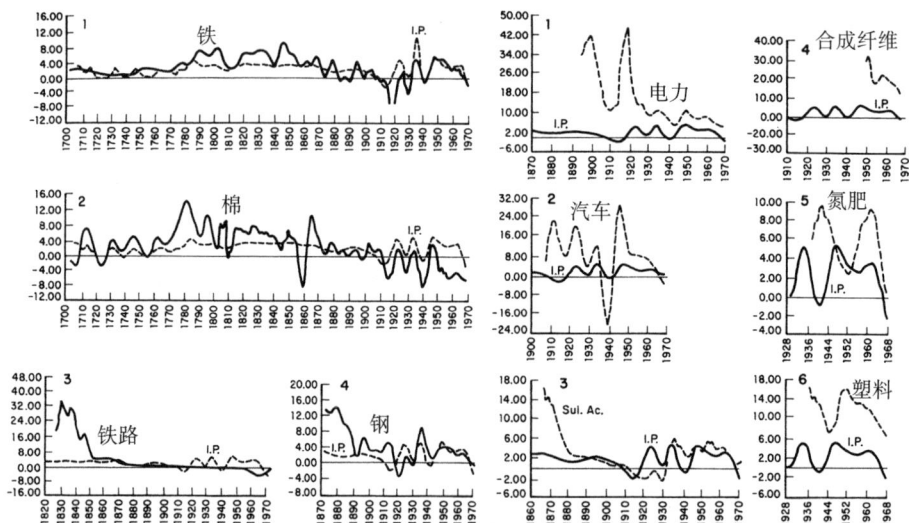

图 20.2　英国，1700—1972：重要部门与工业生产的相对增长率（经过平滑处理）。

摘自沃尔特·惠特曼·罗斯托，《世界经济：历史与展望》（奥斯汀：德克萨斯大学出版社，1978），376—377 页。

　　第二条线索是，当一个经济系统到达它的波峰后，最先衰退的是它的创新部门。这在图 20.3 可以很明显地看出来，论文和专利先于产出达到波峰；这更明显地体现在图 20.4 中，日本的高分子化学工业所获的研究支持首先下降，而后是研究论文数、专利数、产出，进而是从事这个领域的研究者数量。大学里面的高分子化学系在一定时间内还会继续存在。特定技术系统（或者主导部门复合体）的生命周期往往包含着不止一个的重要创新突破，但是每一个都可能经历报酬递减。富有创造性的男女老少会跟着感觉走。因此，例如在 1930 年代末，随着棉纺织业在美国趋于平淡，原本为该行业制造机器的人就转而为建筑业制造机车。再举最近的一个例子，在 1970 年代写作《从这到那》（*Getting From Here to There*）时，我尝试回答一个当时的热点问题：人类的创造力在减弱吗？[1] 私人和公共的研发支出在减少，生产率的增长率也在减速。于是，在四十年之后，严肃的分析家们对于长期停滞的恐惧又再度复苏。最后，我的结论是，我们正在从一

462

674　[1]　《从这到那》，第八章和第九章。

系列的主导部门和技术体系转向另一个层面，正如克拉克的格言所说的[1]："知识是使生产不至受制于报酬递减的唯一依赖。"

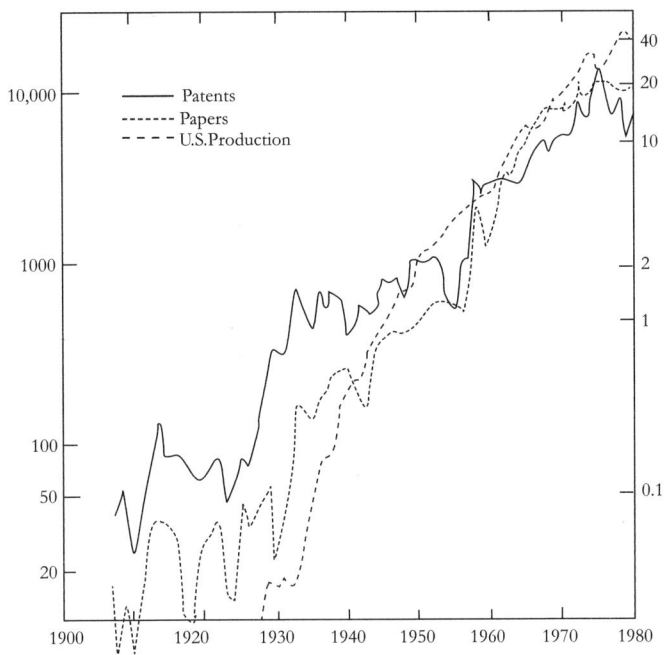

图 20.3 美国塑料行业专利，论文与产出（1907—1980）。

　　摘自沃尔什（V. Walsh）等，"化工行业中的发明与创新趋势"，递交给皇家科学研究会的报告（印刷品），科学政策研究部分，录于克里斯托弗·弗里曼，约翰·克拉克，吕克·泽特，《失业与技术创新》（*Unemployment and Technical Innovation*）（康涅狄格，西港：格林伍德出版社，1982），86 页。

---

[1] 约翰·莫里斯·克拉克，《管理费用经济学》（*Economics of Overhead Costs*）（芝加哥：芝加哥大学出版社，1923），第 120 页。这篇影响深远的作品粘贴在德克萨斯大学旧董事办公室的墙上。不过我的同事迈克尔·肯尼迪指出，克拉克在文中对报酬递减的使用有点通俗，甚至令人怀疑。他认为，不管怎么衡量，双倍的研发投入也不大可能会使可用知识存量的年度增量翻番。

　　对库兹涅茨—伯恩斯—索尔特假说（给定部门的发明和创新会面临报酬递减），与斯穆克勒假说（给定部门需求与生产的扩大会增加发明与创新的数量）细致的比较研究可参见，迈克尔·格特（Michael Gert）与理查德·沃尔（Richard A. Wall），"技术的演进与创新投资（The Evolution of Technologies and Investment in Innovation），"《经济学杂志》，卷 96，第 383 期（1986 年 9 月），第 741—747 页。作者的结论并不确定，他们认为两种力量都会起作用，因而结果无法预先得知。

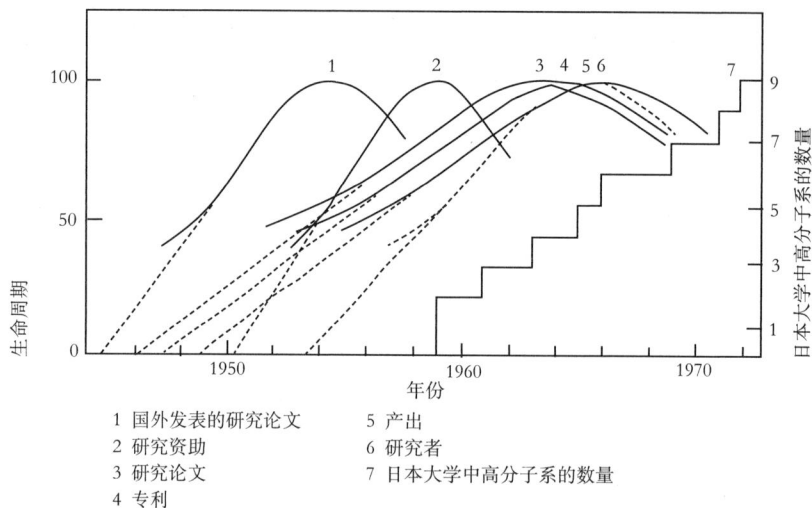

图 20.4 高分子行业的生命周期与日本大学中高分子系的数量。

摘自 K. 山田, "学科生命周期与资源配置之间的时滞" (A Study on Time Lag between Life Cycle of a Discipline and Resource Allocation)《研究政策》(Research Policy) (1982), 录于弗里曼,《失业与技术创新》, 第 92 页。

当然, 创造性工作方向这种在科学—发明—创新谱系上的转变还会受到供给面和需求面的影响, 前者指新的科学突破（如 DNA、激光以及微型计算机）, 后者指过去主导部门技术创新动力和兴趣的减弱。

第三条线索是, 这些看起来相互独立的技术系统集群可能不像它们看起来的那般相互独立。例如, 事实证明, 瓦特的蒸汽机是柯特的焦炭冶炼成功的必要条件, 也是让棉纺织工厂有能力摆脱水力动力的基本依托。又例如, 铁路不仅确立了罗森伯格式的"强制性时序", 使得钢铁以及所有以此为原料的产品变得便宜, 而且它还大大刺激了机械制造业和其他金属制造业的发展。再例如, 内燃机代表了化学、电力、钢铁业和机械制造业的融合。当我们对正在发生的第四次工业革命认识更清晰之后不难发现, 这个看起来相互之间非常独立的技术系统的根基, 正是仍在快速变化的计算机给基础科学带来的方方面面的影响。[1]

---

[1] 有关这一点可参见《从这到那》, 第 161—162 页。贝克 (W. O. Baker) 对此有详尽的阐述, 见 "现代科学中计算机的信息处理功能 (Computers as Information-Processing Machines in Modem Science)", 载于《现代科学的产生: 传记研究》(The Making of Modern Science: Biographical Studies), (1970 秋), 99 卷, 第 4 期, 《代达罗斯》, 第 1088—1120 页。

随着研究打开"技术变迁"的黑匣子，我们仍然有很多需要了解的东西。不　463
过已然清晰的是，现代社会中，当发明创新的规模成为经济、非经济因素的函
数，发明创新流的构成就将受到利润激励的实质性影响。进一步，如果我们假
设，个人从创造性发明的精进中获得的收益受制于报酬递减定律，那么在特定领
域的研发才能聚集的盈利性也会逐步减少。这意味着，随着时间的推移，把研发
才能投入到更为有利可图的创造性新领域的激励也将增强。这些进程，再加上一
些恰当的时滞，这二者一起也许可以解释，为何有利可图的新发明创新会随着主
导部门的减速而出现。这种卷入并再卷入在新方向的行为当然类似于一般意义上
的投资行为，而这，就是把基础研究、发明、发展、创新看作一种投资进程的原
因之所在。

5. 因应于某个部门的需求而产生的技术，常常可以在其他部门找到用武之
地。制造业比基本商品生产更契合于技术进步，这是经济学最古老的观点之一。
它甚至早就出现在休谟的《英国史》中（前文，25—26 页），并一直延续到马歇
尔，乃至后来实际上只要发生基本商品价格相对于制成品价格持续显著的上升，
它便会再度出现。

这里简要谈两点：（1）在现代历史上，事实证明，自然要比许多政治经济学
家想像的大方得多；[1]（2）不仅制造业的创新会强有力积极地影响到基本商品的
生产，而且后者的创新在工业发展中也扮演着重要的角色。因此，这两个部门
的技术演进紧密地联系着。大体上，这种相互作用抑制了报酬递减。从 1950 年
起，全球人口增长几近 6 倍，而工业产值大概增长了 430 倍，全球平均的人均国
内生产总值大概增长了 10 倍。显然，当人口增长率只是比历史最高水平有所减
缓，而拉美国家、非洲、中东、亚洲国家的人民及政府几乎都已决定推进工业增

---

[1]　关于这个主题的一般性讨论可见内森·罗森伯格，《论技术》，第 13 章（"技术创新与自然资源：再探吝啬的自
然"（Technological Innovation and Natural Resources: The Niggardliness of Nature Reconsidered）。还可见我对历史
和政策的回顾，《世界经济》第六部分（尤其是第 49—53 章），以及《从这到那》，第 4—7 章。
　　1980 年代，美国德克萨斯大学奥斯汀分校的 IC² 研究所发展成为探索技术创新和扩散的主要中心。它在
该领域中硕果累累，这里列出其中一部分：
　　皮尔·阿贝蒂（Pier A. Abetti），克里斯托弗·勒迈特（Christopher W. LeMaistre），雷蒙德·斯米勒（Raymond
W. Snrilor），和威廉·华莱士（William A. Wallace）（编），《技术创新与经济增长》（Technological innovation and
Economic Growth）（奥斯汀：IC² 研究所，德克萨斯大学奥斯汀分校，1987）。
　　皮尔·阿贝蒂，克里斯托弗·勒迈特和雷蒙德·斯米勒（编），《产业创新，生产率与就业》（Industrial
innovation, Productivity, and Employment）（奥斯汀：IC² 研究所，德克萨斯大学奥斯汀分校，1987）。

长，在这样一个时期，如果想要避免大规模的马尔萨斯式或者／和李嘉图式危机的话，食品和原材料供给与技术进步之间的相互作用就必须继续加强。

我们可以用一些例子来说明这两个部门的动态交互这一有益的事实：

（1）采矿和瓦特的蒸汽机。纽科门的蒸汽机早在 18 世纪就出现了。在当时的英国，人们需要把水从矿井中抽取出来，于是蒸汽机应运而生。瓦特那更有效率的蒸汽机一出现，人们就发现，它的用途要比其原初设计时广得多（包括在制造业方面的重要用途），它的效率也就开始逐步却迅速地提升。

（2）木材的价格和焦炭冶炼技术。从 1750 到 1790 年，因为英国的木材和木炭价格相对于煤炭价格的上升，英国利用焦炭冶炼出来的生铁比重从 5% 上升到了 86%。而从木炭到焦炭的这一转变过程得以完成，则有赖于亨利·柯特引入的新技术——利用焦炭来锻铸生铁，从而使得行业的生产阶段得以集中展开。而事实证明，蒸汽机的使用是柯特重大创新的必要条件。

464

（3）棉纺织机械，棉花价格，以及南方的棉花产业，进而到枪械的可换部件。1785 年后，新兴棉纺织机械迅速扩散，到世纪末棉花原材料的进口就增长了六倍。用机器来解决美国原产的长绒棉去籽问题的经济激励急剧上升。因应于此，埃利·惠特尼（ELI Whitney）在 1973 年发明了扎棉机，且被迅速推广（但惠特尼并没有从专利费中受益），这使得美国南部棉花产量急剧增加，从而悲剧性地增加了当地对农奴的需求。不过，虽然惠特尼未能大规模生产他的机器并进行市场定价，但是这项技术却因为可共用的零部件而对后来枪械的规模生产产生了深远的影响。

（4）铁路，农业和原材料。第一批铁路的诞生是因为，以此把庞大的原材料

（续上页注）尤金·科内奇（Eugene B. Konecci），乔治·科兹梅特斯基（George Kozmetsky），雷蒙德·斯米勒，和迈克尔·吉尔爵士（Michael D. Gill）（编），《商业化技术资源以获取竞争优势》（*Commercializing Technology Resources for Competitive Advantages*）（奥斯汀：IC² 研究所，德克萨斯大学奥斯汀分校，1986）。

尤金·科内奇，乔治·科兹梅特斯基，雷蒙德·斯米勒，和迈克尔·吉尔爵士（编），《技术投资：创造未来，保障未来》（*Technology Venturing: Making and Securing the Future*）（奥斯汀：IC² 研究所，德克萨斯大学奥斯汀分校，1985）。

尤金·科内奇和劳伦斯·库恩（Lawrence Kuhn）（编），《技术投资：美国创新与风险承担》（纽约：普雷格出版（Praeger Publishers），1985）。

乔治·科兹梅特斯基（George Kozmetsky），《转换管理》（*Transformational Management*）（剑桥，马萨诸塞：鲍林格出版公司，1985）。

维贾伊·马哈詹（Mahajan, Vijay）与约拉姆·温德（Yoram Wind）（编），《新产品接受的创新扩散模式》（*Innovation Diffusion Models of New Product Acceptance*）（剑桥，马萨诸塞：鲍林格出版公司，1986）。

从工厂运送到港口（开始时是曼彻斯特和波士顿）有利可图。然而，随着铁路运输的扩散，它已成为更广领域内（包括农场、矿场以及森林）农产品和原材料供给的首要工具。

（5）铁路，货轮，运费。铁路的快速扩散，尤其是在 1840 年代和 1850 年代，极大地提升了铁轨的折旧率。于是，寻找一种方法生产既便宜又高质的钢材的激励开始上升。1860 年代，发明家终于实现了这一突破。在铁路部门这一大客户的支持下，钢铁制造业在 1870 年代获得迅速发展。到 1880 年代，随着铁路建设的减速，钢铁又在机械、桥梁、城市建设以及轮船制造等领域找到了新的用武之地。到 1890 年代，运费已大致降到 1870 年代早期的一半，欧洲市场上进口农产品和原材料的价格也因此大幅下降。

显然，工业创新与基础商品供给之间一系列复杂的交互作用，显然可以无限延伸；比如电力、现代牧场、冷冻船、化学、化肥和杀虫剂、内燃机、拖拉机、太空船和太阳能电池等等。于是，在过去的两个多世纪里，人们发现，那些最初是应农业或者原材料的需求而诞生的发明和创新（经常是在基本商品价格上涨或是其相对价格较高的时期），后来会转移到其他高生产性行业，如工业或者运输领域；人们还发现，那些最初应工业或者运输领域的盈利机会而诞生的发明和创新，后来也在扩展基本商品的供给上发挥了巨大的功用。

历史教给我们的这些，对于矫正各种简单的有关经济增长极限的观点很有帮助；不过，这绝非意味着，它能保证世界经济可以在不受自然资源和环境的约束下实现向全面现代化的转型。

6. 找到一种可以系统性地处理技术存量的方法非常有必要：技术存量的规模和周围的环境决定着技术存量是否能够得到有效的吸收，决定着它会以什么样的节奏得到吸收。在 1948 年后的一些日子里，国际上北方先进工业国在考虑南方的经济增长时，开口闭口就是"欠发达"国家而不知尴尬为何物。那个时期的确意味着，存在这样的一个技术存量池，它本可以在南方国家得到有效且有利可图的利用，但却一直没有被用起来；这些国家发展的关键任务不仅在于让相关技术变得可资利用，而且在于如何建立吸收这些技术的能力。

在合适的环境中，技术存量可以为后来者所快速地吸收，这一观点最少可以追溯到 18 世纪关于富国和穷国的争论。面对英国，19 世纪德国和美国的兴起激起了关于先发国家的成本和后发国家的得利的大量讨论；当然，20 世纪俄国和日

465

本的崛起，更别提现在正展翅高飞的一些新兴巨人，已经令这一说法变得更有说服力。

技术存量及其吸收对于主流经济学而言是一个棘手的问题，原因有三。

其一，通常情况下，发展的程度是以人均国民生产总值（或者是其他一些收入指标）来衡量的，而不是借助于更为准确但更难获取的指标——对现有相关技术存量有效吸收的程度。钱纳里提出的指标——中间行业产出的相对规模也没有太大的帮助。这一指标的最低值仅仅意味着一个社会在吸收现有技术存量上的能力很弱。

其二，如果从伊恩·李特尔的观点看，传统主流经济学的分析框架在分析发展过程时便已足够：因为他的"创业人"会迅速地吸收已有技术存量中的所有相关技术，所以这个问题不复存在。但事实上，问题没有那么简单。技术吸收能力的积累需要一个过程，这个过程要求资源实现相应的配置（如配置到教育），正如发明的生产可以看成一个投资的子部门一般。

其三，如果现在打开另一个黑箱并且问道：技术的吸收（或是转移）过程实际上到底是什么样的，那么我们瞬间便来到一个由创业者、知识人才、流动的领班、流动工人、教育机构、跨国公司等等主体组成的世界。[1] 由于比如焦虑的法国政府感到，在18世纪的第三个二十五年，英国正在发起一轮危险的新挑战，

[1] 阿龙·西格尔（Aaron Segal）在一篇粗略但却很有深度的文章里，不仅为发展中国家吸收现代技术能力设立了制度化标准，同时还对三十二个国家和地区进行了排序（"从技术转移到科技的制度化"（From Technology Transfer to Science and Technology institutionalization），录于约翰·麦金太尔（John R. Mcintyre）与丹尼尔·帕普（Daniel S. Papp）（编），《国际技术转移的政治经济学》（The Political Economy of international Technology Transfer）第六章，（康涅狄格，西港：格林伍德出版社，1986），95—115页）。

西格尔的文章对一系列有关发展中世界不同地区的技术转移问题和原创性研究的文献进行了有益的总结（114—115页）。

表6　发展中国家和地区科技能力

I 完全制度化	
印度	
II 半制度化	
巴西	新加坡
中国大陆	韩国
中国香港	中国台湾
III 部分制度化	
阿根廷	巴基斯坦

675

（未完，接下页注）

它便启动并扩大了技术间谍系统。随后不久，弗朗西斯·卡博·洛厄尔（Francis Cabot Lowell）不仅从英国偷偷学习到大型纺织机械的设计技术，还请回了穆迪（Moody）先生，一位具有熟练技能的领班工人。技术转移是一个高度依赖于人与机构的事业，很难体现在微积分方程式中或者为联合国的决议所搞定。

熊彼特关于创新过程的表述也存在一些问题，其中之一就是，他没能敏锐地捕捉到把技术成功转移到另一个社会的那种创造力程度，即使这种技术的效果已经在某个社会中得到很好的证明。联合国许多关于技术转移的研究和定义也没有注意到这一点。这一挑战可能不及原初创新者所面临的挑战，但它也不是简单的复制，可以很容易地由熊彼特那里瓦尔拉斯循环流动系统中的一般管理人员完成。比如，从美国马萨诸塞州洛威尔第一个大型棉纺织厂基于模仿而建立，到比如小麦品种成功地从墨西哥移植到印度的旁遮普省，都需要有大量的创造性调整。

（续上页注）　　　　　　　　　　　　　　　　　　　　　　（续表）

马来西亚	南非
墨西哥	
IV 部分制度化且依赖石油	
阿尔及利亚	沙特阿拉伯
伊朗	特立尼达岛和多巴哥岛
伊拉克	委内瑞拉
科威特	
V 时间尚早	
巴巴多斯岛	斯里兰卡
哥伦比亚	泰国
哥斯达黎加	土耳其
牙买加	
VI 明显失败	
智利	尼日利亚
古巴	菲律宾
埃及	越南
印度尼西亚	
VII 其他	

资料来源：阿龙·西格尔，"从技术转移到科技的制度化"，录于约翰·麦金太尔与丹尼尔·帕普（编），《国际技术转移的政治经济学》，第六章，（康涅狄格，西港：格林伍德出版社，1986），第 95—115 页。

尽管如此，技术转移的节奏的确可以非常之活跃，比如像中国台湾与韩国所展示的那般。这种成功的转移需要什么？首先是大量有文化、训练有素的高素质人才，有能力的企业家队伍，政府鼓励从国外转移技术的政策，基础设施方面（交通、电力等）有充足的投资以保障经济体中存在一个合理有效、相互联结的市场。一次成功的转移涉及的不只是一种给定技术的安置，同时也要涉及相关制度机构的创设，相应服务（包括劳动力培训）的提供，如此才能使得技术体系（或主导部门复合体）能够把握住这种技术。在某些地方（例如比利时、法国和德国），铁路的修筑在 19 世纪中间的五十年间引发了广泛且多元的工业化热潮。但在印度和中国大陆，在这些配套设施不存在或没有及时跟上的地方，修筑铁路的扩散效应就要有限得多。

我在本书中曾一再强调，先进的工业化国家和发展中国家或地区一样，都可以利用累积起来的技术存量。一个明显的例子就是与汽车和耐用消费品的大规模生产和扩散相联系的技术存量，西欧和日本是在两次大战之间积累的这些技术，而此时（一直到 1929 年之前）美国在这方面已经走在很前头。经过战后一段时期的恢复，西欧和日本都能够很好地吸收（在某些情况下进一步完善和发展）这些技术，这是因为他们的配套基础设施和激励本来就存在，或是可以很快形成。

在当今社会，苏联的情况可能将最富戏剧性。作为一个先进工业社会，它正面对着大量没有得到应用的相关技术存量，而仅仅只考虑其训练有素的人力资源，就足以证明它有能力吸收这些技术存量，如同西欧和日本在 1945 年后的四分之一个世纪那样获得飞速发展。不过，这是否能够发生以及何时发生将取决于苏联政治、制度以及心理方面的变化，因为这些变化显然将释放出大量的人力、科技潜力。这就是戈尔巴乔夫摆在他的人民和世界面前的问题。他心目中必要的改革是否足够？如果足够，那么他的政策是否能够被目前的精英所接受？如果接受，这些精英又是否能够有效地带领人民踏步向前？——所有这一切都有待确定。

不过在技术的吸收和转移过程中，这里需要强调的是那些深层次的社会和制度问题最终扮演的角色。在当今世界，所有这些问题中最重要的或许就是中等教育和高等教育的普及程度。无论是发展遭遇挫折的阿根廷，还是现在走进死胡同的苏联，这些故事均表明，一个强大的教育基础可能是迅速吸收技术存量的必要但非充分条件。尽管如此，表 17.3 表明，由于过去几十年间很少为人所关注的教育革命，发展中地区潜在的技术吸收能力可能已大大提高——第二十一章还会对此作进一步考虑。

7. 需要澄清的是技术吸收速度在多大程度上直接和间接地决定着投资率。在投资分析上，经济学家迄今仍未解决的一个挑战是，如何协调好传统上对消费函数的作用进行高度总量化处理（且只考虑事后的储蓄—投资平衡）的新凯恩斯主义，与下述两个可靠的经验事实之间的关系：（1）先进工业社会工业投资中的70% 来自内部融资；[1]（2）在那些快速扩散新技术或者快速吸收迄今未用的相关技术存量的部门中，增长率、利润与厂房和设备投资均异常之高。[2]

谢尔盖·多布罗沃尔斯基（Sergei Dobrovolsky）在考察美国 20 世纪制造业和采矿业的有关数据时发现，保留利润加上折旧，实际上就已近似等于厂房和设备方面的总支出；不过他又立刻指出，有些公司内部产生的资金会超过需求，而这些资金会通过这样那样的途径流向那些需要外部融资的企业。[3]

我们还可以再进一步。整个经济的增长率与部门吸收新技术的势头有着极为敏感的关系；并且再进一步，基础设施投资（通常对应于公共收入的增加或减少）和住宅投资（通常是反应于经济周期）可能也基本上取决于技术吸收的速度。

467

---

[1] 见如，谢尔盖·多布罗沃尔斯基，《公司金融经济学》（*The Economics of Corporate Finance*）（纽约：麦格劳·希尔，1971），第329—333页。也可见他的早期的《公司收入留存，1915—1943》（*Corporate income Retention*）（纽约：国民经济研究局，1951），他发现（第97页）"1915—1943年间，制造业企业的留存收入与外部融资的相对重要性与它们的资产增长率有关。"

[2] 见如索尔特，《生产力与技术变迁》（第二版，其中有瑞德威补充的附录 [剑桥：剑桥大学出版社，1966]，特别是第十一章 ["生产力与技术变迁"（Productivity and Technical Change）]，第147—155页）。关于1880—1948年间美国制造业的资本模式，最有代表性的研究是丹尼尔·克里默，谢尔盖·多布罗沃尔斯基和伊斯雷尔·博伦斯坦，《制造业和采矿业中的资本形成与融资》（普林斯顿：普林斯顿大学出版社，1960）。美国近期数据概况证实了索尔特和多布罗沃尔斯基的早期发现，见唐纳德·罗斯曼（Donald L. Losman）与梁书展（Shu-Jan Liang），《工业部门》（*The industrial Sector*）（华盛顿特区：国防大学，1987），第43—54页。

[3] 《公司金融经济学》，第331—332页。在这个重要的地方，直接原文引用可能会有帮助：

当然，也可以比较（制造业、采矿业）内部筹资总额（留存利润加上折旧补贴）以及厂房和设备总支出。前者相对后者的比例如下：

表 7　留存利润与折旧占厂房和设备总支出的比重

1900—1914	87.1%
1919—1929	107.8
1936—1940	92.2
1946—1958	109.9

676

由此，人们可能会总结认为，厂房和设备支出基本上是通过内部融资实现的，外部融资只是用于相对较小的投资：存货、应收账款、有价证券等。然而，基于总量数据，我们是无法充分地评估不同个体的情况的。对于那些正在进行相当规模的厂房现代化改造或是扩张的一些公司而言，除了内部融资外，无疑还需要大量外部资金。与此同时，也有一些公司，其内部产生的资金远远超出自己的工厂和设备支出。尽管如此，有意思的是，对整个行业而言，从内部获得的资金大约就等于最重要支出所需的资金。

这两种考察消费－储蓄－投资的视角均回到了传统的政治经济学，但它们仍未实现圆满的统一。例如，如果没有理解发展中国家在有效地吸收相关技术储备方面能力的加速提升，便无法解释为何投资和增长率会在趋于技术成熟阶段（中上等收入国家）达到波峰。[1]

举个比较具体而熟悉的例子，考虑1950年代和1960年代战后西欧的大繁荣期中投资分布与技术的关系。迈克尔·波斯坦（M. M. Postan）曾直截了当地讨论了这种联系：[2]

> 几乎在每一个欧洲国家……获得最多资本青睐的产业，都是"现代"产业或现代化的产业。化工和石油化工、塑料、人造纤维，随着这些行业的不断成长，随着设备的不断更新，它们都在贪婪地吸食着新资本。同样，工程和金属加工行业也存在类似的资本需求，特别是其下新的分支行业，比如机电、电子和汽车。

波斯坦接着指出，在那些停滞的夕阳产业中，投资相对于产出而言是很低的。

从这种创新与利润再投资关系的重要性中可以得出一个基本观点，那就是，创新的速度在决定总体经济增长、就业及价格趋势中发挥了重要的作用。在这里，索尔特（W. E. G. Salter）对创新之于英国经济结构和绩效的动态影响方面的研究最具说明性。[3] 索尔关注明，在二十八个工业部门中，五个技术进步型部门的产出增长占了1924—1950年间产出增长的79%，占了劳动生产率增长幅度的53%。如果没有这五个工业部门，价格水平将上涨32%。

---

[1] 可参见拙作，"1945年以来的世界经济：一个模式化的历史分析"（World Economy Since 1945: A Stylized Historical Analysis），《经济史评论》，卷38，第2期，（1985年5月），尤其见第256—257页。还可见《世界经济》，第561—563页。

[2] 《西欧经济史，1945—1964年》（An Economic History of Western Europe, 1945—1964）（伦敦：梅休因出版（Metheun），1967），第128页。这个论点与波斯坦所研究的中心议题十分接近，并有所延伸，见第129—132，163—166，以及364页。

[3] 文中的参考文献来自索尔特，《生产力与技术变迁》，147—151页。关于这点，更多的文献请参见《世界经济》，第762—763页，注释198。关于1960—1971年的日本，见筱原三代平（Miyohei Shinohara），《工业增长，贸易与日本经济的动态模式》（Industrial Growth, Trade, and Dynamic Patterns in the Japanese Economy）（东京：东京大学出版社，1982），"技术进步与行业的生产函数"（Technical Progress and Production Function by Industry），第203—237页。这个补充的章节描述了整个1960—1971年间日本二十一个行业产出增长率、资本、劳动力，以及生产力的关系。年均增长率表显示，从汽车到棉纺织业如此宽广的范围中的行业产出、资本、劳动，以及隐含的生产力均有超常增长。

表 20.2　英国 28 个行业总产出、就业、人均产出以及价格的变化：1924—1950
1924=100（1935 年为基准）

	产出	就业	均产出	净价格
1. 样本内所有行业	185	94	196	158
2. 不包括五个对产出增长贡献最大的行业	118	82	145	209
3. 不包括十个对产出增长贡献最大的行业	103	77	134	236

注：这些数字并不能代表所有行业。

数据来源：W. E. G. 索尔特，《生产力与技术变迁》（*Productivity and Technical Change*）（剑桥：剑桥大学出版社，1969），149 页。

索尔特的研究试图严肃地把发明和创新所带来的部门变化与经济增长和结构　469
联系起来，是这方面为数不多的几个研究之一。另外一项研究是由西蒙·库兹涅茨在国民经济研究局完成的。库兹涅茨在后来有关技术的分析中重新回到部门分解上来，并在 1971 年出版了《各国的经济增长》（表 20.3）。如同索尔特对英国

（续上页注）

表 8　产出、资本、劳动的年均增长率：日本 1960—1971

	产出（Y）	资本（k）	劳动（L）
磨面	11.3	12.0	1.4
食用油	9.1	12.7	2.2
棉纺纱	7.6	7.6	−1.0
合成纺织品	15.2	12.6	0.0
纸及纸浆	9.0	9.4	−0.9
化学制品	14.2	14.5	−1.3
药品	17.9	15.8	5.5
玻璃制品	14.9	13.2	3.0
水泥	8.8	10.7	−0.9
炼油	9.5	14.0	1.1
鼓风炉	12.7	15.2	2.0
开放式电炉	10.6	17.0	2.6
特种钢	10.8	12.9	1.0
有色金属	7.6	11.9	−5.6
电线及光缆	11.0	14.3	1.5
工作母机	9.2	12.3	1.8
轴承	14.8	15.4	0.7
汽车	22.8	24.3	10.0
重型电气设备	15.3	11.8	4.5
轻型电气设备	22.0	17.2	5.0
光学工具	23.3	21.1	7.1
合计	14.1	14.2	2.2

注：K 和 L 已经基于机器的利用率和工作小时数分别进行了调整。
年均增长率是通过简单比较 1960 和 1971 年的数值进行复利计算而得到。"鼓风炉"和"开放式电炉"分别对应于铁行业和钢行业。
数据来源：筱原三代平，《工业增长，贸易与日本经济的动态模式》（东京：东京大学出版社，1982），206 页。

数据的分析，在库兹涅茨的分析中，增长动力也明显来自[1]

    ……那些最近或者即将发生技术变迁的部门。在橡胶产品（日益被汽车轮胎业所支配）、石油（日益被汽车燃料需求所支配）及已经成为汽车产业重要分支的摩托车生产中，显然均是如此。不过对于 A 组中的其他分支部门而言，也是如此：罐装食品、丝绸和人造丝（因为最近出现了人造丝）、化肥、化学制品、建筑用金属、电子机械、金属办公设备和机车。另一方面，在庞大而落后的 D 组包括传统的食品生产、纺织、木材等行业中，技术进步发挥的作用微乎其微，甚至于无法达到平均的增长水平。第二点证据是，在1948 年，占制造业总产值三分之一强的部门在 1880 年或者不存在，或者仅仅占了制造业总产出的 3%。

468 **表 20.3 依据初期增长速度分类的不同组别制造业占制造业总产值及总资本比例的变化，美国，1880—1948**

1. 占产出价值的比重（%）：按 1929 年价格计算		
1880 (1)	1914 (2)	(1948) (3)
A 组：1880 的比例为 0.6% 或更少；1880 到 1914 的增长因子为 6 或更高		
A 组全部 3.2	13.0	35.6
（a）汽车组 0.5	3.2	19.4
（b）其他 2.7	9.8	16.2
B 组：1880 年的比例高于 0.6%；1880 年到 1814 年的增长因子为 6 或更高		
B 组全部 15.3	30.8	26.3
C 组：1880 到 1914 年的增长因子大于 3 而小于 6		
C 组全部 24.8	25.9	22.9
D 组：所有其他发展缓慢的行业；1880 年到 1914 年增长因子小于 3		
D 组全部 56.7	30.3	15.2

---

[1] 西蒙·库兹涅茨，《国民经济增长》（剑桥：哈佛大学出版社，贝尔克纳普出版，1971），第 319 页。库兹涅茨的全面讨论可见第 314—343 页。库兹涅茨使用了来自丹尼尔·克里默，谢尔盖·多布罗沃尔斯基和伊斯雷尔·博伦斯坦的《制造业与采矿业的资本》的数据。

（续表）

增长因子	1880 到 1914	1914 到 1948	1880 到 1948
总产出	4.33	3.51	15.17
A 组	17.59	9.61	168.77
(a) 汽车组	27.71	21.28	588.60
(b) 其他	15.72	5.80	91.02
B 组	8.72	3.00	26.08
C 组	4.52	3.10	14.01
D 组	2.29	1.76	4.07

2 占总资本的比重（%）：以 1929 年价格计算

	1880 (1)	1914 (2)	1948 (3)
A 组	6.0	16.2	39.1
(a) 汽车组	1.0	4.2	22.6
(b) 其他	5.0	12.0	16.6
B 组	21.3	33.0	26.5
C 组	29.8	27.7	23.2
D 组	42.9	23.1	11.1

增长因子	1880 到 1914	1914 到 1948	1880 到 1948
总资本存量	8.18	2.16	17.68
A 组	22.09	5.23	115.50
(a) 汽车组	34.36	11.62	399.57
(b) 其他	19.63	2.99	58.70
B 组	12.67	1.73	21.99
C 组	7.60	1.81	13.76
D 组	4.40	1.04	4.57

注：以上数据来自丹尼尔·凯穆勒（Daniel Creamer），谢尔盖·多布罗沃尔斯基和伊斯雷尔·博伦斯坦（Israel Borenstein），《制造业和采矿业中的资本形成与融资》（*Capital in Manufacturing and Mining: It's Formation and Financing*）（普林斯顿：普林斯顿大学出版社，国民经济研究局专辑，1960）产值数据见表 A-10，第 252—258 页表总资本数据间表 A-8，第 241—147 页（均以 1929 年价格计算）。

总之，现代经济的增长并非是依靠各个部门要素生产率的平衡逐步增长而实现的，而是因为那些数量有限但却快速扩张的主导部门，因为它们有效地吸收并扩散着新技术所带来的直接间接的复杂影响。正是这种对技术进步的有效吸收，才在很大程度上直接间接地促使经济体中的投资流经由利润再投资投资于厂房和设备，从而使得可用于基础设施投资的公共收入，以及可用于住房投资的私人收入得以增长。显而易见，传统意义上的宏观经济学需要修正，需要纳入对这些事实的考虑。

8. 我们还没有解决如何衡量特定技术所带来的就业这一问题：国际标准行业分类比对主导部门复合体。

自马尔萨斯和李嘉图就 1815 年之后英国发生的调整过程而展开辩论，进而自隔代之后马克思抓住李嘉图的观点构建他的"产业后备军"理论以来，经济学家就一直在围绕着新技术的引入对就业可能产生什么影响而展开争论。我（而非弗里曼）所认为的大致始于 1970 年代中期的"第四次工业革命"的到来又再次引出这一古老的争论。很多经济学家认为，在电脑的生产和使用、基因工程等行业中需要有熟练技术的集聚，同时它们看起来也不像铁路或者内燃机一般需要大规模的基础设施投资，这两方面加在一起当会限制这些技术在创造就业机会中的作用；同时，他们还认为，就业问题还会因为机器人的广泛应用而变得更为尖锐，因为大多数人皆推测说，这对于就业而言是灾难性的。

这样的分类过于简单，不会有什么启发，而且目前统计数据的组织方式使得研究者本质上无法系统性地处理这类问题。在测度主导部门复合体的大小和增长
470 率时，仍然有大量的分析和数据收集工作需要完成。我们不仅需要获得比如国际标准行业分类数据中提供的产出、就业、生产力数据来计算最终产出，还需要获得能够带来这种产出并将它有效率地运用到经济当中去的整一系列投入数据。我们需要的实际上是一种高度分解的年度投入—产出矩阵。

数据是搜集来回答具体问题的。无论是政府，还是主流经济学家，都没有充分重视融合了新老技术的部门复合体的宏观经济效应。因而，如果是基于传统上衡量经济活动的工具和方法，那就无法就技术的兴衰对整个经济过程的影响提供令人满意的估计，也因此无法在传统的宏观和微观分析之间建立起部门分析的桥梁。

最后还有一个挑战，那就是为杨格在就任英国科学促进会 F 分会时发表的演

说中提出的那些尚待发展完善的若干洞见之一增添些实在的内容：[1]

> 通过观察个体企业规模或者特定行业规模变化的影响，不足以识别报酬递增的机制，因为产业的不断分工和专业化是报酬递增过程得以实现的过程中至关重要的一部分。我们需要将产业的运作看作一个相互关联的整体。

但是要想解决这个问题，我们必须在他这段话的最后一句（这也正是里昂惕夫工作的精髓之所在）外再添上杨格的另一个洞见，那就是，这里需要的是一个"动态均衡"；可惜的是，在这个方面，投入产出分析从来未能提供什么。

相对价格：康德拉季耶夫周期已经成为历史了吗？

这一节将回到政治经济学最古老的问题之一，展望基本商品相对于制成品的价格。如前所述，源于两部门中发明和创新的冲动相互影响，两个世纪以来基本商品价格持续相对上升的趋势得以抑制。唯一一个明显的例外是木材的相对价格趋势，它非常稳定地攀升，从而引发了大量的替代品供应以及其他方式的木材经济。[2]

另一方面，针对康德拉季耶夫所提出的价格水平、货币工资、利率等表现出的长周期现象，一些历史学家提供了解释，认为这些现象乃是源于基本商品的周期性相对稀缺，以及由此而来的相对高价格。[3] 进而，相对较高的价格又引来更多基本商品方面的投资，以图牟利——这通常包括 1914 年以前为拓展新领域而进行的投资。由于这个过程常常要求伴有大规模的基础设施投资以及资本和劳动力的国际流动，因而其复合时滞通常要比一般工业投资来得长。[4] 因此，投资和基

---

[1] 阿伦·杨格，"报酬递增与经济进步"，《经济学杂志》，卷 38，第 152 期（1928 年 12 月），第 539 页。若想了解杨格演说背景，可参见查尔斯·布里奇（Charles P. Blitch），"阿伦·杨格：为专业学者所忽视的一个奇特案例"（Allyn A. Young: A Curious Case of Professional Neglect），《政治经济学史》（*History of Political Economy*），卷 15，第 1 期，（1983 年春）。布里奇的文章简要地介绍了杨格的生平与著述，很有帮助。

[2] 见如《世界经济》，第 611—612 页。

[3] 阿瑟·刘易斯和我是以这种方式解释康德拉季耶夫周期的主要倡导者。刘易斯观点的最完整阐述可见他的《增长与波动，1870—1913 年》，我的观点则可见《世界经济》以及《为何穷国变富》的前两章。

[4] 库兹涅茨的《长期波动》中，有一个方面就是通过计算和平整对趋势线的偏离，以测度基本商品价格变化和产出之间的时滞。相关讨论和具体的参考文献可见我的《为何穷国变富》，第 21—25 页。

本商品生产能力便会显著地超过其最优动态均衡水平，从而在基本商品繁荣期之后，引发长期的价格下降或者低价格。[1]

在资本流动与食物和原材料价格波动的背后，隐藏着一些更深层次的问题：世界食品和原材料产出的均衡水平是多少？这一水平又是由什么决定的？其偏离又是由什么决定的？一般而言，启动食品和原材料产地扩张期的不会是国际资本流动。它们会等到繁荣期已经确定展开时才进入，以图获利。那繁荣又是源于什么呢？繁荣当是源于特定食物和原材料产出扩张所带来的可盈利性的增加。不过，这些资本流动显然是平衡人口扩张、城市化与必须增加投入的工业化进程的一部分。因此，在面对着巨大的时滞时，变化着的相对价格对于所有维持动态部门均衡的拙劣努力而言是至关重要的。

471 在《经济发展过程》（完成于 1951 年 10 月）一书写到这里时，我提出了一个问题：未来是否还会出现这样的周期呢？[2] 在见证了 1938 到 1948 年间基本商品相对价格的显著上升后，我讲道，在 20 世纪的后半叶，出现的反应"更多的会是既有领域中生产率的改进，而非开拓全新的领地，同时显著超调的可能性也会降低"。我还提到，由于已意识到大萧条期会出现超低的价格，政治力量会寻找方法抑制随着战后相对价格攀升而来的供给反应，以避免过度生产。

目前看来，我最多只说对了一半。诚然，战后并没有出现较大的全新农业产区因为基本商品相对价格较高而开张的情况，在北美、澳大利亚和迅速复原的西欧，农业生产率水平也的确迎来了一个强有力的井喷期。中东的石油储备也是快速提升。

如表 20.4 所示，北美、澳洲农业产出和出口的暴涨在一段时期内足以弥补世界其他地方贸易赤字的上升。同时，当汽车时代席卷西欧和日本，并在北美巩固了其统治地位之后，世界石油贸易的重要性开始上升。不过由于国际石油公司对石油产出与价格的控制，配合着中东巨大的储备，石油价格一度维持在相对较低的水平。

---

[1] 这个过程的数学模型可见我的《为何穷国变富》第 2 章，在其中，模型与历史进程是联系在一起的。这一章的数学部分是迈克尔·肯尼迪的工作，我们一起完成了整章的内容。

677 [2] 见《经济增长的进程》，第 134—136 页。

表 20.4　世界粮食贸易模式的变化

地区	1934—1938	1948—1952	1960	1966	1973（Prel.）
	百万公吨			财政年度	
北美	+5	+23	+3.9	+59	+88
拉丁美洲	+9	+1	0	+5	−4
西欧	−24	−22	−25	−27	−21
东欧和苏联	+5	—	0	−4	−27
非洲	+1	0	−2	−7	−4
亚洲	+2	−6	−17	−34	−39
澳大利亚	+3	+3	+6	+8	+7

数据来源：莱斯特·布朗（Lester R. Brown），《人类利益》（in the human interest）（纽约：诺顿出版，1974）. 第 81 页。数据来自美国农业部。

注：＋表示净出口，−表示净进口。

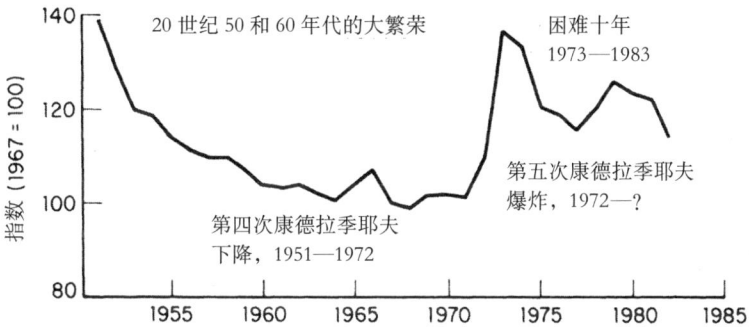

图 20.5　相对价格，1951—1982。（Period characterizations are the author's.）［改编自 *Economic Report of the President to the Congress, February 1983*, pp. 227–228.］

结果就是 1951—1972 年间典型的下降期，紧接着就进入了 1972—1974 年典型的式上升期。图 20.5 显示，其他三个康德拉季耶夫上升期开启的标志同样是价格上这种不成比例的大幅飙升。[1] 考虑当前，我们可以先简要回答一下以下问题，

---

[1] 我之所以称这些波动为古典波动，是因为历史上的康德拉季耶夫周期并没有以熊彼特所说的平滑正弦曲线模式展开（《经济周期》，第一卷，第 213 页）。其中有三种典型的不规则性：其一，在周期的下降期中，相对于制成品的价格，基本商品的价格在一开始会急剧下降，随后减速，或者像 1960 年代后期那样维持平稳状态；其二，如表 20.6 所显示的，相当比例的一般价格水平上升和相对价格上涨均集中在周期上升期早期阶段。其三，第二个朱格拉周期（借用熊彼特的名称）经常展示出如 1980 年代中期所看到的那种逆向波动。

以作为二十一章讨论的背景：尽管基本商品价格的相对上升在 1980 年代稍微缓
和，它是否会在 1990 年代早期重新抬头，从而构成一个标准长度的康德拉季耶
夫上升期（即 1972—1997）？基本商品的相对价格水平在近期呈现出下降的趋势，
不管这是出于什么原因，它是否意味着这会是一个异常短暂的第五次康德拉季耶
夫上升期（即 1973—1981）？换种方式说，我们是否已经处于第五次康德拉季耶
夫下降期中？抑或者说，导致相对价格产生长期波动的因素已经或多或少地消失
了（我在 1951 年曾提到这种可能），也因此康德拉季耶夫周期在两个世纪之后已
成为历史？

表 20.5　英国价格不成比例上涨的短暂时期：1793—1913

上涨趋势时期	价格上涨	间隔期	价格上涨	间隔期内上涨幅度占趋势周期上涨幅度的比例
1793—1815*	75%	1798—1801	44%	59%
1850—1873	44	1852—1854	31	71
1897—1913	37%	1898—1900	21%	57%

*波峰是在 1813 年，而不是 1815 年。衡量的是到波峰年份的变化幅度，而非 1815 年。

数据来源：布莱恩·米切尔与菲利普·迪恩，《英国历史统计摘要》（剑桥，剑桥大学出版社，1971 年），第 470 页（盖尔国内与进口商品指数），以及第 472—473 页（卢梭一般指数）。

　　没有人能简单、确定地回答这些问题；不过，要提炼出一些决定相对价格结
果的关键因素其实也是可能的。

　　1990 年左右重新出现的基本商品价格的相对上升，很大程度上与国际油价的
未来进程及其对一般能源价格的影响密切相关。尽管第五次康德拉季耶夫上升期
是在 1972 年 12 月由谷物价格的暴涨引起的，并且随后的农产品价格一直持续显
著地影响着一般价格与相对价格指数，但是自 1973 年开始，石油价格接过了类
似于 1914 年之前谷物价格扮演的角色。不仅如此，农业生产对能源的持续高度
依赖在某种程度上把这两种基本商品的价格趋势联系到了一起。

　　但是，在世界已知石油储量大概 56% 分布于中东，这其中大概一半都在沙特
阿拉伯的背景下，实际油价水平的重新上升已不再取决于一般的供求定律，而是
取决于对欧佩克在卡特尔内部维持生产能力（及其协调与非欧佩克石油生产国政

策）的评估；为避免油价的深度下跌，它们必定会将生产水平大幅保持在产能水平以下。明显地，如所有人都认识到的那般，该地区政治与军事的稳定程度也是一个关键因素。

需求面也存在未知因素。比如，汽车每加仑汽油可行使的英里数是否会持续增加，抑或者仅仅在 1970 年代早期保有的汽车全部更新完毕之后就稳定在一个更高的水平了？由于是以能源密集型部门作为主导产业而且正在推进城市化，因此拉美以及其他相对停滞国家的边际能耗—国内生产总值比要比先进工业国家高得多，对于这些国家而言，它们是否可能重回高速增长的轨道？[1]

虽然普遍认为，未来几年能源的相对价格将会有所上升，但是对原材料的预测却是相反。在写完这段话之时，我便拿到了 1987 年 7 月 13 日的《国际货币基金组织调查报告》，其标题很醒目："非燃料型初级产品价格将维持弱势"。在世界经济需求持续疲软之外，供给面上还有一个重要的因素：光纤、陶瓷、轻而强的塑料等新材料技术的进步。如果只关注传统工业用原材料，得到的结论会是，我们正处于相对价格的长期下降期中。另一方面，美元贬值在短期内会带来一个通货膨胀效应，这使得《经济学家》杂志在国际货币基金组织的评估后两个星期便拉响了通货膨胀的警报。不过在沉浸于过度的概括之前，我们应该注意到 1987 年铝价的翻倍和铜价的暴涨，隐藏在这一现象背后的是在这些商品上的产能投资长期低于正常水平。

就农业而言，表 20.6 表明，1960 年代谷物库存量、美国闲置的农田、储备占年产量的比例均在下降。多余储备的减少（一个典型的康德拉季耶夫下降过程晚期），常常是谷物价格上涨的前奏；于是，随着俄罗斯与其他国家发生了农业歉收，1972—1973 年谷物价格终于井喷（图 20.6）。面对着这种价格环境，印度、中国以及其他一些发展中国家开始认真对待农业生产及其生产力，致力于改进激励、增加化肥的使用并散播新的种子，结果产量暴涨。同样是在这一背景下，在世界的其他地方，一方面是西欧和北美的农业获得了巨额补贴，其生产率的持续上升带来了难以控制的盈余；而另一方面，在非洲，还有一些发展中国家，谷物的人均产量却下降了（图 20.7）。

---

[1] 可见如，《英国石油公司世界能源统计回顾》（*BP Statistical Review of World Energy*）（伦敦：英国石油公司，1984 年 6 月），第 28—30 页。

表 20.6　世界粮食安全指标，1960—1986

年份	世界结转库存量	美国闲置耕地粮食当量（百万公吨）	合计	可支撑世界消费时间（天）
1960	199	36	235	103
1965	142	70	212	81
1970	165	71	236	75
1971	183	46	229	71
1972	143	78	221	67
1973	148	25	173	49
1974	140	4	144	43
1975	148	3	151	44
1976	201	3	204	57
1977	201	1	202	55
1978	231	22	253	64
1979	207	16	223	56
1980	191	0	191	56
1981	227	0	227	57
1982	262	14	276	67
1983	191	97	288	67
1984	240	33	273	62
1985	316	38	354	82
1986	339	51	390	87

数据来源：结转库存量和世界消费数据来自于美国农业部，《外国农业通报》（Foreign Agriculture Circular），FG-5-86，1986 年 5 月；闲置耕地的估算来自奥维尔·奥弗博（Orville Overboe），美国农业部农业稳定与储存服务部，私人通讯，1986 年 6 月 2 号；粮食当量是根据闲置耕地以及相关产出数据计算而来，部分数据可参见莱斯特·布朗等，《世界形势》（State of the world），1987（纽约，W. W. 诺顿出版，世界观察研究所专辑），第 134 页。

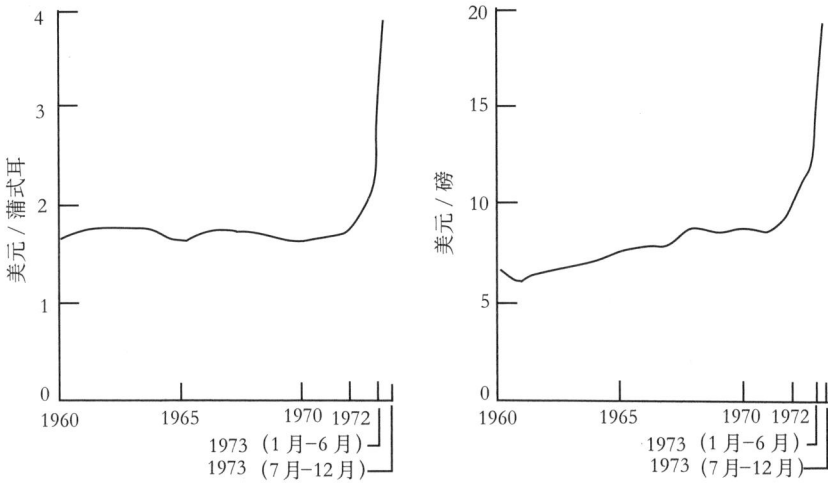

图 20.6 世界小麦与大米价格，1960—1973。左图：世界小麦价格，
1960—1973（美国出口单价）。右图：世界大米价格，1960—1973（美国出口单价）。

（摘自莱斯特·布朗，《人类利益》，1974，55，57 以及 58 页。数据来自美国农
业部。）

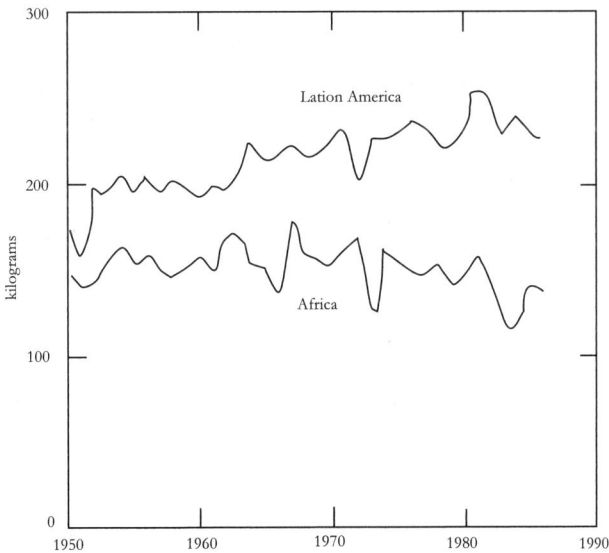

图 20.7 非洲和拉丁美洲人均粮食产量，1950—1986 年。

（摘自莱斯特·布朗等，《世界形势》，1987，纽约，W. W. 诺顿出版，世界观察研究
所专辑，第 135 页。）

如此，与生育率一样，未来国际社会的不同区域很可能会在农业问题与政策上分道扬镳；生物技术很可能可以成为提高农业生产率的重要新方法；而农业播种的面积很可能会减少。[1] 而且，世界对 1970 年代早期粮食危机的反应是如此激烈，以至于人们可以很好地总结说，系统反应过度了，农产品的价格至少可以暂时在一段时期中维持在相对较低的水平上了。

然而，与工业原材料一样，这方面的信号是很复杂的。比如在印尼或亚洲其他发展中地区，谷物新种子的扩散在一段时间后可能会迎来一个生产的稳定期而不是渐进的扩张期；而在中国，这一趋势则包含了两种混合的力量，一是城市中心区市场园艺更高的盈利性，一是乡村工业方面就业的快速扩张。此外，1988 年普遍的干旱使得为 1989 年准备的谷物库存减少到 60 天之下——这是自 1973 年粮食危机以来的最低水平。

475

对于环境，以及在控制环境恶化所需的投资方面，中期预测看起来明显比较悲观。主要的四大危险似乎是：臭氧层衰减；二氧化碳过度排放带来的气温上升（温室效应），这对食品供给来说可能存杂巨大的负面影响；森林的逐步毁坏；以及环境中日益聚集的有害化学物质包括酸雨对人类造成的影响。无论如何，科学知识还无法保证对环境恶化的速率，或者对严重恶化的区域出现的时间，甚或对全球危机出现的时间做出确定的预测。尽管如此，即使是最温和的分析也表明，在这所有四个层面，环境都在继续恶化。[2]

回到先前提出的问题，在所有给定的假定中，似乎也存在可有效展开分析的因素。实际油价重回持续大幅上涨的轨道可能造成总体相对价格水平的上升，并加速通货膨胀。但是，这一结果的出现就很可能是由卡特尔组织限制石油出口或中东危机所导致，而不是过去那般由标记着康德拉季耶夫上升期异常滞后的产能扩张所导致，除非中东的石油储量急剧下跌。不过也有许多理由支持上升期缩短的假说。1973—1974 年间翻四番、并在 1979—1980 年又上涨一倍的油价极其有力地刺激节约用油方面的努力，强化了石油和其他能源搜寻探勘方面的工作。再加上因为这两次石油冲击而导致的世界经济放缓，能源价格终于下跌，

---

[1] 参见爱德华·沃尔夫（Edward C. Wolf）的出色研究，"改进农业生产力"（"Raising Agricultural Productivity"），录于莱斯特·布朗等，《世界形势 1987》，第八章，（纽约：W. W. 诺顿出版，世界观察研究所专辑），第 139—156 页。

[2] 见如，桑德拉·波斯特尔（Sandra Postel），《稳定化学周期》（Stabilizing Chemical Cycles），录于莱斯特·布朗等，《世界形势 1987》，第九章。

石油价格相对下降，使得这个世界得以在 1980 年代的大多数日子中稍稍喘上一口气。

就谷物供给对价格的反应而言，其状况确实与石油有些相同，虽然美国 1988 年的旱灾是一个随机事件还是已出现的环境趋势的一部分尚有待观察。

但是，这里需要说的远不只是天气预报，而是政府政策的深度卷入，这种卷入使得当前世界的农业市场与 1914 年前的市场截然不同。在 1965—1967 年印度的粮食危机以及 1960 年代其他警示性事件的发生，导致了世界的普遍焦虑。在这一背景下，随着印度和中国开始强调自给自足，并最终赋予农业以其应有的优先地位，农业的产出开始暴涨。北美、西欧以及日本的政治与政治家们应该为其奇怪的农业政策负责，同样，非洲大部分地区与苏联的政治和政治家们也应该为其反常的政策负责。

还有一个外生变量值得注意。自 1985 年以来，美元的贬值提高了国际上以美元计价的基本商品的相对价格。由此，1981 年到 1986 年相对价格急剧下降的趋势在 1987 年开始反转。

就承载于相对价格的康德拉季耶夫周期而言，如果考虑到所谓的环境市场，那么认为其已经成为历史的观点将得到进一步支持。在这里，事实再次证明，政府的政策，包括公共资源在研究和污染控制方面的分配政策很可能是决定性的。此时，大西洋两岸的富裕国家似乎正在任意地挥霍其赖以生存的森林和水域资本，就像 1980 年代的美国以其累积的资本存量为代价从国外借款维持消费水平一般。

我猜测，在未来，人们仍然能够一如既往地追踪长期投资时滞对于基本商品价格与产出的影响。毕竟，开采位于北海和阿拉斯加北坡的石油还需要个十来年。但是，政府的作用（无论是通过国际性卡特尔组织还是国家来行使），再加上新技术可能带来的重大影响，很有可能已经改变并将一直改变康德拉季耶夫周期稳定的节奏，虽然这个交织着其他节奏和一些随机事件的周期可以很有说服力地捕捉到比如自 1790 年以来一直到 1972—1975 年间的谷物和石油价格暴涨。不过，我要强调的是，如同在 1951 年说的那般，我对此只是保持怀疑而已；但是我绝对没有任何理由确信，也没有准备好在这个问题上接受凯恩斯那不可预期必然不可避免的格言。

跳出这个分析方法，并从历史的长期视角来审视的话，我们还可以再做一些评论。当然，所有基本商品的价格不会同时变动。[1] 尽管如此，有一点大概不会错，即从 18 世纪末到 1914 年，基本商品相对于制成品的价格都明显受到小麦和其他农产品价格波动的影响，甚至有时还会为其所左右——这些农产品在价格指数中比重很高，且又具有高波动性。当然，两次大战之间有些异常，当时基本商品的价格普遍表现得异常低迷，从而掩盖了随着电力革命的成熟以及汽车革命势头的集聚与扩散而带来的能源价格相对重要性的逐渐上升。从 1950 年到 1972 年，全球能源消费以年均 5.3% 的速度增长，同期的人均能源消费年增长率为 3.4%。与此相对的是，粮食产量的年均增幅为 3.1%。[2] 在基本商品价格相对下降或者较低（1951—1972 年）与价格上升或者说较高（1972—1981 年）的这样两个时期，能源价格波动显然都扮演了极其重要，有时甚至是支配性的角色。

若展望未来，实际上可能发生的情况是，在粮食和能源之后，维持一个适合生存的环境所发生的费用，包括清洁空气、净化水源、保护森林与耕地、控制有害的污染以及避免不良气候变化或者辐射水平的成本，可能会成为相对价格问题的主导因素。

经济增长与经济周期

477　　有一个核心论断明显地贯穿于本书始终，并塑形了本书有关经济增长理论的分析；这个论断就是，一旦经济开始起飞，经济周期就成为经济增长所呈现的形式。现代经济周期的长期投资周期大概为九年，可以肯定的是，这种周期的起始点不会晚于波峰出现在 1792 年的那次英国经济大繁荣。18 世纪早期有很多波动，战争与丰收在其中起到了重要作用，还有就是国际贸易的存货方面发生的一些波动。然而，从 1792 至 1914 年，随着重要经济周期一个接一个有序地出现在世界经济舞台上，在长达一百多年的时间中扩散到所有的大陆，并在英国之外见证了美国和加拿大、西欧、俄罗斯、东欧部分国家、日本以及澳大利亚加入到现代经济增长的进程中，所有这一切，均使得人们可以很容易地识别出国民经济以及世界经济中的一系列主导增长部门，因为正是这些主导部门让每次繁荣拥有了与众

---

[1]　可参见《经济增长的进程》，第 197—201 页与第 358—359 页。
[2]　关于数据和相关讨论可见，《世界经济：历史与展望》，第 586—588 页（谷物），第 594—598 页（能源）。

不同的特色。

一战结束后，世界经济经历了五个阶段；每个阶段都与其他阶段有所不同，但没有一个阶段如 1914 年之前那些前后显著一致的阶段模式那般完整。

● 1920 年代，美国低通胀的繁荣与西欧大多数国家持续的高失业并存。

● 1930 年代，世界经济的贸易和金融结构崩塌，导致了前所未有的大规模失业，虽然随后有所恢复，但是即使是在达到波峰的 1937 年，大西洋周边的大多数国家也远未达到充分就业。

● 战后二三十年的发展可谓独一无二且出乎意料，当时先进工业国的人均增长率几乎是历史最大值的三倍[1]：对比 1870—1913 年的 1.4%，1950—1973 年的增长率达到 3.8%，而 1820—1979 年整个时期的增长率也不过 1.6%。这时，一些经济学家甚至怀疑经济周期是否已经成为历史；这时，在大部分先进的工业国看到的只是增长率的周期而不是就业的周期；于是在这时，自我纠正的充分就业均衡增长模型成为时兴。

● 1973—1982 年间发生了两次石油冲击，在这个阶段，发展中地区借助先进工业国的私人银行贷款这种形式回收利用石油美元，从而保持了较好的增长率。

● 1983—1988 年间的经济状况斑驳陆离，这个时期有几种完全不同的力量在发挥作用：因为 1981—1982 的减税，美国的联邦财政赤字、相对增长率、相对实际利率与美元币值均有所提高，美国意外地转成一个净债务国；第四次工业革命开始真正地登上舞台，并以不同的速度在不同的国家和部门中扩散；西欧与美国均受到失业问题的持续困扰，前者的失业率持续保持在异常高的水平，后者只是略好一些；与此同时，一些发展中国家和地区几乎陷入停滞状态，但是整个太平洋地区却维持了比较高的增长率。

478

基于以上背景，在试着评论未来的不确定性之前，值得先强调两点。

首先是非连续性的问题。为什么 1914 年前那样有规律的周期性波动会让路于这五个怪异到各不相同的阶段呢？当然，这部分地与两次世界大战的直接或间接影响有关。不过在技术层面上，实际的原因在于，在这五个阶段中，除了两个阶段外，保持 1914 年前经济运行的连接机制均遭到破坏或者被削弱了。从根本

---

[1]　参见安格斯·麦迪逊（Angus Maddison），《资本主义发展的阶段》（*Phases of Capitalist Development*）（牛津：牛津大学出版社，1982），第 44 页。　678

上说，这种连接机制包括三条：

● 尽管存在不同程度的关税壁垒，但是大量的国际贸易是在相对自由环境下进行的，尤其包括那些实际上在所有国内物价指数构成中均占很高权重的基本商品的贸易（如棉花、羊毛与小麦）。

● 大型资本市场网络的存在，使得短期资金可以快速地对利率差异或者其他决定预期利润的因素做出反应。

● 主要的银行系统承诺以固定价格买卖黄金，并依据主要国家（相对负债规模）的不同，以及不同时间段国内事务的不同而持有黄金储备，不过尽管如此，黄金储备还是成为一个可以影响国内利率、信用供给和经济扩张或收缩率的变量。

另外，当然也存在相当大的移民自由。

这些就是以一种约略而有备的方式使国民经济与经济周期保持一致的因素。但是，在这个体系下还需要存在一个政治方面的假设；也即，每个国家的公民必须接受周期性衰退处于政府调节能力之外这么一个事实。

1914 年后那两个成功的阶段就很好地说明了这些技术与政治方面的命题：一是 1925—1929 年；还有就是布雷顿森林体系时代，1945—1971 年。前一个时间段内，全球都处于相对繁荣的时期，在金本位制恢复的情况下，再加上美国的资本输出使得德国的战争赔偿和债务支付得以实现，世界贸易量以几乎每年 7% 的速度在飞速发展。然而，大萧条不仅摧毁了国际经济秩序的运作机制，而且摧毁了被动接受周期性衰退的政策意愿。

第二个例外是布雷顿森林体系发挥作用期间，这个时期的基础是美国经济和美元在战后初期压倒性的相对强势，尽管这种势头从 1950 年代晚期开始逐渐遭到侵蚀。不过它遭到侵蚀的原因并不在于严重的萧条；因为很明显，这是一个不须太多努力就能长久地达到相对充分就业的时代。它遭到侵蚀也不是源于保护主义的抬头和金融机制的崩溃。这个体系的确需要与美元挂钩的固定汇率，但是在面对国际收支危机时，正式的调整也是允许的。来自体系的外部要求并非不可负担。

这个体系之所以崩溃，是因为随着西欧与日本的复苏及其竞争地位的提高，美国的国际收支在恶化，从而使得美元在与黄金挂钩的布雷顿森林体系中被严重高估；并且与此此时，世界上主要的一些国家，依托宏观经济理论的一些简单命题，比起可以更好地实现责任义务均担的布雷顿森林体系，开始更加偏好多多少少有点看不见又摸不着的汇率自由浮动。

其次再来考虑连续性问题。尽管 1914 年前的经济周期让路于一系列迥然有异的阶段，但是就支撑着经济周期的投资过程而言，其基本特征仍然在起作用；也即是说，预期是系统非理性的，从而导致本来就滞后的投资过程出现扭曲，从而偏离其最优路径。因此，产量不是低于就是高于当时要求的阶段一个接着一个。正是这些滞后和扭曲持续地给经济增长的模式注入不稳定性，不过最终启动其中纠正性力量的也还是它们。

479

至于旧式的经济周期，看起来它似乎已经过于和政府的政策纠缠在一起，以至于像旧式的康德拉季耶夫周期一样，我们可能再也看不到它以经典的形式出现了。换言之，凯恩斯革命最大的意义可能在于，它使得无知不复存在，因为它认为政府非常懂得如何操控有效需求；而且，政府还得对其选民负责。但是，这并不意味着会皆大欢喜。凯恩斯革命是一个影响深远的分水岭，这个分水岭的出现已经打破世界经济内在的联系和法则，而这些恰是世界曾经用来接受旧式经济周期的发生的。1988 年世界经济中荒唐可笑的贸易盈余和赤字、不可持续债务负担就是缺乏联系与规训的产物。当然，这不是说要回到无知的时代。因此，世界经济呼唤日益紧密的国际合作，以及对国际游戏新规则明确无误的接受，如此方可避免世界经济的崩溃，令人回忆起最糟糕的周期性衰退。

经济增长的阶段

除了 18 世纪和 19 世纪早期的探路者大不列颠之外，所有的国家在起步阶段都曾面对着一个尚未得到应用的相关技术的存量库。它们经济增长的历程，其实就是为何以及如何改造其机构和教育体系，积累技术吸收能力，并将全球技术存量池内可资利用的相关技术按照逐渐复杂的顺序有效引入自己内部的传奇故事。这样一个全球性技术存量池的存在解释了，为什么随着其技术吸收能力的提升，后来者的增长率会加速，超过先发国家。[1]如果这个过程最终推进得足够深入，以

---

[1] 见《为何穷国变富》，第 259—288 页（"不同收入水平和增长阶段国家的增长率"Growth Rates at Different Levels of Income and Stage of Growth）。还可参见摩西·阿布拉莫维茨，"快速增长潜力及其实现：战后世界资本主义经济的历程"（Rapid Growth Potential and Its Realization: The Experience of Capitalist Economies in the Post-War World），录于埃德蒙德·马林沃（Edmond Malinvaud）（编），《经济增长与资源卷一：主要问题》（*Economic Growth and Resources, Volumn 1, The Major Issues*）（伦敦：麦克米伦出版社，1979），第 1—51 页；还可从斯坦福

至于后来者用尽了等待它们的全球技术存量，那它们就得开始依靠当前全球研发过程中的新技术流——在其中，许多国家都会有所贡献。在完成追赶的过程后，它们的增长率就会降低。

　　这样来看，对于原先传统型的社会而言，起飞前的准备阶段就构成了它们最具深远意义的转型时期。[1] 在技术存量得到规则有效地吸收之前，首先需要转变的是它们的政治制度、社会结构以及教育系统。事实证明，这个过程普遍比较痛苦。依很多环境条件的不同，包括传统社会文化的特征，起飞前的准备阶段可长可短。提早发展起来的日本，其传统社会内部拥有许多优势，因此从海军准将佩里（Perry）率七艘战舰闯入而举国震惊算起，日本到起飞大致只用了 30 年（1854—1885）。对于墨西哥，从独立到起飞花费了大约 120 年（1820—1940）；而对于中国，从鸦片战争开始算起，大约是 110 年（1842—1952）。一旦开始起飞，开启库兹涅茨的现代增长，开始钱纳里的转型，技术的吸收并不会毫无痛苦地展开，或者说并不一定就会迅速地展开。[2] 起飞通常仅限于相对少的几个部门和区域。而且，随着主导部门增长的减速，下一轮对更加复杂技术的吸收可能不仅会卷入更广的创造性努力，而且还会卷入政治社会方面的冲突和制度变迁。在这一过程的末期，也即趋于技术成熟阶段到来时，整个社会已经把全球技术存量池中的重要技术吸收完毕。对于那些起飞发生在 1914 年前的国家而言，从起飞末期到趋于技术成熟的最后阶段大致需要 40 年。在第四批起飞的国家和地区中，有少数几个最早完成的地区，尤其是中国台湾和韩国，走得更快些。

　　纵览本书及其对未来前景的展望，在经济增长阶段方面产生的最大问题就在

（续上页注）大学经济系经济增长研究中心的重印品第 221 号中获得。阿布拉莫维茨后来进一步扩展了他的分析，见"赶超、前进与落后"（Catching Up, Forging Ahead, and Falling Behind），《经济史杂志》，卷 44，第 2 期，（1986 年 6 月），第 1—22 页。还可见威廉·鲍莫尔的类似处理，"生产力增长，集聚与福利：长期数据的故事"（Productivity Growth, Convergence, and Welfare: What the Long-Run Data Show），纽约大学应用斯塔尔（C. V. Starr）经济学研究中心研究报告，1985 年 27 号，（1985 年 8 月）。

[1] 读过《经济增长的阶段》的人可能可以回想起，在这个情景下，我区分了传统社会与"生而自由"的社会，也就是作为大不列颠的分支，已在现代化进程中大步向前的那些社会。还有一些处于中间的情形（如拉美，魁北克）也是可以识别的（第 17—18 页）。

[2] 库兹涅茨利用城市化进程的加速来标示现代增长的开始；钱纳里利用 1960 年代的横截面数据，选取人均国民生产总值水平最低的国家作为转型的起点。人们也许会预期，库兹涅茨增长开始的时间要比我定义的起飞早，因为城市化进程的加快一般会是起飞的先决条件。而在考察了八个可比较的案例之后发现，在其中的五个案例中，依据他的划分而得到的起飞时间要稍微早于我划分的起飞的起始时间（参见《世界经济》，第 778—779 页）。钱纳里的横断面分析无法进行阶段的划分。但在 1960 年代，也没有什么国家可以被恰当地称为传统社会，即使对于某些国家而言，现代化程度有限，进展缓慢，离起飞还有一段距离。

于，早先起飞的国家对最近一批起飞的国家所做出的调整，近来就是对拉丁美洲和亚洲那些国家的崛起所做的调整。我将在二十一章中考虑这个过程的广泛政策含义。但是，有见于近来几乎没人把这个独立作为一个中心议题展开考察，迈克尔·肯尼迪和我因此认为，构建一个可以描绘其主干结构的模型可能会有点用处。肯尼迪的尝试与休谟、希尔吉特以及斯塔利对这个问题的思考相一致，后文564—569页将会对此展开讨论。

本书就经济增长的极限问题往回追溯了两个多世纪，作为一个政策话题，第二十一章同样会对该问题展开广泛的讨论。这里仅有必要回顾一下许多经济学家认为可能会带来稳态或长期停滞的各种各样的力量因素。

- 土地和自然资源的报酬递减。
- 作为新马尔萨斯人口政策的积极目标，在不损坏物理环境的情况下带来高工资。
- 出生率的降低导致人口增长停滞或减少，从而导致凯恩斯资本边际效率的降低，进而导致经济扩张的逐步减弱，以及更深更久的经济收缩。
- 科学和发明生产率的衰退导致有利可图的投资渠道减少，生产率增长减速。
- 熊彼特预言，经济中一个强力政府的兴起会耗尽企业家的热情和能量，减少对可能有利可图的创新的吸收，降低增长率，并最终毁灭资本主义。

非经济因素

在经济增长分析尚未解决的问题中，最重要的就是如何系统地引入那些避无可避的非经济因素。在本书前三个部分提及非经济因素的那些小节里，我没有试图构建一种统一的论述模式，这是因为非经济因素常常是以非常不同的方式进入到经济增长的分析中；而且，在处理经济部门和与之相关的社会部门之间的关系时，也还没有出现大家一致同意的做法。因此，我之前只关注了那些吸引经济学家兴趣的关系。

不过在这里，随着关注点转向尚未解决的重要问题，我将把这个巨大的领域分成清晰合理的四个板块，给出一个比较整齐的架构： 481

- 人类的非经济动机与目标对经济行为的影响。
- 经济变迁对社会非经济维度的影响。

● 公共政策在经济事务中的恰当功能。
● 与个人和社会的理想关系相关联的经济。

非经济动机和目标

休谟和斯密生动地表达了一个观念：支配个人经济行为的常常是人类的非经济动机和目标；他们也明白，把这些因素纳入经济分析时必须格外严密，如果想让这种努力有所助益的话。比方说，休谟把投资冲动归结于人类内在的创造性冲动，而不仅仅是牟利动机。斯密认为，导致部分劳动力劳动供给曲线向后倾斜的原因是，这些人无法理解高收入者所享有的完全选择集，而扩大普及教育可以纠正这一点。在这两位经济学家的著作中，从生育孩子到乡绅作为企业家的缺陷，处处可见非经济动机与经济行为之间这种清晰而又重要的联系。

马尔萨斯对这种关系的讨论主要局限于其在人口方面的研究，而李嘉图的在这方面的讨论就更少了。不过这两位学者都看到，教育和鼓励劳动力追求更高水平的实际收入是限制家庭规模的基础，并且这实际上也是提升维持劳动力生活所必需的生存工资的基础。

在穆勒和马克思那里，经济和社会的联系不那么具体，更具一般性；尽管后者的资本家受积累的欲望所支配，直至他们毁灭了自己所创造的系统，因此超出了利润动机与金钱的交易关系。

在马歇尔那里，这个古老的传统重新复活，他在讨论储蓄动机时考虑到家庭血亲关系的强度，他还期望商业领袖之中涌现出骑士经济里的文明可能。而熊彼特也毫不犹豫地把他的资本主义倾覆论建立在民主社会的非经济压力基础上。不过后来，这条宽广的脉络在主流经济学中开始淡出，让位于类似于卡尔多的自我否定说："在这里，经济学的猜测入侵了本属于社会学和社会历史的领地……"

也许，令人印象最深刻的莫过于十七章结束时，九个发展先驱在反思发展中国家那些常常具有毁坏性的非经济动机和抱负的头等重要性时所表现出的沮丧程度，尤其是在反思那些影响政治的非经济动机和抱负的重要性时的表现，不管这些反思是苦涩还是冷静，是执迷不悟还是明智豁达。

在这一点上，奥古斯特·孔德提出了一个尚未解决的重大问题：因为经济行为是嵌于更大的社会环境和人类更加复杂的动机系统中，所以在展开充分的经济分析之前，我们需要有一个一般的社会科学。马歇尔的回应是："谈论一个拥有更高权威的统一社会科学没有任何意义。假如这样的社会科学存在，那么毋庸置疑，经济学会欣然躲到它的羽翼之下。可它不存在，也没有迹象表明它会形成。守株待兔毫无意义，我们必须依托现有资源做我们所能做的。"

马歇尔的时代已过去近一个世纪，平心而论，我们一点也没有靠近孔德关于一般社会科学的构想。各个学科之间反倒是越来越专，自我意识越来越强，比起那时，彼此之间的距离实际上也许来得更远。那么，我们可以"依托现有的资源"做些什么呢？我觉得，我们应该把问题全方位的复杂性作为一个学科来考虑，并围绕着问题本身阐发各种相关的见解——不论这些见解来自哪个学科分支，只要它们可以提供有益的知识便成。对于那些如分析家或者老师一般把问题约略到他们所信奉的方法或者学科层面的人而言，我没什么好说的。据我所知，在把问题本身看成一个学科这一点上，缪尔达尔所著的《美国的困境》无疑就是一个很好的例子，很有意义。

这个主题很明显的非常契合本章的标题——"对于增长，还有什么是我们不知道的？"在分析一个给定的问题时，把经济和非经济因素融合在一起是一门复杂的艺术，尚待掌握。另一方面，这就是大卫·休谟和亚当·斯密试图付诸实践的艺术，类似的还有马尔萨斯和尽展所能的李嘉图，以及以截然不同的方式展开的约翰·斯图亚特·穆勒和马克思、马歇尔和熊彼特。很明显，阿瑟·刘易斯和缪尔达尔都是在沿着这个传统，展开自己的研究。回顾他们中的每一个都很重要，因为他们之间没有任何人完全解决了他们自己所提出的主要问题。但是他们在考虑经济增长时，对人类与社会中非经济力量作用的洞察与把握，将永远是珍贵的社会科学共同遗产的一部分；而且正是在这一广阔的传统中，进一步的努力很有可能会带来更多丰硕的果实。不过，正如我在《经济增长的进程》中所说的那样，我们最后还是必须接受一个进程不可逆的生物学理论，而不是一个新牛顿主义均衡观。[1]

---

[1]　vii—viii 页。《经济增长的进程》第二版第十四章全面合理地阐释了这一观点。

　　　对于利润最大化假设的一般缺陷及其误导性结果的讨论可参见巴里·舒瓦茨（Barry Schwartz），《人性、科学、道德与现代生活之战》（*The battle for human Nature, Science, Morality, and Modern Life*）（纽约：W. W. 诺顿出版，1986）。威廉·鲍莫尔还具体地考察了企业家动机不可捉摸的复杂性，并就如何在操作上绕过这一复杂性提供了一些规范性的意见建议，见"企业家精神与经济理论"（Entrepreneurship and Economic Theory），《美国经济评论》，卷 58，第 2 期，（1968 年 5 月）。（接下页注）

经济变迁和社会的非经济维度

休谟和斯密推崇经济变迁，因为他们把它看成是缔造某种平和、文明的国内与国际社会的基本手段——他们期待着这种社会的来临。用斯密的话来讲，这不仅仅是在界定"自然自由体系"的一部分而已。他们看到并且清楚地阐述了国家财富的增加、中产阶级的扩大、民主和政治自由的加强、工人生活质量与物质水平的提升之间的一系列联系。不同于马克思，不过倒很像后来的恩格斯，他们并没有简简单单地把社会看作是反映产权关系的上层建筑，看作是不断变换的生产方式中形成的制度架构，他们还把社会看成是一个社会和政治变迁的动态交互进程，认为它不仅会受到经济形态的影响，而且会反作用于经济。

比休谟更进一步，斯密察觉到，一些由国家财富增长带来的社会变迁并不必然就是好的。例如他指出，随着市场的扩张，功能的专业化分工既有好处，也有代价。

（续前页注）在经济分析中，区分新牛顿主义及生物学进路的传统至少可以追溯到马尔萨斯和李嘉图的工作，他们一直试图识别两者基本分歧的根源和特征。这近似于当前逼近人工智能的两条基本进路及其中学者们的对话（加上一些看到其中两难的友好观察家的评论）。见如 1988 年冬季出的那一卷《代达罗斯》，这一卷全部都是在讨论人工智能（卷 117，第 1 期，美国国家艺术和科学院院报，剑桥，马萨诸塞）。在其中，十九位作者采用不同但大致协调的方式刻画了各种进路。例如，逻辑学还是生物学，信息处理还是联结主义，依靠算法还是网络建模，理性简化还是注重整体的神经科学，解决难题还是分类模式，象征手法还是脑模型。如同经济学一样，人工智能碰到两个不能逃避的根本问题。第一，人类的智慧不能脱离文化背景，因为每个个体都是在这种背景之中演化发展。智能的人类计算与社会、政治、经济观念和制度的演进紧密相连，这些概念制度包围着他们，深入他们的思想，他们也必定是基于此而行动。因此，一如柏拉图的"心中之国"，人工智能领域的奠基者之一——马尔文·明斯基（Marvin Minsky）提出心智的社会这一概念，并把它作为其著作的书名（纽约：西蒙与舒斯特出版，1986）。用更通俗的话来说，这个现实的维度给人工智能专家留下了一个问题——如何模型化"常识"，这是公认的事实，也是尚未解决的挑战。第二，正如严肃的经济学家不会盲目地接受利润或效用最大化假定一样，人工智能专家也面临着一个紧密相关但可辨识的难题：人类极为复杂，他们基于欲望和目标以及内部化的约束而行动，超越了理性的思考和常规定义的行为。换句话说，人类的智慧远比抽象的信息处理系统要复杂得多。

认识到这些问题之后，一些专家开始对实现完全复制人类智慧的这一目标感到绝望，不管这是借助于某种进路还是依赖于某些进路的合成。

他们所面临的最终问题就是奥古斯特·孔德所提出，并由马歇尔做出坦率回答的那个问题（前文，190 页）。这个问题是：既然经济行为反映了来自整个社会的影响，难道我们不能集中精力，在基于明显有缺陷且过度狭隘的基础精炼经济学之前，构建一个一般社会理论吗？马歇尔回答道："谈论一个拥有更高权威的统一社会科学没有任何意义。假如这样的社会科学存在，那么毋庸置疑，经济学会欣然躲到它的羽翼之下。可它不存在，也没有迹象表明它会形成。守株待兔毫无意义，我们必须依托现有资源做我们所能做的。"在人工智能领域，大量的实践和理论工作都是沿着马歇尔式的精神路径在前进。但是，理解和再造人类智慧整个过程的神秘冒险依然激励着许多人奋勇向前。

679

马尔萨斯和李嘉图在 1812 年前重点关注的是一个更小但更紧迫的问题：在一个受制于报酬递减的国民农业系统中，人口扩张所带来的令人沮丧的压力。他们意识到，一个可能有前途的解决之道在于，借助一个自我强化的动态过程，通过工资上升和普及教育，促使工人决定少生一些孩子，并且通过提升自尊而"迫使更高阶层的人尊重他们"（马尔萨斯）；或者用李嘉图的话说，"人道主义者的朋友"应该用上"所有合法的手段"，以图刺激工人对"舒适和奢侈"的品好。随着食物供给的前景变得光明，他们的注意力在战后调整期中转到了另一个急切的问题——失业及其补救办法上。

在穆勒和马克思看来，工业化广义意义上的成本和收益，特别是城市工人所分享的进步程度是他们那个阶段的核心问题。在这里，资本主义体系本身成了争论和评估的对象。这种争论在先进工业国的民主政体中持续了一个世纪；不过随着由穆勒、马歇尔与庇古所持续构想的民主福利国家在补充了凯恩斯的充分就业观之后取得胜利，所谓的主流政治过程在边际上达成了一致，也即把越来越多的资源配置到社会领域，以使得整个工业社会变得更为人性化，并在这个过程中提供更好的机会平等环境以及更公平的收入分配。确实，在 20 世纪的前二十五年，正是这后面一个话题最初刺激了学者们对国民收入衡量与分析展开专业性研究。

与此同时，关于发展中地区体制的争论在二战后的几十年中也在发展中地区展开：民主比对共产主义，资本主义比对社会主义。大部分的辩论最终集中到经济增长过程的另一个非经济维度——经济进程中公共政策的合理角色；对此，我们将在后文进行讨论。不过在 1970 年代发展政策的有关讨论中，出现了一个可对应于穆勒"劳动问题"的讨论，那就是围绕"基本需求"而展开的争论；这一争论之所以出现，是因为学者们认识到，上一代发展中地区并没有公平地分享总体上取得的明显进步。

上面回顾了两个多世纪以来的经济增长分析中出现的有关人类与社会的一些主要问题，这就自然地引出一个既形而上也形而下，但却尚未解决的重大问题：经济的进一步增长是好事吗？如果是，它可否在不威胁人类居住环境的前提下继续？如果是，能持续多久，需要什么条件？这个问题形而上的方面仍是穆勒提出的，对处于不同增长阶段的不同社会而言，对它的评价显然也会不同。形而下的问题就摆在我们面前，而且在未来很可能会日益凸显（见后文，499—500 页）。

公共政策的合理角色

两个世纪多以来，在分析经济增长的文献中，持续最久的争论主题就是经济进程中政府的合理角色。可理解的是，争论的色调会紧随人们如何看待经济增长给更广泛的社会生活带来的影响。

因此，我们从休谟和斯密对重商主义的目标、政策以及控制手段的反驳开始，同时考虑斯密所界定的那三个政府可合理介入的主要领域。在这一框架下，马尔萨斯与李嘉图作为第二代学者把重点放在济贫法、谷物法上，并在一定程度上关注了货币和财政政策。而在穆勒和马克思那里，我们发现了他们对转向社会主义社会的拥护，虽然他们所定义的社会主义社会截然不同，拥护的路线也迥然有异。

在先进工业民主国家中，比如从1870年代开始直到1970年代，这一个世纪是福利国家膨胀的世纪，它非同寻常地拓宽了斯密那个"伟大社会"的限制条件，虽然每一次均是举步维艰。这一过程在1970年代和1980年代迎来了一些限制，在某些情况下甚至迫使福利分配有所收缩——不过这也是因为这个阶段所面临的窘境，而非辩论者辩辞说服力的转变。

484 自1950年开始，在发展经济学和政策分析中又出现了一个多少有点相似的论题：公权力在发展的早期阶段应该在多大程度上、基于何种目的介入经济运行？由于十七章已经比较详细地讨论了这个问题，我在这里只简单地总结三点。其一，大多数发展中国家的结果最初受本国政治态度和政策的影响要甚于发展理论。其二，事实证明，这些结果与国际经济发展状况以及本国所处增长阶段的背景密切相关。其三，1980年代，竞争性市场在发展中国家的影响力日益上升，这本质上是对世界经济中众人皆可观察到的风云成败的一种实用主义回应，也是对许多发展中国家实现起飞，并步入技术上更为复杂多样的一个阶段——趋于技术成熟阶段的一种实用主义回应。这一阶段要求迅速适应市场并快速淘汰技术，这就使得政府所有制以及其生产方式运作变得没有效率。

对于较为先进的发展中国家而言，未来比较合适的道路已经相当清晰，如果它们的债务可以迅速减少的话；但是对于老牌工业化国家而言，由于将持续面对颠覆性的技术变迁以及来自新兴工业力量的强力竞争，更适合它们的公共政策会是什么呢？经合组织国家并未就此达成清晰的意见，更别提政治共识。二十一章将就此提供一个可能的回答。

个人与社会

在古典传统中，就个人与社会的关系这一问题而言，马克思无疑是本质上最与众不同的一位。大体上，古典传统所探讨的社会就是一个可以为"个人提供一种机会，使其把自己天性中的多样性和矛盾之处所带来的不可避免的各种选择纳入考虑"的社会，这个社会中遍布着对"其与自身以及与他人之间关系的强烈关注"。[1] 在操作层次上，这种人类观意味着，人类将极尽可能自主地引导自己深切关注手段而非结果，尤其是关注可以约束公权力的手段；例如，人身保护、选举改革、竞争性市场、自由贸易等。从这个角度看，就贫穷这个众所周知且持久存在的道德问题而言，其首要的解决方式在于增加国家财富并提供近似平等的机会，而不是使用国家权力调整收入。

在马克思看来，有关个人与社会之间适当关系的这种看法，其本身就是"资产阶级的生产和资产阶级的财产"的产物：只有在把个人放到由辩证唯物主义所主导的历史进程中时，其位置关系才能得到准确的界定。

有关这个问题的根本分歧，始终贯穿着社会主义和资本主义的大争论——这个始于 1840 年代，虽然会偶尔消声但却持续存在的大争论。它相当活跃地再度出现在有关发展的理论文献之中，围绕着对处于发展早期阶段的社会而言，哪种制度可以最好地促进现代化这个问题，其着眼点已从道德或者哲学关怀走向实用主义。但是在本质上，这种实用主义的争论早在穆勒那里就已埋下伏笔，并且还与穆勒所界定一个决定性考虑，一个更大的道德问题相关，那就是："……这两种体制中，哪一种与最大限度的人类自由和自发性相一致。"

关于这个问题历史并没有给出最后的判断，但是到目前看来，民主和竞争资本主义的信徒没有任何理由放弃信念。

485

---

[1] 《经济增长的阶段》，第 165 页。

第二十一章　我们在哪？中途议程

第一次起飞：步入现代经济增长

486 　　在亚当·斯密的模型中，在生产力和社会财富短暂激增之后，市场的扩大会带来人口数量的暴涨，并最终导致一个相当凄惨的工资维持在最低生存水平的稳态。在斯密的分析中，重要的技术变迁是可能的，不过只是偶尔才会发生；然而最终，古老的咒语"报酬递减"还是会超越生产率的增量改进过程。

　　迈克尔·肯尼迪和我都很高兴，因为如此简单就可以把亚当·斯密的模型转变为人均财富无上限的现代动态增长模型。[1] 我们只需要改变三个假设（见后文第663—664页）。第一，我们需要假设社会中斯密意义上的哲学家、富有创造性的工具制造者，以及先锋企业家的数量增长到某个关键的水平，以致可以带来一个即便不是必然平稳但也富有生产力的重要创新流，从而克服制造业中各种各样的报酬递减，包括市场扩张受到的限制。第二，我们需要假设对基本商品部门的投资（包括研发）将抵销相关部门中报酬递减的趋势；或者更正式地说，"土地"将无限增长。第三，我们需要假设，在达到某一点之后，人均实际收入的增长将借助这样或那样的经济—社会—心理路径，导致出生率下降，从而保证人口增长率永远低于产出增长率；也即，人均产出的增长成为经济系统的一个永久特征。确实，无论从历史还是从分析的角度来说，若能在逐步拓展的世界经济版图中破

---

[1]　关于此例子更正规的模型可参见附录，第561—562页。

除这三个斯密式障碍，确实就能为解释1780年代以来即使有所波动但却一直在持续的增长扫清道路。

　　作为社会科学中最数学化的表述，这种方法可能会将注意力有效地限定在某些关键的变量和关系上，然而我们也不得不为此种简洁付出巨大的代价。实际上，这个已延续三个多世纪，为经济增长铺下道路又收获经济增长的动态历史过程，拥有着超乎寻常的复杂性。它经历了商业革命、文艺复兴、新兴国家之间持久的重商主义缠斗，以及最关键的，科技革命等一系列历史事件及其交互作用。综合起来，它启动了一个席卷整个西欧（以及在一定程度上席卷北美殖民地）的酝酿发酵过程，不可逆转地改变了人类对自身与物理世界和社会之间关系的看法。这个过程也使一些公共的和私人的政策应运而生，从而实际上为经济起飞创造了先决条件。具体来说，在起飞前的准备阶段中，我们看到了交通的发展、城市中农产品供给的增加、商业扩张和城镇化进程的加速、银行和其他经济制度的精细化、中央政府的日益强大和能力扩张，以及始于18世纪中叶不列颠突然爆发的创新高潮到1780年代带来的重大创新成果。

487

　　特别的，正是那些科技革命的间接结果塑造了这个时期的特质，并解释了为什么在之前的许多时期和地方，即便有商业的发展和城市的扩张，以及主权国家之间的相互拼杀，也没能诞生工业革命。[1]其中缺失的要素正是类似于科学革命的东西。因而，正如怀特海（Whitehead）在评价从哥白尼到牛顿的一系列进展时所说：[2]"只是马槽中一个婴儿的诞生，谁会料到因这个小涟漪而来的竟是如此之大的波澜"——这一点也不夸张。

第四批起飞的国家和地区：未来的中心景象

　　不列颠在把欧洲和北美17、18世纪的酝酿发酵转化为工业革命的过程中担

---

[1]　这是《这一切是如何开始的》（*How it All Began*）（纽约：麦格劳—希尔，1975）的中心主题，特别参见第一和第四章。

[2]　阿弗烈·诺夫·怀特海，《科学与现代世界》（*Science and the Modern World*）（纽约：麦克米伦出版社，1925），第3页。

当了先锋角色,其原因至今依然争论不休,尽管这与我们这里的讨论无关。[1]然而清楚的是,那些在起跑线上输给不列颠的国家,也即表19.1中所列的第二批实现起飞的国家,以及肯定应该加上的比利时,也许还有瑞士,就这些国家而言,我们看到,由于它们早已具备经济起飞的条件,因而在1815年和平时代到来之后没过多久,就以自己的方式模仿英国实现了经济起飞。

未来,比如在2050年之前,核心的景象将是图19.1两处中所列的第四批实现经济起飞的国家和地区的国家进入到趋于技术成熟阶段,并掌控那时存在的所有重要技术。[2]这些国家包括中国和印度,墨西哥、巴西、阿根廷及其他拉美国家,太平洋沿岸数量相当多的一批国家,土耳其,以及很可能的还有中东的一些国家——虽然它们目前正陷于地区冲突的悲惨状态。

我在《经济增长的阶段》中是这么定义趋于技术成熟阶段的:[3]

在实现起飞之后,随着当前稳步增长的经济将现代技术推广应用于经济活动的各个前沿领域,经济将迎来一段长期持续的进步,即使会有波动。国民收入的10%—20%将被稳定地用于投资,从而保证产出的增长规则性地超过人口的增长。随着技术的进步、新兴产业的加速和夕阳产业的平稳,经济的组成也将不断地发生变化。每个经济体都能够在世界经济中各置其位:之前需要进口的商品转而可以在国内生产,新的进口需求开始出现,以及为求有能力进口这些商品,新的出口商品开始投产。为适应现代高效生产的要求,社会会做出安排,平衡新旧的价值观和制度,甚或直接修正旧的价值观和制度,以支持而非阻碍经济增长。

经济起飞开始后大约六十年(或自起飞结束后算起约四十年),一般就到了可以被称为成熟期的阶段。在起飞阶段,经济集中于复杂程度相对较低

[1] 这个问题更深入的讨论可见如,克拉夫茨,"英法工业革命:有关'为什么英国首开先河?'的一些思考"("Industrial Revolution in England and France: Some Thoughts on the Question 'Why Was England First?'"),《经济史评论》,第30卷,(1977),第429—441页,以及沃尔特·惠特曼·罗斯托"并非随机游走:对'为什么英国首开先河?'的评论"("No Random Walk: A Comment on 'Why Was England First?'"同上,第31卷,(1978),第610—612页。

[2] 我关于该阶段的拓展分析,超越了早期的阐释,参见"对趋向技术成熟的思考"("Reflections on the Drive to Technological Maturity,")《国民劳动银行季刊》(*Banca Nazionale del Lavoro Quarterly Review*),第161期(1987年6月),第115—146页。

[3] 《经济增长的阶段》,(剑桥:剑桥大学出版社,1960,1971),第9页。

的产业和技术，而在成熟阶段，经济范围将扩展开去，技术常常更加复杂的生产过程；例如，经济活动的重心可能从煤、铁和铁路重工行业转移到机械工具、化学和电子设备上来。这些都是比如德、英、法、美等国在 19 世纪末或稍晚时候先后经历的经济转型。当然，从起飞到成熟的过程中还存在其他部门发展模式……

细致考察第四批起飞的国家和地区的经济结构表明，其成员已经从起飞阶段的传统轻工业转向多样化的金属加工、日益精细的化学工业，以及至少是比较简单的电子工业。中国和印度已经发展出核武能力。其他国家显然也具备这一潜力。从经济结构来看，其工业产出占国内生产总值的 30% 强，制造业占 20% 或更多。[1] 表 21.1 展示了依据世界银行的分类而计算的平均比例，从中可以看出，中等收入国家的发展水平和我所定义的趋向技术成熟阶段大致相当。

表 21.1　不同阶段国家工业和制造业占国内生产总值的比例：世界银行，1985

	工业	制造业
低收入国家（不包括中国和印度）	19%	12%
低中收入国家	32	17
中高收入国家	35	n.a.*
工业市场国家	36	23

* 数据无法系统性地获得。1985 一些相当重要的个体数据：多米尼加共和国，19%；泰国，20%；秘鲁，20%；土耳其，25%；巴西，26%（1965）；中国香港，24%；韩国，25%。

来源：世界银行，《世界发展报告 1987》（World Development Report），第 206—207 页。

1965 到 1980 年间，所有中等收入国家制成品的出口几乎都惊人地维持着每年约 15% 的增长率。[2]

---

[1]　比如可参见，《世界发展报告 1987》的表 3（第 206—207 页）（纽约：牛津大学出版社，世界银行专辑，1987）。

[2]　同上，第 175 页。

着眼未来，我更倾向于强调表 21.2 数据所反映的初等和高等教育革命，对此，我们在第二十章中已经提及（前文 466 页）。为说明这些数字的含义，可以回忆一下，1960 年日本的高等教育比例为 10%，而英国为 9%。

表 21.2　不同阶段国家适龄人口的入学率：世界银行，1965 和 1984

	中等教育		高等教育	
	1965	1984	1965	1984
低收入国家（不包括印度和中国）	9	23	1	3
中低收入国家	16	40	5	12
高中收入国家	29	56	7	15
工业化市场经济国家	63	90	21	38

来源：世界银行，《世界发展报告 1987》，第 262—263 页。

这些数据意味着，技术吸收能力在急剧增强。比如，韩国近来超常地走向高技术经济，这无疑有赖于它在 1984 年就实现的 91% 的中等教育入学率和 26% 的高等教育入学率。而在英国，这两个比率分别是 66% 和 20%。

而且，在较发达的发展中国家中，走向科学和工程学的趋势非常明显。例如在墨西哥，从 1957 至 1973 年，自然科学类的研究生数量每年增长 3%，工程类的研究生每年增长 5%。从 1973 年到 1981 年，增长率分别急剧上升到 14% 和 24%，几乎是前期的五倍。

在展望未来时，我特别强调技术吸收能力是因为，未来的若干代人很可能会受到第四次工业革命潜力发挥的极大影响——这次工业革命在 1970 年代中期已经大致进入创新阶段。而对于那些处于趋向技术成熟阶段的社会而言，它们学习并有效地应用这次革命相关领域成果的速度严重依赖于其技术吸收能力，这不仅包括其相关人员储备池规模和质量的提高，而且包括其组织和激励这个技术存量池中男男女女的能力。

中国和印度的情况又如何呢？未来这次转型的规模是独一无二的，这显然是因为第四批起飞的国家和地区包含了世界上最大的两个国家。很明显，就人均国民生产总值而言，它们仍然属于世界上最贫困的国家之列：根据世界银行的统

489

计，印度 1985 年的人均国民生产总值为 270 美元，中国为 310 美元。[1] 由于这些数据囊括了广袤且生产力很低的农村地区，所以它们实际上并没有准确地反映出这两个国家已经相当多样化的工业的绝对规模和复杂程度。即便在当时，印度的工业和制造业产出占国内生产总值的比例已经接近于低中收入国家而非低收入国家：其中工业占比 27%，制造业占比 17%。1984—1987 年间，印度工业产出的年均增长率为 7%。相对于其平均人均收入水平，印度适龄人群的中等教育和高等教育入学率也是异乎寻常地高——前者为 34%，后者为 9%。然而在衡量其潜在技术吸收能力的所有指标中，最令人震惊的是，印度科学家和工程师的数量已经由 1960 年的 19 万增加到 1984 年的 240 万，仅次于苏联和美国。

世界银行估计，尽管很有可能因为仍未改革的工业价格体系而遭受扭曲，但是 1985 年中国工业和制造业占国内生产总值的比例已远高于印度——工业是为 46%，制造业则为 29%，虽然这些方面极有可能因为仍未改革的中国工业价格体系而扭曲。中国适龄人群接受中等教育的人口比例为 34%，与印度相似；但高等教育的比重却由于“文化大革命”的严重阻碍而远远落后，仅为 1%。不过中国政府显然已经明确意识到这种落后，并开始奋力追赶。 490

即使因教育质量方面的问题而大打折扣，但是较先进的发展中国家潜在的技术吸收能力还是很高。和大多数先进工业国家一样，它们所面临的关键问题在于，如何有效利用它们已经掌握的日益丰富的科学知识和工程技术。这反过来也对另一种能力提出了要求，那就是在科学家、工程师、企业家和劳动力之间建立并维持高效、灵活和互动合作关系的能力。

因此我认为，尽管目前面临极大的变迁，但是太平洋地区的国家（包括中国）、印度以及那些拉丁美洲大多数人口所生活的国家都将吸收到新的技术，并且总体上会在未来的几代人间进入快速发展时期。我相信，如果中东国家能够从当前悲剧的持续流血冲突中走出来，找到一个 20 世纪版的“威斯特伐利亚条约”，那么它们也会迎来同样美丽的新天地。

由于后来者的持续进步，世界经济和政治必将面临一次特征依旧但规模空前的调整。目前，先进工业国家（包括苏联和东欧）总共拥有大约十一亿人口，占

---

[1] 同上，第 202 页。

世界人口的 24%。相对而言，至少有二十六亿、约占世界人口 55% 之多的人口生活在那些可能在这半个世纪中获得精湛技术的国家。而且，在未来的几十年中，后者的人口增长将比前者快得多。到那时，我们将迎来一个伟大的历史转变。

转型，我们走了多远？

可以肯定的是，世界经济绝不可能再以近似于过去两个世纪的方式继续其技术创新的产生和传播。不过，假设这个过程仍会以一定的速率进行下去，同时假设生产率的发展可以继续克服整个全球经济的报酬递减，那从这些假设出发还是会有所帮助的。先进工业国家在支出方面的横截面数据并没有表明，人类在财富增加之后会面临难以克服的支出障碍。由于实际收入本身的边际效用递减而使所有人（或者绝大多数人）都满足于当下的富足状态，这样的时代还没有到来；而约翰·斯图亚特·穆勒意义上的准稳态需要社会普遍的满足和认同才能实现。事实上，有少数国家，至少是这些国家的政府可能会拒绝现代高科技的生活，正如缅甸和西萨摩亚群岛过去若干代人在一定程度上表现出来的那般。其他的一些国家则可能缺乏实现经济起飞并维持自我持续增长的物质条件或者其他能力。此外，经济增长可能被核战带来的巨大危险所打断或扭曲；重商主义式的以邻为壑所引起的世界经济分割，则会导致非核冲突和资源的低效利用；还有资源的报酬递减或者物理环境的严重恶化，也会导致经济增长受挫；而且，艾滋病也已经提醒人类，在流行病面前，我们可能仍然很脆弱。不过，如果我们依然坚持认为明天是美好的，那么就值得问一问：世界经济在我们以一些武断的标准来界定的普遍富裕之路上究竟已经走了多远。

首先是人口。假设人口变迁维持着近几十年来展现的模式，那么人类距离或多或少处于稳态的全球人口规模还有多远？

表 21.3 和 21.4 戏剧化地展现了第二十章中阐述的一个要点：当前欠发达和比较发达的国家之间，人口的前景反差巨大。[1]

493

---

[1] 米乌，《世界人口预计，1984》（华盛顿特区：世界银行，1984），表 2 和表 3，第 xviii 页和第 xix 页。乌用来预计的方法可见第 ix—xvii 页。大量的基础数据来自于联合国的相关资源。例如，可参见《世界人口展望》（*World Population Prospects*）（1984 估计），（纽约：联合国，1986）。

表 21.3　依据区域和收入水平分类的人口规模和比重估计，1980—2100 年　491

	人口（百万）							占世界人口比重（%）					
	1980	1984	1990	2000	2025	2050	2100	1980	1984	2000	2025	2050	2100
世界总人口	4,435	4,750	5,253	6,145	8,297	9,778	10,869	100.0	100.0	100.0	100.0	100.0	100.0
欠发达	3,297	3,584	4,048	4,882	6,939	8,398	9,462	74.3	75.5	79.5	83.6	85.9	87.1
较发达 [1]	1,138	1,166	1,205	1,263	1,358	1,380	1,407	25.7	24.5	20.5	16.4	14.1	12.9
非洲	478	540	652	898	1,631	2,276	2,821	10.8	11.4	14.6	19.7	23.3	26.0
东非、西非和南非	369	419	510	714	1,339	1,898	2,381	8.3	8.8	11.6	16.1	19.4	21.9
北非	109	121	142	184	292	378	440	2.5	2.6	3.0	3.5	3.9	4.1
美洲	610	653	720	827	1,054	1,179	1,244	13.7	13.8	13.5	12.7	12.1	11.5
拉美	356	390	444	535	731	854	919	8.0	8.2	8.7	8.8	8.7	8.5
北美	254	263	276	292	323	324	325	5.7	5.6	4.8	3.9	3.4	3.0
亚洲	2,575	2,768	3,068	3,570	4,698	5,383	5,835	58.1	58.2	58.0	56.6	55.0	53.6
东亚、东南亚	1,533	1,622	1,754	1,968	2,415	2,600	2,696	34.6	34.1	32.0	29.1	26.5	24.7
东亚、东南亚（不计中国和日本）	436	475	538	644	874	1,021	1,107	9.8	10.0	10.5	10.5	10.4	10.2
南亚	943	1,035	1,183	1,434	2,023	2,453	2,760	21.3	21.8	23.3	24.4	25.1	25.4
南亚（不计印度）	256	286	339	439	715	942	1,128	5.8	6.0	7.1	8.6	9.6	10.4
西南亚	99	111	131	168	260	330	379	2.2	2.3	2.7	3.1	3.4	3.5
欧洲	749	765	787	821	879	901	928	16.9	16.1	13.4	10.6	9.2	8.5
欧洲（不计苏联）	484	490	499	515	540	543	552	10.9	10.3	8.4	6.5	5.6	5.1
大洋洲	23	24	26	29	35	39	41	0.5	0.5	0.5	0.4	0.4	0.4
大洋洲（不计澳大利亚和新西兰）	5	5	6	8	11	14	15	0.1	0.1	0.1	0.1	0.1	0.1
依据收入分组 [2]													
低收入	2,189	2,362	2,632	3,110	4,293	5,101	5,712	49.3	49.7	50.6	51.7	52.2	52.6
低收入（不计中国）	1,209	1,332	1,537	1,913	2,883	3,652	4,250	27.3	28.0	31.31	34.8	37.4	39.1
低中收入	642	708	820	1,034	1,587	2,018	2,339	14.5	14.9	16.8	19.1	20.6	21.5
中高收入	492	539	617	752	1,052	1,253	1,372	11.1	11.4	12.2	12.7	12.8	12.6
高收入（石油出口国）	16	19	24	34	59	79	95	0.4	0.4	0.6	0.7	0.8	0.9
工业市场国	718	732	753	785	831	827	829	16.2	15.4	12.8	10.0	8.5	7.6
东欧非市场国	378	390	407	430	475	500	522	8.5	8.2	7.0	5.7	5.1	4.8

注释：1.较发达地区包括欧洲，苏联，北美（美国和加拿大），澳大利亚，新西兰，日本。欠发达地区包括世界上剩下的所有其他地区。

      2.收入分组标准依据的是世界银行1982年的划分标准，《世界发展报告，1984》（纽约：牛津大学出版社，1984）。

来源：米乌（My T. Vu），《世界人口预计，1984》（华盛顿特区：世界银行，1984），xviii 页。

492   **表21.4　依据区域和收入分组的年均人口增长规模及速度估计，1980—2100**

区域	年度增长人口数（百万）						年增长率					
	1980	1984	2000	2025	2050	2100	1980	1984	2000	2025	2050	2100
世界总人口	77.4	81.9	93.5	77.6	44.1	8.7	1.73	1.71	1.51	0.93	0.45	0.08
欠发达	70.3	75.0	89.2	75.5	43.8	8.5	2.13	2.07	1.81	1.08	0.52	0.09
较发达[1]	7.1	6.9	4.3	2.1	0.3	0.2	0.64	0.59	0.41	0.17	0.04	0.01
非洲	14.4	17.0	27.5	29.4	22.7	3.0	2.98	3.08	3.03	1.79	0.99	0.11
东非、西非和南非	11.5	13.7	23.0	25.4	19.9	2.5	3.07	3.20	3.17	1.88	1.04	0.11
北非	2.9	3.3	4.5	4.0	2.8	0.5	2.61	2.64	2.47	1.38	0.73	0.11
美洲	10.6	11.1	10.2	7.3	3.2	0.7	1.74	1.68	1.24	0.70	0.27	0.06
拉美	8.3	8.8	8.9	6.8	3.2	0.6	2.31	2.23	1.65	0.94	0.37	0.08
北美	2.3	2.3	1.3	0.5	0	0	0.92	0.84	0.50	0.18	0	0
亚洲	48.1	49.6	52.7	39.1	17.4	5.0	1.87	1.77	1.47	0.83	0.32	0.09
东亚、东南亚	23.1	22.6	23.5	13.7	2.4	1.4	1.51	1.38	1.19	0.57	0.09	0.05
东亚、东南亚（不计中国和日本）	9.6	10.2	10.4	8.2	3.9	0.9	2.18	2.13	1.60	0.93	0.38	0.08
南亚	22.3	23.9	25.4	22.0	12.8	3.2	2.36	2.28	1.76	1.08	0.52	0.12
南亚（不计印度）	7.0	8.1	10.9	10.7	7.9	1.2	2.70	2.78	2.45	1.49	0.83	0.11
西南亚	2.7	3.1	3.8	3.4	2.2	0.4	2.81	2.78	2.31	1.31	0.66	0.10
欧洲	4.0	3.9	2.8	1.7	0.7	0	0.54	0.51	0.37	0.20	0.08	0.01
欧洲（不计苏联）	1.6	1.6	1.3	0.7	0	0	0.34	0.33	0.28	0.12	0	0
大洋洲	0.3	0.3	0.3	0.1	0.1	0	1.32	1.30	1.01	0.57	0.23	0.03
大洋洲（不计澳大利亚和新西兰）	0.1	0.1	0.2	0.1	0.1	0	2.10	2.13	1.99	1.16	0.57	0.08
依据收入分组[2]												
低收入	42.7	44.4	51.6	43.1	23.4	5.5	1.94	1.86	1.65	1.00	0.46	0.10

（续表）

	年度增长人口数（百万）						年增长率					
低收入（不计中国）	30.1	32.6	39.4	37.4	24.6	5.1	2.46	2.42	2.04	1.29	0.67	0.12
低中收入	15.8	17.6	22.5	21.1	13.7	2.2	2.45	2.44	2.16	1.33	0.68	0.10
中高收入	11.4	12.4	13.5	10.5	5.7	0.9	2.32	2.28	1.79	1.00	0.46	0.08
高收入（石油出口国）	0.7	0.8	1.1	0.8	0.6	0.1	4.60	4.17	3.12	1.53	0.88	0.11
工业市场国	3.7	3.7	2.7	0.7	0	0	0.54	0.50	0.36	0.09	0	0
东欧非市场国	3.1	3.0	2.1	1.4	0.7	0	0.85	0.77	0.49	0.31	0.16	0.02

注释：1. 如表 21.3，491 页。
　　　2. 如表 21.3，491 页。
来源：如 21.3，491 页。

当然，应该强调的是，这只是一种近似的、假想的估计。它们建立在一些武断的假设基础上。例如，人口最终将维持在一个稳态的水平，而不会逐渐减少。这里也没有考虑战争、饥荒和瘟疫。而且，其中依托的模式和变量关系虽然有一定的历史经验数据作为支撑，不过如同其他社会科学一样，人口学也还是有其无法应对之处，尽管它已经拥有可以慰藉人心的大量变量可供操控。

基于这些计算，假想的世界人口稳态水平为 112 亿。较发达国家的人口将在 2025 年达到稳定；而欠发达国家的人口将在 2100 年左右达到稳定。从 1980 到 2100 年，较发达国家的人口在世界人口中的比重将腰斩，从 26% 下降到 13%。这是一个颠覆性的变化。因为自 1650 年以来，这个数据一直在 34% 到 26% 之间波动。[1] 而东、西、南非是欠发达地区中人口增长最快的地区；这个区域占世界人口的比重将从 8% 上升到 22%，其中当尼日利亚的稳态到来时，其人口将超过五亿。不过这没有考虑到艾滋病对非洲部分地区的巨大影响。

当然，比起由之前的人口增长率以及由此导致的人口结构所决定的稳态时期，或者更正式的说，也即比起总生育率等于 1 的时代，净生殖率等于 1 时代（2000—2045 年）的到来要早得多，二者之间存在一个间隔。

那么人均国民生产总值的前景又如何呢？显然，这在很大程度上取决于每个

---

[1] 唐纳德·博格（Donald J. Bogue），《人口原理》（*Principles of Demography*）（纽约：威利出版，1969），第 49 页。

增长阶段所假设的年均增长率或者人均国民生产总值水平。

　　表 21.5 提供了在两种增长率模式下，四组国家分别达到 1985 年美国人均国民生产总值水平所需年限的估计：这两种增长率模式一是 1960—1980 年间的平均增长水平，一是 1965—1985 年间较低的平均增长水平。根据所设定的增长模式，中高收入国家大约会在 2050 年达到美国 1985 年的富裕水平，而中低收入国家会在 21 世纪的最后 25 年间达到这一水平。由于起步水平更低，印度和中国需要耗费更长的时间；但是，如果它们能够从政治上找到一条可能的途径，释放私有部门的潜力，并有效地利用它们在科学和工程上的人才储备，那么它们一定能够取得比过去更高的增长速度，正如印度看起来正在努力的那般；而且不管怎样，印度和中国都很可能在比如下世纪中叶掌握那时的所有技术。

494 表 21.5　人均实际收入估计：富国、中等收入国家和穷国

经济类型	1985年中人口数量（百万）	人均国民生产总值（依据1985年美元计算）	占美国国民生产总值的比例	年均人均增长率（1960—1980）	年均人均增长率（1965—1985）	以1960—1980年的增长速度计算，达到美国1985年人均收入水平所需年限	以1965—1985年的增长速度计算，达到美国1985年人均收入水平所需年限
低收入（110—390美元）	2,439.4	270	.016	1.2	2.9	347	146
中国	1,040.3	310	.019	NA	4.8	NA	87
印度	765.1	270	.016	1.4	3.1*	298	137
中低收入（420—1570美元）	1,242.1	820	.049	3.8	2.6	82	103
中高收入（1640—7420美元）	567.4	1,850	.111	3.8	3.3	60	69
工业市场国（4290—16690美元）	737.3	11,810	.708	3.6	2.4	11	16
美国	239.3	16,690	1.000	2.3	1.7	—	—

　　表注：*，印度驻美大使馆报告的数字，1987 年 8 月 10 日。

　　来源：依据世界银行的数据计算而得，《世界发展报告》（纽约：牛津大学出版社），1982，第 110—111 页以及 1987，第 202—203 页。

　　此外，所有当前中等收入国家的制造业占本国国民生产总值的比重都将在那时达到甚至超过目前的最大值，25%（表 21.1）。

　　从这些粗略的数字计算中，只能得到最宽泛的结论，但这些结论并非不

重要。

● 在不发生大灾难的情况下，全球人口将在 2050 年翻一番而有余，而后人口增长开始明显减速，直到 21 世纪末。

● 如果当前的增长模式保持不变，较发达的发展中地区将在 21 世纪中叶达到甚至超过美国当前的人均国民生产总值水平，而中低收入国家将在稍迟一些的时候达到这一水平，同时其国民生产总值中来自工业和制造业的比重将达到或超过当前的最高比重，而作为富裕的表征的服务业的相对比重也将上升。

● 从当前到 21 世纪中叶这一整段时期，很有可能是自 18 世纪中叶以来，对资源和环境构成最大压力的时期，同时也是在人口聚集地、经济潜能和政治地位方面展开最大限度重新调整的一段时期。

五大政策问题

如果上述关于世界经济发展趋势的粗略描绘基本成立，如果我们以成功跨越增长的各个阶段（或钱纳里的转型变）作为普遍的目标，那么从人类的共同利益出发，我们就不得不直面以下五个方面对政策的巨大挑战。

第一，冷战的和平软着陆。[1] 软着陆是可想像的，因为经济、政治和可用的军事力量持续地从苏联（以及美国）向外扩散，使得莫斯科 1945 年之后一度看似可能的欧亚大陆霸权之梦变得越来越不现实。由于获得了战后初期从 1947—1950 年冲击中如梦初醒的美国的支持，西欧和日本开始复兴，这加上中苏关系的破裂，以及后来第四批实现起飞的国家趋于技术成熟，所有这些都有助于这一结果的实现。正如东欧和其他地方的经验也表明，文化、宗教、民族主义在极端极权主义的压制下依然拥有极大的持久力。而且，由于逐步有证据表明，穆勒有关社会主义的两个判断基本正确，这种倾向和过程得以进一步加强。事实证明，经济单元的公有制运作确实"拖沓、漫不经心且无效率"；并且，随着时间的流逝，基于"一种考虑，即这两种社会制度中哪一种与最大程度的人类自由与自发性相一致"，关于社会主义和资本主义的争论结果似乎也逐渐倾向后者。在日益多元

---

[1] 有关下面段落中总结的论点更详细的阐述可见，"论结束冷战"（On Ending the Cold War），《外事》（*Foreign Affairs*）（1987 年春），第 831—851 页。

化的经济体中，在因为科学与技术的快速发展和相互作用而导致技术面临高速淘汰的经济体中，这些都是极其重要的社会特质。仅是能够实现大规模标准化且相对稳定的资本品（如钢铁、水泥和电力）生产是不够的。随着一个接一个更有活力的社会形态起来对抗自私的"国家资本主义"所带来的低效率和不公平，自一战以来充斥于西方知识界或明或暗的假想——即以这种或那种形式出现的社会主义将成为未来之潮流，在本世纪的最后二十五年似乎正在逐渐散去。

这些强大的力量曾经在1970年代被蒙蔽一时，当时因为美国的外交政策一团混乱，苏联趁机在战术上取得了巨大收获。但是到了1980年代，由于缺乏意识形态上的共鸣，苏联面对着越来越不利的外部环境，受制于日益积聚的民族主义力量。与此同时，苏联国内长期的压力也在逐渐累积，这些压力激进地要求转变方向，使得这个被统治的社会走向在西方看来更为自由的模式。

但是，人们已经意识到，欧亚霸权或全球霸权都是一个乌托邦，包括许多苏联的研究者也是如此。不过，冷战的和平解决则是另一回事。要成功解决这一问题，议事日程上必须包含以下三个重要议题：

首先，但却不一定最重要的，当然是核竞赛。这一点需要满足的条件有三：496 通过彻底的检查维持美苏的核平衡，保证核力量处于比较低的总量水平，只有二次反击而无核敲诈能力；与其他核武强国就核力量最高限额达成约定；在此背景下，更加坚定努力地履行"核不扩散条约"。随着研发的开展，解决路径可能会发生变化；但是我对消除核武器的解决方案依然持怀疑态度，这种解决方案要么完全依赖于主动战略防御计划，要么在稳定的威慑系统中完全排除主动战略防御计划。很显然，在这些条件中依然存在着大量复杂的问题，即便在各当事人均抱有最大的善意时也是如此。

第二个议题是重组北大西洋公约组织和华沙条约组织，以保证东欧国家的政治自由得以不断扩大，保证北大西洋公约和华沙条约下核力量处于一致同意的水平，并受到切实的监督。在肯定会发生的事件中，最复杂的莫过于德国将以何种方式、在何种程度上实现统一。但是，目标却很简单：苏联在维护其在东欧的合法安全利益时，必须放弃其霸权主义的解决方式，转而寻求力量的平衡，以维护其在东欧的合法安全利益；这种解决方式可以保证，东欧既不再由苏联控制，也不存在其他主要力量的控制。在这方面，美国和苏联的基本利益确实相互交织，稳定相关。

最后，第三个条件是：与冷战有关的地区冲突的平息和长期游戏新规则的形成。短期内，苏联与河内、哈瓦那、马那瓜、喀布尔以及其他焦点地区的紧密联系可能可以为问题的解决奠定基础——现有政府将继续存在，但是会被有效地限定在自己的国界以内，不得展开对外军事行动。但是，就这些国家的长期政治走向而言，莫斯科与华盛顿显然都无法得到什么保证。只有当美苏达成一致，今后这些国家走什么样的道路完全取决于当地的历史因素，这种解决方案才会发挥作用——鉴于过去四十年的积习，这显然是一个难以接受的条件。当然，在中东，由于美苏在这一地区的影响力极其有限，这个地区将极难在这些方面达成协议。但是，如同其他地区那般，如果大家都确信，冷战不再成为美苏关系，或超级大国与其他国家关系的合理框架，那么这类力量就会强大到令人生畏。

不管怎样，美苏两国的相互理解将成为成功解决这一问题的基础，不过其他国家的利益也会卷入其中。因此，利益协调将变得相当复杂。进而，仅当新的共同规则得以确立，并因为成功的经验而收获效果时，结果才可能变得稳定。不过，一旦预期得以确定，也即当所有的国家都卷入到从冷战转向某种更加悦人心意的方向上来时，这个过程可能就可以相当迅速地向前推进。

第二，同样巨大的一个挑战是，如何在避免战争的前提下将第四批起飞的国家和地区的新兴工业力量吸收到世界体系之中。如前所述，事实证明，后来者技术的成熟是危险的。[1]先发之国已显现出明显的慵懒和自满，这会打开后发之国不管是实际还是意愿上致力于扩张的洪堤，而这种扩张又会与后发之国因为后来才获得精湛技术而不被承认的荣誉感相结合，结果已经带来一系列麻烦，甚至是灾难。

如果人类足够幸运的话，核武器将继续扮演它们从 1945 年至今一直在扮演的角色——维持稳定；也即是说，由于它们极大地提高了全面战争的成本，从而使得核大国之间意外地在四十余年间没有发生军事冲突。讽刺的是，核武器的存在给予了那些次级力量一个超级杠杆，一个与它们按传统标准衡量的军事潜力极不相称的杠杆。我在 1946 年 11 月牛津的就职演说中曾说道：[2]"在快乐的日子里，历史系的学生可能会因这样的讽刺故事而开怀一笑：在那次全面取胜的战争中，美国最后的行动也许已经严重危及关涉军事安全的两大支柱——距离和经济资源优势"。*从朝

497

---

[1] 我在《经济增长的阶段》的第八、第九章中比较详细地探讨了战争和经济增长阶段之间的关系。

[2] 《美国外交革命》（The American Diplomatic Revolution），在牛津大学的就职演说，1946 年 11 月 12 日（牛津：克拉伦登出版社，1946），第 8 页。

鲜到波斯湾再到加勒比海，自从 1950 年以来，在那些绝不令人愉悦的环境中，这一命题已经得到证实；也即，这些力量较弱的国家已经找到针对主要的核力量大国并追求自己利益的途径，那就是借助难以控制或者控制成本很高的技术。不过在长期内，由于新工业力量的兴起，核限制对老工业国家来说可能还是有利的。

显然，最大的两个潜在工业强国是印度和中国。展望未来，亚洲乃至世界的稳定和平都将极大地依赖于这两个大国是否会吸取历史上法德之间展开持久竞争的教训，放弃对抗竞争，转而借助历史、武力以及日益挤满技术强国的舞台，认识到现实中存在比地区霸权更实际、更有利的目标值得追逐。[1] 未来依然不确定。即使是在两国都将从合作中极大获益的情况下，它们已然发现，解决本质上只有象征性意义的边界冲突，以及在其他方面平息而非点燃地区冲突都是不可能的。另一方面，它们之间存在一个比法德形势更严峻的边界；而且，它们都拥有牵涉苏联的潜在战略利益——这种利益重叠的程度要远甚于新德里和北京口头上的托词。

但是，结果很可能取决于老工业国在未来的几十年里能够创造或不能创造的那个世界会是何种模样——虽然它们仍然手握重要的决策权。

因此，第三个挑战就是，大西洋国家和日本，以及预料中将于未来某个时期加入的苏联是否还能够保持大卫·休谟所说的"勤勉与开化"。实际上，本书可算始于休谟对富国—穷国问题的讨论，同样终于他对该问题的讨论（后文，第 569页）。他关于 1758 年的描述，依然是对直至下世纪中叶世界体系演变路径的最紧密相关的指导。[2]

　　不管哪个国家，都不需执此担忧，担心它们的邻国在生产和技艺各方面的发展足够先进，从而对他们无所需求。只要各个国家依然保持勤勉与开

680　[1]　《美国与亚太区域组织，1965—1985》(*The United States and the Regional Organization of Asia and the Pacific: 1965—1985*)，（奥斯汀：德克萨斯大学出版社，1986），第 158—161 页。

　　　[2]　大卫·休谟，见尤金·罗特文 (Rotwein, E., E.) （编）的《经济学论文》(*Writings on Economics*)（麦迪逊：威斯康星大学出版社，1955），第 80 页。1945 年后有关富国—穷国问题的讨论，见阿尔伯特·赫希曼的"工业化对工业化国家市场的影响"("Effects of Industrialization on the Markets of Industrial Countries")，载于本特·霍斯利茨（编），《欠发达地区的进步》(*The Progress of Underdeveloped Areas*)（芝加哥：芝加哥大学出版社，1952年），第 270—283 页。由于该文写于马歇尔计划成功之后，赫希曼对美国通过第四点计划复兴其潜在竞争对手并推进这一进程的政策中展现出的"没有戒心的态度"大加赞扬。他把这一政策与 1914 年之前和两次大战之间德国的政策进行了对比。尽管他有关 1980 年代晚期的观点可能不是那么乐观，但是他还是清晰地表达了我也认为正确的原则（第 283 页）："……对于希望维持其工业领先地位的国家而言，唯一的途径就是借助于持续的经济进步与技术改进"。

化，大自然通过赋予它们多样化的禀赋、气候、土壤条件，就保证了它们之间可以相互交往和贸易。不仅如此，一个国家的技艺越发达，它对勤勉的邻国的需求就越旺盛。

这第三个任务包含着多重维度。一是制定并维持一种政策，使得第四批起飞的国家和地区可以以一种文明开化的方式融入世界经济。如休谟所谏言，老工业国可以从后来者的崛起中获益。由于后来者具备高速发展的潜力，针对较发达的发展中国家的出口就会成为未来几代人的主导部门——这一考虑还与困扰当今世界经济的贸易不平衡和债务问题得到恰当解决密切相关。

为了以文明开化的方式处理这种相互支持和调整的动态过程，收获共同利益，在我看来，贸易和金融方面的全球性游戏规则要求地区性组织发挥稳健的支撑作用。[1] 这应该成为太平洋地区政府间组织的中心任务，尽管它们已经为此举行了无数次会议，但实际上却是雷声大雨点小。这同样应该成为美洲国家组织和美洲开发银行的下一个任务——不是为了重温旧梦，再建早年的进步联盟，而是为了保证，随着拉美转向完全的技术成熟阶段，拉美和北美可以携手并进、稳步向前，并在这个过程中紧密关注债务以及其他方面的燃眉之急。

那么，保持勤勉又会怎样呢？这里的首要条件是，美国、西欧和日本应该启动发掘新技术的可能性，并将它们应用于基础工业、农业以及服务业，包括遏制环境恶化的那些行业。只有如此，它们才能在未来面对持续激烈的竞争局面时，维持一个拥有十足生产率，同时富有弹性的经济，从而保有并增进自己的繁荣富强。我相信，这就要求西方世界国内政治模式发生历史性的转变。这种转变，不是在假定实际国民收入会自动扩张的前提下，围绕着收入应该如何分配而展开多少还算风度翩翩的争斗——可以说，自 1870 年代俾斯麦启动福利立法以来，这就是占支配地位的政治模式。这里的转变，要求商业、劳工、政府以及科技、工程、创业部门各方共同努力，转而关注在日益挤满技术强国的舞台上，如何保证先进工业国的实际国民收入得以实现持续的扩张。

当前，由于历史方面的原因，日本的政治基础似乎已为未来的任务做好准

498

---

[1] 以区域组织来补充不可避免有些笨拙的全球机构的情况可见我的《美国与亚太区域组织：1965—1985》，尤其是第三章、第七章、附录 D 和 E。

备。自从佩里准将和他的海军舰队 130 年前出现在东京湾之后，外部世界与大和民族的傲气和野心的较量引发了一系列危机，强化了这个民族对统一和共同利益的认识；而自 1950 年代中期以来，日本在世界中的经济地位成为这一诉求的焦点。日本的挑战在于，如何在它不可避免地从过度关注出口顺差最大化转向更加广阔的内外目标谱系时，维持对共同利益的清晰认识。1986—1987 前川（Markawa）的两份报告异常漂亮地概述了这一过程。

但是，当面对着深层次的积习以及既得利益时，在日本和世界的其他部分被腐蚀性的危机吞没之前，一些明智之人可以有说服力地为日本社会指定新方向是一回事，而引发必要的变迁又是另一回事，后者显然要困难得多。如果调整贸易失衡和第三世界债务的步伐不够快的话，这种危机是完全有可能发生的。

如果重商主义以邻为壑的做法（这可能加重而非结束冷战，同时引发新兴工业国与老工业国的对抗）得以避免，那么一些新的、困难的但并非不可能的事情将被提上日程。西欧、日本和美国将不得不一起来领导世界，因为任何一国都无法单独领导世界。这意味着，国际社会需要在明显的国际化进程已经显露端倪的经济环境中，为贸易、资本流动和国内政策制定新的游戏规则并加以遵守。在这些规则的基础上，这些国家将不得不彼此合作，并与发展中国家或地区合作，利用各种新的潜在可能，使得合作可以带来的和平调整成为现实并实现互惠互利。同时，我还要说的是，随着后来者的不断进步，它们也必须为了整个国际体系的活力而逐步承担起更大的责任。美国没能在两次大战之间通过这一考验——结果是悲剧的。日本现在也正面临着这一考验，不久以后同样的考验会降临到韩国、中国台湾、巴西以及其他踌躇满志、高速发展的后来者身上，尤其是印度和中国。实际上，因为拥有巨大的外汇储备，同时外部债务又不是很高，台湾已经开始面对它需要承担的责任。

任务的最后一方面与外交和军事政策而非经济政策有关，尽管其目标能否成功实现，将有赖于当下发达国家处理复杂经济问题的效力。如果希望最大化和平转型的机会，那么在为新兴工业国家或地区指明文明开化的经济关系，促使其在集体事业中日益担当并参与领导的角色时，老工业国必须同时维持其军事实力，树立共同的目标，并实现最大程度的联合。第二次世界大战之所以爆发，是因为大西洋世界失去了对经济社会问题的控制，同时失去了有关军事安全原生问题上的团结。丘吉尔相当准确地称这场灾难为"不必要的战争"。为了避免这样的战争在未来再度发生，我在这里仅提出一些可能性，而不是要争论具体的状况。与

499

当前多数传统的看法相反，我认为，美国、西欧和日本之间的联系在未来需要比过去和现在更加紧密。冷战帮助建立起横跨太平洋和大西洋的网络联系，而冷战的结束绝不意味着和平有了保证。如果跨大西洋和跨太平洋的纽带被削弱或出现断裂，那么混乱的局面很容易就会再现。若想从冷战转向一种合理的、稳固的、制度化的和平状态，那就需要有持续不断的共同努力。

第四个挑战是，如何面对我们为了完成转型，或者说为了将全球所有社会实质性地推向各自的大众高消费阶段，而可能给资源和环境带来的压力。正如第二十章中所言，没有人能够在今天自信地估计这种努力可能给外部世界带来的压力的大小及其普遍性。当然，在《增长的极限》（*Limits to Growth*）中，依据标准计算而得的教条主义，包括立即强制停止工业进步进一步扩散的命令，或者是21世纪初将面临大灾难的危言，均未获得任何理论或数据的支持。[1]

但是，对于《增长的极限》中教条主义的有效批评并不能够证明，当前经济模式和技术水平下的可持续发展，能够在不带来区域性甚或一般性资源和环境危机的情况下继续前行。其实，撒哈拉非洲已经面临"增长极限"的危机，这些危机是实实在在的，因为它们基本上是由不明智的政府政策所导致的。

当我在十年前完成《世界经济》一书时，我曾展望经济持续增长的前景。我将几个很有可能影响结果但在当时尚无法回答的技术问题单独提了出来；例如，在21世纪前半叶找到一种基本上无限、无污染且相对便宜的能源的可能性，或者说由于温室效应而导致气候急剧变化的可能性。这些以及其他大问题（例如臭氧层变薄的重要性）直到现在都依然无可回答。不过我在当时却总结说，未来的命运不会由无情的自然法则决定，而将由国家以及国家间的政策决定——现在看来，我还是会如此总结。然而，鉴于漫长的历史中所记录的人类的累累错误，以及政府在严重的危机面前倾向于坐以待毙而非积极行动，我想，这个结论即便正确，也只能聊以自慰。不过，通过设定技术与政策方面的挑战，它多多少少还是可以带来些许慰藉，因为这些技术与政策似乎并未超越人类能力的极限。或者带点侥幸地换句话说，没有理由认为，通过努力的奋斗，人类会走不到那一天——那时，发展中地区的人口增长显著下降，一个成熟的工业文明能够提供充足的食

---

[1] 对原初的《增长极限》的分析评论，可参见我的《世界经济：历史与展望》（奥斯汀：德克萨斯大学出版社，1978年），第571—578页。

物、住房、衣物、教育和大量的福利设施，并惠及世界上绝大多数的男女老幼。

500　　　显然，在物质进步之外，还有很多值得珍惜的有价值的东西：天伦之乐、艺术、宗教，以及个性的充分表达。而这些，无论在南半球还是北半球，都值得政府及其公民在接下来的几代人间，在面对充满挑战的未来努力奋斗时，尽心耕耘。不过，无论是谁，只要他对18世纪的欧洲，或者对当代发展中地区饥荒的村庄和拥挤的城市贫民窟中人们的苦难生活不了解，那他就无法理解物质文明的进步会如何提高并继续提高我们的生活质量。

　　当然，这个过程中也会有惊喜出现。不过排在第一位的是，这些反应必须来自各个国家社会体；因为无论是医治艾滋病，还是获得商业上可行的聚变能源，或是减少酸雨以保护湖泊森林，或是控制地中海的污染，这些保护人类及其栖息地的任务从国际视角看依然很艰巨，解决成本也与日俱增，并且需要越来越强化的国际合作。

　　第五个挑战集中于如何应对约占世界人口20%的贫困人口，他们广泛地分布在尚未步入现代经济增长或者说可自我持续增长的贫穷国家。[1]这个群体包括但不限于撒哈拉南部非洲的大部分、孟加拉国、缅甸、海地、也门、阿富汗、越南以及一些太平洋岛屿国家。这个清单代表的是可能阻止经济起飞的各种因素：历史和文化传统，对现代化目标的部分或全盘否定，资源限制，战争，国内政治动荡，反常的公共政策，以及以上这些情形不同程度的组合。

　　有关这一系列国家的国际发展政策中，首先需要考虑也是最需要考虑的问题，可以说就来自第十六章的结论；也即，经济增长的问题最终必须归结到每个社会及其拥有的所有特质上。没有人可以自信地宣称，有多少国家会进入第五批完成起飞的国家队列。一些国家可能像1960年代的韩国那样，很快地转个弯就步入飞速发展的轨道。另一些国家则可能由于资源或/和政治、社会、文化传统等方面的限制，或/以及不适宜的政策而在许多多年中持续徘徊不前。

　　显然，南撒哈拉非洲，由于这个地区广袤的面积及其对发展看起来真正普遍

[1] 该估计显然不是针对世界上的穷人数量。比如说，它排除了中国和印度，却非常随意地包括了1985年人均国民生产总值达到790美元的中低收入国家。有一项富有想像力的工作，试图估计1975年生活在贫困中的世界人口比例，见霍利斯·钱纳里与蒙特克·阿卢瓦利亚（Montek S. Ahlowalia）和尼古拉斯·卡特（Nicholas G. Carter），"发展中国家的增长与贫困"（"Growth and Poverty in Developing Countries"），载于钱纳里，《发展政策的结构变化》（Structural Change in Development Policy）的第十一章，第456—495页。作者们发现，根据这种计算方法，有来自36个收入水平不同的发展中国家的35%—38%的人口生活在贫困之中。

的需求，其发展问题成为当前最具挑战性的问题——这看来已经成为一个几乎可以判定的事实。1983 年，我访问了印度的一个国际中心并作了一次演讲，借助这次演讲中一位非洲农业专家所提的一个问题，这些渴望发展但却备受挫折的国家的困境跃然纸上。当时，他问的是："许多非洲国家在二十年前就取得了民族独立，却始终未能踏上发展之路。是不是你的理论有问题？"谈笑之余，我谈到了决定经济起飞前准备阶段之长短的因素，它们包罗万象，且主要集中在非经济方面。因为这种差异，经济起飞的准备阶段可以短如日本（从佩里船长来到东京湾算起用了 32 年，从明治维新算起则只用了 17 年）；也可以长如中国（从鸦片战争算起历时 110 年），墨西哥甚至更长（从国家独立算起经历了 120 年）。显然，我们无法为经济起飞准备阶段的时间长短给出一个具体统一的时间期限。但是基本上可以总结的是，每个国家的人民，都会根据他们各自的文化、社会以及政治传统来决定，是否能够进入开启持续增长的轨道，什么时候开启，以及以何种方式开启，各国情况各不相同；但是发达国家，尤其是其中的发展经济学家，应该给予这些富有抱负的后来者比以往更多的思考、关注和耐心。非洲的传统，包括部族之间的强纽带关系，以及源于殖民历史的边界划分对部族区位的破坏，都可能使得非洲需要经历相当长的时间才能从独立走向起飞。但是我猜，这个时间应该会短于中国和墨西哥。

501

这些举步维艰的例子抛出了一系列挑战，其中之一就在于，我们经济学家基本不可能对这些情况展开有效分析，除非我们将文化、社会、政治和历史因素有机地纳入分析。当我们把这些因素搁置一旁——正如我们经常做的那样，我们在研究较发达的发展中国家并为其开药方时就付出了代价。当然，我们依然可以找到这些方法行之有效的领域。然而，当我们如此分析起飞之前的准备阶段并尝试开药方时，它们可能就远不如原来那么有效了。

但是就发展—援助政策而言，我们得出的主要结论是：由于每个国家都是独一无二的，就像每个学生和每个医生的病人一样，因此从广义上来说，我们需要两种类型的政策：一种关涉起飞前的国家，另一种关涉那些趋向技术成熟的国家。

依我之见，后一组发展中国家或地区在耐心帮助那些渴望进步的落后国家的过程中扮演着重要的角色。它们更接近发展的初级阶段，从而应该能够提供有效的技术援助，譬如台湾地区已经向许多非洲国家提供了援助。如果世界经济的地区结构被强化，从而每一个地区都包含有处于不同发展阶段的经济体，那么我们所设想的国家间的那种职责，就会更容易且更自然地得到履行。如前所述，太平洋地区看来已具备实施这一努力的条件，同时西半球也已具备这样的能力去重启一场高水平的合作运动。在非洲，开展类似的地区性合作看来也是合适的——先进工业国中由西欧牵头，美日为伴，世界银行也携手非洲开发银行，展开合作。这些合作性努力虽然目的明确，却也仍有可能不得不等待某些政治和外交问题的平息，不过就非洲男女老少的命运而言，这种努力其实早就应该展开了。

长期和短期

将全球议程简单地概括为五点，这种做法再次强调了本书中一再出现的一个主题，也即，将短期和长期区别对待并非明智之举。经济增长、经济周期和经济趋势三者之间不可避免地相互联系着。举一个不言自明的例子，从1920年代至1930年代中期，基本商品价格相对下降的趋势导致了持续到1929年但却受到抑制的周期性扩张，以及相继而来的大萧条——反过来，上述扩张与大萧条相应地也强化了这种相对价格的下降趋势。当我们将目光推进到2050年，试图从1989年这样一个时间点界定长期的全球议程时，很明显，如果目前交织在一起的美国赤字、贸易失衡和债务危机，以及许多发展中国家的相对停滞问题不能得到很好处理的话，那基本上就不可能围绕长期议程展开建设性行动。这种失败，通过分裂大西洋和太平洋联盟，可能会使得任何有益于平息冷战的有利前景遭受挫折，使得国际社会因应于第四批起飞国家进入趋于技术成熟阶段带来的紧张压力而展开和平、合作性的调整成为不可能，使得处理资源环境压力、扶持那些远远落在增长路途后方的国家的合作性努力趋于削弱。[1]

502　　我引出眼前的这些难题不仅仅是因为它们会对长期前景产生影响，而且因为主要国家对短期指导原则的选择，同样取决于它们如何回答这里所列的长期议程

---

[1] 下面是对这个生死攸关问题的典型描述：

> 1980年代上半期的经济遗产在短期中可能存在造成巨大分裂的威胁，还可能给1990年代带来一个完全不同的全球结构。这些发展可能会对国际政治与安全体制产生重要影响，可能会侵蚀今天的联盟体系，就像它正在侵蚀贸易体制与国际金融那样。

引文选自弗雷德·伯格斯滕（C. Fred Bergsten），"经济失衡与世界政治"（Economic Imbalances and World Politics），《外事》（1987年春），第793页。

中的一个核心问题。这个核心问题就是：在这样一个全球共同体的时代中，国家之间的相互依赖不断增强，权力的分散使任何一个国家或多国联合试图支配全球都不再可能，在这种情况下，政治过程，不管是国内的还是国际的，能否认识到这种相互依赖性，并系统地据此而行动呢？这里有两个选择，要么进一步加强这种相互依赖性，要么允许原生的国家冲动强化保护主义，从而将世界引入一个新重商主义的陷阱。而这两种可能性都很有可能在未来的几代人中出现。

虽然在此详述避免后一种结果的短期政策并不合适，不过提一些纲领性和原则性的建议还是可以的。

1. 主要经济力量和国际组织可采取一些步调一致的举措，以图显著地减轻发展中地区的债务负担。表 21.6 不仅反映了 1980 年代除亚洲大部分地区以外其他发展中地区来自经济、社会和政治方面的压力，而且反映了美国贸易逆差和欧洲经济滞缓的一个主要源泉。

2. 主要经济力量和国际组织可采取一些步调一致的举措，保护国际银行系统，以因应减缓债务负担所需要的调整。

3. 采取提高长期贸易顺差国发展速度的措施，尤其是日本和联邦德国，同时伴以促进进口自由化的强力措施。作为对前川报告建议的部分回应，日本已经朝着这个方向前进了一步，但联邦德国却一直都在极端地区主义政策引导下前进——这种政策与其经济地位和长期贸易顺差国地位均极不相称。

4. 增加对发展中地区的官方贷款和私人贷款。就前者而言，可通过一致的举措增加世界银行和地区性发展银行的可用资源。随着美国贸易赤字和实际利率的下降，流向美国的资本输出应当被引向发展中地区。短期内，贸易顺差国应当承担起增加贷款的特殊责任，尤其是日本这样由于历史原因而一直没有做出相应贡献的国家。

5. 在这种背景下，包括在西欧、日本及广大发展中地区加速发展的背景中，美国应该能够重振其贸易平衡的能力，如果它采取以下政策的话：平衡国家预算，以便实施宽松的货币政策和利率政策；加快新技术的应用；实施强有力的收入政策，遏制 1985 年后美元贬值的通胀效应。 503

6. 加快推动建立新的国际游戏规则，取代布雷顿森林体系，再次将国内经济政策与国际收支账户联系起来。

表 21.6　发展中国家的实际国民生产总值增长率（年均）

地区	1970—1980	1980—1986[1]
西半球	5.8	1.0
非洲	3.7	1.0
中东	6.4	–.4
亚洲	5.2	4.7

1 为初步估计结果

来源：国际货币基金组织，由《总统经济报告》（Economic Report of the President）重新组织（华盛顿特区，美国政府文印办公室，1987），第 105 页。

国际间的步调一致是关键之所在，原因有二：第一，世界上已经不再存在任何独立的力量，它可以像二战后一段时间内的美国那样，具备领导世界的地位和资源；第二，协调一致对于每个国家领导者应付国内既得利益集团而言是必要的，因为后者可能抗拒一些对于跨越当前危机而言是为必需的行动的实施。

在这种同时包含了大量现代经济史和经济理论的研究中，值得注意的是，历史与现今扭曲的现实状况存在着惊人的相似：当美国的资本在 1928 年的下半年从德国抽出，回到开始运行的纽约股票市场之后，德国以及英法在 1928—1930 年间便开始陷入转移问题之中（前者与战争赔偿有关，而后两者与战争债务有关）。结果便导致国际贸易和金融体系如多米诺骨牌一般崩溃，进而导致前所未有的萧条，助推了第二次世界大战的爆发。

作为事后诸葛亮，我们现在可以理直气壮地说，这一结果本可以避免，如果比如在 1930 年代早期，与以下这些同样符合当前所需的谏言相似的一系列策略能够被采纳的话：

● 如果当年的战争赔偿和债务（如现今第三世界国家的债务）能够因国际协议而削减、延期或取消；

● 如果能够采取步调一致的国际行动，保护金融体系免于短期压力；

● 如果美、英、法、德当时就同时采取强扩张性的财政和货币政策达成一致；

● 如果当时拥有过多黄金和外汇储备的美国（类似今天的日本和联邦德国）

可以走向激进的自由贸易并扩大资本输出。

因此，解决的关键依然在于国际合作的加强。当然，这并没有发生。

回到 1980 年代仍未解决的巨大的转移问题，很显然，世界经济需要有大调整。低估这期间所要求的国际合作规模显然不明智，不过也不能过度夸大当前危机带来的挑战。过去半个世纪的经历告诉我们，如果政治领导层和广大公民下决心采取行动，那么现代经济体就会有超常的适应力；例如，美英战时经济的应急调整；西欧和日本的战后转型，包括从美元短缺到美元盈余；相当脆弱的日本经济在遭遇 1970 年代两次石油危机时所做出的调整。最后，从某种狭义意义上讲，世界经济调整首先是一个政治问题而不是一个经济问题。而这个性质本身却不能令这些调整变得容易。如果这些要求和其他行动举措是重建有序且服从约束的国际体系的一部分，而不是仅仅由原生的国内特定利益与普遍的民族主义所主导的双边谈判的零星结果，那么，不管是日本的政治家在朝着前川报告的方向更迅速地前进，还是美国的政治家在直面联邦预算平衡难题以及其他旨在恢复国际收支平衡的措施，抑或者德国的政治家在国内实施更加扩张性的政策时，困难就会少很多。

1983 年，美国为保证社会保障体系直到 21 世纪中叶依然生机勃勃采取了诸多举措，如果这些举措所带来的那些几近意外的收获能够加以利用，不仅将其作为当前平衡联邦预算的手段，而且逐渐将其作为增加科研、教育、基础设施以及控制环境恶化方面投资的手段，那么这整个过程将会轻松很多。[1]

结语："我们的命运正横于刀锋之上，是险路逢生还是凄惨谢幕"*

是国家主义的以邻为壑，还是人类大家庭的团结和睦？以这样一个选择来结束本书尤为切题；因为早在两个多世纪以前，大卫·休谟和亚当·斯密就已做出非常相似的选择。在这里，且让我们回忆一下休谟关于"放大的仁慈情感"的论述，以作为国家之间关系的向导：

---

[1] 对于主要选项的有益分析可见巴里·博斯沃斯（Barry Bosworth）于 1988 年 3 月 24 日在美国参议院预算委员会作的报告，以及亨利·阿龙（Henry J. Aaron）、巴里·博斯沃斯和加里·伯特里斯（Gary Burtless），《美国能承受衰老之重吗？》（Can America Afford to Grow Old?），（华盛顿特区：布鲁金斯研究所，1989）。

* 荷马（Homer），《伊利亚特》（Iliad），第十部（Book X），第 173 行。

因此我直言不讳地承认：不但作为人类的一员，我要为德国、西班牙、意大利甚至法国的商业繁荣而祈祷，而且作为一个英国国民，我也要为他们祈祷。至少，我深信：如果大不列颠和所有这些国家的君主和大臣们能够敞开心扉、以此仁爱之心对待彼此，各国都将更加繁荣昌盛。

这一主张的背后隐藏着休谟更一般的观点，也即，紧密联系之社会体间的稳定性最终依赖于"同情共感"——对他人所持有的情感、利益以及观点的鲜活感知。

亚当·斯密也许更加洞悉人类的状况，更倾向于依赖"自爱"而非"仁爱"。尽管如此，他同样将同情共感看成是一种文明开化的力量，猛烈地抨击重商主义和殖民主义："商业"，他写道，"作为一种团结和友谊的纽带，本该自然地生发于国家之间，就像其自然地生发于个人之间一样，却已成为混乱和仇恨最肥沃的土壤"。更一般地，他在《道德情感论》的开篇留下了这样引人注目的论断："无论人被认为多么自私，他的本性中显然还存在某些秉性，使他关心别人的际遇，视他人之幸福为自己之必需……"。如果国家能够建立在这些准则的基础上，那么这些国家将会一路走向成功。

休谟、斯密以及这个传统下其他思想家并没有在他们的时代获得成功。18世纪盎格鲁与法兰西之间区域纷争不断，这种纷争还随着1793—1815年战争的爆发而达到高潮。北美殖民地的独立不是因为不列颠政府采纳了政治经济学的新主张，而是因为经历了八年倍受折磨的血腥冲突，以及美国从重商主义君主专制国家法兰西获得了关键的支持。

尽管如此，休谟和斯密还是为政治经济学留下了一个传统，在这个即将告别20世纪、迈入新世纪的"新纪元"的时刻，这个传统从未如今天这般切题。[1]回首过去，审视现在，这个传统至少取得过胜利，尽管不是决定性的胜利。在动荡不安且常常是刀光剑影的国际社会中，人们越来越意识到，国家之间的相互依存，需要的是相互之间更强的"同情共感"，其程度要更甚于我们常常不吝赞赏的这些行动：世界银行和国际货币基金组织；地区开发银行；每年大约300亿美

---

[1] 该短语来自西萨摩亚首相瓦伊阿伊·科洛内（Va'ai Kolone）于1987年7月20日在西萨摩亚的阿皮亚召开的全球社会论坛上的欢迎词。

元的官方发展援助；国际社会自发组织起来的针对饥荒和自然灾难的国际援助，典型如救助 1988 年 12 月亚美尼亚地震的国际行动。

从另一个非常不同的角度来看，当尼基塔·赫鲁晓夫从他在古巴部署导弹和核弹头而制造的难解危机中让步时，当约翰·肯尼迪让这一让步尽量容易地实现时，这背后都隐藏着"同情共感"的作用。在其他一些情况下，核威胁的达摩克里斯之剑以最具强迫性的相互依存发挥作用，也能够帮助阻止重大战争的爆发。

现在，这些关于人性共通之处的真诚反思，与对政治经济学古典传统另一个维度结合到了一起，那就是对人类的首创精神和竞争这两项优点的重新认识。如果这只是一个长期趋势问题，那么我们对未来抱有乐观态度就是有根据的。

但是在核时代，国际社会必须比仅仅依赖于良性的长期趋势做得更好。我们这个共同体中，不管是男女老少，谁都负担不起类似法国大革命和拿破仑战争那样的争斗，或是本世纪两次世界大战期间发生的那类事件。

如果经济学家想要为将人类从刀锋上恰当地拯救下来做出最大的贡献，那么我相信，我们可以在不放弃我们已经练就的精湛技术的前提下有出色的表现，如果我们可以把基础建立在古典经济学家所搭建的宏大且富有原则性的传统之上——可惜的是，许多年轻的经济学家早已丢失这一传统。引用亚当·斯密早期《道德情感论》中的话语来讲，在后冷战时代，我们必须重新思考"那些应该贯穿始终，成为所有国家法律之基石的一般原理"。正如凯恩斯曾经提醒我们的，人类绝不可能为文明守疆，而只可能面对文明。在某种意义上，我们只是个杂耍艺人；但是就如中世纪"圣母院的杂耍艺人"（*Jougleur de Notre Dame**）那样，我们务必明确我们是为了更崇高更伟大的目标而杂耍。

---

* 由于基础法语中的这个故事可能与我在新海闻高中读的版本有所变化，这里简要复述下"圣母院的杂耍艺人"这个传说：一位杂耍艺人来到一座小教堂当修士，他只能以他唯一熟悉的方式——杂耍来表达对圣母的敬意。他独自一人在圣母玛利亚的雕像前跳着，一直跳到精疲力竭而倒下。圣母显灵，从宝座上走下来，擦干了他额头上的汗。

附录：经济增长模型

迈克尔·肯尼迪和沃尔特·惠特曼·罗斯托

序言（罗斯托）

507 　　这个附录是我和迈克尔·肯尼迪合作完成的。肯尼迪博士目前供职于兰德公司，是一位精通数学的数量经济学家。而我仅仅读过一些数理经济学，仅能提出些问题，大致以能转变为数学术语的形式勾勒出正式的模型。从一开始，我就把这项工作定位为用数理语言来阐释我所理解的经济增长中的一些关键命题。从接受专业经济学训练开始，我就一直对数学所拥有的力量抱有崇敬之情，认为这是一种可以清晰确定地刻画关键假设或关系一种工具，但是我同样认识到，数学的使用也存在两个代价：排除关键的相关变量或将其设为不变，以及用固定的非均衡来处理动态不可逆的过程，好似它们会导向均衡。我认为，经济增长和其他类型的增长一样，是一个生物过程。从科学的角度来看，它会带来类似于混沌理论那样的模式，而不是如牛顿物理学那样合乎逻辑的均衡序列。尽管如此，我准备充分利用数理公式的优点，只要被它们大大简化的现实可以得到清楚的理解，只要不会为了方便而将重要的决定性变量从模型中剔除，或是假设其为定量。我与肯尼迪之间的合作最后得以可能，是因为他和我对于这些基本问题有着非常相似的看法。尽管我们在这个附录的构思和拟稿过程中合作紧密，但是所有的数理说明都由肯尼迪完成。

导言

在此附录中，我们介绍了一系列的形式化模型。这些模型中的关键假设各异，以致它们对经济增长过程的描述有着本质上的重要差别。这些差别是与正文中所讨论的不同学者或学术流派相关联的。

我们首先介绍单一部门增长模型，试着用分析性术语来把握亚当·斯密在《国富论》中提出的经济增长过程的主要决定因素。接着，我们构建了三个形式化模型，并对它们作了比较，这三个模型代表了三种理解经济增长过程的视角——新古典模型、罗斯托模型和亚当·斯密模型（这次给出的是多部门模型）。 508
这三个模型都是基于一个共同的多部门框架，这样就可以清晰地辨识出那些导致它们结论明显不同的假设。最后，我们对富国—穷国之间关系进行建模，并非出相应的结论，即经济增长的动力学和处于不同发展水平的各个国家在国际体系中的相互作用。这个问题首先是由大卫·休谟提出的，两个世纪后被福尔克·希尔吉特和尤金·斯塔利再次提出，也是本书第二十一章的核心内容。

附录一　亚当·斯密的单部门增长模型

文字表述

我们将首先用文字来表述斯密式经济增长过程，然后再给出单部门模型的形式化表达。由于单部门模型比较简单，因此我们可以清楚地说明模型背后的关键假设，虽然事实上正如本书第二章所述，斯密的论述非常之分散。

和当代对经济增长的解释一样，斯密模型中的产出水平取决于三种生产要素（劳动、资本和土地）的投入量和技术水平。斯密也考虑了其他一些非经济因素，例如政治稳定程度，对私人财产的保护，以及法律、制度和习俗在决定人们对商业的态度和商人阶级的社会地位中的作用。这些因素可以作为阻碍、抑制或促进严格意义上的经济变量效果的外生因素纳入形式化模型。

因而，能够代表斯密体系的增长模型，其核心部分必须得说明要素投入量的供给变化，也必须得说明技术的演进。在本文给出的模型中，假定生产要素的供给以如下方式随时间变化：

● 劳动力的变化取决于与生存工资相关的实际工资水平。如果实际工资水平高于生存工资，则假定劳动供给增加；如果实际工资水平低于生存工资，则假定劳动供给下降。生存工资可以被看作真正生理意义上维持生存的工资，也可被看作某种心理意义上的最低工资水平——低于这一水平，工人就不会增加劳动数量，而高于这一水平时，他们就会增加劳动数量。为了简单起见，我们忽略了实质上存在于这一过程中的时滞。

● 资本存量的增长来源于净投资。在这一体系中，假定只有资本所有者进行投资，因此他们是资本存量总量增加的源泉。还假定地主和工人都将他们所有的收入用于消费。这样，投资就取决于利润水平，即资本所有者的收入。

● 在我们的模型中，假定土地供给固定。斯密的完整解释则不是这么简单。他花费了巨大的篇幅，详细地说明了哪些基本商品（"原材料"）的供给是固定的，哪些的供给是有弹性的，其产出是可能增加的（前文，第40页）。然而，毫无疑问的是：总的来说，斯密认为基本商品是报酬递减的，并且这种报酬递减已成为他所定义的一个国家经济增长极限的一部分：即"已达到它的土壤、气候和相对于他国而言的位置本质上所允许达到的完全富足的极限……"这意味着，有利可图的市场扩张存在地理限制，"天然产物"的生产存在报酬递减。在单一部门模型中，土地固定假设与这一组假设最为相似。[1] 在与斯密的分析不冲突的情况下，这一假设令我们的单部门模型拥有了1813年之前马尔萨斯和李嘉图模型的某些特征。

简言之，两个非固定要素的增长取决于它们各自对应的要素报酬水平：劳动力的增长明确取决于实际工资；资本存量的增长取决于利润水平，也就是取决于资本的报酬率。

在其著作中，斯密明确提到了三种类型的技术进步。

第一种是在《国富论》的第一和第二章的开头几句话中出现的，这是斯密最著名的命题，如同一首交响乐的主题一样：（1）劳动生产率增长的最大推动力是劳动分工，以及（2）来源于人类天性中互通有无、以物易物和相互交换的倾向。实质上，斯密认为，现在所谓的规模报酬递增来源于市场扩张；也就是说，随着经济增长，单位投入带来的产出增加是由于在规模更大的经济体中劳动分工进而

---

[1] 在下面对模型的形式化表达中，这一点会越来越明晰：我们关于土地供给不变的假设会导致劳动与资本要素报酬的递减；给定我们的要素增长假设，这最终又会导致一个稳态。在后面将要给出的多部门斯密模型中，土地与其他要素、基本商品和其他商品之间的关系会更精确。

专业化机会的增多。这种伴随着专业化的生产率递增可归结于三个因素：工人熟练程度的提高，工人时间浪费的减少，以及专业化带来的机器发明的推进，包括富有创造性的机器制造者"结合利用各种完全没有关系而且极不类似的物力"而形成的产出（前文第 41 页，以及后文 580 页注）。

第二种因素较少为人所知，较少被提及，也更像是熊彼特的观点，即伴随着"哲学家"（科学家）对一种新产品或新生产方式的发明而偶然出现的知识的迅速增长。于是，在斯密模型中，便出现了非常规、迸发式的知识增长与常规、小规模的生产率提升两种的情况，前者源于哲学家们的发明，后者源于由专业化带来的市场扩张和劳动工具的改进。

我们甚至还可以在斯密那里找到第三种技术变迁方式。《国富论》中有些章节似乎还表明：存在与专业化职能体系相关联的增量技术改进，但这与随着市场扩张而日益深化的专业化水平并没有直接关系。换句话说，可以认为，斯密想说的是，职能专业化会使得把才能常规性地配置到技术改进中成为一种习惯。

基于这些关于要素投入变动和技术变迁的假设，我们可以这么来勾勒斯密所构建的经济增长过程：经济最初处于一种"原初的野蛮状态"，用今天的术语来说，即处于一个静态均衡上。在这一状态下，实际工资恰好处于生存工资水平，亦即劳动力不再变化的水平。利润率处在总投资恰好等于重置投资或折旧的水平上，因此资本存量不再变动。此外，假定经济体的规模小于可以实现规模经济的最小规模。如果没有任何自发的技术变迁或市场（内在地或外在地）扩张，经济就会停留在这一水平上。[1] 事实上，斯密脑海中主要考虑的是对外贸易中的扩张力量，认为这可以使经济脱离原始野蛮状态。从历史上看，对于斯密那一代而言，之前这两个半世纪的商业革命就是一个生动且强有力的过程；然而，当时却没有什么哲学家引发的技术变迁能够如此有力，以致可以启动脱离低水平均衡陷阱的持续进程。

但是，从理论上说，如果出现了技术水平的上升，不管这是源于某些增量技术进步，还是哲学家的发明或者因为比如航海大发现而开拓了新市场，那么经济增长就会开始。由于更高技术水平的作用，即使投入仍然与原来一样，产出也会

510

---

[1] 本小节给出的斯密模型是一个封闭经济模型。在《国富论》中，市场的扩张明显包含对内和对外贸易。本附录的第三部分集中讨论了富国—穷国问题，其中有对开放经济的分析。　681

迅速提高。由于同一原因，要素报酬也会增加。实际工资增长将导致劳动力供给增加，利润率提升会引起资本存量增加，这反过来又会使投资增加。但是，由于土地供给固定不变，劳动力和资本供给的增加将使实际工资和利润率再次下降，要素报酬将一直降到它们的原初水平。在这一要素报酬的原初水平上，劳动力和资本供给将持续稳定在一个更高的新水平上。工人和资本数量都更多，但是工人与资本的单位报酬和技术变迁之前一样。相反，土地报酬增加了，这是源于以下两个原因：最初的技术进步和其他两类要素的增加。当劳动力和资本的报酬超过其原初水平时，它们的供给增加，这一假设不可抗拒地使它们的报酬回降至原初水平。经济增长只是使土地所有者阶层越来越富有。

这一增长过程的最终结果就是这样一种新的稳态。劳动力和资本供给增加，而它们的报酬却停留在原初水平。根据假设，土地维持在原初水平，却获得了更多报酬。

第一种增长情形只是经济体系对某种单一正面冲击的适应和调整，使得经济从一个静态均衡状态调整至另一个静态均衡状态。但是，斯密的分析假设，随着经济增长，经济体在某一时点会达到报酬递增阶段的规模。让我们想像一下，某个经济体恰好达到了这一规模，即，在某一时点上，仅仅是由于更大规模下的专业化或者劳动分工，每一单位投入的产出水平开始增加。经济体仍然需要某些初始的外在冲击，例如与西半球或东印度贸易的开辟，以启动这种增长。由于更大经济规模上的专业化（以及由此而来的技术进步），这一经济体的增长过程将迥异于前述的那种增长过程。当劳动力和资本的要素报酬高于原初水平时，它们的供给仍会增加，这将使它们的报酬下降。但是，生产力的提高，也即单位投入下产出的提高可以抵销这种效应，这是由于经济规模扩大和由此导致的职能专业化多方面作用的结果。这倾向于推动要素报酬回涨。哪一种力量会胜出呢？根据斯密对荷兰、英国、法国以及北美殖民地经济的考察，他显然认为报酬递增会胜出一段时间。然而，根据他的"完全富足"概念，我们假定在他的体系中存在一个市场扩张和职能专业化可能性的上限，并且在某一经济规模上，报酬递减将代替报酬递增。结果，工资和利润又会下降至其原初水平，并且与在报酬递增和启动市场扩张的技术进步阶段之前一样，地主成为唯一的受益者。

511　　接下来，我们将转向形式化模型。我们的做法是，通过一系列简易的模型来构建一个全面的模型，这样就可以逐一在模型中引入重要变量，而它们对最终结果的影响也就可以清楚地呈现出来。

形式化表述

我们将从一个两部门（资本和劳动）模型开始，且假定不存在技术进步。我们首先将讨论要素供给的增长取决于要素报酬水平这个斯密式假设的含义。

于是，我的出发点便是大家所熟悉的两要素生产函数

$$Y_t = F\ (K_t,\ L_t) \tag{A1.1}$$

其中，Y_t 是产出，K_t 和 L_t 分别是资本和劳动投入，t 指时期，我们设其为一年。假设 F 为规模报酬不变，再假定要素报酬通过边际生产力与要素投入相关

$$w_t = F_L\ (K_t,\ L_t) \tag{AI.2}$$

$$r_t = F_K\ (K_t,\ L_t) \tag{AI.3}$$

其中，w_t 是工资水平，r_t 是资本总收益率，而 F_L 和 F_K 表示偏微分。

我们假设资本积累只是来自资本所有者的储蓄。具体来说，资本积累关系为

$$K_{t+1} = (1-\delta)\ K_t + I_t \tag{AI.4}$$

$$I_t = sF_K\ (K_t,\ L_t)\ K_t = s\ r_t K_t \tag{AI.5}$$

这里，I_t 是总投资水平，s 是资本家的储蓄率。式（A1.4）中，δ 是折旧率，表示新投资一年的孕育时滞。式（A1.5）表明，资本家将其 s 比例的收入用作投资，而他们的收入等于资本的边际产品乘以资本水平。综合式（A1.3）和式（A1.5）可得

$$(K_{t+1} - K_t)\ /\ K_t = (s\ r_t - \delta) \tag{AI.6}$$

表示资本存量的增长取决于资本家的储蓄率、资本收益率和折旧率。特别地，给定资本家的储蓄率和折旧率，资本积累比率就取决于资本收益率。资本存量将随着下述条件而增加、保持不变或者减少：

$$r_t > (=<)\ \delta\ /\ s \tag{AI.7}$$

如果资本收益率恰好等于折旧率除以储蓄率，资本存量将保持不变。

由于 r_t 的大小取决于 K_t 和 L_t，常见的资本—劳动平面坐标图就可以用来说明资本积累情况。图 AI.1 给出了资本—劳动坐标系。这一坐标系通常可以与等产量曲线和等预算线结合在一起，以说明如何确定投入的最小成本。但是由于资

本收益率取决于经济体中的资本和劳动水平（式（AI.3）），因而这一资本—劳动
坐标系中的每一点都代表一个给定的 r_t。正如我们可以将相等产出水平的点的轨
迹定义为等产量曲线，我们也可将收益率相等的点的轨迹定义为等收益率曲线。
特别的，我们可以画出 $r_t=\delta/s$ 的点的轨迹，或者说资本存量水平保持不变的点
的轨迹，如图 AI.2 所示。（由于假定生产函数规模报酬不变，要素报酬水平只取
决于资本与劳动比，因而表示 $r_t=\delta/s$ 的点的轨迹是一条穿过原点的射线）。在这
条"无资本积累"线上方的任意一点，由于资本收益率低于维持资本存量所要求
的收益率，因而资本存量会减少。在这条线下方的任意一点，资本存量会增长。
因而，资本积累的动力学会使经济以平行于资本轴的方向向"无资本积累"线
移动。

512

513

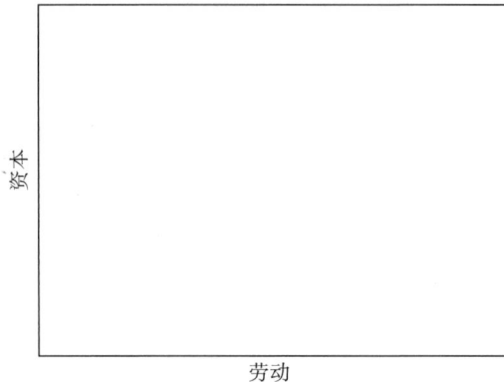

图 AI.1　资本—劳动坐标系

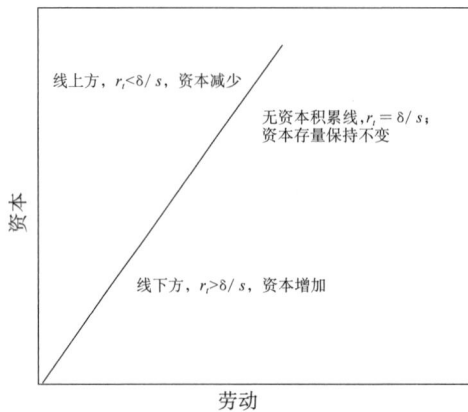

图 AI.2　无资本积累线

读者可以证明，资本家的储蓄倾向增强将使"无资本积累"线逆时针（向上）移动，如同全要素生产率的希克斯中性增长（即式（AI.1）中的加倍上升）。

接下来我们假设劳动力的变化由工资率决定。特别地，假定存在一个"生存"工资，$\bar{w}$，在该水平上，劳动力保持不变，而当工资高于 $\bar{w}$ 时，劳动力增长，当工资低于 $\bar{w}$ 时，劳动力减少。劳动力增长可表示为

$$(L_{t+1}-L_t) / L_t = g(w_t / \bar{w}) \qquad (AI.8)$$

$$g(1) = 0$$

$$g' > 0$$

在这一点上函数形式可为任意的。式（AI.8）类似于式（AI.6）。

在资本—劳动图中，劳动力增长可以以完全类似于资本存量增长的方式来表示。资本—劳动坐标系中，$w_t = F_L(K_t, L_t) = \bar{w}$ 的点的轨迹就是劳动力保持不变的点的轨迹。图 AI.3 描述了这条"无劳动增长"线。（这条轨迹是一条经过原点的射线，原因与"无资本积累"线一样。）在所有高于这条无劳动增长线的点上，市场工资率高于生存工资，因而劳动力增加。在所有低于这条线的点上，劳动力减少。这样，经济就以平行于劳动力轴的方向朝无劳动增长线移动。读者可以证明，生存工资的减少将使无劳动增长线顺时针（向下）移动，如同全要素生产率中的希克斯中性增长。

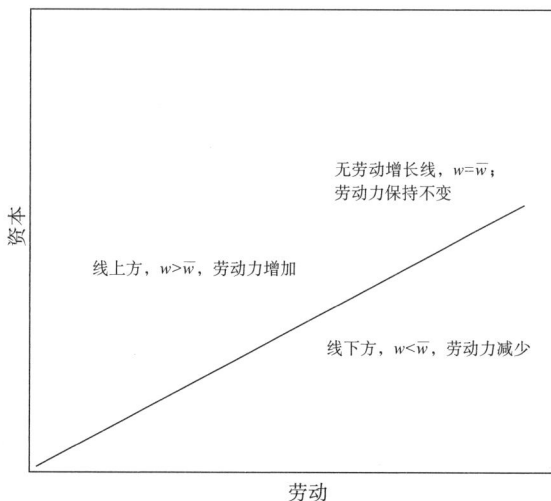

图 AI.3　无劳动增长线

　　那么，这样的一个经济体将如何随着时间的推移而演进呢？资本和劳动会逼近稳态长期均衡值吗？一般来说，答案是否定的。通常地，经济会稳定地增长或稳定地收缩，具体如何取决于无资本积累线和无劳动增长线的相对位置。稳定增长的状况如图 AI.4 所示。其中，无资本积累线处在无劳动增长线之上。要素增长关系推动经济朝东北方向扩张，而且没有限度。如果两条线的相对位置相反，如图 AI.5 所示，经济就会没有限度地向原点收缩。经济没有足够的生产能力促使要素供给增加。

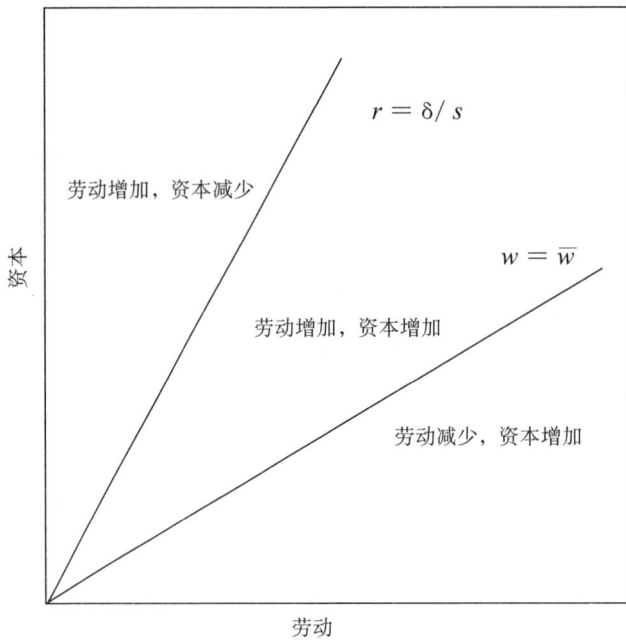

図 AI.4　稳定扩张的经济。

注："$r = \delta / s$" 是无资本积累线，"$w = \overline{w}$" 是无劳动增长线。

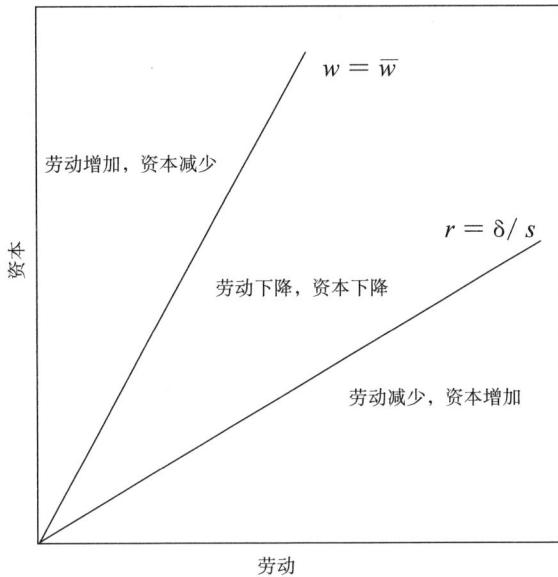

图 AI.5　稳步收缩的经济

只有在两线完全重合的刀锋状态下，才有可能使得资本和劳动保持为正的稳态均衡水平。

现在在模型中引入第三种生产要素——土地。如前所述，我们假定土地供给固定。假定经济中资本、劳动和土地三种要素组合规模报酬不变。生产函数为

$$Y_t = F(K_t, L_t, N_t) \tag{A1.9}$$

其中 N_t 表示土地。（给定土地固定不变，则经济中资本和劳动要素组合的规模报酬递减。因而可以将引入土地要素解释为第一个模型的一般化，只是把其中规模报酬不变的假设替换为规模报酬递减。为了将该模型与第一个模型区分开来，我们称之为"报酬递减"模型，而称第一个模型为"报酬不变"模型。）

我们再次假定生产要素的边际产品价格为

$$w_t = F_L(K_t, L_t, N_t) \tag{AI.10}$$

$$r_t = F_K(K_t, L_t, N_t) \tag{AI.11}$$

$$n_t = F_N(K_t, L_t, N_t) \tag{AI.12}$$

其中，n_t 是土地的租金。

767

这里关于劳动增长和资本积累的假设与第一个模型相同，即

$$(K_{t+1}-K_t) \, / \, K_t = (s \, r_t-\delta) \tag{AI.6}$$

$$(L_{t+1}-L_t) \, / \, L_t = g \, (w_t \, / \, \overline{w}) \tag{AI.8}$$

由于假定土地供给不变，因而 N_t 是一个外生变量，其增长为零。

给定 N_t 不变，正如在报酬不变模型中一样，式（AI.10）和（AI.11）中，w_t 和 r_t 就定义为 K_t 和 L_t 的函数。这样，我们就可以如前面那样，在资本—劳动平面坐标图中定义固定工资率和固定资本收益率的轨迹。图 AI.6 给出了固定收益率轨迹，如果收益率等于 δ/s，那么这就是无资本积累线。这条线是凹向原点的，而非一条直线。图 AI.7 给出了这条线凹性的说明。取无资本积累线上任一点 A，过 A 作一条出自原点的射线。现考虑此射线上任一点 B，它位于 A 的东北方向。点 B 表示资本和劳动从点 A 开始以固定比率增长。在报酬固定的情况下，这样固定比率增长将使收益率保持不变。但是，在我们当前考虑的情形下，这种变化（对 r_t）相当于可用土地数量的减少。我们假定可利用土地的减少将使资本的边际收益降低。于是，为了使得资本的边际产品回升到 A 点的水平，就必须有劳动的增加。（所需劳动的增加如图 AI.7 中点 C 所示。）这样，无资本积累线，或者说资本边际收益恒等于 δ/s 的点的轨迹，就是图 AI.6 所示的凹曲线。

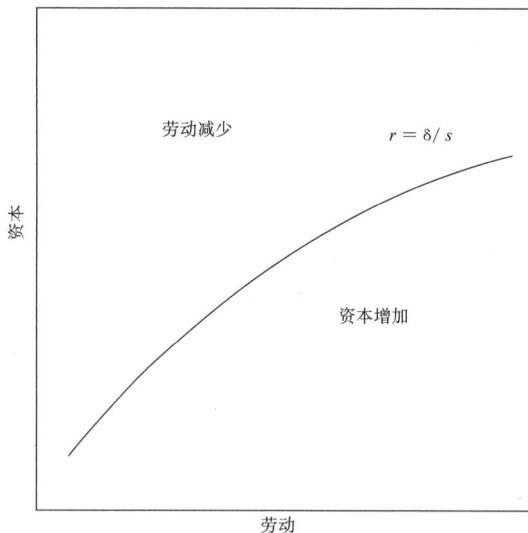

图 AI.6　无资本积累线（土地供给固定）

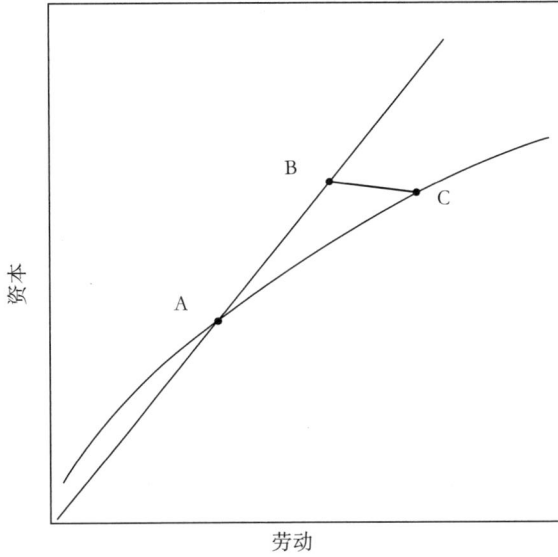

图 AI.7　土地固定时无资本积累线的推导。

注：从 A 到 B，劳动和资本成比例增长。土地固定时，这会导致资本边际产品的降低。劳动的增加（表示为向点 C 的移动）使资本收益率回复到原初水平。

根据相同的逻辑，无劳动增长线，或者说工资率恒等于 $\overline{w}$ 的点的轨迹，就可表示为图 AI.8 中凸向原点的曲线。

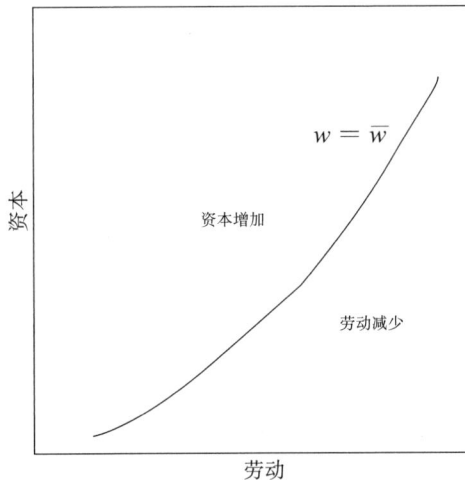

图 AI.8　无劳动增长线（土地供给固定）

于是，结合无资本积累线和无劳动增长线，就可以有稳态均衡（如图 AI.9 所示）。箭头表示，经济中的要素水平在图的各区域中会如何变化。例如，在区域 A（位于无资本积累线和无劳动增长线上方），资本会减少而劳动会增加。如该图所示，经济将向两条线的交点移动，该点表示经济的稳态均衡，由要素水平 L° 和 K° 来表示。也就是说，在这一点上资本和劳动供给可确保 $r = \delta / s$，同时 $w = \bar{w}$。

517

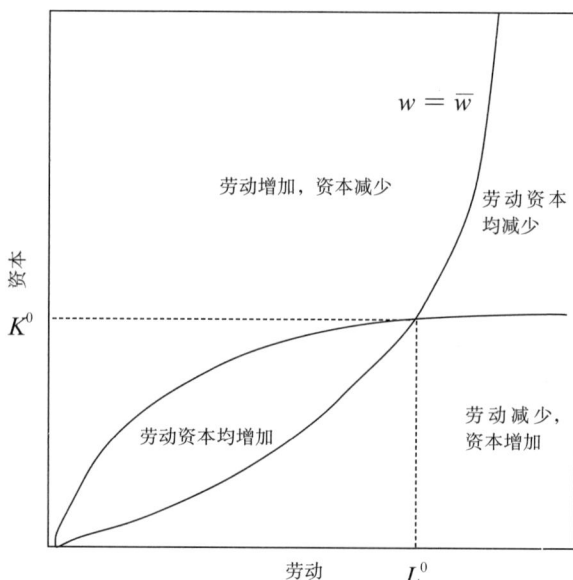

图 AI.9　土地供给固定时的稳态均衡。

注：L°，K° 为均衡要素水平。经济趋于从图中所有四个区域向均衡点移动。

515
在这里，我们先暂停一下，举例说明这一增长模型在外生参数变化时的数值结果。我们将列举两种变化进行说明：技术效率的提高和土地供给的增加。

如前所述，斯密的体系认为，技术效率的自发进步有两种方式：增量进步和"哲学家"知识的飞跃。对它们的分析是类似的，下面我们将分别说明它们的效应。

516
技术效率提高的效应如图 AI.10 所示。（技术效率的提高通过生产函数曲线向上倍增移动来表示。）初始稳态均衡由无劳动增长线 w_o 和无资本积累线 r_o 交点表示。由此有资本和劳动的均衡水平 K° 和 L°。技术效率的提高使无资本积

累线向上移动（例如，到 r'），无劳动增长线向外移动（例如，到 w'）。我们
以无资本积累线为例来说明其移动的逻辑。根据定义，无资本积累线是所有
$r = \delta/s$ 的点的集合，在技术进步之前，点 $K°$，$L°$ 就位于这条线上。技术进步（希
克斯中性）将使要素水平为 $K°$，$L°$ 下的资本收益率提高。于是，要让资本收益
率回到均衡水平 δ/s，资本就必须增加。这样，无资本积累线就向上移动。同理
可得无劳动增长线向外移动的逻辑。资本和劳动新的稳态均衡水平是 K' 和 L'（也
即，在这一水平上，要素报酬将再次分别等于 $\bar{w}$ 和 δ/s，因而其水平不会再发生
变化），即两条新的无要素变动线的交点。

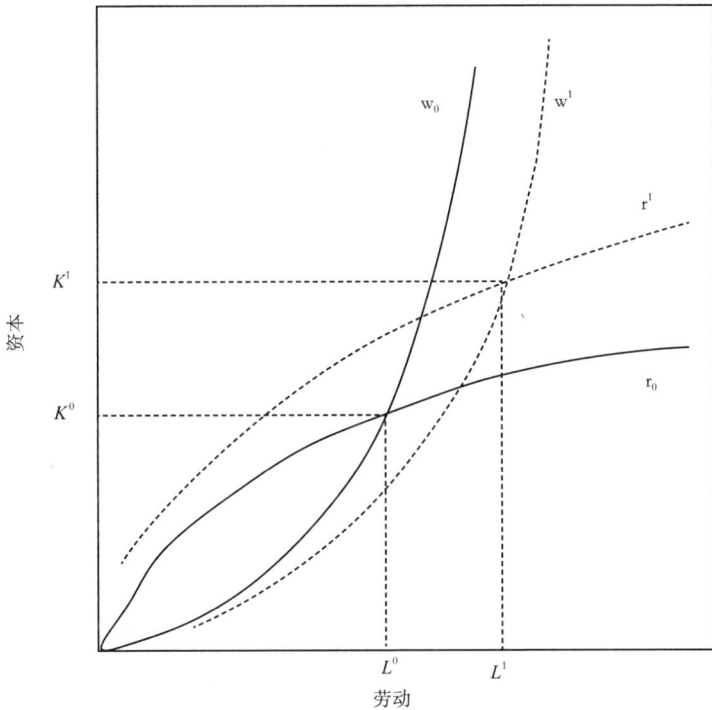

图 AI.10　技术效率提高对均衡要素水平的影响。

$L°$，$K°$ 是初始均衡要素水平。w_0 和 r_0 是初始无要素变动线。w' 和 r' 是技术效率提
高后新的无要素变动线；K' 和 L' 是新的均衡要素水平。

现在我们以合理的经济参数值为例，来说明技术效率提高导致的数值变化结
果。在各情形下，假定如下参数值不变：

$$K^\circ = 300$$

$$\delta = 0.05$$

$$s = 0.50$$

$$L^\circ = 100$$

$$\overline{w} = 0.50$$

这里，K° 和 L° 是初始状态下（技术变化之前）资本和劳动的水平，如图 AI.10 所示。工资率和资本总收益率的均衡水平分别是 0.5 和 0.1。

我们给出了生产函数式 AI.9 的六种不同形式的结果。假设这一生产函数具有不变替代弹性，也就是说，其函数形式为：

$$Y_t = \gamma \, (aL_t^{-\rho} + bK_t^{-\rho} + c\,N_t^{-\rho})^{-(1/\rho)} \tag{AI.13}$$

我们给出了替代弹性分别为 0.5，1.0 和 1.5 时的结果，以及在初始均衡状态中土地所占的产出份额分别为 0.2 和 0.4 时的结果。

结果见表 AI.1。在对结果进行讨论之前，我们将简要地描述一下技术进步影响经济体的动态过程。（为了进行具体的说明，我们假设技术进步率为 10%，也即式 AI.13 中的 γ 取值 1.1。）在初始均衡状态下，工资率是 $\overline{w}$，资本收益率是 δ/s。当技术进步 10%，两种要素的报酬将立即增加 10%。这又会引起两种要素增加到某一新水平，此时，要素报酬回落到初始水平。土地租金会有双重增长：首先是技术进步导致 10% 的增长，其次是资本和劳动两种要素供给增加再带来 10% 的增长。由于技术进步和要素增加两方面原因的作用，产出增加。如表 AI.1 所示，在每种情况下，若要使要素报酬回到初始均衡水平，就要有要素供给的增加，这相应的也会带来产出和地租的增加。（在表 AI.1 的"情形"一列中，σ 表示替代弹性，s_N 表示土地占产出的初始份额。）

表 AI.1　技术希克斯中性增长 10% 时数值模拟的结果表示：

情形	增长比例			
	Y	K	L	n
σ=0.5　s_N=0.2	31	24	24	55
σ=0.5　s_N=0.4	18	12	12	26
σ=1.0　s_N=0.2	61	61	61	61
σ=1.0　s_N=0.4	27	27	27	27
σ=1.5　s_N=0.2	111	121	121	70
σ=1.5　s_N=0.4	38	45	45	28

　　表 AI.1 表明，替代弹性越高，在新的均衡水平，要素供给、产出、地租就会越高。图 AI.11 和 AI.12 说明了这种情况，其中分别讨论了替代弹性为 0.5 和 1.5 时稳态前后的情况。（两种情况下土地所占的初始份额均为 0.2。）通过图 AI.1 1 和图 AI.12 的比较可清楚地看到，要使要素报酬回到初始水平，替代弹性较高时要素供给要比替代弹性低时增加得更多。其原因非常直观：当替代弹性相对较低时，要素供给相对较少的增加就可以带来要素报酬相对较大的减少。当替代弹性较低时，要使要素报酬减少 10％从而回至初始均衡水平，并不需要 K 和 L 有较多的增长。从这些数值例子还可得出结论：当土地要素相对容易被替代时，地主从技术进步中获益最大。

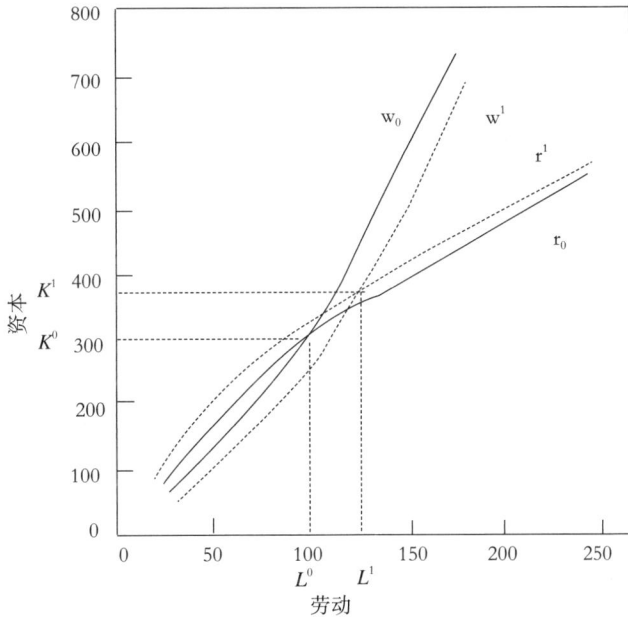

图 AI.11　技术进步对均衡要素水平的影响：一个数值例子。

注：$\sigma = 0.5$，$s_N = 0.2$

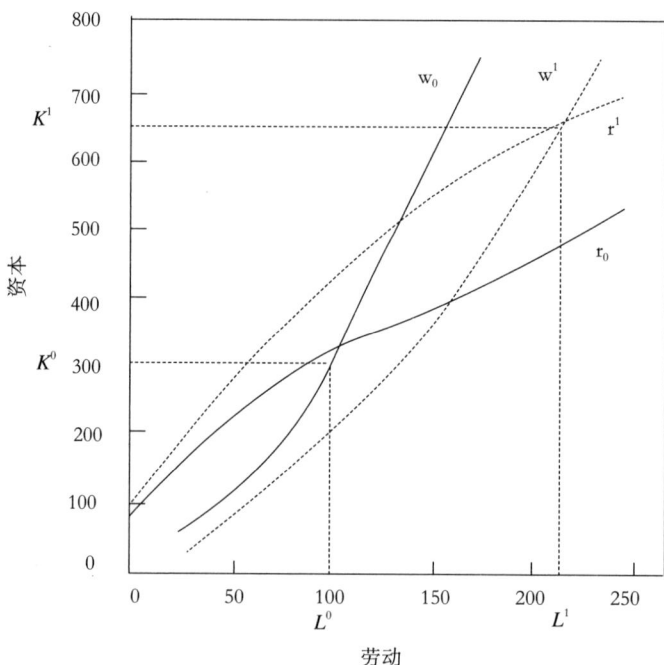

图 AI.12 技术进步对均衡要素水平的影响：一个数值例子。

注：$\sigma = 1.5$，$s_N = 0.2$

图 AI.13 和图 AI.14 说明了当保持替代弹性为 1.0 不变时（即柯布—道格拉斯情形），土地所占初始份额 s_N 分别等于 0.2 和 0.4 时的情况。图 AI.13 恰好处于图 AI.11 和图 AI.12 的情形之间。图 AI.14 表明，给定技术进步，如果要素所占初始份额越低，使要素报酬回落到其初始水平所需的要素增长量越小。这也就是说，一种要素在总产出中所占的份额越低，对这种要素的需求就越没有弹性，这样，要使这种要素的报酬降至给定水平所需的要素增加量就越小。这些结论使我们回想起马歇尔的一个结论：低需求价格弹性可能源于低替代可能性或低预算份额。在我们将模型扩展到报酬递增的情况下时，这些有关技术进步的讨论将成为一个有用的背景。

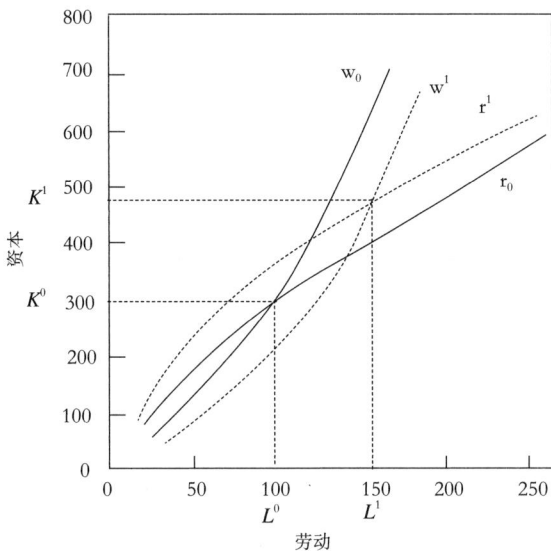

图 AI.13 技术进步对均衡要素水平的影响：一个数值例子。

注：$\sigma = 1.0$，$s_N = 0.2$

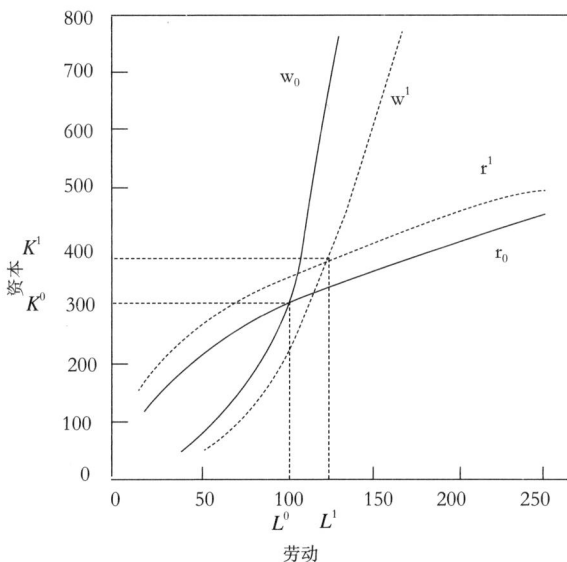

图 AI.14 技术进步对均衡要素水平的影响：一个数值例子。

注：$\sigma = 1.0$，$s_N = 0.4$

关于递减报酬模型，另外一个有用的思考练习是考虑增加土地的供给。在这种情况下，又会出现什么结果呢？首先劳动和资本的边际报酬会增加，而这又会导致这些要素的供给增加。但是，假设要素报酬只是劳动—土地比率和资本—土地比率的函数，（由于（式（AI.9）中所有三个自变量的线性齐次性），新的稳态均衡形成时，劳动—土地比率和资本—土地比率都会回到它们的初始值。这样，资本和劳动的增加就和土地一样多，包括地租在内所有要素的报酬都会回到初始水平。接下来说明这一过程的动力学机制。土地的增加导致资本和劳动的报酬增加。只要这些要素在土地上的使用密集度低于初始均衡状态时的情况，那么这些

519

要素的报酬就将维持在均衡报酬水平之上（进而要素就会继续增加）。只有当资本和劳动两种要素在所有土地上使用的密集度恰好与初始均衡状态时相同，也即资本和劳动的增加量与土地一样多时，新的均衡才会实现。新均衡仅仅是初始均衡一定比例的扩张，所有要素报酬均与初始状态时一样。

接下来，我们将在模型中引入第三种技术进步，即报酬递增。（我们将这一模型称为"报酬递增"模型，以区别于前两种。）报酬递增的基本观点是，全要素生产率是整体经济规模的函数，主要源于劳动专业化。全要素生产率的提高是指一般生产函数（AI.9）的向上倍升，这可以转化为具体函数形式（AI.13）中 γ 的增大。这样，一般生产函数（AI.9）就可以重写为

$$Y_t = p \ (\text{size}) \ F \ (L_t, K_t, N_t) \tag{AI.14}$$

其中，p 表示全要素生产率。经济规模的精确定义现在先不详细说明。

假设全要素生产率与经济规模之间的关系如图 AI.15 所示。当经济在其某一最小临界规模（如图 AI.15 中的 s_0）之下时，全要素生产率保持不变。小于这一规模，经济中不会出现劳动分工。但是，随着经济发展超过这一规模，市场的扩张就为劳动分工提供了机会，全要素生产率也会随之增长。在更大的经济规模（如 s_1）上，进一步展开劳动分工的机会被耗尽，全要素生产率在一个更高的水平上保持不变。这一水平如图 AI.15 中 p''' 所示（m 表示最大值）。如果经济增长超过这一点，增加的资源（资本、劳动和土地）只是重复现有资源的作用，会带来产出的增加但不会带来生产率的提高。这与经济规模处于 s_0 和 s_1 之间时的增长形成了对照，那时，资源增加所带来的市场扩张会导致劳动分工的机会增加，进而资源利用的方式也有所改进。

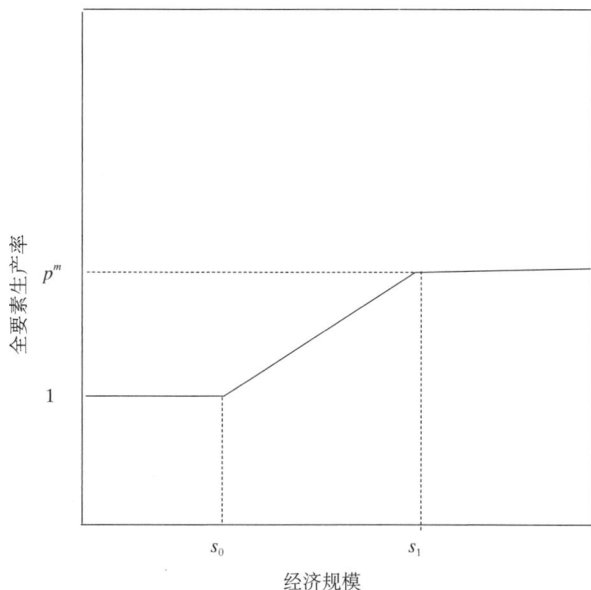

图 AI.15 经济规模与全要素生产率之间的关系

现在我们必须来定义如何度量经济的"规模"。根据新资本会增加劳动分工机会这一观点，我们选择资本存量规模作为量度。当然，其他量度（诸如劳动和生产函数 $F(\cdot)$ 本身）也是合理的，但在这样的总体模型中，并没有必然的理由说，一种度量方式就一定好于另一种。我们将基本生产函数写为

$$Y_t = p(K_t) F(L_t, K_t, N_t) \tag{AI.15}$$

$$p(K_t) = 1 \quad 如果 K_t \leq K^0$$

$$p(K_t) = p^m \quad 如果 K_t \geq K^1$$

K^0 和 K^1 都是常数，它们表示报酬递增的范围。

在这类模型里面，要素定价是一个众所周知的难题：如果要素依据其边际产品而获得报酬，那么总的要素报酬就会超过总产出。在此，我们假设土地和劳动依据其边际产品而获得报酬，而资本的报酬依据的是忽略了它对全要素生产率的影响之后的"边际产出"。这样，要素报酬就可定义为

$$w_t = p(K_t) F_L(K_t, L_t, N_t) \tag{AI.16}$$

$$r_t = p(K_t) F_K(K_t, L_t, N_t) \tag{AI.17}$$

$$n_t = p\ (K_t)\ F_N\ (K_t,\ L_t,\ N_t) \tag{AI.18}$$

如此假设资本要素定价是基于如下两个合理理由：其一，增加资本带来的市场规模扩张效应可算是一个全局效应，在个体企业层次上，这个效应可以忽略不计。也就是说，个体企业资本存量的增加对经济整体的作用非常小，以至企业家会忽略它。第二个理由是，假设雇佣劳动，租用土地的是资本所有者，则他们之间的竞争将确保土地和劳动依据其边际产品获得报酬，而资本所有者自己获得剩余的产出。根据欧拉定理，这一剩余可由式（AI.17）表示。[1]

此模型中，资本积累和劳动增长关系和前面模型中的一样，而土地仍被假定为固定不变。那么这样经济会如何表现呢？首先来考察无劳动增长线。先假设有两个不同的经济：一个经济中 p（独立于 K）固定为单位规模，而另一个经济中 p（独立于 K）固定在 p^m。这其实就是不同技术效率水平下报酬递减经济的两种情形，我们前面已经讨论过其特征。这两种经济体的无劳动增长线，如图 AI.16 中的 w_0 线和 w_1 线所示。当 K 小于 K^0 时，报酬递增经济中的无劳动增长线就是 w_0 线，因为此时，报酬递增经济在形式上就等同于全要素生产率固定在单位规模的报酬递减经济。同样的，当 K 大于 K^0 时，无劳动增长线就是 w_1 线。当 K 处于 K^0 和 K^1 之间时，无劳动增长线将落在 w_0 线和 w_1 线之间。证明见图 AI.17。设资本水平 K^* 处于 K^0 和 K^1 之间，当劳动水平为 L^0，资本水平为 K^* 时，如果 $p = 1$，则工资水平等于 $\overline{w}$，因为这一点位于 w_0 线上。但是，当报酬递增时，$p > 1$（因为 $K^* > K^0$），因此劳动的边际产品必定高于 $\overline{w}$，因而劳动必定增加。这样，当资本水平处于 K^0 和 K^1 之间时，报酬递增经济中无劳动增长线就必定落在 w_0 线右边。以同理的逻辑考虑点 $(K^*,\ L^1)$ 可知，当资本水平处于 K^0 和 K^1 之间时，无劳动增长线将落在 w_1 线左边。这样，我们就得到了报酬递增时的无劳动增长线，如图 AI.18 所示。图 AI.19 给出了报酬递增时的无资本积累线。它的推导过程和无劳动增长线完全一样。全要素生产率取决于资本水平这一假设对推导无要素变动线的影响只体现在，资本轴现在是被用来确定曲线的部分构成；而要素定价假设的对称性（式（AI.16）和（AI.17））意味着，推导这两条线的方法是对称的。

---

[1] 欧拉定理是指，任何一阶齐次（也即规模报酬不变）函数可以写为其自变量乘以各自变量偏微分的和。具体地，如果 $F\ (K,\ L,\ N)$ 规模报酬不变，那么根据欧拉定理则有
$$F\ (K,\ L,\ N) = F_K K + F_L L + F_N N$$

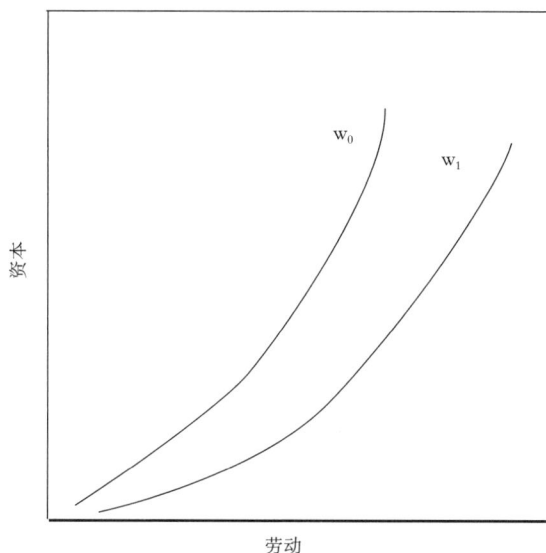

图 AI.16　两个报酬递减经济的无劳动增长线

注：w_0 线是全要素生产率等于 1 的经济的无劳动增长线，w_1 线是全要素生产率等于 p^m 的经济的无劳动增长线。

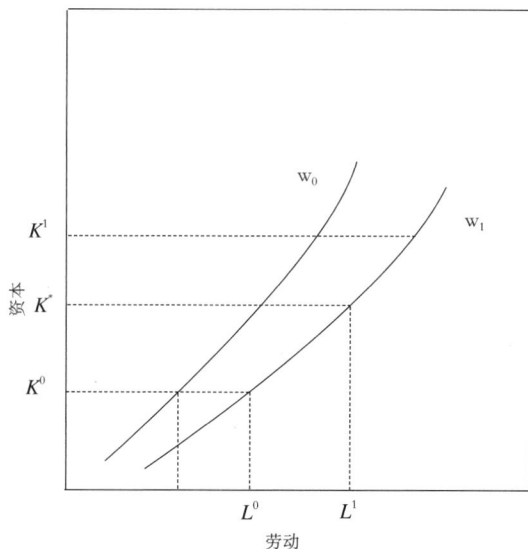

图 AI.17　报酬递增经济的无劳动增长线，如果资本积累水平处于 K_0 和 K^1 之间，则该线必定落在 w_0 线和 w_1 线之间

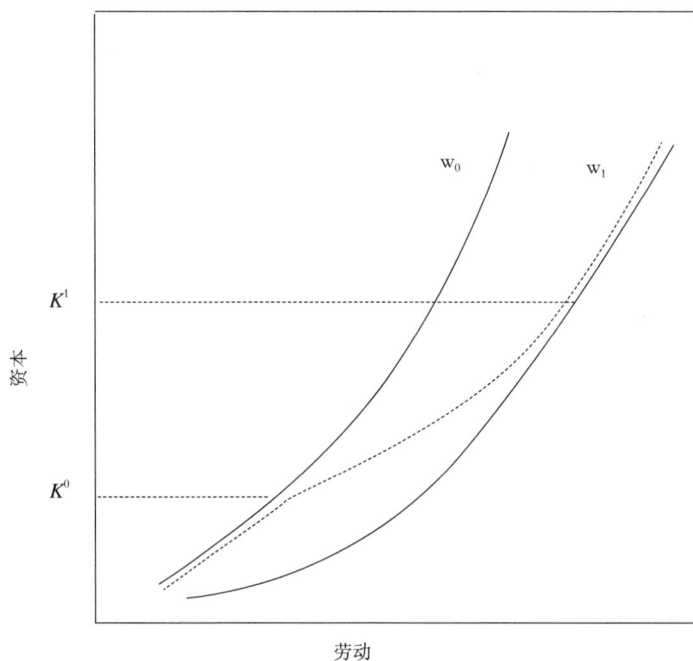

图 AI.18　报酬递增经济中无劳动增长线的推导

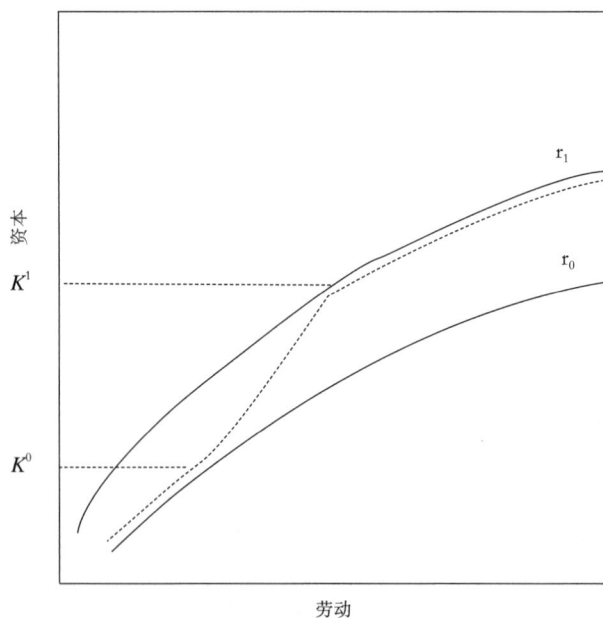

图 AI.19　报酬递增经济中无资本积累线的推导

这些就是报酬递增经济的本质特征。其无劳动增长线和无资本积累线与报酬递减时一样，它们的交点就是处于稳态时资本存量和劳动力的均衡水平。从图 AI.18 和图 AI.19 中推导出的无要素变动线相交的情况如图 AI.20 所示，这决定了资本和劳动的均衡水平。当资本水平较高时，由于劳动专业化所带来的生产率提高存在上限，因而报酬递减（由于土地存量固定）将压过报酬递增（由于劳动专业化）。

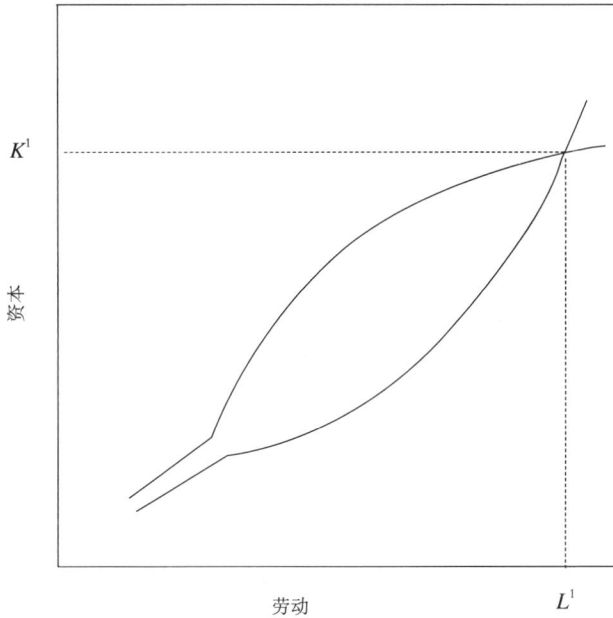

图 AI.20　报酬递增情况下的稳态均衡

K' 和 L' 分别为稳态时的资本和劳动水平

在此模型中还可能出现有趣的多均衡结果。将图 AI.21 中得到的无劳动增长线和图 AI.22 中得到的无资本积累线这两条无要素变迁线结合起来便得到了图 AI.23，其中展示了一个存在三均衡的经济。均衡状态 A 和 C 是稳定的，而 B 不稳定。A 表示经常在发展经济学中得到讨论的低水平均衡陷阱。如果推力不强，经济在从均衡点 A 上升之后又会回落到 A 点。这是因为经济规模还不够大，尚未达到规模经济，从而提升要素报酬，引致要素的持续增长。但是，如果经济能够增长到点 B 的东北区域，生产率的增长，进而要素报酬的增长，就可以引致资

522

本和劳动的进一步增长，直到点 C。（根据函数 p（K_l）的确切形式，经济中存在
的均衡可能会超过三种。）

523

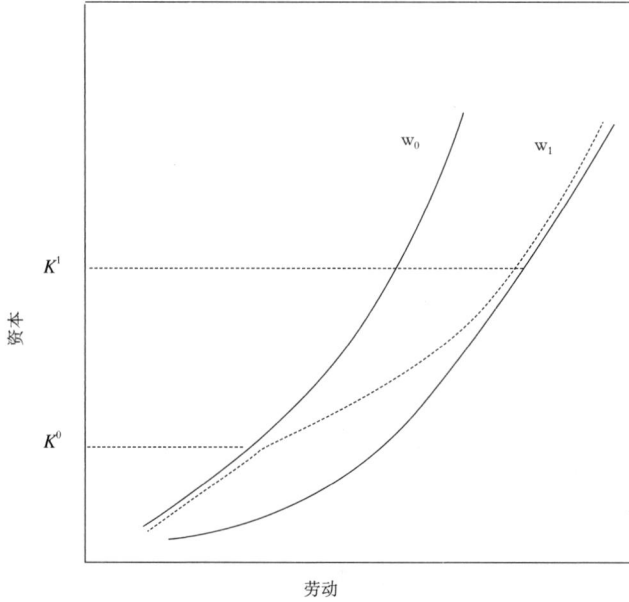

图 AI.21　报酬递增经济中另一种类型的无劳动增长线推导

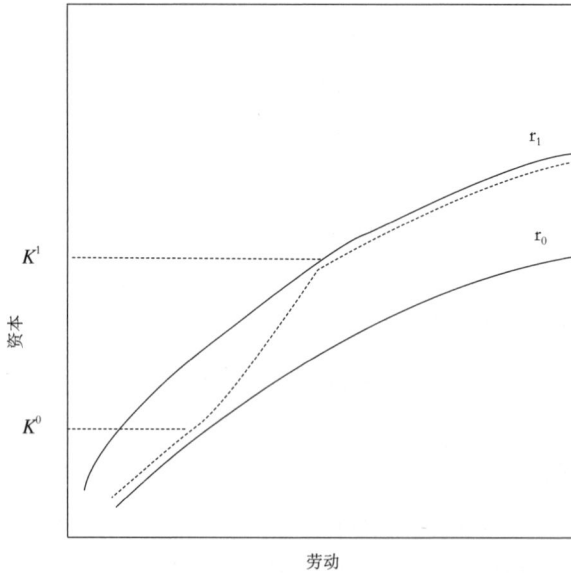

图 AI.22　报酬递增经济中另一种类型的无资本积累线推导

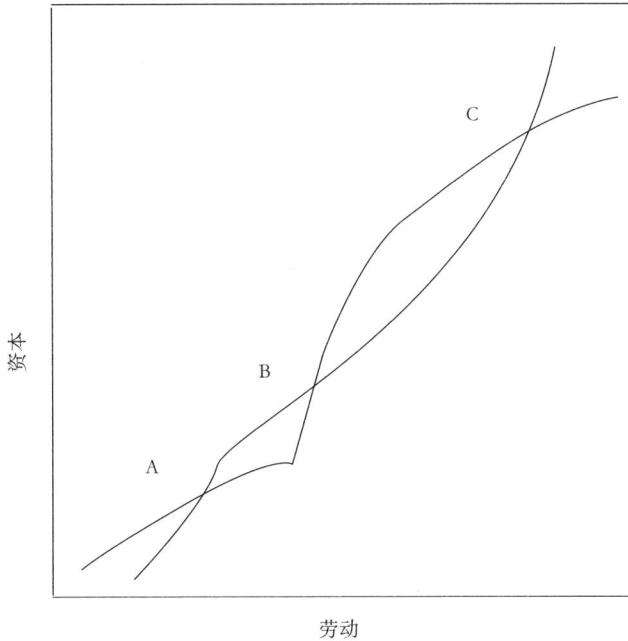

图 AI.23　图 AI.21 和 AI.22 中的无要素变动线结合得到的多均衡结果

　　上述这些就是单部门斯密模型的所有内容。我们已经阐释了要素报酬决定要素供给假设的含意，说明了引入三种技术进步会如何影响结果。接下来，我们将阐明斯密式的增长时序，即一个经济如何通过一定范围的报酬递增，从低水平的稳态均衡（原初的野蛮状态）过渡到报酬递增被耗尽的新的稳态均衡（即"完全富足"状态）。

　　这一增长的时序可见图 AI.24。在此经济中，资本和劳动水平 K^0 和 L^0 代表着一个稳态均衡，并假设 K^0 为报酬递增开始影响经济的起点。设 N^0 表示不变的土地水平，假设下述关系

$$p\ (K^0)\ =\ 1 \tag{AI.19}$$

$$p\ (K)\ -p\ (K^0)\ >0\quad if\quad K>K^0 \tag{AI.20}$$

$$F_L\ (K^0,\ L^0,\ N^0)\ =\ \overline{w} \tag{AI.21}$$

$$F_K\ (K^0,\ L^0,\ N^0)\ =\ \delta/\ s \tag{AI.22}$$

这一经济处于稳定均衡状态，但其规模已足够大，到了利用潜在的劳动分工进而

524

规模经济的边缘。（为了简便起见，我们从这里开始讨论增长过程。在经济到达报酬递增区域的边缘之前，也就是说，当资本的总供给小于 K^0 时，只有当某些形式的自发技术进步发生时，资本和劳动才会增长，如图 AI.10 所示。我们可以想像这些技术进步的插曲发生后这个经济体的稳步增长。不过在这里，我们分析的起点是资本存量水平恰好达到 K^0 时。）图 AI.24 说明了这么一种情况，也即如果经济受到推力而从初始均衡水平 K^0、L^0 向上移动，那么其将经过报酬递增阶段后达到一个新水平 K^1、L^1。

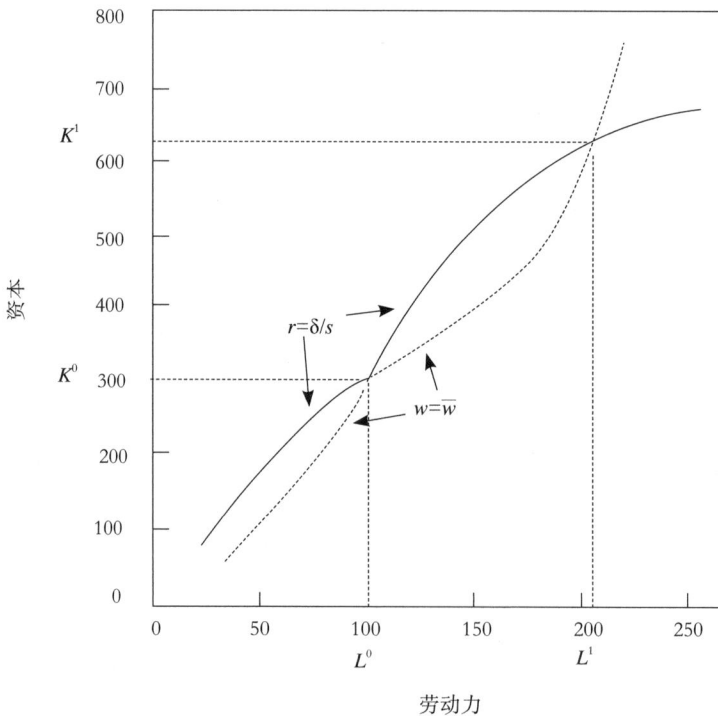

图 AI.24　从一个稳态均衡到另一稳态均衡。

注：$\sigma = 0.5$，$s_N = 0.2$，$K^0 = 300$.

我们接下来将依托分析报酬递减情况时用到的那些参数数值来说明这一增长过程。设 $\sigma = 0.5$，$s_N = 0.2$（这就是图 AI.24 所示的情况）。设 $p(K)$ 为线性函数

$$p(K) = 1 \quad K < 300 \tag{AI.23}$$

$$p\,(K) = 1+0.6\,(K-300)\,/300 \qquad 300 \le K \le 550$$

$$p\,(K) = 1.5 \qquad K>550$$

也就是说，假设当资本存量从初始水平开始一直增加到接近翻番的整个过程中均会出现报酬递增，而且由于资本存量加倍，全要素生产率将比初始水平增长50％。

在这个例子中，还必须设定劳动力增长与工资率之间关系的函数形式，设

$$L_{t+1} = (w_t/\overline{w})\,L_t \tag{AI.24}$$

即，劳动力增长与实际工资和生存工资之间的比率成正比（如前，设生存工资为 0.5。）

设资本和劳动力在增长开始时增加了 10％，表 AI.2 给出了经济从初始均衡到新均衡的路径。如表 AI.2 和图 AI.24 所示，更高水平的稳态均衡为

$$Y = 260$$

$$L = 212$$

$$K = 637$$

$$N = 90$$

$$w = 0.5$$

$$r = 0.1$$

资本和劳动几乎均为初始水平的 2 倍，而产出则大致为初始水平的 2.5 倍。地租增长了近 4 倍！（当然，资本收益和工资都处在无要素变动线上。）经济达到新均衡花费了 100 多年。在第 1 年和第 100 年之间，资本和劳动大约每年增长 1％，而全要素生产率大约每年增长 0.5％。在向新均衡的转变过程中，工资和资本收益又回到它们的初始水平，而地租和报酬递减下技术进步时的情况一样，增长显著。

表 AI.2　从一个稳态到另一个稳态的转变

年份	Y	K	L	地租
0	100	300	100	20
10	119	336	114	26
20	124	345	118	28
30	130	356	122	30
40	137	369	128	33
50	147	387	135	37

（续表）

年份	Y	K	L	地租
60	159	408	143	41
70	175	435	154	48
80	196	469	168	57
90	222	511	184	69
100	246	560	200	81
110	252	594	206	85
120	256	613	209	87
130	258	624	210	89
∞	260	637	212	90

根据亚当·斯密的意旨，我们将新均衡（K^1，L^1）解释为经济的"完全富足"状态。

这一情况下产出的时间路径如图 AI.25 所示。

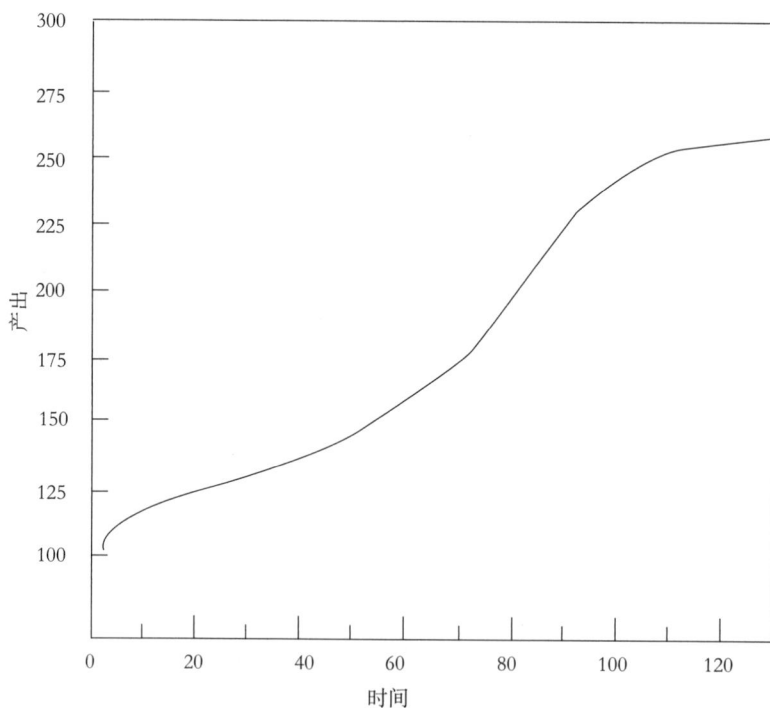

图 AI.25　从一个稳态到另一稳态的转变过程中产出（Y）的时间路径

附录二　三种经济增长模型之比较

引言

在这一部分，我们将依次讨论以下三个正式的经济增长模型：新古典模型、 526
罗斯托试图表述的模型和亚当·斯密传统中的模型。这三个模型将会被尽可能地
整合到一个共同的经济学框架中，这样就可以清楚地阐明不同的关键假设如何导
致不同的结果。

第一个是我们所构建的新古典模型，它秉承 1950 年代出现的模型，是开创
性的哈罗德—多马模型的另一种形式。如第十五章所述，一直到 1970 年代早期，
学界已出现许多版本的新古典模型。

和其前身哈罗德—多马模型类似，新古典增长模型的意图与后文即将考察的
罗斯托的增长模型完全不同。哈罗德—多马模型是为了探究先进工业社会中经济
增长的内在稳定性或不稳定性。它要解决的问题是这种社会机制或体制是否会带
来一个足够接近相对稳健的、无通货膨胀的、劳动力充分就业的支出（包括消
费、投资和政府支出）；也就是说，既不会出现长期失业，也不会出现价格上涨。
因此，其论点止于真实或确信的宏观经济均衡机制，尤其是资本—劳动比率，或
是用于消费或储蓄的收入变化比例的存在性和 / 或自足性。

为此，在整个现代经济史上最强劲的持续扩张时期，先进工业国家也就没有
特别的理由来探究人口变迁的形成。在 1945 年之后的婴儿潮中，曾经让人感到
焦虑的 1930 年代的人口问题就被淡忘了。一系列的新发明变得足够成熟，可以
转变为创新，与此同时，西欧和日本也面对着一个相当大的技术存量供其吸收。
1951 年之后，先进工业国的贸易条件明显改善。有些经济学家担心这一趋势会
对发展中国家造成不利影响。但是完全可以理解的是，由于已经不再害怕会回到
1930 年代的大萧条，先进工业国家的主流经济学家们都在构建高度总量化的模
型，把人口和技术变迁当成外生变量，这也使得他们可以把更加精致的新凯恩斯
收入分析方法用于解释这个令人瞩目的繁荣期出乎意料的稳定性。

第二个模型反映了罗斯托有关变量门槛值与关系的观点，罗斯托以此来解释
当代世界中各个社会在它们演进的不同阶段中经济增长和进步的过程。罗斯托的
观点构成了本书结构和评论的基础，无处不在，第十八章还详细阐述了其特征。
特别地，他的主要观点有：

● 人口变迁内生于经济增长的过程——这一关系已被许多学者认识到，但很
难具体化，尤其是因为出生率的决定因素尚未得到很好的识别。

● 整个研发过程都被看作是内生的，因而本质上可被看作一个复杂的投资子
部门或一组子部门。

● 与亚当·斯密和熊彼特一样，罗斯托区分了增量创新和伴随着巨大的经济
结构和宏观经济后果的大规模非连续创新。因此，在解释创新的作用时需要有相
当程度的部门分解，这是因为，创新在本质上首先是一个部门现象。

● 重大创新最终会聚集的趋势被看作是过去两个世纪的一个突出特征。已有
学者提出一些观点来解释这种趋势出现的原因（前文，457—463 页），但显然我
们还需作更多的研究。

● 一个社会的企业家有效吸收具有潜在盈利可能的发明的能力，不但是前期
教育和培训投资的函数，还是社会制度和社会所提供的创新激励（或抑制）的函
数。简言之，在经济增长的分析中，就创新而言，仅是假定对外生技术变迁的吸
收能力一致无差异并不充分。相反，还应该对一个社会的技术吸收能力做出具体
说明。

● 对一些发达国家和大多数发展中国家来说，在讨论吸收能力的概念及其复
杂的决定因素时，需要考虑到，存在一个潜在有利可图的技术存量池，对此，这
些国家尚未摆正位置以进行吸收。

● 还应考虑到经济增长过程中那些迅速扩张的主导部门不成比例的作用，包
括这些部门中的利润再投资在决定工厂规模和设备支出时的直接作用，及其在决
定整体增长率进而决定基础设施和住房投资中的间接作用。

● 还应该考虑在中短期中，基本商品和制成品之间的相对价格趋势在纠正引
导投资方向变化上的历史作用，这种变化，按某种定义并加上适当的迟滞，会走
向康德拉季耶夫周期，对价格水平、利息率、收入分配、整体增长率和部门增长
率等带来影响。

● 就制成品（相对于基本商品）贸易条件长期恶化这一古典预期而言，一个
部门中重要创新的广泛后果，包括对其他部门生产率，以及替代品可得性或生产
的影响，迄今为止一直在阻止着它，使它无法演变成，一个长期现象。换言之，
亚当·斯密的土地（生产"天然产物"的一种投入）比制造业中的投入更加不可
改变这一假定并没有历史根据，尽管第二十一章有指出，过多的人口、工业增长

和目光短浅的政策可能在将来改变这一有利的结果（前文，第 499—500 页）。

● 认为从 18 世纪晚期到比如 1938 年间的经济周期是经济增长所呈现的历史形态的观点，已经为人所接受。同样为人所接受的是，在现代经济中分离经济增长与经济波动无助于人们的理解，不论后者是否是具有规则的周期性。

如第十八章所述，这一组命题和关系都可被整合到一个动态的、可分解的增长模型中，基于这一模型，经济增长阶段的界定就不再依据人均实际收入，而主要依据一个社会已经（或者尚未）吸收的既有可用相关技术存量池的程度。

528

本节中的第二个模型依次说明了这些特征中的大多数。对没有提到的上述命题，本节均会给出说明，并解释原因。例如，为了简洁和突出模型更不为大家所熟知的方面，我们就决定不在模型中引入传统的经济周期或存货周期。

但是，这里最大的省略是社会中经济与非经济因素之间复杂的互动关系。然而，我们的工作并非旨在直面孔德的挑战，即建构一门全面整合的社会科学，而经济学只是其一个组成部分。因而，我们必须试着通过研究那些特定时空下的问题来把握这些非常重要的关系，因为在这些具体问题中，这二者互动的模式至少可以部分地得到理解。或者，我们可以简单地将非经济因素设为外生，就如亚当·斯密在讨论中国时所做的那般——斯密认为，中国的"完全富足"程度本应该更高，如果它不轻视和忽略对外贸易的话。

尽管有诸多差别，罗斯托模型和新古典模型存在两个共同的特征，使其有别于斯密所描述的世界：趋势上，它们都将带来实际工资的上涨，而且它们都隐含，土地和其他自然资源的长期报酬大致不变。我们将具有这些特征的模型称为"现代"经济增长模型，以区别于刻画"原初"世界的斯密模型（我们接下来会讨论到它）。

斯密式的世界，或曰前现代世界，其特征是在长期中实际工资不变，而地租和其他自然资源的租金上升；反之，现代经济增长的特征是实际工资稳步增长，而土地和其他自然资源的收益大致不变。现代增长模型和斯密式增长模型中的这类假设存在三个关键区别，这些区别分别关涉土地（或者一般自然资源）的可得性、技术进步的规则性以及劳动力增长与实际工资水平之间的关系。

由于我们是在一个共同的经济框架中讨论的现代模型和斯密式模型，因而我们可以只建构一个模型，然后通过为两个世界各选择一组合适的假设来刻画它们。我们还可以考察混合的世界，只要各纳入一些适用于上述两种进路的假设即可。这一小节的最后一个部分将先从斯密模型开始，然后每次改变一个关键假设，使其对应于现代经济增长。这样的尝试还可以说明，每个假设在决定结果中的重要性，也即增长过程到底会是现代的可持续增长，还是如斯密所描述的那般，最终会走向报酬递减和稳态。

接下来，我们将首先描述作为所有模型基础的经济框架。接着，我们将首先给出新古典模型，因为大多数读者更熟悉其特质。而后是我们对罗斯托模型和斯密模型的阐释。

模型的经济框架

假设模型中的经济体由以下三个生产部门组成：

529
- 初级部门
- 工业部门
- 服务业部门

这是分析经济增长时常用的一种经济活动分类。再假设经济体是封闭的，也就是说，不存在进口或出口。（关于经济增长中的国际关系问题将在后文附录三中讨论。）

我们首先定义以下变量。在每个定义中，指数 i（有时还有 j）的取值范围是 1 到 3。

$X(i)$　部门 i 的总产出

$Y(i)$　部门 i 的净产出

$X(i, j)$　部门 i 中作为中间产品投入到部门 j 的生产中的产出

$a(i, j)$　$X(i, j) / X(j)$，即部门 j 每一单位产出中使用的来自部门 i 的投入数量

$L(i)$　部门 i 所雇用的劳动力

$K(i)$　部门 i 所使用的资本

$K(i)$　部门 i 所使用的土地

$A(i)$　部门 i 的技术水平指数

模型中的产出关系由下面的方程来表示。假定在任何给定的时间段内，投入—产出系数 $a(i, j)$ 固定不变，则总产出与中间产品产出之间的关系可写为

$$X\ (i,\ j)\ =\ a\ (i,\ j)\ X\ (j)\qquad i=1,\ 3 \tag{AII.1}$$

显然，每一部门的净产出就等于该部门的总产出减去这一部门作为中间品投入的那部分产出。

$$Y(i) = X(i) - \sum_{j=1}^{3} X(i,j)\qquad i=1,\ 3 \tag{AII.2}$$

总产出水平由生产要素的投入决定，可表达为

$$X\ (i)\ = f_i\ [A\ (i),\ L\ (i),\ K\ (i),\ N\ (i)\ ]\qquad i=1,\ 3 \tag{AII.3}$$

其中，f_i 表示部门 i 种生产要素投入和技术水平与产出之间的生产函数关系。综合式（AII.1）到（AII.3）就意味着，净产出水平由要素投入水平和技术水平共同决定。（为了确保结果具有经济学意义，需要限定 Y (i) 为非负。）

净产出可以用来消费，也可以用来形成资本（投资）。定义 C (i) 为对部门 i 净产出的消费。假设只有部门 2（工业部门）的产出可以用于形成资本（或者说投资），则总投资水平可简单地记为 I，而无须制定部门来源。投资的目标部门，也就是累积资本存量的部门值得考虑，这是因为特定部门的资本存量是式 AII.3 中的自变量。由此，可定义下列变量：

C (i)　部门 i 净产出中的消费量，$i=1,\ 3$。

I　对资本存量的投资，来自部门 2 的产出。

530

I (j)　在部门 j 的产品生产中所使用的资本存量投资，$j=1,\ 3$。

它们之间相互关联，且与模型中其他变量相关，这些关系如下列方程所示：

$$C\ (1)\ =\ Y\ (1) \tag{AII.4}$$

$$C\ (2)\ +I = Y\ (2) \tag{AII.5}$$

$$C\ (3)\ =\ Y\ (3) \tag{AII.6}$$

$$I = \sum_{j=1}^{3} \tag{AII.7}$$

生产要素随时间积累和技术进步过程的表达式一般因不同模型而异。但是，所有模型中资本形成的基本表达都是相同的。为了表明这一动态关系，给每个变量加一个下标以引入时间。基本的资本积累关系是

$$K_t\ (i)\ =\ (1-\delta)\ K_{t-1}(i)\ +I_{t-1}(i)\qquad i=1,\ 3 \tag{AII.8}$$

也就是说，在 t 年，可用于生产产品 i 的资本存量等于前一年所用资本的折余价

值，加上前一年的资本存量的毛增加量。参数 δ 表示资本的折旧率。式（AII.8）意味着，资本的酝酿期为期一年。

当然，劳动和土地也会面临资源限制。这些资源总的可得性由以下变量定义

L　劳动力

N　可用土地

生产中使用的劳动和土地与要素可得性之间的关系可简单表示为

$$\sum_{j=1}^{3} L(i) = L \quad i = 1, \ 3 \tag{AII.9}$$

$$\sum_{j=1}^{3} N(i) = N \quad i = 1, \ 3 \tag{AII.10}$$

（当然，在分析不完全就业时，式（AII.9）和（AII.10）中的等式还可以替换为不等式。）

接下来讨论模型中价格与要素报酬之间的关系。首先定义如下变量

$p\,(i)$　部门 i 产品的价格

$q\,(i)$　部门 i 的单位附加值

w　　付给劳动的工资

n　　土地的租金

r　　资本的租金

531　上面我们省略了要素报酬的下标，因为我们暗设各生产部门的要素报酬相等。由于我们所做的是长期分析，因此这样假设是合理的。

模型中变量间的关系可以简单表示为

$$p(i) = X(i) = q(i)X(i) + \sum_{j=1}^{3} p(j)X(j,i) \quad i = 1, \ 3 \tag{AII.11}$$

此式可简单地看作单位附加值的定义。而附加值则可以被分解为与要素相关的几个部分。

$$q\,(i)\,X\,(i) = wL\,(i) + nN\,(i) + rK\,(i) \quad i = 1, \ 3 \tag{AII.12}$$

这个方程可简单地看作是资本总收益的定义。如果生产函数式（AII.3）时对劳动 $L\,(i)$、资本 $K\,(i)$ 和土地 $N\,(i)$ 表现为规模报酬不变，那么就有如下关系式

$$q\,(i) = g_i\,(A\,(i), w, r, n) \quad i = 1, \ 3 \tag{AII.13}$$

这一方程被称为单位成本函数。在给定要素价格为 w，r 和 n 时，它给出了最低的单位附加值。它通常被看作是生产函数（AII.3）的共轭函数。在本附录的所有

模型中，我们假定模型中的三类要素均满足规模报酬不变性质。[1]

下面的宏观经济核算量把上述所有变量联系到了一起。在这些量中，变量国民生产总值表示一国总产出的价值。

$$\text{GDP} = \sum_{j=1}^{3} p(i)Y(i) \tag{AII.14}$$

$$= \sum_{i=1}^{3} (wL(i) + rK(i) + nN(i))$$

如果我们再将变量 K（总资本存量）定义为

$$K = \sum_{i=1}^{3} K(i) \qquad i = 1, \ 3 \tag{AII.15}$$

则式（AII.14）可以改写为更简单的

$$\text{GDP} = \sum_{i=1}^{3} p(i)Y(i)$$

$$= wL + rK + nN \tag{AII.16}$$

这就是我们所熟悉的关系：净产出的价值，或者说国民生产总值等于要素投入的价值。

接下来我们给出的三个模型都以这一总体经济框架为基础。首先讨论这些模型展开的一般方式及其解的框架。在短期中（我们设为一年），假定生产要素的总供给和技术水平固定不变。式（AII.1）至（AII.3），（AII.9），（AII.10）和（AII.15）就界定了净产出的生产可能性边界。要完善这个模型，还需加入一组最终需求关系。在不同模型中，最终需求关系的具体形式各不相同，但它们都是下面这个一般方程的特例：

$$F\ (i) = F_i\ (p, \ w, \ r, \ n, \ K, \ L, \ N, \ \varTheta) \qquad i = 1, \ 3 \tag{AII.17}$$

其中，$F(i)$ 是对部门 i 产出的最终需求，p 是包括三个 $p(i)$ 的向量，$\varTheta$ 是参数向量。假定 Fi（…）对其自变量 p, w, r 和 n 是零次齐次的，也就是说，假设不存在"货币幻觉"。这一最终需求关系实际上是相当一般化的。例如，通过式（AII.16），它包含了需求依赖于国民生产总值的函数关系。在最终需求关系中，储蓄（从而投资）都取决于国民生产总值；其功能性分配，资本报酬，以及用于购买消费品的收入余额，这些也都是一般关系式（AII.17）的子集。在说明下述三个模型时，

[1] 读者可能会注意到，在斯密模型的工业部门中，存在报酬递增。如附录一所讨论的，我们假设生产者在做生产决策时会忽略这种全局效应，因而单位成本函数式（AII.13）依然成立。报酬递增因素，在附录一中记作 p（记作，已经纳入到成本函数的 A（i）中）。

我们都先清晰地设定每一个模型的一般需求关系。

从式（AII.1）至（AII.3），（AII.9）再到（AII.15）和（AII.17），再加上"供给等于需求"的关系

$$Y(i) = F(i) \qquad i = 1, 3 \qquad \text{(AII.18)}$$

所有这些综合起来就决定了任意一年所有量和价格的值。（价格唯一地取决于一个比例常数。）这个一般均衡体系非常规范，不会出现均衡不存在或多重均衡的难题。

至此，我们已讨论了，在要素供给和技术水平给定的情况下，模型中任意一年的产出水平如何决定。接下来，我们必须考虑要素供给和技术水平如何随时间的推移而变化。这些关系在三个模型中各不相同，因而我们需要逐一讨论。

新古典模型

假设。我们首先探讨的是经济增长的新古典模型，这是当代主流经济学家分析经济增长时最常用的框架。诚然，这一传统中研究已经如此之多，以致很难就此再说什么。因此，我们只是在上一节给出的框架中引入一组特殊的假设，以构建一个新古典传统下的经济增长模型。然后，我们将用一些数值参数来说明此模型的基本特征。如前所述，为了构建一个特定的模型，我们需要进一步在上述基本经济框架中增加两个方面的假设——最终需求关系，以及要素供给和技术水平的变化。

在我们的新古典模型中，假设名义储蓄值占名义国民生产总值的一个固定比例，而名义国民生产总值和名义储蓄之间的差额被用于购买消费品；再假设消费购买是为了在价格和总支出的约束之下最大化某一预设的效用函数。设 σ 为储蓄率，V 为消费支出，则最终需求关系为

$$p(2)I = \sigma \text{GDP} \qquad \text{(AII.19)}$$

$$V = (1 - \sigma)\text{GDP} \qquad \text{(AII.20)}$$

则通过解

$$\max U[C(1), C(2), C(3)] \qquad \text{(AII.21)}$$

$$\text{st.} \sum_{i=1}^{3} p(i)C(i) = V$$

即可得到消费需求，其中 U 为某种效用函数。这一需求关系与式（AII.17）是一致的。在这节后面，我们将会给出效用函数也因此需求模式的两个不同例子。

为了得到新古典模型，我们要在基本经济框架中引入关于要素增长和技术进步的三个基本假设：

- 总劳动力 L 每年以一固定比率增长。
- 每一部门的技术水平 $A(i)$ 每年以一固定比率增长。
- 土地以保持实际租金水平不变的比率增长。

说明：接下来我们将以此模型为基础引入一些数值说明。为此，我们必须构建一个假想的经济，在其中，随着我们把有关经济增长的假设应用其中，我们就能够追溯其动态变化过程。我们已建构了这样一个经济，表 AII.1 给出了它在我们所考虑的第一阶段的结构。我们分析的主题就是从这一点开始的经济增长过程。[1]

表 AII.1　第一阶段的经济体结构

来源部门	去向部门						总合
	1	2	3	C	I	Y	
1	0.0	20.0	0.0	30.0	0.0	30.0	50.0
2	15.0	0.0	12.1	10.0	20.0	30.0	57.1
3	0.0	8.6	0.0	40.0	0.0	40.0	48.6
L	12.7	14.8	22.5				50.0
K	19.6	114.5	115.9				250.0
N	20.0	0.0	0.0				20.0
X	50.0	57.1	48.6				

表 AII.1 采用了我们熟悉的投入—产出表格结构。前三行给出了三个生产部门各自所用的产出总量。前三列表示产出作为中间产品的使用量，即投入到其他生产部门的产出。（在上面所用的符号中，表格中第 (i,j) 个元素即为 $X(i,j)$。）接下来的两列分别表示用来消费和投资的产出。第六列表示最终总需求，也即第

---

[1] 这一经济的某些重要方面来自钱纳里等人所研究的"收入水平1"经济，见霍利斯·钱纳里，谢尔曼·罗宾逊和莫西·赛尔昆，《工业化与增长：一个比较研究》（牛津大学出版社，1986），表 3-4。为了能够推出表 AII.1 所示的经济，我们并未原封不动地搬过来，而是对其作了一些修改（比如引入土地要素）。不过我们确实承认，他们的研究成果是这里的原始数据来源。

四列和第五列之和。最后，第七列表示一个部门的产出总量，相对应的，第 i 行就对应于前文定义的变量 $X(i)$。

534 表 AII.1 中的各列表示每一部门生产中使用的投入。前三列表示中间产品的投入，而后是生产要素的投入。最后一行表示每一部门的产出总值，根据定义，它等于该表中最后一列的对应条目。

  第一阶段中所有部门的产出价格、劳动工资和地租都假定等于 1。资本的出借价格假定等于 0.12。这样，总国内生产总值就等于 100.0。劳动、资本和土地的份额分别为 0.5，0.3 和 0.2。

  首先以该新古典模型来考察平衡增长扩张的经济。平衡增长路径是指所有的总产出和净产出水平，以及产出的所有中间用量都以固定不变的比率（比方说，g）增长。由此可得，国民生产总值将以 g 的比率增长。资本存量水平和土地利用水平也都以 g 的比率增长。所有产出的价格，以及资本报酬和地租均保持不变。劳动投入以稍低的比率（比方说，γ）增长。g 和 γ 之间的差额（比方说 τ）等于工人人均国民生产总值增长率，也等于工资率的增长率。由于资本存量的增长率和国民生产总值的增长率相同，那么资本—产出比率（比方说，k）必定为一常数。如前所述，在此处考虑的新古典模型中，储蓄与国民生产总值之间的比率 σ 为一常数。那么，从平衡增长可得一个最终关系

$$g = \sigma / k - \delta \tag{AII.22}$$

为了获得平衡增长路径，可在模型中引入下述数值假设。

- 储蓄率为（σ）0.20。
- 年折旧率（δ）为 0.03（即 3％每年）。
- 劳动力的年增长率（γ）为 0.02，土地的年增长率为 0.05。
- 各部门的年技术进步率均为 0.03。这里用 τ 表示，在模型中定义为 $A(i)$ 的年变动率，且各部门相等。
- 技术进步是哈罗德中性的，也就是说，生产函数（AII.3）可被写为

$$X(i) = f_i[A(i)\,L(i),\,K(i),\,N(i)] \qquad i = 1,\,3 \tag{AII.23}$$

我们在此模型中选用柯布—道格拉斯生产函数，其系数由表 AII.1 中要素份额给出。

- 投入—产出系数（即 $a(i,\,j)$）在表 AII.1 所示的水平上保持不变。

● 在所有收入水平上，各个部门产出用于消费的比例在表 AII.1 所示的水平上保持不变。（这意味着消费比例分别为 0.375，0.125 和 0.50）。由于相对价格保持不变，这等同于选用任何位似效用函数（这就意味着单位收入弹性）。

这些假设意味着，在此经济中除劳动力（依据假定，其年增长率为 2%）之外所有的量（尤其国民生产总值）将以每年 5% 的比例增长。除工资率（以 3%的比率增长）之外的所有价格都不变。

这一平衡增长路径如图 AII.1 所示。图 AII.1 是用来说明本附录结论的基本方式。该图的上半部分给出了经济中三个关键量的增长路径：国民生产总值，劳动力和资本存量；下半部分给出了经济中三个关键价格的路径：实际工资，资本报酬和土地租金。该图描述了 100 年的增长，这是表述结果的基本时间周期。

535

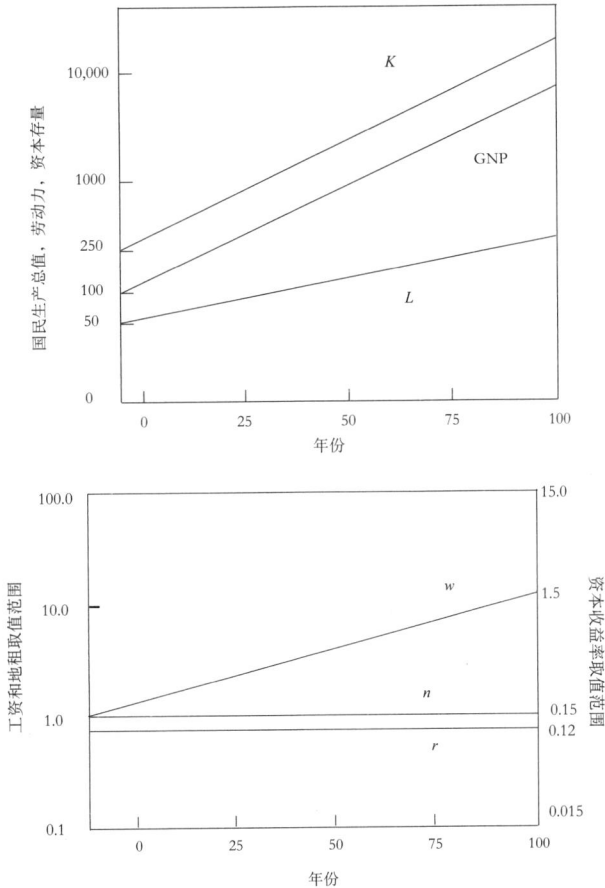

图 AII.1　经济增长路径。平衡增长的新古典模型。

536

平衡增长路径的结果明显不同于经济发展的历史经验，因为在平衡增长情况下，经济中各部门净产出的构成不变。这一结果违背了已经拥有很多证据支持的恩格尔定律——最终消费中用于食品的比例随国民生产总值的增长而下降。因而，为了三个部门在净产出中的相对比例能够反映发展的实际历史经验，需要对平衡增长的新古典模型做一些改动。这一修改就是引入一个新的关于三部门产出消费的效用函数（AII.21）。在平衡增长的情形下，效用函数满足这一条件：在总消费的任何水平上，各个部门在消费中的比例保持不变。在修改后的新古典模型效用函数中，假定这一比例随总消费的变化而变化，如图 AII.2 所示。为了得到这一结果，我们设定如下效用函数

$$u = \min\left[(\frac{C(1)}{c+dC(3)})C(3), (\frac{C(2)}{a+bC(3)})C(3), C(3)\right] \qquad (AII.24)$$
$$C(3) \le \bar{C}(3)$$
$$= \min\left[\frac{C(2)}{eC(3)}^{C(3), \ C(3)}\right]$$
$$C(3) \ge \bar{C}(3)$$

这是一个"移动的固定比例"效用函数，其中消费比例会随着实际收入水平变化而变化，而不是实际收入不变时随着相对价格变化而变化。[1]这样就得到非单位收入弹性，而且没有补偿价格效应。

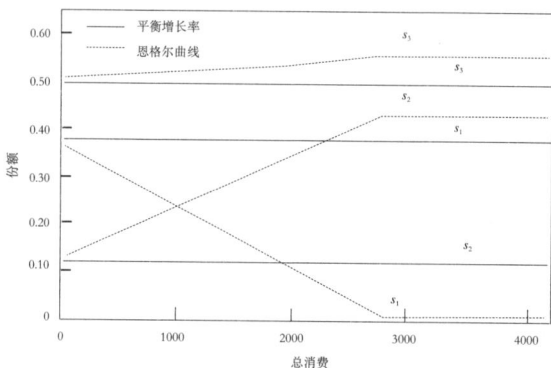

图 AII.2　三个部门占消费的份额。

注：s_i ＝部门 i 占消费的份额。

---

[1]　要得到图 AII.2 中的恩格尔曲线，对式 AII.24 而言，所需要的参数值为：
　　a=-22.1，b=0.802，c=30.9，d=-0.0221，e=0.786，$\bar{C}$（3）=-1568

如果只在模型中做这一改动，那么所有的宏观经济结果与平衡增长情形下差别并不大。第 100 年的实际国民生产总值大约占平衡增长时国民生产总值的 95%。这相当于平均增长率改变了大约万分之五。但是，国民生产总值在生产要素之间的分配完全不同：地租显著下降，大约降至平衡增长水平的 25%。（大约在第 50 年达到这一水平，然后趋于稳定。）这意味着，对结果中固定的地租水平来说，5% 的土地增长率过高了。其原因可见表 AII.1 中假设的经济结构。土地只是直接用于部门 1 产品的生产，而图 AII.2 中的恩格尔曲线表明，部门 1 在经济中的份额会随经济增长而缩减。（由于在所考虑的经济结构中存在中间投入品，这无法证明土地需求的增长整体上将稍慢于国民生产总值。然而，在表 AII.1 所假设经济的投入—产出结构中，情况就是如此。）

上面描述的经济违背了我们的新古典假设——地租不随经济发展而变动，因此我们构建了一个略有不同的经济。相比于之前描述的经济，这其中唯一的改动就是，土地供给会一直调整，直到均衡租金等于 1 为止。（当然，这就等同于在整体的实际租金水平上令土地供应具有无限弹性。）这一经济的宏观经济结果如图 AII.3 所示。（该模型的这些结果涵盖在图 AII.1 所示的平衡增长结果中。）在宏观经济特征上，它们与图 AII.1 所示的经济差别并不大。

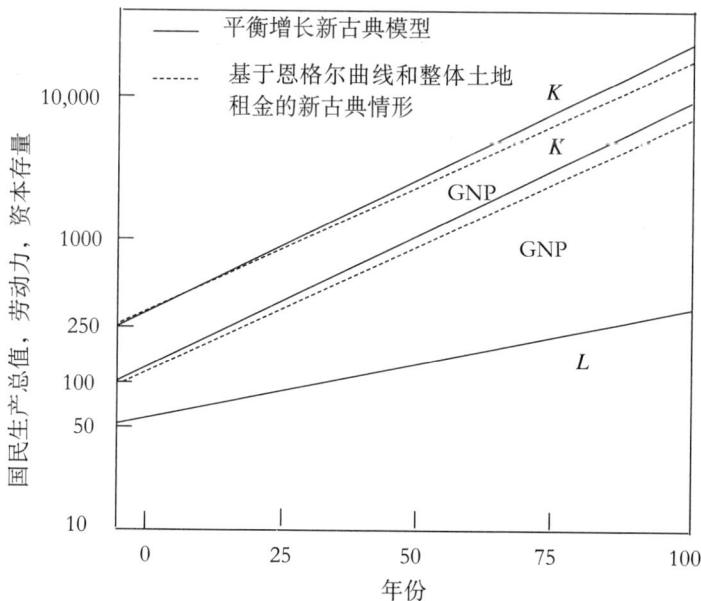

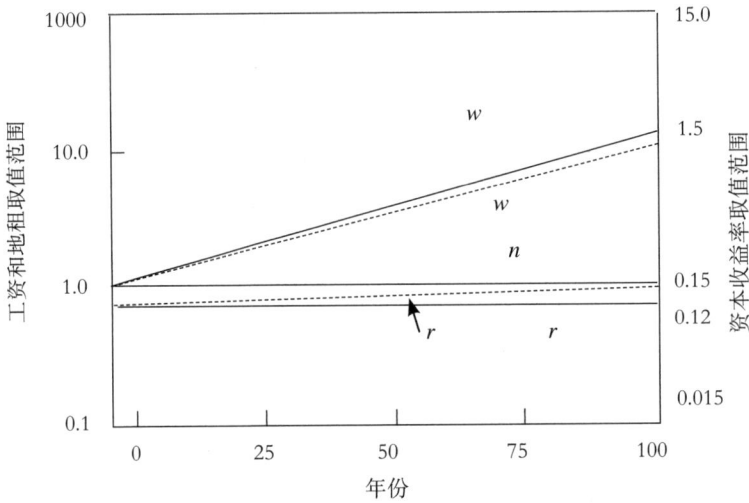

图 AII.3　经济增长路径。基本新古典情形

要使地租保持稳定的话，土地供应需要怎样变化？当然，在平衡增长情形中，土地的利用以每年 5% 的速度增长。而在图 AII.3 所示情形中，土地利用增长得要慢一些，为平均每年 4%。而且它的增长速度并不固定，前 50 年平均为 3.6%（因为部门 1 在经济中的重要性下降了），后 50 年则为 4.7%（因为部门比例保持稳定）。

这些结果还说明了关于平衡增长可行性的一个有趣（也是众所周知的）观点：下述三点一般不可能同时得到满足——具有非单位收入弹性的恩格尔曲线，生产要素报酬固定和生产要素增长率固定。

表 AII.2 给出了图 AII.3 所示的新古典经济在第 100 年时的结构状况。将其与表 AII.1（表示该经济在第 1 年时的结构状况）相比较，可以发现：在 100 年的历史当中，国民生产总值和资本存量的年均增长率为 4.8%，实际工资的年均增长率为 2.6%；资本收益率稍有增长，从 12% 增至 14%，这是因为增长相对较快的部门与部门 1 相比，稍微更偏资本密集型。[1]

---

[1]　模型中资本收益率的时间路径本可以稳定在一个水平上，如果改变储蓄率，就像为了让地租的时间路径稳定在一个水平上而改变土地供给那样。不过，固定的储蓄率要比固定的资本收益率更符合新古典模型的特质。给定总产出中单个部门的份额会变化，且这些部门具有不同的资本份额，我们无法构造出一个同时满足储蓄率不变和资本收益率不变的模型。

表 AII.2　第 100 年时的经济结构

来源部门	去向部门						总和
	1	2	3	C	I	Y	
1	0.0	1,944.4	0.0	0.0	0.0	0.0	1,944.4
2	583.3	0.0	1,013.0	2,529.0	1,430.1	3,959.2	5,555.5
3	0.0	833.3	0.0	3,218.8	0.0	3,218.8	4,052.1
L	42.0	130.1	164.3				336.4
K	609.5	9,445.0	7,950.9				18,008.8
N	751.7	0.0	0.0				751.7
X	1,944.4	5,555.5	4,052.1				

图 AII.3 所表示的经济是对新古典模型展开讨论的基准点。为方便计，我们称之为"基本新古典情形"。这些结果将被作为基准，拿来与采用不同参数假设的类似模型进行对比。这些类似的模型是设计来说明新古典模型的某些重要特征。[1] 这些特征众所周知，这里给出的结果也是为后面说明其他模型的结论做准备。

首先来说明劳动力供给变化带来的效应。在基本新古典情形中，劳动力的年均增长率是 2%，而图 AII.4 给出了增长率为 1% 时的结果。（这些结果涵盖在图 AII.3 所示的基本新古典情形下的结果中。）这一变化导致国民生产总值的年均增长率从 4.8% 降至 3.9%，而资本的年均增长率从 4.8% 降至 4.1%，第 100 年时的资本—产出比从 2.5 增至 3.0。土地报酬（地租）平稳降至约为基本情形下的四分之一，第 100 年时的资本收益率从 0.14 降至 0.13。与基本情形下相比，年均工资增长率从 2.6 增至 2.9%。

唯一让人意外的结论就是，与对工资和资本报酬的影响相比，劳动力增加对地租的影响要相对明显得多。由于在此分析中生产函数（AII.3）用的是柯布—道格拉斯函数，人们可能会认为，土地占国民产出的份额会保持不变。由于土地没有增加，而且第 100 年时的国民生产总值约为基本情形下的一半（简单地计算 100 年间 3.9% 而非 4.8% 的复合增长率即可得出），这可以解释地租为何会下降一半。相反，土地占国民生产总值的份额从 10% 降至 5%，与地租下降四分之三相符。这是由于土地只用于部门 1 产品的生产，而且在两种情形下该部门的相对价格下降了约一半。其他生产要素（资本和劳动）被用于所有部门，因而部门间贸易条件的变化对它们的报酬影响不是很大。由于以下两个方面的原因，土地本质

538

[1] 读者可回忆一下，在所有用到此模型的模拟中，土地供给的时间路径将维持在能带来基本新古典模型单位地租的固定水平上。

上是无供给弹性的：其总供给完全固定，与此同时，当在部门 1 的报酬下降时，它不能转投到其他部门的生产中。由于我们所选用的效用函数（AII.24）没有价格效应，当部门 1 产品的相对价格下降时，消费不会有相应的增加。当然，如果效用函数替代性更强的话，地租的下降将会缓解。

539

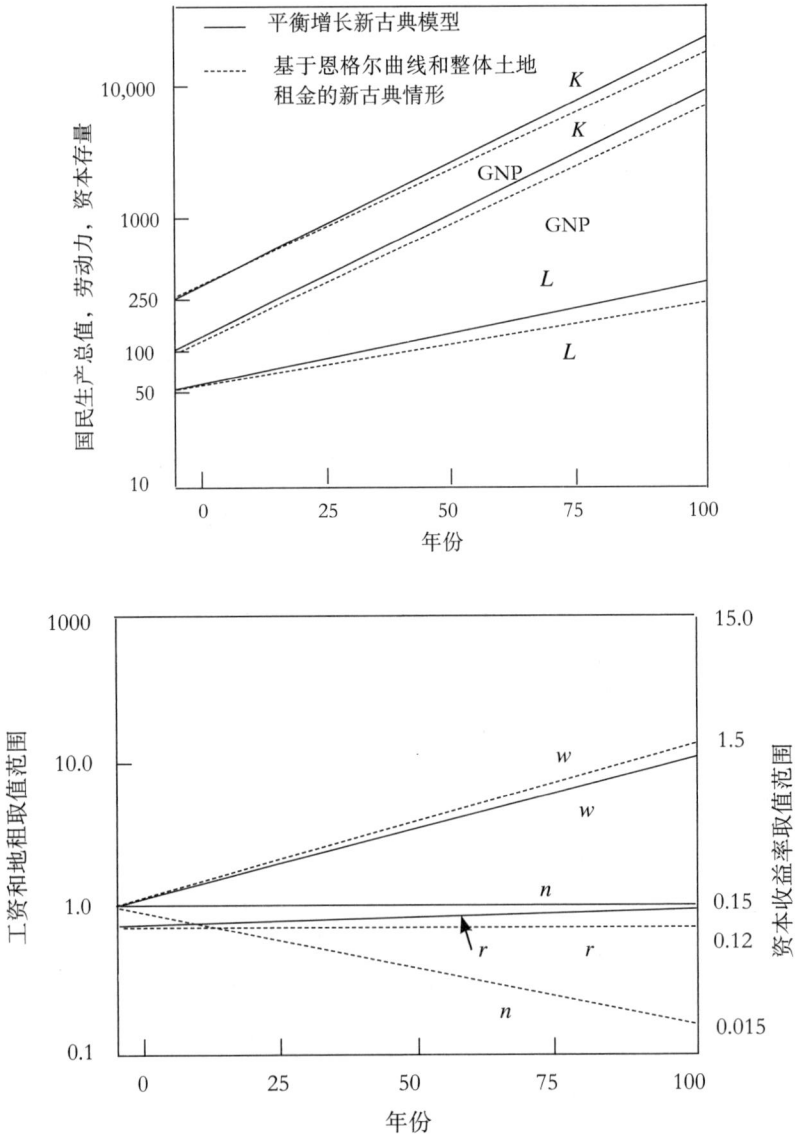

图 AII.4　劳动力增长率为 1% 时的经济增长路径。

我们还考虑了劳动力年增长率设定为 3% 的情形。如预期般，结果与之前的情形大致对称，虽然在量的增加上略低一些。表 AII.3 总结了这两种情形的结果。

表 AII.3　劳动力增长率变化的结果

劳动力增长率	其他量的增长率*				资本水平 / 国民生产总值
	GNP	K	w	n	
1.0	3.9	4.1	2.9	−1.4	3.0
2.0	4.8	4.8	2.6	0.0	2.5
3.0	5.5	5.3	2.2	1.2	2.1

注*：所有的增长率都以百分比表示。

接下来我们将尝试改变新古典模型中的储蓄率假设。图 AII.5 给出了当设定的储蓄率从国民生产总值的 20% 降至 10% 时的结果。正如预料的，资本存量的增长率在前些年会急剧下降，在前 30 年年均增长率低于 2%。不过到下半个世纪时，资本存量的年均增长率再次上升到近 5%。这是新古典增长理论中一个为人所熟知的结论：在长期中，增长率与储蓄率无关。在此处所假设的经济中，储蓄率以这一量级变化的"时长"约为半个世纪。国民生产总值的增长率也与此类似：前 25 年增长率低于 4%，但在这一时期结束时回复至近 5% 的水平。在前 50 年中，资本收益率戏剧性地增至 0.30，然后一直保持不变。实际地租降至约为基本情形水平的四分之一，下降的原因与劳动增长率降低的情形相同。

540

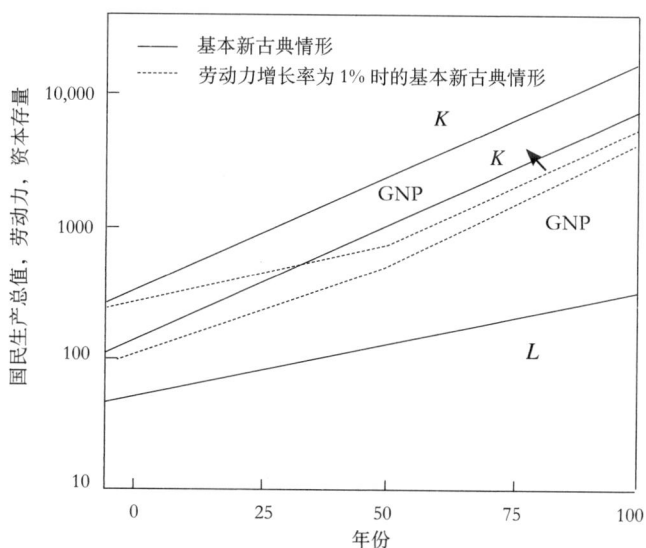

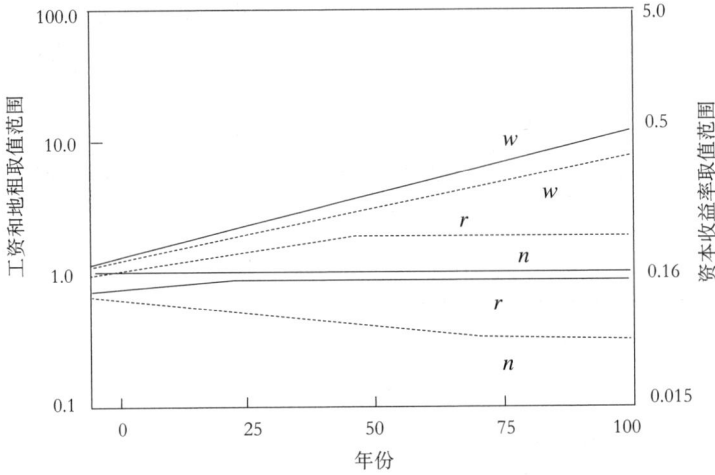

图 AII.5　储蓄率为 10% 时的经济增长路径

那么，降低储蓄率对这一假设的经济而言有何代价呢？我们可以比较在基本
541　情形下和储蓄率为 10% 时的消费路径。在低储蓄率情形中，消费最初（自然）比
较高，但是很快（到第 15 年时）就降至比基本情形下还低的水平。在低储蓄率
情形中，后 50 年间的消费处于基本情形的 75% 到 80% 之间，而第 1 年却要比后
者高出 12.5%。若我们把这些结果与罗斯托模型中的其他投资选择（也即研发部
门）相比较的话，便会很有意思。

我们同样考虑了储蓄率上升（如升至 30%）后的结果。我们再次发现，尽管
量的增幅略低，但是结果与前面的例子是对称的。表 AII.4 总结了高、低两种储
蓄率下的结果。

表 AII.4　不同储蓄率下的结果

储蓄率水平	其他量的增长率 *				资本水平 / 国民生产总值
	GNP	K	w	n	
0.10	4.3	3.5	2.2	−1.2	1.3
0.20	4.8	4.8	2.6	0.0	2.5
0.30	5.0	5.5	2.8	0.6	3.6

注 *：所有的增长率都以百分比表示。

我们要讨论的最后一种新古典模型是 "李嘉图" 情形，其中土地供给不会增
加。图 AII.6 给出了结果。最初，国民生产总值和资本存量所受的影响相对较小，

在前 25 年间增长率只是减少了约 0.5%。到这一阶段末期，影响变得严重得多：国民生产总值和资本存量的年均增长率降至约 2.5%。这样，由于增长率的递减，图 AII.6 中的国民生产总值曲线和资本曲线将变成一条凹线。在整个时期中，工资增长率降至不到 1%，而资本收益率降至 5%。地租急剧增长，在第 100 年时，地租占国民生产总值的份额从基本情形时的 10% 增至 45%。同样，尽管我们在模型中一直采用的是柯布—道格拉斯生产函数，但仍然出现了这样的结果，其原因有二：土地只能用于部门 1 产品的生产，以及对部门 1 产出的需求对相对价格的变化不敏感的假设。实际上，这一部门，也即部门 1 的相对价格增加至约为基本情形时的 3 倍。李嘉图情形的结果总结在表 AII.5 中。

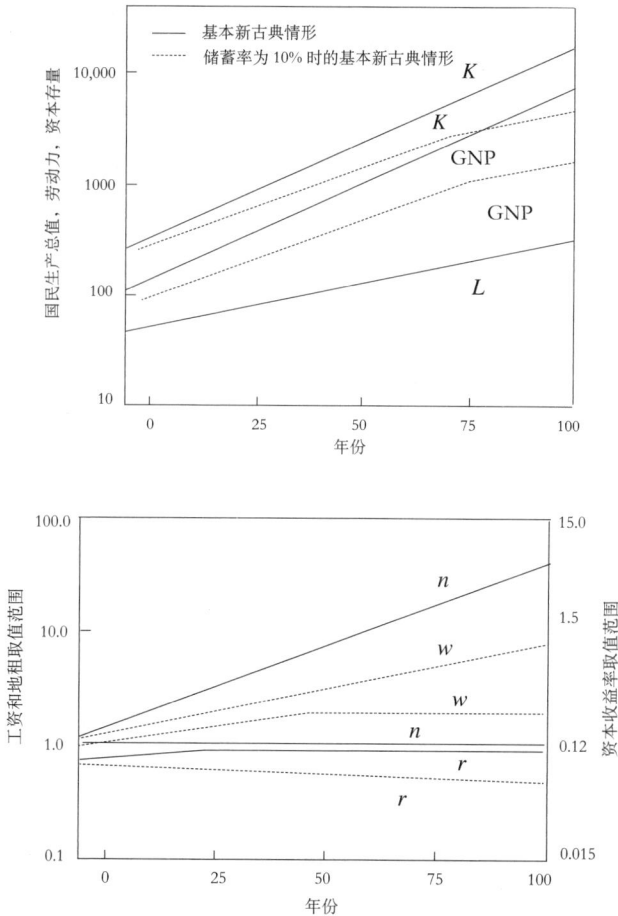

图 AII.6. 零土地增长下的经济增长路径

805

表 AII.5　土地零增长下的结果

土地增长率	其他量的增长率 *				资本水平 / 国民生产总值
	GNP	K	w	n	
4.0	4.8	4.8	2.6	0.0	2.5
0.0	3.1	3.3	0.8	4.1	2.7

注 *：所有的增长率都以百分比表示。

罗斯托模型

特征。这一节将给出一个综合了罗斯托对现代经济增长进程的主要观点的模型。如前所述，它拥有许多与新古典模型一样的假设，包括自然资源的可得性、技术变化流以及现实际工资变化时人口增长的特征，但是两者所阐释的增长过程差别巨大。依据先前的安排，我们将在与新古典模型一样的经济学框架中表述罗斯托模型，以便于比较这两种进路。我们将在这一小节中一步步地引入罗斯托的进路与新古典进路的差别，并讨论这两种进路所揭示的现代经济增长含义。

罗斯托模型的主要特征是：

● 投资支出或者说资本形成取决于利润率的水平及其变化率，而非国民生产总值水平。这捕捉的是利润再投资现象。（这个关系看起来与下面将阐述的经济体主导部门结构会有重要的交互作用。）

● 技术进步的发生本质上而言是一种利用资源的经济活动，而非一个外生地作用于经济的自发过程。在技术的生产中投入的资源也有机会成本，其代价是其他类型产出的损失，也就是说这是一种与投资类似的行为。投于技术进步上的资源的生产力取决于许多因素，包括世界上可得的技术存量，以及经济吸收新技术的能力。而这种吸收能力是几大因素的函数，包括先前的教育投资、管理层对创新与风险的总体态度以及公共政策与制度鼓励创新与风险的程度等。

● 把全部工业部门分解为几个组成部分是很有用的。随着巨大的工业（或者技术）革命而出现的特定部门可独立为一个部分。这些部门包括在过去两个世纪的几次工业革命中产生的传统主导部门，以及相关配套部门，包括与主导部门有前向、后向和横向联系的部门。这些组成部分的明显特征在于，随着时间的推移，其发展速率差异很大，而所谓的经济进步史，基本上就是这些部门的扩张史的加总。

● 技术变迁既可以表现为一种较小的、增量变迁，也可以表现为一种重大的、非连续变迁，前者实际上是几乎所有部门技术变迁的特征，而后者会带来巨大的结构变化。对这些重大的技术飞跃，我们已经在前面的一点中与产业分解一道作了阐述。

● 劳动力的增长取决于经济发展的阶段。从较低的人均收入水平开始，劳动力的增长率随着实际工资的上升而下降。在某些实际工资较高的水平上，劳动力增长会稳定下来。这种现象就是常说的"人口变迁"。

● 新的土地（在此再次说明，这里指的是所有的自然资源）既非自动亦非平稳地进入经济之中。发展新土地供给必须投入资源，而新的土地进入经济常常表现为一种不规则的波峰状；也就是说，为了使得伴随着更长酝酿期的投资而非带来资本存量增量变化的投资变得有利可图，新土地进入经济的形式常常是大量的。

在转而讨论模型中的这些方面之前，我们先总括性地在前文给出的一般经济框架中说明罗斯托模型的结构。若要获得一个特定的模型，还必须在这个框架中增加最终需求模式与要素和技术积累方面的假设。我们简要地回顾一下那些专为罗斯托模型而制的假设条件，并把它们与新古典模型中的对应假设进行对比。在罗斯托模型中，我们假定储蓄与投资是利润增长率及其水平的函数，而非新古典模型中的国民生产总值的函数。基本新古典模型假定，消费模式是相同的，具体表现为图 AII.2 中的恩格尔曲线。技术与土地供应的增长被假定为同时依赖资源的投入以及外生因素，而在我们的新古典框架中，这些增长是完全外生的。劳动力增长在我们的新古典框架中是固定的，而在罗斯托模型中其速率却随经济发展水平而异，随着收入的增长先（也就是在较低的人均收入水平上）下降后稳定。下面，我们来讨论一下罗斯托模型的独有特征。

544

投资是利润的函数。罗斯托模型假定，投资，或者说资本形成，是利润水平及其变化率而非总体国民生产总值水平的函数。其理由是，商业企业对工厂与设备的利润再投资是投资资金的主要来源。投资数额被假定为与利润的增长率和水平正向相关。支撑这一假设的理由有两个。首先，对于商业企业来说，高利润增长率是一个提升未来利润机会的信号，因此，会促使其进行更多投资。另外，如果企业习惯于分配一个相对固定的利润水平，在高增长期就会有更多的利润留存。基于这些考虑，我们把投资看成是利润水平的一定比例，而这一比例取决于利润的增长率。这一假设的正式表述就是一个新的储蓄函数，即以下述新的关系式替换关系式（AII.19）与（AII.20）：

$$p\ (2)\ I = srK \tag{AII.25}$$

$$V = \text{GNP} - p\ (2)\ I \tag{AII.26}$$

假定用于投资的利润比例 s 是利润增长率的函数，如图 AII.7 所示。当我们所构建的经济中的利润增长率为 5% 时，投资占利润的比率为 67%。给定利润占国民收入的 30%，这就相当于把国民生产总值的 20% 用于投资，类似于在我们在基本情形中给出的新古典假设。

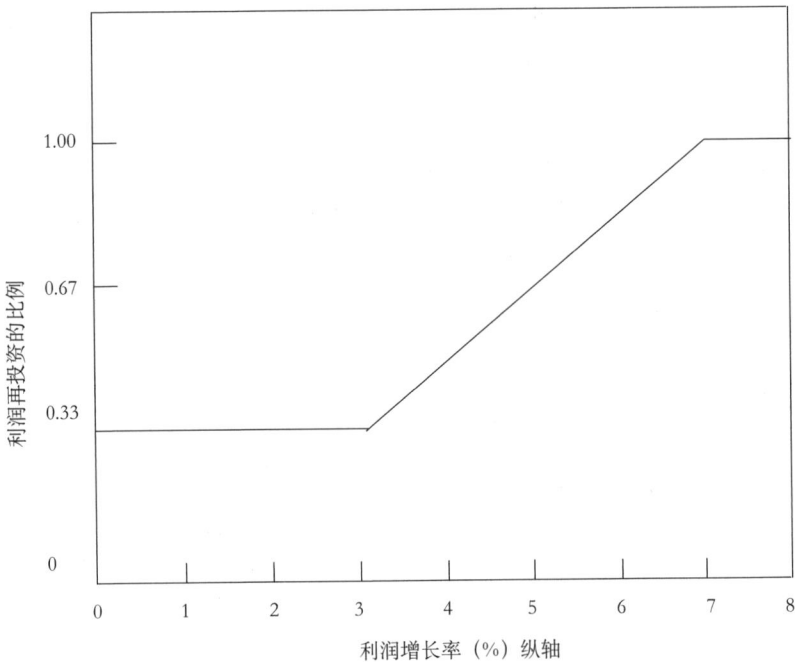

图 AII.7 利润再投资的比例——利润增长率的函数

对于增长分析来说，把投资看成是利润增长率与利润水平的函数有一个很重要的含义；也就是说，经济繁荣，比如通过重要技术突破而实现的繁荣，将可以在一段时间内提升储蓄率与投资。

以图 AII.7 中显示的"储蓄取决于利润"这一新假设简单地替换"储蓄占国民生产总值的 20%"的假定，其结果可见图 AII.8。（假定第一年的经济状况与新古典模型中的一致，也即如图 AII.1 所示）基本的新古典情形以实线表示，而新的情形（投资取决于利润）以虚线表示。两种情况的主要差别在于，与新古典情

545

形下利润率升到 0.14 相对比，这种情况下利润率稳定地维持在 0.12 的水平上（第一年的水平）。这一差异的原因很直观。当投资是利润的函数的时候，利润率的上升将会自我抑制。如果利润率上升了，利润就上升了；而利润上升了，投资（以及投资占国民生产总值的份额）也将上升。因此，利润率的上升将导致资本存量增长率的加速，而这将推动利润率的回调。

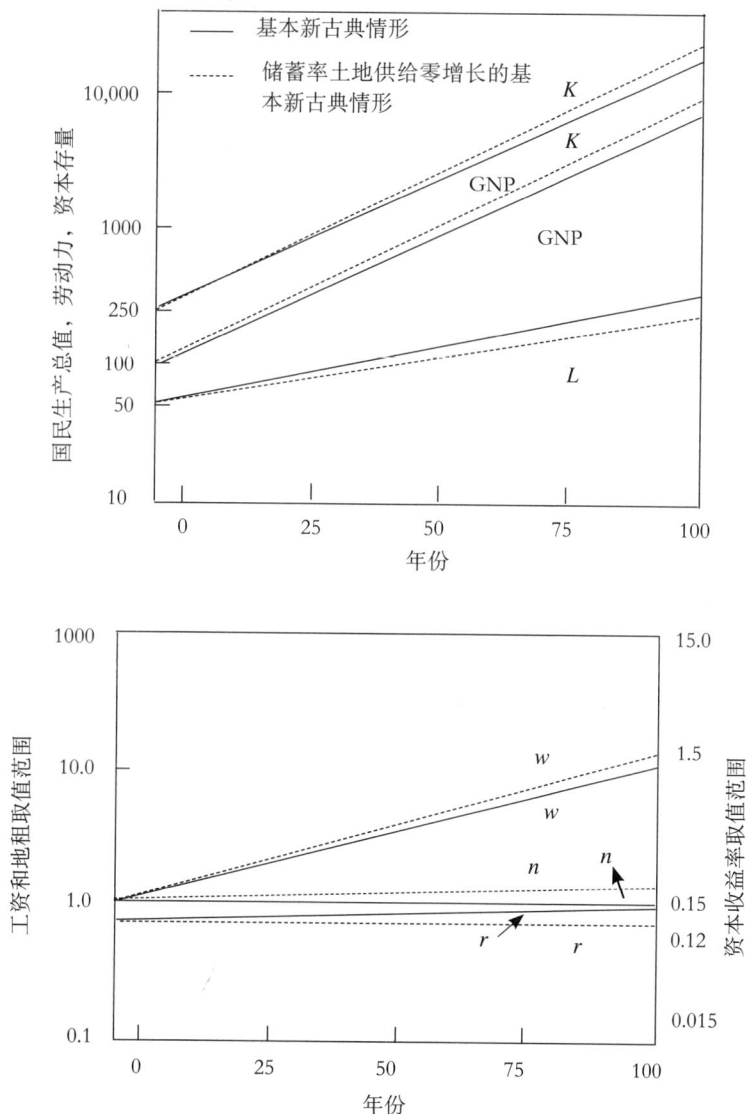

图 AII.8　投资是利润的函数时的经济增长路径

与资本存量的增长相关，国民生产总值的增长率也会略高，结果，地租也比新古典模型中略高一些。这些结果均可见图 AII.8。

总之，在这种情况下，外生变量的变化对增长趋势的影响与新古典模型情形相近。表 AII.6 显示了储蓄是国民生产总值的函数以及储蓄是利润的函数这两种情形下，外生变量的变化对关键变量增长率的影响。（当储蓄是利润的函数时，"储蓄下降 50%"意味着图 AII.7 中的曲线向下移动 0.33；"储蓄增加 50%"意味着曲线上移 0.33）实际上，这两个模型之间存在一种虽然不大但却可观察的变量变化模式。在与利润相关的储蓄模型中，储蓄的变化所导致的经济变量的变化要略小一些，因为（比方说）储蓄率的下降导致利润率的增加，而这或多或少会提升投资占国民生产总值的比例，从而部分地抵销储蓄率的下降。另一方面，在与利润相关的储蓄模型中，劳动力变化会带来略微更大的影响。这是因为（比方说，在劳动力增长的情况下），国民生产总值的增长会带来更高的利润增长率，因此导致了更高比例的利润被储蓄起来，进而加强了对经济增长的影响。

表 AII.6　外在条件变化对经济增长的影响

情形	投资是国民生产总值的函数	投资是利润的函数
劳动力增长 1%		
其他量的变化率		
GNP	−0.9	−1.0
K	−0.7	−0.8
w	+0.3	+0.2
n	−1.4	−1.5
劳动力增长 3%		
其他量的变化率		
GNP	+0.7	+0.7
K	+0.5	+0.6
w	−0.4	−0.5
n	+1.2	+1.2
储蓄下降 50%		
其他量的变化率		

（续表）

情形	投资是国民生产总值的函数	投资是利润的函数
GNP	−0.5	−0.3
K	−1.3	−1.0
w	−0.4	−0.4
n	−1.2	−1.0
储蓄增长50%		
其他量的变化率		
GNP	+0.2	+0.1
K	+0.7	+0.6
w	+0.2	+0.1
n	+0.6	+0.5

技术进步的资源成本。罗斯托模型的第二个新假设是，技术进步不是自主的（外生的），而是投入到技术生产中的经济行为的结果。在这个模型中，假定如果有发生技术进步，那就说明有一定比例的社会资源被投入到技术的生产中。一般的，技术的生产活动可以指代"研发"部门的活动，但是这里意指所有（1）对于新技术的发展，（2）对于有效地把技术融合到经济的一般生产过程中来说是为必需的活动。因此，我们区分了两种特殊的活动：其一，发明的生产本身；其二，为了把发明融入经济，以使之成为有效创新所必需的吸收能力的累积及其他要素。实际上，第二种类型的活动要起到重要的作用是要有一个时滞的，但是为简单起见，在分析中，假定所有研发部门的投入对技术进步都有一个即时效应。用投入来提升吸收能力存在时滞的典型例子就是教育支出。

另外，该模型还假定有另外一个因素会影响到技术进步的速率。那就是存在于世界上既有未用的技术存量的大小。在任何一个部门，目前世界上最先进的国家没有什么技术存量可以利用；对于那些相对落后的国家而言，就有一个相对较大的技术存量可以利用了。（对于给定国家给定部门 i 的技术存量的大小，可以定义为世界上最先进国家的 A(i) 与对应国家的 A(i) 大小之差。这种表述意味着，没有一个国家在任何部门都必定领先。）

547

811

因为必定会有资源被投入到新技术的生产与吸收中，因此就需要在罗斯托模型中增加一个第四部门，也就是研发部门。假定一国的年技术水平（也就是 A（i））变化率与研发部门雇佣的劳动力与资本占所有生产要素的比例相关。特别的，就基本情形而言，假定一国研发部门使用了 5% 的劳动力与资本，年技术进步率达到 3%。[1]（这是基本新古典情形中外生的技术进步率。）这就是说，罗斯托模型也可以实现这么一个与新古典模型一样的技术进步率，但是代价是 5% 的资本与劳动必须投入到这一过程中去。

现在，问题就来了，如果投入的资源变化，那技术进步的水平将会如何变化呢？这里假定技术变化（定义为 A（i）的年增长率）的产出是技术生产投入的不变弹性函数。这个假定主要是为求方便而做出的，因为弹性有着清晰可见的解释。图 AII.9 给出了弹性分别为 0.1 与 0.2 时的方程。看起来，弹性更大，技术进步更便宜。

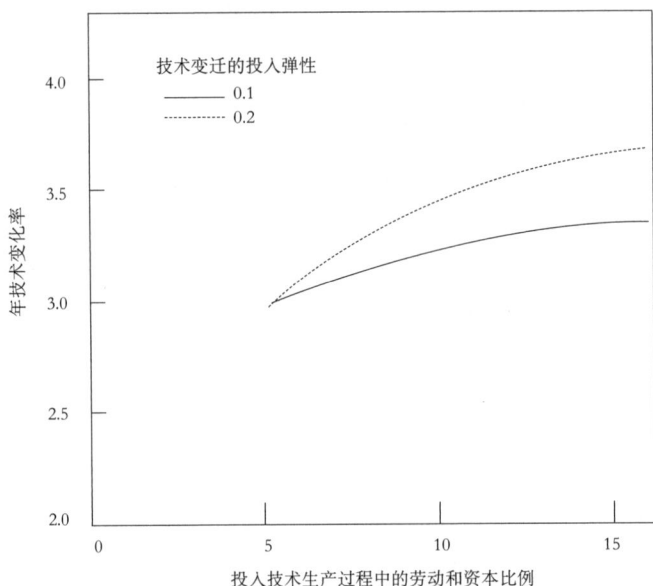

图 AII.9　技术变迁与资源投入的关系

---

[1]　在工业发达国家中，传统上，研发部门占国民生产总值的比例要低于 5%。我们选择这一数值，是为了把我们所定义的研发部门中两种目前尚未考虑的成分纳入考虑：（1）正式的研发部门之外投入到增量技术变迁之中的劳动和资本；（2）教育过程中或多或少直接有助于技术吸收能力的强化或者维持的因素。

图 AII.9 中显示的任何一个技术进步的生产函数还取决于可供利用的技术存量。这一部分暂时假定某国面对的技术存量固定不变（进而假定图 AII.9 中的函数稳定不变）。在附录三讨论国家间关系时，我们将对此作进一步讨论。

当然，还有其他可能影响到技术生产函数的因素，这些函数代表了投入到技术生产中的资源得到利用的效率。特别地，影响一国"吸收能力"的因素之一可能在于，它把投入到技术进步中的资本与劳动力转化为实际有效的技术进步的能力。这里所谓的"有效的技术进步"指的是，在经济生产函数中衡量技术进步的变量 A（i）的真正变化。影响这一能力的因素可能包括把新的科学知识传播给经济管理者机制的有效性，以及影响经济管理者吸收新技术意愿的因素。例如，苏联的有趣的证据表明，在那种集中控制的经济中，吸收新技术的激励是很低的，对应到 AII.9 中，这就意味着其中的技术生产函数处于较低位置。即是说，给定研发部门使用的资源投入水平，糟糕的吸收能力将导致一个相对较低水平的技术进步。（比起近来考虑的比如以增加教育投入而实现技术进步而言，这显然是对"吸收能力"的另一种解释。）

当把研发部门纳入正式模型时，就会带来一个有趣的关于国民生产总值核算的问题。到底应该把技术进步的生产看成一种最终生产活动还是一种中间生产活动？也就是说，如果把部门 1 到部门 3 的资源转移出来，再投入到研发部门中去，那么国民生产总值会下降吗？在这里，我们假设研发是一种最终产品，也因此对上面这个问题的回答是否定的。之所以这么决定，是因为我们认为，在研发部门使用资源生产技术与在部门 2 中投入资源生产资本存量是相类似的。这两种都可以看成是投资活动；它们使用本可以用于生产消费品的资源来生产一些可以增进未来生产能力的东西。（在现有的美国国民生产总值核算中，私人融资的研发活动并未被看成是最终产品。）

给定这一核算假设，对于一个在任何给定年份有着给定的资源水平的假想经济体而言，它在那一年就会拥有相同的国民生产总值，而不管有多少资源被投入到了研发中。（这就像一个经济体的国民生产总值在任何给定年度不变一样，如果其资源是从消费转向投资。）当然，这一假定对于未来年份的国民生产总值存在实质性的影响。

这些要点都可以用一个新的假想经济来说明。这基于刚刚讨论过的那个经济体（图 AII.8），但是增加了一个研发部门。首先假定，这个经济体每年把 5% 的资本与劳动力投入到研发部门中。给定如图 AII.9 的技术进步生产函数，这一经济体的增长路径将如图 AII.8 中描述的经济体一般。[1] 也就是说，给定 5% 的劳动和资本资源投入到研发中，给定如图 AII.9 所示的技术进步生产函数，则技术将以每年 3% 的速率取得进步。技术的增长与国民生产总值的增长与前面所给出的自发技术进步情形一模一样。当然，国民生产总值的构成将有些许不同。研发部门占了产出的 4% 到 5%，剩余的就是消费与投资了。

549   改变投入到研发中的资源数量又会如何呢？图 AII.10 说明了，当把投入到研发中的资源比例增加到 10% 到 15% 时，剔除研发的国民生产总值所受到的影响，给定技术进步的生产函数弹性是 0.2。直观上看，影响不是很大，但是其数值却不可忽视。在第 100 年，研发投入增加到 10% 可以让剔除研发的国民生产总值增加 25%，而在研发投入增加 15% 的情况下，这一数值是 43%。这些增长所花费的成本在第一年大致是 4% 到 8%；变化大概发生在第 25 年，此时，剔除研发的国民生产总值线开始穿过研发投入未增加的情形。对于每个社会而言，在这些路径中如何选择，那是一个代际评价的问题，这就相当于决定社会应该做多少储蓄。

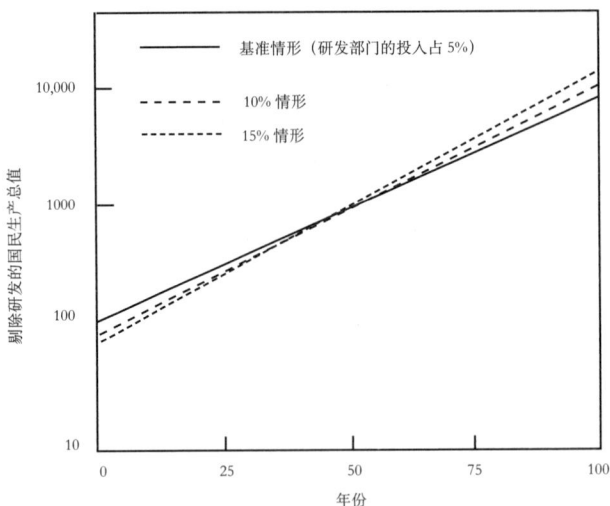

图 AII.10 剔除研发的国民生产总值增长路径

注：技术变迁对资源投入的弹性设定为 0.2。

---

[1] 由于假定技术的生产只会用到劳动和资本，而经济增长过程中劳动、资本以及土地的比例在不断变化，因此在纳入研发部门的模型中，部门的相对价格将有些许调整。

重复上述分析，如果弹性是 0.1 的话，增加研发生产的影响当然会变小。在第 100 年，研发投入增加到 10% 和 15% 分别可以让剔除研发的国民生产总值增加 10% 和 15%。相交的年份大概是在第 40 年。

工业（技术）革命的作用。新古典模型引人注目的特征之一就在于其总体上呈现稳定规则的增长路径。这其中，看不到历史上所谓的"工业革命"，以及这个过程中全新工业部门的兴起，而正是这些工业部门的内在增长引导并统领了其余经济部门。而在罗斯托的经济增长分析路径中，这却是基本组成成分之一，也即在那里，新产业复合体的周期性出现、迅速扩张以及逐渐的衰退的过程在塑造与解释可观察到的总体经济增长模式中占据了突出的地位。[1]

我们首先在此简要地回顾历史上发生的"典型事实"，而后再把这些基本事实模式纳入罗斯托模型。（其完整阐述可见沃尔特·惠特曼·罗斯托，《世界经济，历史与展望》（德克萨斯大学出版社，1978））我们描绘四个历史周期，从 18 世纪末期开始，每个周期都呈现出一个相似的总体经济增长模式。这些周期，每个均大致持续三分之二个世纪。每个周期都始于一系列新产品的研发（或者也可以宽松地称为"发明"）而带来我们所谓的"主导部门"的兴起。这些部门的特征是，在每一个周期的早期，它们的产出均快速增长，并且随着这种增长而成为经济中的重要组成部分。在每个周期的末尾，这些部门的增长放慢，整个经济增长的速率也放慢。如此直到出现新的主导部门，或者说是直到一次新的工业革命降临，增长才会卷土重来，而经济增长模式又开始大致地重复着。英国这些历史时期的划分及其相应的主导部门是：

时期 [2]	主导部门
1. 1780 年代—1830 年代	棉纺业、瓦特蒸汽机、焦炭冶炼
2. 1840 年代—1900 年代	铁路 [3]、钢铁
3. 1900 年代—1960 年代	汽车、电力、化学制品

---

[1] 经济史学家已经对这一现象做出描述，还有诸多学者对此展开了分析，包括熊彼特、年轻时的库兹涅茨、法布里坎特、索尔特、弗里曼以及其他人。

[2] 这些间隔周期大致衡量了一个部门成为主导部门到被替代之间所经历的时长；也就是说，到其增长率接近于或者低于整体工业经济平均增长率时的时长。

[3] 在英国，铁路是从 1860 年代开始不再成为主导部门的，但是钢铁部门由于其广泛的应用，尤其是在造船业的应用，使得其还能继续高歌猛进。其他一些先进工业国的铁路建设繁荣期来的稍微晚一些；比如，德国是在 1870 年代，美国是在 1880 年代，而俄国是在 1890 年代。

4. 1970 年代——　　微电子、生物技术、新工业材料、激光

当然，最后一次革命还在进行中。[1]

接着，问题就来了：我们应该如何对这些重复发生的模式进行建模呢？人们可以简单地以每个时期技术进步率的不同来拟合所观察到的增长率的涨落，但是这看起来有点不自然。分解是一条有吸引力的进路，即把伴随着每次工业革命而来的产品都放入一个部门中。如此，就可以区分出五个工业部门："初级"部门，包括那些在第一次工业革命之前就已经存在的部门，以及四个其他部门，每个部门对应于前面所列的四个周期中新出现的部门。由此，我们便把每次工业革命看成是一个相应部门技术水平快速增长的时期。

接下来要考虑的就是如何表示需求模式了。在 1783 年，对计算机的需求是怎样的呢？一个简单的解决办法就是融合恩格尔曲线的特性，即设定每个新部门的产出可得之时需求就会出现，不过这样人工痕迹太明显。1783 年可能已经存在对计算能力的需求，因为那时就已经书记员这一职业，但是计算机的价格显然太高了。（也许可以说是无限的，但是这会导致一些不可思议的问题，比如，无限的价格到底意味着什么。这个已经足够保证拥有现代计算机的计算能力的价格不是任何人能够负担得起的。）我们的方法是引入一个稳定的需求函数，并把新的部门通过以下方式引入经济体中，也即认为它们的出现是源于技术知识水平的改进而带来的价格下降。

每一次的工业革命都代表着了一个时期，在这个时期中，由于相关部门的技术进步，其产出的价格下降到了它与其他（先前的）部门的产出一起可被购买的点上。导致经济增长呈现可观察的周期性变化的外生变化是进入到部门生产函数中的技术水平的变化，而需求函数的参数却是稳定的。当然，价格一点也不稳定，而且，正是因为特定部门的技术进步所带来的价格下降，导致了在相应的历史时期中对那个部门产品需求水平的上升。工业革命被看成是供给驱动的，而改变技术水平进步的时刻仅仅只会改变那个伴随着新主导部门的出现而到来的周期出现的时间而已。

我们以下面这种形式描述对五个工业部门产出的需求模式：以 Z (k) 作为

---

[1]　关于这种周期划分的直观证据可见英国在 1830 年代晚期和 1840 年代早期经济增长的明显减速，一战之前的那十年，以及 1965—1975 这十年。（见《世界经济》，第 375—377 页）。当然，许多其他力量也会影响到总体增长率。

每个部门的产出，以尚未用过的变量 Z 来衡量整个工业部门的"有效产出"。[1]

$$Z = \left[\sum_{k=1}^{5} Z(k)^{-\Phi} \right]^{-1/\Phi}$$
（AII.27）

由此，我们定义"有效产出"为所有五个部门产出以固定替代弹性加总。给定每个部门产出的一组价格，比如 $\pi(k)$，一个成本最小化的购买者将依照以下比例购买一组产出：

$$\frac{z(k)}{z(l)} = \left[\frac{\pi(k)}{\pi(l)} \right]^{-1/1+\Phi}$$
（AII.28）

更一般地，给定花费在这些部门产出上的预算 B，每个部门的购买数量将是：

$$Z(k) = B \left(\sum_{l=1}^{5} \left[\pi(r) \right]^{\Phi/(1+\Phi)} \right)^{-1} \left[\pi(k) \right]^{-1/(1+\Phi)}$$
（AII.29）

我们对这个问题的一般处理方法就是把工业部门分为五个子部门，并以固定替代弹性加总（式 AII.27）来表示工业部门的有效产出。这在字面上意味着我们以五个子部门的固定替代弹性加总来替代 $X(2)$，$Y(2)$，$X(2, j)$，$C(2)$ 以及 I 的表达式。于是，五个子部门的技术水平也就可以独立变动了。

551

在给出这一部门分解的一些经验性含义之前，我们先探讨一下替代弹性值的选择。（替代弹性，定义为正值，通过下式与参数Φ相关

$$e = 1/(1+\Phi)$$
（AII.30）

其中 e 就是替代弹性。）明显的，如果 e 值低于单位值是不适合的，因为这意味着每个子部门的预算比例将随着其产出价格的上升而增加。但是，这里所有的工作只是为了描述尚未发明的商品有着很高价格，其中的支出为零。通过试验表明，e 值在 2 或者 2 以上的时候，可以获得与前文给出的新部门描述非常一致的结果。

对于不同部门在长期内的技术进步率，具体的假设可见图 AII.11。该图显示了各个工业子部门 $\alpha(k)$ 的水平，或者说是技术状态的水平。（我们用 $\alpha(k)$ 来表示五个工业子部门的技术水平；这是为了与三个主要经济部门的技术水平 $A(i)$

---

[1]　在这里，我们暂时忽视 Z 到底是代表总产出、净产出还是中间产出。这里所描述的加总过程适用于所有产出的衡量。

区别开来。）图 AII.11 描绘的 130 年时间可被分为两个 65 年的周期，每个周期分别代表一次伟大的工业革命全过程。（为简便，我们只描绘了两个周期。）初级部门，或称为部门 1，其技术进步在整个时间段中很稳定，进步率只略低于整个经济的进步率。另一个部门的技术水平非常低，直到技术进步期的来临，然后就以非常快的速度赶上其余经济部门。图 AII.11 的时期刻画显示，每个新技术的快速进步时期在新技术引入 55 年之后结束，而后该部门将保持与其他部门相同的增长率。

552

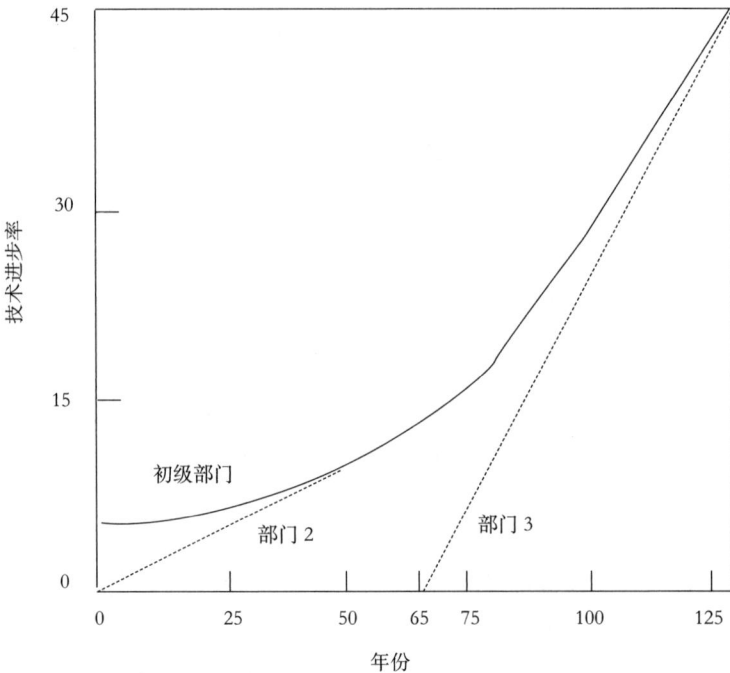

图 AII.11　在两个"工业革命"周期中的技术水平。

图 AII.12 说明了这些假设对于整个工业部门在两个工业革命周期中的增长含义。它表明，工业部门的产出在每种新技术被引入的时候增长最快，然后随着新技术的成熟而逐渐停止。这一进路的首要含义就是，整个工业部门的增长依赖于新工业的不断出现，这些工业快速增长并扩散到整个经济中，因此带动了整个工业部门的增长。如果这些新的产业不再出现（就如每个周期最后 10 年，也即增长最慢的 10 年中所发生的那样），则工业乃至整个经济的增长都将长期停留在一个较低的速率上。为说明这一点，图 AII.12 还给出了如果第二个工业革命没有产生将出现的增长路径；即，如果第二组新产业的技术水平 α（3）未能从其初始最低水平（也即第 65 年的水平）开始增长的话会怎样。

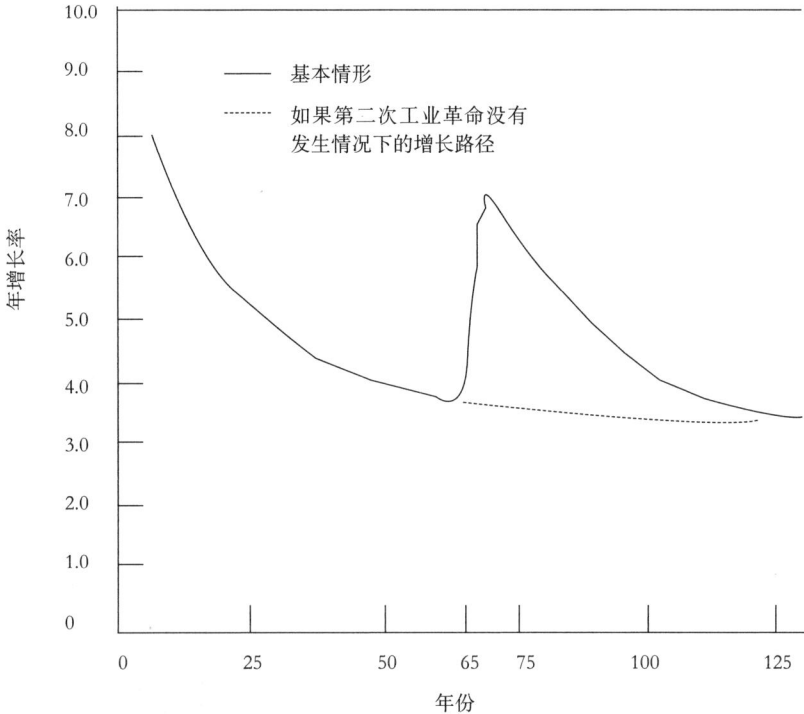

图 AII.12　在两个"工业革命"周期中工业部门的增长率

罗斯托模型中对储蓄是利润的函数的假设与工业部门分解有着很有趣的交互关系。快速增长的工业可以在每个周期的早期带来更多的利润，超过它们对投资的需求，并因此成为整个经济资本积累的一个来源。图 AII.13 显示了在一个工业革命周期中主导部门利润与总投资需求的时间路径。它说明，主导部门产生的利润超过了它的投资需求，并因此给经济体中的其他部门提供了可用的投资资源。所以，除了作为新技术的来源之外，主导部门在增长过程中还有第二层作用——它们还是储蓄的源泉。

553

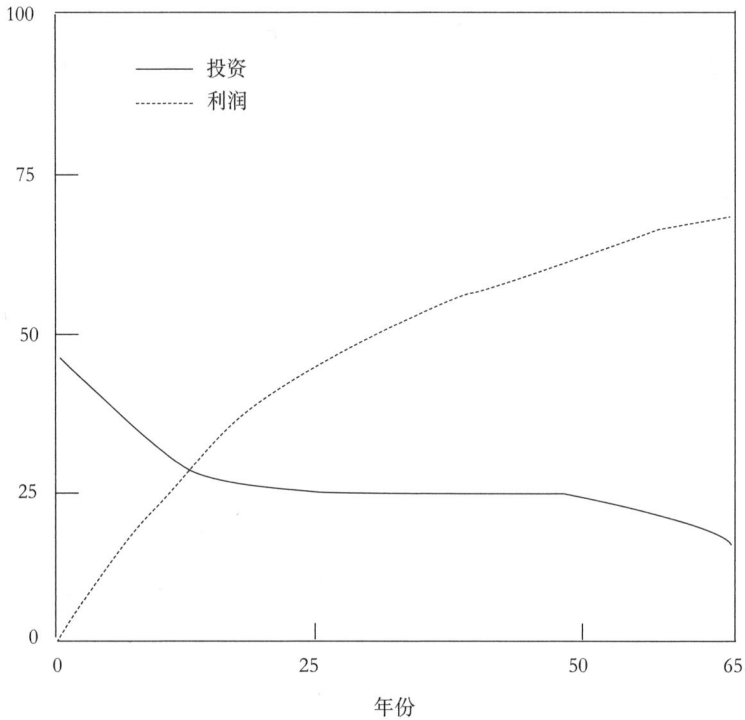

图 AII.13　主导部门在一个"工业革命"周期中的利润与投资

　　人口变迁。如正文中所述，大量历史证据表明，劳动力的增长并不独立于工资率，而是往往在工资水平较低时与其呈负相关关系，在工资水平较高时变得相对稳定。我们当然可以把修正过的劳动力增长方程引入模型中，以捕捉正文图20.1中给出的那种经验关系。可以说，劳动力的增长在任何时候都是那个时期流行的实际工资的函数。图 AII.14 给出了我们融入模型中来的这种变量关系。[1]

----

[1]　这一关系基于二十章的图 20.1。图 AII.14 中的单位工资率相当于图 20.1 中 100 美元的人均国民生产总值（以 1964 年价格计）。这相当于 1987 年的 360 美元。1987 年，美国的人均国民生产总值是 18,000 美元，相当于图 AII.14 中 50 的实际工资。

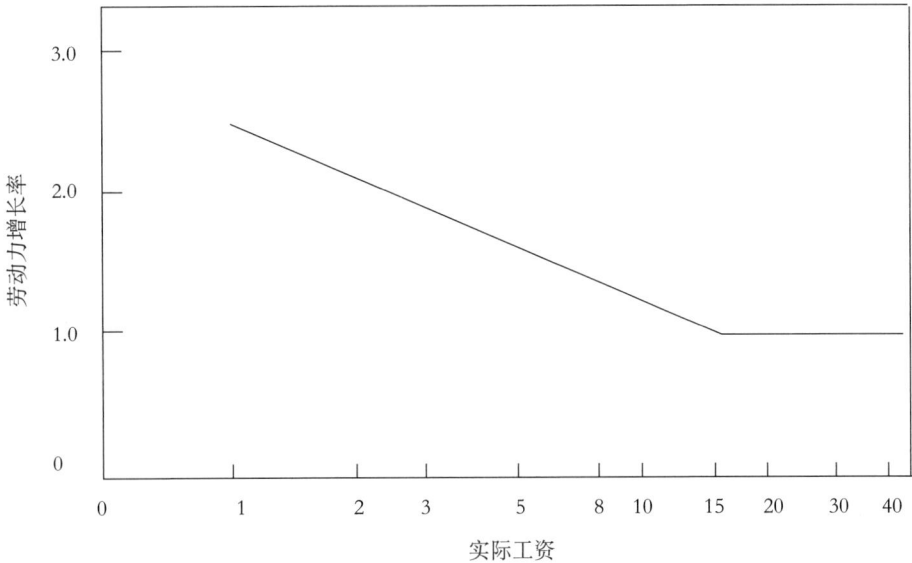

图 AII.14　劳动力增长与实际工资的关系

　　整合后的罗斯托模型。现在，我们开始把分开阐述的罗斯托模型的各个部分整合起来。基于图 AII.7 中使用的储蓄函数、图 AII.11 中给出的各个工业部门的技术进步以及图 AII.14 中的劳动力增长状况，我们构造了一个经济图景。整个 130 年的时间段内（也即两个工业革命周期）的结果可见图 AII.15。结果以国民生产总值和人均国民生产总值的增长率来表示。国民生产总值的增长率显示的是一个长期向下的趋势，这是由于随着实际工资的上升，劳动力增长率下降的缘故。图 AII.15 同时还展示出一个增长率的周期性波动，这是因为创新聚集在每个工业革命初期的缘故。这些变化的量级都要小于图 AII.12，这是因为我们假定技术的进步周期仅仅发生在工业部门的缘故；在初级部门与服务部门，其技术的进步随着时间的推移而保持稳定。人均国民生产总值体现的是技术的周期效应，而非劳动力的增长趋势。

555

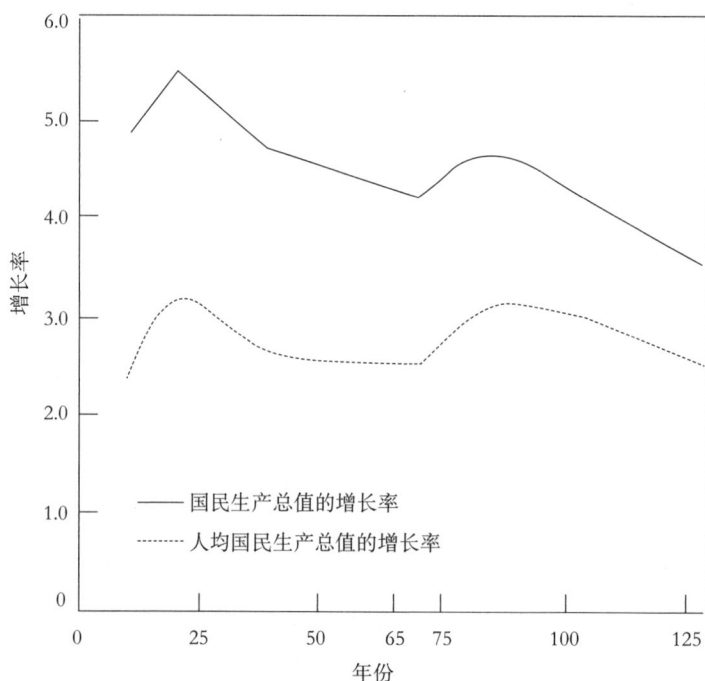

图 AII.15　两个工业革命周期中国民生产总值与人均国民生产总值的增长。其中囊括了图 AII.14 中的人口变迁

554 　　储蓄函数与技术进步的交互作用在这一整合中出现了。净投资占国民生产总值的比重在每次工业革命的前二十年上升了 50%，从 12% 上升到了 18%，这是由于储蓄取决于利润增长率的缘故。

　　加入康德拉季耶夫周期。罗斯托的工作强调，土地（或者更一般地，自然资源）是以一整块一整块的方式进入到经济中的，他还强调了资本性投资在实现其生产力中的作用。我们已经明确地用一个模型说明了这一现象。

　　我们在这里用一种与之前的工作类似的方法来引入这一现象。与新古典模型中平稳地引入土地以稳定地租水平不同，我们以一种非常规形式把土地这种生产要素引入到经济中。图 AII.16 给出了在平稳（这里设定的增长率为 5%）与非常规两种情况下土地供给的时间路径，而在非常规的情况下，土地供给在每个周期的初始阶段增长得更慢，之后却更快。我们想捕获的现象是，在周期开始时，一种容易获得的自然资源的耗尽会导致地租（更一般的就是自然资源的价格）的上升，进而导致对自然资源供给新来源的投资，并最终导致供给的快速增加。与之前的工作一样，假定这一周期每 40 年重复一次。

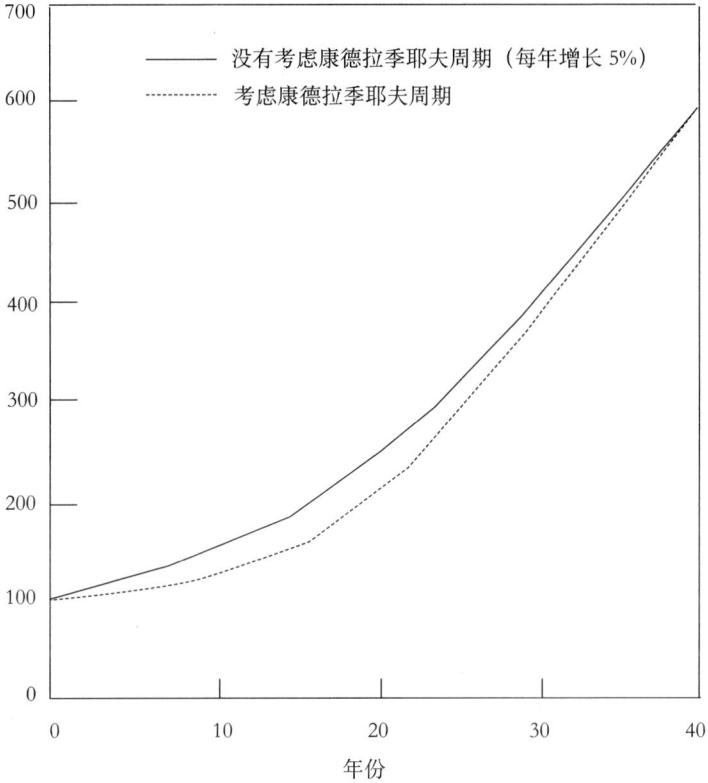

图 AII.16　康德拉季耶夫周期中的可用土地

　　图 AII.17 显示了把土地供给假定增加到图 AII.15 的结果中去之后的结果。这里，在劳动力增长长期下降和伴随着工业革命而起伏的技术创新的基础上，我们加入了一个为期 40 年的与自然资源缺乏相关的土地增长周期。

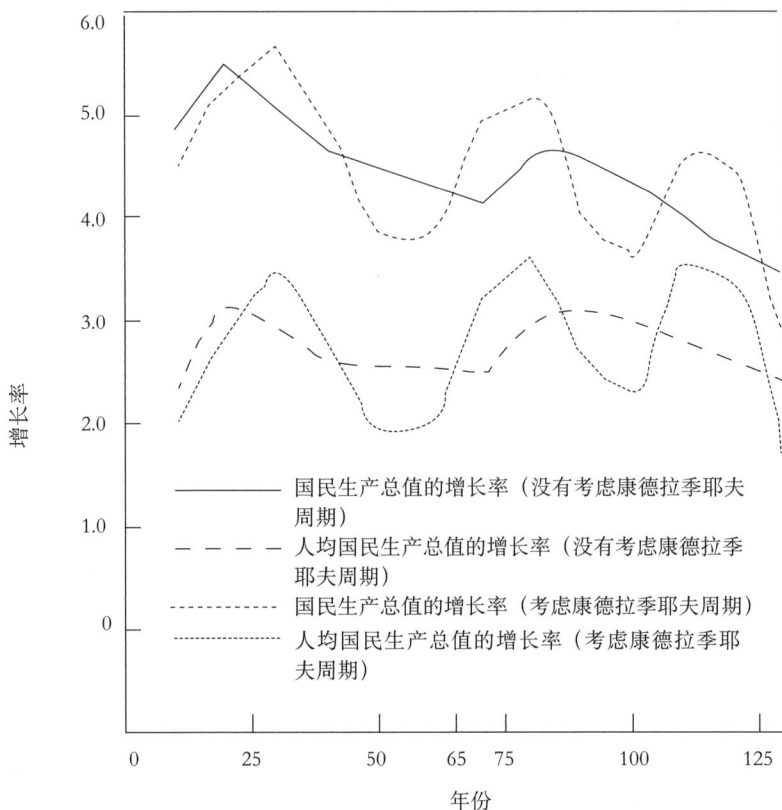

图 AII.17　两个工业革命时期中的国民生产总值与人均国民生产总值增长。统计的
转换包括了图 AII.14，也包括了图 AII.16 中的康德拉季耶夫周期

再探亚当 · 斯密模型

多部门的框架。在这一部分中，我们将用前文一开始阐述的基本经济框架来表述亚当·斯密模型。单部门的斯密模型已经在附录一中给出。这里的讨论紧跟新古典模型与罗斯托模型所使用的多部门一般框架。这一讨论的首要目的就是为了把斯密模型与现代模型进行对比，尤其是旨在精确地识别，到底是什么假设的变化导致两者结论的巨大差异。

新古典模型与罗斯托模型所描述的世界，试图捕捉的是现代经济增长的典型事实；也即，有限的劳动力增长，或多或少规则性的技术进步，以及自然资源供给的增长，所有这些都导致了实际工资的上升。因此，这些模型可以称之为"现代"模型。而另一方面，斯密模型却通向与现代模型完全不一样的长期结果，在这一部分，我们要分析的正是这一差异。

方法。这一部分使用的方法如下。基于前面给出的一般经济框架，我们给出了通向斯密世界的特定假设。我们描述了使用这些假设的模型结果的总体特征。然后，通过一个个地把斯密模型中的特定假设变为现代模型的假设，我们试图说明每个假设在决定经济增长的结果靠近现代世界或斯密世界中的重要性。

如前所述，若要上述基于一般经济框架求得一个特定的模型，必须就最终需求模式、要素积累和技术进步做出具体假设。斯密模型的最终需求关系是：假定储蓄是利润水平的函数（特别地，是其一定比例）。这个可以表示为关系式（AII.25）与（AII.26），其中，参数 s 被视为固定。（这个有关储蓄的假设与附录一中给出的单部门斯密模型相似）。消费依照图 AII.2 中的恩格尔曲线而来，其代数表达式是方程（AII.24）。这个消费模式假设与先前两个模型的假设一样。关于要素积累与技术进步的假设会在后面给出。由于这些假设与第一部分给出的单部门斯密模型完全一样，所以在这里只做简要的讨论。我们还会给出一个其与罗斯托模型和新古典模型假设的总结性对比。

劳动。斯密模型假定，劳动力的增长取决于实际工资与实际工资的某些参考水平之间的关系。特别地，当实际工资高于其参考水平时，劳动力将增长，而当实际工资低于其参考水平时，劳动力就会下降。（顺便提一下，斯密希望参考工资能够随着劳动力受教育程度的增加而上升（前文，第 47 页）。）相反，罗斯托模型虽然也假定，劳动力的增长率取决于实际工资，但是方式却不同。在实际工资处于较低水平时，劳动力的增长率与实际工资负相关，而在某些较高的水平上，劳动力的增长率会保持固定。新古典模型则假定，劳动增长率是固定的，独立于其他经济变量。

在斯密模型中，我们为进行数值模拟而设定劳动力增长关系的具体函数式是

$$L_{t+1}/L_t = w_t / \overline{w} \tag{AII.31}$$

其中，$\overline{w}$ 是实际工资的参考水平。

资本存量。式（AII.8）中给出的资本存量的实际积累规则适用于所有模型。即

$$K_t(i) = (1-\delta)K_{t-1}(i) + I_{t-1}(i) \qquad i=1, 3 \tag{AII.32}$$

于是，各模型之间的问题就变成，I，也即投资水平是如何确定的？如前所言，斯密模型假定 I 与经济中的利润水平相关。特别地，可以假定 I 是利润的一定比例。新古典模型假定，I 是国民生产总值的一定比例。罗斯托模型则假定，I 取决于利润的水平及其增长率。

土地。斯密模型假定土地是固定的。新古典模型假定土地以一个与国民生产总值增长率近似的比率在增长。罗斯托模型中，土地的增长更加不规则，还会导致相对土地价格的长期浮动。（读者在此应再次回忆一下，这里的"土地"指代一般的自然资源，所以可以代表农业土地或者矿产或者能源方面的财产以及物理环境中的关键部分。）

技术进步。斯密模型包含了三种形式的技术进步。（读者可回忆一下，技术进步在模型中表示为 A (i) 的增加。）首先是规模报酬递增。如果整个市场的规模较大，由于专业化分工的好处，单位投入的产出将会更高。第二种是非连续的、不规则时间内出现的技术知识的大幅增加，代表的是技术的突破。这些在文中被描述为"哲学家"的贡献。最后还有"增量"技术进步，一种缓慢的、规则的知识增长，独立于其他经济条件。在这个部分给出的特定模型中，关于技术进步的具体假设包括：

● 不考虑增量技术进步。对其特征的一般认识就是，它很小，即使囊括进来也几乎不会使总体说明增加多少。（在这个部分后面，我们会给出一个例子，把规则的技术进步加入到斯密模型中；其结果显示了增量进步的大体影响。）

● 模型中将纳入一个把所有技术水平（即 A (i)）提升 33% 的重大技术突破。增长分析的主题之一就是，在这么一个改变之后，经济将展示出怎样的增长路径。

● 规模报酬的水平与总资本存量相关，后者是选来作为反映市场大小的指标。图 AII.18 说明了假定的资本存量与技术水平 A (i) 之间的关系。在这一关系中，存在着一个最大水平的规模报酬；这一水平代表的是，专业化的程度无法得到进一步提升。

总之，对于斯密体系而言，一个重要的特征在于，其中不存在常规性持续技术进步的发动机。专业化的收益是有限的，哲学家的介入也不会规则性地重复出现。因此，最终报酬递减总会以这样那样的形式胜出。

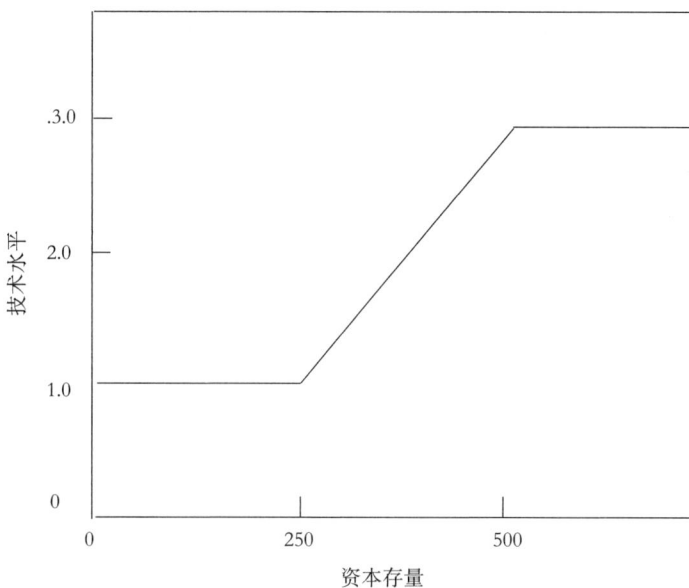

图 AII.18　斯密模型中的规模报酬

　　相反，新古典模型假定，技术进步是很规则的。假定 A（i）每年以一个固定的比例增长，并且不论其他经济变量情况如何，这种增长都将自动发生。本质上，这与斯密的"增量"技术进步相同，只不过其幅度相对较大，其实是囊括了经济中所有类型的技术进步。[1] 在现代世界中，这就意味着 A（i）的年增长率处于 1 和大致 3 到 4 个百分点之间。这些新古典理论中技术的自动进步可以从有关经济增长解释的经验研究中得以识别，那就是所谓的"剩余"因素。这一剩余因素已经在丹尼森与其同事的研究中得到讨论。

558

　　斯密模型中一系列"哲学上的"（科学上的）突破，可能会如新古典模型中技术的平稳推进一般，由此导致对技术完全一样的影响，认识到这一点是重要的。在新古典与斯密模型中，"哲学家"带来的技术进步有一样的特征，即它们完全外生于他们的模型，并且它们对技术水平的平均影响也仅仅是其规模与频率的一个函数罢了。在斯密模型中，若是每 15 年出现一次 33% 的技术突破，其长期效果与新古典模型中平均每年 2% 的技术进步率是完全一样的。当然，前者的模式

---

[1]　相反，在斯密的体系中，增量创新的意义相对较小，在一般技术水平的总体进步中几乎没什么作用。

会是阶梯式进步而非平稳推进，但是在100年中，这两种模式下的技术差异很小。因此，在斯密那里，正是哲学家所带来的那种不会重复发生的突破把自己与新古典模型中的技术进步区分开来，而不是它们的规模。

在罗斯托模型中，技术进步的水平取决于两个因素，一个自发于经济系统，而另一个内生于经济系统。自发的因素是技术进步的存量，这对于任何一个经济来说都是可以利用的。[1] 对于世界上技术最先进的国家而言，这一存量定义为零，对于那些相对比较落后的国家而言，则比较高。（多部门的存在意味着没有一个国家一定是"世界上最先进的"。）内生的因素是投入到技术发展中的资源水平，宽松地说，我们指的就是投入到研发部门的资源水平。这两个因素对技术进步都有正面影响。对于任何给定的存量（包括零），投入到研发部门的资源越多，技术进步的水平越高。同样，对任何给定的投入到研发部门的资源水平，可以利用的存量越大，技术进步的速率就越快。

模型的处理。总之，可捕获亚当·斯密模型特征的假设是：

● 劳动力的变化取决于实际工资。如果实际工资高于参考水平，则劳动力就增长；如果低于参考水平，劳动力就减少。

● 储蓄与利润水平成比例关系。

● 土地固定。

● 随着市场规模的扩大（可以资本存量水平表示），规模报酬递增，直至最高水平。允许出现由"哲学家"主导的非连续技术飞跃。

我们需要选择特定的数值以刻画斯密经济体的特征。为方便比较，第一年的经济状态就取用前面模型的假设状态，如表 AII.1 所示。表 AII.7 总结了经济体第一年的特征。

为适合于斯密的计算，参考的工资水平定为1.00；也就是说，如果实际工资从第一年开始就不再增长，则劳动力就不会增加。土地固定为20.0，即第一年的水平。如图 AII.18 所示，假定规模报酬递增始于资本存量为250之时，也即第一年的水平。换句话说，我们假定在第一年，经济体刚好足够大，可以开始展开专业化，从而带来更大的规模。

---

[1] 如前所述，这里的技术存量可定义为世界上技术最发达国家与所考虑国家（部门i）的 A（i）的差异。

表 AII.7 经济体第一年的特征总结

要素	国民生产总值=100		
	要素供给	要素价格	占国民生产总值比例
劳动	50.0	1.00	0.50
资本	250.0	0.12	0.30
土地	20.0	1.00	0.20

我们首先得问，这个经济是否能够实现一个稳定的状态。如果这个模型排除了由"哲学家"带来的技术水平非连续的飞跃，排除了规模报酬递增现象（也就是说，如果假定其中确实不存在技术进步），则如果储蓄刚好足够补偿资本折旧，那就存在一个稳态。如果利润中用于资本形成的比例是 0.25，储蓄就等于资本折旧，于是便会出现稳态。[1]（因为总利润是 30，储蓄就是 7.5。因为资本存量是 250，折旧率为 0.03，则重置资本的需求也是 7.5。因此，实现稳态。）我们在图 AII.19 中阐明了这样的一种稳态。这没什么令人惊讶的。

559

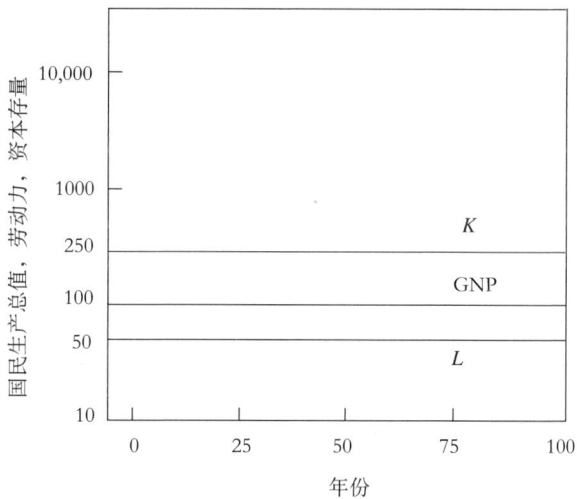

_____

[1] 当然，如果储蓄仅占利润的25%，系统地初始状态就会与表 AII.1 所描述的状态非常不同。给定这一储蓄模式，最终对部门 2 的产出需求要低于表 AII.1 所描述的水平（19.1 对 30）。这是因为，在这个稳态中，投资占国民生产总值的比例要低于基本新古典情形中增长 5% 的情况。因此，在这种情况下，部门 2 的相对价格要略微低些，而稳态情况下的国民生产总值最终实际上会达到 106。为了这里所考虑的问题之缘故，这个差异将被忽略。

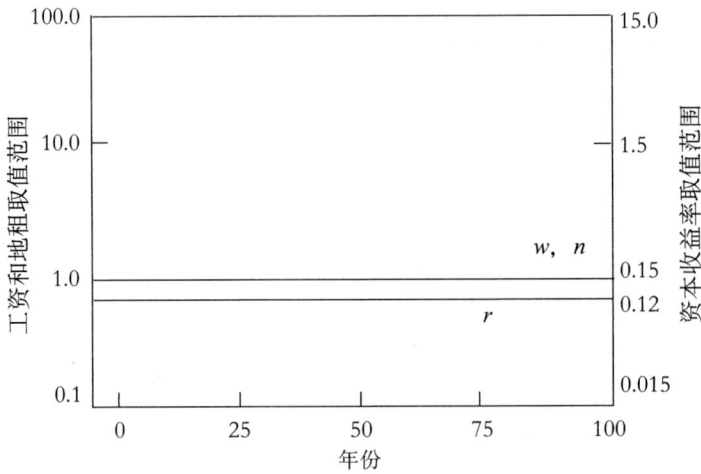

图 AII.19　经济的增长路径。(亚当·斯密模型)稳态

　　在讨论完全版的斯密模型之前，我们先停下笔，对上述稳态做一些有益的讨论。仍然维持技术绝对停滞的假设，唯一的变化就是把利润留存比例提升到0.67。[1] 结果显示在图 AII.20 中，其中涵盖了稳态的情况。

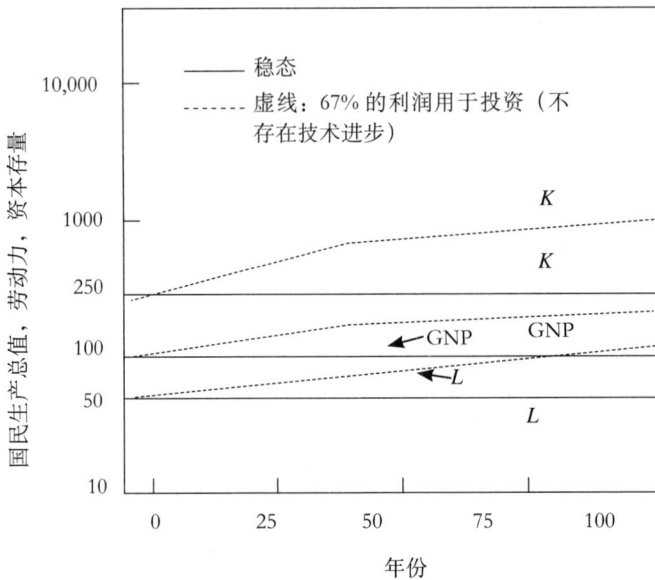

---

[1]　于是，这就会导致表 AII.1 所描述的第一年情形的出现。

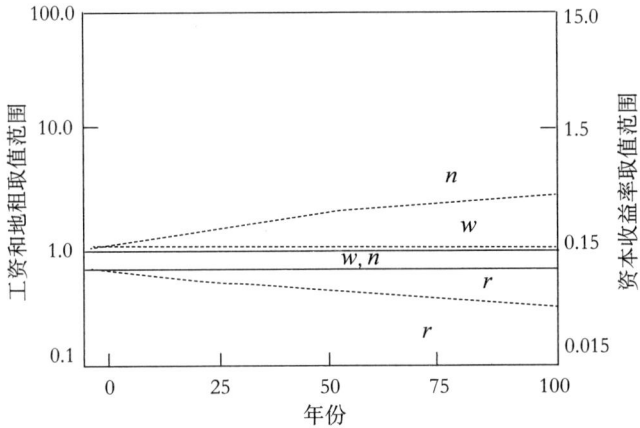

图 AII.20　经济增长的路径。(亚当·斯密模型)利润的 67% 用于投资

　　经济从三分之一个世纪开始以 1.5% 到 2% 的速率增长。原因有二。由于投资的增加，资本存量在增长。随着资本存量的增长，劳动力的工资将超出参考水平，于是劳动力会增加。劳动力的增加会提高资本存量的盈利性，而这又会进一步地刺激投资与资本形成。不过，这种扩张不可能持续不断，因为劳动力的增长会使得工资回到单位水平，而这就阻止了劳动力的进一步增长。因此，后半个世纪再次接近稳态，只不过这次是在更高的资本、劳动力与国民生产总值水平上。就整个世纪来说，国民生产总值以年均 0.9% 的比率在增长着，劳动力也是。资本的年均增长率是 1.7%，这使得资本—产出比在最后一年达到 4.9，几乎是第一年的两倍。

　　要素报酬在这一个世纪中的表现与上面的增长故事相似。实际工资先有微小的上升，接着就被推回到单位水平。土地的租金每年增长 1.2%，因为土地供给是固定的，而资本与劳动力在增长。资本的报酬从 0.12 降到 0.05，这是因为资本密集度上升了。

　　这一图景所给出的一般信息是什么呢？经济中储蓄或者说投资的增长，并不会带来持续的增长。假设中，技术与土地是固定的，而且劳动力的增长会通过把工资率推回留存水平而自我压制。这个过程中，土地所有者是唯一的受益者。这就是亚当·斯密模型中重复强调的主题之所在。

　　现在来看亚当·斯密的基本情形。其中包含了两种类型的技术变化；即规模报酬递增以及在第一年之后外生发生的技术飞跃。(假定这一飞跃一次性带来 A (*i*) 33% 的上升。)在亚当·斯密的基本情形中，假定用于储蓄的利润比例是 0.25。这一比例意味着，如果不存在开始阶段"哲学家的"贡献，则斯密的经济就会陷 560 入稳态的泥潭之中。接着，斯密的基本情形表明，经济会如何对哲学家们所带来的技术熟练度的飞跃做出反应。这种反应反映了斯密世界中主要要素的相互作用；这些要素包括固定的土地，劳动力在工资增长超出生存水平时的增长，经济规模有限范围内的递增报酬，以及以固定比例的利润用于再投资。

图 AII.21 给出了这一基本情形的结果。（其中还给出了图 AII.8 所显示的稳定的现代经济增长情形；情形之间的对比可见后文。）在开始的大约 40 年中，国民生产总值以超过 6% 的平均速率快速增长。原因有四：

1. 在第一年之后发生的技术飞跃，也即由于某些"哲学家"的发明而带来的一次外生的技术进步。

2. 随着技术的进步，利润增加，由此带来资本存量的上升（进而，投资也上升了）。

3. 随着资本存量的增加，要素投入的生产率上升，这代表的是市场的扩张而 561 使得专业化程度得以增进。

4. 随着工资率超过生存水平，劳动力增加，这个同样是源于技术进步。

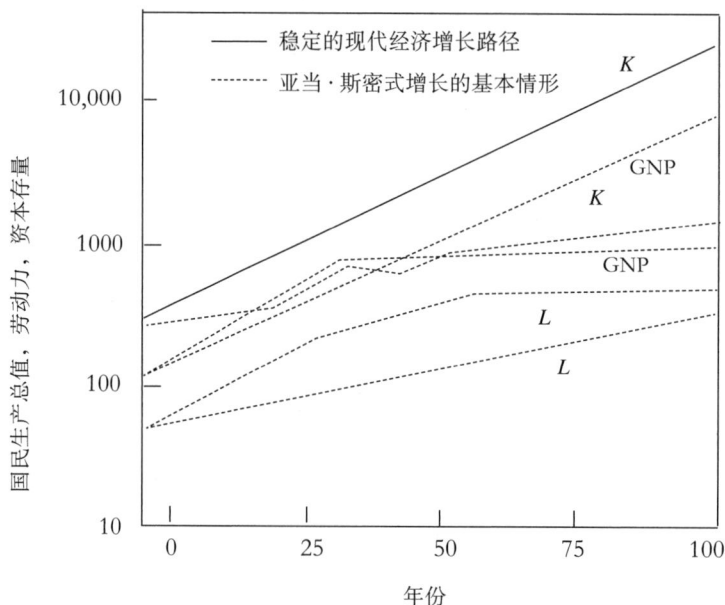

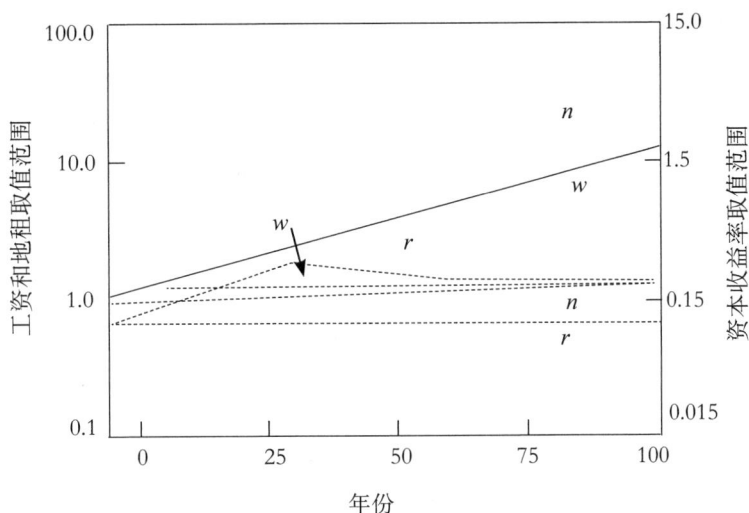

图 AII.21　经济增长的路径。(亚当·斯密模型) 亚当·斯密的基本情形

经济增长在接近世纪中期的时候放慢了，并在最后的四分之一个世纪中趋于稳态。增长之所以会停止，是因为哲学家对知识的创造性贡献无法经常性地重复；因为专业化进而递增报酬的结束；因为劳动力的增长使得实际工资回到生存水平，也因此劳动力不再增长；还因为资本已经增长到利润的 25% 这个点上，已接近重置投资，所以资本也不再增长。

图 AII.21 还详尽地给出了要素报酬的时间路径。实际工资在一开始时会上升，但是因此带来的劳动力增长又会迫使其回落到原初水平。由于技术的进步以及劳动力的增加，利润率会上升到了 0.30 左右，但是由于投资是利润的函数，利润的增长会带来资本存量的增加，这最终又会导致利润率的回落。只有土地的租金是稳定上升的，因为土地是固定的，而其他所有要素都在增长。基于此考虑，图 AII.21 中对比了稳定增长的情形与亚当·斯密的基本情形。亚当·斯密情形中的租金类似现代增长情形中的工资，而亚当·斯密情形中的工资类似现代增长情形中的租金。

因此，完整版的亚当·斯密模型，在纳入其对哲学家的发明与报酬递增的考虑之后，与图 AII.20 中的情形并没有特别大的差异——图 AII.20 中仅仅是提高了储蓄率。工人的工资不会永久地上升以致超过生存水平，而地主获得了经济增长中不管是规模增加还是生产率提升带来的收益。

562

因为这些结果与现代模型是如此不同,于是问题就来了:在斯密的模型中,到底是哪一个假设导致了工人收入的停滞与地主财富的稳定增加,怎样的变化可以导向现代模型中的相反结果呢?我们进行了一系列的试验,把亚当·斯密模型563中的假设转变为现代模型中的假设,如此就能识别不同假设的重要性了。

我们将会对三个假设的差异进行探究。它们是:

斯密模型	现代模型
工资在单位水平之上时的劳动力增长	劳动力以 2% 的速率增长,而不管工资水平如何
土地是固定的	土地以 4% 的比率增长
技术规则性地增长(在这里假定为 3%。)	技术进步源于"哲学家们的"贡献,且(有限的)报酬递增

结论:可持续增长的三个必要条件

表 AII.8 总结了不同假设下的一些结果。它表明,没有任何单独一个条件的变化可以带来实际工资在一整个世纪中的显著增长。如果技术或者土地的假设放松了(即,替换为现代模型中的对应假设),当工资高于生存水平时劳动力就会增长这一假设,不可避免地会把工资拉下来。当引入 2% 的平均劳动力增长率时,工资在世纪中时确实会增长,在第四十年时会达到峰值 1.75。但是,在这一时刻,技术也达到最大值,国民生产总值的增长开始明显地回落,仅仅超过 1% 的水平而已。事实上(如表 AII.8 所示),在整个世纪周期中,国民生产总值的总体增长率只有 2.3%,给定 2% 的劳动力增长率,这给实际工资增长留下的空间就非常有限了。给定土地一点也不增长,地租吸收了国民生产总值增加额中的很大一部分,实际工资在最后阶段降到其初始水平附近。(我们在斯密模型中模拟了劳564动力保持不变的情况。在这种情况下,实际工资在整个时期内年均增长 1%。土地的租金也以相近的速率增长。在这种情况下,国民生产总值的增长率大致也在1%,因此,此时是这两种绝对有限的要素平分了国民生产总值的增长。)

表 AII.8 亚当·斯密框架下不同假设的增长路径

情形	100 年时的工资率	增长率	100 年时的地租	增长率	100 年时的利润率	国民生产总值的增长率
亚当·斯密的基本情形	1.01	0.0	17.0	3.1	0.17	2.5
劳动力年增长 2%	1.17	0.1	12.3	2.8	0.19	2.3
土地年增长 4%	1.25	0.2	5.2	1.8	0.37	6.2
常规性的技术进步	1.12	0.1	52.9	4.5	0.27	3.6
4% 的土地年增长加上常规性的技术进步	1.41	0.3	26.7	3.7	0.54	7.6
2% 的劳动年增长，加上常规性的技术进步	2.02	0.7	26.8	3.7	0.25	2.9
2% 的劳动年增长加上 4% 的土地年增长	3.50	1.3	0.1	−2.7	0.21	3.3
所有以上三种假设	7.84	2.1	0.3	−1.2	0.31	4.3
所有以上三种假设再加上 67% 的利润再投资率（现代经济稳定增长情形）	12.10	2.7	1.3	0.3	0.12	4.9

注：100 年的工资率是指的第 100 年的工资率。（第一年的工资率是 1）增长率是年均增长率。地租的数值与此相似。（第一年的地租水平是 1）第一年的利润率是 0.12。

因此，仅仅改变斯密模型的一个假设无法带来劳动力报酬的增加。接下来进行的一组模拟将一次改变两个假设。其结果同样可见表 AII.8。从仅仅改变技术或者仅仅改变土地的结果猜测可知，同时改变这两个假设也几乎不会对劳动力工资的增长起到什么作用。这同样是因为斯密模型假设，任何时候报酬的增长都会导致劳动力的增长，从而使得劳动力报酬回落到未增长的水平。在把劳动力的年均增长率限制在 2%，并且任意放松另外一个假设的两种情况中，实际工资开始出现一些实质性的增长。规则性的技术进步与年均 2% 的劳动力增长一起可以带来实际工资年均 0.7% 的增长率，虽然在这种情况下仍然是地主获得了国民生产总值增长中的大部分。在年均 2% 的劳动力增长之上再增加年均 4% 的土地增长会使得整个世纪中的工资年均增长率提升到 1.3%。不过，工资增长的大部分发生在早期阶段。（头 40 年工资的年均增长为 2.4%，之后为 0.6%。）这当然是因为世纪早期的技术进步，以及之后的停滞。在这一情况下，到了世纪末，实际工资的收益仍然是比较小的。

由此可得，斯密的假设中的任何一个都足以充分地降低劳动力实际工资的期望。表 AII.8 说明，只有在所有这三个假设都放宽的情况下，才能构建起一个常见的现代经济增长路径。实际上，如果所有这三个假设都变成现代模型中的对应假设，并且假定利润的储蓄比例从 25% 增加到 67%，那么就可以完整再现图 AII.8 中稳定的现代经济增长路径。由此，基于这四个假设结构上的改变，斯密模型就转变成了现代模型。

如果一个模型想避免得到实际工资相对停滞这一令人沮丧的结果，那它就必须整合三个现代经济的关键特征：劳动力增长上的限制、技术的规则性进步以及土地供给的规则性增长。[1] 违背这些假设中的任何一个，都足以把我们引向一个更像是工资长期停滞的原初世界，而非现代模型中描绘的工资逐步规则性上升的世界。

附录三　富国—穷国模型

框架

附录的最后一部分将给出一个两国增长模型，只不过这两国处于不同的发展阶段，其技术精细程度、人均资本以及人均实际收入均不相同。该模型旨在说明它们之间的贸易与技术转移关系会如何影响它们的绝对与相对经济增长率。模型中包含的两个国家代表了休谟意义上的穷国与富国（前文，第 26—31 页）。模型就是为了说明他的如下观点，即这两个国家之间的"开化"关系如何使得它们变得更好，如果它们都能够保持"勤勉"的话。该模型还可以捕捉到"二战"中希尔吉特与斯塔利（前文，第 374—375 页）所考察的问题。

这里的大部分讨论仅仅是众所周知的贸易与比较优势模型的一个例子。这些例子将阐明与这两个国家的相对"富裕"和"贫穷"相关的一些模型属性。模型的技术转移方面将包含一些我们在附录二第二小节中讨论的技术进步的决定因素；也即，技术生产中的资源投入与吸收能力，以及对于技术较不先进的国家而

---

[1] 读者可再次回忆一下，这里分析中的"土地"代表的是所有自然资源；所以，供给的固定真正意味着有限性，且不存在可得的替代物品。

言技术存量的规模等。

我们对这个模型的讨论从静态的关系开始；即，从任何年份中模型变量均衡值已确定的情况下开始。我们选择大家熟悉的两个国家、两种商品、两种要素框架进入我们的工作。选择这一框架而非更加复杂的一个，如第二小节中给出的那个，是因为所有本质的结果都可以从中获得。我们首先定义一下感兴趣的变量。以 c 代表两个国家（$c = 1$，2），以 j 代表两种商品（$j = 1$，2），时间因素暂时先排除在外，则变量包括：

P（j, c）国家 c 中商品 j 的价格。

Q（j, c）国家 c 中商品 j 的产量。

C（j, c）国家 c 中商品 j 的消费。

I（j, c）国家 c 中商品 j 的投资。假定只有商品 2 有投资，即 I（1, c）$= 0$。

L（j, c）国家 c 中用于生产商品 j 的劳动力。

LS（c）国家 c 中所有可用的劳动供给。

K（j, c）国家 c 中用于生产商品 j 的资本。

KS（c）国家 c 中所有可用的资本供给。

Y（c）国家 c 的名义国民生产总值。

生产函数关系式如下。假定用的是柯布—道格拉斯生产函数，则有：

$$Q\ (j, c) = \gamma\ (j, c)\ L\ (j, c) \alpha (j, c)\ K\ (j, c)^{[1-\alpha\ (j, c)\ ]} \quad j=1,\ 2; c=1,\ 2 \quad \text{(AIII.1)}$$

其中，α 是要素比例，γ 是技术水平。我们随后会以人均资本存量和技术水平来刻画穷国的相对贫穷程度。假定，每个国家 c 都处在国民生产总值最大化的点上；即，处在解出下面问题的点上，

$$\text{Max} Y\ (c) = p\ (1,\ c)\ Q\ (1,\ c) + p\ (2,\ c)\ Q\ (2,\ c) \quad \text{(AIII.2)}$$

约束条件包括生产函数（AIII.1）

$$KS\ (c) = K\ (1,\ c) + K\ (2,\ c) \quad \text{(AIII.3)}$$

$$LS\ (c) = L\ (1,\ c) + L\ (2,\ c) \quad \text{(AIII.4)}$$

该最大化问题的得出，不仅考虑了利润最大化以及每个国家的竞争性市场，而且考虑了参数上的变化，（比如）P（1, c）变化而 P（2, c）保持不变，以描绘出这个国家的生产可能性曲线。

对于每个国家 c 而言，需求关系式如下，其中 $V(c)$ 表示消费值：

$$I(2, c) = \sigma(c) Y(c) / P(2, c) \qquad\qquad \text{(AIII.5)}$$

$$V(c) = [1 - \sigma(c)] Y(c) \qquad\qquad \text{(AIII.6)}$$

$$C(1, c) = \beta(c) V(c) / P(1, c) \qquad\qquad \text{(AIII.7)}$$

$$C(2, c) = (1 - \beta(c)) V(c) / P(2, c) \qquad\qquad \text{(AIII.8)}$$

这表明，投资是国民生产总值的固定比例，而其他的国民生产总值都用于消费，以依托份额参数 $\beta(c)$ 最大化柯布—道格拉斯效用函数。

一个静态的解

于是，模型的解就在于找到价格向量 $P(j, c)$，以使得需求等于供给。这里，不仅可以找到一个封闭式经济的解，也可以找到贸易经济的解。封闭式的解实际上是两个问题，因为它要求我们在每个国家都找到一组均衡价格。在任何一个国家，均衡价格就是满足式（AIII.1）到式（AIII.8）关系的那些价格

$$Q(1, c) = C(1, 2) \qquad\qquad \text{(AIII.9)}$$

$$Q(2, c) = C(2, c) + I(2, c) \qquad\qquad \text{(AIII.10)}$$

（也就是说，供需相等。）总体上，两国的这些价格是不同的。而贸易解就是（这两个国家之间共同的）一组价格：

$$Q(1, 1) + Q(1, 2) = C(1, 1) + C(1, 2) \qquad\qquad \text{(AIII.11)}$$

$$Q(2, 1) + Q(2, 2) = C(2, 1) + C(2, 2) + I(2, 1) + I(2, 2) \quad \text{(AIII.12)}$$

再说一遍，这些关系式都来自于国际贸易理论中众所周知的比较优势模型。所有的假定（没有运输成本、资本可流动等）都是适用的。现在，基于一些特选的参数数值，我们将给出一些定量结果，以说明富国—穷国情形。

我们假定，两国的 α、β、σ 是相同的，则 $\gamma(1, c) / \gamma(2, c)$ 也就一样。[1] 因此，国家之间的惟一不同，就是可供使用的要素水平以及总体技术进步水平

---

[1] 读者可注意到，（前文）式（AIII.7）与式（AIII.8）所代表的消费方程源自于柯布—道格拉斯效用函数，其中假定单位收入弹性，也因此不能刻画恩格尔曲线。这么决定是为了方便起见，我们想强调的所有论点并不会因此而受影响。

的不同，后者可以用富国与穷国的 γ 之比表示，并假定这一比率在两个部门是一样的。

表 AIII.1 给出了该模型假定下假定的参数数值。（国家 1 是富国。）给定这些数值，在封闭式经济中，商品 1 在富国的相对价格就是 1.00 而在穷国就是 0.75。（模型中，商品 2 的价格是计价标准。）现在，我们引入开放因素，并把结果看成是穷国规模的函数，正如以其 γ 对富国的 γ 之比来表示一般。（即使这一比率是 1，穷国还是因为其更低的资本存量而显得更穷。）

567

表 AIII.1 参数数值

参数	假定的数值
$\alpha\ (1,\ c)^*$	0.65
$\alpha\ (2,\ c)$	0.35
$\gamma\ (1,1)$	1.10
$\gamma\ (2,1)$	0.67
$LS\ (1)$	50
$KS\ (1)$	250
$LS\ (2)$	50
$KS\ (2)$	100
$\sigma\ (c)$	0.15
$\beta\ (c)$	0.60

表注：*当 c 这一指代国家的符号出现时，就意味着两国在该值上无差异。

图 AIII.1 说明了国家 1（富国）在贸易的情况下应该削减其在商品 1 上的生产。（因为封闭经济下商品 1 的价格在国家 1 中要比在国家 2 中来得高，贸易后，国家 1 将进口商品 1，出口商品 2。商品 2 在这里被当成工业品，不仅因为它是投资品，还因为它有一个更高的资本份额。）国家 1 在商品 1 上的减产幅度是国家 2 "贫穷程度" 的函数，以其相对于国家 1 的 γ 的比例表示。可见，国家 2 越不贫穷（也就是说，越大），国家 1 需要做出的调整就越大。（同样，国家 2 越大，国家 1 从贸易中获得的收益越多，虽然这些收益从未超过实际收入的 5%。）

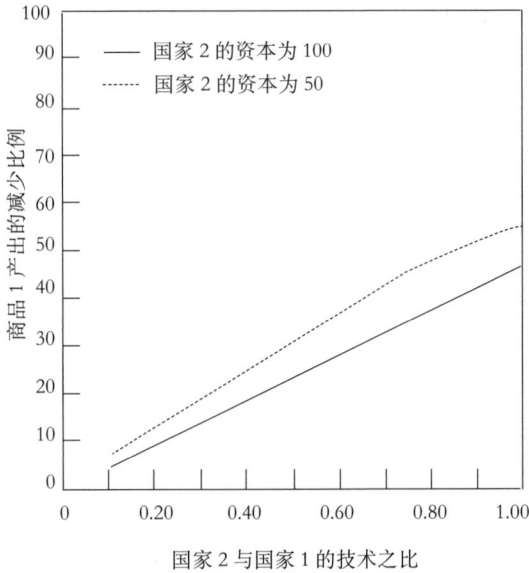

图 AIII.1　贸易情况下大国需要做出的调整（商品 1 产出的减少比例）。

不过，图 AIII.1 还说明，如果国家 2 在另一层意义上更加贫穷，即拥有更少的资本，则国家 1 的调整将会更大而不是更小。这是因为，当国家 2 拥有的资本更少时，其封闭经济下商品 1 的价格会更低，于是贸易的机会就更多。（另一方面，双方 γ 比例同样幅度的改变，不会改变封闭经济下的价格。）在这个简单的例子中，图 AIII.1 说明，不管技术水平之比如何，国家 1 方面需要"文明开化"地对其贸易进行调整。

568

三个动态解

现在我们来看模型的动态化。为了使得前面讨论的静态模型动态化，我们必须详细说明要素（劳动力与资本）是如何供给的以及技术是如何增长的。劳动力与资本的增长很直观。这里简单地假设劳动力在每个国家以每年 1% 的速度增长，而每个国家的资本存量则通过下面这个方程式增加

$$KS\ (c)_{t+1} = (1-d)\ KS\ (c)_t + I\ (2,\ c) \tag{AIII.13}$$

其中，d 是折旧率，同时增加了时间变量，以下脚标表示。（假定两个国家的折旧率都是 3%。）这一累计方程式与上面所用的方程近似。在这一增长的模拟中，我

们假定国家 2 的 γ 是国家 1 的一半。

技术进步方面的具体假设一如罗斯托模型所使用的框架。如图 AII.9，其中设定了资源投入与技术进步（包括吸收能力）之间的关系，以及实际发生的技术进步。在这一小节中，我们以此来刻画国家 1，不过具体设定的参数数值不一样；特别的，我们假定如果国家 1 有 5% 的资本与劳动力投入到了技术的生产中，则会带来年均 1% 的技术进步（哈罗德中性）。假定技术产出对资源投入的弹性是 0.4。如果以方程来表示，即是说，如果国家 1 把其资本与劳动力资源的一定比例 a（1）投入到技术的生产中，它可以获得的（哈罗德中性）技术进步就是

$$h(1) = 0.01[a(1)/0.05]^{0.4} \tag{AIII.14}$$

其中，h（1）即为国家 1 的哈罗德中性技术进步率。给定技术进步为哈罗德中性（也即劳动增加型），则 γ 将依据下式而提升

$$\gamma(j, c)_{t+1} = [1+h(c)]^{a(j,c)}\gamma(j, c) \tag{AIII.15}$$

假定国家 2 在技术的生产中有些不同。它不仅取决于从国家 1 可以吸收获得的技术存量大小，而且取决于其投入到这一过程中的资源大小。我们定义国家 2 可以利用的技术存量为

$$b=[\gamma(j, 1)-\gamma(j, 2)]/\gamma(j, 1) \tag{AIII.16}$$

其中，b 为技术存量。它可以简单地定义为国家 1 的技术水平超过国家 2 技术水平的比率。（依据上述假设，方程式（AIII.16）对于 $j = 1, 2$ 的结果就是一样的。）我们的假定是，b 越高，国家 2 投入到技术生产中的资源约有效，这是由于其可吸收的既有技术存量更大的缘故。特别地，我们通过引入一个乘子 m 来修正（AIII.14），以刻画国家 2；也即

$$h(2) = m0.01[a(2)/0.05]^{0.4} \tag{AIII.17}$$

其中，定义 m 为 b 的函数，如图 AIII.2 所示。 569

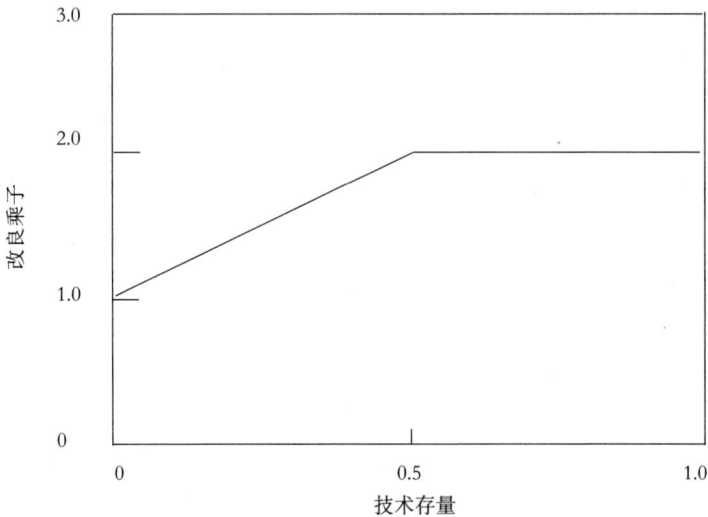

图 AIII.2　技术生产改良成子与技术存量的关系

现在，让我们来考虑模型中的经济增长模式；表 AIII.2 给出了三种经济增长模拟的结果。第一种情况假定不存在技术存量，所以每个国家的技术生产函数就是式（AIII.14）。假定每个国家把其所有资源的 5% 投入到知识的生产中，如表 AIII.2 所示，这会带来每个国家 2% 的增长，但不会缩小两个国家的差距。（表 AIII.2 中给出的模拟时长是 100 年。）第二种情况也是每个国家把其所有资源的 5% 投入到知识的生产中，不过与此同时，假定存在技术存量，如式（AIII.16）（AIII.17）以及图 AIII.2 所示。国家 1 还是以 2% 的速率增长，但是国家 2 的增长率提升到 2.5%。这个 0.5% 的增加使得其可以在 140 年内赶上国家 1。在第三种情况下，仍然存在技术存量，同时国家 1 增加了其对技术生产的资源投入，达到 10%。这会导致国家 1 的增长率增加 0.3%，而国家 2 增加 0.15%。技术存量的存在会使得知识生产的收益从国家 1 向国家 2 转移。

表 AIII.2　三种经济增长模拟

情形	增长率	
	国家 1	国家 2
不存在技术存量 $a(1)=a(2)$ =0.05	2.0	2.0

（续表）

情形	增长率	
	国家 1	国家 2
存在技术存量 a（1）$=a$（2）$=0.05$	2.0	2.5
存在技术存量 a（1）$=0.10$, a（2）$=0.05$	2.3	2.65

不过在第三种情况下，国家1增加对技术生产与吸收的投入不仅会提升其增长率，而且会缩小国家2的人均国民生产总值占国家1的比率，虽然这也会提升国家2的增长率，如国家1一般。这就为休谟的如下论断提供了坚实的依据，也即在面临富国—穷国问题时，要保持"勤勉"与"开化"；也就是说，领跑者所能做的最好的就是，保证最大化自己的技术吸收能力（教育、创新企业家精神的质量、激励等等），同时有效地把其自己与他人在研发部门中生产的有关成果带到经济中。

这样，对美国（及其他先进工业国家）在1990年代中及之后的经验教训也就浮出了水面。

人名索引 *

---

* 本索引页码为本书边码。索引中的注释页码请参考边码下的当页脚注。

主题索引 *

852

后　记

这本罗斯托生前分量最大的著作，终于译成中文出版了。此时，我的心情和绝大多数译者是一样的，就是如释重负。

这本书是集体合作的成果，十余位硕博士研究生和同事承担了翻译任务。

本书译者包括罗卫东（浙江大学副校长、经济学院教授）、许彬（浙江工商大学公共管理学院教授）、陈春良（国务院发展研究中心农村经济研究部副研究员）、郑恒（浙江财经大学经济与国际贸易学院副教授）、李井奎（浙江财经大学经济与国际贸易学院副教授）、茹玉骢（浙江财经大学经济与国际贸易学院副教授）、范良聪（浙江大学光华法学院讲师）、王长刚（浙江大学经济学博士研究生）、程奇奇（浙江大学经济学博士、心理系博士后）、曲东（浙江大学经济学硕士，现就职于中国人民银行杭州中心支行）、李大军（浙江大学经济学硕士，现就职于杭州李老师培训工作室）、庄佳玥（浙江大学经济学硕士，现就职于嘉兴市人民政府）、丁冬青（浙江大学经济学硕士）、沈中达（浙江大学经济学硕士）、汪蓉（美国爱荷华大学经济学硕士）。具体分工如下：绪论，陈春良；第1章，沈中达、陈春良、范良聪、李大军；第2章：沈中达、陈春良、范良聪、李大军；第3章，庄佳玥、李大军；第4章，许彬、王长刚；第5-7章，郑恒；第8章，陈春良；第9章，李大军；第10章，陈春良，第11-12章，曲东；第13章，曲东、陈春良、范良聪；第14-16章，李井奎；第17-18章，茹玉骢；第19章，汪蓉、范良聪；第20章，程奇奇、范良聪；第21章，汪蓉、范良聪；附录，王长刚、范良聪；索引，王长刚、范良聪、程奇奇。

全书总校对：罗卫东、范良聪

应该特别指出的是，在整个译校工作中，范良聪博士所花的时间精力最多，贡献最大，他不仅参与书中八章内容的翻译，还利用在芝加哥大学访学的机会，对全部译稿进行了集中校对。在他工作的基础上，我对全书做了最后的校对，并撰写了序言。

本书的翻译和校对，前后历时八年，主要是因为我的原因，原定出版的时间一拖再拖，因此，要感谢浙江大学启真馆的包容，特别要感谢的是王志毅先生和叶敏女士。

昔人云，"校书如扫落叶"，此言不虚。因为书的专业性很强，分量很大，又是多人合作翻译，即便我和范良聪两人尽自己所能做了校对、文字润饰和风格的统一，但遗留的不当和错误之处一定还有不少，祈望读者不吝指正的同时也予以理解。

罗卫东

于浙江大学启真湖畔港湾家园

2015 年 5 月 28 日

图书在版编目（CIP）数据

经济增长理论史：从大卫·休谟至今 ／（美）罗斯
托著；陈春良等译. —杭州：浙江大学出版社，
2016.3
（经济思想译丛 ／ 王志毅主编）
书名原文：Theorists of Economic Growth from
David Hume to the Present
ISBN 978－7－308－15457－4

Ⅰ.①经… Ⅱ.①罗… ②陈… Ⅲ.①经济增长理论
－研究 Ⅳ.①F061.2

中国版本图书馆CIP数据核字（2015）第302727号

经济增长理论史：从大卫·休谟至今
[美] 罗斯托 著 陈春良 等译

责任编辑 叶 敏
营销编辑 李录遥
装帧设计 王小阳
出版发行 浙江大学出版社
（杭州天目山路148号 邮政编码310007）
（网址：http://www.zjupress.com）
制 作 北京大观世纪文化传媒有限公司
印 刷 北京中科印刷有限公司
开 本 710mm×1000mm 1/16
印 张 57.5
字 数 966千
版 印 次 2016年3月第1版 2018年3月第4次印刷
书 号 ISBN 978－7－308－15457－4
定 价 158.00元